De Immaculato Deiparae Semper Virginis Conceptu Commentarius, Volumes 1-2...

Carlo Passaglia

Nabu Public Domain Reprints:

You are holding a reproduction of an original work published before 1923 that is in the public domain in the United States of America, and possibly other countries. You may freely copy and distribute this work as no entity (individual or corporate) has a copyright on the body of the work. This book may contain prior copyright references, and library stamps (as most of these works were scanned from library copies). These have been scanned and retained as part of the historical artifact.

This book may have occasional imperfections such as missing or blurred pages, poor pictures, errant marks, etc. that were either part of the original artifact, or were introduced by the scanning process. We believe this work is culturally important, and despite the imperfections, have elected to bring it back into print as part of our continuing commitment to the preservation of printed works worldwide. We appreciate your understanding of the imperfections in the preservation process, and hope you enjoy this valuable book.

No.

JOHN HARVEY TREAT.

July 10 1868

2 vols oak

DE IMMACULATO DEIPARAE SEMPER VIRGINIS CONCEPTU COMMENTARIUS

TYPIS CAIETANI CARDAMONE.

DE IMMACULATO

DEIPARAE

SEMPER VIRGINIS

CONCEPTU

CAROLI PASSAGLIA

SAC. E S. I.

COMMENTARIUS

PARS I. & II.

NEAPOLI
APUD JOSEPHUM DURA BIBLIOPOLAM
Via vulgo dicta Strada di Chiaia, n° 10.

MDCCCLV.

C 1312.3

John Harvey Treat.
(1-3
in 2.)

PIO IX

PONTIFICI MAXIMO

Vix animo induxeram ut meum hoc qualecumque opus Sanctitati tuae offerrem, duae adversae inter se cogitationes animum commoverunt, quae cum possent me a proposito deterrere, tum Bernardi verba mihi in memoriam revocabant, quibus ille decessorem tuum Eugenium III olim compellavit. Nescio quomodo vult et non vult exire laeta quidem sed lenta oratio, dum certatim illi contraria imperare contendunt. *Equidem dum mente tacitus pervolverem esse* Te coryphaeum et episcoporum principem, summum antistitum verticem, pastoralis principatus dignitate praestantem, unum omnibus praeeminentem, principem episcopalis coronae, totius orbis pastorem et caput, aedificandae ecclesiae petram, cui Dominus sui nominis communionem indulsit et quam non vincunt superbae inferorum portae, firmamentum et crepidinem ecclesiae, fidei columnam, arbitrum ligandorum et solvendorum, in terreno iudicio iudicem caeli, summam rerum de pascendis ovibus obtinentem, et bono unitatis electum, atque ipsius unitatis fontem, originem, supremumque assertorem: *fieri non poterat quin tuae me dignitatis fastigium vehementer percelleret, meque ipse audaciae crimine incusarem qui oculos in hanc splendoris amplitudinem auderem attollere. His accedit singularis quaedam suscepti operis difficultas, quam non ipsa modo rerum tractandarum con-*

ditio efficit, verum etiam copia et nobilitas artificum qui ut ipsam hanc operis materiem digererent, expolirent, perficerent, continentibus quinque seculis adlaborarunt. Quae ne magnificentius dicere videar quam verius, illud indicio esse potest, nullam forte catholicam sententiam lectissimorum hominum ingenia tanto temporum intervallo detinuisse, quemadmodum immaculatum illius Virginis conceptum, quam omnes genitricem Dei profitemur, quam naturae nostrae decus, excelsiorem caelis, plenam gratia, angelorum reginam, uno dumtaxat Deo minorem celebramus.

Nihilominus quae me primum tantopere retardabant ut a consilio pene dimoverent, eadem illa ne penitus animo deciderem effecerunt: addo etiam cunctantem erexerunt. Erexit me sane singularis ac prope divina pontificiae dignitatis maiestas, qua Te successorem Petri, vicarium Christi observamus. Existimabam enim Te soli simillimum, qui quamvis minores ignes candore et pulcritudine praecellat, tamen non ipsas tantum montium proceritates suo splendore illustrat, sed clivorum etiam ac vallium depressiones; et qua lege grandiores attrahit caelestium corporum moles, eadem prorsus minora corpora longiusve seiuncta agit et torquet. Quam opinionem ab ipsa tui muneris dignitate profectam altius animo ingessere doctoris Augustini voces qui-

bus ille Pontificem adloquebatur Bonifacium I. Neque enim dedignaris, qui non alta sapis quamvis altius praesideas, esse amicus humilium et amorem rependere impensum.

Immo ipsamet rerum conditio, quibus mentem ac studia adieci, vires animo meo addidit. Ago enim de immaculata Deiparae conceptione quae res cum Virgini decora, tum pergrata Sanctitati tuae atque exoptata summopere accidit. Nulla sane artis nobilitate, nulla dicendi gratia, nullis scribendi dotibus hoc meum opus commendetur: quamquam ne haec quoque omnino deessent, nervos omnes industriae diligentiaeque mea pro facultate contenderim. Ceterum vel una operis huiusce materies proposito satisfaciet, Teque Pater beatissime *permovebit, ne dedigneris opus auctoremque operis pro animi tui benignitate complecti. Te enim exornandae Virgini addictissimum novimus; tua auctoritate freti conceptionem Deiparae fideles universi immaculatam dicunt; Tu munere doctoris oecumenici functus sententias ac vota antistitum rogasti, quorum voce praeclaram hanc Virgini dotem universum catholicum nomen adseruit, vindicavit; Tu in hac ipsa Urbe, quam unam christianae gentes caelestium doctrinarum magistram colunt, omnem operam eo contulisti, ut rei veritatem consiliorumque divinorum rationem adsequerere; Tu postremo paucis ante annis animi tui sententiam, seu potius iniectas Tibi divinitus praesensiones hisce verbis prodidisti:* Nihil certe Nobis gratius, nihil optabilius, quam ut debitus erga sanctissimam Dei genitricem omniumque nostrum amantissimam matrem immaculatam virginem Mariam cultus, pietas et observantia magis in dies ubique augeantur, eiusque laudum praeconia ab omnibus rite concelebrentur.

Haec cum ita sint, BEATISSIME PATER, *haud ultra iam dubitem offerre ac dedicare Sanctitati tuae hoc opus, pietatis in virginem Matrem pignus, atque obsequii testimonium erga communem omnium Patrem Pastoremque. Illud Tu humanitate tua excipe ac patrocinio tuere, auctorique operis apostolicam benedictionem largire, dum coram Te provolutus sanctissimos illos exosculatur pedes de quibus maxime scriptum est* beati pedes evangelizantium pacem, evangelizantium bona.

CAROLUS PASSAGLIA E SOC. IESU.

PARS PRIMA

PRAEFATIO

Cum haec mihi semper cogitatio penitus insederit, in aestimanda operum molitione ac dispositione nonnisi finem quem sibi quisque proposuit spectandum esse; nulla alia praefationum ratio ac disciplina probari mihi umquam potuit, quam quae auctoris mentem initio primo aperiret, quaeque consilium suscepti ab eo operis eos qui legerent edoceret, atque eam animorum coniunctionem, quae benevolentiam facit, quaeque nonnisi perfecta absolutaque lectione haberetur, principio ipso conciliaret. Quidquid aliud, optima licet arte elaboratum atque perfectum, sive rei magnitudinem praedices, sive efferas dignitatem, sive opportunitatem commendes, sive difficultatem amplifices, sive, quod plerumque solet, commoda, fructus, utilitates verbis extollas; totum id quantum est, parum admodum aut nihil est. Patent omnibus hi fontes, noti sunt, quantoque his uti ad ornandum commodius, tanto iis aegrius edocere alios eosdemque in te benevolos facere possis. Quamobrem ut hisce omnibus aliisque id generis praetermissis, in iis dumtaxat quae graviora sunt tempus ponamus, eo revertor unde initio profectus sum; illudque unum quantum potero efficiam, ut qui opus hoc meum studiose attenteque legendum exceperit, non alia illud mente atque animo verset, quam quo et a me primum susceptum, et omni qua potui cura atque industria noverit esse confectum.

Atque illud initio velim suo quisque secum animo reputet, me non tam in eo esse versatum ut theorematis demonstrationem susciperem, quam ut problematis solutionem adgrederer. Ex quo factum est ut certa quaedam ratio ac via mihi esset necessario ineunda, qua non tam disputatione dissererem, uti in manifesta re atque perspecta fieri necesse est, quam diligentiori disquisitione usus investigarem potius atque colligerem. Ipsa igitur propositionis natura eo me adductum esse sentiebam, ut inquirendo investigandoque consequerer, utrum ex universa christiana revelatione certissima fide tenendum sit, Deiparam Virginem eo temporis momento quo concepta primum et quo beatissima illius anima coniuncta corpori est, ab ea universali peccati lege solutam prorsus fuisse atque immunem, quam indicta veluti caussa et solemni illa *in quo omnes peccaverunt* lata sententia Paulus expressit. In ea me scilicet sentiebam quaestione versari, utrum ex iis quibus universa christiana revelatio continetur, illud sit apertum atque perspicuum, unam esse beatissimam Virginem Dei matrem quae ex omnibus, qui filii irae procreantur, Adae posteris singulari Dei munere ac privilegio non prius concepta fuerit quam eamdem nulla infectam peccati labe, caelestique gratia illustrem sibi Deus in filiam adoptarit.

Iam vero vis ipsa ac natura problematis quod mihi solvendum proposui non solum rei materiam qua commode uti, et rationem qua id aptius exsequi, sed methodum etiam ac viam qua tuto possem incedere certis quibusdam legibus atque finibus ita mihi circumscripsit, ut illos praetergredi numquam liceret. Et primo quidem materiam duplici diversaque ratione definivit. Cum enim universa haec nostra investigatio de iis dumtaxat sit instituta quae christianae revelationis instrumenta nuncupantur, res ipsa monebat ne ullum, aut si quis forte et necessario dandus esset, nonnisi secundum locum eumdemque, ut aiunt, *indirectum* iis complexionibus faceremus quae in argumentatione sunt positae, iisque mutuis rerum convenientiis atque analogiis quae ab uno humanae rationis fonte derivantur. Equidem fateor ipse, si hac via incedere maluissem, quaestionis me huius meae probabilem et prope verum exitum facere potuisse: illud tamen numquam effecissem, ut quae accurata studiosaque disputatione essem assequutus, ea tamquam caelitus patefacta et ad divinam pariendam fidem idonea proferre in medium auderem. Quare illud a me postulari sentiebam, idque vel maximum, ut intra eos tantum fines ac terminos quibus universa christianae revelationis monumenta sive ea splendida aut subobscura sint, sive aperta aut latentia novimus contineri, ita mihi regionem circumscriberem, ut ex ea, licet peramplissime pateat, ne pedem quidem efferre me posse arbitrarer.

Neque vero materiam, sed et universam rationem qua suscepto operi insisterem, ipsa propositionis natura definitam plane postulabat. Ecquis enim non videat, cum ad criticae artis leges, tum ad hermeneuticae scientiae regulas, tum demum ad eam normam qua inductio conficitur illud mihi quam aptissime fuisse exigendum? Illud quidem primum, ut in tantu rerum copia testimonia atque instrumenta alia ab aliis secernerem, quae aptiora essent seligerem, quae minus idonea praeterirem, quaeque falsa occurrerent ea prorsus neglecta seponerem. Alterum vero ne in vitium prolaberer idque sane gravissimum; si tum testimonia quaecumque nactus essem, tum quae in ipsis continentur, ea arbitratu potius meo quam ad certas ratasque leges, ut par est, aperirem atque explanata proponerem. Tertium denique, ne ratiocinationi, ut supra commemoravi, quidquam aut plus aequo concederem, sed eo uterer genere disputandi quod a Platonicis et cum iis ab Augustino et quandoque etiam a Thoma dialecticum, non syllogisticum, appellari consuevit. Sed quoniam et locus et res ipsa id postulat, volo paucis explanari istud a me et quom fieri potest dilucide.

Itaque secum quisque reputet, non idem disputationis genus esse quod dialecticum et per inductionem dicimus, quodque syllogisticum et per ratiocinationem nuncupamus. Quemadmodum enim illud ad inventionem pertinet, eoque utimur cum ex rebus non dubiis assensionem eius quicum est disputatio instituta propter similitudinem eorum quibus assensit, capimus; ita et alterum ad confirmationem adhibemus eorum quae exposita et per se cognita, ipsa ratiocinationis vi et potestate sese ultro confirmant. Iam vero cum illud unice constitutum nobis foret, ut nequaquam ea quae ab aliis inventa et disputata iam essent dedita opera confirmaremus, sed ut omni studio ac labore quae ab iis non essent nisi ex parte deprehensa, quae adhuc laterent aut non ita certe manifesta essent ut omnem vel levissimae dubitationi locum praecluderent, ea in novam lucem ac splendorem proferremus; quisque videt eam disputationis rationem, quae dialectica est atque inductione progreditur, in universa hac nostra tractatione necessario fuisse praehabendam. Fac enim aliquis id tibi sine ulla tergiversatione concedat nullum dubium esse posse, beatam Virginem omni expertem peccati labe fuisse conceptam: is profecto non dabit, neque ea assensione necessario fatebitur, eam veritatem iis esse adnumerandam quae certa revelatione continentur. Latius profecto patent quae vera sunt et rata omnibus, quam quae sunt nobis divina manifestatione comperta: et longe maior est numerus earum rerum quae extra omnem dubitationem sunt positae, quam earum quae nobis sunt manifestae divinitus, et a quibus nonnisi supernae fidei iactura dissentire possumus. Quamobrem ne frustra essent a nobis tanti suscepti labores, et ab eo fine quem nobis proposuimus aberraremus, eam nobis exsequendi operis rationem adhibendam esse duximus, qua accurata disquisitione et dialectica inductione per institutam viam recto tutoque itinere duceremur.

Verum cum genus hoc tractationis magnam habeat difficultatem summa cum utilitate coniunctam, quo pacto ea aptius uterer atque commodius, ut id quod cogitabam consequi facile possem? Perspicuum id erit si locum hunc omnem magna cum cura et diligentia consideremus atque id quod insitum illi propriumque est attente velimus inspicere. Porro quemadmodum inductionis ratio et natura, ut id conficiat de quo quaeritur accurata et idonea partium omnium investigatione continetur, earum etiam quae diversae aliae ab aliis sunt, quae longius petitae quaeque non raro vix sese ostendunt; ita illud quod eius ope colligitur non singularum rerum est proprius fructus, sed ex omnium elementorum summa et cumulata complexione consistit. Eae namque partes atque elementa vel tibi aditum aperiunt, vel viam sternunt, vel gradientem te iuvant, agunt, provehunt: quo fit ut metam ipsam nonnisi emenso tandem per obscuriores anfractus universo itinere assequaris. Quod quidem et in aliis bene multis contingere plane videmus. In pictura enim, ea quae in uno alterove colore non est, in apta plurimorum temperatione nitescit imago; quemadmodum et in re musica ea quae harmonia dicitur non unius vocis cantu, sed plurium intervallis concentuum grata modulatione delectat.

Quare ut hac inductionis ratione quam descripsimus pro rei magnitudine ac dignitate, ut par est, accurate uteremur, mentem ingeniumque magis ac magis acuere, animi contemplationem latius protendere, atque elementa ea omnia diligentissime investigare necesse fuit, quae non modo illustriora et magna essent, sed etiam quae minus splendida et perexigua viderentur: idque eo maiori studio ac diligentia, quo ea quoque quae mentem atque oculos fugiunt, non parum saepe ad assequendum finem conducunt. Utrum vero totum studii officiique nostri munus expleverimus, quove illud pacto assequuti tandem simus, nostrum non est aequum iudicium ferre. Unum, quod testari bono animo possumus, id est: nulli nos hac in re nostrarum partium defuisse; non studio, non diligentiae, non laboribus pepercisse ut susceptum opus, quantum vires praestarent ad absolutissimum exitum perduceremus.

Et initio quidem id mihi quaerendum esse existimavi quaenam idea et quae species ea fuerit quae maiorum nostrorum animis de Virgine insedit, et in quam conversos perpetuo fuisse eosdem novimus quotiescumque Virginem suis laudibus exornarunt. Non fuit magnus sane labor eximiam aliquam totius pulcritudinis speciem reperire. Illam ego adumbratam vix primisque lineamentis descriptam in suas veluti partes ac elementa distribui; et ni mea me opinio fefellit, nullam cum iis vel minimam communis peccati labem cohaerere posse, visus mihi sum non obscure deprehendisse. Neque tamen in hac mea opinione tamquam in stabili certaque sententia manebam. Progredi igitur me locus ipse monebat; et primum quod menti occurrit id consilii fuit; nullum earum opinionum iudiciorumque de quibus persuasum esset omnibus reperiri certius indicium posse, quam communem quamdam atque usitatissimam omnium loquendi rationem quae apud eosdem constanter solemniterque obtinuerit. Hanc igitur in rem totus incubui, omnemque quam potui in iis quae idonea essent versandis testimoniis operam contuli, ut universam hanc loquendi rationem quae ad Virginis dominae nostrae exordia atque originem aliquem in modum spectaret investigando persequerer. Neque vero frustra suscepti labores fuerunt, neque exspectatio decepta: quin imo luculentissima rerum evidentia ipsam animi exspectationem vicit cumulavitque. Etenim dum christianae antiquitatis monumenta investigando consuleremus, eam in hisce loquendi rationem exstare ac dominari quodammodo comperimus, ut primo quidem certiores efficeremur, ratam hanc penes maiores nostros thesim fuisse, integritatem ac sanctimoniam Deiparae veluti fastigium atque exemplar creatae cuiuslibet puritatis sanctitatisque esse habendam: tum vero intelligeremus, unanimi maiorum consensione stataque sententia exceptam hanc hypothesim fuisse, Virginis eiusdem exordia atque origines nulla vel levissima peccati labe fuisse maculatas.

Hoc tam felici rerum cursu atque exitu recreati animo et erecti, maiorem cepimus alacritatem ut ea ipsa quae eramus iam consequuti quaeque splendida adeo erant, nova luce perfundere conaremur. Etenim ab universa rerum sacrarum historia edocti, veteres illos scriptores de iis quae rata fide tenerent, duplici bibliorum accommodatione, altera rerum, verborum altera, suam mentem atque sententiam aperire consuevisse; continuo hanc etiam partem laboris libenti animo suscepimus, ne nihil non tentatum a nobis esset aut non plane cognitum atque perspectum. Itaque huc omnem curam atque operam convertimus ut quaereremus, quibus bibliorum typis atque imaginibus comparare ii Virginem consueverint, quibus sacrarum litterarum testimoniis cohonestare, ut illius innocentiam, integritatem, sanctimoniam, totiusque caelestis gratiae qua Deus illam locupletavit plenitudinem celebrarent. Atque heic nemo sapiens iactantiae vitio id dictum esse existimabit si affirmare omni asseveratione non dubitemus, talem nos ac tantam pretiosissimarum rerum supellectilem nactos esse, ut non mirari modo, sed et fateri aperte debeamus, contingere numquam potuisse ut maiores nostri rerumque sacrarum scriptores tot ac tanta in Virginem cumularent, ut eos sacrarum litterarum typos atque imagines unius Virginis propria esse vellent, atque ea demum testimonia de una illa usurparent, quin persuasum omnibus maxime esset, tum eam esse Virginis integritatem quae, si Deum, uti oportet, exceperis, cuiusvis creatae naturae sanctitati longe antecelleret, tum illius originem non modo nulla fuisse infectam peccati labe, sed omni caelestis gratiae splendore enituisse.

Qua quidem in re omnium temporum sententiam eamdemque cumulatissimam comperisse, magnum id quidem et praeter omnem exspectationem iucundissimum contigit; non illud tamen erat in quo, sive finem ad quem omnis haec nostra tractatio instituta initio fuit spectaremus, sive eas omnes officii nostri partes reputaremus animo quas perfecta rei scientia expostulare videbatur, sistendum nobis et cessandum esse arbitraremur. Ecquis enim tam facile assentiat, te iam plane assequutum quod proposueras, nisi illius exploratae apud omnes sententiae caussam detegas? aut quid confectum a te esse putes, nisi ostendas illam non alio ex fonte quam ex divina revelatione esse profectam? Altius igitur assurgendum nobis esse intelleximus, idque quod postremo loco quaerebatur, duplici ratione praestitimus: altera qua sanctorum patrum principia accurata investigatione assequeremur, altera qua et ipsorum ductu atque auctoritate et exquisitiorum hermeneuticae artis regularum usu ea quae in sacris litteris continentur expenderemus. Utraque ratio ita sane cecidit ut volebamus. Quemadmodum enim universa illa principia quae tamquam dogmata iidem sanctissimi viri explorata habuere, sive ea modum spectent divinitus revelatum quo perditum humanum genus ad pristinam conditionem revocatum a Deo est, sive dignitatem illam celsissimam qua beata Virgo Dei mater est effecta, sive primorum parentum quorum scelere iacuimus, cum Christo et Virgine quorum ope erecti fuimus, comparationem, sive demum divinorum beneficiorum in numero, pondere ac mensura, ut sacrae litterae loquuntur, largitionem distributionemque respiciant, praeter omnem dubitationem nos certos esse docent, beatissimam Dei matrem nulla peccati labe in suis primordiis potuisse maculari; ita et quae sacris litteris consignata a Deo sunt, eam ab omni tum originis tum cuiuscumque alterius peccati naevo immunem fuisse testantur.

Accedebant tandem vetustissima eaque omnium aetatum praeclara et gravissima monumenta. Aderat huius diei festi solemnis instituta celebratio; aderat sanctissimorum patrum studium vel maximum; aderat sacrorum omnium antistitum nostris hisce temporibus explorata doctrina; aderat universae christianae reipublicae mirifica et plenissima in hac fide consensio. Propterea nihil aliud postremo hoc in loco praestandum nobis esse existimavimus, quam universam tractationem ordiri *paucis* ac retexere; quae investigando eramus assequuti, ad exquisitiorem criticae artis normam exigere; eadem firmare magis ac magis; omnia demum hac ipsa quae ex omnibus partibus cogitur conclusione complecti, beatissimae Virginis Deiparae immaculatam originem iis quae certa revelatione continentur esse adnumerandam.

Haec habui fere quae dicerem, ut universam huius operis tractationem iis omnibus qui lecturi essent probarem. Quae me spes una sustentat ac reficit, haec est: neminem horum futurum, qui opus hoc eo animo legens quem initio diximus, probe non perspiciat, iniquos in nos eos omnes fore iudices qui vel eiusmodi elementorum usum quae proxime atque ex sese propositum finem non attingerent, improbarent; vel eam esse singulorum rationem exigerent qua suis expleta numeris demonstratio contineatur. Difficiles hos et morosos iudices unum dumtaxat monitos esse volumus: nos non ipsis scripsisse quae scripsimus, sed pro iis tantum laborem suscepisse qui mediocriter licet in hoc investigationis genere versati, quemadmodum plane norunt perfectam absolutamque universae assumptionis demonstrationem nonnisi ab omnium partium accuratissima complexione esse repetendam; ita et singularum rerum, tamquam seminum, non minimum fructum esse capiendum, si eae qua possunt ratione aliquid conferant ex quo uberrimae colligendae messis certa spes ostendatur.

Horum igitur iudicio ac sententiae quorum aequitas in aestimandis rebus minime nos habet sollicitos, totum hoc opus, quantumcumque illud est, bono animo permittimus. Unum tamen adiectum maxime cupimus, ex quo non parum benevolentiae ac fiduciae iis quae disputata a nobis sunt conciliatum iri putamus. Itaque noverint, idque quo verius est eo libentius fatemur, nos sive haec meditaremur, sive manum operi admoveremus, tum in investigandis, explanandis et disponendis opportune monumentis, tum in iis quae complecti, assequi, conficere et tamquam ex principiis ostendere opus erat, eius viri ingenio, doctrina, consilio atque opera usos esse, cuius quemadmodum amicitiam unice colimus, ita amplissimam in rebus theologicis scientiam plurimi facimus vehementerque suspicimus. Is est p. Clemens Schrader introductionis ad sacras litteras in romano collegio doctor decurialis, qui non theologicae modo disciplinae scientissimus, sed et philologica peritia egregie excultus, tanto nobis usui ac auxilio fuit, ut eum huius nostri operis non modo socium sed auctorem etiam aequo iure existimemus.

PROLEGOMENA

QUIBUS

QUAESTIONIS RATIO ET TRACTATIONIS INSTITUTUM

EXPONITUR.

---

1. Quum duo potissimum sint difficultatum genera, quibus augusta religionis nostrae mysteria in discrimen adduci aut etiam funditus negari consueverunt: alterum inde ductum, quod ea vim omnem humanae rationis intelligentiaeque praetergressa percipi animo distincte nequeant et sint prorsus incomprehensibilia: alterum vero inde repetitum, quod eorumdem vel nulla exstet vel non perspicua satis certaque revelatio; non idem tamen est vel esse modus debet, quo utrique generi occurritur et difficultates ex diversissima profectae origine enodantur atque expediuntur.

2. Priori namque illarum generi occurrimus, illisque satis superque factum arbitramur, quum [1]) *in captivitatem redigimus intellectum* nostrum *in obsequium Christi*, quum animo nobiscum reputamus in praesenti hac mortalitate stadioque militiae [2]) *videre* nos non *facie ad faciem* sed *per speculum* in aenigmate, quum memoria recolimus *fidem* [3]) esse dicique eorum *argumentum* quae *non* apparent, quum nos non ultra quam decet efferimus, sed divinam infinitamque reveriti maiestatem tum nobis fore pollicemur ut fidei non secus ac praeiacto semini visio atque scientia ceu fructus succedant cum [4]) *transformati a claritate in claritatem* [5]) *cognoscemus sicut et cogniti sumus*, et sola [6]) regnante caritate, quae virtutibus omnibus *maior* est quaeque [7]) *numquam excidit, similes* [8]) Deo *erimus, quoniam videbimus eum sicuti est.*

3. At vero seiuncta plane est ac diversa respondendi ratio, quam sibi posterius vindicat difficultatum genus, quaeque tum adhiberi usurparique debet, quum de ipsa mysterii revelatione, deque ipsa ad nos quod attinet eiusdem exsistentia dubitatur atque contenditur. Quum enim scriptum [9]) sit, *qui credit cito, levis corde est:* quum scriptum [10]) sit, *rationabile obsequium vestrum:* quum scriptum [11]) sit, *superaedificatos* nos esse oportere

---

1) II. Cor. X. 5.
2) I. Cor. XIII. 12.
3) Hebr. XI. 1.
4) II. Cor. III. 18.
5) I. Cor. XIII. 12.
6) I. Cor. XIII. 13.
7) I. Cor. XIII. 8.
8) I. Ioh. III. 2.
9) Eccli. XIX. 4.
10) Rom. XII. 1.
11) Ephes. II. 20.

super fundamentum apostolorum et prophetarum, ipso summo angulari lapide Christo Iesu: quum scriptum [1]) sit, *fides ex auditu, auditus autem per verbum Christi:* quum omnium ore celebretur Aquinatis [2]) effatum, *non enim crederet nisi videret, ea esse credenda vel propter evidentiam signorum, vel propter aliquid huiusmodi:* et quum inter damnatas e Petri cathedra theses ista quoque [3]) numeretur, *assensus fidei supernaturalis et utilis ad salutem stat cum notitia solum probabili revelationis, imo cum formidine qua quis formidet ne non sit loquutus Deus;* quoties de mysterii revelatione ambigitur, aut ea anceps, impedita neque certa satis compertaque affirmatur, toties necesse est omnem impendere curam, nullosque missos facere labores, quibus sedulo diligenterque testimonia conquirantur, quae ipsum editae revelationis factum citra quamvis controversiam situm positumque demonstrent.

4. Haec autem traduci nequeunt ad celsissimum mysterium quo conceptum beatissimae semper Virginis Deique genitricis Mariae immaculatum et a quavis originali labe integrum solutumque tenemus, quin illud non priori dumtaxat, verum prima saltem fronte primaque specie, posteriori quoque difficultatum generi obnoxium videatur. Ecquid enim est, quod de immaculato integerrimae Virginis conceptu tenemus? quo nostra pertinet sententia? aut quo redit Catholicorum firmissima persuasio?

5. Interrogentur Christifideles, interrogentur theologicae disciplinae cultores, interrogentur qui [4]) positi divinitus sunt *regere Ecclesiam Dei,* atque hi quidem interrogentur tum seorsum et e suis quique cathedris docentes, tum simul et in ecclesiasticas synodos collecti; nonnisi una omnium vox audietur, et nonnisi concors suffragatio resonabit: hanc esse universi catholici nominis fixam sententiam ratamque animorum inductionem, *doctrinam de immaculato Virginis conceptu non piam solum esse, certam, indubitatam, verum etiam christianae revelationis ambitu comprehensam eiusque* [5]) *deposito ita contentam, ut ea proxime, quemadmodum loquuntur, definibilis sit, eique ad praestantiam dignitatemque articuli fidei nihil praeterea deesse, quam solemnem declarationem quae e romana veritatis sede centroque catholicae unitatis proficiscatur.*

6. Quae quidem a nobis verissime dici ego pluribus ostenderem, nisi id aliorum opera studiisque occupatum iampridem esset accurateque perfectum, et nisi merito factis historice indubiis exploratisque accenseretur. Pluribus ostenderem civitates plerasque omnes, integras provincias, regnaque nobilissima nihil intentatum reliquisse, quod ad hanc suis ipsorum animis penitissime insitam fidem aperiendam conferre posse arbitrarentur. Pluribus ostenderem incredibilem quamdam theologorum seriem proferri in medium posse, qui cum eximio Suario [6]) propugnant et docent: *veritatem de Virgine sine peccato originali concepta posse definiri ab Ecclesia, quando id expedire iudicaverit.* Pluribus ostenderem vix non omnes catholici orbis Antistites libellos misisse supplices ad romanos Petri successores, ut supremam ab iisdem de immaculato conceptu sententiam definitionemque obtinerent. Pluribus ostenderem in synodis fere innumeris iisque ubivis gentium celebratis institutum fuisse atque decretum, ut definitio immaculati conceptus ab eo qui est Pastor Pastorum universalisque omnium Doctor atque magister summis infimisque precibus efflagitaretur. Pluribus denique ostenderem portenti instar habendum esse, si qui forte e Catholico-

---

1) Rom. X. 17.
2) S. II. II. q. I. a. IV. ad 2.
3) Est haec propositio XXI. ex LXV. quas Innocentius XI. die II. Martii an. MDCLXXIX. proscripsit.
4) Actt. XX. 28.
5) I. Tim. VI. 20. coll. II. Tim. I. 14.
6) De Incarnat. part. II. q. XXVII. a. II. disput. III. sect. VI. in III. part. Aquinatis.

rum numero reperiantur, qui illud non repetant et quo vehementissime possunt ingeminent quod senonensis Concilii Patres his omnino verbis [1]) significarunt: « De beatissimae ac gloriosissimae virginis matris Mariae immaculata conceptione perantiquam existimationem ex christianae Religionis incunabulis et ex intimo fidei sensu exortam, a patribus ad filios sine intermissione per secula transmissam et traditam, Ecclesiae pretiosam, Mariae ipsique Christo tantopere honorificam, per totum orbem christianum diffusam et propagatam, ex traditione efflorescentem, a tot summis Pontificibus et specialiter ab Alexandro VII. commendatam, institutis ad hoc festis et sacris officiis celebratam et consecratam, *nunc demum a sancta Sede apostolica christiano populo accipiendam, tenendam, credendamque definire velit votis ardentissimis et ore unanimi exposcimus* ».

7. Sed haec atque hisce simillima ultro tacitus praetereo, praesertim quum omnibus certissima penitusque explorata eo etiam nomine esse debeant, quod beatissimus Pater Pius IX. his plane verbis suas apostolicas litteras datas [2]) *venerabilibus fratribus Patriarchis, Primatibus, Archiepiscopis et Episcopis totius catholici orbis*, inceperit: « Ubi primum... ad sublimem Principis Apostolorum cathedram evecti totius Ecclesiae gubernacula tractanda suscepimus summa quidem consolatione affecti fuimus ..., cum noverimus quomodo in Pontificatu recol. memoriae Gregorii XVI. praedecessoris nostri *ardentissimum in catholico orbe mirifice revixerit desiderium, ut ab apostolica Sede tandem aliquando solemni iudicio decerneretur, sanctissimam Dei genitricem, omniumque nostrum amantissimam matrem, immaculatam Virginem Mariam absque labe originali fuisse conceptam*. Quod pientissimum desiderium clare aperteque testantur atque demonstrant postulationes tum ad eumdem Praedecessorem Nostrum, tum ad Nos ipsos continenter perlatae, quibus et *clarissimi Antistites*, et *illustria Canonicorum Collegia*, et *religiosae Familiae*, inter quas *inclytus Praedicatorum Ordo*, certatim efflagitarunt, ut in sacra liturgia ac praesertim in Praefatione Missae de beatissimae Virginis Conceptione, vocem illam *Immaculatam* palam publiceque enuntiare et addere liceret. Quibus postulationibus ab eodem Praedecessore Nostro, atque a Nobis ipsis quam libentissime fuit obsecundatum. Accedit etiam, Venerabiles Fratres, ut *quamplurimi* e vestro Ordine suas litteras ad ipsum Decessorem nostrum et ad Nos dare non destiterint, *per quas iteratis petitionibus atque ingeminatis studiis expostularunt, ut veluti catholicae Ecclesiae doctrinam definire vellemus, beatissimae Virginis Mariae conceptum immaculatum omnino fuisse atque ab omni prorsus originalis culpae labe immunem*. »

8. Quamquam aliud, illudque ponderis sane gravissimi accedit eisdem apostolicis litteris expressum, tantaque perspicuitate significatum, ut de mente deque sententia ipsius Romanae Ecclesiae, ad quam [3]) *propter potentiorem principalitatem necesse est omnem convenire Ecclesiam, hoc est eos, qui sunt undique fideles*, quaevis radicitus tergiversandi occasio evulsa intelligatur. Initio enim romanus Pontifex Pius IX. propriam privatamque, quam animo fovet sententiam, declarat [4]) inquiens: « Equidem huiusmodi vota pergrata perque iucunda Nobis fuere, qui vel a teneris annis nihil potius, nihil antiquius habuimus, quam singulari pietate et obsequio atque intimo cordis affectu beatissimam virginem Mariam colere, et ea peragere quae ad maiorem ipsius Virginis gloriam et laudem

---

[1] Ex Actis Concilii provincialis senonensis.
[2] Has litteras dedit summus Pontifex Pius IX. Caietae, die II. Februarii anno MDCCCXLIX.
[3] Irenaeus con. Haereses lib. III. cap. III. num. 2.
[4] In cit. apostolicis litteris.

procurandam, cultumque promovendum conducere posse videantur. » Tum, quod caput est ac multo debet vehementius Catholicorum mentem percellere, continuo [1]) subdit: « Itaque vel ab ipso supremi Nostri Pontificatus exordio summa quidem alacritate in tanti momenti negotium curas cogitationesque Nostras serio convertimus, atque humiles fervidasque Deo optimo maximo preces adhibere haud omisimus, ut caelestis suae gratiae lumine mentem Nostram collustrare velit, quo cognoscere possimus quid in hac re a Nobis sit peragendum. » Et aliquot interiectis [2]) pergit: « Hinc aliquos Ecclesiasticos viros pietate spectatos ac theologicis disciplinis apprime excultos, et nonnullos Venerabiles Fratres Nostros sanctae romanae Ecclesiae Cardinales virtute, religione, consilio, prudentia ac rerum divinarum scientia illustres selegimus, eisque commisimus ut pro eorum prudentia atque doctrina gravissimum argumentum omni ex parte accuratissime examinandum curarent, ac subinde eorum sententiam ad Nos diligentissime deferrent. Dum autem ita se res habent, illustria Decessorum Nostrorum vestigia sectari, exempla aemulari censuimus. »

9. Neque istis se continuit sapientissimus Pontifex, sed ad alia rursum atque alia manus admovit, quemadmodum fas est ex hisce intelligere [3]) quae addit: « Quamobrem has vobis, Venerabiles Fratres, scribimus Litteras, quibus egregiam vestram pietatem atque episcopalem sollicitudinem *magnopere* excitamus, vobisque *etiam atque etiam* inculcamus, ut quisque vestrum, pro suo arbitrio atque prudentia, in propria dioecesi publicas preces indicendas ac peragendas curet, quo clementissimus luminum Pater nos superna divini sui Spiritus luce perfundere, numine afflare dignetur, ut in tanti momenti re illud consilium suscipere valeamus, quod ad maiorem tum sancti sui Nominis gloriam, tum beatissimae Virginis laudem, tum militantis Ecclesiae utilitatem possit pertinere. » Concludit [4]) denique: « Optamus autem vehementer, ut maiore qua fieri potest celeritate Nobis significare velitis, qua devotione vester clerus populusque fidelis erga immaculatae Virginis conceptionem sit animatus, et quo desiderio flagret *ut eiusmodi res ab apostolica Sede decernatur*, atque in primis noscere vel maxime cupimus quid vos ipsi, Venerabiles Fratres, pro eximia vestra sapientia de re ipsa sentiatis, quidque exoptetis. »

10. Iamvero neque sibi ipsis neque creditis sibi partibus defuerunt catholici orbis Episcopi, quin potius impensissimam dederunt operam, ut sanctissimi Patris piissima vota cumulatissime explerent. Quare publicas indixerunt preces, Cleri populique desideria voluntatesque explorarunt, suffragia sententiasque theologorum exquisierunt, convenerunt frequentes in synodos evulgatisque pastoralibus Institutionibus, datisque ad romanum Pontificem litteris, hanc sibi, hanc omnibus insidere mentem sanctissime testati sunt: maturuisse iam tempus, quo immaculatus Deiparae conceptus ad dignitatem maiestatemque articulorum fidei supremo apostolicae Cathedrae iudicio proveheretur.

11. Velim modo fas mihi integrumque sit percontari, possint nec ne sive plura sive luculentiora postulari aut etiam expeti tum indicia quum argumenta, e quibus catholicae plebis, catholici Episcopatus atque ipsius etiam romanae Sedis persuasio ac sententia de immaculato Virginis conceptu splendescat atque emicet? Non dubitem respondere, vel ista satis esse, vel nihil satis esse quo constantissime affirmetur, universum catholicum nomen, universum catholicum Episcopatum, atque ipsum pariter catholici Episcopatus moderatorem et caput in una eademque versari sententia: immaculatum Deiparae conceptum ad ve-

---

1) In cit. apostolicis litteris.
2) Ibidem.
3) Ibidem.
4) Ibidem.

ritales caelitus revelatas pertinere, definiri incunctanter posse, atque ita esse comparatum ut christianae fidei articulis connumerari proxime queat.

12. Sed quod dissimulari nullatenus debet, ea se continuo difficultas obiicit, quae primo suo veluti appulsu non minimum mentes commovet animosque sollicitat. Si qui enim iis insueverint criteriis, iisque normis quibus de qualitate sententiarum deque doctrinarum conditione et indole aestimare theologi arbitrarique solent, pendebunt animis, assensionemque dubii fluctuantesque continebunt. Quae enim, secum ipsis inquient, doctrinarum capita revelatione comprehenduntur, quaeque proxime definiri posse concordi suffragatione putantur, ea passim luculenterque consignata monimentis occurrunt, quibus revelatum Dei verbum comprehenditur. At eiusmodi ne est immaculatus divinae Matris conceptus, non ille quidem quem activum [1] nominant, quemque immaculatum fuisse in litteris ad Lugdunenses Bernardus [2] negavit, verum alter quem passivum dicunt, quique tum primum exstitit quum Virginis anima recens corpusculum informavit? suppetunt ne Scripturarum oracula, quibus hoc adprobetur? et sin minus Scripturarum oracula, ea ne saltem praesto sunt catholicae traditionis testimonia e germanis christianae antiquitatis deducta instrumentis, quae sua constantia suaque amplitudine ad stabiliendam fidei veritatem scite graviterque adhibeantur?

13. Seponam Protestantium iudicia, neque eorum modo qui petulantius vel cum Calvino [3] contra tridentinos Patres scribunt: « De speciali Virginis Mariae privilegio quum caeleste diploma protulerint, credemus quod iactant: nam Ecclesiam quid appellant nisi Concilium claromontanum? Ecclesiae certe membrum erat Augustinus, qui tametsi amoliendae invidiae caussa mavult alicubi de beata Virgine silere; passim tamen sine eius exceptione totum Adae genus peccato involvit. Quin etiam prope disertis verbis eam in peccatorum ordinem aggregat, quum ad Marcellinum scribens, multum eos errare tradit qui ulli Sanctorum, praeterquam uni Christo, necessariam fuisse hanc deprecationem negant, *remitte nobis debita nostra:* minimeque eos placere Sanctis quos laudant. Membra Ecclesiae erant Chrysostomus et Ambrosius, qui ambitione tentatam fuisse suspicantur. Quae omnia non alium in finem commemoro, quam ut intelligant lectores, *nullum esse tam nugatorium figmentum, quod inter fidei dogmata ab istis asinis non censeatur.* » Vel cum Martino Kemnicio adversus eosdem [4] contendunt: Veteris verae et purioris Ecclesiae sententiam huc spectasse, beatam Virginem non citra labem originalis peccati fuisse conceptam. Et quidem Longobardus etiam [5] inquit: *sane dici potest et credi ... ipsam Verbi*

---

1) Cf. de hoc discrimine disserentem Benedictum XIV. De Festis lib. II. cap. XV. n. 1.

2) Videsis Albertum Magnum in III. dist. III. a. IV., Bonaventuram in III. dist. III. a. IV., et Carolum Du Plessis D'Argentré in Collect. iudiciorum de novis erroribus ad annum MCXL. pag. 30. T. I.

3) Antidot. Concil. trident. ad Sess. VI. can. XXIII.

4) Examen decretorum Concilii tridentini, in appendice ad decretum sessionis V. pag. 520-521.

5) Lib. III. dist. III. Gualterus de s. Victore anno circiter MCLXXX. quatuor conscripsit libros contra quatuor celeberrimos saeculi XII. Magistros, Petrum Abaelardum, Gilbertum porretanum, Petrum lombardum et Petrum pictaviensem, quos ipse vocat *quatuor Franciae labyrinthos, novosque haereticos.* In tertio autem libro cap. XII. statuit: *quod nulla prorsus debet haberi quaestio de sancta Dei Genitrice, quandocumque de peccatis agitur;* subdit vero cap. XIII., *quod Christum arguat de peccato, qui carnem Verbi vel obnoxiam vel mundatam dicit quoquo modo:* tum in Petrum lombardum severissime animadvertit, quod immaculatam Virginem originali labe infectam docuerit. Refert haec omnia Carolus Du Plessis D'Argentré in Collect. iudiciorum de novis erroribus ad annum MCLXXIX. pag. 114-116., suamque mentem aperit pag. 117. inquiens: « Gualterum laudo, quod immaculatam Beatae Virginis conceptionem defendat; sed sententiam Magistri Petri lombardi perperam interpretatur. » Magistrum enim in pia vulgataque sententia conquievisse, tum ipsemet Du Plessis continuo ostendit, tum Benedictus Plazza in Causa immaculatae conceptionis, Act. VII. nn. 18. seqq. pag. 527. seqq. prolixius demonstrat.

carnem prius peccato fuisse obnoxiam, sicut reliqua Virginis caro, sed Spiritus sancti operatione mundatam ita ut ab omni contagione immunis uniretur Verbo. Fuit igitur Longobardi adhuc tempore ignota opinio, Mariam sine peccato originali conceptam. Sed consideret lector, quando primum absque verbo, specie aliqua bonae intentionis a Scripturae testimoniis paullulum disceditur, quid tandem consequatur.» Vel cum Henrico Heideggero [1]) pronunciant: « Confitemur quidem ultro et praedicamus Θεοτόκον Virginem sanctam et beatam, sed per gratiam non per naturam ... At in peccato originali, communi nascentium lege, a qua solus Christus Deus in secula benedictus, exemptus est, conceptam esse diserte asserimus. » Atque ita diserte asserimus ut pariter [2]) affirmemus: « Eamdem fuisse veteris Ecclesiae sententiam, ... erroremque de immaculato Virginis conceptu sero admodum in Ecclesiam papisticam invectum esse ad Μαριολατρείαν stabiliendam, quod non diffitetur [3]) Suave Polanus. »

14. Haec ego atrociora Protestantium iudicia seponam, illaque pariter eorumdem iudicia seponam, qui mitius blandiusque cum Gerardo Iohanne Vossio [4]) scribunt: « Etiam ab aliquibus disputatur, utrum ipsa mater Domini in peccato originali fuerit concepta .... Sed primis quatuor et ultra seculis etsi inter Patres invenirentur, qui docentibus aliis, Mariam etiam actualibus delictis obnoxiam fuisse, assensum suum accomodare non auderent; tamen in originali peccato eam et conceptam et natam esse credebant, quicumque crederent peccatum originale. Paullatim vero inter haec distingui coepit, ut in peccato quidem concepta, sed ante nativitatem ab eo mundata putaretur. Bernardi primum aetate immaculata etiam conceptio defensa, et festum [5]) in eius honorem, sed privata auctoritate, celebratum fuit. Postea sententia haec in scholas invecta est [6]) a Iohanne Scoto. Eam denique comprobavit Concilium basileense: quod nisi Eugenius (in cuius depositionem Concilium illud consenserat) improbasset, iam pro fidei dogmate [7]) in romana Ecclesia haberetur. Sed Sixtus IV. (cuius sententiam etiam amplexum fuit Concilium tridentinum) festum quidem conceptionis Mariae coli [8]) praecepit, dogma vero immaculatae conceptionis inter ea retulit quae pie crederentur, nec cum haereseos nota negarentur, quia neutrum esset ab romana ecclesia decisum. »

---

1) Tumulus tridentini Concilii ad Sess. V. q. III. pagina 210.

2) Ibid. pag. 213-214.

3) Hist. Concil. Trident. lib. II. pag. 159-160.

4) Hist. Pelag. lib. II. part. III. Thesi III. pag. 632.

5) Atqui testimoniis prope innumeris constat, diu ante Bernardum in Ecclesia occidentali aeque ac orientali festum Conceptionis fuisse frequentatum.

6) Minus quam deceret sibi compertam Scholae historiam ostendit Vossius, quum omnium primum immaculati conceptus in scholis assertorem Scotum repraesentat.

7) Quasi vero, quod est omnino falsissimum, basileensi decreto, quod Episcopi ediderunt Sess. XXXVI. celebrata XV. Kal. Octobris ann. MCCCCXXXIX., immaculatus Virginis conceptus inter fidei articulos fuerit recensitus. Sane verba decreti sic habent: « Nos vero diligenter inspectis auctoritatibus et rationibus, quae iam a pluribus annis in publicis relationibus ex parte utriusque doctrinae coram hac sancta synodo allegatae sunt, aliisque etiam plurimis super hac re visis et matura consideratione pensatis, doctrinam illam asserentem, gloriosam Virginem Dei Genitricem Mariam, praeveniente et operante divini Numinis gratia singulari, numquam actualiter subiacuisse originali peccato, sed immunem semper fuisse ab omni originali et actuali culpa, sanctamque et immaculatam, *tamquam piam et consonam cultui Ecclesiastico, fidei catholicae, rectae rationi et Scripturae, ab omnibus Catholicis approbandam fore, tenendam et amplectendam definimus et declaramus nullique de cetero licitum esse in contrarium praedicare seu docere.* » Nihil porro in his est, quod formam dogmaticae definitionis praeseferat, quodque divinae fidei assensionem praescribat. Qua de re consuli prae aliis possunt Gabriel Vasquius in III. p. disput. CXVII. cap. IV., et Carolus Du Plessis D'Argentré, collect. cit. ad annum MDLXXV. pag. 443.

8) De Sixti IV. Constitutionibus praeclare disserit Plazza in causa immaculatae Conceptionis, Act. V. art. II. pag. 390. seqq.

15. Immo Iansenianorum quoque seponam opiniones ab his non admodum dissonas, et quas aegre a severioribus Protestantium censuris distinxeris. Seponam tandem vel ipsos intemperantiores catholicos, qui seculo XVI. cum [1]) Erasmo, seculo XVII. cum [2]) Launoio, seculo XVIII. cum [3]) Lampridio, atque seculo hoc nostro cum [4]) Hermesio contenderunt ae porro contendunt, frustra e christianis monimentis Patrumque operibus praesidia quaeri, quibus fides de immaculato Virginis conceptu apte firmiterque communiatur. Hos ego omnes facile seponam, quum sentiendi iudicandique temeritate id fuerint consequuti, ut ex illorum albo expungerentur, quibus aures praeberi solent.

16. At vero neque possum neque illos habere insuper debeo, qui quum candide atque sincere immaculatum Virginis conceptum iis adscribant, quae pia sunt, quae vera, quae indubitata, quaeque citra insolentem arrogantiam animique elationem repudiari oppugnarique non possunt; se nihilominus anxios exhibent, sibique in votis apprime esse significant, ut si acrioribus forte curis queat, pleniori in lumine ea collocentur, quae ad persuadendam immaculati conceptus revelationem accomodata existimantur. Sicut enim horum ratio ab illorum caussa summopere distat, quorum priore loco obiterque meminimus; ita eiusmodi refert speciem ut non sine eximiae cuiusdam utilitatis spe in examen adduci posse videatur.

17. Sic enim iidem statuunt: multa omnino esse eaque praeclara, quae doctrinam de immaculato Virginis conceptu piam ostendunt, certam comprobant, indubitatamque convincunt. Ut enim, inquiunt, iis non immoremur quae interna sunt, exquisitiora atque a multiplici convenientiarum genere deducta; quis nisi male sanus christianaeque immemor pietatis in discrimen vocet atque in dubitationem adducat eiusmodi doctrinam, cui unanimes patrocinantur fideles, quam theologi uno ore propugnant, quam nobilissimae theologicae facultates prae oculis gerunt, quam Episcopi praedicant, quam Episcoporum conventus sanciunt, quam oecumenicum Concilium veneratur, quamque Petri successores et Christi Salvatoris Vicarii sibi delegisse videntur, ut eam excolerent, illustrarent, tuerentur et omnibus quibus possent modis promoverent, uberrimaque luce perfunderent? eiusmodi vero neque alia est sententia, qua immaculatus Deiparae conceptus proponitur atque tenetur.

18. Huic namque sententiae ea concordia patrocinantur fideles, ut nihil sit illis antiquius, nihil carius, et omnino nihil quod pleniori suffragio complectantur. Cuius quidem suffragii vim esse insignem, dignitatemque praestantissimam ii omnes sua sponte fatebuntur qui secum reputaverint, suffragium esse non carnis et sanguinis, sed eorum quos Spiritus regeneravit, quos Spiritus fovet et animat, et in quibus non secus ac in proprio templo Spiritus conquiescit. Necesse siquidem est, ut Paulinus nolanus Antistes [5]) loquitur, *ut de omnium fidelium ore pendeamus, quia in omnem fidelem Spiritus Dei spirat.*

Eamdem sententiam tanta consensione theologi propugnant, ut post seculum XV. nulli

---

[1]) Apud Theophilum Raynaudum in Pietat. Lugdun. Tractat. Cardine II. n. 35. pag. 309.

[2]) In opusculo, cui titulus, *Praescriptiones de conceptu Beatae Virginis.*

[3]) In libro, *De superstitione vitanda.*

[4]) Dogmatik. III. 1. pag. 126.

[5]) Epist. XXV. al. IV. n. 36. Alia eodem pertinentia dabunt Augustinus in libro de cura pro mortuis gerenda cap. I. n. 3, con. Cresconium donatistam I. I, c. XXXIII. n. 39, con. Iulianum pelagianum lib. I. cap. VII. n. 31, epist. LIV. al. CXVIII. ad Ianuarium n, 6, et Vincentius lirinensis in Commonit. cap. XXXIII.; e theologis vero de consensione fidelium eiusque pretio verissime disputant Iohannes Fischerus roffensis Episcopus in libro pro Henrico VIII. con. Lutherum cap. III. nn. 7-8, Melchior Canus de locis theolog. lib. II. cap. VI., et Dionysius Petavius de Incarnat. lib. XIV. cap. III. nn. 10-11.

propemodum commentariis librisque editis inclaruerint, qui immaculatum Virginis conceptum non maiori quo possent [1] studio vindicaverint.

19. Quid vero theologicae facultates et academiae? Ne unam quidem ex illis proferre in medium licet, quae infectam depravatamque originis labe conceptionem Virginis docuerit. Quin immo quotquot exstiterunt et exsistunt omnes, parisiensis [2], coloniensis [3] moguntina [4], complutensis [5], et ne singulas numerando referam, salmanticensis [6] hanc sibi demandatam provinciam existimasse videntur, ut piam sententiam expolirent, expolitamque defenderent. Hoc vidit Bartholomaeus Medina, qui propterea anno MDLXXVIII de pia sententia loquens his plane verbis [7] usus est: « Suffragantur huic sententiae *omnes* universitates studiorum, in quibus viri docti et magistri sequuntur hanc sententiam, et maxime schola parisiensis reliquarum parens et magistra. » Ita vero academias suam piae sententiae assensionem adiecisse constat, ut non in eos solum animadverterint [8] qui illam impeterent, dictorumque correctionem retractationemque [9] imperarint; sed conceptis praeterea [10] votis, pronunciatisque [11] iuramentis sancte promiserint, omnem se daturas operam ut pia sententia unice floreret et ubivis gentium dominaretur.

20. Pari, ne dicam vehementiori studio catholici orbis Antistites eo spectarunt, ut quae sola vigebat sententia, altiores in dies radices ageret, gregisque sibi commissi mentes animosque intimius pervaderet. Probe enim intelligebant ac porro intelligunt quod herbipolensis Episcopus communem omnium persuasionem patefaciens significavit [12] inquiens: « Ex principiis et rationibus theologicis *inter omnes* constare, doctrinam de immaculata beatissimae Virginis conceptione *quae pia et unanimi in Ecclesia catholica fide tenetur*, certissimam esse catholicam veritatem, cui contradicere nefas est et piaculum, sed ut formaliter et stricte inter fidei dogmata referatur, adhuc Ecclesiae solemni declaratione et definitione opus esse. »

21. Succedunt Episcoporum conventus, iique non paullo solum vetustiores pluriumque seculorum intervallo a nobis seiuncti, verum etiam aetate hac nostra celebrati et omnino recentissimi ac prope hodierni. Ex illorum numero tacitus praeteribo basileensem, cuius definitionem sententiamque [13] a me superius relatam memini; sed minime patiar ut

---

1) Hoc ipsemet fatetur Caietanus in suo de Conceptione tractatu cap. V. scribens: *Doctores tenentes beatam Virginem esse praeservatam ab originali peccato, sunt numero infiniti, si ad modernos spectemus;* atque hoc ad evidentiam usque demonstrat Plazza in Causa immacul. Concept. Act. VII. Prolus. pag. 530. seqq.

2) Apud Carolum Du Plessis D'Argentré Collect. cit. ad annum MCCCLXXXIV. p. 60, ad annum MCCCLXXXVII. pag. 61. seqq., ad annum MCCCCXCVI. pag. 333, ad annum MCCCCXCVII. pag. 336, et ad annum MDCXCVI. pag. 151., et apud Emmanuelem a Schelstrate in opere inscripto, *Acta orientalis Ecclesiae*, dissert. praevia cap. IV. pag. 35. ubi relata Lutheri propositione, *Contradictoria huius propositionis, beata Virgo est concepta sine peccato originali, non est reprobata,* insequens subiicitur parisiensis facultatis censura: *Haec propositio est falsa, ignoranter et impie contra honorem immaculatae Virginis asserta.*

3) Apud eumdem, ad annum MCCCCXCIX. pag. 1-2.

4) Apud Trithemium in chronico ad annum MDI.

5) In Regesto Authent. et Univers. col. 337, et col. 355. seq. ad annum MDCXVII.

6) In Regesto Authent. coll. 372-373. ad an. MDCXVIII.

7) Comm. in III. p. q. XXVII. an. II.

8) Apud Carolum Du Plessis D'Argentré, ad annum MCCCLXXXVII. pag. 61. seqq., et ad ann. MCCCCLVII. pag. 252.

9) Apud eumdem ibidem.

10) Apud eumdem ad an. MDCXVII. pag. 190-191.

11) Cf. Plazzam Op. cit. Act. VII. art. III. p. 594. seqq.

12) In litteris ad venerabilem Clerum tam secularem quam regularem dioeceseos herbipolensis datis die XV. Iunii MDCCCXLIX.

13) Quanta consensione receptum fuerit basileense decretum de immaculata Virginis conceptione, quove in pretio haberi idcirco debeat, sapienter ostendunt Iacobus Almainus in III. dist. III. q. I., Iohannes Maior comm. in Luc. I. pag. 167-168, et Serm. I. de Concept. p. 300,

de avenionensi taceam, cui anno MCCCCLVII. unanimes subscripserunt Petrus de Fuxo Cardinalis et Legatus a latere Martini V. in Comitatu avenionensi, Alanus de Coetivi S. R. E. Cardinalis, Robertus aquensis Archiepiscopus, Petrus Episcopus aptensis, Georgius senecensis, Gaucherius vapicensis, Nicolaus massiliensis, Petrus dignensis, Petrus glaudavensis, Palamedes cavallicensis, Pontius vasionensis, Iohannes rhegiensis, Stephanus tricassinensis, Michael carpentoractensis et Iohannes aurasiensis, et in quo hanc votis concordibus [1]) tulere sententiam: « Decretum in Concilio basileensi factum de conceptione beatissimae Virginis Mariae statuimus inviolabiliter observari, districte omnibus inhibendo sub excommunicationis poena, ne quisquam aliquid in contrarium praedicare vel publice disputare praesumat. Quod si secus aliquis fecerit, dictam sententiam eum incurrere volumus ipso facto; et in prima synodo per dioeceses per quemlibet celebranda, praedicta statuimus publicari, et Curatis ecclesiarum iniungi ut haec populo manifestent. »

22. Ex recentioribus autem Episcoporum conventibus, quos plurimos [2]) habitos fuisse constat, unius turonensis Synodi decretum proferam his plane verbis [3]) conceptum: « Omni cura et studio obsequi volentes sanctissimi Patris Nostri Papae Pii IX. litteris datis Caietae die II. Februarii anni praesentis MDCCCXLIX., insuper et pro viribus suis intendentes promovere quidquid ad maiorem beatissimae Mariae gloriam et laudem conducere potest, Patres manifestam et publicam faciunt suam ceteroquin *communem* Clero populoque totius provinciae firmam ac certam persuasionem de Virginis Deiparae Conceptione immaculata. Hanc igitur doctrinam, nempe sanctam Dei Genitricem Mariam, praeveniente et operante divini Numinis gratia singulari, numquam actualiter subiacuisse originali peccato, sed praeservatam omnino fuisse a labe originis, tenent et amplectuntur tamquam piissimam et adeo consonam sacrae Scripturae, traditioni, cultui ecclesiastico et rectae rationi, ut ad illius confirmandam certitudinem solemne tantummodo deesse videatur iudicium Sedis Apostolicae. Magnopere autem exoptant hunc tandem sanctissimae Virgini decerni honorem, ut veluti doctrina Ecclesiae catholicae definiatur, ipsius conceptionem ab omni prorsus originalis culpae labe fuisse immunem. »

23. Fastigium atque culmen sua veluti manu imponunt romani Pontifices, apud quos uti africani Episcopi [4]) loquuntur, *magnum et indeficientem omnibus Christianis fluenta redundantem consistere fontem, nullus ambigere potest, de quo rivuli prodeunt affluen-*

---

venerabilis Petrus Canisius de Maria Deipara lib. I. cap. VII., venerabilis Robertus Cardinalis Bellarminus de Amiss. Gratiae lib. IV. cap. XV., et Plazza Op. cit. Act. IV. art. II. pag. 359. seqq. Heic autem praetermissa nolim quae Dionysius cartusianus seculo XV. in dialogo Ecclesiae Matris cum Filio cap. XXXI. apud Edmundum Martenium in Sylloge MSS. Script. T. VI. pag. 73 his verbis complexus est: « *Filius*. Aestimo, Mater, quoniam quaestione ipsa satis difficili in basileensi Concilio ventilata, et cum matura venerabilium Patrum deliberatione definita et declarata, non ultra *(infecti conceptus assertores)* persistent in sua sententia. *Mater*. Stultum esset valde et praesumptuosum, cum per orbem universum nostrorum universitas filiorum inconcusse teneat ac firmiter credat eam semper mundissimam exstitisse, nec umquam ullam seu originalem seu actualem contraxisse culpam. Quod si contrarium esset, de ipsius Conceptione festum non fieret. Quod autem de ipsa festum fieri debeat, miracula super hoc manifestata declarant. *Filius*. Efficax sane et irrefragabilis probatio, et prorsus invincibilis assertio est, si quod homo per rationes probat, per prodigia Deus confirmat. »

1) Apud Carolum Du Plessis D'Argentré, Collect. cit. ad annum MCCCCLVII. pag. 252-253. Omitto tridentinam Synodum, quod ratum mihi sit in adiecta ad calcem appendice de ea paullo uberius disserere.

2) Hos inter commemorari debent provinciales synodi, senonensis, remensis, avenionensis, et ne singulas memorem, baltimorensis, quorum conspirantia decreta ob oculos habeo.

3) Ex Actis Concilii provincialis turonensis Rhedone habiti an. MDCCCXLIX. Decret. XIV.

4) In Litteris datis ad Theodorum Papam, lectisque in lateranensi Concilio sub Martino I. Act. II.

ter, universim largissime irrigantes orbem Christianorum. Sane recolantur [1]) profecta ab iis *decreta, constitutiones, responsa, praecepta, mandata, confirmationes, approbationes, gratiae, concessiones* et privilegia: recolantur quae fixa rataque esse voluerunt [2])

[1] Apud Bochellum Tit. IX. cap. XIII., et Carolum Du Plessis D'Argentré, Collect. cit. ad an. MCXL. pag. 30.

[2] Constitut. *Cum praeexcelsa*, dat. Romae III. Kal. Maii MCCCCLXXVI.; Constitut. *Grave nimis*, dat. Romae pridie Non. Sept. MCCCCLXXXIII.; Constitut. *Inter innumera*, dat. Romae pridie Kal. Maii MCCCCLXXXIX.; Constitut. *Illius qui*, dat. Romae VIII. Kal. Martii MDII.; Constitut. *Dum praeclara*, dat. Romae X. Iulii MDX.; Constitut. *Ad statum prosperum*, dat. Romae XV. Kal. Octobris MDXI.; Constitut. *Super gregem dominicum*, dat. Romae die XXII. Maii MDXVII.; Constitut. *Pia Christifidelium, et praesertim in immaculatae conceptionis*, dat. Romae die XVIII. Febr. MDXVIII.; Constitut. *Animas lucrifacere*, dat. Romae XIII. Kal. Iulii MDXVIII.; Constitut. *Quia nuper*, dat. Romae die X. Febr. MDXX.; Constitut. *Ineffabilia gloriosae*, dat. Romae IX. Kal. April. MDXX.; Constitut. *Romanus Pontifex*, dat. Tarracone die XXXI. Iulii MDXXII.; Constitut. *Cum sicut*, dat. Romae die XVII. Octobris MDXXVIII.; Constitut. *Breviarium divini Officii*, dat. Romae die III. Iulii MDXXXVI.; Constitut. *Dum praecelsa*, dat. Romae VII. Idus Mart. MDXXXVI.; Constitut. *Exponi nobis*, dat. Romae die XVI. Iulii MDXLVIII.; Constitut. *Cum sicut*, dat. Romae die XVI. Sept. MDXLIX.; Constitut. *Benedictus Deus*, dat. Romae VII. Kal. Febr. MDLXIII.; Constitut. *Ex omnibus*, dat. Romae Kal. Octobris MDLXVII.; Constitut. *Quod a nobis*, dat. Romae VII. Idus Iulii MDLXVIII.; Constit. *Super speculam*, dat. Romae pridie Kal. Decembr. MDLXX.; Constitut. *Super gregem*, dat. Romae V. Idus Maii MDLXXX.; Constitut. *Expositum nobis*, dat. Romae die XVIII. Octobr. MDLXXXVI.; Constitut. *Ineffabilia*, dat. Romae die XXX. Martii MDLXXXVIII.; Constitut. *Gratae devotionis*, dat. Romae IX. Maii MDC.; Constitut. *Dignum*, dat. Romae XI. Kal. Febr. MDCI.; Constitut. *Apostolicae Sedis*, dat. Romae V. Idus Maii MDCVI.; Constitut. *De salute gregis*, dat. Romae Kal. Maii MDCXIV.; Constitut. *Ad augendam*, dat. Romae die X. Iulii MDCXV.; Constit. *Regis pacifici*, dat. Romae die VI. Iulii MDCXVI.; Constit. *Sanctissimus*, dat. Romae die XXXI. Augusti MDCXVII.; Constitut. *Sanctissimus Dominus Noster*, dat. Romae die IV. Iunii MDCXXII.; Constitut. *Considerantes*, dat. Romae II. Nonas Iulii MDCXXII.; Constitut. *Imperscrutabilis*, dat. Romae pridie Idus Febr. MDCXXIII.; Constitut. *Qua pietate*, dat. Romae die XX Sept. MDCXXV.; Constitut. *Illius vices*, dat. Romae Nonis Apr. MDCXXV.; Const. *Laudabilia*, dat. Romae XI. Kal. Iulii MDCXXVI.; Constit. *Ex commissi*, dat. Romae Kal. Iunii MDCXXIX.; Constitut. *Ex iniuncto*, dat. Romae pridie Kal. Maii MDCXXXI.; Constitut. *Sanctae et immaculatae Virginis*, dat. Romae die XXVI. Nov. MDCXXXI.; Constit. *Debitum pastoralis*, dat. Romae V. Idus Maii MDCXXXII.; Constit. *Sacri Apostolatus*, dat. Romae XIV. Kal. Dec. MDCXLIII.; Constitut. *In his per quae*, dat. Romae die X. Nov. MDCXLIV.; Constitut. *Sollicitudo omnium Ecclesiarum*, dat. Romae die VIII. Dec. MDCLXI.; Constit. *Augustissimae atque gloriosissimae Virginis*, dat. Romae die XXVII. Sept. MDCLXVII.; Constit. *Sincera*, dat. Romae die XXI. Octob. MDCLXVII.; Constitut. *Rationi congruit*, dat. Romae V. Idus Maii MDCLXX.; Constitut. *Eximia*, dat. Romae die VIII. Maii MDCLXXI.; Constitut. *Creditae nobis*, dat. Romae die VII. Iunii MDCLXXX.; Constitut. *In supremo*, dat. Romae die XX. Martii MDCLXXXIII.; Constit. *Cum sicut*, dat. Romae die XXII. Sept. MDCLXXXVIII.; Constitut. *Cum sicut accepimus*, dat. Romae die VI. Decembr. MDCXCII.; Constitut. *Ad ea, per quae*, dat. Romae die XXIV. Decembr. MDCXCII.; Constitut. *Caelestium*, dat. Romae die IV. Octobr. MDCXCVI.; Constitut. *Commissi nobis*, dat. Romae die VI. Decembr. MDCCVIII.; Constit. *Caelestium munerum*, dat. Romae die XII. Maii MDCCX.; Constit. *Ex iniuncti*, dat. Romae die VII. Maii MDCCXX.; Constitut. *Cum sicut*, dat. Romae die XXVI. Martii MDCCXXII.; Constitut. *In supremo*, dat. Romae die III. Sept. MDCCXXIII.; Constit. *Ex quo Sedes Apostolica*, dat. Romae Kal. April. MDCCXXVII.; Constit. *Piis orthodoxorum*, dat. Romae die XXI. Martii MDCCXXIX.; Constitut. *Ex iniuncto nobis*, dat. Romae die XXXI. Augusti MDCCXXXII.; Constit. *Quantum ornamenti*, dat. Romae VI. Idus Nov. MDCCLX.; Constit. *Cum primum*, dat. Romae XVI. Kal. Febr. MDCCLXI.; Constit. *Commissi nobis*, dat. Romae die XIV. Martii MDCCLXVII.; Constit. *Eximia pietas*, dat. Romae eodem die et anno; Constitut. *Pastoralis officii*, dat. Romae die XXI. Nov. MDCCLXXIX.; Const. *Nuper*, dat. Romae die XVI. Sept. MDCCLXXVI.; Constit. *Religiosos Ordines*, dat. Romae die VI. Septembris MDCCLXXXV.; Constit. *Exponi nobis*, dat. Romae die XIII. April. MDCCXC. Quae vero ad Pium VII., Leonem XII. Gregorium XVI. et Pium IX. referuntur, ea sedulo collegerunt Perronius in Appendice ad Disquisit. Theolog. de immaculato Virginis conceptu et Augustinus Pacificus ex Ordine Alcantarinorum in opere inscripto: *La Chiesa Cattolica nel fatto dell' immacolatissimo e santissimo concepimento della gran madre di Dio Maria*, pag. 813. seq. Omnium autem instituta comparatione deprehendimus, ex universis Romanis Pontificibus qui a Sixto IV. ad Pium IX. catholicae Ecclesiae praefuerunt, nonnisi paucissimos numerari posse qui ob Pontificatus brevitatem solemnibus gestis suam in immaculatum Virginis conceptum exi-

Innocentius III., Sixtus IV., Innocentius VIII., Alexander VI., Iulius II., Leo X., Adrianus VI., Clemens VII., Paulus III., Pius IV., Pius V., Gregorius XIII., Sixtus V., Clemens VIII., Paulus V., Gregorius XV., Urbanus VIII., Alexander VII., Clemens IX., Clemens X., Innocentius XI., Innocentius XII., Clemens XI., Innocentius XIII., Benedictus XIII., Clemens XII., Benedictus XIV., Clemens XIII., Clemens XIV., Pius VI., Pius VII., Leo XII., Gregorius XVI., et Pius IX.; mirum si quid reliqui adhuc sit quod ab ipsis merito expectari potuisse videatur.

24. Ipsi enim beatissimam Virginem urbium, provinciarum, regnorumque patronam sub titulo immaculatae Conceptionis electam sua auctoritate confirmarunt: ipsi confraternitates, congregationes, societates, religiones in honorem immaculatae Conceptionis institutas comprobarunt: ipsi xenodochia, conventus, monasteria, ecclesias, altaria sub invocatione immaculati Conceptus erecta sibi gratissima esse declararunt: ipsi solemne immaculatae Conceptionis festum non instituerunt modo, verum etiam sancte celebrandum praeceperunt, erogatisque indulgentiis fidelium animos inflammarunt: ipsi Officium immaculatae Conceptionis cum octava in universa Ecclesia frequentandum proposuere: ipsi copiam facultatemque fecerunt ut in augustioribus cultus actibus appellatione Immaculatae Maria decoraretur: ipsi sententiam immaculatae Conceptioni faventem tum *piam* dixerunt, tum melioribus quibus possent modis ornarunt: ipsis debetur quod neque publice neque privatim aut pia sententia oppugnari, aut contraria defendi queat; et ipsis debetur ut una omnium vox sit atque concors [1]) persuasio, *animam beatissimae Virginis in primo instanti creationis atque infusionis in corpus fuisse speciali Dei gratia et privilegio, intuitu meritorum Iesu Christi eius filii humani generis Redemptoris, a macula peccati originalis praeservatam immunem, atque in hoc sensu eius conceptionis festivitatem solemni ritu coli et celebrari.*

25. Quem porro fugiat, haec omnia comparata sic esse, ut sententiam de immaculato Virginis conceptu piam demonstrent, veram ostendant, indubitatam patefaciant ac prorsus dignam, quam si omnes summo studio complectantur et foveant quibus cordi est [2]) *ex apostolica Sede, veluti ex natali suo fonte doctrinae latices derivare?* Nihilominus addunt ii. quorum mentem interpretamur cogitationesque referimus, ut illa putetur revelata eorumque catalogo inscribatur quae supremo Ecclesiae magisterio definiri proxime valent, sin minus necessarium, opportunissimum omnino foret eiusmodi christianae revelationis monimenta producere, quae tum copia tum perspicuitate probandique robore nullam dubitandi haerendique ansam permitterent, et ipsis quoque morosioribus persuaderent non multos reperiri nostrae professionis articulos, quorum divina manifestatio uberius evidentiusque confirmetur.

---

miam animi propensionem non declaraverint. Porro duas tantum recensuimus Sixti IV. Constitutiones, non quod tertiam negatam vellemus, sed quod vulgatiores illae sint et legendae omnibus prostent in cap. I. et II. de Reliq. et Venerat. Sanctor. in Extravag. communibus. Ceterum antequam Sixtus anno MCDLXXXI. ederet Constitutionem, *Grave nimis*, iam anno MCDLXXXI. alteram ediderat Constitutionem iisdem verbis incipientem, et de qua abunde testantur Catharinus in Tract. II. de Conceptione, Wadingus in Legat. apud Paulum V., Lect. II., et *Collect. Privileg.* Ordinum Mendicant. et non Mendicant. per Iohannem Bapt. Confectium pag. 83. edit. Venet. anno 1616. In hac autem Constitutione ii damnabantur, qui ut praeceptam animo opinionem de originibus Virginis labe peccati infectis tuerentur, festum Conceptionis ita sumebant ac si eo non ipsa Conceptio, sed consequuta post Conceptionem sanctificatio celebraretur.

1) Quae sequuntur verba, leguntur in Alexandri VII. Constitut. quae incipit: *Sollicitudo omnium Ecclesiarum*, dat. Romae die VIII. Decembr. MDCLXI.

2) Deprompta haec sunt ex epist. Innocentii I. ad carthaginiense Concilium.

26. Et nobis quidem ex animo non exciderunt quae sanctissimus Pontifex Pius IX. verissime [1]) scripsit: « Hac nostra etiam aetate non defuisse viros ingenio, virtute, pietate, doctrina praestantes, qui doctis et laboriosis eorum scriptis huiusmodi argumentum, pientissimamque sententiam ita illustrarunt, ut non pauci mirentur, quod nondum ab Ecclesia et apostolica Sede hic sanctissimae Virgini decernatur honor, quem communis fidelium pietas Virgini ipsi ex solemni eiusdem Ecclesiae et Sedis iudicio atque auctoritate tribui tantopere exoptat. » Ultro suspicimus nobilissima ingenia, et eruditissimas lucubrationes propensissime commendamus. Immo illas nominatim recenseremus et pro facultate debitis laudibus honestaremus, nisi tot essent numero ut earumdem census facile iniri non posset, aut nisi periculum immineret ne qua forte a nobis vel incuria neglecta vel supercilio posthabita videretur. Neque propterea e re fore duxi initum consilium rimandae penitius christianae revelationis dimittere, et ab opere illius exponendae vindicandaeque, quod animo adumbraveram, abstinere. Plura enim eaque, uti arbitror, non omnino levissima praesto mihi erant incitamenta, quibus in suscepto proposito confirmarer.

27. In quo quidem eo primum nomine confirmabar, quod cernerem non omnia sic esse aliorum vigiliis occupata, ut mihi dives amplumque spicilegium non suppeteret. Tum eo nomine confirmabar, quod tandem perficiendum esse intelligerem, ne qui deinceps possent cum Petavio [2]) repetere: « In quaestione de immaculato Virginis conceptu tractanda, diligentiam et criticam sagacitatem requiro. Nam nec in citandis auctoribus fidem ac delectum adhibent, qui omnium maxime necessarius est: et quos ex antiquitate idoneos arcessunt, eorum dicta falsis interpretationibus et alienis ab illorum mente detorquent. » Eo rursum nomine confirmabar quod aegerrime paterer ut cum eodem Petavio [3]) affirmaretur: « Antiquioribus hanc opinionem placuisse, ut conceptus Virginis minime culpae originalis expers putaretur, et nonnisi postea contrariam in partem complures ivisse christianos, ac paullatim tacito pioque plurimorum assensu ita percrebuisse, uti tandem in publicam professionem eruperit. » Accedebant [a]) Theodoriti verba: « Alienum non esse, ut nos quoque veluti quidam culices una cum illis apibus per prata apostolica resonemus. Dominus enim [4]) pauperes et divites efficit, humiliat et exaltat, e terra inopem excitat et e stercore mendicum erigit, ut sedere eum faciat cum principibus populi et throno gloriae. »

28. Quid, quod probe videbam id me meis curis studiisque assequuturum, ut hinc quidem Christi Salvatoris gloriam nonnihil amplificarem, inde vero mihi potentissimae Virginis salutare patrocinium demererer? si enim Epiphanio [b]) auctore, *quicumque Dominum honorat, honorat et sanctum; et qui ignominia sanctum afficit, eamdem et Domino suo ignominiam imponit;* et si Basilio [c]) teste, *honor ille qui imagini tribuitur ad prototypum transit;* nonne multo id verius erit existimandum, si ad ornamenta Deiparae referatur? Ita certe [5]) Epiphanius existimavit, et post Epiphanium in eamdem iverunt sententiam Bernardus, Arnoldus carnotensis et Thomas. E quibus [6]) Bernardus inquit: « Non est dubium,

---

a) Prolog. ad comm. in Epist. Pauli.
b) Haeres. LXXVIII. n. 21. pag. 1053. B.
c) Apud Ioh. Damascenum Orth. Fidei lib. IV. cap. XVII.

1) In Litteris datis Caietae die II. Februarii anno MDCCCXLIX.
2) De Incarnat. lib. XIV. cap. II. §. XI.
3) Ibid. §§. VII-VIII.
4) Ps. CXIII. 7. coll. I. Reg. II. 8.
5) Loco cit.
6) Super *Missus est.* Hom. IV. n. 1. col. 749.

quidquid in laudibus *Matris* proferimus, ad *Filium* pertinere; et rursum cum *Filium honoramus a gloria Matris non recedimus.* » Arnoldus vero [1]) subdit: « Cum debitae venerationis summa *ad Christum* respiciat, ex cuius plenitudine roratum est desuper, quod *Maria* praedicatur [2]) *gratia plena;* manifestum est *individuam esse Matris et Filii gloriam et commune esse utriusque praeconium.* » Thomas denique [3]) scribit: « Honor *Matris* refertur *ad Filium*, quia ipsa *Mater* est *propter Filium* adoranda; non tamen eo modo quo honor *imaginis* refertur *ad exemplar*, quia ipsa imago, prout *in se* consideratur *ut res quaedam*, nullo modo est veneranda. »

29. Non est autem cur de patrocinio Deiparae anceps haeream, immo est cur illud mihi secundissimum pollicear, quum universam audiam Orientis Ecclesiam [a]) canentem: « Sicut vellus, o maculae prorsus omnis expers, caelestem imbrem in utero quum suscepisses, nobis eum peperisti qui illis ambrosiam praebet qui pie ipsum collaudant, *et te Dei Genitricem depraedicant a quavis prorsus labe integram.* » Quare [b]) ut *intelligentis lucis radium assequar, et ex beatis Patribus ea colligam*, quae ad ostendendam asserendamque immaculatam Deiparae conceptionem praeclarius conducunt, istud unum est reliquum, ut mentem oculosque ad eam convertens quam ut incarnati Verbi Genitricem colo, ut hominum angelorumque Reginam vereor et ut clementissimam Matrem impensissime diligo, cum Ecclesia ingeminem: *dignare me laudare te, Virgo sacrata.*

---

a) Men. die XV. Maii, Ode θ'. pag. 66. col. 1. b.
b) Sunt haec ex citato Theodoriti prologo desumpta.

1) *De laudibus beatae Mariae*, pag. 1281. in Bibl. Max. PP. T. XXII.
2) Luc. I. 28.
3) S. III. p. q. XXV. a. V. ad 2.

SECTIO PRIMA

VIRGINIS IDEA

Ostenditur nihil de beatissima Virgine nisi novum, eximium et supra naturam rationemque situm aut cogitari animo posse aut rite verbis efferri, tum ostenditur eam esse verissimum miraculum, immo miraculorum abyssum, gratiarumque plenitudinem: ac postremo ostenditur ab hac, non illa quidem expressa, sed vix delineata Virginis imagine eam dissidere opinionem, qua eiusdem conceptus originali labe corruptus affirmatur, illam vero cum ea praeclare consentire qua integer inviolatusque perhibetur.

30. Quum mecum de initiis cogitarem, e quibus commodius utiliusque universae inquisitionis filum seriemque deducerem, in hanc tandem mentem concessi, ab eo doctrinae capite ordiendum esse, cuius diligenti enarratione ordinatim consequerer, ut nobilissima quaedam ac prope divina Virginis species omnium animis obiiceretur; ut quaecumque sunt hominum generi communia, sed labem vitiumque praeseferunt, ea continuo alienissima ab ingenua Virginis praestantia apparerent: ut si quid praeclari atque insignis alicui creaturae tributum noverimus, id multo locupletius Deiparae concessum sine ulla dubitatione arbitraremur: ut tandem quod recentioris scholae theologicae placitum dici consuevit, hisque verbis [1]) efferri, *privilegium sive donum ad gratiam gratum facientem pertinens, et ad maiorem animae sanctitatem, perfectioremque cum Deo unionem conducens, quod in aliquem Dei servum novimus esse collatum, Dei Genitrici negare non debemus;* illud ipsum a Patribus praeformatum et ab iisdem constantissime traditum liquido innotesceret.

31. Haec enim si consequerer evidenterque comprobarem, videbar mihi ea totius aedificii fundamenta praestruxisse, quae illius firmitati consulerent et quibus illud citra quodvis ruinae periculum validissime sustentaretur. Porro nulla hunc in finem Patrum dicta veterumque suffragia iis accomodatiora existimavi, quibus Epiphanius [a]) praelusit inquiens: « Nos ipsos curemus, rerum nostrarum satagamus, *neve quae nostri propria sunt, in sanctos coniiciamus, aut ex nobis ipsis quae ad illos pertinent, metiri velimus.* » Quum enim haec in sanctos generatim omnes insigniter quadrent, multo sane plenius cumulatiusque, quod Epiphanius [b]) illico subdit, in Deiparam cadunt, quae omnes praetergressa, *quotquot honoramus sanctos,* uti Basilius seleuciensis [c]) loquitur, *supereminet.* « Ecquam enim, ut idem [d]) pergit, putandus est *Filius* Matri contulisse virtutem? *an non multo prae subditis maiorem?* Id cuique manifestum est. »

a) Haeres. LXXVIII. §. 21. pag. 1053.
b) Ibidem.
c) Orat. in s. Deiparam et de Incarnat. Domini, Auctar. Combefis. T. I. pag. 596.
d) Ibid. pag. 597.

1) Cf. Plazza in Causa immacul. Concept. Act. II. art. III. p. 228. Thomas III. p. q. XXVII. a. I. hoc ipsum effatum proponit inquiens: « Rationabiliter creditur, quod illa quae genuit *Unigenitum a Patre, plenum gratiae et veritatis,* prae omnibus maiora privilegia gratiae acceperit. Unde, ut legitur Luc. I. 28, Angelus ei dixit, *ave gratia plena.* » Proposuerat antea Bernardus scribens: « Quod vel paucis mortalium constat fuisse collatum, fas certe non est suspicari tantae Virgini esse negatum, per quam omnis mortalitas emersit ad vitam »

32. Ac manifestum adeo universis erat, ut Virgo his laudum praeconiis publice solemniterque [a]) celebraretur: « Magnae sunt gratiae, quibus digna effecta es, Maria, universi Domina, utpote quae in utero (quod vim mentis fugit) Deum generasti. » Et magnis sane eximiisque gratiis dignata caelitus Virgo fuit, quae affirmare de seipsa iure optimo [b]) potuit, *fecit mihi, magna* [1]) meque maximis summisque donis cumulavit *qui potens* est quique ipsa est virtus ac potentia, *et sanctum nomen eius* aeternisque laudibus celebrandum.

33. Ex hoc igitur doctrinae capite, utpote omnium opportunissimo, tractationem auspicabimur, quae ne suis destituta finibus licentius vagetur, et ultra quam decet nobisque constitutum est excurrat, *quinque* illam *articulis* distinguemus simul et coercebimus. In horum autem *primo* nostrum erit ostendere, nihil Patribus nihilque ecclesiasticis scriptoribus fuisse antiquius, quam ut quaecumque omnia gratiae sanctitatisque ambitu continentur et ad Virginem spectant, nova dicerent, inaccessa, supra mentem rationemque sita, fixumque naturae providentiaeque ordinem praetergressa. In *altero* ex innumeris quae adduci possent Patrum effatis, quaeque propriis locis adducentur, nonnulla seligam, quibus iidem unanimes contestantur, tantam esse donorum ornamentorumque Virginis praestantiam, ut non tam humanis cogitationibus aestimari ea debeat, quam fidei pietate teneri ac firmissime credi. *Tertius* succedet eo pertinens ut Patrum auctoritate comprobetur, fas non esse Virginem aliter animo contemplari ac ut miraculum, miraculum ineffabile, miraculorum apicem, et charismatum gratiarumque infinitum prope thesaurum, abyssumque inexhaustam. Hunc *quartus* excipiet iis constans Patrum sententiis, quibus Virgini ea asseritur gratiae plenitudo eaque puritas vindicatur, qua digna Dei mater exstiterit, ad Deum per quam proxime accesserit ac omnibus laudum praeconiis celsior evaserit. In *quinto* tandem potiora eruemus consectaria quae ex his dependent, atque illud inprimis eruemus quo intelligitur, ab ea Virginis imagine quam Patres animo contemplabantur, quamque verbis ceu coloribus expresserunt, illam vehementissime abhorrere opinionem, qua eiusdem conceptus originali macula sordidus affirmatur.

ARTICULUS I.

Quaecumque omnia ad gratiam sanctitatemque Virginis spectant, ea sunt nova, super communem naturae providentiaeque ordinem singulariter evecta, neque aliis dicendi formis quam inusitatis peregrinisque efferenda.

34. In praeclara sane oratione, qua Georgius nicomediensis Episcopus de Virgine vix dum trienni loquitur eiusque in Templo oblationem caelestemque vitam demiratur, cum alia tum haec in rem nostram apprime facta [c]) scribit: « Ego enim *vere* existimo, ... *omnia*, sicut et futurum eius partum, *inusitata quadam ratione fuisse innovata.* » Quod Georgius sensit, similibus plane verbis Andreas cretensis inculcavit, neque aliter de rebus Virginis

---

a) Graec. Men. die IV. Iun. Ode γ′. pag. 15. col. 1.
b) Luc. I. 49.
c) Orat. VI. de Deiparae ingressu in Templum. Auctar. Combefis. T. I. pag. 1130. D.

1) Sunt autem hoc in loco μεγαλεῖα, non secus ac Iob. XI. 15. Act. II. 11. *eximia benefacta*, quae Virgini contulisse dicitur ὁ δυνατός, גִּבֹּר, *potentissimus*, cuius nomen efferri laudibus debet.

arbitrari fas esse a) monuit, quam *ut verissime sint nova quoad eam omnia, et sermonem omnem cognitionemque excedant.*

35. Neque profecto mirum quod *nova* dicantur quaecumque omnia ad Mariam pertinent, quum Germanus constantinopolitanus Antistes de iisdem b) scripserit: « *Omnia tua, Dei Genitrix, incredibilia miraque sunt, omnia naturam excedunt, omnia rationem potentiamque superant* » universa autem Graecorum Ecclesia de iisdem c) canat: *In te leges naturae innovatae sunt.*

36. Quae autem sunt *nova, mira, incredibilia, naturaeque leges supergressa*, ea receptis loquendi modis explicari nequeunt, et quemadmodum peregrinas voces et peregrinas phrases, ita peregrinam orationis faciem suo iure postulant. Hinc illud quod in orientalis Ecclesiae hymnis [1]) legimus: « Novum d) te fontem, o Virgo, originemque mysteriorum habentes [2]) tres divinarum rerum praecones, *novis argumentis novas* itidem *phrases* accomodant. »

37. E quibus in summam opportune collectis, sua sponte consequitur, necessario *novum* et haberi et dici, quod *novum* totidem verbis affirmatur, quodque verbis potestate aequipollentibus audit *mirum, incredibile, supra naturae leges situm* et ad quod efferendum *insolitae voces, insuetaeque phrases* requiruntur. Iamvero nihil ex maiorum placitis atque doctrina ad Virginis gratiam sanctitatemque pertinet, quod ab iisdem *aut* diserte non praedicetur *novum, aut* verbis geminae potestatis non vocetur *incredibile, mirum, a communi naturae providentiaeque ordine seiunctum, peregrinisque indigum formulis ut exprimi declararique possit.* Quae sicuti superiora ostendunt, ita haec praeclare confirmant [3]) ex Thomasii Hymnario:

» Gaudium mundi, nova stella caeli,
» Procreans solem, pariens parentem,
» Da manus lapsis, fer opem caducis,
        » Virgo Maria.

a) Ex Orat. cuius initium, Μυστήριον ἡ παροῦσα, apud Nicodemum monachum [4]) in opere inscripto: Ἑορτοδρόμιον, ἤτοι ἑρμηνεία εἰς τοὺς ᾀσματικοὺς κανόνας τῶν δεσποτικῶν καὶ θεομητορικῶν ἑορτῶν, p. 666.

b) Orat. in s. Mariae Zonam, apud Leonem Allatium de tribus Simeonibus, part. II. pag. 239.

c) Men. die XIII. Dec. Ode δ'. pag. 95. col. 1.

d) Men. die XXX. Ian. Ode ε'. pag. 250. col. 1.

1) « *Menaea*, inquit Hippolytus Maraccius in notis ad Mariale s. Iosephi hymnographi pag. 224-226, nihil aliud sunt quam duodecim non exigui codices Ecclesiae graecae, quibus continentur per singulos singulorum mensium dies variae Dei, Deiparae ac Sanctorum laudes in templis Graecorum sub divinis Officiis decantari consuetae. In lingua romana hos duodecim Menaeorum tomos non incommode *libros menstruales* appellandos censet Simon Wangnereckius in Mariana Pietate Graecorum in Proleg. n. 9, velut et Plautus in Captivis *menstruales epulas* dixit. » De Menaeis, deque eorum auctoribus, collectoribus, praestantia, antiquitate praeter laudatos Maraccium et Wangnereckium, agunt diligenter Suicerus in Thesauro ad v. μηναῖον, Cangius in Lex. med. et inf. graecit. ad eamdem vocem, Leo Allatius de libris ecclesiast. Graecorum diss. I. ad Gabrielem Naudaeum, Zacharias Grapius in diss. de menaeis et menologiis Graecorum, et Cardinalis Quirinus in diatriba de eccles. Offic. apud Graecos antiquitate. Nihil autem in Menaeorum opere reperiri quod non probe orthodoxum sit ac sanctum, disertissimis verbis confirmant Arcudius in praef. ad Anthologium quod Clementi VIII. dicatum voluit, et Bollandiani in praef. general. ad mensem Ianuarii §. XI. Nos editione utemur quae Venetiis prodiit anno MDCCCXLIII.

2) Qui dicuntur θεηγόροι, *divina loquentes*, hi sunt Basilius, Gregorius Theologus et Iohannes cognomento Chrysostomus.

3) Cf. Thesaurum hymnologicum ab Adalberto Daniele editum Halis MDCCCLXI. T. I. pag. 226.

4) Huius operis, cuius singularis utilitas inde etiam aestimari potest, quod in illo non pauca habeantur veterum testimonia quae vix alibi reperias, ea nobis ad manus editio est quae Venetiis prodiit anno MDCCCXXXVI.

Tum [1] haec ex veteri sequentia:

> » Per hoc autem Ave
> » Mundo tam suave,
> » Contra carnis iura
> » Genuisti prolem,
> » Novum stella solem,
> » Nova genitura.

Eodem pertinent [a] quae Tarasius Deiparam compellans [2] scribit: « Te glorifico agnam immaculatam, te praedico gratia plenam, te effero ex omnibus generationibus demonstratam Dei sponsam, te cano novum caelum parituram, te adduco tamquam purum thesaurum in templo Domini, te extollo novum testamentum, in quo Messias Christus inscriptus hinc litterae legis finem imponet, inde vocationem gratiae per baptismum auspicabitur. » Atque eodem haec spectant quae [3] Sedulius cecinit:

> » Sic Evae de stirpe sacra veniente Maria,
> » Virginis antiquae facinus nova Virgo piaret.

Cujus novae Virginis decora esse omnia supra fidem, insigniter declaravit [4] Emanuel Palaeologus, quum verba Christi [5], *quin immo beati qui audiunt verbum Dei et custodiunt illud*, enarranda sic censuit: « Arbitror autem, si opus esset clarioribus verbis explanare sententiam, ita illum dixisse qui homo fieri voluit: o mulier quae beatam praedicas, vere beatam oportebat matrem esse mihi illam, cuius anima incredibili pulcritudine esset ornata, et qualem nulla unquam habuere tempora. Itaque praevio in ipsa summo candore ob eximiam animi integritatem, sublimitatemque ac modestiam, subsequutum est ut mea fieret mater, factumque est ut ad lucem quae in eius anima inhabitabat, me lucem insuper acquireret omnium luminum creatricem. Amant enim omnia quae affinitate coniuncta sunt, accedere ad affinia. » Hoc igitur superest, ut quaecumque omnia ad Virginis gratiam, innocentiam, sanctitatemque referuntur, ea, *nova, mira, incredibilia, supra naturam, praeterque usitatum loquendi morem erecta existimentur*.

ARTICULUS II.

Quaecumque omnia ad Virginis gratiam sanctitatemque spectant, ita nativam intelligendi facultatem superant, et impervia ita sunt atque inaccessa, ut non tam humanis cogitationibus subiicienda sint, quam fidei pietate credenda.

38. Si iunctim simulque conspirent atque in unum idemque veluti fastigium concurrant, hinc quidem *novitas*, inde vero *eximia quaedam supernaturalisque praestantia*; quod

a) Orat. de Deiparae Praesent.

---

1) In Thesauro hymnolog. T. II. pag. 92.
2) Agit de hac Tarasii oratione Morcellius in Kal. CP. T. II. pag. 250, nosque illam graece et latine ad operis calcem primi edemus.
3) Carm. paschal. lib. II. §. I. vv. 30-31. pag. 543. col. 1. A. apud Gallandium T. IX.
4) Orat. in Deiparae dormit. pag. 76. apud Maraccium *in Caesaribus marianis*, qui de hac oratione scribit pag. 52. « Quae quidem quia inedita, multisque adhuc obscura, ex vaticana Bibliotheca deprompta, ac per eruditum omniumque virtutum genere illustrem virum Iohannem Matthaeum Cariophilum iconiensem Episcopum de graeco in latinum sermonem translata, integra hoc loco in eruditorum gratiam apponetur. »
5) Luc. XI. 28.

et eiusmodi consociatione ac nobilissima synthesi prodit, id nativam intelligendi facultatem superat, humanasque cogitationes longissime praetergreditur. En vero quae Germanus constantinopolitanus Episcopus de Virgine [a]) scribit: « Omnia tua *paradoxa*, omnia vera, omnia *in idipsum* [1]) *iustificata*, et omnia, o summe desiderabilis, *dulciora super mel et favum*. Nam et servi tui ea desideramus, et in iis desiderandis *retributio* [2]) abs te *multa* ». Et en quae istis etiam splendidiora unanimi orientalis Ecclesiae concentu [b]) frequentantur: « *Mysteria tua omnia*, o Deipara, *super cogitatum* sunt, omnia sunt [3]) *super gloriosa*. » Hinc auctor [4]) Sermonum in antiphonam, *salve regina*, sermonem alterum [5]) his verbis orditur:

» Si linguae centum resonarent, oraque centum;
» Ferrea vox mihi, nil, Maria, tibi dicere dignum
» Possum, stella maris quae Virgo beata vocaris.

Tum [6]) subdit: « O quam te memorem Virgo, quibus laudibus efferam? Elevata est magnificentia tua super caelos, et super omnem terram gloria tua, ita ut nec in caelo inveniatur creatura, quae tuam digne laudare queat magnificentiam: nec in terra sit, quae gloriam tuam exprimere valeat. Nemo enim nec in caelo nec in terra inventus est dignus aperire librum praerogativarum tuarum, et digne solvere septem signacula eius. Viri divitiarum multi de civitate Domini virtutum miserunt manus suas ad haec fortia, et tamen altitudinem divitiarum harum ad liquidum comprehendere non potuerunt, quia investigabiles viae istae et inscrutabilia universa. Conati sunt et non datum est ultra. Dum adhuc ordirentur, succisi sunt. Quis enim loquetur potentias has Domini, auditas faciet omnes laudes eius? Et si digne nullus, quisque tamen pro viribus.

Pro se quisque viri summa certabat opum vi, ut ait quis. Denique currebant omnes in odore unguentorum. Trahe et nos post te, o sancta sanctorum. » Accedit [c]) Matthaeus cantacuzenus qui Canticum explanans ait: « *Pulcra es propinqua mea, sicut beneplacitum*. Complacuit enim Deo et Patri in ea nostri generis operari salutem. *Decora sicut Hierusalem*, sive tamquam sacrae pacis caussa ipsiusque pacis conciliatrix pacem omnibus praebuit. *Terribilis sicut castrorum acies ordinata*. Hoc est, supra omnem captum et ra-

a) Serm. in Deiparae dormit. apud Nicodemum monachum, op. cit. pag. 666.
b) Pentecostar. pag. 55. col. 1.
c) In Cant. Cantic. VI. 3. pag. 47. A-B. edit. Romae MDCXXIV.

1) Ps. XVIII. 10-11.
2) Ibid. v. 12.
3) *Pentecostarii* nomine liber intelligitur, quo Officium ab ipso die Paschatis ad octavam usque Pentecostes, ad Dominicam nempe Sanctorum omnium, continetur. Libri titulus hic est. Πεντηκοστάριον χαρμόσυνον, τὴν ἀπὸ τοῦ Πάσχα μέχρι τῆς τῶν ἁγίων πάντων Κυριακῆς ἀνήκουσαν αὐτῷ ἀκολουθίαν περιέχον. Ἐπὶ τέλους δὲ, καὶ τὰ ἑωθινὰ εὐαγγέλια, τὰ ἐν τῷ ὄρθρῳ ἑκάστης τῶν ἐν τῷ μεταξὺ τούτῳ ἑορτῶν ἀναγινωσκόμενα. De hoc libro inter ceteros prolixe agit Allatius tum in diss. I. de libris eccles. Graecorum §. X., tum in diss. II. ad Iohannem Aubertum, in qua Pentecostarii doctrinam examini subiicit, illamque iis innixus argumentis reprehendit, quibus nolim suffragari. Testimonia quae a nobis afferentur, ex ea editione deprompta sunt quae Venetiis prodiit anno MDCCCXXXVII.

4) De hisce quatuor sermonibus ita censet Mabillonius opp. Bernardi vol. II. pag. 738: « Quamvis nonnulla in his sermonibus adducantur ex Bernardo, ut sermone tertio; ei tamen constanter abiudicandi sunt tum ob stili et genii diversitatem, tum ob frequentes poetarum citationes, quibus s. Doctor rarius uti solet. Bernardo Archiepiscopo toletano tribuuntur a Claudio de Rota in notis ad Pseudo-Liutprandum pag. 451., ubi auctor praedictae antiphonae Petrus compostellanus appellatur. Huic posteriori sententiae praeivit Guillelmus Durandus in Rationalis lib. IV. cap. XXII. »
5) In antiph. *Salve Regina*, Serm. II. inter opp. Bernardi vol. II. pag. 741. F.
6) Ibid. n. 1. pag. 741. F., et 742. A-C.

tionem est in te omnium pulchritudinum ordinata compositio et concinna constitutio. »

39. Neminem vero latere arbitror, ecclesiastico maxime loquendi usu [1]) receptum esse, ut quae impervia sunt, mirabilia, nostramque intelligentiam vincunt, eadem dicantur *horrifica, tremenda, dictu, auditu visuque terribilia*. Sed quod non iniuria mireris, nulla ex his formulis est, quae de Maria, deque iis omnibus quae ad eiusdem gratiam sanctitatemque pertinent, in ecclesiasticis monimentis solemnissime non usurpetur.

40. Usurpantur coniunctae formulae *tremendum auditum, visumque inaccessum*, quum [a]) dicitur: « Salve mons sancte et per quem Deus incedit: salve ineffabilium rerum manifestatio: salve [2]) *o tremendum auditum, visumque oculis inaccessum*: salve, o Virgo, lapsorum revocatio. » Usurpatur formula *tremendum auditum effatumque*, quum [b]) dicitur: « Ave, o lucis currus divine. Ave o intemerata, salutis caput. Ave *o tremendum auditum effatumque*. » Et formulae simul omnes iunctae consertaeque usurpantur, quum [c]) dicitur: « Ave, o species Iacob, quam Deus elegit, quam [3]) adamavit: porta eorum qui salvantur: maledictionis solutio undequaque benedicta: lapsorum instauratio: sanctior Cherubim et super creatarum rerum universitatem eminens: *visum oculis inaccessum, auditum maxime novum, effatum ineffabile*: Verbi currus: nubes e qua exortus est sol Christus, illuminans eos qui erant [4]) in tenebris. »

41. Illorum vero quae impervia sunt mentemque excedunt, ea vis est atque conditio ut non tam investigationi rationis subicii humanoque modulo aestimari, quam pietate fidei teneri credique [5]) debeant. Si qui aliam putent ineundam viam, sibique praefidentes ratione tractent quae fidem exigunt, hi utpote maiestatis scrutatores [6]) opprimentur a gloria, et ab eo quo adspirant, toto caelo aberrabunt. Una autem est atque concors omnium sententia, quam [d]) Ioannes Geometra his verbis expressit: Salve, Virgo, magnum miraculum, magnum hominibus levamen. Salve gaudii principium, salve maledicti finis. Salve, Virgo, magnum caelestibus quoque mentibus canticum, quae longe superas mentem animumque hominum. Salve, Virgo, terribile visum, fulgidum, purissimum, suave et tremendum, quodque totum conspici nequit. Salve, Virgo, innumeris circumdata astris, tamquam luna splendens, luce praestantiore. Salve, Virgo, quae lucem abscondis Seraphim, quemadmodum sol oriens sideream obtenebrat lucem. Salve naturae decus, factoris imago totam summi artificis artem recipiens. »

a) Men. die XXVIII. Nov. Ode η'. pag. 212. col. 2.
b) Men. die XV. Martii ad vesp. pag. 65. col. 2.
c) Men. die XXVII. Nov. ad vesp. pag. 202. col. 2.
d) In Deiparam hymno III. vv. 1-12. pag. 440. D-E. in App. ad Biblioth. graecolat. T. III.

1) De ecclesiastico loquendi usu testes sunt libri omnes liturgici, et Suicerus in Thesauro ad v. μυστήριον: simillimum vero usum tam in Bibliis quam in profanis scriptoribus obtinere, facile nobis paullo eruditiores concedent.

2) Appositum φρικτὸν, quod hoc in testimonio et consequentibus adhibetur, quum *proxime* notet quod *horrorem metumque* ingerit, *mediate* atque ex adiuncto significat quod sic excellit, ut ad gignendum stuporem factum videatur.

3) Ps. XLVI. 5.
4) Ioh. I. 5.
5) Modum igitur non excessit, neque audaciori amplificatione peccavit sanctus Bernardinus senensis inquiens Serm. LI. *Tanta est perfectio Virginis, ut soli Deo cognoscenda reservetur*. Nostrum namque est illam satius vereri quam cognoscere.
6) Prov. XXV. 27.

ARTICULUS III.

Quaecumque omnia ad Virginis gratiam sanctitatemque spectant, ea aestimari non aliter debent ac miraculum, miraculum ineffabile, miraculorum caput, et charismatum thesaurus gratiarumque abyssus.

42. Sicuti conferri *miracula* nequeunt cum statis naturae legibus ratoque eiusdem ordine, quin continuo praeter supraque naturam [1] facta intelligantur; ita si quis forte reperiatur qui prae ordine sanctitatis et gratiae eam praeferat excellentiam, quae *nova* plane sit, *inaudita cogitatione maior*, quaeque *sola fide* teneri credique debeat, is suo merito intra eiusdem ordinis fines *portentum miraculumque* censetur atque dicitur. Eiusmodi vero esse Virginis praestantiam, atque huc redire delineatam a Patribus Virginis speciem, praeclaris eorumdem testificationibus hactenus effecimus. Quid igitur restat, nisi ut eosdem audiamus beatissimam Virginem *miraculis* accensentes, *miraculumque* appellantes?

43 Et miraculis sane illam accensent, miraculumque appellant, neque *miraculum dumtaxat*, *verum etiam miraculum maximum, et miraculorum miraculum, caput atque fastigium*. Miraculum appellat Syriacae Ecclesiae decus Ephraem, a quo Virgo [a] dicitur: « Sponsa Dei per quam ipsi reconciliati sumus, *inopinatum miraculum* mentique impervium, inexplicabilis auditio. » Miraculum appellat stupendumque miraculum vulgatus Epiphanius [b] scribens: « O Virgo sanctissima, quae exercitus angelorum in stuporem deduxisti. *Stupendum* enim est *miraculum in caelis* [2] mulier amicta sole: *stupendum miraculum* in caelis mulier gestans [3] lucem in ulnis: *stupendum miraculum* in caelis alter thronus cherubicus. » Et miraculum, idemque miraculum ineffabile appellat universus Oriens, dum ita Virginem [c] salutat: « Benedictus o labis omnino omnis expers fructus [4] ventris tui per quem, o benedicta undequaque innocens, *inexplicabile miraculum, ostentum incomprehensibile* et mortalium universorum salus, nos omnes mortales e maledictione erepti [5] sumus. »

a) Prec. IV. opp. gr. lat. t. III. pag. 528.
b) Inter Epiphanii opp. t. II. pag. 295.
c) Paraclit. pag. 396. col. 2.

1) Hoc enim charactere distingui *miracula*, eorumque proprium esse ut ὑπὲρ τὴν φύσιν, *praeter supraque naturam*, non autem *contra naturam* edantur, uno ore Patres testantur, e quibus conferri possunt Chrysostomus in Genes. Hom. XXXIX n. 1, Theodorus heracl. in Corderii Catena ad Ioh. XI. 40, et Augustinus de Civ. Dei lib. XXI. cap. VIII.

2) Hoc incisum ex Apoc. XII. 1. desumptum vel redundat in latina versione, vel quod facilius credo, operarum vitio e graeco textu propter vocum similitudinem excidit.

3) Ioh. I. 5—9.
4) Luc. I. 42.
5) Leo Allatius in diss. I. de libris eccles. Graecorum, ubi hos nominatim recenset, scribit §. VIII. « Octavus sit Παρακλητική, quam «παρακλητικὸν βιβλίον Gennadius, et aliquando tantummodo «παρακλητικὸν vocat. Differt ab aliis libris ecclesiasticis, quod in aliis certa sunt certis diebus decreta Officia, Canones seu Troparia quae recitari solent, quibus finitis reponuntur donec eadem tempora remeent cum rursum ad recitandum suscipiuntur: ut Triodion, quod Quadragesimae praecipue Officia: Pentecostarium, quod a die Resurrectionis ad Pentecostem: Menaea, quae singulis mensibus. Paracleticus tantum semper prae manu est, et omnibus diebus aliquid in eo invenitur quod sive in Missa sive in Vesperis, sive in Matutino, sive in aliis Officiis recitatur. Quando enim in aliis Officiis propria desiderantur quae ad complementum Officii pertineant, ad hunc lector remittitur. Dicitur, ut pute, «παρακλητικος, quasi *Consolatorius*. Videntur enim omnia quae

44. Immo his non contentus nobilissimus Chrysostomi discipulus Proclus aperte negat [a]) reperiri posse miraculum, quod cum Maria comparetur, inquiens: « Vide, num aliud *eiusmodi* miraculum in universis creatis invenire sit. » Et invenire profecto non licet, quum teste nicomediensi Georgio [b]) Maria sit *prodigium incredibile, omnemque excedens stuporem*. Teste autem Iohanne damasceno, eadem sit miraculorum apex et caput. Accipiantur [c]) eius verba: « Eccur vero Virgo mater orta est ex sterili? plane quia oportebat, ut illi *quod solum sub sole novum* futurum erat ac *miraculorum caput*, via per prodigia sterneretur. »

45. A quibus seiungi ista non debent, quae Virginem alloquens Germanus constantinopolitanus [d]) pronunciat: « Quamobrem ipse quoque, o Deipara, te *quae supra rationem et cogitatum mirabilia mirabilium* possideas, audeo laudare. » Neque seiungi ista debent, quibus Iohannes damascenus [e]) oratione ad Ecclesiam conversa ait: « Nunc autem caelestium Virtutum copiosissimum agmen habes Dei Matrem laudantium nobiscum, *illam miraculorum abyssum*. » Miraculorum sane abyssum, quemadmodum in solemnibus etiam orientalis Ecclesiae precibus Virginem salutari; ex his verbis [f]) plenissime liquet: « Quum te, o Deipara, *miraculorum abyssum*, atque *charismatum pelagus*, o innocens, nos cognoscamus ac probe sciamus. »

46. Summopere autem fallerentur et ab explorata veterum patrum mente certaque sententia longissime discederent, qui haec omnia ad unam divinae maternitatis praerogativam divinamque excellentiam revocanda esse arbitrarentur. Est quidem haec ornamentorum omnium quibus Virgo enituit, enitet, aeternumque enitebit fons atque origo; sed ex huiusmodi origine innumera propemodum gratiarum decorumque privilegia dimanarunt. Haec noverant patres, atque haec illorum mentibus obversabantur, dum Virginem miraculum apicemque miraculorum nuncupabant. Quare tam eam dictam legimus *miraculorum abyssum* quam *charismatum pelagus*: et insignissima omnino sunt quae patres habent ut gratiis donisque omnigenis cumulatam refertamque Mariam depraedicent.

47. Et ad hanc sane inexpletam gratiarum varietatem efferendam ista pertinent quae Nicetas paphlago [g]) scribit: « Quum enim *multa* et *infinita* manifestentur in ea (Deipara), hoc primum est maximeque mirandum. » Eodem pertinent quae habet nicodemiensis Geor-

a) Orat. V. in sanctam et deiparam Mariam n. 2. apud Galland. t. IX. pag. 830. C-D.
b) Orat. VI. in ingressum beatae Virginis in Templum, apud Combefis. Auctar. t. I. pag. 1119.
c) Serm. in die natal. Dei genitricis Mariae, n. 2. pag. 842. B.
d) Serm. I. in dormit. Deiparae, apud Combefis. Auctar. pag. 1446.
e) Hom. I. in nativ. beatae Mariae virginis n. 10. pag. 848-849.
f) Men. die VIII. Febr. Ode θ'. pag. 53. col. 1.
g) Orat. in nativ. sanctissimae Deiparae, apud Combefis. Auctar. t. III. pag. 438. A.

in eo sunt, eo maxime spectare ut peccatorem consolentur, hortentur et quasi vi quadam compellant ut de commissis poenitentiam agat, et Deum quem peccando offenderat, poenitentia ac precibus sibi propitium reddat. Dividitur in octo partes, quas Graeci ἤχους appellant. Uno namque Echo Officia unius hebdomadis implentur, altero subsequentis, et sic de singulis. » Libri inscriptio in edit. Venet. an. MDCCCXXXVII. sic habet. Παρακλητική, ἤτοι ἡ μεγάλη ὀκτώηχος περιέχουσα πᾶσαν τὴν ἀνήκουσαν αὐτῇ ἀκολουθίαν· ἐπὶ τέλους δὲ, καὶ τοὺς κατ'ἦχον τριαδικοὺς ὕμνους, τὰ φωταγωγικὰ καὶ ἐξακοσταιλάρια τῆς ὅλης ἑβδομάδος, καὶ τὰ ἀκολυτίκια Θεοτοκία τοῦ ὅλου ἐνιαυτοῦ προσέτι, τὸν ἱκετήριον κανόνα εἰς τὸν κύριον ἡμῶν Ἰησοῦν Χριστὸν, τοὺς δύο παρακλητικοὺς κανόνας εἰς τὴν ὑπεραγίαν Θεοτόκον, καὶ τὸν κανόνα τοῦ ἀκαθίστου. De hoc ipso libro conferri possunt tum Allatii *examen de Paracletice*, quod in altera diss. de eccles. Graecorum libris invenitur, tum quae scribit Zaccaria in Biblioth. rituali lib. I. cap. IV. §. VIII.

gius, dum angelos de Virgine adhuc puellula sic loquentes [a]) inducit: « Novum ac stupendum quod cernitur, nobisque ignotum. Videtur femina mente nostra superior. Prae hac una insignia naturae nostrae dona deficiunt. » Et eodem ista pertinent, quibus commemoratus modo Georgius Virginem depingit [b]) exclamans: « O receptaculum [1]) gratia plenum apparens! o terrenam naturam suas ipsius rationes supergressam! o quae citra comparationem eiusdem modos superavit.! »

48. Atque huc pariter referri debent sive haec Gregorii thessalonicensis quibus [c]) docet Gabrielem ad eam missum quam vocat « Sedem gratiarum divinarum, et omnibus divini Spiritus charismatis exornatam. » Sive haec [d]) Ioannis damasceni qui ait: « Hodie vitae thesaurus, gratiae abyssus vivifica morte obtegitur. » Sive haec universali graecae Ecclesiae suffragatione [e]) munita: « Ave, o veneranda, quae es donorum abyssus: ave salutis nostrae praesidium, o Virgo deipara, sola plene laudabilis. » Sive demum haec [f]) quae eodem auctoritatis pondere commendantur: « Totam in te charismatum abyssum depositam novimus. »

ARTICULUS IV.

Testes sunt patres eam credi Mariam oportere, cui gratiae plenitudo insit, quae tanta nituerit puritate, ut digna divinae maternitatis charismate apparuerit, quae Deo prae creaturis universis sit carissima, quae alterum secundum Deum puritatis sanctitatisque gradum obtineat, quaeque adeo pro meritis proque sua praestantia celebrari nequeat.

49. Lege quadam cogitandi loquendique efficitur, ut si quid animis nostris paullo altius insederit, mentesque nostras in suimetipsius amorem stuporemque rapuerit; id nobiscum frequenter reputare, iteratis actibus contemplari, et multiplici formularum varietate efferre oculisque subiicere quodammodo gestiamus. Exploratissimum autem esse debet, talem patribus fuisse Mariam, eiusque speciem formamque illorum mentibus tam alte insedisse, ut eam sibi crebro repraesentarint et aptioribus quibus possent coloribus exprimere atque excitare contenderint. Quare quum de eiusdem gratia, deque singulari eiusdem puritate et sanctimonia, quae ex gratia efflorescunt, nobilissime sentirent; vix ullos praetermisisse videntur dicendi modos, qui ad conceptam animis effigiem expromendam conducerent.

50. Enimvero si Petrum Chrysologum audimus, non aliam gratiae copiam ubertatemque fas est Mariae tribuere, nisi quae sit eiusdem plenitudo. Sic enim ille [2]) scribit: « Hanc gratiam detulit Angelus, accepit Virgo salutem seculis redditura. Ave [3]) gratia plena, quia singulis gratia se est largita *per partes*; Mariae vero *simul se totam dedit gratiae pleni-*

---

a) Orat. VI. in ingressum Deiparae in Templum, apud Combef. Auctar. T. I. pag. 1118. A.
b) Ibidem.
c) Orat. in festum Annuntiat. apud Nicodemum monachum pag. 237.
d) Orat. II. in Deiparae dormit. §. II. pag. 870. A.
e) Men. die XXIX. April. Ode α'. pag. 121. col. 1.
f) Men. die XXX. Ian. Ode α'. pag. 247. col. 1.

1) Ioh. 1. 14.   3) Luc. I. 28.
2) De Annuntiat. Serm. CXLIII.

tudo. » Si vulgato neocaesariensi Gregorio [1]) fidem adiungimus, ea fuit gratia Mariae, quae dici *perfecta* numerisque omnibus absoluta debuit. « Per te, sic ille [a]) Mariam compellans, o gratia plena, Trinitas sancta in mundo cognoscitur. Tecum et nos dignare participes esse *perfectae* gratiae tuae. » Si [b]) Iohanni damasceno obsequimur, ea gratia Virgo splenduit, qua caelis amplior redderetur. « Non enim, *inquit*, corporeae molis ratione locus amplior caelo extitit; verum per gratiam potius, celsitudinis et profunditatis modum excessit. » Quare [2]) in vetustis Ecclesiae hymnis de ea canitur:

» Vere gratia plena es
» Et gloriosa permanes,
» Quia ex te nobis natus est
» Christus per quem facta sunt omnia.

Et [3]) rursum:

» Tu caelestis paradisus,
» Libanusque non incisus
» Vaporans dulcedinem:
» Tu candoris et decoris,
» Tu dulcoris et odoris
» Habes plenitudinem.

Quibus haec respondent [c]) ex Iohanne Euchaita: « Totam in te charismatum abyssum sitam agnovimus » In quam sententiam ista pariter redeunt quae nicomediensis Georgius [d]) habet: « Quam (beatissimam scilicet Virginem) gratia replevit, et egentium penu locuples adornavit. »

51. Et eo usque Deus sua gratia suisque donis Virginem auxit ut ipsa prorsus digna fuerit quae in *Dei sponsam matremque Unigeniti* eligeretur. Haec est fides graecae ecclesiae, quam his omnino verbis [e]) eadem profitetur: « Qui digni habiti sunt (apostolos intellige et Christi Domini Discipulos) ut Deum corporaliter intuerentur, te praedicaverunt Virginem sponsam *dignam Patre et ipsius Deitate*, tum genitricem, o Puella, Verbi ac Dei, nec non Spiritus sancti habitaculum. In te siquidem [4]) tota divinitatis plenitudo inhabitavit corporaliter, quum plenissima esses gratia. » Atque haec est minime dubia latinae ecclesiae sententia, quemadmodum publici ostendunt eiusdem libri, in quibus [5]) legimus: « Beata Virgo, cuius viscera *meruerunt* [6]) portare Christum Dominum. »

a) In annuntiat. Deiparae serm. II. pag. 25.
b) Orat. I. in Deiparae dormit. §. XIII. pag. 867. A.
c) Thesaur. hymnolog. T. III. pag. 117.
d) In ingressum Deiparae in templum orat. IV. apud Combefis. Auctar. T. I. pag. 1131. C.
e) Paraclit. pag. 403. col. 1.

1) Porro de tribus orationibus in Annuntiationem a Vossio editis et Gregorio thaumaturgo adscriptis, dignus est qui prae ceteris audiatur Leo Allatius in diatriba III. de Theodoris eorumque scriptis, quam em. Mai in T. VI. Novae PP. biblioth. publici iuris esse voluit.
2) Thesaur. hymnolog. T. I. pag. 80.
3) Thesaur. hymnolog. T. II. pag. 82.
4) Coloss. I. 19, II. 9.
5) Cf. commune Deiparae officium, itemque vulgatissimam antiphonam, qua, referente Durando in rationali lib. VI. cap. LXXXIX., tunc Angelus Virginem salutavit, quum Gregorius Magnus propter pestis calamitatem supplicantium turbam per urbem duceret:

» Regina caeli laetare, Alleluia
» Quia quem meruisti portare, Alleluia
» Resurrexit sicut dixit, Alleluia
» Ora pro nobis Deum, Alleluia.

6) In Officio et Missa immacul. Concept. pro Ordine

52. Quare vetustus eius expositionis auctor in libros Regum, quae tribui Gregorio solet, dum [1]) allegorice ad Virginem accomodat quae de monte *Ephraim* memorantur, inquit: « Potest autem huius montis nomine beatissima semper virgo Maria Dei genitrix designari. Mons quippe fuit, quae omnem electae creaturae altitudinem electionis suae dignitate transcendit. An non mons sublimis Maria, *quae ut ad conceptionem aeterni Verbi pertingeret, meritorum verticem supra omnes Angelorum choros usque ad solium Deitatis erexit?* huius enim montis praecellentissimam dignitatem Isaias [2]) vaticinans ait: *erit in novissimis diebus praeparatus mons domus Domini in vertice montium.* Mons quippe in vertice montium fuit, *quia altitudo Mariae supra omnes sanctos refulsit.* » Ac merito tantopere refulsit, monente siquidem [3]) vulgato Anselmo « Decebat ut illius hominis (Christi) conceptio de matre *purissima* fieret. Nempe decens erat, ut ea puritate *qua maior sub Deo nequit intelligi*, Virgo illa niteret, cui Deus Pater unicum Filium suum, quem de corde suo aequalem sibi genitum tamquam se ipsum diligebat, ita dare disponebat ut *naturaliter* esset unus idemque *communis* Dei Patris et Virginis filius: et quam ipse Filius *substantialiter* facere sibi matrem eligebat: et de qua Spiritus sanctus volebat et operaturus erat, ut conciperetur et nasceretur [4]) illud de quo ipse procedebat. »

53. Nam, quae est ipsissima Thomae [5]) doctrina: « Illos quos Deus ad aliquid elegit, ita praeparat [6]) et disponit ut ad id ad quod eliguntur, inveniantur idonei secundum [7]) illud: *idoneos nos fecit ministros novi Testamenti*. Beata autem Virgo fuit electa divinitus ut esset mater Dei. Et ideo non est dubitandum quin Deus per suam gratiam eam ad hoc idoneam reddiderit, secundum quod Angelus ad eam [8]) dicit: *invenisti gratiam apud Deum, ecce concipies*. Non autem fuisset idonea mater Dei, *si peccasset aliquando*, tum quia honor parentum redundat in prolem, secundum [9]) illud, *gloria filiorum patres eorum;* unde et per oppositum ignominia matris ad filium redundasset: tum etiam quia singularem affinitatem habuit ad Christum, qui ab ea carnem accepit. Dicitur [10]) autem *quae conventio Christi ad Belial?* tum etiam quia singulari modo Dei Filius, qui est [11]) Dei sapientia, in ipsa habitavit non solum in anima sed etiam in utero. Dicitur [12]) autem *in malevolam animam non intrabit sapientia nec habitabit in corpore subdito peccatis*. Et ideo simpliciter fatendum est quod beata Virgo nullum actuale peccatum commisit nec mortale nec veniale, ut sic in ea impleatur quod [13]) dicitur: *tota pulchra es, amica mea, et macula non est in te.* » Immo, eodem Thoma auctore fatendum est, beatam Virginem cuiusvis etiam originalis maculae fuisse expertem. Ait [14]) enim: « Puritas intenditur per recessum a contrario, et ideo

---

Minorum, die VIII. decembris legimus: « *Deus qui per immaculatam Virginis Conceptionem dignum Filio tuo habitaculum praeparasti, quaesumus ut qui ex morte eiusdem Filii tui praevisa eam ab omni labe praeservasti....* »

1) Exposit. in I. Reg. I. pag. 9.
2) Is. II. 2.
3) De Concept. virginal. cap. XVIII. Hoc autem Anselmi testimonio saepissime utitur Thomas (I. II. q. LXXXI a. V. ad 3, III. p. q. XXVII. a. II. ad 2, I. dist. XVIII. q. II. a. IV. ad 4, III. dist. III. q. I. a. I. et q. II. a. III.) ut summam maximamque Virginis innocentiam puritatemque demonstret.
4) Matth. I. 20. ubi *generis* permutatio in oculos incurrit.
5) III. p. q. XXVII. a. IV.
6) Huc faciunt verba sancti Bernardini senensis qui serm. X. ait: « Regula firma est in sacra theologia, quod quandocumque Deus aliquem eligit ad aliquem statum, *omnia bona* illi dispensat quae illi statui *necessaria* sunt et illum *copiose* decorant »
7) II. Cor. III. 6.
8) Luc. I. 30.
9) Prov. XXVI. 6.
10) II. Cor. VI. 15.
11) I. Cor. I. 24.
12) Sap. I. 4.
13) Cant. IV. 7.
14) Sent. I. dist. XLIV. q. I. a. III. ad 3.

potest aliquid creatum inveniri quo *nihil purius* esse potest in rebus creatis, *si nulla contagione peccati inquinatum sit*. Et talis fuit *puritas beatae Virginis, quae a peccato originali et actuali immunis fuit*. Fuit tamen *sub Deo*, in quantum erat in ea *potentia* ad peccandum. » Et [1]) rursum: « Ad illud quod obiicitur de beata Virgine, dicendum est quod differt puritatis augmentum et caritatis. Augmentum enim puritatis est secundum recessum a contrario: et quia in beata Virgine fuit depuratio *ab omni peccato*, ideo pervenit *ad summum puritatis*, sub Deo tamen in quo non est aliqua potentia deficiendi, quae est in qualibet creatura quantum in se est. » Hac summa puritate meruit Virgo, ut ex ea Dei Filius carnem sumeret, incarnatusque nasceretur. Quod Thomas docet [2]) his verbis: « Quod beata Virgo dicitur *meruisse* portare Dominum omnium, non dicitur quia meruit ipsum incarnari, *sed quia meruit ex gratia sibi data illum puritatis et sanctitatis gradum, ut congrue posset esse mater Dei*. Atque hac summa puritate meruit Virgo ut de ea Thomas affirmare [3]) non dubitaverit: « Sub Christo qui salvari non indiguit, tamquam universalis Salvator, *maxima fuit beatae Virginis* puritas. »

54. Ex tanta Virginis dignitate, tantaque gratiae sanctitatisque plenitudine consequens omnino erat, ut Virgo prae ceteris creaturis Deo foret acceptissima, alterum secundum Deum excellentiae gradum sortiretur, cum Filio altissimo atque inexplicabili ipsa quoque pro creaturae modo altissima atque inexplicabilis sociaretur, ac tandem omnibus superior praeconiis et omnibus celsior laudibus proclamaretur. Iamvero, quod consequens erat, id Patres luculentis iteratisque sententiis tradiderunt. Et Georgius quidem nicomediensis [a]) tradidit, Virginem prae universis creaturis Deo esse acceptissimam, inquiens: « Neque comparationi subditur quae *sola* super omnes creaturas honorificata a Deo est. » Ephraem vero ac Modestus hierosolimitanus praesul tradiderunt Mariam esse, cui alter secundum Deum dignitatis locus gradusque competit. Ephraemus namque est a quo Virgo [b]) salutatur. « Plenitudo gratiarum augustae Trinitatis, utpote quae secundas post divinitatem partes teneat. » Ac Modestus est qui de Virgine [c]) scribit: « Et quando statuit atque decrevit iuxta beneplacitum suum Christus Deus noster apud se assumere beatissimam matrem suam, omnium secundum illum praestantissimam. » Ab his vero ne minimum quidem haec distant quae [4]) Emanuel Palaeologus de Virgine habet: « Quantum inter gloriam tuam summumque angelorum ordinem intersit, solus noverit Deus; captum namque humanum fugit omnino, adeo superior es universa natura spirituum. Taceo enim genus nostrum mortale, quum Deo sis proxima, nihilque intermedium sinas inter te tuumque Filium, quod demonstratione ulla indigere non arbitror. » Neque haec distant quibus Iohannes Geometra Deiparam salutans nunc [d]) ait: « Salve quae sola accepisti regium honorem poli et caelestium mentium, tu quae altera es a Trinitate. » Nunc vero [e]) subdit: « Salve mihi o regina utriusque mundi,

---

a) In sanctae Annae concept. orat. II. apud Combefis. Auctar. T. I. pag. 1038. C.
b) Prec. IV. opp. gr. lat. T. III. pag. 529. A.
c) Encom. in beatam Virginem, n. 2. pag. 9.
d) Hymno I. in Deiparam vv. 47-48. pag. 438. B. in app. ad biblioth. graeco-lat.
e) Hymno II. in Deiparam vv. 93-94. pag. 440. C.

1) Sent. I. dist. XVII. q. II. a. IV. ad 3.
2) S. III. p. q. II. a. XI. ad 3.
3) Ibid. a. II. ad 2.
4) Orat. in Deiparae dormit. pag. 55-56. apud Maraccium in Caesaribus marianis.

altera post regiam augustamque Triadem ». Quae [1]) in hymnis latinae ecclesiae his verbis efferuntur:

> » Gaude Virgo mater Christi,
> » Quia sola meruisti
> » O Virgo piissima,
> » Esse tantae dignitatis
> » Quod sis sanctae Trinitatis
> » Sessione proxima.

55. Quid vero ancyranus Theodotus? tam intime cum Filio matrem iungit atque sociat, ut haec omnes excessisse humanitatis fines et ad ipsam quodammodo divinitatis gloriam praestantiamque accessisse videatur. Theodoti sententia nequit esse luculentior, ita ita namque [2]) scribit: *Sanctum* [3]) enim, quod *ex sancta* natum est, sanctum ac omnium Dominus sanctorum, sanctum et cuius sit ut sanctitatem impertiat, *eximium* quod *ex eximia* nascitur, *inexplicabile* quod *ex inexplicabili* prodit, filius *altissimi* [4]) qui *ex altissima* oritur. » Nemo ergo mirabitur vel dum Martinum romanum Pontificem sancientem [5]) audit: « Quisquis beatam super omnem creaturam et naturam humanam, absque eo [6]) qui genitus est ex ea, venerabilem semperque Virginem, matrem scilicet Domini nostri, non honorat atque adorat; anathema sit et in praesenti saeculo et in futuro. » Vel dum Bernardum audit Pauli [7]) vestigiis inhaerentem, excellentiamque Virginis hoc argumento [8]) comprobantem. « Cui enim angelorum aliquando dictum est, *Spiritus sanctus* [9]) *superveniet in te?* tantoque excellentior angelis facta munere singulari, quanto differentius prae *ministris* nomen *matris* accepit. » Vel dum Thomam audit nunc quidem affirmantem [10]) dicendum esse: « Quod beata Virgo ex hoc quod est mater Dei habet quamdam dignitatem infinitam ex bono infinito quod est Deus, et ex hac parte non potest aliquid fieri melius ea; » nunc vero statuentem [11]) credi oportere: « Quod unicuique a Deo datur gratia secundum hoc ad quod eligitur.... Et beata virgo Maria tantam gratiae obtinuit plenitudinem, ut esset *propinquissima* auctori gratiae. » Vel dum postremo a Bonaventura [12]) audit: « Eam esse Mariam, qua maiorem Deus facere non potest. » Etenim, quod Renaudotii [13]) solertiam haud fugit, nulla extat in liturgicis orientalium coetuum monimentis doctrina testatior, quam beatam Virginem esse *creaturarum omnium praestantissimam* et cum Deo quam proxime cohaerentem.

1) Thesaur. hymnolog. T. I. pag. 347.
2) Orat. in sanctam Christi nativ. n. 12. apud Galland. bibl. PP. T. IX. pag. 476. C.
3) Luc. I. 35.
4) Luc. I. 32.
5) Epist. ad Theodorum quae extat in Anastasii collectaneis, apud Sirmondum T. III. pag. 507.
6) Consueto idiotismo et graecam formam referente, pro eo quod dicimus, *illo excepto*.
7) Hebr. I. 5.
8) Serm. de Nativ. beatae virginis Mariae de Aquaeductu pag. 1016.
9) Luc. I. 35.
10) S. I. p. q. XXV. a. VI. ad 4.
11) S. III. p. q. XXVII. a. V. ad 1.
12) In l. dist. XLIX.

13) Is enim in observat. ad liturgias syriacas pag. 98. scribit: « Pietatis orientalium erga beatam Virginem tot sunt argumenta, ut libris ecclesiasticis, quorum aliqui quos Graecorum exemplo *Theotokia* vocant seu preces ad Deiparam, pleni sunt orationibus ad eam, ut res uberiori explicatione non indigeat: et iam de hoc argumento dictum est *(sed omnino parcissime* pag. 256). in commentario ad copticam liturgiam Basilii. Iacobitae praesertim qui adversus Nestorianos de divina eius maternitate tractatus multos ediderunt, eam singulari veneratione prosequuntur. Unde in plerisque commemorationibus primo loco beata Virgo nominatur veluti *creaturarum praestantissima*: atque id observatur in graeca liturgia Iacobi, ἐξαιρέτως τῆς παναγίας ἀχράντου καὶ ὑπερευλογημένης ἐνδόξου δεσποίνης ἡμῶν Θεοτόκου καὶ ἀειπαρθένου Μαρίας: nec aliter in reliquis Graecis. »

56. Fieri autem nequit ut non omnibus superior laudibus, omnibusque potior praeconiis ea existimetur, quae *inexplicabilis* dicitur, quaeque *altissima* et dignitatis ferme *divinae infinitaeque* particeps depraedicatur. Atque huc sane redit quod patres de Virgine docent, quodque omnium nomine Germanus, Sophronius senior, Iohannes damascenus, Petrus Damiani et universa Graecorum ecclesia testantur, quum insculptam animis de praestantia Virginis effigiem palam faciunt atque promunt. Insigniter Germanus [a]) inquiens: « Sufficit tibi ad laudes, nos minime pares esse tuis encomiis efferendis. » Et [b]) rursum: « Nemo tuarum celsitudinem laudum oratione satis extulerit. Habes penes te proprium hymnum, quod Deipara demonstrata sis. » Concinit Sophronius [1]) his verbis: « Cum nec sanctitas nec facundia suppeditet, ut beatam et gloriosam virginem Mariam laudare queam; quoniam (ut verum fatear) quidquid humanis dici potest verbis, minus est a laude caeli: quia [2]) divinis est et angelicis excellentius praedicta et laudata praeconiis. » Suffragatur Iohannes damascenus qui [c]) de persolvendis Virginis laudibus scribit: « Fieri quippe non potest, ut pro rei dignitate eo munere defungamur. » Nec sane mirum, quando ipsemet [d]) exclamavit: « O Virginis praerogativas humana conditione maiores! » Suffragatur Petrus Damiani qui [3]) Virginem cum reliquo conferens beatorum choro ait: « Dum cuiuslibet martyris fortia facta extollere cupimus, dum virtutum eius insignia ad Redemptoris nostri gloriam praedicamus; etiamsi ad cogitandum tardior sensus impediat, vel ad loquendum balbutiens lingua non suppetat, verborum tamen copiam ipsius rei materia subministrat. Cum vero beatissimae genitricis Dei laudes scribere volumus, quia nova et inaudita sunt quae tractanda suscipimus, nulla invenimus verba quibus ad haec digne exprimenda sufficere valeamus. Tollit enim facultatem sermonis materia singularis. » Neque minus suffragatur universa Graecorum ecclesia in suis hymnis [e]) exclamans: Omnis encomiorum modus, o innocentissima, dum te celebramus deficit, o Deo desponsata. »

ARTICULUS V.

Potiora consectaria eruuntur, atque illud in primis, referri ad Virginem non posse infinitas loquutiones, quibus homines universi originali labe infecti perhibentur: illud deinde, originalem corruptelam ab ea Virginis specie longissime distare quam Patres repraesentant: tum illud tandem praerogativam originalis innocentiae ad eam Virginis imaginem necessario pertinere, quam animis conceptam tanta colorum varietate Patres depingunt.

57. Quum humani sermonis proprium *generatim* sit, ut multa quidem eo diserte efferantur, non pauca tamen innuantur dumtaxat, intelligantur atque adsignificentur; multo id nihilominus patet latius evidentiusque deprehenditur, si *ad universales* traducatur

---

a) Apud Nicodemum monachum pag. 666.

b) In dormit. Deiparae serm. II. apud Combefis. Auctar. T. I. pag. 1466. B-C.

c) Orat. I. in Deiparae dormit. §. XIV. pag. 867. D.

d) Ibid. §. VIII. pag. 863. C.

e) Men. die XXVII. april. Ode γ'. pag. 114. col. 2.

1) Ad Paulam et Eustochium de assumpt. beatae Mariae virginis, inter Hieronymi opp. T. XI. pag. 95. F.

2) Luc. I. 28.

3) Serm. XLV. idemque II. in Virginis nativ. pag. 109. col. 1. A-C. Quare Emanuel Palaeologus orat. in Virginis dormit. pag. 59-60 « Alterum, *inquit*, e duobus erit om-

propositiones quibus ille saepissime coalescit. Universales namque propositiones non male cum mathematicis formulis componuntur, quae ita variae prolixaeque supputationis supremos terminos sistunt, ut medios interiectosque non tam significent quam innexos implicatosque contineant, animoque intelligendos supplendosque demonstrent.

58. Iamvero tenue illud quidem, sufficiens tamen eorum specimen quae ad delineandam Virginis effigiem ex christianis monimentis Patrumque libris defloravimus, vix aliis quam *universalibus propositionibus* componitur. Universales enim propositiones sunt, quibus omnia quae ad Virginis innocentiam sanctitatemque pertinent, *nova* [1]) *insueta* et *supra naturae modum legesque facta* perhibentur: universales sunt propositiones quibus eadem [2]) dicuntur *impervia, inaccessa, vim mentis praetergressa, solaque fide tenenda*: universales sunt propositiones quibus Virgo eiusque puritas *miraculum miraculorum maximum et apex* [3]) nuncupantur: universales sunt propositiones quibus non modo beatissima Virgo *creaturarum praestantissima atque sanctissima* [4]) audit, verum etiam eius *innocentia atque sanctitas* haud aliter [5]) exhibetur ac ut *immensae cuiusdam gratiae* fructus et corona: universales sunt propositiones quibus tanta Virgini puritas atque innocentia asseritur, ut illa [6]) ad Dei sanctitatem proxime accedat, atque alterum secundum Deum sanctitatis gradum obtineat: et ne singula denuo commemorem, reliquae item omnes propositiones eodem universalis amplitudinis charactere distinguuntur.

59. Nostrum igitur erit sedulo inquirere quid hisce contentum sit propositionibus, quid inclusum, quid adsignificatum, et quid propterea in iisdem intelligentia supplendum. Paucis nostrum erit penitius investigare, quae necessario cogitaverint Patres quaeque ipsorum animis necessario affulserint ut eas usurpare possent de Virgine propositiones quas crebro solemniterque ab iisdem frequentatas cognovimus. Quod dum exequimur, ita ex iis quae precedunt *consectaria* eruimus, ut si a nobis rite illa deducantur, non secus ac totidem sententiae doctrinarumque capita a patribus supposita, adsignificata atque intellecta censenda sint.

60. Nullum vero consectarium illi praeponendum est, quo funditus princeps convellitur argumentum ab iis olim adhibitum, quibus primordia Virginis obstricta originis culpa videbantur. Hi enim validissimum inde telum arcessebant quod Paulus [7]) affirmet *omnes peccasse et egere gloria Dei;* quod [8]) scribat, *eramus natura filii irae, sicut et ceteri;* et quod [9]) addat, *per peccatum mors, et ita in omnes homines mors pertransiit, in quo omnes peccaverunt.*

Me sane non latet quod inter innumeros scite Petavius [10]) animadvertit: « Generales illas enuntiationes in Scripturis communi et humano more saepius usurpari, ut *non ad totum referenda sit vox omnis, sed ad partem maximam;* quam regulam enarrandae Scripturae prudenter [11]) Hieronymus praescribit: ut cum propheta [12]) dicit, *omnes declinave-*

nino, aut nihil dicere de Virgine, aut si dicas laudare. Nulla enim ratione fieri potest ut loquaris de illa, et laus non sit quod loqueris; quandoquidem et ipsa et quidquid spectat ad ipsam, celebratissimam habent gloriam. Quare dignus plane venia sum, si inceptum sermonem prosequendo, quae dicam, insertas habebunt ipsius laudes, etsi nihil dici potest quod dignam contineat laudationem: non enim permittit hoc magnitudo gratiae qua pollet. Quis enim dignis illam laudibus celebret, quae caeli absidibus excelsior, radiis purior, res est omnium pretiosissima Deo. »

1) Sect. I. art. I nn. 5. seqq.
2) Ibid. art. II. nn. 9. seqq.
3) Ibid. art. III. nn. 13. seqq.
4) Ibid. nn. 17. seqq.
5) Ibid. nn. 19.
6) Ibid. art. IV. n. 20. seqq.
7) Rom. III. 23.
8) Ephes. II. 4.
9) Rom. V. 12.
10) De Incarnat. lib. XIV. cap. II. n. XII.
11) Epist. CXLVI.
12) Ps. XIII.

runt. Et [1]) alibi, *non est homo qui non peccet*. Et [2]) *omnes quotquot venerunt* (ante me), *fures sunt et latrones*. Cuiusmodi loca tum Hieronymus, tum [3]) Augustinus ad illum sensum accommodant. « Neque me latet quod idem Petavius [4]) continuo subiicit: « Enimvero si generales istiusmodi Scripturae sententiae ad extorquendam originalis in Virgine munditiae fidem idoneae sunt, multo magis ad eam, quae proprio et *actuali* peccato contraria est. Itaque nefas erit affirmare, beatam Mariam proprium nullum admisisse delictum; ac falso iidem illi doctores [5]) existimaverint, non modo sanctitatem ei communicatam in matris utero iam conceptae, sed etiam originalis delicti vestigium, idest concupiscentiae morbum, quem *peccati fomitem* appellant, vel restinctum et omnino sublatum fuisse, vel devinctum ac repressum. »

Immo menti pariter obversantur sive quae ante Petavium Catharinus, sive quae post utrumque sanctus Alphonsus De Ligorius litteris consignarunt. E quibus ille [6]): « Vos struitis syllogismos et dicitis: *omnes homines in Adam mortui sunt; ergo et Maria quae fuit homo*. Sed audite [7]) regium verbum et inauditam sententiam: *pro omnibus constituta est haec lex, sed non pro te*, Esther mea. Audite quae non discuntur in physicis aut dialecticis: non est *inter omnes* aut *inter homines* [8]) Regina, sed *supra omnes* et *supra hominem*. » De Ligorius vero suam his verbis [9]) sententiam complexus est: « Opponunt adversarii illud [10]) Apostoli, *omnes in Adam peccaverunt*. Sed respondetur, argumentum probare nimis, quia probaret esse *de fide* quod beata Virgo maculata fuisset, quod nemo dicit nec dicere [11]) potest. Itaque Scriptura haec accipienda est cum exceptione beatae Mariae: in Scriptura enim etiam universaliter [12]) asseritur, *non est homo qui non peccet*, et [13]) *in multis offendimus omnes*. Et tamen de fide est, ut declaravit [14]) Tridentina synodus, beatam Virginem nullam culpam actualem commisisse.

61. Nihilominus ne his potissimum insistam, aut in his supremum caussae praesidium collocatum arbitrer, efficit responsio sane evidentior quae ex unanimi Patrum doctrina sua sponte oboritur. Ecquo enim redeunt quae inculcata in Scripturis leguntur? huc credo universam Adae posteritatem non antea concipi quam originali culpa obligetur, omnesque prorsus homines in Adam peccasse. Audio, sed haec ipsa quae in dedecus, ignominiam, perniciemque vergunt totius humanae naturae, communia ne illi quoque censeri possunt, prae qua omnia credimus *nova*, omnia *insueta*, omnia *praeter supraque naturam* evecta? communia ne illi quoque censeri possunt quae inter homines universos spectari veluti *miraculum* debet, neque *miraculum* dumtaxat, sed *miraculorum apex* et *fastigium*? communia ne illi quoque censeri possunt quae *supra omnes gratia enituit*, ip-

---

1) III. Reg. VIII. 47.
2) Ioh. X. 8.
3) In Ioh. Tract. XLV.
4) Loco cit.
5) Illos intelligit, quos abusos universalibus eiusmodi testimoniis ad oppugnandum immaculatum Virginis conceptum arbitrabatur.
6) Disput. pro imm. Concept. lib. III. tit. de obiectis Scripturae locis.
7) Esther XV. 13.
8) Quod veteres scholastici his etiam illustrabant ex II. tit. III. de legibus, Leg. XXXI: « Princeps legibus solutus est. Augusta autem licet legibus soluta non sit, Princeps tamen eadem illi privilegia tribuit quae et ipse habet. »
9) Theol. Mor. lib. VII. cap. II. dub. IV. art. III.
10) Rom. V.
11) Sunt enim apertissima Tridentinae Synodi verba, quae Sess. V. ad calcem decreti *de peccato originali* habentur: « Declarat tamen haec ipsa sancta Synodus non esse suae intentionis comprehendere in hoc decreto, ubi de peccato originali agitur, beatam et immaculatam virginem Mariam Dei genitricem; sed observandas esse Constitutiones fel. rec. Xisti Papae IV. sub poenis in eis Constitutionibus contentis, quas innovat. »
12) II. Paral. VI. 36.
13) Iacob. III. 2.
14) Sess. VI. can. XXIII.

samque gratiae plenitudinem consequuta est? communia ne illi quoque censeri possunt cuius puritas tanta est, *ut non angelicam modo innocentiam vincat, sed ipsam propemodum exprimere divinam sanctitatem* videatur? si qui ita sentiant vel ista animo concoquere possint, eos dixerim tum omnem iudicii sanitatem quum ipsam etiam humanitatem funditus exuisse. Atqui talis est Virgo, si Patribus fidimus, et talis prorsus est eiusdem species ac forma, si nostram eisdem assensionem adiungimus. Seponantur ergo eiusmodi Scripturarum oracula, et axiomatis instar constantissime stabiliatur non aptius ea in Virginem cadere ac tenebrae cum luce cohaereant, et quae infima abiectaque sunt cum eo quod eminet excellitque, componantur.

62. Quid quod ex eodem capite inversum et oppositum e diametro argumentum non obscure dimanat? sane perspicue ratio exigit, ut si quae hinc innocentiam laedant, inde vero certum quemdam creaturarum ordinem universim depravent, ab ea longissime amandentur quae supra nunc ordinem universim depravent, ab ea longissime amandentur quae supra hunc ordinem altissime sita ipsos quodammodo purissimos divinitatis radios nemumulatur. Fas enim non est sive superiorem celsioremque ordinem ad subiectum inferioremque detrudere, sive quae dignitate puritatisque excellentia summopere distant, eodem metiri palmo, et ad unam eamdemque legem normamque revocare. Iamvero quemadmodum exploratissima est scripturarum doctrina, universam Adae posteritatem a suis usque primordiis culpa sordescere, ita consors est Patrum [1]) traditio, beatissimam Virginem ab hoc ordine adamiticae posteritatis toto esse caelo sciunctam, altissime super illum efferri, prae illo non secus ac miraculum portentumque duci oportere, ipsosque divinitatis veluti fines attingere. Ea namque est, ut Iohannes damascenus [a]) loquitur, *Domina et omnium creaturarum dominatrix:* ea est, ut Theodorus hierosolymitanus patriarcha [b]) scribit, *omni tam intelligibili quam sensibili natura non minus gloria quam splendore praestantior:* et eam quae sunt [c]) Germani costantinopolitani praesulis verba, *universa visibili et invisibili creatura superiorem arbitramur.* Ut enim Petrus Damiani [2]) ait: « Attende Seraphim, et in illius superioris naturae supervola dignitatem, et videbis quidquid maius est, minus Virgine, solumque opificem opus istud supergredi. » Quare [3]) pergit: « Non aliquis antiquorum, non quisquam sequentium Patrum huic beatissimae Virgini poterit comparari. Quid enim sanctitatis, quid iustitiae, quid religionis, quid perfectionis, singulari huic Virgini deesse potuit, quae totius divinae gratiae charismate plena fuit? » inferri igitur debet, eorumque numero quae indubia compertaque sunt censeri, originalem corruptelam eo etiam nomine a Virgine alienissimam existimandam esse, quod illa communis sit, universalis, omnesque ex carne natos inficiat atque deturpet.

63. Huius autem consectarii veritas multo etiam liquidius innotescet, si animus ad eam peccati originalis descriptionem ac prope faciem advertatur, quae ex indubitatis catholicae fidei regulis desumitur. Ex his enim [4]) apparet, *originale peccatum, quod origine unum est, et propagatione non imitatione transfusum, omnibus inesse unicuique proprium,* i-

a) Orthod. Fidei lib. IV. cap. XV.
b) Epist. synodic. quam Synodus VII. adprobavit, legiturque Act. III.
c) Epist. ad Iohannem Episcopum Synadensem, quae lecta probataque fuit Act. IV. Synodi VII.

1) Cuius luculentissima testimonia retulimus, et plura numero neque minus luculenta deinceps referemus.
2) De Nativ. beatae Mariae virginis Serm. I. pag. 121.
3) *De Nativ. beatae Mariae virginis* Serm. III. pag. 128.
4) Quae omnia habentur Sess. V. Tridentini Concilii in decreto de peccato originali, et Sess. VI. de iustificatione cap. I.

ta vero singulis inesse ut qui illud contrahunt, protinus *inquinentur, sint immundi innocentiam perdant, natura reddantur filii irae, peccati fiant servi, et sub diaboli potestatem redigantur.* Age iam, atque hanc originalis culpae verissimam delineationem cum ea Virginis specie et idea contendito quam Patres repraesentant. Quid cernis? aut quid te stupentem defixumque habet? cernis et de mira stupes utriusque imaginis pugna, dissidioque insociabili. Peccatum namque originale hominem *inquinat*, Maria *cuiusvis* expers est *inquinamenti*: peccato originali homo est *immundus*, Mariae *mundities* ipsum quoque angelicum nitorem supergreditur: peccatum originale hominem *innocentia privat*, Maria est *innocentissima* et ipsa prope innocentiae forma: propter originale peccatum homo *natura* redditur *irae filius*, Maria est *undequaque benedicta*: originali peccato fit homo *peccati servus*, Maria *alterum secundum Deum puritatis sanctitatisque gradum* occupat: denique originali peccato venit homo *sub diaboli potestatem*, at Maria *celsior est Seraphim*, deque ea repeti cum Bonaventura [1]) debet. « Congruum fuisse ut beata virgo Maria, per quam aufertur nobis opprobrium, vinceret diabolum, ut nec ei succumberet *ad modicum.* »

64. Quod Patres, ut istud etiam sin minus in praesentia explanemus, brevissime saltem innuamus, iis effatis iisque sententiis aperte significant quas retulimus, et quibus Mariam [2]) vocant *salutis caput, eorum qui salvantur portam, lapsorum revocationem et instaurationem ac maledicti solutionem.* Ecquid enim ista sibi volunt? aut quo singularis praerogativa spectat, qua Maria dicitur *lapsorum revocatio et instauratio ac maledictionis solutio?* vel nullus hisce formulis sensus subest, vel hoc eisdem ostenditur: ex eorum numero atque ordine qui ceciderint quique in maledictionis sententiam offenderint, eximi Virginem oportere. Et re sane vera potuit ne Virgo lapsos instaurare atque erigere, si et ipsa iacuerit? aut potuit ne Virgo maledictione obstrictos solvere, si et ipsa maledictionis onus iramque sustinuerit? « Oportuit inquit [3]) Thomas, eum qui peccata venit tollere, esse [4]) segregatum a peccatoribus quantum ad culpam cui Adam subiacuit. » Sed vox est ecclesiae, Patrumque doctrina, per Virginem quoque maledictionem fuisse solutam, et ad Virginem quoque, suo licet modulo, pertinere, ut ea credatur lapsorum erectio atque ruinae instauratio. Oportuit igitur ut Virgo segregata esset a peccatoribus quantum ad culpam cui Adam subiacuit. Hinc, quod sedulo animadverti debet, in iisdem christianae traditionis suffragiis, quibus Virgini asseritur *maledictionis solutio, lapsorumque instauratio*, ea pariter dicitur παντευλόγητος, *undequaque benedicta* et μόνη πανύμνητος, *sola digna quae undequaque celebretur.* Quod videlicet haec intime nexa sint penitusque devincta, quodque ea solum maledictionem potuerit solvere, lapsosque erigere, quae nonnisi benedictionis concors fuerit atque particeps, quaeque nihil contraxerit nihil effecerit quod non foret laudibus prosequendum. Quare de ea quae celsior est puriorque Angelis, multo affirmari debet confidentius quod de his Bernardus [5]) scribit: « Qui erexit hominem lapsum, dedit stanti Angelo ne laberetur, sic illum de captivitate eruens sicut hunc a captivitate defendens. Et hac ratione fuit aeque utrique redemptio, solvens illum et servans istum. » Ceterum haec quae obiter innui, leviterque perstrinxi, nolim alio loco haberi quam rudis supremaeque cuiusdam delineationis, quae suis deinde coloribus excitabitur.

---

1) In III. dist. III. a. II. q. II.
2) Cf. superiora quae Virginem sistunt ut τῶν πεσόντων ἀνάκλησιν, κεφάλαιον σωτηρίας, πεπτωκότων ἀνόρθωσιν, τὴν θύραν τῶν σωζομένων, τῆς ἀρχῆς τὴν λύσιν.
3) S. III. p. q. IV. a. VI. ad 2.
4) Hebr. VII. 26.
5) In Cantic. Serm. XXII. n. 6. pag. 1341.

SECTIO SECUNDA

VIRGINIS APPOSITA

De insignioribus appositis quibus beatissima Dei mater ecclesiasticis monumentis, Patrumque operibus honestatur: deque omnimoda puritate qua Virgo ab ipsis excelluisse primordiis efficitur.

65. Ut delineatam Virginis effigiem ac nonnisi supremis lineis designatam eiusdem faciem excitemus, adiectisque coloribus perfectam motu quodammodo vitaque donemus; nihil succurrit factu opportunius quam ab iis epithetis appositisque exordiri quibus sanctissima Dei mater in ecclesiasticis monumentis Patrumque libris ornatur, eiusque puritas uno ore sic effertur ut plenissima, originalis, nulloque umquam taminata naevo declaretur. Hoc enim investigationis exordium quum aliis titulis, tum iis se potissimum commendat, qui ex facilitate et perspicuitate ducuntur. Ecquid enim facilius, quidve pronius quam uno veluti mentis adspectu epitheta atque apposita complecti, quibus Christianae antiquitati solemne fuit Mariam honestare, eiusque puritatem illaesamque innocentiam ostendere? non vacat quidem labore, neque expers est molestiarum eiusmodi epitheta ex innumeris ferme libris decerpere, decerpta ordinare, atque ex iis apte solerterque digestis quid consequens sit acute subtiliterque introspicere; sed neque arduum est neque salebris impeditum ad ista omnia animum advertere, si ea alterius curis vigiliisque concinne disposita nonnisi contemplanda oculis obiiciantur.

66. Cum facilitate iungitur perspicuitas et probationis quae ex hoc epithetorum fonte elicitur evidentia. Quod enim de nominibus generatim affirmatum [1]) legimus, dicta illa esse *a noscendo*, quod res singulas illarumque dotes patefaciant: quod de iisdem alexandrinus Clemens et Pachymeres universim docent, ille dum [a]) ait *nomina esse signa eorum quae animo cogitantur*, iste dum [b]) subdit, *nomen etymologiam quamdam esse ex iis quae rei nominatae adsunt*, et [c]) rursum, *nomina esse rerum subiectarum declarativa*; idipsum de adiectivis, appositis atque epithetis affirmetur ac repetatur necesse est. Idcirco autem necesse est, tum quia haec etiam nominum genere comprehenduntur, tum quia propterea adhibentur et usu loquendi scribendique recepta sunt, ut quae principe nomine atque substantivo non satis exprimuntur, liquidius pleniusque iisdem intersertis demonstrentur. Hinc apud Haebraeos grammaticos [2]) obtinuit, ut ea *formae nomina* vocarentur.

67. Si quae igitur probatio de loquentium scribentiumque mente atque sententia ex epithetis appositisque constanter adhibitis desumatur, ea censeri evidens debet, quum evidens atque penitissimum sit vinculum, quo cum ideis notitiisque loquentium atque scriben-

---

a) Stromat. lib. VII. pag. 781.
b) In comm. ad cap. I. Dionysii de divinis nominibus.
c) Ibid. pag. 481.

1) Apud festum, quo auctore, sicut a *moveo, movi* est inusitatum *movimen*, et per syncopen *momen*; ita a *nosco, novi* est *novimen*, et per syncopen *nomen*.

2) De Hebraeorum grammaticis qui concretum nomen dicunt שֵׁם הַתֹּאַר, *nomen formae*, loquitur Glassius Philologiae Sacrae Tractatu I. de nomine, can. I. pag. 3–5.

tium usurpata ab iisdem adiectiva cohaerent. Haec nimirum probationis ratio ab illa vix abest, qua de natura ex eiusdem operationibus decernitur, et qua de substantia ex eiusdem modis formisque iudicatur. Neminem vero comperiri arbitror, qui aut istud probationis genus improbet, aut eo summopere, utpote obvio atque perspicuo non delectetur. Fas igitur non est de ea probatione secus existimare, qua intimior subiecti cognitio, pleniorque ornamentorum quibus illud fulget notitia ex adscriptis eidem appositis derivetur.

68. Praesertim quum fulgentissima Ecclesiae lumina, quo nomine Facundus Hermianiensis [1]) Patres appellat, hoc argumenti genus et ipsi excolendum susceperint et strenue vindicandum esse existimarint. Excolendum suscepit vulgatus Dionysius, cuius illustre opus de divinis nominibus huc tandem recidit, ut ex epithetis sive propriis sive translatis Deo Optimo Maximo in Scriptura tributis ad perfectiorem, quae pro hac mortalitate sperari potest, eiusdem notitiam mentes animosque legentium perducat ac provehat. Excolendum suscepit in aureis contra arianos orationibus Athanasius, qui ex epithetis Filio adscriptis validissima mutuatur argumenta quibus illum tam e creaturarum numero eximendum quam unius eiusdemque throni cum Patrem consortem et Patri consubstantialem credendum esse demonstret. Quid vero Basilius et nazianzenus Gregorius? ille in exquisitissimo libello de Spiritu sancto ex appositis saepissime pugnat, ut conglorificationem Spiritus cum Patre et Filio a macedonianis calumniis immunem ostendat: hic vero in orationibus Theologicis ita in omnem partem argumentum istud versat, ut in eo habitare videatur.

69. Atque in eo pariter habitat nyssenus Gregorius sive dum [2]) Eunomium refellit, sive dum augustae Trinitatis [3]) sacramentum cum ineffabili Monarchiae dogmate iungendum esse tuetur. Neque enim duas solum facit divinorum nominum classes, e quibus prior illis constet quae [a]) *excelsae et ineffabilis gloriae indicationem referunt*, qualia habentur [b]) *Filius, dextera, Unigenitus, Verbum, Sapientia, Virtus:* posterior vero ea complectatur quae [c]) *providae dispensationis varietatem demonstrant*, cuiusmodi sunt [d]) *vitis, pastor, medicus;* sed praeterea quid cum singulis aptum sit quidve singula ad Dei notitiam assequendam perficiendamque conferant, diligenter quaerit, sapientissimeque constituit.

70. Pari studio neque dissimili sapientia Nicetas [4]) aquileiensis Episcopus de appositorum vi usuque dissertat. In libello enim [5]), cui titulum fecit *de Spiritus sancti* [6]) *potentia*, illius cum Patre et Filio aequalitatem consortiumque naturae argumento ex appositis sumpto defendit atque confirmat. Quid vero de altero ipsius libello dicam [7]) inscripto *de di-*

a) Con. Eunom. l. c.
b) Ibid.
c) Ibid.
d) Ibid.

1) Pro tribus capitulis lib. VI. pag. 262.
2) Con. Eunomium. Orat. III. pag. 526. opp. T. III.
3) In tractatu, *quod non sint tres Dii*, pag. 18. opp. T. III.
4) Cuius quae supersunt opuscula edidit Em. Mai, Scrip. Vet. T. VII.
5) Ibid. pag. 319. seqq.
6) Quemadmodum Victorinus in epist. ad Gal. IV. 6, et in tertio contra arianos libro n. 17. divinas Trinitatis *hypostases* vocat *potentias*; ita eadem appellatione eodemque sensu Nicetas utitur.

7) Ibid. pag. 330-332. « In eodem argumento, inquit sapientissimus editor, versatur Damasus carm. XI. ed. Sarazan., qui tamen versus in pervetusto vat. cod. 553. tribuuntur Silvio cuidam. Legatur item poeta Orientius in collect. Pisaur. T. VI. p. 89. et Phoebadius contra arianos cap. VI., quem postremum lectum a Niceta vix dubito. »

versis appellationibus Domino nostro Iesu Christo convenientibus? istud unum dicam, nullam esse eiusdem particulam quae in recensendis Christi appositis non impendatur, quaeque eo non spectet, ut ex iis effingatur Christi species quae splendorem [1] paternae substantiae non omnino dedeceat. En verba quibus Nicetas [2] orditur: « Multa nomina multaeque appellationes in Scripturis sanctis inveniuntur, quae Domino Iesu et Salvatori nostro conveniunt. » Syllogen deinde horum nominum harumque appellationum continuo promit, tum [3] pergit: « Audisti appellationes, quaere nunc appellationum significationes. » Quas ubi ipse quaesivit et apte naviterque circumscripsit, postremo [4] concludit: « Ergo quia tantis et nominibus et titulis Dominus communis appellatur, habe fiduciam, fidelis, et spem tuam in ipso tota virtute constitue. »

71. Sed qui omnibus praeponendus erat Epiphanius, de hoc genere universo tam perspicue graviterque disserit ut luculentiora atque efficaciora ne in votis quidem esse posse videantur. Etenim impudentem nescio quem e factione antidicomarianitarum profligaturus, qui [5] *adversus sanctissimam perpetuamque Virginem Mariam meditari nonnihil et contumeliosa quadam opinione illius honorem incessere* non dubitaverat; his illum verbis [a] adgreditur: « Undenam vero haec improbitas? unde tanta prorupit audacia? nonne *vel ipsum nomen* abunde testificatur? non tibi, homo pervicacissime, istud ipsum persuadet? quis ullo tempore umquam extitit, qui sanctae Mariae *nomen* appellare auderet et non rogatus subinde *Virginis vocabulum* adiiceret? *nam in adiunctis istiusmodi vocibus virtutis indicia collucent.* » Quae ratione a simili ducta [b] confirmans addit: « Quippe iustis omnibus pro eo ac singulos decebat, *sua cuique sunt dignitatis attributa nomina*. Ita Abrahamo *amici Dei* [6] titulus accomodatus est neque is umquam intercidet. Iacob vero *Israelis* [7] cognomen sine ulla mutatione concessum. Apostoli quoque [8] *Boanerges*, hoc est, *tonitrui filii* nominati sunt, nec ulla dies nomen istud obliterabit. » E quibus ad quaestionis caput summamque regressus [c] infert: « Sic sancta Maria nuncupatur *Virgo*, nec appellatio ista aliquando commutabitur. Haec enim perpetuo incorrupta permansit. *Cur igitur vos natura ipsa non docet?* »

72. Non est igitur cur vel tantillum de probatione suspicemur, quam apposita praebent quaeque ex epithetis principi orationis subiecto attributis dimanat. Huic enim probationi suffragatur facilitas, patrocinatur evidentia, favet natura, tantamque Patres suo testimonio suaque auctoritate fidem conciliant, ut omnino invicta ac prorsus Ecclesiastica demonstretur. Illud unum cavendum est, ne instrumento suapta natura bono ac vero etiam optimo, neque bene neque satis dextere utamur. A quo tamen vitio plane cavebimus, si tria diligenter custodiamus. Si primum eo in adducendis testimoniis delectu utamur, ut nullum promamus quod sincerum non sit, quodque ad praesentem tractationem non spectet. Si deinde eam testimoniorum copiam allegemus, quae necessaria est atque sufficit ut universalis et constans loquendi usus plena in luce collocetur. Et si postremo nihil dedu-

---

a) Con. Eunom. n. VI. pag. 1037-1038.
b) Ibidem.
c) Ibidem.

1) Hebr. I. 3.
2) Ibid. pag. 330.
3) Ibidem.
4) Ibid. pag. 331.
5) Haeres. LVIII. al. LXXVIII. n. V. p. 1037.
6) Iacob. II. 23.
7) Gen. XXXV. 10.
8) Marc. III. 17.

cendo inferamus, quod aut loquendi usus iam comprobatus sua sponte non exhibeat, aut cum iis quae sua sponte exhibet, non sit necessario iunctum atque consertum. Haec tria si a nobis ea qua par est religione praestentur, quemadmodum legitimus probationis usus in tuto erit, ita veritas eiusmodi probatione asserta vocari in disceptationem non poterit.

73. Ceterum ut singula meliori quo possumus ordine exequamur, sectionem totam in octo distincta capita dispescemus, e quibus caput primum iis constabit appositis *gradu positivo* expressis quae *negantia* audiunt, quaeque maculam prorsus omnem a Virgine amandant. Alterum eadem complectetur apposita, sed *gradu superlativo* enunciata. Ad tertium revocabo apposita *affirmantia graduque positivo* adhibita, quibus Deiparae omnigena puritas et omnibus expleta numeris innocentia asseritur. Quartum in conspectu ponet eadem affirmantia apposita, sed *ad gradum superlativum* evecta. Quintum ob oculos collocabit apposita tam affirmantia quam negantia κατ' ἐξοχὴν accepta, quibus Deiparae plenitudo integritatis ipsaque innocentiae forma vindicatur. Quintum appositis coalescet *eximie intensis*, quaeque non citra superlationem Deiparam ostendunt omnibus puritatis radiis innocentiaeque splendoribus enitescentem. Sexto continebuntur apposita *cumulata*, eoque pertinentia ut Virginis puritatem nulla ex parte deficientem, modisque omnibus absolutam ostendant. Septimum exhibebit apposita *translata*, atque ex iis propter cognationis similitudinem ducta, quae nullum ferunt naevum, nullamque labem patiuntur. Succedet postremo octavum, quo ratio ipsaque vis probationis expendetur, immaculatus Virginis conceptus demonstrabitur, et plurimorum ore trita obiectio ita diluetur, ut proponi denuo instaurarique non debeat.

CAPUT I.

Referuntur insigniora negantia apposita eaque gradu positivo expressa, quibus a puritate Deiparae eiusque innocentia omnes omnino naevi labesque omnes longissime repelluntur.

74. Notior est quam ut pluribus explicari debeat appositorum partitio, qua eadem in ἀποφατικὰ, *negantia*, et καταφατικὰ, *aientia* atque *affirmantia* diribentur. Huius enim partitionis non solum meminerunt grammatici, sed quod multo pluris nostra refert, illius meminerunt Patres scriptoresque ecclesiastici, suoque illam usu frequentarunt. Et illam sane memoravit adhibuitque plus semel [1] Iohannes damascenus: memoravit adhibuitque [2] Thalassius: memoravit adhibuitque [3] Theodoritus: et ne omnes [4] singulatim recenseam, memorarunt atque opportune adhibuerunt [5] Dionysius areopagitae cognomine illustris, Basilius [6] et acutissimus Basilii frater [7] Gregorius nyssenus.

75. Iamvero epitheta et apposita negantia eo ex sese pertinent, ut illud significent quod a re qua de agitur censeri alienum debet, quodque eidem non inest. Hinc quemadmodum vocantur ἀποφατικὰ *negantia*, et adhiberi κατὰ τὴν ἀφαίρεσιν *secundum negationem* dicuntur; ita pariter efferre dicuntur τὰ μὴ προσόντα, *quae rei non insunt* quaeque illam non

---

[1] De Orth. Fide lib. I. cap. IV-XV.
[2] Cen. IV. cap. LXXXIII.
[3] De curandis graec. affect. Serm. II. p. 502.
[4] Quos inter suo merito venirent Maximus in comm. ad cap. IV. Dionysii de div. nominibus, Iohannes cyparissiotus Dec. II. cap. IX. et Theodorus abucara opusc. III. pag. 422.
[5] De div. nominibus cap. II-IV-XIII.
[6] Con. Eunom. lib. I.
[7] Con. Eunom. Orat. XII. pag. 754. opp. T. II.

afficiunt. Scite a) Cyrillus Alexandrinus: « Dupliciter ea quae substantive divinae naturae conveniunt ornamenta significare consuevimus, vel enim ex iis quae est ipse, vel ex iis quae non est, semper a nobis cognoscitur. » Huiusmodi vero negantium appositorum usus necessarius nobis est, et ad viam complanandam singulariter opportunus. Necessarius nobis est, quum non raro contingat ut de rebus menti nostrae observantibus multo intelligamus facilius quid non sint, quam quid sint apprehendamus, praesertim si eadem excellant, emineant ac vim sensuum nativamque rationis aciem praetervolent. Est autem illorum usus opportunissimus, tum quod rebus distinguendis conducat, tum quod sin minus perfecta atque expolita, inchoata saltem et rudi illarum cognitione mentem imbuat animumque informet.

76. Iuverit ergo ab hisce ordiri, atque ex ordine ea negantia apposita graduque positivo expressa recensere et illustrare, quae quum ex sese ab augustissima Dei genitrice maculam omnem omnemque labem amandent, constanti universalique Ecclesiae usu frequentari consuevisse deprehendimus. Ut vero candide fatear quod est, neque illud dissimulem quod veterum monimentorum lectione compertum habeo, vix ullum arbitror reperiri epitheton negans et omne macularum sordiumque genus excludens, quod maiores nostri universali quadam perennique conspiratione de sanctissima Deipara non usurparint. Et sane, quae tandem ista sunt? etsi Graeca supellex divitiis affluat, me tamen fugit an non pleraque omnia in rem nostram idonea epitheta ista sint, ἄμωμον καὶ ἀμώμητον, *immaculatum labisque expers:* ἄσπιλον, *intemeratum et a quovis naevo liberum:* ἀμίαντον, *inviolatum nullaque ex parte imminutum:* ἀμόλυντον, *impollutum sordisque nescium:* ἄχραντον, *incontaminatum:* ἄφθορον, ἀδιάφθορον, ἄφθαρτον, *incorruptum:* ἀκήρατον, *illaesum:* ἄθικτον, *intactum:* ἄτρωτον, *illibatum:* et ἀκίβδηλον, *non adulteratum, nihilque fecis et detrimenti admixtum habens.* Atqui praesto sunt testimonia numero plurima eaque evidentissima quibus efficitur, e tanta appositorum copia nullum esse, quod pia et erudita antiquitas ad efferendam Deiparae innocentiam eximiamque puritatem non adhibuerit.

ARTICULUS I.

De apposito qua Virgo ἄμωμος, *immaculata dicitur: eiusdem potestas in monimentis biblicis et ecclesiasticis: vulgatissimus de Virgine usus, atque is ita comparatus ut illum cuiusvis semper exortem labis ostendat.*

77. Appositum ἄμωμον, quod spectata eius etymologia, idem prorsus valet ac *labis expers, immaculatum,* Hesychius declarat inquiens : ἄμωμος· ἄμεμπτος, ἄψεκτος, *irreprehensibilis, purus, inculpatus.* Neque aliter Suidas qui scribit: ἄμωμος· ὁ καθαρὸς καὶ ἀναίτιος, *purus, inculpatus.* His autem praeclariora sunt quae habet auctor commentariorum in Psalmos, qui Chrysostomi nomen praefixum gerunt; ait b) enim: « Is est ἄμωμος, qui liber est ab omni scelere, crimine et sordibus, qui extra omnem maculam, iniquitatem et peccatum est constitutus. » A quibus ne minimum quidem aberrat τοῦ ἀμωμήτου explicatio, quam alexandrinus Cyrillus his verbis c) complectitur: « Nullus inter nos prorsus ἀμώμητος. *inculpatus.* »

a) Dial. I. pag. 415.
b) In Ps. CXVIII. pag. 685. op. Chrysost. T. V.
c) In Is. LIII. pag. 748.

78. In alexandrina veteris Testamenti interpretatione hoc appositum, cui passim respondet hebraicum תָּם, *de victimis* potissimum [1]) usurpatur, quas Deus labe vitiisque carere et integras eximiasque esse praecepit. Eadem significandi potestate Sacerdotes levitici [2]) dicuntur ἄμωμοι, *immaculati*, quod ex Legis praescripto ab omni corporis sorde vitioque immunes esse deberent. Ad novum vero quod pertinet Testamentum, non aliis hoc appositum tributum legitur, quam vel iis qui [3]) fructum divinae redemptionis perceperint, vel [4]) beatis qui Deo fruuntur, vel [5]) Ecclesiae quae corpus est Christi, vel ipsimet Christo, quem Paulus [6]) hostiam *immaculatam* dicit, Petrus vero [7]) *agnum immaculatum* appellat.

79. De usu ecclesiastico duo imprimis animadvertenda censeo, atque illud initio, ea esse *Eucharistica dona* quae nullo crebrius apposito quam hoc de quo loquimur insigniuntur: illud deinde, hoc ipsum appositum solemniter ad Christum referri. Quod priore loco affirmavimus, omnia omnino liturgica monimenta sive occidentalia sive orientalia ad evidentiam usque commonstrant. Neque enim [8]) vel unum ex hisce reperias, in quo *Eucharistica dona* non semel atque rursum *immaculata* dicantur. Alterum vero eadem perspicuitate demonstrant receptae apud christianos preces, hymnique omnium ore celebrati. Speciminis loco ista [a]) sint: « Pastores audiverunt angelos laudantes Christi in carne adventum, ac veluti ad Pastorem properantes, hunc vident tamquam *immaculatum* agnum in Mariae sinu enutritum. « Tum [b]) ista ex hymno sancti Iosephi confessoris: « Salve *Iuvenca* quae fidelibus peperisti *Vitulum immaculatum*: salve *Agna* quae gestasti *Agnum Dei* mundi totius peccata auferentem. » Ac ista demum [c]) ad Christum e cruce pendentem directa: « Te Pastorem *immaculatum* conspiciens *Agna* in ligno exaltatum, materne plorans exclamabat: morti te, Fili, addixit ingratus populus. »

80. Quibus, uti decebat, praestitutis ad beatissimam Dei matrem accedimus, illamque *immaculatae* epitheto saepissime distinctam ornatamque confirmamus. Hoc sane epitheto

a) Triod. [9]) pag. 315. col. 2.
b) Triod. pag. 316. col. 2.
c) Triod. pag. 282. col. 1.

1) Num. VI. 14, XIX. 2, Levit. XXII. 22.
2) I. Macc. IV. 42. coll. Levit. XXII. 19.
3) Ephes. I. 4, Coloss. I. 22.
4) Iudae v. 24, Apoc. XIV. 5.
5) Ephes. V. 27.
6) Hebr. IX. 14.
7) I. Petr. I. 19.
8) Ab exemplis abstineo quod obvia ea sint ac prorsus innumera.
9) De Graecorum Triodio praeter Baronium ad annum DCCCXLII., Cangium in Lex. Med. et Infim. Graecitatis, Suicerum in Thes. Ecclesiastico et Caveum in diss. de Libris et Offic. Ecclesiast. Graecorum, pluribus agunt Leo Allatius in utraque dissertatione plus semel a nobis memorata, Cardinalis Quirinus in Diatriba II. de hymnis quadragesimalibus Graecorum, eorumque auctoribus et Zaccaria in Bibliotb. Rituali lib. 1. cap. IV. §. IX. Est autem Triodion, ut Allatius scribit, liber Graecorum ecclesiasticus, quo Officium recitari solitum a Septuagesima, quam Graeci vocant Dominicam Publicani et Pharisaei, ad Sabbatum usque sanctum continetur. Audit autem Triodion, quod quum Canones et Hymni in solemnitatibus Domini nostri Iesu Christi, Deiparae, aliorumque sanctorum novem habeant strophas quas Odas nuncupant, hic liber non alios ut plurimum complectitur eiusmodi Canones, nisi qui ternas Odas non excedunt. De potioribus vero Triodii auctoribus loquens Quirinus animadvertit, omnium primos occurrere duos celeberrimos Studitas a byzantino Studii Caenobio, in quo monasticis studiis vacarunt, nuncupatos, Theodorum et Iosephum, quorum nomina et vetustissimi codices mss. et edita exemplaria iisdem hymnis saepius inscribunt. Titulus lib. in edit. Veneta a. MDCCCXXXIX sic habet. Τριῴδιον κατανυκτικὸν περιέχον ἅπασαν τὴν ἀνήκουσαν αὐτῷ ἀκολουθίαν τῆς ἁγίας καὶ μεγάλης τεσσαρακοστῆς, ἀπὸ τῆς κυριακῆς τοῦ Τελώνου καὶ τοῦ Φαρισαίου, μέχρι τοῦ ἁγίου καὶ μεγάλου Σαββάτου, μετὰ τῶν κατ' Ἦχον τριαδικῶν ὕμνων, φωταγωγικῶν, στιχηρῶν καὶ καθισμάτων διαφόρων ἐν τῷ τέλει.

illam distinguit ornatque Germanus [a]) inquiens: « Ostendant nobis qui contra ipsam linguas suas movent, videntque tamquam non videntes, ubi tale quid unquam viderint? nimirum puellam [1]) ex promissione, eamque triennem, tamquam *donum immaculatum*, oblatam. » Eodem epitheto illam distinguit ornatque Chrysippus presbyter Germano antiquior, qui relatis ad Mariam Psalmi [2]) verbis, *obliviscere populum tuum et domum patris tui*, sic eam [b]) alloquitur: « Obliviscere populum tuum et domum patris tui. Populus enim a quo cognationem contraxisti, nequam est, ignominiam tibi affert: populus imprudens *tibi immaculato* [3]) *germini* natura coniunctus est et cultura *spinarum* ferax *rosam tuam* producit. »

81. Cum Germano atque Chrysippo praeclare consentiunt hinc quidem Maximus taurinensis et Georgius nicomediensis, inde vero antiquus auctor decem homiliarum in diversa Matthaei et Iohannis loca, quae Origenis nomine insignes circumferuntur. Maximus enim de utraque disserens [4]) Verbi generatione sempiterna et temporaria scribit: « Illum ab aeterno genuit Deus, et in tempore Dei Omnipotentis operante virtute casta Virgo suscepit. Natus est ab aeterno sine ullo conditionis principio; ortus est in tempore ex *immaculata* Virgine. » Sequitur Georgius, cuius ista sunt [c]) verba: « Hodie columba illa *immaculata* [5]) in Templi penetralia evolans, malitiae aucupem devitavit, eius machinamentis facta [6]) sublimior. » Neque is abludit, cuius meminimus, antiquus auctor qui Iosephum compellans [7]) ait: « Hunc puerum accipe et matrem eius. Non tu huic puero pater, sed haec sola Virgo huic puero mater. Non indiget patre super terram: incorruptibilem enim habet Patrem in excelsis. Non indiget matre in caelis: *immaculatam* et castam habet matrem in terra hanc multum beatam Virginem Mariam. »

82. Quam pariter immaculatam nuncupat sanctus Cosmas in hymno quo beatum Iobum celebrans [d]) canit: « Tu, o *immaculata* puella, apparuisti domus ratione superior caelestis sapientiae, animatus illius thronus et porta. Propterea te, o Virgo, dilexerunt virgines ut Reginam, post te Dei filiam adductae. « Neque alio quam immaculatae epitheto utitur sanctus Ioseph idemque cognomento hymnographus, dum Christum cruci affixum de Virgine quae illi adstabat, sic [e]) alloquitur: « *Immaculata* agna, decus et prophetarum et marty-

---

a) Orat. in Praesent. s. Mariae, apud Combefis. Auctar. T. I. col. 1411. D.
b) Orat. in s. Mariam Deiparam, quae extat in Auct. Duceano T. II. pag. 427. A-B.
c) Orat. IV. quae est Encom. in Deiparae repraesentat. in Templum, apud Combefis. Auctar. T. I. pag. 1090. B.
d) Men. die VII. Maii. Ode. θ'. pag. 23 col. 2.
e) Paraclit. pag. 101. col. 2.

1) Incisum, κόρην ἐξ ἐπαγγελίας, Combefisius reddit *puellam ex voto*, non minus contra verborum proprietatem, quam contra scriptoris consilium, cui propositum erat innuere, beatissimam Virginem ex superna promissione fuisse conceptam, et fructum fuisse promissionis. Alterum vero incisum, ὡς δῶρον ἄμωμον, latine vertit, *tamquam donum reprehensione vacans*, dilute nimirum et minus accurate.
2) Ps. XLIV. 11.
3) *Quod quidem testimonium est omnino praeclarissimum, ut puritas* Mariae *ab eiusdem initiis immaculata demonstretur. Sed de eo suus erit isque commodior dicendi locus.*
4) Hom. Hiemal. VI. de nativ. Dom. col. 19. D.
5) Denuo Combefisius suum nobis obtrudit *irreprehensibile*, neque advertit hoc presse *ad* actiones referri, *immaculatum* vero ad excludendum naevum undecumque contractum pertinere.
6) Quae de puella trienni intelligi non possunt, nisi de iis sumantur Satanae molitionibus, per quas peccatum intravit in mundum.
7) Hom. III. opp. Origen. part. II. pag. 280. col. 2. A. edit. Paris. MDLXXII.

rum, ut te agnum in ligno exaltatum vidit, flebat amare. » Porro [1]) auctor sermonis *ad virgines monasterii sui*, qui Augustino tribuitur, post celebratas virginitatis laudes [2]) subdit: « O sancta et immaculata virginitas, quae a Christo eligi meruisti, ut esses corporale Dei templum in quo corporaliter habitavit plenitudo deitatis! O virginitas quae mundi salutem genuisti, quae universorum Deum et hominem rapuisti! « Consonant quae [3]) Bernardus scribit: « Deus Matrem suam singulari in caelestibus donaturus gloria, singulari in terris praevenire curavit et gratia. Proinde factor hominum ut homo fieret, nasciturus de homine talem sibi ex omnibus debuit deligere immo condere matrem, qualem et se decere sciebat, et sibi noverat placituram. Voluit itaque esse virginem, de qua immaculata immaculatus procederet omnium maculas purgaturus. » Neque enim, ut [a]) Matthaeus cantacuzenus notat: « Sicut ceterae virgines quae corporis pulcritudinem ostentant, ita et Virgo filia David exornata est; sed immaculata ipsius anima virtutes pulcritudinis loco possidebat. »

83. In ecclesiasticis denique Graecorum Officiis huius appositi usus est omnino frequentissimus. Hinc in illis [b]) legimus: « Ut in cruce te elatum, mi Christe, conspexit agna quae te peperit, et *immaculata* et mater tua, cum fletu lamentabatur. « Et rursum in festo sanctae martyris Theodosiae [c]) legimus, « Te spiritualis sponsus, o Dei parens, totam quum reperisset perfectam columbam et *immaculatam* et lilium splendidissimum et florem convallium, te sibi in habitaculum delegit. « Ex eorum itaque ornamentorum copia quibus Deipara mirifice splendet, nulli secundum illud est quo ἄμωμος, *immaculata* salutatur. Hoc illam epitheto ornant Patres, hoc ecclesiastici scriptores, hoc liturgica monimenta, atque hoc quotquot umquam fuerunt ubique terrarum Christiani. Praeclare [4]) Laurentius Iustiniani qui de Christi obedientia scribit: « Nam idem legislator minime constitutus sub lege legalia propter nos in se voluit praecepta servare. Completo quippe quadragenario post sui ortum dierum numero, ad templum maternis voluit manibus deportari, aviculis redimi, et grandaevi Symeonis manibus sustentari. Hoc ipse, hoc eius mater *immaculata* Virgo perfecit. » Praclare [5]) Patres Concilii toletani XI. celebrati anno DCLXXV. qui suam fidem his verbis profitentur: » De his tribus personis solam Filii personam pro liberatione humani generis hominem verum sine peccato de sancta et *immaculata* Maria Virgine credimus assumpsisse. » Praeclare [6]) Constantinus VIII. Leonis VI. cognomento sapientis filius qui Virginem compellans ait: « Factor creaturarum et rerum omnium Deus humanam carnem suscepit ex immaculatis sanguinibus tuis, sanctissima Virgo, meamque naturam penitus corruptam renovavit, relinquens te post partum sicut invenerat ante partum; unde fideliter te omnes celebramus clamantes, salve Domina mundi. » Praeclare universa Graecorum Ec-

---

a) In Cant. Cantic. IV. 1.
b) Paraclit. pag. 135. col. 1.
c) Men. die XXVII Maii Ode ς'. pag. 409. col. 2.

1) Hic est sermo CXCVIII. inter augustinianos editus ab em. Mai in Nova PP. Biblioth. T. I., qui de eodem notat: « Sermo s. Augustini *de sanctimonialibus* fuit in codice prisco laureshamensi (Spic. Rom. T. V. p. 169). Sermo eiusdem *de regula monasterii*, in codice bobiensi apud cl. Peyronium in catalogo. Ceteroqui hic noster fortasse est cento ex variis Augustini scriptis confectus. »
2) Serm. cit. n. 2. pag. 460.

3) Super missus est, Hom. II. n. 1. pag. 743. B-D. opp. T. III.
4) Orat. in Virginis Purificat. pag. 253. col. 1. C-D. apud Combefisium in Biblioth. Concionat. T. VI.
5) Concil. Tolet XI. Praefat. pag. 135. B-C. apud Mansium T. XI.
6) In Theotociis a Maraccio editis in opp. inscripto, *Caesures Mariani*, pag. 47.

clesia [1]) in **Officio** Dominicae secundae Quadragesimae: « Immaculata mater Emmanuelis nunc, **o pura, hunc** exora, ut matrem decet: quo me recipiat etiam uti prodigum, qui a via divina discessi, et in flagitiosos transgressionum montes hebetudine mentis semper erravi. Qui omnia a non esse transtulit, o immaculata, ut caussam existentiae suae incarnationis te habuit, quem exora, ut abberrantem ad poenitentiam denuo reducat. » Praeclare [2]) Nerses claiensis Armeniorum Catholicus inquiens: « Nos confitemur verbum Deum hominem immutabiliter factum iuxta Iohannem, non autem in corpore habitans iuxta Nestorium, veluti quemdam Deum ferentem, neque conceptum naturae legibus iuxta quosdam haeterodoxos; sed supra communes leges secundum suam creatricem virtutem ex Spiritu sancto, et ex immaculata Virgine, quemadmodum Gabriel et Isaias testantur. » Praeclare [3]) ipsa Armeniorum Ecclesia, quae sacerdotis ore ita Deum solemniter exorat: » Accipe preces nostras intercessione sanctae Deiparae immaculatae genitricis unigeniti Filii tui. » Neque minus praeclare [a]) syriaca Ecclesia quae in anaphora sancti Cyrilli ad communionem sanctorum respiciens ait: « Benedictus tu Dominus sanctus et amans sanctos, cuius est voluntas ut omni tempore in commemoratione sanctorum tuorum communicemus, potissimum vero et singulariter omnium sanctorum gloriosissimae [4]) Virginis immaculatae et sanctae Dei genitricis Mariae. »

84. Verum quo sensu, quave significationis amplitudine Maria ἄμωμος *immaculata* dicitur? ea ne quae ipsas etiam Virginis origines primordiaque complexa, illam a suis originibus atque primordiis ἄμωμον *immaculatam* demonstrat; an ea satius quae ad eiusdem usque origines utpote infecta non se extendens, insequutum dumtaxat vitae stadium beneficio mundantis gratiae purum naevisque liberum designat? Ut gravissimae interrogationi non ex praeceptis animo opinionibus, sed ex auctoritate arbitrioque maiorum fiat satis, nonnulla debent in antecessum praemoneri. Et praemoneri initio debet, ad officium sinceri prudentisque interpretis spectare, ut nisi quae forte obstent atque impediant, ea vocibus potestas subiiciatur quae illis nativa est, quamque sponte praeseferunt. Tum praemoneri debet, talem esse τῆς ἀμώμου *immaculatae* appellationem in christianis monimentis de Deipara frequentatam, ut illa numquam vel circumscripta sit vel utcumque coercenda significetur. Ad haec praemoneri debet, ita ἄμωμον *immaculatam* dici Deiparam, ut simul [5]) *tota perfecta* nuncupetur, neque ipsa secus [6]) ἡ ἄμωμος ἀμνὰς *agna immaculata* dicatur, ac eius Filius *agnus immaculatus* vocetur. Praemoneri tandem debet, non utcumque Deiparam ἄμωμον *immaculatam* dici [7]) sed immaculatam dici prae generatione corrupta, immaculatam dici quod [8]) *Satanae machinamentis fuerit ipsa superior*, et eo usque immaculatam dici ut [9]) *digna extiterit quae ab Unigenito in habitaculum deligeretur*.

85. Quibus compendio animadversis, haec prodit non minus efficax quam luculenta

---

a) Missal. Maronit. pag. 131. edit. Romae MDXCIV.

1) Offic. Dominicae II. quadrad. desumptum ex vat. codd. n. 769-771. et ex codice alexandrino 79. ac Romae editum an. MDCCXXII. pag. 112-117-120-125.

2) Epist. II. pag. 81. opp. T. I. Eodem epitheto ornatur Deipara T. II. pag. 64-267.

3) Breviarii arm. Par. III. pag. 133. edit. Vindobon.

4) Ibidem pag. 140. phrasis recurrit qua Eucharistia dicitur ܦܣܟܐ ܠܐ ܡܘܡܐ *sacrificium immaculatum*.

5) Sup. n. 83.
6) Sup. n. 82.
7) Sup. n. 80.
8) Sup. n. 81.
9) Sup. nn. 82-83.

deductio. Quaemadmodum in christianis monimentis Deipara saepissime vocatur ἄμωμος *immaculata*, et ne semel quidem huius epitheti potestas circumscribitur; ita una cum τῆς ἀμώμου *immaculatae* apposito eidem asseritur quod sit *tota perfecta*, quod sit *agna immaculata*, sicut *agnus immaculatus* est Christus, quod immaculata sit *prae hominibus infectis*, quod *immaculata* propterea sit *quod Satanae machinamentis celsior extiterit*, et quod sua innocentia suaque puritate cuiusvis labis nescia *promeruerit ut ex ea sempiternum Patris Verbum carnem assumeret*. Iamvero aut fas numquam est pro nativa significatione insitaque potestate τὸ ἄμωμον *immaculatum* accipere, vel dubio procul tum accipi sic debet quum in iis quae memoravimus adiunctis de Maria frequentatur. Necesse est igitur ut Maria non aliter intelligatur ἄμωμος *immaculata*, ac nativa appositi significatio ferat et postulet. Nativa autem appositi significatio quamcumque funditus labem arcet, adeo ut monuerint [1]) Patres, ex infecta Adami posteritate neminem esse qui ἄμωμος, *immaculatus* dici haberique *penitus* valeat. Praeclare [2]) Ambrosius: « Idcirco Christus *immaculatus*, quia nec ipsa quidem nascendi solita conditione maculatus est. » Maria igitur ita dici credique debet ἄμωμος *immaculata*, ut nullas penitus labes contraxerit, omnesque vel ab ipsis originibus sordes evitaverit.

86. Atque sane nescio an non inde confirmetur aperte, quod ista sit appositorum natura ut pro *subiectorum* quibus tribuuntur ratione intelligi debeant atque enarrari. Profecto longe plenius intelligimus *boni* appositum, quum de Deo sermo est, quam quum de hominibus deque angelis effertur: et longe plenius sumimus *lucidi* epithetum quum illud de sole, quam quum de quovis alio corpore usurpatum legimus. At vero cuiusmodi est Maria, quae tam crebro tamque solemniter τῆς ἀμώμου *immaculatae* appellatione honestatur? Recolantur quae antecedenti sectione docuimus, ac palam omnino fiet prae Maria nihil esse *commune*, nihil *non novum* et *supra naturam ac rationem non evectum*, nihil *non omnibus laudum praeconiis sublimius*, nihil in summa quod *miraculum* non sit, quodque non verissime efferatur aut his Sophronii [a]) verbis: « Salve insignissima puella, Virgo sancta, Dei genitrix Maria, fidelium gloriatio, redemptio maledictionis, caelestis scala, *incomprehensibile miraculum*. » Aut his quae cum Iohanne damasceno universa adhibet orientalis [b]) Ecclesia: « Misericordiae abyssus te, o puella, ostendit ineffabiliter electam *miraculorum abyssum*. Ex te enim splendore divino margarita Christus illuxit. » Quum igitur Maria *subiectum* sit omni laude [3]) excelsius, omnesque in se dotes ad miraculum complectatur; hoc unum est reliquum ut de ea sensu omnium praestantissimo omnemque vel ab ipsis originibus labem excludente, appositum τῆς ἀμώμου *immaculatae* adhibitum intellectumque existimetur.

---

a) Triod. par. 156. apud Mai, Spicileg. Rom. T. IV.
b) Triod. pag. 170. Col. 1. D.

---

1) Sup. n. 77.
2) Comm. in Is. penes Augustinum cont. duas epistolas pelagian. lib. IV. cap. XI.
3) Quod in Men. die XIII. Maii Ode θ'. pag. 56. col. 1. his verbis exprimitur. "Απας ἐγκωμίων, Πάναγνε, νόμος ἥττηται τῷ μεγέθει τῆς δόξης σου· ἀλλά, Δέσποινα, παρ' οἰκετῶν ἀναξίων σου ἐξ εὐνοίας δή σοι προσφερόμενον προσδέχου θεοτόκε μετ' εὐμενείας τὸ ἐφύμνιον. *Omnis encomiorum ratio deficit, o purissima, prae magnitudine gloriae tuae; sed tu, Domina ac Deipara, benevole accipe canticum tibi ex benevolentia ab indignis tuis famulis oblatum.*

ARTICULUS II.

De apposito τῆς ἀσπίλου *intemeratae, quo passim Deipara insignitur, et quo illius puritas nullo umquam infecta naevo, et illius candor nullis umquam infuscatus tenebris ostenditur.*

87. Eiusmodi esse epitheta τὸ ἄμωμον καὶ τὸ ἄσπιλον, quae sibi significationis affinitate et cognatione respondeant, tum promiscuus utriusque penes scriptores usus ostendit, tum aperte declarat Hesychius inquiens: ἄσπιλος· ἄμωμος, καθαρός. Quae ita reddi latine possunt: *intemeratus*, idest *immaculatus, purus*. Is enim, Suida interprete, ἄσπιλος καὶ ἀσπίλωτος, *intemeratus*, audit, ὁ μὴ ἔχει σπίλον τινὰ, *qui nullam habet maculam*. Ceterum hoc appositum quo id omne *proprie* designatur, cui nullus inest naevus et quod est prorsus intemeratum, *metaphorice* ad eos transfertur omnes qui sunt *moralis labis expertes et a peccatorum inquinamentis immunes*. Hac metaphorica significatione Paulus [a] ad Timotheum scribit: « Ut serves mandatum *sine macula* (intemeratum), irreprehensibile usque in adventum Domini nostri Iesu Christi. » Eadem significatione scribit [b] Iacobus: « *Immaculatum* (intemeratum) se custodire ab hoc seculo. » Concinit [c] Petrus inquiens: » Satagite *immaculati* (intemerati) et inviolati ei (Christo) inveniri in pace. » Et significatione eodem quidem comprehensa genere, sed longe exquisitiore de Christo [d] ait: « Redempti estis pretioso sanguine quasi agni immaculati Christi et *incontaminati* ».

88. Talis quum sit τοῦ ἀσπίλου *intemerati intaminatique* potestas, illud in rem nostram accommodatissimum animadverti debet, hoc passim epithetum a maioribus nostris adhiberi, ut quod ipsi de innocentia Deiparae ab omni prorsus naevo remotissima existimabant, aptioribus quibus possent verbis exprimerent. Atque hoc sane epitheto utitur Ephraem ubi Deiparam compellans [e] ait: « Vehiculum solis intelligibilis, lucis verae quae [1] illuminat omnem hominem venientem in mundum: vestis *intemerata* eius qui induit lucem sicut vestimentum. « Hoc τῆς ἀσπίλου *intemeratae* epitheto utitur qui Gregorii neocaesariensis appellatione insignis homilias in Deiparam edidit. Dum enim secum animo Mariam reputat Unigenitum concepturam [f], scribit: « Quem tu sancta Virgo, portare non posses nisi omni gloria atque virtute pro tempore illo refulgeres. Quibus igitur laudum significationibus atque praeconiis *intemeratam* eius formam celebremus? quibus spiritualibus canticis gloriosissimam inter angelos glorificemus? »

89. A quibus seiungi ista non debent [g] Sophronii: « *Intemerata* Dei *agna*, videns hodie e mortuis mundo affulgentem *agnum* ac Dominum quem carne induisti, pleno gaudio, *o undequaque immaculata*, perfunderis. « Accedit nicomediensis Georgius, qui re-

[a] I. Tim. VI. 14.
[b] Iacob. I. 27.
[c] II. Petr. III. 14.
[d] I. Petr. I. 18-19.
[e] Prec. IV. opp. graec. lat. T. III. pag. 528.
[f] Orat. II. in annunt. Mariae, p. 18. A.
[g] Triod. apud Mai Spicileg. Rom. T. IV. pag. 189. A.

[1] Ioh. I. 9.

praesentatam in Templo Deiparam extollens ª) ait: « Hodie in Templo collocatur, quae exsul humanum genus per eum quem genuit, in proprias sedes reduxit. Hodie *intemerata agna*, ceu *acceptabilis hostia* offertur in Templo, ex qua ortus ille *agnus Dei* [1]) mundi abstulit peccatum. » Et in hymno quem Graecis frequentare solemne est, ad Deiparam conversus Georgius ᵇ) canit: « *Agnus* Dei nostri, o *agna intemerata*, in uterum tuum ingredi adproperat, ut nostra auferat peccata. » Quibus haec consona sunt [2]) ex hymnis Ecclesiae latinae.

> » Maria beata
> » Doce nos mandata
> » Novae legis grata
> » Nos servare rata
> » Virgo nobilis et intemerata.

Tum haec quibus [3]) Petrus Damiani de Deipara ait: « Ecce intemerata et gloriosa virgo Maria, cuius hodie splendidissima nativitate universa per orbem sancta illustratur Ecclesia, in lege praefigurata, in patriarcharum et prophetarum oraculis praenuntiata, ab angelo singulari honorificentiae privilegio salutata, thronus Dei, solium divinitatis, palatium regis aeterni, gazophylacium thesauri quo sumus de cruenti praedonis servitio comparati, nobis proponitur in exemplum. » Atque haec rursum quae [4]) Althelmum occidentalium saxonum Episcopum auctorem habent:

> » Sed Deus omnipotens quadrati conditor orbis,
> » A quo processit praesentis machina mundi:
> » Cui secreta patent ex alto culmine cuncta,
> » Quique abstrusas suo perlustrat lumine terras,
> » Virginis intemerata videns praecordia castae,
> » Maluit ut prolem peperisset Virgo supernam,
> » Sordida qui veniens demsisset crimina mundi,
> » Dum delubra dedit Christo atque sacella pudoris.

90. Delectantur hoc ipso τῆς ἀσπίλου *intemeratae* apposito tam Andreas cretensis quam Theodorus studites, e quibus ille in hymno quo graeca Ecclesia natalem Virginis diem celebrat, sic ᶜ) habet: « Te *intemeratam agnam*, quae vestem Christo laneam, nostram videlicet substantiam, ex tuo sola ventre protulisti, te ex Anna progenitam omnes hymnis honoramus. » Theodorus vero studites in Canone quem graeci Triodio inseruerunt, beatissimam Dei matrem his verbis ᵈ) affatur: « Quinam e mortalibus te hymnis celebret, *intemerata* innocens columba? tu enim magnam nobis lucem, divitias vitae, Iesum Salvatorem peperisti. » A quibus ista nullatenus abludunt ᵉ) Leonis Augusti de Maria in Tem-

---

a) Orat. IV. Encom. in repraesentat. Deiparae in Templo, apud Combefis. Auct. T. I. col. 1090. A.

b) Men. die XXIV. Martii Ode ε'. pag. 101. col. 2. D.

c) Men. Die VIII. Septembris Ode. α'. pag. 58 col. 2. D.

d) Triod. pag. 264. col. 2. D.

e) Orat. in sanctae Mariae Praesentat. apud Combefis. Auct. T. I. col. 1628. E.

1) Ioh. I. 29.
2) Thesaur. hymnolog. T. I. pag. 345.
3) Serm. XLV. Idemque II. in Virginis nativ. pag. 110.
col. 2. C-E.
4) De laudibus Virginis pag. 742. apud Henricum Canisium Lectt. antiquar. Vol. I.

plo oblata: « Ecce virgines circum choreas in exsultatione agentes velut Reginae (Mariae) praeeunt in Regis abeunti Templum. Ecce te ut *intemeratam victimam* ad divinum adducunt thalamum. »

91. Quamquam huius appositi usus tot tantorumque Patrum et scriptorum suffragatione solemnis, haud paullo solemnior communibus Ecclesiae precibus demonstratur. In illis enim, ut pauca quaedam ex innumeris attingamus, praeter ea quae modo vidimus, de Deipara eiusque Filio [a] legitur: « Iuvenca illa *intemerata* Vitulum cernens in ligno voluntarie exaltatum, moerens cum [1] lacrymis, hei mihi! exclamabat, Fili dilectissime, quid tibi ingratus Hebraeorum populus rependit. » Et denuo [b] legitur: « Misericordia in cruce exaltatus fuisti, sicut agnus innocens voluntarie mactatus, Fili dulcissime (cum gemitu clamabat *Agna intemerata* videns Dominum in ligno): ego vero corde incendor et transfigor, sed tuam immensam [2] laudo pietatem. In Gregorii autem sacramentario [3] dicitur: « Vere dignum et iustum est, aeterne *Deus*. Et te in veneratione sacrarum virginum exultantibus animis laudare, benedicere et praedicare. Inter quas intemerata Dei genitrix virgo Maria, cuius Assumtionis diem celebramus, gloriosa effulsit. » Tum [4] additur: « Deus, qui per beatae Mariae virginis partum genus humanum dignatus est redimere; sua vos dignetur benedictione locupletare. Amen. Eiusque semper et ubique patrocinia sentiatis, ex cuius intemerato utero auctorem vitae suscipere meruistis. » Hinc [5] *benedictio Reginae vel Imperatricis ad ingressum Ecclesiae* his verbis absolvitur: « Per Christum Dominum nostrum, qui ex intemeratae beatae Mariae virginis alvo nasci, visitare et renovare hunc dignatus est mundum. »

92. Quare id unum quod erat Ecclesiae consuetudine receptum, quod e populorum labiis resonabat, quodque unanimem Christianorum fidem referebat, expressit Theodorus Lascaris, quum in eo qui inscribitur [c] *Magnus Canon Paracliticus in sanctissimam Deiparam*, his eam verbis [d] compellavit: » Te puram, te Virginem et *intemeratam*, solam habeo murum inexpugnabilem, refugium, praesidium validum, scutum salutis. »

93. Quae quidem omnia praeclarissima sunt, Christianique nominis usu receptum probant ut innocentia Deiparae nullo umquam taminata naevo, τῆς ἀσπίλου *intemeratae* appellatione significetur. Quaeri autem utiliter potest ac vero etiam debet, utrum ex aequo ambitum ostendant amplitudinemque demonstrent, qua τῆς ἀσπίλου *intemeratae* epithetum sumendum sit, quum ad innuendam Deiparae puritatem labis exsortem usurpatur. De qua ego quaestione nullatenus repetam quae sub extremum praecedentis articuli [6] disputavi, quaeque huc insigniter facerent. Immo neque iis plurimum immorabor quae aperte

---

a) Men. die V. Iunii. pag. 20 col. I. A.
b) Paraclit. pag. 50. col. 2. D.
c) Κανών παρακλητικός ὁ μέγας εἰς τὴν ὑπεραγίαν Θεοτόκον.
d) Paraclit. pag. 446. col. 2. D.

1) Haec quae de lacrymis deque clamoribus Virginis cruci adstantis repetita legimus, minus forte probarentur Ambrosio qui oratione in obitu Valentiniani scripsit: *Stabat et sancta Maria iuxta crucem Filii, et spectabat Virgo sui Unigeniti passionem. Stantem illam lego, flentem non lego.*

2) E quibus liquet nihil esse commune inter Ecclesiae graecae publicam solemnemque professionem et nonnullas aliquorum Patrum opiniones, quas memorat refellitque Petavius de Incarnat. lib. XIV. cap. I.

3) Sacramentar. gregorian. pag. 330. E. apud Muratorium in Liturgia rom. veteri T. II.

4) Ibid. pag. 373. E.

5) Ibid. pag. 465. A.

6) Supp. nn. 85. seqq.

suadent, nonnisi plenissima significatione *intemeratae* appositum Deiparae adscriptum intelligi oportere. Quare non urgebo vehementius quod [1]) *ipsa* Mariae *forma intemerata* nuncupetur: quod Maria [2]) haud secus dicatur *agna intemerata* ac Christus *agnus intemeratus* vocetur: quod Maria audiat [3]) *vestis intemerata eius qui induit lucem sicut vestimentum:* quod cum [4]) *intemeratis victimis* nullaque infectis macula comparetur: quod tanta illi [5]) cuiusvis labis asseratur immunitas, ut ipsa puritatis nitore *gloriosissima inter angelos praesque angelis refulgeat:* et quod tam dissita ab omni impuritatis umbra vestigioque affirmetur, ut [6]) unigenitus Dei Filius *adproperarit eiusdem subire gremium ut nostra* non item illius *peccata auferret.* His ego neque insistam acrius neque utar prolixius, sed articulum quem prae manibus habeo, interrogatione concludam.

94. Peto igitur ac flagito, utrum peccatum quod originale nominamus, flagitium sit, culpa et macula quae illos deturpet omnes qui eodem obstricti concipiuntur. Respondebitur profecto flagitium esse, culpam atque maculam, quum verissimum sit peccatum et singulis qui illud contrahunt, ita proprium inhaereat ut a Bernardo [7]) *generalis velamen confusionis* merito nuncupetur. Qui ergo fit ut Deipara uno totius Christianae antiquitatis ore tam crebro tamque solemniter *intemerata* salutetur? Alterutro ex capite necessario fit, vel quod christiana antiquitas ipsa Deiparae primordia ab hac originali labe integra crediderit, vel quod Deiparam ideo tantum *intemeratam* dixerit, quod eiusdem vitam a quavis personali actualique culpa liberam existimarit. Nihil enim video quid fingi medium possit aut interiectum cogitari. Indigni namque forent quibus aures praeberemus si qui forte appellationem τῆς ἀσπίλου *intemeratae* ad unum intactae virginitatis decus referendam esse contenderent. Praeterquam enim quod nullum reperitur adductum a nobis testimonium, quod hanc limitationem vel ferat vel non etiam funditus repudiet; quid tandem de iis statuendum erit, quibus *intemerata agna cum agno intemerato* componitur, et quibus Maria *distribute* dicitur *pura, Virgo, intemerata?*

95. Necesse est igitur ut *intemeratae* titulus idcirco Deiparae factus censeatur, quod ipsa vel omnem omnino naevum licet originalem, vel omnes dumtaxat actuales culpas devitavit. Atqui eo solum nomine *intemeratam* dici Deiparam consuevisse, quod ne minimum quidem actualem naevum ipsa contraxerit, productis in medium testimoniis non ostenditur, illis utpote absolutis et universalibus obsistit, neque minus reliquis quorum meminimus adiunctis [8]) adversa fronte refragatur. Nisi ergo deliberatum nobis sit studiis obsequi praeceptisque animo opinionibus inservire, fateamur oportet, propterea uno omnium suffragio *intemeratae* titulum fuisse Deiparae tributum, quod una omnium persuasio exstiterit, quovis prorsus naevo originali iuxta atque actuali eiusdem puritatem innocentiamque vacasse.

---

1) Sup. n. 88.
2) Sup. n. 91.
3) Sup. n. 88.
4) Sup. n. 89.
5) Sup. n. 68.

6) Sup. n. 89.
7) In Cantic. Serm. LXXVIII. n. 4. pag. 1544. D. Qui praeterea addit: « Omnes peccaverunt, et omnes capu tium (al. *pileum*) suae verecundiae portant. »
8) Sup. n. 93.

ARTICULUS III.

De apposito τῆς ἀμιάντου *intactae Virgini attributo: maiorum testimonia quae hunc usum ostendunt, et Virginis innocentiam cuiusvis semper insciam labis demonstrant.*

96. Quod Latinis est *intaminatum, non pollutum, intactum*, id Graeci *proprie* ἀμίαντον dicunt, quo nomine *amiantum* quoque designant lapidem, ex quo auctor est [1] Dioscorides telas texi, quae in ignem coniectae ardeant quidem, sed flammis invictae nitidiores extrahantur.

Cum hac τοῦ ἀμιάντου *propria* significatione duplex cohaeret *metaphorica* potestas, qua τὸ ἀμίαντον idem valet ac *non profanatum scelerisque purum*, vel etiam *integrum* atque *perfectum*. Priori significatione Paulus [a] scribit: « Honorabile connubium in omnibus, et thorus immaculatus » idest non profanatus neque adulterio immundus. Et [b] rursum: « Talis enim decebat ut nobis esset Pontifex, sanctus, innocens, *impollutus*, segregatus a peccatoribus. » Ad posteriorem vero significationem pertinent Petri et Iacobi testimonia, e quibus ille memorat κληρονομίαν ἀμίαντον *hereditatem perfectam*, scribens [c] regeneratos nos esse: « In hereditatem incorruptibilem et *incontaminatam* et immarcescibilem, conservatam in caelis. » Iacobus vero meminit θρησκίας ἀμιάντου *religionis integrae* his [d] verbis: « Religio munda et *immaculata* apud Deum et Patrem, haec est. »

97. Quemadmodum vero ex duabus hisce significationibus ea Patribus Ecclesiaeque scriptoribus familiaris est, qua τὸ ἀμίαντον id notat quod *sordis* est *expers, intaminatum, intactum;* ita hanc iidem usurpant quum singularem Deiparae innocentiam nullo umquam culpae viru afflatam profanatamque describunt. Atque hac plane significatione alexandrinus Cyrillus [e] in nobilissima oratione quam coram ephesinis Patribus habuit, Virginem alloquens dixit: « Salve Maria Deipara, Virgo Mater, lucifera, vas *intactum*. »

98. Eadem est significatio quae in homiliis occurrit Gregorio neocaesariensi adscriptis, in quibus auctor enarrans Gabrielis [2] verba [f] inquit: « Ave gratia plena, Dominus tecum. Tuum enim vere est avere atque gaudere, quoniam tecum divina gratia, ut novit, habitationem elegit: cum ancilla Rex gloriae: cum speciosa speciosus forma [3] prae filiis hominum: cum *intacta* qui *sanctificat* universa. » Ubi duo prae ceteris animadversionem merentur: atque illud imprimis, Deiparam genitumque ex ea Filium tam arcte coniungi, ut idem *speciosi* appositum utrique tribuatur: tum vero illud, Mariam non utcumque ἀμίαντον *intactam* dici, sed comparate ad eum qui universa sanctificat, proindeque ἀμίαντον *intactam* dici, quod nullum ipsa sanctitatis detrimentum pertulerit.

99. Hac ipsa significatione homiliarum quas laudavimus auctor [g] subdit: « Ave *in-*

a) Hebr. XIII. 4.
b) Hebr. VII. 26.
c) I. Petr. I. 4.
d) Jacob. I. 27.
e) Encom. in s. Mariam Deiparam, opp. T. V. P. II. pag. 380. C.
f) Orat. I. in Annuntiat. Deiparae, pag. 12. C-D.
g) Orat. III. in Annuntiat. Deiparae, pag. 29. C.

1) *Lib.* V. cap. CLVI. Et Plinius lib. XXXVI. cap. XIX.   2) Luc. I. 28.
Amiantus alumini similis nihil igni deperdit.   3) Ps. XLIV. 3.

tacta viduati orbis sponsa simul et mater. Ave quae in tuo utero matris Evae mortem demersisti. Ave animatum Dei templum. » At quam ipse deflet viduati mundi orbitatem? Illam dubio procul quam peccatum intulit, et qua mundus [1] universumque hominum genus a gratia animaeque vita defecit. Quum igitur Mariam, quam νυμφοτόκον *sponsam et matrem* dicit, tamquam ἀμίαντον *intactam* τῷ χηρεύοντι κόσμῳ *viduato mundo* opponat; illi sane illaesam semper gratiam et violatam numquam innocentiam adscribit.

100. Quem in finem insignia pariter ista sunt, quibus hierosolymitanus Sophronius [a] Mariam compellat inquiens: « Te lucidam lampadem [2] et candelabrum, in quo inhabitans divinitatis ignis illuminavit eos, qui tenebricosa corruptione involuti iacebant, omnes, *o intacta*, exaltemus tuum, o benedicta, Filium benedicentes. » Hoc igitur Maria distat ab universo hominum genere, quod quum istud *tenebricosa corruptione involutum iaceat*, illa contra est *lucida lampas*, et non secus ac *candelabrum* divini ignis fulgore nitens splendescit. Originali autem culpa inprimis fit atque ex ea repeti inprimis debet, quod universum hominum genus *tenebricosa corruptione involutum*, et ignorantia, concupiscentia atque peccato obstrictum iaceat. Ab hac igitur originali labe et ab hac tenebricosa corruptione immunis, Sophronio auctore, censenda est Maria, quae propterea ἀμίαντος dicitur, et nulli umquam obnoxia corruptelae, nullisque infuscata tenebris depraedicatur. Hinc illa [3] Coelii Sedulii:

» Domus pudici pectoris
» Templum repente fit Dei;
» Intacta nesciens virum
» Verbo [4] concepit Filium.

Hinc illa [5] veteris sequentiae: « Ad templum detulisti tecum mundandum, qui tibi integritatis decus Deus homo penitus adauxit, intacta genitrix. Laetare, quam scrutator cordis et renum probat proprio habitatu singulariter dignam, sancta Maria. » Atque hinc illa [6] alterius sequentiae:

» Spiritus alme, quo repletur Maria,
» Tu rorem sacrum stillasti in Maria.
» Amator sancte quo intacta impraegnatur Maria.
» Sub cuius umbra non torretur dum fovetur Maria,
» Tu praeservasti ne prima culpa transfusa sit in Maria.

101. Eodem spectant quae Iosephus hymnographus, quaeque Theodorus studites una

---

a) Triod. apud Mai Spicileg. Rom. T. IV. pag. 128.

1) Rom. V. 12. seqq.
2) Hanc sophroniani Triodii particulam legimus quoque in vulgato Graecorum Triodio, quamquam non citra duplicem lectionis varietatem. Quod enim in illo est γεραίρομεν *exaltemus*, in hoc, et ni fallor, commodius est γεραίρομεν *exaltamus*: et quod in illo est νυκτοειδεῖ *tenebris simili*, in hoc, contracta forma, est νυκτώδει.
3) Thesaur. hymnolog. T. I. pag. 143.
4) Haec est lectio veterum librorum; in romano autem Breviario habetur: *Concepit alvo Filium*.
5) Thesaur. hymnolog. T. II. pag. 11. Ubi nexus sententiarum probat, Mariam animo iuxta et corpore singulariter intactam celebrari.
6) Ibid. T. II. pag. 186. Liquet autem idcirco Mariam absolute *intactam* dici, quod neque humano complexu, neque primae culpae afflatu fuerit delibata. Eamdem *intactae* appellationem confirmant quae habentur in serm. XX. sancti Maximi taurinensis *de Pentecoste*, pag. 43, apud Muratorium Anecdot. T. IV., et in Gregorii Sacramentario pag. 315. C-D. penes eumdem de Liturg. rom. vet. T. II.

mente geminisque sententiis pientissime scribunt. Iosephus a) enim ut Christianorum omnium animos ad efferendas Deiparae laudes inflammet, canit: « Celebremus sanctum Dei montem Mariam, *intactam illam*, e qua sol iustitiae Christus omnium vita ortus est illis, qui in tenebris versabantur. » Numquam ergo Deipara fuit ἐν σκότει *in tenebris*: numquam illi non illuxit ὁ δικαιοσύνης ἥλιος, *sol iustitiae*: et numquam propterea fuit indigna quae ἡ ἀμίαντος *intacta illa* censeretur. Conspirat Theodorus qui omnium nomine de Deipara b) ait « Caelis excelsiorem, et Cherubim sublimiorem, sanctorum principem et *intactam* Dei universorum puellam laudamus et superexaltamus in omnia secula. »

102. Quoniam vero tam ista Theodori, quam superiora Iosephi et Sophronii in publicis Graecorum Officiis continentur, propterea universalem quoque orientalis Ecclesiae fidem sententiamque repraesentant. Immo fidem pariter sententiamque repraesentant occidentalis Ecclesiae, quemadmodum et nonnulla ex superioribus ostendunt, et haec probant quae [1] priscus auctor sermonis *de Adam et Eva et sancta Maria* scribit: « Inventa est ergo mors per mulierem, vita per Virginem: uterque tamen ex virgine et sine virilis coitus permixtione. Hic (Adamus) ex incorrupta, ille Christus natus est ex intacta. » Accedit [2] Sedulius presbyter qui de incarnatione Filii Dei canit:

» Haec ventura senes postquam cecinere prophetae,
» Angelus intactae cecinit properata Mariae.

Quo autem sensu *intactam* dixerit Mariam, tum perspicue aperit quum [3] in soluta oratione Carminis Paschalis intactam exponit *nullius maculae naevo fuscatam*.

Quare si, uti decet, utriusque Ecclesiae doctrinam non secus ac tutam certamque normam sectemur, obvium nobis pronumque erit iis occurrere qui forte petant, quo spectet appellatio τῆς ἀμιάντου *intactae*, qua toties Deipara effertur atque honestatur. Respondebimus enim hac appellatione eo Patres atque eo Ecclesiam spectare, ut Maria omnium animis mentibusque obiiciatur veluti augustum Dei templum, quod numquam fuerit tenebris obscuratum, numquam corruptela infectum, et numquam non eiusmodi fulgens splendore quo caelos vinceret, ipsosque Cherubim superaret.

ARTICULUS IV.

De apposito τῆς ἀμολύντου *impollutae, quo Deipara omnis contagionis expers declaratur*.

103. In antiquis Glossis appositum ἀμόλυντον explicatum legimus verbis ἄνευ μολύσμου, *sine contagio, inquinamento, sorde* atque *maculis*. Nihil igitur obest, quominus quod Graeci ἀμόλυντον dicunt, latine reddamus *impollutum, ab omni sorde vacuum* atque *penitus inta-*

a) Triod. pag. 77. col. 2. C.
b) Triod. pag. 218. col. 2. D.

1) Serm. I. n. 3. pag. 2. 3. apud em. Mai in Nova PP. Biblioth. T. I. De hoc autem sermone ita habet sapientissimus editor: « Primus est hic sermo in admirabili codice, olim monasterii bobiensis, nunc vaticano 5758, qui a s. Augustini aetate non multum abest, ut diximus in praefatione. Ignorant hunc sermonem in sua s. Augustini editione patres Maurini. Legebat tamen seculo XIV. in codicibus Bartholomaeus Episcopus urbinas, qui multam eius partem cum varietatibus recitat in Milleloquio s. Augustini ed. brix. T. I. col. 928. seq., ubi dicitur *sermo secundus de annunciatione Virginis.* »

2) Carm. pasch. lib. II. §. II. vv. 35-36. pag. 543. col. 1. B. apud Gallandium T. IX.

3) Operis paschal. lib. II: cap. II. pag. 574. col. 2. D.

minatum. Quo plane sensu Sapientia quae audit [1]) *vapor virtutis Dei, et emanatio claritatis omnipotentis Dei sincera;* propter suam munditiem pariter dicitur [2]) πνεῦμα ἀμόλυντον, *spiritus impollutus, purus,* ἀμιγές, *impermixtus,* nullaque vel tenuissima labe vitiatus.

104. Iamvero maioribus nostris visum est ne ab hoc quidem epitheto abstinere, ut quam descriptam animis Deiparae innocentiam gerebant, eamdem commodioribus quibus liceret verbis a qualibet culpae contagione alienissimam significarent. Visum id est auctori homiliae in annuntiationem Deiparae, qui licet non sit Chrysostomus, antiquus tamen est, atque in rem nostram opportunissime [a]) scribit: « Audi quid de viro hoc (beatum Iosephum intelligit) deque Virgine [3]) Propheta dicat: *dabitur liber obsignatus viro scienti litteras.* Quis [4]) iste liber obsignatus nisi omnino *impolluta* Virgo? » Quum igitur impolluta Virgo plane atque indubitanter libro obsignato adumbretur, idem necesse est valeat τὸ ἀμόλυντον ad Virginem relatum, ac τὸ ἐσφραγισμένον de libro adhibitum. Sed eatenus liber est diciturque obsignatus, quatenus neque stylo patuit, neque suum scriptione recepta candorem deperdidit. Similem ergo ob caussam Virgo est diciturque ἀμόλυντος *impolluta,* quod nulla umquam fuerit contagione vitiata, nullamque labem qua pollueretur, aliquando contraxerit.

105. Quod sane me praeterit, an non etiam luculentius eo in hymno Georgius [b]) declararit quem Graeci in pervigilio Annuntiationis frequentant, quove canunt: « O divinum vellus, Virgo *impolluta,* te iam adorna. Deus enim velut pluvia in te descendet ad praevaricationis fluenda exsiccanda. » Ubi quum postrema verba *infinitivum scopi* continentia [c]) his aperte respondeant, *ecce agnus Dei, ecce qui tollit peccatum mundi;* in hanc mentem veni ut arbitrarer, τὴν παράβασιν *praevaricationem* sumi antonomastice, eaque originalem Adami transgressionem designari. In qua mente confirmatus inde non leviter fui quod viderem τὴν παράβασιν *praevaricationem* cum τοῖς ῥεύμασι *fluentis* iungi atque cohaerere. Fluere enim, inundare, mundum ingredi, illumque pervadendo contaminare atque polluere, notae sunt et characteres quibus Paulus [5]) originalem praevaricationem distinguit. Quid iamvero ex hisce est consequens? Istud omnino, nisi orationis series ductusque penitus negligatur: ad Virginem, quae *divinum vellus* nuncupatur, fluenta originalis transgressionis non pervenisse, neque suis illam undis conspurcasse, atque idcirco ἀμόλυντον *impollutam* salutari.

106. Simili sententia neque dissimili verborum complexione Anatolius [d]) scribit: « Missus est angelus Gabriel e caelis a Deo ad Virginem *impollutam.* Missus est incorporeus famulus ad animatam civitatem, portamque spiritalem. Missus est caelestis miles ad animatum gloriae palatium ut creatori non desinentem habitationem praepararet. Accedit vulgatus neocaesariensis Gregorius, qui non modo Virginem hoc epitheto exornat, sed illius quo-

---

a) Hom. in annuntiat. Deiparae, inter opp. Chrysostomi T. II. col. 797. D.
b) Men. die XXIV. Martii, Ode γ'. pag. 101. col. I. C.
c) Ioh. I. 29.
d) Men. die XXV. Martii, pag. 112. col. 2. D.

1) Sap. VII. 25-26.
2) Sap. VII. 22.
3) Is. XXIX. 11.
4) Vix autem opus est monere, adverbium πάντως referri ad particulam excludentem ἢ, non autem ad insequens incisum ἡ ἀπόλυντος κερθίνος, proindeque hunc existere clariorem sensum: *quis iste liber obsignatus nisi plane ac indubitanter ea quae est impolluta Virgo?*
5) Rom. V. 12. seqq.

que vim potestatemque non obscure *) declarans inquit: « Missus est servus incorporeus ad *impollutam* Virginem. Missus est a peccato liber *ad eam quae capax corruptionis non erat.* » Hoc enim proprie sibi vult, πρὸς τὴν φθορᾶς ἀνεπίδεκτον, et non solum, quod interpres habet, *ad eam quae omnis corruptionis expers erat.* Porro quae dicitur ἡ φθορᾶς ἀνεπίδεκτος *corruptionis incapax*, eadem vocatur παρθένος ἀμόλυντος *Virgo impolluta*. Ideo ergo Deipara est censeturque ἀμόλυντος *impolluta*, quod Deus illam uti *animatum gloriae palatium* ita condiderit, ut non modo polluta numquam fuerit, sed, quae erat eius destinatio, ne pollui quidem potuerit.

107. Egregie Sophronius hierosolymitanus, qui Virginem exorans [b] inquit: *Impollutum* [1] tabernaculum, Virgo undequaque sancta, misericordiae tuae fonte purifica me passionum illecebris dire pollutum, et da mihi, o Domina, compunctionis imbres qui peccati abyssum abluant. » Et [c] rursum: « Stillis misericordiarum tuarum, o semper [2] Virgo *impolluta*, contaminationes quibus cor meum male afficitur, deterge, impertiens mihi lacrymarum rivos spiritualem prompte expiationem afferentes. » Patet igitur et liquido caussa patet, propter quam Virgo et semper Virgo ἀμόλυντος *impolluta* nuncupatur. Scilicet hoc illi nomen propterea defertur, quod ipsa sit *innocens*, quod sit *undequaque sancta*, quod ex ipsa ceu illimi fonte *purissimae guttae* dimanent, quod nullas persenserit cupiditatum illecebras; quodque adeo ab omni contagione immunis fuerit, ut peccati abyssum auferre non immerito censeatur.

108. Quae sane non minimum istis illustrantur atque expoliuntur, quae de Virgine Theophanes [d] inquit: « Cherubim atque Seraphim apparuisti excelsior, o Deipara. Sola enim incomprehensibilem Deum in utero tuo comprehendisti o *impolluta*. Proinde fideles quotquot sumus omnes, te, o innocens, beatam hymnis celebramus. » Vides praeclaram encomiorum seriem, qua Virgo ex ordine laudatur ut Cherubim ac Seraphim excelsior, ut Deipara, ut impolluta, ut innocens, ut digna quae hymnis omnium ore celebretur? vides intimum nexum quo se mutuo encomia excipiunt atque illustrant? vides Deiparam absolute simpliciterque *impollutam* et *innocentem* appellari? vides postremo tantam illi a quavis pollutionis umbra immunitatem adscribi, quanta opus fuit ut incomprehensibilem Dei Filium suo ipsa sinu comprehenderet, et Cherubim ac Seraphim celsior nitidiorque appareret? Hinc [e]

---

a) Orat. III. in annuntiat. Deiparae, pag. 26. A.
b) Triod. apud. Mai, Spicil. rom. T. IV. pag. 132.
c) Triod. apud. Mai, Spicileg. rom. T. IV. pag. 157.
d) Men. die VIII. Maii, Ode γ'. pag. 33 col. 1. et rursum Paraclit. pag. 375. col. 2.
e) Comm. in Cantic. VIII. 5. pagg. 63-64.

---

1) Paullo secus in recepto Graecorum Triodio pag. 165. col. 1. haec ita leguntur: Ἀμόλυντε σκηνή, πανάγια Παρθέν, μολυνθέντα με δεινῶν κηδῶν ἐπαγωγῆς (forte ex typographico mendo), τῇ πηγῇ τοῦ ἐλέους σου κάθαρον, καὶ δός μοι ἐμβρεῖς κατανύξεως, δέσποινα, ἁμαρτίας βυθὸν ἀρανίζουσα. Cuius clausulae huc redit sensus: *Et da mihi compunctionis imbres, o Domina, quae peccati abyssum aufers.* Ceterum utramque lectionem complexus videtur Iohannes Monachus in hymno qui eius nomine inscribitur in Men. die IX. Decembris, Ode δ'. pag. 73. col. 2. Παρθένε Θεοτόκε, ἀμόλυντε σκηνή, μολυνθέντα κτίσματι καθάρισόν με νῦν τῶν οἰκτιρμῶν σου καθαροτάταις ῥανίσι, καὶ δός μοι χαίρα βοηθείας, ἵνα κράζω· δόξα σοι, ἁγνὴ θεοδόξαστε. *Virgo Deipara, tabernaculum impollutum, me peccatis pollutum emunda nunc purissimis guttis misericordiarum tuarum, et mihi praebe auxilii manum, ut clamem: gloria tibi, o innocens divinitus glorificata.*

2) Ne cui vero dubium sit, utrum particula ἀεὶ ad propinquum τῆς παρθένου nomen, an ad remotius verbum ἀπέκλυνον referenda sit; iuverit observasse in communi Graecorum Triodio, in quo haec ex Sophronio accepta leguntur, haberi pag. 278. col. 1. ἀειπάρθενε.

Matthaeus cantacuzenus ad a) ista Cantici verba, *quae est ista quae ascendit candida ut flos* scribit: « *Quae est ista quae ascendit*, nimirum ex radice veluti ramus quidam gratia refertus. *Candida* idest pura et impolluta. »

109. Quanta vero fuerit haec impollutae Virginis ab omni contagione immunitas, iis iterum declaratur quae publicis contenta monimentis passim occurrunt. In his enim ista b) occurrunt: « Sola e mulieribus finem imposuisti maledictioni protoparentum, o Dei sponsa, quae incircumscriptum carne circumscriptum pariens innovasti naturae leges, *o impolluta*, et prius dissita admirabili tua mediatione coniunxisti. » Est igitur Virgo diciturque impolluta. At cur? Quod nimirum quum hinc habeantur τὰ διεστῶτα *dissita*, et τῇ ἀρᾷ τῶν πρωτοπλάστων *maledictioni protoparentum* obnoxia, quo numero universa Adae posteritas censetur: inde vero semet sistat ὁ ἀπερίγραπτος *incircumscriptus* Deus qui carne circumscriptus in lucem prodit; Maria haec inter veluti extrema tamquam *mediatrix* apparet, suoque mediatricis munere seiuncta copulat et ad pacem adducit. Sed si media intercedit Maria, quemadmodum eorum ambitu comprehendi nequit quae *seiuncta* dicuntur; ita ad ipsam non pertinet diffusa e protoparentibus maledictio. Ab hac igitur soluta est, atque ita inter maledictos utpote singulariter benedicta excellit, ut ἡ ἀμόλυντος *impolluta* praedicetur.

110. Quod ex his pariter colligere licet quae c) subdimus: « Salve o Deipara innocentissima: salve fax vitae: salve caelestis scala: salve universae creaturae Regina atque Domina: salve o benedicta labis omnis expers: salve *o impolluta*, glorificata: salve o undequaque celebranda. » Neque alio d) ista pertinent: « O *impollute* Verbi thalame, o caussa coniunctionis omnium cum Deo, o prophetarum praedicatio, salve penitus intemerata: salve o apostolorum ornamentum. » Quare fuit cur 1) Anselmus ita Virginem deprecaretur: « O Virgo serenissima, per merita tuae piissimae purificationis da mihi virtutem contra hostes tuos: Virgo sanctissima, corpore castissima, moribus omnium pulcherrima: Virgo virginum nec corde umquam polluta, nec ore, sed tota pulcra, tota sine macula: intemerata Virgo corpore, intemerata Virgo mente, nihil debens legibus, nullis tacta excessibus. » Atque nihil adeo debens legi, qua omnes irae et morti gignuntur obnoxii, et ne illo quidem tacta excessu quo universa Adami progenies a rectitudine aberravit.

ARTICULUS V.

De epitheto τῆς ἀμώμου inculpatae, quo Deipara propterea insignitur, ut eiusdem innocentia cuiusvis semper culpae exors demonstretur.

111. Auctor quaestionum et responsionum ad orthodoxos, qui 2) seculo V. recentior haberi nequit, inter alios quos expediendos suscipit nodos, et hunc e) sibi proponit: « Si solus

---

a) Cant. VIII. 5.
b) Men. die XXX. Maii, Ode θ'. pag. 113. col. I.
c) Paraclit. pag. 394. col. 2.
d) Triod. pag. 318. col. 2.
e) Quaest. CXLI. inter opp. Iustini, Append. par. I. pag. 583. C-D.

1) Orat. LVIII. ad sanctam virginem Mariam in purificatione eius, pag. 285. col. 1. A.
2) Videsis Marani admonitionem inter opp. Iustini App. I. pag. 434. seqq.

Christus divinam legem accurate implevit, quomodo [1]) ambulabant *inculpati* in lege Zacharias et Elisabeth, de quibus id testatus est Lucas, ac ipse etiam [2]) Paulus secundum iustitiam quae ex lege est, *inculpatus?* » Tum ad explanandam difficultatem [a]) progressus inquit: « Aliud est *inculpatum*, aliud peccati expertem esse. Nam peccati expers omnino etiam *inculpatus;* non iam autem qui *inculpatus* est, necessario etiam expers peccati. Nam qui admittit contra legem peccatum ignoscendum, is victimarum munere et peccati confessione veniam percipiens, purus fit et *inculpatus* secundum iustitiam quae ex lege est. Christus autem, utpote peccati expers ac nullatenus legem praetergressus, nihil fecit quod emendatione indigeret. Suscepit autem Iohannem Baptistam et ab eo baptizatus est, ut [3]) impleret omnem iustitiam, quam quidem Paulus antequam in Christum crederet, nondum acceperat; neque enim [4]) persequutus fuisset Ecclesiam. Propterea solus Christus dicitur peccati expers fuisse. »

112. Quamquam vero neque notari neque reiici funditus debeat eiusmodi discrimen, quo aliud esse dicitur τὸ ἄμεμπτον *inculpatum*, et aliud τὸ ἀναμάρτητον *peccati expers;* nihilominus extra omnem omnino dubitationem positum est, multo etiam plenius τὸ ἄμεμπτον *inculpatum* sumi, illudque adhiberi [5]) nunc quidem de personis quas nulla inficit labes, et nunc de rebus quibus nihil prorsus deest, quaeque integrae sic sunt, ut omnibus absolutae numeris iure merito existimentur. Ad priorem significationem ista pertinent quibus Paulus [b]) precatur ut Dominus confirmet « corda vestra sine querela *(inculpata)* in sanctitate ante Deum et Patrem nostrum in adventu Domini nostri Iesu Christi cum omnibus sanctis eius. » Ubi scite [6]) Theodoritus καρδίας ἀμέμπτους *corda inculpata* interpretatur μώμου παντὸς ἐλευθέρους, *a quavis labe integra* et soluta. Posteriore autem significatione idem Apostolus de vetere testamento [c]) ait: « Nam si illud prius culpa vacasset *(inculpatum fuisset)*, non utique secundi locus inquireretur. » Ubi [7]) Chrysostomus, Theodoritus, Theophylactus et si qui sunt alii litterarum Pauli graeci euarratores illud ἄμεμπτον *inculpatum* quod antiquo foederi detrahitur, explicant τὸ τέλειον *perfectum* et οὐδὲν ἔχον ἔλλειπές *nullo laborans defectu*.

113. Atque haec neque alia prorsus est acceptio, qua Deipara in christianis monimentis ἄμεμπτος *inculpata* nuncupatur. Cuius acceptionis testis imprimis est Iosephus hymnographus, ubi de illa [d]) scribit: « Christum in ligno voluntarie exaltatum conspiciens *Inculpata illa* prae dolore stupens cum gemitu exclamabat: Fili et Deus meus, quae dolorum fui nescia quum te in lucem ederem, nunc *iniuste* dolores sustineo, quum tu ab iniustis crucifigeris: » E quibus perspicue liquet, Deiparam absolute simpliciterque τὴν ἄμεμπτον *in-*

---

a) Ibid. pag. 503. D-E.
b) I. Thess. III. 13.
c) Hebr. VIII. 7.
d) Paraclit. pag. 34. col. I. C.

1) Luc. I. 6.
2) Philipp. III. 6.
3) Matth. III. 15.
4) I. Cor. XV. 9.
5) Ut enim missos faciam scriptores tam profanos quam ecclesiasticos, de quibus Stephanus et Suicerus conferri possunt, alexandrini Bibliorum interpretes una τοῦ ἀμέμπτου voce reddunt vocabula hebraica בַּר *mundus, purus* Iob. XI. 4, זָכָה *immaculatus* Iob. XV, 14, חַף *nitidus* Iob. XXXIII. 9, נָקִי *innocens* Iob. XXII. 19, et תָּם, *integer, perfectus* Gen. XVII. 1, Iob. I. 1-8, XII. 4.
6) In comm. ad h. l.
7) In commentariis ad h. l. En Chrysostomi verba: Εἰ ἡ πρώτη ἦν ἄμεμπτος, τουτέστιν, εἰ οὐδὲν εἶχεν ἔλλειπές. Si illud prius culpa vacasset, hoc est, si nullo laborasset defectu. Consonat Theodoritus scribens· Τὸ ἄμεμπτος, ἀντὶ τοῦ τελεία τέθεικε. *Culpa vacans posuit pro perfecto.*

culpatam illam nuncupari: liquet illi, utpote inculpatae, opponi τοὺς ἀνόμους *iniustos*, ipsamque adeo a quavis ἀνομίᾳ *iniustitia* liberam solutamque describi. Sed ᵃ) auctore Iohanne, *peccatum est* ἀνομία *iniquitas* et iniustitia. Liquet igitur nullo umquam obligatam peccato τὴν ἄμεμπτον *inculpatam illam* affirmari. Quo si semel fuisset obstricta, et si vel uno temporis ictu originalem ἀνομίαν *inquitatem* contraxisset; eam profecto dedecerent verba, se ἀδίκως *iniuste* angi, urgerique maestitia, quum eiusmodi ista sint quae originalem praevaricationem stata lege comitantur.

114. Ad alios venio testes, qui quum Deiparam ἄμεμπτον *inculpatam* vocent, illam nulli umquam obnoxiam peccato profitentur. Tales porro sunt Graeci universi, qui in pervigilio dominicae Nativitatis hymnum frequentant, quo ᵇ) ista etiam continentur: « Altitudinem mysterii vere ineffabilis *inculpata* Domina obstupuit ac dixit: caelestis thronus te continens exardet, et quomodo, Fili mi, ego te gesto? » Et tales sunt Graeci universi qui ᶜ) in hymno de augusta Virgine canunt: « Intima ancipitum cogitationum procella agitatus sapiens Ioseph ad te coniugii nesciam respiciens, *o inculpata*, conturbatus est suspicans occultum amatorem. Discens autem tuum ex Spiritu sancto conceptum, dixit ... » Quibus et absolute ἄμεμπτος *inculpata* audit Deipara, et eiusdem innocentia cuiusvis labis exsors cum *caelestis throni* puritate confertur.

115. Eodem ista pertinent quae eiusdem graecae Ecclesiae suffragatione usuque comprobata ᵈ) legimus: « Iuxta crucem, o Iesu, stans ea quae te peperit, ingemiscens lamentabatur exclamans: non fero, o Fili, conspicere in ligno exaltatum quem enixa sum. Ego enim ut viri inscia dolores partus effugi; et quomodo nunc, *inculpata*, dolore excrucior atque corde transfigor? » et ᵉ) rursum: « Ex sanguine meo mortalis factus es, ex tuo autem sanguine ¹) mortales Deo coniunxisti, et ut bonitate superexcellens descendisti ad eos quaerendos qui fuerant cibo ²) corrupti, exclamabat olim non sine fletu *inculpata* illa, Christum lamentans in cruce suspensum, quem morientem videns, fontes lacrymarum effundebat ipsum magnificans. »

Igitur semel ac rursum Deipara ἡ ἄμεμπτος *inculpata* simpliciter salutatur, neque hoc solum titulo salutatur, verum etiam utpote ἡ ἄμεμπτος *inculpata* ab iis secernitur, iisque opponitur quos esus interdicti fructus corrupit. Esus autem interdicti fructus eos omnes atque solos corrupit et corrumpet qui in Adamo ³) peccaverunt atque peccabunt, quique originali culpa obstricti vel iam fuerunt concepti vel ad extremum usque concipientur. Ab hac igitur originali corruptela conceptio τῆς ἀμέμπτου *inculpatae* immunis fuit ac soluta.

a) I. Ioh. III. 4.
b) Men. die XXIV. Decembris Ode ς'. pag. 205. col. I. D.
c) Triod. pag. 315. col. I. D.
d) Paraclit. pag. 242. col. 2. A.
e) Paraclit. pag. 410. col. I. A.

1) Quod autem heic dicitur, *ex tuo autem sanguine mortales deificasti*, iis expolitur quae in libro de Incarnat. Verbi habet Athanasius inquiens: Αὐτὸς ἐνηνθρώπησεν, ἵνα ἡμεῖς θεοποιηθῶμεν, *ipse (Dei Filius) humanam assumpsit naturam, ut nos deificaremur.* Tum iis quae in litteris ad Adelphium scribit: Γέγονεν ἄνθρωπος, ἵνα ἡμᾶς ἐν ἑαυτῷ θεοποιήσῃ, *homo factus est, ut nos in seipso deificaret.* Haec autem sive θέωσις sive θεοποίησις *deificatio* ipsa est τῆς θείας κοινωνία φύσεως, *participatio divinae naturae*, quae I. Petr. I. 4. memoratur.
2) Gen III. 6. seqq.
3) Rom. V. 12.

116. Quae omnia non parum lucis ex his [a] mutuantur: « In mari rubro adumbrata olim fuit imago sponsae thori nesciae. Ibi Moyses divisor aquarum, heic Gabriel minister miraculi. Tunc siccis pedibus Israel profundum mare pertransiit; nunc autem sine semine Virgo genuit Christum. Mare post Israelis transitum mansit invium; *inculpata illa* post Emmanuelis partum mansit incorrupta. » Neque ista tandem praeteriri [b] debent: « Dominum cruci affixum conspiciens *inculpata* Deipara, hei mihi, inquiebat, Fili, quomodo moreris vita et spes fidelium? » Est igitur in ecclesiasticis monimentis solemne, ut Deipara dicatur ἄμεμπτος *inculpata*, vel etiam insignite ἡ ἄμεμπτος *inculpata illa:* et in iisdem pariter solemne est, ut hac appellatione non tam intemerata eius virginitas quam immunitas a quovis culpae naevo significetur. Hinc [1] in ecclesiastica sequentia *de adventu Domini* legimus:

» Hostis frendet, sol dum splendet
» Pura sub nubecula;
» Sed est carens naevo parens
» Lucis, haec Virguncula.

Atque hinc [c] in Anthologio [2]), praeeunte Germano, his verbis Deipara exoratur: Sana vulnera animae meae, mentemque meam incuria obtenebratam, o Dei sponsa, illumina ut psallam: nemo reperitur inculpatus sicuti tu, o penitus immaculata, et nemo praeter te, o Domina, reperitur inviolatus. »

ARTICULUS VI.

De apposito τῆς ἀκηράτου *illaesae, quo imminuta numquam Deiparae innocentia designatur.*

117. Dum eo Graeci spectant ut luculenter significent quae pura sic sunt, simplicia, impermixta, ut nullam plane vel contraxerint maculam, vel laesionem persenserint, nullum libentius quam τοῦ ἀκηράτου *illaesi* epithetum usurpant. Hoc enim usurpant ubi de sempiterna Unigeniti ex Patre generatione loquentes [d] aiunt: « Tu coniugii nescia exstitisti mater Dei procedentis ex *illaeso* Patre, sine doloribus maternis. Proinde te Deiparam, incarnatum namque Verbum peperisti, orthodoxe praedicamus. » Hoc usurpant dum unigenitum Dei Filium metaphorica *illaesi* ignis loquutione efferentes [e] scribunt: « Uterum tuum

---

a) Paraclit. pag. 262. col. I. D.
b) Paraclit. pag. 49. col. I. A.
c) Antholog. pag. 193. col. I. E.
d) Men. die X. Ianuarii Ode γ'. pag. 104. col. I. B.
e) Triod. pag. 65. col. I. A.

1) Thesaur. Hymnolog. T.II. pag. 336.
2) Quod Graeci dicunt Ἀνθολόγιον, et nos dicere *Florilegium* possumus, est liber ecclesiasticus in duodecim menses tributus, quo Officia continentur quae per totum annum in domini nostri Iesu Christi, beatae Virginis Deiparae et insignium Sanctorum festis solent decantari. Contextum est hoc opus ad eam formam quae in menaeis observatur, et maximam partem ex iisdem desumptum apparet. In edit. veneta an. MDCCCXXXVIII. hunc praefert titulum. Ἀνθολόγιον περιέχον τὰς ἐν τῷ μηνολογίῳ ἀκολουθίας τῶν δεσποτικῶν καὶ θεομητορικῶν, καὶ τῶν ἑορταζομένων ἁγίων, καί τινας τῶν ἐν τῷ τριῳδίῳ καὶ πεντηκοσταρίῳ δεσποτικῶν ἑορτῶν, τὰ ἕνδεκα ἑωθινὰ εὐαγγέλια τὰς τῆς ὀκτωήχου ἀναστασίμους ἀκολουθίας, τὰς εἰς ἁγίους μὴ ἑορταζομένους ἀνωνύμους ἀκολουθίας, τὴν ἐν ἑκάστῃ ἡμέρᾳ τῆς ἑβδόμαδος παρακλητικὴν ἀκολουθίαν, καὶ ἐπὶ τέλους τοὺς δύο παρακλητικοὺς τῆς θεοτόκου. Cf. Allatium in diss. I. de libris ecclesiast. Graecorum §. XIII., Montfauconium in diar. italic. pag. 437, et Zaccariam in Biblioth. ritual. lib. I. cap. IV. §. XXI.

deiferum, o Virgo, suscipientem in se *illaesum* ignem, olim in monte Sinae praevidebat Moyses, rubum igne succensum nec tamen combustum. »

118. Idem τοῦ ἀκηράτου *illaesi* epithetum usurpant, sive dum Unigenitum dicunt vitam illaesam et nesciam corruptionis, sive dum illum sistunt atque exhibent instar racemi, quem nulla penitus maligna aura afflaverit. Et ad primum quidem caput ᵃ) ista pertinent: « *Illaesae* vitae divinum tabernaculum exstitisti sola a seculo visa innocens, o Virgo mater. Propterea me in umbra mortis iacentem precibus tuis nunc adducito, o labis omnis expers, ad vitam. » Ad alterum vero caput ista referuntur, quibus quum imagine vitis Deiparam, et racemi imagine natum ex ea divinum Filium ᵇ) repraesentent, inquiunt: « Vitis divina ad maturitatem perducens *illaesum* racemum, proxime in lucem eum editura iam est, qui stillat vinum laetitiae, potumque nobis praebet qui ad ipsum clamamus, benedictus es Deus patrum nostrorum. » Et ᶜ) alibi: « Non secus ac vitis aucta Angeli voce adornabaris, o Virgo, ad producendum racemum maturum eumque illaesum. »

119. Constat igitur ac repetitis testimoniis evidenter constat, appellationem τοῦ ἀκηράτου *illaesi* tum maxime frequentari, quum ea ostendi significarique debent quae impermixta prorsus sunt, infucata, pura, nulloque plane naevo corrupta. At vero haec ipsissima appellatio in ecclesiasticis monimentis iterata recurrit, quum intaminata Mariae puritas eiusque innocentia nullius conscia labis describitur. Ex pluribus quae huc facerent testimoniis, unum alterumve deligam quo perspicuum illud fiat quod affirmavi. Itaque ᵈ) in hymno quem Graeci Ignatio constantinopolitano Antistiti tribuunt et quo Deiparae laudes celebrant, legimus: « Intemerata agna, *illaesa* Verbi virgo mater eum aspiciens cruci affixum, qui ex ipsa sine dolore germinaverat, pro materno gemens affectu exclamabat: hei mihi, Fili mi! quomodo pateris dum vis hominem ab ignominia passionum liberare? » Eodem pertinent ᵉ) quae in Officio de sancta Barbara virgine his concepta verbis habentur: « Salve o mons sancte, et super quem Deus inambulat. Salve rube animate atque incombuste. Salve unicus pons mundi ad Deum, qui mortuos ad vitam aeternam transfers. Salve ᶠ) o *illaesa* puella, quae coniugii expers animarum nostrarum salutem peperisti. »

120. Quibus subiici ista debent, quae quum Iohannem Euchaitarum metropolitam auctorem habeant, universi orientis usu ᶠ) frequentantur: « Tamquam ᵍ) labis omnis expers

---

a) Paraclit. pag. 383. col. 2. A.

b) Men. die XVIII. Decembris Ode ζ'. pag. 148. col. 2. A.

c) Men. die XXIV. Martii Ode ε'. pag. 101. col. 2. D.

d) Men. die XIII. Martii Ode γ'. pag. 59. col. I. C.

e) Men. die IV. Decembris pag. 17. col. I. A.

f) Triod. pag. 133. col. 2. B.

---

1) Gemina dicendi forma usum novimus Gregorium nazianzenum, vel antiquum certe auctorem tragoediae, cui titulus est, Χριστὸς πάσχων, *Christus patiens* vv. 553-557. opp. T. II. pag. 1238. Accedunt testimonia ex Menaeis die XXVI. Maii pag. 119. col. 2. D, et die III. Novembris Ode α'. pag. 20. col. 1. B, itemque ex Theodoro Imperatore ad calcem Paraclit. pag. 450. col. 1. C.

2) Similia habentur in Octoecho p. 18. col. 1. E. De hoc autem libro, quem non inepte vocares *Octotonum* sive *octo tonos continentem*, sic habet Allatius in diss. I. de libris ecclesiast. Graecorum §. VII: « Cum Graecorum musica proprios tonos (ipsi vocant ἤχους *sonos*) quatuor habeat, primum, secundum, tertium et quartum; quatuor item obliquos, πλάγιον τοῦ πρώτου, *obliquum primi*, obliquum secundi, obliquum tertii, gravis aliis est, et obliquum quarti: Canones omnes sive Troparia et quaecumque aliae cantiones in hoc libro contentae ita dispositae sunt, ut quae primo tono concinuntur, omnia simul primum sibi locum occupent, quae secundo secundum, quae tertio tertium, et sic de singulis, donec ad obliquum quarti perveniatur, qui inter tonos ultimus ultimum quoque sibi locum vendicat, et cantiones eo modulatae ac

sponsa creatoris, tamquam viri nescia Mater Salvatoris, tamquam receptaculum Altissimi existens, o omni laude dignissima, mihi qui foedum peccatorum diversorium, quique scienter factus sum daemonum ludibrium, adsis festina, meque ab horum fraudibus eripe, meque domicilium virtute splendidum reddito. O *illaesa* lucis custodia expelle cupiditatum nebulas, et lucis tuae occasus nesciae superno splendore atque omnis naevi immuni claritate me dignum effice. » Quaerentibus igitur quibus maxime de caussis Deipara in Ecclesiae monimentis ἀχήρατος *illaesa* nuncupetur, respondendum est: propterea eiusmodi titulo Deiparam exornari, quod I. ipsa sit credaturque ἀμίαντος *intemerata*, ἅγιον ὄρος, *mons sanctus*, πανύμνητος *omni laude dignissima*, et πανάμωμος *cuiusvis maculae exsors*: quod II. ipsa sit credaturque *ab ea passionum ignominia immunis* qua hominum genus dehonestatur: quod III. ipsa sit credaturque *unicus pons mundi ad Deum*, atque idcirco cum Deo semper coniuncta et numquam a Deo divisa: quod IV. ipsa sit credaturque *super eorum omnium evecta ordinem* qui *mortui* dicuntur, quique *per ipsam ad aeternam vitam transferuntur*: quod V. ipsa sit credaturque *illaesa lucis custodia* et numquam tenebris circumfusa: quod VI. ipsa sit credaturque αἴγλη ἀπίβδηλος *splendor impermixtus* nulloque tenebrarum consortio infuscatus: et quod VII. ipsa sit credaturque φῶς ἀνέσπερον *lux occasus inscia*, quo encomio ipsemet Christus his verbis [a] effertur: O labis omnis expers eripe me ab omni discrimine et ab innumeris serpentis insidiis, et ab igne sempiterno, et a tenebris tu quae *lucem numquam occiduam* hominibus peperisti. »

ARTICULUS VII.

De appositis τῆς ἀδιαφθόρου, ἀφθόρου, ἀφθάρτου *incorruptae, quibus innocentia Deiparae nullo unquam vitiata naevo exprimitur.*

121. Apposita, quae recensuimus, ab uno eodemque themate pendent, et ex una eademque radice, quae est φθείρω *corrumpo*, subolescunt. Quare illis omnibus communis est notio *incorruptibilitatis*, et omnia idem universim notant ac *incorruptibile, incorruptum*. Sicuti autem *corruptio*, ita opposita illi *incorruptio* ad duplicem ordinem sive *phisycum* sive *moralem* referri potest. Si incorruptio referatur ad ordinem physicum, epitheta τὸ ἀδιάφθορον, ἄφθορον, ἄφθαρτον nunc quidem significant quod *corruptionis atque interitus expers est et omnino immortale:* quo sensu [1] τῷ θεῷ ἀφθάρτῳ *Deo immortali* opponitur φθαρτὸς ἄνθρωπος

[a] Paraclit. pag. 40. col. 2. A.

commensuratae ultimo quoque loco reponuntur. Continet tantum Troparia et Canones, qui a primis Vesperis Dominicae ad finem usque Missae canuntur. Et octo Dominicis pro tonorum numero finitur. Singuli toni tres habent Canones, primum ἀναστάσιμον, qui in resurrectionis dominicae: secundum σταυροαναστάσιμον, qui in crucis et resurrectionis: tertium in Mariae virginis laudibus celebrandis versantur. Et haec in Octoechis antiquis habebantur. In recentioribus modo additur pro singulis Tonis Canon, qui in μεσονυκτίου vel μεσονυκτικοῦ, mediae scilicet noctis Officio cani suevit, et quod de Trinitate pertractat, *Triadicus* dicitur. Et Canones hi dierum dominicorum numerum non excedunt, cum octo etiam illi sint. Triadicorum Canonum auctor est Metrophanes Episcopus smyrnaeus; reliqua praeter nonnulla quae Anatolii Patriarchae constantinopolitani et Theodori Studitae sunt, omnia a Iohannis Damasceni calamo proficiscuntur. » Haec Allatius, cum quibus non citra utilitatem conferri possunt quae de Octoecho scribunt Cangius in Lex. med. et infim. graecit. ad v. ἦχος, et Goarius in Euchholog. pag. 206-433.

[1] Rom. I. 25.

homo mortalis; nunc vero significant quod *inviolatum* dicimus et ne levissime quidem tactis virginibus deferimus. Scite [a]) Gregorius nyssenus: « Hominum consuetudo expertem connubii *incorruptam* appellat. » Sin autem incorruptio ad moralem ordinem referatur, eadem apposita notant quod nullius labis est consors, quodque nulla macula deturpatum. Ad hanc significationem [b]) ista pertinent: » Nam [1]) spiritus tuus *incorruptus* est in omnibus. » Tum ista quibus Christus *vita incorrupta* his omnino verbis [c]) appellatur: « Universum mortalium genus corruptione mortis damnatum est propter degustatum a prima matre lignum. Per te autem, o innocens, revocatum, utpote quae *incorruptibilem* vitam pepereris. » Quo testimonio non solum Christus dicitur ζωὴ ἀδιάφθορος, *vita incorrupta:* neque solum Deipara *instar secundae Evae* et *secundae hominum matris* proponitur; sed propterea ἀγνὴ *innocens* appellatur, quod corruptionem ex primae matris praevaricatione dimanantem non contraxerit.

122. Atque hoc plane sensu omnimodae moralis incorruptionis apposita τῆς ἀδιαφθόρου, ἀφθόρου, ἀφθάρτου, *incorruptae* atque *inviolatae* in ecclesiasticis monimentis Deiparae, tribuuntur. Cuius quidem usus testis est nobilissimus [d]) Proclus scribens: « Quod si Virgo non Deum genuit, nec magno digna erit *illa inviolata* [2]) miraculo. » Et multo etiam illustrius ubi [e]) diabolum repraesentans de adventu Servatoris sollicitum, scribit: « Eversum est, *aiebat diabolus,* mortis imperium, ut virginalis genuerit uterus. Ut incorrupta natura [3]) conceperit, periit daemonum natura. » Testis est [f]) Cosmas monachus ut ex eiusdem hymno eruitur, qui in pervigilio Purificationis usurpari solet, et in quo ista habentur: « Primogenitus ex Patre ante secula, primogenitus puellae *incorruptae* parvulus apparuit, protendens manum Adae. » Ac testis item est [g]) Ignatius qui simillima repetens ait: « Immaculatam Mariam veluti animatum thalamum, veluti *incorruptum* tabernaculum, veluti portam caelestem, veluti mensam divinam, veluti palatium et thronum Domini Regis hymnis celebremus. » Cum quibus haec [h]) praeclara oppositione cohaerent: « Corruptum mente, corruptum anima et conscientia ob malitiam inquinatum, et bonis omnibus nudum me patefactum ne deseras, o Virgo incorrupta, immaculata, sed pietatis operibus exorna. » Atque haec item Gregorii Armeniorum Catholici, qui [4]) canit: « Dominum benedicite, qui Evae maledictionem qua in doloribus pareret, progenitus ex incorrupta Virgine solvit. » Quid vero *incorruptae* appellatione significetur, cum ex ipso orationis contextu, tum ex hisce plane eruitur quae habet [5])

a) Orat. in nat. domini nostri Iesu Christi, opp. T. II. col. 776. C.
b) Sap. XII. 1.
c) Paraclit. pag. 308. col. 2. A.
d) Epist. II. ad Armenos de fide §. XII. apud Gallandium T. IX. pag. 689. E.
e) Orat. VI. quae est Deiparae Laudatio, §. XV. pag. 643. B. apud Gallandium T. IX.
f) Men. die I. Februarii Ode γ'. pag. 16. col. 1. B.
g) Men. die XI. Septembris Ode α'. pag. 78. col. 1. A.
h) Paraclit. pag. 140. col. 1. D.

1) Vulgatus habet: *o quam bonus et suavis est, Domine, spiritus tuus in omnibus.*

2) Ubi citra quodvis additamentum Maria dicitur ἡ ἄφθορος, ipsique propterea non quaevis sed omnibus expleta numeris incorruptio asseritur.

3) Quum itaque sit Deipara quae dicitur ἄφθορος φύσις *natura incorrupta,* et quum natura corrupti sint quotquot in originalem praevaricationem offendunt; nihil manifestius quam ab huius corruptela labis subductam Virginem declarari.

4) In hymno Annuntiat. pag. 1222. T. III. Breviar. armen.

5) Ibid. pag. 1194.

Nerses claiensis: » Maria virgo immaculata, deprecare *incorruptum* tuum sponsum, ut reconcilietur cum animis gratia viduatis et rursum caritate cum iis uniatur, qui longe ab ipso discesserunt. »

123. Quae [1]) si uti par est expendantur, liquido ostendunt I. Deiparam eximie τὴν ἄφθορον *incorruptam illam* nuncupari, eique propterea τῆς ἀφθορίας *incorruptionis* plenam absolutamque perfectionem deferri: ostendunt II. Deiparam simul pariterque vocari et τὴν ἄφθορον *incorruptam*, et τὴν θείαν *divinam*, et τὴν οὐράνιον *caelestem*, et τὴν ἄχραντον *inviolatam*, proindeque eam incorruptionis formam ipsi adscribi, quae nulla ex parte deficiat: III. Deiparam conferri cum aeterno Genitore, illique eiusmodi ἀφθαρσίαν *incorruptibilitatem* tribui, quae institutam comparationem non dedeceat: ostendunt IV. Deiparam prope *mediam* sisti inter Filium quem ipsa genuit, et Adamum cui Filius ex ipsa genitus salutiferam manum porrexit: ostendunt V. Deiparam non sine emphasi τὴν ἄφθορον *incorruptam* dici prae Adamo, quem peccati labes infecit et corruptio occupavit: ostendunt VI. propterea ἀδιάφθορον σκήνωμα *incorruptum tabernaculum* Deiparam vocari, quod ne umbra quidem corruptionis ipsam attingerit, sicut ligna mosaici tabernaculi prorsus erant incorrupta: ostendunt VII. non aliam Deiparae censeri posse incorruptionem, nisi quae conveniat *mensae divinae* et *palatio ac throno* τοῦ δεσπότου *Domini* ac Dei. Nemo autem est qui non facile intelligat, hanc esse omnimodam oportere et nulla sive actuali sive originali labe violatam. Si enim VIII. talis non foret, neque *incorrupto tabernaculo*, neque *mensae divinae*, neque *palatio ac throno* Unigeniti conveniret, atque impar prorsus esset ut Maria ἡ ἀδιάφθορος *incorrupta illa* itemque ἄφθορος φύσις *incorrupta natura* crederetur. Est enim originale peccatum verissima φθορά, *corruptela*, et quisquis illo fuerit infectus, nonnisi abusione ὁ ἀδιάφθορος *simpliciter incorruptus* aestimari dicique potest.

124. Succedunt alia testimonia, eaque Graecorum Officiis contenta, sive quum in iis [a]) dicitur: « Ex te sibi circumdedit massam meam, *o incorrupta*, viri nescia, Mater Virgo, Deus seculorum conditor, sibique ipsi humanam naturam copulavit. » Sive quum in eisdem [b]) repetitur: « Virgo Mater te *purum* Verbum uti *puram* et *incorruptam* dilexit, et ex te incarnatus totum hominem refinxit. » Sive quum Virgo his verbis [c]) salutatur: « Ave spiritalis oriens quae ex visceribus Christum edidisti, mundum replentem, o innocens, ineffabili luce: quae peperisti incorporeorum laetitiam, agnum Dei tollentem mundi totius peccata: quae lactasti, o penitus immaculata, omnium altorem, illumque ulnis complexa es, tu sola incorrupta, innocens, inviolata. Ave sancta sanctorum, et sanctissimum Dominum, o innocens, deprecans servis tuis impetra magnam misericordiam. » E quibus luce clarius deprehenditur I. Deiparam dici simpliciter ἄφθορον, *incorruptam*, eiusque incorruptionem ab integritate virginali distingui: II. Deiparam coniunctim dici ἀδιάφθορον, καθαράν, ἀμόλυντον, ἁγνήν, πανάμωμον, καὶ ἁγίαν, ἁγίων, *incorruptam, puram, inviolatam, innocentem, omni ex parte immaculatam et sanctam sanctorum*, eique propterea incorruptionem adscribi nullius maculae consciam: III. Deiparam atque incarnatum ex ea Verbum eodem ornari τοῦ ἀφθόρου *incorrupti* et τοῦ καθαροῦ *puri* apposito, proindeque illius incorruptionem ad divinam quam proxime accedere:

a) Triod. pag. 297. col. 1. B.
b) Men. die XVIII. Decembris Ode α'.
c) Octoech. pag. 58. col. 1. E.

1) Hisce autem simillima scribunt Iohannes geometra hymno I. in laudem Deiparae pag. 307. col. 2. hymno II. in Deiparam, vv. 60-70. p. 439, et Anselmus

IV. eam incorruptionis praestantiam Deiparae vindicari, quam *purum* Verbum et puritatis amator eo usque dilexerit, ut ex ipsa sibi naturam assumpserit: V. incorruptionem Deiparae gradu et proportione referre incorruptionem humanae illius naturae, quam ex ipsa sibi Verbum copulavit: et VI. Deiparam, utpote incorruptam et puram, ab hominum genere impuro, corrupto, eaque de caussa refingendo prorsus secerni.

125. Sed operae pretium fuerit praeterea audire tum a) Iohannem geometram, qui Virginem his verbis extollit: « Ave puella magnum miraculum, quod neque sermone neque animo comprehendi potest. Tu Dei Filium paris, quis umquam simile aliquid audivit? Ave quae sine semine, incorrupta, innocens gignis verbo Verbum immortale, quod ante te sine matre, et ex te sine patre effulsit. » Tum 1) Armeniorum ecclesiam, in cuius monimentis de Virgine legimus: « Incorruptibilem virginem Mariam Deiparam confitetur sancta Ecclesia, a qua datus est panis immortalitatis et poculum quod nos laetificat. Templum incorruptibile Verbi Patris benedicunt chori spirituales: nos quoque laudamus consonantes caelestibus. » Tum denique b) hierosolymitanum Sophronium, cuius haec sunt luculentissima verba: « Ex te, o puella thori expers, Dei Sapientia propter ineffabilem pietatem suam domum sibi aedificans incarnata est. *Sola* enim ex omnibus generationibus electa fuisti *incorrupta* 2) in habitaculum Verbi *incorrupti.* » Cuiusmodi est igitur Deiparae *incorruptio?* scilicet eiusmodi, quae *ex omnibus generationibus illi soli* conveniat. Scilicet eiusmodi, propter quam ipsa ab omnibus generationibus, utpote corruptis, secernatur, et in proprio veluti ordine collocetur. Scilicet eiusmodi quae Deiparam reddiderit non indignam, e qua sibi Dei sapientia domum aedificaret. Scilicet eiusmodi, quae non secus ac Verbi puritas, eodem *incorrupti* epitheto rite efferatur. Proindeque eiusmodi quae nulli sit maculae affinis et qua plenior atque excellentior ne animo quidem cogitari posse videatur.

ARTICULUS VIII.

De apposito τᾶς ἀχράντου *intaminatae, quo Deipara in christianis monimentis ornatur: testimonia maiorum quae huc pertinent, quaeque apte simul composita omnem ab ipsa culpae maculam longissime arcent.*

126. Dum explicat Hesychius quid proprie sibi velit τὸ ἄχραντον, scribit: ἄχραντον· ἀμόλυντον, καθαρὸν, ἀμίαντον· χραίνειν γὰρ ἐστὶ τὸ μιαίνειν. *Impollutum, incontaminatum, purum, immaculatum:* χραίνειν *enim est polluere.* A quibus vix ista dissident Suidae monentis, ἄχραντον proprie dici ἄψαυστον *intactum,* quodque ne levissime quidem manus attigerit. Et merito, quando χραίνω, e quo ἄχραντον oritur, est *leviter tango, utcumque officio atque laedo.*

127. Hoc apposito, quod in novo testamento numquam occurrit, utitur Symmachus ut graece reddat hebraicum צחה, צחח *nituit, candidus fuit.* Qui enim in Threnis 3) vocantur *lacte candidiores,* illos ἀχράντους *intaminatos* Symmachus interpretatur. Quod vero spectat ad Ecclesiae scriptores, ipsi sanctissima quaeque ac penitus intaminata, τῶν ἀχράντων appellatione

a) Hymn. II. in Deiparam vv. 62-64. pag. 439. D-E. in App. ad Bibliothh. graecolat. T. III.
b) Triod. apud Mai, Spicileg. rom. T. IV. pag. 222.

1) Confess. eccles. armen. pag. 33-35. edit. Venet. 1845.
2) In communi Graecorum Triodio pag. 209. col. 2. habetur, ἐκλέλεξαι ἄφθορος ἀφθάρτου. Sed vicissim in Sophronii Triodio apud Mai pag. 142. legitur, ἄσθαρτος ἀφθάρτου.
3) Thren. IV. 7.

significant. Atque hac quidem appellatione significant caelestes Virtutes dum a) aiunt: « Te altissimi Dei matrem thori nesciam, te supra quam intelligi mente possit, illius qui vere Deus es gravidam per verbum effectam, te *intaminatis* Virtutibus sublimiorem laudibus non cohibendis magnificamus. » Eadem appellatione insigniunt Christi manus b) his verbis: « Palmas tuas¹) *intaminatas*, o Christe, in ligno expandisti, et digitos cruentasti, o hominum amator, quum velles redimere opus manuum tuarum divinarum, Adamum propter praevaricationem regno mortis obnoxium, quem et omnipotenti tua virtute exsuscitasti. » Eadem insigniunt Christi passionem de qua c) legimus: « Passionem *intaminatam* passionibus imitantes, o gloriosi victores martyres, facile hostium contumelias sustinuistis. » Eadem efferunt eucharistica mysteria, de quibus loquens d) Evragius scribit: « Ab *intaminati* comunione exclusi sunt. »

128. Neque alius est usus τοῦ ἀχράντου *intaminati*, sive quum de Christo e) dicitur: « O mater sancta *intemeratae* lucis, angelicis te hymnis honorantes pie magnificamus. » Sive quum de eodem f) repetitur: « O prorsus immaculata, quae *intaminatum* agnum qui tollit peccatum mundi, concepisti, precare ut servis tuis peccatorum venia donetur. » Quibus uti Christus dicitur ἀμνὸς ἄχραντος, *agnus intemeratus*, ita Deipara vocatur παναμώμος *penitus immaculata*, et eo usque immaculata, ut nihil illi cum *mundi peccato* et nihil cum universali ruina commune fuerit.

129. Cuius plenissimae integritatis tot ferme suppetunt testes, quot apertissimis sententiis Deiparam ἀχράντου *intaminatam*, et ne levissime quidem tactam compellant. Quo sane epitheto Deiparam compellat Theodorus studites g) inquiens: « Ecce omnes generationes te, *o intemerata*, beatam celebramus, contemplantes magnalia tua. » Una est igitur Maria, quae ex omnibus generationibus ἄχραντος *intaminata* apparet, et in qua τὰ μεγαλεῖα *magnalia* Dei luculentissime refulgent. Eodem eptiheto eademque significatione Mariam *intaminatam* compellant Sophronius hierosolymitanus, Metrophanes smyrnentium Metropolita et Iohannes damascenus.

130. Et Sophronius quidem h) scribit: « Virginitatis pulcritudine refulsisti decora, *o intaminata* innocens, quae peperisti factorem omnium ac Deum inferos depraedantem, vitamque mortuis impertientem, cuius devote celebramus resurrectionem. » Concinit Metrophanes qui i) ait: « Eum, qui tempora et secula supergreditur, Deum in tempore super naturam, Deum hominem incarnatum concepisti, *o intaminata*. Quare te Deiparam vere at-

a) Men. die XVI. Septembris Ode θ'. pag. 114 col. 1 B.
b) Paraclit. pag. 30. col. 2. A.
c) Paraclit. pag. 49. col. 1. A.
d) H. E. lib. III. Cap. XXI.
e) Triod. pag. 486. col. I. B.
f) Men. die XXIII. Februarii Ode ς'. pag. 127. col. 1. D.
g) Triod. pag. 189. col. 2. B.
h) Triod. apud Mai, Spicileg. rom. T. IV. pag. 184.
i) Graec. Triod. pag. 166. col. 1. B.

1) A quibus seiungi ista non debent ex prece Theodori studitae ad Deiparam sumpta (Triod. p. 231. col. 2. C.) Τὸ ξύλον, ἐν ᾧ, Πάνσεμνε, τὰς ἀχράντους καλάμας ὑπὲρ ἡμῶν ἐξέτεινε προσπαγεὶς ὁ υἱός σου, νῦν εὐσεβῶς προσκυνοῦμεν· δὸς ἡμῖν τὴν εἰρήνην. Lignum, in quo confixus, o undequaque veneranda, intaminatas palmas pro nobis extendit Filius tuus, nunc pie veneramur. Tu da nobis pacem.

que proprie omnes confitentes impense ad te clamamus, effice nos omnes aeterna gloria dignos. » Neque secus Iohannes damascenus, cuius ista sunt [a]) verba: « Te, *o intemerata*, contuemur veluti lilium, tinctam purpura divini Spiritus in medio spinarum emicantem, illosque suavi odore perfundentem, qui te sincera mente exaltant. » Porro eadem *intaminatae* atque *intemeratae* appellatione ornatur Deipara tum [1]) in missali mozarabico, tum [b]) semel ac rursum ab Iohanne thessalonicensi, qui [2]) oratione de Virginis dormitione inter cetera scribit: « O Maria Dei genitrix, iure beatam te dicunt omnes generationes, quoniam sola omnibus hominibus sanctior es. Ipse autem Dominus noster et Deus Iesus Christus, qui glorificavit intaminatam matrem suam et Deiparam Mariam, glorificat etiam qui eam glorificant, et magnificat qui eam magnificant, non solum in hoc saeculo verum et in futuro, atque inducet in suum caeleste regnum. Hanc enim ostendit in terra thronum suum cherubicum, caelumque terrestre, spem et refugium et tutelam generis nostri. » Ea igitur patribus Deipara videbatur, quae absolute ἄχραντος *intaminata* diceretur: quae ἄχραντος καὶ ἀγνή *intemerata et innocens* coniunctim audiret: quaeque cum hominum genere comparata, *non secus ac lilium inter spinas* censeretur. Sed nemo prudens neget ista prorsus sufficere, ut propterea ἄχραντος *intaminata* Virgo dicta existimetur, quod nullo infecta vitio omnium oculis obiiceretur.

131. Praesertim quum in unam eamdemque mentem conspirent Nicolaus apud Graecos non incelebris, Cosmas monachus, Iosephus hymnographus, Andreas cretensis et Georgius nicomediensis. E quibus Nicolaus [c]) scribit: « Victoriam mihi tribue, *sanctissima intaminata*, confugienti sub praesidium tuum, meque iugiter tuis precibus e calamitatibus eripe. » Sequitur [d]) Cosmas [3]) inquiens: « Faustum hodie nuntium illi Gabriel affert, quae plena est gratia. Salve puella, nuptiarum et thori nescia: ne meo inusitato aspectu expavescas, neve timeas: Archangelus sum. Serpens Evam aliquando decepit: nunc tibi gaudium annuntio: et incorrupta manebis et Dominum paries, *o intaminata*. » Neque secus Andreas cretensis [e]) his verbis: « *Intaminata* domina, dei genitrix, spes ad te confugientium, portusque tempestate iactatis, misericordem et creatorem et filium tuum mihi quoque precibus tuis propitium redde. » Concinit Iosephus hymnographus [f]) scribens: « Veluti rosam suave olentem e convallibus te, *o intaminata*, invenit qui purus est, atque in medio tui sedem sibi elegit, odore replens humanum genus. » Eodem ista pertinent [g]) Georgii nicomediensis: « Ex te, *o intaminata*, creator assumens humanam naturam passionibus sordidam abluit, refinxit et divina gratia deificavit. » Et eodem pertinent quae [h]) alibi Georgius

---

a) Paraclit. pag. 172. col. 1. D.
b) Orat. in Deiparae dormit. pagg. 4-34.
c) Men. die VIII. Februarii Ode α'. pag. 47. col. 2. A.
d) Men. die XXV. Martii ad Vesper. pag. 113. col. 1. A.
e) Triod. pag. 292. col. 1. A.
f) Men. die XV. Ianuarii Ode γ'. pag. 130. col. 1. D.
g) Men. die XXIX. Martii Ode ς'. pag. 132. col. 1. A.
h) Men. die XVI. Martii Ode ς'. pag. 69. col. 2. D.

1) Missal. mozarab. in praefat. pro solemnit. Visitationis.
2) Hanc autem orationem nondum, quod nos quidem noverimus, editam, ad operis calcem ex parisiensi codice referemus.
3) Cf. eiusdem hymnum εἰς τὴν Πεντηκοστήν, vv. 82-86. apud Gallandium T. XIII. pag. 247. D., et in Thesaur. hymnolog. T. III. pag. 70.

idem subdit: « Quum fructum degustassent protoparentes, ob inobedientiam exsules a deliciis effecti sunt, *o intaminata*. Nos autem participes effecti eius, qui ex te genitus est, incorrupta vita oblectamur. » Sepono quae hisce cognata habentur [1]) in Anthologio, in [2]) Canone Euthymii et [3]) in Canone Iohannis euchaitae; illaque subdo quae [a]) in veteri quadragesimali officio passim occurrunt. » Germinasti, o intaminata, sine semine vivens Verbum in utero tuo incarnatum, sed non conversum. Servare volens hominem Salvator et Dominus carnem nostram ex intaminata Virgine suscepit. Fractam miseram animam meam pravissimorum daemonum undique aggressionibus sana, o domina intaminata, quae medicum genuisti Christum, redemptionem nostram. Quem caelum capere non potuit, tuo in utero complexa peperisti: o terribile et ineffabile portentum! Quare te omnes laudamus, o intaminata. Esto, domina intaminata, inutilibus servis tuis divina adiutrix tempore abstinentiae, preces nostras deferens ad Dominum seculorum regem. Incarnatum Verbum ex te, o intaminata, processit, ut per viscera misericordiae protoparentum corrigat lapsum. »

132. Ex his autem paullo accuratius inspectis pronum est colligere, quo sensu, quave significationis amplitudine Deipara salutetur ἄχραντος *intemerata*. Hac enim consideratione edocemur I. Deiparam semel ac rursum proprio veluti nomine τὴν ἄχραντον *intaminatam* nuncupari: II. ita hoc nomine insigniri, ut ipsa ex aequo κεχαριτωμένη *gratia plena* et πανάγια *sanctissima* appelletur: denique III. eum habitum inter ipsam et reliquum hominum genus constitui, qui exsistit vel *inter rosam suapte origine suave olentem*, et ea, quae quum ex sese feteant, purgata primum, odore deinde imbuuntur; vel *inter innocentem* et illos qui in protoparentibus vetitum fructum degustarint; vel *inter plenam gratia* et Evam serpentis fraude deceptam et viru contaminatam. Atqui haec ita comparata sunt, ut Mariam perfectissime ἄχραντον *intemeratam* demonstrent, illique plenam, originalem et dignam Deipara innocentiam tribuendam esse patefaciant.

133. Quod Stephanus sabbaita, Theophanes et Basilius seleuciensis luculentis plane sententiis declararunt. Ille enim sic omnino [b]) habet: « In luce Domini ambulantes, agite, celebremus portam divinam Domini dominantium, *intemeratam* Mariam, uti vere Deiparam et nostrarum spem animarum. » Theophanes vero [c]) in hymno quo Graeci octavum diem natae Virginis celebrant, scribit: « Sordem naturae nostrae apte abluisti, pariens Christum qui *solus* est *intemeratus o intemerata*, o Deipara cuiusvis prorsus labis expers. Proinde superior facta es Cherubim atque Seraphim qui clamant: benedicite omnia opera Dominum. » At Basilius postquam [d]) illustri oratione comprobavit, incarnatum Dei Filium omnia subiisse quae ad hominem spectant, continuo infert: « Quid mirum ut illorum omnium accessione purus ille et intaminatus una cum intaminata et viri nescia Virgine ac matre obeat purificationem lege praescriptam; quo factus sub lege, ut ait [e]) Apostolus, eos liberet qui sub lege erant? » Quae profecto reputari animo nequeunt, quin illico in oculos prope

---

a) Vet. Offic. quadrag. ab. Em. Quirinio Romae edit. anno MDCCXXI. Domin. Carnisprivii Ode γ'. pag. 25.
b) Men. die XI. Martii Ode ζ'. pag. 88. col. 1. B.
c) Men. die XV. Septembris Ode η'. pag. 109. col. 1. A.
d) Orat. in Symeonem pag. 687. A-B. apud Combefisium Auctar. T. I.

1) Antholog. pag. 130. col. 2. E.
2) Thesaur. hymnolog. T. III. pag. 17. Κανὼν εἰς τὴν ὑπεραγίαν Θεοτόκου. Cf. Goarium in Euchologio. pagg. 586-688-740.
3) Thesaur. hymnolog. T. III. pag. 117. Κανὼν τῆς Θεοτόκου. Cf. Acta SS. Iunii T. II. p. 44. seq.
4) Gal. IV 5.

incurrat I. uno eodemque titulo ἀχράντου *intemerati* Christum ac Deiparam honestari: II. hoc τῆς ἀχράντου *intemeratae* titulum tum Deiparam honestari, quum *solus* Christus appellatur ἄχραντος *intemeratus:* proindeque III. excludentes negantesque particulas, quum ad apposita puritatem significantia referuntur, accipi ita non posse ut ad ipsam quoque Deiparam protendantur: IV. eam pariter dici ἄχραντον *intaminatam* et παναμώμητον *cuiusvis funditus naevi expertem:* V. tam disertis verbis, quam manifesta antithesi Deiparam ab originali sorde immunem declarari: et immunem quidem VI. apertis verbis declarari, quum ea dicitur ἄχραντος *intemerata*, uti ἄχραντος *intemeratus* dicitur Christus; quum ea dicitur παναμώμητος *cuiusvis nescia maculae;* et quum illi tribuitur, ut ῥύπον φύσεως ἡμῶν *sordem nostrae naturae* apte sapienterque deterserit: declarari vero VII. immunem manifesta antithesi, quando ipsa, utpote intemerata, naturae nostrae sorde originali infectae perspicue opponitur: denique VIII. Mariam describi cum Christo intime cohaerentem, Cherubim atque Seraphim celsiorem, ac veluti eiusmodi divinum opus, quod universam praetergressum naturam, ad divinas laudes celebrandas, divinamque gloriam extollendam vehentissime inflammet. Coronidis loco adiiciam, in ipsis etiam fidei confessionibus sive eae ab haereticis sive ab orthodoxis editae fuerint, hoc *intaminatae* epitheto Virginem decorari. Quo sane decoratur [a]) in confessione fidei a Macario Monothelitarum duce his verbis concepta: « Confitemur autem unum sanctae Trinitatis, Dominum Iesum Christum Filium Dei unigenitum propter nos in ultimis diebus descendisse de caelis et incarnatum esse de Spiritu sancto, et sancta intaminata domina nostra Dei genitrice semperque virgine Maria, et humanatum esse, hoc est, veram carnem accepisse de ea animatam anima rationali atque intellectuali. » Decoratur [b]) in confessione fidei Sophronii hierosolymitani: « Ex intaminato namque et virginali sanguine sanctissimae et intaminatae virginis Mariae Verbum vere factum est incarnatum, et veraciter homo, et in utero virgineo deportatus, et tempus explevit legitimi puerperii, et per singula naturalia et peccatum non trahentia nobis hominibus similis factus est. » Decoratur [c]) in confessione fidei stabilita inter Cyrum alexandrinum et Theodosianos, in cuius canone septimo legimus: « Si quis unum Dominum nostrum Iesum Christum in duabus considerari dicens naturis, non eumdem unum de Trinitate confiteatur, sempiterne quidem ex Patre genitum Deum Verbum, novissimis autem seculi temporibus eumdem incarnatum atque genitum ex sanctissima et intaminata domina nostra, Dei genitrice semperque virgine Maria; anathema sit. » Decoratur [d]) in sermone prosphonetico Synodi constantinopolitanae III. ad Costantinum Augustum: « Proinde inspiratione sancti Spiritus conspirantes, et Agathonis sanctissimi patris nostri et summi Papae dogmaticis litteris ad vestram Fortitudinem missis consentientes, unum de sancta Trinitate, Dominum nostrum Iesum Christum etiam incarnatum praedicamus in duabus perfectis naturis indivise, inconfuse laudandum. Ut enim Verbum consubstantialis est et consempiternus Deo genitori: ut autem carnem sumens ex intaminata virgine Deique genitrice Maria, homo perfectus est, consubstantialis nobis, factusque sub tempore. » Decoratur [e]) in edicto Imperatoris Constantini: « Confitemur unum sanctae Trinitatis Dominum nostrum Iesum Christum, qui est cum Patre et sancto Spiritu pariter sine

---

a) Act. VIII. concil. CP. III. pag. 351. D. edit. Concil. Mansii T. XI.
b) Ibid. Act. XI. pag. 475. A.
c) Ibid. Act. XIII. pag. 566. C-D.
d) Ibid. Act. XVIII. pag. 663. A-C.
e) Ibid. Act. XVIII. pag. 702. B-D.

principio consubstantialis, eumdem ipsum in ultimis praestitutisque temporibus propter humani generis salutem et reformationem descendisse de caelis, hoc est, per spontaneam se exinanisse humilitatem, et in vulva intaminatae virginis Deique genitricis Mariae habitasse, et anima et corpore per Spiritum praepurgatae, et ex sancta immaculata carne eius in propria subsistentia carnem sumpsisse nobis consubstantialem. Decoratur [a] in confessione fidei Basilii ancyrani, quae sic habet: « Confiteor etiam omnia quae sunt dispensationis unius e sancta Trinitate, Domini videlicet et Dei nostri Iesu Christi, expetens etiam et intercessiones intaminatae dominae nostrae sanctae Dei genitricis Mariae, sanctarumque et caelestium Virtutum et omnium omnino sanctorum; et sancta ac pretiosa lipsana eorum cum omni honore suscipiens saluto et honorabiliter veneror, fidem habens illorum particeps fieri sanctimoniae. Similiter et venerabiles imagines tam dispensationis Domini nostri Iesu Christi, secundum quod homo factus est propter salutem nostram, et intaminatae dominae nostrae sanctae Dei genitricis, atque sanctorum apostolorum, prophetarum, martyrum et omnium simul sanctorum salutans pariter et amplectens, atque adorationem quae pertinet ad honorem, impendens. » Denique ut confessionem omittam [1] a Theodosio Ammorii Episcopo probatam, Hadrianus Pontifex in litteris ad Tarasium [b] scribit: « Quia ergo sanctas imagines Christi Dei nostri, qui secundum nos et pro nobis et propter nos incarnatus est iuxta humanum characterem, atque sanctae intaminatae et revera Dei genitricis, nec non et sanctorum eius vestra dilecta sanctitas colere atque adorare pollicita est; idcirco eius orthodoxum propositum, si quemadmodum coepit, perseveraverit, modis omnibus collaudamus. »

ARTICULUS IX.

De tribus appositis τῆς ἀθίκτου, ἀτήκτου καὶ ἀπημάντου illibatae, quibus Maria innocentia a quavis culpa penitus seiuncta declaratur.

134. Etsi tria apposita, ἄθικτον, ἄτηκτον, καὶ ἀπήμαντον, utpote e diversis oborta radicibus, quales sunt θιγγάνω, τήκω et περαίνω, nonnihil differant significatione propinqua; assignari tamen notio potest quae ex aequo singulis pariterque conveniat. Haec autem est notio rei vel personae *illaesae, intactae, sacrae ac penitus illibatae*. Quare in Cyrilli Lexico habetur ἄθικτον· ἀνέπαφον, idest, *sincerum, purum, intactum*. Symmachus vero quod hebraice [2] dicitur נֵזֶר שֶׁמֶן מִשְׁחַת, *diadema olei unctionis*, idest, diadema oleo sacro inunctum, graece vertit ἔλαιον ἄθικτον, *oleum* [3] *sacrum* et a communi usu separatum.

135. Quum igitur patres ad id essent intenti, ut vocibus quibus possent exquisitioribus, naevos omnes omnesque maculas a Deipara quam longissime arcerent; ne ista quidem, quorum meminimus epitheta taciti praetermiserunt. Et appositum quidem τῆς ἀθίκτου *illibatae* usurpavit in altero [4] ex Anacreonticis Sophronius hierosolymitanus, ubi memo-

---

a) Concil. nic. II. Act. I. pag. 1009. B-D. T. XII.
b) Ibid. Act. II. pag. 1080. C-E.

1) Ibid. Act. I. pag. 1013. A-D.
2) Levit. XXI. 12. coll. Ex. XXIX. 6. XXXIX. 30. ubi summi Sacerdotis diadema vocatur נֵזֶר הַקֹּדֶשׁ
3) Quum נֵזֶר ἀπὸ τοῦ נָזַר, *separavit a com-* muni usu, proprie notet *consecrationem*, separationemque ex consecratione profectam, hoc separationis sensu vocem ἄθικτον Symmachus usurpavit.
4) Quod inscribitur: Εἰς τὴν Χριστοῦ Ἰησοῦ γέννησιν.

rato Caesaris edicto quod et Lucas [1]) recenset, de beatissima Virgine, eiusque sponso Iosepho [a]) subdit: « Proinde inclytus Iosephus accipiens *illibatam* sponsam Mariam nondum enixam, in Bethleem profectus est. » Idem appositum, nec non alterum ἄτηκτον usurpavit Methodius, qui in decem virginum Convivio Theclam his verbis canentem et Christum alloquentem [b]) inducit: « Tua quoque vitae parens, *gratia intacta*, illibata [2]), immaculatos conceptus tuos in viri experte utero gestans Virgo, prodili maritalis thori in suspicionem venit. »

136. Ubi utrumque appositum de innocentia Deiparae nobilissima quadam significatione adhiberi ipsa in primis eorumdem accumulatio persuadet: persuadet deinde tributa Deiparae appellatio qua dicitur ζωητόκος *vitae parens*, nec non simpliciter χάρις *gratia*, eaque ἄθικτος *numquam deminuta*, et semper integra atque sincera: neque minus postremo persuadent quae virginitatem Deiparae summam referunt, illamque cum summa innocentia aptam nexamque demonstrant. Quo et haec pertinent [3]) ex recepto in Ecclesia hymno:

> » Memento salutis auctor
> » Quod nostri quondam corporis
> » Ex illibata Virgine
> » Nascendo formam sumpseris.

Atque haec item [4]) ex hymno sancti Casimiri de beata Virgine:

> » Quae praecellis multis stellis atque luminaribus,
> Tua dulci prece fulci supplices et refove:
> » Quidquid gravat et depravat mentes nostras, remove.
> Virgo gaude, quod de fraude daemonis nos liberas:
> » Dum in vera et sincera carne Deum generas
> Illibata et ditata caelesti progenie.

Tum haec quae [5]) in Alcuini Homiliario tribuuntur Origeni, et quibus enarrantur [6]) Matthaei verba, *cum esset desponsata mater eius Maria Ioseph.* » Mater, inquit, eius, mater immaculata, mater incorrupta, mater intacta. *Mater eius.* Cuius eius? Mater Dei unigeniti, Domini et regis omnium, plasmatoris et creatoris cunctorum: illius qui in excelsis sine matre, et in terra est sine patre: ipsius qui in caelis secundum deitatem in sinu est Patris, et in terris secundum corporis susceptionem in sinu est matris. O magnae admirationis gratia, o inenarrabilis suavitas, o ineffabile magnumque sacramentum. »

137. Accedit Iohannes damascenus, qui non solum Deiparam [c]) vocat ἀσύμαντον *integram* atque illaesam, inquiens: *Ave* [7]) *liber signatus, ab omni noxia* [8]) *cogitatione illae-*

---

a) Anacr. II. apud Mai Spicileg. rom. T. IV. pag. 54.
b) Conviv. Orat. XI. §. II. apud Gallandium T. III. pag. 744. A.
c) Orat. II. in Mariae nativ. §. VII. opp. T. II. pag. 855. A.

1) Luc. II. 1. seqq.
2) E re autem fuerit animadvertisse, continuo *Ecclesiam* vocari ἄθικτον *illibatam*.
3) Thesaur. hymnolog. T. I. pag. 78. Haec in Breviario romano ita modo temperata leguntur:
  • Memento rerum conditor,
  • Nostri quod olim corporis
  • Sacrata ab alvo Virginis
  • Nascendo formam sumpseris.

4) Thesaur. hymnolog. T. II. pag. 374.
5) Alcuini Homiliat. pag. 50. col. 1. D. edit. Coloniae MDLXIX.
6) Matth. I. 18.
7) Is. XXVI. 1.
8) Nescio autem cur Lequienius φθοροποιόν verterit *libidinosum*.

ea; sed praeterea e vestigio addit: *Ave* ª) *tomus novi* 1) *mysterii, propter incorruptionem* 2) *omnino illibata*. Fac igitur in disceptationem veniat, quousque Deipara censeri ἄθικτος *illibata* debeat. Ex maiorum sententia respondendum est, credi Deiparam oportere simpliciter *illibatam:* credi oportere *illibatam* et *intactam:* credi oportere illibatam *corpore*, utpote virginem purissimam, et illibatam *mente*, quam nulla umquam noxia cogitatio afflaverit: credi oportere eo gradu integram, qui non dedeceat *gratiam illibatam vitaeque parentem:* ac postremo credi oportere illibatam παντάπασιν *undequaque*.

CAPUT II.

Praeclariora exhibentur apposita negantia, eaque vim superlativi gradus praeferentia, quae non sinunt ut Deipara ullo etsi lenuissimo culpae naevo aliquando infecta censeatur.

138. Ita comparati animo sumus, eaque vis est ac ratio humani sermonis, ut si quae nobis forte occurrerint eximie atque suo in genere suoque in ordine praestantia numerisque omnibus expleta; illa vocibus superlativis quadam veluti necessitate efferamus. Hinc superlativo gradu efferimus divinam bonitatem, et Deum dicimus *optimum:* eodemque gradu efferimus divinam magnitudinem, et Deum dicimus *maximum;* quod videlicet persuasum nobis sit, Deum esse totius bonitatis plenitudinem, et magnitudinis eius ut Scripturae 3) loquuntur, non esse numerum.

139. Porro excellentia rerumque praestantia, quae superlativo gradu exprimitur, vocibus pariter significatur, quae vi et potestate ab eo gradu non differunt. Atque ita ut Deus summus tum rex tum dominus ostendatur, dicitur ᵇ) *Rex regum et Dominus dominantium*. Simili periphrasi vocatur ᶜ) Christus *Dominus dominorum et Rex regum*. Eodem pertinent quae de Deo ᵈ) legimus, *ipsi gloria et imperium in secula seculorum*, idest in omnia secula atque adeo aeterna. Et eodem pertinet ᵉ) angelica salutatio, *benedicta tu in mulieribus*, idest 4) mulierum felicissima summisque aucta beneficiis.

140. Inter has autem voces, quae superlativi gradus vim induunt, ea imprimis adiectiva recenseri debent, quae cum pronomine πᾶν *omne* componuntur. Huic enim pronomini in compositione vis superlativi inest, et siquidem adiectivum quocum illud cohaeret, affirmans sit, compositum exinde nomen plenitudinem perfectionis subiecto asserit; sin vero sit negans, ex toto qualitatem a subiecto arcendam removendamque demonstrat. Hoc pacto Ceres παμβότανος dicitur, quatenus *herbarum omnium productrix* habetur: Sapientiae liber audit πανάρετος, *omnium virtutum genere ornatissimus:* Deus vocatur παντεπίσκοπος et παντεπόπ-

a) Ibid.
b) I. Tim. VI. 15.
c) Apoc. XVII. 14. coll. XIX. 16.
d) Apoc. I. 6.
e) Luc. I. 28.

1) Is. VIII. 1.
2) Quibus Lequienius hanc subiicit non omnino luculentissimam interpretationem: « Ave tomus novi mysterii, illibata prorsus incorruptione. «
3) Ps. CXLIV. 3.

4) Eadem loquendi forma qua Cant. 1. 8. dicitur הַיָּפָה בַּנָּשִׁים *pulchra in mulieribus*, idest, mulierum venustissima.

τις, *omnia intuens, omnia suis lustrans oculis, omniscius.* Et ut nonnulla quoque exempla promam adiectivorum negantium, παναγήραος is est *qui omnino non senescit, immortalis:* πανάποτμος qui *plene est miser* ac *penitus infelix:* et πανάφυλλος arbor *omnibus omnino foliis carens.*

141. Si ergo non paucis iisque incertis, sed plurimis indubitatisque testimoniis effici queat, maioribus nostris et sanctissimis Ecclesiae patribus in more fuisse receptum, ut suam mentem suamque fidem de Virginis innocentia ab omni naevo soluta epithetis efferrent non solum gradu positivo excludentibus, verum etiam cum pronomine πᾶν *omne* compositis atque adeo superlativis; necesse prorsus erit constituere, nihil posse ab ecclesiastica traditione remotius cogitari, quam Deiparam aliqua peccati macula fuisse utcumque vitiatam. At vero praesto sunt ea de quibus loquimur testimonia, et quidem non copia minus quam perspicuitate insignissima. Quod ut lectoribus quoque nostris palam fiat, praesens caput quatuor articulis absolvemus, in quorum primo de apposito τῆς παναμώμου *penitus immaculatae.* Deiparae tributo disseretur: in altero sermo erit de apposito τῆς παναμωμήτου, quod priori affine est atque cognatum: tertius succedet constans testimoniis, quibus Deipara πανάχραντος *omnino intemerata* dicitur: quartus vero postremusque ea sistet, quibus Deipara πανακήρατος, πανάσπιλος καὶ πανάφθορος *omnino illaesa, intaminata et cuiusvis corruptelae expers* affirmatur.

ARTICULUS I.

De apposito quo Deipara πανάμωμος *prorsus immaculata dicitur, et cuiusvis penitus inscia culpae demonstratur.*

142. Quum id [1]) dicatur ἄμωμον quod est *immaculatum* et a labe alienum; natura ipsa vocisque ratio postulant, ut de eo intelligatur παναμώμον, quod est καθ' ὅλον plene, undequaque illaesum et nullo umquam peccati vitio taminatum. Scite, si quid video, insitam huic voci significationem explanavit vir eruditus et graece doctus Simon Wangnereckius [2]) inquiens: « In voce πανάμωμος latine reddenda, multiplex significatum universale considerandum occurrit; quum Menaea hoc epitheton κατ' ἐξοχήν, sive *per excellentiam* virgini Deiparae plus millies tribuant. Primo consideranda est *universitas temporis,* quia Virgo est πάντα τὸν χρόνον ἄμωμος, idest omnibus omnino temporibus inculpata, etiam illo momento quo sacratissima eius anima fuit creata. Secundo *universitas loci,* quia ἐν παντὶ τόπῳ ἄμωμος quasi dicas, *ubique inculpata,* hoc est non solum in caelo aut terris, sed in ipso quoque utero matris. Tertio *universitas culpae,* quia ἐν παντὶ ἐγκλήματι ἄμωμος, idest, in omni genere culpae inculpata, ne culpa quidem originali excepta. Denique consideranda est *universitas creaturarum,* quia Virgo est ὑπὲρ τὰ πάντα ἄμωμος, super omnes omnino creaturas inculpata. Eadem est ratio significationis in voce πανάχραντος, aliisque similibus, quas perpetuo Menaea de Maria usurpant, de aliis autem caelitibus aut numquam aut raro: haec ut ipsa raritas, si quid de aliis Menaea simile dicant, exaggerationem esse convincat.

143. Haec ille, quae istis praeclare confirmantur quae Cyrillus alexandrinus [a]) de Chri-

---

a) In Is. LIII. pag. 750.

1) Sect. II. cap. 1. art. 1. nn. 77. seqq.
2) Pietas mariana Graecorum, Centur. II. num. 143. pag. 294-295.

sto scribit: « Et operibus et verbis erat penitus immaculatus, et ad culmen totius puritatis pervenit. » Quod testimonium ut Suicerus ¹) retulit, e vestigio addit: » Expositio in caput primum Lucae, quae Tito bostrensi tribuitur, beatam Virginem vocat πανάμωμον. » Atqui non ea solum expositione Deipara vocatur πανάμωμος, sed hoc titulo centies ornatur, iisque insertis adiunctis, quae nativam vocis potestatem tuentur et plenissime adscribendam esse Virgini insigniter patefaciunt.

144. Sane huius tituli atque huius splendidissimae appellationis testis est locuples ᵃ) Andreas cretensis inquiens: « Gloriosus nobis fructus (ex Ioachimo et Anna) Virgo haec *penitus immaculata* ²) progerminavit. » Testis est ᵇ) Sophronius hierosolymitanus qui Deiparam his verbis exorat: « *O labis omnino omnis expers*, quae post partum tuo decore ditata mansisti, eripe, obsecramus o innocens, a corruptione servos tuos, qui fideliter una mente unoque animo canunt. » Testis est ᶜ) Germanus constantinopolitanus Antistes, qui suam adversus Deiparam pietatem suavissime aperit scribens: « In te, o innocens Deipara, repono spem omnem et ad te iugiter me recipio: me serva, *o labis omnis expers*, tuisque precibus ab ea eripe quae me occupat confusione ac tumultu vehementium cupiditatum et peccatorum.

145. Tribus hisce testibus sane gravissimis alii succedunt pari nobilitate conspicui. Succedit enim ᵈ) Theodorus studites, cui ista in acceptis referimus: « Mentem vincit partus tuus. Gignis namque eum, qui ante te erat: et ineffabili ratione eum lactas qui mundum nutrit. Reclinantem eum foves qui continet universa Christum, solum Redemptorem nostrum, *o maculae prorsus omnis exors*. » Et ᵉ) rursum: « *O penitus immaculata*, incessanter ad misericordiam flecte Salvatorem, ut ab omni eos periculo eripiat, qui te Deiparam ore animoque confitentur. » Succedit ᶠ) Stephanus sabbaita, qui adventum Christi in Aegyptum celebrans ait: « Non secus ac super ³) levem nubem, in te regnans Dominus venit, *o libera ab omni labe*, ut Aegypti manufacta auferret. »

146. His autem gemina sunt quae tradunt Ignatius constantinopolitanus, Tarasius eiusdem urbis Episcopus, Christophorus et Iohannes Euchaitarum metropolita. Gemina tradit ᵍ) Ignatius dum ait: « Exagitat me peccati tempestas, pravarumque cogitationum fluctuatio. Fac mei miserearis, *o plane insons et immaculata*, atque ut misericors mihi praesidii tui dexteram porrige, ut te servatus magnificem. » Gemina tradunt ʰ) Theophanes et Tarasius, quorum alter scribit: « Dominum enixa sublimior supernis virtutibus apparuisti

a) Orat. in Natal. diem beatae Virginis apud Gallandium T. XIII.
b) Triod. apud. Mai, Spicileg. rom. T. IV. p. 156.
c) Men. die XII. Maii, Ode ζ'. pag. 55. col. 1. B.
d) Triod. pag. 24. col. 1. B.
e) Ibid. pag. 166. col. 1. D. et pag. 204. col. 2. C.
f) Men. die XX. Martii, Ode ς'. pag. 87. col. 1. A.
g) Men. die XI. Septembris Ode γ'. pag. 78. col. 2. A.
h) Men. die XV. Maii, Ode θ'. pag. 66. col. 1. B. et die XXV. Ode ε'. pag. 98. col. 2. C.

1) Thesaur. ecclesiast. ad v. Πανάμωμος.
2) Sed potuit ne Virgo progeminare atque primum veluti erumpere tamquam καρπὸς εὐκλεής *fructus gloriosus et splendidus*, si antea non exstitit, quam ignominia et tenebris originalis corruptelae subiiceretur? pugnant ista mutuo, atque sese funditus excludunt. Quum igitur Virgo dicitur πανάμωμος, habetur quoque *temporis* ratio, et ab ea universim et *pro quovis tempore* culpa omnis arcetur.

3) Is. XIX. 1. *Ecce Dominus ascendet super nubem levem* (עַל־עָב קַל, super nubem celerem, veluti super currum, Ps. CIV. 3), *et ingredietur Aegyptum, et commovebuntur simulacra Aegypti a facie eius*.

naturamque mortalium divinam effecisti, o puella *nullo penitus infuscata naevo*. Proinde te, o Virgo, verissimam Deiparam mente et lingua quotquot sumus fideles glorificamus. »
Gemina tradit ª) Christophorus, e quo in Graecorum Triodio ista referuntur: « Mysticum te gloriae thalamum fideles omnes depraedicamus, o Dei parens *nullius conscia labis*. Te propterea, o innocens, exoro ut me lapsum efficias consortem caelestis thalami. » Et gemina tradit ᵇ) Iohannes Euchaitarum praesul, cuius haec est pientissima oratio: « Cruci affixus qui ex te corpus induit, o Dei genitrix, Adae chirographum discidit: illum nunc exora, *o prorsus immaculata*, ut fideles universos e periculis eripiat. »

147. Tot vero tamque perspicua testimonia suffragatione confirmantur Georgii nicomediensis et Iohannis damasceni, e quibus Georgius ᶜ) in hymno pro pervigilio annuntiatae Deiparae canit: « Pulcritudinis tuae amore, *o immunis ab omni labe*, Christus captus est, uterumque tuum sibi in domum elegit, ut a passionum turpitudine humanum genus redimeret, illudque antiqua venustate donaret. Eum adorantes glorificamus te. » In tertia autem ex iis orationibus, quibus ingressum Deiparae in templum celebravit, sic ᵈ) habet: « Mihi autem non ea tantum supra modum mirari ac stupere subit (quod nimirum Deipara vix triennis ad summum virtutum apicem conscendisset), verum etiam quod primo aetatis flore ac vigente corpore ipsam incorporeorum naturam Mariae *ab omni labe mundissimae puritas superaret*. »

148. Neque alio pertinent quae ᵉ) Iohannes damascenus scribit: « Salve o sanctificatum idemque divinum Altissimi tabernaculum. Per te enim, o Deipara, iis concessum est gaudium qui clamant: o Domina *labis omnis expers* tu es in mulieribus benedicta. » Et ᶠ) alibi: Tu sola, o intemerata Virgo, in omnibus generationibus Dei mater ostensa es. Tu *o undequaque immaculata*, divinitatis sedes exstitisti. » Et ᵍ) iterum: « Assumens qui incorruptibilis est ex tuo ventre, *o culpae omnis inscia*, mortalem naturam caducam in seipso per misericordiam ostendit eam a caducitate immunem. »

149. Quod si Iohannes monachus in Pentecostario memoratus alius forte sit ab Iohanne damasceno, is novus accedit testis ʰ) scribens: « Beatus extitit, *o penitus immaculata*, sinus tuus. Tu enim digna fuisti eum ineffabiliter complecti, qui inferni sinum mirabiliter evacuavit. » Ac novus item testis accedit, ubi) ait: « Qui lumen est de lumine ex te, *o immaculatissima*, resplendens ortus est, omnemque caecitatem impietatis dissolvit atque in noctis tenebris sedentes illuminavit. Proinde te omnes impense in secula semper glorificamus. » Eodem haec pertinent ʲ) ex Euchologio: « Regum, prophetarum, apostolorum et martyrum tu es gloria mundique protectio, o penitus immaculata. » Eodem quae haben-

---

a) Triod. pag. 69. col. 2. A.
b) Men. die XXX. Ianuarii Ode ζ'. pag. 231. col. 2. C.
c) Men. die XXIV. Martii Ode θ'. pag. 104. col. 1. D.
d) Orat. VI. quae est III. in ingressum Deiparae in Templum, apud Combefisium, Auctar. T. I. pag. 2126. E.
e) Paraclit. pag. 170. col. 2. D.
f) Paraclit. pag. 171. col. 1. D.
g) Paraclit. pag. 172. col. 1. D.
h) Pentecostar. pag. 179. col. 2. A.
i) Pentecostar. pag. 185. col. 2. A.
j) Eucholog. in Officio aquae benedictae minoris pag. 440. B.

tur tum [1]) in dissertatione Iohannis damasceni adversus Nestorianos, tum in Officio quadragesimali, in quo [a]) legimus: « Pietate tua, o penitus immaculata, supplices preces meas excipe, mihique, o innocens, concede peccatorum veniam mihi qui lugens clamo: ne me despicias, o bona, sed revoca. Quae Verbum, o immunis ab omni labe, principio carens sola concepisti, ex te incarnatum non vero immutatum quod prius erat, Virgo manens post partum intercede, o innupta, pro omnibus ut vita nostra e corruptione liberetur. Praebe mihi vires o Virgo, ut ab omni peccato ieiunem et abstineam, tu quae potens et impeccabile Verbum ineffabiliter concepisti, et mihi, o immaculatissima, expiatrices sordium lacrymas imperti. » Hinc in Anthologio non modo *penitus immaculata*, sed *sola penitus immaculata* salutatur [b]) his verbis: « Erige me lapsum in lacum tentationum, et dirige me quae Deum moderatorem peperisti, o sola penitus immaculata, eum qui bonitate sua coniunxit quae pridem dissidebant. » Finem facio precationem describens Graecis solemnem atque hisce verbis [c]) conceptam: « Ut misericordiae tuae plenitudinem et interminatum pelagus bonitatis tuae omnibus ostendas, o innocens, dele omnia famulorum tuorum peccata. Quum enim Dei sis mater, habes, *o plene atque ex toto immaculata*, potestatem in omnem creaturam, tuaque auctoritate de omnibus pro nutu disponis. Gratia namque Spiritus sancti in te splendide inhabitans, tecum in omnibus cooperatur, o semper omni laude dignissima. »

150. Quae quum ita sint, colligi verissime potest, titulum τῆς παναμώμου *penitus immaculatae* eorum numero comprehendi, quibus Deipara frequentius [2]) solemniusque cohonestatur. Sed huius tituli ea vis est atque insita significandi potestas, ut nullum omnino ferat naevum, omnesque funditus labes excludat. Eadem igitur consensione, eademque solemnitate a quovis naevo immunis et cuiusvis exors maculae Deipara dicitur, qua πανάμωμος *immaculatissima* nuncupatur. Nullatenus vero Deipara esset aut merito diceretur a quovis naevo integra et nullius prorsus culpae particeps, si originali obnoxia maculae primum extitisset. Toties igitur Deipara ab originali praevaricatione affirmatur immunis, quoties in christianis monimentis tanta perspicuitate tantaque frequentia πανάμωμος *undequaque immaculata* salutatur. Utique, mihi videor audire qui reponant, si tamen eiusmodi titulus pro tota quae illi subest significandi amplitudine Deiparae adscriptus ostenderetur. Sed hoc opus quod expletum hactenus non fuit, et hic labor qui exauriendus hactenus superest. Verum, uti ego quidem arbitror, neque opus quod obiicitur, grave, neque labor qui obtenditur, existimari arduus debet.

151. Sane legitimae interpretationis canon omnium princeps huc redit, ne quoad eius fieri potest, nativa et propria vocum significatio deseratur. Sed nativa et propria τοῦ παναμώμου *penitus immaculati* significatio flagitat, ut e subiecto cui illud defertur, καθ' ὅλον *omni ex parte omnique sub adspectu* maculae sordesque depellantur. Quid ergo exigit princeps

---

a) Domin. Tyroph. Ode ζ'. pag. 87. D. — Fer. III. Heb. II. Ieiun. Ode. β'. pag. 171. B-C. — Sabb. Heb. II. Ieiun. Ode ς'. pag. 204. A.

b) Antholog. pag. 8. col. 1. E.

c) Men. die III. Decembris ad Vesp. pag. 10. col. 2. D.

1) Dissert. cont. Nestor. §. XLIII. apud Canisium Lectt. antiq. T. II. P. I. pag. 83.

2) Cuius solemnitatis inde quoque peti argumentum potest, quod in epistola synodica Theodori hierosolymitani, quae lecta comprobataque fuit in concilio nicaeno II. actione III. apud Mansium T. XII. pag. 1137-1145. Deipara salutetur uti *Domina* πανάμωμος et *Domina* πανάχραντος.

legitimae interpretationis canon? Ut nimirum haec τοῦ παναμώμου *penitus immaculati* significatio quoad eius fieri potest servetur; et ut pro hac nativa eiusdem significatione Deipara, quae παναμωμος *penitus immaculata* centies dicitur, ab omni funditus labe immunis, quaecumque ea sit sive originalis sive actualis, existimetur. Sed forte adsunt quae impediunt, quominus insita et nativa τοῦ παναμώμου *penitus immaculati* significatio, quum ad Deiparam hoc appositum refertur, sancte custodiatur. Immo omnia postulant, ne vel tantillum ab ea discedere nobis integrum arbitremur.

152. Hoc enim I. postulat toties inculcatus huius appositi usus, quin tamen laxior eiusdem acceptio *vel semel* innuatur. Hoc II. postulat eiusdem usus *simplex et absolutus*, quo Deipara citra quodvis additamentum una τῆς παναμώμου *penitus immaculatae* appellatione designatur ac distinguitur. Hoc III. postulat epithetum τῆς ἀγνῆς *innocentis*, quod crebro et absolute cum altero τῆς παναμώμου *penitus immaculatae* coniungitur. Hoc IV. postulat ipsum *subiectum* quod est Deipara, quae supernis Virtutibus celsior puriorque celebratur. Atque hoc V. ipsamet postulant *contextuum* adiuncta, quibus ad evidentiam usque ostenditur, aut numquam τὸ παναμώμον *penitus immaculatum* pro insita significatione adhiberi, aut tum certissime adhiberi quum ad Deiparam designandam distinguendamque usurpatur.

153. Et re sane vera, spectentur eiusmodi adiuncta. Quid ex illis continuo deprehenditur? Scilicet deprehenditur, idcirco Deiparam uno ore παναμωμον *penitus immaculatam* vocari, quod I. ipsa ex Ioachimo et Anna primum germinaverit ut καρπὸς εὐκλεής *fructus gloriosus:* quod II. semper atque ante ipsam Incarnationem ea pulchritudine nituerit, qua sibi Unigeniti amorem conciliaverit: quod III. τὴν καταφθορὰν τῶν δούλων *corruptionem servorum* numquam contraxerit: quod IV. numquam κάλλος τὸ ἀρχαῖον *priscam primitivamque venustatem* amiserit: quod V. numquam παθῶν ἀμορφίαν *passionum deformitatem* subierit: quod VI. neque peccatorum confusionem, neque tumultus cupiditatum, neque pravarum cogitationum insidias umquam persenserit: quod VII. una ex omnibus generationibus in sua integritate constiterit, quum reliqua Adami propago lapsa iaceret: quod VIII. ipsa Adami chirographo comprehensa non fuerit, neque in Adamo proinde peccarit: quod IX. simillima fuerit aeterno Genitori, atque semper adeo luce refulserit, sicut ille lux est: quod X. semper fuerit omni laude dignissima: quod XI. spectari debeat veluti media inter λυτρωτὴν *Redemptorem* et ἡμεῖς *nos*, qui a contracta culpa fuimus redempti: et quod XII. ipsi, utpote supra ordinem totius lapsae humanitatis evectae, λύτρωσις *redemptio* et redemptionis officium verissimo aliquo sensu deferantur. Atqui nihil hisce accomodatius nihilque validius quo omnibus persuadeatur, propterea τῆς παναμώμου *penitus immaculatae* titulo Deiparam fuisse ornatam, quod illi pro insita vocis significatione adamussim conveniret. Immunitas igitur a quovis culpae tam originalis quam actualis naevo ea frequentia, eaque solemnitate Deiparae adscribitur, qua ipsa miro quodam christianae traditionis consensu παναμωμος *ex integro immaculata* salutatur.

ARTICULUS II.

De apposito τῆς παναμωμήτου *penitus inculpatae omnique ex parte insontis, quo in christianis monimentis Deipara honestatur.*

154. Quamquam utrumque appositum τὸ πανάμωμον *penitus immaculatum* et τὸ παναμώμη-τον *penitus inculpatum*, vix aut ne vix quidem [1]) significandi potestate discriminentur; huius tamen usus haud paullo est rarior, neque tamen eo usque rarus ut ab Ecclesiae scriptoribus de innocentia Virginis disserentibus plane fuerit praetermissus. Illis enim antiquissimum semper fuit omnes adhibere voces, nullasque negligere formulas, quas ad explicandam Deiparae omnimodam puritatem conducere posse arbitrarentur. Quare istud etiam, licet rarius, τῆς παναμωμήτου *penitus inculpatae* epithetum sibi usurpandum esse censuerunt: atque hoc etiam usi sunt, ut praeceptam animo fidem de innocentia Deiparae nullo umquam foedata naevo omnibus patefacerent.

155. Ex eorum autem numero qui hoc epitheto usi sunt, primus se nobis obiicit [a]) Psellus ubi Canticum canticorum explanans scribit: « Has classes (reginarum et adolescentularum) atque hos ordines Salomon ille prospiciens, et divino afflatus Spiritu tanto ante cernens Verbi sponsi purissimi incarnationem, et quae ipsum sine semine genuit Dei matrem, *vere illam penitus inculpatam* puramque [2]) Mariam, quam omnes omnium hominum generationes vocibus numquam cessantibus beatissimam praedicant: quia totius mundi pepererit Salvatorem. » Alter se nobis obiicit hierosolymitanus Sophronius, quem eodem epitheto semel atque iterum usum esse novimus. Et eo imprimis [b]) usus est inquiens: « Omnis creatura obstupescit, o Domina, mysterium supra rationem evectum partus tui. Paris enim Deum Emmanuelem propter nos, *o penitus inculpata*, hominem factum, qui mortis dominium sua cruce solvit. » Usus [c]) deinde est subdens: « Quum gloriose e sepulchro excitatum, *o penitus inculpata*, conspiceres (Filium tuum) vitam mortuis inspirantem, animi gaudio replebaris clamans: Fili et Deus meus, tuam glorifico condescensionem supra mentem sitam. »

156. Cum Psello atque Sophronio conspirant Georgius et Iosephus hymnographi, quorum ille [d]) ait: « Dei Verbum propter naturam deitatis incomprehensibile et incircumscriptum ex te, o purissima et *penitus inculpata*, incarnatum, adiri potest et imagine circumscribi, utpote homo perspicue factum. » At Iosephus [e]) principio scribit: « Mysterium di-

---

a) Comment. in Cantic. trium patrum, Gregorii nysseni, Nili et Maximi apud Gallandium T. VI. pag. 696. B.
b) Triod. apud Mai Spicileg. rom. T. IV. pag. 192.
c) Ibid. pag. 208.
d) Men. die XXV. Februarii Ode ζ'. pag. 140. col. 2. D.
e) Men. die XXI. Ianuarii Ode ι'. pag. 176. col. 2. D.

1) Sane Hesychius ἀμώμητον interpretatur ἄμωμον, ἄ-ψογον, ἀγαθόν· ἢ σώματι ἢ ψυχῇ.

2) Ubi duo velim diligenter considerentur: ac primo non aliter Mariam dici καθαράν *puram*, ac Verbum καθαρὸς νυμφίος *purus sponsus* dicatur: tum vero Mariam non nude «παναμώμητον *penitus inculpatam*, sed ὄντως «πανα- μώμητον vocari. Quo praeposito adverbio, aut plena a quolibet naevo immunitas *vehementius* affirmatur, quod vix crediderim; aut satius innuitur Mariam non regeneratione et superveniente gratia, sed natura ipsoque conceptu fuisse «παναμώμητον *penitus culpae exsortem*.

vinum, o puella *prorsus inculpata*, ab omnibus seculis absconditum per te ubique terrarum innotuit: Filius nimirum Deique Verbum caro factus, hominemque, o Virgo, deificans. » Tum alibi a) ait: « Qui Patri consubstantialis est, in omnibus apparuit similis hominibus, ex tuo sanguine, *o penitus inculpata*, pro suo beneplacito incarnatus. » Et quasi hoc epitheto delectaretur, sic iterum b) habet: « Citra viri consortium, o Virgo, genuisti Deum nobis similem factum. Illum exora, *o penitus inculpata*, ut semper salvet clamantes etc. »

157. Eodem pertinent quae c) Germanus constantinopolitanus praesul litteris consignavit inquiens: « Qui mortalibus omnibus, *o penitus inculpata*, praebet ut sint, supra omnem naturae ordinem ex tuis sanctis visceribus carnem assumens, conspiciebatur nihil ab eo quod antea erat immutatus. » Neque alio spectant quae Graeci publice solemniterque d) canunt his verbis: « Quum tu, *o penitus inculpata*, videres ex te natum pendentem in ligno exanimem, amare exclamabas: quo pacto, mi Fili desideratissime, occidit tua illa lucifera pulchritudo, qui caelestium naturam ornasti? »

158. Maiorum itaque suffragio una cum aliis titulis is quoque tribui Deiparae debet, quo ipsa παναμώμητος *penitus inculpata* vocatur et creditur. Sed neque vocari neque credi Deipara posset penitus omnique ex parte inculpata, si quum primum exstitit, originalis culpae maculam eiusque sordes contraxisset. Qua igitur maiorum consensione Deipara παναμώμητος *penitus inculpata* dicitur, eadem a quavis culpa originali non minus quam actuali immunis demonstratur. Cuius consequutionis veritas eo emicabit splendidior, quo animo diligentius reputetur sive I. Deiparam 1) absolute παναμώμητον *penitus inculpatam* appellari, atque hoc titulo veluti proprio nomine distingui: sive II. Deiparam non appellari modo παναμώμητον *penitus inculpatam*, sed etiam ὄντως παναμώμητον, idest, aut *vere omni ex parte inculpatam*, aut natura ipsa ipsoque conceptu inculpatam: sive III. cumulari 2) apposita τῆς ἁγνῆς *innocentis*, τῆς καθαρᾶς *purae*, τῆς παναγνῆς *innocentissimae*, et τῆς παναμωμήτου *undequaque inculpatae*, ut quanta sit Deiparae integritas et quantopere ab omni naevo seiuncta luculentius innotescat: sive tandem IV. propterea παναμώμητον *penitus inculpatam* nuncupari Dei-

a) Men. die XXII. Maii Ode ε'. pag. 88. col. 1. B.
b) Men. die X. Iunii Ode ς'. pag. 38. col. 2. D.
c) Men. die XVI. Augusti Ode α'. pag. 90. col. 1. B.
d) Men. die I. Decembris ad Vesp. pag. 3. col. 2. B.

1) Haec autem *absoluta* appellatio non sinit ut propterea Virgo dicta παναμώμητος censeatur, quod detersa semel originis noxa, nullas deinde culpas contraxerit. Eiusmodi namque interpretatione constituta, neque Virgo foret *absolute* παναμώμητος, neque hoc titulo veluti proprio a reliquo hominum genere secerneretur, quum innumeri fuerint ac porro sint qui originali praevaricatione soluti supremum antea obierint diem, quam ullo culpae vinculo obligarentur.

2) Simili appositorum congerie utitur antiquus auctor commentariorum in Lucam, qui Tito bostrensi tribuuntur, quum ad evangelistae verba Luc. I. 26. *missus est angelus Gabriel ad Virginem desponsatam etc.*, scribit in Max. PP. Biblioth. T. IV, p. 416. col. 2. F-G., et apud Combefisium in Biblioth. concionat. T. VI. p. 371. col 2.

A-B: « Sacratissimam Deiparam dominam nostram viro de familia Davidis desponsatam asserit evangelista, per hoc utique indicare volens ex eodem illo Davidis genere unde Ioseph qui illam duxerat, ortum trahebat, ipsam quoque inculpatissimam Virginem fluxisse. Nam secundum legis praescriptum alienae tribus mulierem matrimonio sibi iungere fas non erat. » Inculpatissima igitur appellatur Virgo, quod numquam violatae legis rea exstiterit. Fuisset autem rea violatae primae legis, si et ipsa in Adamo peccasset et in Adamo vetitum fructum degustasset. Nemo enim nostrum est qui ex vulgatissima patrum doctrina conqueri lamentabiliter non debeat: *et ego ad vetitam arborem manum extendi, vetitumque fructum comedi*.

param, **quod ea** [1]) sit κᾰϑαρά *pura*, et eiusmodi puritate insignis qua ipsemet Unigenitus caro factus κᾰϑᾰρός *purus* vocatur atque creditur.

ARTICULUS III.

De apposito τῆς παναχράντου *penitus intaminatae, quo maioribus nostris solemne fuit Deiparae innocentiam significare*.

159. Quum illud proprie dicatur ἄχραντον quod est *intactum, inaccessum* atque *intaminatum;* profecto παναχραντον idem valebit ac *penitus intactum, undequaque inaccessum, omnique ex parte intaminatum*. Atque hac omnino significatione in liturgia Chrysostomo inscripta [a]) legimus: « Me indemnatum custodi ut sumam pretiosum et *penitus intaminatum corpus* tuum ad medelam animi et corporis. » Quapropter si eiusmodi appositum ad aperiendam significandamque moralem innocentiam vitaeque integritatem transferatur; eam exhibebit innocentiam quae omni ex parte impervia fuerit culpae atque malitiae, eamque exhibebit integritatem quae numquam fuerit laesa et numquam contaminata. Iamvero plurimis iisque disertissimis veterum testificationibus comprobatur, hoc ipsum appositum publico solemnique usu fuisse receptum, ut Deiparae innocentia semper illaesa, eiusque integritas numquam decerpta exprimeretur.

160. Atque de hoc sane usu, quem publicum solemnemque vocavimus, ex iis initio constat quae habet Iacobus monachus idemque apud Graecos illustris [b]) inquiens: « Laudaverunt te, Domine, intellectuales universae Virtutes quum solem atque lunam una cum stellis produxisses; nunc autem longe potius, quum ad terrificum mysterium explendum *penitus intaminatam* matrem tuam ex nostro genere elegisti, ac talem nobis thesaurum reposuisti, nosque eiusmodi spe confirmasti. » Tum ex hisce constat, quae [c]) Sophronius hierosolymitanus ad nomen patris Iosepho factum respiciens, ait: « Sicut et Iosephum nuncupare cernitur (Christi patrem) ipsa purissima et *penitus intaminata* Virgo mater Dei. » Et [d]) alibi: « Me condemnationi addictum et mea propter opera abiectum, o Domina *penitus intaminata*, serva, meique tu miserere quae misericordiarum Deum genuisti. »

161. Iacobo et Sophronio succedit Anastasius praesul antiochenus, cuius adhuc reliquus est sermo [e]) inscriptus: « In annuntiationem *penitus intaminatae* Dei genitricis Mariae. » Succedit Germanus constantinopolitanus Episcopus, qui [f]) directas ad Virginem pre-

---

a) Inter opp. Chrysostomi T. XII. pag. 796. C.
b) Orat. in nativit. s. Mariae, apud Combefis. Auctar. T. I. pag. 1283. B-C.
c) In fragmento apud Gallandium T. III. pag. 253. A.
d) Triod. apud Mai, Spicileg. rom. T. IV. pag. 163.
e) Penes Gallandium T. XII. pag. 258.
f) Orat. in praesentat. s. Mariae, apud Combefis. Auctar. T. I. pag. 1422. E.

---

1) Utrumque appositum tum etiam Psellus coniungit, quum in eo quem citavimus commentario apud Gallandium. T. VI. pag. 694. B. scribit:

Ἐκεῖνος κατελήλυθε, φησὶν, ἀῤῥητοτρόπως,
Ὡς ἐπὶ πόκον ὑετὸς, ὡς ἐπὶ χλόην δρόσος,
Ἐν τῇ γαστρὶ τῆς καθαρᾶς καὶ πανυμνήτου κόρης.
Καὶ εἰς φιάλην καθαρὰν τῶν θείων ἀρωμάτων.

» Arcana, inquit, ratione ille descendit, sicut imber super lanam, sicut ros in vellus, in uterum *purae atque penitus immaculatae* puellae, et in aromatum divinorum phialam mundam. »

ces his verbis absolvit: « Habes enim, novi, concurrentem cum voluntate potentiam, tamquam Altissimi parens: quam etiam ob rem animum non deiicio. Ne ergo mea frauder expectatione, o Domina *penitus intaminata*, sed eius compos efficiar, o Dei sponsa *etc.* » Succedit a) Metrophanes smyrnensis inquiens: « Unum ex Trinitate, *o penitus intaminata*, genuisti, propter nos ex te corpore indutum et terrigenas illuminantem luce inoccidua et divinitatis splendoribus. » Et b) alibi: « Ex alto throno descendit Christus, ut hominem, quippe hominum amator, per te, *o penitus intaminata*, eveheret, et fulgentissimum lumen omnibus illuxit. »

162. Neque aliter loquuntur sive Theodorus studites, sive Theophanes, e quibus c) Theodorus scribit: « Deprecare, *o penitus intaminata*, pro iis qui te celebrant, ut ex tentationibus periculisque omnigenis eripiantur. » Et d) rursum: « Te virgam ex radice Iesse et David progenitoris obortam, *o penitus intaminata* atque innocens, magnificamus, quod salvas animas nostras. » Theophanes vero e) sic habet: « Quotquot divinae mentis sumus Mariam *penitus intaminatam* Deiparam extollamus, ut quae velut salutis conciliatrix apparuit, et ad eam clamemus: nulla spes est alia, nullumque credentium firmamentum, o celebratissima atque divinitus glorificata. » Accedunt Euthymius et Tarasius, quorum alter de Anna f) scribit: « Peperit Virginem prorsus intaminatam, Deique genitricem Mariam, salutis mortalium conciliatricem. » Prior autem g) in canone supplici ad sanctissimam Deiparam in peccatoris confessione, principio h) ait: « Horam mortis indesinenter mente verso, o penitus intaminata, et horrendum tribunal prae oculis habere videor; totus tamen malorum consuetudine detentus graviter expavesco, sed tu mihi opem ferto. » Tum i) subdit: « Carnis meae caecitatem horrendus et inextinctus ignis fluvius, o penitus intaminata, vermisque aeternus vere exspectat; sed his me tuis precibus libera. » Mox j) pergit: « Mortis adventum perhorresco, o penitus intaminata, iudiciumque illud extremum nullatenus timeo nec mala agere desisto. Priusquam mors instet, miserere et tuis precibus serva. » Quibus haec k) addit: « Interventus tui virtutem expertus, affectu simul atque timore ductus ad te, o penitus intaminata, accedo. Plurimum, o undequaque benedicta, apud Filium matris deprecatio valet, clementia namque facile movetur. » Et l) rursum: « Et nunc et tunc opem tuam experiar, o innocens, quum defecerit spiritus meus, a daemonibus me quantocius eripe, ab eorum me tyrannide, o penitus intaminata, libera, neque me permittas, o bona, ipsis tradi. »

163. Neque alio pertinent quae Ioannes Euchaitarum Metropolita et nicomediensis

---

a) Paraclit. pag. 6. col. 2. A.
b) Paraclit. pag. 113. col. 1. B.
c) Triod. pag. 184. col. 1. D.
d) Ibid. pag. 190. col. 1. C.
e) Men. die XXIII. Maii Ode γ'. pag. 90. col. 2. C.
f) Orat. in Deiparae praesentat.
g) Thesaur. hymnolog. T. III. pag. 17. et Euchoḷog. pag. 871.
h) Ibid. pag. 17. et pag. 872. Ode α'.
i) Ibid. pag. 18. et pag. 873. Ode ϛ'.
j) Ibid. pag. 19. et pag. 874. Ode η'.
k) Ibid. pag. 19. et pag. 874. Ode θ'.
l) Ibid. pag. 20. et pag. 874. Ode ϑ'.

Georgius testantur. Ille namque Deiparam ita [a]) compellat: « Qui temperat elementa in te virgine inhabitavit, teque post partum virginem reliquit, o Dei genitrix Maria *penitus intaminata*. Ad illum, *o prorsus inculpata*, una tecum clamamus: benedictus Deus patrum nostrorum. » At [b]) Georgius sic eam alloquitur: « Qui ex te supra rationem natus est, ob tuas preces, *o penitus intaminata*, serenitate implet praesens tempus, illosque dirigit qui te, o undequaque immaculata glorificant. » Quibus ad simillimam expressa normam occurrunt in veteri quadragesimali Officio, in Anthologio et in Euchologio. Sane in veteri quadragesimali Officio [c]) legimus: « Vita in socordia absumpta, peccati somnus animam meam gravavit, ad tuam vero intercessionem perpetuo vigilem confugio ne me obruisomno mortis sinas, o puella omnino intaminata. » Consonant quae his concepta verbis in Anthologio [d]) habentur: « Pro nobis, o puella omni ex parte intaminata, Christum deprecare qui ex puris tuis sanguinibus materialem carnem sibi circumdedit, mortalesque refinxit. » Atque haec pariter [e]) ex Euchologio: « Natum tuum celebramus, o Deipara, et clamamus, o penitus intaminata Domina, tuos famulos eripe. Regum, prophetarum, apostolorum et martyrum tu es gloria, et mundi protectio, o penitus immaculata. » Tum [f]) haec: « Ceterum ad quem clamabo? Quis doloris mei planctum et suspiria cordis excipiet, nisi tu o penitus intaminata, innocens, Christianorum et peccatorum omnium spes? »

164. Iis concludo quae leguntur in publicis Graecorum Officiis, quaeque in liturgia Chrysostomi nomen praeseferente occurrunt. Graeci itaque suis in Officiis [g]) canunt: « Dolose me serpens decepit captivumque reddidit, quum mihi cupidinem inseruit ut Deus essem. Per te autem revocatus, *o penitus intaminata*, consors verissime factus sum divinae naturae citra omnem mutationem. « Atque iterum [h]) canunt: « Agna quae agnum peperit immaculatum, qui venit ut mundi totius peccatum sanaret, *o penitus intaminata*, in proprio sanguine qui pro nobis occisus est et omnia vivificavit, tu me divina incorruptione nudatum ex lana tui partus veste divinae gratiae induito. » In liturgia vero quae Chrysostomi nomine insignis est, ista totidem verbis [i]) habentur: « Omnia mihi indulge ut bonus et clemens, intercessionibus *intaminatae prorsus* atque semper Virginis matris tuae. ».

165. Huc ergo redit explorata christianae antiquitatis sententia, eam credi oportere Deiparae innocentiam propter quam merito πανάχραντος *penitus intaminata* nuncupetur et sit. Sed neque nuncupari merito posset, neque vere ipsa esset πανάχραντος *penitus intaminata*, si a suis primordiis originali contaminationi fuisset obnoxia. Eo igitur pertinet τῆς παναχράντου *penitus intaminatae* appositum toties Deiparae adscriptum, deque ea toties ingeminatum, ut ipsa funditus exsors originalis contaminationis significetur. De qua significatione eo minus dubitabimus, quo producta in medium testimonia accuratius expendentes animadverterimus: I. Deiparam proprio veluti nomine πανάχραντον *penitus intaminatam dici*,

---

a) Men. die XXX. Ianuarii Ode ζ'. pag. 253. col. 2. C.
b) Men. die XVI. Martii Ode α'. pag. 69. col. 1. A.
c) Sabbato Tyroph. Ode ι'. pag. 71. A. et Fer. VI. Hebd. I. Ieiun. Ode η'. pag. 131. B-C.
d) Antholog. pag. 37. col. 1. B.
e) Euchol og. pag. 442. B-C.
f) Ibid. in Officio animam agentis, Ode α'. pag. 738 A.
g) Men. die XXIX. Maii Ode α'. pag. 109. col. 1. A.
h) Men. die V. Octobris ad Vesper. pag. 25. col. 2. D
i) Inter opp. Chrysostomi T. XII. pag. 796. C.

eoque ab universa Adae posteritate secerni: II. ad explicandam vim significationemque appositi, quo Deipara πανάχραντος *penitus intaminata* dicitur, ita iungi cumularique epitheta τῆς ἁγνῆς, παναγνου, παναμωμου, παναμωμήτου, *purae, purissimae, undequaque immaculatae et inculpatae*, ut illud pro tota sua amplitudine sumendum esse innotescat: III. Deiparam, utpote παναχραντον *penitus intaminatam*, ab eorum omnium ordine dividi numeroque separari, quos serpens decepit, in perduellionem impulit atque captivitati subiecit: IV. eamdem, utpote *Dominam penitus intaminatam*, opponi hominibus propter originalem culpam καταχρίτοις ἐν καταδίκῃ *condemnationi devotis*, et propter actuales noxas ἐῤῥιμμένοις longius abiectis: hinc V. Deiparae, ut quae sola ex omnibus generationibus fuerit παναχραντος *omni ex parte intaminata*, perspicue deferri quod sit *salutis conciliatrix*, quodque *captivos in libertatem asserat et ad divinum consortium e quo misere exciderant, pari benignitate ac potentia revocet.*

ARTICULUS IV.

De tribus appositis τῆς παναχηράτου, παναστίλου καὶ παναφθόρου *penitus intactae, inviolatae atque incorruptae, quae ad significandam Deiparae innocentiam nullo umquam naevo laesam in christianis monimentis adhibentur.*

166. Si nobis mens sit innocentiam exprimere, quae nullum umquam detrimentum ceperit, nitoremque suum constanter integrum impollutumque servaverit; vix aliud opportunius suppetit vocabulum quam quo illa παναχηρατος *penitus omnique ex parte intacta* nominatur. Hoc autem est illud ipsum vocabulum quo [a]) graeca Ecclesia utitur dum Theophanis verba repetens solemniter canit: « Apparuisti Dei sponsa mater et *penitus intacta* virgo; tu enim, o Domina intaminata, virginitatem partumque in unum copulasti, quum creatorem et Dominum universae creaturae pepereris. » Et multo etiam [b]) alibi praeclarius: « Nunc nobis in spiritale convivium proponitur beatissimus Christi avus Ioachim, qui Dei matrem et intactam penitus puellam [1]) genuit. » Hinc Iosephus hymnographus Deiparam [c]) compellans ait: « Quod pura et penitus intacta apparueris, recepisti, o Virgo, in sinu [2]) tuo Deum Verbum, qui naturam nostram peccatis corruptam [3]) purgavit. »

167. Expositae puritatis notio, quae apposito τῆς παναχηράτου *penitus intactae* effertur, eadem evidentiae perspicuitate apposito τῆς παναστίλου *penitus illaesae* nullaque ex parte violatae continetur. En vero quae [d]) Georgius nicomediensis de Deipara loquens in Templo

---

a) Men. die VI. Octobris Ode θ'. pag. 37. col. 1. A.
b) Men. die IX. Septembris Ode δ'. pag. 68. col. 2. C-D.
c) Men. die XXII. Novembris Ode γ'. pag. 163. col. 2. C-D.
d) Orat. in s. Mariae praesent. apud Combefis. Auctar. T. I. col. 1090. D.

1) Quotquot originali culpa obstricti gignuntur, hi non intacti, sed corrupti vitiatique primum exsistunt. De Virgine autem apertissime edicitur, quod illam Ioachimus ἀπεγέννησε πανακήρατον κόρην, *genuit puellam penitus intactam.*

2) Si ergo petas quo tandem gradu censeri Virgo *intacta et penitus intacta* debeat, hoc tibi ex maiorum sententia respondebitur: eo gradu intactam existimari oportere, qui divinam deceat maternitatem, quique ipsam divinam maternitatem certo quodam modo promeruerit.

3) Hoc itaque distat natura Virginis a ceterorum mortalium natura, quod illa fuerit *penitus intacta*, haec sit *peccatis offensa;* ac proinde quod illa non indiguerit purgatione, haec autem ab eo debeat expiari qui in mundum idcirco venit ut *purgationem peccatorum faceret.*

praesentata scribit: « Sic in Templo dicata fuit [1]) sacratissima perlitatio: sic agna *penitus illibata* quavis potior victima holocaustum offertur Creatori, non per sanguinis effusionem, sed per excellentem puritatem. » Quare sibi ipsis significatione respondent, atque sese mutuo illustrant formulae, quibus Deipara *penitus illibata*, et quibus *sanctissima perlitatio* ac *quavis victima potior puriorque* nuncupatur.

168. Neque alio ea pertinent, quibus Theodorus studites vulgatusque Athanasius Deiparam appellatione τῆς παναφθόρου *penitus incorruptae* et undequaque intemeratae exornant. Theodorus [a]) namque scribit: « Venit igitur [2]) aliquando chori ductor Gabriel, Deo similis famulus, gaudii nuntius laetitiaeque caussa ad mortalem naturam, puellamque *penitus incorruptam*. » De qua multo etiam splendidius auctor, qui [b]) Athanasii nomine laudari consuevit, subdit: « O plane *intemerata* atque labis prorsus expers, quam David [3]) arcam vocat sanctificationis, Salomon [4]) autem lectum aureum ac thronum, convallemque liliorum, virtutum scilicet divinarum et paradisum a Deo plantatum. » Quibus operae pretium arbitror haec [c]) ex Triodio subiungere: » Quum mortem tuam, o Christe, mater tua penitus incorrupta contemplaretur, ad te amare exclamavit: ne tu qui vita es inter vita functos moreris. » Atque haec item [5]) ex Anastasio patriarcha antiocheno, quibus sacramentum divinae oeconomiae paucis complectitur inquiens: « Verbum enim quod in principio erat Deus, quum vellet fieri homo, quia non posset homo aliter salvus fieri, ingressum est in uterum virginalem *et omnis corruptionis expertem*, erat enim virgo casta [6]) spiritu et corpore. Quamobrem necessario, ut decebat, ad tantum mysterii ministerium eam [7]) elegit, unitumque est sine confusione et mixtione totum toti carni, anima rationis participe animatae, et per adventum Spiritus sancti ex carne Virginis matris conflatae et constitutae. »

169. Ceteris igitur laudum titulis, qui praeclaro maiorum consensu Deiparae tribuuntur, hi etiam accenseri debent, quibus ipsa πανακήρατος, πανάσπιλος, καὶ πανάφθορος, *undequaque intacta, inviolata atque incorrupta* nuncupatur. Verum quo pertinent eiusmodi tituli, et quousque Deiparam a quavis culpae macula divisam secretamque demonstrant? Scilicet illam demonstrant a quavis culpae tabe seiunctam *penitus* et *undequaque:* eoque gradu seiunctam demonstrant, qui illi convenit *quae non animo minus quam corpore incorrupta semper fuerit, quam Ioachimus penitus incorruptam genuerit, quae purgatione a peccatis non indiguerit, quae incorruptionem praesetulerit divina maternitate non indignam, quaeque sit omniumque ore praedicetur sanctissima litatio, potior et purior quavis victima propter eximiam puritatem, paradisus a Deo plantatus, liliorum divina-*

a) Apud Mai in Nova PP. Biblioth. T. V. part. III. pag. 11.
b) Serm. in descriptionem Deiparae n. 2. inter opp. Athanasii T. II. Append.
c) Triod. pag. 451. col. 2. B-C.

1) Quae Combefisius ita reddit: « Sic Templo sacratissima fuit devota hostia. Sic prorsus illibata offertur agna, ut victima omni acceptior creatori sacrificetur, non sanguinis litatione, sed excellenti puritate. »
2) Quae doctissimus editor his verbis latine interpretatur: « Venit igitur aliquando chori ductor Gabriel, Deo similis famulus, gaudii et laetitiae nuntius mortalium naturae ad integerrimam puellam. »
3) Ps. CXXXI. 8.
4) Cant. II. 1. coll. III. 9.
5) Orat. III. de Incarnat. pag. 451. E-F. apud Heuricum Canisium Lect. antiq. T. I. p. I.
6) Sicuti ergo nullus umquam naevus virgineum corpus maculavit, ita nullum quoque vitium, nullumque peccatum Virginis animam corrupit, quae propterea πανάφθορος *omnis corruptionis expers* salutatur.
7) Tanta igitur incorruptio Virginis credi debet, quanta illi deferenda est quae cum Christo naturali coniunctione sociatur.

rumque virtutum convallis, et utpote πανάφθορος *penitus illaesa, supra mortalem corruptamque hominum naturam evecta.* Haec autem, nisi sensu vacua forte existimentur, certissime ostendunt, nullum umquam inter Deiparam penitus incorruptam et peccati corruptelam exstitisse commercium: nullam umquam inter Deiparam penitus illibatam et peccati sordes exstitisse societatem: proindeque non posse Deiparam ambitu originalis praevaricationis comprehendi, quin solemnissimae loquendi formulae maiorum consensione frequentatae manifesti erroris explorataeque falsitatis arguantur.

CAPUT III.

Referuntur atque illustrantur insigniora apposita affirmantia eademque gradu positivo expressa, quibus eximia Deiparae innocentia eiusque singularis puritas nullo umquam infuscata naevo in patrum libris, christianisque monimentis celebrantur.

170. Si qui mente recoluerint eam appositorum *negantium* copiam, quam in medium hucusque protulimus et pro facultate expolivimus; hi facile assequentur quam vere quamque etiam exquisite non solum [1]) Pseudo-Dionysius sed [2]) Maximus quoque, Iohannes damascenus [3]), Theodorus abucara [4]) et Iohannes cyparissiotus [5]) docuerint, plus semel contingere ut *epitheta negantia* tum privationem eius significent quod excludunt, tum abundantiam excessumque oppositae perfectionis *oblique* exprimant, et ut grammaticis loqui mos est, *adsignificando* demonstrent. Profecto neminem puto fore, qui non ultro adquiescat [6]) Mario Victorino scribenti: « Vocari Deum et ἀνύπαρκτον et ἀνούσιον et ἄνουν et ἄζωον, *sine exsistentia, sine substantia, sine intelligentia, sine vita*, non quidem per στέρησιν, idest non *per privationem*, sed *per supralationem*. Omnia enim quae voces nominant, post ipsum sunt. Unde nec ὄν, sed magis προόν. » Etenim quae est subtilis [7]) Maximi observatio: « Privationes in Deo efficaces sunt positiones affirmantium: Quae etsi eius quod non est, notionem habere videntur, in Deo tamen qui substantiam omnem et essentiam superat, ac nihil est eorum quae sunt, excellentiam significant. »

171. Eadem vel certe simillima prorsus ratione, quum toties in christianis monimentis Deiparam compellatam legimus non modo ἄχραντον *intaminatam*, verum etiam πανάχραντον *undequaque intaminatam*: non modo ἄμωμον *maculae expertem*, verum etiam πανάμωμον *undequaque insciam maculae*: non modo ἀκήρατον *illaesum*, verum etiam πανακήρατον *omni ex parte illaesam*: et ne singula enumerem, non modo ἄσπιλον *intemeratam*, verum etiam πανάσπιλον *penitus intemeratam;* non possumus quin eiusdem eximiam innocentiam singularemque puritatem *adsignificatam* arbitremur. Idcirco enim repetitis toties negationibus quidquid usquam est sordis, quidquid macularum et inquinamenti a Deipara longissime arcetur, ut eiusdem nitens undique puritas et splendens omni ex parte innocentia patefiat. Opportunissimum tamen erit, si quemadmodum potiora expendimus *negantia* apposita quae

---

1) De divinis nominibus cap. IV.
2) In scholiis ad c. IV. de divinis nominibus.
3) Orthod. Fidei lib. I. cap. IV.
4) Opusc. III. pag. 422.
5) Decad. II. cap. IX.
6) Con. Arium lib. IV.

7) Loco cit. Ὅρα πῶς αἱ στερήσεις ἐπὶ Θεοῦ ὑπερβολαί εἰσι θέσεων δραστήριοι, καὶ ὡς ἀνείδεος, ἀνούσιος, ἄζωος ἄνους· ταῦτα γὰρ ἔννοιαν ἔχοντα τοῦ μὴ ὄντος, ὅμως ἐν τῷ Θεῷ τῷ ὑπερουσίως ὄντι κατὰ τὴν ἀφαίρεσιν ἁπάντων· οὐδὲν γὰρ ἐστι τῶν ὄντων ὑπεροχικῶς νοοῦνται.

maiorum consuetudo de Virgine usurpavit, ita insigniora quoque consideremus apposita *affirmantia* quae maiores nostri eadem solemnitate frequentarunt.

172. Cuius quidem opportunitatis non una sed multiplex ratio sua se sponte manifestat. Atque illa imprimis, quae ex auctoritate ducitur exemploque maiorum, qui ut insitam animo Deiparae imaginem exterius promerent, *affirmantia* apposita cum *negantibus* copulanda esse censuerunt. Illa deinde quae ex ipsis rerum naturis dimanans ostendit, *negantia* et *affirmantia* apposita comparata sic esse, ut se mutuo iuvent, mutuamque sibi lucem affundant. Postquam enim ex negantibus appositis innotuit, nulla ex parte Deiparam fuisse culpa infectam, nullaque ex parte peccati vinculis obstrictam, affirmantia quae sequuntur apposita ex sese eo pertinent, ut non quamvis innocentiam illi vindicent, sed innocentiam asserant prorsus originalem, cum eiusdem primordiis consertam, quaeque fructus exstiterit non misericordiae a casu erigentis neque gratiae a labe mundantis, sed benevolentiae quae lapsum praevenerit et gratiae quae ipsam peccati maculam praepediverit. Illa postremo commemoranda est ratio, quam [1]) Iohannes cyparissiotus innuit, quaeque huc redit: propterea utriusque generis apposita copulari, quod tanta sit rei praestantia, ut ad illam, prouti decet, adumbrandam neque negantia neque affirmantia seorsum ac divisim accepta sufficiant. Nimirum tantopere Mariae puritas atque innocentia a quovis culpae naevo abhorruit, et tantopere virtutum caelestiumque donorum ornamentis resplenduit; ut eiusdem species atque imago neque apte exprimi neque excitari utcumque ad vivum possit, nisi colores ex appositis negantibus iuxta ac affirmantibus sumpti adhibeantur. Quod [a]) Andreas cretensis praeclare significavit Deiparam his verbis compellans: « O sola quae tuarum excessu gratiarum, post sacrum principatum quovis nomine celsiorem, ultra omnem propriam appellationem provecta es, adeo, ut sanctitas tua nequeat condigno nomine nuncupari. »

173. Ne vero quod iam aggredimur opus referendi atque expoliendi insigniora affirmantia apposita, eaque positivo gradu expressa, inane sit, suoque fructu destituatur, hanc nobis praefiniemus tractationis legem, ut illa primum recenseamus, tum e vestigio explanemus quaenam sit ratio argumenti, et quodnam ingenium probationis quae ex iisdem efflorescit. Itaque certo definitoque articulorum numero complectemur apposita τῆς ἁγίας *sanctae*, τῆς ἁγνῆς *illibatae*, τῆς καθαρᾶς *purae*, τῆς καλῆς *pulchrae*, τῆς ὡραίας *speciosae*, τῆς εὐλογημένης *benedictae*, τῆς σεμνῆς *venerandae*, τῆς ἱερᾶς *sacrae*, τῆς μακαρίας *beatae*, τῆς κεχαριτωμένης *gratia plenae*, τῆς θεομακαρίστου *divinitus benedictae*, et τῆς θεοχαριτώτου *Deo gratissimae*, quibus maiorum consensione honestatam fuisse Deiparam in christianis monimentis ad omnem ferme paginam reperimus.

174. Ad rationem vero quod spectat naturamque argumenti, quod ex eiusmodi appositis colligitur, velim ex ordine consideretur: I. vix alia, praeter ea quae innuimus, epitheta suppetere, quibus *affirmando* puritas, innocentia et sanctitas efferri queant: II. si divinas exceperis Trinitatis hypostases, neminem esse beatorum sive angelorum sive hominum, ad cuius puritatem sanctitatemque manifestandam patres scriptoresque ecclesiastici tot numero epitheta tantaque frequentia usurparint: III. haec affirmantia epitheta spectanda esse non ut a negantibus seiuncta, sed potius ut intime cum illis conserta, et ad unam eamdemque Deiparae speciem explendam, formamque repraesentandum directa: propte-

---

a) Encom. in deposit. Zonae s. Deiparae, apud Combefisium Tom. II. pag. 801. C.

1) Decad. II. cap. IX.

rea IV. appositis affirmantibus designari non posse vel sanctitatem quae culpae successerit, vel puritatem quam corruptela praeverterit, vel pulchritudinem quae sit deformitatem consequuta. Eiusmodi namque significatio cum ea pugnat, quam negantia apposita praeseferunt, quaque postulant ut quodvis Deiparae consortium cum peccati labe funditus denegetur. Reliquum idcirco esse V. ut appositis affirmantibus originalis puritas significetur, eaque exprimatur innocentia quae ab ipsis primordiis Deiparam decorarit. Ceterum VI. hanc ipsam significationem non modo cum ea convenire Deiparae praestantia, quam supremis descriptam lineis initio tractationis exhibuimus; sed iis praeterea testimoniis postulari, quibus receptus apud maiores nostros appositorum affirmantium usus comprobatur.

175. His enim, quemadmodum par est consideratis, eiusmodi argumentum ad tuendam originalem Deiparae innocentiam prodit, in quo neque vim et pondus, neque perspicuitatem et evidentiam iure quispiam desideret. Etenim haud facile reperiri arbitror qui non intelligat, originalem Deiparae sanctimoniam atque innocentiam ea maiorum testificatione graviter luculenterque stabiliri, qua I. illi deferatur puritas secundum divinam praestantissima, et eo quoque nomine II. secundum divinam praestantissima, quod non successerit culpae, neque ullas peccati maculas sua veluti accessione atque praesentia deterserit. Eiusmodi vero maiorum testificationem de sanctimonia atque innocentia Deiparae usu ipso appositorum affirmantium contineri liquido innotescet, dummodo ea non aliter sumantur ac sumi oportere praemonuimus. Eo igitur pertinent affirmantia apposita de innocentia Deiparae usurpata, ut illi sanctitatem non quamvis sed eximiam prorsus atque originalem tribuendam esse demonstrent.

ARTICULUS I.

De apposito τῆς ἁγίας *sanctae, quo originalis Mariae innocentia ostenditur.*

176. Praeclara sunt verba ᵃ) Cyrilli hierosolymitani scribentis: « Vere unus dumtaxat *sanctus*, natura sanctus; nos vero etiam *sancti*, sed non natura, at participatione, exercitatione et voto. » Neque minus praeclara sunt quae ᵇ) alter Cyrillus idemque alexandrinus tradit: « Deo hoc convenit (nempe quod sit *sanctus*), et quidem soli, proprie atque singulariter. Etsi enim multi sint *sancti*, Virtutes etiam rationales, in ipsa etiam terra homines, verum participatione eius qui natura sanctus est, quique id solus et vere est, *sancti* vocantur. » Ex his enim liquet, τοῦ ἁγίου *sancti* epitheto, pro subiecti ad quod refertur discrimine, non unam semper eamdemque subesse potestatem. Et aliter profecto illud sumitur ubi ᶜ) de Deo legimus, *configurati secundum eum qui vocavit vos, sanctum: et ipsi in omni conversatione sancti sitis, quoniam scriptum est: sancti eritis quoniam ego sanctus sum.* Aliter ubi ᵈ) legimus, *sed vos unctionem habetis a sancto, et nostis omnia.* Atque aliter ubi ᵉ) de Praecursore dicitur: *Herodes enim metuebat Iohannem sciens eum virum iustum et sanctum.*

a) Catech. mystag. V. n. 12. pag. 329.
b) In Is. XLIX. 7. pag. 666.
c) I. Petr. I. 14-17.
d) I. Ioh. II. 20.
e) Marc. VI. 20.

177. Quemadmodum vero nullum est appositum, quo crebrius Deipara celebretur; ita dum ipsa dicitur ἁγία *sancta*, eiusmodi epitheto non quaevis eiusdem sanctitas, sed sanctitas summa, originalis et cum ipsis copulata primordiis expressa censeri debet. Et de frequentissimo quidem ac solemni huiusce appositi usu testis est locuples [a]) Proclus constantinopolitanus auctor *Encomii in sanctam Virginem et Dei genitricem Mariam*. Testis est [b]) Athanasius inquiens: « Quanti aestimanda est gloria *sanctae* Virginis ac divinae Mariae, quae Verbi mater secundum carnis ortum est et vocatur? » Testes sunt [1]) vulgatus Chrysostomus, antiquus auctor [2]) homiliarum quae Gregorio neocaesariensi tribui solent, Petrus alexandrinus [3]), Hippolytus portuensis [4]), et [c]) Methodius qui scribit: « Vincit enim ac longe superat omnem sermonem *sanctae* huius Virginis memoria. » Quam his verbis [d]) Tarasius alloquitur: « Ave aura sancta, quae vitiorum ventos e terra dissipasti; ave sanctorum summum ornamentum. »

178. Consonat [5]) auctor epistolarum de virginitate, quae nomine romani Clementis insigniuntur, et in quibus legimus: « Uterus virginitatis sanctae gestavit Dominum nostrum Iesum Christum; et corpus quod gestavit Dominus noster, et in eo agonem in hoc mundo fecit, ex Virgine *sancta* induit, hinc ergo intellige maiestatem et gloriam Virginis. » Consonat [e]) Basilius seleuciensis, quem si audimus: « Qui *sanctam* Virginem Deique matrem collaudaverit, plurimam laudum materiem inveniet. » Consonat semel atque iterum Ambrosius, qui tum [6]) alia, tum [7]) ista quoque habet: « Nam si primo ingressu tantus processus exstitit, ut ad salutationem Mariae exsultaret infans in utero, repleretur Spiritu sancto mater infantis; quantum putamus usu tanti temporis *sanctae* Mariae addidisse praesentiam? »

179. Eodem epitheto de Virgine utuntur [8]) Tarasius et [f]) Christophorus, cuius hanc

---

a) Orat. V. apud Gallandium T. IX., cui titulus est: Ἐγκώμιον εἰς τὴν ἁγίαν παρθένον καὶ θεοτόκον Μαρίαν.

b) Comm. in Lucam, apud Gallandium T. V. pag. 187. D.

c) De Symeone et Anna §. I. pag. 805, apud Gallandium T. III.

d) Orat. in Deiparae praesent.

e) Orat. in s. Virginem Mariam, apud Combefis. Auctar. T. I. pag. 570. D-E.

f) Triod. pag. 69. col. 1. C.

1) Orat. in Annunciat. Deiparae, inter Chrysostomi opp. T. XI. pag. 841. E. Ἡ ἁγία Μαρία, ἡ παρθένος τῷ σώματι καὶ τῇ ψυχῇ, ἡ φιλοτιμία τῆς ἀνθρωπίνης φύσεως, ἡ πύλη τῆς ἡμετέρας ζωῆς. *Sancta Maria, virgo corpore et anima, honor humanae naturae, porta vitae nostrae*.

2) Orat. II. in Annunciation. Mariae pag. 16. A. Porro quartum ex duodecim de fide capitibus quae eidem tribuuntur, sic habet pag. 29. A. apud Henricum Canisium Lectt. Antiq. T. I. P. I. Εἴ τις λέγει, ἐκ σπέρματος ἀνδρὸς γεγεννῆσθαι τὸν Χριστὸν ἐκ παρθένου, ὡς πάντες οἱ ἄνθρωποι, καὶ μὴ ὁμολογεῖ αὐτὸν ἐκ πνεύματος ἁγίου, καὶ ἐκ Μαρίας τῆς ἁγίας παρθένου σαρκωθέντα, καὶ ἐνανθρωπήσαντα ἐκ σπέρματος Δαβίδ, καθὼς γέγραπται, ἀνάθεμα ἔστω. *Si quis dixerit ex viri semine natum esse Christum de Virgine ad eum modum quo ceteri homines nascuntur, et non confessus fuerit illum ex Spiritu sancto et ex Maria sancta virgine incarnatum, hominemque factum ex semine David, sicut scriptum est, anathema esto*. Ubi illud insigne est, Spiritum et Virginem eadem *sancti* appellatione decorari.

3) De tempore Paschatis celebrandi §. VII. pag. 112. apud Gallandium T. IV. Ὁ κύριος ἡμῶν καὶ θεὸς Ἰησοῦς ὁ Χριστὸς κατὰ σάρκα τεχθεὶς ἐκ τῆς ἁγίας ἐνδόξου δεσποίνης ἡμῶν θεοτόκου καὶ ἀειπαρθένου καὶ κατὰ ἀλήθειαν θεοτόκου Μαρίας. *Dominus noster et Deus Iesus Christus secundum carnem natus ex sancta et gloriosa domina nostra Dei genitrice et semper virgine ac revera Dei genitrice Maria*.

4) Demonstrat. de Christo et Antichristo §. IV. p. 419. apud Gallandium T. II.

5) De virginit. Epist. I. §. VIII. pag. VI. apud Gallandium T. I.

6) Comm. in Luc. lib. II. n. 1. col. 1281. E.

7) Ibid. n. 29. col. 1291. A.

8) Men. die XXV. Maii Ode η'. pag. 99. col. 2. D. Cui addi potest similis loquendi ratio a Germano adhibita in

legimus ad Virginem precem: « *Sancta* domina, quae fidelibus omnibus paradisi portas aperuisti, quas Adam per transgressionem olim clausit, misericordiae portas fac mihi reseres. » Eodem spectant quae habet [a] Iosephus hymnographus inquiens: « *sancta* Virgo, Christi mater, gloria martyrum, angelorumque laetitia, cum hisce deprecare Filium tuum, ut servorum tuorum misereatur, illosque servet. » Eodem quae [1] Ambrosius et [2] Anselmus in hymnis canunt vel in orationibus frequentant: eodem quae [3] in sacramentario gallicano recitantur: eodem quae [4] euchologium complectitur: et eodem quae in Armeniorum monimentis occurrunt, quaeque habentur sive [5] in officio baptismi, sive [6] in ordine confirmationis, sive [7] in confessione fidei, ubi inter cetera [8] legimus: « Angelicis alis circumtecta es sancta Deipara, virgo et mater, habitaculum divinitatis, benedicta ex omnibus apostolicis praedictionibus. Quae ab omnibus nationibus beata dicta es, sancta et virgo Maria, ora ex te incarnatum Deum ut ex gehennae minis nos salvet. Sancta et incomparabilis in mulieribus intercede pro nobis. Sive demum [9] in breviario, in quo ex hymno Iacobi claiensis de Virginis nativitate haec etiam referuntur: « Hodie expleta est facta patriarchis promissio, fore ut in ipsorum semine gentes omnes benedicerentur. Ex illorum namque radice sancta germinavit virgo quae Verbum peperit tollens protoparentis peccata. Eum ergo glorificemus, qui nobis benedictam in mulieribus impertiit. » Et ne nimius sim in re minime necessaria, iis dumtaxat indicatis quae continetur [10] ordine baptismi ecclesiae alexandrinae coptitarum et aethiopum, nec non anaphoris tum [11] sancti Gregorii theologi, tum [12] Basilii magni, eodem spectant quae his concepta verbis unanimi Graecorum consensu [b] frequentantur: « *Sancta* Dei genitrix sanctifica nostras cogitationes, et mentem confirma, et a telis maligni illaesos nos serva, qui tuam misericordiam, o innocens, glorificamus. »

180. Nihil ergo evidentius quam inter Deiparae titulos illum eminere, usuque frequentissimo excellere, quo ipsa ἁγία *sancta* nuncupatur. Verum cuiusmodi videri sanctitas debet, quae tam constanti tamque universali huiusce tituli usu Deiparae asseritur? Accurate inspectis quae adduximus testimoniis respondendum est, eiusmodi esse sanctitatem quae I. appositis *gloriosae incomparabilis* atque *divinae* declaratur: quae II. ita *plurimam praebet laudum materiem, ut sermonem omnem vincat, omnemque facundiam excedat:* quae

a) Men. die XXXI. Maii Ode α'. pag. 113. col. 2. C.
b) Paraclit. pag. 105. col. 1. A. et pag. 107. col. 2. B.

narratione ad Anthimum diaconum de sacris synodis, apud Henricum Canisium pag. 27. Lectt. antiq. T. 1. pag. I.

1) Thesaur. hymnolog. pag. 21. T. I.
2) Orat. LIX. pag. 285. Hymn. ad nocturnum p. 303. col. 1. et Psalter. P. III. Antiph. pag. 307. col. 2.
» Gaude Dei genitrix Virgo immaculata,
» Gaude quae gaudium ab angelo suscepisti,
» Gaude quae genuisti aeterni luminis claritatem,
» Gaude mater pietatis et misericordiae,
» Gaude sancta Dei genitrix Virgo,
» Tu sola mater innupta,
» Te laudat omnis factura
» Genitricem lucis;
» Sis pro nobis, quaesumus, pia interventrix.

3) Sacrament. gallic. pag. 810. apud Muratorium in Liturg. rom. T. II. et ibid. pag. 847.
4) Eucholog. Orat. εἰς τεκνοποίησιν, *ad adoptionem ineundam,* pag. 708. E.
5) Cod. liturg. Eccles. univ. apud Assemanum T. II. pag. 206.
6) Ibid. T. III. pag. 130.
7) Confess. eccles. arm. pagg. 19-23-37-47.
8) Ibid. pag. 45.
9) Breviar. arm. pag. 761. T. III.
10) Cod. liturg. Eccles. univ. T. II. p. 168.
11) Ibid. T. IV. P. IV. pag. 188.
12) Ibid. in altera parte Missalis ecclesiae alex. pag. 82. Conferri quoque potest anaphora Marci praedicatoris et evangelistae pag. 100.

III. illi **convenit** cuius proprium est, ut gloria *martyrum, angelorum laetitia, summum sanctorum decus, omnium domina* et *verissima Dei genitrix* appelletur et sit: quae IV. quum ex omnibus hisce ornamentis aestimanda sit, *ex illo tamen aestimari in primis debeat, quo Verbi parens secundum carnem depraedicatur:* quae V. illi tribuenda est *quae sancta ex patriarcharum radice germinavit,* et cui in acceptis referimus, quod *obstructas Adami transgressione vitae portas reserarit et peccata disiecerit,* quamque propterea colimus et veremur tamquam *decus humanae naturae, vitae portam* et *caussam refusae in omnes benedictionis ac sanctitatis:* et quae tandem VI. denegari illi non potest quae *sancta* dicitur sicuti *sanctus* dicitur Spiritus, et *sanctum* audit Christi corpus ex ea sumptum; neque aliter ἁγία *sancta* vocatur ac absolute et proprio veluti nomine ἁγνή *innocens* compelletur.

181. Atqui distincta hisce characteribus sanctitas neque est, neque intelligi alia potest quam summa, quam proxime ad divinam accedens, quam nullius umquam consors labis, quam uno verbo originalis, et iugiter ad extremum usque vitae novis iisque maximis incrementis ditescens. Talis igitur est sanctitas, quam Deiparae christianum nomen adscripsit: et talis est sanctitas quam expressam significatamque voluit, quum illam uno ore τὴν ἁγίαν *sanctam* celebravit. De qua christiani nominis mente rataque sententia iudicium neque obscurum neque leve hisce etiam continetur, quae in publicis [a]) graecae ecclesiae monimentis occurrunt: « O *sancta* Dei sponsa, o innocens, sancte genuisti quiescentem in sanctis Filium et Verbum Patri coaeternum, qui in sancto Spiritu eos sanctificat qui ipsum pie [1]) celebrant et venerantur.

ARTICULUS II.

De appositis τῆς ἱερᾶς καὶ σεμνῆς *sacrae et venerandae, quibus Deipara maiorum consensione ita decoratur, ut cuiusvis inscia labis non obscure significetur.*

182. Quod [b]) Suidas notat, ἱερόν *sacrum* id esse dicique quod consecratum est, a profanis omnibus divisum et Numini devotum, cum recepto loquendi usu praeclarissime consentit. Graecis enim Latinisque solemne fuit, ut si quando de rebus consecratis, religiosis et ad Deum eiusque cultum pertinentibus sermonem haberent, illas *sacras* nuncuparent. Hinc vulgatissimae phrases ἱερὰ δόσις *sacrum donum,* ἱερὰ δώματα *sacrae aedes, signa sacra et religiosa, sacrum silentium* et *sacra profanaque omnia polluere.* Atque hinc adhibitae [2]) in Scripturis loquutiones, τὰ ἱερά *victimae,* τὰ ἱερὰ σκεύη *vasa consecrata,* ἡ ἱερὰ βίβλος *liber sacer,* et τὰ ἱερὰ γράμματα *litterae sacrae* ac divinitus inspiratae.

183. Quod si eiusmodi appositum ad homines referatur, non alios designat quam augustos, eximios, sublimes et supra reliquorum turbam evectos. Quo sensu celebrantur ἱερὴ ἲς Τηλεμάχοιο *sacra vis Telemachi,* ἱερὸν μένος Ἀλκινόοιο *sacrum Alcinoi robur,* et apud Pindarum ἱεροὶ βασιλεῖς *reges sacri,* utpote a Numine electi, eidem propinquiores et a promiscuo

---

a) Paraclit. pag. 18. col. 1. D.

b) Ἱερόν· ἅγιον, τῷ Θεῷ ἀνατιθέμενον· ἱερὸν γὰρ λέγουσι πᾶν τὸ ἀνατιθέμενον τοῖς Θεοῖς.

1) Ubi in postremo inciso ἁγιάζειν eodem sensu accipitur quo Matth. VI. 9. ἁγιασθήτω τὸ ὄνομά σου, idest Chrysostomo interprete, δοξασθήτω τὸ ὄνομά σου, *glorificetur nomen tuum;* et quo קָדַשׁ Is. V. 16. VIII. 13.

2) II. Mach. VIII. 23, IX. 16, I. Cor. IX. 13, et II. Tim. III. 15.

vulgo secreti. Iamvero neque testimonia desunt quibus Maria eiusmodi epitheto ornetur, neque dubium esse potest eiusmodi epithetum Mariae propterea deferri, ut sublimis, augusta, Deo penitissime addicta et ab universali hominum contaminatione alienissima demonstretur.

184. Sane [a]) Iohannes monachus de Maria loquens infantem Iesum offerente scribit: « Sacrum *sacra* Virgo sacerdoti in Templo obtulit; protensis autem ulnis eum Simeon exsultans recepit atque [1]) exclamavit: *nunc dimittis*.... » Ubi Maria dicitur ἱερὰ *sacra*, neque alter *sacra* audit ac oblatus ab ipsa divinus infans ἱερός *sacer* nuncupetur. Nihil autem potest hac comparatione excogitari sublimius, nihilque ea accomodatius quo Maria plenissimo quodam perfectissimoque sensu ἱερὰ *sacra* comprobetur. Quem sensum non obscure confirmant quae [b]) in Graecorum Menaeis his concepta verbis repetuntur: « Quum tu, o Dei genitrix, templum *sacrumque* Verbi habitaculum exstiteris, delictorum esto mihi piaculum, o sanctissima Dei sponsa. » Fuit igitur *sacra* Maria, eoque gradu fuit sacra qui *templum* deceret, qui deceret *Verbi habitaculum*, quique illi tribuendus est quae παναγία *sanctissima* et θεονύμφη *Dei sponsa* suo merito praedicatur. Mirum vero si quid subire mentem possit excelsius, divinius et a quavis corruptelae umbra longius seiunctum.

185. Quo ista similiter pertinent quae canit [c]) Iosephus: « Te, o puella Virgo mater, oracula praenunciarunt fore sacram tui factoris supra naturam alumnam, et partum iuxta habituram ineffabilem ac miram conceptionem. Te idcirco in omne aevum laudamus. » Tum haec quae in Heortodromio ex Theophane Kerameo [d]) referuntur: « Sapiens vero Theophanes Kerameus sermone in Annunciationem scribit, Virginem [2]) dixisse, *quia virum non cognosco*, non modo quod virum antea non noverit, sed etiam quod virum deinde numquam esset cognitura, ut quae consecrata Deo foret, suamque virginitatem Domino devovisset. Sic enim loquitur: quum Virgo credidisset quoniam Deo sacra erat et virginitatis florem numquam amissura, convenienter de modo partus exquirit, et quomodo, ait, hoc mihi erit, quum virum experiri, ad me quod attinet, iis accenseri debeat quae fieri non possunt? » Spectari igitur Deipara debet veluti ἀνάθημα, sacrumque donarium ita Deo dicatum, ut nihil in ea fuerit quod Dei non esset, quodque ad Deum non plenissime pertineret.

186. Cui quidem veritati ea sententiarum perspicuitate suffragatur Ambrosius, ut quaecumque praemisimus omnia uberrimo quodam novae lucis splendore perfundantur. Sic enim [3]) ait: « Si typum [4]) Christi illa pariendo a viro meretur audiri, quantum proficit sexus qui Christum, salva tamen virginitate, generavit? Veni ergo Eva iam Maria, quae nobis non solum virginitatis incentivum attulit, sed etiam Deum intulit. Unde laetus et exsultans tanto munere dicit [5]) Esaias: *ecce Virgo in utero accipiet et pariet filium, et vocabitur nomen eius Emmanuel*, quod est interpretatum [6]), *nobiscum Deus*. Unde hoc

---

a) Men. die II. Februarii ad Vesp. pag. 14. col. 1. C.
b) Men. die XIII. Martii Ode γ'. pag. 59. col. 1. B.
c) Men. die XI. Februarii Ode η'. pag. 75. col. 1. A-B.
d) Ἑορτοδρόμ. pag. 214.

1) Luc. II. 29. seqq.
2) Luc. I. 34.
3) De institut. Virginis cap. V. n. 33. col. 257. A-B. opp. T. II.
4) Etenim in Isaac ad sacrificium paterna voluntate destinato figuram Christi praecessisse, notius est quam ut probatione indigeat.
5) Is. VII. 14.
6) Matth. I. 23.

munus? **Non de** terra utique, sed de caelo vas sibi hoc, per quod descenderet, Christus elegit, et *sacravit* templum pudoris. Per unam descendit, sed multas vocavit. Unde et speciale **Maria** Domini hoc nomen invenit, quod significat [1]), Deus ex genere meo. » Si quam igitur Ambrosio fidem adiungimus, censeri Maria debet *altera Eva* eademque felicior, *sacratum Deo templum et in vas electum per quod Unigenitus descenderet;* in eiusmodi autem **vas electum** quod non esset *de terra sed de caelo*, quodque *indito* sibi *nomine* suam prae universis hominibus excellentiam, specialemque cum Deo cognationem demonstraret. Sed quid ista probant, quidve ostendunt, nisi Mariam fuisse omni ex parte ἱερὰν *sacram* et eo usque Deo addictam ac devotam, ut nihil ipsa terrestris coeni contraxerit, nihil originalis depravationis subierit, et nihil quod sacrum Emmanuelis templum dedecuerit?

187. Quod insigniter confirmat incisum, *per unam descendit, sed multas vocavit.* Hoc enim incisum ad illius amussim exactum prorsus est quo Paulus [a]) scribit: *per unius obedientionem iusti constituentur multi*. Atqui eiusmodi similitudine non inepte, si quid video, efficitur, Mariam utpote novam Evam omnique ex parte *sacram* uno eodemque ordine cum Christo novo Adamo et verissimo Emmanuele comprehendi, neque aliter illam dici ab universali contaminatione alienam, ac Christus fuerit a peccatoribus segregatus. Ceterum eodem in libro [2]) subdit Ambrosius: « Amplius nobis [3]) profuit culpa, quam nocuit: in quo redemptio quidem nostra divinum munus invenit. Sed ipse quoque unigenitus Filius tuus venturus in terras suscipere quod amissum est, puriorem carnis suae generationem reperire non potuit, quam ut habitationi propriae caelestis aulam Virginis dedicaret, in qua esset et immaculatae castitatis *sacrarium* et Dei templum. » Ubi et Virgo [4]) dicitur *sacra*, et huius denominationis potestas explanatur. Dicitur *sacra*, quoniam *sacrarium* appellatur; huius autem denominationis explanatur potestas, quoniam Virgo dicitur *caelestis*, et eo usque pura ut puram carnem praebere Unigenito posset, tum *aula* quae splendore *a propria Verbi habitatione* non dissideret, ac tum demum simpliciter *templum Dei*. At vero cum hac explanatione aptum nexumque est, Deiparam fuisse *omnino sacram*, et Deo

a) Rom. V. 19.

1) His verbis hanc adnotationem Maurini subiiciunt: « Non admodum felix vocabuli *Maria* interpretatio; sed cum moris esset, ut saepe vidimus, Ambrosio nostro sermonis hebraici peritos in re simili consulere, illi a sciolo aliquo quem falso doctum existimarat, impositum esse credendum est. Quae vero eiusdem dictionis etymologia proxime sequitur, potior est. » Haec autem n. 34. sic habet: « Dictae sunt et ante Mariae multae; nam et Maria soror Aaron dicta fuit; sed illa Maria *amaritudo maris* vocabatur. » Videlicet מָרִים, Μαρίαμ, Μαρία, idem ac מְרִי, addita syllaba formativa ם ָ, a radice מָרָה, מָרָא, proprie est *contumacia*. Neque tamen eos velim omnino praetermissos, qui *Mariae* nomen aut ducunt a מַר et *reddunt amaram*, aut ducunt a רָם, littera ן in י mobile transeunte, praemissoque ם heemantico, et interpretantur *excelsam, sublimem*.

2) De institut. Virginis cap. XVII. nn. 104-105. col. 272. E-F. opp. T. II.

3) Eadem mente in libro de Iacob et vita beata cap. VI. n. 21. scribit Ambrosius: *Facta est mihi culpa mea merces redemptionis, per quam mihi Christus advenit*. Et in Ps. XXXIX. n. 20. *Felix ruina*, inquit, *quae reparatur in melius*.

4) Quo pariter titulo insignitur in Sacramentario gallicano apud Muratorium *Liturg. rom.* T. II. pag. 793, in veteri Missali romano apud Assemanum *Cod. Liturg. Eccl. Univ.* T. I. pag. 192., atque in ecclesiasticis hymnis frequentissime. Exempla prostant in Thesaur. hymnolog. T. I. pagg. 18-142-299, ubi et haec leguntur.

» Sacrae parentes Virginis
» Steriles naturaliter
» Hanc dono summi Numinis
» Susceperunt feliciter.

Accedunt Venantius Fortunatus opp. P. I. lib. VIII. cap. VI. pag. 280. et Anselmus, qui in hymno ad laudes scribit pag. 303. col. 1.

» Praefulgens sol iustitiae
» Ortus de sacra Virgine,
» Splendore tuo noxias
» Nostras illustra tenebras.

tam intime devotam, ut ipsa nec *profani* quidquam admiserit, nec divina societate divinoque commercio umquam caruerit.

188. Atque hanc Deiparae eximiam singularemque praestantiam aliud pariter ostendit appositum in ecclesiasticis monimentis frequentatum, et qua ipsa σεμνή *venerabilis* salutatur. Quum enim σεμνόν sit a σέβομαι *veneror*, penes graecos scriptores nonnisi de diis proprie adhibetur, idemque notat ac *veneratione cultuque dignum*, atque idcirco *supra communem sortem conditionemque provectum*. Hinc illud Hesychii, σεμνά· τίμια *honore prosequenda*. Hinc illud Suidae, σεμνά· τὰ τίμια καὶ σεβάσμια *reverentia atque honore digna*. Hinc illud Etymologici magni, σεμνός· παρὰ τοῦ σέβω, ὁ σεβασμοῦ ἄξιος, ὁ θαυμαστός, καὶ ἄξιος ἐντροπῆς, *dignus obsequio et reverentia, admirabilis*. Atque hinc illud [1]) Euripidis, σεμνὸν πῦρ *colendus ignis*, tum [2]) alterum, πῶς οὖν σὺ σεμνὴν δαίμον' οὐ προσεννέπεις; *quo igitur pacto venerandam Deam non salutas?* Itaque quando inter ecclesiasticos Deiparae titulos celeber ille est, quo σεμνή *venerabilis* dicitur; pronum est animadvertere, hoc ipso titulo ab ea arceri et repelli quidquid venerationi refragatur, talemque ipsius praestantiam sanctitatemque ostendi, quae ad Deum divinosque honores proxime accesserit.

189. Et in promptu sane auctores habeo numero plures, eosdemque nominis spectatissimi, a quibus et Deiparae hunc titulum factum, et non alia ipsi significatione tributum confirmem. In promptu habeo Ioannem damascenum qui [a]) Deiparae parentes his verbis exsultans alloquitur: « O par beatum Ioachim et Anna, vobis omnis creatura obstricta est. Per vos enim donum omnium donorum pretiosissimum creatori obtulit, nempe *venerandam* matrem eamque solam creatore dignam. » In promptu habeo [b]) Georgium qui in Deiparae laudes effusus scribit: « Te, *o veneranda*, novimus Iacobi pulcritudinem divinamque scalam, quam olim ab imo ad caelum usque protensam ipse vidit, quae e supernis sedibus Deum incarnatum deducis et mortales vicissim in altum evehis. » Et in promptu habeo [c]) Sophronium qui Deiparam compellans ait: « Quum sis lucis porta datorem lucis genuisti, quem e sepulchro coruscantem videns gaudio replebaris. Sed iam ab ipso, *veneranda* puella, impetra ut mihi dolorem largiatur gratum superni auxilii conciliatorem. » Quibus Deipara dicitur [3]) nunc quidem *venerabilis mater* et *puella veneranda*, nunc au-

---

a) Orat. in diem. natal. Dei genitricis Mariae, pag. 844. C. opp. T. II.
b) Triod. pag. 8. col. 1. D.
c) Triod. apud. Mai, Spicileg. rom. T. IV. pag. 204.

1) Phoen. v. 1192.
2) Hippolyt. v. 99.
3) Alia quae huc faciunt, non infrequenter occurrunt in Sacramentario gallicano apud Muratorium Liturg. rom. T. II. pagg. 809-810. « Omnipotens sempiterne Deus, qui terrenis corporibus Verbi tui veritatem per venerabilem Mariam coniungi voluisti; petimus immensam clementiam tuam, ut quod in eius veneratione deposcimus, te propitiante mereamur consequi. » In veteri Missali romano apud Assemanum, Cod. Liturg. Eccl. Univ. T. IV. P. I. pagg. 125-128. In orationibus atque hymnis Anselmi, in quibus nunc Orat. LI. pag. 281. 1. col. A-C. legimus: » Tu aula universalis propitiationis, caussa generalis reconciliationis, vas et templum vitae et salutis universorum, nimium contraho merita tua, quum in me homunculo vili singulariter recenseo beneficia tua, quae mundus amans gaudet, gaudens clamat esse sua. Tu namque Domina admirabilis singulari virginitate, amabilis salutari fecunditate, *venerabilis inaestimabili sanctitate*. » Et nunc in hymno ad primam pag. 303. col. 1. D. legimus.

» O mundo venerabilis,
» Virgo mater mirabilis,
» Maria plena gratia,
» Ora pro nobis Domina.

Denique in ecclesiasticis sequentiis, in quibus insignis est ista Notkeri, Thesaur. hymnolog. T. III. p. 10.

» Concentu parili hic te, Maria, veneratur populus teque piis colit cordibus.
» Generosi Abrahae tu filia veneranda, regia de Davidis stirpe genita.
» Sanctissima corpore, castissima moribus, omnium pulcherrima, Virgo virginum.

tem absolute simpliciterque *venerabilis*. Sed quae potestas eiusmodi appellationi subiicitur? Illa dubio procul, quam ipsum ex sese nomen postulat, quamque praeconia exigunt, quibus Deipara idcirco σεμνὴ *venerabilis* nuncupata perhibetur; quod fuerit *donum donorum omnium pretiosissimum, sola creatore digna, porta lucis, Iacobi pulchritudo atque scala divina non minus supra terram evecta quam cum caelo penitissime iuncta et mortales ad caelum adducens*. Horum autem nihil est quod non perspicue ostendat, Deiparam illustri plenissimoque sensu *venerabilem* appellari.

190. Eadem evidentia idipsum ostendunt insignissima Theodori studitae et Anatolii testimonia. Theodorus enim Deiparam celebrans [a] ait: « Qui ex te natus est, temet angelis sublimiorem effecit, *o veneranda;* quem enim illi ut Deum verentur contueri, tu, o innocens, ulnis complecteris ut tuum filium. » Anatolius [b] vero sic illi gratulatur: « Ave *veneranda*, Adami revocatio et Evae redemptio et mundi gaudium, generisque nostri exaltatio. » Accedunt quae in Ecclesiae graecae [1] monimentis obvia sunt, et saepissime repetuntur. Ad quorum censum ista [c] pertinent: « Ave damnationis redemptio et Adami revocatio: ave innocens Deipara, mundi spes atque praesidium: ave *veneranda* Dei mater: ave divinus currus: ave scala et porta: ave nubes levis: ave solutio Evae. » Tum [d] ista: « Ad assumendam carnem praeordinatus Angelus magni consilii Patris in utero tuo, o undequaque intaminata, perficiebatur, et te, *o veneranda*, heic matrem selegit, corruptamque mortalem substantiam renovavit: illum omnes ut creatorem benedicimus, et in aevum omne superexaltamus. »

191. Quo pariter referuntur tum [e] haec: « Me pridem inveteratum et callidi serpentis suasione perditum adspicere non ferens Deus, me in te *veneranda* habitans refinxit. » Tum haec [f] quae subdimus: « Quo pacto tuam efferam bonitatem, vereque multiplicem gubernationem? Tu igitur et nunc et semper mihi adesto, meque viventem morientemque ab omni malo, *o veneranda*, redime. » Atque [g] haec demum copticae Ecclesiae usu frequentata: « Ave Maria gaudium Abel iusti, ave Maria Virgo vera. Ave Maria salus Noe, ave Maria immaculata veneranda. Ave Maria gratia Abrahae, ave Maria corona immarcescibilis. Ave Maria salus Isaac sancti, ave Maria mater *sancti*. Ave Maria gaudium Iacob, ave mille millies Maria. Ave Maria gloria Iudae, ave Maria mater Domini. » Honestatur igitur Virgo appellatione τῆς σεμνῆς *venerabilis*, eoque sensu honestatur qui eius praerogativis respondeat quae augustior est angelis, quae est Adami revocatio, Evae redemptio, mundi gaudium, damnationis solutio, a suasione serpentis libera, innocens atque

---

a) Triod. pag. 218. col. 1. D.
b) Men. die XXV. Martii ad Vesper. pag. 112. col. 2. C.
c) Men. die IX. Martii Ode θ'. pag. 42, col. 1. D.
d) Men. die XVI. Augusti Ode ς'. pag. col. 1. D.
e) Men. die XIII. Octobris Ode α'. pag. 79. col. 1. D.
f) Men. die XXIX. Octobris ad Vesper. pag. 175. col. 1. C.
g) Theotoch. pag. 65. A-B.

1) Paraclit. pag. 75. col. 2. D., et Offic. Quadragesim. in Dominica carnis privii Ode δ'. pag. 27. et Ode ς'. pag. 29., in Fer. IV. Heb. II. Ieiun. p. 181, in Fer. V. eiusdem Heb. Ode δ'. pag. 189, et in Fer. IV. Heb. III. Ode γ'. pag. 244. Hinc Gregorius nazianzenus in Carminibus, sect II. Carm. I. de virginitate v. 147. pag. 307. de Unigenito scribit:
Σεμνοῖς ἐν σπλάγχνοισιν ἀπειρογάμοιο γυναικὸς
Σαρκωθείς
Venerandis in visceribus virginis mulieris incarnatus.

prorsus intaminata. Nulla autem significatio his praerogativis respondet, nisi qua Virgo propterea σεμνή *veneranda* dicatur, quod humanae corruptionis exsors fuerit et omnibus virtutum donorumque ornamentis emicarit.

ARTICULUS III.

De apposito τῆς ἀγνῆς *integrae atque innocentis, quo Deipara cuiusvis culpae expers ostenditur.*

192. Quamquam τὸ ἀγνόν *innocens* de eo plus semel adhibitum reperiatur, quod est ab omni impudicitiae specie alienum, quod est castum, purum et corpore impollutum; multo tamen ex sese usuque loquendi patet amplius, latiusque porrigitur. De iis namque omnibus usurpatur, quae quum *integra* sint, *pura, a scelere libera, nullaque labe infecta, vitioque taminata*, idcirco ἀγνά *innocentia*[1]) nominantur. Quare ἀγνά *innocentia* nominantur sacrificia diis litata, ἀγνά *innocentia* dona quae iisdem offeruntur, et ἀγνός *innocens* nominatur tum Deus[a]) his verbis, *et omnis qui habet hanc spem in eo, sanctificat se, sicut et ille sanctus (*ἀγνός *innocens) est;* tum penes Iacobum[b]) caelestis sapientia, de qua dicitur: *quae autem desursum est sapientia, primum quidem pudica (*ἀγνή *innocens) est.* Hinc Suidas, ἀγνεία· καθαρότης· ἐπίτασις σωφροσύνης, *puritas, apex honestatis*. Hinc alexandrinus[2]) Clemens: *revera non alia est innocentia* ἀγνεία, *quam abstinere a peccato*. Atque hinc in[c]) Graecorum hymnis: « Quando virgo et *innocens* et mater tua te ab iniustissimo populo vidit ligno inique affixum, tum eius viscera, quemadmodum[3]) Simeon praedixerat, transfixa sunt. » Ubi ἀγνεία *innocentia* perspicue *a virginitate* secernitur. Eademque perspicuitate secernitur apud Gregorium nazianzenum qui de Christo[d]) scribit: « Sin autem quia et mihi Deus prodiit ex *innocenti* matre, virgine, innupta, nova et inaudita lege generationis. »

193. Haec porro significatio plenissimae integritatis, quae naevum omnem excludit, nullamque patitur flagitii maculam, ea ipsa est, qua Deipara in christianis monimentis titulo atque appellatione τῆς ἀγνῆς *innocentis* decoratur. Hanc profecto significationem referunt quae[e]) Theodorus raithuensis de Nestorio loquens ait: « Idcirco bellum implacabile suscepit cum Virgine venerabili, nullam reverentiam adhibens matri Dei et *innocenti* Mariae utpote matri Domini. » Huic significationi patrocinatur[f]) Georgius nicomediensis inquiens: « Contritam mortalium naturam propter antiquam praevaricationem, tu, *o innocens*, supra naturam renovasti et Deo per tuum partum coniunxisti. » Eidemque[g]) patrocinatur subdens: « Misericordia sibi propria et ineffabili adversus homines caritate inflexus omnium creator ex te, *o innocens*, genitus est, hominesque corruptos refinxit atque in-

---

a) I. Ioh. III. 3.
b) Iacob. III. 17.
c) Men. die X. Decembris ad Vesper. pag. 80. col. 1. C.
d) Carm. VII. ad Nemesium vv. 173-174. pag. 1078.
e) Praeparat. et Exercit. de modo divinae Incarnationis apud Gallandium, T. XIII. pag. 23. D.
f) Men. die XXIX. Martii Ode η'. pag. 135. col. 1. A.
g) Men. die XXIX. Ode θ'. pag. 135. col. 1. B.

1) Quo pertinet illud Euripidis in Orest. v. 1642. ἀγνὸς γάρ εἰμι χεῖρας, ἀλλ' οὐ τὰς φρένας.
2) Stromat. lib. VII.
3) Luc. II. 35.

novavit. » Est igitur Deipara ἀγνή *innocens*, sed ideo innocens, quod universali praevaricatione non corrupta, quod renovatione non indiga, quodque suam integritatem supernis ditatam muneribus conservarit.

194. Missa facio quae eadem mente [1]) scribit Germanus constantinopolitanus, illaque addo quae Clemens, quaeque Sophronius et Gorgias litteris consignarunt. Sic itaque [a]) Clemens habet: « Cecinit olim Propheta te, incolumi virginitate, parituram in tempore aeternum ac supra mentem et sermonem unum de Trinitate Christum Deum nostrum: quem, o *innocens*, nobis te celebrantibus redde placabilem. » Neque aliter [b]) Sophronius, cuius istae sunt ad Virginem preces: « Illuminatio obcaecatae animae meae, salus meae infirmitatis, me, o *innocens*, salva, salva perditum, o puella, horrendisque peccatis corruptum tunica incorruptionis induito. » Cum utroque autem Gorgias [c]) consentiens exclamat: « In partu tuo, o *innocens*, natura hominum primum debilitata induit fortitudinem, et tyrannica inimici vis ad extremum infirmata est. » Consentiunt et alii, quos inter [2]) Cosmas hierosolymitanus et Euthymius monachus, e quo pauca quaedam depromo. Sic igitur [d]) ille: « Superbo animi sensu hei mihi, o innocens, Dei imaginem in me miser inquinavi; et quo in posterum proficiscar? Sed festina, o Virgo, et mihi succurrito. » Et [e]) paullo inferius: « Instat vitae terminus, o bona, nec ferre valeo: arguit me conscientia, et nefandos actus meos vitaeque intemperantiam mihi obiicit: et tribunal Filii tui, o pura, expavesco. » Ac [f]) rursum: « Assumptis tecum archangelorum choris, supernarum etiam acierum turbis, praecursore et apostolorum coetu, prophetis, martyribus, monachis sanctis, pontificibusque martyribus simul adductis, legatione, o innocens, pro me apud Deum fungere. » Quod ergo Deipara neque obcaecata fuerit tenebris, neque corrupta peccatis, neque perditioni subiecta, neque in universalem omnium ruinam offenderit, neque nitorem divinae imaginis umquam amiserit, propterea ἀγνή *innocens* salutatur.

195. Eademque de caussa *innocens* [g]) ab Andrea cretensi salutatur, ubi ipse Deiparam exorans ait: « Deipara spes et praesidium te collaudantium, aufer a me grave peccati

---

a) Men. die XXX. Martii Ode γ΄. pag. 136. col. 2. B.

b) Triod. apud Mai, Spicileg. rom. T. IV. pag. 130.

c) Men. die XXV. Februarii Ode δ΄. pag. 139. col. 1. B.

d) Can. suppl. ad Deiparam Ode γ΄. in Eucholog. pag. 872. et in Thesaur. hymnolog. III. pag. 17.

e) Ibid. Ode ς΄. pag. 873. vel 18.

f) Ibid. Ode θ΄. pag. 874. vel 19.

g) Triod. pag. 290. col. 1. B.

---

1) Men. die VII. Septembris Ode δ΄. pag. 16. col. 2. D. Cum quibus conferri utiliter possunt quae leguntur penes vulgatum neocaesariensem Gregorium Orat. I. de Annuntiat. Mariae pag. 10. A., itemque in Officio quadragesimali ubi in sabbato carnis privii Ode ς΄. pag. 11, et Fer. IV. Tyroph. Ode θ΄. pag. 48. haec habentur: Ἐκ τῆς ῥίζης ἀνέτειλέ σου ἄνθος ζωῆς, Ἰεσσαὶ προπάτωρ, ἀνασκίρτησον ὁ σώζων κόσμον, ἐκ τῆς ἁγνῆς νεανίδος, κύριε ὁ θεός. Τῇ ὀξυτάτῃ πρεσβείᾳ, τῇ ἀγρύπνῳ σου σκέπῃ, τῇ κραταιᾷ σου, δέσποινα ἁγνή, νῦν βοηθείᾳ συντήρησον τοὺς πιστούς σου οἰκέτας ἐκ πάσης ἐναντίας προσβολῆς, καὶ παθῶν, καὶ πταισμάτων, καὶ πειρασμῶν διάσωσον. *Exortus est e radice tua flos vitae, Iesse progenitor, exulta salvaturus mundum ex innocenti puella, Domine Deus. Celerrima deprecatione, impigra defensione tua, valido auxilio tuo, o innocens Domina, serva nunc fideles famulos tuos ex omni adversa offensione, et a pravis affectibus, a delictis ac tentationibus incolumes praesta.* Est itaque Virgo ac dicitur ἀγνή *innocens* et pura, quod neque ad mundum universali praevaricatione laesum et a ruina liberandum umquam spectarit, neque cum peccatis et tentationibus commune quidquam habuerit.

2) Thesaur. hymnolog. T. III. pag. 78. et apud Gallandium T. XIII. pag. 259. Ode η΄.

vinculum, et ut Domina *innocens* me poenitentem suscipe. » Salutatur ª) ab Iohanne Euchaitarum metropolita qui fusas ad Deiparam preces his verbis complectitur: « O puella divinitus beata, spem meam omnem in te libens colloco. Salva me, o mater verae vitae, et mihi impetra, *o innocens*, ut qui fide et affectu te hymnis efferunt, indeficientibus deliciis cumulate perfruantur. » Itemque salutatur ᵇ) a Theodoro studita, cui ista debemus: « Ex lucido tuo sinu progrediens veluti sponsus e thalamo, refulsit Christus, lux magna iis qui in tenebris versabantur. Enimvero resplendens sol iustitiae, *o innocens*, mundum illuminavit. » Quo igitur pertinet appellatio τῆς ἁγνῆς *innocentis*, quae Deiparae tribuitur? Eo liquido pertinet, ut ipsa a reliquis secreta posteris Adae nonnisi integra, nulloque tenebrarum infuscata commercio significetur.

196. Cui significationi confirmandae non minimum conferunt quae ᶜ) apud Cosmam his concepta verbis leguntur: « Tu, o nuptiarum expers, gloriatio es fidelium, tu et perfugium et murus et portus christianorum. Defers enim, o immunis ab omni labe, preces ad Filium tuum, eosque a periculis servas qui fide et affectu te Deiparam *innocentem* cognoscunt. » Cum his consentiunt quae ᵈ) Metrophanes smyrnensis habet: « Qui secundum naturam es invisibile Verbum, omniumque conditor, visibilis homo apparuisti hominibus ex *innocente* Dei genitrice, ut hominem ad divinitatis consortium revocares. » Consentiunt quae ᵉ) Ignatius scribit: « Te nacti, *o innocens*, uti validum tutamen, uti spem et murum et anchoram, securumque praesidium et inexpugnabile firmamentum, et tranquillissimum unicumque perfugium, omnes salvi evadimus, o laude omni dignissima. » Atque ista tandem consentiunt, quibus suam promens fidem ᶠ) Iohannes damascenus ait: « Olim quidem me serpens decepit, perque primam mei parentem Evam occidit; nunc autem, *o innocens*, per te creator me ex corruptione revocavit. » Mira igitur consensione titulus τῆς ἁγνῆς *innocentis* [1] asseritur Deiparae, eademque consensione eiusmodi titulus ita explicatur, ut Deiparam ostendat integram, primaevae deceptionis nesciam, a divino consortio numquam divisam et caelitus selectam, ut per eam hominum genus ex morte ad vitam, ex culpa ad gratiam, atque ex conditione filiorum irae ad conditionem filiorum Dei adduceretur.

ARTICULUS IV.

De apposito τῆς καθαρᾶς *mundae et ab omni culpae naevo immunis, quod Deiparae tribuitur.*

197. Obvius aeque ac perspicuus est habitus, quo physica significatio τοῦ καθαροῦ *puri* et *mundi* ad eiusdem ethicam moralemque significationem refertur. Sicut enim significatione physica idem est τὸ καθαρόν ac *purum, mundum et inquinamentis sordibusque carens:*

a) Men. die XXX. Ianuarii Ode θ'. pag. 254. col. 2. C.
b) Triod. pag. 165. col. 2. D.
c) Triod. pag. 366. col. 2. B.
d) Paraclit. pag. 166. col. 1. C.
e) Men. die XIV. Martii Ode θ'. pag. 61. col. 2. B.
f) Paraclit. pag. 170. col. 1. D.

1) De quo titulo Deiparae asserto praeclara quoque habentur testimonia in Men. die X. Februarii Ode θ'. pag. 59. col. 2. A., et die 1. Octobris Ode θ'. pag. 6. col. 1. A. et apud Iohannem euchaitam in canone Deiparae T. III. Thesaur. hymnolog. pagg. 218-219.

unde notissimae [1]) loqutiones, λιγόν καὶ καθαρόν καὶ λαμπρόν *linum et mundum et candidum*. χρυσίον καθαρόν *aurum mundum*, et θυσία καθαρά *hostia pura;* ita significatione morali prorsus idem valet ac *nullo culpae naevo infectum, a vitio quovis solutum, integrum vitae scelerisque purum* et *ad honesti legisque normam perfecte exactum*. Quo sensu adhibentur [2]) formulae, ἀθῶος χερσί, καὶ καθαρὸς τῇ καρδίᾳ *innocens manibus et corde mundus;* καθαρός εἰμι, οὐχ ἁμαρτῶν *purus sum, non peccans*, καθαρὸς τοῖς ἔργοις *operibus mundus;* καθαρὸς ὀφθαλμὸς τοῦ μὴ ὁρᾶν πονηρά, *purus oculus ne iniqua videat;* καθαρά καρδιά cor mundum; et [3]) ἔργα καθαρά *opera pura*, recte facta et in quibus nihil vitii aut reprehensionis invenitur. Hinc Phavorini descriptio, καθαρὸς τῇ καρδίᾳ ἐστιν ὁ μὴ λαμβανόμενος ἑαυτοῦ ἐπὶ ἐντολῆς θεοῦ ἀθετήσει ἢ ἐλλείψει: atque hinc verba non minus perspicua [4]) Chrysostomi, qui Christi [5]) effatum, *beati mundi corde*, de iis interpretatur qui καθολικὴν ἀρετὴν *omnem virtutem* possident, καὶ μηδὲν ἑαυτοῖς συνειδότες πονηρόν, *quique nullius mali sibi conscii sunt*.

198. Atque haec est nobilissima acceptio, qua patres scriptoresque ecclesiastici appellatione τῆς καθαρᾶς *mundae* Deiparam insigniunt. Hac Deiparam insignit [a]) Proclus constantinopolitanus inquiens: « Ecquaenam est [6]) Evilat et terra et aurum? Nonne sancta virgo, et *pura* [7]) et naevo carens ipsius anima? » Hac [b]) Ioseph hymnographus scribit: « O receptaculum lucis ut Deum decet [8]) effulgentis ex te quae *munda* es, o labis omnis inscia, illumina oculos animae meae, tenebris ignorantiae depulsis et peccati caligine dissipata. » Eadem usus qui nominari vulgo solet neocaesariensis Gregorius [c]) haec Deo Gabrielem alloquenti verba commodat: « Vade ad *purum* meae secundum carnem nativitatis thalamum. » Quae non minimum hisce illustrantur quae [d]) Metrophanes smyrnensis habet: « Te, o Virgo, effectam thalamum Dei luciferum et *mundum* cupide laudamus et beatam efferimus: ex te enim ortus est Christus in duabus naturis et voluntatibus, unus ex Trinitate quique est Dominus gloriae. » Neque alio sensu accipi possunt quae tradit [e]) Origenes, ubi Isaiae [9]) vaticinium explanans, illosque refutans qui ore impuro ex muliere nasciturum Emmanuelem blasphemabant, inquit: « Ecquod autem signum est parere puellam non virginem? et cui magis convenit genuisse Emmanuelem, idest, nobiscum Deum, num mulieri quae virum experta solito feminarum more conceperit, an *mundae* adhuc et intactae virgini? » Eodem vero pertinent quae [10]) in ecclesiasticis Latinorum hymnis habentur: eodem quae [11]) scribit Anselmus: eodem quae [12]) in Ordine confirmationis penes Aethiopes

a) Orat. VI. quae est Encom. in Deiparam Mariam, §. I. pag. 632. B. apud Gallandium T. IX.
b) Men. die X. Octobris Ode θ′ pag. 61. col. 1. D.
c) Orat. III. in annuntiat. Deiparae pag. 27.
d) Paraclit. pag. 113. col. 2. B.
e) Cont. Celsum lib. I. n. 3. pag. 353. C. opp. T. I. Ubi ne duo apposita καθαρά καὶ ἁγνή ad subiectum παρθένον relata vacare sensu existimentur, necesse prorsus est ut de omnimoda Deiparae munditie, expletoque undequaque nitore intelligantur.

1) Apoc. XV. 6, XIX. 8-14, XXI. 18, Malach. 1. 11.
2) Ps. XXIII. 4, Iob. XI. 4, XXXIII. 9, Habac. I. 13, Prov. XXII. 11.
3) Apud Xenoph. Cyrop. lib. VIII. c. VII. n. 8.
4) In Matth. Hom. XV.
5) Matth. V. 8. Μακάριοι οἱ καθαροὶ τῇ καρδίᾳ.
6) Gen. II. 11.
7) Ubi καθαρά καὶ ἄσπιλος tam aperte ad animae nitorem integritatemque referuntur, ut ad virginalem corporis puritatem detorqueri nequeant.
8) Quibus Deiparae ea defertur mundities quae nitori solis divini respondeat, quaeque neque ignorantiae tenebris neque peccati caligini fuerit obnoxia.
9) Is. IX.
10) Thesaur. hymnolog. T. 1. pagg. 303-347.
11) Par. III. Psalterii b. Virginis pag. 306. col. 3.
12) Apud Assemanum in Cod. Liturg. Eccles. Univers. T. III. pag. 115.

his verbis continentur: « Custodi eos in fide tua absque macula precibus Dominae omnium nostrum genitricis Dei sanctae et *purae* Mariae, et sancti Iohannis praecursoris, et beati sancti et [1] *puri* Michaelis archangeli, et omnium ordinum caelestium. » Eodem quae [2]) in canticis infra canonem apud syros: « Virginis purae Mariae memoriam agamus apud nos in oblatione nostra, prophetarum, apostolorum, martyrum, piorum et iustorum. » Eodem quae [2]) in usitato apud armenios precum libro, auctore Gregorio narecensi: « Obsecro te, sancta Dei genitrix, angelus inter homines, cherubus in specie carnis, caelestis regina, immixta veluti ether, pura tamquam lux, et intemerata instar luciferi. » Et eodem quae [3]) inter alia Gregorius nazianzenus tum docet, quum hoc veluti principio [b]) constituto, *si ex impura alvo in lucem prodiisti, purus utique non es. Purum enim capi non potest ab impuro;* mox [c]) pergit: « Sic Deus per puram matrem prodiens neque ipse visceribus eius foedatus est, sed etiam ipsa [4]) expurgavit. »

199. Commemoratis testibus de apposito τῆς καθαρᾶς *mundae*, quod tribui Deiparae consuevit, suffragatur nicomediensis Georgius, qui de cibo agens quo Deipara caelitus [5]) in Templo nutrita ferebatur, illumque cum Eucharistia [d]) comparans, inquit: « Et quidem intemerata Virgo escam illam tenens, divinorum munerum cumulo augebatur; sed et qui huius (Eucharistiae) efficiuntur participes, sancti Spiritus donis replentur. Ceterum esca illa a peccatorum labe minime emundavit: neque enim eam percipiens subiecta illis erat, quum *munda* esset nullaque purgatione egeret: heic autem gratiae impertitione peccatorum quoque abstersio accedit. » Ab his autem seiungi non debent quae alibi [e]) idem Georgius scribit: « Quum te, innocens, creator Dominus noster veluti *mundam* convallium rosam et veluti lilium suaveolens cognoverit, tuae pulchritudinis amore captus est, et modo ex

a) Thesaur. Hymnolog. T. III. pag. 177.
b) Carm. VII. ad Nemesium vv. 220-221. pag. 1082.
c) Ibid. vv. 227-228. pag. 1682.
d) Orat. VI. de Deiparae ingressu in Templum, apud Combefis. Auctar. T. I. col. 1123. C.
e) Men. die XXIV. Martii Ode η'. pag. 104. col. 1. B.

1) Est sane animadversione dignissimum, eodem *puri* apposito Mariam et archangelum Michaelem decorari. Inde enim efficitur puritatem spectari *moralem* et *cum ipsis consertam originibus*.
2) Lib. prec. pag. 80.
3) Carmin. sect. II. Carm. I. in laudem virginitatis, ubi pag. 316 vv. 334-335. legimus.
Καὶ Χριστὸς καθαροῖς μὲν, ἀτὰρ σπλάγχνοισιν ἐμίχθη.
Ἀνδρομέοις, μνήστης δὲ διωλίσθησε γυναικός.
Christus ipse puris quidem, sed tamen visceribus mixtus est humanis, atque ex desponsata prodiit muliere. Matthaeus quoque cantacuzenus in Cantic. cant. pag. 25. *puros Virginis sanguines* commemorat.
4) Sed quomodo purgavit viscera iam pura? Non detersis sordibus sed cumulato nitore.
5) De hac traditione Hippolytus Maraccius in Mariale s. Germani adnotatione decima ad primam Germani orationem de praesentatione beatissimae Dei Matris pagg. 193-194. scribit: « Mariam virginem trimulam in Templum ductam, per Angelos inibi fuisse enutritam, prodit heic diserte s. Germanus, et plenius confirmat oratione sequenti. Cui favent Andreas cretensis orat. de dormit. Deiparae, Georgius nicomediensis in orat. de Praesentatione, Cedrenus in compendio Historiae, Isidorus thessalonicensis in orat. de Praesentatione, Pantheleon Diaconus in orat. de s. Michaele archangelo, Matthaeus cantacuzenus in Cantic. cantic. VIII. 1, Glycas III. parte Annalium, Bonaventura in Meditat. vitae Christi cap. IV., Bartholomaeus pisanus de laudibus Virginis lib II. fructu II., Suarez T. II. in III. p. disput. VII., Canisius lib. I. de Deipara cap. XIII., Benzonius in Ps. LXXXVI. cap. XL, tradit. IX., Morales lib. I. in Matth. Tract. X. n. 20, Novatus de eminentia Deiparae T. I. cap. V., Castro in histor. Deiparae cap. III., Coluenerius in kalendario Mariae die XXII. Novembris n. 9, Lancilottus in Viticula Mariana, Pampino VI., Zamorrus de eminentissima Deiparae perfectione lib. III. cap. VI., aliique plures. De hac tamen alimonia Deiparae per Angelos ministrata dubitat Raynaudus in Dyptichis Marianis Par. I. puncto III. n. 8, nec non Combefisius in nota in s. Andream cretensem ad canonem in Mariae diem natalem. »

sanguine tuo carnem induere cupit, ut erroris foeditatem benevolentia expellat. » Neque ista seiungi debent quae in Triodio ᵃ) ex Iohanne Euchaitarum metropolita referuntur: » Patris beneplacito et sancti Spiritus obumbratione habitaculum lucis et *mundum* Verbi receptaculum effecta es; propterea me illumina. » Hinc ᵇ) Andreas cretensis, descripta primum hominis creatione, tum eiusdem ruina, divinoque illius reparandae consilio obiter perstrictis, continuo subdit: « Quo igitur modo par erat, ut magnum illud et maxime novum ac mirabile Deique legibus congruentissimum beneficium in nos procederet, nisi Deo nobis per carnem apparente? qui vero ea res ad finem deduceretur, nisi prius *munda* intactaque ¹) Virgo ministraret mysterio tumque lege supra naturae leges eum, qui substantia superior est, in utero gestaret? »

200. Itaque productis in medium testimoniis duo perfecimus: atque initio perfecimus, reliquis Deiparae appositis illud etiam connumerandum esse, quo ipsa utroque sensu tam *physico* quam *morali* καθαρά *munda* puraque nuncupatur. Tum perfecimus eodem excellentiae gradu pro utraque significatione physica et morali titulum τῆς καθαρᾶς *mundae* Deiparae adscribi. Sicut enim significatione physica dicitur καθαρά *munda*, quod corporis munditiem ne levissima quidem sorde umquam contaminarit; ita significatione morali dicitur καθαρά *munda*, quod animo fuerit ἁγνὴ *innocens*, πανταχόθεν *omni ex parte immaculata*, ἀμίαντος *inviolata*, ἄφθορος *intacta*, ῥύψεως ἁπάσης ἀνενδεής, *nullius prorsus indiga purgationis*, a norma honestatis et iustitiae numquam devia et eo usque pura *ut amores sibi divinos conciliarit*, seque idoneam reddiderit quae purissimae lucis purissimum habitaculum eligeretur.

ARTICULUS V.

De appositis τῆς καλῆς καὶ τῆς ὡραίας *pulchrae et speciosae, quibus Deipara ad formam honesti atque decori perfectissime exacta declaratur.*

201. Satis non fuit pietati maiorum omnia propemodum collegisse negantia epitheta, quibus ab innocentia Deiparae naevus omnis omnisque labecula depelleretur: neque satis eidem fuit magno numero usurpasse epitheta affirmantia, quibus Deiparae caelestis innocentiae splendor virtutesque omnigenae assererentur; nisi horum copia quo impensius possent amplificata, Deiparam novis τῆς καλῆς καὶ τῆς ὡραίας *pulchrae speciosaeque* laudibus prosequeretur. » Haec, inquit ᵉ) Proclus de Deipara loquens, *pulchra* Canticorum sponsa. » De qua ᵈ) Psellus addit: « *Te pulchram* inter mulieres et penitus immaculatam Dei matrem fideles exoramus. » Ut enim in hymno pervigilii Annuntiationis ᵉ) Georgius nicomediensis canit: « E Patris dextera non sedecens qui omnem vincit substantiam, in te, o inviolata, sibi habitationem eliget, ut te quae ²) illi propinqua es ac *pulchra*, a dextera sui-

a) Triod. pag. 135. col. 1. B.
b) Orat. in nativit. Deiparae pagg. 95-96. A. apud Gallandium T. XIII.
c) Orat. VI. quae est encomium in Deiparam Mariam, § XVII: pag. 645. C. apud Gallandium T. IX.
d) In Offic. Metaphrastis apud Allatium de Simeonum scriptis pag. 243.
e) Men. die XXIV. Martii Ode η΄ pag. 104. col. 1 C,

1) Ubi e re fuerit non negligere novum epithetum ἀφαιρετικόν, quo Deipara ἀνέπαφος *intacta* nominatur.
2) Deipara igitur est diciturque *pulchra* eiusmodi pulchritudine, quae Deo *propinquam* cognatamque decet, quae decet omnium *Reginam*, quaeque nullam ex lapsu deformitatem contraxerit.

metipsius veluti reginam collocet, manumque lapsis omnibus protendat, nosque servet. »

202. His vero etsi praeclarissimis non minus praeclara sunt quae penes Iosephum hymnographum repetita leguntur, sive ubi ª) ait: « Te Dei matrem et *pulchram* inter mulieres vehementer obsecro, ne me, o innocens, despicias, sed mei miserere, meque ab omni noxa incolumem custodi. » Sive ᵇ) ubi subdit: « *O pulchra* et intaminata, o innocens inter mulieres, miseram animam meam nunc e vitioso probro libera, mihique secundum praebe iter, ut tuis intercessionibus innocenter vivam. » Quae cum his coniungi debent ᶜ) in Graecorum Menaeis frequentata: « Caelestium puellarum chorus divino percitus afflatu, te inter mulieres *pulchram* et deitatis splendoribus venustam canticis effert. Verbum enim omnis venustatis effectorem ineffabiliter genuisti. »

203. De altero autem τῆς ὡραίας *speciosae* epitheto insignia sunt quae ᵈ) in eisdem Menaeis occurrunt: « Iesus pulchrorum effector te, o penitus immaculata, uti pulchram atque uti *speciosam* amore prosequens, ex te secundum carnem natus est, meque per immensam misericordiam divinae reddit naturae consortem. » Insignia quae leguntur penes auctorem sermonis Maximo adscripti, qui pluribus Scripturarum effatis ad Deiparam relatis, mox ¹) pergit: « Videamus itaque, quae sit haec Virgo tam *sancta*, ad quam Spiritus sanctus venire dignatus est: quae tam *speciosa*, quam Dominus elegit sponsam: quae tam casta, ut possit virgo esse post partum, hoc est, Domini templum, fons ille signatus, et porta in domo Domini clausa. » Et insignia sunt quae ᵉ) Sophronius hierosolymitanus Christum alloquens ait: « Pulchritudine speciosum te peperit *speciosa* puella, quem ut in passione vidit pulchritudinem immo ne speciem quidem habentem, voce ²) lamentabili dixit: tuam, Salvator et fili mi, obstupeo abiectionem mente maiorem, per quam abiectam humanitatis naturam servas. »

204. Ex his autem mutuo comparatis pronum est intelligere, Deiparam tum καλὴν *pulchram*, tum ὡραίαν *speciosam* morali significatione celebrari. Sed τὸ καλὸν καὶ τὸ ὡραῖον *pulchrum et speciosum* eiusmodi sunt epitheta, quae ad moralem traducta sensum idem prorsus notant ac *honestum, conveniens* et *cum lege divinaque voluntate adamussim consonum*. Sicut enim *physice* significant quod ad pulchri speciem formamque expressum est,

a) Paraclit. pag. 27. col. 2. A.
b) Paraclit. pag. 191. col. 2. D.
c) Men. die XI. Ianuarii Ode α'. pag. 111. col. 2. A.
d) Men. die XXIX. Februarii Ode ς'. pag. 158. col. 1. A.
e) Triod. apud Mai, Spicileg. rom. T. IV. pag. 151.

1) Serm. XII. col. 45. B-C. in App. ad opp. s. Maximi taurinensis. Huc etiam faciunt quae habentur in Missali mozarabico ad offertorium in Missa de Virginis nativitate, in Thesaur. hymnolog. T. II. pag. 342, et penes beatum Hildephonsum qui de assumpta Virgine verba faciens in Biblioth. Concionat. Combefis. T. VII. pag. 680. col. 1. D-E. scribit: « In hac die competenter beata virgo Maria sponso illi caelesti libere (Ps. LXXII. 24) proclamat: *tenuisti manum dexteram meam, et in voluntate tua deduxisti me, et cum gloria assumpsisti me.* Hodie, inquam, et ipsa congrue ab sponso (Cant. II. 11-13), audit: *veni proxima mea, speciosa mea, columba mea, quoniam ecce hiems transiit, pluvia abiit.* Ipsaque beata respondit: *flores visi sunt in terra nostra, tempus sectionis advenit. Anima mea* (Ps. XXXIV. 9). *exsultabit in Domino, et delectabitur super salutari suo.* Et (Ps. XXXIII. 3.) *in Domino laudabitur anima mea, audiant mansueti et laetentur.* Et (Ps. XXVI. 13). *credo videre bona Domini in terra viventium.* Videamus itaque, fratres, quae sit haec Virgo tam sancta, ad quam Spiritus sanctus venire dignatus est: quae tam *speciosa*, quam Deus elegit sponsam. »

2) Quae item leguntur in vulgato Graecorum Triodio pag. 248. col. 2. B., ubi rectius non θρηνῳδοῦσα sed θρηνῳδοῦσα scribitur.

ita acceptione morali [1]) τὰ καλὰ ἔργα sunt *recta et honeste facta*, τῷ καλῷ *pulchro* opponitur τὸ κακόν *malum* et ab honestate atque lege devium, et τὸ καλόν *pulchrum* denotat τὸ προσῆκον *officium*. Veterum ergo testimoniis quibus Deipara uti καλὴ καὶ ὡραία *pulchra et speciosa* celebratur, iisdem ostenditur spectari eam aliter non posse ac veluti *rectitudinis exemplar formamque honestatis*. Ita ne vero ut nihil in ea fuerit umquam obliqui, et nihil quod ab aequo rectoque discesserit? auctore namque a) nazianzeno Gregorio, *una animae pulchritudo est divinam imaginem vel tueri, vel pro viribus repurgare*. In promptu erit responsio dummodo consideretur, Deiparam ita pulchram speciosamque dici, ut simul ipsa praedicetur *pulchra inter mulieres, speciosa inter mulieres, innocens inter mulieres* idest pulcherrima, speciosissima, innocentissima, proindeque *a communi deformitate immunis, nitens divinitatis splendoribus*, et pulchra atque speciosa ea specie eaque pulchritudine quae *Unigeniti amorem promeruerit, quae Reginam, quae Domini sponsam, quae Deo maxime propinquam deceret*, quaeque tandem effecerit ut *ipsa speciosa inter mulieres prae Filio specioso inter filios hominum* suo merito diceretur. Haec talia sunt quae ipsum pulchritudinis apicem, ipsamque speciositatis creatam perfectionem tribuendam Deiparae esse commonstrant.

ARTICULUS VI.

De apposito τῆς κεχαριτωμένης καὶ θεοχαριτώτου *gratia plenae et gratia divinitus refertae, quibus summa Deiparae perfectio et praestantissima sanctitas cuiusvis semper inscia labis effertur.*

205. Eorum verborum numero, quae propria haberi debent Scripturarum monimentorumque christianorum, accensendum est verbum χαριτόω, in profanis operibus [2]) vix occurrens, at in Bibliis non omnino [3]) infrequens, et ab auctoribus ecclesiasticis [4]) multo crebrius usurpatum. Hoc autem verbum ex sua ipsa forma alterutram potestatem necessario praefert: aut enim significat efficere ut res illud sit quod nomen innuit ex quo verbum flectitur: atque ita δουλόω est *servum facio*, et δηλόω *manifestum facio;* aut significat efficere ut eo quod nomine exprimitur, res cumuletur, instruatur ac veluti circumfusa repleatur: atque ita στεφανόω est *coronam circumdo*, χρυσόω *aurum indo* atque induco, μελιτόω *melle inspergo* atque imbuo, et πυρόω *ignitum facio*, ignemque propemodum reddo. Quum igitur χαριτόω ducatur ἀπὸ τῆς χάριτος *a gratia* et *a favore*, idem plane valebit ac gratia plene exorno, instruo, atque eo usque augeo et perfundo, ut res tota gratiosa sit, nihilque nisi favorem gratiamque spiret.

206. Hinc discrimine significationis innotescit, qua χαρίζομαι a χαριτόω dirimitur: illud enim notat gratum aliquid alicui facere, hoc vero aliquem gratum facere: illud de collatis singulis quibusque gratiis, tributisque peculiaribus beneficiis adhibetur, hoc vero de summa deque plenitudine tam concessae gratiae quam erogati boni usurpatur. Scite [5]) Chrysostomus, qui Pauli [6]) verbis, ἐν ᾗ (χάριτι) ἐχαρίτωσεν ἡμᾶς ἐν τῷ ἠγαπημένῳ, *in qua* (gratia) *gra-*

a) Orat. XIX. pag. 291.

1) Matth. V. 16, Rom. VII. 18-21, XIV. 21.
2) Unum namque dumtaxat novi ex iisdem a Schneidero prolatum Libanii locum.
3) Sirac. IX. 8, XVIII. 17, Ps. XVIII. 26 in Symmachi reliquiis, Luc. I. 28, Ephes. I. 6.
4) Cf. Suiceri Thesaurum ecclesiast. ad v. χαριτόω.
5) In epist. ad Ephes. Hom. I.
6) Ephes. I. 6.

tificavit nos in dilecto, hunc subiicit ⁿ) commentarium: « Qua gratiosos nos reddidit, inquit. Non dixit, ἧς ἐχαρίσατο, quam gratis donavit, sed ἐχαρίτωσεν, idest, gratiosos nos reddidit. Scilicet non solum liberavit a peccatis, sed etiam fecit amabiles. » Tum mentem suam illustrare pergens ᵇ) subdit: « Quemadmodum enim si quis acceptum quempiam scabiosum, et peste ac morbo senioque et paupertate ac fame confectum et perditum, statim formosum fecerit iuvenem, omnes homines pulchritudine vincentem, e genis quidem splendorem valde emittentem, et micantium oculorum eiaculationibus fulgores occultantem: deinde eum constituerit in ipso flore aetatis, et postea eum purpura induerit, et diadema imposuerit, et omni ornatu ornarit regio; ita nostram instruxit et ornavit animam, pulchramque fecit, desiderabilem et amabilem. Cupiunt enim Angeli talem aspicere animam, Archangeli et omnes reliquae Virtutes. Ita nos etiam reddidit gratiosissimos et sibi desiderabiles. »

207. Iamvero non frequentia minus quam splendida sunt veterum testimonia, quibus Deipara titulis τῆς κεχαριτωμένης καὶ θεοχαριτώτου *gratia plenae et gratia divinitus refertae* condecoratur. Ut enim a priore epitheto ordiar, huc faciunt quae ᶜ) in sermone Athanasii nomine insigni leguntur: « Tribue nobis pro exiguis his sermonibus magna dona *ex divitiis gratiarum tuarum, o gratia plena;* pro quibus quasi veris et celebrandis laudibus tibi ad encomium, si qua virtus a nobis nec non ab omni creatura hymnus offertur *gratia plenae*, dominae, Dei matri et arcae sanctificationis. » Huc deinde faciunt verba ᵈ) Sophronii: « Dei genitrix undequaque innocens animae meae vulnera, cicatricesque peccati undis tergens ex latere filii tui, et fluminibus purgans ex eodem manantibus, dele: ad te enim clamo et ad te me recipio, teque *gratia plenam* invoco. » Atque huc faciunt quae ᵉ) idem Sophronius addit: « Ave, tibi inclamamus, quae gaudium suscepisti, *o gratia plena*, Virgo Deipara: Deum quem peperisti deprecare, ut a periculis et perditione ii liberentur qui te iugiter celebrant. »

208. Neque aliter ᶠ) Theophanes ubi ait: « Incarnatum, o *plena gratia*, pariens Deum Verbum, apparuisti divinum eiusdem sanctuarium; ideo tibi splendidum templum dedicamus. » Neque aliter ᵍ) Georgius inquiens: « Quae divinitatis ignem incombusta concepisti, et sine semine Dominum vitae fontem peperisti, o Deipara *gratia plena*, eos serva qui te magnificant. » Neque aliter ʰ) Cosmas ubi scribit: « Hodie Gabriel annunciat *gratia plenae*: ave Virgo innupta et thori inscia. » Neque aliter Iosephus qui Virginem ita ⁱ) exorat: « Sanctissima Virgo, *gratia plena*, quae omnium propitiationem genuisti, grave criminum nostrorum pondus tuis precibus alleva. » Eodem titulo ornatur Virgo ʲ) *in oratio-*

---

a) Ibid.
b) Ibid.
c) Orat. in annunciat. Deiparae n. 14. pag. 401. opp. Athanasii T. II.
d) Triod. apud Mai, Spicileg. rom. T. IV. pag. 158.
e) Ibid. pag. 164.
f) Triod. pag. 143. col. 1. B.
g) Men. die XXIX. Martii Ode γ'. pag. 131. col. 1. B.
h) Men. die XXV. Martii pag. 113. col. 1. A.
i) Can. secundae Dominicae ex vetusto Triodio vatic. Ode ε'. pag. 214. apud Quirinium in Offic. Quadrag.
j) apud Assemanum in cod. Lit. T. I. pag. 121.

ne Graecis usitata *ad cruce signandum puerum suscipientem nomen octavo die nativitatis suae*: eodem [1]) in Anselmi hymnis et [2]) in canticis ecclesiasticis e quibus ista refero:

» O stella maris, ave,
» Gratia summa plena
» Nobis, quaesumus, fave,
» Ne absorbeat nos gehenna.

Accedunt Iohannes damascenus et Modestus hierosolymitanus, quorum ille [a]) repetita Gabrielis [3]) salutatione, *ave gratia plena*, continuo subdit: « Praeclara sane angeli ad eam quae angelis praestabat alloquutio. » Et angelis enimvero, auctore [b]) Modesto praestabat, siquidem unigenitus Dei filius: « Ex omni rationali et intelligenti creatura illam elegit in sanctissimam matrem suam, eamque sua plenam gratia supra modum omnem sustulit. » Cum his vero iungi testimonia debent, quibus Deipara simul εὐλογημένη καὶ κεχαριτωμένη *benedicta gratiaque plena* nuncupatur. Ad quem censum ista pertinent [c]) ex Iosepho: « Ecce *benedicta illa et plena gratia*, secundum Scripturae sacrae praedictiones, lectus est Salomonis quem circumdant potentes, et in quo Christus Deus divina incarnatione conquievit. » Atque ista similiter pertinent [d]) ex paracletice: « Soluta est damnatio, desiit tristitia: illa enim *benedicta* et *gratia plena* gaudium fidelibus adduxit ex seipsa germinans Christum benedictionem omnium terrae finium. »

209. Manifestis igitur veterum testimoniis, quibus et alia [4]) addi facillime possent, non modo Deiparae asseritur appellatio atque titulus τῆς κεχαριτωμένης *gratia plenae*, verum etiam liquido comprobatur I. Deiparam coniunctim dici πανάγνην, εὐλογημένην, κεχαριτωμένην, *undequaque innocentem, benedictam, gratia plenam*: II. eam absolute simpliciterque dici τὴν κεχαριτωμένην *illam gratia plenam*: III. appositum τῆς κεχαριτωμένης *gratia plenae* tributum Deiparae explicari per πλοῦτον τῶν χαρισμάτων *charismatum* gratiarumque *divitias summamque gratiam*: et IV. ex hac gratiae plenitudine colligi, Deiparam fuisse tum *angelis praestantiorem* et *gratiae plenitudine supra modum omnem sublimatam*, tum θεοπρεπὲς ἁγίασμα *dignum Deo templum*, tum *initium solutae damnationis, depulsae tristitiae et gaudii in universum hominum genus effusi*. Sed intelligi ista nequeunt, nisi de eiusmodi gratiae divinique favoris plenitudine, quae eximia omnino fuerit ac prorsus singularis, quaeque non siverit ut culpa gratiam, et ira atque indignatio divinum favorem praeverterint. Iisdem igitur maiorum testimoniis, quibus virgo κεχαριτωμένη *gratia plena* celebratur, tum summa ipsius sanctitas, tum iugis immunitas a culpa iraque divina luculenter effertur.

210. Quo pariter effata pertinent, quibus Deipara θεοχαρίτωτος *divino favore insignis Deoque carissima* appellatur. Ne enim singula memorem, et ne ea nominatim recenseam

---

a) Orat. I. in Deiparae dormit. §. VII. pag. 862. C-D.
b) Encom. in Deipar. §. II. pag. 11.
c) Men. die XXII. Octobris Ode η'. pag. 133. col. 1. A.
d) Paraclit. pag. 230. col. 1. C.

1) Hymn. ad Horas pag. 303. col. 1.
2) Thesaur. hymnolog. T. II. pag. 200.
3) Luc. I. 28.
4) Cuiusmodi habentur in Menaeis mense Decembris pag. 6. col. 1. A, pag. 232. col. 2. D. et in Anthologio die VIII. Septembris Ode γ' pag. 28. col.1.A.

quae [1]) Theophanes, Theodorus studita [2]) et Iohannes damascenus [3]) litteris consignarunt; huc dubio procul spectant quae Gorgias [a]) habet: « Sua erga homines benevolentia et sola misericordia ac bonitate impulsum Verbum quod una cum Patre regnat, ex te, *o Deo carissima*, incarnatum est ut terrestrem hominum naturam, tamquam unicus benefactor, caelestem redderet. » Huc spectant quae penes Christophorum [b]) leguntur: « Te luciferum tabernaculum incarnationis Dei hymnis efferimus, o Maria *Deo acceptissima*. Me proinde cupiditatibus vehementer obcaecatum illumina, lux misericordiae, spes desperantium. Laudamus, benedicimus, adoramus, Dominum. » Atque huc spectant quae [c]) Stephanus Sabbaita canit: « *O Deo carissima*, innocens, benedicta, eum qui propter viscera misericordiae suae ex te natus est, cum supernis Virtutibus et cum Archangelis, cumque omnibus incorporeis naturis incessanter pro nobis deprecare, ut nobis ante vitae finem indulgentiam tribuat, peccatorum veniam, vitaeque emendationem, quo misericordiam inveniamus. »

211. Succedit eiusdem tum loquutionis quum sententiae auctor et vindex Iosephus Melodus, qui Deiparam [d]) alloquens ait: « Partu tuo, *o Deo acceptissima* Virgo, olim dissita copulasti: te proinde uti caussam bonorum omnium beatam praedicamus sincero corde clamantes: laudate Dominum opera eius et superexaltate in omnia secula. » Succedit [e]) nicomediensis Georgius qui Deiparam his laudibus exornat: « Genus hominum per te liberationem a corruptela et honorem immortalitatis vitaeque intaminatae in Christo consequutum, te, *o Deo carissima*, glorificat. » Et succedit non uno in loco hierosolymitanus Sophronius, qui nunc quidem [f]) scribit: « Ex te, Virgo [g]) *summo Dei favore excepta*, malorum nocte obrutis ortus est Christus lucis pacisque ductor, solvens profectum ex incuria peccatum, nosque redemptione manifeste donans. » Nunc vero [g]) pergit: « O virgo atque *imprimis Deo gratiosa*, Deum qui universa nutu sustentat genuisti hominem ex misericordia factum; illum impense roga, ut nostri corda illuminet, qui te vere Dei innocentem matrem beatam praedicamus.

212. Finem iis facio quae in paracletice, et apud Psellum atque Theodotum ancyra-

a) Men. die XXV. Februarii Ode η'. pag. 141. col. 1. B.
b) Triod. pag. 72. col. 1. C.
c) Men. die XX. Martii Ode γ'. pag. 85. col. 1. A.
d) Men. die XXIX Maii Ode η'. pag. 108. col. 1. A.
e) Men. die XXIX. Martii Ode α'. pag. 130. col. 1. C.
f) Triod. apud Mai, Spicileg. rom. T. IV. pag. 165.
g) Ibid. pag. 213.

1) Men. die 1.Decembris Ode γ'. pag. 4. col. 2. A. et die IV. Iunii Ode θ'. pag.18. col.2. D:
2) Triod. pag. 174. col. 2. D.
3) Men. die XXIII. Septembris Ode ε'. pag. 144.col.1. C. Ode θ'. pag. 146. col. 2. B., et Pentecostar. pag.182. col. 1. C.
4) Videsis etiam quae Sophronius habet pag. 173. quaeque in Anthologii appendice pag. 58. col. 2. B-C. referuntur: Δῶρον, θεονύμφευτε, θείας μοι γνώσεως δίδου, καὶ τὸν νοῦν μου φώτισον, καὶ τὴν γλῶτταν τράνωσον τοῦ δοξάζειν σε καὶ ὑμνεῖν ᾄσμασι τὴν μεγίστην χάριν, καὶ τὴν θείαν προστασίαν σου· ὡς γὰρ φιλάγαθος, προνοητική τε τῆς φύσεως ἡμῶν, θεοχαρίτωτε, θέλεις τὴν ἑκάστου ὠφέλειαν καὶ τὴν σωτηρίαν· ἣν βράβευσον κἀμοὶ τῷ ἐκ ψυχῆς καὶ ἐκ καρδίας προστρέχοντι τῇ σκέπῃ σου, ἄχραντε. *Mihi, o Dei sponsa, donum imperti divinae cognitionis, et mentem mihi illustra et linguam solve ut te glorificem, ut laudibus efferam summam gratiam divinamque tuam tutelam. Tu namque, o Deo gratissima, utpote benevola nostraeque consulens naturae amas uniuscuiusque commodum et salutem, quam et mihi, o inviolata, tribue qui animo et corde ad tuam opem me recipio.*

num insignissima occurrunt. Sane in paracletice [a]) legimus: « Fructu tuo vitam ferente, o Deo *gratissima*, morti datus est inimicus, et infernus palam conculcatus, et nos qui vinculis obstringebamur in libertatem asserti; ideo exclamo, meum a passionibus pectus solve. » Ac rursum [b]) legimus: « Apostolorum decus, et sanctorum qui coronas retulerunt gaudium, o Domina *Deo carissima*, pro nobis exora universi Salvatorem et Deum, ut remissionem criminum accipiamus, omnesque vitam divinam nanciscamur. » Porro Deipara [c]) a Psello dicitur: « Sion sancta, *Deo acceptissima*, civitas Dei, et communitum undique palatium. » De eadem vero Theodotus ancyranus [1]) sic habet: « Pro mali auctore dracone, qui mundo tristitiam invexisset, laetum gaudii nuntium ferens Archangelus dominico e caelis praeivit descensui: eiusque loco qui rapinam arbitratus esset esse aequalem Deo, qui natura Deus atque Dominus, praeses auctorque regenerationis eius naturae quam condiderat, exsistit: pro ea quae ad mortem ministra exstiterat virgo Eva, *Deo gratissima* ac Dei plena gratia Virgo in vitae obsequium eligitur. »

213. Concors ergo maiorum doctrina, Ecclesiaeque traditio eo sua sponte pertinent, ut Virgo sit dicaturque ϑεοχαρίτωτος *Deo carissima*, tantaque divini favoris copia aucta et plenitudine excepta, ut ipsa fuerit *palatium undequaque protectum*, quodque infernae portae frustra oppugnarint, *victrix inimici, ministra vitae, luciferum tabernaculum tenebris numquam obductum, exsors terrestris corruptaeque naturae, a vinculis soluta semper atque libera, numquam irae obnoxia, angelorum decus, sanctorum corona, et cum Christo atque secundum Christum reparati ordinis causa, conciliataeque pacis origo.* Quae sane omnia perspicue ostendunt ac probant, I. eiusmodi fuisse supernum in Deiparam favorem, ut ipsa Deo inimica numquam exstiterit: II. tantam fuisse gratiam ex divina bonitate in Deiparam profectam, ut nullum ipsa culpae naevum subierit: proindeque III, dignam fuisse Deiparam quam his verbis [d]) Ecclesia precaretur: « Tu quae immaculata agna et Virgo agnum morbum omnem auferentem sinu gestasti, tu o Dei genitrix tuam ovem serva. »

ARTICULUS VII.

De appositis τῆς εὐλογημένης, θεομακαρίστου καὶ μακαρίας *benedictae, divinitus beatificatae ac beatae, quibus praestantissima Deiparae ornamenta eique collata caelitus dona efferuntur.*

214. Verbum εὐλογεῖν quod proprie est *benedicere, bene precari, fausta atque felicia* [2]) *apprecari*: unde penes Hesychium legimus, εὐλογείτω· ἐπαινείτω, *benedicat, laudet*: et penes Suidam, εὐλογείτωσαν· ἐπαινείτωσαν, *benedicant, laudent*; in monimentis ecclesiasticis idem fre-

a) Paraclit. pag. 13. col. 1. B.
b) Ibid. pag. 147. col. 2. D.
c) Offic. de Simeone Metaphraste apud Allatium pag. 243.
d) Paraclit. pag. 150. col. 2. A. Ubi e re fuerit animum advertere ad novum negans appositum ἀσπίλωτον, quo Deipara *cuiusvis expers maculae* significatur.

1) Orat. in Christi nativit. §. XI, pag. 475. apud Gallandium T. IX. Edidit hanc orationem Combefisius T. I. Biblioth. concionat. pagg. 199-204. ex graeco codice Mazariniano, sed Graecum textum praetermisit.   2) Quo sensu legitur Matth. V. 44, Luc. VI. 28, Rom. XIII. 14.

quentissime ¹) notat ac *amare, aliquem diligere, suam illi benevolentiam factis comprobare, illumque beneficiis prosequi.* Neque sane mirum, quum talis sit potestas sive qua ²) interpretes alexandrini et novi Testamenti ³) auctores hoc verbo passim utuntur, sive qua in Hebraicis bibliis ⁴) τὸ בָּרַךְ recurrit. Iamvero innumera propemodum sunt maiorum testimonia, quibus Deipara appellatione τῆς εὐλογημένης *benedictae*, summisque beneficiis locupletatae honestatur.

215. Hoc namque titulo Deiparam honestat ᵃ) Germanus constantinopolitanus inquiens: « Omnes, agite, simul cum Angelo honoremus *benedictam illam* veluti reginam, Regemque universorum parientem. » Hoc illam honestat ᵇ) Iohannes damascenus dum scribit: « Tuum, *o benedicta*, partum hymnis celebramus, per quem ab antiqua damnatione redempti sumus; et te, o beatificata a Deo, beatam celebramus, quam *solam* is amavit qui est benedictus et supergloriosus. » Hoc illam honestat ᶜ) Georgius nicomediensis qui ait: « Hodie creatura omnis laetitia gestit, quia Angelus tibi, *o benedicta*, o innocens, o intemerata Christi mater, illud *ave* annuntiat. Hodie conteritur serpentis fastus, protoparentis namque maledictio soluta est. Propterea et nos tibi acclamamus: *ave o gratia plena.* » Atque hoc illam honestat ᵈ) Metrophanes smyrnensis ex imo pectore clamans: « O nuptiarum expers, *o benedicta* Maria, tu quae perfugium es hominum desperantium, Deique habitaculum, tu in viam poenitentiae nos adducito, qui ad malorum devia iugiter deflectentes clementissimum Dominum ad iram provocamus. »

216. Eiusdem tituli Deiparae tributi auctor est ᵉ) Theophanes, cui ista debemus: « Tu es lux mea, o Virgo Deipara, tu es meum gaudium et praesidium et perfugium, *o benedicta*, teque glorifico ut quae Deum patrum nostrorum genueris. » Atque ista rursum ᶠ) debemus: « O *benedicta*, glorificata mater innupta, animam meam peccatis mortuam et immodicis obrutam passionibus vivifica. » Celebrant ᵍ) Graeci in menaeis, in quibus legimus: « Te impense glorifico Dei matrem omni ex parte innocentem, tibi acclamans illud Angeli ave, *o benedicta* gratiisque divinitus referta: auditum dictumque terribile, novumque Domini totius creationis habitaculum. » Et celebrant in paracletice, quo in libro ʰ) nunc dicitur: « *O benedicta* omnique ex parte immaculata, servans eos qui in te spei anchoram collocant ad portum illos divinae voluntatis materna quae te decet fiducia clementer dirigito. » Nunc ⁱ) dicitur: « Laudamus te, *o benedicta* illibata, per quam inaccessus sol iustitiae ortus nobis est, qui in mortis caligine atque umbra versabamur: tu enim nobis salutis conci-

---

a) Men. die II. Septembris Ode ε'. pag. 17. col. 1. C.
b) Men. die XV. Ianuarii Ode ζ'. pag. 133. col. 1. D.
c) Men. die XXIV. Martii Ode γ'. pag. 101. col. 2. A.
d) Paraclit. pag. 6. col. 1. C.
e) Men. die IX. Septembris Ode ζ'. pag. 71. col. 1. A.
f) Men. die XVI. Decembris Ode ε'. pag. 127. col. 2. D.
g) Men. die XXV. Augusti Ode ε'. pag. 137. col. 1. B.
h) Paraclit. pag. 55. col. 2. B.
i) Ibid. pag. 56. col. 1. C.

1) Cf. Suiceri Thesaurum ad v. εὐλογέω.
2) Gen. XXVI. 29. Ps. V. 13, XXXVII. 26, Is. LXV. 23. Sirac. I. 13.
3) Luc. I. 42, Actt. III. 26, Gal. III. 8, 9. Ephes. I. 3, Hebr. VI. 14.
4) Gen XII. 3, XLVIII. 3, Ex. XXIII. 25. Deut. VII. 13, XXX. 16, Ios. XVII. 14.

liatrix facta es. » Nunc tandem a) dicitur: « Miser fractus animo e vitae sanctimonia excidi, sed tu, *benedicta Domina*, memet reducito, et ad Filii tui praecepta exige. » Huc autem merito revocantur tum b) haec *ex officio in diversas processiones et vigilias supplicationum:* « Sanctissima, Domina, omni ex parte celebranda, *benedicta*, ut benigna pro nobis exora et miserere nostri. » Tum similia passim sive 1) in missali romano, sive in Lectionario luxoviensi, sive in sacramentario gallicano, ubi ad Missam in annuntiatione sanctae Mariae haec secreta recitatur: « Deus universalis, qui in sanctis spiritaliter, in matre vero virgine etiam corporaliter habitasti; caritate decens, pace gaudens, pietate praecellens; ab angelo gratia plena ab Elisabeth *benedicta*, ab gentibus praedicatur beata: cuius nobis fides mysterium, partus gaudium, pacem quam in assumtione matris tunc praebuisti discipulis, nobis miserere supplicibus. »

217. Est itaque Deipara εὐλογημένη *benedicta*, sed benedicta *ut Dei habitaculum*: sed benedicta *uti Regina et genitrix Regis universorum*: sed benedicta *uti eam decebat quam solam is amavit qui est benedictus et supergloriosus*: sed benedicta *uti miserorum perfugium, spei anchora, et lux eorum qui in umbra mortis versantur*: sed benedicta *uti salutis conciliatrix, quaeque numquam a sanctitatis calle deflexerit*. Neminem porro futurum reor qui censeat, vel cum tanta benedictionis praestantia ignominiam maledictionis potuisse componi: vel uno etiam temporis puncto irae atque maledictioni fuisse obnoxiam, quam Deus unice dilexit et in qua non minus *corporaliter* quam *spiritaliter* habitavit, et omnimoda benedictionis ubertate replevit.

218. Hinc mirum accidere nullatenus debet, Deiparam esse appellarique θεομακάριστον καὶ μακαρίαν, idest eiusmodi cui nihil omnino ad sanctitatem beatitatemque defuerit, quaeque totum possederit quod creaturarum praestantissimam, quod Dei genitricem et omnibus celebrandam laudum praeconiis deceret. Sicut enim auctore c) Chrysostomo, *nemo beatus praedicari debet, nisi ille solus qui secundum Deum vivit;* ita testis est locuples d) Gregorius nyssenus, *beatitudinem contineri quadam eorum omnium comprehensione, quae boni appellatione intelliguntur, et a qua nihil abest eorum quae pertinent ad bonorum desiderium*. Hinc Hesychii e) enarratio, *beatus qui in bonis semper versatur et felix est:* atque hinc non dissimilis interpretatio f) Suidae, *beatus qui in bonis perpetuo habitat*. Qua significatione eademque plenissima vocatur g) Deus, ὁ μακάριος θεός, *beatus Deus*, et 3) simpliciter ὁ μακάριος, *beatus*.

219. Quod autem inter cetera Deiparae ornamenta et illud emineat, quo θεομακάριστος *divinitus beatificata* nuncupatur, haud obscure ex iis initio apparet quae tradit g) Methodius inquiens: « Tremendum enim revera, o mater virgo et spiritalis sedes glorificata Deoque digna, tuum illud (virginei conceptus) sacramentum, o tu *beata* in mulierum ge-

a) Ibid. pag. 100. col. 2. A.
b) Eucholog. pag. 767. C. 769. B. et 769. C.
c) Ad populum antioch. Hom. XVIII.
d) De Beatitudinibus Orat. I. pag. 764. opp. T. I.
e) Μακάριος· ὁ πάντοτε ἐν ἀγαθῷ ὢν εὐδαίμων.
f) Μακάριος· ὁ ἐν ἀγαθοῖς πάντοτε ὤν.
g) De Symeone et Anna §. V. pag. 809. B-C. apud Gallandium T. III.

1) Apud Muratorium in Liturg. rom. pag. 612. A-B.   3) I. Tim. VI. 15.
2) I. Tim. I. 11.

nerationibus et *divinitus beatificata.* » Confirmat [a]) Iohannes Euchaitarum metropolita his verbis: « O puella quae *divinitus beata haberis et celebraris,* spem meam omnem in te cupide pono: salva me mater eius qui vere est vita: et deprecare, o innocens, ut sempiternis repleantur deliciis, qui in fide et amore te hymnis efferunt. » Corroborat [b]) Andreas cretensis ubi Annam sic alloquitur: « Vere quidem tu beata es ac ter beata, quae *divinitus beatificatam* puellam peperisti, Mariam inquam, magnum illud nomen, omni laude omnique honore prosequendum. » Demonstrat [c]) Theodorus Studita qui ubi in eo est ut Virginis laudes extollat, eam dicit θεοδόξαστον *divinitus glorificatam* scribens: « O innocens *divinitus glorificata;* tu prophetice monstraberis Dei civitas, e qua ipsemet creator tuus genitus est, qui te post partum ut antea custodivit. » Ostendit [d]) Iosephus ubi canit: « Te, o *beatissima divinitus effecta,* generationes generationum beatam iampridem depraedicant, quemadmodum prophetasti. » Atque ipse tandem probat [e]) Sophronius hierosolymitanus qui in laudes Virginis effusus inquit: « Te, *o beatificata divinitus,* generationes generationem beatam dicunt, quemadmodum olim praenunciarunt: sola namque mortalibus beatum Verbum ex te ineffabiliter incarnatum genuisti. »

220. Quibus postremis verbis admoneor, ut de alio cogitem apposito, et nonnulla promam veterum testimonia, quibus Deipara appellatione τῆς μακαρίας *beatae* insignitur. Ad quem numerum omnino spectant quae paullo superius ex Methodio laudavi, itemque spectant quae [f]) Theodorus Studita his verbis complectitur: « *O beata* Dei sponsa, quomodo genuisti sine viro, et mansisti sicut prius? Deum namque enixa es, portentum stupendum: sed ora ut salventur qui te celebrant. » Neque referri alio possunt quae [g]) his verbis Theophanes scribit: « Beati celebrantur Ioachim et Anna ut qui genuerint insigniter beatam innocentem Dei matrem, quae beatum peperit Verbum quod fideles universos beatos efficit.» Accedit [h]) auctor sermonis in descriptionem Deiparae Athanasio tributi, qui sic habet: « Tuam ipsius animam, quam Magi [1]) cum stella, stella duce [2]) adorarunt: quam pastores et angeli una cum divino infante *beatam* praedicarunt: quam [3]) Iacob scalam vidit ad caelos attingentem: Moysesque ille qui Deum vidit, rubum [4]) incombustum, lucernam, arcam, tabulamque ac mensam: Aaron [5]) sine humore germinantem virgam conspexit. O plane intemerata atque inculpata! quam David [6]) arcam vocat sanctificationis: Salomon [7]) autem lectum aureum ac thronum convallemque liliorum, virtutum scilicet ut puto divinarum, et Paradisum a Deo plantatum. » Accedunt testimonia quae ab hisce non admodum distant,

---

a) Men. die XII. Ianuarii Ode θ'. pag. 154. col. 2. C.
b) Orat. in Natalem sanctissimae Deiparae pag. 184. C. apud Gallandium T. XIII.
c) Triod. pag. 150. col 1. D.
d) Offic. Quadrag. Fer. V. Heb. III. Ieiun. Ode η'. pag. 254.
e) Triod. apud Mai, Spicileg. rom. T. IV. pag. 143.
f) Triod. pag. 265. A.
g) Antholog. die VIII. Septembr. Ode ζ'. pag. 18. col. 1. A.
h) Orat. in descript. Deiparae n. 6. pag. 407. opp. Athanasii T. II.

1) Al. μετὰ τοῦ βρέφους, *cum infante.*
2) Matth. II. 2.
3) Gen. XXVIII. 18.
4) Ex. XXVI. 11.
5) Num. XVII. 8.
6) Ps. CXXXI. 8.
7) Cant. II. 1. coll. III. 9

Tarasii[1] constantinopolitani, Paschasii Ratberti[2] et[3] Fulberti carnotensis episcopi, qui relatis Deiparae verbis, *fecit mihi magna qui potens est, et sanctum nomen eius*, pergit: « Quae tibi magna fecit, Domina, quae, gloriosa virgo, ut dici *beata* merearis? puto enim, imo veraciter credo, ut creatura ederes creatorem, famula Dominum generares, ut per te Deus mundum redimeret, per te illuminaret, per te ad vitam reduceret. » Consentit[4] Hildephonsus, qui expendens Deiparae vaticinium, *ecce enim ex hoc beatam me dicent omnes generationes*, scribit: « Quapropter, quaeso, respicite terras quascumque sol suo illustrat lumine, et videte quoniam nulla iam pene est natio nullaque gens quae Christum non credat; et ubicumque Christus colitur et adoratur, venerabilis Dei genitrix Maria *beata* et felix nec non et virgo perpetua praedicatur. Et ideo, fratres, parum est ab uno vel a paucis discere, quod ab omnibus ubique praedicatur et creditur. Hoc itaque est, dilectissimi, quod dico, quia creditur. Et ecce per orbem terrarum ubique in omni gente et omni lingua, beata Maria virgo pronuntiatur, et quot sunt homines, tot habet testes. Verum siquidem dixerim, quia creditur dum praedicatur. Praedicatur autem quia *vere beata* creditur esse apud Deum, et nunc fiducialius ubique pronuntiatur, quia vere et fideliter beata creditur. Tamen quod praedictum est, in omnibus adimpletur, quia in terris beata et gloriosa dicitur, in caelis vero ab omnibus sanctis conspicua collaudatur et praeclara. » De hac autem universali praedicatione testantur ecclesiarum omnium Missalia, copticum, syriacum, maroniticum, aethiopicum, romanum, gallicanum et gothicum, e quo[5] pauca haec speciminis gratia describo: « Vere dignum et iustum est, aequum et salutare est nos tibi gratias agere, Domine sancte, Pater omnipotens, aeterne Deus: quia hodie Dominus noster Iesus Christus dignatus est visitare mundum. Processit de sacrario corporis virginalis, et descendit pietate de caelis. Cecinerunt angeli, *gloria in excelsis*, quum humanitas claruit Salvatoris. Omnis denique turba exsultabat angelorum, quia terra regem suscepit aeternum. *Maria beata*,[6] facta est templum pretiosum, portans Dominum dominorum: genuit enim pro nostris delictis vitam praeclaram, ut mors pelleretur amara. Illa enim viscera, quae humanam non noverant[7] maculam, Deum portare meruerunt. »

221. E quibus mutuo, uti par est, comparatis probe assequimur: I. Deiparam praeclaris titulis τῆς μακαρίας καὶ θεομακαρίστου *beatae et divinitus beatificatae* saepissime celebrari: II. hisce eam titulis celebrari non communi quadam vulgataque significatione, sed significatione eximia, nobilissima, eiusque propria quae fuerit *civitas Dei, arca sanctificationis, Paradisus a Deo plantatus, beata in mulierum generationibus, Dei sponsa et sola Verbi genitrix*: III. hac eximia propriaque significatione ostendi, Deiparam fuisse omnigenis auctam virtutibus, et creaturis prorsus omnibus sanctimonia atque beatitate praestitisse: et IV. eo usque praestitisse, ut ipsa sola extiterit ὄνομα πολυτίμητον *nomen nullis laudum encomiis pro suo splendore celebrandum*, ipsa sola θεομακάριστον βρέφος *fetus divinitus beati-*

---

1) Orat. in Deiparae praesent. Cf. etiam Sophronii encom. in Ioh. Baptistam pag. 15. apud Mai, in Spic. rom. T. IV.

2) De partu Virginis, praefat. pag. 1. apud Lucam Acherium, Spicileg. T. XII.

3) Orat. in Deiparae assumpt. p. 661. col. 2. E. apud Combefisium biblioth. concionat. T. VII.

4) Ibid. Orat. in Deiparae assumpt. p. 673. col. 1. A-D.

5) Apud Muratorium Lit. rom. pag. 521. D-E. cui ad-

de Monium *Latein. und Griech. Messen.* pag. 126.

6) Non itaque tum primum *beata* fuit Maria quum Unigenitum concepit, sed in Unigeniti matrem selecta idcirco fuit, quod divino munere *beata* iam esset.

7) Sed quae est ac merito dicitur *macula humana?* nimirum macula originalis quae universam inficit humanitatem. Originalis ergo maculae expers fuit Maria, et habita idcirco digna est quae Deum portaret.

ficatus ipsa sola *insigniter beata ac felix genita fuerit*, ipsa sola quae *humanam non noverit* maculam, ipsa sola consors beatitudinis qua eius Filius μακάριος *beatus* audit, ipsa sola *per quam mundus redimeretur, illuminaretur et ad vitam* reduceretur, et ipsa sola digna quam *pastores et angeli una cum divino infante beatam praedicarent*.

CAPUT IV.

Exhibentur apposita affirmantia eademque superlativa, quibus Deiparae ea asseritur innocentia eaque tribuitur sanctitas, propter quam labem nullam contraxerit virtutumque omnium ornamentis enituerit.

222. Quod tum animadvertimus quum de *negantibus* epithetis dissereremus, idipsum repetamus oportet quum de epithetis affirmantibus sermonem instituimus. Sicut enim maiores nostri, quo puram ab omni naevo Deiparam significarent, nullum praetermiserunt negans epithetum sive positivo sive superlativo expressum gradu; ita quo mundissimam eiusdem innocentiam, sanctitatemque cuiusvis insciam maculae et omnibus nitentem virtutum ornamentis efferrent, nullum affirmans epithetum sive positivum sive superlativum sibi negligendum esse existimarunt. Et de adhibitis quidem epithetis affirmantibus illisque positivis, abunde ex iis constare arbitror quae antecedenti capite non solum retulimus verum etiam explanavimus. In eo autem quod nunc adgredimur, de appositis dumtaxat affirmantibus eisdemque superlativis erimus solliciti, et operam quam poterimus diligentiorem impendemus, ut forma atque imago virgineae innocentiae et sanctitatis cura patrum excitata et in ecclesiasticis monimentis depicta, quo fidelissime obtineri potest, contemplantium oculis subiiciatur.

223. Ut hoc autem rite perficiamus, non minimum iuverit materiem universam ita distinxisse, ut *prior articulus* ea sistat affirmantia apposita superlativa, quae talia sunt grammatica inflexione, et quorum vim potestatemque positivam superiori capite aperuimus: *alter* deinde *articulus* eadem repraesentet apposita, sed ita compositione temperata ut superlativis respondeant: *tertius* tandem iis absolvatur appositis, quae quum superlativis aequipolleant, attamen neque gradu positivo fuerunt adhibita, neque a nobis hucusque illustrata. Ad priorem itaque articulum referentur epitheta, quibus Deipara dicitur ἁγιωτάτη *sanctissima*, ἱερωτάτη *sacratissima*, καθαρωτάτη *purissima*, καλλίστη *pulcherrima*, ὡραιοτάτη *venustissima*, θεοχαριτώτατος *Deo gratissima*, σεμνοτάτη *maxime veneranda*, et μεγαλοδοξοτάτη *summopere magnificanda*. Ad alterum ea spectabunt quibus Deipara nuncupatur πανάγια *penitus sancta*, πάναγνος *penitus innocens*, πανίερος *penitus sacra*, πάνσεμνος *penitus venerabilis*, πάγκαλος *penitus pulchra*, πανευλόγητος *penitus benedicta*, παμμακάριστος *tota beatificata* et παναγιώτατος *tota sanctissima*. Postremus denique iis constabit, quibus Deipara audit, πανευπρεπής *tota decora*, πανσεβάσμιος *tota veneranda*, πολυτίμιος *honore dignissima*, πανεύφημος *penitus laude digna*, πανθαύμαστος *tota admirabilis*, πανένδοξος *tota gloriosa*, πολυώνυμος *celeberrima*, πάγκλυτος *famigeratissima*, πανύμνητος *undequaque laudabilis*, et πανόλβιος *tota beata*.

ARTICULUS I.

De appositis affirmantibus iisdemque superlativis quibus Deipara salutatur ἁγιωτάτη *sanctissima,* ἱερωτάτη *sacratissima,* καθαρωτάτη *purissima,* καλλίστη *pulcherrima,* ὡραιοτάτη *venustissima,* θεοχαριτώτατος *Deo gratiosissima,* σεμνοτάτη *maxime veneranda et* μεγαλοδοξοτάτη *summopere magnificanda.*

224. Omnium ore frequentatur *sanctitatis* descriptio, quam vulgatus Dionysius [a]) his omnino verbis expressit: *sanctitas est, ut more nostro loquar, ab omni scelere libera, et omnino perfecta, et omni ex parte immaculata puritas.* Deipara autem non modo vocatur sancta, sed etiam *sanctissima,* et *vere sanctissima* ac prae omnibus colenda. Praeclare [1]) Hippolytus, ubi Beronem et Heliconem haereticos humanam omnem operationem voluntatemque Christo denegantes, eo quoque nomine carpit et damnat quod: « Subsequenter et Dominam nostram *vere sanctissimam,* super omnes sanctos venerandam scilicet et laudandam, ut proprie ac non fallaciter, veraciter Dei genitricem semperque virginem, non proprie ac veraciter matrem Dei describant, sed eius qui nullo modo secundum ipsos existit, quia nullam habet operationem. » Cum Hippolyto eadem *sanctissimae* appellatione Deiparam ornant [2]) vetus catena, Humbertus cardinalis [3]) Leontius episcopus Neapoleos Cypri [4]). Sophronius senior [5]) et [6]) Hildephonsus, qui illam et *sanctissimam* et *sacrosanctam* dicit. Accedit Armeniorum ecclesia, in cuius professione fidei [7]) legimus: « Ad te confugimus, *sanctissima,* superior, admirabilis et distributrix bonorum. Tu es fons sitientibus, quies laborantibus: tu fuisti receptaculum divini Verbi. » Accedunt Graeci [b]) qui praeeunte Iosepho, canunt: « Celebrate virgines et matres laudate, populi glorificate, sacerdotes benedicite inviolatam Dei matrem. Haec enim carne adhuc puella in legale templum adducta fuit tamquam sanctissimum Domini templum. Propterea spirituale festum agitantes clamemus: salve, o Virgo, humani generis gloria. » Accedit Eustathius thessalonicensis cuius [c]) haec sunt verba: « Ideo *sanctissimae* Virginis sponsum sanctum Iosephum aliquis mirabiliter celebrarit, quod is tremendo simul suavique modo Virginem illam tamquam oculi pupillam custodierit. » Omitti tandem non debet inter Graecorum [d]) adversus Latinos criminationes et hanc [e]) sane ineptissimam censeri, quod latini *sanctissimam Deiparam simplici nomine sanctae Mariae nuncupant.*

225. Appellationi qua Deipara vocatur sanctissima, altera respondet qua dicitur ἱερω-

---

a) De div. Nominibus cap. XII.
b) Men. die XXII. Novembris ad Matutin. pag. 163. col. 1. A.
c) In hymn. pentecost. Iohannis Damasceni pag. 364. apud Mai, Spicileg. rom. T. V.
d) Τὰ αἰτιάματα τῆς λατινικῆς ἐκκλησίας. Apud Cotelerium monument. eccles. graec. T. III. pag. 495.
e) Ibid. pag. 502.

1) De Theolog. et Incarnat contr. Beron. et Helic. §. VI. pag. 471. C. apud Gallandium T. II.
2) Apud Combefisium bibliothec. concionat. T. VI. pag. 319. col. 1. D-E.
3) Advers. simoniacos lib. II. c. XLV. p. 763. E. apud Martenium in Thes. anecdot. T. V.
4) Orat. in Simeonem, pag. 209. col. 1. E. apud Combefisium biblioth. Concionat. T. VI.
5) Ad Paulam et Eustochium de assumpt. Virginis p. 655. col. 1. D. apud Combefisium biblioth. concionat. T. VII.
6) Orat. de Virginis assumpt. ibid. pag. 680. col. 1. B.
7) Confess. eccles. arm. pag. 39.

τάτη· *sacratissima*, et cuius testis inprimis est ᵃ) Iohannes damascenus inquiens: « *O sanctissima filia*, quae in maternis ulnis cerneris, apostaticisque virtutibus formidabilis es! » Et ᵇ) rursum: « O Ioachimi et Annae *sacratissima* filia, quae principatibus et potestatibus, ignitisque maligni telis latuisti. » Et ᶜ) alibi: « *O sacratissima* filia feminarum decus. » Concinit ᵈ) Modestus Patriarcha hierosolymitanus, qui Deiparam compellans ait: « Salve *sacratissima* mater semper virgo, quae genuisti ex te incarnatum ex Spiritu sancto Christum Dei filium perfectum in divinitate et perfectum in humanitate. » Itemque concinunt Basilius pegoriotes et Leo Augustus, e quibus ille ᵉ) scribit: « Et corpore et spiritu laetabatur Maria immaculata illa in Templo Domini degens ceu vas *sacratissimum*. » Leo autem ᶠ) sic habet: « Sed caelestis ille Pater *sacratissimae* Puellae sacros parentes in hunc modum, quibus illi appetebantur opprobriis, ad se trahebat, longo temporis spatio ante excultos lumbos prolificos, ieiuniis et orationibus animum excolentes. » Neque praeteriri silentio debent qui eodem *sacratissimae* titulo Virginem honestant, Fulbertus carnotensis [1]), Hildephonsus toletanus [2]) et [3]) Petrus chrysologus. Quare [4]) in hymnis ecclesiasticis legimus:

» O Christi mater caelica,
» Fons vivus, fluens gratia,
» Lux pellens cuncta schismata,
» Maria sacratissima.

Quae ab Iosepho pariter *sacratissima* ᵍ) dicitur his verbis: « Te, o sacratissima, venerabilis prophetarum chorus vere praenunciat montem intactum, virgam et portam, per quam, uti novit, ingressus est Altissimus, illamque vicissim clausam, o Virgo, reliquit. »

226. Utrumque titulum *sanctissimae* et *sacratissimae* tertius excipit, quo Deipara καθαρωτάτη *purissima* nuncupatur. Et huius quidem tituli testis est non ultimus ʰ) Philotheus Patriarcha scribens: « Verbum sponsus quum te intemeratam, o Dei mater, inter medias spinas compererit ceu *purissimum* lilium floremque convallium, in tuo utero habitavit. » Testis est ⁱ) Basilius pegoriotes inquiens: « *Purissimum* Salvatoris templum, thalamus summo dignus honore idemque virgineus, sacer divinae gloriae thesaurus hodie in domum Domini inducitur, secum gratiam ferens quae est in Spiritu divino. Illam (Deiparam) Angeli Dei exaltant: ipsa est caeleste tabernaculum. » Testis ʲ) Leo magister, cuius ista sunt verba: « Hodie *purissimum* Dei templum, ceu triennis iuvenca, in sancta sanctorum in-

a) Orat. in diem natal. Deiparae pag. 846. A. opp. T. II.
b) Ibid. pag. 846. A.
c) Ibid. pag. 846. B.
d) Orat. in dormit. Deiparae pag. 44. A.
e) Antholog. die XXI. Novembris Ode ζ'. pag. 133. col. 1. D.
f) Orat. in s. Mariae nativit. apud Combefis. Auctar. T. I. col. 1609. B.
g) Men. die XVIII. Septembris Ode η'. pag. 124. col. 1. E.
h) Antholog. die XXVI. Octobris Ode ϛ'. pag. 85. col. 2. C.
i) Antholog. die XXI. Novembris Ode ϛ'. pag. 132. col. 1. D.
j) Antholog. pag. 136. col. 1. A.

1) Orat. in Virginis assumpt. pag. 660. col. 2. B. apud Combefisium biblioth. concionat. T. VII.
2) Ibid. Oratt. in Virginis assumpt. pag. 670. col. 2. D. 671. col. 2. et 679. col. 2. C.
3) Ibid. Orat. in Deiparae annunt. pag. 372. col. 1, B-E. col. 2. A. T. VI.
4) Thesaur. hymnolog. T. I. pag. 284.

ducitur. » Testis ᵃ) Proclus qui sinum Deiparae vocat: « *Purissimam* virginitatis officinam. » Testis ᵇ) Iohannes damascenus qui tremendam describens Verbi incarnationem ait: « Atque tunc ei (Virgini) obumbravit subsistens Dei altissimi sapientia et virtus, Dei Filius, ille Patri consubstantialis; sibique ex sanctis eius *purissimisque* sanguinibus carnem compegit anima rationali et intelligente animatam, ipse factus eius hypostasis. » Et testes ᶜ) Graeci omnes qui de Deipara unanimes canunt: « Tu *purissimum* Regis palatium. » Graecis autem perspicue suffragantur Armenii, Copti atque Latini. Suffragantur Armenii, uti ¹) ex Nersete claiensi manifestum est qui *purissimae* titulum Virgini defert. Suffragantur Copti, uti ²) liquet ex Missali alexandrino et Basilii Anaphora in qua legimus: « Memento, Domine, omnium sanctorum qui tibi placuerunt ab initio, praecipue gloria plenae, semper virginis, Dei genitricis, sanctae *purissimae* Mariae. » Et suffragantur Latini, quemadmodum plane constat tum ³) ex ipsorum officiis ac hymnis, tum ex hac ⁴) Anselmi pientissima prece: « O alma virgo Maria, tanto omnibus angelorum spiritibus, omnibusque electorum animabus, in cuncta Filii tui Christi Domini nostri hereditate es gloriosior; quanto ab ipso fieri meruisti beatior. O sancta Dei genitrix, omnium creaturarum dignissima atque *purissima*, caecorum cordium oculos terge, atque semitas iustitiae nobis ostende. »

227. Porro quae sanctissima fuit, sacratissima et purissima, eadem esse dicique debuit *pulcherrima*, et *venustissima*. Et καλλίστη *pulcherrima* quidem dicta fuit ᵈ) ab Epiphanio, qui ea de caussa Colliridianos gravissime exagitans quod Mariam oblatis sacrificiis honorarent, scripsit: « Etsi Maria *pulcherrima* fuerit et sancta et honore dignissima, non idcirco tamen adoratione prosequenda. » Eodemque *pulcherrimae* titulo insigniri ᵉ) a Graecis consuevit, qui de ea, praeeunte Iosepho hymnographo, canunt: « Ingrediebaris, *pulcherrima*, in stadium martyrii fideliter annuncians cum duobus fratribus Christum Deum nostrum. Amore namque enutrita spiritalia vere vasa Christi Ecclesiae hos effecisti: ideo etiam cum illis sociata es testis in supernam vitam. » Et chorum agente ᶠ) Proclo repetunt: « Ecce, sapientissime senex, pie dixit Anna, *pulcherrimam* filiam quam mihi Deus dedit: hanc accipe et splendide annuncia fore ut ipsa sola ad effectum perducat vaticinia. » Eadem utitur appellatione ᵍ) vulgatus nazianzenus Gregorius, a quo Virgo coniunctim dicitur *pulcherrima, veneranda, castissima Maria*. Et eadem ipse quoque utitur ⁵) Hildephonsus toletanus scribens: « Perpendite matrem Domini, quae ⁶) *quasi vitis fructificavit sanctitatem odoris*, et protulit cunctis gentibus *fructus honestatis* et gratiae. Floruit ut mater

---

a) Orat. in Deiparam Mariam §. XIII. pag. 641. D. apud Gallandium T. IX.
b) Dissert. adver. Nestorianos §. XLIII. pag. 84. apud Canisium Lectt. antiquar. T. II.
c) Men. die XIV. Decembris ad Vesper. pag. 114. col. 1. B.
d) Haeres. LIX. al. LXXIX. §. VII. pag. 1065. B. opp. T. I.
e) Antholog. die I. Septembris pag. 4. col. 2. D.
f) Men. die XX. Novembris Ode υ'. pag. 147. col. 2. E.
g) Trag. Christ. patiens. vv. 131-560. pagg. 1214-1240.

1) Epist. IV. quae est *libellus confessionis fidei ecclesiae armeniae scriptus a Nersete archiepiscopo Domini Gregorii armeniorum catholici fratre, poscente honoratissimo Alexio supremo exercitus duce, genero Manuelis graecorum Imperatoris, quum Orientem petiit, degebatque Mopsuestiae Ciliciae metropolis.* pag. 174. opp. T. I.

2) Apud Assemanum cod. Liturg. T.IV.P.IV.pag.61-63.
3) Thesaur. hymnolog. pag. 206. T. I.
4) Orat. LIV. ad Deiparam p. 283. col. 1. C-D.
5) Orat. in Deiparae assumpt. pag. 667. col. 1. D-E. apud Combefisium biblioth. concionat. T. VII.
6) Eccl. XXIV. 23-25.

glorificata, ut mater pulchrae dilectionis et timoris, ut mater agnitionis Dei et spei, in qua gratia omnis, spes vitae et virtutis, et quae sola refulsit virgo sancta inter filias, ac si lilium inter spinas. Virgo prudens, virgo pudicissima, virgo *pulcherrima* et fecunda, corpore decora atque integra, animo fulgida, fide perspicua, vita praeclara. » Alterum vero ornamentum, quo ὡραιοτάτη *venustissima* dicitur, confirmat ᵃ) Germanus constantinopolitanus Antistes his verbis: « O Dei sponsa apparuisti thalamus *venustissimus*, thronus Dei altissimus, in quo ipse carne laetatus sedentes in tenebris perditionis ad lucem cognitionis sua bonitate excitabit. » Confirmat et ᵇ) Iosephus hymnographus qui Deiparam compellans ait: « *Venustissima* Virgo apparuisti sinu gestans venustissimum Verbum, cui psallimus: benedicite opera Domini Domino. » Hildephonsus ¹)‚ eam vocat *speciosissimam*, et ²) in hymnis ecclesiasticis de ea dicitur:

> » O Christi mater fulgida,
> » Scatens fons omni gratia,
> » Lux pellens quaeque nubila,
> » Maria *venustissima*.

228. Et oportebat enimvero ut venustissima foret, cui Deus summopere benedixit, quam donis omnibus locupletavit, quaeque suo merito suaque praestantia θεοχαριτώτατος *Deo gratiosissima* nominatur. Quo sane nomine illam Sophronius ᶜ) exornans inquit: « Gaude benedicta *Deo gratiosissima*, Dominus tecum qui mortem abstulit, hominemque a maledicto solvit tua mediatione, o Domina eademque mater et virgo. » Et ᵈ) rursum: « Ave lapsorum erectio, ave maledictionis solutio, *Deo gratiosissima*, ave porta impervia, ave lucis nubes, ave quae gaudium mundo salutiferum peperisti, ave terra non subacta, ave praesidium clamantium, Dominum laudate. » Neque minori verborum splendore Iosephus melodus ᵉ) Deiparam vocat θεοχαριτώτατον *Deo gratiosissimam* scribens: « Tu, o inter mulieres benedicta atque *Deo gratiosissima*, naturam nostram praevaricatione corruptam renovasti pariens eum qui omnia refingit. » Auctor tragoediae quae inscribitur *Christus patiens*, quaeque Gregorio nazianzeno tribui consuevit, Virginem ³) appellat σεμνοτάτην *maxime venerandam;* deque ea ᶠ) Theodorus studita scribit: « O innocens et *divinitus glorificata*, prophetice demonstrata es Dei civitas, ex qua ipse factor tuus genitus est. » Quare Iohannes damascenus ᵍ) ut aliquo tandem pacto magnitudinem excellentiamque Deiparae significaret, eidem acclamavit tamquam *multo gloriosissimae et luciferae matri Dei nostri ac Salvatoris*.

229. Si quae igitur ad maiorum praescriptum Deiparae species depingenda sit, ea non aliis poterit excitari coloribus quam quibus exhibetur uti *sanctissima, sacratissima, purissima, pulcherrima, venustissima, Deo gratiosissima, maxime veneranda* et *oppido*

---

a) Antholog. die VII. Septembris Ode α'. pag. 16. col. 2. C.
b) Men. die V. Iunii Ode η'. pag. 22. col. 1. A.
c) Triod. apud Mai, Spicileg. rom. T. IV. pag. 181.
d) Ibid. pag. 187.
e) Men. die XVIII. Februarii Ode ς'. pag. 152. col. 2. A.
f) In Thesaur. hymnolog. T. III. pag. 106. et apud Baronium ad annum 842.
g) Orat. in annuntiat. Deiparae pag. 835. D. opp. T. II.

1) Orat. in Deiparae assumpt. pag. 681. col. 2. C-D. apud Combefisium biblioth. concionat. T. VII.
2) Thesaur. hymnolog. pag. 285. T. 1.
3) Trag. Christ. pat. pag. 1244. v. 647.

gloriosissima. Immo non aliis poterit excitari coloribus quam quibus tamquam *sanctissima* ita exhibetur, ut sit *vere sanctissima, humani generis decus, gloriosissima prae angelis, creaturarum omnium dignissima ac purissima* et *supra sanctos omnes veneranda*, atque idcirco *ignitis Satanae telis impervia, apostaticis virtutibus tremenda, lilium medias inter spinas purissimum, venustissima mater venustissimi filii, maledictionis solutio, lapsorum erectio, humani generis mediatrix, quaeque per Filium humanam naturam praevaricatione corruptam instauravit ac refinxit.* Quisquis porro cernit, talem esse hanc Virginis speciem, et talem hisce expressam coloribus eiusdem imaginem, ut non minus ab ipsa omnis culpae naevus longissime abhorreat, quam cum ipsa omnia virtutum ornamenta penitissime copulentur.

ARTICULUS II.

De appositis quibus Deipara vocatur πανάγια *penitus sancta,* πάναγνος *penitus innocens,* πανίερος *undequaque sacra,* πάνσεμνος *omni ex parte venerabilis,* πάγκαλος *undequaque pulchra,* παντευλόγητος *penitus benedicta,* παμμακάριστος *plene beata et* παναγιώτατος *undequaque sanctissima, quaeque quum superlativis significandi potestate aequipolleant, non minus Virgini plenissimam deferunt innocentiam, quam omnem ab ipsa culpae labem removeant.*

230. Si quae habeatur creata natura, cui pro insito creaturae modo, proque selecto providentiae ordine, *penitus et undequaque* competat et *omni ex parte* tribui debeat *sanctitatis perfectio, omni ex parte perfectio innocentiae, omni ex parte perfectio sacri, omni ex parte perfectio venerationis, omni ex parte perfectio pulchritudinis, omni ex parte perfectio supernae benedictionis* et *omni ex parte perfectio beatitatis*: necesse omnino erit ut duo potissimum de ipsa affirmentur. Ac principio affirmandum erit, nihil ipsi cum culpa esse posse commune, et nihil quod cum peccati labe consortium cognationemque praeseferat. Tum affirmandum erit, quaecumque sunt omnia virtutum insignia, donorumque ornamenta in ipsam praeclarissime convenire. Utrumque enim cum omnimoda sanctitatis, innocentiae, pulchritudinis, benedictionis et beatitatis perfectione consertum sic est, ut ab ea divelli ne cogitando quidem posse videatur. Atqui ipsa est Deipara, cui epithetis, quae significatione superlativis respondent, omnimoda sanctitatis, innocentiae, ceterorumque charismatum perfectio luculentissime defertur.

231. Et illi quidem defertur omnimoda ἁγιότητος *sanctitatis* perfectio, quum titulo [1]) τῆς παναγίας *sanctissimae* decoratur. Quo sane titulo illam decorat [a]) Basilius seleuciensis inquiens: « O virgo *sanctissima*, ut quis honesta quaeque ac gloriosa de te loquatur, haud quidem ille aberrabit a veritate, sed pro merito haud fuerit satis. » Decorat [b]) Andreas cre-

---

a) Orat. in ss. Dei genitricem et incarnat. Dom. Nostri Iesu Christi, col. 599. B. apud Combefisium Auctar. T. I.

b) In nativit. Deiparae pag. 98. apud Gallandium T. XIII.

1) Monuimus enim, quod omnes norunt, eam ex sese vim esse τοῦ πᾶν in compositione, ut totam exprimat perfectionem eius rei quae *praedicato* effertur, proindeque ostendat *subiectum* de quo illud proprie adhibetur, totum esse tale, cuiusmodi adiectivo simplici demonstratur.

tensis, qui de Deipara templum ingressa ait: « Tunc sane tunc temporis patuerunt sancta sanctorum, Sancti matre *sanctissima* intra adyta sinu recepta. » Decorat [a]) Iohannes Euchaita, qui Virginem compellans inquit: « O Virgo *penitus sancta*, firma mundi spes, tutela ac praesidium, ne, bona, despicias preces servorum qui te ex animo beatam semper celebrant. » Decorat [b]) Theodorus studita qui Virginem precatur his verbis: « Regina *undequaque sancta* ac Dei genitrix, suscipe servorum tuorum preces, illasque offer universorum Deo, ut ipse nos ab omni tentatione servet. » Decorat [c]) Methodius qui Mariam vocat *omni ex parte sanctam virginem matrem*. Decorant Germanus et Ignatius melodus, e quibus alter [d]) scribit: « Quum templum sacrumque sis Verbi habitaculum, o Dei genitrix, mihi esto, *sanctissima* Dei sponsa, delictorum piaculum. » Germanus vero [e]) interrogat: « Quid autem etiam nobis fiat, *o sanctissima* Dei genitrix, quae christianorum spiritus et vita existis? »

232. Similia habet [f]) Theophanes inquiens: « Totam sempiternam lucem, o puella, iis qui te laudant peperisti, Christum sine semine carne induens: eum propitium redde, *o sanctissima* virgo Dei sponsa, ut ab inimici tentationibus omnes servet. » Similia habentur [g]) in veteri quadragesimali officio: « Malorum meorum procellas comprime, animae meae vulnera sana, me e socordiae excute somno mediatione tua, defensione tua, o domina *undequaque sancta*, Virgo mater. Quae in utero tuo Deum ut hominem gestasti, vitamque orbi effudisti, te, o virgo *penitus sancta*, hymnis efferimus. O domina *penitus sancta*, spes mea atque refugium, animae meae vulneribus medere, praebe menti meae pacem, ut ego laetus, o Deipara semper virgo, tua magnalia celebrem. » Similia [h]) in Euchologio: « *Sanctissima* Deipara, Salvatoris mater, servos tuos periculis atque omni angustia eripe. *Sanctissima* virgo, sanctissimi Verbi genitrix, in tabernaculis iustorum sanctorum tuorum interventu eum, qui e terris migravit, requiescere expostula, tu quae fidelium protectrix haberis. Refugium christianorum et eorum qui graviter iactantur auxiliatrix, o virgo *undequaque sancta*, ne servum tuum periculis immersum et ad tuam validam protectionem se recipientem asperneris. » Similia [i]) in veterum codicum inscriptionibus, cuiusmodi haec est: « Historia Iacobi de nativitate *sanctissimae* Deiparae. » Similia [j]) in Hippolyti excerptis: « Creator omnium ex *sanctissima* semper virgine Maria, conceptu puro, sine mutatione animam intelligentem cum corpore sentiente sibi substantialiter uniens, factus est homo, natura a peccato alienus Deus, Verbum idem, Deus totus, idem item homo totus, divinitate quidem divina operans per *sanctissimam* suam carnem, quae natura non erant carnis, humanitate vero humana, quae natura non erant divinitatis. » Et similia

---

a) Triod. pag. 133. col. 1. C.
b) Triod. pag. 188. col. 2. D.
c) De Simeone et Anna §. III. pag. 807. D. apud Gallandium T. III.
d) Men. die XIII. Martii Ode γ'. pag. 59. col. 1. B.
e) Orat. in s. Mariae Zonam, pagg. 237-238.
f) Men. die VIII. Februarii Ode ε'. pag. 49. col. 1. D.
g) Offic. Quadrag. pagg. 46. C. 53. A. et 265. C.
h) Euchology. pagg. 443. B. 584. D. et 727. B.
i) Apud Carolum Thilo in cod. Apocryph. novi Test. proleg. pag. LVI.
j) Excerpt. Hippolyt. cap. VIII. pag. 18. apud Henricum Canisium Lectt. antiq. T. I.

passim [1]) in Menaeis, in Paracletice [2]) atque [3]) in Anthologio recurrunt. Speciminis gratia conferre iuverit tum haec [a]) ex Anthologio: « O miraculum inauditum! fons vitae ex sterili nascitur, gratia frugum primitias splendide profert: laetare Ioachim qui Deiparae factus es genitor: non est alter terrenorum patrum tui similis, o afflate divinitus: puella namque Dei capax, Dei tabernaculum, mons *undequaque sanctus* per te nobis donatus est. » Tum haec [b]) ex eodem libro: « Ecquis te, Virgo *undequaque sancta*, non beatam dicet? » Quibus haec penes Coptos [c]) solemnia respondent: « Quid te, o Virgo *undequaque sancta*, appellabo? Tu incomprehensibilem simulque immensum portasti. Plurima sunt encomia tua, tuque omni honore decorata es, quia fuisti sapientiae habitatio. »

233. Quemadmodum vero sanctitatis perfectio, ita suis expleta numeris ἁγνεία *innocentia* Deiparae asseritur, quum ipsa πανάγνος *penitus innocens* appellatur. Qua appellatione illam insignit [d]) Sophronius scribens: « Gaude gaudii caussa, gaude maledictionis expultrix, gaude orthodoxorum gloria, laudantium te perfugium, Dei genitrix *penitus innocens*, per quam a corruptione liberati sumus. » Insignit [e]) Tarasius ubi ait: « Quae te demisisti, salva me qui superba sapiens vitam exigo, tu quae genuisti exaltantem depressam naturam, *o tota innocens*. » Insigniunt [4]) Ignatius et Iohannes Monachus, quorum posterior [f]) inquit: « Gaudens clamo ad te, inclina aurem tuam, mihique attende virgineam Dei conceptionem celebranti: eam namque coram Deo invenisti gratiam, quam nulla umquam alia, *o penitus innocens*, invenit. » Insigniunt Georgius nicomediensis et Cosmas e quibus ille [g]) sic habet: « Ne penitus timeas, o puella, ignis divinitatis tuum sinum non aduret: te namque olim, *o undequaque innocens*, praemonstravit rubus igneus ille quidem sed non combustus. » Cosmas vero [h]) scribit: « Christus Dominus factor et redemptor meus, *o penitus innocens*, ex utero tuo prodiens meque induens Adamum ab antiqua maledictione liberavit: quare ad te, *o prorsus innocens*, tamquam ad Dei matrem et virginem, ut qui tacere non possimus, clamamus illud Angeli ave: ave regina, praesidium et tutela et salus animarum nostrarum. » Omitto quae habet [5]) Iosephus hymnographus, atque ista subiicio [i]) Iohannis damasceni: « Utinam, o innocens Dei genitrix, tuis precibus ab horrendis culpis eximamur, et consortes reddamur, *o penitus innocens*, divinae illuminationis Filii Dei, qui ex te ineffabiliter incarnatus est. » Neque aliter his verbis [j]) Metrophanes: « Inef-

---

a) Anthol. pag. 27. col. 2. D.
b) Anthol. pag. 59. col. 2. A-D., coll. pag. 62. col. 2., A.
c) Theotoch. pag. 125.
d) Triod. apud Mai, Spicileg. rom. T. IV. pag. 181.
e) Men. die XXV. Maii Ode δ'. pag. 98. col. 2. A.
f) Men. die XXV. Martii Ode α'. pag. 114. col. 1. D.
g) Men. die XXIV. Martii Ode ς'. pag. 102. col. 1. B.
h) Pentecostar. pag. 52. col. 1. D.
i) Triod. pag. 130. col. 2. B.
j) Paraclit. pag. 164. col. 2. D.

1) Men. Ianuar. pag. 8. col. 1. B., Mart. p. 59. col. 1. A., Febr. pag. 39. col. 2. D. et pag. 51. col. 2. C.
2) Paraclit. pag. 232. col. 2. D.
3) Anthol. pag. 8. col. 1. B., pag. 15. col. 2. C., pag. 92 col. 1. B., pag. 100. col. 2. D.
4) Men. die XIII. Martii Ode ζ'. pag. 61. col. 1. A.
5) Pentecostar. pag. 178. col. 2. D.

fabiliter, *o undequaque innocens*, genuisti ¹) universorum creatorem, qui ab antiqua noxa mortisque corruptione mortales redemit, et per te unum Deum in tribus hypostasibus subsistentem cognovimus. »

234. Eodem pertinent ista ᵃ) Pselli: « Partum super naturam *innocentissimae* Virginis quum comprehendi non posse sciret sapiens Logotheta, Angelos et homines instruit ut fide sola venerentur. » Eodem ista ᵇ) Theophanis: « Sapientiae, quae omnem sapientiam vincit, vasculum *innocentissima* Dei genitrix fuisti, sola fidelium salus et laudatio. » Eodem ista ᶜ) Germani: « Vere non est magnificentiae tuae finis: inexhausta opitulatio tua: nullus munerum tuorum numerus: nullus nisi per te, o sanctissima, qui salvetur: nullus nisi per te, o immaculatissima, qui a malis liberetur: nullus particeps doni nisi per te, *o innocentissimu*. » Eodem quae his verbis ᵈ) in Anthologio efferuntur: « Malignissimus serpens desiderium mihi indens ³) ut cum meo auctore aequalitatem affectarem, tamquam captivum me subegit: per te autem, *o penitus innocens*, revocatus sum et verissime deificatus. Tu enim, o Dei mater, eum qui me deificaret, genuisti. » Tum vero ᵉ) haec: « O puella virgo mater, *penitus innocens*, uadequaque immaculata, Deo gratissima, precibus tuis filium et Deum et Dominum tuum mihi propitium redde, servumque tuum a passionibus et offensionibus quam citissime libera. » Repetit ᶠ) idem appositum Sophronius inquiens: « Inclytus Dei nuncius tum Virginem est alloquutus: Maria *undequaque innocens* ave, tecum sit ipse Deus. » Et ᵍ) rursum: « Mire cuncta ante tempora Verbum ex Deo natum est; cum Patre namque aeterno Filius exstitit coaeternus. Mire autem nunc est natus iterum ex *innocente penitus* Virgine; temporum omnium conditor in tempore iterum est genitus. » Et ʰ) alibi: « Tum Symeon propheta post eiusmodi sermones protensis manibus puerum porrigens, Mariam genitricem alloquutus est: *o penitus innocens*, puer iste in salutem est plurium, in perniciem ipsius gentis et in contradictionis signum. » Hinc ³) Anselmus: « O Virgo serenissima, per merita tuae piissimae purificationis da mihi virtutem contra hostes tuos: Virgo sanctissima, corpore castissima, moribus omnium pulcherrima: Virgo virginum nec corde umquam polluta nec ore, sed tota pulcra, tota sine macula: intemerata Virgo corpore, intemerata Virgo mente, nihil debens legibus, nullis tacta excessibus; ut humilitatis in te ostenderes exemplum, imples purificationis officium pollutis matribus statutum. »

235. Succedit appositum, quo Deipara πανίερος *penitus sacra* ⁴) et omnino sacrosancta

---

a) In Officio Metaphrastis apud Allatium de Symeonum scriptis pag. 239.

b) Can. in fratrem Theodorum apud Combefisium in opp. Origg. rerumque CP. p. 225, et apud Allatium de tribus Symeonibus pag. 2.

c) Orat. in s. Mariae Zonam pag. 238.

d) Antholog. die IV. Decembris pag. 157. col. 2. D.

e) Antholog. in Octoech. pag. 48. col. 2. D-E.

f) Anacreontic. I. vv. 47-51. pagg. 50, 51. apud Mai, in Spicileg. rom. T. IV.

g) Ibid. Anacreontic. II. vv. 26-34. pag. 54.

h) Ibid. Anacreont. IV. vv. 84-92. pag. 65.

1) Gemina ex eodem referuntur p. 113. col. 1. C., p. 114. col. 1. A. et pag. 7. col. 2. A.

2) Alia ab his non diversa leguntur pag. 12. col. 1. B. et pag. 18. col. 1. A.

3) Orat. LVIII. pag. 285. col. 1. A.

4) Insignis huius vocabuli usus occurrit apud vulgatum Dionysium de caelesti hierarch. c. VII. §. II.

nuncupatur. Hoc autem illi in Anthologio defertur ᵃ) his verbis: « Sanctum par ex radice Davidis divinitus afflati germinans *virgam sacratissimam*, immaculatam Virginem mundo peperit, quae nobis sine semine Christum florem *sacratissimum* protulit. » Hoc illi defertur ᵇ) a Leone Augusto ubi ait: « Reveretur enim te Deus *sacrosanctam* arcam suam, benignumque se iis praestat qui benignitate indigni sunt. » Atque hoc illi defertur ᶜ) a Germano praesule constantinopolitano qui scribit: « Consummata in ea fuisse divina mysteria, ipsamque esse *sacratissimum*, et animatum Dei templum. »

236. Porro quae *sacra* sunt, eadem *venerationem* merentur; quae ergo fuit πανίερος penitus *sacra* et omnino sacrosancta, eadem quoque esse dicique debuit πάνσεμνος *undequaque venerabilis*, eximioque cultus obsequio prosequenda. Ut hoc sane titulo Deiparam exornavit ᵈ) Iohannes monachus inquiens: « Magnum tuum mysterium, o *penitus venerabilis*, incorporeis speciebus agnoscere Legislator impediebatur, ne abiecta saperet symbolice quondam edoctus: quare ad prodigium stupens dixit, benedictus Deus patrum nostrorum. » Exornavit ᵉ) Theodorus studita Deiparam his verbis compellans: « Ave *penitus venerabilis* innocens, virginitatis gloriatio, matrum stabilitas, hominum auxilium et mundi gaudium, Maria mater et ancilla Dei nostri. » Exornavit ᶠ) Iosephus qui Deiparam salutat his verbis: « Ave purissimum lucis receptaculum, ave ignea columna quae spiritalem Israelem in divinam requiem adducis, ave nebula quae effecisti ut magnus sol mundo splenderet, ave undequaque immaculata, quae versantes in tenebris ignorantiae ad inaccessum lumen revocasti: ave virgo, ave *omni ex parte venerabilis*, ave mater Christi Dei nostri, quem deprecare ut animas nostras servet suaque luce perfundat. » Eodemque titulo Deiparam exornatam legimus in Paracletice, sive ubi ᵍ) dicitur: « Archangelus Gabriel caelitus veniens tibi, o Deipara *undequaque venerabilis*, annuntiavit, te, o puella, vitae datorem sine semine genituram. » Sive ubi ʰ) additur: « Templum et porta es, palatium et thronus Regis, o Virgo *undequaque venerabilis;* per quam Redemptor meus Christus Dominus tamquam sol iustitiae iis apparuit qui steterant in tenebris, cupiens illuminare quos ad suam imaginem propria manu effinxerat. »

237. Progredimur ad *pulchritudinis* perfectionem Deiparae adscriptam, appellationemque τῆς παγκάλου *pulcherrimae* eidem factam, cuius testis est ⁱ) Theophanes qui illam salutans ait: « Ave Dei genitrix, spiritalis arca divinae gloriae: ave mundi gloriatio et firmamentum, lapsorum revocatio, tabernaculum totum lucidum, tu quae sancta es et *undequaque pulchra*. » Immo testis est ʲ) universa Graecorum ecclesia, quae fideles ad cele-

---

a) Antholog. die IX. Septembris pag. 31. col. 1. C.
b) Orat. in s. Mariae dormit. pag. 1747. C. apud Combefisium Auctar. T. I.
c) Orat. in praesent. s. Mariae pag. 1414. C. apud Combefisium Auctar. T.I. ubi Germanus scribit εἰς αὐτὴν προτελεσθέντα θεῖα μυστήρια: tum Deiparam vocat τὴν πανίεραν καὶ τὸν ναὸν τὸν ἔμψυχον κυρίου.
d) Antholog. die VIII. Septembris Ode ζ'. pag. 26. col. 1. B. et in Menaeis eadem die et eadem Ode pag. 63. col. 2. D.
e) Triod. pag. 265. col. 2. B.
f) Antholog. in Ἀκολουθ. ἀνώνυμ. pag. 58. col. 1. B.C.
g) Paraclit. pag. 124. col. 2. B.
h) Paraclit. pag. 218. col. 2. B.
i) Men. die I. Novembris pag. 10. col. 2. A.
j) Men. die XXI. Novembris pag. 160. col. 2. A.

brandas Virginis laudes ita provocat: « Cum Angelo quotquot sumus fideles illud ave, uti par est, Deiparae acclamemus: ave sponsa *undequaque pulchra:* ave splendida nubes, e qua nobis in ignorantiae caligine sedentibus illuxit Dominus: ave spes omnium. » Quare [1]) Gregorius antiochenus chorum inducit [a]) Deiparam sic alloquentem: « Gloriosa, *undequaque pulcherrima* puella, Virgo. »

238. Quum [b]) vero *omne datum optimum et omne donum perfectum desursum* sit *descendens a Patre luminum;* Deipara quae *undequaque pulchra* fuit, necessario quoque esse debuit παντευλόγητος *undequaque benedicta,* ipsaque supernae benedictionis perfectione cumulata. Et illam sane παντευλόγητον *undequaque benedictam* vocat [c]) Theophanes inquiens: « Obsecro te, o puella *undequaque benedicta,* quae sola Deum genuisti, qui antiquam maledictionem in benedictionem convertit, qui pro hominibus exstitit maledictum, mundumque servavit. » Undequaque benedictam vocat [d]) Methodius scribens: « Benedicta tu *o undequaque benedicta* et omnibus desiderabilis: in benedictionibus Domini nomen tuum divina gratia plenissimum et Deo summe gratiosum, o Dei genitrix. » Undequaque benedictam vocant Ephraemus et Euthymius, quorum ille [e]) Virginem deprecatur his verbis: « Utique Domina *omni ex parte benedicta,* ne despicias vacuas preces meas indignas et miserabiles, ut gratia tua salvus factus benedicam et laudem te. » Alter vero [f]) in supplici ad eam canone scribit: « Interventus tui virtutem expertus, o [2]) illibatissima, affectu simul et timore ductus ad te accedo. Plurimum, o *undequaque benedicta,* apud filium matris deprecatio valet, clementia namque facile movetur. » Et undequaque benedictam vocant Graeci in Menaeis iuxta et in Paracletice. In Menaeis quidem in quibus [g]) legimus: « Natura mortalium, o Dei sponsa, partum tuum invenit redemptionem ab antiqua maledictione, et divinae benedictionis thesaurum; quare, o Maria *undequaque benedicta,* omnes quotquot sumus fideles, te et benedicimus et glorificamus. » In Paracletice [h]) vero, ubi dicitur: « Quae mundo peperisti salutem, per quam e terra in altum evecti sumus, ave *undequaque benedicta,* praesidium et robur, murus ac munimentum eorum, o innocens, qui te cantibus efferunt. » Et digna sane quae cantibus efferatur, quum in Maronitarum Officio [i]) celebretur *omnibus plena decoribus.*

a) Trag. Christ. pat. v. 598. pag. 1242.
b) Iacob. I. 17.
c) Men. die VIII. Februarii Ode γ'. pag. 48. col. 1. A.
d) De Symeone et Anna §. X. pag. 815. B. apud Gallandium T. III.
e) Orat. ad Deiparam pag. 539. A-B. opp. graec. T. III.
f) Can. supp. Ode θ'. pag. 874. D. in Eucholog.
g) Men. die IV. Iunii Ode ϛ'. pag. 16. col. 1. B.
h) Paraclit. pag. 450. col. 2. A.
i) Offic. Maronit. pag. 212. et pag. 404.

1) De auctore tragoediae, *Christus patiens,* haec habet postremus editor opp. Gregorii nazianzeni in monito ad opp. T. II. « Cui autem sit tribuenda, non satis constat. Sunt nonnulli qui Apollinarium huius operis scriptorem praedicaverint; sed immerito, ut demonstrat tum temporis circumstantia, quum eodem seculo vixerit ac Gregorius nazianzenus, tum aliqua operis fragmenta quibus utraque in Christo natura adstruitur, quum Mariam vocet matrem τοῦ διφυοῦς, eius qui est duplicis naturae. Hinc probabilius forte videbitur hoc poema restituere Gregorio cuidam propter facilem musam decantato, qui ad episcopatum antiochenum circa an. 572. evectus, propter nominis similitudinem theologus male creditus est. »

2) Eodem τῆς ἀκαταχράντου *penitus illibatae* titulo ornatur Virgo Ode ϛ'. pag. 873. C-D.

239. Reliqua est appellatio duplex, qua Deipara παμμακάριστος καὶ παναγιώτατος *beatissima* et *sanctissima* dicitur, eidemque perfectio beatitatis et undique redundans sanctimoniae plenitudo vindicatur. Ad priorem vero appellationem haec inprimis pertinent [a] Modesti hierosolymitani: « Et quando statuit ac decrevit iuxta suum beneplacitum coaeternus Patri suo et Spiritui sancto Christus Deus noster apud se illam assumere *beatissimam* matrem suam, ut conglorificaretur cum ipso in gloria; tum laetabundi concurrerunt Angeli et Archangeli. » Tum haec [b] Georgii nicomediensis: « Omnis terrigena facem praeferens spiritu exsultet; spiritalium vero mentium natura festum agitet honorans sacram Deiparae celebritatem, et clamet: ave *beatissima* Dei genitrix innocens. » Quibus haec respondent quae Anatolium habent [c] auctorem: « Hodie ex infecundo sinu laetantis Annae in luce venit quae praedestinata fuit omnium regina, Dei habitaculum, divinum templum sempiternae naturae, per quam procax infernus contritus est, et omnium mater Eva in securam vitam perducitur. Huic digne acclamemus: tu mulierum *beatissima*, et benedictus fructus ventris tui. » Atque haec item [d] respondent ex Anthologio: « O singulare portentum, quomodo omnium Deum tuo sinu comprehendisti? quomodo infantem gestasti factorem universi? Mentem rationemque vere percellit superrationalis partus tuus, *o undequaque beatissima* Deipara intemerata. » Hinc [1] in Missali gothico legimus: « Exaudi, omnipotens aeterne Deus, supplicem plebem tuam ob honorem Mariae *beatissimae* genitricis, et ita preces nostras benignus intende, ut cum fiducia dicere mereamur orationem, quam nos Dominus noster Iesus Christus filius tuus orare sic docuit dicens: Pater. » De posteriore autem appellatione testis est locuples [e] Methodius qui Mariam vocat *undequaque sanctissimum et admirandum Dei habitaculum*. Quare huc tandem eorum summa redit quae attulimus: Virginem dici credique oportere *undequaque sanctam et sanctissimam, undequaque innocentem et sacram, undequaque venerabilem et pulcram, undequaque illibatam et undequaque benedictam ac beatam*. Verum ea ne significationis amplitudine sumi haec debent, ut ad ipsas quoque Virginis origines porrigantur illasque innoxias, sanctas, venerabiles, pulcras, illibatas, benedictas beatasque demonstrent? Iudicari secus non posse sua sponte innotescet, si et verborum habeatur ratio et cogitatione recolatur, idcirco tot tantisque laudum praeconiis Deiparam insigniri, *quod ipsa honesta quaeque et gloriosa comprehenderit, quod fuerit genitrix sanctissima sanctissimi Verbi, quod concepta fuerit atque in lucem venerit uti fons vitae ac penitus sancta, quod non aliter ipsa primum exstiterit sanctissima virga ac Christus ex ea flos sanctissimus germinarit, quod tenebras numquam persenserit, infernumque contriverit, quod ab iis secreta semper fuerit quos malignus Serpens corruperit, quodque omnibus referta donis et numquam carne, numquam corde polluta fuerit ac porro sit lapsorum revocatio, delictorum*

---

a) Orat. in b. M. v. dormit. pag. 8.

b) Men. die XXV. Februarii Ode θ'. pag. 141. col. 1. C. Et in Triodio pag. 131. col. 2. A. « Mons magnus in quo Christus habitavit, tu es o Virgo, quemadmodum divinus David clamat, per quam, *o beatissima*, evecti sumus ad caelum in adoptionem filiorum Spiritu adsciti. »

c) Antholog. die VIII. Septembris pag. 21. col. 1. C-D.

d) Antholog. in Acoluth. anonym. pag. 59. col. 1. A.

e) De Symeone et Anna pag. 815. D. apud Gallandium T. III.

1) Apud Muratorium liturg. rom. pag. 548. E.

expiatio, sola fidelium spes, maledicti expultrix, benedictionis conciliatrix, et spiritus ac vita christianorum.

ARTICULUS III.

De reliquis appositis quae superlativis significatione respondent, et quibus Deipara dicitur πανευπρεπής penitus decora, πανσεβάσμιος undequaque veneranda, πανόλβιος undequaque beata, πολυτίμιος honore dignissima, πανεύφημος omnino celebranda, πολυώνυμος celeberrima, πάγκλυτος famigeratissima, πανύμνητος undequaque laudabilis, πανένδοξος penitus gloriosa, πανθαύμαστος admirabilissima et ἀξιάγαστος stupenda.

240. Ad eam epithetorum classem accedimus, quae quum vi et significandi potestate superlativis aequipolleant, numquam tamen aut certe rarius de Deipara eo gradu, quem positivum nominant, usurpata reperiuntur. Inter haec autem quod se omnium primum menti obiicit, est πανευπρεπής quod ad ordinem ethicum moralemque traductum sicuti a subiecto repellit et arcet quidquid abnorme est ac deforme, ita illi adscribendum esse demonstrat quidquid cum decoro congruit et ad convenientiae leges expressum est. Hunc vero titulum Deiparae asserit [a]) Iohannes damascenus inquiens: « Quum Oriens ex alto, o innocentissima, super terram manifestaretur, apparuisti porta *omni ex parte decora* et luce referta, quae mundum splendoribus puritatis illuminat, et in fideles mirabilium fulgores semper emittit. » Quorum significatio plenius innotescet, si animo reputetur, ita Deiparam vocari *undequaque decoram*, ut simul θεοπρεπής *Deo digna Deumque decens* nuncupetur. Nuncupatur autem θεοπρεπής *Deum decens* [b]) his verbis: « Visa es, o sanctissima, habitatio *Deum decens.* » Et [c]) rursum: « Honoremus *Deo dignam* venerandamque puellam, quae honorabilior est Cherubim: creator namque omnium quum fieri homo vellet, in ipsa ineffabiliter habitavit. »

241. Cum hoc ornamento alterum cohaeret, quo Deipara sistitur veluti nulla ex parte profana, immo omni ex parte venerabilis et sacra, atque omnino πανσεβάσμιος *undequaque cultu et religione prosequenda*. De hoc autem ornamento [d]) Iohannes monachus scribit: « Tamquam aurora matutina radiis virginitatis circumfulgens, o Dei mater *undequaque veneranda*, in vitae nocte apparuisti, nobis Orientem intelligibilis solis iustitiae manifestans. » Et ad idem significandum ornamentum tam ista [e]) pertinent: « Quomodo non suspiciamus, *o penitus veneranda*, deivirilem tuum partum? » Quam ista [f]) quae subdimus: « Te o Dei mater *penitus veneranda*, sancte celebrant caelestes incorporeorum exercitus: ipsorum enim creatorem genuisti. »

242. Hac vero Deiparae praestantia factum est, ut parens eius Ioachimus πανόλβιος *undequaque felix beatusque* diceretur, atque multo propterea vehementius ipsa eodem τῆς

---

a) Antholog. die I. Novembris Ode ζ'. pag. 94. col. 2. C.
b) Paraclit. pag. 319. col. 2. A.
c) Ibid. pag. 216. col. 1. D.
d) Antholog. die XXVI. Septembris Ode θ'. pag. 64. col. 1. B.
e) Paraclit. pag. 154. col. 2. D.
f) Ibid. pag. 384. col. I. A.

τεκούσης *felicissimae* atque *beatissimae* titulo honestaretur. Et ad Ioachimum quidem [a]) haec spectant: « Nunc nobis ad spiritale convivium propositus est *beatissimus* Ioachim Christi avus, qui Dei matrem illaesamque funditus puellam progenuit. » Ista porro ad Deiparam multo validius referri, quum ipsa rei natura et orationis ductus ostendunt, tum egregie confirmant hinc quidem appellatio τῆς παναχράντου *funditus intactae* tributa Deiparae, inde vero quae Graeci [b]) de ea alibi canunt: « Virtutum divitiis ornati venerabilis Ioachimus et prudens Anna genuerunt reginam Virginem *divina gloria varie distinctam:* omnis creatura eam uti Deiparam laudat. » Sed disertissime Latini [1]) qui de Anna Virginis genitrice sic habent:

» O mater clementissima
» Cum prole *beatissima*
» Posce semper prece pia
» Beata nobis gaudia.

243. Succedit encomium quo Virgo uti [2]) πολύτιμος *valde pretiosa* summoque in pretio atque honore tenenda laudatur. Hoc encomio eam prosequitur [c]) Basilius pegoriotes his verbis: « Cantibus celebremus gloriosum Deiparae progressum: hodie enim in Templo, tamquam et ipsa Dei templum, prophetice offertur, donum *longe pretiosissimum.* » E quibus repetendum est, quod in ecclesiasticis monimentis frequentatur, ut Deipara nunc quidem πανεύφημος *omni laude digna*, nunc vero πολυώνυμος *celebratissima* nuncupetur. Et illam sane πανεύφημον *omni laude dignam* vocat [d]) Iohannes damascenus inquiens: « Nunc illa praedicetur quae *omni ratione est praedicanda:* nunc Virgo extollatur quae exaltata a Deo est, ceterisque praelata et divino oraculo dignata. » Vocat autem πολυώνυμον *multis insignem nominibus*, quibus eius decora efferantur, Sophronius [e]) ubi ait: « Salve *multorum nominum* puella, sancta virgo Deique mater Maria, fidelium gloria, maledictionis redemptio, scala caelestis, portentum comprehensione maius, rube incombuste, terra nunquam subacta. » Atque huc insigniter faciunt quae [3]) Nerses claiensis Armeniorum Catholicus in libello professionis fidei his verbis exponit: « Scriptum erat in ea epistola, quod in ecclesiis nostris canticum sanctae Deiparae non recitamus. Et ista accusatio toto caelo distat a veritate. Adeo enim mater Dei Maria *omni caelestium terrestriumque honore dignissima* a nobis honoratur, ut numquam illius verba feriis diebus cum verbis trium puerorum et prophetae David concinamus; sed tantum dominicis diebus, dominicisque festis. »

244. Ceterum ab his quos recensuimus titulis, haud multum illi distant, quibus Virgo nunc dicitur πάγκλυτος *famigeratissima* et celeberrima, nunc autem πανύμνητος *undequaque laudabilis* nuncupatur. De priori titulo dignus est qui audiatur [f]) in anacreonticis Sophro-

a) Antholog. die IX. Septembris pag. 30. col. 1. C.
b) Antholog. die IX. Septembris Ode η'. pag. 31. col. 2. A.
c) Antholog. die XXI. Novembris Ode α'. pag. 129. col. 1. C.
d) Orat. in annuntiat. Deiparae pag. 835. C. opp. T. II.
e) Triod. apud Mai, Spicileg. rom. p. 156. T. IV.
f) Apud Mai, Spicileg. rom. T. IV. pag. 52.

1) Thesaur. hymnolog. T. I. pag. 288.
2) Quamquam nonnihil distent πολύτιμον, πολυτίμιον et πολυτίμητον: nam monente Thoma magistro, πολύτιμον est τὸ πολλοῦ τιμήματος ἠγορασμένον: at vero πολυτίμητον est τὸ πολλῆς τιμῆς ἢ δόξης ἀξιωθέν: nihilominus eiusmodi discrimen propter vocum cognationem haud infrequenter negligitur.
3) Epist. IV. pag. 182. opp. T. I.

nius: « O Maria *famigeratissima*, tu sola ex terrigenis loquentibus Cherubim gloriam suscepisti. » De altero autem praeter [1]) Iohannem damascenum, Georgium nicomediensem [2]) et [3]) Ignatium atque [4]) Clementem hymnographos, testis est locuples [a]) Theodorus studita inquiens: « Laudant te angelorum ordines, o benedicta Dei genitrix *undequaque laudabilis* et virgo: cum iis te nos hominum genus modo, tamquam innuptam, glorificamus. » Testis est [b]) Germanus costantinopolitanus qui sic habet: « Si enim ii quorum nomina in terra celebrata sunt, appellationis memoriam in longos annos conservant; quid de gloriosa *omnique laude dignissima*, immaculatissima et intaminatissima puella quispiam dixerit?» Et testis est [c]) ancyranus Theodotus, cuius haec sunt verba: « Christiani, velut qui Deo morigeri sint, fidem adiungunt divinitus inspiratis prophetarum oraculis, ita ubique de *laudatissima* Virgine clamantibus: *sanctificavit* [5]) *tabernaculum suum Altissimus*. » Nil propterea mirum si in Latinorum hymnis [6]) legimus:

» Ergo clemens et benigna
» Cunctorumque laude digna
» Tuo nato nos consigna
» Pia per suffragia.

Nil mirum si Anselmus [7]) cecinit:

» Ave lamina aurea
» In te ipsa circumscripta,
» Nomen propitiabile
» Quod est indicibile.

Et nil mirum si Petrus cellensis [8]) ita Virginem compellavit: « Merito tu es Domina. Penes te bonorum omnium est reposita plenitudo. Reconditi sunt apud te thesauri veritatis indeficientes et gratiae, pacis et misericordiae, salutis et sapientiae, gloriae et honoris. Quidquid de laudibus tuis garrire possum, tua est laude minus, omni laude dignissima. Si linguis hominum et angelorum eloquar, quum me totum effudero, parum erit. »

245. Seiungi autem ab his ea veterum testimonia non debent, quibus Deipara aut vocatur [9]) πολύμνητος *multis laudibus celebrata*, aut a Methodio dicitur παντομνημόνευτος *animo semper recolenda* [d]) his verbis: « Sanctorum omnium per omnes generationes spiritalibus narrationibus factisque prodigiosis valere iussis, ad te festi huius convivii veluti clavum, *o florenti semper habenda memoria*, dirigo. » Immo neque seiungi testimonia debent, quibus Deipara ceu πανθαύμαστος *undequaque admirabilis*, πανένδοξος *penitus gloriosa* et ἀξιάγαστος *stupore digna* salutatur. Et πανθαύμαστον quidem illam dicunt Theodorus studita et Iohannes damascenus, prior [e]) ubi scribit: « Sola, o innocens, visa es inter mulieres

---

a) Triod. pag. 245. col. 2. D.
b) Orat. in Deiparae zonam p. 233. B.
c) Orat. in Deiparam §. VI. pag. 462. apud Gallandium. T. IX.
d) De Symeone et Anna §. X. pag. 815. A. apud Gallandium T. III.
e) Triod. pag. 228. col. 1. D.

1) Men. die XV. Ianuarii pag. 130. col. 1. B. Cf. etiam Macarii fidei confessionem in Synodo constantinopolitana III. Act. VIII. pag. 351. E. concil. T. XI.
2) Men. die XI. Septembris p. 80. col. 1. B.
3) Men. die XIV. Martii pag. 61. col. 2. B.
4) Men. die XXX. Martii pag. 137. col. 1. B.
5) Ps. XLV. 5.
6) Thesaur. hymnolog. pag. 235. T. II.
7) Psalterii p. III. pag. 307. col. 2.
8) Epist. X. pag. 703. E-F. apud Martenium in Thesaur. anecdot. T. I.
9) Quod fit in Paraclit. pag. 193. col. 1. C.

penitus *admirabilis* et tremenda: tu enim sine semine pariens et, sicut antea, rursum virgo permanens, naturam innovasti: qui enim ex te natus est, is est Deus verus. » Posterior [a]) vero ubi ait: « Sed nihil Deum ita decens, uti haec beata et *modis omnibus miranda* Virgo. »

246. De reliquis duobus titulis auctores sunt Modestus hierosolymitanus et Germanus constantinopolitanus, e quibus Modestus [b]) ait: « In caelestem thalamum ingressa est illa, quae facta est *gloriosissimus thalamus* unitionis secundum hypostasim naturarum Christi, veri sponsi caelestis. » Germanus vero [c]) Deiparam alloquens interrogat: « Quis tuas misericordias intelliget? Enimvero sat tibi ad laudem, *o stupore digna*, quod non possimus idoneis laudibus res tuas celebrare. » Quod non possimus idoneis laudibus tuam a quovis culpae naevo immunitatem efferre, quia tu es πανακήρατος *penitus illaesa nullaque ex parte corrupta*: et quod non possimus idoneis laudibus ornamenta tuae sanctitatis complecti, quia tu es πανανιώτατος *undequaque sanctissima*, ac de te cum [d]) Methodio verissime ingeminatur: « Benedicta tu, prorsus benedicta, omnibusque desiderabilis. In benedictionibus Domini nomen tuum, divina gratia plenissimum ac summe Deo gratiosum, Dei mater, quaeque tuo ipsa splendore fidelibus lumen praeferas. » Ac nemo sane de eo loquens qui in Adamo peccarit, qui irae filius exstiterit, quique lethifero Serpentis viru afflatus fuerit atque corruptus, affirmet atque repetat, eum esse dicique oportere *omni ex parte decorum, Deo dignum, undequaque venerabilem et sacrum, penitus illaesum, laude quavis gloriaque potiorem, et omnino admirabilem dignumque stupore*: longe autem minus affirmet ac repetat *eius conceptum fuisse undequaque illaesum et divina gloria multipliciter insignem, non aliter in vitae nocte eum apparuisse ac inter tenebras aurora prodeat*, sibique vindicare ut omnium ore celebretur *Cherubim honorabilior, maledicti redemptio, Deum prorsus decens et eo usque luce refertus ut reliqui ex eo omnes splendore collustrentur*. Atqui horum nihil est quod maiores nostri de Virgine non affirment, atque horum nihil est quod de Virgine non inculcent atque repetant. Scilicet illorum animis altissime insederat persuasio, innocentiam Virginis eam fuisse quam nullus umquam culpae naevus taminarit.

CAPUT V.

Recensentur maiorum formulae iunctis cumulatisque epithetis coalescentes, quibus Deiparae puritas enucleatius exprimitur eiusque innocentia cuiusvis expers labis plenius demonstratur.

247. Duplici formularum genere praeceptas animo rerum notitias efferimus: vel enim formulis utimur simplicibus iisdemque universalibus: vel formulas usurpamus complexas et quarum singula prope elementa singulares ideas notasque spectandas obiiciunt. Priori formularum genere dicimus, Deum esse [1]) τὸν ὄντα *eum qui est:* dicimus Angelum [2]) esse

   a) Orat. in natal. Deiparae pag. 851. C. opp. T. II.
   b) Orat. in dormit. Deiparae pag. 16.
   c) Orat. in Deiparae Dormit. col. 1461. A. apud Combefisium Auctar. T. I.
   d) De Symeone et Anna §. X. pag. 815. B. apud Gallandium T. III.

1) Exod. III. 14.
2) Apud Eusebium, Demonstrat. evangelic. lib. IV. pag. 105.

ἀσώματον καὶ νοεράν φύσιν *incorpoream intellectualemque naturam:* et dicimus hominem [1] esse ζῶον λογικόν *animal ratione praeditum.* At posteriori genere quemadmodum cum Gregorio nysseno [a] Deum ita describimus ut sit, *incorrupta vita, ineffabile pariter et intellectum fugiens bonum, inenarrabilis pulchritudo, a se profecta, a seipsa data gratia et sapientia et potentia, vera lux, fons omnis bonitatis, rebus omnibus praesidens et super imposita potestas, solum amabile, semper eodem modo sese habens, perpetua exultatio, sempiterna voluptas:* et angelum praeeunte [b] Iohanne damasceno, nuncupamus *substantiam intelligentem, semper mobilem, libero arbitrio insignem, corporis expertem, Deo ministrantem et immortalitatem in natura secundum gratiae donum consequutam,* ita hominem [c] maiorum vestigiis insistentes definimus *animal rationis particeps mentisque compos, et divinae incorruptaeque naturae opus atque simulacrum.*

248. Porro si haec quae sua se opportunitate et perspicuitate commendant, ad rem praesentem traducantur, expeditissimum erit intelligere, pleraque omnia superioribus capitibus exposita ad primum formularum genus pertinere, eoque ex sese referri ut loquutionibus universalibus immunitatem Deiparae ab omni labe, plenamque eiusdem sanctitatem demonstrent. Et Deiparam quidem ab omni labe solutam demonstrant epitheta ἄσπιλος καὶ πανάσπιλος *intemerata ac penitus intemerata,* et quaecumque sunt huius ordinis alia; eiusdem vero expletam numeris omnibus sanctitatem demonstrant apposita ἁγία καὶ πανακριώτατος *sancta ac undequaque sanctissima,* et quae iisdem comprehensa classibus commemoravimus.

249. Superest igitur ut formulis simplicibus atque universalibus addantur, si quae forte praesto sint, formulae compositae, quaeque ex congestis cumulatisque epithetis efflorescunt. Ex his enim tria potissimum assequemur, et initio quidem adductis epithetis negantibus et affirmantibus vel a Deipara funditus omnique ex parte arceri quidquid impurum est et cum culpa cognatum, vel Deiparae prorsus omnique ex parte asseri quod praeclarum est, decorum et cum sanctitate aptum atque devinctum. Tum vero assequemur, nullum esse sive culpae et defectus, sive perfectionis et sanctimoniae gradum, qui aut non debeat longissime a Deipara amandari, aut eidem non debeat vicissim adscribi. Assequemur tandem neque alia specie exhiberi, neque alia imagine sisti posse Deiparae puritatem singularemque innocentiam, nisi quae tenebras omnes peccati, omnesque defectuum umbras excludat, splendidissimis contra virtutum radiis collustretur.

250. Neque vero desunt eiusmodi formulae complexae et epithetorum varietate conflatae; immo tot numero tamque insignes in christianis monimentis reperiuntur, ut delectu non adhibito, periculum sit ne earumdem copia obruamur. Delectu itaque utemur, iisque contenti erimus, quae neque molestiam satietate creent, neque parcitate aut evidentiam probationis obscurent aut eiusdem robur infringant. Quoniam vero neque illas uno eodemque articulo, qui prolixior evaderet, complecti possumus; neque ita possumus distribuere, ut negantes ab affirmantibus et expressas positivo gradu a superlativis secerna-

---

a) De beatitudinibus Orat. I. pag. 764. opp. T. I.
b) Orthod. fid. lib. II. cap. III.
c) Apud Gregorium nyssenum Orat. cathech. cap. XXXIII. pag. 95. et de Virginit. cap. XII. pag. 147. opp. T. III.

1) Apud Gregorium nyssenum de Virginitate cap. XII. pag. 147. opp. T. III.

namus: occurrunt enim permixtae atque confusae; hanc idcirco partitionis normam sectabimur, ut primus articulus illas sistat quae in Patrum libris habentur, alter eas referat quae liturgica monimenta affatim praebent, tertius vero postremusque iis constet quae in ecclesiasticis libris, in Menaeis, in Triodio, in Pentecostario, in Paracletice, in Anthologio aliisque leguntur.

ARTICULUS I.

De formulis cumulatis quae in patrum operibus occurrunt, eximiamque Deiparae innocentiam cuiusvis expertem labis praeseferunt.

251. Inter auctores formularum, quas *cumulatas* nominamus, quaeque epithetis iunctis congestisque continentur, omnium primus idemque spectatissimus qui animum subit, est [1] Theodorus ancyranus, a quo Deipara dicitur « Virgo innocens, sine macula, omni culpa vacans, intemerata, impolluta, sancta [2] animo et corpore, sicut [3] lilium inter medias spinas germinans. » Et [4] mox: « Ave [5] gratia plena, Dominum tecum. Benedicta tu pulcherrima ac formosissima mulierum. Dominus tecum, quae tota venerabilis, tota gloriosa, tota bona sis. Dominus tecum, veneranda tu, incomparabilis, omnem claritatem superans, tota lucis fulgoribus concreta, Deo digna, beatificanda. » Germanus vero [a] ubi opem Deiparae implorat, ait: « Tu autem o innocentissima et optima et misericordissima domina, Christianorum solatium, afflictorum ornatissimum perfugium, et paratissimum peccatorum auxilium, ne tua nos opitulatione destitutos reliqueris. » Conspirat [b] Andreas cretensis qui occasione [c] verborum Christi, *solvite templum hoc, et in tribus diebus excitabo illud*, scribit: « Templum inquam integerrimi corporis eius, quod ex alvo incorruptae huiusce mundissimaeque nulloque non tempore virginis absque manuum labore sibi ipsi aedificavit. »

252. Neque aliter semel iterumque Sophronius, qui nunc quidem [d] ait: « Ut divinum redderet humanum genus, Deus homo factus est ex te, penitus immaculata innocens. » Nunc [e] subdit: « Tristitia tibi, o illibata innocens, vertebatur in gaudium. » Nunc [f] ad Deiparam conversus clamat: « O sancta et a quavis labe immunis. » Et nunc [g] illam vocat « Innocentissimam et prorsus immaculatam virginem Dei matrem. » Eodem pertinent quae habet [h] vulgatus Epiphanius, ubi pluribus exaggerat neminem parem esse texendis

---

a) Orat. in Deiparam zonam, pag. 237.
b) Orat. in nat. Deiparae, pag. 180. C. apud Gallandium T. XIII.
c) Ioh. II. 19.
d) Triod. apud Mai, Spicileg. rom. T. IV. pag. 203.
e) Ibid. pag. 200.
f) Ibid. pag. 212.
g) In fragmentis apud Gallandium T. III. pag. 253. A.
h) Orat. de laudibus s. Mariae, pag. 291. B-C. inter opp. Epiphanii T. II.

1) *Orat. in Christi nativ. §. XI. pag. 475. apud Gallandium T. IX.*
2) 1. Cor. VII. 34.
3) Cantic. II. 2.
4) Ibid. §. XII. pag. 476. A.
5) Luc. I. 28.

laudibus: « De percelebri, sancta, innupta et Deipara Maria matre Domini. » Eodem quae a) Timotheus presbyter hierosolymitanus tradit, dum eos refellens qui verba b) Symeonis, *et tuam ipsius animam pertransibit gladius*, de nece violenta Deiparae inferenda sumebant, inquit: « Sed non ita se res habet. Ensis enim a fabro excusus corpus dividit, animam non dissecat: unde etiam supra omnes inculpata et omnibus modis sancta Virgo per illum, qui domicilium habuit in ea, qui eam in supera loca assumptam traduxit, usque adhuc immortalis est. » Et aliquot interiectis, ubi c) veram caussam doloris aperit, pergit: « Dolorem autem cepisse Virginem supra quam dici potest inculpatam omnibusque modis sanctam, quum putaret se amisisse eum qui ad salutem pereuntium venerat, audiebas modo Evangelistam dicentem: *et accidit post dies tres*. Vide quantum dolorem et afflictionem Virgo triduum pertulerit. » Et eodem d) haec pertinent quibus Iohannes geometra Virginis [1] laudes prosequitur: « Celebremus Dei filiam, Deo similem, incorruptam sponsam, seminis insciam, innocentissimam, illibatam, Domini parentem, reginam, a rege genitam, regis genitricem, quae gentis suae proauctorem genuit, Deiparam, prolem generis laetitiam, quae Deum dedit, pretium redemptionis exsolvit, mala avertit, optata erogavit, divinitus afflatam, partu felicem, beneficentia gaudentem, gentis liberatricem, vitae genitricem, sacram vitae conservatricem, vitae largitricem, adspectu mitem, dulcem, benignam, lenem, Deum demulcentem, exhilarantem animum, voce suavem, Dei filiam. Pulcris genis, oculis, mente praestantem, amabilem, in mundo natam, fructuosam, inclytam, mundi imperatricem, populi gaudium, stuporem, supplicationem, felicitatem, unguentum Dei, unguentum mundi, unguentum specie, unguentum nomine. »

253. Quid vero earum orationum auctor, quae Gregorii neocaesariensis nomine inscribuntur? Videlicet Deiparam his verbis e) exornat: « Et sicut margarita ex duabus naturis, fulgure nimirum et aqua, occultis quibusdam indiciis maris provenit; ita et Dominus noster Iesus Christus inconfuse et incommutabiliter ex pura et innocente et impolluta et sancta Maria progreditur in divinitate perfectus, et in humanitate perfectus, similis Patri in omnibus, et nobis per omnia consubstantialis sine peccato. » Iisdem utitur laudum

---

a) Orat. de propheta Symeone Dei susceptore, pag. 847. B-C. biblioth. graecolat. T. II.
b) Luc. II. 35.
c) Ibid. pag. 848. D-E.
d) Hymn. V. In Deiparam vv. 1-13. pag. 444. in biblioth. graecolat. App. T. III.
e) Orat. I. de annunciat. Deiparae pag. 13.

---

1) Morellius in subiecta admonitione p. 445. scribit: « Veterum sanctorum patrum auctoritatibus singula beatae Virginis elogia et encomia quae heic coacervata sunt, comprobare, actum esset agere. Enimvero hac iam in re elaboraverunt e Graecis Hesychius, ex Latinis sanctus Bernardus, beatus Anselmus, rev. p. Canisius theologus Societatis Iesu in opere Mariano, et Gaspar Loartes ex eadem Societate in institut. Rosarii et Litaniis, ubi plerasque perhonorificas beatae Virginis Dei genitricis compellationes diligenter persequuti et interpretati sunt. » De quibus e re fuerint praeterea contulisse Petrum siculum in Hist. Manich. n. 35. pagg. 38, 39. apud Mai in nova PP. biblioth. T. IV. P. II., et in Serm. II. adversus Manich. ibid. pag. 66., Nicephorum constantinopolitanum in Antirr. I. adversus Costantinum Copronym. n. 9. pag. 5., in Antirr. III. n. 84. pag. 143. et in Apolog. pro ss. imaginibus n. 23. pag. 27. ibidem T. V., Leontium byzantinum adv. Nestor. lib. IV. pagg. 574, 576. Scriptt. vett. T. IX., Nicetam aquileiensem in Symboli explanat. pag. 334. ibid. T. VII. et Ambrosium in exposit. fidei pag. 162. ibidem. Quare in ecclesiastico hymno apud Mone T. I. pag. 125. coniunctim Virgo audit *sacerrima, gloriosa, benigna, praepulcherrima, praedigna, praeformosa*.

titulis **auctor sermonis** [1]) in natalem Domini Augustino vel Maximo tributi, inquiens: « Videamus ergo, quae est illa Virgo tam sancta, ad quam Spiritus sanctus venire dignatus est: quae tam speciosa, quam Deus elegit sponsam: quae tam copiosa, cuius generationem cunctus orbis excipiat: quae tam casta ut possit virgo esse post partum? » Iisdem Theodorus Abucaras [2]) qui sacramentum Incarnationis enarrans ait: « Propter misericordiae vero magnitudinem, et humanitatem nulla verborum copia exprimendam, in ultimis diebus, ut salutem nobis largiretur, descendit e caelo unde deitate sua omnia implente numquam abfuit, homo factus est ex Spiritu sancto et immaculata semperque virgine Maria, tenuit perfectam, et cui nihil deest, creatam et passibilem humanamque naturam, quae de ipso praedicatur perinde ac essentia divina. » Et iisdem non uno in loco Anselmus utitur. Utitur enim [3]) inquiens: « Virgo mundo venerabilis, mater humano generi amabilis, femina angelis mirabilis, Maria sanctissima, cuius beata virginitate omnis sacratur integritas, cuius glorioso partu omnis salvatur fecunditas. Domina magna, cui gratias agit concio laeta iustorum, ad quam fugit territa turba reorum. » Utitur [3]) subdens: Maria, tu illa magna Maria, tu illa maxima beatarum Mariarum, tu illa maxima feminarum. Te, Domina magna et valde magna, te vult cor meum amare, te desiderat venerari mens mea, te affectat exorare anima mea, quia tuitioni tuae se commendat tota substantia mea. » Utitur [4]) ubi exclamat: « O intemerata et in aeternum benedicta, specialis et incomparabilis Virgo, Dei genitrix Maria, gratissimum Dei templum, Spiritus sancti sacrarium, ianua regni caelorum, per quam post Deum totus vivit orbis terrarum. » Et utitur [5]) ubi ait: O sancta, o benedicta, in necessitatibus nostris adesse digneris nostrum consilium et auxilium; quae omnibus es promptior, potentior, efficacior, amabilior, gratiosior et dulcior. Dulcis es in ore te laudantium, in corde te diligentium, in memoria te deprecantium. Magnifica es in omni sexu, in omni aetate, in omni conditione, in tribubus, populis et linguis. »

254. Sed vix non omnibus palmam praeripit Ephraem, qui [b]) Deiparam exorans ait: « Domina mea supersancta Deipara et gratia plena, mater Dei benedictissima, Deo gratissima Dei mater, vas divinitatis unigeniti immortalis tui Filii et invisibilis Patris, throne igniformis quadriformibus longe gloriosior, tota pura, tota immaculata, tota illibata, tota impolluta, tota irreprehensibilis, tota laudabilis, tota incorrupta, tota beatificanda, tota inviolata, tota venerabilis, tota honorabilis, tota benedicenda, semper memoranda, tota desiderabilis, virgo anima et corpore et mente. » Et [6]) denuo: « Immaculata et intemerata, incorrupta ac prorsus pudica atque ab omni sorde et labe peccati alienissima Virgo Dei sponsa ac domina nostra. » Quibus haec respondent [7]) ex eiusdem threnis: « Sed te, iam nos, o pura et immaculata eademque benedicta Virgo, magni filii tui universorumque Dei mater inculpata, integra et sacrosanctissima, desperantium atque reorum spes, collaudamus. Tibi, ut gratia plenissimae benedicimus, quae Christum genuisti Deum et hominem: omnes tibi procidimus, omnes te invocamus et auxilium tuum imploramus. Eripe nos, o

---

a) De unione et incarnat. pagg. 76, 77. edit. Paris. MDCLXXXV.
b) Ad sanctissimam Dei matrem, precat. IV. pag. 528. opp. graec. T. III.

1) Inter Augustini sermones de tempore, Serm. X. al. CXXI. in natal. Dom. V. n. 5. col. 156. C., et in App. ad opp. Maximi, Serm. XII. col. 45. B-C.
2) Orat. L. pag. 279. col. 1. D.
3) Orat. LI. pag. 280. col. 1. C.
4) Orat. LII. pag. 282. col. 1. C.
5) Orat. LIII. pag. 283. col. 1. A.
6) Ibid. Orat. ad s. Virginem, pag. 577. Nihil praeterea suppetit quam latina versio.
7) Ibid. pag. 575. col. 2. A-C.

Virgo sancta atque intemerata, a quacumque necessitate ingruente et a cunctis tentationibus diaboli. Nostra conciliatrix et advocata in hora mortis atque iudicii esto, nosque a futuro inextinguibili igne et tenebris exterioribus libera, et Filii tui nos gloria dignare, o Virgo et mater dulcissima ac clementissima. Tu siquidem unica apud Deum christianorum spes nostra es securissima et sanctissima. » Atque haec item [1]) ex eiusdem sermone de [2]) *sanctissimae Dei genitricis virginis Mariae laudibus:* « Inviolata, integra, planeque pura ac casta virgo Dei genitrix Maria, regina omnium, spes desperantium, domina nostra gloriosissima eademque optima ac praecellentissima, sublimior caelitibus, candidior solis radiis atque fulgoribus, honoratior Cherubim, et multis [3]) oculis claris spiritibus perspicacior, Sanctior Seraphim, et incomparabiliter reliquis omnibus supernis exercitibus gloriosior, omniumque sanctorum ac virginum corona, ob immensum fulgorem atque splendorem inaccessa. » Jamvero quum ita maiores nostri loquerentur, nullumque finem facerent cumulandi epitheta et apposita congerendi, queis a Deipara labes omnes averterent, eidemque decora omnia vindicarent; quid illos existimabimus aut de eiusdem immunitate a culpa credidisse, aut de perfectissima sanctitate iudicasse? Illud ipsum, pro certo habeo, quod [4]) Paulus de Ecclesia dum scripsit: « Christus dilexit Ecclesiam, et seipsum tradidit pro ea, ut exhiberet ipse sibi *gloriosam* Ecclesiam, *non habentem maculam aut rugam, aut aliquid huiusmodi, sed ut sit sancta et immaculata.* » Et illud ipsum ea qua decet proportione, quod de Christo [5]) significavit inquiens: « Talis enim decebat ut nobis esset Pontifex, *sanctus, innocens, impollutus, segregatus a peccatoribus.* » Et fieri sane non potuit ut vel brevissimo temporis intervallo cum peccatoribus coniuncta ea foret, cuius speciem et formam non aliter exprimunt patres scriptoresque ecclesiastici [6]) quam iunctis simul copulatisque epithetis, quibus I. eam salutant *innocentem, innocentissimam, illibatam, immaculatam, immaculatissimam, omni culpa vacantem, penitus intemeratam, impollutam, animo et corpore sanctam nec animo minus quam corpore virginem,* et quibus II. eam eximie atque singulariter vocant *Dei filiam, Deo similem, inter medias spinas ceu lilium germinantem, radiis solis candidiorem, malorum expultricem, conciliatricem bonorum, generis laetitiam, mundi unguentum, ob immensum fulgorem inaccessam et per quam post Deum totus vivit terrarum orbis.*

ARTICULUS II.

De formulis cumulatis, quibus monimenta liturgica abundant, quaeque plenissimam Deiparae sanctitatem illamque ab omni labe solutam patefaciunt.

255. Memoratis damnatisque atrocioribus pelagianae factionis haeresibus, quibus Redemptionis sacramentum universaque gratiae oeconomia labefactabatur, pergit [7]) Caelesti-

---

1) Ibid. pag. 575. col. 1. D-E.
2) Al. *de beatissimae ac gloriosissimae Dei matris laudibus.*
3) Idest πολυομμάτων.
4) Ephes. V. 25, 28. Ὁ Χριστὸς ἠγάπησε τὴν ἐκκλησίαν, καὶ ἑαυτὸν παρέδωκεν ὑπὲρ αὐτῆς, ἵνα παραστήσῃ αὐτὴν ἑαυτῷ ἔνδοξον τὴν ἐκκλησίαν, μὴ ἔχουσαν σπίλον ἢ ῥυτίδα ἤ τι τῶν τοιούτων, ἀλλ' ἵνα ᾖ ἁγία καὶ ἄμωμος.
5) Hebr. VII. 26. Τοιοῦτος γὰρ ἡμῖν ἔπρεπεν ἀρχιερεύς, ὅσιος, ἄκακος, ἀμίαντος, κεχωρισμένος ἀπὸ τῶν ἁμαρτωλῶν.
6) Quam epithetorum copulationem pariter animadvertimus in gestis synodorum, quod perspicuum erit conferentibus quae habentur apud Mansium T. IX. pagg. 378. A. 379. C. 386. D. 499. C. 539. D-E. 543. A. 555. E. 559. C. 563. A. 566. B. 587. B. T. XI. pagg. 207. A-C. 451. D. et T. XII. p. 1123. A.
7) Cap. XI.

nus romanus Praesul in litteris circa annum CCCCXXXI. ad *Galliae Episcopos* datis *pro Prospero et Hilario, seu pro ipso Augustino de gratia Dei:* « Praeter beatissimae et apostolicae sedis inviolabiles sanctiones, quibus nos piissimi patres pestiferae novitatis elatione deiecta, et bonae voluntatis exordia, et incrementa probabilium studiorum, et in eis usque in finem perseverantiam ad Christi gratiam referre docuerunt; obsecrationum quoque sacerdotalium sacramenta respiciamus, quae ab apostolis tradita in toto mundo atque in omni catholica Ecclesia uniformiter celebrantur; *ut legem credendi lex statuat supplicandi.* Cum enim sanctarum plebium Praesules mandata sibi legatione fungantur apud divinam clementiam, humani generis agunt caussam, et tota secum Ecclesia congemiscente postulant et precantur, ut infidelibus donetur fides, ut idololatrae ab impietatis suae liberentur erroribus, ut Iudaeis ablato cordis velamine lux veritatis appareat, ut haeretici catholicae fidei [1] perceptione resipiscant, ut schismatici spiritum redivivae caritatis accipiant, ut lapsis poenitentiae remedia conferantur, ut denique catechumenis ad regenerationis sacramenta perductis caelestis misericordiae aula reseretur. Haec autem non perfunctorie neque inaniter a Domino peti, rerum ipsarum monstrat effectus: quandoquidem ex omni errorum genere plurimos Deus dignatur adtrahere, quos [2] erutos de potestate tenebrarum trasferat in regnum Filii caritatis suae, et ex vasis irae faciat vasa misericordiae. Quod adeo totum divini operis esse sentitur, ut haec efficienti Deo gratiarum semper actio laudisque confessio pro illuminatione talium vel correctione referantur. » Et [3] continuo: « Illud etiam quod circa baptizandos in universo mundo sancta Ecclesia uniformiter *agit*, non otioso contemplemur intuitu, cum sive parvuli sive iuvenes ad regenerationis veniunt sacramentum, non prius fontem vitae adeunt, quam exorcismis et exsufflationibus clericorum spiritus ab eis immundus abigatur; ut tunc vere appareat, quomodo [4] princeps mundi huius mittatur foras, et quomodo prius alligetur fortis, et deinceps vasa eius diripiantur, in possessionem translata victoris, qui captivam ducit captivitatem et dat dona hominibus. »

256. Iamvero inter monimenta liturgica quae adhuc sunt reliqua, ea prae ceteris fama, usu et antiquitate commendantur, quae nominibus Petri, Iacobi, Marci, Basilii et Chrysostomi excellunt, quaeque ad ordinem missamque praesanctificatorum spectant. Haec enim in antiquissimis et nobilissimis ecclesiis iampridem obtinuerunt et etiam nunc frequentantur: atque his universalis et perpetua Christianorum fides, acceptaque ab apostolis virisque apostolicis institutio continetur. Ex eiusmodi autem liturgiis ne unam quidem facile reperias, in qua collectis congestisque epithetis Deipara non laudetur, eiusque eximia sanctitas omnisque expers labis integritas praeclarissime non efferantur.

257. Et efferuntur profecto in liturgia Petro adscripta, in qua primum [a] legimus: « Ave gratia plena Maria, Dominus tecum. » Tum [b] subditur implorandas esse preces « In primis [5] sanctae, gloriosae, semperque virginis Mariae, genitricis Domini et Dei et Servatoris nostri Iesu Christi. » Et paullo [c] inferius: « Libera nos, quaesumus Domine, ab omni

a) Liturg. s. Petri, p. 120. A. biblioth. graec. lat. T. II.
b) Ibid. pag. 126. A-B.
c) Ibid. pag. 122. D.

1) Al. *perfectione.*
2) *Coloss.* I. 13. coll. Rom. IX. 22.
3) *Ibidem* cap. XII.
4) Ioh. XII. 31. coll. Marc. III. 27. Ps. LXVII. 19. Ephes. IV. 8.
5) Formulae ἐν πρώτοις *in primis* atque ἐξαιρέτως *prae-*

malo praesente ac futuro, intercessionibus immaculatae et gloriosae dominae nostrae Deiparae, semperque virginis Mariae. » Efferuntur in liturgia Iacobi [1]) nomine insignita, in qua sacerdos [a]) ait: « Commemorantes sanctissimam, immaculatam, gloriosissimam dominam nostram matrem Dei et semper virginem Mariam, cum omnibus sanctis et iustis, nos ipsos et mutuo inter nos et omnem vitam nostram Christo Deo commendemus. » Tum diaconus [b]) addit: « Commemorationem agamus sanctissimae, immaculatae, gloriosissimae, benedictae dominae nostrae matris Dei, et semper virginis Mariae, ac omnium sanctorum et iustorum, ut precibus atque intercessionibus eorum omnes misericordiam consequamur. » Ad haec recitata angelica salutatione, sacerdos [c]) mentionem facit « Praecipue sanctissimae, immaculatae, super omnes benedictae, gloriosae dominae nostrae, Deiparae semperque virginis Mariae. » Cantores vero [d]) exclamant: « Dignum est ut te vere beatam dicamus Deiparam, semper beatam [2]) et omnibus modis immaculatam et matrem Dei nostri, honorabiliorem quam Cherubim, et gloriosiorem quam Seraphim; quae sine corruptione Deum Verbum peperisti: te revera Deiparam magnificamus. » Et [e]) e vestigio: « Tibi, o plena gratia, universa creatura gratulatur; angelorum coetus et hominum genus; quae es templum sanctificatum, paradisus spiritalis, virginum gloria, ex qua Deus carnem assumpsit, et puer factus est Deus noster qui est ante secula; et tuum ventrem latiorem ac ampliorem caelis ipsis reddidit: tibi, o gratia plena, universa creatura gratulatur: gloria tibi. » Denique [f]) sacerdos his verbis orans inducitur: « Sanctissimae, intemeratae, gloriosissimae, benedictae dominae nostrae Dei genitricis et semper virginis Mariae, et omnium sanctorum qui tibi a seculo placuerunt, memoriam celebrantes, nosmetipsos et invicem et omnem vitam nostram Christo Deo commendemus. » Efferuntur in liturgia [3]) Marco tri-

a) Liturg. Iacobi fratris Domini, pag. 5. E.
b) Ibid. pag. 9. D.
c) Ibid. pag. 16. E.
d) Ibid. pag. 16. E.
e) Ibid. pag. 16. E. et pag. 17. A.
f) Ibid. pag. 22. B.

cipue in monimentis liturgicis frequentissimae sunt ac prope constantes, quum sermo habetur de invocanda Deipara, sanctisque exorandis. Est enim Deipara quae *in primis ac praecipue* coli invocarique perhibetur. Quo quidem non obscura continetur illius mariani cultus significatio, quem *hyperduliam* vocant, quem opportuniori loco illustrabimus, et de quo Thomas III. p. q. XXV. a. V. scribit: « Cum beata Virgo sit pura creatura rationalis, non debetur ei adoratio *latriae*, sed solum veneratio *duliae*, eminentius tamen quam ceteris creaturis, in quantum ipsa est mater Dei; et ideo dicitur quod debetur ei non *qualiscumque dulia* sed *hyperdulia*. » Paullo uberius Bonaventura in III. dist. IX. q. III. inquiens: « Beatissima virgo Maria pura creatura est, et ideo ad honorem et cultum *latriae* non ascendit. Sed quoniam excellentissimum nomen habet, ita quod excellentius purae creaturae convenire non potest; ideo non tantum debetur ei honor *duliae* sed *hyperduliae*. Hoc autem nomen est, quod virgo exsistens, Dei mater est. Quod quidem tantae dignitatis est, quod non solum viatores sed et comprehensores, non solum homines verum etiam angeli eam venerantur, quadam praerogativa speciali. Ex hoc enim quod Dei mater est, praelata est ceteris creaturis, et eam prae ceteris decens est honorare et venerari. Hic autem honor consuevit a magistris *hyperdulia* vocari, et accipitur verbum illud de Glossa ubi dicitur *dulia maior* et *dulia minor*. » Plura dabit venerabilis Petrus Canisius de Maria Deipara lib. V. capp. XV. seqq. et capp. XXVII. seqq.

1) De hac liturgia, deque sumptis ex ea testimoniis dignus est qui conferatur Assemanus in cod. liturg. T. IV. P. II. pagg. 13, 24, 45, 61, 71, 97, 146, 189.

2) Appellari profecto Deipara non posset ἀειμακάριστος *semper beata*, si contracta originis culpa, *infelix* aliquando fuisset ac *misera*.

3) Cf. Assemanum in cod. liturg. T. IV. P. IV. pag. 163.

buta, e qua haec a) salutationi angelicae subiectae in rem nostram faciunt: « Inprimis sanctissimae, intemeratae et benedictae dominae nostrae Dei genitricis et semper Virginis Mariae. »

258. Cognata istis sunt quae [1]) Basilii Liturgia continentur, sive ubi b) dicitur: « Quoniam enim per hominem peccatum intravit in mundum, et per peccatum mors; visum est unigenito Filio tuo, ut qui erat in sinu Dei et Patris, ex muliere [2]) sancta Deipara et semper virgine Maria natus, sub lege factus condemnaret peccatum in carne sua, ut qui in Adam moriebantur, vivificarentur in ipso Christo tuo. » Sive c) ubi additur exorandum esse Deum « Ut inveniamus misericordiam et gratiam cum omnibus sanctis qui a seculo tibi placuerunt: praecipue cum sanctissima, illibata, super omnes benedicta, gloriosa domina nostra, Deipara et semper virgine Maria. » Cognata sunt quae habet Chrysostomi liturgia, in qua d) legimus [3]) sacrificium offerri « In honorem et memoriam super omnes benedictae, gloriosae, reginae nostrae Deiparae et semper virginis Mariae. » Legimus e) diaconum inclamantem: « Sanctissimae, illibatae, super omnes benedictae, gloriosae Dominae nostrae, Deiparae et semper virginis Mariae cum omnibus sanctis memoriam recolentes, nosmetipsos et invicem et omnem vitam nostram Christo Deo commendemus. » Legimus haec eadem [4]) semel iterumque totidem verbis repetita. Legimus rationale sacrificii obsequium f) offerri « Praesertim pro sanctissima, illibata, super omnes benedicta, gloriosa, regina nostra Deipara et semper virgine Maria. » Legimus g) Chorum canentem: « Dignum est certe te laudare Deiparam, quae semper beatificanda es, et ab omni noxa exempta, quae mater es Dei nostri, prae Cherubim veneranda, et Seraphim sine comparatione glosiosior. » Tum h) legimus: « Indulge mihi cuncta ut bonus et clemens intercessionibus [5]) penitus intemeratae tuae et semper virginis matris, incondemnatum me custodi, ut sumam pretiosum et intemeratum corpus tuum ad medelam animi et corporis. » Tandem cognata sunt quae i) in praesanctificatorum liturgia his verbis significantur: « Ave

---

a) Liturgia s. Marci, pag. 34. E.
b) Liturgia Basilii pag. 167. D. apud Goarium in Euchologio.
c) Ibid. pag. 170. A-B.
d) Liturgia Chrysostomi pag. 61. D. apud Goarium in Euchologio.
e) Ibid. pag. 65. D.
f) Ibid. pag. 78. A.
g) Ibid. pag. 78. B.
h) Ibid. pag. 83. B.
i) Praesanctif. Liturg. pag. 113. A. biblioth. graec. lat. T. II.

---

1) Cf. Assemanum in cod. liturg. T. IV. P. IV. pag. 64.
2) Appositum *sanctae* in hac serie orationis Deiparam secernit a reliquo hominum genere propter originalem praevaricationem vitiato atque corrupto.
3) « Quis enim Antistitum, *inquit Augustinus* con. *Faustum lib. XX. cap. XXI.*, in locis sanctorum corporum assistens altari, aliquando dixit: offerimus tibi Petre aut Paule aut Cypriane? Sed quod offertur, offertur *Deo* qui martyres coronavit, apud memorias eorum quos coronavit. » Quum igitur celebrari dicimus *Missam Dei-*
parae, hoc unum cum Ecclesia catholica et tridentinis patribus Sess. XXII. cap. III. significatum volumus, missam et sacrificium in gratiarum actionem *uni Deo* offerri pro donis quibus Deiparam cumulavit.
4) Ibid. pagg. 66. D., et 74. E.
5) Haec coniunctio qua Deipara ἀχράντου penitus *intemerata*, et Christi corpus vocatur ἄχραντον *intemeratum*, non sinit ut illa quacumque tandem temerata labe videatur.

honoranda quae Deum peperisti ad omnium salutem, per quam humanum genus salutem reperit. Per te enim Dei genitrix pura, benedicta [1]) paradisum invenimus. »

259. Sicuti a forma modoque loquendi, ita a fide his liturgiis contenta ne minimum quidem ea dissiderent, quae vel [2]) copticis Basilii, Gregorii et Cyrilli liturgiis traduntur, vel alexandrinis Basilii, Gregorii et Marci liturgiis exhibentur. Sane in coptica Basilii [3]) liturgia de corpore Salvatoris dicitur: « Accepit illud ex omnium nostrum domina, deipara, Diva [4]) et sancta Maria, et unum illud fecit cum divinitate sua sine confusione, commixtione aut alteratione. » Tum [5]) exoratur Deus ut nos in fide conservet « Per preces et orationes, quas faciet pro nobis domina omnium nostrum, Mater Dei, diva et sancta Maria. » In coptica liturgia Gregorii [6]) commemoratio occurrit omnium sanctorum: « Praecipue vero sanctae, gloria plenae, semper Virginis, genitricis Dei sanctae Mariae. » In confessione autem fidei [7]) de vera realique praesentia dicitur: « Credo, credo, credo et confiteor usque ad ultimum vitae spiritum, hoc esse corpus vivificum quod accepisti, Christe Deus noster, ex domina omnium nostrum, Deipara, pura, sancta Maria: fecistique illud unum cum divinitate tua, absque confusione, commixtione aut alteratione. » Hinc oratio [8]) sequitur his concepta verbis: « Quia regnum tuum, Christe Deus noster, sanctitate et gloria plenum est, quod nos omnes consequi speramus per intercessionem dominae omnium nostrum, sanctae genitricis Dei, semperque virginis Mariae. » At in coptica liturgia Cyrilli [9]) legimus: « Memento etiam omnium sanctorum qui a seculo tibi placuerunt: praecipue autem sanctae, gloriosissimae, Deiparae, semper virginis, purae et illibatae sanctae Mariae. »

260. Cum quibus egregie conspirant tum haec ex alexandrina Basilii [a]) liturgia, quae ad commemorationem referuntur omnium sanctorum « Praecipue vero sanctissimae, gloriosissimae, immaculatae, benedictionibus cumulatae, dominae nostrae Deiparae et semper virginis Mariae. » Tum quae in utraque tam [10]) Gregorii quam [11]) Marci alexandrina liturgia iisdem prorsus expressa verbis reperiuntur. Immo ea pariter conspirant egregie, quae syri Iacobitae in suis liturgiis profitentur. Hanc enim ipsissimam fidem profitentur [12]) in ordine communi liturgiae, in quo Deus propitiandus ei dicitur « Pro quo et cuius caussa oblatum est hodie sacrificium istud, per orationes et intercessionem matris amictae iustitia, caeli secundi, virginis immaculatae, sanctae genitricis Dei Mariae. » Hanc profitentur in liturgia Iacobi, ubi [13]) diaconus ait: « Iterum atque iterum commemoramus vere beatam, laudatamque ab omnibus generationibus terrae sanctam, benedictam, semper virginem genitricem Dei Mariam. » Hanc profitentur [14]) in liturgia Xysti romani Pontificis, itemque [15])

a) Liturg. alexandr. s. Basilii pag. 72. A.

1) Numquam ergo vel salutem vel paradisum Deipara amisit.
2) De copticis Basilii et Gregorii liturgiis consulendus est Assemanus in cod. liturg. T. IV. P. IV. pagg. 64-146.
3) Liturg. copt. s. Basilii pag. 23. D. apud Renaudotium Collect. liturg. orientat. T. I.
4) Hunc *divae* atque *divinae* titulum factum Deiparae tuentur egregie Nicolaus Serarius in opusc. de Litaniis lib. II. q. VI., Theophilus Raynaudus in Heteroclitis spiritualibus P. II. sect. III. punct. II., Iobannes Ferrandus ad calcem inquisit. reliquiariae not. 4. ad epist. dedicatoriam, et Benedictus Plazza in Devot vindicat. P. I. cap. II.

5) Ibid. pag. 25. B.
6) Liturg. copt. s. Gregorii pag. 34. A.
7) Ibid. pag. 36. C-D.
8) Ibid. pag. 37. D.
9) Liturg. copt. s. Cyrilli pagg. 41. D. et 42. A.
10) Liturg. alexandr. s. Gregorii pag. 112. A.
11) Liturg. alexandr. s. Marci pagg. 149. D. et 150. A.
12) Ordo comm. liturgiae secundum ritum syrorum Iacobitarum pag. 23. C. apud Renaudotium op. cit. T. II.
13) Liturg. s. Iacobi pag. 36. B.
14) Liturg. s. Xysti pag. 136. B.
15) Liturg. s. Petri pag. 149. D.

Petri apostolorum principis, in qua sacerdos sic orat: « Dignare etiam, Domine, meminisse sanctae et praeclarae semper virginis beatae Mariae, et cum ea, prophetarum et apostolorum, martyrum, confessorum, piorum, sacerdotum et iustorum, qui in fide vera perfecti exstiterunt, et beati Iohannis praecursoris et baptistae, et sancti praeclari Stephani primi diaconorum et protomartyris, atque omnium sanctorum. »

261. Eiusdem professionis testis est [1]) liturgia duodecim apostolorum, in qua sacerdos elevata voce ait: « Memento, Domine, et illorum, qui a seculo tibi placuerunt, praecipue sanctae, gloriosae, semper virginis genitricis Dei Mariae, Iohannis baptistae, Stephani principis diaconorum et protomartyris, cum reliquis prophetis apostolisque sanctis et patribus piis qui obierunt. » Testis est [2]) liturgia Cyrilli, in qua sacerdoti haec oratio recitanda praescribitur: « Benedictus es, Domine sancte et sanctorum amator, qui vis ut sanctorum tuorum memoriae frequenter communicemus, maxime autem et speciatim gloriosae prae omnibus sanctis, virginis immaculatae, sanctaeque genitricis Dei Mariae. » Testis est [3]) liturgia Iohannis basorensis, in qua haec habetur sacerdotis oratio: « Memento Domine etiam illorum qui ex hoc mundo tibi placuerunt, praesertim vero sanctae et gloriosae genitricis Dei virginis Mariae, et omnium sanctorum tuorum ab Adam primo ad hanc usque diem. » Et testis est [4]) ipsa Dioscori liturgia, quae hanc sistit publicam solemnemque sacerdotis precem: « Memento etiam Domine eorum, quos ab antiquis temporibus oblitus non es prophetarum qui interpretes fuere mysteriorum tuorum: apostolorum beatorum, praedicatorum illustrium, evangelistarum strenuorum qui pugnaverunt et vicerunt errorem idololatriae: martyrum fidelium qui animi fortitudinem ostenderunt: et Iohannis baptistae, vocis illius quae praecessit Verbum et praecursoris: Stephani etiam qui primus exhibuit certamen gloriosum, et coronatus est corona martyrii. Eius etiam quae prae illis omnibus illustris, gloriosaque est, et a nobis celebratur, et excelsior superiorque omnibus ordinibus caelestibus ab omni Ecclesia tua caelum secundum vocatur, virginis genitricis Dei Mariae, cum omni coetu sanctorum. »

262. Quare mirum esse deberet, si in Armeniorum quoque liturgia cum iisdem dicendi formulis eiusdem quoque vestigia fidei non apparerent. Et apparent enimvero, quum in ea [5]) sacerdos his verbis oret: « Suscipe, Domine, orationes nostras, intercedente sancta Deipara, immaculata genitrice unigeniti Filii tui, et precibus omnium sanctorum tuorum. » Et quum in ea [6]) pro festo Annunciationis dicatur: « Rumor Annunciationis in voce. Gabriel clamabat ad sanctam: ad te mittor, o pura, praeparare locum Domino. » Quibus simillima, ne prorsus gemina dicam recitantur [7]) in sacramentario gregoriano, in [8]) missali gothico, in [9]) missali Francorum et [10]) in sacramentario gallicano.

263. Quoniam vero ad liturgiam suo quodam iure revocantur [11]) lucernarii orationes, orationes [12]) vespertinorum antiphonorum, officium [13]) laudum, ordo [14]) servari solitus in

---

1) Liturgia XII. apostolorum pag. 173. A-B.
2) Liturgia s. Cyrilli pag. 281. B.
3) Liturg. Ioh. basorensis pag. 431. B-B.
4) Liturg. Dioscori pag. 292. A.
5) Liturg. armen. pag. 83. B. apud Le Brun in opere Explication de la Messe, T. III.
6) Ibid. pag. 97. B.
7) Apud Muratorium Liturg. rom. Tom. II. pagg. 2, 6, 66, 67, 69, 388.
8) Ibid. pagg. 545, 546, 547.
9) Ibid. pag. 693.
10) Ibid. pag. 777.
11) Εὐχαὶ τοῦ λυχνικοῦ, pagg. 35, 38. B-C. 40. B. apud Goarium in Euchologio.
12) Εὐχαὶ ἀντιφώνων ἑσπερινῶν, pag. 44.
13) Ἀκολουθία τοῦ ὄρθρου, pagg. 48, 53. C-D.
14) Ἀκολουθία γινομένη ἐπὶ μνήστροις, ἤγουν ἀρραβῶνος, pagg. 380, 381. D.

sponsalibus celebrandis, videlicet in nuptiarum subarrhatione, officium [1]) coronationis nuptiarum, officium [2]) sancti olei, officium [3]) aquae benedictae minoris, officium [4]) novitii vestibus initialibus induendi, officium [5]) parvi habitus, idest mandiae, officium [6]) magni et angelici habitus, officium [7]) exsequiarum, officium [8]) funeris monachorum, officium [9]) funereum in sacerdotem vita functum, officium [10]) funereum pro viris secularibus, officium [11]) crucis defixionis, oratio [12]) colyborum, oratio [13]) ad relaxandam poenam excommunicato inflictam, officium [14]) eorum qui peccata confitentur, officium [15]) agentis animam, officium [16]) in diversas processiones et vigilias supplicationum, et [17]) canon in terrae motus periculo; propterea ex hisce pariter ecclesiasticis monimentis, licet non omnia, quod esset infinitum, nonnulla tamen decerpemus quae praesentem tractationem iuvent et uberiori luce perfundant.

264. Itaque in orationibus lucernarii tum [18]) chorus tum a) diaconus cantant: « Domine miserere. Sanctissimae, illibatae, super omnes benedictae, gloriosae dominae nostrae Deiparae et semper virginis Mariae, cum omnibus sanctis memoriam agentes, nos ipsos et invicem et omnem vitam nostram Christo Deo commendemus. » In officio sancti olei b) haec habentur: « Pura, celebranda, super omnes Domina benigna, oleo divino unctorum miserere, et famulum tuum salva. » In officio exsequiarum c) legimus: « Salve, veneranda, quae pro salute omnium Deum carne peperisti: per te namque vitam invenit hominum genus: per te paradisum recuperamus, Deipara, pura, benedicta. » Et d) mox: « Non est praeter te innocens quisquam, immaculata Dei genitrix: sola namque Deum verum et aeternum mortis imperium dissolventem in utero concepisti. » Hinc e) rursum: « Vas illibatum, templum intemeratum, arcam sanctissimam, virgineum sanctitatis loculum, te pulchritudinem Iacob, Dominus elegit. » Cum quibus praeclare concinunt tum f) haec: « Omni creatura superior facta es, immaculata, concepto Deo qui portas inferi contrivit, et eius vectes confregit: hinc te fideles celebramus, o pura, ut Dei genitricem. » Tum vero g) ista:

a) Ibid. pag. 40. B.
b) Offic. sancti olei, pag. 410. C.
c) Offic. exsequiar. pag. 528. C.
d) Ibid. pag. 529. C.
e) Ibid. pag. 530. B.
f) Ibid. pag. 531. D-E.
g) Ibid. pag. 532. C.

1) Ἀκολουθία τοῦ στεφανώματος, pagg. 385, 387. C.
2) Ἀκολουθία τοῦ ἁγίου ἐλαίου, pagg. 408, 409. B-C. 410, B-C. 417. B.
3) Ἀκολουθία τοῦ μικροῦ ἁγιασμοῦ, pagg. 441, 442. B. seqq. 446. B-C.
4) Ἀκολουθία τῶν προσχημάτων ἀρχαρίου, pag. 469. A-B.
5) Ἀκολουθία τοῦ μικροῦ σχήματος, ἤτοι τοῦ μανδίου, pagg. 473, 477. C. 480. A.
6) Ἀκολουθία τοῦ μεγάλου καὶ ἀγγελικοῦ σχήματος, pagg. 499, 500. A-C. 501. C-D. 513. B.
7) Ἀκολουθία τοῦ ἐξοδιαστικοῦ, pagg. 525. E. 528. C. 529. C. 530. B. 531. D. 532. D. 537. C.
8) Ἀκολουθία τοῦ ἐξοδιαστικοῦ τῶν μοναχῶν, pag. 544, 555. C.
9) Ἀκολουθία νεκρώσιμος εἰς ἱερέα τελευτήσαντα, pagg. 561, 572. A-B-C.
10) Ἀκολουθία νεκρώσιμος εἰς κοσμικοὺς ἄνδρας, pagg. 583, 586. C.
11) Ἀκολουθία τοῦ σταυροπηγίου, pag. 610. C.
12) Εὐχὴ τῶν κολύβων, pag. 658. C.
13) Εὐχὴ εἰς τὸ ἀπολῦσαι κανόνα εἰς ἀφορισθέντα, pag. 668. B.
14) Ἀκολουθία τῶν ἐξομολογουμένων, pag. 679. C.
15) Ἀκολουθία εἰς ψυχορραγοῦντα, pagg. 737, 739. B.
16) Ἀκολουθία εἰς διαφόρους λιτὰς καὶ ἀγρυπνίας παρακλήσεων, pagg. 766, 767. C. 768. B. 769. C.
17) Κανὼν εἰς φόβον σεισμοῦ, pagg. 785, 786. B-C.
18) Oratt. lucernarii, pag. 38. B-C.

» Tabernaculum sanctum et arcam et legis gratiae tabulam, o pura, te agnovimus: per te namque iustificatis sanguine incarnati in tuo utero Dei, remissio peccatorum data est, immaculata. » In officio ^a) pro sacerdote vita functo haec ad Deiparam oratio occurrit: « Sanctissima virgo inviolata quae lucem inaccessam edidisti, rogo, supplico, deprecor ne Deum pro defuncto servo tuo interpellare desistas, illibata, ut delictorum remissionem in iudicii die nanciscatur, purissima: hac libertate namque frueris ut Filium tuum tamquam Domina iugiter depreceris. » Iidem de Deipara tituli adhibentur in officio, pro diversis Processionibus, Supplicationumque vigiliis, in quo ^b) repetitur: « Sanctissima domina, celebranda, benedicta, ut benigna et clemens pro nobis exora et miserere nostri. » Et in officio ^c) de periculo demotae terrae dicitur: « Quis solus absque te, illibata, innocens, iratum nobis Deum reconciliare potest? hac de caussa, precare sanctissima, ut terrae fragorem perniciem nobis minitantem continuo sedet. »

265. Finem iis faciam quae in officio aquae benedictae minoris frequentantur, atque huc ^d) redeunt: « Tu quae ave per Angelum suscepisti et opificem proprium peperisti, Virgo, salva eos qui te laudibus efferunt.

Natum tuum celebramus, Deipara, et clamamus illibata domina, tuos famulos eripe.

Regum, prophetarum, apostolorum et martyrum tu es gloria, et mundi protectio, o immaculata.

Salva me vitae datoris et Salvatoris genitrix, salva tuis precibus, o benedicta, spes animarum nostrarum.

Quae universorum opificem in utero concepisti, virgo immaculata, tuis precibus animas nostras salva.

Quae per Verbum super omne verbum peperisti Verbum, celebranda Deipara, ipsum roga ut animas nostras salvet.

Debitis onusti ave tibi exclamamus, pura Deipara, virgo perpetua, tuis intercessionibus salvari deprecantes.

Sanctissima Deipara, Salvatoris mater, servos tuos periculis et omni angustia eripe.

Salve mundi propitiatorium, salve divini mannae urna, et luminis lucerna aurea, Dei sponsa.

Salve mons, salve rube, salve porta, salve scala, salve divina mensa, salve domina, cunctorum auxilium. »

266. Ex hac porro luculentissima testimoniorum conspiratione quatuor potissimum intelligimus, quae et notari diligenter et ob oculos constanter haberi debent. Principio namque intelligimus, Deiparam creaturis omnino omnibus invisibilibus et visibilibus, angelis aeque ac hominibus dignitate et sanctitate praeferri, tantumque ab illis seiungi ac dividi, quantum ipsa propius cum Deo copulatur atque vincitur. Intelligimus deinde singularem quamdam cultus rationem Deiparae tribui, eaque religione ipsam honorari, quae media veluti interiectaque sit inter *Latriam* Deo debitam et *Duliam* sanctorum propriam, quaeque idcirco non minus apte quam opportune *Hyperdulia* nuncupetur. Tum intelligimus huiusce sive dignitatis sive sanctitatis, sive cultus prorsus eximii fontem reserari ori-

---

a) Offic. in Sacerdot. vita functum. pag. 572. A.
b) Offic. in diver. Process. et vigil. supplicat. pagg. 767. C. 768. B. 769. C.
c) Offic. in terrae motus periculo, pag. 786. A-B.
d) Offic. aquae benedictae minoris, pagg. 442, 443.

ginemque aperiri, illamque in divina maternitate, qua Virgo proprie dicitur vereque creditur Dei genitrix, collocari. Postremo intelligimus ex hac divina maternitate, tamquam ex uberrimo quodam fonte, tot tantaque innocentiae sanctitatisque ornamenta deduci, ut propterea Virginis species exprimi aliter non possit quam congestis cumulatisque epithetis, quibus et omnis culpae macula ab ea longissime amandetur, et ipsi decus omne virtutum, omnisque sanctimoniae splendor asseratur.

ARTICULUS III.

De formulis cumulatis quae in ecclesiasticis libris obviae sunt, quaeque Deiparam cuiusvis culpae exsortem et plenissima sanctitate insignem patefaciunt.

267. Nihil prius Menaeis succurrit, atque in ipsis Menaeis se omnium primus offert [a] Theophanes qui canit: « Intellectuales Virtutes, omnesque hominum generationes te, ut quae Deum genueris, continenter glorificant, o benedicta et penitus immaculata. » Et [b] rursum: « Ave porta Dei, ave omnino illibata virgo innocens, ave regina mundique praesidium, ave murus, perfugium, nostrique generis tutela. » Alibi vero [c] praeclara circumlocutione usus inquit: « Labibus et naevis pura, omnisque sanctitatis delubrum quum esses, genuisti Verbum Patri coaeternum [1] idemque sanctissimum omnesque sanctificans: ideo te Virginem laudamus et superexaltamus in omnia secula. »

268. Sequitur in iisdem Menaeis Iosephus confessor et hymnographus, cui ista primum [d] referri in acceptis debent: « Te innocentem Domini columbam, te venerandam et immaculatam et in mulieribus pulcram, ut quae universorum Deum peperens, fideliter beatam praedicamus, o divinitus beatificata. » Tum [e] ista: « Mater illibata, benedicta, innocens, Virgo, ab omni eos necessitate serva qui te celebrant. » Atque ista [f] pariter: « Defecere tandem, o illibata, penitus immaculata, vere [2] innocens, arma omnia inimici. » Neque minus [g] haec: « Verbum Dei in utero tuo conceptum verbo est, o Virgo mater illibata, benedicta, omnique ex parte immaculata. » Et [h] alibi: « Nubes solis intelligibilis, divini splendoris lucerna aurifulgens, impolluta, intemerata, penitus immaculata regina, quaeso, impassibili splendore illumina tenebricosam animam meam passionibus obcaeca-

---

a) Men. die I. Decembris Ode ς'. pag. 5. col. 1. A.
b) Men. die XIII. Decembris pag. 106. col. 2. C.
c) Men. die VI. Octobris Ode κ'. pag. 36. col. 2. B.
d) Men. die XXIII. Decembris pag. 188. col. 1. B.
e) Ibid. pag. 189. col. 2. C.
f) Men. die X. Octobris, Ode ε'. pag. 58. col. 1. D.
g) Men. die XVI. Octobris Ode α'. pag. 96. col. 2. B.
h) Men. die XII. Octobris Ode γ'. pag. 75. col. 1. D.

---

1) Non alia igitur innocentia neque alia sanctitas tribui Deiparae debet, nisi quae ad innocentiam sanctitatemque Verbi sanctissimi accedat. Ab hac autem infinite propemodum dissideret, si quando infecta fuisset culpa et vitiata peccato.

2) Quid est quod Deipara audit *vere innocens?* et quid est quod affirmatur *de armis inimici quae defecerint?* Nimirum audit Deipara *vere innocens*, quod laesa numquam fuerit; et *arma inimici defecisse* perhibentur, quod ea in Virginem retusa. unigeniti triumpho fuerunt penitus profligata.

tam. » Et ª) denuo: « O intemerata, o cuiusvis inscia maculae et vas fragrantissimi odoris, deprecare Christum, quem peperisti. » Hinc ᵇ) tandem: « Uti pulcra, uti [1] venusta, uti puritate circumfulgens venustum Verbum pulchre corpore induisti, eumque genuisti qui omnibus abundantia benignitatis ipsum esse largitur. »

269. Cum Theophane atque Iosepho consentiunt anonymi hymnorum auctores, e quibus alter ᶜ) inquit: « Venustam et electam omnique veneratione dignam te prospiciens, o undequaque immaculata, Filius Dei dictus est filius tuus, gratia in filios [3] adoptans qui te Deiparam celebrarent. » Alter vero ᵈ) ait: « Tu es in mulieribus benedicta, o prorsus immaculata, quae tuo super naturam divino partu, o puella, homines splendide divinos reddidisti, ut quae Deum ineffabiliter corpore indueris. » His addi ᵉ) Zonaras debet, a quo Virgo coniunctim salutatur « Sanctissima, omnium regina, immaculata, innocens, veneranda, bona. » Atque addi pariter debet ᶠ) Anatolius qui scribit: « Agite gentes omnes, matrem effectoris omnium, uti decet, celebremus atque dicamus: ave throne igniformis Iesu qui universis praeest atque omnia gubernat: ave sola penitus immaculata mundi domina: ave Maria semper virgo omnibus laudibus prosequenda, splendidum atque illaesum sanctae Trinitatis, Patris, Filii et Spiritus receptaculum: ave sponsa omni ex parte venerabilis sole circumvestita: ave gaudium omnium qui te extollunt. »

270. Ex Paracletice praesto inprimis sunt quae scribit ᵍ) Metrophanes: « Omnium conditor pro sua bonitate apparuit super terram factus homo ex virgineo atque illibato tuo sinu, nosque deificavit, o benedicta, innocentissima, Dei genitrix, et prorsus intaminata. » Praesto deinde sunt quum [3] alia, tum ʰ) haec: « Ut innocens et immaculata et Virgo Filium peperisti, Deum immutabilem, qui nos a tentationibus redemit. » Atque ista ⁱ) rursum: « O innupta sponsa, Dei genitrix, quae tristitiam Evae in gaudium convertisti, te fideles laudamus et colimus, quod nos [4] a primaeva noxa reduxeris: et nunc, o penitus laudanda atque sanctissima, ne instare cesses ut salvemur. »

271. Ad Triodium quod pertinet, missa facio quae [5] Georgius et Christophorus habent, iisque memet contineo quae ʲ) Iohannes euchaita scribit: « Ut sponsa omnino imma-

a) Men. die XXX. Augusti Ode θ'. pag. 168. col. 1. B.
b) Men. die XIII. Ianuarii Ode ε'. pag. 123. col. 1. A.
c) Men. die XXI. Iulii Ode α'. pag. 107. col. 1. A.
d) Men. die XX. Augusti Ode ζ'. pag. 110. col. 2. C.
e) Can. in s. Deiparam, apud Cotelerium Monum. eccles. graec. T. III. pagg. 465-472.
f) Men. die XXV. Ianuarii pag. 188. col. 2. B-C.
g) Paraclit. pag. 114. Col. 1. C.
h) Ibid. pag. 220. col. 2. B.
i) Ibid. pag. 221. col. 1. B.
j) Ibid. pag. 133. col. 2. B.

1) *Venustas* ergo matris et filii sibi quadam proportione respondent. At mirum quantopere discreparent, si matris venustas culpae sordibus fuisset deformata.

2) Hoc itaque Virgo a reliquis distat hominibus, quod quum hi *post ruinam* in filios *misericordia* adoptentur, illa *praeveniente* bonitate delecta fuit.

3) Ibid. pag. 316. col. 1. B. Δοχεῖον ἄχραντον, ναὸν ἐπώνυμον, κιβωτὸν πανάγιαν, παρθενικὸν τόπον ἁγίασμα-τος, οἱ κάλλοντιν τοῦ Ἰακὼβ ὁ δεσπότης ἐξελέξατο. Receptaculum illibatum, templum cuiusvis exsors labis, arcam sanctissimam, virgineum sanctitatis locum, te Iacobi pulcritudinem Dominus elegit.

4) Sed vix aut ne vix quidem haec possent animo praecipi, si ipsa quoque Virgo antiquae et originali culpae fuisset obnoxia.

5) Triod. pag. 8. col. 2. C., pag. 71. col. 2. D.

culata creatoris, ut innupta redemptoris mater, ut quae sis, o penitus laudanda, Altissimi receptaculum, mei qui sum turpe peccatorum diversorium et sciens ac volens daemonum ludibrium, sollicitam curam gere, meque ab illorum maligna calliditate eripe; tu quae per virtutem fuisti omnibus expletum numeris splendidum habitaculum, o intactum lucis receptaculum, depelle passionum nubem, meque dignare superno splendore, puroque fulgore tuae lucis occasus nesciae. » Quibus operae pretium arbitror ea addere quae in Pentecostario leguntur, sive ubi ª) dicitur: « Quum te, o innocens atque prorsus illibata, olim vates ceu portam prospexit ad inaccessum lumen conversam, te illico Dei habitaculum novit. » Sive ubi ᵇ) subditur: « Tabernaculum sanctum, o innocens, et arcam et tabulam gratiae mundo collatae te agnoscimus: per te enim data remissio est iustificatis per sanguinem eius, qui ex utero tuo corpus assumpsit, o maculae omnis expers. »

272. Reliquum est ex Graecorum libris Anthologium, in quo Virgo ᶜ) dicitur: « Divinitus gratiis referta, innocens, benedicta. » In quo haec ᵈ) ad Virginem directa occurrunt: « Coram te, o sanctissima, illibata, innocens, servi tui continenter die atque nocte contrito animo procumbunt exorantes, ut precibus tuis redemptionem peccatorum nanciscantur. » In quo ᵉ) Basilius pegoriotes scribit: « Sponsae ritu ornatum hodie apparuit iucundum Virginis templum et thalamus suscipiens animatum tabernaculum Dei purum, immaculatum et omni creatura splendidius. » In quo Germanus ᶠ) his verbis suas preces fundit: « O sanctissima, illibata, innocens, illumina, quaeso, sanctifica mentem animamque meam. » Et in quo ᵍ) idem Germanus inquit: « Salutis totius initiatores beatissimus Ioachim et Anna gloriosa innocentem et immaculatam penitusque illibatam Dei matrem [1]) genuerunt, atque hanc suae pietatis retributionem acceperunt. »

273. Quod igitur maiores nostri praeclarissima quaeque de Deipara sentirent: quod praestantissimam eiusdem formam oculis iugiter obversantem haberent: et quod nihil infra Deum positum ea potius celsiusque arbitrarentur; cumulatas usurparunt formulas, quibus omnem ab ipsa naevum depellerent, omnes ipsi sanctitatis gradus omniaque perfectionis ornamenta tribuerent, omnibus tam visibilibus quam invisibilibus creaturis praeponerent, et eo usque efferrent, ut ipsam cum Deo quam penitissime coniungerent. Ceterum eiusmodi formularum usus ita ampliter invaluisse, ut ab eo ne haeretici quidem perditique homines abstinuerint, iudicium esse possunt quae Nicephorus constantinopolitanus antistes ex edita a Constantino Copronymo fidei professione refert, atque ita ʰ) se habent: « Sancta Dei catholica omnium qui Christiani sumus Ecclesia accepit ita confiteri filium ac verbum Dei, natura videlicet simplicem, incarnatum vero ex sanctissima, immaculata Domina nostra Deipara et semper virgine Maria, non mutata in carnem divinitate et cet. »

a) Pentecostar. pag. 148. col. 2. A.
b) Ibid. pag. 214. col. 1. C.
c) Antholog. pag. 101. col. 1. B.
d) Ibid. die XXX. Novembris pag. 151. col. 2. C.
e) Ibid. die XXI. Novembris pag. 129. col. 2. C.
f) Ibid. die XII. Decembris Ode α'. pag. 193. col. 1. B.
g) Ibid. die VII. Septembris Ode θ'. pag. 18. col. 2. D.
h) Antirrhet. l. n. IX. pag. 5. apud Mai, in Nova pp. biblioth. T. V.

1) Cuiusmodi igitur fuit Deiparae conceptio? Videlicet ἀγνὴ καὶ ἄμωμος καὶ ἀκατάχραντος, innocens, immaculata atque omni ex parte illibata.

CAPUT VI.

Commemorantur et explicantur apposita quae de Virgine per antonomasiam simpliciterque adhibita, quemadmodum ab ea omnem naevi umbram funditus depellunt, sic illi ipsam prope formam creatae innocentiae vindicant, illamque uti speciem atque exemplar creatae sanctitatis repraesentant.

274. Quatuor potissimum modis epitheta conferunt, ut rei cui tribuuntur dotes aperiant, eiusque naturam atque indolem patefaciant ac demonstrent. Inprimis namque conferunt *qualitate*, qua vel *negantia* sunt eoque pertinent ut a subiecto amandent quae iisdem exprimuntur: vel sunt *aientia* eoque spectant ut subiecto asserant et cum subiecto copulent quae iisdem significantur. Conferunt deinde *gradu*, eoque aut *positivo* aut *comparato* aut *superlativo*, quo plene, plenius aut etiam plenissime subiectum certis quibusdam sive conditionibus sive dotibus aut destitutum, aut vicissim praeditum instructumque ostendunt. Tum conferunt *copulatione*, qua epitheta simul atque coniunctim subiecto attributa argumentum continent minime obscurum, non partem dumtaxat aliquam sed expressae perfectionis plenitudinem et summam illi convenire. Tandem *numero* conferunt, qui quo vehementius augetur, eo splendidius declarat vel subiectum ab aliqua esse conditione seiunctum, vel aliqua dote ac perfectione ditescere.

275. Ut haec autem obvio planoque exemplo collustrentur, fac tecum cogitatione reputes oratorem, de quo I. nulla praetermittantur apposita sive negantia sive affirmantia, quibus is tum ab omni integer defectu, tum omnibus instructus eloquentiae dotibus significetur: de quo II. haec apposita, qua latissime patent, gradibus omnibus adhibeantur, adhibeantur gradu positivo, adhibeantur gradu comparato, et gradu quoque adbibeantur vel aperte superlativo, vel qui superlativo potestate respondeat: de quo demum III. haec ipsa apposita, gradibus omnibus, non seorsum dumtaxat atque divisim, verum etiam simul atque coniunctim usurpentur. Paucis fac de oratore aliquo legas: I. nihil in eo reperiri humilis, abiecti, aridi, exsanguis, nihil quod in ore offendat, nihil quod in voce displiceat, et nihil quod in toto corporis animique habitu iure improbetur: ad haec illustrem eum esse, et oratione uti gravi, erudita, liberali, admirabili, polita, conspersa quasi verborum sententiarumque floribus, deque rebus omnibus quaecumque in disceptationem cadunt, dicere prudenter, ornate atque copiose: immo III. eum esse disertissimum, humanarum mentium scientissimum, solertissimum rei cuiusvis exploratorem, legum vero, consuetudinum et exemplorum ad stuporem usque peritum: postremo IV. eius speciem depingi apte non posse, nisi cumulatis congestisque epithetis dicatur orator cuiusvis expers defectus, omnibus insignis eloquentiae decoribus, facundissimus, ad creandam admirationem factus, quique primas in omnibus suo merito splendidissime referat. Haec si de oratore quopiam legerentur, necessaria quadam rerum cognatione inferendum esset, existimari illum oportere omnibus auctum oratoriae facultatis ornamentis, eloquentiae principem et omnino talem, qui vivens eloquentiae simulacrum et spirans eiusdem forma iure quam qui optimo videatur.

276. Iamvero quae de oratore commenti sumus, quaeque de nullo unquam sive graeco sive latino consignata litteris inveniuntur; ea in alio excellentiae genere, de puritate,

innocentia ac Deiparae sanctimonia non dicta solum, sed repetita, sed inculcata, sed centies exaggerata in omnibus christianae traditionis monimentis occurrere, compertissimum ex iis esse debet quae superioribus quinque capitibus comprehendimus. Quid igitur est reliquum, quidve sua sponte ac necessario colligitur? Videlicet *negando* quidem colligitur, labem omnem, omnemque culpae maculam amandari a Deipara quam longissime oportere: *affirmando* autem, omnia illi decora creatae innocentiae finitaeque perfectionis tribuenda sic esse, ut ipsa non aliter spectetur ac species veluti quaedam vivumque exemplar creatae puritatis finitaeque sanctimoniae. Colligitur non modo Deiparae tribuenda esse epitheta *negantia* τῆς ἀχράντου, τῆς ἀμώμου, τῆς ἀκηράτου, τῆς παναχράτου, *intaminatae, immaculatae, intactae, penitus intaminatae, undequaque immaculatae omnique ex parte intactae;* verum ipsam quoque credi dicique simpliciter oportere τὴν ἄχραντον, τὴν ἄμωμον, τὴν ἀκήρατον, τὴν παναχράντον, τὴν πανάμωμον καὶ τὴν πανακήρατον, *intaminatam illam, illam immaculatam, illam intactam et illam penitus omnique ex parte labis et contaminationis expertem*. Colligitur non solum referenda ad Deiparam esse affirmantia apposita τῆς ἁγίας, τῆς ἁγνῆς, τῆς σεμνῆς, τῆς παναγίας, τῆς πανσέμνου καὶ τῆς πανάγνου, *sanctae, innocentis, venerandae, sanctissimae, innocentissimae et omni veneratione prosequendae;* verum ipsam quoque credi dicique simpliciter oportere τὴν ἁγίαν, τὴν ἁγνήν, τὴν σεμνήν, τὴν παναγίαν, τὴν πανάγνον καὶ τὴν πανσέμνον, *sanctam illam, illam innocentem, illam venerandam et illam penitus atque perfecte sanctam, innocentem ac venerandam*. Denique colligitur non solum Deiparae convenire *concretas* absolutasque appellationes quas recensuimus, sed in ipsam quoque insigniter cadere *abstracta* nomina, queis ἡ ἁγνεία, ἡ ἁγιωσύνη, τὸ ἁγίασμα, *ipsa innocentia, ipsaque sanctitas* nuncupetur.

277. Sicut enim loquendi usu ratum statumque est, ut nomina *substantiva* absolute adhibita ipsam rei formam ac plenitudinem subiecto inesse demonstrent; ita eodem loquendi usu ratum statumque est, ut idipsum significent *adiectiva* nomina quum simpliciter et instructa articulo usurpantur. Quare sicuti dum legimus Unigenitum esse τὸ φῶς *lucem*, atque eumdem esse τὴν ζωὴν *vitam* et τὴν ἀλήθειαν *veritatem*, illico assequimur non particulam aliquam sive lucis sive vitae sive veritatis Unigenito convenire, sed propriam eius esse summam perfectionemque lucis, veritatis et vitae, eumque ipsa prope forma lucis, vitae veritatisque potiri; ita non dissimili inferendi ratione concludimus, sive dum Socratem nominatum audimus τὸν φιλόσοφον, sive dum Aristidem dictum cernimus τὸν δίκαιον, sive, et multo sane potius, dum Deum vocatum reperimus τὸν ἀγαθόν, τὸν ἅγιον, τὸν ἀθάνατον, τὸν ὄντα.

278. At vero suppetunt ne in ecclesiasticis monimentis testimonia, quibus ad Virginem designandam tam adiectiva quam substantiva nomina, tam concreta quam abstracta absolute, simpliciter ac, uti loquuntur, *per antonomasiam* usurpentur? Suppetunt omnino, et quidem neque numero pauca, neque obscura et impedita. Hoc insequentibus articulis palam faciam, e quibus duo praeterea illaque non levis sane ponderis exsistent: principio namque exsistet, nos in enarrandis veterum testimoniis hucusque prolatis a germana sinceraque eorumdem interpretatione ne minimum quidem deflexisse: tum vero exsistet, plenitudinem ipsam formamque purissimae sanctitatis ita Virgini diserte adscribi, ut quemadmodum Deus in ordine infinito ipsa est sanctitas et ipsum sanctitatis exemplar, sic Deipara secundum Deum in ordine finito ipsa sit creata sanctitas et forma atque species sanctitatis.

ARTICULUS I.

De appositis negantibus per antonomasiam atque absolute simpliciterque de Virgine adhibitis, eoque pertinentibus ut ipsa cuiusvis expers labis declaretur.

279. Etsi maiores nostri in efferendis beatorum laudibus celebrandisque virtutibus omnia sedulo conquisierint, quae ad creandam illis gloriam pariendumque honorem [1]) conducere posse viderentur; numquam tamen fas sibi integrumque esse existimarunt, infinitis absolutisque appellationibus τοῦ ἀμώμου, τοῦ παναμώμου, τοῦ παναχράντου, *immaculati et undequaque immaculati atque intacti*, vel Praecursorem, vel Apostolum, vel alium quemvis utcumque sanctissimum significare. Et merito sane, quum illorum nemo, quamquam omnibus auctus virtutibus donisque Spiritus locupletatus infinite simpliciterque fuerit ὁ ἄμωμος, ὁ πανάμωμος, ὁ παναχράντος, *immaculatus et undequaque immaculatus omnique ex parte intactus;* sed potius illorum quivis ea Adami posteritate contineretur, ad quam pertinent Scripturarum oracula, *in iniquitatibus conceptus sum* et *in quo omnes peccaverunt*. At vero quum significari Deipara debet, maioribus nostris usitatum est atque omnino solemnissimum, vel illam absolutis infinitisque nominibus τῆς ἀχράντου, τῆς ἀμώμου, τῆς παναχράντου, τῆς παναμώμου *intemeratae, immaculatae et penitus intemeratae atque immaculatae* describere, vel haec ipsa nomina ita usurpare, ut iisdem Deipara ab aliis omnino omnibus secernatur.

280. Et re quidem vera infinita absolutaque appellatione τῆς ἀχράντου *intemeratae* describitur Deipara [a]) penes Georgium nicomediensem, qui commendata Ioachim et Annae fide, pergit: « Quamobrem etiam *intemeratam illam* gignunt, regenerationis nostrae auctricem, nostraeque reformationis caussam. » Eadem infinita absolutaque appellatione describitur tum [2]) penes Iacobum monachum, tum [3]) in anthologio, ubi citra quodvis additamentum, ἡ ἄχραντος *intemerata illa* Deiparam ostendit. Sed hac ipsa appellatione utitur [b]) Theophanes ut Deiparam secernat inquiens: « Faustis omnibus prosequamur Mariam [4]) *intemeratam illam* et perfecte sanctam. » Utitur [c]) et Iohannes euchaita inquiens: « Nobis fidelibus velut ex perpetuo fonte effundis o innocens medelae flumen, cuius impolluta gratia abluti, *o intemerata*, laudamus partum tuum et superexaltamus in omnia secula. »

281. Porro quae de titulo τῆς ἀχράντου *intemeratae* advertimus, de composito τῆς πανα-

a) Orat. in ingressum Deiparae in Templum, pag. 1086-C-D. apud Combefisium Auctar. T. I.
b) Antholog. die XVII. Ianuarii Ode ζ'. pag. 338. col. 2. C.
c) Acoluth. ad Matut. pag. LVII. E. apud Bolland. T. II. Iunii.

1) Cuius pientissimae consuetudinis argumentum exhibent prae ceteris splendidissimum Gregorius nazianzenus Orat. VII. al. X. quae est funebris in laudem Caesarii fratris, Orat. VIII. al. XI. quae est funebris in patrem, Orat. XXI. in laudem magni Athanasii, Orat. XXIV. al. XVIII. in laudem sancti martyris Cypriani et Orat. XLIII. al. XX. quae est funebris in laudem Basilii magni: Basilius Caesareae in Cappadocia episcopus Hom. V. in martyrem Iulittam, Hom. XVII. XVIII. XXII. in Barlaam martyrem, in Gordium martyrem, in Mamantem martyrem, et Hom. XIX. in sanctos quadraginta martyres: Iohannes chrysostomus in prima ex septem homiliis de laudibus Pauli apostoli, et Hieronymus suo in Paulam romanam epitaphio quod magnificentissimis bisce verbis orditur: « Si cuncta corporis mei membra verterentur in linguas, et omnes artus humana voce resonarent, nihil dignum sanctae ac venerabilis Paulae virtutibus dicerem. »

2) Orat. in nativit. Deiparae, pag. 1254. D-E. apud Combefisium Auctar. T. I.

3) Antholog. die VIII. Septembris pag. 31. Col. 1. C.

4) Confer etiam quae prorsus gemina recurrunt die XVIII. Ianuarii Ode ζ'. pag. 343. col. 2. B.

χρίστου *penitus intemeratae* repetenda sunt. Is enim ad describendam distinguendamque Deiparam adhibetur a Theophane ⁿ) his verbis: « Ad te quae *penitus es intemerata* nunc recurro, te deprecor atque tibi confiteor, peccavi. » Adhibetur ᵇ) in anthologio quum dicitur: « Exsultat nunc Anna sterilitatis soluta vinculis, et nutrit *illam omni ex parte intemeratam.* » Adhibetur ᶜ) in paracletice in quo legimus: « Concordi voce beatam celebremus Mariam, *illam undequaque intemeratam* eamdemque arcam divinam, quae Legislatorem circumdedit qui propter inenarrabile divinae pietatis pelagus praevaricationes nostras omnem tollit. » Et adhibetur ¹) in officio sancti olei, itemque ᵈ) in officio magni et angelici habitus, in quo ista reperiuntur: « Filium tuum misericordem, o perfecte immaculata deprecare, sacri habitus candidatum ad religionis desideratum finem devotissime pervenire: te namque *prorsus intemeratam* auxiliatricem habemus. »

282. Succedunt epitheta ἡ ἄμωμος καὶ ἡ πανάμωμος, *immaculata illa et penitus immaculata*, quorum usum ad describendam distinguendamque Deiparam, plura sunt quae confirmant. Confirmant haec ᵉ) ex anthologio: « Ad sancta sanctorum sanctissima atque *immaculata* progreditur, ut ibi inhabitet. » Confirmant haec ᶠ) ex eodem libro: « Laetatur hodie Anna in spiritu exsultans, et contenta gaudet quod compos facta fuerit voti, quo prolem iampridem exoptabat; divinum namque pollicitationis et benedictionis fructum protulit, Mariam *plene immaculatam*, quae nobis Deum genuit, iisque splendescere solem fecit qui in tenebris iacebant. » Tum ᵍ) haec: « Hodie *illa perfecta immaculata*, et innocens e sterili prodit: hodie in eius nativitate omnia exsultant. » Itemque ʰ) ista: « Et Gabriel ad te *perfecte immaculatam* mittebatur, ut tibi cibum afferret: caelestia omnia stupebant, quum Spiritum sanctum in te habitare conspicerent. Quare o naevi labisque expers, et in caelo atque in terra Dei mater glorificata, nostrum quoque genus serva. » Confirmant haec ⁱ) ex Andrea melodo: « Propheticus chorus olim praenuntiavit immaculatam illam innocentem puellam Deique filiam, quam sterilis et infecunda Anna suscepit: hanc hodie corde laeti beatam celebremus qui salvati per eam sumus, tamquam solam plene immaculatam. » Confirmant haec ʲ) ex Paracletice: « Quum te ligno sponte suffixum *immaculatissima* vidit, tuam plorans laudavit potentiam. » Et ᵏ) rursum. « O singulare portentum, clamavit *immaculatissima*, quum Filium vidit cruci affixum: qui pugillo universa portat, passionem sustinet, et tanquam reus damnatur, qui omnibus veniam impertit. » Confirmant ˡ)

---

a) Antholog. die V. Decembris Ode γ'. pag. 166. col. 2. B.
b) Antholog. die VIII. Septembris pag. 30. col. 2. D.
c) Paraclit. pag. 143. col. 2. A.
d) Offic. magni et angelic. habit. pag. 502. D.
e) Antholog. die XX. Novembris Ode α'. pag. 123. col. 1. D. et die XXI. pag. 126. col. 2. B.
f) Antholog. pag. 29. col. 1. B.
g) Antholog. die VII. Septembris pag. 32. col. 2. B.
h) Antholog. die XXI. Novembris pag. 126. col. 2. D.
i) Antholog. die IX. Decembris Ode γ'. pag. 181. col. 1. D.
j) Paraclit. pag. 343. col. 2. C.
k) Paraclit. pag. 85. col. 2. B.
l) Acoluth. ad Matut. apud Bollandum T. II. Iunii Ode α'. pag. L. B. — Ode δ'. pag. LII. C. — Ode ζ'. pag. LVI. B.

1) Offic. s. Olei, pag. 413. C. apud Goarium in euchologio.

haec ex canone sanctorum Iohannis euchaitae: « Te, *o penitus immaculata*, commune decus naturae nostrae, omnes celebramus, labium effecti unum, unumque concentum perficientes. Ut pluvia serotina valde ac temporanea, sic aquarum seculorumque artifex in sinum tuum, *o penitus immaculata*, peropportune descendit, ut deficientes refocillaret. In crucem suffixus qui ex te, Dei genitrix, corpus assumpsit, Adami discerpsit chirographum. Illum nunc precare, *o cuiusvis expers naevi*, ut a cunctis periculis liberet fideles clamantes: benedictus es Deus patrum nostrorum. » Confirmant haec [a]) ex officio funereo monachorum: « Precare filium et Deum, ut defuncto huic in voluptatis loco det requiem, ubi laetantium omnium habitatio est, o innocens, ut te penitus *immaculatam* celebret. » Tum ista [b]) confirmant quibus Amphilochius nominat « Dei genitricem, *illam vere immaculatissimam* et puram Mariam. »

283. Venio ad simillimum prorsus usum, quo Deipara per antonomasiam ἡ ἀμίαντος, ἡ ἄμεμπτος καὶ ἡ ἄσπιλος *illibata illa, et illa culpae naevique exsors* nuncupatur. Sane Leontius byzantinus [c]) prima eademque sempiterna Verbi generatione eximiis quibusdam depicta coloribus, ad secundam temporalemque progressus, ait: « Neque secundum alteram quidquam aliud genitum sic est sine semine, sine corruptione et supra naturam, et per Spiritum sanctum conceptum, et sine tempore perfectum, formatum, organis instructum et secundum omnem suimetipsius substantialem rationem partibus omnibus expletum in puro sinu *illibatae*. » Porro τῆς ἀμέμπτου *inculpatae* titulo describitur [d]) in Anthologio his verbis: « Quum *illa culpae inscia* te in cruce suspensum vidit, non sine lacrimis clamavit. » Itemque describitur [e]) in Paracletice, ubi Deipara sic loquens inducitur: « Stans iuxta crucem Iesu quae eum peperit, flebat atque clamabat: ego utpote virum nesciens, partus dolores effugi, et quo nunc pacto dolore premor et corde dilaceror quae sum *culpae inscia*? » De titulo autem τῆς ἀσπίλου *inviolatae* conferendi sunt hinc quidem Georgius nicomediensis, inde vero auctor qui Gregorii neocaesariensis nomine allegari consuevit. Ille namque de Virgine trienni in Templo oblata [f]) inquit: « Quippe decebat ut *naevi expers* ternarium numerum in se ipsa praevie honoraret, per quam iis qui erant in mundo, innotuit potentia Trinitatis. » Alter vero de Maria Iesum conceptura [g]) sic habet: « Quem tu sancta Virgo portare non posses, nisi omni gloria et virtute pro tempore illo refulgeres. Quibus igitur laudum significationibus atque praeconiis *inviolatam formam* celebremus? quibus spiritualibus canticis gloriosissimam inter angelos glorificemus? »

284. Neque omittenda est descriptio, qua Virgo in Paracletice infinita τῆς παναχράτου *prorsus intactae* appellatione [h]) significatur: « *Penitus* [1]) *intacta*, innocens et perfecte im-

a) Offic. funer. Monach. pag. 548. D. apud Goarium in Euchologio.
b) Ex comm. trium Patrum in Cantic. pag. 696. B. apud Gallandium T. VI.
c) Advers. Nestor. lib. IV. §. IX. pag. 554. apud Mai Script. Vett. T. IX.
d) Antholog. die IV. Decembris pag. 156. col. 2. D.
e) Paraclit. pag. 242. col. 2. A.
f) Orat. in praesent. Deiparae pag. 1887. E. apud Combefisium Auctar. T. I.
g) Orat. II. in annunt. Deiparae pag. 18. A.
h) Paraclit. pag. 149. col. 1. A.

1) Cuius loquutionis quae quantave sit potestas, ex his etiam eruere licet quibus Cyrillus alexandrinus (explanat. in Luc. II. pag. 134. apud Mai in Nov. pp. biblioth. T. II). agens de verbis evangelistae, *purgationis eorum*, scribit: ἀλλ' οὐδὲ περὶ τοῦ κυρίου τούτο εἴρηται, τοῦ ἀκηράτου καὶ ὑπὲρ πᾶσαν καθαρότητα. *Sed neque de Domino id dictum fuit, intacto scilicet et quamlibet munditiam excedente.*

maculata exclamabat: universa creatura te, o longanimis, videns in crucem elatum, gaudio gaudet; per te namque, fili dilectissime, redemptionem invenit. » Immo neque omitti debent metaphoricae descriptiones, quibus Deipara absolute simpliciterque dicitur ἡ ἀμίαντος ἀμνάς, τὸ ἄσπιλον πρόβατον καὶ ἡ ἁγνὴ περιστερά, *agna inviolata, ovis inscia maculae, et innocens columba.* Quum enim substantiva nomina, *agna, ovis, columba*, symbola ex sese sint puritatis atque innocentiae; multo sane illustrius puritatem innocentiamque praeseferent cum iis iuncta appositis quae descripsimus quaeque κατ' ἐξοχήν, adhibentur. Iamvero prior descriptio invenitur [a]) apud Basilium pegoriotem qui ait: « *Agna immaculata* et intactus thalamus Deipara Maria in domum Dei cum gaudio mirabiliter adducitur. » Et [b]) rursum: « *Agna inviolata* et innocens columba adducebatur in domum Dei ut in ea habitaret, quippe praedestinata tamquam labis expers, ut Dei mater fieret. » Cum quibus ista [c]) concinunt: « Impolluta illa Dei agna, illa intacta columba, tabernaculum Dei capax, gloriae sanctuarium, sibi habitare delegit in tabernaculo sancto. » Posterioris descriptionis auctor est [d]) vulgatus Epiphanius, qui de Deipara scribit: « *Ovis immaculata* quae peperit agnum Christum. » Ad tertiam denique ista pertinent [e]) Andreae melodi: « *Innocentem columbam* Anna in utero concipiens spiritali laetitia repleta fuit, actionesque gratiarum Deo persolvit. »

285. Itaque non solum Deipara est vocarique debet ἄχραντος *intemerata*, verum etiam ἡ ἄχραντος *illa intemerata:* non solum πανάχραντος *penitus intemerata*, verum etiam ἡ παναχραντος *illa penitus intemerata:* non solum ἄμωμος καὶ πανάμωμος *immaculata et perfecte immaculata*, verum etiam ἡ ἄμωμος καὶ ἡ πανάμωμος *illa immaculata et perfecte immaculata:* non solum ἀμίαντος *illibata*, verum etiam ἡ ἀμίαντος *illibata illa:* non solum ἀκήρατος *intacta*, verum etiam ἡ ἀκήρατος καὶ ἡ πανακήρατος *illa intacta omnique ex parte intacta:* et ne sim nimius, non solum ἄσπιλος *expers naevi*, verum etiam ἡ ἄσπιλος *illa expers naevi.* Adeo ut aegre invenire liceat epithetum negans, quod ad Deiparam non referatur κατ' ἐξοχήν, quod de ea non usurpetur infinite, et quo ipsa absolute simpliciterque non describatur. Quod nimirum penes maiores nostros obtinuerit, ut si quam infinite atque simpliciter nominatam audirent τὴν ἄμωμον, τὴν ἄσπιλον, *immaculatam, intactam*, ipsam continuo Deiparam intelligerent, ac synonymorum instar haberent hinc quidem τὴν ἀκήρατον καὶ τὴν ἀμίαντον *illaesam et inculpatam*, inde vero beatissimam Dei genitricem et amantissimam nostrum omnium matrem. Sed neque cogitandi neque loquendi leges hanc synonymiam ferunt, nisi quidquid est labis ac sordium a Deipara alienissimum putetur, ei nisi ipsa ab originali corruptela aeque ac a reliquis culpis omnibus integra atque soluta censeatur. Atque hoc maioribus nostris visum prorsus esse, eo etiam nomine perspicue liquet, quod non modo Virginem tradiderint ab Anna genitam et in lucem prolatam *innocentem et penitus immaculatam*, verum etiam *ad divinam maternitatem praedestinatam* idcirco docuerint, quod *una omnium cuiusvis expers maculae* apparuerit.

---

a) Antholog. die XXI. Novembris pag. 130. col. 1. D.
b) Ibid. Ode ς'. pag. 132. col. 1. B.
c) Antholog. die XXI. Novembris Ode γ'. pag. 130. col. 1. B.
d) Orat. de laudibus s. Mariae pag. 294. D. opp. T. II.
e) Antholog. die VIII. Decembris Ode ζ'. pag. 182. col. 1. A.

ARTICULUS II.

De appositis affirmantibus iisque per antonomasiam adhibitis et ad describendam secernendamque Deiparam maiorum usu receptis.

286. Quae superiore articulo de *negantibus* epithetis observavimus, ad *affirmantia* quoque epitheta transferri debent. Constat enim ac liquido constat haec etiam usurpari κατ' ἐξοχήν de Deipara consuevisse, neque his minus quam illis aut Deiparam fuisse absolute descriptam, aut a reliquis omnibus eximio quodam praestantiae gradu simpliciter secretam. Quod ut idoneis confirmem exemplis, ab eo ordiar affirmante epitheto quo Deipara quam toties [1]) *sanctam et vere sanctam* celebratam novimus, praeterea ἡ ἁγία *sancta illa* atque eximie sancta nuncupatur.

287. Atque hoc sane titulo descripta occurrit in homiliis Gregorio neocaesariensi tributis, in quibus [a]) legimus: « Ipse caelestium omnium potestatum dominator ex omni creatura te *sanctam* et ornatissimam elegit, et per sanctum et castum, purum atque impollutum ventrem tuum, fulgidissima margarita in salutem totius terrarum orbis progreditur. » Hoc titulo descripta occurrit [2]) penes Ambrosium et [b]) Georgium nicomediensem qui ait: In sancta sanctorum *sancta* et immaculata ingreditur in Spiritu sancto, et per angelum nutritur, ut quae vere sit sanctissimum templum sancti Dei nostri, qui inhabitatione in ipsa universa sanctificat, lapsamque mortalium naturam divinitatis consortem reddit. » Hoc titulo descripta occurrit [c]) in Triodio ubi dicitur: « Videns semetipsam *sancta illa* in proposito castimoniae obfirmatam, animose Gabrieli respondet. » Hoc titulo descripta occurrit [d]) in Paracletice his verbis: « Sanctificavit Deus uterum tuum, *o sancta* et venerabilis, quum in eo habitaret. » Atque huc faciunt ista [e]) Epiphanii: « Quis ullo tempore umquam extitit qui *sanctae* Mariae nomen appellare auderet, et non rogatus subinde Virginis vocabulum adiiceret? » Tum haec quae alibi [f]) scribit: « Sancta Maria Virgo nuncupatur, nec appellatio ista aliquando commutabitur. *Sancta* [3]) namque illa incorrupta permansit. »

288. Altero loco se epithetum offert, quo Virgo appellatione τῆς παναγίας *sanctissimae* aut per antonomasiam describitur, aut a ceteris secernitur. Describitur autem [g]) a Iohanne

a) Orat. II. pag. 17. C-D.
b) Antholog. die XXI. Novembris pag. 126. col. 2. B.
c) Triod. pag. 314. col. 2. D.
d) Paraclit. pag. 359. col. 1. A.
e) Haeres. LVIII. al. LXXVIII. pag. 1037. D. opp. T. I.
f) Ibid. pag. 1038. A-B.
g) Antholog. die XXVI. Septembris Ode δ'. pag. 61. col. 2. A.

1) Videsis quae attulimus nn., 176. seqq. 231. seqq., quibus adde prorsus gemina quae habentur in epistola Tarasii data ad Alexandrinos et Antiochenos et in concilio nicaeno II. Act. III. pag. 1122. E. Concil. Tom. XII. recitata, in epistola Theodosii monophysitae ad populum alexandrinum, et in eiusdem homilia de ss. Trinitate pagg. 713, 718. apud Mai Spicileg. rom. T. III, in epistola synodica Severi antiocheni ad Iohannem alexandrinum et in eiusdem fidei expositione pagg. 732, 735, 736. ibidem, in epistola paschali Cyrilli alexandrini, interprete Arnobio iuniore, pag. 107. ibidem T. V. et in hymnis Latinorum apud Mone. pag. 306.

2) Opp. T. I. col. 1281. E., et col. 1291. A-B.

3) Quae postrema verba pervertit interpres illa sic reddens: *Haec enim perpetuo incorrupta permansit.*

monacho ubi ait: « Qui sanat antiquam Evae praevaricationem, in te [1]), *perfecte* immaculata et *sancta*, habitavit, totum me hominem lapsum refingens qui est super omnia Deus. » Sed distinguitur [a]) a Leone qui scribit: « Intus in Dei templo templum Dei capax consecratur Virgo *sanctissima*; et iam puellae lampades gestantes in medium prodeunt. » Itemque distinguitur [b]) in Anthologio, in quo de ea dicitur: « Ad sancta sanctorum *sanctissima* et immaculata procedit ut in iis habitet, templumque fiat sanctificatum Dei qui est super omnia sanctus. » Huc autem egregie faciunt quae in Euchologio occurrunt de ritu Graecis usitato, quem [2]) Goarius et [3]) Mone illustrant, quique dici consuevit περὶ τῆς ὑψώσεως τῆς παναγίας, ὅταν μέλλει ἀποτυπῶσαί τις ἐν ταξειδίῳ, *de elevatione panis* ἡ παναγία *sanctissima, nuncupati, quum quis est iter aggressurus.* Licet enim ἡ παναγία dicatur *buccella panis triangularis*, certoque ritu Virgini dedicata; eiusmodi tamen appellatio in illam dimanat ex Virgine, quae trito vulgatoque apud Graecos loquendi more ἡ παναγία salutatur.

289. Succedit epithetum ἡ ἀγνή *innocens illa*, quo κατ' ἐξοχήν ac proprio singularique sensu adhibito Deiparam exhibent ac demonstrant Iosephus hymnographus, Theodorus studita et Andreas melodus. Iosephus namque [c]) sic habet: « Ecce *o innocens*, ab antiqua maledictione solutum mortale genus, et Satanam ruinae caussam subactum. » Concinit [d]) Theodorus inquiens: « Orta est beata radix Iesse e qua germinavit [4]) *innocens illa*, quae fert divinum florem Christum Dominum. » Concinit Andreas, qui [e]) nunc scribit: « Iustorum, Domine, exaudisti preces, sanctorumque avorum tuorum postulationes explesti, fructumque iis concessisti *innocentem illam* quae te genuit. » Nunc autem [f]) Deiparae conceptum vocat *innocentis illius Deique filiae conceptionem;* ipsamque Deiparam [g]) appellat « Virgam virtutis, solam viri insciam, Deique filiam Mariam *innocentem illam*, e qua flos extitit Christus omnibus proferens vitam et inconsumptum cibum, aeternamque salutem. » Neque ista dissentiunt [h]) ex Paracletice: « Lacrymarum flumina e meis oculis dimanantium, fili desideratissime, nullum umquam tempus exsiccare penitus poterit, *innocens illa* plorans clamabat. » Et [i]) rursum: « Voluntariam Domini mortem contemplans *innocens illa* et Virgo, maesta atque plorans dicebat. » Quibus haec sunt consona [j]) ex acoluthia officii graeci ad Matutinum: « Maximis ego perturbationum iactatus occulte tempestatibus, te, *o innocens*, ardenter invoco, ne sinas me miserum perire, tu quae miseri-

---

a) Antholog. die XXI. Novembris pag. 128. Col. 1. B.
b) Antholog. die XX. Novembris Ode α'. pag. 123. col. 1. D.
c) Antholog. die XVI. Ianuarii Ode γ'. pag. 330. col. 2. D.
d) Antholog. die XXI. Decembris Ode ε'. pag. 220. col. 2. E.
e) Antholog. die IX. Decembris Ode α'. pag. 181. col. 1. A.
f) Ibid. Ode θ'. pag. 183. col. 2. C.
g) Ibid. pag. 184. col. 1. B.
h) Paraclit. pag. 242. col. 1. B.
i) Ibid. pag. 202. col. 2. B.
j) Apud Bolland. T. II. Iunii pag. XLVII. F.

1) Atque haec quidem sua veluti sponte suggerunt, ab eo morbo Virginem fuisse immunem, quem antiqua Evae praevaricatio invexit.
2) Eucholog. pagg. 865. seqq.
3) Lateinische und Griechische Messen, pagg. 141. seq.

4) Ex beata igitur radice Iesse, qua periphrasi Anna significatur, germinavit Deipara. Verum quo pacto? germinavit ne noxia vel innoxia? laesa vel illaesa? Theodori responsio haec est: *germinavit innocens..*

cordiae abyssum genuisti. Praeter te enim spem nullam aliam habeo. Igitur in te confisus non praebebo inimicis materiam gaudii et risus; etenim potes quodcumque vis, ut mater illius qui est omnium Deus. » Atque haec ^a) item Iohannis euchaitae, in quibus illud praeter alia splendet, quod Virgo κυρίως ἁγνή *vere ac proprie innocens* salutatur his verbis: « A gravibus tam corporis quam animae periculis et morbis et lapsibus, o incontaminata, eripe me qui pie confiteor esse te *vere innocentem* Dei genitricem. Totam gratiarum abyssum [1]) in te reconditam esse agnoscimus. Propterea, o Deipara, qui ad te prompto erectoque animo confugimus, divino tuo patrocinio servamur. » Tum haec ^b) quibus Iosephus Deiparam vocat τὴν μόνην ἁγνήν *solam innocentem* scribens: « Exaudivit Deus Annae gemitus, et Dominus illius orationem recepit, et depulsis infecunditatis tenebris splendere mirabiliter fecit lumen fecunditatis: quapropter concipit *illam solam innocentem*. »

290. De usu autem prorsus gemino tituli τῆς παναγνοῦ *innocentissimae*, testes adsunt fide dignissimi Germanus constantinopolitanus, Georgius nicomediensis et Basilius pegoriotes. E quibus ^c) Basilius ait: « Videntes angeli ingressum *illius innocentissimae*, obstupuerunt quomodo Virgo in sancta sanctorum ingrederetur. » Georgius ^d) vero inquit: « Siquidem ad hoc electi erant *innocentissimae illius* parentes (Ioachimus et Anna); quorsum eis ad illud usque tempus occlusa manserunt fecunditatis dona, plurimamque aetatem prole carentes egerunt? » Patrocinatur ^e) Germanus scribens: « Effloruit odoriferum pomum, divina rosa apparuit, factoremque exstinxit peccati nostri *illa perfecte innocens* [2]) et mater Verbi: ipsam super extollimus in omnia secula. » Tum ista patrocinantur ^f) ex Paracletice: « Mundus, o Verbum, per tuam crucem misericordiam consequutus est, clamabat [3]) *illa perfecte innocens.* » Accedit ^g) Iohannes euchaita inquiens: « Pro nobis te, *o undequaque innocens*, celebrantibus deprecare incarnatum ex impolluto tuo et pretioso sanguine, ut simus a delictis amarisque morbis immunes. » Et ^h) rursum: « Te securam fortitudinis turrim et crepidinem et custodiam et defensionem possidentes, per fidem nunc servamur. Laudamus partum tuum, *o penitus innocens*, et superexaltamus in omnia secula. »

291. Quid quod Deipara proprio veluti nomine appellatur ἡ καθαρά, ἡ πανίερος, ἡ σεμνή, ἡ ὡραία *illa pura, perfecte sacra, venerabilis*, et *formosa*? Profecto τὴν καθαράν *puram illam* vocat Iosephus ⁱ) his verbis: « Receptaculum lucis quae divine, o penitus immaculata, ex te quae *pura* es, refulsit, animae meae oculos illumina, ignorantiae tenebras de-

---

a) Can. Deiparae pag. 117. in Thesaur. hymnolog. T. III.
b) Antholog. pag. 181. col. 2. B.
c) Antholog. die XXI. Novembris Ode θ'. pag. 130. col. 2. A.
d) Orat. in praesentat. Deiparae pag. 1078. A. apud Combefisium Auctar. T. I.
e) Antholog. die VII. Septembris Ode η'. pag. 18. col. 1. D.
f) Paraclit. pag. 148. col. 2. C.
g) Can. Deiparae pagg. 117-118. in Thesauro hymnolog. T. III.
h) Acoluth. ad matut. pag. LVII. E. apud Bolland. T. II. Iunii.
i) Men. die XI. Octobris Ode θ'. pag. 61. col. 1. D.

---

1) Quod *tota gratiarum abyssus* recondita in Virgine fuerit, quodque nullo ipsa fuerit destituta charismate, propterea κυρίως ἁγνή *vere ac proprie innocens* nuncupatur et creditur.

2) Peccatum nostrum, peccatum humanitatis atque omnibus commune ipsum est peccatum origine contractum. Atqui prae hoc eodem peccato Virgo dicitur ἡ πάναγνος, *illa omni ex parte innocens*.

3) Videsis etiam quae habentur pag. 256. col. 1. C.

pelle et peccati caliginem dissipa. » Vocat ª) τὴν σεμνήν *venerandam illam*, ubi ait: « Te innocentem Domini columbam, *venerandam* ¹) et immaculatam et inter mulieres pulcram, ut quae Deum pepereris, beatam fideliter dicimus, o divinitus beatificata. » Germanus ᵇ) vero postquam monuit, in Deipara expleta fuisse divina mysteria, continuo illam dicit *perfecte sacram, animatumque Domini templum*. At Georgius ᶜ) de ipsa scribit: « Est haec Regina, quae ²) adstitit a dextris Dei, quae, inquam, decori proxima ac splendori; *formosa per naturam* ³) et maculae incapax. » Eodem ᵈ) haec spectant ex acoluthia graeci officii ad maiores vesperas: Quis te, Virgo sanctissima, non beatam praedicet? Quis non celebret tuum sine virili ope partum? Qui enim ante omne tempus ex Patre effulsit Filius unigenitus, ille idem ex te quae *innocens* es, prodivit ineffabiliter incarnatus; natura Deus exsistens, et natura propter nos homo factus; non in duas divisus personas, sed in duabus naturis inconfuse cognoscendus. Hunc ora, *o augusta beatissima*, ut nostrarum animarum misereatur. » Atque eodem haec ᵉ), praecinente Iosepho: « Propter malignam inimici suggestionem prima omnium mater mortem invexit, sed ⁴) haec *innocens* vitam pariens nos corruptione mortuos vivificavit. Et cogitationibus perditus et carnalibus infectus sordibus ad te *vere puram et intaminatam atque innocentem* me recipio. Sis servi tui auxiliatrix. »

292. Cognatum est appositum τῆς καλῆς *pulcrae*, quo patres Deiparam frequenter secernunt. Secernit ᶠ) Anastasius antiochenus inquiens: « A te deinceps audiet femineus sexus: avete feminae, quae gaudii principium susceperitis, solam illam inter virgines gratia plenam, *illam pulcram*, immaculatam, sanctam, Dei genitricem Mariam. » Secernit ᵍ) Iohannes damascenus qui scribit: « Caelestium puellarum chorus divinissime te cantibus *pulcram* inter mulieres celebrant, o Dei genitrix regina, te divinitatis pulcritudine venustam: » Verbum enim pulcri effectorem supra mentis intelligentiam peperisti. » Secernit ʰ) Philotheus qui Deiparam alloquens ait: « Verbum, o puella, in sinu tuo habitans illum effecit vas unguentarium opportuni unguenti: idcirco virgines animae sanctorum divinorum post te cupide cucurrerunt tibi acclamantes, *pulcra es, pulcra es puella regina*. » Graeci vero appellatione τῆς παγκάλου *pulcherrimae* illam secernunt in Menaeis ⁱ) in quibus legimus: « Salve quae solis formam praefers, currus solis impervius, quae incomprehensibi-

---

a) Men. die XXIII. Decembris Ode α'. pag. 188. col. 1. B.
b) Orat. in praesentat. Deiparae pag. 1414. C. apud Combefisium Auctar. T. I.
c) Orat. in Deiparae ingress. in Templum pag. 1098. E. apud Combefisium Auctar. T. I.
d) Acoluth. ad maior. vesper. pag. XXXIV. A. apud Bollan. T. II. Iunii.
e) Paraclit. pag. 296. col. 1. D-E.
f) Orat. in annunciat. Deiparae §. II. pag. 263. A-B. apud Gallandium T. XII.
g) Men. die XI. Ianuarii Ode α'. pag. III. col. 2. B.
h) Antholog. die XXVI. Octobris Ode ε'. pag. 85. col. 1. D.
i) Men. die XXI. Iulii pag. 106. col. 2. B.

1) Sed in Triodio pag. 418. col. 2. D. vocatur ἡ πάνσεμνος his verbis: Μή παρίδης ἁμαρτωλῶν ἱκεσίας ἡ πάνσεμνος, ὅτι ἐλεήμων ἐστί καὶ σώζειν δυνάμενος ὁ καὶ παθεῖν ὑπὲρ ἡμῶν καταδεξάμενος. *Ne despicias peccatorum preces, quae prorsus es venerabilis: nam misericors est et ad salvandum potens, qui et pati pro nobis sustinuit.*

2) Ps. XLIV. 10.

3) Sed τῇ φύσει *natura* sunt omnes *deformes*, qui vitiati originis culpa concipiuntur.

4) Nullum ergo ex maligna inimici suggestione detrimentum cepit Virgo, nulloque propterea originis naevo corrupta fuit.

lem solem emicare fecisti. Salve mens splendescens divinis fulgoribus, quae vere instar auri refulges, *tota pulcra*, perfecte immaculata quaeque lucem occasus insciam fidelibus protulisti. »

293. Cum his vero iungi testimonia debent, quibus Virgo κατ' ἐξοχήν dicitur et per antonomasiam salutatur ἡ πανύμνητος, ἡ εὐλογημένη, ἡ κεχαριτωμένη, καὶ ἡ θεαρχικωτάτη, *illa celeberrima, benedicta, gratia plena et divinorum operum principium atque caput*. Et ad priorem quidem appellationem ista pertinent [a]) Theophanis: « Luca apostole, modum rationemque explicasti ineffabilis et divinae conceptionis illius, quae est *celeberrima*, innocens.» Ad alteram referuntur quae idem habet, quaeque Iohannes monachus iterat. Ille enim [b]) inquit: « Mortuam mortalium naturam tu *benedicta* erexisti, ut quae Altissimi virtutem, o perfecte illibata, supra naturam pepereris. » Iohannes vero [c]) de ea scribit: « In rubo incombusto et stillante rorem camino praemonstrata es mater illibata sine semine pariens Verbum incarnatum, o innocens *benedicta*. » Hinc in acoluthia officii graeci ad matutinum [d]) legimus: « Sanctiore statu excidi, quia misere otio torpebam. Sed me reduc, *o benedicta* atque omni ex parte innocens, meque tui filii mandatis accommoda. » Sequitur tertia appellatio, de qua abunde testantur Iohannes damascenus quaeque in Menaeis atque in Pentecostario recurrunt. Testatur [e]) Iohannes his verbis: « Propterea universa creatura tripudio gestit mihi acclamans: ave tu quae *gratia es plena*. » Et [f]) rursum: « Angeli autem una cum pastoribus celebrant illibatum tuum partum, *o gratia plena*. » Testantur [g]) Menaea in quibus dicitur: « Te pulcrorum caussam beatam celebrantes, una cum Angelo tibi semper acclamamus: ave tu quae *gratia es plena*. In Pentecostario [h]) autem haec habetur fusa ad Virginem precatio: « Sanctissima Dei mater, Christianorum murus tuere populum tuum ad te pro more intense clamantem: repelle turpes superbasque cogitationes, ut tibi dicamus, ave quae *plena es gratia*. » De quarta audiendus est [i]) Iohannes monachus qui de Deipara ait: « Incomprehensibilis est quae divinorum operum [1]) caput est ac principium. » Quo praeconio nihil verius, quum in acoluthia officii ad matutinum [j]) ipsa simpliciter dicatur ἡ ἀνωτέρα χερουβὶμ *potior Cherubim*: « Appropinquante legis plenitudine

a) Antholog. die XVIII. Octobris Ode α'. pag. 73. col. 2. D.
b) Antholog. die XVI. Novembris Ode δ' pag. 119. col. 2. A.
c) Men. die XXVI. Decembris Ode ζ'. pag. 241. col. 2. C.
d) Acoluth. ad matut. pag. LIV. A. apud Bolland. T. II. Iunii.
e) Men. die XXVI. Decembris pag. 232. col. 2. C.
f) Ibid.
g) Men. die XIX. Martii Ode γ'. pag. 81. col. 2. C.
h) Pentecostar. pag. 163. col. 2. C.
i) Pentecostar. pag. 223. col. 2. C.
j) Acoluth. ad matut. pag. LIII. A. apud Bollan. T. II. Iunii.

1) Ubi, nisi coniectura fallor, Virgo dicitur θεαρχικωτάτη significatione non admodum ab ea dissimili, qua Num. XXIV. 20. Amalech vocatur רֵאשִׁית גּוֹיִם *principium gentium*, idest, gens una e nobilissimis; qua hippopotamus Iob. XL. 19. audit רֵאשִׁית דַּרְכֵי־אֵל *principium viarum Dei*, idest, unum ex Dei operibus praestantissimis; qua Prov. VIII. 22. de sapientia scriptum legimus, יְהוָה קָנָנִי רֵאשִׁית דַּרְכּוֹ κύριος ἔκτισε (ἔκτησε, ἐκτήσατο) με ἀρχὴν ὁδῶν αὑτοῦ, *Dominus possedit me principium viarum suarum*; et qua Christus ad Coloss. I. 15. nuncupatur πρωτότοκος πάσης κτίσεως, *primogenitus omnis creaturae*, idest prae omnibus creaturis excellens et πρωτείων *primatum obtinens*.

tu quae es *Cherubim potior* peperisti incarnatum ex te Filium Dei unigenitum, quem servis tui reconcilia. »

294. Reliqua sunt praeconia quae Deiparae per antonomasiam deferuntur, et quibus ipsa absolute simpliciterque nuncupatur ἡ πάνσεμνος, ἡ πάνσεπτος, ἡ πολυώνυμος, ἡ μακαρία καὶ ἡ ἀειμακάριστος, *illa undequaque venerabilis, multis praedita nominibus, beata, semperque beata*. Et praeconio quidem τῆς πανσέμνου καὶ τῆς πανσέπτου *illius undequaque venerandae et augustae* honestatur [a]) his verbis: « Quia non habemus fiduciam propter multa delicta nostra; ideo tu, Virgo Deipara, obtestare illum qui est ex te genitus: multum enim apud clementem Dominum potest matris deprecatio. Supplices peccatores ne despicias, *o tu undequaque augusta*, quia qui lubenter pro nobis passus est, idem et misericors est et vult nos salvare. » Itemque his quae [b]) Leontius byzantinus adversus Nestorianos pugnans scribit: « Verum ex necessitate non iam matrem hominiparam, sed matrem dumtaxat Deiparam nominamus et colimus *illam omni ex parte venerabilem*. Quum enim eum qui ex ipsa prodit noverimus hinc quidem secundum naturam humanum, inde vero secundum consortium divinum; idcirco ipsum totum Deum perfectum glorificamus et adoramus. » Sed praeconio τῆς πολυωνύμου illam ornat insignitque [c]) Iohannes damascenus inquiens: « Nunc iam ea laudetur, quae *multiplici* tum *nomine* tum lumine insignis est, et super universam simul creaturam sublimissima. » Praeconio τῆς μακαρίας illam effert [d]) Modestus qui scribit: « *Beata* vero *illa* materno semper capta divinoque desiderio, in eum (Christum) respiciens e sancto egressa est corpore, et beatissimam sanctissimamque suam animam [1]) in eius manus commendavit. » In Anthologio [e]) tandem praeconio τῆς ἀειμακαρίστου salutatur his verbis: « Robora atque confirma, o regina, infirmitatem cordis mei passionibus circumacti, ut fide te affectuque beatam celebrem, te *illam semper beatam* [2]) omnique ex parte immaculatam. »

295. His autem veterum testimoniis, aliisque bene multis quae addi nullo negotio possent, monemur I. penes maiores nostros obtinuisse, ut Deipara proprio veluti nomine appellaretur ἡ ἁγία, ἡ παναγία, ἡ ἁγνή, ἡ πάναγνος, ἡ ὡραία, ἡ καλή, ἡ πάγκαλος, *illa sancta et undequaque sancta, illa innocens et perfecte innocens, illa venusta, illa pulcra omnique ex parte pulcra;* adeo ut hisce auditis appellationibus, mentem continuo species atque imago Virginis occuparent. Quare II. monemur penes eosdem obtinuisse, ut eodem pacto Deipara diceretur ἡ καλή *pulcra*, quo ea dicitur [3]) ἡ παρθένος *Virgo*: et eodem pacto vocaretur

---

a) Acoluth. officii graeci ad minores horas pag. LXXII. A. penes Bolland. T. II. Iunii.
b) Adver. Nestorianos lib. IV. §. XXXVII. pagg. 575-576. apud Mai Scriptt. Vett. T. IX.
c) Serm. in annunt. Deiparae pag. 835. C. opp. T. II.
d) Encom. in b. Virginem pag. 48. C.
e) Antholog. pag. 123. col. 2. A.

---

1) Ps. XXX. 6.

2) Sed qui dici Virgo simpliciter potuit ἡ ἀειμακάριστος *illa semper beata*, si quando fuit infelix ac misera? Eiusmodi autem dubio procul fuisset, si originis labem contraxisset. Ab hac igitur immunis fuit, fuit ἡ ἀκηλίδωτος *undequaque immaculata*, et fuit ἡ ἀληθῶς δεδοξασμένη *vere glorificata* divinitus, quemadmodum graeca ecclesia in acoluthiis anonymis ad Anthologii calcem pag. 81. col. 2. D. canit: ἵνα σὲ δοξάζω, παρθένε, τὴν ἀληθῶς δεδοξασμένην, πάσης ἀδοξίας με ῥῦσαι καὶ ἁμαρτίας, καὶ δόξης μέτοχον ἐπουρανίου ποίησον τὸν προσφυγόντα τῷ ἐλέει σου. *Ut te glorificem, o Virgo, vere glorificatam, me libera ab omni dedecore et peccato, ac me ad pietatem tuam confugientem caelestis gloriae redde participem.*

3) Matth. I. 23. coll. Is. VII. 14.

ἡ ἁγνή *innocens* aut ἡ ὡραία *venusta*, quo Unigenitus caro factus¹) ὁ Χριστός *ille Christus*, ὁ προφήτης, *Propheta ille*, ὁ ἅγιος καὶ δίκαιος *iustus ille sanctusque*, et ὁ ποιμὴν ὁ καλός *Pastor ille bonus*, de quo tot tantaque divini vates praenunciarunt. At vero cum hac loquendi ratione maiorum usu comprobata, tria perspicue iunguntur atque cohaerent. Et iunctum inprimis est atque consertum, Deiparam prae *sanctis* omnibus, puris, benedictis atque beatis ita excellere atque eminere, ut ipsa per antonomasiam sit nomineturque ἡ ἁγία, ἡ καθαρά, ἡ εὐλογημένη καὶ ἡ μακαρία, *sancta illa, pura, benedicta ac beata*. Iunctum deinde est atque consertum, sanctimoniam, puritatem, innocentiam et gratiam ea plenitudine convenire Deiparae, eaque perfectione illi competere, ut nomen ex hisce mutuetur. Iunctum postremo est atque consertum, nihil posse a Deipara cogitari alienum magis magisque seiunctum, quam quidquid innocentiae, puritati et gratiae adversatur ac repugnat. Si quid enim huiusmodi vel semel unoquo temporis ictu Deipara contraxisset, dici quidem posset sanctificata, purificata et caelesti aucta pulcritudine; sed proprie credi vocarique non posset ἡ ἁγία, ἡ καθαρά, ἡ ὡραία, *sancta illa, pura, venusta*, multoque minus ἡ ὡραία φύσει καὶ ἀειμακαρίστος, *illa venusta per naturam semperque beata* et de qua Fulgentius²) merito affirmaret: « Ipsa quippe acceptio carnis fuit conceptio virginalis. Neque enim in utero *sanctae illius* et matris et virginis illa spiritalis et ex Deo Patre sine initio genita Verbi Dei natura poterat absque carne temporaliter concipi, sicut nec caro sine Verbi Dei unitione potuit aliquatenus nullius viri coitu seminata in intimo vulvae virginalis innasci. Hanc ergo carnem tunc ex se *natura* Virginis concipientis exhibuit, quum in eam Deus concipiendus advenit. »

ARTICULUS III.

De nominibus substantivis et abstractis Deiparae tributis et ad eius innocentiam efferendam sanctitatemque demonstrandam maiorum suffragio usurpatis.

296. Non grammatice minus quam logice ab invicem distant nomina *sanctum et sanctitas, innocens* et *innocentia, pulcrum* et *pulcritudo*. Priora enim eademque *adiectiva* et *concreta* non unum potius quam alterum expressae qualitatis gradum esse ostendunt atque significant; sed posteriora eaque *substantiva* et *abstracta* ipsam summam plenitudinemque commemoratae perfectionis demonstrant. Horum namque nominum ea vis est atque insita potestas, ut ipsam rei ἰδέαν, speciem, formamque sistant, neque aliis tribui idcirco possint nisi qui rem totam possideant, eiusque plenitudine ditentur. Quare Iohannes de Deo loquens ut propriam eiusdem caritatem patefaceret, non modo ᵃ) scripsit, *quia caritas ex Deo est*, et ex Deo ceu fonte dimanat, sed continuo ᵇ) insuper adiecit, *quoniam Deus caritas est*, ipsaque in eo caritatis forma splendet, speciesque subsistit. Et Paulus ᶜ) gemino loquendi modo de Christo docuit, eum esse non potentem dumtaxat atque sapientem, sed omnino *Dei virtutem et Dei sapientiam*. Hinc tritum illud vulgatumque: *tu quantus quantus nil nisi sapientia es*.

a) I. Ioh. IV. 7.
b) Ibid. v. 8.
c) I. Cor. I. 24.

1) Matth. XVI. 16, Luc. II. 26, Ioh. I. 21, X. 11, Actt. III. 14.   2) De incarnat. et grat. Iesu Christi cap. III.

297. Iamvero non pauca nomina puritatem, innocentiam, sanctitatem, venustatem, caelestemque pulcritudinem exprimentia simili sensu, similique abstracta ipsius formae significatione Deiparae tributa, et ad eam describendam secernendamque in ecclesiasticis monimentis adhibita recurrunt. Et principio recurrit [1] τῆς ἁγνείας *innocentiae* nomen, quo utitur Andreas melodus [a] inquiens: « Anna divina insignis mente et sponsae genitrix praeter spem atque ex promissione, ex sinu tuo produxisti florem natura virgineum et divinitus germinantem *innocentiae* pulcritudinem: idcirco te omnes beatam celebramus tamquam radicem vitae nostrae. » Et [b] rursum: « Tuum innocentissimum *innocentiae* hospitium, o innupta, ego sordidus atque immundus laudare non valeo: propterea Spiritus infusione me purga ut te glorificem. »

298. Ad haec quemadmodum [c] Paulus de Christo affirmat, *habitare in ipso omnem plenitudinem divinitatis corporaliter;* ita de Virgine verba faciens [d] Theophanes inquit: « In te, o Virgo, neque labes prorsus est neque naevus, sed potius habitaculum apparuisti caelestium virtutum, *tota sanctitas*, o immaculatissima. » Ephraemo autem [e] Deipara est *totius sanctitatis et gratiae receptaculum*. Quare [f] in Menaeis simpliciter appellatur *delubrum totius sanctitatis*.

299. Cum his autem testimonia conspirant, quibus Deipara ἁγίασμα *sanctuarium* dicitur, et quibus ἡ πάσης ἁγιστείας ἀνάπλεως καὶ πάσης καθαρότητος καὶ ἁγιασμοῦ, *plena omni sanctitate et puritate* nuncupatur. Apposite [g] Basilius pegoriotes: « Hodie innocentissima Virgo, *sanctuarium* gloriosum sacrumque donarium, dicata in templo Dei Deo soli nostrum omnium regi ad inhabitandum custoditur, quemadmodum ipse novit. » Apposite [h] Iosephus confessor, ubi Deiparam vocat « *Sanctuarium* intelligibile eius qui omnes sanctificat. » Praeclare [i] Iohannes damascenus: « Ave *sanctuarium*, divinis lymphis scaturiens fons, *omni plena sanctimonia*. » Praeclare [j] Georgius nicomediensis: « Oportebat ut pellucidum *illud sanctuarium* a quavis peccati communione liberum servaretur. » Praeclare [k] Leontius Neapolis Cypri episcopus: « Qui demum, quam obumbravit virtus Altissimi, *omni munditia et sanctitate plena* non sit? » Neque minus praeclare [2] Ambrosius: « Sed ipse quoque unigenitus Filius tuus venturus in terras suscipere quod amissum est, puriorem carnis suae generationem reperire non potuit, quam ut habitationi propriae *caelestis aulam Virginis* dedicaret, in qua esset et immaculatae castitatis *sacrarium* et Dei templum. »

300. Praeterea si Basilium pegoriotem audimus, Deipara est ἄμωμον ἱερεῖον *immacula-*

---

a) Antholog. die VIII. Septembris Ode θ'. pag. 27. col. 2. B.
b) Antholog. die XXVI. Ianuarii Ode α'. pag. 330. col. 2. B.
c) Coloss. II. 9.
d) Antholog. die XIII. Novembris Ode α'. pag. 113. col. 1. B.
e) Precat. XI. ad b. Virg. pag. 551. B.
f) Men. die VI. Octobris Ode η'. pag. 36. col. 2. B.
g) Antholog. die XXI. Novembris Ode ε'. pag. 131. col. 1. C.
h) Men. die XVIII. Decembris Ode γ'. pag. 151. col. 2. B.
i) Orat. II. in nativ. Deiparae pag. 852. C. opp. T. II.
j) Orat. in Deiparae ingress. in Templum pag. 1090. C. apud Combefisium Auctar. T. I.
k) Orat. in Symeonem pag. 686. apud Combefisium Auctar. T. I.

1) Phavorinus ex II. Cor. VII. 1. τὴν ἁγνείαν ita declarat, ut ipsa sit ἐλευθερία παντὸς μολυσμοῦ σαρκὸς καὶ πνεύματος, *integritas a quavis labe carnis et spiritus*.
2) De institut. virg. c. XVII. n. 105. col. 272.

tum sacrarium; de ea namque ª) scribit: « Virgines ad Virginem, matres ad matrem pie accurrite, ut nobiscum honoretis eam quae genita est ¹) tamquam *immaculatum sacrarium.* » Sin autem Maximo taurinensi, magnoque Leoni fidem adiungimus, Deipara non tam virgo quam *ipsa virginitas* existimanda est. Ille namque ²) scribit: « Dignum est enim, ut Salvatorem quem *virginitas immaculata* genuit, voluntas incorrupta possideat: et sicut Maria eum illibata gestavit, ita et anima nostra illum impolluta custodiat. » Leo autem ³) sic habet: « Celebrato proximo die, quo *intemerata virginitas* humani generis edidit Salvatorem, Epiphaniae nobis, dilectissimi, veneranda festivitas dat perseverantiam gaudiorum: ut inter cognatarum solemnitatum vicina sacramenta, exsultationis vigor et fervor fidei non tepescat. »

301. Quam vero ampliter quamque magnifice sumendum sit *virginitatis* nomen ad Deiparam describendam usurpatum, ex his plane intelligimus quibus ᵇ) Georgius nicomediensis ipsam in Templum ingredientem dicit « Pretiosum vas virtutum, quae et *incorruptae puritatis* symbola gereret corpusque a vitiorum commixtione secretum haberet. » Itemque ex his intelligimus quae in Menaeis ᶜ) de Virgine ex hac vita migrante continentur: « Quae *propter eximiam puritatem* effecta est receptaculum aeternae essentiae, hodie in manibus Filii sanctissimam animam reposuit. »

302. Hinc neque novum neque mirum accidere debet, quod Virgo uti κάλλος, ὡραιότης, κοσμιότης, ἐγκαλλώπισμα, καὶ σέβασμα, *pulcritudo, venustas, decus, ornamentum et veneratio* laudetur. Laudatur autem uti κάλλος *pulcritudo,* ᵈ) ab Iohanne damasceno his verbis: « O filia Deo digna, humanae naturae *pulcritudo,* primigeniae parentis Evae emendatio! tuo namque partu quae ceciderat, erecta est. » Laudatur ut *Iacobi pulcritudo* a Iosepho ᵉ) qui scribit: « Te, o virgo puella, *Iacobi pulcritudinem* dilexit Deus, qui per te omnes primum ⁴) transgressione deformatos ad pulcritudinem revocat. » Et ᶠ) rursum: « Ave *Iacobi pulcritudo* quam Deus elegit, quam amavit: eorum qui servantur porta, forceps flammifera, maledicti ⁵) solutio, o penitus benedicta. » Laudatur ᵍ) uti *apostolorum pulcritudo* hac prece

a) Antholog. die XXI. Novembris Ode Θ'. pag. 131. col. 1. B.
b) Orat. in Deiparae ingress. in Templum pag. 1094. D-E. apud Combefisium Auctar. T. I.
c) Men. die XIV. Augusti pag. 74. col. 1. B.
d) Orat. in nativit. Deiparae pag. 846. A-B. opp. T. II.
e) Paraclit. pag. 184. col. 2. A-B.
f) Paraclit. pag. 217. col. 1. B-C.
g) Paraclit. pag. 254. col. 2. E.

1) At vero si genita Virgo fuit ὡς ἄμωμον ἱερεῖον *tamquam immaculatum sacrarium,* nulla profecto labes illius originem vitiavit, nullaque culpa conceptum infecit.

2) Hom. hiemal. XXI. de Epiphan. Dom. V. col. 61. A-C.

3) De Epiphan. Serm I. Haec ipsa loquendi forma usurpatur in sacrament. gregor. pagg. 146, 345. apud Muratorium Liturg. rom. T. II., usurpatur Serm. CXXIV. in nat. Domini VIII. n. 1. penes Augustinum in opp. T. V., usurpatur Serm. CXCVIII. de communi virginum n. 2. pag. 460. apud Mai in Nov. pp. biblioth. T. I. « O sancta et immaculata virginitas, quae a Christo eligi meruisti, ut esses corporale Dei templum in quo corporaliter habitavit plenitudo deitatis! O virginitas, quae mundi salutem genuisti, quae universorum Deum et hominem rapuisti! » Usurpatur a Paschasio Ratberto in opere de partu Virginis pag. 13. apud Lucam Acherium Spicileg. T. XII., usurpatur ab Odilone abbate cluniacensis in Serm. de nat. Virginis pag. 621. apud Martenium in Thesauro anecdot. T. V. et usurpatur in Euchologio pag. 794., et in Liturg. rom. apud Mone Latein. und Griech. Messen. pag. 120. dicitur: *in qua* (nocte) incontaminata virginitas *huic mundo edidit Salvatorem Iesum Christum.*

4) Numquam igitur transgressione deformata fuit Virgo, et numquam ad amissam pulcritudinem revocari debuit.

5) Dicitur Virgo *maledicti solutio,* quod illius vinculo numquam fuerit obligata, et quod verissime sit credaturque παντευλόγητος *undequaque benedicta.*

ad ipsam fusa: « O *apostolorum pulcritudo* Deoque gratissima, me vitae corruptum voluptatibus illumina poenitentiae fulgoribus, ut te glorificem. » Laudatur uti κάλλος καὶ ὡραιότης a Georgio nicomediensi, qui Zachariam de Mariae nuptiis egressuque e Templo anxium sollicitumque ita secum loquentem ᵃ) inducit: « Quis vero etiam hominum eam sit suscepturus? Quis habeat satis, ut in sua eam tabernacula inducat? Quod satis capax domicilium ad eam recipiendam, cuius non facile admirationem vincens Templum hoc moras tegit, cuius reveretur *summam munditiem*, cuius magnalia miratur, cuius nova et insolita summopere stupet? Quaenam manus ei ministraverint, cui angeli ministrarunt, cui incorporei illi corrogarunt annonam? Quis eius tantam *pulcritudinem* obtueri valebit, quae Dei ipsius oculum delectat, cuius puritate laetatur, cuius sibi *venustate* placet? Quinam his omnibus digni accurrant, ut ne Dei depositum indigna exceptione iniuria afficiatur? »

303. Laudatur uti ὡραιότης *venustas* a Iacobo monacho, qui Annae sibi de filia gratulanti haec verba ᵇ) tribuit: « Purissimo Regis desiderio devincta est. Ad eius cupiditatem sua ipsius puritatis decora comparavit. Haec Rex concupiscit. Delectatur innocentiae *venustate*: illibatae namque puritatis et venustatis amator est. Unam quippe illam universis impensius amat, tamquam illius apice et summa ornatam. » A quo pariter uti κοσμιότης καὶ ἐγκαλλώπισμα *decus et ornamentum* laudatur, ubi ᶜ) iustis in lymbo detentis et natae Deiparae consciis haec verba praebet: « Hanc praeconiis exornavimus, *decus* generis et naturae *ornamentum*. » Dum vero pro omnibus benefactis Deo gratias agit, inter cetera ᵈ) scribit: « Cumprimis vero huius ratione mysterii (natae Virginis), quodque tale nobis *ornamentum*, intemeratissimam matrem tuam donaveris. »

304. Quoniam autem *veneratio* dignitati ac sanctimoniae gradu atque proportione respondet, exspectandum omnino erat, ut Deipara non *venerabilis* solum sed ipsum prope σέβασμα diceretur. Quo nobilissimo sane titulo eam honestavit ᵉ) Germanus constantinopolitanus exclamans: « Ave gratia plena, animae gaudium, mundique universi [1]) *universalis veneratio*, et peccatorum omnium mediatrix vere bona. » Hinc non alia verba, quibus absolvam, commodiora iis succurrunt quae habet ᶠ) Iohannes damascenus ubi Mariam compellans prae stupore ait: « Ave gratia plena, *res et nomen gaudio omni gratiosius*. » Et vere *nomen gaudio omni gratiosius*, quando de ipsa cum Iohanne geometra ᵍ) merito exclametur: « Salve, o puella, naturae decus, creatoris imago quae artem totam optimi artificis complectitur. »

---

a) Orat. in Deiparae ingress. in Templum p. 1131. B-D. apud Combefisium Auctar. T. I.
b) Orat. in nativ. Deiparae pag. 1270. E. apud Combefisium Auctar. T. I.
c) Ibid. pag. 1262. A.
d) Ibid. pag. 1282. A-B.
e) Orat. in annuntiat. Deiparae pag. 1423. C. apud Combefisium Auctar. T. I.
f) Orat. II. in nat. Deiparae pag. 857. B. opp. T. II.
g) Hymn. III. in Deiparam vv. 11-12. pag 440. in biblioth. graeco-lat. T. III.

---

1) Ubi Combefisius verba «ἐγκόσμιον σέβασμα» reddit *summe decoram venerationem*.

CAPUT VII.-

Commemorantur epitheta tum negantia quaeque excessum immunitatis a culpa, tum affirmantia quaeque ὑπερβολὴν sanctitatis demonstrant, maiorumque usu referri ad Deiparam consueverunt.

305. Quod de potestate particulae ὑπέρ extra compositionem novimus, ut illa idem saepissime valeat ac *supra:* unde dicimus ὑπὲρ λόγον *supra vim dicendi omnem,* τὰ ὑπὲρ ἡμᾶς *quae vires nostras superant,* ὑπὲρ τοὺς ἰδιώτας *supra vulgi captum,* ὑπὲρ τὸν Πρωτέα *ultra Proteum* et magis quam Proteus, et Paulus [1]) tributum Christo nomen vocat ὄνομα τὸ ὑπὲρ πᾶν ὄνομα *nomen super omne nomen,* quodque aliud quodvis nomen [2]) excedit; idipsum de ea in compositione non minus compertum est atque exploratum. Quare ὑπεραγαπᾶν est *ultra modum amare,* ὑπερφοβεῖσθαι *ultra modum timere,* ὑπερφέρειν πολλῷ τινος *supra aliquem multum excellere,* ὑπεραχριβής *qui est immodice sollicitus,* ὑπεραισχρος *qui est immodice turpis,* et ὑπερνέφελος *qui est ultra nubes* illasque excedit, unde alexandrinus Cyrillus [a]) de babylonicae turris exstructoribus scripsit: « Turrim *nubibus excelsiorem* aedificare studebant. » Et [b]) mox: « Qui turrim illam *nubibus excelsiorem* erigere cogitabant. »

306. Tum vero eiusmodi epithetis utimur, quum subiectum cui tribuuntur eius est conditionis, ut vel a qualitate nomine expressa, ultra quam dici cogitarique possit, abhorreat, vel illam contra, perfectius quam dici cogitarique possit, in seipso possideat ac praeseferat. Hoc sensu augustam Trinitatem [c]) nuncupatam legimus « Trinitatem superessentialem, superdivinam et superbonam; » priore autem [d]) de christianis mysteriis scriptum reperimus: « Mysticorum oraculorum plusquam indemonstrabile et plusquam et lucens summum fastigium. » Porro neutrum epithetorum genus sive negantium sive affirmantium apud maiores nostros de Deipara disserentes rarum est, immo utrumque in ecclesiasticis monimentis frequenter occurrit. Quod dum ego idoneis exemplis ostendo, illud praeterea innotescet quod numquam satis repeti inculcarique potest. Et *principio* quidem innotescet, nihil sublime, nihil elatum atque magnificum mentem subire, quod maiores nostri Deiparae deferendum non existimarint. Innotescet *deinde* epitheta ab iis Deiparae adscripta, sive eiusmodi sint quae culpam labesque excludant, sive eiusmodi quae sanctimoniam puritatemque affirment, contra eorumdem mentem sententiamque accipi, nisi quo fieri plenius perfectiusque potest intelligantur. Innotescet *postremo* tantum abesse ut quae hucusque deprompsimus sive *superlativa,* sive *cumulata,* sive *abstracta,* videri debeant aut dicta audentius aut laxius exaggerata, ut contra non minimum distent ab ea exprimenda Virginis specie quam patres animo praeceperant.

---

a) Cont. Iulian. lib. IV. pag. 136.
b) Ibid. pag. 157.
c) Apud vulgatum Dionysium in ipso exordio operis de mystica Theologia.
d) Apud eumdem ibidem.

1) Ephes. II. 9. 2) Hebr. I. 4-5.

ARTICULUS I.

De appositis negantibus quae Deiparam a quovis culpae naevo integram solutamque per excessum declarant.

307. Loquitur Andreas cretensis de faustissimo natae Deiparae die, et laetandi gestiendique caussas recensens, inter cetera [a]) scribit: « Omnia igitur exsultent hodie, gestiatque natura, quoniam misertus est Dominus populi sui, erigens nobis cornu salutis in domo David pueri sui, hanc nimirum Virginem *labe superiorem* virique nesciam, ex qua [1]) Christus, gentium salus et exspectatio. » Credi igitur Deipara debet ὑπεράμωμος, non immaculata dumtaxat sed culpa quavis omnique naevo excelsior atque sublimior. Quod Andreas repetit ubi oeconomiam Incarnationis expendens [b]) subdit: « Quum enim, ut dixi, generis Redemtor novam priori nativitatem et fictionem succedaneam voluisset exhibere; quemadmodum illic luto accepto ex illibata virginea terra primum formavit Adamum: sic et heic modo suam ipse incarnationem operatus, pro alia terra, ut ita dicam, mundam hanc *omnique labe superiorem* Virginem ex universa natura eligens, novo modo quod est nostrum ex nobis in ea fingens, novus Adam Adami fictor evasit, ut recens ille et antiquior seculis veteri salutem afferret. »

308. De quo testimonio, ut nunc cetera tacitus praeteream, illud unum observabo quod sua se sponte offert: Deiparam non solum dici καθαρὰν *puram*, verum etiam ὑπεράμωμον *supra labem omnem evectam*, et quidem sensu illi simillimo quo relatis [2]) Christi verbis, *solvite templum hoc, et in tribus diebus excitabo illud*, Andreas [c]) subdit: « Neque enim nisi volente ipso et veluti Hebraeis mandante, illud solvere potuissent: templum inquam corporis eius *culpa omni potioris*, quod ex alvo incorruptae huiusce mundaeque nulloque non tempore virginis absque manuum labore ipse sibimet aedificavit. » Ceterum ad hunc ipsum titulum τῆς ὑπεραμώμου *super-immaculatae* adscriptum Deiparae alia similiter pertinent quae [3]) in Paracletice non minus quam in Menaeis continentur. In his enim [d]) legitur: « Ave innocens, res nova auditu: ave sanctum paradisi lignum divinitus plantatum: ave malignorum daemonum expultrix: ave gladius anceps inimici caput mirabili tuo par-

---

a) Orat. in nativit. Deiparae pag. 94. D-E. apud Gallandium T. XIII.
b) Ibid. pag. 96. B-C.
c) Orat. in natal. Deiparae pag. 180. C.
d) Men. die V. Martii ad vesp. pag. 17. col. 2. C.

---

1) In versione apud Gallandium omittitur *Christus*, et propria appositi ὑπεραμώμου vis negligitur.
2) Ioh. II. 19.
3) Paraclit. pag. 274. col. 2. D. Matthaeus Cantacuzenus in cant. cantic. pag. 30. de propheta scribit: κατανοήσας δ' αὐτὴν τῆς παγκοσμίου σωτηρίας ὑπεράμωμον Θεοτόκον, ὡς αἰτίαν γεγενημένην, πρὸς αὐτὴν διακρυσίως ἐβόησεν· ὅλη καλὴ ἡ πλησίον μου, καὶ μῶμος οὐκ ἔστιν ἐν σοί. *Considerans autem ipsam Deiparam superimmaculatam universalis salutis caussam exstitisse, ad eam divino succensus spiritu exclamavit dicens:* tota pulcra es proxima mea, et macula non est in te. Et pag. 49. enarrans verba, εἰς κῆπον καρύας κατέβην, *in hortum nucis descendi*, ait: κῆπον καρύας τὴν ὑπεράμωμον αὐτοῦ μητέρα κἂν τούτοις εἴρηκεν. *Hortum nucis, his etiam ipsius matrem omni labe superiorem expressit.* Porro Hippolytus thebanus in comm. chronico de Christi prosapia p. 27. apud Henricum Canisium lectt. antiq. T. III. P. I. memorat ἀνάληψιν τῆς δεσποίνης ἡμῶν ὑπαρχιμώμου assumptionem Dominae nostrae perquam immaculatae.

tu resecans: « o sanctissima et *macula superior* [1]) nos abalienatos revoca: » Quare Iohannes damascenus [a]) Virginem salutans inquit: « Te praefiguravit transitus ille antiqui Israelis per mare, sicut enim ille sicco pede humidam abyssum pertransiit; ita et tu, *o labe superior*, sine semine genuisti. »

309. Sed in iisdem Menaeis aliud illudque geminum recurrit appositum, quo Deipara ὑπερίχραντος *super-illibata* et omnino praestantior quam ut violari potuerit, semel iterumque nuncupatur. Atque huc certe ista [b]) faciunt: « Non currus igniformis te, sicuti iustum Eliam, ex hac terra transtulit; sed ipsemet iustitiae sol sanctissimam tuam animam, tamquam *labe superiorem*, in propriis suscipiens manibus in semetipso conquiescere fecit, teque ineffabiliter, o intemerata, honoravit transferens in gaudium cogitatione maius. » Huc [c]) ista quae subdimus: « Ioachim et Anna ad caelestia evecti tabernacula una cum ipsorum filia, virgine *supra modum illibata*, choros cum angelis agunt et pro mundo deprecantur. Ad eos et nos pie accedamus, et canentes dicamus: o vos qui per Dei filiam et innocentissimam Mariam maiores Christi fuistis, pro animabus nostris intercedite. » Hinc solemni usu [d]) recepta precatio: « O Maria currus immaculatus et mentem omnem puritate superans, me multis afflictum expugnatumque peccatis ad uberem poenitentiam dirige tua omni ex parte validissima tutela; potes enim utpote eius mater qui omnia potest. »

ARTICULUS II.

De appositis affirmantibus quibus Deiparae innocentia summa et sanctitas omnino maxima non citra excessus significationem tribuuntur.

310. Orationes omnino plures in Deiparae laudem a maioribus habitae hanc vel huic similem [e]) inscriptionem praeseferunt: « Oratio in nativitatem *super-sanctae* dominae nostrae Deiparae: Encomium in nativitatem *super-sanctae* Deiparae: Encomium in *super-sanctae* Deiparae dominae nostrae annunciationem: Encomium in dormitionem *super-sanctae* Deiparae dominae nostrae: Encomium in natalem diem *super-sanctae* Dominae nostrae Deiparae: Oratio in *supersanctam* Deiparam Mariam: et Oratio in conceptionem sanctae Annae matris *super-sanctae* Deiparae. » Cum his autem componi debent simillimae inscriptiones [f]) quae in vetustis codicibus continentur: « Narratio et historia, quomo-

---

a) Can. in s. Basilium Ode α'. pag. 714. apud Mai Spicileg. T. IX.
b) Men. die XVIII. Augusti ad vesperas pag. 102. col. 2. C.
c) Antholog. die IX. Septembris ad vesperas pag. 29. col. 1. D.
d) Paraclit. pag. 16. col. 1. D.
e) Andreas cretensis, apud Gallandium T. XIII. pagg. 93, 98, 147, 175. — Basilius seleuciensis, apud Combefisium Auctar. T. I. pag. 569. — Georgius nicomediensis, apud Combefisium Auctar. T. I. pag. 1118. itemque pagg. 1070-1091. — Nicetas paphlagonus, apud Combefisium Auctar. T. III. pag. 437.
f) Ex codd. scriptis secc. X, XI, XII, XIII, XIV. apud Carolum Thilo in Proleg. ad cod. apocryph. novi Testamenti pagg. LIII. LV.

1) Numquam igitur Virgo fuit a Deo aliena, revocari numquam debuit, et idcirco πανεγία καὶ ὑπεράμωμος salutatur.

do genita sit *super-sancta* Deipara in nostram salutem. Historia Iacobi fratris Domini de nativitate *super-sanctae* [1]) Deiparae. Historia Iacobi apostoli de nativitate *super-sanctae* dominae nostrae Deiparae. Sancti Iacobi fratris Domini sermo historicus de nativitate *super-sanctae* Deiparae. Sermo sancti, gloriosi et celeberrimi apostoli Iacobi fratris Domini, quem scripsit de orbitate Ioachim et sterilitate Annae, de utriusque lamentationibus et precibus, et de conceptione *super-sanctae* Deiparae eiusque nativitate. » Inter ceteras ergo Deiparae appellationes ea etiam connumerari debet, qua ὑπεραγία *super-sancta*, et sanctitate insignis prae creaturis reliquis excellentiore nuncupatur.

311. Quem titulum illi praeterea deferunt liturgica monimenta, sicuti ex iis compertum est quae [2]) in Chrysostomi missa, quaeque [3]) in officio sancti olei, in [4]) officio pro novitio monasticum habitum suscipiente, in [5]) officio parvi habitus, et [6]) in officio communis supplicationis frequentantur. In hisce namque monimentis aut Deipara simpliciter ὑπεραγία audit, aut [a]) ea sic invocatur « *super-sancta* Deipara salva nos » aut [b]) eius nomine ita Deus exoratur: « Sana quoque servum tuum hunc a detinente illum corporis et animae infirmitate, et vivifica illum per Christi tui gratiam, intercessionibus *super-sanctae* dominae nostrae Deiparae et semper virginis Mariae. »

312. Liturgicis monimentis patrocinantur libri ecclesiastici, eaque inprimis patrocinantur quae continentur [c]) in Anthologio, ubi sub rubrica τοῦ συναξαρίου dicitur: « Octava eiusdem mensis (Septembris) nativitas *super-sanctae* [7]) dominae nostrae Dei genitricis semperque virginis Mariae. » Patrocinantur deinde quae ia Menaeis repetuntur, sive quum in illis [d]) canitur: Te, o sola innocens, hymnis extollimus *super-sanctam* Deiparam, celsiorem supernis ordinibus et omni creatura. » Sive quum [e]) ex Iosepho hymnographo ista recitantur: *super-sancta* quae super-sanctum Verbum peperisti, sanctifica animas et corpora omnium nostrum, qui te labis perfecte insciam beatam celebramus. » Sive quum [f]) eodem praeeunte dicitur: « Virgo *super-sancta*, divinum athletarum decus quae Christum peperisti, hunc pulcritudine venustum deprecare ut animam nostram pulcram reddat. » Neque praeteriri Zonaras [8]) debet, qui Deiparam non semel ὑπεραγίαν *super sanctam* compellat.

313. Succedunt patres, e quorum nobilissimo coetu Petrus siculus [g]) ait: « Age nunc

a) Ὑπεραγία Θεοτόκε σῶσον ἡμᾶς.
b) Ibid.
c) Antholog. pag. 25. col. 2. C.
d) Men. die V. Augusti Ode θ'. pag. 34. col. 2. A.
e) Men. die XIII. Ianuarii Ode γ'. pag. 122. col. 1. B.
f) Men. die VI. Martii Ode α'. pag. 22. col. 2. D.
g) Con. Manich. Serm. II. n. 1. pag. 66. apud Mai in Nov. PP. Biblioth. T. IV. Par. II.

1) Cf. simillimum exemplum in syllog. inscriptt. ch. P. I. cap. II. pag. 160. D. apud Mai Scriptt. vett. T.V.
2) Inter opp. Chrysostomi T. II. coll. 780, 782, 789, 803.
3) Apud Goarium in Euchelog. pag. 417. C.
4) Ibid. pag. 469. A-B.
5) Ibid. pag. 477. C. et pag. 727. D. in offic. pro infirmis.
6) Ibid. pagg. 858. D. 859, A. C.
7) Et in Paraclit. pag. 308. col. 2. D. coniunctim celebratur veluti ὑπεραγία καὶ παναμώμος *supersancta et labis funditus expers*. Ceterum constat, quod etiam Goarius in Euchelog. pag. 904. animadvertit, *festum nativitatis Mariae* graece appellari τὸ γενέσιον τῆς ὑπεραγίας Θεοτόκου. Neque alius est sermonum in hoc festum titulus, veluti Iohannis damasceni, λόγοι εἰς τὸ γενέσιον τῆς ὑπεραγίας δεσποίνης ἡμῶν Θεοτόκου.
8) Canon. in Deiparam pagg. 465, 472. apud Cotelerium Tom. III. Monum. Eccles. graecae.

de *super-sancta* penitus immaculata Domina nostra, vere proprieque Deipara semperque virgine Maria quaestiones nobis quidem non dubias. Manichaeis tamen in controversiam vocatas, adgrediamur. » Neque aliter ª) hierosolymitanus Sophronius qui ad Deiparam conversus scribit: « Deum sanctum sanctorum *o super-sancta* peperisti, atque hunc sponte vita functum et e mortuis resurgentem videns, laetitia impleta es. » Consentit ᵇ) Germanus antistes constantinopolitanus inquiens: « Canamus tubis, quia regina omnium mater Virgo benevola est, et benedictionibus coronat laudatores suos. Reges principesque concurrant, atque excitato plausu venerentur reginam, quae peperit regem gaudentem a morte victos benigne solvere. Pastores ac magistri, pastoris boni *super-sanctam* matrem una efferamus laudibus. Candelabrum aureum, nubem illuminantem, excelsiorem Cherubim, animatam arcam, igniforme Altissimi solium, urnam auream mannae receptricem, vitalem Verbi tabulam, omnium Christianorum praesidium sacro celebrantes carmine sic dicamus: palatium Verbi nos abiectos caelorum regno dignare; non est enim quidquam quod te intercedente fieri non possit. » Hinc Ephraem ᶜ) ut Deiparam pro facultate ornet, omnia quae potest congerens epitheta clamat: « Domina mea *super-sancta* Deipara et gratia plena, Dei genitrix *super-benedicta*, caelo gratissima Dei mater, vas divinitatis unigeniti tui Filii. »

314. Quum vero toties Deipara nominetur ὑπεραγία *super-sancta*, et quum eiusmodi titulo iam inde a seculo quarto honestata fuerit; pronum est inferendo concludere. I. quaecumque Deiparae tributa legimus affirmantia epitheta, numquam posse ultra quam deceat amplificari atque extendi: ad haec II. eiusdem sanctitatem esse penitus incomparabilem, humanasque cogitationes praetergredi, atque idcirco ab omni culpae naevo longissime distare: postremo III. non satis ad veritatis leges ¹) Morcellium, postquam ipse monuit in Kalendario Ecclesiae constantinopolitanae a se edito, quinquies scriptum reperiri τὴν ἁγίαν Θεοτόκον, *sanctam Deiparam*, bis τὴν παναγίαν Θεοτόκον *sanctissimam Deiparam*, nusquam τὴν ὑπεραγίαν *super-sanctam*, subiecisse: « In Concilio Nicaeno II. in quo saepe eiusdem laudes celebrantur, nondum tamen ea appellatio audita: tantum in Tarasii litteris ᵈ) legas, *exopto autem et advocationem sanctissimae atque intemeratae perpetuaeque virginis Mariae*. Quin eam vocem nec apud Hesychium, nec apud Suidam invenies. Seculo tamen X. in usu erat, et in Menologio basiliano non semel occurrit, saepissime in Graecorum libris, qui post ea tempora scripta sunt. »

315. Ab epitheto quod expendimus, vix illud differt quo Deipara vocatur ὑπέραγνος *super innocens*, eique innocentia defertur eo usque excellens ut omnem praetergredi modum videatur. Gradus vero innocentiae tam singularis tamque eximius Deiparae defertur ᵉ) in Anthologio his verbis: « Pastores ²) ac magistri in unum convenientes extollamus pulcri pastoris *superinnocentem* matrem, candelabrum aureo nitens fulgore, nubem lucem ferentem, animatam arcam caelis ampliorem, thronum Domini igniformem, vas aureum

---

a) Triod. pag. 186. apud Mai, Spicileg. rom. T. IV.
b) Γερμανοῦ πατριάρχου Θεοτόκιον in thesaur. Hymnolog. pagg. 79-80. T. III.
c) Precat. IV. pag. 528.
d) Act. III. pag. 232.
e) Antholog. die VI. Decembris Ode θ'. pag. 179. col. 1. D.

1) Comm. ad diem I. et II. Septemb. pag. 117.
2) Sunt haec ad ea quam simillime expressa quae nuper ex Germano retulimus, quaeque habet Nicetas in comm. ad Gregorii nazianzeni carmina pag. 398. apud Mai Spicileg. T. V.

manna continens, clausam Verbi portam, Christianorum omnium perfugium divinis cantibus celebrantes dicamus: o Verbi palatium nos humiles abiectosque dignos redde caelorum regno, nihil enim tua mediatione non potes. » Et ª) rursum, quamquam verborum forma tantisper immutata: « Gabriel non sine stupore conspiciens tuae virginitatis pulcritudinem, *innocentiamque supra modum splendidam*, ad te, o Deipara, clamavit: cuiusmodi encomium te dignum adhibebo? Quove te nomine distinguam? Anceps haereo et mentis inops; quare ut iniunctum mihi erat, ad te clamo ave gratia plena. » Defertur ᵇ) a Theodoro studita qui ait: « Agite puris mentibus intaminatisque labiis celebremus immaculatam et *superinnocentem* matrem Emmanuelis. » Defertur ᶜ) ab Iohanne damasceno qui canone in sanctum Nicolaum Myrae praesulem canit: « Te, o celebratissima, praemonstravit rubus igne circumdatus: te o *superinnocens*, urna manna continens, mensam praesignavit gestantem Deum; tu enim nobis puram suavitatem effudisti. » Defertur ᵈ) a Germano qui Virginem sistit « Divinarum virtutum magnificentia exaltatam, et puritate praecellentem Mariam *superinnocentem* illam et superimmaculatam Dei genitricem. » Itemque defertur ᵉ) a Iacobo monacho qui Annae votum his conceptum verbis proponit: « Illibatus ¹) locus *superinnocentes* quoque suscipiat pedes. Vitae ratio ab hominum convictu seiuncta intaminatam servet columbam. »

316. Hinc non rarae apud veteres sunt phrases, quibus Deipara *super ipsam puritatem pura atque innocens* perhibetur. Et eiusmodi sane illam perhibet ᶠ) Germanus dum memorat « Splendidissimum specimen supereminentis eius puritatis. » Et multo etiam evidentius Germano antiquior ᵍ) Ephraemus inquiens: « Sanctissima domina Dei genitrix, quae sola animo et corpore purissima, *sola supergressa puritatem* et pudicitiam et virginitatem. » Quae insigniter expoliuntur opportuna eorum comparatione, quae ²) ad Lucae verba, *et postquam impleti sunt dies purgationis eius*, Cyrillus alexandrinus ʰ) scribit: « Etenim si verba, *purgationis eorum*, de sancta Deipara, vel de beato Iosepho, vel de ipso Domino existimet aliquis dici, irreligiosus erit...Sed neque de Domino id dictum fuit, immaculato scilicet ³) *et quamlibet munditiem excedente*. »

317. Ad eamdem classem revocari debent quae Georgius nicomediensis ⁱ) simul componens Annae et Deiparae conceptum, scribit: « Hic (in Annae conceptu) meritorum et precum fructus; illic (in conceptu Mariae) propter virtutem comparatione maiorem et *su-

---

a) Antholog. die XII. Decembris pag. 192. col. 2. A.
b) Antholog. die XXII. Decembris pag. 224. col. 1. B.
c) Can. in s. Nicolaum Ode γ'. pag. 723. apud Mai Spicileg. T. IX.
d) Orat. in s. Mariae zonam pag. 232.
e) Orat. in Deiparae nativit. pag. 1271. E. apud Combefisium Auctar. T. I.
f) Orat. in Deiparae praesent. pag. 1411. B. apud Combefisium Auctar. T. I.
g) Precatio I. pag. 524. B. opp. graec. T. III.
h) Explanat. in Luc. II. pag. 133-134. apud Mai in nova PP. biblioth. T. II.
i) Orat. in concept. et nativit. Deiparae pag. 1066. B. apud Combefisium Auctar. T. I.

---

1) Quae Combefisius more suo sic reddit. « Locus illibatus praecastos suscipiat pedes. Nihil communis vitae ratio incontaminatam columbam conservet. »
2) Luc. II. 22.
3) Gemina plane phrasi et unius Christi ac Deiparae propria utriusque innocentia et puritas significantur. Nullum autem omnino naevum Christus contraxit, nullamque labem recepit. Patet igitur quid aequum sit de Deipara arbitrari.

perexcellentem puritatem inexplicabilis (Christi) novatur conceptus: « Et ad hanc pariter revocari debent quae Theodoritus enarrans verba [1]) Psalmi, *Veritas de terra orta est,* sic [a]) habet: « Et *decies quidem millies pura est* Deipara; verumtamen ex Adamo, ex Abrahamo, ex David, ex ipsa [2]) igitur certe orta est quae vere est Veritas. » Quibus explanandis illustrandisque non minimum ista conducunt, quae ex Germano constantinopolitano Antistite [b]) in Anthologio referuntur: « Ex iustis, Ioachimo videlicet atque Anna, ortum nobis est universale gaudium, celebratissima Virgo: ipsa *propter excessum puritatis* animatum Dei templum evadit, et sola secundum veritatem Dei genitrix agnoscitur. » Porro facilius est quaecumque maxime infensa sunt sociare, quam vel tenuissimam culpae umbram, labisque speciem cum tanto sanctitatis puritatisque excessu coniungere.

ARTICULUS III.

De ceteris appositis iisque affirmantibus quibus sanctitas atque excellentia Deiparae omnem supergressa modum confirmatur.

318. Cum sanctitate atque innocentia duo potissimum cohaerent, hinc quidem superna et caelestis benedictio, veluti princeps illius caussa et origo, inde vero gloria et celebratio, tamquam effectus et signum. Sicut enim innocentia et sanctitas proficisci aliunde non possunt quam ab eo qui est ter sanctus et totius sanctitatis largitor et auctor; ita laus et gloria non aliter cum sanctitate iunguntur, ac umbra corpus comitetur. Quum igitur Virgo ex fide atque sententia maiorum non modo sit dicique debeat *sancta* et *sanctissima*, verum etiam *super-sancta* modumque omnem communis sanctitatis excedens: et non modo sit dicique debeat *innocens* atque *innocentissima*, verum etiam *super-innocens* et supra fines omnes creatae innocentiae provecta, superest ut ad eiusdem fidei sententiaeque normam ipsa non modo sit voceturque *benedicta* et *plene benedicta*, verum etiam *superbenedicta:* non modo *gloriosa* et *gloriosissima*, verum etiam *supergloriosa:* et non modo *laudabilis* atque *laudabilissima*, sed *quavis laude superior* et *quibusvis praeconiis excelsior atque sublimior*.

319. Atque profecto vocatur Deipara ὑπερευλογημένη *superbenedicta* [c]) in Paracletice

---

a) Comm. in Ps. LXXXIV. 12. pag. 1207. opp. T. 1.
b) Antholog. die VII. Septembris pag. 16. col. 1. C.
c) Paraclit. pag. 265. col. 2. B.

---

1) Ps. LXXXIV. 12.
2) Horum autem verborum eam dedimus interpretationem, in qua particulae καὶ, ἀλλ' ὅμως, γ'οὖν vulgatam obviamque significationem tuentur. Quaeri tamen potest, utrum verba ἐξ αὐτῆς ad θεοτόκον vel satius ad γῆν referenda sint. Et spectato quidem verborum ordine non diffiteor multo illa commodius ad θεοτόκον quam ad γῆν referri; sed ductus sermonis et Theodoriti ratio postulare videntur, ut *ad terram* referantur. Illi namque propositum erat explanare verba, ἀλήθεια ἐκ τῆς γῆς ἀνέτειλεν. Explanat vero inquiens: « Veritas orta est ex Maria supra modum omnem pura. Sed Maria licet purissima, suam tamen ex Davide, Abrahamo, Adamo atque adeo *ex terra* originem duxit. Ἐξ αὐτῆς γ' οὖν ἀνέτειλεν ἡ ὄντως ἀλήθεια, certe igitur ex ipsa (dubio procul *terra*) orta est quae vere est veritas. » Quae quum ita sint, pronum est intelligere quid de hisce existimandum sit quae *in indice rerum* ad opera Theodoriti Ludovicus Schulze opinatur inquiens: « Forte, κἂν μωρ. ἐστι (pro ᾖ more Nostri) quia ὅμως sequitur: etsi centies pura sit Maria, tamen est ex Adamo, Abrahamo, Davide: ergo non potest esse iustitia et veritas, quae a caelo venerit. »

his verbis: « Tu es o Virgo Dei genitrix *superbenedicta*. » Et ᵃ) rursum: « Quomodo te, Deipara, celebremus? Immo quomodo, *o superbenedicta*, incemprehensibile tui partus mysterium extollamus? » Vocatur ᵇ) ὑπερευλογημένη *superbenedicta* in Octoecho: « O deipara Virgo *superbenedicta*. » Vocatur ὑπερευλογημένη *superbenedicta* in Menaeis, in quibus haec e Theophane ᶜ) sumpta habentur: « Te, o Virgo *superbenedicta* innocentissima, fide atque amore ut augustam Dei matrem laudantes, nos a periculis serva. » Atque ista pariter ᵈ) ex eodem accepta leguntur: « In generationibus generationum mater virgo apparuisti, *o benedicta super quam quod possit intelligi*, quod supra naturam, o Virgo, Deum verbum incarnatum pepereris. » Tum ista ᵉ) ex Iohanne damasceno: « Annue precibus nostris qui servi tui sumus, o benigna Dei genitrix, et malorum aditus tentationumque impetus celeriter seda, o Domina, ut te, *superbenedictae*, honore prosequamur. Itemque ista ᶠ) ex Iosepho confessore: « Huc adeste, innocentem illam puellam Deique genitricem divinis canticis celebremus dicentes: ave, Virgo, per quam concessum est gaudium naturae hominum, *o superbenedicta*. »

320. Accedunt liturgica monimenta, in quibus nunc memoratur ᵍ) intercessio « Gloriosissimae, celeberrimae, *superbenedictae* et gratia plenae dominae nostrae Dei genitricis semperque virginis Mariae, » et nunc etiam vehementius Deipara audit πανυπερευλογημένη *penitus superbenedictae*, uti quum ʰ) exoratur Deus « Intercessionibus *penitus superbenedictae* ⁱ) gloriosae dominae nostrae Deiparae et semper virginis Mariae, et omnium sanctorum. » Hinc titulus ʲ) apud Petrum siculum inscriptus « Adversus Manichaeos, qui non confitentur *superbenedictae* semperque virginis dominae nostrae, proprie vereque Deiparae dignitatem. » Hinc verba ʲ) Leonis Augusti: « Quid vero is, qui magna tibi magnus Filius fecit, *o superbenedicta*, tibi hodie facit? » Hinc quae in canticum canticorum ᵏ) Matthaeus cantacuzenus scribit: « Non composita serie assumptionem carnis a Deo Verbo propheta refert, sed ut ei dictabat Spiritus sanctus. Modo quidem seipsam introducens de ea disserentem: modo vero novam Dei ex gentibus coactam ecclesiam: interdum autem *superbenedictam* Dei Verbi matrem. » Quae autem quantaque fuerit innocentia cum tanta divinae benedictionis ubertate conserta, quemadmodum suapte sponte innotescit, ita non obscure his verbis ˡ) declaratur: « Hunc diem festivum agimus propter generationem *su-*

---

a) Paraclit. pag. 247. col. 2. C.
b) Octoech. pag. 10. col. 2. E.
c) Men. die I. Decembris Ode α'. pag. 4. col. 1. A.
d) Men. die II. Decembris Ode ζ'. pag. 9. col. 2. D.
e) Men. die IX. Martii Ode γ'. pag. 42. col. 1. A.
f) Men. die IV. Iulii Ode η'. pag. 19. col. 1. C.
g) In Missa Chrysostomi pag. 803. E. opp. T. XII.
h) Eucholog. pag. 728. A. et pag. 862. B.
i) Cont. Manich. Serm. II. n. 1. pag. 66. apud Mai in nova pp. Biblioth. T. IV. P. II.
j) Orat. in dormit. Deiparae pag. 1739. A. apud Combefisium Auctar. T. I.
k) In cant. cantic. pag. 17.
l) Antholog. die IX. Septembris pag. 31. col. 1. C.

1) Videsis etiam offic. lavipedii pag. 746. C. et offic. sanctae Pentecostes pag. 756. B-C., ubi intercessio postulatur τῆς παναγίας ἀχράντου ὑπερευλογημένης ἐνδόξου δεσποίνης ἡμῶν, *sanctissimae illibatae superbenedictae gloriosae Dominae nostrae*.

per-sanctae dominae nostrae Dei genitricis, quoniam hi (Ioachimus et Anna) conciliatores facti sunt universalis salutis per suam ipsorum filiam [1]) *omnino superinnocentem sanctam Dei genitricem.* »

321. Quamquam nescio an non hoc ipsum multo etiam declaretur evidentius [a]) a Dionysio praesule alexandrino, ubi ait: « Et sicut ipse solus (Filius) novit modum conceptus et ortus sui, servans matrem incorruptam, *a pedibus usque ad caput benedictam.* » Eodem igitur recidunt formulae quibus Virgo dicitur ὑπερευλογημένη, πανυπερευλογημένη, καὶ εὐλογημένη ὑπὲρ ἐννοιαν *superbenedicta, penitus superbenedicta et ultraquam intelligi possit benedicta,* et quibus ipsa affirmatur ἀπὸ ποδῶν ἕως κεφαλῆς εὐλογημένη, *a pedibus ad caput usque benedicta.* Verum quid sibi istud vult? Aut quo ista pertinet splendidissima loquutio? Quemadmodum deprompta ea est [2]) ex Scripturis in quibus de israelitico populo legimus, *super quo percutiam vos ultra, addentes praevaricationem? omne caput languidum, et omne cor moerens. A planta pedis usque ad verticem non est in eo sanitas;* ita ex sese atque ex insita verborum potestate significat, nullam exstitisse in Deipara partem, non internam non externam, non magnam et nobilem, non parvam et ignobilem, quam benedictio non occupaverit, quaeque fuerit maledicto subiecta. Cui significationi lux additur, si eorum habeatur ratio quae de hominum genere tradit [b]) Cyrillus hierosolymitanus inquiens: « Maximum erat humani generis vulnus, *a pedibus usque ad caput nihil in ipso integrum erat.* » Idem igitur exsistit habitus inter Deiparam hominumque genus, qui obtinet inter corpus a pedibus ad caput usque benedictum, et corpus in quo a pedibus usque ad caput nihil integri reperitur. Sed universale humani generis vulnus, quamquam actualibus culpis amplificatum et auctum, suam tamen ducit originem, suumque principium ex eo peccato derivat [3]) quod omnes in Adamo peccaverunt, quo [4]) omnes nascuntur filii irae, et de quo [5]) scriptum est: « Ecce agnus Dei, ecce qui tollit *peccatum mundi.* » Nihil igitur manifestius, quam Deiparam *a pedibus usque ad caput benedictam,* ab hoc vulnere fuisse integram et ab huius peccati maledicto liberam atque solutam.

322. Tam eximiae singularique benedictioni, qua factum est ut Deipara ex ordine appellaretur *benedicta, undequaque benedicta, illa benedicta, superbenedicta, penitus superbenedicta et a pedibus ad caput usque benedicta,* non potuit ea gloria non respondere qua ita diceretur *gloriosa et gloriosissima,* ut pariter τῆς ὑπερενδόξου *super-gloriosae* nomine cohonestaretur. Atque hoc sane nomine cohonestatam ipsam legimus in titulis sermonum, qui ad eius celebrandas dotes habebantur. Speciminis loco sint tum Pseudo-Chry-

---

a) Epist. adv. Paulum samosatenum pag. 278. A.
b) Catech. XII. §. VII. pag. 166. C.

---

1) Maria ergo *reconciliatione* non eguit. Eguisset autem, si in universalem praevaricationem offendisset.
2) Is. I. 5–6. Ubi Hieronymus in commentario ait: « Est sensus: non invenio quam plagis vestris possim adhibere medicinam; omnia membra vestra plena sunt vulnerum, nullam partem corporis, quae non sit ante percussa, reperio. » Et mox: « Per metaphoram docet, quod a Principibus usque ad extremam plebem, a Doctoribus usque ad imperitum vulgus, in nullo sit sanitas, sed omnes ad impietatem pari ardore consentiant. » Hinc pergit: « Servat coeptam translationem, *a pedibus usque ad verticem* (מִכַּף־רֶגֶל וְעַד רֹאשׁ) idest, ab imo usque ad summum, ab extremis usque ad primos, toto confossi sunt corpore. »
3) Rom. V. 12.
4) Ephes. II. 3.
5) Ioh. I. 29.

sostomi [a]) oratio *in annuntiationem supergloriosae dominae nostrae Deiparae*, tum [b]) inscriptio codicis seculi XI. quae sic habet, *generatio Mariae sanctae Deiparae et supergloriosae matris Iesu Christi*. Eodem nomine cohonestatam legimus [1]) in Paracletice in [2]) Octoecho et [3]) in Triodio, quibus in libris ista repetuntur: « Tu o Deipara Virgo *supra modum glorificata* exsistis. » Cohonestatam legimus [c]) in Menaeis, in quibus ista habentur: « Qui per te salvati sumus, te, sanctissima Virgo, cum affectu in canticis divinitus inspiratis Verbi matrem extollimus: largire itaque, Dei genitrix, indignis famulis tuis propitiationem et pacem et lucem: quaecumque enim volueris potes et vales, ut quae omnium sis domina, *supergloriosa* puella. » Cohonestatam legimus in Panoplia dogmatica, quae recentior seculo VII. haberi nequit, et in qua [d]) dicitur: « Quandoquidem haud hypostasis est vel persona illud quod de sancta *supergloriosa* Virgine sumptum fuit, quomodo Theodorus ac Nestorius impii blasphemaverunt, sed substantia hominis fuit. » Et ne pluribus utamur in re abunde explorata, hoc nomine quinquies et decies cohonestatam ipsam legimus [4]) apud Modestum hierosolymitanum, cui nihil fuisse videtur antiquius quam Deiparam ὑπερένδοξον *supergloriosam* salutare. Hinc Georgius nicomediensis [e]) ad verba [5]) psalmi, *gloriosa dicta sunt de te, civitas Dei*, scribit: « Gloriosa *super omnem quae refertur gloriam*. Gloriosa supernis virtutibus: pretio habita et concupita congeneribus hominibus: desiderabilis patriarchis: veneranda prioribus patribus: perscripta ac vestiganda prophetis. Propter haec laetantur universa creata: congaudent his exercitus angelici: his una gloriatur mundus universus. » Atque hinc [f]) deprecatio in Missali alexandrino ex liturgia sancti Basilii: « Oramus ut ad dexteram tuam consistere mereamur in die tua tremenda et iusta, per intercessiones et supplicationes *supergloriosae* dominae nostrae Deiparae semperque Virginis Mariae, et omnium sanctorum tuorum. »

323. Fieri autem non potuit, ut Virgo ὑπερένδοξος *supergloriosa* diceretur, quin simul ὑπερύμνητος *potior omni laude* appellaretur. Et innumera profecto sunt veterum testimonia, quibus hoc etiam titulo decoratur. Hoc namque illam decorat [g]) Iosephus confessor inquiens: « Domina *laude quavis superior* eum supra rationem genuisti qui in sanctis requiescit: ideo te hymnis extollimus. » Et [h]) rursum: « O Virgo *omni superior laude* quae Deum omni laude superiorem peperisti, intercessionibus tuis illos qui te laudant consortes redde lucis, et ab inferno igne et omnibus inimici malis libera. » Eodem illam decorat [i]) Psellus his verbis: « Oratorum ora melos resonantia tubis gratiosius, te Dei montem inum-

---

a) Inter opp. Chrysost. T. II. col. 797. A.
b) Apud Thilo in proleg. ad cod. apocryph. novi Testam. pag. LIII.
c) Men. die VIII. Decembris Ode ϑ'. pag. 69. col. 2. B.
d) Panopl. dogmat. q. X. n. 4. pag. 638. apud Mai in nov. pp. Biblioth. Tom. II.
e) Orat. in concept. et in nativit. Deiparae pag. 1066. D-E. apud Combefisium Auctar. T. I.
f) Apud Assemanum in cod. lit. T. IV. P. IV. pag. 85.
g) Men. die XXXI. Maii Ode θ'. pag. 114. col. 1. C.
h) Men. die IV. Maii Ode ζ'. pag. 14. col. 1. B.
i) Apud Allatium de Symeonum scriptis pag. 239.

1) Paraclit. pag. 64. col. 2. A. Ὑπερδεδοξασμένη ὑπάρχεις, θεοτόκε παρθένε.
2) Octoech. pag. 10. col. 2. D. consonat memorata saepius Acoluthia apud Bollandianos T. II. Iunii p. LXXII.
3) Triod. pag. 83. col. 2. A.
4) Orat. in beatam Virginem, pagg. 24. D., 54. C.
5) Ps. LXXXVI. 3.

bratum, o immaculata, *celebrare pro dignitate non possunt.* » Quibus ista gemina sunt ᵃ) ex Basilio seleuciensi: « O Virgo sanctissima, ut quis honesta quaeque ac gloriosa de te loquatur, haud quidem ille a veritate aberrabit, *sed pro merito satis haud fecerit.* » Tum haec ᵇ) ex Germano constantinopolitano: « Tu merito ¹) dixisti, fore ut te omnes hominum generationes beatam dicant, te *quam nemo digne magnificare potest.* » Nec mirum auctore ²) Paulo diacono esse debet « Si haec Virgo sanctissima suis in laudibus humanae vocis modos exsuperat, quando ipsam etiam humani generis excellentibus meritis transcendit naturam. » Et eo usque transcendit, ut illam ³) Petrus venerabilis *supercaelestem* Virginem nominet: Theophanes ᶜ) vero appellet τὴν ὑπερθαύμαστον κόρην *superadmirabilem puellam* inquiens: « O Dei vates *superadmirabilem puellam* in typicis cognoscens symbolis exclamasti, benedicite opera Domini Dominum. » Quare hoc restat unum, ut ᵈ) cum Ignatio melodo exclamemus: « *O super omnem modum mirabilis* Dei mater, me poenitentiae radiis illumina, caliginem malorum meorum, quae immensa sunt, dissipa, et malignas cordis mei cogitationes, o puella, fac abigas. »

CAPUT VIII.

Proponuntur receptae apud maiores formulae, quibus non citra comparationis respectum significatur, Deiparam esse puriorem, sanctiorem atque celsiorem tum omnibus generatim hominibus, iisque nominatim qui inter homines prae ceteris claruerunt, tum omnibus supernis virtutibus, universisque creaturis, adeo ut ipsa altera secundum Deum puritate, sanctitate atque excellentia affirmetur.

324. Si ea investigemus quae nos movent *ad comparatas dicendi formulas* usurpandas, facile comperiemus illas a nobis propterea adhiberi, quod arduum non raro sit quae mente intelleximus, absolute simpliciterque efferre, et quod insita comparationibus similitudine non decus modo atque splendor orationi addantur, verum etiam praeceptae animo notitiae plenius evidentiusque explicentur. Huic legi quo humanus sermo obstringitur, morem gessit Christus dum Iohannis ⁴) praestantiam his verbis declaravit: « Amen dico vobis, non surrexit inter natos mulierum maior Iohanne Baptista. » Eidemque legi morem gessit Paulus ⁵) quum Christi dignitatem prae angelis praeque Moyse asserturus, principio scripsit: « Tanto melior angelis effectus, quanto differentius prae illis nomen hereditavit. » Tum ⁶) subiecit: « Amplioris enim gloriae iste (Christus) prae Moyse dignus est habitus, quanto ampliorem honorem habet domus, qui fabricavit illam. »

325. Maiores itaque nostri, qui de innocentia, sanctitate ac praestantia Virginis nullas prorsus reliquas fecerunt *absolutas* dicendi formas sive negantes aut affirmantes, sive po-

a) Orat. in ss. Deipar. et Domini incarnat. pag. 522. B. apud Combefisium Auctar. T. I.
b) Orat. in dormit. Deiparae pag. 1446. C. apud. Combefisium Auctar. T. I.
c) Men. die XVII. Decembris Ode θ'. pag. 137. col. 1. B-C.
d) Men. die XI. Septembris Ode δ'. pag. 79. col. 1. C.

1) Luc. I. 48.
2) Serm. in Virginis assumpt. pag. 267. B-C. apud Martenium Vett. Scriptt. T. IX.
3) Serm. in laudem sepulcri Domini pag. 1422. D. apud Martenium Thesaur. anecdot. T. V.
4) Matth. XI. 11.
5) Hebr. I. 4.
6) Hebr. III. 3.

sitivas aut superlatas, sive abstractas aut concretas, sive seiunctas aut copulatas, sive non citra significationem excessus universim adhibitas; suarum quoque partium esse duxerunt *comparatis* etiam *loquutionibus* uti, quibus Deiparae speciem suis animis obversantem expolirent atque splendidius patefacerent. Ac me sane fugit, an vel unum *comparatarum formularum* genus neglexerint, quod ad colorandam Deiparae imaginem conducere posse arbitrarentur. *Illam enim dixerunt hominibus generatim omnibus puriorem atque sanctiorem: illam speciatim puriorem sanctioremque iis ex hominibus dixerunt, qui veluti astra inter ceteros emicarunt: illi innocentiam sanctitatemque vindicarunt ea potiorem qua caelestes spiritus resplendent: illamque sanctitate atque innocentia eo usque creatis naturis omnibus praetulerunt, ut alteram secundum Deum unanimes confirmaverint.*

326. Haec autem quae paucis complexi sumus, totidem articulis plenius explicabimus simulque evincemus: I. a traditione maiorum atque ab ipsa idcirco veritate illos omnes vehementissime dissidere, qui normam aestimandae definiendaeque sanctitatis et innocentiae, quae propria est Deiparae, ex reliquo hominum genere mutuantur: II. cum traditione maiorum atque cum ipsa idcirco veritate illos omnes perfectissime conspirare, qui eam Deiparae tribuunt sanctitatem, eamque asserunt innocentiam, qua neque purior neque maior secundum Deum aut prius exstiterit, aut deinceps exstitura sit: proindeque III. non minus a traditione maiorum quam ab exploratissima veritate illorum opinionem abhorrere, qui Deiparam vel temporis momento infectam culpa, corruptamque peccati labe comminiscuntur.

ARTICULUS I.

De loquutionibus comparatis quibus Deipara sanctior, innocentior et sublimior omnibus generatim hominibus perhibetur.

327. Non unus neque pauci, sed innumeri propemodum sunt homines, qui non aliam contraxere maculam nisi quae *originalis* nuncupatur. Eiusmodi namque merito habentur qui non loquendo sed moriendo confessi sunt: et eiusmodi quotquot ex hac antea mortalitate migrarunt, quam integro expeditoque rationis usu potirentur. Ut quis igitur omnibus purior hominibus dici vere atque infinite possit, id exigi atque omnino postulari videtur, ut ne originalis quidem corruptionis naevum labemque contraxerit. Atqui insignissima praesto sunt veterum suffragia, quae Deiparam omnibus puriorem hominibus infinite testantur. Ex his ego illud principio commemorabo, quod auctor homiliae in Christi generationem Basilio [a] tributae praebet his verbis: « Quoniam vero *illa hominum aetas nihil puritati Mariae aequandum habebat*, sic ut Spiritus sancti susciperet operationem; electa idcirco est beata Virgo. » Illud deinde subiiciam quod exhibet [b] Petrus Argorum Episcopus inquiens: « Quandoquidem enim nos qui ob peccatum morti corruptionique damnati eramus, Dei incarnatione indigebamus, atque oportebat ut quae horum magnalium administra futura erat, *puritate* [1] *omnes antecelleret*, tamquam ea quae fieret, o mirum, mater Dei;

---

a) Hom. I. in Christi generat. n. 3. pag. 598. B. inter opp. Basilii T. II.
b) Orat. in concept. s. Annae n. 9.

1) Quosnam homines Petrus significat scribens, *oportuisse ut quae incarnationis administra futura erat, puritate eos omnes antecelleret?* Dubio procul illos ipsos quos antea dixerat *ob peccatum morti corruptionique*

necesse profecto erat, ut huius [1]) quoque Dei genitricis parentes longe aliis essent meliores, tamquam Dei, qui ex illa nasceretur, progenitores. » Neque illud tacebo quod [a]) in Paracletice occurrit: « Quae *pulcra et immaculata et innocens es inter mulieres*, libera miseram animam meam a vitiorum corruptela, atque ut tuo interventu innocenter vivam, meos gressus feliciter dirige. » Consonant haec [b]) quae in eodem libro habentur, quaeque in Menaeis atque in Triodio repetuntur: « O Deipara, *mulierum sanctissima*, mater thori nescia, deprecare quem peperisti regem et Deum, ut nos pro sua benignitate servet. » Atque haec [c]) item consonant ex usitatis apud Coptos Virginis praeconiis: « Multae mulieres fuerunt honore affectae; tu illis omnibus celsior es, tu virginum gloria, o Maria Deipara. »

328. His addi ea debent, quibus Deipara universis hominibus *gloriosior*, *sanctior*, *puriorque* coniunctim celebratur. Sic autem illam celebrat qui Gregorii neocaesariensis nomine circumfertur, ubi [d]) de Christi incarnatione scribit: « Per sanctum et innocentem, purum et impollutum sinum tuum fulgidissima margarita in salutem totius terrarum orbis progreditur: quoniam et tu sancta *omni humana natura gloriosior* [2]) *et purior et sanctior* effecta es. » Sic illam celebrat [e]) Iohannes monachus inquiens: » Tu *vere superior mortalibus* et angelis honoratior apparuisti, o puella Dei genitrix: omnium enim creatorem in utero suscepisti, et materiali indutum carne absque semine peperisti. O portentum inauditum! » Sic illam celebrat auctor commentarii in Canticum canticorum ex tribus patribus decerpti, qui [f]) ait: « Inter tot animas omnium hominum qui salvantur *omnibus super terram hominibus superior*, *ut electa columba*, *est una illa sola*, quae Christum genuit virgo mater, Cherubim et Seraphim verissime purior. « Neque secus illam celebrat [g]) Pseudo-Iustinus inquiens: « Et quia non quamlibet mulierem elegerat Deus, ut Christi mater fieret, sed *eam quae mulieres omnes virtutibus superabat;* propterea Christus voluit ut mater sua [3]) ab hac etiam virtute beata praedicaretur, per quam consequuta est ut virgo mater fieret. » Succedunt Gregorius antiochenus et Hildephonsus toletanus, quorum ille [h]) Christum exhibet Deiparam his verbis alloquentem. « O mulierum omnium optima, en tibi adest virgo novus filius. Ecce autem tibi, o discipule, parens virgo. » Alter vero [4]) semel iterumque exclamat: « O beatissima et sanctissima omnium feminarum Maria. » Neque

---

a) Paraclit. pag. 191. col. 2. D.

b) Paraclit. pag. 155. col. 1. D. coll. Men. die XXV. Octobris pag. 146. col. 1. E. et Triod. pag. 49. col. 2. B.

c) Theotoc. pag. 123. D.

d) Orat. II. in annunciat. Mariae pag. 17. C-D.

e) Antholog. die VI. Decembris Ode δ'. pag. 175. col. 1. C.

f) Ex comm. trium patrum in Cant. cantic. pag. 696. D. apud Gallandium Tom. VI.

g) Quaest. et respons. ad Orthodoxos, resp. ad q. CXXXVI. pag. 501. A. C. inter opp. Iustini.

h) Tragoed. Christ. pat. vv. 727-730. pag. 1248.

---

damnatos. Hi vero sunt omnes quos originalis culpa vitiavit. Oportuit ergo ut Virgo omnes originali culpa vitiatos puritate antecelleret. Scilicet oportuit ut originali culpa nullatenus inficeretur.

1) Omittit Piazza in versione non citra significationis detrimentum, particulam καὶ.

2) Hinc Alexander monachus penes Nicetam diaconum cui debemus syllogem interpretationum in Lucam, Deiparam vocat pag. 636. apud Mai Scriptt. vett. T. IX. τὴν θαυμασιωτάτην γυναικῶν Μαρίαν.

3) Virtutem significat, qua Matth. XII. 47. voluntatem Dei explemus.

4) Serm. I. in Deiparae assumpt. pag. 667. col. 2. B. et Serm. IV. pag. 676. col. 1. B. apud Combefisium in Biblioth. concionat. T. VII.

suam mentem aliter promit antiquus auctor homiliae in vigilia nativitatis Domini, quum [1]) auditores compellans ait: « Quaeritis fortasse, qualis mater? Quaerite prius qualis filius. Non habet filius in hominibus parem, non habet mater in mulieribus similem. Speciosus ille prae filiis hominum, speciosa illa quasi aurora consurgens. » Quocum praeclare consentiunt Guerricus abbas et Petrus Damiani, ille [2]) ubi Virginem vocat *sanctarum sanctissimam;* hic [3]) ubi de Virgine ait: « Beata Dei genitrix, virgo Maria, templum Dei vivi, aula regis aeterni, sacrarium Spiritus sancti. Tu virga de radice Iesse, tu cedrus in Libano, tu rosa purpurea in Iericho, tu cypressus in monte Sion, quae singulari privilegio meritorum sicut nescis in hominibus comparem, ita nihilominus et angelicam superas dignitatem. »

329. Hinc hominibus omnibus *gratiosiorem* illam Sophronius [a]) vocat, ubi [4]) ad Angeli verba, *invenisti enim gratiam apud Deum,* scribit: « Invenisti gratiam, *quam e mulieribus omnino nulla invenit:* invenisti gratiam, *quam nemo vidit:* invenisti gratiam, *quam nemo recepit.* » Hinc [b]) Gregorius nyssenus eam nominat *omnibus pulcriorem splendidioremque* dum ait: « Super creaturam omnem pulcritudine excellis: super homines splendore nites. » Hinc vulgatus neocaesariensis Gregorius [c]) negat, ullum ex universis hominibus ei similem reperiri: « Nam similis ei ex universis generationibus nulla umquam est reperta. » Hinc idipsum longe plenius negat [5]) Sedulius exclamans: « Salve parens optima tanti regis puerperio consecrata, quae beati ventris honore conspicuo simul et mater esse probaris et virgo: *cui nulla penitus aequalis femina reperitur,* quae tuum decus similiter praecesserit aut sequatur: *sola placens singulariter Christo, nulli compararis exemplo.* » Eodem vero haec [d]) ex Paracletice perspicue referuntur: « Beata in omnibus generationibus apparuisti, Deum namque vere beatum, o intemerata, ineffabiliter peperisti. » Eodem haec [e]) ex Menaeis: « Ne audeat profana manus animatam Dei arcam attingere; sed fidelium labia indesinenter angeli vocem canentia iucunde clament: vere o innocens Virgo potior es omnibus. » Eodem haec [f]) ex Gregorio antiocheno: « Salve, o puella, omnium laetitia, mater virgo, decora super omnes virgines, caelestibus eminentior ordinibus, domina, omnium regina, humani generis gaudium. » Eodem haec [6]) ex ecclesiastica Sequentia:

» Palmam praefers singularem,
» Nec in terris habes parem,
» Nec in caeli curia:
» Laus humani generis,
» Virtutum prae ceteris
» Habens privilegia.

a) Orat. in annunciat. Deiparae apud Nicodemum in Hermen. can. pag. 213.
b) Apud Nicodemum pag. 214.
c) Orat. I. in annunciat. Mariae pag. 11. A.
d) Paraclit. pag. 319. col. 2. E.
e) Men. die XXI. Novembris pag. 159. col. 2. D.
f) Tragoed. Christ. pat. vv. 2594-2598. pag. 1354.

1) In Alcuini Homiliar. pag. 53. col. 1. A.
2) Serm. in Virginis purificat. pag. 245. col. 2. B-C. apud Combefisium in Biblioth. concionat. T. VI.
3) Opp. T. IV. pag. 9. col. 2. E.
4) Luc. I. 30.
5) Paschal. Oper. lib. II. cap. III. pag. 575. apud Gallandium T. IX.
6) Thesaur. hymnolog. pag. 82. T. II.

Eodem haec [1]) ex Petro Damiani:

> » Beata Dei genitrix,
> » Nitor humani generis,
> » Per quam de servis liberi,
> » Lucisque sumus filii.

Quibus finem iis impono, quae [a]) Georgius nicomediensis tribuit angelis Deiparam ita compellantibus: « O quae visa es vasculum gratia plenum! O terrena natura *suas ipsius rationes supergressa!* O quae incomparabiliter eius mensuram superasti! »

ARTICULUS II.

De loquutionibus comparatis quibus Deipara purior, sanctior et sanctissimis quibusque inter homines superior celebratur.

330. Quamquam neque haberi neque dici vere quis possit universis hominibus purior, sanctior atque sublimior, quin illius puritas, sanctitas atque excellentia singulis quibusque potior putetur atque dicatur, praecidendis nihilominus difficultatibus, reique vehementius stabiliendae non minimum conducit, si ille idem purissimis purior, sanctissimis sanctior, et summis celsior credatur atque appelletur. Ad eum prope modum, quo strenuissimi ducis virtus praeclarius extollitur et plenius commendatur, si non omnibus modo fortior militibus, sed ipso etiam Alexandro atque Caesare valentior depraedicetur. Haec autem ipsissima est ratio, quam sibi maiores nostri in celebranda Deiparae innocentia, sanctitate atque praestantia sectandam esse existimarunt. Neque enim satis illis fuit Deiparam puriorem sanctioremque hominibus generatim omnibus nuncupare, sed eam ipsis quoque purissimis et sanctissimis longe puriorem sanctioremque iteratis testificationibus docuerunt.

331. Et docuit sane qui [b]) Gregorii neocaesariensis nomine citari solet, ubi de Virgine loquens ait: « Thronus revera et hic erat cherubicus, thronus regalis, sanctus sanctorum, solus super terram gloriosus, *sanctis sanctior*, in quo requievit Christus Deus noster. » Docuit [c]) Basilius pegoriotes qui in prece ad Virginem scribit: « *Sancta sanctorum* et Dei genitrix Maria, tuis intercessionibus, o innocens, expeditos nos redde ex tendiculis inimici, omniumque haeresum atque afflictionum, nos inquam qui imaginem tuae sanctae formae fideliter veneramur. » Docuit [d]) Iohannes monachus qui de Virgine adhuc tenella in Templo oblata inquit: « *Sancta sanctorum* in sancto Templo puella offertur, ut angelica manu nutriatur. » Quibus haec sunt [e]) prorsus simillima: « Quum sis *sancta sanctorum*, o venerabilis, in sancto Templo habitare dilexisti. » Item haec [f]) ex Octoecho:

---

a) Orat. in Deiparae ingress. in Templum pag. 1118. D-E. apud Combefisium Auctar. T. I. Iure igitur meritoque Iohannes damascenus Orat. in Deiparam pag. 849. B. scripsit: *Digne te beatam praedicant omnes generationes, ut eximium humani generis decus.*

b) Orat. I. in Deiparae annunciat. pag. 14. D, 15. A.

c) Antholog. die XXI. Novembris Ode θ'. pag. 135. col. 1. C.

d) Antholog. die VIII. Septembris Ode α'. pag. 25. col. 1. C.

e) Antholog. pag. 130. col. 2. D.

f) Octoech. pag. 5. col. 1. E.

1) Opp. T. IV. pag. 10. col. 1. D.

« *Sancta sanctorum*, o Deipara omni laude maior, ex te prodiit gentium exspectatio, et fidelium salus et redemptor et vitae largitor Dominus, quem exora ut servos tuos salvet. » Atque ista a) rursum Andreae cretensis: « Sapientes genitores tui, o inviolata, te *sanctam sanctorum* in Dei Templo obtulerunt, ut sancte educareris et in matrem ipsi adornareris. »

332. Ceterum Andreas b) etiam alibi Deiparam vocat « Sanctis omnino omnibus sanctiorem. » Cum eo consentit c) Basilius seleuciensis qui ipsam tradit « Omnino praecellere sanctis quos honoramus. » Consentit d) Stephanus sabbaita inquiens: « Te *sanctam sanctorum*, o Virgo illibata, agnoscimus, ut quae sola 1) Deum immutabilem sinu gestaveris. » Consentit e) Georgius nicomediensis, qui Virginem vix dum triennem cum sanctissimis quibusque conferens tandem concludit: « Nimirum ad horum evaserat *summum verticem*. » Consentit f) Tarasius a quo eadem appellatur *sanctorum sancta*, immaculatus Verbi thalamus. » Consentit 2) Paulus diaconus qui de Virgine ait: « Quam talem utique aeterna Sapientia 3) effecit, quae digna omnino esset ex qua ipse carnem assumeret, inaestimabile scilicet pretium salutis humanae. Quid dignius hac Virgine? Quid sanctius in humani generis serie 4) potuit exoriri? cui nullus patriarcharum, nullus prophetarum, nullus antiquorum, nullus sequentium patrum, *nullus prorsus poterit hominum comparari*. » Et 5) alibi, ipsius esse proprium scribit, quod *prae ceteris sanctior* credatur et sit. Neque minus consentit g) Pseudo-Chrysostomus, qui laudatis sanctorum praestantissimis infert: « Sed nihil exaequandum Deiparae Mariae. »

333. Cuius incomparabilis praestantiae verissimam originem pandit h) Sophronius, ubi angelicum 6) expendens oraculum, *invenisti enim gratiam apud Deum*, ait: « Multi quidem ante te et alii extiterunt sancti, sed nullus prae te gratia repletus fuit: nemo prae te beatificatus: nemo prae te sanctificatus: nemo prae te 7) praepurificatus: nemo prae te

---

a) Antholog. die VIII. Septembris Ode ϛ'. pag. 25. col. 1. C.
b) Orat. in Mariae nativ. pag. 179. E. apud Gallandium T. XIII.
c) Orat. in ss. Deiparam et Domini incarnat. p. 595. E. apud Combefisium Auctar. T. I.
d) Men. die IV. Decembris Ode ζ'. pag. 20. col. 2. D.
e) Orat. in Deiparae ingress. in Templum pag. 1126. E. apud Combefisium Auctar. T. II.
f) Orat. in Virginis praesentat.
g) Orat. in Deiparam pag. 236. D. inter opp. Chrysostomi T. VIII. P. II.
h) Orat. in Deiparae annunciat. apud Nicodemum pag. 213.

1) Hac sententiarum copulatione monemur. I. non minus singularem et privam Virginis sanctitatem credi oportere, ac singularis et priva eiusdem sit divina maternitas: et II. praestantiam sanctitatis Virginis propriam, eo quo decet modo, praestantiae divinae maternitatis respondere.

2) Serm. in Virginis assumpt. pag. 268. A-B. apud Martenium Vett. scriptt. T. IX.

3) *Effecit* itaque non refinxit. Refinxisset autem, non effecisset, si culpa originis Virginem maculasset.

4) Atqui in humani generis serie exortus est Iohannes cognomento Baptista, idemque in materno utero sanctificatus. Si ergo ipso etiam sanctior credi Deipara debet, hoc unum est reliquum, ut nullo umquam infecta naevo censeatur.

5) Hom. in evang. *intravit Iesus in quoddam castellum*, n. 5. pag. 274. C. apud Martenium Vett. scriptt. T. IX. Quo referri item possunt quae Theodorus studita Mariam Magdalenam cum Maria Deipara contendens lib. II. epist. CXXVIII. pag. 579. E. opp. Sirmondi T. V. scribit: σὺ οὖν ὦ καλλίστη γυναικῶν, μακαρία ὡς ἀληθῶς, καὶ τρισμακαρία, ὅτι τὴν ἀγαθὴν μερίδα ἐξελέξω, μετὰ Μαρίαν ἐκείνην τὴν ἀοίδιμον. *Tu ergo, feminarum praestantissima, beata revera et ter beata, quia optimam partem elegisti post Mariam illam celeberrimam*.

6) Luc. I. 30.

7) Sed quorsum de Virgine usurpatur comparata loquutio, οὐδεὶς κατὰ σὲ προεκαθάρθη *nemo prae te praepurificatus?* Quod reliqui iusti post contractam labem purificentur, at vero Deipara *praepurificata fuerit*, ne ulla omnino labe pollueretur.

superexaltatus. Etenim nemo prae te ad Deum propius accessit: nemo prae te Dei gratiam accepit. *Omnia superas quae sunt apud homines selectissima: omnia vincis dona quae a Deo cuivis collata fuerint.* » Quare Dionysius alexandrinus ad ista respiciens Christi [1]) verba, *quicumque fecerit voluntatem Patris mei qui in caelis est; ipse meus frater et soror et mater est:* modumque refellens explicandae Incarnationis per σχετικὴν inhabitationem [a]) scribit: « Haec enim fuga generationis est: siquidem iam inde habitat, in quibus multae reperientur matres: una autem sola Virgo [2]) filia vitae genuit Verbum vivens. »

334. Hinc numquam Deipara cum uno alterove ex sanctis nominatim componitur, quin eiusdem praestantia disertissimis verbis depraedicetur. Eiusdem prae Sara excellentiam depraedicat [3]) Ambrosius his verbis: « Suscipe me non ex Sara, sed ex Maria, ut incorrupta sit Virgo, sed Virgo per gratiam ab omni integra labe peccati. » Prae Ioachimo et Anna depraedicat [b]) Iohannes Euboeae episcopus in Oratione quam nos primi edimus, inquiens: « Beatos vos appello Ioachim et Anna, quia vere quae ex vobis procreatur, beatior erit. » Et prae omnibus patriarchis atque prophetis gratiam sanctitatemque Deiparae extollit vulgatus neocaesariensis Gregorius, qui [c]) illis commemoratis, pergit: « Porro ad Mariam virginem *solam sanctam* Gabriel archangelus claro lumine venit, ave gratia plena, eidem annuncians. » Hinc solemne est [d]) Coptis Virginem his laudum praeconiis celebrare: « Tu es sanctis omnibus ad orandum pro nobis accomodatior, gratia plena. Tu prae patriarchis nimium exaltaris, et prae vatibus honoraris. » Atque hinc solemne est [e]) Graecis cum Iohanne euchaita in haec verba erumpere: « Pius coetus cum praeconio agit memoriam iustorum, quibuscum Dei mater, *tamquam ipsorum caput*, merito glorificatur, ultimum, primum mediumque ordinem occupans et gloriae particeps. » Iamvero inter sanctos, prae quibus sanctior atque gratiosior Deipara haberi debet, quum ii omnes censentur quibus Dei civitas numquam non resplenduit, tum ille etiam numeratur de quo Angelus ad Zachariam [4]) dixit: « Erit enim magnus coram Domino: et vinum et siceram non bibet *et Spiritu sancto replebitur adhuc ex utero matris suae.* » Si ergo Deipara est omnibus sanctior, omnibus purior, omnibus gratiosior, prae omnibus superexaltata, omniaque vincit quae sunt penes homines selectissima; non ex utero tantum, sed ex ipso conceptu praepurificata et Spiritu sancto plena credatur oportet.

a) Epist. adv. Paulum samosat. pag. 213. A.
b) Orat. in annunt. sanctorum iustorum Ioachimi et Annae, et in nativit. Deiparae.
c) Orat. I. in annunciat. Mariae pag. 13. C.
d) Theotoch. pag. 68. D.
e) Can. sanct. in Acoluth. ad matut. apud Bolland. T. II. Iunii pag. L. C.

1) Matth. XII. 50.
2) Propemodum diceret, multas Christus habuit habebitque matres *habitatione*, in omnibus namque habitavit ac porro habitabit sanctis mulieribus quae fuerunt aut erunt. Sed una est naturalis eiusdem mater *generatione*, quae non minus a reliquis matribus distat, quam *filia vitae* et numquam obnoxia morti ab iis secarnatur quas in ipso conceptu mors sibi subiecit.
3) In Ps. CXVIII. Serm. XXII. n. 30. col. 1255.
4) Luc. I. 15.

ARTICULUS III.

De loquutionibus comparatis quibus Deipara celsior, purior, sanctiorque angelis effertur.

335. Etsi de Deo rerum universitatis conditore Augustinus [1] verissime scripserit, *in ipsa nihil melius institutum quam spiritus, intelligentiam dedit, et suae contemplationis habiles, capacesque sui praestitit;* haec tamen neque debent neque possunt sic intelligi, ut e sua primatus praerogativa excidisse Virgo censeatur. Omnium namque suffragatione patrum non universis tantum praecellit hominibus quamquam sanctissimis, et ad praeclarissimum quemdam gloriae splendorem evectis; sed ipsis quoque angelis celsior, sublimior, gloriosior, purior, sanctior, sacratior, venustior et pulcritudine potior existimanda est. Quod ne praeter fidem auctoritatemque maiorum scripsisse videar, singula quaeque idoneis eorumdem testimoniis comprobabo.

336. Itaque Deiparam esse angelis sublimiorem, celsiorem potioriqve gloria fulgentem inprimis tradit [a] Gregorius nyssenus, qui explanans [3] verba *invenisti gratiam apud Deum,* scribit: « Ne timeas [2] Maria, invenisti enim gratiam apud Deum: super creaturam omnem pulcritudine excelluisti: super omnes homines splendida effecta es: super solem enituisti: *super angelos exaltata es.* Non suscepta es in caelo, sed degens in terra caelestem Dominum Regemque ad te ipsam attraxisti. » Tradit deinde [b] Georgius nicomediensis qui angelos sic loquentes inducit: « Novum ac stupendum quod cernitur, nobisque ignotum: *femina apparet nobis vi intelligentiae superior:* in haec una invalida sunt nostrae naturae praeclara dona. » Tradit [c] Modestus hierosolymitanus Antistes, qui illam dicit « Beatam ab angelis et hominibus celebratam in gloriam eius, qui *super caelestes et terrestres ordines eam magnificavit.* » Tum [d] subdit angelos missos « Ad eam, *quae tum ipsis, tum omnibus caelestibus Potestatibus* [4] *superior est.* » Consonat [e] Gregorius antiochenus, cui Deipara est *caelestibus superior ordinibus.* Consonat [f] Andreas cretensis inquiens: « Divinitus sapientes genitores (Ioachimus et Anna) receperunt caeleste donum Deo dignum Dei matrem, *currum ipsis Cherubim celsiorem,* et Verbi atque Creatoris puerperam. » Consonat [g] Georgius qui ad eam clamat: « Tu, o innocentissima, *sublimius*

---

a) Orat. in Deiparae annunciat. apud Nicodemum pag. 214.
b) Orat. in Deiparae ingressum in Templum pag. 1118. A. apud Combefisium Auctar. T. I.
c) Encom. in Deiparam pag. 20. B.
d) Ibid. pag. 36. D.
e) Tragoed. Christ. pat. v. 2605.
f) Antholog. die VII. Septembris Ode ϛ'. pag. 25. col. 1. B.
g) Antholog. die XXI. Novembris Ode α'. pag. 129. col. 1. B.

---

1) De civ. Dei lib. XXIII. cap. I. n. 2.
2) Luc. I. 30.
3) Haec eadem leguntur in oratione Chrysostomo adscripta pag. 839. D. opp. T. XI., neque aliud animadvertitur discrimen, nisi quod pro ὑπὲρ τοὺς ἀνθρώπους ἐπιδρύνθης, in ea habetur ὑπὲρ τοὺς οὐρανοὺς ἐπαιδρύνθης.

4) Eodem praeconio Virginem Modestus ornat inquiens pag. 18. A.: καὶ γέγονεν ἐν τῇ τῶν οὐρανῶν βασιλείᾳ ἡ ἀνωτέρα τῶν Χερουβὶμ καὶ Σεραφίμ, ἀναδειχθεῖσα ἀληθῶς ὡς μήτηρ τοῦ δεσπότου αὐτῶν. *Fuit autem in caelorum regno superior Cherubim et Seraphim, vere facta mater Domini eorum.*

et caelis templum. » Consonat ᵃ) Theophanes qui sic habet: « Tu o Dei genitrix, *Cherubim atque Seraphim superior* ¹) *apparuisti:* tu namque sola, o inviolata, in tuo sinu incomprehensibilem Deum recepisti: quare quotquot sumus fideles te, o innocens, beatam hymnis celebramus. » Consonat ᵇ) Iosephus inquiens: « Sacris vocibus beatum celebremus illibatum Dei tabernaculum, animatam arcam, martyrum gloriam, *Cherubim universaque creatura potiorem.* » Et ᶜ) rursum: « Te, o inviolata, *superiorem intelligibilibus angelis* ²) ostendit Deus tuum ingressus sinum undequaque immaculatum. » Consonant Graeci ᵈ) in Paracletice: « Regina Virgo aureo ornata vestitu nunc filio regi adstat *incomparabiliter superior* ³) *angelis clamantibus*, gloria, o Christe, virtuti tuae. » Consonant ᵉ) in quadragesimali Officio: « Qui ex te, o veneranda, genitus est te *angelis* effecit *sublimiorem;* gestas namque, o innocens, in ulnis, ut filium tuum in quem illi utpote Deum respicere formidant. » Consonant ᶠ) in acoluthia ad maiores Vesperas: « Virginum decus mentiumque laetitiam, solam Deiparam, firmumque fidelium vallum, o celebritatum amatores, modulatis praeconiis efferamus dicentes: salve Virgo mater innocens, candelabrum lucens ut aurum et porta caelestis. Salve tabernaculum sanctificationis, salve o penitus intaminata, cuius uterus fuit ⁴) capax Dei. Salve quae es *cunctis caeli ordinibus sine ulla comparatione superior.* » Consonat ᵍ) Theodorus studites in iambis: « Quod mater es Dei, *angelis* ⁵) *superemines.* Nam contueri quem verentur angeli, hunc ipsa puris filium manibus geris. » Et ipse quoque conspirat ʰ) vulgatus neocaesariensis Gregorius qui Deiparam vocat *gloriosissimam inter angelos.*

337. Neque vero patres taciti praetereunt eos veluti gradus, quibus Deipara ad tantam super angelos gloriam dignitatemque pervenit; sed illos potius explicant luculenterque demonstrant. Quamquam enim singularis adeo eximiaeque praestantiae basis ac fun-

---

a) Antholog. die XXVIII. Ianuarii Ode γ'. pag. 341. col. 2. D.
b) Men. die III. Septembris Ode η'. pag. 27. col. 1. A.
c) Men. die VI. Septembris Ode ε'. pag. 43. col. 2. C.
d) Paraclit. pag. 177. col. 1. C-D.
e) Offic. Quadrag. Fer. VI. Heb. III. Ieiun. Ode ε'. pag. 262.
f) Apud Bolland. T. II. Iunii pag. XXXVII. F.
g) Apud Sirmondum opp. T. V. pag. 762.
h) Orat. II. in Deiparam pag. 18. A.

1) Similia ex Theophane referuntur in Menaeis die XIX. Aprilis Ode δ'. pag. 77. col.1. A. ubi Virgo audit, χερουβικῶν ταγμάτων κόρη ὑπερέχουσα, *puella cherubicis ordinibus superior;* et die XXX. Ode γ'. pag. 125. col. 2. C. ubi de ipsa dicitur, τῶν Χερουβὶμ καὶ Σεραφὶμ ἐδείχθης ὑψηλοτέρα, Θεοτόκε, o *Deipara apparuisti Cherubim atque Seraphim excelsior.*

2) In Menaeis die VI. Septembris Ode ε'. pag. 44. col. 1.A. Iosephus Deiparam invocans ait; ἀγγελικῶν δυνάμεων, ἁγνή, ὑπερέχουσα, tu, o *Virgo, angelicis potior virtutibus.*

3) Haec iis illustrantur quae plane gemina habentur in Paraclit. pag. 285. col. A-B.

4) Quibus verbis penitissimus aperitur nexus inter omnimodam Virginis innocentiam eiusque divinam maternitatem. Quaerenti enim qui factum sit ut Virgo digna haberetur quae *in sinu suo* Deum comprehenderet, hoc unum reponitur, quod ipsa fuerit «κατάχραντος *omni ex parte immaculata.*

5) Graeci schismatici in criminationibus adversus Latinos apud Cotelerium T. III. pag. 507. tam his quam Armeniis non citra calumniam vitio vertunt quod deprimant Virginem τὴν ἀνωτέραν τῶν Χερουβὶμ, *Cherubinis superiorem.* De qua Petrus Damiani opp. T. IV. pag. 9. col. 1. C. canit:

» Assumpta super angelos
» Excedit et archangelos,
» Cuncta sanctorum merita
» Transcendit una femina.

damentum divina maternitate contineatur, quod ᵃ) Iohannes damascenus his verbis expressit: *o miraculum omnibus miraculis excellentius! Mulier sublimior Seraphim effecta est, quia Deus visus est* ¹) *Angelis paulominus minoratus;* ea nihilominus superna charismata cum divina maternitate iuncta fuerunt atque conserta, quae viam ad tantae sublimitatis assequendum fastigium insternerent. Et consertum inprimis fuit eiusmodi sanctitatis donum, quo *Virginem angelis sanctiorem* uno ore patres contestantur. Praeclare ᵇ) Iosephus confessor: « Tu, o puella sanctissima, quae Sanctum sanctorum peperisti, nata es ²) *angelis sanctior.* » Et ᶜ) rursum: « Apparuisti *incomparabiliter sanctior cunctis supernis Virtutibus.* » Et ᵈ) alibi: « *Supernis Virtutibus sanctior*, o cuiusvis inscia labis, apparuisti: Deum enim ³) quem incorporei ordines cum tremore glorificant, tu corpore induisti. » Quibus ista respondent ᵉ) ex Anthologio: « *Sanctior angelis* et universa creatura nunc parit Angelum magni consilii paterni. » Tum haec ᶠ) ex Paracletice: « O Virgo, *sanctior Cherubim* apparuisti, ut quae Deum sanctissimum pepereris; tu nos omnes sanctifica qui fide exciti sanctis vocibus te die ac nocte sanctam celebramus. » Atque ista pariter ᵍ) ex Menaeis: « Quibus labiis nos miseri beatam celebrabimus Deiparam? Honorabiliorem omnibus creaturis, et *sanctiorem Cherubim angelisque universis:* immotum Regis thronum, domum in qua Altissimus inhabitavit, mundi salutem, Deique sanctuarium. » Suffragatur ʰ) Modestus hierosolymitanus de Virgine scribens: « Etenim quae proprie et vere Dei mater est, divinitus est ⁴) sanctificata, *Cherubim et Seraphim sanctior et gloriosior.* » Et ipse pariter suffragatur ⁵) Engelbertus abbas admontensis, qui ex subditiciis Ignatii lit-

a) Orat. in Deiparam pag. 848. B.
b) Men. die XVIII. Augusti Ode τ′. pag. 106. col. 2. B.
c) Men. die XV. Decembris Ode ζ′. pag. 125. col. 1. A.
d) Men. die VII. Februarii Ode ζ′. pag. 43. col. 2. A.
e) Antholog. Ode γ′. pag. 200. col. 1. C.
f) Paraclit. pag. 293. col. 2. B.
g) Men. die XV. Augusti pag. 79. col. 1. B-C.
h) Encom. in Deipar. pag. 2.

1) Hebr. II. 9.

2) Quum φύω ex aequo valeat *gigno* et *nascor*, ac utramque ex aequo nativitatem *in sinu* atque *ex sinu* complectatur; nihil impedit quominus phrasis, ἁγιωτέρα πεφυκυῖα τῶν ἀγγέλων, reddatur *genita es angelis sanctior*. Quam profecto interpretationem iuvat I. titulus τῆς παναγίας *penitus sanctae* tributus Deiparae: iuvat II. compertissima Iosephi sententia de immaculato Virginis conceptu: et III. iuvat receptus apud maiores loquendi usus, quo *nativitatis* vocabulum indiscriminatim adhibuerunt, ut originem tam *in sinu* quam *ex sinu* declararent.

3) E re fuerit nexum animadvertere inter duo incisa, ὡράθης ἁγιωτέρα τῶν ἄνω δυνάμεων, *apparuisti sanctior supernis virtutibus*, et Θεὸν γὰρ ἐσωμάτωσας, *Deum enim carne induisti*. Hoc namque posteriore inciso effertur ratio propter quam Virgo credi debet angelis sanctior, ac si diceretur: ea Virginis debet esse sanctitas quae cum divina maternitate consentiat. Consentire autem cum hac nequit nisi sit maxima, et humanos praetergressa fines ipsam quoque angelicam sanctitatem tantum excedat, quantum dignitas matris Dei angelicam dignitatem vincit et superat. Ad quem excessum prae angelica sanctitate haec item pertinent, quae ex eodem Iosepho in Menaeis die XIII. Aprilis Ode η′. pag. 55. col. 1. D. leguntur: ἁγιωτέρα τῶν στρατευμάτων, καὶ Χερουβὶμ ὑπερτέρα, μῆτερ Θεοῦ, χρηματίζουσα τῶν παθῶν τῆς σαρκὸς μὲ ὑπέρτερον ποίησον. *O Dei mater sanctior supernis exercitibus et Cherubim sublimior, fac ut ego vitiis carnis sim superior.*

4) Quaeri potest quo sanctificationis modo dicatur Virgo *divinitus sanctificata*. Responderi autem debet, eo sanctificationis modo fuisse ipsam sanctificatam, qui deceret τὴν κυρίως καὶ ἀληθῶς Θεοτόκον, *veram propriamque Dei genitricem*, et propter quem ipsa merito crederetur τῶν Χερουβὶμ καὶ Σεραφὶμ ἁγιωτέρα, *Cherubim et Seraphim sanctior*.

5) Tract. de gratiis et virtutt. Deiparae, P. II. cap. XII. pagg. 584-585. apud Pezium in Thesaur. anecdot. T. I P. I.

teris colligit: « Duodecimo commendat *(Pseudo-Ignatius)* in beata Virgine gratuitae perfectionis universalem excellentiam, quam habuit *respectu angelorum* et hominum, cum dicit: quod in Maria *Iesu humanae naturae natura sanctitatis angelicae sociatur*. Excedit enim perfectiones omnium *tripliciter*, videlicet *generalitate, singularitate* et *dignitate*. *Primo* quidem *generalitate*, quia gratia quae per partes aliis vel hominibus vel angelis est distributa, Mariae simul totaliter est infusa. Luc. I. *ave gratia plena*. Anselmus: *ille Spiritus qui aliis sanctis singulis singula sua dona dedit, dividens singulis prout voluit, nihil tibi divisit, nihil ex parte dedit, cui Deus totus totum se dedit*. *Secundo singularitate*, quia soli Mariae singulari dono respectu omnium mulierum et omnium hominum et etiam angelorum, matrem Dei fieri et esse contulit: in quo privilegio sibi multas gratias singulariter hanc gratiam consequentes infudit. Bernardus: *cui soli Deus Pater ut matri Filium suum dedit; quomodo non cum illo omnia ei simul donavit? Tertio* excellit *dignitate*, quia secundum Philosophum, quidquid est magnum in magno, est inter omnia magna maximum; ipsa vero Virgo beata excellit omnes dignitates, quae digna fuit mater Dei esse, quod est omnibus donis dignissimum. Ergo perfectio et plenitudo gratiarum et virtutum ipsius excedit in dignitate perfectiones omnium angelorum et hominum. Bernardus super illud Eccl. XXIV. *in plenitudine sanctorum detentio mea*. Merito, inquit, *in plenitudine sanctorum eius erat detentio, cui nec puritas angelorum, nec fides patriarcharum, nec spes prophetarum, nec zelus apostolorum, nec constantia martyrum nec sobrietas confessorum, nec castitas virginum, nec fecunditas coniugatorum defuit.*»

338. Alterum succedit donum cum divina maternitate consertum, quo *Virginem angelis sacratiorem purioremque* habendam esse Patres depraedicant. Et depraedicant enimvero ubi a) aiunt: « Apparuisti, o Deipara perfecte immaculata, *sacratior supermundano angelorum ordine*. » Itemque depraedicant ubi b) subdunt: « Quae Christum genuit Virgo mater, *Cherubim et Seraphim* [1]) *vere purior*. » Succedit nicomediensis Georgius c) qui Angelis de Deipara loquentibus haec verba adscribit: « In corpore existens, *nostram excessit puritatem*. » Consonat d) Basilius pegoriotes inquiens: « Qui sumus fideles, agamus spiritalem diem festum pie extollentes Dei matrem: est enim *ipsa purior supernis mentibus*. » Itemque consonat e) Petrus siculus qui perennem Deiparae virginitatem hoc argumento confirmat: « Quomodo Deus Verbum suam secundum carnem matrem aliorum quoque liberorum nutricem tolerovisset? Vel quomodo denique sanctissima Virgo, *cuius anima et caro super caelestes Virtutes purificata fuerat*, quomodo inquam id quod horreo dicere, passa fuisset? »

339. Ex his porro repetendum est, quod *Deipara angelis lucidior, venustior, pulcriorque* dicatur. Et lucidior quidem ab Iohanne damasceno f) appellatur his verbis: «Ave Dei domus divinis splendoribus effulgens: *domus gloria Domini plena, praeque ignitis*

a) Antholog. die XXV. Novembris Ode η'. pag. 140. col. 1. B. et Paraclit. p. 415. col. 1.C.
b) Comm. ex tribus PP. in Cant. cantic. pag. 696. apud Gallandium T. VI.
c) Orat. in Deiparae ingress. in Templum pag. 1118. C. apud Combefisium Auctar. T. I.
d) Antholog. die XXI. Novembris Ode ς'. pag. 132. col. 1. A.
e) Cont. Manich. sect. II. n. 9. pag. 73. apud Mai in nova pp. Bibliotb. T. IV. P. I.
f) Orat. in Deipara pag. 834. C-D.

1) Sed quomodo *vere purior Cherubim et Seraphim*, si primum immunda fuit, neque antea nituit quam mundaretur? numquam ergo labem contraxit, et numquam peccati maculis sorduit.

Seraphim spiritu lucidior. » Itemque appellatur a) ab Iosepho hymnographo qui Virginem exorans ait: « O Dei genitrix et Cherubim et Seraphim et universo caelesti exercitu *splendidior*, cum his deprecare Deum Verbum Patris sempiterni quod carne, o undequaque immaculata, induisti, ut nos omnes sempiternis bonis dignos habeat. » Venustiorem dicit b) Theophanes scribens: « Supra omnem angelorum pulcritudinem *venustate excelluisti*. » Eodemque titulo ornatur c) in Paracletice, ubi legimus: « Esto mihi praesidium, o labis omnis exsors, *quae pulcritudine angelorum choros incomparabiliter superasti*. »

340. Hinc infrequens haud est in maiorum libris testimonia reperire, quibus Virgo *celsior, sanctior, purior et gloriosior angelis simul atque coniunctim celebratur*. Ad hanc profecto classem ista pertinent d) ex Iohanne damasceno: « Ave [1] vere gratia plena, ave quoniam *Angelis tu sanctior* es, et *Archangelis praestantior, Thronis admirabilior, Dominationibus dominantior, et maioris quam Virtutes virtutis*. Ave gratia plena, quae *Principatibus superior* es, *Potestatibus sublimior, speciosior Cherubim, augustior Seraphim*, caelis excelsior et sole quem conspicimus purior. » Ad hanc classem ista pertinent e) ex Iosepho hymnographo: « Supernis exercitibus *sanctior*, et Cherubim sublimior, o Dei mater, me carnis cupidinibus superiorem efficito. » Ad hanc ista f) ex Anthologio: « Te vere Deiparam magnificamus, quae [2] *honorabilior* es Cherubim, Seraphim *incomparabiliter gloriosior*, quaeque incorrupta Deum Verbum peperisti. » Et ad hanc ista quae g) ex Paracletice habentur: « Tu *sanctior* Cherubim, tu caelis *excelsior*, o celebratissima: te vere Deiparam confitentes, praesidium peccatores habemus. »

341. Iamvero immaculatus Deiparae conceptus cum hac multiplici prae Angelis excellentia tam intime cohaeret, ut ne cogitando quidem ab ea divelli posse videatur. Sane verissimum est quod de angelis h) Basilius scripsit: « Non enim velut infantes creati primum angeli, deinde consummati, procedente paullatim exercitatione digni facti sunt qui Spiritum reciperent; sed *in prima constitutione* ac veluti massa substantiae ipsorum una insitam habuere sanctitatem. » Ut enim alibi i) docet, angeli voluntate Patris conditi et

---

a) Triod. pag. 14. col. 1. E.
b) Men. die XI. Martii Ode δ'. pag. 50. col. 1. D.
c) Paraclit. pag. 231. col. 1. B.
d) Orat. in annunciat. Deiparae pag. 838. E.
e) Men. die XIII. Aprilis Ode η'. pag. 55. col. 1. C.
f) Antholog. die XXIII. Decembris Ode θ'. pag. 226. col. 2. D.
g) Paraclit. pag. 229. col. 2. A.
h) Hom. in Ps. XXXII. n. 4. pag. 136.
i) De Spiritu sancto cap. XVI. pag. 32.

---

[1] Luc. I. 28.
[2] Eadem laude ornatur Deipara in Triodio pag. 503. col. 1. A-B. Τιμιωτέρα τῶν ἐνδόξων χερουβὶμ ὑπάρχεις πα-ναγία παρθένε· ἐκεῖνα γὰρ τὴν θείαν μὴ φέροντα ἔλλαμψιν, πτέρυξι κεκαλυμμένῳ, προσώπῳ, τὴν λειτουργίαν ἐκτελοῦ-σιν· αὐτὴ δὲ σεσαρκωμένον τὸν λόγον αὐτόπτως ὁρῶσα φέ-ρεις· ὃν ἀπαύστως ἱκέτευε ὑπὲρ τῶν ψυχῶν ἡμῶν. *Honorabilior tu es gloriosis Cherubim, o Virgo sanctissima: illi enim non ferentes divinum splendorem, ob-tecto alis vultu, suo funguntur ministerio; sed tu incarnatum Verbum tuis usurpans oculis gestas. Illud incessanter pro animabus nostris deprecare.* Neque aliter in Paracletice. pag. 285. col. 2. D. Ὑπάρχουσα ἀγγέλων τιμιωτέρα θεὸν τὸν ἅγιον τέτοκας ὑπερβαλλόντως ἁ-γιασθεῖσα, θεοτόκε παρθένε· δι' οὗ μου τὴν ψυχὴν καθαγίασον. *Quum sis, o Deipara Virgo, angelis honorabilior, Deum sanctum supramodum sanctificata peperisti; meam idcirco animam sanctifica.*

efficientia Filii, Spiritus sancti praesentia fuerunt perfecti. *Perfectio quidem angelorum est sanctificatio.* » Illos namque, ut Augustinus [1]) monet, cum bona voluntate, idest, cum amore casto quo illi adhaerent, Deus creavit, *simul in eis et condens naturam, et largiens gratiam.* » Atqui mira est Patrum conspiratio, qua Deiparam sanctiorem, puriorem lucidiorem, venustioremque angelis profitentur. Quid igitur non tam inferri et colligi, quam propterea statui decernique debet? Nimirum numquam extitisse Deiparam nisi puram, numquam extitisse nisi sanctam, numquam nisi pulcram, numquam nisi Deo gratiosam et in qua sibi Deus summopere placeret. Quemadmodum enim intra naturae fines eam divinitus sortita est animam, quae foret, teste Georgio nicomediensi, ad intelligendum aptior et ad amandum valentior quovis spiritu angelico; ita intra ordinem supra naturam evectum ἐν τῇ πρώτῃ συστάσει *in ipsa prima constitutione* eiusmodi nacta est Spiritus copiam, qua omnibus purior sanctiorque angelis appareret.

ARTICULUS IV.

De loquutionibus comparatis quibus Deipara creaturis omnibus celsior, purior atque sanctior exhibetur.

342. Ex universis creaturis angeli dumtaxat hominesque reperiuntur, qui innocentia et sanctitate ornentur, quique splendeant dignitate et gloria quae puritatem sanctitatemque comitantur. Si quis igitur angelos pariter atque homines hisce nominibus superaverit, is omni creatura potior habeatur oportet. At vero una est Patrum sententia disertis iteratisque confirmata suffragiis, qua Deipara angelis aeque ac hominibus celsior, sublimior, purior, sanctiorque celebratur. Eorumdem igitur mens fuit ratumque iudicium, nullam esse visibilem, nullamque invisibilem creaturam, cuius dignitatem, innocentiam, sanctitatemque non longissime Deipara praetergrediatur. Cuius quidem mentis statique iudicii, incredibile dictu est quot diserti suppetant testes, quotve promi possint luculentissima testimonia.

343. Sane Deiparam creaturis omnibus *superiorem* docet [a]) his verbis Theophanes: « Creaturis omnibus, o innocens, invisibilibus et visibilibus apparuisti superior: creatorem [2]) namque, o penitus immaculata, peperisti. Quod repetit [b]) subdens: « Vere tu, o prorsus innocens, ut superior apparuisti omnibus creaturis visibilibus iuxta et invisibilibus. » Et [c]) rursum: « O beatum par (Ioachim et Anna), vos genitoribus omnibus praecelluistis, quod ex vobis creatura reliquas omnes excedens [3]) germinaverit. » Quibus consona haec sunt [d]) ex Menaeis: « Etsi, o penitus innocens, natura omnis rationalis impar est tuis laudum prae-

a) Men. die XXVIII. Octobris Ode α'. pag. 169. col. 2. D.
b) Men. die XIII. Iulii Ode α'. pag. 57. col. 1. B.
c) Men. die XXV. Iulii pag. 123. col. 1. B.
d) Men. die XXX. Augusti Ode θ'. pag. 168. col. 1. D.

1) De civ. Dei lib. XII. cap. IX.
2) Quibus repetitur inculcata toties caussa ac suprema veluti origo ornamentorum Virginis, eaque non aliunde quam ex divina ipsius maternitate derivanda. Est ipsa quidem crediturque τῶν κτισμάτων ὑπερτέρα τῶν ὁρατῶν καὶ ἀοράτων, *creaturis conspicuis atque invisibilibus superior;* sed ad tantam celsitudinem evecta idcirco est, quod illa foret cum divina maternitate coniuncta.

3) *Germinavit* ergo Maria reliquis potior creaturis. Sed qui posset tantum decus eidem adscribi, si germen labe corruptum prodiisset?

oniis efferendis, tuis, inquam, quae Deum peperisti: es enim manifeste creatura omni superior. » Tum haec ᵃ) ex Anthologio: « Promissionis sanctae fructusque gloriosus quae vere Deipara est, apparuit mundo ut omnibus superior, et pie in Dei domum adducta genitorum preces explevit, divino Spiritu conservata. » Haec ᵇ) pariter ex acoluthia totius hebmadae: « In te enim creator inhabitans, te, o Dei sponsa, *creaturarum omnium superiorem* minime adussit. » Itemque haec ᶜ) ex Georgio nicomediensi qui de Virgine scribit: « Hanc colito ut creatura omni visibili et invisibili superiorem. « Quare ᵈ) Basilius pegoriotes exclamat: « Vere, o innocens Virgo, tu omnibus superior existis. » Neque aliter ᵉ) Andreas cretensis inquiens: « Te, o Deipara illibata, omni creatura superiorem demonstrans Filius tuus, tuam ex Anna nativitatem extollit, omnesque hodie gaudio replet. » Proclus vero ᶠ) sic habet: « Nihil itaque ¹) in mundo eiusmodi est qualis Dei genitrix Maria. Cunctas res creatas, o homo, cogitatione percurre ac perspice, num quidquam sanctae Virginis ac Dei genitricis Mariae aequale sit, aut ipsa fortasse maius. » Hinc in Officio Exsequiarum ᵍ) legimus: « Omni creatura superior facta es, o immaculatissima, concepto Deo qui portas inferi contrivit, et eius vectes confregit: proinde te fideles celebramus, o innocens, ut Dei matrem. »

344. Cum hoc excellentiae dignitatisque primatu alter cohaeret *honoris et gloriae, quo Deipara omnibus gloriosior creaturis honoratiorque* censetur. Et eiusmodi profecto illam censuit ʰ) Georgius nicomediensis, qui angelos cum Anna his verbis colloquentes exhibet: « Annunciabitur terrarum orbi celebratissima eius gloria, sola eius celeberrima fructificatio, *illustrissima creatorum gloriatio et decus.* » Eiusmodi illam censuit ⁱ) Iohannes damascenus inquiens: « Vere facta es omni creatura honoratior. » Eiusmodi illam censuit ʲ) Iacobus monachus qui Deiparam dicit « Super universas creaturas incomparabiliter glorificatam. » Neque aliud de ea tulerunt iudicium Didymus alexandrinus et Ephraemus: ab illo namque ᵏ) Maria dicitur *omnibus honoratior et maxime inclyta;* ab hoc vero ²) salutatur *regina ac domina cunctis sublimior.* Gemina occurrunt in Latinorum et Coptorum hymnis in quibus nunc ³) legimus:

» Sol luna lucidior,
» Et luna sideribus;
» Sic Maria dignior
» Creaturis omnibus.

a) Antholog. die XX. Novembris pag. 122. col. 2. C.
b) Antholog. in Acoluth. totius hebd. pag. 102. col. 2. E.
c) Orat. in Deiparae ingress. in Templum pag. 1102. A. apud Combefisium Auctar. T. I.
d) Antholog. die XX. Novembris Ode θ'. pag. 134. col. 2. C.
e) Antholog. die VIII. Septembris Ode γ'. pag. 23. col. 2. C.
f) Orat. V. in Deiparam §. II. pag. 630. C. apud Gallandium T. IX.
g) Eucholog. pag. 531. D.
h) Orat. in concept. Deiparae pag. 1034. C. apud Combefisium Auctar. T. I.
i) Orat. in Deiparae nativ. pag. 846. B-C.
j) Orat. in nativ. Mariae pag. 1274. A. apud Combefisium Auctar. T. I.
k) De Trinit. lib. III. cap. IV. pag. 349. E.

1) Eadem prorsus, iisdemque expressa verbis leguntur apud Pseudo-Chrysostomum orat. in Deiparam, pag. 236. E. opp. Chrysost. T. VIII. P. II.
2) Serm. de laudib. Virginis pag. 576. col. 2. A. opp. Graec. T. III.
3) Thesaur. Hymnolog. T. II. pag. 82.

Nunc vero ª) legimus: « Gloria tua, o Maria, est caelo ¹) altior, et tu es terra et quae in ea sunt honorabilior. « Quare ᵇ) Theophanes ad celebrandas Virginis laudes ita fidelium mentes inflammat: « Agite puris mentibus beatam praedicemus puram Iacobi pulcritudinem, quam seligens Deus adamavit, quamque incoluit ut sanctificationis tabernaculum, et creaturis omnibus honoratiorem. »

345. Fieri autem non potuit, ut *universis creaturis purior sanctiorque* non esset, quae illas omnes dignitate, gloria atque honore antecelluit. Ac Deiparam enimvero omnibus creaturis sanctiorem vocat ᶜ) Andreas cretensis, qui primum de ea scribit: « Toto animi nutu Ioachim divino vere correptus numine, et Anna immobiliter in Deum intendentes genuerunt ²) illibatissimam Deiparam, *quae universis creaturis sanctitate supereminet.* » Tum ᵈ) addit: « Hymnis extollamus augustissimum par (Ioachimum et Annam) per quod nobis Virgo eluxit quae omnibus sanctior est creaturis: Deum namque ³) peperit ad quem clamamus, non est alius sanctus praeter te Dominus. » Sanctiorem vocat ᵉ) Anonymus in Menaeis inquiens: « Tu enim a seculo omnibus sanctior creaturis apparuisti. » Sacratiorem dicit ᶠ) Theophanes qui ad eam conversus ait: « Tu sola omnibus sacratior digna habita es quae Dei mater fieres. » Puriorem nominat ᵍ) Iosephus confessor scribens: « Qui purus est te, o innocentissima, puriorem omni creatura inveniens, in te inhabitavit. » Eodem insignitur titulo ʰ) in Octoecho: « Ut quae, o innocentissima, *creaturis omnibus purior* sis, cor meum *impuris vehementer corruptum passionibus* pura tua intercessione, o Dei genitrix, purga. » Et eodem haec spectant ⁱ) ex Officio quadragesimali: « Tu, o pura, inter sanctos sanctissima es, et inter dignos dignissima, quippe universorum Deum paris, gerisque manibus tuis circumscriptum. » Porro Bruno astensis non exclamat ⁴) modo *o beatissima inter mulieres haec ancilla, haec Dei mater et superni regis nobilissima filia, cuius hamo Leviathan captus est, cuius humilitate quasi avis illusus est, cuius sapientia quasi latro et vile mancipium ligatus est;* verum etiam ⁵) subdit: « Considera modo quantas gratias debeamus beatissimae Dei genitrici: considera quantis laudibus eam extollere et praedicare debeamus, si tamen digni sumus quorum laudes *inter omnes creaturas pulcherrima* suscipere dignetur, cuius humilitate et sapientia hic tantus hostis captus et ligatus, et de regno, quod tanto tempore iniuriose possederat, eiectus est. » Qui-

---

a) Theotoc. pag. 70. A.
b) Men. die IV. Ianuarii Ode α'. pag. 36. col. 2. A.
c) Antholog. die IX. Septembris Ode α'. pag. 29. col. 2. C.
d) Antholog. die IX. Septembris Ode γ'. pag. 30. col. 1. A.
e) Men. die XXIX. Iulii Ode θ'. pag. 150. col. 1. C.
f) Men. die XXVI. Octobris Ode δ'. pag. 155. col. 2. D.
g) Men. die XXII. Octobris Ode α'. pag. 129. col. 2. D.
h) Octoech. pag. 95. col. 1. B-C.
i) Offic. Quadragesim. in sabbat. Tyroph. Ode δ'. pag. 69.

1) Hoc ipsum pag. 96. A. his verbis effertur: *quomodo poterimus te pro dignitate laudare? Tu enim prae supernis intelligentibus naturis exaltata es.*
2) Nullus enimvero originali corruptelae aditus patuit, si quod Andreas cretensis testatur, Virgo primum extitit atque in ipsa generatione prodiit πανάχραντος penitus *illibata.*
3) Quod Virgo concipere et parere deberet Deum *sanctissimum*, propterea omnibus *sanctior* creaturis apparuit.
4) Sentent. lib. V. cap. II. pag. 556. col. 1. B-C.
5) Ibid. col. 2. B.

bus haec ex a) Paracletice sumpta omnino respondent: « Te, o Domina Dei sponsa, quae *vere imcomparabiliter creaturas omnes pulcritudine vincis*, deprecor ut me a prava malitia liberum reddas. »

346. Quid quod Deiparam insigni horum omnium congerie universis praelatam creaturis invenimus? Et invenimus plane b) apud Theophanem: « Te angelis sanctiorem et omni creatura sublimiorem ille condidit, qui tua ex carne natus est. » Invenimus c) apud Germanum: « Benedictum igitur hac de caussa nomen tuum in secula: ante solem lumen tuum: honor tuus omni creatura superior: excellentia tua supra Angelos. » Et d) rursum: « Gloriosa dicta sunt [1]) de te, civitas Dei, divinus nobis in spiritu succinit David: civitatem nimirum magni Regis apertissime vocans, citraque omnem dubitationem eam (Mariam) quae vere electa est, cunctisque eminet. » Invenimus e) apud Sophronium: « O Domina omnibus potior eum passionibus malis superiorem demonstra, qui te verissimam Deiparam celebrat, et qui, o intemerata, extollit partum tuum, qui omnem intellectus comprehensionem, o Deo gratiosissima, fugit. » Invenimus f) apud Methodium: « Accipe igitur, benignissima, dona pretiosa, tibique uni convenientia, o cunctis celsior generationibus, quaeque inter creata omnia tum visibilia tum invisibilia multis numeris honorabilior enituisti. » Invenimus g) apud Georgium nicomediensem, qui de oblata in Templo Deipara scribit: « Hodie animatum templum in Templo offertur, templum caelis excelsius, totoque creaturarum ambitu latius et capacius. » Invenimus h) apud Iosephum melodum qui ita Deiparam affatur: « Ut quae creaturarum omnium genueris creatorem, o Dei mater, omnem creaturam supergressa es divina gloria, et sanctitate, et gratia, et omnibus virtutis ornamentis. » Ac postremo invenimus i) in Menaeis, in quibus haec legitur fusa ad Virginem precatio: « Utpote omnibus sublimior et purior impuritatem elue animae meae. » Hinc Anselmus postquam [2]) scripsit: « Ideo talem adiutorem requiro, qualem post Filium tuum potiorem et meliorem invenire non potest mundus. » Continuo [3]) pergit: « Habet orbis apostolos, patriarchas, prophetas, martyres, confessores, virgines, bonos et optimos adiutores quos ego supplex orare concupisco. Tu vero, Domina, omnibus iis adiutoribus *melior* et *excelsior* es, quia istis et aliis sanctis omnibus, etiam angelicis spiritibus *domina* es; et quod possunt omnes isti tecum, tu sola potes sine illis omnibus. Quare hoc potes? Quia mater es Salvatoris nostri, sponsa Dei, regina caeli et terrae et omnium elementorum. Te ergo requiro, ad te confugio, et ut me per omnia adiuves, suppliciter peto. Te tacente, nullus orabit, nullus iuvabit. Te orante, omnes orabunt, omnes iuvabunt. »

347. Quibus praestitutis, nihil mihi antiquius est quam ut animo tantisper reputetur,

---

a) Paraclit. pag. 259. col. 2. A.
b) Men. die XXV. Augusti Ode γ'. pag. 136. col. 1. C.
c) Orat. in dormit. Deiparae apud Nicodemum pag. 241. D.
d) Orat. in s. Mariae Zonam pag. 202.
e) Triod. apud Mai in Spicileg. rom. T. IV. pag. 181.
f) De Symeone et Anna §. IX. pag. 814. A. apud Gallandium T. III.
g) Orat. in praesent. Deiparae pag. 1090. A. apud Combefisium Auctar. T. I.
h) Men. die XIX. Ianuarii Ode θ'. pag. 163. col. 1. B.
i) Men. die XIV. Augusti Ode θ'. pag. 78. col. 1. C.

1) Ps. LXXXVI. 3.
2) Orat. XLV. ad Deipar. pag. 277. col. 1. C.
3) Ibid. col. 1. C-D. et col. 2. A.

quae cum his devincta sint, quaeque ex his necessario dimanent. Si enim Deipara credenda est omnibus superior creaturis: si non secus habenda ac vertex fastigiumque creationis; et si aestimanda tamquam splendidissimum utriusque naturae visibilis et invisibilis decus; nequit profecto *intra naturae fines* princeps supremusque gradus eidem non deferri, atque adeo nequit non censeri eiusmodi intelligendi virtute insignis qua vel perspicientissimos inter Cherubim vicerit, eaque volendi amandique facultate locuples qua ipsos quoque Seraphim longissime superarit. Rursum si ad proprias Deiparae dotes pertinet, quod ipsa fuerit tam hominibus quam angelis purior, supernisque Virtutibus sanctior atque sacratior; nemo non intelligit *intra supernaturalem ordinem puritatis, innocentiae et sanctitatis* illi primas tribui oportere. Atqui neque suum tueri gradum, neque suum in utroque ordine principatum servare Deipara posset, si vel brevissimo temporis fluxu pestifera culpae labe fuisset afflata. Omnium ergo mentem, omniumque sententiam tum expressit Theophanes, quum ista scripsit quae paullo ante retulimus: « Te angelis sanctiorem, omnique creatura sublimiorem is condidit, qui ex tua carne natus est. »

ARTICULUS III.

De loquutionibus comparatis quibus Deipara dicitur pulcritudine pulcrior, venustate venustior, puritate purior, sanctior sanctitate, supra cogitationem evecta et miraculum omnino unicum atque singulare.

348. Opus multis non est ut intelligatur, quam insigniter quamque praeclare ad Virginis sanctitatem efferendam, eiusque significandam innocentiam ab omni labe integram atque solutam eae conferant loquutiones, quibus ipsa et universis purior hominibus, et angelis innocentior, et omni creatura visibili atque invisibili sanctior gratiosiorque celebratur. Nihilominus haud crederem me a vero admodum aberraturum si animadverterem, hisce ipsis loquutionibus eas fore accommodatiores, quibus forte *Deipara aut puritate purior, aut venustate venustior, aut ipsa sanctior sanctitate* appellaretur. Sicut enim intra limites *ordinis physici* nihil esse cogitarive potest aut in rectitudine obliqui, aut in harmonia dissoni, aut in simplicitate compositi; ita intra ambitum *ordinis ethici* nihil esse cogitarive potest aut in pulcritudine quod sit deforme, aut in puritate quod sordidum, aut in sanctitate quod culpa infectum sit peccatoque corruptum. Iamvero sin minus frequentissima, infrequentia certe non sunt veterum testimonia, quibus ad Deiparam eiusmodi loquutiones referuntur, ut quae eius sit puritas, quae innocentia, quaeve sanctitas declaretur.

349. Sane Deiparam omni pulcritudine pulcriorem dictam legimus [1] in Responsoriali et Antiphonario romanae Ecclesiae his verbis: « Super salutem et omnem pulcritudinem electa est a Domino sancta Dei genitrix. » Ac dictam iterum legimus [a] apud Basilium pegoriotem qui scribit: « Ut quae supra modum [2] splendidam, o innocens Deipara, ipsam

---

a) Antholog. die XXI. Novembris pag. 134. col. 2. C.

[1] Apud Card. Tommasium opp. T. IV. p. 134.
[2] Quae cum his apte consentiunt ex Hildephonsi toletani orat. in Deiparae assumpt. pag. 674. col. 1. B-C. apud Combefis. in Biblioth. concionat. T. VII. « Nihil nobilius Dei matre invenitur, quae se profitetur ancillam; nihil ea splendidius, quam splendor elegit gloriae. »

puram possideas animae pulcritudinem, sis autem caelitus Dei gratia repleta, luce sempiterna eos semper illuminas qui laeti clamant: vere omnibus superior exsistis, o Virgo innocens. » Cum hac autem laudandae Virginis formula egregie illa consentit, qua usus [a]) Georgius nicomediensis Deiparam vocat *venustissimam venustorum venustatem*, inquiens: « O donum quod omne pretium pretiositate superat! O venustorum venustissima venustas! O Deipara rerum pulcrarum supremum ornamentum! » Neque alio ea pertinent, quibus Deipara caelis purior dicitur tum ab eodem Georgio qui [b]) scribit: « Oportebat enim tabernaculum divinum (Mariam) talibus augeri ascensionibus: oportebat agnam immaculatam nedum in sanctis sanctorum Tabernaculi, sed in ipsis caelis caelorum prima aetate educari, utpote quae iisdem visa esset latior, et maiori prae illis puritate niteret. » Tum [c]) ab Iohanne damasceno qui ait: « Nam caelum quidem [1]) minime mundum, neque astra in conspectu eius reprehensione vacant: hac vero (Maria) quid purius sit? Quid irreprehensibilius? Qui eximie bonus est proprii figmenti proles esse non renuit, amore captus illius quae creatis omnibus superior, illam amplexus quae caelestes Virtutes dignitate antecellit. » Quod adeo persuasum erat Damasceno, ut [d]) alibi multo etiam plenius scripserit: « Salve sis sola Dei mater, caelestium terrestrium et inferorum magnificum atque splendidissimum decus. Salve sis sola Dei mater, quae omni radio lucidior es et omni puritate purior, omni re nobili nobilior et omni divitiis affluente locupletior: quae in omnes generationes generationum ab angelis et hominibus una voce cum reverentia magnificaris. »

350. Accedunt quae [e]) penes eumdem Damascenum occurrunt, et quibus Deipara nuncupatur: « Vertex Sina sanctior, quem non fumus, non caligo, non procella, non ignis terrorem incutiens tegit, sed sanctissimi Spiritus virtus illuminatrix. » Haec autem iis praeclare explanantur quae [f]) Modestus habet: « Vas illud pretiosum et sacratissimum et quavis sacra re sacratius, Deipara Virgo pretiosam suam adepta margaritam, splendidissimo illius ornatu egregiam suam formam illustravit, cuius est aurum et argentum, et per quem reges regnant. » Praeclare iis explanantur quae de Virgine [g]) Germanus scribit: « Tu caelo excelsior, sed et latior caelo caelorum, et octavum potius quam septimum caelum a quodam sancto graphice commemoratum, et caelum si quod aliud est hoc ipso sublimius: benedicta tu in generationibus generationum. » Itemque iis quae [h]) alibi addit: « Ave gratia plena, omnique magnifica specie sublimius spectaculum. » Quo et haec [i]) ex Menaeis sumpta merito referuntur: « Ut Dei mater incorrupta, innocens, penitus immaculata et omnimoda sanctitate incomparabilis, ne me profanum impurumque repellas, neque sinas me funditus perdi, sed me a passionibus libera et resipiscentem salva. »

351. Ceterum sublimius revera spectaculum est Deipara, immo miraculum prorsus

a) Orat. in Deiparae ingress. in Templum pag. 1111. B. apud Combefisium Auctar. T. I.
b) Ibid. pag. 1110. A-B.
c) Orat. in Deiparae nativit. pag. 851. C-E.
d) Orat. in Deiparae annunciat. pag. 838. B.
e) Orat. in Deiparae nativit. pag. 845. C.
f) Encom. in beatam Virginem pag. 22. B.
g) Orat. in Deiparae dormit. apud Nicodemum pag. 241. D.
h) Orat. in Deiparae annunciat. pag. 1426. A. apud. Combefisium Auctar. T. I.
i) Men. die XV. Aprilis pag. 59. col. 2. D.

1) Iob. XV. 5.

unicum et singulare, quemadmodum ᵃ) Proclus illam vocat inquiens: « Vide num aliud eiusmodi miraculum in universis creatis invenire liceat. » Et rursum ᵇ) recensitis plerisque omnibus qui in Scriptura laudantur, pergit: « Verum nihil eiusmodi est, ut cum Dei genitrice Maria comparari possit. » Quibus ista respondent quae de Virgine [1]) Sedulius canit:

» Quae ventre beato
» Gaudia matris habens cum virginitatis honore,
» Nec primam similem visa es, nec habere sequentem:
» Sola sine exemplo placuisti femina Christo.

Et citra exemplum sane placuit Christo, proindeque teste ᶜ) Iacobo monacho « Triennem illam Templo (parentes) offerunt, pretiosum revera donarium, ipsisque adeo angelis venerandum: supremum ac mundissimum cimelium, in quo gratiae thesauri fuerunt repositi, in quo salutis reposita pignora, in quo Incarnationis divitiae arcana mirabilique ratione depositae, luminis illud receptaculum, e quo salutis radii orbi terrarum illuxerunt. »

352. Ex his vero repetendum est, quod maiores nostri toties ingeminant, excellentiam, gratiam, sanctitatemque Deiparae neque verbis pro dignitate efferri, neque mente atque cogitatione posse comprehendi. Opportune ᵈ) Germanus inquiens: « Quapropter quis non beatam te depraedicet? Spectaculum angelorum intelligentia maius, omni praestantem miraculo, summeque novam hominum felicitatem? Per te enim inquit [2]) Scriptura, *ossa nostra sicut herba germinabunt:* agni et pastoris parentem, omniumque bonorum palam conciliatricem. Tua omnia admiranda sunt, *vera* [3]) *iustificata in idipsum:* omniaque *desiderabilia ac dulciora super mel et favum*. Nam et servi tui ea desideramus, in illis desiderandis, ex te *retributio multa*. Quis [4]) tuas misericordias intelliget? Enimvero sat tibi ad laudem, o admirabilis, quod non possimus dignis encomiis res tuas celebrare. » Opportune ᵉ) Basilius pegoriotes qui Virginem alloquens ait: « Vincit, o innocens Deipara, miraculum tuum facultatem verborum: in te namque corpus conspicio peccati fluctibus supra naturam inaccessum; quare grato animo ad te clamo: vere, o innocens Virgo, omnibus superior emines. » Opportune [5]) Sophronius: « Ideoque totum superexcellit de illa quae dicuntur, quia sunt divina atque ineffabilia. » Et opportune ipse etiam [6]) Severus antiochenus inquiens: « Quid vero cogitari augustius vel excelsius potest, quam Dei mater? Certe qui ad eam accedit, ad sanctam veluti terram sic appropinquat, ut ipsum denique caelum attingat. »

353. Nisi sint ergo quibus ipsi etiam caeli sordescant, et quibus impura sit puritas, venustas sit deformis, innocentia sit noxia et sanctitas sit profana; neque reperiri profecto poterunt qui ab omni labe integram expeditamque Deiparam non arbitrentur: Deiparam

a) Orat. in Deiparam Mariam §. II. pag. 630. D. apud Gallandium T. IX.
b) Ibid. pag. 630. B.
c) Orat. in Deiparae nativit. pag. 1255. D-E. apud Combefisium Auctar. T. I.
d) Orat. in Deiparae dormit. pag. 1459. B-E. pag. 1462. A. apud Combefisium Auctar. T. I.
e) Antholog. die XXI. Novembris pag. 134. col. 2. D.

1) Carm. Pasch. lib. II. vv. 66-70. apud Gallandium T. IX.
2) Is. LXVI. 14.
3) Ps. X. 10.
4) Ps. CVI. 43.
5) Ad Paulam et Eustoch. serm. de Virginis assumpt. cap. III. pag. 94. E. inter opp. Hieronymi T. XI.
6) Hom. de s. Dei matre semperque virgine Maria pag. 212. apud Mai Spicileg. rom. T. X.

quae est octavum caelum et ipso octavo caelo sublimior, quae est puritate purior, pulcritudine pulcrior, sanctior sanctitate, innocentiae miraculum, inaccessa peccato, et in quam aptissime ista quadrant, quibus illam ⁿ) Iohannes damascenus compellat: « Ave mensa, mixtum divinitus appositum, omnibus virtutum bonis affluens participatio. »

ARTICULUS VI.

De loquutionibus comparatis quibus Deiparae asseritur quod purior sit omnibus secundum Deum, quod sit Deo simillima, Deo propinquissima, ad Dei dexteram evecta, et summo post Deum gloriae apice fastigioque insignis.

354. Quod animadverti de erroribus solet, iunctos illos esse et eo usque consertos, ut ex uno alter et tertius quartusve dimanet; id multo evidentius de veritatibus affirmatur, illas se tam arcte excipere, ut in quamdam veluti catenae speciem componantur. Et sane fac verum esse quod abunde demonstravimus: Deiparam esse hominibus universis puriorem, atque angelis omnino omnibus sanctimonia praestare. Concludas oportet, nullam esse neque visibilem neque invisibilem creaturam, prae qua innocentiae sanctitatisque palmam Deipara non referat: quamvis culpae labem ab innocentia et sanctitate Deiparae quam maxime abhorrere: et nihil posse ab innocentia et sanctitate Deiparae alienius remotiusque cogitari, quam eam peccati viru vel semel fuisse corruptam. Rursum fac verum esse quae argumentis non minus perspicuis quam indubitatis ostendimus: Deiparam esse ipsa puritate puriorem, et supra speciem omnem formamque creatae innocentiae, pulcritudinis, venustatisque extolli. Reliquum necessario est ut inferendo colligas, intra ordinem ethicum innocentiae atque sanctitatis primas Deiparae convenire: eam esse ἁγιόπρωτον *sanctitate principem:* ad Deum, qui ipsa est sanctitas, quam proxime accedere: secundam esse a Deo, proprioque nomine dignam quae Deo simillima, Deique filia censeatur.

355. Haec vero aliaque iis gemina, quae ex superioribus ita dependent, ut ne cogitando quidem seiungi ab illis possint, ea perspicuitate, eaque formularum copia loquutionumque splendore commemorata a patribus reperiuntur, ut prorsus liqueat non principia solum ipsis innotuisse, verum etiam principiorum consequutiones explicationesque fuisse compertissimas. Ut enim ab iis auspicer quae prima fronte nonnihil remotiora videri possent, patres Deiparam vocant *divinam* aeque ac *divinissimam*. Scite ᵇ) Iohannes damascenus ubi protoparentes inducit Deiparam his verbis compellantes: « Veni ad nos *o divinum* vitamque afferens cimelium: veni ad nos tui cupidos quae nostrum explesti desiderium. » Et ᶜ) rursum: « Quomodo Dei Verbum, quod pro sua misericordia illius effici filius dignatum est, dominicis manibus suis sanctissimae huic *divinissimaeque,* utpote matri, ministrans sacrosanctam animam suscepit? »

356. Sed quae hisce titulis subiecta potestas? Aut unde tam excelsa Deiparae appellatio? Nimirum quod ipsa sit *caelestium charismatum fons Domini signatus,* ut ex his apparet ᵈ) Modesti verbis: « Deductus enim est divinorum charismatum fons Domini signa-

---

a) Orat. in Deiparae nativit. pag. 854. B.
b) Orat. II. in Deiparae dormit. pag. 873. E.
c) Orat. I. in Deiparae dormit. pag. 860. E.
d) Encom. in b. Virginem pag. 24. B.

tus in eius occursum semper Virgo, per quam irrigatus est Ecclesiae orthodoxae paradisus, et a secundo conditus qui ex ea natus est Adamo. » Quod ipsa sit *maxime novum divinum donarium*, ut ª) Germanus loquitur inquiens: « Ades novum maxime divinumque donarium: ades Domina terrigenorum omnium. » Quod ipsa sit *divina gloria undequaque circumdata*, quemadmodum ᵇ) Andreas cretensis declarat his verbis: « Virtutum divitiis ornati venerandus Ioachim et prudens Anna genuerunt reginam Virginem ¹) divina gloria circumdatam: eam universa creatura tamquam Deiparam hymnis extollit. »

357. Tanta porro divinae gratiae copia, caelestiumque charismatum ubertate factum est, ut Deipara proprio veluti nomine ἁγιόπρωτος *inter sanctos princeps* salutaretur. Quo sane titulo illam ornat ᶜ) Theodorus studites qui sic habet: « Caelis sublimiorem et Cherubim potiorem, inter sanctos principem illibatamque Dei universorum puellam, laudamus et superefferimus in omnia secula. » Eodemque titulo illam Graeci plus semel ᵈ) ornant in Paraclitice ubi legimus: « O inter sanctos princeps ²) veneranda, quae laus es caelestium ordinum, apostolorum hymnodia, prophetarum argumentum, nostras quoque preces, o Domina, suscipe. » Praeclarissima vero haec sunt, quibus ᵉ) Nicephorus constantinopolitanus antistes Constantinum copronymum insectatur inquiens: « Postquam portenta multa ineptiasque adversus Dei Verbi incarnationem contexuerit, ad vesaniam suam contra sanctorum etiam monumenta impie expromendam decursurum, cunctis est exploratum: atque inprimis *adversus sanctorum praecipuam et creaturarum omnium sublimissimam dominam nostram sanctissimam Dei matrem*, ut et ipsam cum filio suo contumeliis exagitet. » Quemadmodum vero Nicephorus Virginem nuncupat τὴν πρωτίστην τῶν ἁγίων, *sanctorum praecipuam*, sic illam Iohannes damascenus ᶠ) vocat αὐτῶν κεφάλαιον *eorumdem caput* inquiens: « Pius coetus cum praeconio agit memoriam iustorum, quibuscum Dei mater, *tamquam ipsorum caput* merito glorificatur, extremum et primum et medium ordinem occupans atque gloriae particeps. » Factum hinc est, ut Deipara singulari eximioque sensu θεόκλητος καὶ θεόπαις *vocata divinitus Deique filia* diceretur. Quarum appellationum testes sunt prae ceteris locupletes Theodorus studites, Christophorus melodus et Anonymus in Triodio; e quibus ᵍ) Theodorus scribit: « O Maria divinitus vocata, vere fidelium propitiatio: ex te enim remissio large omnibus erogatur: Filium tuum ac Dominum ne cesses iis secundum reddere qui te collaudant. » Christophorus vero ʰ) ait: « O Maria vocata divinitus, universi

a) Orat. in Deiparae praesent. pag. 1418. E. apud Combefisium Auctar. T. I.

b) Antholog. die IX. Novembris Ode η'. pag. 31. col. 2. B.

c) Triod. Ode η'. pag. 218. col. 2. D.

d) Paraclit. pag. 122. col. 1. A. et pag. 147. col. 2. A.

e) Antirrhet. II. adv. Constantinum copronym. §. IV. pag. 59. apud Mai in nov. pp. Biblioth. T. V.

f) Acoluth. offic. graeci ad Matut. pag. L. C. apud Bolland. T. II. Iunii.

g) Triod. pag. 79. col. 1. D. et pag. 278. col. 2. B.

h) Triod. pag. 69. col. 2. C.

1) Sed tenebris fuisset obvoluta et ignominia cooperta, si illam culpa originis obstrictam parentes genuissent. Illius ergo conceptus fuit immaculatus, neque iterare de eo licet, *ecce enim in iniquitatibus conceptus sum*.

2) Cum quo titulo alter cohaeret *summae*, qui Virgini his verbis defertur in vetusto romano Breviario apud Bolland. T. III. Mart. pag. 80.

» O pater *summae* Ioachim *puellae*,
» Quae Deum clauso genuit pudore,
» Promove nostras Domino querelas
  » Castaque vota.

domina, ut quae Dominum Regem universorum et Redemptorem pepereris, me captivum ad paradisi gloriam revoca. » Anonymus [a] tandem inquit: « O beatum Dei filiae sinum, qui supra naturam caelo melior apparuit! Quem enim caelum non continet, tu gestans continuisti. » Quo et haec merito referuntur quae Thomas abbas vercellensis [1] enarrans Cantici verba, *ferculum sibi fecit rex Salomon de lignis Libani. Columnas eius fecit argenteas, reclinatorium aureum, ascensum purpureum*, scribit: « Ac si dicat, superquietissimus Deus omnipotens sedem suae maiestatis aptissimam et suae gloriae capacissimam fecit de incorruptibili corpore et anima supercandidissimae Virginis. » Et [2] mox: « Pulcre siquidem per *ferculum Salomonis* prominens et superius patulum *de lignis Libani* fabricatum virginalis designatur gloria, quo ipsa super omnes angelicas hierarchias est sursum acta et primo a Deo emanantium illuminationum superadmirabiliter capacissima, et primo et principaliter receptiva. Propter quod ipsa *ferculum* sive sedes Domini, quoniam in ipsa plus quam in omnibus supercaelestibus creaturis divina maiestas et gloria superfulget, quemadmodum nobis [3] per Ezechielem prophetam luculentissime reseratur: *super firmamentum quod erat imminens capiti eorum, quasi aspectus lapidis sapphiri, similitudo throni, super similitudinem throni similitudo quasi aspectus hominis desuper*. Quasi dicat: super angelicam celsitudinem et firmitatem, quae est super omnem humanam intelligentiam, est excellentissima Dei mater, cuius aspectus simillimus est Deo inter angelicas creaturas, sicut aspectus sapphiri simillimus est caelesti colori: et super thearchicam Virginem, quae simillima est Deo omnium angelorum respectu, est maiestas Filii Dei supervenerabilis Iesu Christi, qui propter excelsum fulgoris suae supersubstantialis glorificationis quasi similis dicitur esse aspectui hominis. » Hinc [4] pergit: « Vere hoc est illud *ferculum* sive thronus, de quo ipse Dei Filius superdulcissimus Iesus Christus loquitur [5] per psalmistam: *thronus eius sicut sol in conspectu meo, et sicut luna perfecta in aeternum. Sicut sol* autem intellige dictum quoad thearchicae Virginis animam, quam omnis claritatis et caritatis et perfectionis plenitudinem ad instar materialis solis non est dubium habuisse. Quod vero ait, *sicut luna perfecta in aeternum*, ad ipsius supercastissimum corpus est referendum, perfectissimis supersplendens radiis ab ipso vero lumine emanantibus decoratum a Deo, ut ad eius superadmirabilem refulgentiam omnes supercaelestes spiritus hilarescant. » His autem laudibus et illam addit, qua [6] Deiparam vocat *thearchissimam Virginem*.

358. Quamquam horum omnium germana potestas intimius cognoscetur, si animus ad alia advertatur maiorum testimonia, quibus Virginis innocentiam dignitatemque multo etiam manifestius patefaciunt. Eiusmodi autem illa sunt, quibus [b] Iohannes damascenus de ea loquens ait: « Hanc animi et corporis munditie oblectemus, hanc inquam vere puram *et omnibus post Deum puritate praestantem*. » Eiusmodi illa quibus Auctor sermonis

a) Triod. pag. 207. col. 1. C.
b) Orat. II. in Deiparae dormit. pag. 878. A.

1) Comm. in Cant. pag. 573. A. apud Pezium in Thesauro anecdott. T. II. P. I. qui in dissert. isagog. pag. XVIII. de hoc commentario ait: « Nunc primum typis excudendum dedimus elegantissimum ac prorsus divinum Thomae opus, quo in Cantica forte nihil sublimius exstat. »
2) Ibid. pag. 573. B-D.
3) Ezech. I. 26.
4) Ibid. pagg. 573. D. et 574. A.
5) Ps. LXXXVIII. 38.
6) Ibid. pag. 575. D.

de Assumptione [1]) penes Maximum taurinensem scribit: « Tu benedicta inter mulieres, tu praeelecta cunctis virginum catervis. Tu in illa felicissima regione beatorum primam dignitatem adepta violas immarcescibiles carpis. Cum de te quidquid dixero, minus est quam dignitas tua meretur. Si matrem gentium vocem, praecellis: si *formam Dei* appellem, digna exsistis. » Et eiusmodi illa quibus [2]) Georgius nicomediensis Deiparam nuncupat *Deo simillimam* inquiens: « Humanum genus antiqua venustate et decore et imaginis similitudine per peccatum exutis, his o innocens, induitur per tuum partum, *o Deo* [3]) *simillima*. »

359. Porro si Deipara est altera secundum Deum puritate: si est Deo simillima: et si forma Dei audit sensu ab eo non prorsus diverso, quo Unigenitus dicitur [3]) *imago Dei invisibilis et character substantiae eius;* nihil cum his cogitari coniunctius potest, *quam ipsam esse secundum Deum praestantissimam, quam Deo esse prae omnibus propinquam, quam cum Filio citra quodvis medium cohaerere, quam supremo gloriae apice post Deum potiri, quam ad Dei dexteram secundum Filium sedere, et quam infinitam quodammodo videri*. Et re sane vera si patres interrogentur, nihil horum est quod non disertissime tradant atque confirment.

360. Disertissime tradunt Deiparam esse secundum Deum praestantissimam, quemadmodum testes sunt Modestus hierosolymitanus et Petrus Argorum episcopus; ille [b]) ubi ait: « Et quando statuit ac decrevit iuxta beneplacitum coaeternus Patri suo et Spiritui Christus Deus noster apud se illam assumere beatissimam matrem suam, *omnium secundum illum praestantissimam*, ut conglorificaretur cum ipso in gloria; tum laetabundi angeli et archangeli, cursu per aethera inito, in hunc mundum delabentes, divinitus missi de caelo ad ministerium augustissimae eius dormitionis concurrerunt. » Petrus [c]) vero ubi ita Ioachimum alloquitur: « Salve qui diuturnis precibus ad Deum fusis filiam ab illo sortitus es, *quae ob suum Filium omnes supergressa est, praeter unum ipsius Filium et Deum*. » Quare [4]) Amedeus lausannensis episcopus his plane verbis Deiparae encomium orditur: « Omnis sancta et rationabilis anima investigans caeli secreta mysteria, et distinguens ordines supernorum spirituum, invenit *primam post Redemptorem* illam in mulieribus benedictam, illam plenam gratia, quae Deum genuit et virginitatis gloriam non amisit. Haec igitur Virgo beata omni luce clarior, omni suavitate gratior, omnique potentatu sublimior, totum mundum illuminat, et unguenti optimi profusione innovans omnia, Cherubim et Seraphim agmina potestate transcendit et maiestate. » Consentit [5]) Bernardus toletanus, qui adductis antiphonae verbis, *salve* [6]) *regina misericordiae*, pergit: « Quis mihi digne explicet tam insolitae salutationis exordium? Origo fontium et fluminum mare, virtutum auctrix et scientiarum scientia sanctarum Maria: quia sicuti sol universa caeli lumina prae-

---

a) Men. die XXV. Februarii Ode ς'. pag. 139. col. 2. A.
b) Encom. in b. Virginem pag. 8. B.
c) Orat. in Deiparae concept. §. XII.

1) Serm. II. de assumpt. Virginis pag. 44. C-D. in App. ad Maximi taur. opp.
2) Quae ita comparata sunt ut etiam invitis persuadere possint, numquam, Georgio auctore, Deiparam *antiqua originalique venustate, decore atque imaginis similitudine fuisse per peccatum exutam.*
3) Coloss. I. 15. coll. Hebr. I. 3.
4) Hom. 1. de laudibus Virginis pag. 1263. col. 1. B. in Max. pp. biblioth. T. XX.
5) Serm. I. in Antiph. *salve regina*, n. 2. pag. 739. E. inter opp. Bernardi T. II.
6) Petrus compostellanus cui debemus hanc antiphonam, non interseruit vocem *mater*, quam ne auctor quidem horum sermonum vel memorat vel illustrat.

cellit praerogativa claritatis eximiae; sic ipsa totam rationalem creaturam *post Filium* praecellit splendore virtutis ac scientiae. » Consentit [1] vulgatus Anselmus scribens: « Nihil tibi, Domina, aequale, nihil comparabile est: omne enim quod est, aut supra te est, aut subtus te est: quod supra te est, solus Deus est: quod infra te, omne quod Deus non est. » Et ipse pariter consentit [2] Petrus Damiani ubi de Deipara canit:

» Te beatorum chorus [3] angelorum,
» Te sacri vates et apostolorum
» Ordo praelatam sibi cernit unam
» Post deitatem.

361. Hinc non minori perspicuitate tradunt Deiparam prae creatis omnibus esse Deo propinquiorem. Egregie [a] Iohannes damascenus: « Veni benedicta mater mea in requiem tuam: surge, veni *propinqua mea*, pulcra inter mulieres: quoniam ecce [4] hiems transiit, tempus putationis advenit: pulcra tu propinqua mea et macula non est in te: odor unguentorum tuorum super omnia aromata. » Neque minus egregie [b] Iosephus hymnographus de Deipara in Templum adducta canens: « Mulierum chorus, o Virgo, *te totam Deo propinquam* dilexit, et post te universorum Domino offerebatur, te uno ore, o inviolata, beatam celebrans. » Tradunt propterea nihil esse medii Deiparam inter atque Filium. Quo sane ista pertinent [c] ex Iohanne damasceno: « Introeamus adoraturi, mysteriique novitatem cognoscamus, ut elata, ut sublata, ut in caelum delata est, ut Filio super omnes angelorum ordines adstat: *nihil enim Filium inter et matrem medii est.* »

362. Quae matris Filiique penitissima coniunctio argumentum patribus praebet quo doceant, eo gloriae splendore ipsam fulgere, qui ad divinum quam maxime accedat. Qua quidem de re digni sunt qui prae ceteris audiantur Iacobus monachus, Georgius nicomediensis, vulgatus Epiphanius et Iohannes damascenus. Iacobus enim [d] postquam monuit, eo gloriosiores esse parentes quo oborta ex iis soboles illustrior est, continuo Ioachimum et Annam fuisse gloriosissimos his verbis confirmat: « Quemadmodum nata puella, auctore Deo seposito, quod supremum est recepit; ita hi quoque incomparabilem prae parentibus omnibus gloriam obtinuerunt. » Georgius [e] vero scribit: « Quaenam gloria pro meritis illi respondeat, quam ipse creator rebus omnibus, uno se excepto, sublimiorem ostendit? » Concinit [f] vulgatus Epiphanius inquiens: « Ave gratia plena. Solo enim Deo excepto, cunctis superior exsistit: natura formosior est ipsis Cherubim, Seraphim et omni exercitu angelico: cui praedicandae caelestis ac terrena lingua minime sufficit, immo vero nec

---

a) Apud Nicodemum pag. 661. B.
b) Paraclit. pag. 317. col. 2. C.
c) Orat. III. in Deiparae dormit. pag. 886. A.
d) Orat. in Deiparae nativit. pag. 1255. A-B. apud Combefisium Auctar. T. I.
e) Orat. in Deiparae ingressum in Templum pag. 1111. B. apud Combefisium Auctar. T. I.
f) Orat. de Mariae laudibus pag. 293. B-C. inter opp. Epiphanii T. II.

1) Tract. de concept. Virginis pag. 501. col. 1. B-C. Porro pag. 504. col. 1. E. de Virgine loquens addit: « Tu *post Deum summa* ac singularis consolatio nostra. »
2) Opp. T. IV. pag. 9. col. 2. B. cf. similia apud Mone pagg. 428-432. in Op. Latein. Hymn. d. Mittelalt. T. I.
3) Haec mihi in mentem revocant praeclarum Anselmi argumentum in Tract. de concept. Virginis pag. 501. col. B. his verbis expressum: « In aeternitate consilii fixum statuit *(Deus)* eam *(Mariam)* dominatricem et reginam fore angelorum; et nunc inferiorem angelis natam, in consortium acceptam esse credemus omnium peccatorum? »
4) Cant. II. 12.

angelorum. » Concinit ª) et damascenus exclamans: « Ave, quoniam nullus praeter Deum tale tantumque nomen sortitus est, aut talis unquam gloriae compos fuit. »

363. Hinc quod de Filio [1]) legimus, sedere ipsum a dextris Dei, ad Matrem traductum videmus ᵇ) apud Georgium nicomediensem his verbis: « Quae adstitit a dextris Dei: quae decora et splendore proxima: quae per naturam venusta et labis incapax. » Atque hinc ᶜ) Iohannes damascenus Deiparam compellans temperare sibi non potest quin exclamet: « Ave Maria, quasi infinita, ob infinitam laudum copiam. Quamvis innumera quis de te dixerit, numquam tamen argumenti dignitatem assequetur. » Quare haud paullo facilius esse puto quadrata simul et rotunda, lucem et tenebras, Christum atque Belial uno eodemque fasce complecti, quam labe infectam peccatoque corruptam arbitrari Deiparam Deo simillimam, Dei formam, obsignatum divinorum charismatum fontem, inter sanctos principem, numquam originali venustate divinaque similitudine exutam, Cherubim et Seraphim natura pulcriorem, a Deo puritate secundam, post Deum praestantissimam, et cum Filio tam intime cohaerentem, ut in eam verissime quadrent ᵈ) Ephraemi verba, quibus ipsa dicitur « Plenitudo gratiarum Trinitatis, secundas post divinitatem partes ferens. »

CAPUT IX.

Recensentur atque explicantur metaphoricae loquutiones apud maiores usitatae eoque pertinentes, ut summa Deiparae innocentia singularisque puritas ab omni labe immunis declaretur.

364. Necessitas, decus, insitumque humanis animis studium ea simul componendi, quae similitudinis cognatione sociantur, totidem sunt caussae e quibus usus *translatae loquutionis* repeti debet. « Translatio verbi, inquit ²) Tullius, instituta est inopiae caussa, frequentata delectationis. Quod enim declarari vix verbo proprio potest, id translato cum est dictum, illustrat id quod intelligi volumus, eius rei quam alieno verbo posuimus, similitudo. » Quum itaque maiores nostri de eximia Virginis innocentia, singularique puritate a quovis soluta naevo disserentes nullas reliquas fecerint proprias loquutiones, non omiserint absolutas non comparatas, non omiserint concretas non abstractas, non omiserint aientes non negantes, non omiserint seiunctas non cumulatas, non omiserint positivas non superlatas excessumque praeseferentes; fuit profecto cur ad metaphoricas quoque sese reciperent, illasque ad exprimendam speciem animo praeceptam usurparent. Et usurparunt enimvero, tantaque cura usurparunt, ut vix ullus sit modus translatae loquutionis ad significandam innocentiam omnibus expletam numeris idoneus, qui non ab iis frequentatus reperiatur.

365. Haec ex iis abunde innotescent quae praesenti capite referemus, e quibus pariter innotescet I. propriam loquendi formam cum translata in ecclesiasticis monimentis per-

---

a) Orat. in Deiparae annuntiat. pag. 841. A.
b) Orat. in Deiparae ingressum in Templum pag. 1098. E. apud Combefisium Auctar. T. I.
c) Orat. II. In Deiparae nativit. pag. 853. E.
d) Ad Deiparam precat. IV. p. 529. B. opp. graec. T. III.

1) Hebr. I. 13.   2) De Orator. lib. III. cap. XXXVIII.

fectissime conspirare: II. utramque eo pertinere, ut talis Deiparae tribuatur innocentia, ac talis vindicetur puritas, quae nulla umquam peccati labe sorduerit; proindeque III. opus omnino esse vel ab explorata maiorum doctrina stataque sententia dissidere, vel Deiparam nullo umquam culpae vinculo obstrictam, et nulla umquam peccati macula infectam sincerissime profiteri.

ARTICULUS I.

De loquutionibus translatis ex luce desumptis eoque spectantibus ut Deiparae cuiusvis semper exsors culpae demonstretur.

366. Quum nihil sit in rerum natura unde simile duci non possit, proindeque infiniti fere sint metaphorarum modi; nihilominus tum idonea medii comparatione aptaque ratione similitudinis, tum usu et more loquendi non minimum circumscribuntur. Inter modos vero hasce ob caussas circumscriptos ille exstat atque eminet, quo *lux* ad designandam perfectissimam puritatem, et *tenebrae* atque *umbrae* ad innuendas animi labes adhibentur. Exempla quae [1] obvia sunt in Scripturis, haud rariora in christianis monimentis apparent. Iamvero ausim contendere, praestantissimas quasque metaphoras quae peti *ex luce* possunt, de Virginis innocentia et puritate adhibitas in libris patrum, ceterisque christianae antiquitatis monimentis saepissime reperiri.

367. Et re sane vera Deipara est, quae [a] ab Ephraemo, Georgio nicomediensi [2] et Iacobo monacho [3] φωτοδόχον χωρίον *locus luce repletus, lucisque receptaculum* nuncupatur. En Ephraemi verba, quibus duo reliqui simillima scribunt: » Locus lucis repletus, e quo salutis radii universo mundo illuxerunt. » Deipara est quam [b] Theophanes invocans ait: « Ab horum (daemonum) callida malitia o *immaculatum lucis receptaculum*, me eripe, meque splendidum virtutis domicilium reddito. » Deipara est de qua [c] Theodotus ancyranus scribit: « Ave o *lumen induta*, ave intemeratissima sanctitatis mater. » Deipara est de qua [d] sic habet Metrophanes: « Te, o Virgo, Dei thalamum luciferum purumque effectam cupide laudamus et beatam extollimus; ex te enim genitus est Christus in duabus naturis et voluntatibus, unus de Trinitate, et qui est Dominus gloriae. » Et Deipara est ad quam ista pertinent [e] ex vulgato Gregorio neocaesariensi: « Haec *lucis indumentum* et virtutis domicilium: haec fons perennis e quo aqua viva scaturivit et produxit Domini in carne adventum. »

a) Precat. IV. pag. 530. B. opp. graec. T. III.

b) Men. die XXIII. Octobris Ode γ'. pag. 136. col. 1. A. Gemina scribunt tum idem Theophanes ad diem XVII. Ianuarii Ode γ'. pag. 146. col. 2. D., tum Iosephus confessor ad diem XI. Octobris Ode θ'. pag. 61. col. 1. D.

c) Serm. in Deiparam et in Symeonem §. III. pag. 460. D. apud Gallandium Tom. IX.

d) Paraclit. pag. 113. col. 2. C.

e) Orat. II. in Deiparae annuntiat. pag. 18. A-B.

1) Cf. Glassii Philolog. sacr. lib. II. tract. I. cap. X. pagg. 1044. seqq., Kieslingii Comm. in voc. φῶς, λύχνος et φωστῆρες ad effata Ioh. V. 35, VIII. 12, Philipp. II. 15., et Krause Commentat. de usu vocabulorum φῶς et σκοτία in novo Testamento.

2) Orat. in Deiparae praesentat. pag. 187. D. apud Combefisium Auctar. T. I.

3) Orat. in Deiparae nativit. 1255. D-E. apud Combefisium Auctar. T. I.

368. His autem egregie illa respondent, quibus Deipara audit ª) *lucidissima porta*: « Lucidissima porta, ut nostri, a Deo penetrata, famulo tuo caelestes portas recludi efflagita, ut te in requie celebret, sola humani generis protectio. » Egregie illa respondent quibus ab Iosepho confessore ᵇ) *palatium splendidissimum* nuncupatur: « Quum Deus sinum tuum invenerit palatium splendidissimum, in eo habitavit. » Hinc ᶜ) Sophronius: « Ave lucidissimum Regis palatium, ave quae terram caelo coniunxisti, o Virgo, per quam salvamur. » Tum illa egregie respondent quibus ᵈ) ab Ephraemo *vestis immaculata lucis* dicitur: « Ave vestis immaculata eius qui lucem induit sicut vestimentum. »

369. Ad quam classem revocari quoque testimonia debent, quibus Deipara salutatur nunc quidem *uti lampas lucidissima et umbra carens*, nunc vero *uti plena lucis, uti caelestis splendor atque lux divina*. Praeclare ᵉ) Andreas cretensis: « Acta divinitus Anna, tamquam aurifulgens lucerna gestans lampadem lucidissimam Deiparam, universum mundum illuminavit divina luce, splendidisque virginitatis flammis. » Praeclare ᶠ) Basilius pegoriotes: « Lucerna splendidissima quum sis, o Dei sponsa, hodie refulsisti in domo Domini, nosque, o innocens Deipara celebratissima, venerandis charismatis mirabilium tuorum illuminas. » Et ᵍ) rursum: « Lucifera lampas, exclamavit sacerdos, nobis accendit gaudium maximum refulgens in Templo: animae prophetarum simul exsultent, utpote mirabilia conspicientes quae in domo Dei perficiuntur, et iam clament: benedicite omnia opera Domini Dominum. » Praeclare ʰ) Anatolius de Ioachimo et Anna: « Lucernae emittentes lampadem umbrae nesciam, ditati gratia, idest, Deipara inviolata. » Praeclare ⁱ) Sophronius qui Deiparam invocans ait: « O tu quae lucerna es inextinguibilis, thalamus totus lucidus, Seraphim superior, currus cherubicus, o perfecte intemerata, me a gravibus peccatis atque periculis libera. » Et praeclare ʲ) Psellus qui Virginem absolute simpliciterque vocat *caelestem splendorem*.

370. Ab his autem piaculum esset ista seiungere quae habet ᵏ) Iacobus monachus ubi de nativitate Virginis verba faciens scribit: « Conversa est tristitia in laetitiam, plenaque doloris moestitia in pristinam cessit iucunditatem. O diei odiernae solatium! Quam claris gratiae radiis varie illustratur! Quam splendidae super modum horae, in quibus nobis lucis nubes exorta est! Quam sol eximie pulcros ostendit roseos radios, ac limpidissimo in terram inspexit lumine, quum solis iustitiae currus exstructus est! Quomodo splendidissima venustate caelum circumfulsit, glorioso illo et capaciori caelo adveniente! Quam sanctus locus, ubi editum est Dei sanctuarium: ubi domus gloria fundata: ubi praesanctum et incomprehensibile templum extructum est! » Neque ista seponere licet, quibus Deipara ˡ) ab

---

a) Eucholog. in Officio funereo pro sacerdote vita functo, pag. 586. A.
b) Men. die XIV. Octobris Ode ζ'. pag. 89. col. 1. C.
c) Triod. pag. 219. apud. Mai Spicileg. rom. T. IV.
d) Precat. IV. pag. 528. opp. T. III.
e) Antholog. die IX. Septembris Ode ζ'. pag. 31. col. 1. C.
f) Antholog. die XXI. Novembris Ode ε'. pag. 131. col. 1. D.
g) Antholog. die XXI. Novembris Ode η'. pag. 134. col. 1. A.
h) Men. die XXV. Iulii pag. 123. col. 1. D.
i) Triod. pag. 143. apud Mai Spicileg. rom. T. IV.
j) Apud Nicodemum pag. 228. B.
k) Orat. in Deiparae nativit. pagg. 1266. E. et 1267. A. apud Combefisium Auctar. T. I.
l) Precat. IV. pag. 529. A. opp. T. III.

Ephraemo vocatur « Splendor veri mysticique diei. » Neque ista rursus, quibus a) Iohannes damascenus ait: « Ave Dei susceptrix, luminosum divinae infinitatis elementum, cuius pedali utero comprehensus est infinitus, quique omnium in se fines continet. »

371. Opportunissima tandem sunt quae in antiquis monimentis *de Virgine cum nube comparata* passim recurrunt. Hac enim comparatione usus b) Iosephus confessor scribit: « O lucidissima solis nubes, undequaque immaculata. » Et c) alibi: « Nubes solis intelligibilis, lucerna aurifulgens divini splendoris, o Domina intacta, inviolata, omnisque labis funditus expers, tenebricosam animam meam passionibus obscuratam splendore impassibilitatis, obsecro, illumina. » Ac d) denuo: « O Deo gratiosissima, tu quae es thalamus et thronus dominantis, mons Dei, civitas electa et paradisus, solis nubes penitus lucida, illumina animam meam. » Eadem usus comparatione Iohannes damascenus e) ait: « Omnium conditori (in Deiparae nativitate) templum quo exciperetur extructum est, quia Verbo rerum opifici hospitii domus est parata, soli iustitiae expansa lucis nubes, ei qui caelum nubibus operit, divinitus texti amictus tela consurgit. » Eadem usus f) Georgius nicomediensis de conceptu Virginis inquit: « Cum enim spiritalis hodie nubes explicari claro vocis praeconio refertur, iam quidem luminis quod nescit occasum, radii mundo praeoriuntur, quaeque hactenus obtinuerant impietatis tenebrae, diminutionem accipiunt ac fugantur. » In Menaeis vero haud facile quidquam repereris eiusmodi comparatione crebrius adhibitum. Ea namque adhibetur ubi g) dicitur: « O lucida solis nubes, in me radium emitte qui tenebras mearum prolapsionum depellat. » Ea adhibetur h) his verbis: « O supra modum lucida solis nubes, o cuiusvis nescia maculae, precibus tuis dissipa meae mentis nubila, animumque meum desidia obtenebratum illustra, ut te, omni laude digna, concelebrem. » Ea adhibetur i) ubi legimus: « O lucis nubes, o penitus immaculata, quomodo eum nube involvis qui nutu ineffabili caelos supervestit? » Eodemque spectant tum j) haec: « Luna Elisabeth intus gestans divinum astrum prodromum adoravit lucidam nebulam Mariam gestantem solem Christum, ex te carne indutum ut nos ipse servaret, » Tum ista quae k) subdimus: « Emicans lucis receptaculum apparuisti, o Deipara: lux namque aeterna ex tuo sinu mundo enituit, omnesque te Deiparam recta fide celebrantes illuminavit. » Atque ista pariter l) ex Triodio: « O gaudii caussa, nobis mentem largire qua tibi acclamemus: salve rubus incombustus, nebula tota lucida, quae fideles incessanter tueris. »

372. Consentiunt iisdem de rebus Armenii, e quibus 1) Gregorius narecensis inquit:

a) Orat. II. in Deiparae nativit. pag. 856. E.
b) Men. die XVIII. Decembris Ode ε'. pag. 152. col. 1. D.
c) Men. die XII. Octobris Ode γ'. pag. 75. col. 1. D.
d) Men. die XXIII. Decembris Ode θ'. pag. 194. col. 1. B.
e) Orat. II. in Deiparae nativit. pag. 850. A-B.
f) Orat. in Deiparae concept. pag. 998. A. apud Combefisium Auctar. T. I.
g) Men. die XII. Ianuarii Ode ε'. pag. 117. col. 2. D.
h) Men. die XVIII. Decembris Ode ε'. pag. 152. col. 1. D.
i) Men. die XXIV. Decembris Ode η'. pag. 198. col. 1. B.
j) Men. die XXIII. Septembris Ode ζ'. pag. 146. col. 1. C.
k) Men. die III. Iunii Ode θ'. pag. 19. col. 1. A.
l) Triod. pag. 319. col. 1. B.

1) Lib. prec. pag. LXXX.

« Te deprecor, sancta Dei genitrix, quae angelus es ex hominibus, Cherubus in specie carnis, caelestis regina, aeris instar immixta ac simplex, pura veluti lux, et intemerata tamquam excelsa Luciferi imago. » Neque perspicue minus consentiunt Latini, e quorum numero [1]) Venantius Fortunatus Virginem laudans scribit:

» Exsuperans portas Sion splendore corusco,
   » Stans merito fidei, gemma superba throni.
» Ore diem iaculans, radios a fronte sagittans
   » Luminibus rutilis, lumen honore rotans.
» Sidereum speculum, illustris domus Omnipotentis,
   » Vultibus ex illis fulgura clara ferens.

Et [2]) mox:

» Nix premitur candore tuo, sol crinis honore,
   » Pallescunt radii, Virgo, decore tui.
» Lychnites hebes est, cedit tibi Lucifer ardens,
   » Omnibus officiis lampade maior ades.

Et [3]) infra:

» Pulcra super gemmas, splendorem solis obumbrans,
   » Alta super caelos, et super astra nitens.
» Vellere candidior niveo, rutilantior auro,
   » Fulgidior radio, dulcior ore favo.

Succedit [4]) Anselmus inquiens:

» Regina caeli inclyta,	» Maria lux aetherea,
» Orbis lampas siderea,	» Ut meas preces deferas,
» Meas absterge lacrimas	» Tuis stratus vestigiis
» Et peccatorum nebulas.	» Mente deposco supplici.

Quae cum his [5]) ex ecclesiastica Sequentia conferri debent:

» Veni praecelsa domina	» Veni lux, stella marium,
» Maria, tu nos visita,	» Infunde pacis radium,
» Aegras mentes illumina	» Exsultet cor in gaudium
» Per sacra vitae numina.	» Iohannis ante Dominum.

373. Cuiusmodi est igitur Deiparae innocentia, quae quantave ipsius puritas? Ea scilicet quae tum significatur quum translatis e luce vocabulis Deipara dicitur *locus luce repletus, lucis receptaculum, immaculatum lucis receptaculum, induta lumine, lucis indumentum, lucidissima porta, palatium splendidissimum, caelestis splendor, iubar veri mysticique diei, luminosum divinae infinitatis elementum, lucis nubes, nubes solis tota lucida, thalamus totus lucidus, lampas supra modum fulgida, umbrae nescia et quae quum primum apparuit, salutis radios praemisit.* Haec autem et quae his sunt simillima, non aliam praeferunt innocentiae speciem nisi penitus intaminatam, neque aliam exhibent puritatis imaginem nisi culpae omnis funditus expertem. Quare sicuti repeti cum Germano [a]) de Virgine debet, *adesto splendor in tenebris iacentium;* ita ad ipsam, ea qua

a) Orat. in Deiparae praesent. pag. 1418. E. apud Combefisium Auctar. T. I.

1) Carm. in Virginis laudem pag. 284. opp. P. I. lib. VIII. cap. VI.
2) Ibidem.
3) Ibidem pag. 287.
4) Orat. LX. pag. 286. col. 1. B-E.
5) Thesaur. hymnolog. pag. 165. T. II.

convenit proportione, referenda sunt quae de Deo ª) Iohannes scribit: *quoniam Deus lux est, et tenebrae in eo non sunt ullae.* Nimirum quoniam Deus est sanctissimus et purissimus, et a quovis culpae naevo integer atque solutus. Haec enim in eam quoque praeclarissime quadrant, quae est splendor veri mysticique diei, quae est lucidissima solis nubes undequaque immaculata, quae tota est splendida, umbrae nescia, atque alterum secundum Deum innocentiae puritatisque gradum obtinet.

ARTICULUS II.

De loquutionibus metaphoricis e sole petitis atque idcirco usurpatis, ut Mariae integritas nullo umquam imminuta naevo demonstretur.

374. Non praestantissimus dumtaxat status, quo beati in aeternitate potiuntur cum sole [1]) in Scripturis comparatur: unde iusti dicuntur fulgere instar solis in regno Patris sui; verum etiam de ipsomet Christo ᵇ) litteris consignatum legimus: *et orietur vobis qui timetis nomen meum, sol iustitiae.* Christus enim, Epiphanio ᶜ) teste, propterea audit *sol iustitiae quod tenebris obductas mentes nostras illuminarit;* sive ut Theodoritus ᵈ) notat, *quod velut sol quidam nobis exortus sit in caligine et mortis umbra constitutis.* Sol igitur, *splendidissimum illud*, ut verbis utar ᵉ) Clementis alexandrini, *inter ea quae caelum obeunt*, mirifice confert ut translatis ex eo loquutionibus nitidissima puritas, nulloque maculata naevo ostendatur.

375. Egregia autem sunt quae ex hoc lucis fonte maiores nostri derivarunt, ut insculptam animo virgineae puritatis effigiem verbis exprometent. Et Sophronius quidem senior ²) vel quisquis alius sit auctor sermonis de assumptione Deiparae ad Paulum et Eustochium, sic habet: « Pulcra ³) ut luna, immo pulcrior quam luna, quia iam (in caelum ascendens) sine defectu sui coruscat caelestibus illustrata fulgoribus *Electa ut sol fulgore virtutum*, quia ipse elegit eam sol iustitiae ut nasceretur ex ea. » Quibus haud paullo insigniora sunt quae scribit ᶠ) Iohannes monachus inquiens: « Ave *quae solis formam praefers*, impervius solis currus, quaeque incomprehensum solem emittis. Ave mens fulgens divinis coruscationibus, quae splendore micas, terraeque fines illustras. » Cum his vero mirifice ista ᵍ) consentiunt: « Ave *astrum soliforme*: ave caussa bonorum omnium, o penitus immaculata: ave divinum vehiculum, porta perfecte lucida: ave puella, quae avitam maledictionem nostram abstulisti, nobisque bona conciliasti. » Atque haec rursum ʰ) ex Iohanne geo-

---

a) I. Ioh. I. 5.
b) Malach. IV. 2.
c) Ancorat. pag. 488.
d) Comm. ad Malach. IV. 2.
e) Stromat. lib. VIII. pag. 770.
f) Men. die X. Octobris pag. 56. col. 2. D. Haec autem repetuntur die XXI. Iulii pag. 106. col. 2. B.
g) Men. die XV. Ianuarii ad vesperas pag. 129. col. 1. B,
h) Hymn. III. in Deiparam vv. 50-51. pag. 441. E. in app. ad Biblioth. pp. graecolat. T. III.

1) I. Cor. XV. 41., Matth. XIII. 43. coll. Daniel, XII. 3. Hieronymi T. XI.
2) Serm. de assumpt. Deiparae col. 98. B. inter opp.   3) Cantic. VI. 9.

metra: « Salve quae mundum beas, *tota splendes, formamque solis* [1] *refers*, ianua sponte patens triadicae gloriae. »

376. Quamquam patribus satis non fuit Virginem dicere instar solis, electam et soliformem depraedicare; sed eamdem esse sole nitidiorem splendidioremque frequentes confirmarunt. Confirmavit [a] Germanus his verbis: « Benedictum igitur propter hoc nomen tuum in secula: *prae sole lux tua:* honor tuus omni creatura superior: prae angelis excellentia tua. » Confirmavit [b] Iohannes damascenus de nata Virgine scribens: « Splendide hodie diem festum agit condita natura, cum novum caelum Virginem accipit. Puella in terris nata est, Regis caelorum animatus thalamus: iuvencula solis radios fulgoribus obscurans, infans ex sterili effulsit, sacratissimum virginitatis sacrarium. » Et [c] rursum: « Sole quem conspicimus tu purior es: ave gratia plena, quia omnibus quae ab ortu solis sunt, nobilior es: ave gratia plena, quia super nivem alba facta es, et super mel dulcis: ave gratia plena, quoniam plenum caelum est et terra magnitudine tua. » Confirmavit [2] Gregorius nyssenus qui Deiparam ὑπὲρ τὸν ἥλιον *super solem lucidam* appellat. Et unanimes confirmant Graeci, sive quum [d] canunt: « Salve lucerna omni ex parte fulgens, regina splendidior solaribus splendoribus: salve, o intacta, solutio antiquae maledictionis, revocatio generis nostri: salve splendidissimum Regis universorum palatium. » Sive quum [e] in officio communis supplicationis clamant: « Caelis altiorem, radiis solaribus puriorem, mundi dominam a maledictione nos liberantem hymnis celebremus. » A Graecis vero ne minimum quidem distant Copti atque Latini, quorum illi [f] Deiparam sic laudant: « Fulgens plusquam sol, tu es orientalis plaga quam iusti gaudentes atque exsultantes contuentur. » E Latinis autem audiri debent [3] Notkerus qui de nativitate Domini scribit: « Hodie seculo *maris stella* est enixa novae salutis gaudia. » Quibus haec consona sunt [4] ex sequentia de Virgine assumpta: « Quam *splendida polo stella maris rutilat*, quae omnium lumen astrorum et hominum atque spirituum genuit. » Tum haec [5] ex Bernardo: « Angelus consilii natus est de Virgine, *sol de stella*. Sol occasum nesciens, *stella semper rutilans, semper clara*. » Haec item [6] ex vetustis canticis:

» O Maria *stella maris*	» In supremo sita poli
» Dignitate singularis,	» Nos assigna tuae proli,
» Super omnes ordinaris	» Ne terrores sive doli
» Ordines caelestium.	» Nos supplatent hostium.

a) Orat. in Deiparae dormit. apud Nicodemum pag. 241. D.
b) Orat. II. in Deiparae nativit. pag. 849. E.
c) Orat. in Deiparae annuntiat. pag. 839. A-B.
d) Men. die XV. Ianuarii ad vesperas pag. 129. col. 1. D.
e) Euchlog. pag. 859. D.
f) Theotoch. tetrast. III. pag. 126.

1) Similia auctoribus Theophane et Iosepho frequentantur in Menaeis die XV. Septembris Ode α'. pag. 106. col. 2. E., die I. Aprilis Ode ε'. pag. 5. col. 2. E. et die XV. Aprilis Ode ς'. pag. 61. col. 1. D.
2) Apud Nicodemum pag. 214.
3) Thesaur. hymnolog. T. II. pag. 3. Cum his autem confer vulgatissimum hymnum T. I. pag. 204. *Ave maris stella*.
4) Ibid. T. II. pag. 21.
5) Ibid. pag. 61.
6) Ibid. pagg. 82-197. et T. I. pagg. 245-332-346.

» O *stella perfulgida*,
» Tu dira certamina
» Maris huius reprime.

» Simonis navicula,
» Filii tunicula,
» Ne scindantur prohibe.

Hinc [1]) Anselmus:

» Ave *stella paradisi*,
» Mater illius filii
» Quis solus est altissimus,
» Et nomen ei Dominus.

» Ave *splendor singularis*,
» Cuius virtus virginalis
» Fecit nobis altissimum
» Deum Patrem refugium.

Atque hinc ex Anselmi mente ac sententia solemne anglicanae ecclesiae [2]) decretum: « *Stella mundi Maria* mater nostri Salvatoris *radiis splendidissimis* suae magnificae pietatis *totam machinam illuminans orbis terrarum*, ab omnibus christianae fidei cultoribus inter omnes sanctos Dei est *praecipue* veneranda; et si in ecclesia militanti non poterit venerari, ut est digna, congruit tamen ut ipsam devotis laudum praeconiis, quibus possumus, laudemus in terris, quae Filium suum interpellat pro nobis iugiter in caelis. »

377. Me porro fugit, an quidquam prae his vel excogitari vel dici potuerit, quod ab innocentia Virginis quamlibet culpae umbram vehementius arceret. Nisi forte vehementiora ista videantur quae scribit [a]) Ephraemus: « Domina mea supersancta Deipara et gratia plena mater Dei omni benedictione benedicta, Deo gratissima Deipara, vas divinitatis unigeniti Filii tui, throne igniformis quadriformibus longe gloriosior. » Si enim Deipara est credique debet *thronus igniformis*, neque solum *igniformis*, sed *thronis quadriformibus longe gloriosior;* nulla profecto eidem asseri innocentia potest, nullaque a peccato perfectissima immunitas, quae infra illius dignitatem sita immerito videatur. Quamquam enim cum vulgato Gregorio neocaesariensi [b]) quispiam dixerit: « Virgini quidem mentem esse nive candidiorem, corpus autem purius quovis auro utcumque probato; » haud tamen parum aberit ab ea exprimenda innocentissimae puritatis specie quam patres in Deipara suspiciebant.

ARTICULUS III.

De loquutionibus metaphoricis a plantis floribusque ea mente desumptis ut Deiparae innocentia cuiusque exsors culpae designetur.

378. Nulla est lingua, in qua translatae loquutiones a plantis floribusque deductae non frequententur: et nulla est lingua, in qua eiusmodi loquutiones ad significandam puritatem, innocentiamque exprimendam non saepissime adhibeantur. Tum vero hoc consilio usurpari illas constat, quum id orationis ductus atque series efflagitant, vel quum id epitheta exigunt quae illas comitantur. Utroque autem modo sive qui sermonis contextu, sive qui intersertis epithetis continetur, ostendunt patres scriptoresque ecclesiastici, se petitis ex plantis floribusque metaphoris propterea uti, quod Virginis innocentiam a quavis culpae cognatione solutam omnium mentibus oculisque subiectam cupiant.

a) Precat. IV. 528. opp. T. III.
b) Orat. II. in Deiparam pag. 17. C-D.

1) Psalter. P. II. pag. 305. col. 3.
2) Concil. magnae Britanniae et Hiberniae T. III. pag. 18. Haec autem deprompta crederes partim ex Hildephonsi toletani Serm. I. in Deiparae assumpt. pag. 666. apud Combefisium in Biblioth. concionat. T. VII. et partim ex Bernardi Hom. II. super *Missus est*.

379. Sane illa inprimis eorumdem testimonia spectentur, quibus rami, virgae, floris ac fructus similibus Deiparam universim adumbrant: nihil profecto evidentius quam his infucatam eius innocentiam demonstrari. Et infucata quidem eius innocentia demonstratur, quum Virgo [a] ab Ephraemo dicitur *flos incorruptus*. Infucata eius innocentia demonstratur, quum [b] Andreas cretensis Virginem nominat *florem natura virgineum et divinitus germinantem innocentiae pulcritudinem*. Et [c] alibi: « Preces vestras exaudiens Deus, o Ioachim et Anna hodie celeberrimi, fecundissimum fructum nunc vobis donavit. » Et infucata eius innocentia demonstratur, quum [d] Sophronius hierosolymitanus Gabrielem missum dicit *ad Mariam, innocentem florem*. Neque alio ista pertinent quae [e] scribit Anatolius: « Qui auditur sonus festum agentium? Ioachim et Anna panegyrim mystice habent et dicunt: mecum o Adam atque Eva gaudete, quod antiqua praevaricatione Paradisum obstruentibus fructus gloriosissimus nobis concessus est Dei filia Maria, quae his omnibus ingressum reserat. » Quo haec itidem spectant [f] ex Iohanne damasceno: « Ave flos prae cunctis tinctorum coloribus varium omni virtute condimentum, ex quo flos flori similis matrem exacte referens consurgit. »

380. Accedent quae angelo Annam alloquenti, eique Virginis conceptum annuncianti Germanus [g] tribuit inquiens: « Incorporeus angelus ipsi Annae palam dixit: oratio tua ad Dominum pervenit, ne ultra tristeris atque a lacrymis conquiesce. Eris enim oliva fecunda edens pulcrum ramum, Virginem, quae florem emittet Christum secundum carnem, magnam mundo misericordiam exhibentem. » Quibus ista respondent [h] ex Andreae cretensi: « Sanctum par *(Ioachim et Anna)* quod ex radice Davidis divinitus inspirati effloruit, mundo genuit [1] virgam, sacratissimam Virginem illibatam illam, quae nobis sine semine sanctissimum florem Christum protulit. » Fuit, itaque Virgo, si fidem relatis testimoniis adiungimus, tam in suo conceptu quam in sua nativitate *flos sed incorruptus*, sed *omnem virtutem redolens et Christo flori simillimus*: fuit *fructus* sed *gloriosus*: fuit *ramus* sed *pulcher*: et fuit *virga* sed *illibata*. Eiusmodi scilicet fuit ut nihil vel ab eius conceptu quam quaevis culpae suspicio evidentius abhorreat.

381. Ceterum hoc ipsum pari, ne pleniori dicam perspicuitate ex iis innotescit quibus Deipara translatis loquutionibus *vitis, mirrhae marinae* atque *rosae* speciatim designatur. Praeclare [i] Iohannes damascenus ubi de Virginis nativitate verba facit: « Vitis uberrima ex Anna pullulavit, uvaque suavissima effloruit potum nectaris terrigenis fundens in vitam aeternam. « Praeclare [j] ubi natam puellam sic alloquitur: « Ave myrrha marina,

---

a) Precat. IV. pag. 530. C. opp. T. III.
b) Antholog. die VIII. Septembris pag. 27. col. 2. A.
c) Antholog. die IX. Decembris Ode ς'. pag. 182. col. 1. A.
d) Thesaur. hymnolog. T. III. pag. 21.
e) Antholog. die VIII. Septembris pag. 21. col. 1. B.
f) Orat. II. in Deiparae nativit. pag. 855. C.
g) Antholog. die IX. Decembris pag. 180. col. 2. A.
h) Antholog. die IX. Septembris Ode ζ'. pag. 31. col. 1. C.
i) Orat. I. in Deiparae nativit. pag. 847. B.
j) Orat. II. in Deiparae nativit. pag. 853. E.

1) Eadem imago iisdem propemodum depicta coloribus occurrit in Thesaur. hymnolog. T. II. p. 373.

quae in salso huius vita fluxu carnem peccato emortuam gestas. » Praeclare ª) Andreas cretensis a quo Deipara dicitur: « Gratissimum Deo virginitatis decus, quam veluti rosam e spinoso loco sibi omnipotens delegerit. » Praeclare quod [1]) in ecclesiasticis Latinorum hymnis legimus:

» Salve decus virginum,
» Mediatrix hominum,
» Salutis puerpera:
» Myrtus temperantiae,
» Rosa patientiae,
» Nardus odorifera.

» Flos campi convallium,
» Singulare lilium,
» Christus ex te prodit:
» Tu convallis humilis,
» Terra non arabilis,
» Quae fructum parturiit.

» Puro qualis in lucenti
» Sol renitet aethere;
» Talis puer in lactanti
» Matris haeret ubere.

» Talis mater speciosa
» Eminet cum Filio,
» Qualis ros in molli rosa,
» Viola cum lilio.

Et praeclare [2]) Sedulius qui de Virgine canit:
» Et velut e spinis mollis rosa surgit acutis,
» Nil quod laedat habens, matremque obscurat honore.

Huc igitur redeunt nonnulla ex iis, quibus Deipara a ceteris hominum filiis quam maxime distat: quod hi nascuntur *uva acerba et amara*, illa effloruit *uva suavissima*, quod hi *legem peccati in vitiata carne experiuntur*, illa *innocentem carnem peccato mortuam gestavit:* quod hi *spinae ex spinis* erumpunt, illa *e spinoso loco veluti rosa* emersit: et quod hi *originali parentum ignominia* afficiuntur, illa *nihil habuit quod laederet, matremque obscuravit honore.*

382. Hanc autem innocentiam cum ipsis iunctam consertamque primordiis tum etiam patres Deiparae vindicant, quum illam *lilii* nomine insigniunt. Quo nomine eam insignit ᵇ) Ephraemus Deiparam vocans *lilium candidissimum.* Insigniunt ᶜ) Menaea in quibus legimus: « Te, o Deipara perfecte innocens, Pater per divinum Spiritum delegit in Filii habitaculum, veluti lilium discupiendum, quod inter medias spinas te, o penitus immaculata, repererit virginea pulcritudine nitentem; propterea, o Dei sponsa, te hymnis efferimus qui per te salvati sumus. » Insignit ᵈ) Stephanus sabbaita qui sic habet: « Apparuisti puritate *ceu lilium*, o Domina, splendoribus virginitatis tuae in mediis spinis, o Deipara omni veneratione maior refulgens. » Insignit Anselmus [3]), cuius haec sunt verba:

» Ave *caeleste lilium*,
» Per florem cuius unicum
» Fidelibus est aeternum
» Testamentum dispositum.

a) Orat. in Deiparae annuntiat. pag. 101. apud Gallandium T. XIII.
b) Precat. IV. pag. 530. C. opp. T. III.
c) Men. die XXVIII. Augusti Ode ϛ'. pag. 151. col. 1. C.
d) Men. die XXVIII. Octobris Ode ζ'. pag. 170. col. 1. C.

1) Thesaur. hymnolog. T. II. pagg. 82-342.
2) Carm. pasch. lib. II. vv. 28, 29. pag. 543. A. apud Gallandium T. IX.
3) Psalter. pag. 305. col. 3. D.

Et insignit a) Theophanes inquiens: « Sine labe inter medias spinas te, uti purissimum lilium et convallium florem inveniens, o Deipara, sponsus Verbum in tuo sinu habitavit. » Porro, teste b) Gregorio nysseno, *peccatum in Scriptura spinae denominatione appellatur*. Quum igitur una prae omnibus Deipara celebretur tamquam *lilium candidissimum, immaculatum, purissimum, spinisque funditus vacuum;* sua sponte consequitur omnem ab ipsa culpae labem peccatique flagitium arceri.

383. Reliqua sunt veterum testimonia, in quibus recensitae hactenus metaphorae non seorsum ac divisae sed simul coniunctaeque reperiuntur. Eiusmodi autem est testimonium quo Deipara c) ab Iohanne damasceno laudatur utpote « Fluvius plenus aromatibus Spiritus, arvum spicae divinae, rosa virginitate clarissima gratiaeque fragrantiam spirans, regii indumenti lilium, agna pariens agnum Dei tollentem peccatum mundi, salutis nostrae officina, angelicis potestatibus sublimior, ancilla et mater. » Eiusmodi est testimonium quo d) Petrus Argorum praesul ait: « Iam modo admoniti, quod rosa illa fragrantissima, quae quidquid sub sole est odore replebit praevaricationisque foetorem abiget, in sterili plantata est terra, laetantur. Nardus, crocus, liliaque vernant, et suavissimum exhibentia adspectum nos in peccati squalore et tristitia iacentes oblectant. » Et eiusmodi est testimonium, quo e) vulgatus neocaesariensis Gregorius clamat: « Ave gratia plena, fons lucis quae illuminat cunctos in ipsam credentes: ave gratia plena, intelligibilis solis oriens, flos vitae immaculatus, pratum fragrantissimum. » Qua prati appellatione eorum memoria excitatur, quae Georgius f) nicomediensis habet inquiens: « Plane enim pratum hoc universa prata suavitate odoris atque varietate superat, iisque qui flores legunt, incorruptionem impertit. » Quae quidem omnia comparata sic sunt, ut quavis exclusa peccati societate, ad evidentiam usque confirment, nonnisi immaculatam credi illam posse, quam hisce depingendam coloribus patres censuerunt, quamque auctor g) qui Epiphanii nomine citatur, his verbis compellat: « O candelabrum virgineum, quod illustravit tenebris involutos. Virgo est lilium immaculatum, quae rosam immarcescibilem genuit Christum. »

ARTICULUS IV.

De loquutionibus ex animantibus translatis atque eum in exitum conspirantibus ut Deipara nullius conscia labis ostendatur.

384. Operae pretium non est ut pluribus accurateque declarem quod omnes perspectum exploratumque habent, peti ex animantibus metaphoras solere, atque ex animantibus non pauca reperiri, e quibus translatae loquutiones ad innocentiam puritatemque adumbrandam praeclare conducunt. Ad horum sane censum, nemine diffitente, referuntur *ovis, agnus* et *columba,* quorum metaphoricus usus non minus frequens est, quam ad innuen-

---

a) Men. die XXVI. Octobris Ode ς'. pag. 157. col. 1. A.
b) Orat. in Christi nativit. pag. 776. D. opp. T. II.
c) Orat. III. in Deiparae dormit. pag. 885. E.
d) Orat. in Deiparae concept. §. I.
e) Orat. I. in Deiparae annunciat. pag. 12. D.
f) Orat. in Deiparae ingressum in Templum p. 1091. D. apud Combefisium Auctar. T. I.
g) Orat. de laudibus Deiparae pag. 296. inter opp. Epiphanii T. II.

dam vitam maculae expertem accommodatissimus. Noverant ista patres scriptoresque ecclesiastici, et e re propterea fore existimarunt non modo ductas inde metaphoras, quum de Virgine loquerentur, crebro usurpare, verum etiam eiusmodi epithetis illas instruere ut omnes probe intelligerent, non aliam Deiparae speciem formamque describi animo posse, nisi quae a quovis peccati naevo seiunctissima censeatur.

385. Sane vetustus auctor qui Epiphanii nomine circumfertur, Deiparam simpliciter [a]) vocat « Ovem immaculatam quae peperit agnum Christum. » Neque multo secus [b]) Georgius nicomediensis qui eam dicit « Agnam omni ex parte immaculatam. » Consentit Iohannes damascenus qui [c]) de Virginis nativitate scribit: « Agna namque in lucem editur, ex qua Pastor ovem induet, et veteris mortalitatis tunicas lacerabit. » Consentit [d]) Iacobus monachus qui Adamum sistit Deiparam vix natam his verbis alloquentem: « O agna aurei velleris, ex qua creator naturae vestem induens meam operuit nuditatem. » Et omnes consentiunt universim Graeci, qui in veteri quadragesimali officio [e]) de Virgine canunt: « In te o agna [f]) immaculata, maximum miraculum visum est; agnum enim peccatum mundi tollentem genuisti, quem pro iis qui te celebrant, enixe deprecare. » E quibus patrum effatis tria potissimum colliguntur. Et principio quidem colligitur, Deiparam esse dicique *ovem immaculatam, agnam undequaque immaculatam*, et *agnam aurei velleris*. Tum vero colligitur eum nexum eamque cognationem Deiparam inter Christumque significari, qui existit inter agnam et natum ex ea agnum, quique exsistit inter matrem et filium qui ex ea naturam induit. Postremo colligitur, eo longius Deiparam ab iis omnibus separari qui nudi in lucem veniunt et tunicis priscae mortalitatis gravati, quo ipsa cum Christo propius intimiusque coniungitur.

386. Ceterum haec maiori perfusa luce apparebunt, si ad illa animus advertatur quae tum patres tradunt, quum Deiparam *columbae* appellatione cohonestant. Quos inter memorari primum debet [f]) Theodotus ancyranus qui Deiparam compellans ait: « O columba dealbata et innocens! O sanctum spei nostrae templum! » Tum memorari debet [g]) Iacobus monachus qui sic Deiparam Annae verbis alloquitur: « Non ergo licet ut in communi terra stes. In sacrum adduceris locum, tamquam excelsum et elevatum domicilium. Locus illibatus innocentissimos suscipiat pedes. Secreta vitae ratio incontaminatam columbam conservet. » Memorari debet Iohannes damascenus qui [h]) de Virgine in caelum recepta inquit: « Hodie sacratissima columba, simplex atque innocens anima divino Spiritui consecrata ex arca, eo scilicet corpore quod Deum suscepit et vitae initium dedit, evolans pedibus suis

---

a) Orat. de laudibus Deiparae pag. 294. D. inter opp. Epiphanii T. II.
b) Orat. in Deiparae ingress. in Templum pag. 1090. D. apud Combefisium Auctar. T. I.
c) Orat. in Deiparae nativit. pag. 844. A.
d) Orat. in Deiparae nativit. pag. 1279. C-E. apud Combefisium Auctar. T. I.
e) Offic. quadrag. Dom. III. Iunii. Ode ς'. pag. 283.
f) Orat. in Deiparam et in Symeonem §. XIII. pag. 467. A. apud Gallandium T. IX.
g) Orat. in Deiparae nativit. p. 1271. E. apud Combefisium Auctar. T. I.
h) Orat. II. in Deiparae dormit. pag. 869. C.

---

1) Eodem titulo, geminisque verbis Deiparam exornat col. 2. C. et die VI. Ode γ'. pag. 41. col. 1. A. Theophanes in Menaeis die II. Novembris Ode γ'. pag. 12.

requiem invenit, ad mundum intelligibilem profecta ubi in terra supernae hereditatis nullis infecta maculis sedes fixit. » Quo ista similiter pertinent quae ª) Iohannes euboeensis nativitatem Deiparae celebrans ait: « Exsultaverunt filiae Iudae intuentes sanctissimam puellam Mariam, veluti immaculatam columbam in sancta sanctorum procedentem. » Neque alio referenda sunt quae ᵇ) Theophanes his verbis complectitur: « Innocentem te columbam et solum intemeratam purum Verbum invenit, cui ex te nasci placuit, o sanctissima Dei mater virgo penitus immaculata. » Consentit ᶜ) Andreas cretensis inquiens: « Innocentem columbam in utero recipiens Anna spiritali gaudio vere repleta est, hymnosque eucharisticos Deo obtulit. » Consentit ᵈ) Iosephus confessor cui ista debemus: « Te innocentem Domini columbam, venerandam et immaculatam et pulcram inter mulieres, ut quae universorum Deum pepereris, fideliter beatam dicimus, o divinitus maxime benedicta. » Hinc [1] in Ordine baptismi ecclesiae alexandrinae Coptitarum et Aethiopum legimus: « Spiritus paraclitus in Iordanis aquis instar noeticae columbae descendit super Filium tuum (Maria). Illa enim (columba) nobis Dei pacem, quae hominibus exhibita est annunciavit. Tu quoque spes nostra, rationalis columba, nobis misericordiam attulisti, quam in utero gestasti: Iesus scilicet natus Patris ex te genitus nostrum liberavit genus. » Hinc quae prorsus gemina in Coptorum hymnis ᵉ) occurrunt: « Ave Maria columba pulcra, quae nobis Deum Verbum peperisti. » Et ᶠ) rursum: « Ave columba pulcra, ave, mater filii Dei. » Atque hinc quae ᵍ) Theodorus studita de assumpta Virgine ait: « Quum in superiora evolaverit innocentissima columba, inferiora haec protegere non desinit: corpore egressa, spiritu nobiscum est: caelo inlata, daemones fugat facta apud Dominum mediatrix. »

387. Quae quidem omnia non innuunt modo sed prorsus ostendunt, eam animo concipiendam esse Virginis imaginem, cui dotes appellationesque conveniant *columbae sanctissimae, immaculatae, sacratissimae:* quae *sola* sit *inlaminata: qua nullus in terra locus praeter sanctum sanctorum, dignus fuerit: quam Anna innocentem conceperit:* et de qua merito ista repetantur quae ʰ) Georgius nicomediensis scribit: « Hodie agna immaculata, veluti acceptabilis hostia, offertur in Templo, ex qua ortus est [2] ille agnus Dei qui mundi abstulit peccatum. Hodie columba illa nescia labis in Templi penetralia evolans malitiae aucupem devitavit, illius machinamentis facta sublimior. » Nulla autem Virginis forma, nullaque eius species his coloribus respondet, nisi quae semper nituerit, omnemque culpae umbram devitarit.

---

a) Orat. in Deiparae nativitate.
b) Men. die XV. Octobris Ode ς'. pag. 93. col. 1. C.
c) Antholog. die IX. Decembris Ode ς' pag. 182. col. 1. A.
d) Men. die XXIII. Decembris ad Mat. Ode α'. pag. 188. col. 1. B.
e) Theotoch. pag. 62. D.
f) Ibid. pag. 67. A.
g) Orat. VI. in Deiparae dormit. n. 2. pag. 55. apud Mai in Nov. pp. Biblioth. T. V. P. III.
h) Orat. in Deiparae ingressum in Templum p. 1090. A-C. apud Combefisium Auctar. T. I.

1) Cod. Liturg. Eccles. univers. pag. 155. T. II. Auctore Iosepho Aloisio Assemano.   2) Ioh. I. 29.

ARTICULUS V.

De loquutionibus translatis ex praestantissimis quibusque et ad ostendendam Virginis innocentiam cuiusvis exsortem maculae accommodatissimis.

383. Regia potissimum atque sacra eo usque prae ceteris antecellunt, ut ductae ex iis metaphorae ad rei nobilitatem puritatemque demonstrandam inprimis factae videantur. Nihil enim quod sit humile, nihil quod abiectum, nihil quod profanum vitiique labe sordidum efferri rite vocabulis potest, quae sint ex regio sacroque apparatu deprompta. Iamvero quaecumque censentur omnia in utroque apparatu regio sacroque excelsa atque sublimia, illa patres scriptoresque ecclesiastici delegerunt, ut Virginis speciem quo plenius ad vivum possent, spectantium oculis subiicerent. Neque illa solum delegerunt, sed eiusmodi praeterea auxerunt coloribus, ut expressa iis imago innocentiam ipsam puritatemque referret.

389. Et re sane vera ut initium ab iis faciam quae *regia* sunt, principio succurrit *diadema*, quo metaphorice usus [a] Basilius pegoriotes scribit: « Te regium diadema, o Dei sponsa, Templum suscipiens laetitia gestiebat, locumque faciebat praestantissimis eorum quae fuerant praedicta, quum illa in te expleri cerneret. » Eodem haec spectant [b] ex Coptorum hymnis: « Salve gratia Abrahami, salve corona immarcescibilis. » Atque haec pariter [1] ex Ephraemo: « Ave omnium sanctorum ac virginum corona ob immensum fulgorem atque splendorem inaccessa. » Succurrit deinde *thronus* ad quem respiciens [c] Iohannes euboeensis exclamat: « O rem plane miram! Animatum templum et cherubicus thronus in Templum affertur lapidibus exaedificatum. » Et [d] aliquot interiectis Deiparam vocat « Templum Deum recipiens, nec templum modo verum etiam Cherubicum thronum. » Conspirant Iosephus hymnographus et Iohannes geometra, quorum ille Deiparam exorat [e] inquiens: « Te tamquam venustum sponsi thalamum, tamquam animatum Domini [2] thronum, tamquam purpuram auro undique contextam et Christi augustum delubrum, o Domina omnium, me supplicantem salva. » Alter vero [f] ait: « Salve throne thronis celsior flagrantibus, purissimis, ex se luce coruscans, lucemque gignens. » Neque secus [g] Iohannes damascenus qui hymno in sanctum Iohannem chrysostomum canit: « Qui solus iudicat iustitiam sedit super thronum, o Domina; ex te enim caro factus te [3] thronum ostendit igniformem, et in sinu tuo tamquam in throno sancto infantis more conquievit. » Cum

---

a) Antholog. die XXI. Novembris Ode ϛ'. pag. 131. col. 2. D.
b) Theotoch. pag. 65.
c) Orat. in Deiparae concept. et nativit. pag. 13.
d) Ibid. pag. 15.
e) Men. die VI. Decembris Ode θ'. pag. 54. col. 1. B.
f) Hymn. II. in Deiparam vv. 89-90. pag. 440. B.
g) Can. in Chrysost. ζ'. pag. 721. apud Mai in spicileg. rom. T. IX.

1) Precat. ad Deiparam pag. 575. col. 1. E. opp. graec. T. III.

2) Hoc ipso *throni* titulo, et *throni ante mundi constitutionem parati* Virginem decorat Hildephonsus toletanus Serm. II. de Assumpt. pag. 672. col. 1. B-C. apud Combefis. in Biblioth. pp. concionat. T. VII.

3) Ibidem Ode ϛ'. Virginem vocat *animatum thronum, et celebratissimam Christi cathedram.*

throno autem similitudine iungitur *sella curulis*, cuius occasione ᵃ) Proclus disserens de temporaria Verbi conceptione ait: « Concurrant consules, quod caelestis terrestrem assumpserit consulem, habens et decoram sellam curulem, Dei genitricem virginem Mariam. »

390. Alterum sequitur regium ornamentum quod *purpura* continetur, et cuius ad describendam Virginem usus non minus frequens quam solemnis apud patres recurrit. Recurrit enim ᵇ) apud Ephraemum qui Virginem dicit « Purpuram a Deo contextam. » Recurrit ᶜ) apud Andream cretensem qui ait: « Regia purpura, o Anna in tuo sinu incipit elaborari. » Recurrit ᵈ) in Menaeis in quibus legimus: « Hodie ex radice David regia purpurea vestis prodiit, ex Ioachimo germinare incipit flos mysticus, e quo Christus Deus noster animarum nostrarum salvator effloruit. » Recurrit apud Iohannem monachum qui ᵉ) de conceptu Virginis canit: « Hodie plectitur gloriae diadema, et regia purpurea vestis supra spem omnem in utero sterili comparet. » Et recurrit apud Georgium nicomediensem, qui ᶠ) celebrans Deiparae conceptum ait: « Annunciata nunc diei tabernaculi divini exstructione, pietatis quidem fundamenta firmius stabiliuntur, impietatis vero munitiones penitus convelluntur. Cum hodie texitur regia purpura, futurus nunciatur omnium Regis adventus; hominum qui inimici erant, praevie reconciliatio sancitur; tropaea adversus hostem erigenda occupato celebrantur. » Et ᵍ) rursum: « Hos (Ioachimum et Annam) quippe creator Deus ad mundi veterati eligit instaurationem; ex iis matrem accipit, ex qua novam fictionem providere decrevit; ex eorum sanguinibus, tamquam virtute regalissimis, regalem humani generis purpuram induit. »

391. Purpuram excipit *palatium*, e quo patres non minus opportunos ducunt loquendi modos, quibus obversantem ipsorum animis Virginis effigiem repraesentent. Ad rem ʰ) Petrus Argorum praesul ubi de conceptu Virginis scribit: « Nunc contuens omnis creatura fundamenta iaci purissimi palatii, quod omnium Rex Christus inhabitabit, laetabunda gratias agit, manibusque plaudit et omnium bonorum auctorem Deum grata veneratur. » Et ⁱ) infra: « Quomodo (angeli) intuentes palatium purissimum quod omnium Regi Christo praeparatur, haud exsultabunt? » Ad rem ʲ) Iosephus confessor inquiens: « Te, o puella, Rex qui tuo in sinu habitavit, ex omnibus generationibus palatium immaculatum selegit. » Ad rem ᵏ) Iacobus monachus ubi de Virgine in lucem edita ait: « Productum est atque paratum hodierna die palatium. » Neque minus ad rem ˡ) Iohannes damascenus in Menaeis ubi Virginem sic affatur: « Tu purissimum Regis palatium. » Quibus consona haec sunt ᵐ) ex Officio sancti olei: « Te purissimum Regis palatium deprecor, celebranda, sordidum ani-

---

a) Orat. in Christi incarnat. §. II. pag. 627. D. apud Gallandium T. IX.
b) Precat. IV. pag. 530. D. opp. graec. T. III.
c) Antholog. die IX. Decembris pag. 181. col. 2. C.
d) Men. die IX. Decembris Ode θ'. pag. 79. col. 1. D.
e) Men. die IX. Decembris Ode ς'. pag. 74. Col. 2. A.
f) Orat. in Deiparae concept. pag. 998. A-B. apud Combefisium Auctar. T. I.
g) Orat. in Deiparae concept. et nativit. pag. 1050. C-D. Apud Combefisium Auctar. T. I.
h) Orat. in Annae concept. §. I.
i) Ibid. §. XI.
j) Men. die XXIII. Decembris Ode γ'. pag. 192. col. 2. A.
k) Orat. in Deiparae nativit. pag. 1266. E. apud Combefisium Auctar. T. I.
l) Men. die XIV. Decembris ad vesperas pag. 114. col. 1. B.
m) Eucholog. pag. 413. A.

mum meum peccatis omnibus perpurga, et iucundum habitaculum superdivinae Trinitatis effice, ut potentiam tuam et immensam pietatem a te salvatus inutilis servus tuus laudibus extollam. » Atque haec pariter consona sunt, quibus ª) Modestus hierosolymitanus lectulum compellat, in quo corpus Deiparae vita functae conquiescebat: « O sacer lectule ferens caelestis regis 1) palatium ab ipso aedificatum ad substantialem incircumscriptibilem habitationem suae incarnationis. »

392. Praeteriri tandem silentio non debent *thesaurus gazaque regia*, e quibus praeclarissima quaeque patres derivant. Praeclarissima namque sunt, ut aliquot ex plurimis laudem, quae derivat ᵇ) Iohannes damascenus inquiens: « Si igitur iustorum omnium memoria cum laude recolitur, ecquisnam est qui iustitiae fonti et sanctitatis thesauro laudem non exhibeat? » Et ᶜ) denuo: « Hodie vitae thesaurus, gratiae abyssus, nescio quo pacto audacibusque nihilque trepidantibus labiis id efferam, vivifica morte obtegitur. » Et ᵈ) rursum: « Ave sis deiferum cimelium, et omni auditione longe superior auditio. » Praeclarissima sunt quae habet ᵉ) Basilius pegoriotes scribens: « Hodie Maria intaminata animatumque tabernaculum adducitur in Templum Dei, illamque Zacharias manibus suscipit, tamquam sanctificatum Domini cimelium. » Praeclarissima sunt quae ᶠ) vulgatus Epiphanius exclamans ait: « O Virginem, stupendum Ecclesiae thesaurum, qui adeptus est ingens mysterium. » Et praeclarissima sunt tum haec ᵍ) ex Modesto hierosolymitano: « Salve divinitus comparatus caelestis regni thesaurus, in quo agnus Dei 2) qui tollit peccatum mundi, stipatus est festivitatis gratia a simul congregatis caelestibus sanctis angelis et terrestribus hominibus, destinatus ut tamquam pretiosissimus in supernam 3) ecclesiam primitivorum asporteris. » Tum haec 4) ex Pseudo-Melitone qui Christum exhibet Deiparam his verbis alloquentem: « Veni electa mea, pretiosissima margarita, intra in receptaculum vitae aeternae. » Tum haec ʰ) ex Coptorum hymnis: « Ave gratia plena, Virgo immaculata, habitaculum non manufactum, veritatis thesaurus. » Tum haec quibus 5) Syri Virginem dicunt *navim divitiis refertam*. Atque haec item quibus 6) Anselmus Deiparam extollit inquiens:

» Ave gemma singularis,
» Habens scripta mysteria
» In aeterni Pontificis
» Rationali posita.

» Ave lamina aurea,
» In te ipsa circumscripta,
» Nomen propitiabile,
» Quod est indicibile.

---

a) Encom. in Deiparam §. XIII. pag. 52.
b) Orat. in Deiparae dormit. pag. 857. D., 858. A.
c) Orat. II. in Deiparae dormit. pag. 870. A.
d) Orat. in Deiparae annunciat. pag. 836. C.
e) Antholog. pag. 134. col. 1. C.
f) Orat. de laudibus Deiparae pag. 297. B. inter opp. Epiphanii T. II.
g) Encom. in Deiparam pag. 42.
h) Theotoch. pag. 136. tetrast. VII.

1) Cf. de hac ipsa *palatii* appellatione Pseudo-Chrysostomum in Orat. de Annuntiat. pag. 602. in Auctario Combefisii, et Thesaur. hymnolog. T. II. pag. 323.
2) Ioh. I. 29.
3) Hebr. XII. 23.
4) Orat. de Deiparae transitu, pag. 647. col. 2. C. apud Combefis. in Biblioth. Concionat. T. VII.
5) Offic. Maronit. pagg. 403-458.
6) Psalt. P. III. pag. 307. col. 1. E. et col. 2. A.

393. Quae quidem omnia si non aliter spectentur ac totidem veluti colores, quibus imago Virginis depingatur; nihil ea excelsius nihilque nobilius poterit cogitari. Ecquid enim excelsius quidve nobilius *regio diademate?* quid *diademate gloriae?* quid sive *sella curuli*, sive *throno cherubico*, sive *regia purpura*, sive *purpura a Deo contexta*, sive *regali purpura humani generis*, sive *palatio immaculato et purissimo*, sive *sanctificato et deifero cimelio*, sive *thesauro sanctitatis et vitae*, sive *stupenda Ecclesiae gaza?* Atqui non alii sunt colores, qui ad exprimendam Virginis formam, eiusque speciem excitandam adhibentur. Sed forte ex tenebris ad tantum splendorem, atque ex infecta foedaque origine ad tantum nobilitatis decus Deipara emersit? Nihil profecto minus, si patribus morem gerimus. Etenim iam tum Deipara fuit *purpura* et *regia purpura*, quum in Annae sinu primum texeretur: iam tum fuit *palatium* et *palatium immaculatum atque purissimum*, quum illius fundamenta in Annae utero iacerentur: et iam tum fuit *diadema gloriae* et *thesaurus vitae*, quum in eius conceptu *erigenda adversum hostem tropaea* praesignarentur. Accepit ergo Deipara dignitatis incrementa, sed numquam fuit indigna: accepit incrementa splendoris, sed numquam in tenebris iacuit: et accepit incrementa gratiae, sed Deo numquam fuit invisa.

394. Quibus non minimum lucis firmitatisque addi intelligemus, si ad sumptas ex sacris metaphoras animum adverterimus. Et si animum inprimis adverterimus ad metaphoram *templi*, cuius eximius occurrit usus apud Theophanem et Iosephum confessorem, quorum ille [a]) sic habet: « Sacratissimum virginitatis templum, quae in utero Deum Verbum gestasti, accurrentes ad te, et te, o innocens, invocantes tuis intercessionibus serva, et a periculorum incursu, o immaculatissima, libera. » Alter vero [b]) scribit: « Ad tabernacula supercaelestia ascendisti, o perfecte innocens, quaeque es purissimum Dei templum, o Virgo intemerata. » Accedit Modestus hierosolymitanus [c]) inquiens: « Salve o multum Deo desiderabilis, animatum incomprehensibilis Altissimi templum, in quo increata et subsistens sapientia Dei Patris inhabitavit, suique corporis templum Christus Deus aedificavit, qui suam in te requiem ad universi salutem invenit, teque sibi complacuit ad aeternam et gloriosissimam sibi requiem assumere. » Accedunt [1]) Cyrillus alexandrinus, Basilius seleuciensis [2]), et vulgati [3]), Gregorius neocaesariensis atque [4]) Epiphanius, qui Deiparam nuncupant ναὸν ἀκατάλυτον, ἅγιον καὶ θαυμαστὸν ἐν δικαιοσύνῃ, *templum indissolubile, sanctum et mirabile in aequitate:* ναὸν ὄντως ἀξιόθεον, *templum Deo vere dignum:* et ἄφθαρτον καὶ ἀμίαντον ναόν, *templum incorruptum atque inviolatum.* Accedunt [5]) et Syri, quibus Deipara est *solium vivum templumque mundum Domini universorum*. Huic templi metaphorae ea est simillima, qua Virginem [d]) Basilius pegoriotes appellat *donum gratiae* inquiens: « Ut quae sis gratiae domus in qua reconditi fuerunt ineffabilis divinae dispensationis thesauri, o intemeratissi-

---

a) Antholog. die VII. Ianuarii Ode α'. pag. 319. col. 2. C.
b) Men. die XIV. Augusti Ode γ'. pag. 75. col. 1. B.
c) Encom. in Deiparam §. X. pag. 38.
d) Antholog. die XXI. Novembris Ode ς'. pag. 157. col. 1. C.

1) Orat. in Deiparam pag. 380. opp. T. V. P. II.
2) Orat. in Deiparam pag. 592. apud Combefis. Auctar. T. I.
3) Orat in Deiparae Annuntiat. pag. 27.
4) Orat. in Deiparam pag. 297. inter opp. Epiphanii T. II. Adde Theodorum studitam apud Sirmondum opp. T. ultimo pag. 762.
5) Offic. Maronit. pagg. 476-486.

ma, in templo particeps facta es cibi illibati. » Eaque pariter simillima est, qua ª) Nicetas paphlago de Ioachimo loquens Deiparam nominat *Spiritus sacrarium* his verbis: « Eum enim qui sanctissimi Spiritus sanctissimum sacrarium esset geniturus, decebat eiusdem primum Spiritus divinis afflatibus repletum sacro spiritalique desiderio ad conceptum confoveri. » Neque ea dissimilis videri potest, quam ᵇ) Iohannes damascenus usurpat inquiens: « Ave quae consilio Dei ante secula praeelecta, es, ut esses *divinissimum terrae germen, divini ignis habitaculum, Spiritus sancti sacratissima imago, fluvius plenus aromatum Spiritus*. » Cum templo, gratiae domo, Spiritus sacrario, et sacratissima Spiritus imago, intime cohaerent *donaria vasaque omnia*, quibus divinus cultus rite casteque peragitur. Iamvero ᶜ) Georgius nicomediensis Deiparam adhuc tenellam et vix triennem in Templo oblatam celebrat tamquam « Pretiosum illud revera donarium atque angelis venerabile; supremum ac mundissimum illud cimelium, in quo thesauri gratiae fuerunt depositi, in quo oeconomiae opes ineffabili ratione erant collocatae, in quo salutis nostrae pignora erant condita; vas inquam illud intaminatum. »

395. Hinc ᵈ) Epiphanius Mariam nuncupat « Vas [1] honoratissimum. » Hinc [2] Ambrosius Mariam dicit vas de caelo, scribens: « Unde hoc munus Emmanuelis? Non de terra utique, sed de caelo vas sibi hoc per quod descenderet Christus elegit, et sacravit templum pudoris. » Hinc ᵉ) alexandrinus Cyrillus Mariam alloquens ait: « Salve et ipsa Maria Deipara, Virgo mater lucifera, vas incorruptum. » Hinc ᶠ) Iohannes monachus his verbis Mariam exorat: « O intemerata, o nullius conscia labis, vas fragrantissimi odoris deprecare Christum quem peperisti. » Hinc ᵍ) in Officio exsequiarum dicitur: « Vas illibatum, templum omni ex parte immaculatum, arcam sanctissimam, virgineum sanctitatis loculum, te Iacobi pulcritudinem Dominus elegit. » Hinc [3] verba Emanuelis palaeologi: « Sicut vecordis esset arbitrari, lucidiores fieri radios multarum ope lucernarum, aut immensum hoc pelagus unius guttae adiectione augeri; similiter et conari laudibus te, Virgo, extollere vas donorum omnium divinorum plenum, tantaque sublimatam dignitate, ut eam vel fingere nulla mens possit. » Atque hinc ʰ) Basilius pegoriotes affirmat: « Et corpore et animo gavisa est Maria labis expers, quum in templo tamquam vas sacratissimum conquiesceret. »

396. Quid iamvero a peccato remotius quam templum, quam gratiae domus, quam Spiritus sacrarium? Et quid a culpis sordibusque alienius quam donaria, et quaecumque sunt cetera religiosi cultus ornamenta atque supellex? Huc autem metaphorae redeunt,

---

a) Orat. in Deiparae nativit. pag. 439. A. apud Combefisium Auctar. T. III.

b) Orat. III. in Deiparae dormit. §. V. pag. 885. D-E.

c) Orat. in Deiparae ingressum in Templum pag. 1087. D. apud Combefisium Auctar. T. I.

d) Haeres. LVIII. al. LXXVIII. §. XI. pag. 1044. B. opp. Tom. I.

e) Orat. in Deiparam pag. 380. opp. T. V. p. II.

f) Men. die XXX. Augusti Ode θ'. pag. 168. col. 1. B.

g) Eucholog. pag. 530. B.

h) Antholog. die XXX. Novembris Ode ζ'. pa. 133. col. 1. C.

---

1) Neminem vero latet amplissimam esse potestatem, quae in Scripturis monimentisque Ecclesiasticis nomen σκεῦος *vas* ad normam Hebraici כְּלִי usurpatur. Cf. Iohannis Vorstii Philolog. sacr. de Hebraismis N. T. cap. II. nn. 9. seqq.

2) De instit. Virg. cap. V. n. 33. col. 257.

3) Orat. in Deiparae dormit. pag. 55. edit. Maraccii in Caesaribus marianis.

quibus sanctitas et innocentia Virginis a patribus efferuntur. Ea namque est Deipara quae ab ipsis uno ore celebratur veluti templum, gratiae domus, sacrarium Spiritus, donarium, margarita et vas Deo dicatum; neque his solum celebratur titulis sed epithetis praeterea insignitur quibus *templum* dicitur, sed *sacratissimum et purissimum:* quibus *donarium* dicitur, sed *pretiosum, supremum, mundissimum, ipsisque angelis venerabile:* quibus *vas* dicitur, sed *intaminatum, caeleste, honoratissimum, incorruptum, sacratissimum et fragrantissimum spirans odorem:* quibus tandem dicitur *margarita,* sed cuius *candor purissimum exhibet Christi corpus* et cuius *claritas atque nitor eam sistit naturam quae nullis infuscatur tenebris nullisque maculis taminatur.* Aut nihil igitur est intra creatae naturae fines a culpa seiunctum, quodque peccati consortium societatemque non ferat, aut eiusmodi dubio procul credi dicique Deipara debet.

397. Praesertim quum iunctis congestisque metaphoris idipsum confirmet [a]) Andreas cretensis inquiens: « Ave vere benedicta, ave illustris, ave magnificum divinae gloriae templum, ave molitionis sacrae Regis palatium, ave thalame in quo Christus humanam sibi naturam desponsavit, ave Deo electa ante generationes, ave divina cum hominibus reconciliatio, ave thesaure vitae immortalis, ave caelum, supercaeleste domicilium solis gloriae, ave Dei qui nusquam capi possit, at possit in te sola, bene capax locus. » Accedit [b]) Theophanes qui interrogando scribit: « O turris ex auro structa et civitas duodecies communita, o throne instar solis radians, o Regis cathedra, portentumque incomprehensibile, quomodo Dominum lactas? « Insignissime vero Petrus siculus, qui [c]) illorum numero quae de Virgine Catholicis indubitata sunt atque certissima, commemorat « Eam esse quidem secundam post Deum, sed primam, non tempore dico sed gloria inter [1]) invisibiles omnes visibilesque creaturas. » Tum [d]) subdit: « Sed nunc adsis, prout soles, caelitus superveniens omnium Regina, virginitatis immaculatum speculum, puritatis animata imago, benigna tuam opem implorantibus semper et ubique prompta auxiliatrix, quae Deum Verbum incarnatum ex te ineffabiliter conceptum peperisti: da nobis indignis famulis tuis ore facundo verba proferre, ut dignitatem tuam inimicis quoque tuis splendide revelemus. »

---

a) Orat. in Deiparae annuntiat. pag. 102. C-D. apud Gallandium T. XIII.
b) Antholog. die V. Decembris Ode θ'. pag. 169. col. 1. A.
c) Serm. II. adver. Manichaeos §. I. pag. 66. apud Mai in Nova pp. biblioth. T. V. P. III.
d) Ibid. §. I. pag. 66.

---

1) Ibid §. IX. pag. 73. eamdem repetens sententiam ait: Καίπερ τὰ τῆς Θεοῦ μητρὸς ὑπὲρ πάντα εἰσὶ τὰ ὁρατὰ καὶ τὰ ἀόρατα, πλὴν μόνου Θεοῦ, ἐνδοξότερα τὰ καὶ ἐξαισιώτερα. *Ceterum quae ad Dei matrem spectant, visibilia omnia et invisibilia, Deo solo excepto, quantumvis gloriosa et eximia excedunt.*

CAPUT X.

Ad examen revocatur argumentum ex appositis Deiparae tributis collectum: cuiusmodi illud sit et quibus veluti elementis componatur: quid singulis elementis inesse debeat, et quid a singulis immerito exspectaretur: canones sincerae accurataeque interpretationis stabiliuntur: argumentum ipsum exponitur, eiusque forma quadruplex declaratur: forma absoluta: forma comparata: forma hypothetica: et forma quae ad hominem non inepte dicitur: exceptio atque inculcata saepius difficultas diligenter expenditur: ac tandem inferendo concluditur, eum esse immaculatum Deiparae conceptum qui inter explorata theoremata numerari debet.

398. Duplex nobis in praesentia consilium est, tum ea colligendi quae tot capitibus ac tot articulis dispersa dedimus, ut in summam contracta splendidius eniteant, efficacius moveant, vimque suam omnem plenius eliciant: tum, quod momenti haud paullo gravioris videri debet, nihil praeterire quod non fuerit limae subiectum, et quoad eius fieri potest diligentissime excussum. Hoc enim suscepto examine illud assequemur quo votis omnibus contendimus, ut ne hilum quidem probemus quod non sit adprobatione dignissimum, ac ne hilum quidem vicissim improbemus quod sua se veritate insitoque pretio commendet. Ne autem contentiones nostrae nostraque studia in irritum cedant, dabimus operam ut ordini atque evidentiae pro facultate consulamus. Itaque propriis distinctisque articulis ea expendemus omnia quae huc faciunt, neque ad exponendam vindicandamque probationem immaculati conceptus antea accedemus, quam singula praestructa rite fuerint quibus illa incumbit et supposita veluti basi sustentatur.

ARTICULUS I.

Recensentur classes appositorum, quae patribus christianisque scriptoribus suffragantibus Virgini adscripta novimus: hae autem continentur appositis negantibus gradu positivo, appositis negantibus gradu superlativo, appositis affirmantibus gradu positivo, appositis affirmantibus gradu superlativo, appositis plenitudinem significatae qualitatis referentibus, appositis cumulatis, appositis negantibus et antonomastice adhibitis, appositis affirmantibus eademque excellentiae notione usurpatis, appositis abstractis, appositis cum significatione excessus coniunctis, appositis comparatis et quibus Deipara omnibus hominibus, omnibus sanctis, omnibus angelis, universisque creaturis innocentia, sanctitate, ceterisque ornamentis anteponitur, appositis comparationem omnem excludentibus et Deiparae cum uno Deo similitudinem affirmantibus, appositis denique metaphoricis atque ex iis magno numero deductis quae puritate ac nitore splendidius refulgent.

399. Quod primum in aestimanda aliqua probatione cognosci, quodque obversari primum ob oculos debet, ipsa est *materies* e qua probatio exsistit, quaeque ad probationem gignendam non aliter concurrit, ac voces ad harmoniam et colores ad imaginem pro-

ducendam adhibeantur. Materies autem e qua praesens probatio tota pendet, epithetis absolvitur quibus maiores nostri significandam ornandamque Deiparam existimarunt. Haec igitur epitheta recoli in antecessum animo debent ac sedulo in memoriam revocari, ne exstruendum deinde probationis aedificium suo destitutum fundamento videatur. Quum vero haec apposita non sint uniusmodi sed in multiplici quadam differentia versentur, operae pretium fuerit non secus illa ac propriis adstricta classibus recensere.

400. Harum porro classium omnium prima ea est, quae *appositis* constat *negantibus gradu positivo expressis* et quibus Deipara celebratur [1]) ἄμωμος *immaculata* [2]), ἄσπιλος *intemerata*, ἀμίαντος *infaminata*, ἀμόλυντος *impolluta*, ἄμεμπτος *inculpata* [3]), ἀκήρατος *illaesa*, ἀδιάφθορος, ἄφθορος, ἄφθαρτος *incorrupta*, ἄχραντος *illibata* [4]), ἄθικτος, ἄτεκτος, ἀσήμαντος *intacta*.

401. Hanc altera excipit *iisdem coalescens appositis*, *gradu tamen non positivo sed superlativo conceptis, et quibus Deiparae* [5]) adscribitur quod sit παναμώμος *penitus immaculata*, παναμώμητος *rugae funditus expers*, πανάχραντος *perfecte illibata*, πανακήρατος *penitus illaesa* πανάσπιλος *undequaque intemerata*, et πανάφθορος *prorsus incorrupta*.

402. Sequitur tertia classis, quae *ex appositis* prodit *affirmantibus pro ratione positivi gradus inflexis*, et quibus in christianis monimentis Deipara [6]) praedicatur ἁγία *sancta*,

---

1) nn. 76. seqq.

2) In Psalterio b. Virginis quod Anselmo tribuitur, haec habentur pag. 307. col. 2. B.

» Gaude Dei genitrix, Virgo immaculata,
» Gaude quae gaudium ab Angelo suscepisti,
» Gaude quae genuisti aeterni luminis claritatem
» Gaude mater pietatis et misericordiae.

3) Praeclare Tarasius Orat. in Deiparae ingressum in Templum pag. 9. Ὦ κόρη ἀμίαντα, ὦ παρθένε ἀμόλυντα, ὦ πίσης ἄγγελλε, ὦ γυναικῶν ἀγλάισμα, ὦ θυγατέρων καλλώπισμα· ὦ μῆτερ παρθένε ἁγία· σὺ, εὐλογημένη ἐν γυναιξί· σὺ, δεδοξασμένη τῇ ἁγνείᾳ· σὺ, ἐσφραγισμένη τῇ παρθενίᾳ· σὺ, τοῦ Ἀδὰμ τῆς κατάρας ἡ λύσις· σὺ, τῆς Εὔας τοῦ ὀφλήματος ἡ αλήρωσις· σὺ, τοῦ Ἄβελ ἡ καθαρωτάτη προσφορά. *O puella inviolata, o Virgo impolluta, o adolescentula venustissima, o mulierum ornamentum, filiarum nitor: o mater virgo sancta, tu benedicta inter mulieres, tu celebrata propter innocentiam, tu obsignata propter virginitatem, tu maledicti in Adam lati solutio, tu debiti Evae expiatio, tu Abelis purissima oblatio.*

4) In Euchologio pro Officio exsequiarum pag. 529. C. ista habentur: Ὁ ἐκ πλευρᾶς διαπλάσας Εὔαν τὸ πρὶν τῷ πρῶν προμήτορι, ἐξ ἀχράντου σου γαστρὸς σάρκα περιβάλλεται, δι' ἧς τοῦ θανάτου τὴν ἰσχύν, ἁγνή, διέλυσεν. *Qui prius Evam ex Adami costa omnium protoparentem efformavit, in illibato tuo utero carne circumdatur, per quam, o pura, potestatem mortis dissolvit.* Eadem significandae Virginis ratio in his apparet ex officio Quadragesimae pro Feria VI. Hebdomadae II. Ieiuniorum pag. 198: Ὃν οὐρανὸς χωρεῖν οὐκ ἠδύνατο, σὺ ἐν γαστρὶ συλλαβοῦσα τέτοκας· ὦ τοῦ φρικτοῦ καὶ ἀῤῥήτου θαύματος· διὸ πάντες ὑμνοῦμέν σε, ἄχραντε. *Quem caelum capere non poterat, tu in utero tuo complexa peperisti.*

O terribile et ineffabile portentum! Quare omnes te laudamus, o immaculata. Atque in his rursum pro sabbato eiusdem Hebdomadae pag. 209: Ἰδοὺ πᾶσαι γενεαὶ μακαρίζομέν σε, ἄχραντε, τὰ μεγαλεῖα τὰ σὰ καθορῶντες. *Ecce generationes omnes te, o immaculata, beatam praedicamus, magnalia tua intuentes.*

5) nn. 138. seqq. Hinc in Euchologio pro Officio exsequiarum pag.530.B-C. legimus: Δοχεῖον ἄχραντον, ναὸν πανάμωμον, κιβωτὸν πανάγιον, παρθενικὸν τόπον ἁγίασματος, σὲ καλλονὴν τοῦ Ἰακὼβ, ὁ δεσπότης ἐξελέξατο. *Vas illibatum, templum perfecte immaculatum, arcam sanctissimam, virgineum sanctitatis locum, te Iacobi pulcritudinem Dominus elegit.* Hinc in veteri officio quadragesimali apud Quirinium pag. 15 pro sabbato carnisprivii ex Theodoro studita legimus: Ὑπὲρ νοῦν ὁ τόκος σου· γεννᾷς γὰρ τὸν προόντα, καὶ γαλουχεῖς ἀφράστως τὸν τροφοδότην τοῦ κόσμου, ἀνακλίνεις τὸν τοῦ παντὸς συνοχέα, Χριστὸν μόνον λυτρωτὴν ἡμῶν, πανάμωμε. *Intelligentiam exsuperat partus tuus; gignis enim eum qui praeexistebat, et ineffabiliter lactas mundi altorem, reclinas qui universum continet, Christum solum Redemptorem nostrum, o labis omnis exors.* Omitto hisce similia ex dominica Carnisprivii. pag. 35, atque haec addo, auctore Theophane, ex dominica prima Ieiuniorum pag. 153. Ἐγκαίνισον ἡμῖν τὴν ἀρχαίαν εὐπρέπειαν, πανάχραντε θεόπαις, καὶ τὸν οἶκόν σου τοῦτον ἁγίασον σῇ χάριτι. *O Dei mater penitus inviolata, veterem nobis repara decorem, atque hanc tuam domum tua gratia sanctifica.* Videsis etiam quae Feria VII. Hebdomadae II. Ieiuniorum pag.200. huc spectantia habentur.

6) nn.170.seqq. In Anselmi Psalterio pag.307.col.2.D.

» Speciosa et suavis,
» Canticum laetitiae,

ἱερά *sacra*, σεμνή *alma veneranda*, ἁγνή *innocens*, καθαρά *pura*, καλή *pulcra*, ὡραία *speciosa*, κεχαριτωμένη *gratia plena*, θεοχαρίτωτος *Deo accepta*, θεοπρεπής *Deum decens*, εὐλογημένη *benedicta*, et μακαρία *felix* atque *beata*.

403. Succedit quarta, ad quam *apposita* pertinent hinc *affirmantia*, inde *superlativa*, et quibus [1]) Virgo exhibetur ἁγιωτάτη *sanctissima*, ἱερωτάτη *sacratissima*, καθαρωτάτη *purissima*, ὡραιοτάτη *speciosissima* et θεοχαριτωτάτος *Deo gratissima*.

404. Cum hac classe, quinta cohaeret ad quam *epitheta* referuntur *quae sua compositione plenitudinem significatae qualitatis demonstrant*, et quibus [2]) veluti proprium Deiparae asseritur quod ea sit credaturque παναγία *penitus sancta*, πανάγνος *tota innocens*, πανίερος *penitus sacra*, πάνσεμνος *penitus venerabilis*, πάγκαλος *tota pulcra*, παντευλόγητος *undequaque benedicta*, παμμακάριστος *perfecte beata*, παναγιώτατος *prorsus sanctissima*, πανευπρεπής *plene concinna*, πανσεβάσμιος *penitus colenda*, πανόλβιος *omnino felix*, πολυτίμιος *eximie pretiosa*, πανεύφημος καὶ πολυώνυμος *valde multumque celebranda*, πάγκλυτος *laudatissima*, παντομνημόνευτος *celebratissima*, πανύμνητος καὶ πολυύμνητος *omnibus laudibus prosequenda*, πανθαύμαστος *plene admirabilis*, πανένδοξος *omnino gloriosa* et ἀξιάγαστος *stupore digna*.

405. Sexta epithetorum classis suo ambitu praecedentes omnes complectitur, *congerie et accumulatione* [3]) *efficitur*, formamque praefert [4]) huic geminam: « Per intercessiones dominae nostrae dominatricis, purissimae virginis, sanctae, immaculatae et intemeratae Mariae. »

406. Ad septimam classem *epitheta* revocantur *tum negantia tum antonomastice adhibita*, et quibus κατ' ἐξοχήν et non citra manifestam excellentiae significationem Deipara audit ἡ ἄμωμος *illa immaculata*, ἡ ἄσπιλος *illa intemerata*, ἡ ἀμόλυντος *illa impolluta*, ἡ ἄχραντος *illa illibata*, et ne singula persequar, ἡ ἄμεμπτος *illa inculpata*.

407. Octava classis hoc tantum nomine a superiore distat, quod *ex epithetis* efflorescit non negantibus sed *affirmantibus iisque antonomastice acceptis;* cuiusmodi [5]) illa sunt quibus Deipara effertur tamquam ἡ ἁγία *illa sancta*, ἡ ἁγνή *illa innocens*, ἡ καθαρά *illa pura*,

---

» Praedicanda et laudanda
» Privatim et publice.
Et pag. 308. col. 1. C-D.
» Ave templum gratiarum
» Omnium capabile:
» Ave cuius peccatores
» Pascunt eleemosinae.
» Gaude felix, et ex ipsis
» Unam mihi tribue.

1) nn. 222. seqq. Apposite Anselmus Orat. XLVI. pag. 277. col. 1. E. « Beatissima Dei genitrix et virgo perpetua Maria, sacrarium omnium virtutum, gignendo Dominum virtutum et regem gloriae Christum, per eumdem quem meruisti generare tibi ad aeternam gloriam et nobis ad aeternam salutem, precor per tuam clementiam suffragare mihi omni misericordia indigno, siquidem omnino, deifera sanctissima Maria, indignus sum te adire precatum. »

2) nn. 230. seqq. Narrationem de dormitione Deiparae ex Euthymiaca historia Damascenus contexens, haec praeter alia refert Orat. II. in Deiparae dormit. §. XVIII.

pag. 879. D: Οὗτοι τοιγαροῦν ἐκεῖσε σεβάσμιον οἶκον τῇ πανυμνήτῳ καὶ παναγίᾳ θεοτόκῳ καὶ ἀειπαρθένῳ Μαρίᾳ οἰκοδομήσαντες, καὶ παντὶ κόσμῳ κοσμήσαντες τὸ ταύτης πανάγιον καὶ θεοδόχον ἀνεζήτουν σῶμα. *Cum itaque laudatissimae sanctissimaeque Dei genitrici perpetuaeque virgini Mariae venerandam aedem illic* (Marcianus et Pulcheria) *exstruxissent, omnique ornamentorum genere decorassent, sacrosanctum quod Deum suscepit corpus conquirebant.*

3) nn. 247. seqq.

4) Ex ordine Confirmationis Ecclesiae alexandrinae Coptitarum et Aethiopum apud Assemanum in Cod. liturg. eccles. Univ. T. III. pag. 104. His adde quae eodem spectantia habentur in Missali mozarabico T. II. pag. 468.

5) nn. 286. seqq. Anselmus orat. LI. pag. 280. col. 1. C. « Maria, tu illa magna Maria, tu illa maxima feminarum. Te, domina magna et valde magna, te vult cor meum amare, te cupit os meum laudare, te desiderat venerari mens mea, te affectat exorare anima mea, quia tuitioni tuae se commendat tota substantia mea. »

ἡ καλή καὶ ἡ ὡραία *illa pulcra et illa speciosa*, ἡ κεχαριτωμένη *illa gratia plena* et ut concludam, ἡ εὐλογημένη *illa benedicta*.

408. Materies nonae classis continetur *epithetis abstractis*, quibus [1]) Maria laudatur veluti ἁγνείας τὸ κάλλος *innocentiae pulcritudo*, ἁγνείας τὸ πάναγνον ἐνδιαίτημα, *innocentiae innocentissimum hospitium*, ἐνδιαίτημα οὐρανίων ἀρετῶν *caelestium virtutum habitaculum*, ἁγιωσύνης τίμιος *sanctitatis delubrum*. ἐγκαλλώπισμα φύσεως *naturae decus*, ἁγίασμα *sacrarium*, σκεῦος τίμιον *vas pretiosum* et χαρακτὴρ τίμιος *honorabilis forma*.

409. Decima classis *epitheta* sistit *cum notione excessus devincta*, eoque pertinentia ut Deipara [2]) existimetur ὑπεράμωμος *labe superior* ὑπεραγία *super-sancta*, ὑπερκαθαρά *super-pura*, μυριάκις καθαρά *decies millies pura*, ὑπέραγνος καὶ πανυπέραγνος *super-innocens et undequaque super-innocens*, ὑπερβάλλουσα καθαρότης *superexcedens puritas*, ὑπερευλογημένη καὶ πανυπερευλογημένη *super-benedicta et penitus super-benedicta*, ὑπέρλαμπρος *super-splendida*, ὑπερύμνητος καὶ ὑπερδεδοξασμένη *supra omnem laudem gloriamque evecta*, ac tandem πανυπερθαύμαστος *omni admiratione potior*.

410. Undecima classis *epitheta* exhibet *comparata, quibus Deipara omnibus praefertur hominibus*, iisque omnibus [3]) *sanctior, purior, gratiosior, excelsior, gloriosior, pulcrior* et ὄντως ἐπέκεινα βροτῶν *vere mortalibus superior* laudatur.

411. Simillima est classis duodecima, quae *epitheta pariter exhibet comparata, sed quibus Deipara non tam hominibus universim quam sanctis inter homines ita anteponitur*) ut dicatur ἁγίων ἁγιωτέρα *sanctis sanctior, sanctior patriarchis, prophetis, apostolis atque adeo* ἁγία τῶν ἁγίων *sancta sanctorum*, ἁγιώτατος, *inter sanctos princeps*, ἡ πρωτίστη τῶν ἁγίων, *sanctorum praecipua*, τὸ κεφάλαιον τῶν ἁγίων, *sanctorum caput*.

412. Ad idem genus revocatur classis decima tertia iis conflata *epithetis quibus Deipara effertur* [5]) ut *angelis excellentior, sublimior, gloriosior, venustior, lucidior, sacra-*

---

1) nn. 296. seqq. Anselmus Orat. LX. p. 268. col. 1. A.
» Maria templum Domini
» Sacrarium Parucliti,
» Sacrarium decus virginum
» Moerentium solatium.

2) nn. 318. seqq. Anselmus Orat. LI. p. 281. col. 1. D-E. « O femina mirabiliter singularis et singulariter mirabilis, per quam elementa renovantur, inferna remediantur, daemones conculcantur, homines salvantur, angeli redintegrantur! O femina plena et superplena gratia, de cuius plenitudinis exundantia respersa sic revirescit omnis creatura! O Virgo benedicta et superbenedicta, per cuius benedictionem benedicitur omnis natura! O nimis exaltata, quam sequi conantur affectus animae meae, quo aufugis aciem mentis meae? O pulcra ad intuendum, amabilis ad contemplandum, delectabilis ad amandum, quo evadis capacitatem cordis mei? »

3) nn. 324. seqq. Anselmus Orat. LIV. pag. 283. col. 1. D. «O sanctissima virgo Maria, nos qui credimus quod virgo et mater Dei sis, credendo sentiamus quod pro nobis depreceris. Et qui fatemur te omnibus hominibus meliorem, gaudeamus per te percipere felicitatem. »

4) nn. 330. seqq. In Officio quadragesimali pro Feria VI. Hebdomadae III. Ieiuniorum pag. 264. canitur: Τὴν τῶν οὐρανῶν ὑψηλοτέραν, καὶ Χερουβὶμ ὑπερτέραν, τὴν ἁγιώκροτον, καὶ ἀμίαντον κόρην τοῦ πάντων Θεοῦ ὑμνοῦμεν, καὶ ὑπερυψοῦμεν εἰς πάντας τοὺς αἰῶνας. *Caelis altiorem et Cherubim sublimiorem, sanctorum primam et impollutam Dei omnium puellam laudamus ac superexaltamus in omni seculo.* Anselmus vero Orat. LX. p. 268. col. 1. C-D. sic habet:
» Cum mente tracto angelos,
» Prophetas et apostolos,
» Victoriosos martyres
» Et perpudicas virgines:
» Nullus mihi potentior,
» Nullus misericordior,
» Illorum pace dixerim.
» Videtur matre Domini.

5) nn. 335. seqq. Anselmus Orat. LIV. pag. 283. col. 1. C-D. « O alma virgo Maria, tanto omnibus angelorum spiritibus omnibusque electorum animabus, in cuncta filii tui Christi Domini nostri hereditate es gloriosior, quanto ab ipso fieri meruisti beatior. O sancta Dei genitrix, omnium creaturarum dignissima atque purissima, caecorum cordium oculos terge, atque semitas iustitiae nobis o-

27

tior, et uno verbo χερουβὶμ καὶ σεραφὶμ ὄντως καθαρωτέρα, *Cherubim atque Seraphim verissime purior.*

413. Eodem spectat et classis decima quarta non alia complectens *epitheta* nisi *ea, quibus Deipara omnibus omnino creaturis praeponitur*, atque adeo [1]) iis omnibus perhibetur *insignior, purior, innocentior, gloriosior* atque in summa πάσης κτίσεως ἀνωτέρα *universis creaturis sublimior*, itemque ἁγιωτέρα ἀγγέλων καὶ πάσης τῆς κτίσεως *sanctior angelis cunctisque creaturis.*

414. Classis decima quinta praefert *epitheta abstracta*, quibus inter Deiparae praeconia laudationesque censetur quod ea [2]) sit *ipsa sanctitas, puritas, venustas, puritate purior, sanctitate sanctior et* ἐπέκεινα καθαρότητος καὶ σωφροσύνης καὶ παρθενίας *potior puritate et pudicitia et virginitate.*

415. Classis decima sexta *epithetis* absolvitur, *quae Deiparam supra omnem cum creaturis comparationem extollunt*, illamque esse [3]) docent *portentum atque miraculum singulare*, ἄβυσσον θαυμάτων *miraculorum abyssum*, πάντων θαυμάτων ὑπερτέραν *miraculis omnibus sublimiorem et eo usque puram ut eius innocentia neque animo intelligi neque verbis enarrari pro dignitate possit.*

416. Classis decima septima expletur *epithetis, quibus Deipara cum Deo comparatur*, eique defertur [4]) ut sit *divinum quiddam ac divinissimum*, χωρὶς θεοῦ μόνου πάντων ἀνωτέρα

---

stende. » Theophanes vero in officio quadragesimali pro dominica I. Ieiuniorum pag. 155. scribit: Ὑπὲρ τὰς ἄνω χοροστασίας ἤρθης, πάναγνε, μόνη γενομένη μήτηρ τοῦ παντουργοῦ· γεγηθότες οὖν κραυγάζομεν, εὐλογημένη σὺ ἐν γυναιξὶν ὑπάρχεις, πανύμωμε δέσποινα. *Super caelestes choros exaltata es, purissima, sola creatoris omnium mater, laeti igitur clamamus, benedicta tu inter mulieres, labis prorsus omnis expers domina.* Et pag. 157: Ἡ τῶν οὐρανῶν πλατυτέρα, καὶ Χερουβὶμ ἁγιωτέρα, πάσης τε τῆς κτίσεως, ἀγνή, τιμιωτέρα, Θεὸν ἐκύησας, καὶ μητρικῶς ἐβάστασας τὸν πατρικοῖς κόλποις καθήμενον. *Caelis amplior, et Cherubim sanctior omnique creatura honorabilior, o pura, Deum concepisti, et in Patris sinu considentem matris more gestasti.*

1) nn. 342. seqq. Auctor sermonis CXCIV. de assumptione Deiparae n. 2. apud Mai in nova pp. Biblioth. T.I. pag. 452. opportune ad rem presentem scribit: « Festivitas hodierna tanto nobis debet esse devotior, quanto illa cuius memoriam agimus, cunctis gentibus fuit fecundior (sic), cunctis apparuit sanctior, cunctis intus et foris pulcrior, cunctis sapientior, cunctis gratiosior omnibusque creaturis perfectior. »

2) nn. 348. seqq. Hinc graeca Ecclesia in Officio quadragesimali, Dominica I. Ieiuniorum cum Theophane canit pag. 152. Σεσαρκωμένον τεκοῦσα τὸν θεῖον λόγον, θεοπρεπὲς ἁγίασμα, κεχαριτωμένη, τούτου ἀναδέδειξαι· διὸ σοῦ τὸ τέμενος τὸ φωτοειδὲς ἐγκαινίζομεν. *Incarnatum divinum Verbum enixa, huius effecta es Deo dignum sanctuarium, o gratia plena; propterea lucidi templi tui encaenia celebramus.*

3) nn. 350. seqq. Hinc auctor sermonis de assumptione quem paullo ante laudavimus, de Deipara ait n. 3. pag. 453. « Quid igitur nobilius Dei matre? Quid splendidius ea quam splendor Patris elegit? Quid castius ea quae corpus sine contagione corporis, Deum et hominem generavit? Virgo quippe supra omnes virgines fuit non solum corpore sed et mente. Talem hanc Evangelista monstravit, talem Angelus caelorum maior reperit, talem Spiritus sanctus, Pater et Filius elegit et praeelegit ante mundi constitutionem, ut mater Dei aeterni, plena omni gratia et veritate esset, ut nemo sit qui se abscondat a calore sanctitatis et misericordiae eius. »

4) nn. 355. seqq. in officio quadragesimali pro feria III. Hebdomadae I. Ieiuniorum pag. 105. ista habentur: Σὲ τὸ πανάριπον κλέος τοῦ γένους ἡμῶν ὑμνοῦμεν, διὰ σοῦ γὰρ ἐθεώθημεν, ἐκρύβη, καὶ γὰρ ἄτεκνος ἡμῖν τὸν σωτῆρα, καὶ Θεὸν Χριστὸν, τὸν λύσαντα τῆς κατάρας ἡμᾶς. *Laudamus te generis nostri decus eximium, per te siquidem, o Virgo, deificati sumus, etenim peperisti nobis Salvatorem et Deum Christum, qui nos e maledicto exsolvit.* Praeclarissime Anselmus orat. XLIX. pag. 279. col. 1. B. « Sancta et inter sanctos post Deum singulariter sancta, Maria, mater admirabilis virginitatis, Virgo amabilis fecunditatis, quae Filium Altissimi genuisti, quae perdito humano generi Salvatorem peperisti, Domina praefulgens tanta sanctitate, supereminens tanta dignitate, quam utique certum est non minori praeditam esse potentia et pietate; tibi o genitrix vitae, o mater salutis, o templum pietatis et misericordiae, tibi sese conatur praesentare miserabilis anima mea. »

omnibus, uno Deo excepto, sublimior, τριαδικῶν χαρίτων πλήρωμα, *gratiarum Trinitatis plenitudo, forma Dei, Deo simillima et secundum Filium omnium regina.*

417. Constituunt classem decimam octavam *epitheta metaphorica, atque illa nominatim quae ex luce et sole derivantur*, et quibus Deiparae [1]) asseritur ut sit φῶς; *lux*, πάμφωτος *luce plena*, φωτὸς σκήνωμα *lucis habitaculum*, φωτεινότατον παλάτιον *palatium lucidissimum*, λαμπὰς πολύφωτος *lampas undequaque refulgens, umbra carens*, ἡλιόμορφός *soliformis*, ὑπέρφωτος ἥλιον νεφέλη *nubes solis radios vincens* et καθαρωτέρα ὑπὲρ τὸν φαίνοντα ἥλιον, *conspicuo sole longe purior.*

418. Constituunt classem decimam nonam *epitheta eiusdem generis, sed ex plantis floribusque desumpta*, eoque pertinentia ut [2]) Virgo describatur *flos incorruptus, virga illibata, ramus pulcher, myrrha, rosa et lilium.*

419. Classis quoque vigesima *metaphoricis* constat *epithetis, sed quae ex innocentissimis ducta animantibus* Virginem [3]) depingunt *ceu ovem immaculatam, agnam aurei velleris, columbam innocentem, sanctissimam et omnis insciam labis.*

420. Superest classis vigesima prima, quae componitur *epithetis ex sacris regiisque translatis*, et quibus [4]) Deipara nuncupatur *templum virginitatis, domus gratiae, Spiritus sacrarium, donarium pretiosum, vas honoratissimum, sacratissimum, incorruptum, regium diadema, thronus regius, sella curulis, palatium purissimum, regia gaza et purpura ab ipso Deo contexta.*

ARTICULUS II.

De ratione probationis instituendae: potiores hermeneutici canones recensentur: thesis atque hypothesis demonstranda declaratur: mutuus utriusque nexus ostenditur: quidve ex singulis epithetorum classibus et quid ex illorum summa colligi ex sese debeat, constituitur.

421. Compertis atque iis omnibus accurate descriptis, e quibus efflorescere probatio debet; quod animo primum succurrit, *ad modum* pertinet quo illa adhibenda sunt atque ita ordinanda ut eo pertingant quo diriguntur. Quod quidem praestari nullatenus potest, nisi certi stabiliantur canones qui epithetorum interpretationi praesint, illamque sic regant ut ducta ex iis significatio non impedita et anceps, sed plana et omnino fixa videatur. De eiusmodi igitur interpretandi legibus continuo agemus, illasque ex ordine proponemus atque explanabimus.

---

1) nn. 364. seqq. Anselmus in Psalterio pag. 306. col. 1. A-D.

» Ave mater gloriosa,
» Lux solaris, clara stella,
» De qua iustis lux est orta,
» Rectis corde laetitia.
» Ave stella paradisi,
» Cuius lumen adoramus,
» In laudes tui Filii
» Alleluia dum cantamus.

Et in officio quadragesimali in Parasceve Tyrophagi pag

55. Ταῖς φωτοβόλοις σου ἀστραπαῖς, δέσποινα τοῦ κόσμου ἀγαθή, τὸ τῆς ψυχῆς μοῦ ἀπέλασον σκότος, καὶ τὴν νύκτα τῆς ἁμαρτίας μου, προθυμῶς ἵνα ψάλλω καὶ μακαρίζω σε. *Splendoribus tuis lucem iaculantibus, o bona mundi Domina, animae meae tenebras et peccati mei noctem expelle, ut prompte psallam teque beatam depraedicem.*

2) nn. 377. seqq.
3) nn. 383. seqq.
4) nn. 387. seqq.

422. *Canon I. Nullus in enarrandis epithetis Deiparae tributis permitti locus debet praeceptis animo opinionibus.* Sunt enim praeceptae animo opiniones totidem veluti nebulae quae liquidam veritatis lucem infuscant, neque minus sincerum mentis iudicium impediunt, quam insiti latentesque amores voluntatem in transversum rapiunt. Quemadmodum igitur purganda hisce voluntas est, ne eligendo peccet; ita illis exuendus est animus ne iudicando labatur.

423. *Canon II. Nulla cuivis ex commemoratis epithetis subiicienda significatio est, quae illorum summae adversetur.* Sane eo commemorata epitheta spectant, ut sua varietate atque copia unum idemque obiectum, quod est Deipara, describendo atque articulatim veluti exprimendo ¹) repraesentent. Quemadmodum igitur Deiparae inesse dotes nequeunt quae secum ipsis pugnent atque confligant; ita nec tributa eidem epitheta praeferre significationes possunt quae sibimetipsis adversentur. Quod ut exemplo aliquo expoliam, fac nonneminem reperiri qui in hac opinione versetur, idcirco tantum *sanctam* nuncupari Deiparam quod nullam umquam lethalem labem ipsa contraxerit. Propterea eiusmodi interpretatio damnanda erit et tamquam *angustior* reiicienda, quod a reliquis epithetis dissideat, atque ab iis speciatim dissideat quibus nunc *sanctissima*, nunc *super sancta*, nunc *antonomastice sancta*, nunc *sanctior Seraphim* et nunc *ipsa sanctitas* appellatur.

424. *Canon III. Ea solum probari debet epithetorum, de quibus loquimur, enarratio; quae harmonica sit et quae cum universa illorum summa adamussim conspiret.* Profecto quisquis epithetorum indolem naturamque paullo intimius perspexerit, haud aegre intelliget spectari ea accomodatius non posse quam veluti signa unius eiusdemque ideae atque conceptus, aut veluti eiusdem vultus eiusdemque imaginis lineamenta. Ratio igitur quae postulat ut signa unius conceptus *harmonice* intelligantur, et ut lineamenta unius imaginis *ad concentum* revocentur; eadem postulat ut interpretationi epithetorum quibus Deipara ornatur, canon *ex harmonia* sumptus dominetur. Faciam ut idoneo exemplo res plenius innotescat. Centies in christianis monumentis Deipara vocatur *pura*. Ecqua igitur significationis amplitudine hoc illam decoratam titulo arbitrabimur? Non alia sane quam quae cum reliquis appositis apte conveniat. Iamvero reliquis appositis ea quoque dicitur *purissima*, dicitur *illa pura*, dicitur *puritas*, dicitur *puritate purior*, dicitur *purior angelis et secunda post Deum propter puritatem* celebratur. Ecquid igitur inferendum superest, nisi puritatis epithetum Deiparae attributum sumi amplissime oportere, eoque expressam ipsam veluti speciem creatae puritatis arbitrari?

425. *Canon IV. Nulla ferri debet epithetorum interpretatio ab illorum dissentiens commentariis, qui in christianis monumentis frequenter reperiuntur.* Dum singulatim

---

1) De qua veritate licet ex sese manifesta, iuverit tamen contulisse Theophilum Raynaudum in observationibus ad nomenclatorem marianum, observat. I. pagg. 371-372. opp. T. VII. et Hippolytum Maraccium in praefat. ad polyantheam marianam, ubi haec habet: « Quamvis unicum revera sit et praeclarissimum Deiparae nomen, *Maria;* attamen cum hoc solum non sufficiat ad eius dignitatem, excellentiam, sublimitatemque cognoscendam, et ad eius perfectionum varietatem multiplicitatemque propalandam, hinc necessario factum est ut tam variis ac multiplicibus nominibus eadem Deipara a sanctis patribus et scriptoribus ecclesiasticis fuerit appellata. Unde sanctus Bernardinus senensis in tractatu de beata Virgine Serm. I. quaerens cur beata Virgo tot tantisque nominibus a sacra Scriptura et patribus nominetur, in hunc modum respondit: *sicut Deum ipsum non uno tantum nomine nominamus sed multis ut sic incomprehensibilem enuntiemus; sic et gloriosam virginem Mariam multis nominibus designamus, et nunc lucem, nunc solem et huiusmodi nominare solemus, ut sic ad sublimitatem eius cognoscendam aliquantulum pertingamus: immensitas quippe gloriae eius omnis humani sermonis excedit inopiam.* »

retulimus ¹) atque explanavimus apposita suffragio maiorum Deiparae adscripta, plane vidimus illa saepissime usurpari non simpliciter et nude, sed suis aucta et locupletata commentariis. Promerem exempla nisi essent innumera, et ad omnem paginam recurrerent. Sed quid statui idcirco debet? Dubio procul intersertis eiusmodi commentariis certas normas contineri, a quibus nefas sit in epithetis explicandis discedere. En ²) Deipara salutatur *intaminata*, sed commentarii instar simul additur: *nihil illi commune esse cum mundo splendore gratiae viduato, et nihil commune cum hominum genere tenebricosa corruptione involuto: immo haud secus intaminatam dici ac Christus intaminatus nuncupetur*. Agerent ergo praepostere, mali essent interpretes et contra praesentem canonem peccarent, qui pari significatione Mariam ceterosque indiscriminatim iustos hoc insigniri epitheto arbitrarentur.

426. *Canon V. Planae disertaeque sententiae a maioribus adhibitae inter normas censeri debent, ad quas epithetorum interpretatio exigatur*. Epithetis enim ea adiungi significatio debet, quae loquentium aut scribentium animo consilioque respondeat. Animus vero consiliumque tam loquentium quam scribentium ex planis disertisque eorumdem sententiis luculentissime innotescit. Est igitur cur planae disertaeque sententiae potissimis interpretandi regulis accenseantur. Cuius regulae ut usum eximiamque utilitatem pervideas, tantisper finge in quaestionem venire, quo sensu quave significandi potestate Deipara a patribus *pulcra atque venusta* laudetur. Facillimum erit nodum explicari, dummodo disertae illorum sententiae recolantur, quibus Deiparam *natura pulcram ac natura venustam* extollunt. Hisce enim consideratis sententiis, illico edocemur multo plenius multoque nobilius *pulcram venustamque* appellari Deiparam, quam *pulcri et venusti sanctissimi quique ex Adami posteris celebrentur*.

427. *Canon VI. In corripienda amplificandaque epithetorum significandi potestate, ratio haberi omnino debet subiecti, cui illa tribuuntur*. Neminem namque fugit, *qualitates a subiectis* pendere quibus inhaerent, quae fingunt, quaeque multipliciter temperant ac diversimode informant. Sunt autem epitheta qualitatum indicia, atque illis harum signa continentur. Eorumdem ergo vis atque ratio ex subiectis non minimum pendet, quibus adscribuntur. Hinc longe aliter accipimus appositum *sancti*, quum illud de Deo, de angelis, deque hominibus usurpatum legimus: et longe aliter *bonum* dicimus Deum, et *bonum* sive angelum sive hominem appellamus. Quid ergo de epithetis iudicabimus quibus Deipara honestatur? Quibus ea honestatur, quam ex recepta ³) apud maiores doctrina Modestus ⁴) vocat τὸν μετ' αὐτὸν τῶν πάντων κρειττοτέρων, *omnium secundum illum* (Deum) *praestantissimam?* Et de qua ⁵) Petrus cellensis scribit: « O Virgo virginum quid est hoc? Ubi es? Singulari et quodam modo inaestimabili pene immediate accedis ipsi Trinitati, ut si

---

1) Videmus namque nobis iure optimo repetere posse quae in memorata praefatione Maraccius scripsit: « Denique haec eadem nomina atque elogia non pura et nuda attuli, sed eorumdem patrum verbis elucidata atque explicata, quando ea ab ipsis patribus et scriptoribus ex quibus collecta sunt, elucidantur atque explicantur. Nolui enim in Polyantheam hanc nec quoad nomen atque encomium, nec quoad nominis et encomii explicationem aliquid ingredi, quod ex sanctorum patrum, aliorumque scriptorum ecclesiasticorum praesertim veterum monumentis petitum non fuerit, ut securus possem dicere quod de suo in subdelegendis patrum dictis studio non modo concinne, sed prudenter et solide protulit Caesarius dialogo I. sub initium, nempe: *non quaedam proprie meu leviaque proferam, sed quaecumque clarorum beatissimorumque patrum prata peragrans, de illorum roseto collegi.* »

2) nn. 97. seqq.
3) nn. 54. seqq.
4) Encom. in Deiparam pagg. 8-20.
5) Sermo de Purificat. s. Mariae pagg. 37-38.

ullo modo Trinitas illa quaternitatem externam admitteret, tu sola quaternitatem compleres: sed est Trinitas, nec aliquatenus ibi fieri potuit aut poterit quaternitas. Non ergo es una persona de Trinitate quae Deus, quia variari aut alienari non possunt illae personae quae ibi sunt, quia aeternaliter sunt quod sunt; nec etiam quarta ad Trinitatem es, quia quartum Trinitati ad aequalitatem nihil est: quid ergo es? Una et prima post Unitatem et Trinitatem, mater eius cuius Pater est Deus Pater: mater eius de quo procedit sicut et a Patre Spiritus sanctus. » Quae quum ita sint, epitheta Deiparae tributa significatione accipiemus omnino amplissima, nec quidquam illis subtractum putabimus nisi quod a creatae naturae conditione alienum est atque seiunctum.

428. Hucusque potiores exposuimus canones, qui in enarrandis appositis Deiparae adscriptis citra erroris periculum violari non possunt; reliquum iam est ut de ipsa probationis forma atque ratione disseramus. Disserere autem de illa, ut quidem decet, non possumus nisi animo recolatur diligenterque determinetur quid confirmari quidve ostendi demonstrando debeat. Duo porro sunt quae confirmari quaeque ostendi probatione debent: principio namque confirmari et ostendi *thesis* debet, *qua Virgini puritas asseritur et innocentia non communis sed singularis, non quaelibet sed eximia, non media sed summa et omnino eiusmodi qua potior nulli creatae effectaeque naturae conveniat.* Tum confirmari et ostendi *hypothesis* debet, *qua exordia Virginis affirmantur innoxia, eius origines purae, illius conceptus immaculatus, et innocentia ac sanctitas cum eiusdem exsistendi initio contemporalis.*

429. Huc redeunt quae statui probando debent, quaeque mutuo intimoque nexu copulantur. Si enim Deiparae innocentia eo usque excellit, ut innocentiam superet cuiusvis creaturae, atque innocentiam idcirco superet qua nitent angeli, qua protoparentes splenduerunt et qua Praecursor inclaruit; ea nequit [1]) non esse *originalis*. Et vicissim *originalis* esse debuit Deiparae innocentia, si inter illius decora numerandum sit, quod purior fuerit supernis spiritibus, quodque perfectissimam illius sanctitatis imaginem praesetulerit, propter quam de incarnato ex ea Unigenito divinis litteris [2]) consignatum legimus, *quod nascetur ex te sanctum, vocabitur Filius Dei.* Est enim de originali praevaricatione verissimum quod [3]) Petrus cellensis his verbis complectitur: « Tyrannus ille cui ab ira indignationis tuae traditi fuimus, scorpionibus caedit nos, urit flagellis, in verberibus torquet et excruciat usque ad medullas viscerum, non est sanitas in carne nostra in qua habitat peccatum, non in corde ubi infidelitas et ignorantia regnant; omne caput languidum et omne cor moerens, a planta pedis usque ad verticem non est sanitas. Cum totam occupa-

---

1) Quod probe vidit Maraccius in notis ad Mariale Iosephi hymnographi, ubi, his relatis eiusdem verbis, *nulli sanctitate secunda Domina*, pergit pag. 420: « Hoc elogio Deiparam Virginem omnes omnino tam homines quam angelos in sanctitate excessisse proclamavit Iosephus; quod verificari nullatenus posset contracto peccato originali: ex hac enim parte angeli et protoplasti in paradiso essent b. Virgine sanctiores. » Et pag. 423 commemorato *immaculatissimae* epitheto quo insigniri Deipara consuevit, subdit: « Quid est Deiparam esse immaculatissimam, nisi ipsam privilegio singularissimo omnes per generationem naturalem ab Adamo descendentes in munditia, puritate et carentia cuiuscumque maculae superasse? Admissa autem in b. Virgine macula peccati originalis, plures ex posteris Adae, quoad peccati carentiam, in munditia et puritate a b. Virgine non superarentur. Nam omnes infantes innocentes qui post baptismum moriuntur antequam ad usum rationis perveniant, quotquot etiam adulti perfecti iudicii ac rationis expertes totum vitae suae stadium percurrerunt, modo a peccato originali lavacro regenerationis mundentur, essent aeque immaculati ac Virgo beatissima: sunt enim pares quoad peccati actualis carentiam, nec beatissima Virgo ab ipsis in immunitate a labe originali dissideret. »

2) Luc. I. 35.

3) Serm. II. in adventu Domini pagg. 5-6

vit massam fermentum praevaricationis, nusquam locus remansit immunis a peccato et poena peccati. Totum cum omnibus partibus suis hominem inspiciamus, et quae membra quae possideant vitia diligenter discutiamus. A planta pedis usque ad verticem non est sanitas. »

430. Verum quonam pacto relatae epithetorum classes adhibendae sunt, ut *thesis iuxta ac hypothesis* in tuto collocentur? Dicam primum quo pacto adhiberi non debeant, tum designabo viam quae terenda est. Itaque summopere fallerentur qui sive thesim, sive hypothesim, sive etiam utramque ex singulis epithetis vel epithetorum classibus *per se* [1]) demonstrandam esse putarent. Quod enim ex singulis classibus, immo vero ex singulis singularum classium epithetis *per se* meritissime exigitur, huc recidit, ut singula quaeque ad thesim vel hypothesim stabiliendam haud secus referantur ac singulares penicilli ductus ad imaginem colorandam, singulares voces ad concentum pariendum et singulares milites ad assequendum victoriae triumphum conducant. Si singulae classes et singula epitheta hanc partem expleant, non est profecto cur quidquam ab illis aut validius aut luculentius exspectetur. Describit [2]) Hilarius unigenitum Dei filium inquiens: « Infinita vocabula in Filio Dei concurrunt, quae pro loco, pro tempore, pro persona, pro virtutibus ab eo gestis accipiuntur. Dicitur verbum, sapientia, lumen, manus, brachium, leo, agnus, vitulus, lapis et cetera, ut diximus, pro potentia et virtutibus in eum concurrentibus. » Describit [3]) et Phoebadius ubi ait: « Filius modo verbum, modo virtus, modo sapientia, modo dextera, modo brachium, modo fons, modo lapis, modo agnus, modo vitulus appellatur. » Quid igitur? Num singulae appellationes id totum sistunt quod de Verbo carne facto profitemur? Num singulae plenam Christi imaginem repraesentant? Si res ita se haberet, frustra congererentur. Hoc igitur singulae praestant, ut tamquam radii solem iustitiae innuant, et nonnisi in fascem collecti eumdem spectandum referant.

431. Quibus ad epitheta translatis Deiparam respicientia, quemadmodum praeclare assequimur cuiusmodi sit singulorum munus, ita ad evidentiam usque intelligimus nonnisi [4]) ex illorum summa probationem theseos atque hypotheseos repeti oportere. Utique, iuvat enim quod maximi momenti est pluries inculcare, *non aliunde quam ex epithetorum summa thesis unicae singularisque innocentiae, qua Deipara fulget, comprobatur: neque aliunde quam ex eorumdem summa hypothesis immaculati conceptus adstruitur.* Singula viam insternunt, sed omnibus dumtaxat conspirantibus meta certissime attingitur.

---

1) *Per se*, inquam, sepositisque commentariis quibus singula illustrentur. Etenim si horum etiam ratio habeatur, nihil impedire quominus singularia quoque epitheta thesim vel hypothesim demonstrent, ex iis liquido patet quae crebro nn. 84. seqq. animadvertimus.

2) Tract. II. n. 5. pag. 486, apud Mai in nova pp. Biblioth. T. I.

3) Tract. de Fide orth. cap. VI.

4) Quod universim dictum volo, neque enim contendo epitheta prorsus deesse quae *etiam seorsum* immaculatum ostendant Deiparae conceptum. Talia esse arbitror *abstracta*, talia *ex comparatis* non pauca, et talia quae legimus *antonomastice* adhibita. Quod ut de his postremis nonnihil expoliam, *inprimis* animadverto, non secus absoluta *immaculatae* appellatione in christianis monimentis Deiparam efferri, ac ea absoluto *Virginis* nomine significetur, vel auditis nominibus *Apostoli, Protomartyris, Philosophi, Urbis*, continuo *Paulus, Stephanus, Aristoteles, Roma* intelligantur. Tum animadverto, hominum neminem licet sanctissimum reperiri, quem maiores nostri unica et antonomastica *immaculati* voce designare consueverint. Sed cur enim vero? Quod ne unus quidem vel sanctissimus ex Adami posteris originalem noxam vitarit, et antonomasticum immaculati elogium in ipso conceptu non amiserit. Evidens igitur appositorum ratio persuadet, ut sola Deipara expers originalis naevi censeatur.

ARTICULUS III.

Quadruplex adhibetur probationis forma, qua et thesis de summa singularique Deiparae innocentia, et hypothesis de immaculato eiusdem conceptu demonstratur: forma absoluta: forma hypothetica: forma comparata: et forma quae dici ad hominem consuevit.

432. Praeiecimus quidquid opus erat ut erigi aedificium posset, ipsamque propterea aedificationis operam continuo adgredimur. Nemo itaque inficias eat, summam merito eam haberi innocentiam, eamque puritatem iure maximam aestimari, ad quam significandam exprimendamque conspirent [1] hinc quidem epitheta omnino omnia culpam, defectum, labemque excludentia, inde vero epitheta similiter omnia quibus puritatis culmen innocentiaeque fastigium humanis verbis efferri possunt. Atqui talis est puritas neque alia est innocentia, quae unanimi suffragatione maiorum Deiparae vindicatur. Recolantur enim epitheta distinctis propriisque classibus superius comprehensa, et quo fieri acrius potest investigetur, an quidquam patres cristianique scriptores praetermiserint, quo sive omnis culpae umbra a Deipara amandetur, sive omnia sanctimoniae puritatisque ornamenta eidem asserantur. Aut enim totus fallor, aut ne fingi quidem imaginando potest quod cumulatis studio maiorum epithetis adiiciatur.

433. Ut enim Virginem ab omni labe solutam doceant, omnia inprimis colligunt *negantia epitheta gradu positivo expressa*, illamque uno ore proclamant *immaculatam, intemeratam, intaminatam, impollutam, inculpatam, illaesam, incorruptam, illibatam, intactam*. Omnia deinde colligunt *negantia epitheta gradu superlativo concepta*, et Deiparam compellant *penitus immaculatam, immaculatissimam, illibatissimam, incorruptissimam, intemeratissimam, funditus illaesam et rugae atque labis penitus expertem*. Addunt *epitheta cumulata*, et Deiparam coniunctim dicunt *immaculatam et immaculatissimam, illaesam et intactam et prorsus intemeratam, illibatam et prorsus incorruptam ac naevi prorsus omnis expertem*. Neque his contenti manum praeterea admovent nunc quidem *ad epitheta cum excessus notione conserta*, et Deiparam vocant *super-immaculatam, superillibatam et supra mentem cogitationemque intemeratam*: et nunc ad

---

[1] Quod ut novo exemplo e copticis desumpto monimentis confirmem, velim animadvertatur: I. particulam ⲀⲦ penes Coptos respondere alphae privanti Graecorum, atque adeo efficere ut compositae ex ipsa voces vim potestatemque negantem praeseferant. Animadvertatur II. tribus vocabulis ⲀⲦⲐⲰⲖⲈⲂ, ⲀⲦⲀϬⲚⲒ, ⲀⲦⲦⲀⲔⲞ, quae coalescunt hinc ex particula privante, inde ex nominibus ⲐⲰⲖⲈⲂ, ⲀϬⲚⲒ, et ⲦⲀⲔⲞ significantibus *inquinamentum, maculam, corruptionem*, id proprie efferri *quod alienum est a quovis inquinamento, quod exsors est cuiusvis labis, quodque nihil cum corruptione commercii habet*. Animadvertatur III. praeter tria haec vocabula vix alia Coptis praesto esse, quibus subiectum designent *ab omni inquinamento liberum, nullius conscium maculae et a quavis corruptela solutum*. Animadvertatur tandem IV. non semel sed omnino frequenter tria haec vocabula in ecclesiasticis Coptorum monimentis de Virgine usurpari, ipsamque propterea ex aequo dici tum (Thetoch. pagg. 101. tetrast. IV., 309. tetrast. II., 119. tetrast. IV., 130. tetrast. IX., 133. tetrast. II., 136. tetrast. VII., 162. tetrast. V.) ⲀⲦⲐⲰⲖⲈⲂ tum (ibid. pag. 102. tetrast. IV. et alibi) ⲀⲦⲀϬⲚⲒ tum (ibid. pagg. 102. tetrast. III., 131. tetrast. VI. et alibi) ⲀⲦⲦⲀⲔⲞ. Hisce enim animadversis liquet, vel Coptis defuisse vocabula negantia, quibus a Deiparae primordiis labes omnes arcerent, vel hoc ipsos quo luculentissime poterant, praestitisse.

epitheta antonomastice accepta, et Deiparam nuncupant *immaculatam illam, illam inviolatam, illam intemeratissimam et illam nullius consciam labis.*

434. Quid vero non sunt moliti, ut puritatis apicem, ut innocentiae verticem, et ut sanctitatis coronam Virgini adscriberent? Usurparunt *epitheta affirmantia utroque gradu, positivo et superlativo inflexa,* atque Deiparam concordes dixerunt *sanctam et sanctissimam, sacram et sacratissimam, puram et purissimam, innocentem et innocentissimam, pulcram et pulcherrimam, gratiosam et gratiosissimam, Deo gratam et Deo gratissimam, beatam et beatissimam.* Usurparunt *epitheta plenitudinem referentia,* et Deiparam laudarunt *perfecte sanctam, penitus sacram, undequaque pulcram, pretiosam ac beatam.* Usurparunt *epitheta in fascem collecta,* et Deiparae coniunctim encomia detulerunt *sanctissimae et purissimae et pulcherrimae et undequaque benedictae.* Usurparunt *epitheta antonomastice,* et Deiparam vocarunt *sanctam illam, illam sanctissimam, pulcram illam, illam pulcherrimam, gratiosam illam, illam gratiosissimam, puram illam, illam purissimam et penitus puram.* Usurparunt *epitheta quibus inest significatio excessus,* et Mariam non secus celebrarunt ac ut *super-sanctam, super-puram, super-innocentem, super-venustam, super-benedictam et omni admiratione maiorem.* Usurparunt *epitheta abstracta,* et Virginem dixerunt *ipsam sanctitatem, ipsam innocentiam, ipsam venustatem, ipsamque pulcritudinem.* Denique reliquas usurparunt epithetorum classes, quas priore articulo diligenter numeravimus, quaeque vim omnem humani sermonis exhauriunt. Nisi ergo supra mortalium loquendi facultatem situm sit, innocentiam creatam omnium maximam, et puritatem creatam omnium supremam verbis efferre; hanc profecto a maioribus expressam et Virgini tributam fateamur oportet.

435. Iamvero cum innocentia et sanctitate creata omnium maxima et suprema fieri nequit, ut originalis praevaricatio copuletur. Hoc enim creatae innocentiae puritatisque fastigium spectari potest *vel in sua idea et forma, vel in facto, in historia atque in ipsis creaturis.* Sed in sua idea ac forma nullam patitur labem, et nullam rursum labem patitur, si ad factum, ad historiam, ipsasque creaturas referatur. Quemadmodum enim beatorum angelorum innocentia nullo umquam fuit taminata naevo; ita neque protoparentum puritas, quamdiu suam ipsi dignitatem servarunt, labem ullam recepit. Ea igitur testificationum nube, qua patres scriptoresque christiani ad culmen creatae puritatis atque innocentiae Deiparam evehunt, eamdem ab originali culpa integram solutamque demonstrant.

436. Et re sane vera quid a communi praevaricatione alienius, aut quid ab universali contagione remotius, quam quod sit *ipsa puritate purius, et ipsa sanctitate sanctius?* Quam quod sit *universis hominibus pulcrius, gratiosius, innocentius, et sanctissimis inter homines sanctius?* Quam quod sit *Cherubim purius et Seraphim immaculatius?* Quam quod sit *fulgidius sole, luce nitidius, venustius liliis et sacratis victimis sacratius?* Quam quod *universae creaturae visibilis atque invisibilis innocentiam vincat et sanctitatem praetergrediatur?* Et quam quod *ad Deum tam proxime accedat ut alterum puritatis, innocentiae, sanctitatisque gradum obtineat?* Atqui eiusmodi formularum nulla est, quae de Deipara in christianis monimentis non saepissime adhibeatur. Incredibili ergo maiorum consensione primordia Virginis immaculata eiusque origines illibatae ostenduntur.

437. Huic autem argumento *suapte forma absoluto* alterum addo *hypotheticum,* quod rite inspectum ad faciendam fidem persuasionemque gignendam accomodatissimum

puto. Ponamus itaque *primum* maiores nostros in ea fuisse opinione, qua exordia Virginis infecta universali corruptione censentur. Quae illorum esse necessario debuit cogitandi quaeve loquendi ratio? Quacumque supernorum munerum copia locupletatam deinceps Deiparam existimarint, fieri non potuit ut in eam mentis oculos intenderent quin continuo perspicerent *lucem* successisse *tenebris, benedictionem maledicto, benevolentiam irae, amicitiam inimicitiae, puritatem impuritati, munditiem sordibus et sanctimoniam peccato.* At vero fas ne fuit sibi polliceri quod ex animo hac cogitatione occupato non alia ad linguam verba defluerent, nisi quae hanc ipsam cogitationem longissime amandarent? Nisi quae ad avertendam omnem contractae culpae suspicionem mirifice conferrent? Si qui sibi istud persuaserint, illorum pace dicam, neque satis compertam habent humanam naturam neque satis ad vinculum advertunt quo cum cogitationibus verba nectuntur. Quum igitur patres scriptoresque christiani in suis de Virgine tractatibus, homiliis, orationibus, hymnis non alia constantissime promant nisi quae ideam omnem culpae labisque avertunt; necesse est ab ea opinione abhorruisse credantur, qua eiusdem conceptus originali infectus culpa perhibetur.

438. Ponamus *deinde* eam de Virginis conceptu christianae antiquitati insedisse sententiam, quam nos illi adscribendam esse tuemur. Quo pacto suam hanc mentem ipsa efferre ac verbis significare potuisset? Non aliter credo quam proprium in usum conversis hinc quidem *vocibus negantibus* quae naevos omnes a Virgine arcerent, inde vero *vocibus aientibus* quae illi eximiam, unicam et singularem prae reliquo hominum genere innocentiam assererent. Aut hoc enim satis fuit, aut me latet si quid satis esse potuit. Verum ecquas tandem utriusque classis voces patres neglexerunt? Immo quas non adhibuerunt *positivas, superlativas, cumulatas, abstractas, antonomasticas, comparatas, proprias et metaphoricas?* Iure igitur nostro rationes ita subducimus. Opus omnino est ut eam maioribus nostris de conceptu Virginis fidem docrinamque tribuamus, quam si animo foverint, loqui non aliter debuerint ac loquuti revera sint, et a qua si alienum gesserint animum, non potuerint loqui quemadmodum illos constanter loquutos deprehendimus. Atqui relatis exemplis ferme innumeris ostendimus, maiores nostros constanter ita loquutos quemadmodum eos decebat, qui immaculatum Virginis conceptum probarent, et quemadmodum ii loqui nullatenus poterant, qui Virginis primordia peccato foeda arbitrarentur. Opus est igitur ut immaculatus Deiparae conceptus solemni vulgatissimoque penes maiores loquendi usu comprobatus videatur.

439. Quod ex eo pariter argumento perspicuum erit, cui tertium locum facimus, quodque *inspecta eiusdem forma comparatum* nominamus. Collatis itaque mutuo epithetis, tum iis quae de puritate deque innocentia Virginis tanta copia tantaque ubertate usurpantur, tum iis quae in maiorum libris occurrunt ut aliorum puritas atque innocentia describatur; e vestigio cernimus I. nullum esse hominem sive martyrem, sive prophetam, sive apostolum, sive ipsius quoque Domini praecursorem, ad quem spectat [1]) oraculum, *inter natos mulierum non surrexit maior Iohanne Baptista,* de cuius puritate atque innocentia vel minima eorum pars adhibeatur quae ad exornandam Virginem omnium ore reputuntur. Tum II. cernimus, nullum esse angelum, nullum archangelum nullumque caelestem spiritum, cuius innocentiam sanctitatemque iis coloribus patres depingant, quos in excitanda Deiparae effigie ad manus numquam non habent. Ad haec III. cernimus, epi-

---
1) Matt. XI. 11.

theta omnino plurima de puritate et innocentia Virginis frequentia, cuiusmodi sunt quae *comparata* diximus, neque de hominibus quamquam iustissimis, neque de angelis licet purissimis adhiberi potuisse. Praeterea IV. cernimus *syllogem* epithetorum quae de puritate et innocentia Virginis frequentantur, sic illi inter creaturas omnes *unice* adscribi, ut hoc ipso epithetorum usu eiusdem puritas atque innocentia super creaturas omnes efferatur. Tandem V. cernimus, unum esse Deum et unum Christum eius, cuius sanctitas similibus epithetis significari consuevit. Haec autem quae mihi sunt certissima, nemini dubia erunt qui et memoria teneat quae de Virgine adduximus, et in christianis monimentis hospes prorsus non sit ac peregrinus.

440. Bene habet, sed quid propterea quod in rem praesentem conferat, et quam versamus caussam iuvet? Istud omnino, nullam puritatis atque innocentiae dotem cuipiam creaturae visibili aut invisibili tribui posse, quae ex usu loquendi maiorum non multo potiori iure adscribi Deiparae debeat. Ex praescripto autem catholicae professionis tam angelis quam protoparentibus originalis puritas atque innocentia tribuatur oportet. Suffragantibus igitur patribus hoc ipsum originalis innocentiae decus multo potiori iure adscribi Deiparae debet.

441. Sane, ut postremo loco argumentum expediam quod *ad hominem* voco, evolvantur libri post obortas de conceptu Virginis contentiones ab iis exarati qui e veritate esse censuerunt, profectam ex Adamo damnationem ad ipsam quoque Virginem protendere, et ipsam quoque Virginem comprehensam tueri [1]) apostolicis verbis, *in quo omnes peccaverunt*. Quam, quaeso, loquendi formam in eiusmodi libris receptam solemnemque animadvertimus? Illam ne cuius prolixum specimen ex maiorum hortis defloravimus? An aliam satius et funditus diversam? Mentiar aperte nisi incunctanter affirmem, inter utramque loquendi formam nihil plane consanguinitatis existere, et priorem a posteriori maxime dissidere. Patres nullum finem faciunt extollendae puritatis, qua Deipara nitet, nullaque ipsis succurrunt epitheta quamquam splendidissima ac prope divina, quae non infra innocentiam et Virginis puritatem sita esse testentur. At scriptores de quibus agimus, ad omnem gressum haerent, cuncta morose librant, sibi timent ne excedant, a plurimis pavidi abstinent, et ipsum [2]) *immaculatae* appositum vel vitant vel detorquent. Quae quidem ego argumentis confirmarem, nisi cavendum esset ne obducta vulnera contrectatione recrudescerent. Multis autem non est opus, ut quid cum tanta loquendi diversitate sit iunctum, declaretur. Sicut enim verborum conspiratio conspirationem probat sententiarum, ita verborum dissidium a dissidio sententiarum divelli non potest. Si ergo infecta haberi nequeunt exordia Virginis, quin loquendi ratio adhibeatur ab ea diversissima quae in patrum libris regnat et in christianis monimentis unice dominatur; nihil plane evidentius quam maio-

---

1) Rom. V. 12.

2) Describo Maraccii verba ex adnotationibus ad Manale Iosephi pag. 491. « Si diligenter evolvantur libri, disputationes, tractatus et varia scripta eorum qui contra immaculatam Conceptionem scripserunt, vel eidem modeste subscribere recusarunt; nusquam legetur apud illos titulus *Immaculatae*, toties a Iosepho nostro *(et patribus plerisque omnibus)* attributus Virgini. Nihil enim disputationem sustinentes volebant dicere repugnans, ut ab Aristotele in Topicis didicerant, et probe callebant titulum *Immaculatae* quomodocumque enunciaretur, aeque esse opinionis Virginem a peccato originali eximentis protestativum. Hinc Hieronymus ab Angesto exacti iudicii theologus lectura III. sui propugnaculi contra nolentes gloriosissimam virginem Mariam dici immaculatam, nullo alio pugnat argumento quam probatione praeservationis ipsius ab originali peccato; ratus non posse illi titulum immaculatae competere, quam vel unius instantis macula foedasset. »

res nostros de conceptu Virginis credidisse quod vulgatus Anselmus [1]) his verbis expressit: « Nihil tibi, Domina, aequale, nihil comparabile est: omne enim quod est, aut supra te est, aut subtus te est: quod supra te est, solus Deus est; quod infra te, omne quod Deus non est. Ad tuam tantam excellentiam quis aspiciet? Quis attinget? Et certe ut ad hanc excellentiam pervenires, in humillimo loco, idest, in utero matris tuae purissima oriebaris. Quod si tali modo concepta et ordinata non fuisses, ad tantam celsitudinem non succrevisses. »

ARTICULUS IV.

Petavii aliorumque difficultas qua probatio immaculati Conceptus ex epithetis ducta impugnatur: multiplex eiusdem solutio: et cuiusmodi censeri veritas debeat qua immaculatus Conceptus statuitur, uberior explanatio.

442. Versat Petavius quaestionem de immaculato Virginis conceptu, et quamquam illis ultro suffragetur qui in aientem partem concedunt, eruditi tamen diligentisque theologi esse ducit [2]) in eos animadvertere « Qui nec in citandis auctoribus fidem ac delectum adhibent, qui omnium maxime necessarius est: et quos ex antiquitate idoneos arcessunt, eorum dicta falsis interpretationibus et alienis ab illorum mente detorquent. » Tum subdit: « Necesse non esse de singulis dicere, sed satis esse universe de unico capite illorum erroris admonere, quod lucubrationum istiusmodi magnam partem occupavit. » Quod cuiusmodi sit, ita enarrare pergit: « Si quid apud veteres, Graecos praesertim, increbuit, quod b. Virginem ἄχραντον, ἄφθαρτον, ἀμίαντον, idest, *illibatam, incorruptam, impollutum*, et id genus alia sonare videtur, in hoc avide tamquam secundo Mercurio sibi oblatum involant, et ad rem suam accommodant; sed non est consequens. Siquidem illi etiam, quibus placuit originali contactam labe fuisse Virginem, partim in utero ipso antequam nasceretur, partim sub ipsum Redemptoris conceptum, tanta gratiae sanctitatisque copia superfusam esse putant; ut omnes originalis morbi reliquiae, cum ipso qui dicitur fomite concupiscentiae, sanatae vel in perpetuum compressae fuerint. Quam ob caussam immaculata et impolluta dici mereretur, licet originali perfusa culpa fuisset. Nam et immaculati et innocentes appellantur in Scriptura, qui praesente iustitia et sanctitate praediti sunt, quum ab originis vitio non fuerint excepti. Sic Propheta, qui se *in iniquitatibus conceptum* fatetur, *ero*, inquit, *immaculatus cum eo*. Paulus item *electos* ait *esse nos, ut essemus sancti et immaculati*. Et in Apocalypsi Iohannes de virginibus, *sine macula*, inquit, *sunt ante thronum Dei*: et sexcenta huiusmodi. Frustra igitur sunt qui iis et similibus ex vocabulis, quae summam in b. Virgine munditiam integritatemque significant, confectum sibi negotium putant, ut apud quos ista repererint, eos sibi in testimonium asciscant illius, quem probare volunt, intacti immaculatique conceptus. »

443. Quam a Petavio difficultatem obiectam mirum dictu est quanto plausu exceperint et quam crebro ii omnes inculcarint, quibus arrisit immaculatum Virginis conceptum aut penitus denegare aut in controversiam saltem adducere. Quibus ne facultas deinceps sit haec vel hisce similia repetendi, ea contra opponemus quae non ictus dumtaxat aciem retundant, sed ictum ipsum in auctores convertant.

444. Si qui igitur I. de argumento aliquo iudicium tulerint, quin *eiusdem materiam*

---

[1] Tractat. de Concept. Virg. p. 501. col. 1. B-C.   [2] De Incarnat. lib. XIV. cap. II. §. IX.

compertam satis atque exploratam habuerint; quisque videt illorum arbitrium neque magni fieri, neque etiam probari utcumque posse. Exquirendum itaque diligenter est, utrum Petavius et utrum ii qui legenda sibi Petavii vestigia existimarunt, compertam satis eam habuerint materiam, e qua argumentum pro immaculato Virginis conceptu ex epithetis derivatum efflorescit. Hac autem indagatione suscepta, affirmemus oportet vix aliquam materiae particulam Petavio eiusque asseclis innotuisse. Ecquid enim ipsi promunt ceu materiam illius argumenti, de cuius pretio atque virtute contendimus? Nonnisi *perpauca* adducunt *epitheta negantia eaque gradu positivo concepta*. Atqui et epitheta negantia hoc gradu expressa multo sunt numerosiora, et huic epithetorum classi *aliae praeterea viginti diversaeque classes eaeque haud paullo splendidiores* adiungi debent. Quemadmodum igitur liquet, neque Petavio neque eiusdem adsectatoribus compertam fuisse materiam, qua sumpta ex epithetis probatio continetur; ita nihil manifestius quam ignosci quidem illis posse quod minus commode de hac probatione statuerint, illorum vero iudicium probari omnino non posse.

445. Praeterea II. in aestimandis ponderandisque argumentis momenti est omnino maximi, neque *illorum rationem* pervertere, neque *modum formamque* commutare. Si qui enim istud sibi permiserint, hi non ipsa expugnasse argumenta, sed aut lusisse operam aut sibimetipsis atque lectoribus fecisse fucum videri debent. Ut autem modestissime loquar, neque sibi, ut opus erat, ab hoc vitio Petavius cavit, neque illud eiusdem pedissequi declinarunt. His enim auctoribus putares, argumentum pro immaculato Conceptu vel ex singulis strui epithetis, vel certe nonnisi ex uno alterove simul iuncto componi. Atqui monuimus et vehementissime monuimus, plenam suisque absolutam numeris probationem non ex uno aut altero epitheto, immo neque ex pluribus simul, sed prorsus ex omnium summa atque harmonica copulatione deduci. Quid ergo mirum si Petavius, et quid mirum si eius socii enerve dixerint argumentum quod pervertebant, quodque propria exutum natura ac plane deformatum contemplabantur?

446. Ceterum III. Petavius non unam nobis viam aperit, qua haustam ex epithetis probationem confirmemus. Et viam nobis *principio* aperit, quum ex Psalmis, ex Apocalypsi atque ex Apostolo testimonia congerit, in quibus *immaculati* appositum adhibetur. Peto enim utrum eodem sensu *immaculati* nomen usurpari existimet, sive ubi *Davidi* sive ubi *virginibus* defertur? Respondebit negando, quod aliud plane sit *subiectum* quum David dicitur immaculatus, et quum virgines immaculatae celebrantur. Censet ergo iudicium de potestate appositorum non minimum *ex subiectis* pendere, quibus illa tribuuntur. Sed cur secum quoque non reputat, cuiusmodi ex fide maiorum sit Deipara, quae ab iisdem *immaculata et immaculatissima et super-immaculata et illa immaculata* dicitur? Hoc enim si secum reputaret, de potestate huius appositi, quum illud Virgini tribuitur, non ex ea decerneret quam induit quum Davidi adscribitur, sed ex ea satius qua Christus [1]) *immacula-*

---

[1]) Heb. X. 14. coll. I. Petr. II. 19. Porro Augustinus cont. duas epistolas Pelagianorum lib. IV. cap. XI. haec laudat Ambrosii verba ex eiusdem in Isaiam commentariis: « Idcirco Christus *immaculatus*, quia nec ipsa quidem nascendi solita conditione maculatus est. » Unde Cassianus collat. XXII. cap. X. discrimen explanans, quo duo epitheta *sanctum* et *immaculatum* significandi potestate distant, ait: « Inter *sanctum* et *immaculatum* multa distantia est. Aliud enim est. esse quempiam sanctum, idest, divino cultui consecratum; aliud est autem esse absque peccato, quod unius Domini Iesu Christi singulariter convenit maiestati. » Ut enim in opere, *Cur Deus homo*, lib. II. cap. XVI scribit Anselmus: « Dubium non est, eum omnino sine peccato esse; hoc autem esse non valet, nisi absque peccato de massa peccatrice sit assumptus. »

tus nuncupatur. Nihil enim hac consequutione firmius aut evidentius. Apposita eo sunt accipienda sensu, quem exigit *subiectum* cui tributa leguntur. Ergo appositum quoque *immaculatae* delatum Virgini ea erit significatione sumendum quam Virgo ipsa postulat. Sed una atque concors est testificatio maiorum, nihil secundum Deum esse, nihilque cogitari posse Virgine purius, nihil innocentius, nihil sacratius; adeo ut in Virgine forma ipsa atque species creatae innocentiae puritatisque resplendeat. Immaculatae igitur epitheton Virgini adscriptum perfectissima erit significatione sumendum, quaeque ad illam proxime accedat, qua Deus purus et Christus impollutus atque immaculatus appellatur. Non est autem cur pluribus comprobetur, ab hac significatione omnem abhorrere labem, omnemque naevum summopere dissidere.

447. Aperit *deinde* viam nobis [1]) Petavius, ubi momenta enarrans rationum quibus inductus existimabat, *sanctissimam Dei matrem ac Virginem non solum omni proprio et actuali, ut vocant, delicto caruisse, verum etiam originali*, scribit: » Movet autem me, ut in eam sim partem propensior, communis maxime sensus fidelium omnium, qui hoc intimis mentibus alteque defixum habent, et quibus possunt indiciis officiisque testantur, *nihil illa Virgine castius, purius, innocentius, alienius denique ab omni sorde ac labe peccati procreatum a Deo fuisse.* » Atqui haec quibus egregius Theologus se fatetur in eam sententiam adductum qua immaculatus defenditur Virginis conceptus, illas ipsas constituunt epithetorum classes quas *comparatas* nominavimus, tantaque maiorum conspiratione frequentatas ostendimus. Hoc igitur si vir summus advertisset, neque a nobis dissideret, neque argumentum pro immaculato Virginis conceptu ex epithetis desumptum reiiceret atque improbaret.

448. Viam nobis *postremo* Petavius [2]) aperit inquiens: « Quod ab omni culpa suapte voluntate concepta immunis beata Virgo fuerit, saltem illa suadere possunt graecorum ac latinorum patrum elogia quae ἄχραντον idest, impollutam et incontaminatam illam nuncupant, et eiusdemmodi titulis exornant, quae antecellentem omnibus et singularem vitae integritatem et innocentiam continent: quae nonnulli ad conceptus ipsius munditiam pertinere volunt. Sed ad incorruptam saltem, uti diximus, et nulla perstrictam vel levissima peccati macula vitam illius accommodari par est: ut cumque se habet originalis eiusdem conditio quam qui communi omnium lege circumscribunt, prius illud tamen obtinent, nullius umquam culpae conscientia violatam eius integritatem fuisse. »

449. Sed unde in ista elogia tantam dimanare vim autumabimus? Et unde factum censebimus quod [3]) tridentini patres hisce maxime elogiis atque epithetis innixi decreverint:

---

[1]) De Incarnat. lib. XIV. cap. II. §. X.
[2]) De Incarnat. lib. XIV. cap. I. §. XV.
[3]) Sess. VI. can. XXIII. Cum his autem componi ista debent ex Sess. V. in decreto de peccato originali: «Declarat tamen haec ipsa sancta Synodus non esse suae intentionis comprehendere in hoc decreto, ubi de peccato originali agitur, beatam et *immaculatam* Virginem Mariam Dei genitricem, sed observandas esse constitutiones felicis recordationis Xisti Papae IV. sub poenis in eius constitutionibus contentis, quas innovat. » Ex qua comparatione videmus, adscribi quidem Deiparae titulum *immaculatae*, quum Synodus docet suae intentionis non esse illam decreto de amplitudine originalis peccati comprehendere; eumdem vero titulum illi non tribui, quum Synodus authentice declarat Ecclesiae traditionem de Virgine, cuius puritatem nullum umquam actuale peccatum violaverit. Quamnam vero huius discriminis rationem assignabimus? Hanc profecto, *necessariam* quidem esse immunitatem a quovis actuali peccato ut quis *immaculati* elogio decoretur, eam tamen *non sufficere*, nisi immunitas ab originali quoque culpa veluti ad cumulum accesserit. Prudenter ergo Synodus illud ipsum *immaculatae* elogium quod omisit in canone, usurpavit in decreto quo et suae esse intentionis negavit ambitu originalis praevaricationis Deiparam complecti, et voluit ut Constitutiones servarentur Xisti Pon-

« Si quis hominem semel iustificatum dixerit amplius peccare non posse, neque gratiam amittere, atque ideo eum qui labitur et peccat, numquam vere fuisse iustificatum; aut contra posse in tota vita peccata omnia etiam venialia vitare, nisi ex speciali Dei privilegio, *quemadmodum de beata Virgine Maria tenet Ecclesia*, anathema sit? » Quod scilicet, ratum Christianis numquam non fuerit, eiusmodi elogia atque epitheta, quibus Deipara salutatur *immaculata, immaculatissima, undequaque immaculata, omnique creatura immaculatior atque innocentior*, non quovis sensu sed omnino plenissimo quemque sua sponte referunt, sumi oportere. Hoc autem plenissimo accepta sensu omnem omnino labem excludunt, et nullum sive actuali sive originali noxae locum permittunt. Immo multo manifestius rimam omnem obstruunt culpae originali, quam actuali eidemque levi. Sicut enim nemini ignota est [1]) doctrina Thomae, quod *proprie loquendo peccatum veniale non causat maculam in anima:* et sicuti nemini ignotum est, propter veniale peccatum neque caritatem exstingui, neque divinam similitudinem obliterari, neque in Dei iram et Satanae captivitatem offendi; ita neminem fugit, originali peccato animam sordescere, exui gratia, divina similitudine privari et Dei maledicto ac daemonis servituti obnoxiam reddi. Nisi ergo eam velimus labefactatam traditionem, qua immunitas Virgini ab omni actuali culpa ostenditur, fateamur oportet eadem traditione, et multo etiam illustrius, ipsam ab originali quoque culpa immunem integramque probari. Quod sane luculenter docuit [2]) Odo cameracensis ubi explanans verba Canonis, *hostiam immaculatam*, scripsit: « Idest, sine omni macula culpae, utpote concepta et nata sine peccato et deinde sine culpa vixit in mundo, ideo immaculata. Nata quidem est de humana carne, sed sine conditione propagationis humanae: ideo immaculata. Et sine viro de sancta Virgine concepta: ideo immaculata. Est concepta sine humano opere, sola virtute divina: ideo immaculata. Non enim potest initium habere culpabile opus, quod solus Deus fecit et non alius: ideo immaculata. Hominis enim initium, qui sine humana administratione, solo Deo auctore, creatus est, (quamvis de massa peccatrice) non possumus culpare, nisi Deo peccatum velimus adscribere: ideo immaculata. Tamen de pura ab omni peccato Virgine creditur conceptus et natus: ideo immaculata. Ex quo enim angelica salutatione audivit: *gratia plena;* creditur purificata fide etiam reliquum vitae, custode Spiritu sancto, vixisse sine omni culpa. Ab immaculata ergo sumpta est haec hostia, ideo et ipsa immaculata. Et hoc loco admonemus, quod panis adpositus altari debet esse candidissimus, et in quo nulla possit inspici macula; ut hoc ap-

tificis qui eiusmodi probaverat Conceptionis officium, in quo ista ex Patribus referebantur. Ex Hilario: *O Virgo benedicta super omnes feminas, quae angelos vincis puritate, quaeque omnes sanctos superas pietate!* Ex Cypriano: *O Virgo iusta et omni iustitia plenissima, cuius conceptio fuit singularis!* Ex Basilio: *O Maria, tu candoris et decoris forma, cui in terra non est aequalis, nec in caelis similis!* Ex Augustino: *O mater Domini, sicut in prima femina abundavit delictum, ita et in te superabundavit omnis plenitudo gratiae, et ideo super omnes ignara delicti. Fecit enim Deus ut Maria non solum non peccaret, sed neque peccatum excogitare posset, et super cunctos ab omni labe praeservata fuit.* Ex Origene: *Quae nec serpentis persuasione decepta, neque eius venenosis afflatibus est infecta.* Ex Ambrosio: *Haec enim est Virgo, in qua nec nodus originalis, nec cortex venialis culpae fuit.* Ex Anselmo: *Si quid originalis peccati in propagatione matris Dei exstitit, illud propagantium non propagatae fuit. Deus enim castaneae confert ut inter spinas et a spinis remota concipiatur, alatur et formetur. Non potuit Filius hoc facere matri? Plane potuit ac voluit; quod si voluit et fecit; ideoque non puto verum esse amatorem Virginis, qui celebrare respuit festum eius immaculatae conceptionis.* Et ex Cyrillo: *Post Filium, temerarium est in Maria Virgine ponere culpam aliquam aut peccatum.*

1) S. I. II. q. LXXXIX. a. I.
2) Exposit. sacri Canonis Distinct. III. pag. 225. in Maxima PP. Biblioth. T. XXI.

pareat in figura quod praedicatur de substantia, ut pura et immaculata videatur exterius figura, cuius substantia dicitur interius pura et immaculata. »

450. Sumptam ergo ex epithetis immaculati conceptus probationem abunde [1] vindicavimus, neque solum vindicavimus, verum etiam firmius validiusque stabilivimus. Quare si qui forte a nobis petant, cuiusmodi sit veritas qua immaculatum Virginis conceptum profitemur, haec nobis ex superioribus praesto sunt quae respondeamus.

Principio itaque respondemus, veritatem esse cum constanti atque universali Christianorum loquendi usu penitissime consertam, atque sua ex eo sponte micantem.

Respondemus deinde veritatem esse ex ea thesi *analytice* eductam, qua Deiparae culmen creatae puritatis adscribitur.

Tum respondemus veritatem esse iisdem epithetis iisdemque christianis formulis comprobatam, quibus Deipara cuiusvis expers actualis culpae etsi levissimae ostenditur.

Respondemus tandem veritatem esse, quam classes bene multae epithetorum eaeque maioribus solemnes ex sese atque immediate praeseferunt. Fuit ergo Deipara, ut [2] sapiens Idiota loquitur, *praebenedicta, combenedicta et postbenedicta;* deque ea idcirco repeti cum eodem debet: « Tota pulcra es, Virgo gloriosissima, non in parte sed in toto; et macula peccati sive mortalis, sive venialis, sive originalis non est in te, nec umquam fuit, nec erit. »

---

[1] De quibus vindiciis ea quoque iuverit contulisse quae Ioh. Baptista Federicius disserit in opere italico de immaculato Deiparae conceptu, pag. 91-94.

[2] Contemplat. de Virginis perfect. cap. III.

SECTIO TERTIA

VIRGINIS TYPI

De typis symbolisque in Scripturis contentis atque ex maiorum sententia ad Deiparam pertinentibus. Eorumdem recensio, ductaque ex iis generatim demonstratio, qua intaminata Virginis innocentia eiusque origines illibatae comprobantur. Succedunt tum distributio in classes et traditae a patribus eorumdem explanationes, tum multiplex eaque insignis confirmatio, qua Deipara nullo umquam infecta naevo et cuiusvis semper exsors maculae ostenditur.

451. In Hebraeorum sacris, ut verbis utar [1]) Roberti Lowth, res, loca, tempora, officia, ceteraque huiusmodi duplicem quasi personam sustinent, unam propriam, alteram allegoricam: adeoque in eorum scriptis ita tractari possunt, ut vel huius vel illius, vel etiam ut simul utriusque ratio habeatur. Exempli gratia de Davide, de Salomone, de Hierosolymis ita potest institui sermo, ut simpliciter intelligantur vel urbs ipsa eiusque reges, vel ea quae in sacra iudaicae religionis allegoria per urbem regesque illos significantur; vel etiam ut utramque partem simul respiciat et complectatur scriptoris animus, ita ut quae alteram exprimunt sensu aperto, proprio, historico accepta, alteram sensu recondito, interiore ac prophetico adumbrent. Ut enim Thomas [2]) verissime scribit: « Auctor sacrae Scripturae est Deus, in cuius potestate est ut non solum voces ad significandum accommodet, quod etiam homo facere potest, sed etiam res ipsas. Et ideo cum in omnibus scientiis voces significent, hoc habet proprium ista scientia, quod ipsae res significatae per voces [3]) etiam significant aliquid. Illa ergo prima significatio qua voces significant res, pertinet ad primum sensum qui est sensus historicus vel litteralis; illa vero significatio qua res significatae per voces iterum res alias significant, dicitur sensus spiritualis, qui super litteralem fundatur et eum supponit. »

452. Duplex igitur quaestio sese continuo obiicit, e quibus prior sic habet: *utrum in Scripturis reperiantur typi, idest, personae, res, actiones, eventus, gesta quae peculiari Dei consilio et instituto conformata ita fuerint ac directa, ut Deiparam eiusque dotes atque insignissima ornamenta praemonstrarent.* Hanc altera excipit: *cuiusmodi sint hi typi, et quibus Scripturarum libris, narrationibus, effatisque contineantur.* Equidem intelligo tantam esse coniunctionem et intimam adeo societatem Virginem inter atque Emmanuelem, inter singularem illam mulierem et nasciturum ex ea semen quod Serpentis caput contereret, inter matrem et filium, Mariam inter et Christum, ut censeri verisimilli-

---

1) De sacra poesi Hebraeorum, Praelect. XI. de allegoria mystica. Simillima inter ipsos Protestantes docent Grotius ad Matth. I. 22, Glassius Philolog. Sacr. lib. II. P. I. Tr. I. Sect. I., Spencerus de legibus Hebraeorum ritualibus lib. I. cap. XI., Iohannes David Michaelis, Christophorus Blasce, aliique apud Bauerum Hermeneut. sacr. §. IX. et Patritium De interpret. ss. Scripturarum lib. I. cap. X. n. 301.

2) S. I. p. q. I. a. X. et Quodlibet. VII. q. VI. aa. XIV. XV. XVI.

3) Quod diligenter explanat, argumentisque confirmat Iohannes Ranolder in Praelimin. Hermeneut. cap. II. §§. XI. seqq. pagg. 36. seqq.

mum debeat non deesse in Scripturis typos, qui ad Virginem spectent, quique ad illam eiusque dona referantur. Si enim, ut est [1]) apud Irenaeum, *per typos et parabolas Christus designabatur*, si ut idem [2]) subdit, *oportebat quaedam quidem praenuntiari paternaliter a patribus, quaedam autem praefigurari legaliter a prophetis, quaedam vero deformari secundum formationem Christi ab his qui adoptionem perceperunt*: si Augustinus [3]) de Christo scribere merito potuit, *cui prophetando venturo gens una deputata est, cuius reipublicae tota administratio prophetia esset illius Regis venturi, et civitatem caelestem ex omnibus condituri*: et si vel ipse [4]) Christianus Wahlius monuit, *probe tenendum esse ex mente scriptorum novi Testamenti nihil evenisse vel evenire potuisse Iesu et rei Christianae, cuius vestigia et lineae primae non inveniantur in veteris Testamenti libris*; videri omnino non iniuria posset a quavis analogia alienissimum, nullos praeivisse typos, qui Deiparam significarent.

453. Nihilominus fixum mihi ratumque est neutram adgredi aut expedire quaestionem, sed de iis tantum esse sollicitum quae patres senserint, quaeque maiores existimarint. Huc igitur mea studia convertam, et principio investigabo *quid illi de typis* [5]) *symbolisque ad Virginem spectantibus universim iudicarint*: tum vero investigabo *quos nominatim typos, quaeve nominatim symbola ad Virginem retulerint, deque Virgine explicanda esse tradiderint*. Quibus definitis atque compertis, impeditum non erit aliquot doctrinae capita stabilire cum ea quam versamus tractatione penitissime cohaerentia. Scilicet impeditum non erit stabilire quid I. ex patrum suffragio tenendum sit de Scripturarum oraculis, quae ad asserendas explanandasque Virginis dotes adhibeantur: quid II. de Virginis dignitate atque praestantia ipsimet crediderint: et quam III. innocentiam, quamve eximiam puritatem Virgini tribuendam esse iudicarint.

CAPUT I.

Exponitur sententia patrum de typis symbolisque Deiparam praemonstrantibus: typi iuxta ac symbola universim recensentur: tum argumentum instituitur ex iis deductum, quo sanctitas nullo umquam infecta naevo Deiparae vindicatur.

454. Mutuus rerum habitus rectusque inquisitionis ordo postulare videntur, ne prius de typis symbolisque ex iudicio maiorum ad Deiparam pertinentibus *speciatim* disseratur, quam ipsorum mens atque sententia de iisdem typis symbolisque ad eam referendis *generatim* innotuerit. Inanis namque foret contentio omnis quae circa typos *singulatim* acceptos versaretur, nisi *in universum* antea constaret visum esse patribus ea in Scripturis reperiri, quae veluti typi ac symbola Deiparae merito censeantur. Hoc igitur quod adgredimur caput eo pertinebit, ut maiorum sententia *generatim* explicetur, iique typi eaque symbola *universim memorentur*, quae ex illorum iudicio ad praesignandas Virginis dotes consignata Scripturis occurrunt.

---

1) Con. Haeres. lib. IX. cap. XXVI. al. XLIII. n. 1.
2) Ibid. cap. XXV. al. XLII. n. 3.
3) De consensu Evangelist. lib. I. cap. XI. n. 17·
4) In clavi N. T. Philolog. ad v. πληρόω.
5) Novi discrimen quo *typi a symbolis* secernuntur: et novi omnes quidem typos esse symbola, non autem omnia etiam symbola vicissim esse typos. In praesenti tamen tractatione opus haud esse arbitror, ut huic partitioni subtilius inhaeream.

ARTICULUS I.

Duplex innuitur ratio investigandae et assequendae veterum sententiae de typis Deiparam praesignantibus: de ea nominatim ratione agitur, quae disertis illorum testimoniis continetur: cuiusmodi haec sint, quamque insigniter eorumdem persuasionem patefaciant.

455. Quae maiorum mens fuerit atque doctrina de biblicis sive typis sive symbolis ad Deiparam referendis, duplici potissimum ratione deprehendi potest evidenterque cognosci. Huc enim ex aequo faciunt tam *eorumdem usus scribendique consuetudo*, quam *diserta effata apertaque testimonia*. Sive enim ipsi verbis minime dubiis declarent, persuasum sibi non pauca in Bibliis haberi quae ceu totidem typi aut Deiparae symbola spectari debeant: sive in suis operibus editisque commentariis de Virgine disserentes ad biblicos typos et Scripturarum symbola provocent; suam pariter mentem suumque consilium patefaciunt. Quare ea ratione tantisper seposita quam altero loco innuimus, quaeque ex insequentibus abunde enitescet, illam nunc inibimus quae apertis disertisque eorumdem verbis absolvitur.

456. Itaque [a] Iacobus monachus ubi de Deipara sermonem habet, hac ipsam circumloquutione describit: « Prophetarum illam acclamationem, divinorum oraculorum adimpletionem, nostrae illud salutis caput. » Quae iisdem prorsus iterata verbis legimus [b] apud Georgium nicomediensem qui de Ioachimo et Anna loquens ait: « Quamobrem etiam immaculatam illam gignunt, regenerationis nostrae auctricem, nostrae reformationis caussam, per quam vitiata in nobis Dei imago ad suum rediit decorem, per quam tunicas peccati abiicientes, induti sumus stolam luminis: prophetarum illam acclamationem, divinorum plenitudinem oraculorum, nostrae illud salutis caput. » Neque aliter non uno in loco Andreas cretensis, qui [c] primum exclamat: « Ave sis perspicacis acutiorisque praescientiae speculum, quo inclyti spiritu prophetae ac interpretes, Dei ad nos infinitae virtutis demissionem mystice secretiusque ceu imaginati perceperunt. Ave sis dioptra perspectiva, qua ii qui in tristi peccatorum umbra tenebris obsiti essent, venientem ortum de caelo cum gloria suscipientes iustitiae solem, mirabiliter illustrati sunt. Ave prophetarum omnium patriarcharumque gloriatio, nec non impervestigabilium Dei praescientiarum ac decretorum verissima praedicatio. » Tum [d] alibi inquit: « O sola tuarum excellentiis gratiarum, post maiorem omni nomine sanctitatis principatum, omni propriae appellationi praecellens, ut nemo possit sanctitatem tuam condigno nomine appellare! Quae quidem multis obscure exemplis in veteri Testamento velut aenigmatice fueris designata, perspicuis vero notis in novo declarata, nullo tamen modo clare, qualis habes, comprehensa. O prophetarum dioptra, apostolorum gloria, corona martyrum, gratia sacerdotum, lumen monachorum, omniumque sanctorum robur ac coronis! » A quibus vix aut ne vix quidem haec distant quae [e] Tarasius Annae tribuit Zachariam de Virgine trienni atque in templo oblata alloquenti:

---

a) Orat. in Deiparae nativit. pag. 1254. E. apud Combefisium Auctar. T. I.
b) Orat. in Deiparae praesentat. pag. 1086. C-D. apud Combefisium Auctar. T. I.
c) Orat. in Deiparae annuntiat. pag. 103. A. apud Gallandium T. XIII.
d) Encom. in deposit. Zonae s. Deiparae pag. 801. C-D. apud Combefisium T. II.
e) Orat. in Deiparae praesent.

« De hac vaticinare quae edita in lucem est prophetarum impletio, et rerum a Deo hominibus promissarum summa. » Neque haec distant quae ª) idem de Virgine subdit: « Tu es prophetarum speculum, et rerum ab illis praenunciatarum exitus. »

457. Quid vero Iohannes damascenus? Is est ᵇ) qui Deiparam alloquens ait: « Ave sis in qua vetus novumque Testamentum transactum fuit. Ave sis flos deiferorum patrum et patriarcharum multiplici flore constans. Ave sis praenuntiatum nomen a prophetis, qui a seculo exstiterunt. » Et is ᶜ) est qui ad efferendas Mariae laudes scribit: « Agnoscat arca undique auro contecta quam nihil habeat, quod cum hac comparari possit urnaque illa aurea manna ferens, candelabrum, mensa, veteraque omnia. Illa enim quod eius figurae essent, honorem habuerunt, tamquam [1]) veri exemplaris adumbrationes. » Quare [2]) auctor sermonum in ecclesiasticam precem *Salve Regina*, qui Bernardi nomine inscribuntur: « Non solum, *inquit*, caelum et firmamentum Domina rerum intelligitur, sed aliis nominibus convenienter appellatur et rerum vocabulis designatur. Ipsa Tabernaculum Dei, ipsa Templum, ipsa Domus, ipsa Atrium, ipsa Cubiculum, ipsa Thalamus, ipsa Sponsa, ipsa Filia, ipsa Arca diluvii, Arca Testamenti, Urna aurea, ipsa Manna, Virga Aaron, Vellus Gedeonis, Porta Ezechielis, Civitas Dei. Ipsa Caelum, ipsa Terra, ipsa Sol, ipsa Luna et Stella matutina, Aurora ipsa et Lucerna, Rubus et Mons, Fons quoque hortorum et Lilium convallium. »

458. Eodem ista pertinent ex Petro siculo ᵈ) qui de Virgine ait: « Cuius Virginis praeludia lex et prophetae omnes insolitis olim modis praenuntiaverunt, gloriamque eius praeoccupante oculo visam praemonstrarunt. » Eodem ista quae habet ᵉ) Iosephus hymnographus: « Umbrae legis et prophetarum aenigmata te futuram praemonstrarunt, o undequaque innocens, verissimam Dei matrem, per quam maledictio exaruit, et perfecta benedictio atque gratia salutaris effloruit. » Eodem ᶠ) ista quae habentur in Anthologio: « Ave inaccessa Domini porta, quam iustissimi plerique omnes [3]) praenunciarunt: et Daniel Propheta montem non sectum, et David melodus cum Moyse ceterisque, rubum et urnam et virgam, nebulam et thronum magnumque montem nobis ostenderunt. » Eodem quae hisce simillima scribit [4]) Hesychius Hierosolymitanus, et eodem quae tradit Chrysippus eiusdem Ecclesiae presbyter, qui Mariae laudationem his verbis ᵍ) auspicatur: « Virgam Iesse semper virentem, quae cuncto generi humano vitam pro fructu attulit, omni quidem tempore

---

a) Ibid.
b) Orat. in Deiparae annuntiat. pag. 836. A.
c) Orat. in Deiparae nativit. pag. 845. E.
d) Hist. manich. n. 5. pag. 8. apud Mai in nov. pp. Biblioth. T. IV. P. II.
e) Men. die XXXI. Augusti Ode δ'. pag. 171. col. 1. A.
f) Antholog. die XVII. Ianuarii pag. 336. col. 1. D.
g) Orat. de laudibus Virginis pag. 424. E. Biblioth. graeco-lat. T. II.

---

1) Etiam Paulus ad Coloss. II. 17, Hebr. VIII. 5, X. 1. typos vocat *umbras*, et Petrus epist. I. cap. III. 20-21. rem typice designatam appellat ἀντίτυπον.

2) Super *Salve Regina*, Serm. III. n. 2. pag. 744. D-F. inter opp. Bernardi T. V. Huic adde Eckbertum schonaugiensem in serm. de b. Virgine n. 4. pag. 705. B-C. ibidem, et utrique adde Bernardum *super Missus est* Hom. II. n. 11. pag. 746. F. opp. T. III.

3) Quam sententiam passim in ecclesiasticis hymnis confirmant Armenii, Copti, Syri, atque horum lumen Ephraemus Orat. de Virginis laudibus pag. 575. opp. graec. T. III.

4) Orat. de laudibus Virginis pag. 421. C-E. biblioth. graeco-lat. T. II.

beatam praedicare, admirari et laudibus extollere convenit. » Tum ¹) explanata Gabrielis salutatione, e vestigio ᵃ) pergit: « Hactenus Gabriel verbis salutationis finem imponit. Nos autem peropportunum est modo ut plurimarum prophetiarum faustas acclamationes illi adscribamus et dedicemus. Ave igitur semper, ave gratia plena: ave quae vulvam adepta es praeter naturam vel ipsis caelis latiorem, quandoquidem per hanc comprehendisti eum, quem ne caeli quidem capiunt. Ave fons lucis omnem hominem illuminantis. Ave solis ortus qui nullum ferre potest occasum. Ave armarium vitae. Ave quae es hortus Patris. Ave quae es pratum totius fragrantiae sancti Spiritus. Ave radix omnium bonorum. Ave specimen gemmae omne pretium excedentis. Ave vitis uvas pulcras producens. Ave nubes pluviae potum animis sanctorum exhibentis. Ave quae es puteus semper viventis aquae. Ave quae es rubus ardens igne spiritali, nusquam tamen adureris. Ave porta clausa, soli Regi aperta. Ave mons unde lapis angularis abscissus est sine manibus. His enim atque aliis multis huiusmodi ²) cuncti divinitus acti particulatim eam alloquuntur. »

459. Absolvam praeclarissimis ³) Germani verbis, qui postquam omnigenis laudum praeconiis Deiparam ᵇ) cumulavit, subdit: « Salve legis ac gratiae mediatrix, veteris novique Testamenti obsignatio, totius prophetiae perspicua plenitudo, inspiratae a Deo veritatis Scripturarum acrostichis, Dei ac Verbi animatus et mundissimus tomus, in quo sine voce et scripto ipse Deus ac Verbum quotidie legitur. » Tum ᶜ) pergit: « Nec vero, quidquid tandem dicamus nuptiale pro meritis canticum ei absolvemus, donec etiam ex Scripturae pratis mystice ei flores corrogantes, encomiorum coronam texamus. Nusquam enim est, nusquam est, inquam, ubi Scripturam divinitus inspiratam lustrans, non varie perspersa eius nomina quis videat, quae si apud te ipse studiosa exercitatione discusseris, clarius expressum inveneris, quantam donante Deo gloriam sit complexa. »

460. Huc itaque recidit explorata maiorum sententia constanterque iterata doctrina, spectari Deiparam aliter non posse ac ut *veteris novique Testamenti obsignationem*, di-

---

a) Ibid. pag. 425. C-E.
b) Orat. in Deiparae nativ. pag. 1310. A-C. apud Combefisium Auctar. T. I.
c) Ibid. pag. 411. B-C.

1) Ibid. pag. 425. A-B.
2) Quae cum his conferri debent Iohannis damasceni ex Orat. II. in Deiparae nativit. pag. 856. A. Χαῖρε χρυσίον καθαρόν, καὶ μηδαμοῦ ῥυτίδα κακίας φέρουσα· ἐξ οὗ ἥ τε λυχνία, καὶ ἡ τράπεζα, καὶ πάντα τὰ κατὰ τὸν νόμον χρυσᾶ κατ' ἔμφασιν ἀλληγορικὴν, ἐπὶ σὲ τὸν χρυσώνυμον καὶ πολυώνυμον μεταλαμβάνεται. *Ave aurum purum, nec malitiae usquam ruga deformis: ex quo auro tum candelabrum tum mensa tum reliqua omnia Regis ritu aurea allegoriae non ambigua significatione de te aureis multisque nominibus celebri accipiuntur.*

3) Hippolytus Maraccius in priore adnotatione ad Mariale sancti Germani Patriarchae constantinopolitani sic habet: « Orationem hanc sane luculentissimam (cuius stylus totaque compositio insignem exprimit in Mariam Deiparam Virginem affectum, eximiamque rerum divinarum scientiam ac meditationem) adscribit sancto Andreae hierosolymitano archiepiscopo cretensi Franciscus Combefis, qui illam ex cod. Em. cardinalis Mazzarini exscriptam, sub eiusdem sancti Andreae nomine una cum aliorum graecorum Patrum homiliis graecae et latine evulgavit anno MDCXLVIII. Leo autem Allatius in sua de Georgiis dissertatione, Georgio nicomediensi metropolitae assignat, et Regius codex biblioth. Regis christianissimi n. CCLXXV. eius auctorem statuit s. Iohannem damascenum. Verum sub nomine sancti Germani Patriarchae constantinopolitani extat graece ms. in variis christiani orbis bibliothecis, signanter vero in graeco ms. codice bibliothecae Vaticanae n. CIX. Quam ex nova versione praestantissimi viri Iohannis Matthaei Caryophili iconiensis episcopi ad memoriam posteritatis hoc loco damus, licet sub eiusdem sancti Germani nomine tum graece tum latine, Andrea Scotti interprete, una cum Tomo secundo bibliothecae veterum Patrum editionis quartae parisiensis iam ea fuerit evulgata. »

vinorum oraculorum adimpletionem, utriusque Foederis [1]) *summam complexionemque, Prophetarum acclamationem, nomen divinitus praedictum, typis expressum, umbris signatum, ab* [2]) *omnibus Spiritu actis hominibus celebratum, et verissimam Scripturarum acrostichidem.* Sicut enim in acrostichide totius tractationis argumentum ex summis litteris e vestigio cognoscitur; ita universa Scriptura in Maria, veluti in quadam summa intelligitur. Nihil autem sive illustrius sive validius desiderari potest, quo indubitata maiorum doctrina de typis symbolisque Deiparam praesignantibus comprobetur.

ARTICULUS II.

De typis symbolisque ex maiorum sententia Deiparam praemonstrantibus.

461. Cognita maiorum doctrina de typis symbolisque ad praesignandam Deiparam Scripturarum usu receptis, nihil esse nobis antiquius debet quam probe tenere, quos ipsi typos quaeve symbola ad Deiparam referenda esse existimarint. Quod quidem videri arduum non potest, quum quotquot sunt testes qui praesignatam in Scripturis Deiparam tradiderunt, tot etiam numerentur qui proprios eiusdem typos propriaque symbola recensuerint. Haec enim recensentur in Menaeis, haec in Anthologio, haec in ceteris Latinorum, Graecorum, Coptorum, Syrorum, Armeniorumque Ecclesiasticis libris, haec in Patrum operibus obvia sunt, atque haec in reliquis Christianis monimentis iterata occurrunt. Quae suis deinde locis proponentur, ad evidentiam usque ostendent, neque haec dici ambitiosius, neque nobis temere excidisse, sed rei ipsius veritati adamussim respondere. In praesentia tamen ne aut repetitionibus fastidium, aut satietatem prolixitate creemus, satis nobis erit unum alterumve testem, sed nulli exceptioni obnoxium, in medium producere.

462. Itaque Germanus post ea quae superiori articulo retulimus, continenti oratione [a]) subdit: « Vide itaque multimodis eam (Deiparam) honestatam nominibus, multisque Scripturae locis perspicue declaratam: ut cum verbi gratia nominat Virginem, tabernaculum, prophetissam, tum nuptialem thalamum, domum Dei, templum sanctum, secundum tabernaculum, mensam sanctam, altare, propitiatorium, thuribulum aureum, sancta sanctorum, cherubim gloriam, urnam auream, tabulas testamenti, virgam sacerdotalem, sceptrum regni, diadema pulcritudinis, cornu olei unctionis, alabastrum, candelabrum, vaporem, lucernulam, ellychnium, vehiculum, dumum, petram, terram, paradisum, locum, arvum, fontem, agnam, guttam, ac si qua alia inclyti Spiritus sancti interpretes pro mysticae in symbolis inspectionis ratione, eam prophetice nominant. Puta rubum, ut cum Moyses [3])

---

a) Orat. in Deiparae nativ. pagg. 1311-1318. apud Combefisium Auctar. T. I.

1) Id namque sibi vult τὸ συμπέρασμα, quo nomine usum Iohannem damascenum novimus.

2) Hinc Sophronius senior in serm. de Deiparae Assumptione ad Paulam et Eustochium col. 95. F. inter opp. Hieronymi T. XI. scribit: « Profecto cum nec sanctitas vel facundia suppeditat, ut beatam et gloriosam Virginem Mariam digne laudare queam; quoniam (ut verum fatear) quidquid humanis dici potest verbis, minus est a laude caeli: quia divinis est angelicis excellentius praedicata et laudata praeconiis. A Prophetis quidem praenuntiata, a Patriarchis figuris et aenigmatibus praesignata, ab Evangelistis exhibita et monstrata, ab Angelo venerabiliter atque officiosissime salutata. » Quibus simillima tradunt Hildephonsus toletanus Serm. I. de Virginis Assumpt. pag. 666. col. 1. B-D. apud Combefis. in biblioth. concionat. T. VII., Richardus a s. Laurentio lib. X. de laudibus Mariae pagg. 534. seqq. et Engelbertus abbas ad montensis in tract. de gratiis et virtutibus b. Mariae P. IV. cap. I. pag. 697. apud Pezium Anecdot. T. I. P. II.

3) Exod. III. 3.

ait: *vadam et videbo visionem hanc magnam, quamombrem ardeat rubus, nec comburatur*. Virgam autem, ut cum Isaias [1]) dicit: *egredietur virga de radice Iesse et flos de radice ascendet*. Appellatur [2]) radix: *et erit radix Iesse et qui exsurget regere gentes; in eum gentes sperabunt*. Terra [3]) sancta: *Moyses, Moyses solve calceamentum de pedibus tuis, terra enim in qua stas, terra sancta est*. Terra [4]) desiderabilis: *et pro nihilo habuerunt terram desiderabilem*. Terra [5]) veritatem producens: *veritas de terra orta est*. Thaemam [6]): *Deus a Thaemam veniet*. Mons [7]): *et Sanctus de monte umbroso ac condenso. Abscissus est lapis de monte sine manibus. Mons in quo beneplacitum est Deo habitare in eo*. Oliva [8]): *ego autem quasi oliva fructifera in domo Dei*. Arca [9]): *surge Domine in requiem tuam, tu et arca sanctificationis tuae*. Thronus [10]): *vidi Dominum sedentem super thronum excelsum et elevatum, et plena omnis domus gloria eius*. Porta [11]): *et dixit Dominus ad me, porta haec clausa erit, non aperietur, et vir non transibit per eam: quoniam Dominus Deus Israel ingredietur et egredietur per eam, et erit clausa porta*. Sion [12]): *veniet ex Sion qui liberet et avertat impietates a Iacob. Elegit Dominus Sion, elegit in habitationem sibi*. Mater [13]): *mater Sion dicet, homo et homo natus est in ea, et ipse fundavit eam Altissimus*. Et [14]): *unde hoc mihi ut veniat mater Domini mei ad me*. Ferculum [15]): *fecit sibi rex Salomon ferculum de lignis Libani*. Lectulum [16]): *lectum Salomonis sexaginta fortes ambiunt ex fortibus Israel*. Capitulum [17]): *et vidi, et ecce manus extenta ad me, et in ea capitulum libri: et expandit illum coram me, et erant scripta in eo anteriora et posteriora, et dixit ad me: fili hominis comede capitulum istud*. Liber [18]): *et erunt vobis verba haec, ait Deus, ut verba libri signati, quem si dederint ipsum homini scienti litteras, dicentes, lege haec, et dicet, non possum legere, signatus est enim*. Tomus [19]): *et dixit Dominus ad me, sume tibi volumen novi magni, et scribe in eo hominis stylo, ut velociter depredationem faciat spoliorum, prope est enim*. Forceps [20]): *et missus est ad me unus de Seraphim, et in manu habebat carbonem quem forcipe sumpsit de altari, et tetigit os meum et dixit: ecce tetigit hoc labia tua, et peccata tua circumpurgabit*. Virgo [21]): *ecce Virgo in utero accipiet et pariet Filium, et vocabunt nomen eius Emmanuel*. Prophetissa [22]): *et accessi ad prophetissam, et in utero concepit ac peperit Filium: et dixit Dominus ad me, voca nomen eius, cito spolia, velociter depredare, quia antequam sciat puer vocare patrem aut matrem, accipiet virtutem Damasci et spolia Samariae*. Regina [23]): *adstitit regina a dextris tuis in vestitu deaurato, circumamicta, variegata*. Proxima [24]): *tota pulcra es, proxima mea, tota pulcra, et macula non est in te. Surge, veni*

---

1) Is. XI. 1.
2) Is. XI. 10.
3) Exod. III. 5.
4) Ps. CV. 24.
5) Ps. LXXXIV. 10.
6) Abac. III. 13.
7) Daniel. II. 45.
8) Ps. LXVII. 17.
9) Ps. LI. 10.
10) Ps. CXXXI. 8.
11) Is. VI. 1.
12) Ezech. XLIV. 2.
13) Is. LIX. 20. Ps. LXXXVI. 5.
14) Luc. I. 43.
15) Cant. III. 9.
16) Cant. III. 7.
17) Ezech. II. 9.
18) Is. XXIX. 11.
19) Is. VIII. 1.
20) Is. VI. 6.
21) Is. VII. 14.
22) Is. VIII. 3.
23) Ps. XLIV. 10.
24) Cant. IV. 7.

proxima mea sponsa, veni de Libano. Soror [1]): *quam pulcri facti sunt oculi tui, soror mea sponsa.* Hortus [2]): *hortus conclusus, fons signatus.* Filia [3]): *audi filia et vide, et inclina aurem tuam, et obliviscere populum tuum et domum patris tui, et concupiscet rex pulcritudinem tuam. Multae* [4]) *filiae acquisierunt divitias, multae fecerunt virtutem; tu autem emines, supergressa es universas.* Nubes [5]): *ecce Dominus sedebit super nubem levem, et veniet in Aegyptum, et concutientur manufacta Aegypti.* Visio [6]): *vidi visionem ignis, et splendor eius in circuitu, velut visio arcus quum fuerit in nube in diebus pluviae. Haec visio similitudinis gloriae Domini.* Electrum [7]): *et vidi quasi speciem electri, velut aspectum ignis.* Dies [8]): *dies diem eructat verbum.* Caelum [9]): *de caelo respexit Dominus, vidit omnes filios hominum. Caelum caeli Domino.* Oriens [10]): *regna terrae cantate Deo, psallite Domino qui ascendit super caelum caeli ad orientem.* Occasus [11]): *iter facile Domino, qui ascendit super occasum, Dominus nomen illi.* Sol [12]): *in sole posuit tabernaculum suum, et ipse tamquam sponsus procedens de thalamo suo.* Civitas [13]): *gloriosa dicta sunt de te civitas Dei. Fluminis impetus laetificat civitatem Dei, Deus in medio eius, et non commovebitur.* Later [14]): *et tu fili hominis sume tibi laterem, et pones eum ante faciem tuam, et describes in eo civitatem Hierusalem, et dabis super eam obsidionem.* Locus [15]): *quam terribilis est locus iste, non est hic aliud nisi domus Dei, et haec porta caeli.* Et [16]): *assumpsit me spiritus, et audivi post me vocem commotionis magnae. Benedicta* [17]) *gloria Domini de loco suo. Si dedero somnum oculis meis et palpebris meis dormitationem, donec inveniam locum Domino, tabernaculum Deo Iacob.* Vellus [18]): *descendit sicut pluvia in vellus, et sicut gutta stillans super terram.* »

463. Huic typorum imaginumque recensioni, quam Germano in acceptis referimus, alia aeque illustris ac praeclara succedit quam debemus Iohanni damasceno, qui primum Virginem [a]) compellans ait: « Beata es in generationibus generationum, solaque digna quae beata praediceris. Ecce enim te beatam dicunt omnes generationes. Viderunt [19]) te filiae Hierusalem, Ecclesiae inquam, beatamque praedicaverunt reginae, hoc est, iustorum animae, teque in aeternum laudabunt. » Tum continuo [b]) pergit: « Tu enim es *solium il-*

a) Orat. I. in Deiparae Dormit. §. VIII. pag. 863. D.

b) Ibid. pagg. 863-864. — In carmine autem pro festo annunciationis Deiparae pag. 691. A-B. opp. T. I. scribit: « Admirabile sacrorum interpreti Moysi *rubus et ignis* ostendunt signum. Quaerens autem finem in transitum temporis, in puella pura dixit perspicere, velut Deiparae dicatur: ave gratia plena, Dominus tecum. —« Daniel te *montem* vocat *intelligibilem*, genitricem Dei Esaias: videt autem ut *vellus* Gedeon: David *sacrarium* dicit: *ianuam* vero te alius: Gabriel autem tibi clamat: ave gratia plena, Dominus tecum. »

1) Cant. IV. 10.
2) Cant. IV. 12.
3) Ps. XLIV. 11.
4) Prov. XXXI. 29.
5) Is. XIX. 1.
6) Ezech. I. 27. coll. II. 1.
7) Ps. XVIII. 3.
8) Ps. XXXII. 13.
9) Ps. CXIII. 16.
10) Ps. LXVII. 33.
11) Ps. XVIII. 6.
12) Ps. LXXXVI. 3.
13) Ps. VLV. 5.
14) Ezech. IV. 1.
15) Gen. XXVIII. 17.
16) Ezech. III. 12.
17) Ps. CXXXI. 4.
18) Ps. LXXI. 6.
19) Cant. VI. 8.

lud regium cui Angeli adstiterunt, suum herum et creatorem cernentes insidentem. Tu *spiritualis* es *Eden*, antiqua illa sanctior ac divinior. In illa siquidem terrenus Adam commorabatur, in te autem Dominus qui de caelo descendit. Te olim *arca* figuravit, in qua secundi mundi semen servatum fuit. Te *rubus* delineavit, *tabulae a Deo exaratae* expresserunt, *legis arca* praenuntiavit, *urna aurea, candelabrum, mensa, virga Aaronis* quae floruit, aperte praesignarunt. Quid? annon te *fornax illa* praemonstravit, cuius ignis roridus simul ac flammeus erat; quae divini ignis in te habitantis figuram praeferebat? Quin Abraham *tabernaculum* te manifestissime significabat. Deo quippe Verbo in utero tuo velut in tabernaculo degenti, humana natura subcinericium panem, sui primitias ex purissimo sanguine tuo obtulit, divino igne coctas, panemque factas, in divina eius persona subsistentes et ad veram corporis anima rationali et intelligentia instructi existentiam venientes. Parum abfuit quin me *Iacob scala* praeteriret. Quid enim an non cuivis perspicuum est, te ea praesignatam figuratamque esse? »

« Quo loco praeconia Prophetarum ponam? An non ad te referenda, siquidem ea vera esse ostendere velimus? Quodnam est *dominicum illud vellus*, in quod regis omnium Dei Filius, qui Patri coaeternus est, eiusque regni consors, pluviae instar descendit? An non tu perspicue? Quaenam item *ea virgo*, quam Esaias provido spiritu in utero habituram, Deumque qui nobiscum foret, parituram praedixit? Quid *mons ille* Danielis, ex quo lapis angularis Christus sic abscissus fuit, ut viri scalprum non subierit? nonne ipsa es, quae nullo semine suscepto peperisti, ac rursus Virgo permansisti? Veniat divinissimus Ezechiel, *clausamque portam* ostendat, Domino perviam nec tamen apertam, quemadmodum prophetico instinctu praenuntiavit. Dicta sua eventu comprobata monstret. Te dubio procul ostendet, per quam transiens qui super omnia Deus est, assumta carne, virginitatis portam nequaquam aperuit. Signaculum quippe in aeternum perseverat. » Nescio autem an non aeque insignia haec sint quae [a] habet Theodorus studita inquiens: « Age vero quid Virgini responderunt sive propriis *sive prophetarum verbis* beati apostoli? Ave [1] aiebant, scala a terra in caelum protensa, per quam Domini ad nos descensus, et in caelum reditus fuit, ut Iacob patriarcha vidit. Ave rube mirabillime, ex quo angelus Domini apparuit in ignis flamma, quem ardens ignis non amburebat, sicut summo Dei spectatori Moysi ostensum est. Ave Deo gravidum vellus, ex quo caelestis ros defluxit, immo plenus aqua catillus, quod admirabili contigit Gedeoni. Ave civitas regis magni, quam admirabundi reges magnificant, et hymnographus David delineat. Ave intellectualis Bethlehem, domus Ephratha, ex qua egressus est Rex gloriae ut fieret princeps in Israhele, cuius exitus ab initio dierum

---

a) Orat. VI. in Deiparae dormit. n. 4. pagg. 58-60. apud Mai in nov. pp. Biblioth. T. V. P. III.

1) Em. editor in subiecta adnotatione sic habet: « Imitatur Theodorus sanctum Cyrillum alexandrinum in oratione de b. Maria opp. T. V. part. 2. pag. 379. Dicerem imitari quoque Damascenum; nisi nuper pag. 54 in adnotatione monuissem lectores, orationem illam de nativitate b. Mariae, editam inter damascenicas, Theodorum potius habere parentem, teste etiam codice vaticano 455. » In ea porro adnotatione ad quam provocat, scribit: « In codice prisco vat. 455. f. 226. b. legitur alia oratio cum hoc titulo: τοῦ ἁγίου πατρὸς ἡμῶν Θεοδώρου τοῦ νέου ὁμολογητοῦ εἰς τὸ γενέθλιον τῆς ὑπεραγίας θεοτόκου, ἐν ᾧ τὸ ἑξήκοντα χαῖρε: *sancti patris nostri Theodori, novi confessoris* (idest Studitae), *in nativitatem sanctissimae Deiparae, ubi sexaginta ave.* Incipit. Λαμπρῶς πανηγυρίζει ἡ κτίσις σήμερον: *splendide hodie solemnitatem agit creata natura*. Equidem vix dubito quin praedicta oratio Studitae nostri sit: sed quia sub s. Iohannis damasceni nomine edidit eam Lequienius opp. T. II. p. 849. seqq., a me praetermitti debuit. »

seculi, ut ait divus Michaeas. Salve umbrose mons virginee, ex quo sanctus Israhelis apparuit, ut Habacucus divinitus instinctus clamat. Ave lucerna auro splendens et lucifera, ex qua sedentibus in tenebris et in umbra mortis effulsit inaccessa deitatis lux, secundum divinitus afflatum Zachariam. Ave universale mortalium propitiatorium, per quod ab ortu solis usque ad occasum nomen Domini glorificatur in gentibus, et in omni loco glorificatio nominis eius offertur, sicut ait sanctissimus Malachias. Ave legis nebula, in qua Dominus resedit, ut est apud sacra magnaque voce praeditum Isaiam. Ave sacer mandatorum Domini liber, noviter scripta gratiae lex, per quam Deo placita nobis innotescunt, prout luctuosissimus ait Hieremias. Ave ianua clausa, per quam Deus Israhelis ingressus est, sicut summus Dei speculator Ezechiel scribit. Ave nulla manu laborate mons celsissime, ex quo angularis abscissus fuit lapis, sicut ait summus theologus Daniel. » Quibus tam Germani quam Iohannis damasceni et Theodori studitae conspirantibus testimoniis illustriores typi et symbola pleraque omnia ex maiorum sententia Deiparam praemonstrantia continentur.

ARTICULUS III.

De singulari Deiparae praestantia eiusque sanctitate cuiusvis inscia labis, quae cum descriptis typis symbolisque cohaerent.

464. Recoli animo nequeunt descripti typi, commemorataque Deiparae symbola, quin tres eorumdem conditiones qualitatesque continuo deprehendantur, cum quibus singularis Deiparae praestantia eiusque sanctitas nullo umquam infecta naevo penitissime devinciuntur. Has ego qualitates conditionesque ex ordine expendam, intimumque aperiam nexum quo cum ea Virginis praestantia eaque sanctitate iunguntur, quam illi asserendam tribuendamque contendimus.

465. Itaque si quid est in universa rerum natura splendidum, si quid penes homines magnificum, et si quid inter ipsos angelos celsum ac sublime; id omne ex patrum iudicio atque sententia non secus ac typus et Deiparae symbolum spectari debet. Sane nihil est in universa rerum natura sive *caelo* grandius sive *sole* splendidius. Atqui et *caelum* et *sol* veluti Deiparae symbola a patribus adhibentur. Nihil est penes homines magnificentius *solio regio, throno et diademate*. Atqui et *solium regium et thronus et diadema* symbolis Deiparae a patribus connumerantur. Denique nihil est inter ipsos angelos vel *Cherubim sublimius* vel *celsius Seraphim*. Atqui *et Cherubim et Seraphim* tamquam umbrae et symbola Deiparae a patribus frequentantur. Quid ergo consequens esse arbitrabimur? Scilicet praestantiam excellentiamque Deiparae, quae horum omnium antitypus est atque exemplar, tantam esse ut id omne longissime praetergrediatur et vincat quod in natura eminet, quod apud homines fulget, et quod inter ipsos quoque angelos splendescit atque emicat.

466. Ad haec quidquid sancti, quidquid puri, quidquid illibati, et quidquid e vestigio quolibet sive labis sive maculae seiuncti umquam fuit in iudaico cultu et in mosaica religione; id omne a patribus inter typos refertur qui Deiparam praesignaverint. Inter eiusmodi namque typos refertur *Templum*, refertur *Altare*, refertur *Tabernaculum*, refertur *Urna*, refertur *Candelabrum*, refertur *Virga sacerdotalis*, referuntur *tabula Testamenti*, et ipsa quoque referuntur *Sancta sanctorum*. Quaenam igitur erit puritas, quae innocentia, quaeve Deiparae sanctitas? Principio quidem talis quae typis eam praemonstranti-

bus respondeat. Deinde vero talis quae sanctitate et munditia typorum iure potior videatur. Haec enim est exemplaris et antitypi dignitas ut dotem typo praesignatam illique inhaerentem multo nobilius complectatur ac possideat. Atqui Deiparae innocentia et sanctitas neutri conditioni faceret satis, si non prius ipsa fuisset innocens quam noxia, si non prius pura quam infecta, neque prius sancta quam peccati labe profana. Ea igitur puritas eaque sanctitas Deiparae adscribatur oportet, quae ab omni culpae sorde immunis semper fuerit atque soluta.

467. Quod similiter postulat altera qualitas, quae proprios Deiparae typos comitatur. Horum namque numero, si patribus credimus, typi quoque censentur ex iis ducti, quae originalem praevaricationem universalemque ruinam antecesserunt. Et eiusmodi profecto sunt hinc quidem *Eden*, inde vero *terra illa virgo*, e qua protoparentis corpus conditum fuit atque formatum. Sed potuisset ne Deipara hisce typis adumbrata a patribus existimari, si non antea fuisset concepta quam peccato obligata, et si ex sua origine fuisset terra maledicta et prorsus a Paradiso separata? Nemo id dixerit, immo vero ne mente quidem cogitarit. Typologia ergo Deiparae comparata sic est, ut non splendide minus quam necessario universim demonstret, illius innocentiam numquam maculis fuisse obnoxiam, et illius puritatem numquam peccati sordibus fuisse corruptam.

CAPUT II.

De typis ex sacris Iudaeorum rebus ad Deiparam praesignandam depromptis: eorumdem apud patres explicationes: tum vero quam praeclare ex typis iuxta illorumque explicationibus omnimoda et cuiusvis exsors labis innocentia Deiparae comprobetur.

468. Si qui legerint Pauli epistolas, hi facile animadvertent solemne [1]) Apostolo fuisse ex sacris Iudaeorum rebus imagines typosque mutuari, quibus christianam oeconomiam praesignatam et supremis quibusdam adumbratam lineis ostenderet. Immo facile [2]) animadvertent, ne scriptoribus quidem prioris foederis insolens aut rarum fuisse ex eodem fonte praestantissima quaeque derivare, quibus divina, caelestia et a communi usu remota atque seiuncta quo splendidius possent illustrarent. Neque profecto mirum, quum Israelitis nihil foret augustius nihilque iis sanctius, quae ad religionem, ad cultum, ad templum, ad sacerdotium, sacrasque ceremonias pertinerent. Ex hoc autem ipso rerum sacrarum veluti campo insignem quamdam typorum copiam Deiparam praemonstrantium maiores nostri collegerunt, illosque eo studio eaque cura explanarunt, ut suam mentem suamque fidem de singulari Deiparae dignitate eiusque innocentia omnibus expleta numeris evidentissime significarint. Hos typos, traditasque eorumdem a patribus explanationes praesenti capite complectemur, eoque spectabimus ut omnes intelligant atque oculis propemodum usurpent, censeri Deiparam non posse cuivis obnoxiam culpae, quin stata apud maiores doctrina labefactetur.

---

1) Coloss. II. 16-17. Hebr. IX. 9. seqq., X. 1. Lege Danielis Huetii Demonstrat. evangelic. Propositt. VII-IX. cap. CLXX.

2) Quod prae ceteris eleganter docuerant Robertus Lowth de sacra Hebraeorum poesi, Praelect. VIII. quae est *de imaginibus ex rebus sacris*, et Herderus de poes. hebr. indole part. II.

ARTICULUS I.

De typis ex Templo, Tabernaculo, Altari, Propitiatorio, Victimisque desumptis eoque ex patrum sententia pertinentibus ut Deipara cuiusvis expers maculae praemonstrata videatur.

469. Quemadmodum in Israelitarum religione atque cultu prae reliquis omnibus eminebat Templum, atque omnia ad ipsum referri Templum videbantur; ita typus omnino nullus ex sacris Israelitarum rebus desumptus praeponi illi debet qui Templo ipso contineatur. De hoc autem typo, quo praesignatam Deiparam patres existimarunt, Iohannes damascenus a) sic habet: « Sileat sapientissimus Salomon, nihilque iam 1) sub caelo novum esse inficietur. O Virgo divinis gratiis affluens, Templum Dei sanctum, quod spiritalis Salomon, ille princeps pacis, abs se constructum inhabitavit: Templum non auro decoratum, sed auri loco Spiritu fulgens. » Et b) alibi: « Ave Templum, purissime fabricata domus Domini, de qua 2) David ait: sanctum est Templum tuum, mirabile in iustitia. » Et c) rursum. » Ave Dei domus divinis effulgens splendoribus, domus gloria Domini plena, praeque ignitis Seraphim spiritu lucentior. »

470. Cum his vero apte conspirant quae Gabrieli Deiparam alloquenti Hesychius d) tribuit scribens: « Quoniam a concubitu nuptiali munda es, quoniam Templum incorruptum et tabernaculum ab omni sorde liberum conservasti; et Pater hospitatur apud te, et Spiritus sanctus obumbrat, et assumpta carne Unigenitus ex te nascitur. » Neque ea minus apte conspirant quae de Anna habet e) Iohannes euboeensis antistes his verbis: « Et ipsa beata Anna dixit: afferam illam (Virginem) donum Domino Deo meo. Habes igitur Annam et Ioachim perspicue sacrificium Triadi offerentes Mariam. Editam enim in lucem puellam atque aetate progredientem obtulerunt, non bimulam nec item quadrimam, sed trimulam, tamquam Triadis indivisae sponsam et thalamum immaculatum ipsam communiter adduxere, quippe quae utrumque erat futura, primum quidem Deo oblatum donum, deinde vero et templum et thronus. Igitur fatidice Virginem adduxerunt: O rem plane miram! Animatum templum affertur et cherubicus thronus in Templum lapidibus exaedificatum. » Et f) aliquot interiectis: « Maria Templo offertur, et puella tenerrima novum templum consurgit, templum illa quidem Deum excipiens, nec templum modo, verum et cherubicus thronus. Genita e stirpe Davidis in sublime efferetur, et Iudaeorum Templum dissipabitur. »

471. Hinc qui g) Epiphanii nomine citari solet, Deiparam sistit ita loquentem: « Ego Virgo incorrupta quae in utero gestavi, effecta sum templum immaculatum habitantis in

---

a) Orat. in Deiparae nativit. pag. 848. B-C.
b) Orat. II. in Deiparae nativit. pag. 854. C.
c) Ibid. pag. 854. D.
d) Orat. in Deiparam pag. 424. B. in biblioth. graeco-lat. vet. pp. T. II.
e) Orat. in Deiparae concept. pag. 12. B.
f) Ibid. pag. 14. B.
g) Orat. de laudibus Deiparae pag. 297. A. inter opp. Epiphanii T. II.

1) Eccl. I. 10.　　　　2) Ps. LXIV. 5.

me Verbi Dei nuptiarum expertis. » Hinc ᵃ) Basilius seleuciensis angelicae salutationi, *Dominus tecum*, hunc subiicit commentarium: « Quoniam templum existis vere Deo dignum. » Hinc Gregorius nazianzenus ᵇ) scribit: « Versatur in ore non paucorum hic sermo, scilicet e sinu Virginis ortum esse Deum hominem, quem Spiritus magni Dei coagmentavit, templo templum sanctum exstruens. Mater enim Christi templum, Christus autem Verbi. » Hinc ᶜ) Georgius nicomediensis in praeclara oratione qua Templum compellans ait: « Induc animatam Dei civitatem, quam eius ¹) perpetuo impetus incitamentaque laetificant: sanctificatum inquam illud tabernaculum, domum gloriae, indissolubile templum, cuius tu figura ac symbolum exsistis. Quod sis exspectans veram manifestationem, eam modo tenes. Eam intus suscipiens, tamquam meliori concede. Siste hactenus quae sunt symbolica, ne ultra aenigmatis haereas. Quamdiu umbris animum intendis? Quandiu pro littera gloriaris? Ecce iam illuxerunt radii gratiae: ecce qui in spiritum transferat quae sunt litterae. » Quibus simillima tradunt ²) Hildephonsus toletanus, antiquus auctor ³) libri de ortu et obitu patrum, Petrus Damiani ⁴), et ipso vetustior ⁵) Venantius Fortunatus qui beatum Martinum his verbis alloquitur:

» Cernis et egregiam speciosa luce Mariam.
» Vidisti templum Domini diademate fultum.
» Vidisti thalamum sponsi super omnia pulcri.

Hinc ᵈ) Psellus Deiparam extollens inquit: « Templum et thronus et arca omnium Regis et Dei tu es, laudatissima Domina, sola Deipara, nostri propitiatorium qui sub tuam umbram confugimus. » Hinc ᵉ) Armeniorum Ecclesia canit: « Templum incorruptibile Verbi Patris benedicunt chori spirituales; nos quoque laudamus consonantes caelestibus. » Et rursum, praeeunte ⁷) Nersete claiensi: « Salve templum Verbi Dei, quae tristitiam progenitricis Evae abstulisti. » Hinc quae eodem pertinentia habentur tum ⁸) apud Syros, tum penes Coptos qui Deiparam ᵉ) ita salutant: Salve templum Spiritus sancti. » Hinc Graecorum usu ᶠ) recepta cantica: « Veluti animata arca legis datorem continuisti, et veluti sanctum templum suscepisti Sanctum, o Virgo mater, qui propter suam in homines benevolentiam homo factus est. » Atque hinc ⁹) Latinorum hymni precesque ¹⁰), quae eamdem fidem easdemque sententias praeseferunt.

a) Orat. in Deiparam pag. 591. B. apud Combefisium Auctar. T. I.
b) Carm. VIII. ad Nemesium vv. 180-184. pag. 1080. opp. T. II.
c) Orat. in Deiparae ingress. in Templum pag. 1099. C-D. apud Combefisium Auctar. T. I.
d) Penes Allatium de Symeon. scriptis pag. 240.
e) Theotoch. pag. 206. tetrast. II.
f) Antholog. pag. 183. col. 1. C-D., Octoech. pag. 19. col. 2. A. et Men. die I. Octobris Ode ς'. pag. 6. col. 2. B.

1) Ps. LXXXVI. 2.
2) Serm. I. in Virginis assumpt. pag. 670. col. 1. A-C. apud Combefis. in Biblioth. PP. concionat. T. VII.
3) De ortu et obitu patrum n. 36. pag. 387. inter opp. Isidori hispalensis T. VII.
4) In offic. b. Virginis pag. 10. col. 2. A. opp. T. IV.
5) De vita s. Martini lib. III. p. 447. opp. T. I.
6) Confess. eccles. armen. pag. 33.
7) Ex hymnario eccles. arm. pag. 1168.
8) E Syrorum monimentis iuverit contulisse quae habentur apud Ephraemum Serm. III. de diversis p. 607. B-C. opp. syr. T. III., et in offic. Maronit. pagg. 457, 476, 486. ubi Deipara *mundum Domini universorum templum* celebratur.
9) Thesaur. hymnolog. T. I. pag. 12. et T. II. pag. 92.
10) Harum specimen peti potest ex Missali gothico apud Muratorium liturg. rom. T. II. pagg. 521-549., et ex Missali mozarabico apud Lesleum T. II. pag. 363. col. 2. D. ubi Deipara *templum, sacrumque Unigeniti templum* dicitur.

472. Huc igitur redeunt ornamenta Deiparae, ut illam Templum praemonstrarit, ipsa vero fuerit *Templi exemplar atque antitypus, Templum novum, Templum priore longe nobilius, Templum immaculatum, indissolubile, spiritu fulgens, plenum gloria Domini, a Deo exstructum, purissime fabricatum, Templum sanctum Sancti, Seraphim splendidius, novum sub caelo atque vere Deo dignum*. Iamvero sunt ne ista eiusmodi quae ferant, ut Deiparae origines censeantur immundae, ut eius primordia habeantur infecta, et ut ipsa culpae tenebris aliquando obvoluta existimentur? Nisi communes rerum notitiae funditus pervertantur, sicuti haec componi mutuo non possunt, ita non alia credi Deipara debet, nisi quae iustitiae luce semper effulserit.

473. Quae quidem omnia iis egregie confirmantur quae tum Patres tradunt quum Deiparae typis *Tabernaculum* accensent, eiusque vim potestatemque explanando declarant. Sic enim inter ceteros habet a) Georgius nicomediensis ubi praesentationem Deiparae in Templo describit: « Hodie animatum templum in Templo offertur, templum inquam excelsius caelis, toto creatorum ambitu latius atque capacius. Ea hodie in Templo collocatur, quae exsul humanum genus, per eum quem genuit, in proprias sedes reduxit. Hodie spiritale tabernaculum fausta nuncia gratiae legali ordini perfert, iubetque litterae ut locum cedat spiritui. Hodie vasculum Spiritus in Templo depositum suscipiendo Dei Verbo aptatur. Neque enim decebat, ut tabernaculum illud mundissimum in mundi sordibus versaretur; sed ut irreprehensibilem translatum locum primos illic gaudii gustus susciperet. » Dum vero Templum b) alloquitur in quo versari Deipara debebat, ait: « Orna 1) Sancta sanctorum, ac praesanctum illud tabernaculum suscipe, tabernaculum inquam, immaterialis substantiae capax, quo 2) fuit erectum tabernaculum nostrum quod ceciderat, quo destructum proavi David tabernaculum, excitatum est, quo membra nostra per praevaricationem dissoluta, ad propriam integritatem commissa sunt. »

474. Consonat c) Ephraemus a quo Virgo dicitur « Sanctum tabernaculum, quod spiritalis Beseleel aedificavit. » Consonat Proclus qui expendens verba 3) Petri *faciamus hic tria tabernacula, tibi unum, Moysi unum et Eliae unum*, caelestem Patrem ita loquentem d) inducit: « Ecce nunc quoque tabernaculum vis Christo erigere, quale Moysi et Eliae? Christo, inquam, tabernaculum, qui una mecum 4) extendit caelum? Tabernaculum ei qui mecum pariter fundavit terram? Tabernaculum ei qui quod elegit tabernaculum, virginalem nimirum uterum, accepit? » Consonat e) Modestus qui de Virgine in caelos recepta inquit: « Hodie rationale tabernaculum, quo mirum in modum exceptus est in carne Deus et Dominus caeli et terrae, ab eo compositum est et consecratum; ut sit in aeternum incorruptibilitatis consors cum ipso 5) ad fortem protectionem et salutem tutelamque nostrum

---

a) Orat. in Deiparae praesentat. pag. 1090. A-C. apud Combefisium Auctar. Tom. I.
b) Orat. in Deiparae ingres. in Templum p. 1095. C-D. apud Combefisium Auctar. T. I.
c) Precat. IV. pag. 529. opp. graec. T. III.
d) Orat. in Dominic. transfigurat. §. III. pag. 651. B-C. apud Gallandium Tom. IX.
e) Encom. in Deiparam pag. 25.

1) Hebr. IX. 3.
2) Amos. IX. 11.
3) Luc. IX. 33.
4) Is. XLIV, 24.
5) Eccl. VI. 14.

omnium Christianorum. » Hinc praeclarum 1) Pseudo-Hieronymi effatum: « Christus in Maria, quasi sponsus in thalamo, et corpus Mariae quasi tabernaculum. »

475. Ceterum praeteriri non debent quae Iohannes euboeensis ª) his verbis complectitur: « Ait enim ²) propheta, et erigam tabernaculum Davidis quod cecidit et illius ruinas iterum aedificabo. Ecce erigitur ³) tabernaculum Davidis in conceptione et nativitate filiae eius. » Neque haec praeteriri debent quae de oeconomia Verbi loquens ᵇ) Dionysius alexandrinus contra Paulum samosatenum scribit: « Non in servo *(Unigenitus)* inhabitavit, sed in sancto suo tabernaculo ⁴) non manufacto, quod est Deipara Maria. » Sanctum revera tabernaculum, de quo ᶜ) Graeci in officio pro funere monachorum inquiunt: « Diversorium Deo dignum ⁵) exstitisti, sanctissima. » Et de quo ⁶) Arnoldus carnotensis ait: » Ecce tabernaculum Dei habens intra se Sanctum sanctorum, virgam signorum, tabulas testamenti, altare incensi, ambo Cherubim respicientia in alterutrum, manna, et sine umbra propitiatorium palam expositum. Haec non in figura sed in ipsa veritate sacrarium Virginis in se continebat reposita, exhibens mundo legem et disciplinam, incensionem zeli, castitatis odorem, concordiam testamentorum, panem vitae, inconsumptibilem cibum, sanctitatem et humilitatem et obedientiae holocaustum, poenitentiae omnibus tutum naufragis portum. »

476. Sed audiendus postremo est Iohannes damascenus, qui eximia verborum ubertate et gravissimo sententiarum pondere ea omnia complectitur, quae ad hunc *tabernaculi* typum referuntur. Principio namque ᵈ) scribit: « Cedat celebratissimum illud tabernaculum quod Moyses ex pretiosa omnigenaque materia in deserto paravit, quin et isto prius illud Abrahae tabernaculum vivo ac rationali Dei tabernaculo. Hoc enim non actionis divinae conceptaculum fuit, sed substantiali modo Filii Deique personae. » Tum ᵉ) pergit: « Ave tabernaculum, divinitatis polus, ipsis caeli axibus praestantior, ex qua Deus sua ipse persona cum hominibus est conversatus, et ex qua aeterna mundo propitiatio advenit. » His autem ubi assumptae Deiparae triumphum ᶠ) celebrat, addit: « Quid autem ii,

a) Orat. in Deiparae concept. pag. 10.
b) Epist. adv. Paulum samosat. pag. 261. C.
c) Eucholog. pag. 551. D.
d) Orat. in Deiparae nativit. pag. 845. D.
e) Orat. II. in Deiparae nativit. pag. 854. B.
f) Orat. II. in Deiparae dormit. pag. 875. A.

1) Comm. in Ps. XVII. 12. pag. 41. inter opp. Hieronymi T. VII. App.
2) Amos. IX. 11.
3) Cuius appellationis auctor quoque est Tarasius, qui orat. in Deiparae praesentat. ipsum vocat τὴν σκηνὴν ἀμίαντον, *illibatum tabernaculum.*
4) De Christo scribit Apostolus Hebr. IX. 11. *Christus autem assistens Pontifex futurorum bonorum,* διὰ τῆς μείζονος καὶ τελειοτέρας σκηνῆς, οὐ χειροποιήτου, τουτέστιν, οὐ ταύτης τῆς κτίσεως, οὐδὲ δἰ αἵματος τράγων καὶ μόσχων, διὰ δὲ τοῦ ἰδίου αἵματος εἰσῆλθεν ἐφάπαξ εἰς τὰ ἅγια, *per amplius et perfectius tabernaculum non manufactum, idest, non huius creationis, neque per sanguinem hircorum et vitulorum, sed per proprium sanguinem introivit semel in sancta.* E quibus liquet 1) corpus tam Deiparae quam Christi eadem phrasi *tabernaculum non manufactum* appellari: propterea vero 2) utriusque corpus hac phrasi efferri, quod praeter et supra naturam exstiterit. Recepto enim penes Hebraeos loquendi usu, ut ex iis constat quae habentur Hebr. VIII. 2, IX. 24, II. Cor. V. 1, Ephes. II. 11, Actt. VII. 58, et Marc. XIV. 58, idem valet οὐ χειροποίητον non manufactum, ac praeter et supra naturam factum.
5) In funereo autem pro viris secularibus officio pag. 583. E. τὸ πανάγιον τοῦ Θεοῦ σκήνωμα, *sanctissimum* dicitur *Dei tabernaculum.*
6) Orat. de laudibus Mariae pag. 1282. B. in Biblioth. Max. PP. T. XXII.

qui sanctissimo sacerrimoque corpori adstabant? Cum tremore ardentique amore et exsultationis lacrymis divinum illud felicissimumque tabernaculum in orbem cingentes amplexabantur et exosculabantur, nullumque non membrum corpori admoventes ex eius contactu sanctitate et benedictione perfundebantur. » Ne quid vero reliquum fecisse videretur, Deiparam praeterea a) vocat « Divinissimum tabernaculum, ad quod angeli non sine metu accedent. » Immo de ipso quoque Virginis sepulchro b) scribit: « Sepulchrum hoc antiquo est tabernaculo pretiosius, rationale et animatum ac divinitus illuminatum candelabrum includens, et mensam vitam ferentem, quae non panem propositionis sed caelestem, non ignem materia constantem sed eum qui materia omni superior est deitatis nimirum suscepit. » Quae tanto studio ab Iohanne damasceno inculcata, in ecclesiasticis Coptorum, Graecorumque libris non infrequenter usurpantur. Et ex Coptorum quidem libris haec c) insignia sunt: « Te iustam vocant, o benedicta in mulieribus, quia secundum es 1) tabernaculum quod Sancta sanctorum dicitur. » Neque haec minus insignia videri debent ex Graecorum libris d) desumpta: « Divinitus structum tabernaculum, una cum seraphim Sancta sanctorum cooperiens, te, o Virgo, olim Moyses praefiguravit, praemonstrans partum tuum immaculatum, Christum carnem assumpturum. »

477. Auctores igitur sunt patres inter typos umbrasque Deiparae censeri *Tabernaculum* oportere, ipsam vero Deiparam esse *tabernaculum longe mosaico praestantius ac nobilius, tabernaculum caelis excelsius, sanctum, sanctissimum, divinum, divinissimum, eo usque mundum ut eo dignus non fuerit mundus, Deo dignum, non manufactum atque idcirco praeter et supra naturam evectum, aedificatum a spiritali Beseleel, a Deo fixum, quodque cum primum iaceretur, erectum fuit prolapsum Davidis tabernaculum, et universa quae ceciderat hominum natura ad pristinam propriamque ingenuitatem revocata*. Sed nisi verba forte desint, quibus omnimoda Deiparae puritas, eiusque innocentia nullo umquam deturpata naevo significentur; haec profecto eiusmodi sunt quibus splendidiora vix aut ne vix quidem reperiri atque usurpari posse videntur.

478. Ad lucis tamen accessionem splendorisque incrementum nonnihil conducent quae tradunt patres, quum ad Virginem tamquam eiusdem typos umbrasque traducunt *Altare*, *Propitiatorium* ac *Victimas*, horumque typorum vim significationemque declarant. Et de typo quidem ex Altari desumpto sic habet e) Methodius: « Salve in aeternum indesinens nostra laetitia. Tu nobis festae lucis initium, tu medium, tu finis, pretiosissima regni margarita, vere totius victimae 2) adeps, animatum panis 3) vitae altare. Salve dilectissimi Dei thesaure: salve fons benevolentiae Filii in hominum genus: salve 4) Spiritus sancti mons

---

a) Ibid. §. XIII. pag. 876. B.
b) Orat. III. in Deiparae dormit. §. II. pag. 883. D.
c) Theotoch. pag. 54. C.
d) Men. die XII. Maii Ode γ'. pag. 51. col. 2. B. et in Offic. quadrag. Sabb. Tyroph.
e) De Symeone et Anna pag. 819. A. apud Gallandium T. III.

1) Eodem titulo Deipara ornatur pagg. 55-56-58-59-63-64-65.
2) In scripturis חֵלֶב *adeps* pro optimo rei cuiusque frequentissime accipitur, Gen. XLV. 18, Num. XIX. 12, XXIX. 30-32, Deut. XXXII. 14. alibi. Etiam apud Graecos στέαρ πυροῦ *pinguedo frumenti aut tritici*, interprete Suida, idem valet ac κάλλιστον *pulcherrimum optimumque frumentum*. Quod ergo Virgo dicitur *vere totius victimae adeps*, summam eiusdem praestantiam demonstrat.
3) Ioh. VI. 48.
4) Ps. LXXXIII. 8.

inumbrate. » Quibus iungi ista debent quae Andreas cretensis et Theophanes scribunt de *Mensa*, quae Virginem praesignarit. Ille namque ᵃ) ait: « Purpurea vestis quae lanam tinxit ineffabilis incarnationis Verbi, thuribulum aureum, mensa in qua panis Christus fuit depositus, Deipara Virgo celebratur. » Theophanes ᵇ) vero subdit: « Sanctissimum Dei montem et candelabrum et urnam et arcam et mensam, virgam item ac thuribulum, divinumque thronum et portam et templum et thalamum, quotquot divina sapimus, laudemus innocentem illam atque Virginem, ex qua Deus citra mutationem incarnatus est, et supra naturam deificavit quod ineffabili unitione suscepit. » Et de altari quidem ac mensa Virginem adumbrantibus gemina occurrunt [1] apud Coptos, itemque in officio ᶜ) aquae benedictae minoris in quo legimus: « Salve mons, salve rube, salve porta, salve scala, salve divina mensa, salve Domina cunctorum auxilium. »

479. Immo et ista in eodem ᵈ) legimus: « Salve, Virgo, mundi propitiatorium, salve urna mannae divinae, salve lucis lucerna tota aurea, o Dei sponsa. » Hinc ea quae scribit ᵉ) Iohannes damascenus inquiens: « Ave sis praenuntiatum nomen a prophetis, qui a seculo exstiterunt. Ave sis tabernaculum novum purpura varium, quod variorum intextor Beseleel novo opere elaboravit. Ave sis oraculum aureum ex lapidibus et auro textum. Ave sis propitiatorium duobus Seraphim obumbratum. » Hinc quae ᶠ) Modestus his verbis complectitur: « Ave propitiatorium divinissimum et in Deo fundatum, per quod processit propitiatio mundi universi, salvator Christus Deus. » Hinc quae in Menaeis ex Iosepho ᵍ) recitantur: « Te mortalium omnium propitiatorium [2] fide supplico atque deprecor. O benedicta, misericordem in me reddens iudicem filium tuum, effice ut te prout debeo glorificem. » Atque hinc verba ʰ) Georgii nicomediensis ubi de oblata in Templo Deipara ait: « Sic prorsus immaculata offertur agna, ut victima omni acceptior creatori sacrificetur, non sanguinis litatione sed superexcellenti puritate. » Quum igitur innocentiae sanctitatisque forma in nulla re plenius quam in *Altari*, in *Mensa*, in *Propitiatorio*, *Victimisque* emineat atque exstet, arduum non est colligere quid de puritate Deiparae his praesignata typis existimari debeat. Praesertim quum Deipara non modo dicatur *Altare*, sed etiam *animatum Altare panis vitae*, non solum dicatur *Mensa*, sed etiam *Mensa intaminata atque divina*: non solum dicatur *Propitiatorium*, sed etiam *Propitiatorium mundi et duobus Seraphim obumbratum*: neque solum dicatur *Victima*, sed *Victima immaculata, adeps victimae, atque idcirco victimarum omnium propter puritatis superexcellentiam nobilissima Deoque acceptissima*.

a) Antholog. die IX. Decembris Ode θ'. pag. 183. col. 1. D.
b) Antholog. die XIX. Ianuarii Ode θ'. pag. 344. col. 1. D.
c) Euchol. pag. 443. E.
d) Ibid. pag. 443. D.
e) Orat. in Deiparae annuntiat. pag. 836 A-D.
f) Encom. in Deiparam §. X. pag. 44.
g) Men. die IV. Novembris Ode ϛ'. pag. 27. col. 2. E.
h) Orat. in Deiparae praesentat. pag. 1090. D.

1) Theotoc. pag. 74. tetrast. I.
Ⲁⲧⲉⲛ ⲡⲓⲗⲁⲥⲧⲏⲣⲓⲟⲛ ϧⲓⲭⲉⲛ ϯⲡⲁⲣⲑⲉⲛⲟⲥ.

2) Eadem *propitiatorii* imagine designata Virgo perhibetur in Paraclit. pagg. 213. col. 1. C., 448. col. 2. D. et 449. col. 1. B.

ARTICULUS II.

De Arca, Candelabro, Thuribulo atque Urna quae inter Virginis typos a patribus numerantur, deque eiusdem innocentia cuiusvis inscia culpae quae illis praesignatur.

480. Recitatis [1]) Psalmi verbis, *surge Domine in requiem tuam, tu et arca sanctificationis tuae*, continuo subdit [a]) auctor sermonum qui neocaesariensi Gregorio tribuuntur: « Vere enim arca est sancta Virgo intrinsecus et extrinsecus deaurata, quae universum sanctificationis thesaurum suscepit. Surge Domine [2]) ex sinu Patris, ut collapsum primi parentis genus erigas. » Eodem titulo Deiparam exornat vulgatus Athanasius, qui illam [b]) compellans ait: « O perfecte intemerata atque immaculata! quam [3]) Davidis arcam vocat sanctificationis; Salomon autem [4]) lectum aureum ac thronum convallemque liliorum, virtutum scilicet, ut puto, divinarum, et paradisum a Deo plantatum. » Neque minus splendide [c]) Methodius qui ex typi dignitate ad exemplaris nobilitatem progressus infert: « Si enim arcae tuae illius sanctitatis imagini typoque tantus a Deo honor habitus est; quis tandem qualisve venerationis cultus a nobis minimis tibi vere reginae fuerit exhibendus? Vere inquam Dei legislatoris animatae arcae: caelo vere Deo capaci qui nusquam capi potest? » Ut enim [d]) Proclus subdit: « Est haec sacrarium peccato inaccessum: est sanctificatum Deo templum, aureum altare holocautomatum, divinum compositionis thymiama, sacrum unctionis oleum, pretiosum nardi pistici alabastrum. Haec sacerdotale Ephod, aureum candelabrum. Haec arca intrinsecus et extrinsecus deaurata, corpore scilicet [5]) et spiritu sanctificata. »

481. Quare [e]) Theodorus studita de Virgine in caelum evecta scribit: « Hodie condita ex auro et divinitus fabricata sanctitatis arca de terrenis habitaculis ad supernam Hierusalem commigrat. » Theophanes vero [f]) canit. « Te, Dei mater, David propheticis oculis in Bethlehem vidit veluti arcam gestantem puerum supremum Deum. » Haec autem egregie confirmat [g]) Iohannes euboeensis antistes ubi de conceptu Virginis loquens ait: « Ecce nova arca praeparatur quae infinito intervallo arcam Noe et Moysis praestantia antecellit: illa enim Legem, haec vero Deum recepit. » Egregie confirmat [h]) Iohannes damascenus ubi extollens assumptae Virginis triumphum inquit: « Hodie sacra et animata arca Dei viven-

---

a) Orat. in Deiparae annunciat. pag. 13. D.
b) Orat. in Deiparae descript. pag. 407. inter opp. Athanasii T. II.
c) De Symeone et Anna §. V. pag. 809. E. apud Gallandium T. III.
d) Orat. in Deiparam §. XVII. pag. 645. A.B. apud Gallandium T. IX.
e) Orat. in Deiparae dormit. n. 1. pag. 56. apud Mai in nov. pp. Biblioth. T. V. P. III.
f) Can. in fratrem Theodorum Graptum pag. 225. apud Combefisium in opp. Origg. rerumque CP. Hisce similia habet Psellus apud Allatium de Symeonum scriptis pag. 242.
g) Orat. in Deiparae concept.
h) Orat. II. in Deiparae dormit. pag. 869. B.

1) Ps. CXXXI. 8. coll. II. Paral. VI. 41.
2) Ioh. I. 18.
3) Ps. CXXXI. 8.
4) Cant. II. 1, et III. 10.
5) I. Cor. VII. 34.

tis, quae suum in utero gestavit artificem, in templo Domini quod nullis est exstructum manibus, requiescit. » Eademque perspicuitate confirmat Leo Augustus qui primum [a] scribit: « Habebat quidem antiquus Israel arcam, tui imaginem, adiutricem, si quando rebus adversis urgeretur, et ut quandoque inopiam levaret; verum quae gerebantur, utpote reipsa imaginis atque figurae, iis erant longe inferiora quae per te praestantur. » Postquam vero hoc pluribus ostendit, illico [b] pergit: « Revereretur enim Deus sacratissimam arcam suam, benignumque se exhibet iis qui benignitate indigni sunt. Ergo ubi tu praesens es, nulla adversariis suppetit loquendi fiducia, nullum tristia locum inveniunt, ubi tui splendoris laetitia affulget. Quum enim a principio in hunc mundum veneris, ut laeto magis statu componeres; eamdem semper retines voluntatem, nec umquam beneficia nobis praestare cessas. »

482. Consentiunt quae tradit Hildephonsus toletanus antistes [1] his verbis: « Illa namque omnia umbra sunt futurorum, in Maria vero manifesta veritas, antequam Christus Rex subsiliendo pertransiit de morte ad vitam, de corruptione ad incorruptionem. Sicque Ecclesiam una cum Matre reduxit ad superos, quoniam ipsa et Dei templum, et arca novi Testamenti, in qua verus Deus versatur non in figura et in aenigmate, sed in veritate pro salute omnium Deus homo immolatur. In cuius profecto sanguine testamentum confirmatum est novum, quod testatus est cum patribus nostris, et reconditum in utero Virginis, inde ad nos usque translatum. Quae nimirum Virgo ac si arca hodie de captivitate huius seculi angelorum exequiis glorificata reducitur, non in Ierusalem quam decoxit vel devastavit Chaldaeorum exercitus, sed in illam veram et caelestem quam fundavit Deus et non homo, collocatur. » Consentiunt quae comparatione instituta Deiparam inter eiusque Filium [2] Petrus cellensis scribit: « Praeterea de foederis vel potius sanctificationis arca quid aliud dicam? Nisi quod et mater arca est foederis, continens in se quidquid est sanctificationis vel creatae vel creantis: et Filius in matre similiter arca sanctificationis est potius exsistens quam continens sanctificationum sanctificationem. Habet autem tabulas testamenti, quia in corde eius universa describuntur mandata vitae et pacis. Habet et virgam Aaron: *virga* [3] *aequitatis, virga regni eius*. Fronduit quoque in nativitate, floruit in resurrectione, germinavit in ascensione, unus protulit in Spiritus promissione vel missione. Nostra quoque virga seu Virgo floruit credens angelo, floruit concipiens in utero, germinavit parturiens ex utero. Filius est nostra apud Patrem propitiatio, quia interpellat pro nobis; mater apud Filium, quia rogat pro culpis nostris, Filius est sanctus sanctorum, quia Deus deorum; et mater est sancta sanctarum, quia Virgo virginum. Filius habet phialam purissimae carnis, ut ab ea sumatur poculum vitae; mater similiter in omni conversatione sua casta et munda praebet nobis exemplum conversandi sine querela. De thuribulo Filii Pater odoratur incensum propitiationis; de thuribulo matris tota perfunditur domus angelicae conversationis. Filius est altare de terra sancta, quia corpus habet de matre sine macula, in quo cremantur holocautomata dum condonantur peccata; Domina nostra nihilo minus est altare terrenum, quia refugium est miserorum. » Itemque consentiunt quae in Euchologio ha-

a) Orat. in Deiparae dormit. pag. 1745. D-E. apud Combefisium Auctar. Tom. I.
b) Ibid. pag. 1748. C-E.

1) Serm. de Deiparae assumpt. pag. 578. E. in Biblioth. max. PP. lugdun. T. XXIII.
max. PP. lugdun. T. XII.
2) Lib. de Panib. quaest. XXI. pag. 779. E. in Biblioth.
3) Ps. XLIV. 7. coll. Hebr. I. 8.

bentur, sive ubi ᵃ) dicitur: « Secrete et mystice imaginem tuam delineavit Moyses, o illibata Deipara, dum te quondam vivam diceret columnam et arcam auream, in qua sancta quaeque reponerentur. » Sive ubi ᵇ) reperitur: « Scriptis Lex exarata arcam suam venerandam celebrat, te vero Deiparam gratiae sermo laudat: inde Christus incarnatus processit quem superexaltamus in secula. » Quibus cum ¹) alia, tum ista ᶜ) respondent Syrorum usu frequentata: « Ave arca aurea quam fecit Moyses, Maria virgo sanctissima, ave fons benedictionum. »

483. Sumptum ex *Arca* typum alter excipit *Candelabri*, quem ita patres ad Deiparam referunt, ut opportunis quoque commentariis illustrent. Et sane ex illorum numero Germanus plura simul apte coniungens ᵈ) inquit: « At, o urna, ex qua manna refrigerii nos ardoribus malorum exusti ebibimus! O mensa, per quam qui fame tabescebamus, pane vitae supra modum repleti sumus! O candelabrum, cuius fulgoribus qui in tenebris sedebamus, ingenti luce perfusi sumus! habes ex Deo quod sit ex dignitate ac addecéat laudis praeconium; at neque indignum nostrum et impar, nostro tamen desiderio atque amore oblatum, repuleris. » Sequitur ᵉ) Iacobus monachus qui iustos pridem vita functos exhibet his verbis illos interrogantes qui novi adveniebant: « Nullumne in mundo eius incarnationis certum indicium? Fuit ne mundissimum eius productum domicilium, quod olim in spiritu futurum praedicavimus? Est ne explicata nubes lucida iugem illum depluens rorem, quo maestitiae aestus extinguendus est? Fixa ne est scala ²) per quam caelestium virtutum rex ad infimum nostrum incolatum descensurus est? Sublime positum est candelabrum, quod lampadulam Christum portaturum est? Quid ³) de porta audistis per quam nullus transiet? Per quam solus ille potens transiens portas ac vectes inferni confringet, nosque ut fortis rapiet? Quid didicistis de vero tabernaculo? Illi ne ornatus varioque opere excultus thalamus? Instructa ne est mensa panem ferens vitae redivivae? Aureum ne paratum altare in quo desolatorius peccati carbo carne exardens suavem nobis resurrectionis odorem efflaturus est? Iamne ⁴) forceps mystica cusa est? Productae sunt tabulae novi testamenti? Quodnam de his omnibus liquido signum compertum est? Dicite laetitiae symbolum iis qui solatio indigent. » Cum utroque, Iacobo et Germano, in eamdem mentem sententiamque concedunt Andreas cretensis et Modestus hierosolymitanus, quorum prior ᶠ) exclamat: «'Sola tu vere benedicta, quam Zacharias in divinis perspicacissimus vidit aureum candelabrum lucernis septem et septem infusoriis splendidum, nempe septem divini Spiritus charismatis undique collustratum. » Posterior vero ᵍ) Deiparae obitum describens ait: « Et sanctos quidem oculos clausit quae fulgendo omnium edidit luminare; quae veluti aureum candelabrum sine contactu illum in mundo tamquam facem gestavit, qui luminaria condidit. »

a) Can. funer. pro mulieribus defunctis pag. 588.
b) Ibid. pag. 591. B.
c) Thesaur. hymnolog. T. III. pag. 187.
d) Orat. in Deiparae Zonam pag. 240. C. apud Combefisium in Manipulo origg. rerumque CP.
e) Orat. in Deiparae nativit. pag. 1258. B-E. apud Combefisium Auctar. T. I.
f) Orat. in Deiparae annuntiat. pag. 103. E. apud Gallandium T. XIII.
g) Encom. in Deiparam §. XII. pag. 50.

1) Cf. antiquos rythmos inter opera Bernardi, T. VI. pag. 920. col. 2. A.
2) Gen. XXVIII. 12.
3) Ezech. XLIV. 1.
4) Is. VI. 6.

Hinc canticum penes Coptos [a] solemne: « Tu es aureum candelabrum puram gestans lampadem omni tempore ardentem, quae est mundi lux inaccessa ex luce inaccessibili, Deus verus ex Deo vero, qui ex te sine mutatione carnem accepit. » Atque hinc Graecorum [b] adprecatio: « Te lucidam lampadem lucidumque candelabrum, ubi deitatis ignis inhabitans tenebricosa detentos corruptione illustravit, celebramus, o immaculata, partum tuum benedicentes universi, o benedicta. »

484. Neque aliter [c] Georgius nicomediensis, qui Deiparam in templum ingredientem describens, ipsum templum sic affatur: « Suscipe [1] inauratum in spiritu candelabrum, cuius lampas modica mundi illustrat fines, per quod incenderunt septem Spiritus dona, mundumque inferiorem illustrarunt. » Concinit Leo Augustus [d] scribens: « Erant his *(Israelitis)* quoque candelabrum septenario luminum fulgore conspicuum, et urna in qua manna servabatur, et virga, virginitatis tuae praeconium, quasi florem emittens, et id genus alia quibus natio illa merito super omnes nationes sese efferebat. Verum recesserunt haec omnia cum inclyto eorum nomine ac maiestate. Quum enim te adumbrarent, adventu fulgoris tui abdita sunt. Tu vero perpetuo lumine collustratum candelabrum lucens a peccati tenebrosa morte eruisti pariter atque eruis. » Concinit vulgatus Epiphanius [e] his verbis: « O candelabrum virgineum, quod dispulit tenebras et lucem emisit! O candelabrum virgineum, quod splendidam lucernam in caelo et in terra relucentem gestavit! » Et ea concinunt quae de Virginis conceptu [f] Georgius hymnographus habet: « Rubus incombustus, aureum candelabrum, animatus Domini Dei thalamus, virga gloriosa in utero matris quae eam genuit, incipit efflorescere. »

485. Candelabro succedit *Thuribulum*, quo typi instar usus [g] Ephraemus Deiparam vocat « Thuribulum aureum, in quo Verbum carnem induens mundum universum bono odore replevit, et inobedientiae combusta sunt crimina. » Iohannes vero damascenus [h] sic eam compellat: « Ave thuribulum, vas mente aureum, divinum intus carbonem ferens, et qua fragrans odor Spiritus corruptelae putorem mundo exsufflavit. » Cum quibus haec componenda sunt [i] ex Coptorum hymnis: « Tu es thuribulum aureum purum carbones gestans ignis benedicti. Equidem nullatenus erro, si te appellem thuribulum aureum, illud, inquam, illud, in quo incensum electum coram sanctis obtulerunt. » Tum haec [j] ex missali alexandrino: « Thuribulum aureum mundum plenum precioso unguento, quod est prae manibus Aaron sacerdotis thus adolentis ad altare. Thuribulum aureum est, odor eius Salvator noster quem genuit, quique nos de peccatis nostris redemit. » Quae est thuribulum aureum mundum, quae portat carbonem igneum benedictum. » Atque haec item [2]

---

a) Theotoch. pag. 60. tetrast. II.
b) Offic. quadrag. Fer. IV. Hebd. I. Ieiun. Ode ζ'. pag. 114.
c) Orat. in Deiparae ingressum in Templum pag. 1095. C. apud Combefisium Auctar. T. I.
d) Orat. in Deiparae dormit. pag. 1748. E. apud Combefisium Auctar. Tom. I.
e) Orat. de Virginis laudibus pag. 296. A. inter opp. Epiphanii Tom. II.
f) Men. die IX. Decembris Ode η'. pag. 78. col. 1. A.
g) Precat. IV. pag. 529. D. opp. graec. T. III.
h) Orat. II. in Deiparae nativit. pag. 854. B.
i) Theotoc. pag. 61. tetrast. III. — Ibid. pag. 62. tetrast. I.
j) Apud Assemanum in cod. liturg. lib. IV. P. IV. pagg. 22-23.

1) Ex. XXV. 23.   2) In Max. PP. biblioth. T. XVII. pag. 528. col. 2. H.

ex canone universali Aethiopum: « Salve virgo Maria Dei genitrix, tu es thuribulum aureum, quae carbonem ignitum portasti. » Prae his autem quae ad thuribuli imaginem referuntur, multo suppetunt plura, quae praemonstratam *Urnae* typo Deiparam, ostendunt, quaeque huiusce typi enarrationem complectuntur.

486. Et re sane vera huc faciunt [a]) Germani verba: « Ave gratia plena, mannae urna tota aurea, tabernaculumque ex purpura omnino factum, quod novus ille Beseleel auro intextum variumque effinxit. » Huc faciunt quae de prophetis iustisque Mariae natalem opperientibus habet [b]) Iacobus monachus inquiens: « Docti sunt nova, et quae nullus sermo effari queat mysteria; novam generis reformationem, cogitatu maiorem reconciliationem. Viderunt et thronum cherubicum, regalem thalamum, supercaeleste caelum, templum praesanctum, multis tabernaculum nominibus celebre. Viderunt te urnam Spiritus auro conflatam, urnam immortalitatis illud manna continentem, mensam panem illum vitae impositum habentem. » Atque huc faciunt quae Deiparae necem Filii lamentanti tribuit [c]) Symeon Logotheta scribens: « Vae mihi, Fili, ipsa parente antiquior, quas sepulcrales lamentationes et quas laudationes funebres tibi decantavero? Non amplius urna sum ego mannae receptaculum: manna siquidem animas enutriens circa sepulcrum effusum est. Non amplius rubus incombustus, tota siquidem intellectuali tui monumenti igne exusta sum. Non amplius candelabrum aureum, lumen siquidem sub modio positum est. Ut magnifica ostendit mihi qui potens est! Ex omnibus nationibus elegisti me. Prophetarum linguas mei caussa disertas effecisti. De caelo progressurus, ut bene ipse nosti, meum in mundum progressum exspectasti, cum non haberes vas quod esset dignum et capax divinitatis. »

487. Eodem spectant quae [1]) Methodius, quaeque Andreas cretensis tradunt, e quibus [d]) Andreas exclamat: « Ave sis nova arca gloriae, in qua Dei Spiritus descendens requievit. Ave aurea urna eum ferens, qui manna dulce fecit, quique mel e petra ingrato Israeli subitario velut apparatu elicuit. » Neque secus [e]) Iohannes damascenus inquiens: « Ave urna ex auro conflatum vas, ab omni vase secretum, et quo mundus universus impensum sibi manna accipit, vitae scilicet panem igne deitatis coctum. » Et rursum [f]) de dormitione agens Deiparae sic habet: « Cernere enim mihi videor hanc sanctis sanctiorem, et sacris sacratiorem, piisque pietate praestantiorem, hanc, inquam, dulcem mannae urnam, vel ut verius dicam, fontem, in divina celebratissimaque Davidis civitate, humili lecto recubantem. » Subscribit [g]) Iosephus confessor his verbis: « Quam vere te manna vitae in sinu gestantem praesignavit olim evidentissime urna continens manna! Benedicta tu in mulieribus, o Domina perfecte immaculata. » Subscribit [h]) Germanus inquiens: « Prophetae mystice simul laetantur; quam enim in antiquis generationibus typice praeviderunt rubum et urnam et virgam, nubem, portam et thronum, magnumque montem, ea hodie na-

---

a) Orat. in Deiparae annuntiat. pag. 1423. C. apud Combefisium Auctar. T. I.
b) Orat. in Deiparae nativit. pag. 1282. C-D. apud Combefisium Auctar. T. I.
c) Orat. in Deiparae planctum pag. 248. apud Allatium in diatriba de Symeonum scriptis.
d) Orat: in Deiparae annuntiat. pag. 102. E. apud Gallandium T. XIII.
e) Orat. II. in Deiparae nativit. pag. 854. A-B.
f) Orat. II. in Deiparae dormit. §. IV. pag. 871. C.
g) Men. die XIII. Ianuarii Ode ζ'. pag. 125. col. 1. B.
h) Antholog. die VII. Septembris pag. 16. col. 1. B.

1) De Symeone et Anna §. IX. pag. 814. A-D. apud Gallandium T. XIII.

scitur. » Et ª) denuo: « Canamus tubis, quia regina omnium, mater virgo benevola est, et benedictionibus coronat laudatores suos. Reges et principes concurrant, atque excitato plausu venerentur reginam, quae regem peperit gaudentem a morte victos benigne solvere. Pastores ac magistri sanctissimam boni pastoris genitricem simul laudibus efferamus. Candelabrum aureum, illuminantem nubem, excelsiorem Cherubim, animatam arcam, igniforme Altissimi solium, urnam auream mannae receptricem, vitalem Verbi tabulam, omnium christianorum perfugium sacro celebrantes carmine, sic dicamus: palatium Verbi, nos deiectos caelorum regne dignare; non est enim quidquam quod te intercedente fieri non possit. » Subscribit [1]) et armeniorum ecclesia, quae his verbis Deiparae gratulatur: « Gaude urna aurea caelestis panis, qui desuper descendens manna vitae novo Israeli cibum dedit. »

488. Concordi igitur sententia docent patres, inter typos adumbrationesque Deiparae non minus *Arcam* et *Candelabrum*, quam *Thuribulum mannaeque Urnam* eminere. Haec vero sanctitatem praeferunt nulla labe infectam, nitorem nullis tenebris obscuratum, et odorem nullo foetore corruptum. Similia igitur, immo his potiora de innocentia deque puritate virginis affirmari debent. Potiora inquam, neque eo dumtaxat nomine quod exemplar typi praestantiam superet, verum ideo etiam quod patres hoc ipsum unanimes testentur.

Testantur enim quum de Deipara tradunt eam fuisse *Arcam mosaica nobiliorem, fuisse novam gloriae arcam, intrinsecus et extrinsecus deauratam, corpore videlicet et spiritu sanctam, ex auro conditam, fabricatam divinitus, immaculatam, sacratissimam et quidquid est sanctificationis continentem, sanctam sanctorum et peccato inaccessam.*

Testantur quum *Candelabri* typum enarrantes Deiparam vocant *candelabrum, sed sublime, sed Spiritu inauratum, sed collustratum perpetuo lumine, sed iis semper illucescens qui in tenebris sedent, sed eiusmodi quod ab uno Deo pro dignitate laudetur.*

Testantur quum Deiparam *Thuribulo* ita praesignatam scribunt, ut illi apertissime deferant quod sit *thuribulum aureum et vas in quo nihil nisi aurum refulgeat.*

Ac postremo testantur quum Deiparam titulis honestant *Urnae quae sit perfecte immaculata, quae sit conflata ex auro, quae tota sit aurea, ab omni vase secreta, Deo digna et ex omnibus generationibus selecta ut in ea divinum manna digne reconderetur.*

ARTICULUS III.

De Velo, Aaronis Virga et Sancto sanctorum quae inter Deiparae typos a patribus censentur, quaeque de eiusdem praestantia singularique puritate enarrantur.

489. Reliquum est ut paucis eos complectar typos qui adhuc suppetunt ex sacris Iudaeorum rebus desumpti, eoque consilio a patribus usurpati ut excellentia Deiparae eiusque intaminata puritas quam splendidissime enitescat. Itaque [b]) Georgius nicomediensis Templum alloquens, quod erat Deiparam excepturum, scribit: « Velum retrahe, quo intus capias animatum Verbi velum, quod in se deitatem contexit, cuius nec ignis crassam i-

---

a) Acoluth. offic. graeci pag. XL. C. apud Bolland. T. II. Iunii.
b) Orat. in Deiparae iugressum in Templum pag. 1095. B. apud Combefisium Auctar. T. I.

1) Confess. Eccles. Armen. pag. 37.

psius substantiam combussit. » Immo [a]) Germanus ipsam Virginis zonam cum Velo conferens ait: « O vestis ineffabilium sacramentorum custos, primi sanctorum tabernaculi velum, propitiatorium arcae Domini, ex qua seu per quam divina oracula reddens Legislator, absolutissima gratiae mysteria edocet! »

490. His autem quae ad *Veli* typum pertinent, addenda sunt quae de *Virga Aaronis* numero plura ac vero etiam insigniora in patrum monimentis reperiuntur. Sane [b]) Andreas cretensis natalem celebrans Deiparae diem exclamat: « Hodie iuxta prophetiam germinavit Davidis surculus, qui virga Aaron semper virens nobis virgam virtutis Christum protulit. » Dum autem haec interpretatur [c]) Iacobi praesagientis verba, *ex germine enim fili mi, ascendisti*, scribit [d]): « Germen vero quam aliam proprie esse ex eo quod consentaneum est, dilectissimi, reputabitis nisi nimirum solam hanc sanctam Virginem, sanctisque omnibus longe sanctiorem, quae tota pulcra, tota munda visa est ei, qui totus in illa et corpore et spiritu habitavit? Mariam inquam, magnum profecto omnique veneratione dignissimum et nomen et rem, davidicum ramum, virgam Iesse, germen Iuda semper viride semperque floridum, ex qua altissimus Dei Filius, qui ante mundum erat, aequalique cum eo qui ipsum genuit, aeternitate fruebatur, secundum carnem germinavit. »

491. Consentit [e]) Georgius nicomediensis qui Templum his verbis compellat: « Infer [1]) arcam sanctificationis, quae ipsum legislatorem in se comprehendit, quae caeleste illud manna portavit, quae a peccati diluvio humanam naturam salvavit, suoque partu orbem universum ab interitu liberavit. Infer illum novi testamenti thesaurum, gloriosam urnam, Dei digito insculptas tabulas. Accipe [2]) virgam sacerdotalem, quae fidei merito immarcescibilem florem Dominum germinavit. » Consentit [f]) hierosolymitanus Modestus qui descriptis [g]) psalmi verbis, *surge Domine in requiem tuam, tu et arca sanctificationis tuae*, et Deiparam in caelum evectam cum arca conferens inquit: « Neque vero illam sicut mosaicam trahunt boves, sed caelestis sanctorum angelorum exercitus deducit et stipat. Neque est manufacta et auro obducta, sed a Deo condita rationalis et undique micans fulgoribus sancti et vivificantis Spiritus, qui in eam supervenit. Neque mannae urnam habet, neque tabulas Testamenti; sed mannae suppeditatorem et promissorum aeternorum bonorum Dominum novi et veteris testamenti, qui ex ea infans prodiit, omnesque qui in illum credant, a legis maledictione liberavit. Neque Aaron virgam, neque superne habet Cherubim gloriae; sed illis longe gloriosiorem sine comparatione virgam Iesse iuxta propheticam doctrinam, et divina altissimi Patris virtute obumbratur: nec ut illa hebraico praeit populo, sed pene sequitur Deum, qui ex ipsa incarnatus apparuit in terra. »

In eamdem vero mentem ex aequo conspirant Leo Augustus et Iohannes damascenus,

---

a) Orat. in deposit. Zonae s. Mariae pag. 796. A-B. apud Combefisium T. II.

b) Orat. in Deiparae nativit. pag. 95. B. apud Gallandium T. XIII.

c) Gen. XLIX. 9.

d) Orat. II. in Deiparae nativit. pag. 179. E. apud Gallandium T. XIII.

e) Orat. in Deiparae ingressum in Templum pag. 1095. E. 1098. A. apud Combefisium Auctar. T. I.

f) Orat. in Deiparam pagg. 19-21.

g) Ps. CXXXI. 8.

1) II. Reg. VI. 12. coll. I. Paral. XV. 23.   2) Num. XVII. 8.

e quibus ille ª) ait: « Ave virga, ex qua quum tamquam vitalis flos benedictio effloruisset, mox maledictio interitus caussa interiit. » Subscribit ᵇ) Iohannes damascenus inquiens: « Ave sis sanctitate vernans virga Aaronis inter sacerdotes vere spectatissimi. »

492. Tandem venio ad *sancta sanctorum*, quae veluti Deiparae typum usurpans ᶜ) Tarasius, de ea scribit: « Ipsa namque est sancta sanctorum. » Eodem typo usus antea fuerat [1] Severus antiochenus, qui de more [2] ad conferendam stipem auditores inflammans ait: « Vobis item, qui a me edocti, Deiparam sanctum illud sanctorum esse quod post alterum velut iacet, cupiditate incensi estis, ut eius anterius tabernaculum, idest sacra eius aedes, additis columnis amplificetur: vobis, inquam, quid aliud superest nisi ut efficaci voluntate manuque rem aggrediamini, captoque ab Israelitis exemplo, copiosa dona offeratis? »

493. Quamquam omnium luculentissime hunc typum adhibet illumque enarrat [3] Isidorus thessalonicensis, ubi *ingressum* describens *immaculatissimae Dominae nostrae Dei matris semper virginis Mariae in sancta sanctorum*, ait: « Sancta sanctorum antea Templum illud iure dicebatur, in quo et Arca erat et Tabulae ac veneranda omnia illa trophaea Mosis et testimonia, in quo dabatur et accedentibus purgatio, et veterum admirabilium prodigiorum expositio declaratioque fiebat; ut plane toto terrarum orbe nihil esset quod sancto illo templo haberetur aut vocaretur sacratius. Sed sicut lucernae lumen egregie lucet et usui est, dum latet illud vas quod simul inservit praeestque diei, magno vero luminare oriente, supervacaneum est quod impenditur in lucem lucernae, et omnino parvipendendum ob radii solaris exuberantiam; ita locus qui Sancta sancto-

---

a) Orat. in Deiparae dormit. pag. 1747. E. apud Combefisium Auctar. T. I.
b) Orat. in Deiparae annuntiat. pag. 836. B.
c) Orat. de Deipara in Templum deducta pag. 2.

---

[1] Homil. de B. V. Maria pag. 220. T. X. Spicilegii romani apud Mai, qui de hac homilia pag. 211. scribit: « Ex tot Severi antiocheni homiliis quae, ut dixi alibi, in syriacis bibliothecae vaticanae codicibus latent, unam saltem heic latine recitare placet de beatissima virgine Maria loquentem, quam et orthodoxo prorsus sensu compositam ab auctore cognovi, et lautis doctrinae sacrae atque hermeneuticae copiis abundantem. Certe ii philologi aut critici, qui nostra aetate figuratos divinorum bibliorum sensus superba vel incauta mente fastidiunt, rursus heic videbunt geminam patrum antiquorum sacra biblia interpretandi rationem: ecce enim Severus, priscus sane et magnus interpres, in Mosis praesertim arca, lege, tabernaculo ac sacrificiis, universam incarnati Verbi oeconomiam non imperite neque absurde pervidet, et theologico acumine enucleat; sanctaeque simul Deiparae laudes reverentissima oratione concelebrat. »

[2] Notat Em. editor « Morem fuisse Severo, ut in fine concionum suarum ad conferendam stipem audientes hortaretur, ut videre est in calce amborum de sancta Droside sermonum a nobis editorum Script. vet. T. IX. p. 753-757. »

[3] Orat. II. pagg. 27-29. in Mariali Isidori archiepiscopi thessalonicensis edito ab Hippolyto Maraccio, qui de hac ipsa oratione aliisque tribus ait pagg. 150-151: « Hae quatuor Isidori archiepiscopi thessalonicensis, de Nativitate, Praesentatione, Annunciatione atque Assumptione sacrosanctae Dei genitricis orationes extant graece mss. in antiquo codice biblioth. vatic. n. DCLI., quas ex interpretatione praestantissimi viri Io. Matthaei Cariophyli archiepiscopi iconiensis, mihi olim a Flaminio Cerasola bergomate, qui easdem orationes tum graece tum latine una cum suis de beata Virgine tomis ipse quoque edere volebat; pro eximio suo in Deiparam amore, promptoque in me semper officio benignissime communicatas, tamquam tabulas e maximo miserrimoque naufragio ereptas et servatas, imo tamquam magnum antiquitatis de novo effossum e terra thesaurum, in publicum communi saluti exponere ac proferre operae pretium existimavi, spe minime dubia, ingentem eas laetitiae fructusque materiam marianis cultoribus allaturas. » Ceterum de aetate, de praestantia, deque aliis ad Isidorum spectantibus iuverit contulisse quae habent tum idem Maraccius in praefat. ad lectorem, tum Sixtus senensis Biblioth. Sanctae lib. IV., Possevinus Apparat. T. II. et Guillelmus Cave in Hist. litter.

rum vocabatur, nunc delitescit, et cum nulli sit usui, extinctus est, quoniam alia sacratior domus consurrexit et splendescit, purissima, inquam, et lucidissima Dei sponsa. Imo priora illa Sancta sanctorum sic ego arbitror vocata, quod aliquando receptura essent posteriora [1] haec Sancta sanctorum, non quidem temporis, sed sanctitatis dignitatisque amplitudine excellentiora, quantum mente capere non licet: perinde ac si quis globum non immerito vocasset solem propter futuram lucem: aut regiam, nondum inhabitante rege, propter inhabitaturum regem. Idcirco enim et extructa illa fuerunt, et Sancta sanctorum nuncupata, quod praefixum esset fore ut in illis commoraretur, quae digne audiret Sancta sanctorum. »

CAPUT III.

Proponuntur Deiparae imagines ex historia sacra, symbolisque propheticis collectae: traditae eorumdem a patribus explicationes: quid cum iis iunctum nexumque sit: de Deiparae specie nullius conscia labis et nullo umquam culpae naevo taminata.

494. Quemadmodum ex sacris Iudaeorum ritibus cultuque mosaico, ita universim ex historia sacra symbolisque propheticis non pauca maiores nostri patresque sanctissimi collegerunt, quibus Deiparae effigiem colorarent, eius innocentiam efferrent, maximamque dignitatem repraesentarent. Illis enim indubitatum erat quod [2] Hieronymus tum docuit quum Mariam *vaticinium prophetarum* nuncupavit: illis indubitatum erat quod ita [3] Ephraemus expressit, *ave patrum praeconium et decus prophetarum:* atque illis indubitatum erat quod de dormitione Deiparae Modestus [a] scripsit: « O beatissima dormitio gloriosissimae Deiparae, de qua prophetae et iusti divinae vocis tuba inclamarunt, desiderantes ad optatissimum illum diem pervenire cum ex ea prodiit Salvator, qui eos ex inferni inexplicabilibus vinculis liberaret. »

Has imagines atque haec prophetarum symbola continuo recensebimus, neque solum recensebimus, verum etiam adiectas a maioribus enarrationes in medium promemus, quo omnibus perspicue innotescat, quid ipsi de Deipara cogitarint, quam Deiparae formam animo praeceperint, et quantopere ab illorum opinione abhorruerint, qui Deiparae origines labe infectas arbitrantur.

---

a) Encom. in Deiparam pag. 29.

---

1) In subiectis ad haec verba notis inquit Maracclus pag. 172: « Celebrat etiam Deiparam ut Sancta sanctorum, Iohannes damascenus in Canticis ecclesiasticis Graecorum, sono primo, dum canit: *O sancta sanctorum, Virgo intacta, Sanctum sanctorum nobis peperisti sanctos omnes facientem Christum redemptorem.*

2) Comm. in Mich. VI. pag. 368. opp. T. V.

3) Orat. de laudibus Deiparae p. 576. col. 2. A. opp. graec. T. III.

ARTICULUS I.

De imaginibus ex arca Noe, loco sancto et scala Iacobi: de illarum usu apud patres: de praerogativis Deiparae inde deductis, deque ea nominatim qua illius innocentia nullo umquam culpae naevo obscurata creditur.

495. In sacra Iudaeorum historia nobilissimum sibi vindicat locum structa a Noe arca, e qua Deiparae imaginem [a] Proclus desumens scribit: « Agite, spectate mirum novumque diluvium, maius praestantiusque diluvio quod a Noe temporibus fuit. Illic enim diluvii aqua humanum interemit genus: at heic baptismi aqua, eius (*Christi*) potentia qui est baptizatus, mortuos revocavit ad vitam. Illic Noe ex lignis incorruptibilibus arcam compegit: at Christus heic, spiritalis Noe, ex Maria incorrupta corporis sibi arcam composuit. » Quare [b] Ephraemus his verbis Mariam compellat: « O arca sancta per quam a peccati diluvio salvati sumus. »

Cum hac autem Ephraemi invocatione insigniter ea conspirant quibus [c] hierosolymitanus Hesychius Virginem dicit « Arcam arca Noe latiorem, longiorem, illustriorem. Illa erat animalium arca, haec autem arca vitae: illa corruptibilium animalium, ista vero vitae incorruptibilis: illa ipsum Noe, haec vero ipsius Noe factorem portavit: illa duas et tres contignationes et mansiones habebat, haec autem totam Trinitatis plenitudinem: quandoquidem et Spiritus sanctus adveniebat atque hospitabatur, et Pater obumbrabat, et Filius utero gestatus inhabitabat. *Spiritus enim sanctus* ait [1]), *superveniet in te, et Virtus Altissimi obumbrabit tibi; ideoque quod nascetur ex te sanctum, vocabitur Filius Dei.* Vides quanta et qualis est Deiparae Virginis dignitas? Unigenitus enim Dei Filius mundi conditor, velut infans gestabatur ab ea, et Adamum reformabat, Evamque santificabat, excludebat [2]) draconem et paradisum aperiebat, sigillum uteri muniens. »

496. Conspirant quae habet [d]) Chrysippus inquiens: « Arca enim vere regia, arca pretiosissima est semper virgo Deipara, arca quae excepit totius sanctificationis thesaurum, arca non ea in qua erant omnium animalium genera, quemadmodum in arca Noe, quae fluctuantis universi mundi effugiebat naufragium: arca non ea in qua erant tabulae lapideae, quemadmodum in arca quae per totum desertum una cum Israele perambulabat; sed arca cuius architectus et incola, gubernator et mercator, comes viae et dux erat opifex omnium creaturarum, quas in se ipse universas portat, sed a cunctis ipse non comprehenditur. » Eaque conspirant quae Deiparae dormitionem celebrans Modestus [e]) ait: « Quum autem bene peregisset vitae cursum deifera rationalis navis, ad tranquillum suum appulit portum simul et ad mundi gubernatorem, qui per ipsam ab impietatis et peccati diluvio servavit et vivificavit humanum genus. » Neque alio haec pertinent quae [3]) scribit Ekber-

---

a) Orat. VII. in s. Theophania pag. 847. C-D. apud Gallandium T. IX.
b) Prec. IV. pag. 529. D. opp. graec. T. III.
c) Orat. de laudibus Deiparae pag. 421. D-E. biblioth. graeco-lat. T. II.
d) Orat. de laudibus Deiparae pag. 426. B-C. biblioth. graeco-lat. T. II.
e) Encom. in Deiparam pag. 19.

1) Luc. I. 35.
2) Gen. III. 15.
3) Serm. de beata Maria n. 6. pagg. 705. 706. inter opp. Bernardi T. V.

tus schonaugiensis: « Arcas duas fuisse legimus in veteri testamento, unam arcam diluvii, aliam testamenti. In novo autem testamento tres fuerunt aliae. Prima arca est Ecclesiae, secunda gratiae, tertia sapientiae. Licet enim prima veteris testamenti in typo fieret primae novi, et secunda in typo praecesserit secundae novi, tertia vero sicut excellenter omnibus est dissimilis, ita nulli penitus est comparabilis. Siquidem arca Noe significavit arcam Ecclesiae, arca foederis arcam gratiae, sanctitatem scilicet Mariae. Per sapientiae arcam intelligimus humanitatem Iesu Christi sanctissimam. Arca etiam Noe significavit arcam gratiae, excellentiam scilicet Mariae. Sicut enim per illam omnes evaserunt diluvium, sic per istam peccati naufragium. Illam Noe ut diluvium evaderet, fabricavit; istam Christus ut humanum genus redimeret, sibi praeparavit. Per illam octo animae tantum salvantur, per istam omnes ad aeternam vitam vocantur. Per illam paucorum facta est liberatio, per istam humani generis salvatio. Illa centum annorum fabricata est spatio, in ista omnium virtutum fuit perfectio. Illa facta est de lignis levigatis, ista de virtutibus aedificata est consummatis. Illa superferebatur aquis diluvii, ista non sensit naufragia ullius vitii. » Quo itidem pertinent tum haec [a]) Syrorum usu recepta: « Te, o Dei genitrix, sancti adumbrarunt in arca iusti Noe, in qua reliquiae filiorum Adam salvae factae sunt; ex te namque ortus est panis vitae, quem Adam comedens, a morte revixit. » Tum haec [b]) Coptis solemnia: « Arca praesignat sanctam Mariam, salutis nostrae caussam, nostraeque redemptionis: numquam abominationum tinea se illius miscuit virtutibus praeparatis ab initio saluti nostrae. » Est igitur cur nobilissimis imaginibus ex maiorum sententia Deiparam praesignantibus ipsa quoque Noe arca connumeretur. Duo autem potissimum sunt quae in Noe arca excellunt atque eminent, tum quod ipsa universale diluvii exitium evitarit, tum quod ὄργανον fuerit atque instrumentum divinitus selectum, per quod ab universali pernicie una cum reliquis animantibus humana quoque species servaretur. Ne ergo ab imagine exemplar dissideat, et ne imaginis proprietates in exemplari frustra quaerantur, necesse est ut ipsa etiam Deipara universale culpae diluvium evaserit, et caussa exstiterit per quam ceteri pariter homines incolumitatem nanciscerentur. Et patres profecto non solum cum Arca Deiparam contendunt, sed disertis praeterea testimoniis confirmant, *Deiparam fuisse arcam incorruptam nullius vitii naufragio abreptam, tineae abominationum nesciam, vere regiam, pretiosissimam, latiorem, longiorem atque ea illustriorem quam Noe condidit; idcirco vero illustriorem quod totum ipsa exceperit sanctificationis thesaurum, et quod per ipsam reformatus fuerit Adam, santificata Eva, exclusus draco, apertus paradisus, hominum genus a peccato subtractum et ad gratiae iustitiaeque vitam revocatum.*

497. Alterum succedit factum in monimentis historiae sacrae insignissimum, quodque his verbis [1]) memoratur: « Cumque evigilasset Iacob de somno ait, vere Dominus est in loco isto, et ego nesciebam. Pavensque, quam terribilis est, inquit, locus iste! Non est hic aliud nisi domus Dei et porta caeli. » Atqui auctor est Germanus huius sanctitate loci sanctitatem excellentiamque Deiparae fuisse adumbratam. Huius enim symbola [c]) enumerans scribit: « Vocatur locus, *quam terribilis est locus iste, non est hoc aliud nisi domus Dei, et haec porta caeli*. » Quibus illustrandis duo praeterea subiicit [2]) Scripturarum oracula

a) Offic. Maronit. ad primam Fer. IV. pag. 266.
b) Theotoch. pag. 308. tetrast. I.
c) Orat. in Deiparae nativit. pag. 1315. E. apud Combefisium Auctar. T. I.

1) Gen. XXVIII. 16, 17.   2) Ibid.

pergens: « Et ⁾ assumpsit me Spiritus, et audivi post me vocem commotionis magnae: benedicta gloria Domini *de loco suo*. Si dedero somnum ᵇ⁾ oculis meis et palpebris meis dormitationem, et requiem temporibus meis, donec inveniam *locum Domino*, tabernaculum Deo Iacob. » Hinc ᶜ⁾ Iohannes damascenus postquam in natali Deiparae die ab omnibus exsultandum esse monuit, caussam explicans communis iucunditatis subdit: « Quid ita? Quia Deo Iacob tabernaculum manifestatum est: quia locus sanctus sanctissimo Verbo ostensus est. Clamet Patriarcharum ¹⁾ amplissimus Iacob: *quam terribilis est locus iste! Non est hoc nisi domus Dei, et haec porta caeli*. »

498. Haec autem in animum sua sponte revocant percelebrem illam ²⁾ *scalam* quam Iacobus vidit, et ad quam ᵈ⁾ Iohannes damascenus respiciens ait: « Hodie ille fabri Filius, rerum omnium artifex Verbum illius qui per ipsum omnia condidit, forte illud Dei altissimi brachium, obtusam naturae asciam Spiritu sancto ceu digito suo exacuens, animatam sibi ipse scalam fabricavit, cuius ima pars in terra firmata est, summa autem ad caelum usque porrigitur, cui Deus innitatur, cuius Iacob figuram vidit, per quam Deus nihil mutatus descendens, seu potius se indulgenter inclinans, in terra ³⁾ visus est, et cum hominibus conversatus est. Spiritalis scala, hoc est, Virgo in terra firmata est, ut quae ex terra ortum habeat; caput vero ad caelum usque pertineat. Omnis namque mulieris caput ⁴⁾ est vir: huius autem, quum virum non habeat, Deus et Pater caput fuit, qui Spiritus sancti opera coniugii velut foedus paciscens, tamquam divinum quoddam semen, Filium suum ac Verbum, omnipotentem illam Virtutem emisit. » Et rursum ᵉ⁾ dormitionem celebrans, qua Deipara ex praesenti mortalitate migravit, inquit: « Hodie scala spiritualis animata, per quam Altissimus descendens in terris visus est et cum hominibus est conversatus, per mortem quasi per scalam in caelum perrexit. Arca Dei animata et rationalis ad Filii sui requiem transfertur, paradisi fores reserantur, et arvum quod Deum tulit, excipiunt, ex quo sempiternae vitae lignum pullulans, Christus nimirum cunctorum vitae auctor, Evae inobedientiam, necemque ab Adamo illatam enecavit. »

499. Ceterum non unius Damasceni haec mens fuit, sed in eam pariter ivit ⁵⁾ pseudo-Augustinus inquiens: « Facta est Maria fenestra caeli, quia per ipsam Deus verum fudit se-

---

a) Ezech. III. 12.
b) Ps. CXXXI. 4.
c) Orat. II. in Deiparae nativit. pag. 850. C-D.
d) Orat. I. in Deiparae nativit. pag. 843. B-C.
e) Orat. III. in Deiparae dormit. pag. 882. E. et 883. A. — Et Orat. I. pag. 864. A-C. *Parum abfuit quin me Iacobi scala praeteriret. Quid enim? an non cuivis perspicuum est te ea praesignatam praefiguratamque esse? Ut enim ille per extremas scalae partes caelum cum terra copulatum, et angelos per eam ascendentes et descendentes, quin etiam illum qui vere fortis et insuperabilis est, typice secum luctantem vidit; sic tu quoque mediatricis munus explens, effectaque Dei ad nos descendentis scala, ut debilem nostram naturam assumeret sibique copularet atque uniret, adeoque hominem mentem videntem Deum redderet, ea quae seiuncta erant, collegisti. Quocirca angeli ad eam descenderunt ut Domino ac Deo inservirent, homines autem angelicum vitae genus amplectentes in caelum evehuntur.*

1) Gen. XXVIII. 17.
2) Gen. XXVIII. 12.
3) Bar. III. 36.
4) I. Cor. XI. 3.
5) De tempore Serm. XV. al. CXXIII. in nat. Dom. VII. n. 2. col. 157. E. inter opp. August. T. V.

culis lumen. Facta est Maria scala caelestis, quia per ipsam Deus descendit ad terras, ut per ipsam homines adscendere mererentur ad caelos. Facta est Maria restauratio feminarum, quia per ipsam a ruina primae maledictionis probantur esse subtractae. » Ivit [a]) Anastasius antiochenus qui Deiparam exorans scribit: « Sed o divina et beata Virgo, extensa ad caelum scala, paradisi porta, ingressus ad incorruptionem, hominum ad Deum unio et consertio; tu nobis sermonis esto signaculum. » Ivit [b]) Iohannes Geometra his verbis: « Salve scala caelum et sidera penetrans, quae Deum ad homines, et homines ad Deum adducis. » Iverunt [1]) Petrus Damiani et Anselmus, e quibus [2]) alter Deiparam exortat inquiens: « O beata Dei genitrix, quae singulari privilegio sicut nescis in omnibus comparationem, ita nihilominus et angelicam superas dignitatem. O regina et domina mundi, scala caeli, thronus Dei, ianua paradisi, audi preces pauperum, ne despicias gemitus miserorum. » Tum [3]) canit:

» Scala tu caelestis, per quam
» Descendit ipse Deus,
» Sponsa, traducens terrena
» Super caelestia.
» Tu mater innupta
» Omni honore superior.

Et ivit [c]) Theophanes qui sic habet: « Natus est hodie pons ad lucem transferens hominum genus, scala caelestis, mons Dei splendidissimus, puella Deipara quam beatam laudemus. »

500. Sunt autem praeclarissima quae [d]) Petrus Argorum praesul de conceptu loquens Deiparae ait: « Hodie iuxta magnum patriarcham Iacob e terra ad caelos scala firmatur, per quam descendens mihi unieris, meque lapsam ad paternum thronum deduces. Gaudete mecum hodie et vos sterilis Annae et Ioachim progenitores. Vestra instauratio iam propinquavit, redemptio vestra tractatur, quae vos suo partu ab adeo diuturna damnatione eripiet, formatur. Gaudete iusti omnes patriarchae et prophetae omnes gaudete. Generis nostri flos ortus est, vestrarum praedictionum eventus prope est, praestituta promissionibus tempora iam complentur, quae multifariam multisque modis promissa vobis sunt, ad suum finem adventarunt. Haud amplius spe continentur quae exspectabantur, ipsis veluti oculis subiecta sunt. Nunc et caelestis sanctorum angelorum multitudo gaudet, quippe qui suum Dominus imitantes valde homines diligunt. Etenim [4]) si super uno peccatore poenitentiam agente gaudent, qui fiet ut instaurationis omnium nostrum initia prospicientes non laetentur? Et quomodo intuentes palatium purissimum, quod omnium regi Christo praeparatur, haud exsultabunt? Quanam ratione disruptam sepem et dissita in unum coeuntia, omnesque unum Christi gregem effici conspicientes, laetitia et gaudio, supra quam dici cogitarique possit, non replebuntur? » Consonant ecclesiastica Graecorum Officia, in quibus nunc quidem [e]) legimus: « Deipara, perpetuo Virgo sanctissima, protectrix valida, portus et murus, scala et munimen, miserere, compatere: ad te namque solam recurrit aegrotus. » Nunc vero [f]) legimus quae sequuntur: « Scala, quam in spiritu Iacob vidit, te

---

a) Orat. in Deiparae annunciat. §. IV. pag. 263. D-E. apud Gallandium Tom. XII.
b) Hymn. I. in Deiparam vv. 15-16. pag. 437. in app. ad biblioth. graeco-lat. T. III.
c) Men. die VII. Septembris Ode ζ'. pag. 51. col. 1. C.
d) Orat. de Deiparae concept.
e) Eucholog. in Officio s. olei pag. 410. B.
f) Eucholog. in can. funer. pro mulieribus defunctis pag. 588. E. et 589. A.

1) Opp. T. IV. pag. 10. col. 1. B-C.
2) Orat. LIV. pag. 283.
3) Hymn. II. in Deiparam, pag. 308. col. 3. B.
4) Luc. XV. 7, 10.

praenunciabat, o Virgo, in ea namque angelorum descendentium et superius remeantium progressio divinae Filii tui nativitati ministerium fidele pollicebatur. » Omitto quae simillimis concepta verbis, eumdemque sensum praeferentia habentur [1]) in Octoecho et [2]) in veteri quadragesimali Officio, eaque in primis addo quae a) Copti frequentant: « Magna est gloria virginitatis tuae, o Maria virgo perfecta. Tu es scala, quam Iacob vidit terrae innixam et ad caelum usque evectam. Assimilata es scalae quam Iacob vidit ad caelum usque elevatam, et super eam cum timore Dominus. Dicamus omnes, o vas immaculatum beatumque, tu similis scalae facta es quam Iacob conspexit. » Tum ea addo quae Syri in Missa atque in Officio usurpant, in Missa quidem b) his verbis: « Scala quam vidit Iacob, te praesignabat, o Virgo Dei genitrix, quia cunctorum spes Deus ut animum despondentibus spem faceret, in te descendit. » In Officio autem ubi c) aiunt: « Moyses te in rubo praefiguravit, et David te appellavit arcam, Gedeon in vellere *(te adumbravit)* ac rore, et Iacob iustus in scala, per quam infirmum terreni Adami genus ad caelum subvectum est. » Et d) rursum: « Salve nubes levis, de qua Isaias praedixit, salve scala pura, quam in vertice montis Iacobus vidit; per te siquidem genus nostrum ad pristinum suum locum *(paradisum)* ascendit. »

501. Porro tam rei similitudo quam plura superioribus comprehensa testimoniis nos admonet, ut huc illa quoque referamus, quibus patres Deiparam *pontem* appellant. Qua sane appellatione Modestus e) Deiparam ornat, ubi de ea scribit: « Virginitatis gratia pons Dei futura erat in terra ultra hunc mundum: unde mirificum ab eo auxilium nobis profectum est, et nos quidem servavit; diaboli vero sceleratas artes in aeternum sustulit non legatus, non angelus, sed ipse Dominus, qui ad hoc ipsum venit quemadmodum [3]) scriptum est: *auxilium meum a Domino qui fecit caelum et terram;* et per ipsam cognitum nobis fecit ascensum orthodoxae fidei et beatae vitae, quae ducit ad caelum. » Ornat f) Ephraemus, penes quem Deipara audit: « Pons totius mundi qui ducit ad supermundanum caelum. » Ornat g) Proclus a quo Deipara dicitur « Virgo et caelum atque unicus Dei ad homines [4]) pons. » Ornant [5]) et alii, ita ut si quae adduximus omnia paullo expendantur intimius, liquido innotescat, Deiparam maioribus nostris visam esse sanctiorem quam ut concipi animo possit aut verbis efferri: visam esse ab universo hominum genere divisam ac seiunctam, vel potius supra universum hominum genus evectam atque exaltatam: visam esse a suis originibus atque primordiis Deum inter lapsosque homines mediam atque in-

---

a) Theotoc. pag. 91. tetrast. I. — Ibid. pag. 134. tetrast. III. — Ibid. pag. 256. tetrast. II.
b) Thesaur. hymnolog. T. III. pag. 186.
c) Offic. Maronit. pag. 208.
d) Ibid. pag. 472.
e) Encom. in Deiparam pagg. 37-39.
f) Prec. IV. pag. 528. D. opp. graec. T. III.
g) Orat. in Deiparam §. I. pag. 614. C. apud Gallandium T. IX.

---

[1]) Octoech. pag. 6. col. 2. C. et 20. col. 1. D. E.
[2]) Offic. quadrag. Fer. III. hebd. II. Ieiun. Ode η'. pag. 173.
[3]) Ps. CXX. 1.
[4]) Atqui vulgatus Gregorius thaumaturgus orat. in s. Theophania pag. 33. A. Christum alloquens scribit: Σὺ ὁ τὴν γῆν καὶ τὸν οὐρανὸν γεφυρώσας τῷ ἁγίῳ σου ὀνόματι. *Tu qui terram caelumque tuo sancto nomine quasi ponte iunxisti.*
[5]) Quorum verba dabit Maraccius in Polyanthea mariana lib. XIV. pag. 117.

teriectam: et visam postremo esse sicuti semper cum Deo cohaerentem, ita nullo umquam culpae halitu afflatam. Nihil enim horum est quod productis non efferatur testimoniis, quibus Virgo perhibetur *scalae instar ac pontis caelum inter terramque media, et singulari opere a Deo procreata, ut per ipsam lapsorum spes erigeretur, infirmum Adami genus sustentaretur, Deus ad homines descenderet, atque homines ad Deum vicissim ascenderent, ipsaque foret tum hominum instauratio et cum Deo copulatio, tum omnibus potior ac superior, et in omnibus supra comparationem evecta.*

ARTICULUS II.

De imaginibus ex terra sancta ubi rubus ardebat, ex ipso ardente rubo, atque ex Sina monte: enarrationes a maioribus traditae referuntur: tum conserta cum illis praerogativa singularis innocentiae quae Deipara nituit, eiusque immaculati conceptus declaratur.

502. Recenset a) Germanus umbras Deiparam praesignantes, atque inter cetera scribit: « Appellatur 1) *terra sancta.* Moyses, Moyses solve calceamentum de pedibus tuis, terra enim in qua stas, terra sancta est. *Terra desiderabilis.* Et 2) pro nihilo habuerunt terram desiderabilem. *Terra veritatem* 3) *producens.* Veritas de terra orta est. » Iohannes vero damascenus b) demiratus immensam Dei adversus homines benevolentiam exclamat: « O indulgentiae demissionem! Qui eximie bonus est, proprii figmenti proles audire non renuit, amore captus illius quae creatis omnibus speciosior est; illam amplexus quae caelestibus Virtutibus dignitate praeit. De hac itaque summe admirabilis Zacharias 4) ait: *gaude et laetare filia Sion, quia ecce venio et habitabo in medio tui, dicit Dominus.* Sed et beatissimus Ioel de eadem, ut quidem existimo, ita propemodum noscitur 5) clamare: *confide terra, gaude et laetare, quia magnificavit Dominus ut faceret tibi.* Terra namque est, in qua sacratissimus Moyses umbraticae legis calceamentum solvere ob gratiae commutationem iussus est. Terra est, in qua ille carne fundatus a Spiritu canit 6) qui fundat terram super stabilitatem suam. Terra est in qua nulla peccati enata spina, secus vero per cuius germen illud potius evulsum est. Terra est non uti prior maledicta, et cuius fructus spinis atque tribulis horrescant; sed super quam benedictio fuit, et cuius fructus ventris benedictus, ut sacro dictum est 7) oraculo. » Quibus haec c) affinia sunt: « Moyses audiens Dei vocem ex igne atque rubo inclamantem, ne huc accesseris, sanctus namque locus est; in his convenienter Christum praesignavit in carne ex innocente pariendum. Ecce sanctus Dei locus splendide demonstratus est, civitas regis undequaque gloriosa exstructa, lucidus paradisus iucunde effloruit, paradisi conciliatrix et hominum ad Christum coniunctio. » Atque

---

a) Orat. in Deiparae nativit. pag. 1311. E. apud Combefisium Auctar. Tom. I.
b) Orat. II. in Deiparae nativit. pag. 851. D-E.
c) *Theophanes* in Men. die IV. Septembris Ode δ'. pag. 31. col. 1. A.—*Iosephus* ibidem die VII. Ode θ'. pag. 53. col. 1. E.

1) Ex. III. 5.
2) Ps. CV. 24.
3) Ps. LXXXIV. 10.
4) Zach. II. 10.
5) Ioel. II. 21.
6) Ps. CIII. 5.
7) Luc. I. 42.

haec ª) rursum: « Ipsa es prophetarum omnium multis insigne nominibus praeconium; porta namque Dei, urna aurea, terra sancta es, Virgo Dei sponsa, ut quae carne concepisti Iesum Christum patrum Deum et supergloriosum. »

503. Huic imagini altera succedit *ex ardenti incombustoque rubo* desumpta, quaeque in ecclesiasticis monimentis luculentissime frequentantur. En quae ᵇ) in Menaeis legimus: « Rubum quem Moyses incombustum vidit, montem Dei, sanctam nubem, immaculatum tabernaculum, mensam quae Deum recipit, palatium supremi regis, portam totam lucidam atque imperviam, te Virginem laudamus. » En quae habet ¹) Ephraemus: « In igne Moyses adumbravit decora tua, filia David, in cuius sinu flamma commorata est, et tu non es combusta Dei mater et gratia plena. » Suffragantur Proclus constantinopolitanus et Theodotus ancyranus, e quibus ille ᶜ) ait: « Adeamus itaque cum fiducia, si lubet, ad sanctificatum huius secundi tabernaculi locum, soluto mortali calceo irretitae consuetudinis. Neque enim sacerdos penetrat intra adytum, nisi a se prius absonas omnes cogitationes abiecerit; nec ²) Moyses visionem illam magnam divinae dispensationis videre potest, praeter quam ubi humana omnia negotia transmisit. Sic enim spinosam hominum naturam cum divinitatis natura quae non comburat sed illuminet, commercium habituram didicit. Rubus quippe igni per id tempus commixtus Virginis gessit symbolum, quae verum illud lumen concepit sine semine: solem, inquam, illum iustitiae ex impolluto illo oriturum thalamo, ut ³) iuxta Scripturam gentilium aquas calefaceret, ut bonitatis colore diabolicae pravitatis glaciem solveret, ut divinitatis splendore ignorantiae noctem fugaret, ut coruscantibus radiis creaturam illustraret quam condidisset. » Theodotus vero ᵈ) in praeclara homilia lecta in ephesina synodo, Cyrillo episcopo praesente, his verbis Iudaeum divinae incarnationis hostem ad incitas redigit: « Dicat mihi, quomodo Moyses ⁴) viderit Deum. Naturam ne vidit invisibilem? Nullo modo; eam enim humana mens assequi non potest. Quomodo ergo vidit? Dic, obsecro. Vidit ⁵) ignem ex rubo ardentem, nec ipsum tamen rubum consumentem. Cur ergo ex Virgine nato, Virginemque incorruptam servanti fidem non habes? An tu Deum ex rubo loquentem audiens, Moysique dicentem: *ego sum Deus Abraham et Deus Isaac et Deus Iacob*: et ipsum Moysem pronum adorantem, credis, non ignem reputans qui cernebatur, sed Deum qui loquebatur; quum vero virgineum ute-

---

a) Offic. quadrag. Dom. III. Ieiun. Ode ς'. pag. 285.

b) Men. die XXIX. Octobris Ode γ'. pag. 176. col. 1. D.

c) Orat. VI. quae est Deiparae laudatio §. VI. pag. 635. E. et 636. A-B. apud Gallandium T. IX.

d) Hom. in Salvatoris natal. §. II. pagg. 449. C. et 450. A-B. apud Gallandium T. IX.

1) Pag. 604. opp. graec. T. III.

2) Ex. III. 5.

3) Is. LXIV. 2. « Subiuncta verba, κατὰ τὸ γεγραμμένον, inquit Combefisius, palam indicant alludi ad Scripturae locum aliquem, nec alius occurrit quam quo Is. LXIV. 2. dominicus adventus instar ignis significatur facientis ebullire ac fervere aquas בקדח אש המסים מים Pagn. *sicut aquam bullire facit ignis.* Vulg. *aquae arderent igni.* Significatur effectus divini adventus ad vindictam, tametsi Proclus allegoria transfert ad adventum Domini ad salutem, quo vere efferbuerunt aquae Gentilium divino eius igne. LXX. καὶ κατακαύσει πῦρ τοὺς ὑπεναντίους, *et comburet ignis adversarios*: quod ipsum potuit respicere Proclus, ac tum ex eo, tum ex aliis ac hebraica veritate habere τὰ ἐθνικὰ ὕδατα. Siquidem *aquae multae, populi multi.* » Ceterum potior huius loci difficultas prodit ex voce הָמֹסִים, quae nonnisi hoc in textu occurrit, et de qua pluribus disserit. I. F. Schelling in Animadverss. phil. crit. ad difficiliora loca Isaiae.

4) Ex. XXXIII. 22.

5) Ex. III. 12.

rum memoro, abominaris et aversaris? Dic mihi quid est vilius, rubus ne an uterus virgineus ab omni passione peccati purus? Ignoras quae antiquitus gesta sunt, recentiorum eorumque quae nunc contigerunt, esse praeludium? Mysteria namque veteribus illis typis praefigurantur. Quare rubus accenditur, ignis conspicitur, et quae tamen ignis natura fert, non operatur. Nonne Virginem in rubo animadvertis? »

504. Ut autem missa faciam, quae eodem pertinentia tradunt [1]) Hesychius et [2]) Andreas, uterque hierosolymitanus; ea in primis addo quae [a]) Iohannes euboeensis his verbis complectitur: « Cantate Domino omnis terra, cantate Domino et benedicite nomini eius, quia Virgo puella ad templum adducitur, ut qui templum sanctificat, in ipsa inhabitet; quum vero inhabitaverit, eius viscera non comburet, sed quemadmodum Moysis rubum ab igne protexit, ita etiam ponens in hac tabernaculum Deus ab exitio mundum servabit. » Tum illa addo quae relatis Archangeli verbis ad Deiparam, Modestus [b]) scribit: « Huc transplantatus est tamquam de gloria in gloriam in mortali forma rubus ardens divinitatis in terram viventium, ut simul coruscaret lumine personae Christi Dei, quem omnino et vere gestavit in utero, et per eum servata est incombusta, sola inter mulieres benedicta Virgo mater. » Porro commemorata Unigeniti incarnatione, de Angelis [c]) ait: « Et fortasse stupore perculsi sunt cogitantes qui fieri potuerit, ut mortali genere orta illius fuerit mater, qui mortale genus plasmavit; vel quaenam et quanta ipsa esset in personae suae maternis proprietatibus, ut incomprehensibilem comprehenderit, divinitatis ignem incombusta portaverit, mundi conditorem genuerit, qui brachio portat omnia, suis in ulnis eum gestaverit, illum foverit qui [3]) *respicit terram et facit eam tremere*, quae illum qui [4]) *dat escam omni carni* nutrierit: ut hymnis celebrarent et magnificarent illius ex hoc mundo caelestem ad Deum profectionem. »

505. His autem gemina sunt quae [d]) vulgatus Gregorius neocaesariensis interrogando exquirit scribens: « Quomodo vero Maria divinitatis feret ignem? Thronus tuus splendore illuminatus accenditur, et Virgo te ferre poterit ut non comburatur? Cui Dominus: immo vero, inquit, si ignis in solitudine laesit rubum, laedet omnino et Mariam meus adventus; at si ignis ille, qui divini mei ex caelo ignis adventum designabat, rubum rigavit non combussit; quidnam de ipsa veritate dixeris, non in flamma ignis, sed in specie pluviae descendente? » Neque alio pertinent quae de rubo Deiparam praesignante tradunt [5]) Theodotus ancyranus, Sophronius hierosolymitanus [6]), Photius byzantinus [7]), Iohannes geo-

---

a) Orat. in Deiparae concept. pag. 16.
b) Encom. in Deiparam pag. 15.
c) Ibid. pagg. 35-37.
d) Orat. III. in Deiparae annunciat. pag. 29. A.

1) Orat. in Deiparam pag. 422. B. in Biblioth. graeco-lat. T. II.
2) Orat. in Salutat. angelic. pag. 440. D. ibid.
3) Ps. CIII. 32.
4) Ps. CXXXV. 25.
5) In tractatu de rubo incombusto, e quo verba referuntur a Severo antiocheno in opere adversus Iulianum halicarnassensem pag. 200. apud Mai in Spicileg. rom. T. X.
6) Hymn. εἰς τὸν εὐαγγελισμὸν τῆς Θεοτόκου, vv. 60, seqq. pag. 51. apud Mai in Spicileg. rom. T. IV.
7) Amphiloch. ιθ'. Διατί ἐν βάτῳ καὶ οὐκ ἐν ἑτέρῳ φυτῷ τῷ Μωϋσεῖ ὀπτάνεται ὁ Θεός, pag. 152. apud Mai Scriptt. vett. T. IX.

metra [1]), Petrus Damiani [2]), Nerses claiensis [3]) et Eckbertus schonaugiensis [4]), quaeque ex eodem ducta in ecclesiasticis libris frequentant [5]) Latini, Graeci [6]), Copti [7]) et [8]) Syri. Atque ex Coptorum quidem hymnis haec iuverit [a]) memorasse: « Rubus quem Moyses in deserto vidit igne succensum, et cuius rami non comburebantur, typus est Mariae virginis immaculatae. » Ex Syrorum vero canticis digna haec sunt [b]) quae animo recolantur: « In igne Moyses adumbravit decora tua, o filia David, in cuius sinu flamma *(ignis, Deus)* commorata est, et tu non es combusta o Dei mater et gratia plena. » Absolvo [c]) Iohannis damasceni verbis quibus Deiparam salutans inquit: « Ave rubus, igni complicatum miraculum, ipsa per ereptionem peccato inaccessa (nam et arbustum istud tangi nequit), et cuius divino partu caelum terrigenis pervium evaserit. »

506. Piaculum vero foret alteram silentio premere imaginem, qua tum [°]) Severus antiochenus utitur, quum utriusque foederis ingenium componens scribit: « Illic spiritus servitutis, et *mons* ob pompaticam Dei gloriam ardens, Moysesque minister; heic autem adoptionis gratia, *rationalis mons* Virgo, quae puritate sua et Spiritus sancti descensu radiis veluti coruscabat. » Utitur eadem imagine Iohannes quoque damascenus, atque eo splendidius utitur quo plura simul coniungens ubi [d]) de natali Deiparae verba habet, exclamat: « Gestite laetitia montes, rationales naturae, quae ad spiritualis contemplationis fastigium assurgitis. Mons quippe Dei clarissimus partu editur, qui collem omnem montemque, angelorum scilicet et hominum sublimitatem superat et transcendit: ex quo nulla manus opera corpore tenus exscindi voluit lapis angularis Christus. Mons Dei, mons pinguis, mons coagulatus, mons pinguis: mons in quo beneplacitum est Deo habitare in eo. Currus Dei decem millibus multiplex, divinae gratiae copia exuberantium, Cherubim inquam et Seraphim. Vertex Sina sanctior, quam non fumus, non caligo, non procella, non terrorem incutiens ignis tegit; sed sanctissimi Spiritus vis illuminatrix. » Et [e]) rursum: « Ave pura, quae sola mundum cor habere gloriari possis, mons vere Deo gratus; ex qua novus Israel vetere praestantius diuturniusque sanctificatur. »

507. Eorum igitur numero quae patres disertis repetitisque testimoniis comprobarunt, recenseri debet *terra sancta, rubo incombusto atque Sina monte* fuisse Deiparam praefiguratam. Verum ecquam huius praemonstrationis rationem ex illorum sententia existimabimus? Aut quid eiusmodi imaginibus ad Deiparam spectans, iisdem auctoribus, adumbratum putabimus? Videlicet putabimus I. adumbratam fuisse Deiparam non secus ac *ter-*

---

a) Theotoch. pag. 108. tetrast. ult.
b) Apud Ephraemum opp. syr. T. III. pag. 605. et in offic. Maronit. pag. 404.
c) Orat. II. in Deiparae nativit. pag. 854. A.
d) Orat. I. in Deiparae nativit. pag. 845. B-D.
e) Orat. II. in Deiparae nativit. pag. 856. C.

1) Hymn. I. in Deiparam vv. 21-22. pag. 437. C. in Opp. ad Biblioth. PP. graeco-lat. T. III.
2) In Rythmo de s. Maria pag. 11. col. 1. D. opp. T. IV.
3) Explanat. in Hom. de s. Cruce pagg. 299-300. opp. T. II.
4) Orat. de beata Virgine n. 5. pag. 705. D-F, inter opp. Bernardi T. V., ubi Deiparae et rubi comparatio his verbis concluditur: « Fuit enim Maria mundissima carne, humillima corde, devotissima mente. »
5) Thesaur. hymnolog. T. II. pagg. 32-245.
6) Octoech. pag. 4. col. 2. D. et offic. quadrag. in Sabbato Tyroph. Ode θ'. pag. 77, Fer. V. Heb. II. Ieiun. Ode η'. pag. 190. et Sabbato hebd. III. Ieiun. Ode γ'. pag. 279.
7) Theotoc. pag. 91. tetrast. II.
8) Offic. Maronit. in noct. Fer. IV. pag. 241.
9) Hom. de Deipara pag. 213. apud Mai Spicileg. rom. T. X.

ram sanctam, terram desiderabilem, terram e qua veritas prodiit, terram in qua secundum carnem fundatus est Christus, terram creatis omnibus speciosiorem, terram a priore longe diversissimam neque maledicto obnoxiam, terram benedictionibus refertam, ac terram quae nulla peccati spina inhorruit, sed per quam peccatum ipsum fuit radicitus evulsum. Putabimus II. idcirco Deiparam adumbratam fuisse ceu rubum incombustum, *tum quod divinitatis ignem incolumi virginitate conceperit, tum quod eo usque pura exstiterit ab omni passione peccati, ut per subtractionem eidem fuerit inaccessa peccato.* Putabimus tandem III. adumbratam quidem fuisse tamquam *montem Sina, sed simul tamquam montem eo sanctiorem, montem Deo vere gratum, montem tam angelis quam hominibus celsiorem, et montem insitae puritatis radiis ita coruscantem, ut ipse unus de sua puritate suaque innocentia exsultare potuerit.* Huc profecto redeunt quae patres suis enarrationibus complectuntur, quaeque Virginem rebus sanctissimis sanctiorem ostendunt, illamque cuiusvis expertem culpae ac penitus immaculatam demonstrant.

ARTICULUS III.

De imaginibus ex vellere Gedeonis, ex nube Isaiae, ex monte Habacuc, ex Sion civitate sancta, ex Bethlehem atque ex vase novo Elisaei; de receptis apud patres harum imaginum enarrationibus, deque iis quae ad illustrandas Virginis origines inde dimanant.

508. Quod *de vellere Gedeonis* [1]) in Scripturis narratur, eiusmodi patribus visum est, quod ad praesignandam Deiparam eiusdem dotes adumbrandas aptissime conduceret. Egregie [a]) Theophanes: « Velut imber quondam descendit in vellus Gedeonis, sic delapsus est in uterum tuum ad carnem induendam fluvius pacis, fons bonitatis atque clementiae, ille denique Dominus qui guttas omnes pluviarum habet in numerato, idest, Deus patrum nostrorum. » Egregie [b]) Psellus: « Vellus te antiquitus praevidit Gedeon, ad quod Deus veluti pluvia descendit, et terram suam cognitione replevit, o innocens mater simul atque virgo. » Et egregie Proclus qui sic [c]) orditur: « Quibus ergo encomiorum coloribus virginalem depingam imaginem? Quibus laudum praeconiis incontaminatum exornabo innocentiae characterem? » Tum [d]) pergit: « Haec incontaminatum vellus in mundi area positum, in quam salutis pluvia e caelo descendens terram universam ab immensa malorum illuvie siccavit. »

509. Similia habet [2]) Ephraemus, similia Graeci [e]) his verbis tradunt in Canone funereo pro mulieribus defunctis: « Verbi divini illapsum in te, o Virgo illibata, spiritu actus Gedeon vellere mystice repraesentat, conceptu tuo roris stillicidio adumbrato. » Similia

---

a) Men. die XXV. Ianuarii Ode ζ'. pag. 192. col. 2. E.
b) In officio Metaphrastis pag. 238. apud Allatium de Symeonum scriptis.
c) Orat. VI. de laudibus Deiparae §. XVII. pag. 645. A. apud Gallandium Tom. IX.
d) Ibid. pag. 646. A.
e) Eucholog. pag. 589. C.

1) Iudic. VI. 37. seqq.   2) Precat. IV. pag. 529. F. opp. graec. T. III.

canit ᵃ) Iosephus hymnographus inquiens: « Salve o templum sanctissimum, o vellus [1] divino rore perfusum, o fons signatus immortalis fluenti: custodi, Domina, gregem tuum ita ut a nullis hostibus expugnetur. » Tandem ᵇ) Iohannes damascenus Virginem salutans ait: « vellus Gedeonis, victoria symbolum, ex qua figurate Rex immortalis defluxit, qui conceptis verbis [2] inquit: *confidite, ego vici mundum.* » Fuit itaque Deipara vellus, sed *vellus intaminatum, vellus in mundi area positum, et a mundo qui purgari per ipsum debebat seiunctissimum, vellus denique illius victoriae symbolum, quam Christus erat plenissime relaturus, et cuius exordia in Virgine praecesserunt.* Quae probe intelliguntur, si animus ad ea advertatur quae [3] Sophronius senior enarrans [4] Gabrielis verba scribit: « *Ave,* inquit *gratia plena:* et bene plena, quia ceteris per partes praestatur: Mariae vero simul se tota infudit plenitudo gratiae. Hoc quippe est quod [5] David canit: *descendit sicut pluvia in vellus.* Vellus itaque quum sit de corpore, nescit corporis passionem. » Plenitudine igitur gratiae factum est, ut Virgo, quae cum hominum genere per naturam coniungebatur, nullam cum eo per gratiam [6] culpae cognationem praeseferret.

510. A quibus diversa non sunt quae ex commentariis maiorum *nubis* symbolum enarrantium manifestissime deducuntur. Ut enim a Menaeis ordiar, in iis ᶜ) legimus: O quae es a sole fulgida [7] nubes, tuam mihi communica lucem quae noxarum mearum tenebras tollat. Mihi in terrenis defixo faecibus manum praebe: erige me in peccato iacentem, tu quae lapso Adamo sola resurgendi caussa fuisti. » Praeterea ᵈ) legimus: « Tu es levis illa nubes [8] prophetae, o innocens, cui insidens Dominus Aegyptum intravit, atque sanctos in-

a) Men. die XXX. Octobris Ode α'. pag. 183. col. 1. B.
b) Orat. II. in Deiparae nativit. pag. 856. D.
c) Men. die XII. Ianuarii Ode ς'. pag. 108. col. 1. B.
d) Men. die XVI. Maii Ode ζ'. pag. 67. col. 2. B.

1) Ad eumdem typum referuntur quae prorsus gemina usurpantur in Offic. quadrag. in Sabbato Tyroph. Ode α'. pag. 64., in canone Cosmae hierosolymitani εἰς τὴν Θεογονίαν v. 59. in Thesaur. hymnolog. T. III. pag. 56. in canone τῶν ἁγίων Iohannis euchaitae sive mauropi vv. 35. seqq. ibid. pag. 120. et in Latinorum canticis pagg. 67-95-245. in Thesaur. hymnolog. T. II.

2) Ioh. XVI. 33.

3) Orat. de Deiparae Assumpt. col. 96. B-C. inter opp. Hieronymi T. XI.

4) Luc. I. 28.

5) Ps. LXXII. 6.

6) Consonant itaque cum patrum doctrina quae in Officio Deiparae sub figura Velleris aurei edito an. MCCCCLVIII. et in Comitiis Valentinianensibus pro Hannonia approbato leguntur in Hymno ad Vesperas:

» Alba lana sanctitate, carens peccati macula,
Clarissima castitate, humiliatis regula,
» Hoc vellus absque laesura repletum divo semine
Tingitur, et fit purpura cruoris Nati flumine.

Itemque consonant quae Lect. V. habentur: « Descendit ergo sicut pluvia in vellus, puram Virginem reddens puriorem, assumendo ab ea carnem purissimam, licet peccatrici similem. »

7) Quibus Wangnereckius in Pietate mariana Graecorum pagg. 244, 245. hanc subiicit adnotationem. « Nubi lucidae Deiparam patres quoque latini frequentissime comparant. Bernardus in Serm. *Signum magnum,* ubi Deiparae quasi gratulatur de Filio, sic ait: *tu vestis eum substantia carnis, et vestit ille te gloria maiestatis suae: vestis solem nube, et sole ipsa vestiris:* iuxta illud Apoc. XII. *Mulier amicta sole.* Et divus Hieronymus (is est Pseudo-Hieronymus) in illud Ps. LXXVII *deduxit eos in nube diei,* inquit: *certe nubem debemus sanctam Mariam accipere. Pulcre dixit in nube diei: nubes enim illa non fuit in tenebris* (nempe peccati) *sed semper in luce,* gratiae scilicet divinae. Item Bonaventura in Spec. B. Virg. cap. III. *Maria est nobis columna nubis iuxta illud Psalmi,* deduxit eos in nube, *quia tamquam nubes protegit ab aestu divinae indignationis et diabolicae tentationis: est quoque columna ignis in nocte seculi huius illuminans mundum.* Sic de graecis patribus etiam Epiphanius (ut vulgo fertur) in Serm. de Laud. Virginis: *o beata Virgo nubes lucida es, quae fulgur de caelo lucidissimum Christum de caelo deduxisti ad mundum illuminandum.* »

8) Is. XIX. 1.

star siderum praeparavit. » Tum a) legimus: « O nubes prae omnibus omnino hominibus fulgida, o Dei mater, tua robusta et omnipotenti dextera illos expugna qui nos oppugnant, clientibus tuis in necessitate constitutis adesto, inique circumventos amplectere, et tuis intercessionibus a peccatis redime; quaecumque enim vis, ea omnia potes. » Ac rursum b) legimus: « Atra malitiae caligo nunc incipit imminui, animata enim [1] solis nubes orta est ex sterilibus lumbis, illa scilicet tota immaculata, cuius fulgentem nativitatem solemni ritu celebremus. Cum his autem conspirant quae c) in Canone funereo pro mulieribus vita functis ita efferuntur: « Nubem te, o Virgo omni potior laude, Isaias manifeste vocavit, in qua Christus lux inaccessa corporaliter insedit, meaeque inscitiae tenebras illustravit. »

511. Accedunt diserta patrum priscorumque scriptorum testimonia, et principio quidem testimonium accedit [2]) Germani, qui non solum Deiparae symbolis *nubem* accenset, sed ipsum explanans d) symbolum ait: « Ave gratia plena, undique rutilans nubes Dei baiula, fons perennis aquas universas effluens. » Accedit deinde e) vulgati Chrysostomi testimonium, quo Deus exhibetur Gabrielem his verbis alloquens: « Abi ad nubem levem, meique adventus imbrem illi significa. Tu dicito Mariae, ave gratia plena, ut ego Evae miserear aerumnis malisque cumulatae. » Tum accedit testimonium f) Procli, qui primum ait: Beatae per eam omnes mulieres. Non erit maledictus ultra neque exsecrandus femineus sexus: obtinuit enim quo etiam angelos gloria superet. » Quibus explanatis g) pergit: « Adoratur et Maria, tamquam quae mater ancillaque, et nubes thalamusque et arca Domini effecta sit ... Nubes, concepit enim de Spiritu sancto quem illaesa integritate peperit. Quapropter dicamus ei: benedicta tu in mulieribus, quae sola Evae maerori medelam attulisti, sola ingemiscentis lacrymas abstersisti, sola redemptionis mundi pretium portasti, sola creditum margariti thesaurum accepisti. »

512. Quid vero Petrus Argorum episcopus? Quid hierosolymitanus Modestus? Et quid Iohannes damascenus? Verba h) Petri conceptum Deiparae celebrantis sic habent: « Ob id hodie universa gaudio exsultant, naturaque nostra gratiarum actione refertas voces Deo offert dicens: gratias tibi ago, Domine, qui me sterilem et infecundam liberis procreandis excitasti, et me a damnationis spinis purgari coepisti, culturaeque propter divam Annam et Ioachim adaptasti. Gratias ago tibi qui me postquam erudieris, iterum hodie suscipis. Ob mulierem huc usque infelix ego, ob mulierem nunc beata sum effecta. Video enim quae a tuis prophetis de te praedicata sunt, iam iam compleri, horumque finem propemodum me videre praestolor. Nunc Virgo illa Isaiae, quae te Emmanuel in utero habebit et pariet,

---

a) Men. die XVII. Iunii Ode θ'. pag. 63. col. 2. C.
b) Men. die VII. Septembris Ode δ'. pag. 50. col. 2. B.
c) Euchology. pag. 590. B.
d) Orat. in Deiparae annuntiat. pag. 1423. C. ibidem.
e) Orat. in Deiparae annuntiat. col. 798. B-D. inter opp. Chrysost. T. II.
f) Orat. V. de laudibus Deiparae pag. 631. A. apud Gallandium Tom. IX.
g) Ibid. pag. 631. B-C.
h) Orat. in Deiparae concept. §. X.

1) Ab his non distant quae Graeci usurpant In Octoecho pag. 4. col. 2. E. et in offic. quadrag. Fer. III. Heb. II. Ieiun. Ode 5'. pag. 175, Fer. IV. Hebr. III. Ieiun. Ode 6'. pag. 248., quaeque canit Sophronius hymno εἰς νῦν Χριστοῦ τοῦ θεοῦ γέννησιν vv. 70. seqq. pag. 24. in Thesaur. hymnolog. T. III.
2) Orat. in Deiparae nativit. pag. 1315. B. apud Combefisium Auctar. T. I.

in tuae sterilis (Annae) utero plantatur, et levis nubes componitur, et virga radices agit, super quam ego innitar. » Suffragatur [a]) Modestus de assumpta Deipara scribens: « Sublata enim, sublata est ad Dominum gloriae nubes illa lucidissima, quae illum gestavit, et perfectam eius divinitatem in corpore tamquam fulgur emittens, ab eo in omnem terram quae sub caelo est, optima charismata depluit. » Eademque perspicuitate suffragatur [b]) Iohannes damascenus qui Deiparam compellans ait: « Ave lucis nebula in hac vitae solitudine [1]) novum Israel intercessione tua obumbrans, ex qua gratiae audita decreta, et de qua iustitiae sol ortus est, cuncta incorruptionis radiis collustrans. » Quo et haec pertinent [c]) Coptis solemnia: « Tu es nubes levis, quam interpretati sunt *(esse)* pluviam manifestationis Unigeniti. » Atque haec rursum [2]) ex Iacobo claiensi: « Nubes levis supra terrenas concupiscentias es, o sancta Virgo, quae rorem de Patre emanantem super rationalem terram effudisti. »

513. Unus reliquus est Ambrosius quem laudem, quique primum [3]) ait: « Illa autem columna nubis specie quidem praecedebat filios Israel, mysterio autem significabat Dominum Iesum in nube venturum levi, sicut dixit [4]) Isaias, hoc est, in Virgine Maria, quae nubes erat secundum hereditatem Evae, levis erat secundum virginitatis integritatem. Levis erat quae non homini quaerebat placere sed Domino. Levis erat quae non in iniquitate conceperat, sed Spiritu superveniente generabat, nec in delicto sed cum gratia parturiebat. » Tum [5]) pergit: « In nube *(Christus)* venit quem nebula corporis obumbrabat; sed levis erat caro quam nulla sua gravabant delicta. Quomodo enim peccatis gravaretur suis, qui auferebat omnium peccata populorum? » Quibus mutuo comparatis assequimur, idcirco Mariam ab Ambrosio dici *nubem secundum hereditatem Evae*, quod ex Eva tamquam ex matre omnium viventium humanam naturam acceperit: idcirco autem dici *levem*, quod non integram modo virginitatem servarit, sed quod nullis omnino fuerit gravata delictis. Sicut enim in ecclesiasticis monimentis millies repetitur, carnem Christi fuisse carnem Mariae, proindeque Christum aeque ac Mariam fuisse nubem levem; ita millies in eisdem Mariae defertur quod per ipsam ablata fuerint omnium peccata populorum.

514. Ceterum hoc *nubis* symbolum [6]) quod patribus arrisit utpote ad integritatem Virginis exprimendam aptissimum, non minus eisdem placuit quod ad reliquas Virginis dotes adumbrandas insigniter conduceret. Sane non modo patribus Deipara est nubes levis, sed *nubes a sole fulgida, undique rutilans, splendida prae omnibus luminibus, nubes gloriae lucidissima atque angelos nitore vincens, nubes tota immaculata, nubes quae numquam fuit in tenebris sed semper in luce, nubes in cuius ortu atra imminuitur malitiae caligo, nubes in cuius conceptu humana natura incipit purgari a spinis peccatorum, nubes quae tollit culpae tenebras, quae Adamo caussa exstitit resurgendi, et per quam Deus misertus est Evae et illam aeque ac universum mulierum sexum ab exse-*

---

a) Encom. in Deiparam pag. 13.
b) Orat. II. in Deiparae nativit. pag. 857. A.
c) Theotoc. tetrast. III. pag. 100.

1) Ex. XIII. 21.
2) Hymn. in Deiparae nativit. pag. 770. in Brev. arm. T. III. Consonat Nerses in Mathaeum pag. 77. opp. T. II.
3) In Ps. CXVIII. Serm. V. n. 3. col. 1019.
4) Is. XIX. 1.
5) Ibid. n. 4. col. 1019.
6) Qua de re iuverit contulisse quae scribit Innocentius III. serm. in Dominica I. adventus pag. 481. apud Mai Spicileg. rom. T. VI.

cratione liberavit. Puto autem quidquid esse facilius, quam ista atque istis similia cum infectis Deiparae originibus conciliare.

515. Neque multo, ut ego quidem arbitror, facilius cum eisdem conciliantur quae tum patres atque ecclesiastici scriptores tradunt quum symbolum *montis umbrosi* ad Deiparam praesignandam usurpatum suis commentariis explanant. Agit de hoc symbolo Germanus, illudque cum reliquis enumerans de Virgine ª) scribit: « Vocatur *mons. Et* [1]) *sanctus de monte umbroso ac condenso. Abscissus* [2]) *est lapis de monte sine manibus. Mons* [3]) *in quo beneplacitum est Deo habitare in eo.* » Et ᵇ) alibi Virginem compellans ait: « Ave gratia plena, mons Dei, mons pinguis, mons umbrose, mons non caese, mons in oculis omnium posite. » Ad quem typum simillima referuntur testimonia [4]) ex Anthologio, ex [5]) Octoecho, ex ᶜ) Cosma hierosolymitano, atque ᵉ) ex Iohanne damasceno qui canit: « Generis mortalis reformationem olim celebrans propheta Abbacum praenunciat, videre ineffabili modo dignus habitus imaginem. Novus infans enim ex monte seu virgine exivit ad populorum reformationem, Verbum. » Porro Andreas cretensis ᵈ) sic habet: « Sola tu vere benedicta es, quam montem magnum vir ille desideriorum Daniel vidit, et montem umbrosum Abbacum ille admirabilis, montem praeterea Dei, et montem pinguem, montemque iucundum, ac montem quem Deo placuit inhabitare. »

516. Quo autem eiusmodi symbolum spectet, prae ceteris luculenter declarant Theophanes et Iosephus hymnographus, quorum prior ᵉ) scribit: « Caelestem portam et arcam, montem undequaque sanctum, splendidam nubem hymnis celebremus, caelestem scalam, rationalem paradisum, Evae redemptionem, magnum mundi totius cimelium; quoniam in ipsa perfecta est mundi salus et multorum criminum remissio. » Et ᶠ) rursum: « Te, o innocentissima, beatissimus prophetantium in Spiritu chorus sacris divinisque oraculis iampridem appellat portam et umbrosum montem. »

517. Consonat Iosephus, e quo hunc typum saepissime declarante nonnulla decerpam. Principio itaque ᵍ) sic habet: « Natus est hodie pons transferens ad lucem humanum genus, scala caelestis, mons Dei splendidissimus, Deipara puella, quam beatam celebremus. » Tum ʰ) scribit: « Gratia Spiritus propheticis charismatis te e longinquo per simbola praefigurabat, o innocens, nominans te montem pinguem, sanctum, portam salutarem,

---

a) Orat. in Deiparae nativit. pag. 1314. A. apud Combefisium Auctar. T. I.

b) Orat. in Deiparae annuntiat. pag. 1423. D-E. apud Combefisium Auctar. T. I.

c) Hymn. εἰς τὴν θεογονίαν, pag. 674. A. opp. T. I.

d) Orat. in Deiparae annuntiat. pag. 437. A-C. in biblioth. PP. graeco-lat. Tom. II.

e) Men. die V. Decembris pag. 26. col. 1. B-C.

f) Men. die IV. Ianuarii Ode δ'. pag. 37. col. 2. D.

g) Men. die VII. Septembris Ode ς'. pag. 51. col. 1. C.

h) Men. die XXVIII. Martii Ode ζ'. pag. 128. col. 2. C.

---

1) Habac. III. 3. ex versione alexandrina.
2) Dan. II. 34.
3) Ps. LXVII. 17.
4) Anthol. pag. 181. col. 1. B.
5) Octoech. pag. 5. col. 1. A. et 23. col. 2. C. ubi legimus: Ὄρος σὲ τῇ χάριτι τῇ θείᾳ κατάσκιον προβλεπτικοῖς ὁ Ἀββακοὺμ κατανοήσας ὀφθαλμοῖς, ἐκ σοῦ ἐξελεύσεσθαι τοῦ Ἰσραὴλ προκυεφώνει τὸν ἅγιον εἰς σωτηρίαν ἡμῶν καὶ ἀνάκλησιν. *Te montem divina gratia inumbratum propheticis conspiciens oculis Abbacum, ex te proditurum praenunciavit sanctum Israelis in nostram reformationem et salutem.*

6) Hymn. εἰς τὴν θεογονίαν, vv. 43. seqq. in Thesaur. hymnolog. T. III. pag. 56.

tomum novissimum et arcam. » Ad haec a) subdit: « Tamquam montem umbrosum te olim praevidit Habbacuc, o puella perfecte immaculata, ferentem Verbum quod a peccatorum flamma delictorumque combustione universos obumbrat. » Praeterea b) ait: « Daniel te montem magnum descripsit, o inviolata, Habbacuc vero montem umbrosum virtutibus, David autem montem coagulatum, ex quo Deus incarnatus est ut mundum redimeret. » Et c) alibi: » Quum te Habbacuc e longinquo perspexisset, o innocens, expressissime montem virtutibus umbrosum appellavit, ex quo ille nobis apparuit qui animas nostras illuminat. » Ac d) postremo: « Olim sacer propheta te divinum montem appellavit, Virgo innocentissima, virtutibus undequaque umbrosum, ex quo salutare Verbum manifestatum est in restaurationem et illuminationem animarum nostrarum. »

518. Cum his autem ista merito coniunguntur quae e) Dionysius alexandrinus de Apostolis verba faciens scribit: « Inde venerunt in Sion, et impletum est quod ait [1] Scriptura: illuc sederunt sedes in iudicium, sedes super [2] domum David. Erat enim cum eis etiam magna domus Dei, splendidus mons Dei, Deipara Maria. » Quae propterea ex certa compertaque maiorum doctrina existimari debet *splendidus mons Dei, mons splendidissimus, mons sanctus, perfecte sanctus, perfecte immaculatus, magnum mundi totius cimelium, mons virtutibus umbrosus, virtutibus undequaque umbrosus, in quo sibi Deus placuit inhabitare, e quo illuxit Evae redemptio omniumque salus, et ex quo Deus incarnatus est ut mundum servaret, tenebrasque depelleret quibus animae nostrae obscurabantur.* Eiusmodi vero est haec imago, in qua totum nitet, totum splendet, et quae nullum recipit naevum, nullasque patitur culpae sordes peccatique tenebras.

519. Simillima autem ea se prodit imago, quam tum patres delineant atque excitant, quum ad Deiparam symbolum *Sion sanctaeque civitatis* traducunt. Ut enim a Germano exordium ducam, is de Deipara f) scribit: « Vocatur *Sion*. Veniet [3] ex Sion qui liberet et avertat impietates a Iacob. Elegit [4] Dominus Sion, elegit eam in habitationem sibi. » Et g) mox: « Vocatur *civitas*. Gloriosa [5] dicta sunt de te, civitas Dei. Deus in medio eius et non commovebitur. » Ubi vero ad enarrandum symbolum manum admovet [6]; sic ait: « Ave nova Sion et sancta Ierusalem, sacra civitas magni regis Dei, cuius in turribus ipse Deus cognoscitur mediusque pertransit, inconcussam servans, gentes commovens, regesque pro-

a) Men. die XIX. Februarii Ode δ'. pag. 108. col. 2. A.
b) Men. die VI. Septembris Ode γ'. pag. 42. col. 2. D.
c) Men. die X. Octobris Ode δ'. pag. 58. col. 1. B.
d) Men. die XXV. Octobris Ode δ'. pag. 147. col. 1. D.
e) Epist. cont. Paulum samosat. pag. 274. B.
f) Orat. in Deiparae nativit. pag. 1314. B. apud Combefisium Auctar. T. I.
g) Ibid. pag. 1315. D.

1) Ps. CXXI. 5.
2) Quae sequuntur, videntur ostendere Dionysium accepisse praepositionem ἐπί non significatione *super*, sed *in* vel *apud*, de qua significatione conferendus est Albertius in Obss. philolog. pag. 210.
3) Is. LIX. 20.
4) Ps. CXXXI. 13.
5) Ps. XLV. 5.
6) Orat. I. in Deiparae praesentat. pag. 53. in s. Germani Mariale apud Hippolytum Maraccium, qui de hac Oratione scribit pag. 188. « Nobilis haec atque insignis de praesentatione beatae Virginis oratio, quae sub nomine s. Germani patriarchae constantinopolitani in graeco ms. perantiquo volumine vaticano n. LXXIX. reperitur, a Iohanne Matthaeo Cariophylo iconiensi Episcopo in latinum sermonem translata, ad commune Marianorum cultorum commodum, seramque posteritatis memoriam nunc primo per typos palam publiceque innotescit. »

sternens. » Et multo alibi plenius [a] scribit: « Gloriosa [1] dicta sunt de te civitas Dei, nobis divinus David cecinit in Spiritu. Revera civitatem, de qua gloriosa dicta sunt, apertissime vocans civitatem magni Regis. Quaenam ea est? Existimo eum manifestissime citraque omnem dubitationem dicere illam quae vere est electa et omnibus superior, non [2] altius fastigiatis aedibus, non tumulis surrigentibus, sed divinarum sublimiumque virtutum magnificentia et puritate omnibus antecellentem Mariam, sanctissimam et immaculatissimam Deiparam, in qua qui vere est Rex regum et Dominus dominantium habitavit, vel potius in qua omnis plenitudo divinitatis habitavit corporaliter. » Atque [b] e vestigio: « Haec vere gloriosa civitas, haec spiritalis Sion. Hanc, ut arbitror, David praedixit divinus. Quod si quis eius quoque aedem gloriosam civitatem vocaverit, neque veritatis neque decori metas excesserit. Si enim ii quorum nomina in terris celebrata sunt, diuturno tempore appellationis memoriam conservant; quid de gloriosissima omnique laude dignissima, intemeratissima illa et immaculatissima puella quispiam dixerit? Nam si ea appellata est civitas animata regis Christi, merito illius quoque sanctissima aedes, cuius hodie dedicationem celebramus, et est et nominatur civitas gloriosa. »

520. Eadem cum Germano docent Georgius nicomediensis et Psellus, e quibus alter [c] Deiparam vocat « Sion sanctam, Deo gratiosissimam, civitatem Dei et undique communitum palatium. » Georgius vero [d] Deiparam salutat « Montem illum [3] umbrosum, in quo complacuit Verbo inhabitare, in quo reclinata natura peccati declinavit aestum: Sion [4] illam sanctam quam creator elegit, quam pro ratione providentiae ante secula paravit, ex qua carne natus est, ex qua prodiens impiorum confregit vires. » Neque aliter Modestus, et cum Modesto vulgatus neocaesariensis Gregorius et syrus Ephraemus. Ille enim, cuius primum meminimus, ad Deiparam conversus [e] inquit: « Ave mortalium [5] Domina, sanctissima Deipara, ex qua qui super omnia est Deus et clementissimus Dominus noster particeps, excepto peccato, totius mortalis nostrae naturae processit in mundum, nosque dignos fecit qui [6] essemus divinae eius naturae consortes; qui ea te donavit gratia ut sua esses civitas intelligibilis, teque vocavit [7] Dominus virtutum in civitatem suam. Ave ornatissime et lucidissime [8] portus, quae a Deo facta es vera Dei genitrix: iactatum enim in huius vitae pelago genus humanum in te servatum est, ac per te dona et sempiterna bona est

a) Orat. in Deiparae Zonam pagg. 232-233.
b) Ibidem pag. 233.
c) In Metaphrastis Officio pag. 243.
d) Orat. in Deiparae ingress. in Templum pag. 1098. B-C. apud Combefisium Auctar T. I.
e) Encom. in Deiparam pag. 47.

1) Ps. LXXXVI. 3.
2) « Ita reddidi, *ait Combefisius*, velut utriusque Romae colles tumulosque respiciat, iisque ac eorum magnificentiae sanctae Mariae excellentes dotes opponat, per quas vere regia civitas ac Dei esse meruit. »
3) Habac. III. 3.
4) Ps. CXXXI. 13.
5) Auctor tragoed. de Christo pat. v. 633. Δέσποινα παγχοίρανα, μῆτερ κοιράνου. *Domina quae cunctis imperas, imperatoris mater.*
6) II. Petr. I. 4.

7) Ps. XLVII. 9.
8) Ephraemus pag. 576. opp. graec. T. III. « Tu enim noster es portus, o Virgo intemerata, et praesens pia auxiliatrix. » Ibid. col. 2. B. « Ave portus tranquillissime, et a fluctibus procellisque agitatorum liberatrix desideratissima. » Et pag. 534. Χαίροις ὁ λιμὴν τῶν πλεόντων καὶ σκέπη. *Ave portus navigantium et protectio.* Tum pag. 546. Τῶν ἀβοηθήτων χειμαζομένων σὺ λιμήν. *Tu sine ulla ope fluctu iactatis es portus.* Denique pag. 547. Χαῖρε τὸ τεῖχος τῶν πιστῶν, λιμὴν κινδυνευόντων. *Salve murus fidelium, portus periclitantium.*

adeptum ab eo, qui te in praesenti tempore mirabilem reddidit, et in seculum seculi superglorificavit. » Praeiverat Gregorius qui ª) Deum inducit Gabrielem ita alloquentem: « Vade ad animatam civitatem, de qua dixit Propheta, gloriosa dicta sunt de te, civitas Dei. » Atque ipse quoque praeiverat ᵇ) Ephraemus a quo Deipara nuncupatur « Civitas Dei, de qua gloriosa dicta sunt de te. »

521. Eadem legit vestigia Iohannes damascenus, quo auctore ᶜ) Deipara est « Tota thalamus Spiritus, tota civitas Dei vivi, quam laetificant fluminis impetus, nimirum sancti Spiritus gratiarum fluctus. Tota pulcra, tota Deo propinqua: haec enim Cherubim superans et super Seraphim evecta, proxima Deo exstitit. » Ubi vero eius laudes texendas orditur, sic ᵈ) habet: « Si igitur iustorum omnium memoria cum laude recolitur, ecquisnam est qui iustitiae fonti et sanctitatis thesauro laudem non exhibeat: non ut gloria eam augeat, sed ut sempiternam ipse sibi gloriam conciliet. Neque enim a nobis gloria augeri indiget gloriae Domini tabernaculum, Dei inquam illa civitas, de qua gloriosa dicta sunt, velut divinus David ¹) eam affatur: gloriosa dicta sunt de te, civitas Dei. Ecquam enim aliam invisibilis et incircumscripti omniaque pugillo continentis Dei civitatem intelligemus, nisi eam quae vere et supra quam natura atque essentia ferat, Dei Verbum ac Deum substantia omni superiorem nulla circumscriptione complexa est; de qua propterea ab ipsomet Domino gloriosa dicta sunt? Quid enim ad gloriam illustrius, quam ²) Dei consilium antiquum illud et verum excepisse? » Hinc eius celebrans triumphum ᵉ) scribit: « Nunc caeli laetentur ac plaudant angeli. Etenim viva Domini Dei virtutum civitas sublimis fertur, regesque a templo Domini, hoc est conspicua Sion ad supernam et liberam suamque matrem Hierusalem, praestantissimum donum offerunt, apostoli scilicet qui totius orbis principes a Christo sunt constituti, Dei matrem perpetuamque virginem. » Nil itaque mirum si Graeci unanimes ᶠ) clament: « Te civitatem inconcussam beatam extollimus. » Nil mirum si alibi ᵍ) hoc typo utantur et ᵉ) canant: « Salve innocens Dei animata civitas, in qua Deus voluit comprehendi; etenim quin superna linqueret, ad te, o Dei genitrix, veluti aqua super terram descendit, et in civitate Bethlehem infans nascitur. » Atque nil mirum si tum Latini ⁴), tum ipsi etiam ʰ) Copti eadem frequentent his verbis: « Haec est Hierusalem civitas Dei nostri, in qua gaudium est sanctorum omnium. »

522. Quinam ergo sunt colores, quibus patres Deiparae speciem exprimunt, eiusque effigiem repraesentant? Videlicet Deiparam pingunt ut quae sit *nova Sion, Sion* ⁵) *spirita-*

---

a) Orat. III. in Deiparae annunciat. pag. 27.
b) Prec. IV. pag. 529. opp. graec. T. III.
c) Orat. I. in Deiparae nativit. pag. 484. B.
d) Orat. I. in Deiparae dormit. pag. 857. D. 858. A.
e) Orat. II. in Deiparae dormit. pag. 871. B.
f) Men. die XVII. Ianuarii ad magn. vesp. pag. 144. col. 2. C.
g) Men. die XX. Decembris Ode ϛ'. pag. 168. col. 1. B-C.
h) Theotoch. pag. 104. tetrast. IV.

1) Ps. LXXXVI. 3.
2) Is. XXV. 1.
3) Paraclit. pag. 253. col. 1. E., Triod. pag. 48. col. 2. C-D., Men. die XIII. Septembris Ode α'. pag. 87. col. 2. E. et die XXII. Decembris Ode ϛ'. pag. 181. col. 1. C-D.
4) Thesaur. hymnolog. T. II. pag. 92.

5) Forte non improbabitur lectoribus animadversio, qua Hugo de sancto Charo in Ps. LXXXV. docet, propterea Virginem novam dici Sion, quia sicuti Sion locus erat eminentissimus atque tutissimus in Hierusalem; ita Deipara in Ecclesia prae omnibus exstat, atque una inter omnes communem ruinam evitavit.

lis, Ierusalem sancta, animata Dei civitas, sacra civitas, immo sacratissima, sanctissima, Deo gratissima, undique communita, inconcussa, immaculatissima et nullius conscia [1]) *labis, Cherubim et Seraphim potior, donum pretiosissimum, vere divinitus electa, praeparata pro ratione providentiae ante secula, tota civitas Dei viventis, tota pulcra, tota Deo propinqua, fons iustitiae, sanctitatis thesaurus, in qua tota divinitatis plenitudo corporaliter habitavit, ex qua Verbum prodiens hostiles vires confregit, et in qua hominum reclinata natura peccati aestum declinavit.* Huc redeunt colores, quibus ad excitandam Deiparae imaginem patres utuntur, et e quibus aestimari debet an eiusmodi civitas fuerit Virgo quae aliquando concussa iacuerit, quam tenebrae aliquando obvolverint, quamque hostilis impetus aliquando deiecerit. Sed neque iudicium potest esse impeditum, neque anceps sententia qua decernatur, a coloribus Deiparae propriis nihil esse alienius caligine culpae, ruina peccati atque hostium triumpho.

523. Cui stabiliendae confirmandaeque sententiae nonnihil etiam conducunt quae [a]) Methodius de Deipara loquens scribit: « Tu radix [2]) floris speciosissimi, forceps [3]) carbonis illius lustralis, vellus [4]) roris illius incomprehensibilis, *lacus* [5]) *ille Bethlehem desiderii David*, vestis sine macula eius qui [6]) induit lucem sicut vestimentum. » Itemque ista conducunt quibus [b]) Germanus laudes Virginis effert: « Benedicta tu in mulieribus, spiritalis illa [7]) Bethlehem, quae [8]) voluntate pariter ac natura panis vitae summe spiritalis domus dicta simul et facta es. In te enim qua ipse novit ratione inhabitans, et inconfuse nostrae commixtus massae, totum sibi Adamum fermentavit, ut panis vivus ac caelestis fieret. »

524. Ne autem supernae huic destinationi impar Virgo inveniretur, ea fuit *vas novum*, de quo [c]) Modestus hierosolymitanus ait: « Vas illud pretiosum et sacratissimum et quavis sancta re sanctius, Deipara Virgo [9]) pretiosam suam adepta margaritam, splendidissimo illius ornatu egregiam suam formam illustravit, cuius est [10]) aurum et argentum, et [11]) per quem reges regnant. » Similia habet Ephraemus [12]) scribens: « Ave praeclarum et electum vas Dei. » Consentit Epiphanius qui modo [d]) *Christi matrem ob susceptum ex*

---

a) De Symeone et Anna pag. 815. B-C. apud Gallandium T. III.
b) Orat. in Deiparae nativit. pag. 1310. E. 1311. A. apud Combefisium Auctar. T. I.
c) Encom. in Deiparam pag. 23.
d) Con. haeres. lib. III. pag. 1043.

---

1) His verbis, inquit Iohannes Serranus episcopus acernensis lib. II. cap. XXI. de Conceptione, sua non constaret veritas, si Virgo immaculata originale peccatum contraxisset. Quomodo enim vere diceretur Virgo omni ex parte intemerata, si temerata esset peccato originali? Et qua ratione nulli obnoxia culpae vere pronunciaretur, si culpae primi parentis subiiceretur? Quibus ego addo, quomodo ex rei veritate affirmaretur inconcussa, si quum primum exstitit, subversa fuit? Quomodo ex rei veritate affirmaretur tota civitas Dei viventis, si illius fundamenta tribuenda essent diabolo invidenti? Aut quomodo ex rei veritate tota pulcra affirmaretur, si eiusdem primordia sordescerent?

2) Is. XI. 1.
3) Is. VI. 6.
4) Iud. VI. 37.
5) II. Reg. XXIII. 17.
6) Ps. CIII. 2.
7) Alia ad hoc symbolum explicandum idonea colligit Maraccius in Marial. s. Germani p. 180, not. 19.
8) Voces θέσει καὶ φύσει, *voluntate ac natura*, quae in ecclesiasticis monimentis numquam sibi non opponuntur, istud significant, θέσει sola Dei voluntate atque gratia fuisse Mariam selectam ut Verbi domus ac mater fieret: φύσει natura vero ex ea et in ea Christum panem vitae formatum fuisse atque natum.
9) Matth. XIII. 46.
10) Agg. III. 9.
11) Prov. VIII. 15.
12) Pag. 576. col. 1. E. opp. graec. T. III.

ipsa corpus et ob illius honorem dicit *intaminatum vas et admirandum;* et modo a) illam appellat *vas pretiosum et praestantissimum*. Cyrillus vero alexandrinus b) exclamat: « Salve vero et ipsa Maria Deipara, virgo mater, lucifera, vas incorruptum. »

525. Quibus explicandis mirifice conferunt quae Isidorus Thessalonicensis saepissime inculcat. Is namque est [1]) qui ait: « Sero tandem atque post multos solis recurrentis gyros homo novus [2]) et magnum ac vere vivificum [3]) elementum, ros caelestis, vas Dei capax, venustissima puella Virgo in vitam affulgens emersit; et eripitur quidem per hanc e calamitate homo, et resumit dignitatem pristinam, et regio more insidet seductorem deridens, et vinculis quae ipse ut mancipium antea gerebat, suum colligat venatorem. Ortus Mariae origo est regenerationis, restitutionis, in antiquam formam reductionis et renovationis. » Is est qui [4]) de ingressu Deiparae in sancta sanctorum scribit: « Sicut antequam esset homo, propter hominem facta sunt a Deo caelum et terra, et quidquid sub adspectum cadit; ad eumdem modum oportebat propter novam hanc creaturam, propter hunc hominem angelis excellentiorem condi nobilius quoddam quam priora domicilium. Fit ergo, et sanctitatis appellationem, quae nulli priori loco data est, sacrum illud Templum sortitur propter sanctissimum hominem, vas immaculatissimum, purissimum receptaculum, magnum et sine labe thesaurum, candidissimam Dei Verbi matrem. » Is est qui in eadem oratione [5]) subdit: « Ducitur ergo in templum vas illud animatum sacratissimum, deificis fulgoribus excipiendis receptaculum a Deo confectum, honorabilissimum divinumque donarium, cuius exprimendae dignitati impar est universa creatura. » Is est qui commemoratis Salvatoris verbis suam carnem suumque sanguinem [6]) pollicentis [7]) pergit: « Caenam porro hanc iucundissimam et vitae largitricem supercaelestis vere homo, nimirum Virgo agricolatione sua praestitit, utpote futuram nobis revera caenam paravit. Itaque quum nos eius Filius ad hanc quoque attrahit mensam, hoc etiam matri adscribendum est. Fructus enim hominum et ipsa mirum in modum procreata est, ut carnem quidem ex ea Deus sibi sumeret, eadem vero aleret matris suae cognatos. Nam si hoc futurum non fuisset, omni materia sublimius illustrissimum hoc vas numquam exstitisset creatum e terra simulacrum. » Et is est qui assumptam extollens in caelum Deiparam de apostolis [8]) scribit: « Quum operculum a sepulcro amovissent, cadaver, o miraculum! nusquam inveniebant, neque enim mortuus erat fons vitae, nec terra et sepulcrum poterant diu operire vas novissimum, quod eum comprehendit qui incomprehensibilis est. »

a) Ibid. pag. 1044.
b) Encom. in Deiparam pag. 380. opp. T. V. P. II.

1) Orat. I. in Deiparae nativitat. a Maraccio edita pagg. 7–8.
2) Quum Isidorus Mariam dicit *hominem novum* ad hominem respicit Ephes. IV. 24 qui secundum Deum creatus est in iustitia et sanctitate veritatis. In hac ipsa oratione Isidorus Deiparam vocat *hominem supra modum novum et supra modum stupendum;* in oratione de Annunciat. *hominem novum et stupendissimum et ad Deum quam proxime accedentem;* et in oratione de Praesent. *hominem angelis excelsiorem et sanctissimum.*
3) Elementi nomen, quod de rei cuiusque principiis usurpari solet, rite ad Deiparam transfertur, si quidem teste Antonino in S. Th. P. IV. tit. XV. cap. XIV. §. III, ipsa fuerit *principium ex quo recreandum erat omne creatum;* vel ut Albertus loquitur super *Missus est* capp. XXXV. et CXCIV., *principium omnium aliorum sanctorum summa virginitatis puritate, peccati immunitate, peccandi impossibilitate.*
4) Orat. II. de Deiparae ingressu in Templum pagg. 29–30.
5) Ibid. pag. 41.
6) Ioh. VI. 55. seqq.
7) Orat. III. in Deiparae annunciat. pagg. 87–88.
8) Orat. IV. in Deiparae dormit. pagg. 138–139.

526. Haec autem maioribus nostris eo usque usitata erant atque solemnia, ut publicis quoque precibus usurparentur. Quod ut uno alterove confirmem exemplo, en quae habent a) Copti: « Salve vas divinitatis incorruptum, quod omnibus qui ex eo bibunt, medicinam praebet. » Quid vero Syri? Ad hunc typum manifeste respiciunt quum Deiparam b) appellant « Vas novum, in quo *(per quod)* dulcis facta est amaritudo. » Ad hunc respiciunt ubi c) aiunt: « Salve vas Elisaei, salve murus fidelium, salve fons benedictionum, salve tu e qua natum est germen Patris caelestis, salve quae secundum carnem genuisti creaturarum omnium salvatorem. » Eiusdem porro vim significationemque declarant, ubi non citra perspicuam 1) ad haec Scripturae verba allusionem, *dixerunt quoque viri civitatis* (Iericho) *ad Elisaeum: ecce aquae pessimae sunt, et terra sterilis. At ille ait: Afferte mihi vas novum, et mittite in illud sal. Quod cum attulissent, egressus ad fontem aquarum misit in illum sal, et ait: haec dicit Dominus: sanavi aquas has, et non erit ultra in eis mors neque sterilitas. Sanatae sunt ergo aquae usque in diem hanc.* Deiparam sic d) extollunt: « Ave benedicta, vas novum Elisaei, in te *(per te)* enim dulce factum est fel *(virus)*, quod inter arbores serpens effudit. » Quis iamvero existimet *ipsum vas novum, vas incorruptum, per quod suavis facta est amaritudo, per quod virus serpentis dulce evasit, quodque Deus selegit ut aquas pessimas perditumque hominum genus sanaret;* felle draconis perfusam fuisse atque vitiatum? Mansit ergo integrum ab omni labe, atque ab omni idcirco labe integra mansit Deipara, quam vas novum 2) incorruptumque praemonstravit.

ARTICULUS IV.

De libro signato, porta signata, tomo novo, Danielis monte, arvo inarato atque Isaiae forcipe: quem sensum hisce symbolis maiores subiecerint: quove pacto Deiparae innocentiam cuiusvis insciam labis praemonstratam existimarint.

527. Etsi quae innuimus symbola ad perfectissimam virginitatem praesignandam unice facta videantur; ea nihilominus patres maioresque nostri ita acceperunt atque explanarunt, ut omnimodam Deiparae puritatem nullo umquam maculatam naevo eisdem adumbratam crediderint. Ut enim tacitus praeteream quae 3) Andreas hierosolymitanus docet,

a) Theotoc. pag. 137. tetrast. VI.
b) Missal. Maronit. pag. 35.
c) Offic. Maronit. ad primam sabbathi pag. 486.
d) Ibid. pag. 25.

1) IV. Reg. II. 19. seq.
2) Hippolytus Maraccius in libello inscripto, *Vindicatio chrysostomica*, testimonium XXXIV. sumit pagg. 69-70. « ex laudatione s. Martyris Drosidae, ubi Chrysostomus cum dixisset, daemonem per mulierem, Evam scilicet, vicisse, et per mulierem, nempe beatam Virginem, fuisse superatum; ipsam beatam Virginem appellat vas insuperabile. *Hoc*, inquit, *vas apparuit insuperabile.* Quare autem Virgo apparuit vas insuperabile, nisi quia a daemone quem vicit, superari numquam potuit? Fuisset autem beata Virgo a daemone victa et superata, nec apparuisset vas insuperabile, si contraxisset peccatum originale, per quod victi et superati eiusdem daemonis preda evadimus. » Habentur quidem in laudatione de s. Droside martyre n. 3. pag. 692. E. opp. T. III, verba quae laudantur, τοῦτο σκεῦος ἀκαταγώνιστον, sed orationis ductus seriesque demonstrant referri illa non ad Deiparam, sed ad martyrem, *quae ne peccaret, mortua est.*

3) Orat. in Deiparae salutat. pag. 437. A. Biblioth. graeco-lat. T. II.

vulgatus Chrysostomus ⁾ sic habet: « Audi quid de viro hoc *(Iosephum intellige)*, deque Virgine propheta ¹) dicat: dabitur liber obsignatus viro scienti litteras. Quis iste liber obsignatus nisi omnino atque penitus immaculata Virgo? » Eadem prorsus atque iisdem concepta verbis ²) repetit qui Gregorii neocaesariensis nomine circumfertur; cum utroque autem egregie conspirans ᵇ) Georgius nicomediensis de Virgine, oratione ad templum directa, scribit: « Huius imaginem propheticus forceps ³) expressit. Hanc obsignatus ille ⁴) liber designavit quem nemo legit doctus litteras, eo dumtaxat excepto qui obsignavit, et altiora supra rationem modo conservavit. Huius typum gessit mundissimus ⁵) ille tomus, in quo nulla scriptione exaratum Verbum erroris chirographum disrupit. »

528. Succedunt Iohannes damascenus et Tarasius constantinopolitanus, quorum primus ᶜ) Deiparam compellans ait: « Ave signaculum regium, universorum regem qui substantiam ex te sumpsit, corpusculo materno simili exprimens: siquidem comparatum sic est, ut talis foetus sit qualis et parens. Ave liber signatus nulli corruptrici cogitationi obnoxius, ex qua divinitus insculptae legis arbiter, ab ipso solo, qua virginem decet ratione, percurritur. » Tarasius vero ᵈ) ubi Deiparam triennem in templo oblatam describit, haec eiusdem parentibus verba commodat: « Accipe o Zacharia tabernaculum immaculatum, accipe o sacerdos intemeratum Verbi thalamum, accipe o propheta thuribulum lucis ab omni materia secretae, accipe o iuste igniferum currum Altissimi, accipe o inculpate floridam vitem quae racemum aeternae vitae efferet, intromitte illam in intimos recessus templi Domini, infer illam in sedes sanctimoniae, quas in sui domicilium Altissimus obsepsit, inducito hanc in sanctissima penetralia maturantem in utero eum ferre qui oculis cerni non potest, beatam ipsam praedica quae beatos constituit omnes mortales, magnifice hanc lauda quae prolata est veluti liber divinitus complectens magnifica opera Dei. Excipe hanc quae a maledicto in primam parentem Evam immisso nos liberavit: complectere hanc quae nos cum Deo caritate devinxit, et inimicitiam serpentis suo partu abstulit: implica istam brachiis quae nos ab implexu serpentis abstraxit: de hac vaticinare, quae prophetarum edita est consummatio, et divinarum ad homines promissionum compendium. »

529. Post quae Zachariam ᵉ) sistit ex afflatu Spiritus inclamantem: « O puella immaculata, o Virgo impolluta, o adolescentula venustissima, o mulierum ornamentum, filiarum nitor, o mater virgo sancta, tu benedicta inter mulieres, tu celebrata propter castitatem, tu obsignata propter virginitatem, tu Adami maledicti expiatio, tu debiti Evae solutio, tu Abelis purissima oblatio et primae dedicatae immolationis innocens sacrificium, tu Enos in Deum spes pudore non suffusa, tu Enoch inita gratia et in securam vitam migratio, tu Noe arca et secundae regenerationis ad Deum conciliatrix, tu regni et sacerdotii Melchisedech perillustris splendor, tu Abrahami probatio et promissionis ac futurae posteritatis obediens fides, tu Isaaci novum sacrificium et rationale holocaustum, tu Iacobi in

---

a) Orat. in Deiparae annuntiat. pag. 797. D. inter opp. Chrysost. T. II.
b) Orat. in Deiparae ingress. in Templum pag. 1098. D. apud Combefisium Auctar. T. I.
c) Orat. II. in Deiparae nativit. pag. 854. E. 855. A.
d) Orat. de Deiparae in Templum ingress. pag. 7.
e) Ibid. pagg. 9-11.

1) Is. XXIX. 11.
2) Orat. III. in Deiparae annunciat. pag. 26. D.
3) Is. VI. 7.
4) Is. XXIX. 11.
5) Is. VIII. 1.

scalam adscensus caussa et sobolis in duodecim tribus propagatae expressa maxime effigies, tu Iudae prognata es secundum stirpem filia, tu Iosephi pudicitia et veteris Aegyptiae, Synagogae nimirum Iudaeorum purgatio, o immaculata, tu Iobi in tentationibus patientiae perfectio, et bonorum eius in duplum restitutio ac ditissima copia, tu Moysis eiusdemque legislatoris liber divinitus concinnatus, in quo scriptum est sacramentum regenerationis, et divinis digitis insculpta in tabulis lex est, quemadmodum in Sina monte, ubi Israel recens genitus ab Aegyptiorum spiritalium servitute liberabitur, quemadmodum antiquus populus in solitudine manna et aqua de aspera petra expletus est: petra autem erat Christus e tuo gremio proditurus, tamquam sponsus e thalamo. Tu es prophetarum speculum, et rerum ab illis praenunciatarum exitus. »

530. Quod quum probe nosset [a]) Iosephus hymnographus cecinit: « Magnus archangelus *(Gabriel)* quum te, o innocens, librum Christi animatum et Spiritu obsignatum vidisset, ad te clamavit: gaude o gaudii sedes, per quam primae parentis maledictio abolita est. Adae correctio gaude, o Virgo Dei sponsa, quae infernum interemisti: gaude o throne ignee omnipotentis.

Gaude rosa semper vigens, quae sola pomum odoris suavissimi protulisti: gaude tu quae peperisti olfactorium illius qui solus Rex est: gaude nuptialis inscia thalami, mundique salus.

Gaude innocentiae thesaurus, per quam a casu nostro erecti sumus: gaude suave redolens lilium fideles odore recreans: thymiama suavissimum, unguentum pretiosissimum. » Cum quibus haec insigniter conspirant [b]) ex hymno sancti Iacobi sarugensis: « Sicuti epistola obsignata nobis Maria apparuit, in qua mysteria filii et profunda eius abscondita celabantur. Epistola fuit non antea scripta ac deinde obsignata, sed quam obsignarunt ac tum demum scripserunt [1]) caelestes. » Atque haec item quae Syri [c]) alibi usurpant: « Erat Maria obsignatae instar epistola, et lecta est quin eius sigilla solverentur: fuit in ea spes, vita et redemptio tum Adamo qui mandatum violavit, tum omnibus eiusdem filiis. » Fuit igitur Deipara *liber obsignatus*, quod nullam virginitatis iacturam, etsi mater, subierit; sed liber praeterea fuit obsignatus, si patribus credimus, *quod fuerit penitus immaculata, tota immaculata, semper virens, nulli obnoxia corruptrici cogitationi, innocentiae thesaurus magnifica Dei opera complectens, gaudii domicilium, Adae correctio, Evae reparatio, humani generis salus, instrumentum universalis restitutionis, et ad redemptionem quod spectat, nobiliore prorsus ordine comprehensa ac is sit quo reliqua Adami progenies continetur.* Haec enim sunt quae descriptis propositi typi explanationibus perspicue significantur. Sed haec pariter eiusmodi sunt, quae sicuti Deiparam a reliquo hominum genere secernunt; ita ab ipsa omnem vel levissimam peccati suspicionem culpaeque umbram amandant.

531. Quod quidem esse omnino verissimum evidentius patebit, si ea insuper recolantur quibus maiores nostri symbolum *portae signatae* expolire consueverunt. De hoc enim symbolo Dionysius alexandrinus [d]) inquit: « Nec in verum eius tabernaculum alius introivit

---

a) Triod. pag. 316. col. 2. B-D.
b) Offic. Maronit. pagg. 335-389.
c) Ibid. pag. 157.
d) Epist. con. Paulum samosat. pag. 240. A-C.

1) Intellige ipsum Deum ܐܠܗܐ adinstar graecae phraseos οἱ περὶ τὸν δεῖνα.

nec ab eo exivit, nisi solus Dominus. Et signata est porta tabernaculi integra et incorrupta et inviolata, manu enim Dei clausa est et digito eius signata. Neque manu hominis sacerdos noster *(Christus)* electus est, neque tabernaculum eius ab hominibus fabricatum, sed Spiritu sancto firmatum est et virtute Altissimi protegitur illud *semper* laudatissimum Dei tabernaculum, Maria Deipara et virgo. » De eodem Ambrosius [1]) sic habet: « Quae autem est illa porta sanctuarii, porta illa exterior ad orientem quae manet clausa, et nemo, inquit [2]), pertransibit per eam nisi solus Deus Israel? Nonne haec porta Maria est, per quam in hunc mundum Redemptor intravit? Haec porta iustitiae, sicut ipse [3]) dixit, *sine nos implere omnem iustitiam*. Haec porta est beata Maria, de qua scriptum est: Dominus pertransibit per eam et erit clausa post partum, quia Virgo concepit et genuit. » His autem addi debent quae [a]) Georgius nicomediensis de oraculo disserens conceptae Virginis ait: « Hodierna praedictione radicis bonorum in sterili utero nasciturae, fore praenunciatur ut hominum natura quae vitio exaruerat, virentia pietatis germina producat. Quum hodie figitur Regis porta [4]) per quam nulli transitus patet; illi quidem mirabili quadam et supra vim mentis ratione praeparatur qui per eam transiturus est; nobis autem pervias caeli portas praevie efficit. »

532. Suffragatur [b]) Ephraemus qui Deiparam invocans clamat: « O porta caelestis, per quam qui in terra sumus, ad caelum currimus. » Suffragatur [c]) Sophronius qui laudibus Deiparam extollens inquit: « Sacrae prophetarum voces te symbolice portam, ex qua in tenebris mortisque umbra sedentibus ortus est, o Virgo, sol qui solus lucem affert. » Et [d]) rursum: « Quum videres tamquam lucis porta ex inferorum latebris solem orientem et mundi fines illuminantem, replebaris divina laetitia, o puella perfecte immaculata. » Suffragatur apertissimis verbis [5]) Hesychius, et cum Hesychio in eamdem concedens sententiam [e]) Modestus de Virgine scribit: « Iamvero praevisa et prophetice praenunciata est in illo augustissimo aditu, seu in illa [6]) lucifera porta quae posita in Sion ad orientem respiciebat, quaeque divinissimum fuit praesagium incolatus et operationis vivifici et sanctissimi Spiritus, ad quam portam nullum accessit mendacium, sed sola et verissima vivificatrix via per eam processit, et per ipsam nos ad Patrem suum adduxit Dominus noster et Deus, qui dicit in [7]) Evangelio: *ego sum via, veritas et vita, nemo nisi per me venit ad Patrem*. »

533. Praetereo testimonia [8]) Hieronymi, vulgati Gregorii neocaesariensis [9]) et [10]) Iohannis damasceni, atque ad ea venio quae in Euchologio repetita leguntur. Itaque in [f]) Officio pro sacerdote vita functo legimus: « Porta semper clausa et mystice obsignata, bene-

---

a) Orat. in oraculum concept. Deiparae pag. 998. B-C. apud Combefisium Auctar. T. I.
b) Prec. IV. pag. 528. opp. graec. T. III.
c) Triod. pag. 169. apud Mai Spicileg. rom. T. IV.
d) Ibid. pag. 210.
e) Encom. in Deiparam pag. 39.
f) Euchlog. pag. 575. C.

1) Epist. Class. I. epist. XLII. quae est synodica ad Siricium Pontificem n. 6. col. 967.
2) Ezech. XLIV. 2.
3) Matth. III. 15.
4) Ezech. XLIV. 2.
5) Orat. de laudibus Deiparae pagg. 420. D. et 422. C.
in biblioth. graeco-lat. T. II.
6) Ezech. XIV. 1.
7) Ioh. XIV. 6.
8) Comm. in Ezech. XLIV. col. 338. opp. Tom. V.
9) Orat. III. pag. 27.
10) Orat. I. in Deiparae dormit. pag. 864. C-D.

dicta Virgo Deipara, preces nostras suscipe, et filio Deoque tuo eas offer, ut per te salvet animas nostras. » Et ª) pluribus interiectis: « Lucidissima porta quam Deus, ut nosti, penetravit, famulo tuo caelestes portas recludi efflagita, ut te quae sola es humani generis protectio, in requie celebret. » Et ᵇ) in canone funereo pro mulieribus vita functis: « Te Isaias inter prophetas mirandus agnovit signatam portam, in qua Patris Verbum Spiritu descriptum est; eius vero explens canticum, te fide uti Dei matrem colo, magnifico et celebro.»

534. Euchologio ceteri respondent Graecorum libri; in Menaeis ᶜ) siquidem Iosephus de pretiosa Virginis Zona canit: « O quae nobis es bonorum omnium conciliatrix, te cum gratiarum actione laudamus, vestemque tuam venerabilem deosculantes, o puella, exclamamus: benedicite opera Dominum.

Lumine iugi fruuntur oculi cordis nostri, quum habeamus ceu lampadem in lucerna mensae prominentem sacram vestem innocentissimae Virginis.

O Virgo, servos tuos quamquam indignos nullo modo reliquisti expertes sacri tui contactus; pro vitali namque corpore tuo vestem tuam omnibus donasti.

Honoremus divinis canticis amplissimum Dei tabernaculum, castissimam inter matres, portam caelestem, per quam clausa est ianua quae introducebat ad mortem. » In canone autem pro festo sancti Stephani iunioris sic ᵈ) habet: « Portam imperviam, purum castitatis templum, pulcram inter mulieres, Dominam sanctam, sacris vocibus sacer populus glorificemus.

O supersancta quae supersanctum Deum sola in terra verissime peperisti, eos qui te semper Deiparam praedicant, sanctifica tuaque mediatione serva. » Quibus consona ista sunt ᵉ) ex Pentecostario: « Te laudamus quae sola Virgo peperisti, et uterum inviolatum servasti, te thronum Domini, portam et montem et spiritale candelabrum, thalamum Dei totum lucidum, et manifeste tabernaculum gloriae, arcam et urnam et mensam. » Neque ista minus quae ¹) Armeniorum Ecclesia frequentat: « Te Ezechiel vidit ianuam caeli, et sponsam intactam. Benedicta es in seculum. » Porro similia habent ²) Copti, similia passim ³) et Latini, in quorum hymnis haec etiam ⁴) legimus:

» Fit porta Christi pervia,   » Transitque rex et permanet
» Referta plena gratia,   » Clausa ut fuit per secula.

535. Sit itaque credaturque Maria *porta obsignata*, quod virginitatis decus cum maternitatis fecunditate coniunxerit: sit credaturque *porta obsignata* quod Virgo ante partum atque in partu, numquam deinceps non virgo permanserit; sed *porta obsignata* ea etiam de caussa, testantibus patribus, existimetur quod fuerit *porta caelestis, porta sanctissima, porta lucis, tota lucida, perfecte immaculata, porta semper laudatissima, firmata Spiritus opera, virtute Altissimi protecta, fixa* ⁵) *tamquam Regis porta in ipso suo con-*

---

a) Eucholog. pag. 586. A-B.
b) Eucholog. pag. 561. C.
c) Men. die II. Iulii Ode η'. pag. 12. col. 1. D-E.
d) Men. die XXVIII. Novembris Ode α'. pag. 207. col. 2. D. et Ode ε'. pag. 209. col. 2. A.
e) Pentecost. pag. 126. col. 2. A-B.

1) Confessio Eccles. armen. pag. 41.
2) Theotoch. pag. 105. tetrast. V, VI, VII.
3) Thesaur. hymnolog. T. I. pag. 155, et T. II. pagg. 11, 32, 57. Cum quibus iuverit contulisse quae tradunt Bruno astensis lib. V. sentent. cap. I. pag. 554. opp. T. II. et Gerhohus reicherspergensis in Ps. XXIII. p. 449.
4) Thesaur. hymnolog. T. I. pag. 21.
5) Quibus uti par est intelligendis iuverit animo ista

ceptu, in suo conceptu Deo praeparata, per quam Redemptor in mundum intravit, per quam clausa fuit porta quae ducit ad mortem, eaque reserata quae provehit ad vitam, porta denique ad quam nullum accessit mendacium, neque per peccatum mendacii auctor Satanas. Fieri autem non potuit, ut porta hisce insignis dotibus, atque hisce honestata characteribus originali corruptelae atque praevaricationi patuerit. Quod quidem prudenter animadvertit, disertaque testificatione significavit [1]) Faustus regiensis in Gallia episcopus scribens: « Ex matre vero *(Christus)* initium sumpsit, sicut legimus [2]) per Esaiam, *ecce Virgo in utero accipiet et pariet filium, et vocabunt nomen eius Emmanuel, quod est interpretatum nobiscum Deus*, idest, latens in humana fragilitate maiestas, sicut in Iohanne evangelista [3]) legimus: *et Verbum caro factum est et habitavit in nobis*, in nobis, idest, in fragilitate corporis nostri. Item de Mariae Virginis [4]) generatione: *porta erat clausa, et non est aperta*, tamquam si interrogaretur cur aperta non esset, adiecit; *quia Dominus transivit per eam*. Porta clausa, idest, signaculum pudoris, immaculatae carnis integritas. Non enim est violata partu, quae magis est sanctificata conceptu, *quae absque omni peccato concepta est in utero.* »

536. Et merito cuiusvis exsors culpae concepta in utero perhibetur, ipsa namque fuit [5]) *tomus* ille *novus*, de quo a) Theodotus ancyranus scribit: « Ave gratia plena, Dominus tecum. Cum quo *(Gabriele)* iterum resumamus: ave desiderata nobis laetitia: ave gloriatio Ecclesiae: ave nomen dulce spirans: ave divine fulgens et gratiosa admodum facies: ave perquam venerabile monimentum: ave vellus salutare et spiritale: ave lumen induta, mater splendoris nescientis occasum: ave intemeratissima mater sanctitatis: ave pellucidissime fons vivifici laticis: ave sis nova mater et novi ortus fictirium: ave sis incomprehensio-

---

a) Orat. in Deiparam et in Symeonem §. III. pag. 460. C. apud Gallandium Tom. IX.

reputasse, quae Alphonsus Salmeronius tridentinus theologus T. III. in evang. Tract. XXX. ad verba Matth. I. 16. *de qua natus est Iesus*, scribit: « Mariae maternitas, ut ita dicam, conceptionis illius comes fuit et administra. Quid sublimius? quid augustius quam divina maternitas, qua Virgo Deipara vere dicitur et est vera Dei genitrix? Vis nosse puritatem et dignitatem immaculatae conceptionis Deiparae? Ne reputes temporis divortium inter Mariae conceptionem et Dei maternitatem. Nam etsi conceptio quindecim annorum spatio maternitatem anteverterit, in Dei tamen mente et mysteriorum praevisione maternitatis conceptionis est comes, nec computanda est sine maternitate conceptio: concipitur enim mox Dei mater digne futura. Unde divina maternitas futura Dei matris conceptioni adest, ut affinitatem cum peccato praepropere arceat et avertat. Nec tantum divina maternitas comes adest, sed etiam marianae conceptionis administra: scilicet tantus gratiae et gloriae nitor in Deiparae purissima conceptione emicat, ut Dei maternitas quae est omnium Mariae gratiarum matrix non dedignetur puritati conceptionis veluti ministrare: siquidem singulare et perillustre gratiarum omnium privilegium in conceptione Virgini praemature concessum, ex divina maternitate auguste nascitur: gratia enim tunc naturam praepropere antevertit, ut digna filii Dei mater conciperetur. Ergo infinita dignitas et gratia divinae maternitatis veluti comes et administra adest immaculatae Virginis Deiparae conceptioni: » Hinc ea coniunctio inter cetera Virginis dona eiusque divinam maternitatem, quam in ecclesiasticis monimentis constanter advertimus, quaeque in his etiam splendet quae in Pentecostario pag. 161. col. 1. A–B. referuntur: Μετὰ ἀγγέλων τὰ οὐράνια, μετὰ ἀνθρώπων τὰ ἐπίγεια ἐν φωνῇ ἀγαλλιάσεως, Θεοτόκε, βοῶμέν σοι· χαῖρε πύλη τῶν οὐρανῶν πλατυτέρα· χαῖρε μόνη τῶν γηγενῶν σωτηρία· χαῖρε σεμνή, χαῖρε κεχαριτωμένη, ἡ τεκοῦσα Θεὸν σεσωματωμένον. *Cum angelis caelestia, cum hominibus terrestria voce exsultationis tibi, o Deipara, acclamamus: ave porta caelis latior, ave sola terrigenarum salus, ave veneranda, ave gratia plena quae Deum incorporatum peperisti.*

1) De ratione fidei, ad obiecta quaedam responsio pagg. 124, 125. edit. Paris. MDLXXXVI. Porro de Fausto digni sunt qui consulantur Bollandiani ad diem XVI. Ianuarii.

2) Is. VII. 14. coll. Matth. I. 22, 23.

3) Ioh. I. 14.

4) Ezech. XLIV. 1, 3.

5) Is. VIII. 1.

nis mater inexplicabilis: ave novus ille [1]) iuxta Isaiam tomus scriptionis novae, cuius fidi testes angeli atque homines. » Similia scribit [a]) Proclus constantinopolitanus inquiens: « Haec novus novi testamenti tomus, per quam festine spoliatum est imperium daemonum, citoque humana dirempta captivitas. Haec [2]) trina humani generis mensura, Graecorum scilicet, Romanorum et Iudaeorum, in qua ineffabilis Dei sapientia fermentum bonitatis suae abscondit. » Neque ab his diversa sunt quae docent Ephraemus, Georgius nicomediensis et Iohannes damascenus.

537. Ephraemo [b]) namque Deipara est « Tomus a Deo conscriptus, per quem Adami chirographum scissum est. » De Deipara [c]) Georgius ait: « Huius typum gessit mundissimus ille tomus, in quo nulla scriptione exaratum Verbum erroris chirographum disrupit. » Iohannes vero damascenus ubi [d]) illius celebrat natalem diem, scribit: « Hodie tomum novum [3]) opifex omnium condidit Deus Verbum, quem ex corde Pater eructavit, Spiritu qui Dei lingua est, tamquam calamo conscriptum: qui quidem homini scienti litteras traditus, nequaquam ab eo lectus fuit. » Tum natam alloquens [e]) puellam clamat: « O Ioachimi et Annae sacratissima filia, quae Principatibus et Potestatibus, igneisque maligni telis latuisti: quae in Spiritus thalamo versata es et sine macula custodita, ut sponsa Dei et natura Dei mater esses. O sacratissima filia, quae in maternis ulnis cerneris, apostaticisque Virtutibus formidabilis es. »

538. Subdo quae tradit [f]) Leo Augustus his verbis: « Ave faustissimus Dei Verbi scripturae tomus, per quem quum gravi servitutis iugo teneremur, inviolabilis nobis libertas scripta est. » Tum illa subdo quae tradunt Iohannes monachus, Iosephus hymnographus et Cosmas melodus, e quibus [g]) Iohannes scribit: « Tomus Dei per angelum hodie annunciatur, in quo Verbum eiusdem cum Patre throni consors modo inscribetur. » Concinit [h]) Iosephus inquiens: « Tomus quum sis novissimus, o intemerata, in te inscriptum est Verbum, quod libro viventium suos inserit divinos pugiles dictas sibi leges adamussim servantes. » Et [i]) rursum: « Tomum te pridem vidit Isaias, o semper Virgo, in quo Patris digito inscriptum erat aeternum Verbum ab omni absurditate nos servans qui te sacris hymnis extollimus. » Concinit et [j]) Cosmas qui Deiparam laudans ait: « Iampridem ceu

a) Orat. VI. de Deiparae laudibus §. XVII. pag. 645. B-C. apud Gallandium Tom. IX.
b) Prec. IV. pag. 529. F. opp. graec. T. III.
c) Orat. in Deiparae ingressum in Templum pag. 1098. D. apud Combefisium Auctar. T. I.
d) Orat. I. in Deiparae nativit. §. VII. pag. 845. E.
e) Ibid. §. VIII. pag. 846. A.
f) Orat. in Deiparae dormit. pag. 1741. D-E. apud Combefisium Auctar. Tom. I.
g) Men. die IX. Decembris Ode ε'. pag. 74. col. 1. A.
h) Men. die VI. Martii Ode ζ'. pag. 25. col. 1. C-D.
i) Pentecostar. pag. 91. col. 2. B-C.
j) Men. die XXV. Ianuarii Ode ς'. pag. 208. col. 2. A.

1) Is. VIII. 1.
2) Matth. XIII. 33.
3) Quibus ista sunt similia ex Orat. III. pag. 855. A. Χαῖρε τόμος καινοῦ μυστηρίου, ἡ τῇ ἀφθαρσίᾳ παντάπασιν ἄθικτος, ἐν ᾗ ὁ ἀναίδεος λόγος γραφίδι ἀνθρωπίνης ἰδέας ἐζωγράφηται, αἵτοιν σεσωμάτωται, ὁ κατὰ πάντα ὅμοιος ἡμῖν πλὴν ἁμαρτίας γενόμενος. *Ave tomus novi mysterii undequaque a corruptione immunis, in qua omnis expers formae Verbum humanae speciei penicillo depictum est, hoc est, carne indutum, quod simile nobis per omnia factum sit, excepto peccato.* Et similia quoque illa sunt quae tradit de fide orthod. lib. IV. cap. XIV. pag. 275. D.

purus tomus suscipiens scriptum modo Verbum quod est divinitate incircumscriptum, innotuisti prophetis, o mater virgo Maria Dei sponsa; tu enim nullis adscriptum limitibus sinu tuo ineffabiliter circumdedisti. » Ab his autem vix aut ne vix quidem differunt quae habent [1]) Sophronius hierosolymitanus, antiquus auctor dialogi [2]) contra Iudaeos, et [a]) Theophanes cuius haec sunt verba: « Isaias spiritu illustratus vidit Ioachimi et Annae foetum, tomum novum, cui Verbum incarnatum inscriptum est. »

539. Quamquam igitur symbolo *novi tomi* praemonstrata idcirco fuerit Deipara, quod citra hominis operam conceperit et virgo simul atque mater exstiterit; his tamen ex sententia patrum christianaeque interpretationis neque significatio neque potestas symboli absolvitur. Eo namque symbolum praeterea spectavit, ut Deipara non solum impervia homini, sed multo magis impervia culpae haberetur, atque adeo prae reliquo hominum genere haberetur, hinc quidem veluti *tomus mundissimus, novissimus, faustissimus*, inde autem veluti *desiderata laetitia, ecclesiae gloriatio, lumine induta, intemeratissima splendoris et sanctitatis mater, fons purissimus vivifici laticis, semper caelitus custodita quemadmodum Dei sponsam naturalemque Dei matrem decebat, condita uti novi foederis tomus, ex Ioachimo et Anna ceu novus tomus genita, formidabilis apostaticis Virtutibus, igneis satanae telis inaccessa, et per quam hominum genus fuerit in libertatem assertum, diabolus vero exspoliatus, soluta captivitas et scriptum in nos damnationis chirographum abolitum atque discissum.*

540. Iamvero hanc ipsam neque omnino aliam esse sinceram Deiparae effigiem nullo umquam foedatam naevo, tum etiam confirmant patres quum illud eiusdem symbolum enarrant, quo teste [b]) pseudo-Epiphanio praemonstrata fuit tamquam « Mons [3]) nullo modo incisus praeruptam habens petram Christum. » De hoc enim Virginis symbolo [c]) Modestus scribit: « Hodie vero qui appellatus est olim [4]) a Propheta *lapis angularis*, mirifice proprium transtulit montem, qui in altitudinem gloriae sese super omnem creaturam attollit; unde [5]) sine contactu abscissus Christus Deus [6]) correxit orbem terrae, orthodoxae fidei suae aedificatis Ecclesiis; ut qui ad eum pie per eumdem montem confugerint, ex omnis haereseos impietate liberentur, iuxta illud [7]) Scripturae: *omnis qui credit in illum, non confundetur.* » Ad hoc simbolum respiciens [d]) Tarasius ait: « Te etiam vir desideriorum Daniel proclamavit montem magnum, e quo Christus lapis angularis abscindetur, et simulacrum multiformis serpentis ruina atque exitio dissipabit. » Neque alio ista pertinent quibus [8]) a Germano Deipara nuncupatur « Mons e quo devolutus nulla praecisus manu lapis contrivit aras idolorum, et factus est in caput anguli mirabilis in oculis nostris. » Itemque ista qui-

---

a) Die IX. Septembris Ode ς'. pag. 69. col. 2. B.
b) Orat. de laudibus Deiparae pag. 294. inter opp. Epiphanii T. II.
c) Encom. in Deiparam pag. 25.
d) Orat. in Deiparae ingressum in Templum.

1) Himn. II. εἰς τὴν Χριστοῦ τοῦ θεοῦ γέννησιν, vv. 76, 80. pag. 56. apud Mai in Spicileg. rom. T. IV.
2) Dialog. cont. Iudaeos cap. XXXVI. pag. 294. apud Henricum Canisium lectt. antiq. T. IV.
3) Dan. II. 45.
4) Ps. CXVII. 22.
5) Daniel. II. 45.
6) Ps. XCV. 10.
7) Rom. X. 11.
8) Orat. I. in Deiparae praesent. edita a Maraccio in Mariale Germani, pag. 53.

bus de Virgine ¹) ait: « Deum rursur video caelos inclinantem et in montem sanctum descendentem, qui toti supereminet terrae, et nonnisi caelestia sapit. »

541. Eodem refertur ²) Cosmae hierosolymitani testimonium quo de Virgine scribit: « Tu es mons ille spiritalis, quo ineffabiliter abscissus est lapis ille pretiosus qui tenebricosae superstitionis imaginem contrivit, suaeque gratiae radiis eos illuminavit, qui fideliter clamant, glorificetur, Domine, potentia tua. » Eodem referuntur Theophanis verba quibus b) nunc ait: « Daniel sanctissime montem conspexisti spiritalem, solam illibatam semperque virginem puellam. » Et nunc c) subdit: « Montem Dei quem Daniel praenovit, tabernaculum spiritale, tabulam venerandam, gloriae sanctuarium, mensam divinum capientem panem, sanctam Virginem laudemus. » Atque eodem, ne alia ³) commemorem, ista pariter referuntur quibus d) Iosephus Deiparae nativitatem extollit: « Mira fecunditate praedita terra e terra nascitur infecunda, et fecundissimum gignet fructum, agricolam scilicet bonorum, et spicam vitae allatricem quae nutrit omnes divino spiritu.

Hodie pullulavit virga virginitatis, ex qua flos efflorescet sator noster Deus, qui mala germina rescindit propter summam bonitatem suam.

Vide quomodo mons a lapicida intactus et e petra sterili natus spiritalem lapidem profert, qui universa superbissimi hostis simulacra confringet.

Te praemonstrarunt Legis praesignationes, o puella; etenim praeter consuetum morem legislatorem gestas in utero conceptum, qui te supra rationis vim incorruptam inviolatamque conservat. »

542. Sicut ergo cordi Deo fuit ut Deipara virginitate corporis niteret, atque adeo mons esset intactus a lapicida et nullius opera hominis incisus; ita eidem cordi fuit ut Deipara virginitate animi mentisque emicaret, atque adeo esset et ab omnibus censeretur *mons sanctus, mons Christi proprius, gloriosior omni creatura, gloriae sanctuarium, toti supereminens terrae, nonnisi caelestia sapiens, per quem ad Christum lapidem angularem accedimus, et e quo pernicies in Satanae regnum derivavit.*

543. Huic autem omnino similis ea est consequutio quae ex symbolo *agri non subacti*, eiusque apud maiores receptis enarrationibus colligitur. Proponit eiusmodi symbolum e) Germanus inquiens: « Benedicta tu in mulieribus, arvus ³) ille a Deo cultus, quae vitae

a) Men. die XXV. Ianuarii Ode δ'. pag. 190. col. 1. E.
b) Men. die XVII. Decembris Ode α'. pag. 133. col. 1. A.
c) Men. die XIX. Decembris Ode α'. pag. 156. col. 1. C.
d) Men. die VII. Septembris Ode γ'. pag. 50. col. 1. A-B.
e) Orat. in Deiparae nativit. pag. 1310. D. apud Combefisium Auctar. T. I.

1) Orat. I. in Deiparae annunciat. ab eodem edita pag. 97.
2) Videsis Eusebii caesariensis Theophaniae fragmenta pag. 125. apud Mai in Nov. PP. Biblioth. T. IV., Offic. quadrag. in Sabbato carnis privii Ode ζ'. pag. 13., in Sabbato Tyroph. Ode η'. pag. 76., in Fer. II. Hebd. I. Ieiun. Ode α'. pag. 95., in Fer. III. Hebd. II. Ieiun. Ode η'. pag. 174., in Dom. III. Ieiun. Ode δ'. pag. 287. et Thesaur. hymnolog. T. I. pagg. 21-22.
3) Vulgatus Gregorius thaumaturgus Orat. I. de annunciat. pag. 12. Χαῖρε ἡ ἀγεώργητος καλλιέκαρπος ἄρουρα. *Ave ager qui non exaratus pulcherrimos profert fructus.*

Et Iohannes damascenus Orat. II. in Deiparae dormit. §. XIV. pag. 876. D. de Virgine scribit: Ἔδει γὰρ τοῦτο τὸ θεοπρεπὲς ἐνδιαίτημα τὴν ἀνόρυκτον πηγὴν τοῦ τῆς ἀφέσεως ὕδατος, τὴν ἀνήροτον ἄρουραν τοῦ οὐρανίου ἄρτου, τὴν ἀνάρδευτον ἄμπελον τοῦ τῆς ἀμβροσίας βότρυος, τὴν ἀειθαλῆ καὶ καλλίκαρπον ἐλαίαν τοῦ πατρικοῦ ἐλέου, τοῖς κενώσει τῆς γῆς μὴ καθαίρεσθαι. *Siquidem divinum illud domicilium illum minime effossum aquae remissionis fontem, inaratum illud caelestis panis arvum, illam numquam irrigatam uvae immortalis vineam, illam paternae miserationis olivam vernantibus perpetuo foliis pulcherrimisque fructibus onustam,* nobis spicam nullo satam semine, partuque nihilominus [1]) editam, velut in areae cumulo gestasti in utero. » Illudque rursum cum aliis iunctum consertumque [2]) proponit atque explanat his verbis: « Ave quae nativitate tua solvisti sterilitatis vincula, et delesti probrum infecunditatis, et legalem maledictionem in profundum proiecisti, et gratiae benedictionem efflorentem dedisti, ingressuque tuo in sancta sanctorum votis parentum adimpletionem et nostrae remissioni fundamentum et laetitiae cumulum attulisti, exordium gratiae praebens. Ave Maria gratia plena, sanctior sanctis, excelsior caelis, gloriosior ipsis Cherubim, honorabilior Seraphim et venerabilior omni creatura. Quae glorioso et splendido tuo in Templum accessu ramum nobis olivae tulisti intelligibilis diluvii finem, et salutis portum fausto tuo nuntio declarans, o columba, cuius pennae deargentatae et posteriora eius in pallore auri, sanctissimi et illuminantis Spiritus fulgore radiantia. Urna ex auro puro constans, et suavissimam animarum nostrarum dulcedinem Christum, qui manna est, continens. Sed o purissima et omni celebratione et veneratione digna, munusque supra omnem creaturarum conditionem Deo dicatum, terra non culta, inaratus ager, vitis abundans, thesaurus integritatis [3]), ornamentum castitatis, tuis gratissimis maternaque auctoritate validis supplicationibus ad filium Deumque tuum, in tutum portum deducito. »

544. Aeque autem fulgent quae [4]) Sophronius senior de Virgine loquens ait: « Cuius profecto emissio uteri, supernorum civium omnium est paradisus. De isto namque ventris agro patriarcha Isaac longe odorans aiebat [5]) dicens: *ecce odor filii mei sicut odor agri pleni, cui benedixit Dominus*: quamvis putent parum intelligentes, quod priores sancti minus de Christo intellexerint mysterium incarnationis, quum et ipsi eadem salvati sint gratia. » Quibus ista respondent quae [6]) inferius subdit: « Benedicta tu in mulieribus et benedictus fructus ventris tui. Cuius profecto in Spiritu longe odorem trahens pater Isaac benedicebat filium, in quo caelestis omnis benedictio mundo effloruit. Et bene ab eo plenus ager dicitur, quia plena gratia virtutum virgo Maria pronunciatur, de cuius utero credentibus fructus vitae effulsit. »

545. Hinc [a]) Modestus de Virgine scribit: « Et ex omni rationali et intelligenti creatura illam elegit in sanctissimam matrem suam, eamque sua plenam gratia supra mundum omnem sustulit: in quem respicere aut oculos intendere non sustinent Cherubim, eumque cum sanctissimo eius Patre et Spiritu adorant et incessanter clamant, Sanctus, Sanctus, Sanctus, Dominus Sabaoth. Qui per eam creatura in libertatem asserta maximam mundo laetitiam attulit, supernisque Potestatibus [7]) dixit, *congratulamini mihi*: per ipsam enim inventa est humana drachma, et bonus pastor ovis pellem induit, et errabundam ra-

---

a) Encom. in Deiparam pagg. 11-13.

terrae penetralibus claudi minime conveniebat.

1) Schottus legit ἀσπόκτιστον, vertitque *non creatam nobis vitae spicam.* Sed ἀσπόκτιστον hac significatione nonnisi barbare adhibetur, et praeterea homo Christus fuit spica verissime creata. Restat ergo ut legatur ἀσπότικτον, quo etiam antithesi praeclare fiat satis.

2) Orat. I. in Deiparae praesentat. edita a Maraccio in Mariale Germani, pagg. 53-54.

3) « Sanctus etiam Proclus, inquit Maraccius in subiectis illustrationibus pag. 196., in Laudat. sacrosanctae Dei genitricis Deiparam nominat *thesaurum impollutum virginitatis,* vel *thesaurum purum illibatae virginitatis.* Nec dissentit Andreas cretensis in Orat. I. de Dormitione, dum eamdem appellat *thesaurum incorruptionis intellectum superantis.* Exstat quoque apud Iohannem Buteonem Antonianum hymnus graecus, in quo beata Virgo ut *thesaurus puritatis* celebratur. »

4) Orat. in Deiparae assumpt. col. 100. E. inter opp. Hieronymi T. XI.

5) Gen. XXVII. 27.

6) Ibid. col. 102. B-C.

7) Luc. XV. 9.

tionalem ovem sublatam in humeros gaudens Dominus virtutum servavit, qui ex Maria caro factus est immutabiliter, eamque sanctificavit ut esset ager quo Deus exciperetur, in quo Deus et Pater secundum suum beneplacitum fuit agricola, et plantator Spiritus sanctus, unde Christus unigenitus eius filius veluti fructus exortus est, vera vitis in gaudium sanctarum caelestium Potestatum et salutem terrestrium hominum; ait enim 1) in Evangeliis: *ego sum vitis vera et Pater meus agricola est.* Et ª) paullo inferius non modo Deipara a Modesto dicitur *sola inter mulieres benedicta Virgo mater*, verum etiam de ipsa ᵇ) additur: « Sed ut semper florens virga Iesse progerminavit in carne divinum germen Patris. Designavit enim electum ex omni terra ²) arvum suum Dominus virtutum, qui ex ea, tamquam non sata spica, germinavit. »

546. Nolo tandem ea seponere quae huc pertinentia docent Proclus constantinopolitanus et Iosephus hymnographus. Ille enim quodam veluti stupore ᶜ) perculsus exclamat: « O uterum, in quo communis hominum libertatis libellus compositus est! o ventrem in quo adversus diabolum fabrefacta sunt arma! o arvum, in quo naturae ipse colonus sine semine spicam edidit! » Iosephus vero ᵈ) sic habet: « Dei filius illi coaeternus habuit te, o Virgo, tamquam caussam qua similis factus est nobis, quum te solam, o inviolata, super omnem creaturam invenisset puram; unde omnes generationes te laudamus et beatam appellamus.

Qui superius in caelo est angelis invisibilis, inferius in terra natus ex te, o inviolata, ab omnibus conspicitur perfectus homo perditum mundum recuperaturus.

Qui habitat in luce, in sancto utero tuo habitavit, o innocens, ut mundum in tenebris ignorantiae pereuntem recuperaret: eumdem deprecare ut omnes te laudantes illuminet.

Quum creaturarum conditor naturae leges innovasset, o Domina inviolata, ex te ineffabili modo natus est, et me propter immensam misericordiam suam deificavit.

Magni mysterii administra facta es tu, o immaculatissima; Deum enim corporasti qui a magnis malis redemit nos qui te magnificamus, o innocens, benedicta, Deo gratissima.

Nos qui propter antiquam trangressionem defluxeramus in corruptionem, amator hominum renovaturus, incorruptibiliter incarnatus est ex impolluto utero tuo, o purissima, atque omnes a peccati corruptione liberavit, o immunis ³) ab omni macula.

a) Ibid. pag. 15.
b) Ibid. pagg. 15-17.
c) Orat. I. de Deiparae laudibus §. III. pag. 615. D. apud Gallandium T. IX.
d) Men. die XVII. Martii Ode α'. pag. 73. col. 2. C. — Ode γ'. pag. 74. col. 1. A. — Ode ε'. pag. 74. col. 2. D. — Ode ς'. pag. 75. col. 1. A-B. — Ode ζ'. pag. 76. col. 1. B. — Ode ι'. pag. 76. col. 1. D. — Ode θ'. pag. 76. col. 2. B-C.

1) Ioh. XV. 1.
2) Cyrillus alexandrinus Encom. in Deiparam pag. 380, opp. T. V. Par. II. Χαίροις Μαρία, ἡ τὸν στάχυν ἄνευ ἀρότρου καὶ σπέρματος βλαστήσασα τὸν ἀμαράντινον. *Salve Maria, quae spicam sine aratro et semine immarcescibilem protulisti.* Ἡ ἀγεώργητος χώρα, ἡ τὸν λόγον ὡς κόκκον σίτου δεξαμένη, καὶ τὸ δράγμα βλαστήσασα, ἡ νοερὰ κλίβανος, ἡ τὸ πῦρ καὶ τὸν ἄρτον τῆς ζωῆς ἔχουσα. *Ipsa est ager minime cultus, quae Verbum veluti granum frumenti suscipiens etiam manipulum germinavit: ipsa clibanus spiritalis quae ignem et vitae panem habet.* Neque ab his diversa sunt quae Matthaeus cantacuzenus scribit in Cant. II. 7. pag. 15.

3) Heic ego potestati vocis non insistam, neque ex ea inferendo concludam, censeri Virginem non posse originali culpa obstrictam. Duo tantum animadvertam quae movere non minimum debent. Principio itaque animadverto, Deiparam, utpote, *immunem ab omni culpa*, reliquo opponi hominum generi quod peccati corruptio pervasit: deinde autem animadverto non modo Deiparam dici

Ad te Gabrielis vocibus laetabundi clamamus dicentes: salve o ager inarate, salve o maledictionis solutio, salve o fons aquae vivae, salve gloriatio sanctorum, Deipara semper virgo. »

547. Cum his autem egregie ista conspirant quae alibi ª) Iosephus scribit: « Tamquam regis thronum, in quo quum ille sedisset, te, o Virgo, caelestem sedem fidelibus praeparavit, veneramur et cum affectu beatam praedicamus.

Sola virgo manens paris, sola mysterii maximi vere administra innotuisti quum Deum peperisti, o Deipara mater virgo.

O Virgo Dei genitrix, omni laude potior, serva laudatores tuos in te confidentes ab omni circumstanti periculo et tribulatione.

Sponsa Christi thori nescia, per quam ab antiquo debito liberati, filii secundum gratiam facti sumus caelestis patris, custodi eos qui te collaudant.

Tamquam fecundus ager protulisti, o Deipara, spicam vitae, a qua fideles nutriuntur errorisque fames e terra vere depellitur.

Arcam Dei, urnam mannae divini, aureum candelabrum atque mensam, montem sanctum, Deiparam omnes fideliter extollimus.

Spiritale propitiatorium facta es, a quo omnium preces suscipiuntur, quas, o innocentissima, Filio tuo offers in pretium redemptionis eorum qui canunt: benedicite opera Dominum.

Tibi, o Dei sponsa, vocem Angeli nos fideles laeti offerimus: salve hominum auxilium, martyrum et apostolorum robur, omniumque prophetarum sonitus, o Dei genitrix immaculatissima. »

548. Integritati itaque corporis, qua Deipara sic fuit mater ut virgo permanserit, perfectissime respondit integritas animi, qua sic fuit Adami filia, ut profectam ex eo culpam non contraxerit. Quemadmodum enim ad corpus quod attinet, ager fuit inaratus, arvumque soli Deo patens atque hominibus prorsus omnibus semper impervium; ita ad animum quod spectat, ea fuit *sanctissima, sanctior sanctis, excelsior caelis, honoratior Seraphim, venerabilior omni creatura, thesaurus integritatis, plena gratia virtutum, constans ex auro puro, immaculatissima, omnis expers labis, una inter omnes electa, una inter omnes benedicta, una semper florens et caelitus sanctificata ut Dei agrum decebat, atque una per quam iactum fuit remissionis fundamentum, restituta libertas, collatum adoptionis donum, parta de peccato victoria et satanas debellatus.*

549. Quibus postremo loco e re fore autumo illa subiicere a maioribus nostris tum tradita, quum ipsi vim rationemque euarrant *forcipis* ab Isaia ¹) conspecti, quo veluti symbolo praesignatam fuisse Deiparam arbitrantur. Itaque ᵇ) Ephraemus postquam de Virgine loquens scripsit, tu es *pons mundi totius ad altissimum caelum nos ducens, Cherubim*

---

a) Men. die XVIII. Maii Ode α'. pag. 71. col 2. C. — Ode γ'. pag. 71. col. 2. D. — Ode δ'. pag. 72. col. 1. A-B. — Ode ε'. pag. 72. col. 1. C. — Ode ϛ'. pag. 72. col. 1. E. — Ode ζ'. pag. 72. col. 2. E. — Ode η' pag. 73. col. 1. B. — Ode θ'. pag. 73. col. 1. E.

b) Orat. ad Deiparam pag. 528. F. et 529. A-B. opp. graec. T. III.

---

immunem ab omni culpa, sed praeterea uti eam celebrari, *quam Deus solam super omnem creaturam invenerit puram*. Atqui neque ea oppositio sibi constaret, si originale contagium ipsam quoque Deiparam infecisset; neque Deipara vere celebraretur ut quae sola super omnem creaturam pura reperta fuerit, si et ipsa in originales sordes incidisset.

1) Is. VI. 6.

et Seraphim sine ulla comparatione superior ac longe gloriosior, angelorum splendor, hominum tutela, clavis in caelum nos introducens, plenitudo gratiarum Trinitatis, velut secundas partes post divinitatem sortita; mox ⁎) pergit: « Tu locus luce repletus, e quo salutis radii universo mundo illuxerunt: porta Ezechielis ad orientem respiciens, tremendae dispensationis magnificentia, speciosum divinae demissionis hospitium, mundi reconciliatio, nostrum propitiatorium et refugium, donum bonorum omnium exoptatissimum, forceps ignifera quam Isaias conspexit. »

550. Neque secus [b] Andreas cretensis qui Archangeli vocibus Deiparam salutans inquit: « Ave gratia plena, Dominus tecum. Ille qui dixit, *fiat lux, fiat firmamentum*, et reliqua deinceps omnia creantis magnificentiae eius opera. Ave sis incomprehensibilis gaudii parens: ave sis nova gloriae arca: ave sis seraphica forceps carbonis mystici. » Ad quod symbolum respiciens Leo Augustus [c] sic habet: « Olim sane ostensa sunt prophetae oculis earum rerum symbola quae iam geruntur. Forceps et carbo aenigma erant, illa quidem complectens, hic vero Prophetae labia contingens propheticumque afflatum accendens. Itaque quae nunc sunt in facto posita, aenigmata tunc erant: nempe lacte nutriens et virgo manens, inaccessus et qui nihilominus teneatur. Puella forcipis instar carbonem deitatis tenens, cuius tactu manus etiam sacerdotis consecrentur, osque prophetico spiritu repleatur: ulnae corporeae illum amplectentes quem intueri non audent immateriales oculi. Qui materialem nostram molem essentiae suae uniens facit, ut sua intoleranda maiestas in materiali nostro corpore portetur. » Et [d] rursum: « Clamemus voce non indigna, te penitus immaculatam magnifice efferimus, per quam magnificus opifex maximum suorum operum summeque horrendum perfecit, quae continentem omnia sinu continueris, ex cuius uberibus altus sit qui universis e terra quo alantur producit, quae una inter mulieres sis benedicta, universoque generi benedictionem comparaveris, invisamque progenitorum hereditatem a nobis abstuleris. Te antiqua aenigmata praesignabant matrem partus felicitate praecipuam: nempe thronus et [1] forceps domusque plena gloriae, et si qua eiusmodi videntes quidem oculi, umbram tamen hactenus obtuentes, tua mysteria contemplabantur. Nunc autem praesens ipsa clare ostendis, commutatis quae umbrarum erant in eam claritatem quam gratia habet. » Nunc te perspicue cherubicum thronum, immo illo augustiorem videmus. Nunc te forcipem ignem ferentem docemur, et plenum sanctitatis templum. Dominus enim velut in throno in te requievit, eumque forcipis instar complexa es qui maiestate importabilis exsistit, et domo fuit contentus qui nusquam potest capi. Sola tu vere benedicta inter mulieres, et quae nos gloriae tuae ac felicitatis participes reddideris. » Alibi vero [e] Deiparam ita compellat: « Ave [2] virga, ex qua quum vitalis flos ceu benedictio effloruisset, mox maledictio interitus effectrix interiit. Ave forceps carbonem illum importabilem complexa, qua a peccati sordibus labiorum contactu emundamur. »

---

a) Ibid. pag. 530. B-C.
b) Orat. in Deiparae annuntiat. pag. 102. D-E. apud Gallandium T. XII.
c) Orat. in dominic. praesent. pag. 1652. A-C. apud Combefisium Auctar. Tom. I.
d) Ibid. pag. 1653. E. et 1656. A-C.
e) Orat. in Deiparae dormit. pag. 1741. E. et 1744. A.

1) Similem huius typi illustrationem habet damascenus canone in s. Blasium Ode γ'. pag. 735 apud Iohannes Mai in Spicileg. rom. T. IX.
2) Num. XVII. 8.

551. Cum his autem belle consentiunt quae Iosephus passim inculcat, Illi namque a) ista debemus: « Sublimior angelis apparuisti magni consilii Angelum enixa, o innocens Deipara, cui omnes modulantes canimus: benedictus es Domine Deus in secula.

Tu, o Dei sponsa, quae veluti forceps caelestem carbonem portasti, fruticosas cordis mei passiones combure, et ab igne gehennae me, quaeso, libera ut te glorificem spem fidelium, o penitus immaculata. » Is est b) qui scribit: « Ubi Symeon vidit te spiritalem forcipem ferentem divinum illum carbonem, qui ex sanguinibus tuis corpus ineffabiliter accepit, cum gaudio te beatificavit, o immaculatissima.

Qui manu fert universa, in manu perpetuae Virginis gestatus eamdem effecit Cherubim atque Seraphim sublimiorem, tamquam genitricem suam, quam laudemus et pie extollamus.

Ceu lilium, ceu rosam suavissimam, ceu divinum olfactorium collegit te divinissimum Verbum, o innocentissima Dei sponsa, tuumque uterum inhabitavit odore suavi naturam nostram plenam faetore peccati, o Maria Deipara. » Is est c) qui canit: « Templum Dei facta es o puella immaculata Deipara, qui in te supra cogitationem inhabitavit, et animas hominum ab errore exemit.

O forceps carbonis divini et lucidi, o rube divinitatis igne non combuste, fruticosas omnes passiones meas combure et me ab aeterno igne eripito. » Et is d) est cui haec in acceptis referimus: « Novus paradisus in quo vitae lignum situm est, facta es nobis, o inviolata innocens Dei genitrix, cuius esca eos qui per escam ceciderant, novae vitae restituis.

Quum te, o intemerata, nos servi tui tutelam apud Filium tuum et Deum atque mediatricem quae non confunditur, habeamus; libera nos a periculis et tentationibus, ut te, o veneranda, cum fide et affectu semper glorificemus.

Tamquam forceps flammifera suscepisti in utero carbonem spiritalem, qui passiones nostras comburit, animas nostras illuminat, et idololatriae tenebras dissolvit, o Virgo inviolata omnibus laudibus prosequenda. »

552. Quod igitur Deipara *forceps* fuerit *carbonis divini*, quod nimirum *administra* fuerit *operis omnium maximi*, quod *sinu incomprehensibilem comprehenderit*, quod *eum lacte aluerit qui omnes pascit*, quod *ulnis eum gestarit qui omnia portat verbo virtutis suae*, quod *pons exstiterit per quem ad caelum transvehimur*, quod *clavis per quam paterna domus aperitur*, quod *eam gentes veluti salutem exspectarint, quemadmodum eius Filius earumdem fuit desiderium atque exspectatio*, et quod *tamquam mediatrix universum genus a maledicto exemerit, illique supernam benedictionem conciliarit*: in caussa id totum fuit, cur nullum ipsa contraheret naevum, sed pro stato providentiae ordine haud secus appareret ac ut *immaculata, immaculatissima, nullius culpae consors, templum sanctitate plenum, plenitudo gratiae Trinitatis, sola inter mulieres benedicta, thronus cherubico augustior, angelis purior atque splendidior et undequaque suave olens quum universa Adami posteritas putore culpae foeteret.*

---

a) Men. die XXI. Ianuarii Ode ζ'. pag. 165. col. 2. D. — Ode θ'. pag. 166. col. 2. D.

b) Men. die III. Februarii Ode γ'. pag.21.col. 1. D. — Ode δ'. pag.21. col. 2.C. — Ode η'. pag. 24. col. 1. B.

c) Men. die XX. Februarii Ode α'. pag. 113. col. 1. A. — Ode γ'. pag. 113. col. 1. D.

d) Men.die VIII.Aprilis Ode ζ'. pag.37. col. 2. A-B. — Ode η'. pag.37. col. 2. D. — Ode θ'. pag. 38. col. 1. C.

CAPUT IV.

De symbolis ex earum sumptis genere rerum quae originali puritate nituerunt quaeque numquam fuerunt maledicto obnoxiae: recensentur eiusmodi symbola et maiorum commentariis explanantur: asseritur Deiparae praerogativa qua nullas umquam contraxit peccati labes: et universa argumentatio ex typis symbolisque deducta examini subiicitur eiusque ratio probandique robur aperitur et vindicatur.

553. Quum rerum naturis ita flagitantibus, eiusmodi sit habitus typum inter ac rem typo praesignatam, ut haec excellentiam nobilitatemque praeseferat imagine atque adumbratione potiorem; quisque nullo negotio deprehendit fas minime esse, typis symbolisque rei depravatae atque maledicto obnoxiae ea accensere quae originali puritate nituerint, quae nullam tulerint contagii maculam, quaeque divinam exsecrationem numquam subierint. Iamvero haec inter sua dignitate suoque merito excellunt hinc quidem *consitus a Deo paradisus, et terra illa immaculata* e qua Deus protoparentis corpus effinxit; inde vero tam *lignum vitae* quam *caelum*, de quo nuspiam scriptum legimus quod [1]) his verbis de terra commemoratur: *maledicta terra in opere tuo, spinas et tribulos germinabit tibi*. Nisi ergo patres doctoresque christiani veluti certam exploratamque habuissent eam Deiparae praerogativam, qua illam ab omni naevo immunem solutamque profitemur; sicuti numquam eo devenissent ut pro explicanda eiusdem integritate atque innocentia symbolis *paradisi, terrae primigeniae, ligni vitae, caelique abuterentur:* ita longe minus integrum sibi esse existimassent, innocentiam puritatemque Deiparae illi anteponere qua caelum nitet, et qua paradisus, primigenia terra, lignumque vitae commendabantur. Nihilominus quae continuo dabimus, ad evidentiam usque ostendent, principio quidem nullum esse ex commemoratis symbolis quod patres neglexerint, deinde vero nihil ab iisdem fuisse praetermissum, quo Deiparae innocentiam multo umbris omnibus praestantiorem demonstrarent.

ARTICULUS I.

De paradisi symbolo: cuiusmodi sint apud patres scriptoresque ecclesiasticos eiusdem commentarii: et quam perspicue cum iis praerogativa originalis innocentiae qua Deipara splenduit, conserta appareat.

554. Celebrat Theophanes natalem Deiparae diem, atque ut natae puellae excellentiam dignitatemque [a]) patefaciat, ait: « Ecce sanctus Dei locus manifeste demonstratus, gloriosissima regis civitas aedificata et lucidus paradisus splendide emicavit. » Simillimas usurpat formulas non uno in loco Iosephus. Nunc enim [b]) scribit: » Manifestatus a Deo paradisus apparuisti, o illibata, medium habens lignum vitae Dominum, e quo edentes nullatenus deinceps morimur, sed vitam meliorem per te vivimus omnes crucis arma circum-

---

a) Antholog. die VII. Septembris Ode ϛ'. pag. 18. col. 2. A.
b) Men. die XXX. Octobris Ode θ'. pag. 182. col. 1. D.

1) Gen. III. 17-18.

ferentes, et apostatam tyrannum superantes, teque, o Virgo, laudantes. » Nunc ª) subdit: « Gaude mundi expiatio, gaude mortis solutio, gaude paradisus vitam ferens, gaude divinum habitaculum et mons sanctus. » Nunc vero ᵇ) ait: « Divinum Dei templum laudemus, sanctam Virginem omnes claris vocibus beatificemus, qui per illam deificati sumus et a gravissimis malis liberati.

Benedicimus te, immaculatissima, quae benedictum Dominum peperisti qui divinis benedictionibus coronavit naturam hominum maledictam, et nos qui ad corruptionis vetustatem redacti eramus, renovavit.

Voces in gratiarum actionem claras et manifestas Dei matri extollamus et clamemus: ave throne Dei altissime: ave nubes lucis: ave paradise, per quam paradiso deliciarum digni effecti sumus. »

555. Cum his autem praeclare ista congruunt ᶜ) ex officio elevationis panis: « In te, o gratia plena, laetatur omnis creatura, angelorum coetus et hominum genus, o sanctum templum et rationalis paradise, virgineum decus, e qua Deus ante secula exsistens, Deus noster incarnatus est et puer factus: tuum namque uterum sibi effecit thronum, sinumque tuum caelis reddidit capaciorem. In te, o gratia plena, laetatur omnis creatura, gloria tibi. » Atque ista pariter egregie congruunt quae Armeniorum Ecclesia [1]) frequentat: « Tu gloria virginitatis hominum, tu laetitia angelorum, tu tollens maledictionem. Ideo te, Deipara, magnificamus. O admirabilis flos, qui ex Eden dedisti odorem immortalitatis filiis Evae, ex qua diffusa est mors per universum. » Quare in Pentecostario Deipara exhibetur ut quae viam ad paradisum nobis complanarit. His namque verbis ᵈ) salutatur: « Salve prophetarum signaculum, divinorum apostolorum praedicatio: eum enim qui vere Deus est, super mentem rationemque nobis peperisti: per quem pristinam recuperantes ingenuitatem et paradisi voluptatis participes effecti, te conciliatricem tantae felicitatis hymnis efferimus. »

556. Sin vero ex libris ecclesiasticis ad opera patrum nosmet recipimus, omnium primus occurrit ᵉ) Germanus de Deipara scribens: « Vide itaque multimodis eam honestatam nominibus, multisque Scripturae locis perspicue declaratam, uti quum verbi gratia illam Scriptura nominat terram, paradisum. » Quae uberius exponit ubi [2]) Deiparam invocans ait: « Ave Dei amoenissimus et rationalis paradisus qui ad orientem voluptatis eius plantaris hodie omnipotentis dextera, ipsique floridum lilium et immarcescibilem proferens rosam; et nobis qui ad occidentem mortis pestilentem ebibimus animisque perniciosam amaritudinem, paradisus in quo floret vitale lignum, quod qui degustant, immortalitatem consequantur. » Ubi autem [3]) verba considerat, quibus Deipara Gabrieli respondit, *quomodo fiet istud, quoniam virum non cognosco?* pergit: « Hoc solum affers? Illud vero maius est, quod caelestibus gloria, modestia terrestribus antecellis. Non magna res est, *quia virum non cognosco*, sed quia mens tua supra quam dici et cogitari possit pura et defaecata ad

---

a) Men. die XXII. Ianuarii ad vesp. pag. 182. col. 2. B.

b) Antholog. die XXVI. Ode δ'. pag. 61. col. 2. C. — Ode ς'. pag. 63. col. 1. E. — Ode θ'. pag. 64. col. 1. D.

c) Eucholog. pag. 866. C.

d) Pentecostar. pag. 145. col. 1. B.

e) Orat. in Deiparae nativit. pag. 1311. C-D. apud Combefisium Auctar. Tom. I.

1) Confess. Eccles. Armen. pag. 41.
2) Orat. I. Deiparae praesent. edita a Maraccio p. 52.
3) Orat. I. in Deipara annunciat. edita a Maraccio pagg. 108-109.

minimam motionis inordinatae minusque convenientis umbram atque vestigium omnes aditus intercludit. Terrestris es paradisus a Deo consitus, et ex quo imperavit Deus Cherubinis, ut quas accepisti a natura leges, ad sanctitatem excolerent, ensemque igneum circa te in orbem rotarent, teque ab omnibus fraudulenti serpentis insidiis tuerentur. *Spiritus sanctus descendet in te et virtus Altissimi obumbrabit tibi.* Quando Eva in paradiso versabatur, accessit ad illam tortuosus et multiplex spiritus sub sinuosis serpentis voluminibus in illius consuetudinem se insinuans; in te vero Spiritus sanctus rectusque descendet, quandoquidem *recti diligunt te,* ut in Canticis [1]) de te celebratur. » Hinc [a]) alibi animo indulgens et orationis frena laxans inquit: « Quis te non admiretur spem incommutabilem, protectionem immobilem, statum perfugium, semper vigilem intercessionem, perennem salutem, auxilium stabile, patrocinium inconcussum, murum inexpugnabilem, thesaurum voluptatum, paradisum [2]) irreprehensibilem, arcem tutam, vallum undique munitum, validam auxilii turrim, portum tempestate iactatorum, aestuantium tranquillitatem, peccatorum vadem, desperatorum sequestrem, exulum revocationem, pulsorum postliminio reductionem, abalienatorum conciliationem, damnatorum [3]) commendationem, maledictorum benedictionem, rorem squallentis animae, arefactae herbae stillam. Per te enim, inquit [4]) Scriptura, *ossa nostra sicut herba germinabunt:* agni et pastoris matrem, omniumque bonorum manifestissimam conciliatricem. Tua omnia sunt admirabilia. »

557. Atque haec dignissima profecto sunt quae cum iis componantur quibus [b]) Leo sapiens Deiparae primordia demiratus scribit: « O conceptionem, partumque et infantem, quibus exitiosus peccati partus elanguit et salutis fecunditas innotuit! O infantem, per quam natura quae malitiae ac vitiositatis turpitudine consenuerat, novum induta decorem praeclare exornatur! O infantem, per quam pauperis vitae pannos exuentes, primam illam divinae dignitatis stolam induimus! per quam Deus nobis reconciliatus in incomparabilem paterni amoris necessitudinem inimicitias dissolvit, quas ei facti inimici constitueramus. Te namque Deus ac Pater Unigenito sponsam elegit, proque futurarum arrhabone nuptiarum, ut cognato humano generi reconcilietur, concedit: neque solum inimicitias perimit, condonatque debiti remissionem, et quod contra nos ipsi scripsimus chirographum discindit; verum etiam Unigeniti coheredes facit, illumque ad perferendam nobiscum belli vim mittit, ut pro nobis labores sustineat, hostemque ulciscatur. » Tum [c]) continuo pergit: « Enimvero poenam nunc lue, o malitiae callidus artifex, perfidorum tuorum consiliorum, quibus progenitores meos susurrando perdidisti, immo vero perniciem toti naturae machinatus es. Nec enim a tristitia iam liber abibis, nec subsannatos amplius nos deridebis. Iam enim, iam tibi in maleficum caput quod adversum nos excogitasti maleficium vertitur. Nata est Evae puella, per quam eius quidem instauratur ruina, et maestitia transit: te vero in-

---

a) Orat. in Deiparae dormit. pagg. 1459. D-E. et 1462. A. apud Combefisium Auctar. T. I.
b) Orat. in Deiparae nativit. pagg. 1613. D-E. et 1615. A. apud Combefisium Auctar. T. I.
c) Ibid. pag. 1615. A-C.

1) Cant. I. 3.
2) His respicitur ad primum voluptatis paradisum non penitus ἀνέγκλητον neque culpa vacantem: in eo enim atque eius occasione Adam peccavit. Ceterum non desunt codices in quibus Mariam nuncupatam legimus τὸν ἀνέκλειστον παράδεισον, *paradisum indeficientem,* atque idcirco excellentiorem priore, qui brevi defecit.

3) Παράθεσιν inquit Combefisius in notis, ad sensum Lucae, παραθέντες αὐτοὺς θεῷ, *commendantes Deo:* qua Mariae commendatione rei iam ac praedamnati absolutionem a Deo iudice et veniam consequantur.

4) Is. LXVI. 14.

consolabilis circumstabit casus ac profundus moeror. Plantatus est paradisus, e quo planta germinabit immortalis, plantae illius mala dissipans, cuius tu auctor degustandae fuisti: et restituens immortalitati eum qui per fraudem morti traditus est. » Neque alio ista pertinentia quibus fideles ad praedicandas Virginis laudes [a]) hortatur inquiens: « Acclamemus igitur *ave* illi gratia plenae: per te Dominus nobiscum. Et paullulum immutata voce, ave, clamemus, tu quae tamquam lilium in medio confusissimi ac perturbatissimi humanae naturae passionum agri effloruisti, quam ob rem Rex e sua celsitudine citra omne detrimentum descendens cum terrigenis habitavit, quum ex tua suaveolentia sibi domum construxisset. Ave quae caelestem margaritam nobis reclusisti, qua sumus ab avita egestate liberati. Ave per quam ad melioris mundi reparationem humano generi undis obruto, semen salutis conservatum fuit. Ave virga, qua assumpta secundus Moyses, vel potius antiquo illo antiquior et Dominus cum persequutores submergit, tum eos salvat, quos labor luti et laterum peccati attriverat. Ave paradise, cuius alti fructu cognatam et interitus effectricem rubiginem abiecimus, et ad floridam seniique expertem formam traducti sumus. »

558. Eadem est Iohannis damasceni fides atque doctrina, neque ab ipso semel atque obiter tradita, sed crebro et pluribus explanata. Illam namque [b]) tradit atque explanat inquiens: « Ave Maria gratia plena, res gaudio omni gratiosior et nomen: ex qua gaudium immortale Christus, inflictae Adamo tristitiae medicina, in mundum venit. Ave paradise, praedium Eden beatius, ubi virtutis planta omnis germinavit, et in quo arbor vitae enituit; cuius commercio ad vitam pristinam redimus, terga dante flamineo gladio, ut scriptum est. » Illam [c]) tradit atque explanat ubi de Deipara ait: « Tu spiritalis es Eden, antiqua illa sanctior ac divinior. In illa siquidem terrenus Adam commorabatur, in te autem Dominus qui de caelo descendit. » Atque illam tradit et explanat ubi de assumpta in caelum Virgine [d]) loquens scribit: « Hodie Eden novi Adami rationalem paradisum suscipit, in quo soluta est condemnatio, in quo plantatum est lignum vitae, in quo operta fuit nostra nuditas. Non enim amplius sumus nudi vestibusque carentes, tamquam divinae imaginis splendore destituti, uberrimaque Spiritus gratia spoliati. Non iam veterem nuditatem deplorantes [1]) dicemus: *expoliavi me tunica mea, quomodo ea induar?* In hunc enim paradisum serpenti aditus patuit, cuius falsae divinitatis cupiditate flagrantes, iumentis sumus [2]) comparati. Ipse enim unigenitus Dei Filius quum Deus esset eiusdemque ac Pater substantiae, ex hac virgine ac pura terra seipsum in hominem formavit: atque ego quidem qui homo eram, Deitatem accepi, et qui mortalis eram, immortalitate sum donatus pelliceasque tunicas exui: abiecta siquidem corruptione, incorruptione indutus sum, accepto deificationis integumento. »

559. Porro Modestus hierosolymitanus antistes Deiparam vocat ἐπίγειον τοῦ Χριστοῦ πατρίδα, *terrenam Christi patriam*, ac mox [e]) pergit: « Ave propitiatorium divinissimum et in Deo fundatum, per quod processit propitiatio mundi universi, Salvator Christus Deus. Ex te enim

---

a) Orat. in Deiparae annuntiat. pag. 1636. A-D. apud Combefisium Auctar. Tom. I.
b) Orat. II. in Deiparae nativit. pag. 857. B.
c) Orat. I. in Deiparae dormit. pag. 863.
d) Orat. II. in Deiparae dormit. pag. 869. C-D.
e) Encom. in Deiparam pagg. 45-47.

1) Cant. V. 3.   2) Ps. XLVIII. 10.

sanctissima Deipara indutus ex Spiritu sancto carnis suae velo processit *sacerdos*, ut [1] scriptum est, *secundum ordinem Melchisedech*, qui apud se statuit te assumere, ut a te exoratus semper orbi terrae tribuat propitiationem. Ave Maria spiritalis lucidissimus paradisus: tulisti enim ex Spiritu sancto vitae et immortalitatis fructum ex Deo Patre genitum, Christum Deum nostrum, cuius per rectam in eum fidem participes, vivificati sumus; qui tibi in incorruptibili corpore tabernaculum in paradiso locavit, et per te nobis illuc aperuit ingressum.

560. Prae his autem videri secunda perspicuitate non debent, quae Tarasius, Iohannes euboeensis et Petrus Argorum praesul disertis verbis gravibusque sententiis confirmant. Tarasius [a] enim interrogationi, *quo igitur nomine Mariam appellabimus?* Aliquot interiectis [b] subiungit: « An candelabrum? nam sedentes in tenebris et umbra mortis luce collustravit. An thronum? etenim eum qui in paterno throno invisibilis regnat, in Spiritu sancto circumscriptum suo utero suscepit. An margaritam? Etenim multo pretiosissimam margaritam in thesauri usum mortalibus comparavit. An paradisum? Etenim reclusit Eden hominibus exsilio damnatis, quos inducit in regnum nullis aevi spatiis definiendum. » At vero [c] Iohannes euboeensis de Virginis conceptu Ioachimo et Annae his verbis gratulatur: « Vos beati, Ioachime et Anna, quia rationalem paradisum vobis ipsi edidistis. Ipsa enim non ab hominibus solum, verum etiam ab angelis et archangelis et cherubim et seraphim beatissima praedicatur, quippe quae impollutis visceribus suis creatorem et paradisi satorem gestavit. » Neque aliter [d] Petrus ubi de eodem Virginis conceptu scribit: « Hodie nostrae cum Deo reconciliationis indicia. Hodie expulsa nostra natura suae revocationis exordia prospiciens laetatur. Hodie primi parentes gaudent, ut qui auribus exceperint sententiam illam iam fere solvendam esse quae illos in terram reversuros edixerat; iam modo admoniti quod rosa illa fragrantissima, quae quidquid sub sole est odore replebit, praevaricationisque foetorem abiget, in sterili plantata est terra, laetantur. Nunc utero in arido divinus plantatur paradisus, qui nos a priori expulsos mortique damnatos suo vitali germine, quod ex ipso orietur, ad vitam revocabit. »

561. Eadem mens fuit Basilio seleuciensi, qui verba salutationis angelicae, *ave gratia plena*, sic [e] enarrat: « Laetos sume vultus. Ex te enim omnium gaudium nascetur, et illorum antiquam auferet exsecrationem, dissolvendo mortis imperium, cunctisque spem resurrectionis donando. Ave gratia plena, immarcescibilis innocentiae paradise, in quo lignum vitae plantatum fructus salutis universis producet. » Hinc [f] Pseudo-Epiphanio Deipara est « Caelum et templum et thronus divinitatis, inexplicabile paradisi monile. » Vulgatus autem neocaesariensis Gregorius [g] de ea scribit: « Haec in domo Dei instar olivae fructiferae plantata, cui Spiritus sanctus obumbravit. Haec semper virens immortalitatis paradisus, in qua lignum vitae plantatum cunctis immortalitatis fructus suppeditat. Haec

a) Orat. in Deiparae ingressum in Templum.
b) Ibid.
c) Orat. in Deiparae concept.
d) Orat. in Deiparae concept.
e) Orat. in Deiparam pagg. 590. E. et 591. A. apud Combefisium Auctar. Tom. I.
f) Orat. de laudibus Deiparae pag. 300. B.
g) Orat. II. in Deiparam pag. 18. A-B.

1) Ps. CIX. 5.

lucis indumentum et virtutis domicilium. Haec fons perennis, in quo aqua viva scaturivit atque produxit Domini in carne adventum. » Et ª) rursum: « Haec est quam Isaac praevidens dicebat Iacobo: det tibi Dominus benedictionem caeli desuper, et benedictionem terrae habentis omnia. Qui enim e caelo descendit unigenitus Deus Verbum gestatum est in utero et genitum ex paradiso virginali habente omnia. »

562. Hoc ipso paradisi symbolo utitur ᵇ) Sophronius inquiens: «Salve conditoris ager, salve rationalis Domini paradise, salve o caelum et throne et tabernaculum in quo creator inhabitans triste inferni tabernaculum, o innocens, depraedatus dormientes illic excitavit. » Usurpat idem symbolum ᶜ) Proclus, et concionem alloquens ait: « Heic nos quippe modo sancta Dei genitrix Virgo Maria in unum coegit: impollutus ille virginitatis thesaurus, spiritalis secundi Adami paradisus, unionis naturarum officina, salutaris commercii nundinae. » Quibus dissimiles non sunt laudes quas alibi ᵈ) Virgini defert exclamans: « O terram non satam, quae caelestem fructum protulit! o Virginem, quae Adamo paradisum reseravit! immo quae ipso paradiso gloriosior exstitit. Nam paradisus quidem Dei cultura fuit; haec autem Deum ipsum secundum carnem excoluit. » Et ᵉ) rursum: « Haec oliva fructifera plantata in domo Domini, ex qua Spiritus sanctus dominici corporis ramum accipiens, tempestate iactato humano generi detulit, fauste de caelo annuntians pacem. Haec floridus et immarcescibilis paradisus, in qua lignum vitae plantatum universis fructum immortalitatis libere praebet. »

563. Neque aliter ᶠ) Theodotus ancyranus, qui homiliam habitam in die natali Salvatoris, lectamque in ephesina synodo his verbis exorsus est: « Clara et admirabilis praesentis caussa festivitatis: clara quidem, quoniam communem hominibus ceu fons profudit salutem: admirabilis autem, quia naturae vicit rationem. Natura enim post partum nescit ulterius virginem: gratia vero et parientem ostendit et virginem servavit, et matrem effecit et virginitati non nocuit. Gratia enim erat integritatem servans: O terram non satam quae fructum germinavit salutiferum! O Virginem quae ipsum vicit deliciarum paradisum! » His vero laudum praeconiis ista iungi debent, quibus ᵍ) Ephraemus Deiparam extollit: « Salve canticum cherubim, hymnusque angelorum. Salve pax et gaudium humani generis. Salve paradisus deliciarum. Salve lignum vitae. Salve murus fidelium, portus periclitantium. Salve revocatio Adami. Salve pretium redemptionis Evae. Salve fons gratiae et immortalitatis. Salve sancti Spiritus fons signatus. Salve templum divinissimum. Salve sedes Dei. Salve pura, quae Draconis nequissimi caput contrivisti, et in abyssum proiecisti vinculis constrictum. Salve perfugium afflictorum. Salve maledictionis solutio, per quam laetitia mundo apparuit, immaculatissima Virgo, ob tuum partum. Salve mater Christi filii Dei vivi. »

564. Iamvero maioribus nostris ne succurrere quidem animo potuit, ut Deiparam [1])

---

a) Orat. III. in Deiparam pag. 28. B.
b) Triod. pag. 184. apud Mai Spicileg. rom. T. IV.
c) Orat. I. de Deiparae laudibus §. I. pag. 614. B. apud Gallandium T. IX.
d) Orat. IV. in Domini nat. §. I. pag. 626. B-C.
e) Orat. VI. de Deiparae laudibus §. XVII. pag. 646. A-C.
f) Orat. in natal. Salvatoris diem §. I. pag. 440. A. apud Gallandium T. IX.
g) Orat. ad Deiparam pag. 547. E-F. opp. graec. T. III.

1) Si cui in votis sit alia novisse maiorum suffragia eodem pertinentia, is adeat Hippolytum Maraccium in Polyanth. marian. lib. XIII. pag. 100-103.

cum *paradiso* componerent, nisi explorata illis ac rata fuisset eiusdem praerogativa qua semper innocentia splenduit, nullamque originis labem [1] contraxit. Atqui non modo patres christianique scriptores Deiparam cum paradiso contendunt, neque modo Deiparam salutant tamquam *paradisum rationalem, spiritalem, lucidum, lucidissimum, a Deo consitum et in ipsa conceptione plantatum, protectum ab omnibus Serpentis insidiis, floridum, immarcescibilem, omnibus illustrem decoribus, inculpatum, semper virentem, per quem digni effecti sumus paradiso deliciarum et e quo immortalitatis odor in universam Evae posteritatem dimanavit;* verum etiam Deiparam sistunt atque celebrant *veluti paradisum Eden beatiorem, sanctiorem, diviniorem, gloriosiorem ac prorsus eiusmodi qui primum voluptatis paradisum longissime superarit.* Hoc unum igitur inferendum superest, Deiparam virginali innocentia excelluisse, nihilque ad illius efferendum immaculatum conceptum occurrere hisce accomodatius, quibus graeca ecclesia [a] cum Iosepho canit: « Novus paradisus, in quo vitae lignum situm est, facta es nobis; cuius esca eos qui per escam ceciderant, novae vitae restituit, o innocens Dei genitrix. »

ARTICULUS II.

De symbolis ex terra adhuc intacta et nondum maledicto obnoxia, atque ex ligno vitae: utriusque symboli enarrationes maioribus usitatae referuntur, et originalis Deiparae integritas comprobatur.

565. Paradisi symbolo cognatum illud est, quod *ex terra adhuc intacta, nondum maledicto obnoxia, neque spinis adhuc tribulisque inhorrescente,* patres eo consilio derivarunt ut suam de originibus Deiparae fidem sententiamque aperirent. Atque hoc inde symbolum derivavit [2] Tertullianus quum de vero loquens Christi conceptu scripsit: « Ante omnia autem commendanda erit ratio quae praefuit, ut Dei Filius de virgine nasceretur. Nove nasci debebat novae nativitatis dedicator, de qua signum daturus Dominus ab Esaia [3] praedicabatur. Quod est istud signum? *Ecce virgo concipiet in utero et pariet filium.* Concepit igitur virgo et peperit Emmanuelem, nobiscum Deum. Haec est nativitas nova, dum homo nascitur in Deo; in quo homine Deus natus est, carne [4] antiqui seminis suscepta sine semine antiquo, ut illam novo semine, idest spiritaliter reformaret, exclusis antiquitatis sordibus expiatam. Sed tota novitas ista, sicut et in omnibus de veteri figurata est, rationali per Virginem dispositione Domino nascente. Virgo erat adhuc terra, nondum opere

---

a) Men. die VIII. Aprilis Ode ζ'. pag. 37. col. 2. A.

---

1) Sanctius a Porta theologus non ignobilis ex nobilissimo Praedicatorum Ordine comparans in suo Mariali Deiparam cum paradiso ait: « Beata Virgo in hoc paradiso comparatur, quia in ea numquam fuit aliquid corruptum nec peccati macula infectum. » Et mox: « In illo paradiso litterali de viro facta est mulier, in paradiso Virginis spirituali de muliere factus est vir. Ad Gal. IV. *misit Deus filium suum factum ex muliere.* Ad haec ille paradisus apertus fuit serpenti qui seduxit Evam; iste noster gloriosus paradisus clausus fuit serpenti, nec potuit ingredi ad eam, imo ipsa est illa quae contrivit caput serpentis. » Quibus nihil dicitur quod superioribus patrum suffragiis multo etiam evidentius non contineatur.

2) De carne Christi cap. XVII. pag. 320. D. et 321. A.

3) Is. VII. 14.

4) Scite Bernardus Serm. in verba, *Signum magnum:* « Prudentissimus et clementissimus artifex quod quassatum erat, non confregit sed utilius omnino refecit, ut videlicet nobis novum formaret Adam ex vetere, et Evam transfunderet in Mariam. »

compressa, nondum sementi subacta: ex ea hominem factum accepimus [1]) a Deo in animam vivam. Igitur si primus Adam de terra traditur, merito sequens vel novissimus Adam ut [2]) Apostolus dixit, perinde de terra, idest carne nondum generationi resignata, in spiritum vivificantem a Deo est prolatus. » Idemque symbolum inde repetiit quum [3]) adversus Iudaeos ex impletis prophetarum vaticiniis ostendens Christus iam advenisse, relatis [4]) Psalmi verbis, *terra dedit benedictiones suas*, continuo adiecit: « Utique illa terra virgo, nondum pluviis rigata nec imbribus fecundata, ex qua homo tunc primum plasmatus est, ex qua nunc Christus secundum carnem ex Virgine natus est. »

566. Antiquior Tertulliano [5]) Irenaeus hoc ipsum occupaverat symbolum inquiens: « Et quemadmodum protoplastus ille Adam de rudi terra et adhuc virgine (nondum enim pluerat Deus, et homo non erat operatus terram) habuit substantiam, et plasmatus est manu Dei, idest, Verbo Dei; ita recapitulans in se Adam ipse Verbum exsistens ex Maria quae adhuc erat virgo, recte accipiebat generationem Adae recapitulationis. » Et [a]) mox: « Quare igitur non iterum sumpsit limum Deus, sed ex Maria operatus est plasmationem fieri? Ut non alia plasmatio fieret, neque alia esset plasmatio quae salvaretur, sed eadem ipsa recapitularetur, servata similitudine. » Hippolytus [b]) vero eodem non obscure respiciens ait: « Qui perditum hominem *ex terra* formatum et vinculis mortis adstrictum ex infimo inferno eripuit; hic devicti hominis fuit auxiliator, secundum ipsum similis illi, primogenitum Verbum primum parentem Adam *in Virgine* visitans: spiritualis terrenum in matrice quaerens, semper vivus per inobedientiam mortuum, caelestis terrestrem ad superiora vocans, nobilis servum per propriam obedientiam libertate donare volens. » Quare ad normam apostolicae antiquitatis videri expressa debent quae in epistola presbyterorum et diaconorum Achaiae tribuuntur Andreae, quum idem perhibetur [c]) his verbis Aegeam crucis mysterium [6]) edocuisse: « Hoc est quod tibi dicere ardentissime desiderabam, ut dum perdidisse omnium hominum animas innatam suam [7]) iustitiam docuero, eiusdem etiam per crucis mysterium restaurationem pandam. Primus enim homo per lignum praevaricationis mortem induxit; hinc necesse erat ut per lignum passionis mors, quae ingressa fuerat, pelleretur. Et propterea quod ex immaculata terra creatus fuerat primus homo, necesse erat ut ex immaculata Virgine nasceretur perfectus homo, quo Filius Dei qui antea condiderat hominem, vitam aeternam quam perdiderant homines per Adamum, repararet. Deinde ut per lignum crucis concupiscentiae lignum excluderet, expandit in cruce incontaminatas manus pro manibus [8]) ultro expansis, pro suavissimo cibo fellis potum accepit, et in se suscipiens nostram mortalitatem, suam nobis [9]) donavit immortalitatem. »

567. Quibus ea in primis respondent quae [10]) Iulius Firmicus Maternus alloquens Con-

---

a) Ibid.

b) Ex serm. in magnum canticum apud Theodoritum dial. II. pagg. 88-89. et apud Gallandium pag. 457. A. T. II.

c) Epist. presbyter. et diaconor. Achaiae cap. V. pag. 156. apud Gallandium Tom. I.

1) Gen. II. 7.
2) I. Cor. XV. 45.
3) Cont. Iudaeos cap. XIII. pag. 199. A.
4) Ps. CXVI. 5.
5) Cont. haeres. lib. III. cap. XXI. n. 10. pag. 218.
6) Gal. VI. 14. Ephes. II. 16.
7) Eccles. VII. 29. Ephes. IV. 24.
8) Gen. II. 17.
9) I. Tim. VI. 16, Rom. VI. 11, VIII. 11, I. Cor. XV. 53-54, II. Cor. IV. 11, V. 4.
10) De errore profanarum religionum cap. XXVI. apud Gallandium T. V. p. 34. C-E.

stantium et Constantem Augustos scribit: « Cur Deus, idest, Filius Dei homo passus est fieri, brevi ac vera pietati vestrae ratione monstrabitur. Cum hominem primum, idest, Adam ad imaginem suam Deus faceret, certam illi mandatorum dedit legem. Is per feminam, idest, Evam deceptus diaboli persuasionibus, promissae sibi gloriae perdidit dignitatem. Lignum erat in paradiso, quo promissorum a Deo praemiorum perdidit gratiam. De virginis terrae limo homo factus est: nondum enim, ut ait [1]) Scriptura, supra terram pluerat. Hic contemptis mandatis Dei humanum genus mortalitatis laqueis afflixit. Oportebat hoc totum et reformari et corrigi; et reformatio originis debuit reformare primordia. Ex virginis terrae limo factus Adam praevaricatione propria promissam perdidit vitam. Per virginem Mariam ac Spiritum sanctum Christus natus et immortalitatem accepit et regnum. Arbor ligni pestiferum deceptis pabulum praebuit: lignum crucis vitam immortali compage restituit. Contemsit Adam, obedivit Deo Christus. Sic divina dispositione quidquid Adam perdidit, Christus invenit. » Respondent et ea quae Pseudo-Ambrosius et Pseudo-Augustinus tradunt, ille quidem [2]) ubi primum et secundum conferens Adamum ait: « Primus homo de terra et caelo, secundus de caelo et terra: hic ex Deo et Maria quae de terra: ille de terra et spiritu qui de caelo est. Uterque tamen ex virgine et sine coitus permixtione est: hic ex incorrupta, ille ex intacta, quia nullo adhuc semine nec vomere fuit sauciata. » Posterior vero [3]) ubi celebrans natalem Domini diem scribit: « Homo, sollicitante inimico, Deus esse voluit per superbiam; et Deus homo factus est per misericordiam. Innovatur in nobis quodam modo per Christi divinitatem species illius antiqui et incipientis seculi, quando primus Adam de limi materia figuratur. Ecce enim nunc secundus Adam, quasi de intacta ac rudi terra, Virginis de carne formatur. Ecce, inquam, iterum cessantibus naturae legibus, novus homo in novam vitam solo Deo operante perficitur. » Et [4]) rursum: « Quoniam sicut Adam ex terra virgine figuratus est, ita et Christus ex virgine natus agnoscitur. Ibi nunc flatus Dei de terra vivum hominem surgere fecit ad vitam: hic mundo [5]) Spiritus sanctus de Maria virgine Christum hominem figuravit, in quo Deus ad reparationem hominis habitaret. Adam enim ibi tunc nascitur, hic renovatur et resuscitatur in Christo. Fuit ergo similis reparatio, quomodo fuit et hominis creatio. »

568. Consentiunt [6]) francofordienses patres, qui in epistola synodica anno DCCXCIV. ad Praesules Hispaniae missa scribunt: « Sed et hoc volumus a vobis audire, an Adam primus humani generis pater, qui de terra virgine creatus est, liber esset conditus sive servus? Si servus quomodo tunc imago Dei? Si liber, quare et Christus quoque non ingenuus de Virgine? Meliore quidem terra, etiam animata et immaculata, Spiritu sancto operante factus est homo, dicente [7]) Apostolo: *factus est primus homo de terra terrenus, secundus de caelo caelestis*. Si terrenum liberum confitemur, quare non multo magis caelestem liberum confitemur? » Consentit Bruno astensis Signiensium Episcopus qui verba [8]) Psalmi *veritas de terra orta est et iustitia de caelo prospexit*, hoc commentario [9]) explanat:

1) Gen. II. 5.
2) Serm. XLV. de primo Adamo et secundo n. 1. coll. 449-450.
3) Serm. de tempore IX. et apud Maurinos T. V. in app. Serm. CXIX. qui est Serm. III. in nat. Domini, n. 1. col. 152. C-D.
4) Serm. XVII. de Tempore, et apud Maurinos T. V. in app. Serm. CXXV. qui est Serm. IX. in natali Domini n. 2. col. 159. A.
5) Al. *mundum*.
6) Apud Mansium T. XIII. col. 893. C-D.
7) I. Cor. XV, 47.
8) Ps. LXXXIV.
9) Exposit. in Psalmos pag. 483. col. 2. B-D. edit. Romae MDCCLXXXIX.

« Beata Virgo Maria et *terra* vocatur et *caelum*. Terra per naturam, caelum per gratiam; terra quia de terra facta est, caelum quia Dei habitatio est. Veritas igitur de terra orta est, quia Salvator noster de Virgine natus est: ipse enim et via est et veritas et vita. Et iustitia de caelo prospexit, quia idem Dominus Salvator noster qui de ea natus est, quae et caelum vocatur et terra, mundum istum misericorditer respicere, et impios et peccatores iustificare dignatus est. Bene autem caelum dixit quam terram vocaverat, ne tantae personae iniuriam [1]) tali nomine fecisse videretur. » Consentit [2]) Guerricus abbas qui in mysterium annuntiatae Deiparae intentus exclamat: « Prorsus hodie benedixisti, Domine, terram tuam, illam benedictam in mulieribus. Hodie dedisti benignitatem Spiritus sancti, ut terra nostra daret benedictum fructum ventris sui, et rorantibus caelis desuper uterus virginalis Salvatorem germinaret. Maledicta terra in opere praevaricatoris, quae etiam exercitata spinas et tribulos germinat heredibus maledictionis. At nunc benedicta terra in opere Redemptoris, quae remissionem peccatorum fructumque vitae parturit universis. Prorsus benedicta illa terra, quae omnino intacta, nec fossa nec seminata, de solo rore caeli Salvatorem germinat, et mortalibus panem angelorum, alimoniam vitae aeternae ministrat. » Consentit et Adamus Perseniae abbas, qui sermonem de partu Deiparae [3]) his verbis auspicatur: « *Cantate* [4]) *Domino canticum novum, quia mirabilia fecit.* Novis est efferenda laudibus hodiernae celebritas novitatis. Quid enim non novum, ubi caelum et *terram novam* caeli et terrae Dominus fecit? Caelum quippe novum Virginis partus: terra nova est Virginis uterus. Per haec duo, nova fiunt omnia, dum per novam Verbi Dei in carne nativitatem vetustas abiicitur luctuosa. »

569. Verum sepositis latinis scriptoribus iisque paullo recentioribus, ad graecos vetustioresque redeo, penes quos de hoc innoxiae terrae symbolo luculentissima reperiuntur: Et luculentissima sane reperiuntur [a]) penes Theodotum ancyranum, qui hoc praemisso epiphonemate, *o Virginem quae ipsum vicit deliciarum paradisum*, e vestigio subdit: « Ille namque sine semine genus omne propaginis stirpium protulit, ex virgine terra exortis plantis: haec autem Virgo melior est illa terra. Non enim pomiferas protulit arbores, sed virgam Iesse fructum salutiferum hominibus afferentem. Et illa terra virgo erat, et ista virgo: sed ibi quidem arbores nasci praecepit Deus: huius autem Virginis creator ipse secundum carnem factus est germen. Neque illa terra ante arbores plantaria suscepit, neque haec ex partu virginitatem laesit. » Luculentissima item apud Proclum reperiuntur, qui se aliosque ad celebrandas Deiparae laudes ideo [b]) incendit atque excitat. « Ut leni sic Spiritus aura delati, auriferam [5]) civitatem Evilat occupasse inveniamur. Quaenam vero est Evilat, et terra, et aurum? Nonne sancta Virgo, puraque et intaminata eius anima? » Dum vero eos

---

a) Orat. in Christi nat. §. I. pag. 440. A-C. apud Gallandium T. IX.

b) Orat. VI. de laudibus Deiparae §. I. pag. 632. B. apud Gallandium T. IX.

---

1) Quae his illustrari possunt ex Serm. XIII. de Tempore, apud Maurinos T. V. in app. Serm. CXXVIII. qui est Serm. XII. in nat. Domini n. 2. col. 162. A. « Lacta eum qui talem fecit te, ut et ipse fieret in te, qui tibi et munus fecunditatis adtulit conceptus, et donum virginitatis non abstulit natus: qui sibi, antequam nasceretur, et uterum de quo nasceretur et civitatem in qua nasceretur et diem in quo nasceretur, elegit, et ipse condidit quod elegit. Sic namque olim (Ps. LXXXVI. 5.) praedictum est: *mater Sion dicet, homo, et homo factus est in ea, et ipse fundavit eam Altissimus.* »

2) Serm. II. de Deiparae annuntiat. pag. 802. A. Biblioth. max. lugdun. T. XXIII.

3) Serm. III. de partu Virginis pag. 64. edit. Maraccii Romae MDCLII.

4) Ps. CXLIX.

5) Gen. II. 11.

refellit qui [1]) Evangelistae verbis abutebantur ut perpetuam Deiparae virginitatem in discrimen adducerent, principio [2]) monet, *discamus quem Iosephi ignoratio sensum habeat*, tum aliquot interiectis [b]) pergit: « Non noverat prophetam illum [3]) Moysi similem ex puella innupta processurum. Non meminerat potuisse eam effici Dei templum, quae ex mundo erat formata luto. Latebat eum ex virginali rursus paradiso intemeratis Domini manibus plasmari secundum Adam. Non cognoscebat terrae principem sine semine procreari. Non intelligebat israeliticam quandoque terram fructum daturam vivificum: *et terra*, inquit [3]), *nostra dabit fructum suum*. » In sermone autem de nativitate Domini graece amisso sed in syriaca interpretatione conservato [4]) sic Proclus habet: « Iam tempus est ut Isaiae prophetae verba [5]) repetantur: *laetentur caeli desuper et nubes depluant iustitiam, quia misertus est Dominus populi sui*. Laetentur caeli desuper, quia quum ipsi ab initio crearentur, Adam pariter a creatore de virgine terra formatus fuit, Deique amicus et familiaris apparuit. Laetentur caeli desuper, quia nunc per Domini nostri in carne dispensationem sanctificata terra est, atque humanum genus de idololatriae sacrificiis liberatum fuit. Nubes autem depluant iustitiam, quia hodie Evae error ablatus fuit et condonatus per virginis Mariae puritatem, perque Deum simul et hominem ex ipsa natum. Hodie Adam, post veterem damnationem, ex horrenda illa mortis sententia liberatus fuit. »

570. Accedit [6]) Severus praesul antiochenus cuius verba describo: « Volenti mihi ad Virginem matrem oculos attollere, perque dictas de ea sententias suspenso ob reverentiam vestigio incedere, quaedam veluti a Deo vox deferri videtur, measque aures clamore valido impellere [7]) his verbis: *cave ne huc accedas, tolle calceos de pedibus, locus enim in quo insistis, terra suncta est*. Reapse oportet mortali qualibet carnalique phantasia, tamquam calceis, mentem illam semet exuere, quae ad divinarum rerum contemplationem conscendere nititur. Quid vero cogitari augustius vel excelsius potest quam Dei mater? Certe qui ad eam accedit, ad sanctam veluti terram sic appropinquat, ut ipsum denique caelum attingat. Quamquam enim Maria de terra est, et humanam naturam nobisque consubstantialem sortita, attamen intemerata est omnique macula carens, quin adeo de suis visceribus, ceu de caelo, Deum protulit factum hominem, quem ipsa divinitus concepit ac peperit. » Accedit semel iterumque Cyrillus alexandrinus, qui de ineffabili disserens Virginis partu [c]) ait: « Inclinavit itaque [8]) caelos et descendit, et virgineo delecto utero sanctae puellae atque in recta religione nutritae, angelica voce partum praenuntiante et conceptionis rationem antea explicante, proprium sibi facit comparatque templum, et neque satam neque ullo cultu dispositam sibi format stationem: sicuti ille qui primus serviit peccato, sine patre fuerat, unamque habebat terram matrem. Sumpsit enim, inquit [9]), Deus pulverem de terra, hominemque formavit. Quamobrem beatus quoque Paulus [10]) ait: primus homo de terra terrenus, secundus homo Dominus de caelo. Huius rei gratia unigenitum Dei Verbum

---

a) Ibid. §. VIII. pag. 636. E.
b) Ibid. §. VIII. pag. 637. A.
c) De incarnat. Domini cap. XXIII. pag. 62. A-B. apud Mai in nov. PP. bibliotb. T. II.

1) Matth. I. 18, 25.
2) Deut. XVIII. 15, 18. coll. Actt. III. 22.
3) Ps. LXXXIV. 13.
4) Sermo de nat. Domini pag. XCII. apud Mai. Spicil. rom. T. IV.
5) Is. XLV. 8.
6) Homil. de s. Deipara pag. 211. apud Mai. Spicil. rom. T. X.
7) Ex. III. 5.
8) II. Regg. XXII. 10.
9) Gen. II. 7.
10) 1. Cor. XV. 47.

ex sola Virgine materiam fabricae sumens, atque ita illaboratum formans templum sibique uniens, prodit ex Virgine. » Et ª) mox: « Etenim magnum reapse est et inexplicabile et orationis vim excedens, racemum cernere de terra sine palmitibus germinantem, fructum sine seminibus ortum, tunicam sine stamine et sine texente manu contextam, panem sine mola ac manibus et igne fabricatum, sed arcane ex virginali farina confectum et universum mundum complentem. »

571. Accedit Cyrilli in eadem cathedra decessor Athanasius, qui ᵇ) expendens genealogiae verba, *qui fuit Adam, qui fuit Dei,* inquit: « Cur vero si nobis similis est, non homo tantum dicitur Christus ceu novus aliquis de caelo advenisse, sed filius hominis factus? Si ergo in terra factus est filius hominis, quamquam non ex semine viri genitus sed de Spiritu sancto, solius reapse protoplasti Adami filius ¹) reputabitur. Neque enim praeter Adamum qui de terra est, alius aliquis denominatur homo in caelo exsistens, quique de caelo corpus habuerit et filius hominis sit, Adamo seposito. » Accedit ᶜ) Andreas cretensis, qui relatis Archangeli ad Deiparam verbis, *ave gratia plena,* illico subdit: « Ave Deo ante generationes electa, ave divina cum hominibus reconciliatio, ave thesaure vitae immortalis, ave caelum caelo altius solis gloriae domicilium, ave sancta virginalis terra, ex qua novus ille Adam ineffabili a Deo fictione, veteri recuperando novus Adam factus est, ave fermentum sacrum Deo perfectum, quo tota massa humani generis conspersa, et quo ex uno Christi corpore in panes formata, in unum coivit novam concretionem. »

572. Neque secus Iacobus monachus qui Deiparae nativitatem laudibus ᵈ) exornans ait: « Quam divinum tunc libertatis pignus accepit terra, desiderabilem illam et sanctam terram! mundi instaurationis caussam, per quam spinarum diris libera, benedictionis fructus edidit! » Neque secus ᵉ) Photius, qui modum rationemque enarrans divinae oeconomiae scribit: « Erat itaque conditoris praeparanda mater, quo sic refingeretur quod confractum erat; illamque virginem esse oportebat, ut sicut primus homo e terra virgine factus fuerat, sic ex utero virginis nova iterum fictio ederetur. » Neque secus ᶠ) Iohannes damascenus qui divinum reparandi hominis consilium suspiciens exclamat: « O indulgentiae demissionem! Qui eximie bonus est, proprii figmenti proles audire non renuit, amore captus illius quae creatis omnibus speciosior est; illam amplexus, quae caelestibus virtutibus dignitate praeit. De hac itaque summe admirabilis Zacharias ²) ait: *gaude et laetare filia Sion, quia*

a) Ibidem. pag. 62. C-D.
b) Ex fragmentis in Lucam n. 7. pagg. 569. D. et 570. A. apud Mai in nova PP. biblioth. Tom. II.
c) Orat. in Deiparae annuntiat. pag. 102. D. apud Gallandium T. XIII.
d) Orat. in Deiparae nativit. pag. 1267. B. apud Combefisium Auctar. T. I.
e) Orat. in Deiparae nativit. pag. 1601. A. apud Combefisium Auctar. T. I.
f) Orat. II. in Deiparae nativit. §. IV. pagg. 851. E. et 852. A.

1) Quibus illustrandis iuverit ista contulisse quae Gregorius antiochenus in Serm. de baptismo Christi n. 3, pag. 556. apud Mai in nova PP. biblioth. T. II., enarrans Salvatoris verba, *sine modo, sic enim oportet nos implere omnem iustitiam,* scribit: « Oportet me in crucem ascendere, et clavis configi, et pati, et vulnera sanare, et per lignum emere eam, quae per ligni transgressionem hominibus facta est, plagam. Oportet me descendere in ipsum profundum inferni, ubi tu debes me annuntiare propter eos qui ibidem tenentur mortui. Oportet me tertia die defunctione carnis meae destruere longaevae mortis potentiam. Oportet me corporis mei lucernam accendere his qui in tenebris et umbra mortis sedent. Oportet me ascendere carne ubi deitate sum. Oportet me offerre Patri *Adam in me regnantem.* »

2) Zach. II. 10.

ecce venio et habitabo in medio tui, dicit Dominus. Sed et [1]) beatissimus Ioel de eadem, ut quidem existimo, ita propemodum noscitur clamare: *confide terra, gaude et laetare, quia magnificavit Dominus ut faceret tibi.* Terra namque est, in qua sacratissimus Moyses umbraticae legis calceamentum solvere ob gratiae commutationem iussus est. Terra est, in qua ille carne fundatus a Spiritus canitur, *qui fundat terram super stabilitatem suam.* Terra est, in qua nulla peccati enata spina, secus vero per cuius germen illud potius evulsum est. Terra est non uti prior maledicta, et cuius fructus spinis ac tribulis horrescant; sed super quam benedictio Domini fuit, et cuius fructus ventris benedictus. »

573. Neminem porro facile invenias qui hoc Deiparae symbolum prae Germano aut frequentius usurpet aut praeclarius expoliat. Illud enim usurpat atque expolit ubi [2]) de decreto disserens dominicae incarnationis ait: « Statim atque inventum est dignum incomprehensibilis divinitatis receptaculum, tunc etiam antiquum illud certumque consilium ad finem perductum est atque in opus collatum; et Patris Verbum quod nullis circumscribi terminis potest, infantis in modum purissimo Virginis utero continetur secundum hypostasin massae unitum adamicae, quae ex hoc terra sancta et superimmaculata exstitit. » Illud usurpat atque expolit ubi [3]) Mariam vocat *terram vere sanctam, et quae sola sine semine et absque ulla molitione, divina fecunditate illustris est.* Illud usurpat atque expolit [4]) inquiens: « Ex terra virgine primus Dei manibus formatus est Adam; et nunc Adami conditor ex te oritur novus Adam, ut veterem illum iacentem erigat, mortuumque rursus excitet. » Tum illud [5]) usurpat atque expolit his verbis: « Ex quo igitur, o sanctissima Dei mater, caelum atque adeo terra per te ornamentis aucta sunt; qui fieri potuit ut migratione tua homines tua tutela orbatos desereres? Absit ut ita sentiamus. Sicut enim in hoc mundo degens non peregrinabaris a caelesti convictu, ita nec translata desiisti versari in spiritu cum hominibus. Nam et caelum visa es Dei altissimi capax, quod illum sinu tuo capaci gestasti: et spiritalis pariter illi terra exstitisti ob obsequium carnis ei subministratae. »

574. Reliqui sunt libri ecclesiastici, in quibus simillima non infrequenter occurrunt. Atque in Menaeis sane, praeeunte [b]) Iosepho, canitur: « Mortuam ob Serpentis morsum animam meam, tu o immaculatissima, quae sola vitam manifeste peperisti, vivifica.

Voce Gabrielis ad te clamamus: ave terra electa, ave mensa aurea, ave hominum refugium, ave martyrum gloriatio, ave angelorum gaudium, Deipara sancta, robur eorum qui te sincera fide beatam praedicant. » In hymnario autem [5]) Latinorum ecclesiis familiari haec Ambrosio adscripta leguntur:

» Rorem dederunt aethera
» Nubesque iustum fuderunt,
» Patens excepit Dominum
» Terra salutem generans.

---

a) Orat. in Deiparae dormit. pag. 1450. D-E. apud Combefisium Auctar. T. I.
b) Men. die XXIV. Augusti Ode π'. pag. 134. col. 1. A. — Ode θ'. pag. 134. col. 1. E.

1) Ioel. II. 21.
2) Orat. I. in Deiparae annunciat. pag. 76. edit. Maraccii.
3) Ibid. pagg. 100-101.
4) Ibid. pag. 108.
5) Inter opp. card. Thomasii pagg. 382-383. T. II.

Denique in Psalterio cui Anselmi nomen praefigitur, ista [1]) habentur:

» Ave terra quae dedisti
» Fructum Deo confitendi,
» Cuius est benedictio
» Vera sui cognitio.
» Ave terra virginea,
» In cuius Deus medio
» Salutis est mysteria
» Operatus in Filio.

Et [2]) rursum:

» Ave terra benedicta,
» Sanctificans mysteria,
» Cuius sancta fecunditas
» Dei Patris est veritas.

Et [3]) mox:

» Ave terra benedicta,
» In qua cantatur canticum,
» Quod in terra aliena
» Cantari non est licitum.

575. E quibus iunctis copulatisque deducimus, terram primigeniam Deiparae symbolis maiorum suffragatione accenseri. Sed quo eiusmodi symbolum *ex sese* pertinet, quidve illo *ex maiorum commentariis* significatur? Nihil in terra primigenia evidentius refulget, nihilque in ea apparet quod prius aut oculos feriat aut animum occupet, quam quod illa fuerit *bona, maledicti nescia, nullisque sive tribulis sive spinis inhorrescens*. Sensit hoc [4]) Ambrosius, primamque hominis formationem enarrans declaravit inquiens: « Ex terra creatus virgine, quae ad verbum Dei formata et creata recenti fuerat exortu, nondum ea parricidali caediumque concreta sanguine, flagitiis et dedecore polluta, nondum carne nostra damnata maledicto obnoxiae hereditatis. » Quum itaque Virginem hac praemonstratam terra maiores testentur; cum ipsa symboli ratione consertum est, ut ea *nullo dedecore polluta, nec maledicto obnoxiae hereditatis damnata* existimetur. Audio, sed ita ne etiam patribus visum est, aut huc quoque traditi ab iis commentarii revocantur? Nonne satius videntur unanimes censuisse, hoc symbolo non aliam Deiparae dotem praeter perfectissimam eiusdem virginitatem fuisse adumbratam?

576. Non abnuo neque ullatenus repugno, sed dumtaxat animadverto, quemadmodum corpori, ita pariter animo suam competere virginitatem, et non minus corpori suum esse florem qui carnali contagione marcescit, quam animo suus sit flos qui pestifero peccati halitu violatur. Quapropter eo vere quaestio redit, non quidem utrum maiores nostri putarint, Deiparae virginitatem originalis terrae symbolo fuisse expressam, *sed quamnam crediderint eo typo virginitatem demonstratam, imperfectam ne atque unius corporis propriam, an omnibus contra expletam numeris et ad ipsum quoque animum pertinentem*. Quum autem talis sit germana quaestionis ratio, eiusdem solutio neque obscura ne-

---

1) Inter opp. Anselmi pag. 305. col. 2. A–C.
2) Ibid. col. 3. C.
3) Ibid. pag. 306. col. 3. D
4) Enarrat. in cap. II. Geneseos de paradiso ad Sabinum col. 423. opp. T. I.

que impedita videri potest. Et re sane vera primigeniae terrae symbolo eam patres Deiparae virginitatem testantur ostensam, qua Deipara fuerit *terra pura, intacta, immaculata, immaculatissima, superimmaculata, sancta, vere sancta, electa, Dei terra et a Deo numquam aliena, nova, ex mundo formata luto, melior priore, creatis omnibus speciosior, benedicta, super omnia benedicta et caussa benedictionis, numquam ut prior maledicta, nobis quidem per naturam consubstantialis, sed intacta omnique culpa carens, terra desiderabilis in qua Adam innocens regnat, in qua nulla exstitit spina peccati, sed per quam peccatorum spinae fuerunt evulsae, terra simul et caelum, terra unice digna Verbo, suo respondens germini, et tamdiu exspectata, ut in eam Verbum e sinu Patris descenderet, atque ex ea humanam naturam pro dignitate susciperet.*

577. Hae sunt notae atque hi sunt characteres quibus patres mira consensione utuntur, ut Deiparae virginitatem typo primigeniae terrae figuratam explanent. Sicuti autem his notis, uti quisque cernit, non una corporis effertur virginitas, sed corporis iuxta atque animi violata numquam innocentia declaratur; ita eiusmodi characteribus virginitas ostenditur suis omnibus expleta numeris quaeque utrumque florem corporis atque animi illibatum demonstrat. Quoties igitur in ecclesiasticis monimentis legimus, secundum Adamum non secus ac primum [1]) fuisse Virginis filium, eam virginitatem ex maiorum sententia intelligamus oportet, quae non modo corporis vitium sed omnem quoque animi corruptelam excludat: et quoties in eisdem Deiparam legimus haud aliter dictam Virginem ac virgo primigenia terra nuncupetur, eam animo virginitatis formam complectamur necesse est, quae non sit deminuta et manca sed plena ac perfecta, et a qua naevus omnis sive animi sive corporis vehementissime abhorreat. Expressit itaque patrum mentem maiorumque sententiam Isidorus thessalonicensis [a]) de Virgine scribens: « Haec profecto terra illa est, cuius stabilissima sunt fundamenta et non commovebuntur in secula. Ex quo factum ut ferret etiam altitudinem super caelos aedificatam: aliam quippe terram et caelum audivimus futurum. Haec terra illa est, e qua veritas orta, et propter quam de caelo prospexit iustitia. Et beatus quidem David similem vanitati et mendacem asserit omnem hominem, pro eodem, ut arbitror, vanitatem et mendacium sumens. Hic vero praecipuus naturae flos, ut sese evidentissime ostenderet esse quid supra homines, unicam protulit veritatem, veramque vitem progerminavit. »

578. Quibus ornamentis adiici et illud debet, quo cum *ligno vitae* Deipara confertur, et quo nescio an ullum excogitari queat insignius, quodque evidentius ipsam ab omni culpae naevo solutam ostendat. Itaque non solum [2]) ab Ephraemo Virgo dicitur *maestitiae*

---

a) Orat. ad Deiparam pagg. 529. F. et 530. A. opp. graec. T. III.

1) Huc praeter tot alia a nobis relata, ista quoque faciunt ex Abdiae apostolica historia lib. VIII. §. IV. pag. 677. apud Fabricium de codd. apocr. novi Testamenti T. II. « Par enim fuit ut qui filium virginis vicerat, a filio Virginis vinceretur. » Et mox §. V. « Primus homo Adam dictus est, qui de terra factus est. Terra autem illa, de qua factus est, virgo fuit, quia nec sanguine humano polluta fuerat, nec ad sepulturam alicuius mortui a quoquam erat aperta. Par ergo erat, ut dixi, ut qui filium vicerat, a filio Virginis vinceretur. » Flavius Iosephus Antiquitt. Iud. lib. I. cap. I. n. 2. pag. 6. descripta hominis formatione pergit: Ὁ δ᾽ ἄνθρωπος οὗτος, Ἄδαμος ἐκλήθη· σημαίνει δὲ τοῦτο, κατὰ γλῶτταν τῶν Ἑβραίων, πυῤῥὸς, ἐπειδήπερ ἀπὸ τῆς πυῤῥᾶς γῆς φυραθείσης ἐγεγόνει· τοιαύτη γάρ ἐστιν ἡ παρθένος γῆ καὶ ἀληθινή. *Hic homo vocatus est Adamus: significat autem hoc lingua hebraeorum, rufus, quoniam a terra rufa macerata est factus. Talis enim est virgo terra et vera.* Unde Hesychius: Ἀδαμᾶ· παρθενικὴ γῆ, terra virginalis.

2) Orat. III. in Deiparae annunciat. pagg. 81-82. edit. Maraccii.

dissolutio, captivitatis liberatio, mortalium deificatio, pulcra natura, cuiusvis incapax maculae, illa quae a Libano virginitatis redit et mundum odoramentis replet, ex qua dulcedo defluens antiquam ligni acerbitatem dulcem effecit; verum etiam [a]) nuncupatur « Paradisus sanctissimus in Eden, lignum vivificum pulcherrimum et iucundissimum fructum ferens. » Immo [b]) is est qui Deiparam salutans ait: « Gaude benedictissima in seculum seculi; gaude lignum opacum, o puella virgo, ex quo omnes fructum decerpimus, quem comedentes exhilarantur non moriuntur. » Atque is [c]) rursum est qui Deiparae gratulatur inquiens: « Salve paradisus deliciarum, salve lignum vitae, salve fons gratiae et immortalitatis. »

579. Ad eamdem normam expressa ista sunt, quibus [d]) Graecorum Ecclesia Deiparam laudans canit: « Salve peregrinum auditum, o innocens: salve sanctum paradisi lignum ab ipso Deo plantatum: salve malorum daemonum exstirpatrix, salve o ensis utrinque acute hostis caput abscindens per tuum partum. O sanctissima, o superimmaculata nos exsulantes revoca. » Neque ab hac ipsa norma ista dissident quae [e]) Iosephus in hymno alphabetico Zachariae tribuit Annam alloquenti: « Liquido nunc, mulier, cognovi, respondit senex benevolo animo, lignum ex te germinasse, quod medio veluti in paradiso producturum est fructum vere divinum, nosque homines per corruptionem expulsos, recipiendos iterum clamantes ob gaudium: benedicite omnia opera Domini Dominum. » Omnium vero praeclarissima ista sunt quae [f]) Iohannes damascenus scribit: « Ave aurum purum, quae igne Spiritus in Dei conflatorio probata es, nec malitiae usquam ruga deformis: ex quo auro tum candelabrum, tum mensa, tum reliqua omnia legis ritu aurea, allegoriae non ambigua significatione de te aureis multisque nominibus celebri accipiuntur. Ave lignum non putrescens, quae corruptionis peccati vermem non admisisti: ex qua spirituale altare non ex lignis imputribilibus, sed ex intemerato utero exstructum fuit Deo. »

ARTICULUS III.

De symbolo ex caelo: quo ex maiorum commentariis illud spectet: et quam praeclare ad conceptum Deiparae immaculatum ostendendum conducat.

580. Si quid est ab hac nostra terra longissime seiunctum, si quid a corruptione liberum, si quid a maledicto immune, et si quid dignum quod non secus habeatur ac fulgidissimum puritatis speculum; eiusmodi profecto, nemine refragante, existimari *caelum* debet. Est enim caelum supra nostram hanc terram maxime evectum, omnis exsors labis, maledicti nescium, eaque puritate nitens, quae beatorum spirituum atque ipsius Dei domicilium decet. Iamvero ipsum est caelum cum quo Deipara contenditur, atque ipsum est caelum quod veluti Deiparae symbolo et aptissima imago ad eius innocentiam puritatemque exhibendam suffragatione patrum, scriptorumque ecclesiasticorum usurpatur.

a) Ibid. pag. 530. C-D.
b) Ibid. pag. 534. E-F.
c) Ibid. pag. 547. E-F.
d) Men. die V. Augusti ad vesper. pag. 17. col. 2. E.
e) Antholog. die XX. Novembris Ode ζ'. pag. 125. col. 1. B-C.
f) Orat. II. in Deiparae nativit. pag. 856. A.

581. Et re sane vera hoc caeli symbolum usurpat ª) vulgatus neocaesariensis Gregorius, qui Deo Patri Gabrielem mittenti haec tribuit verba: « Abi ad domicilium Verbo meo dignum: abi ad alterum quod in terra est caelum. » Idem caeli symbolum usurpat ᵇ) Modestus hierosolymitanus inquiens: « Papae! sancti angeli a Deo missi ad sanctissimam et gloriosissimam matrem suam, quae tum ipsis tum omnibus caelestibus potestatibus superior est, quae apud ipsum [1] gratiam invenit, non illi quidem e caelorum altitudine ad eam, quae ab eo amplior caelis et excelsior facta est, missi sunt ad divinam incomprehensibilem conceptionem annunciandam, ut olim archangelus Gabriel; sed ut eam in regnum caelorum ad illum qui in ea conceptus est, invitarent. » Usurpat ᶜ) et Leo Augustus ubi de Virgine scribit: « Vere sola in mulieribus benedicta, quae sola primae parenti eiusque posteris opem tulit: illi quidem, qua duplicem calamitatem, cuius illa sibi ac filiis auctrix fuerat, exsolvit: hos vero, qua a malis quibus obnoxii tenebantur, redemit; nec est passa ut posteri in eadem mala denuo incurrerent, ut nimirum maledictio secundum eum cursum quo humanum depascebatur genus, haud ultra procedat, sed retro actus sit et conversus mali impetus eius praesentia quae benedicta est: ut nec amplius homines inevitabilibus mortis retibus teneantur, sed ea utantur veluti ponte ad vitam. Hoc plane quod in Benedictae hisce solemniis festive recolimus, quam ad sese per mortem advehens Rex et Filius, et suae gloriae participem faciens, supra omnem creaturam ostendit gloriosiorem; ita vicem rependens pro carne ex ea suscepta, qua Patris immutabilis character formam nobis similem induit, more nostro effectus particeps carnis et sanguinis: et pro maternis officiis illi rependens ut proxima atque agendi libertate pollens assistat. Quo fit ut quasi mundo non abscesserit neque procul a nobis abierit, sua mundum praesentia non privaverit; sed ex hac vita egressa communibus perpetuo beneficiis eos prosequatur, quorum ad communem utilitatem in vitam venit. Commoratur nobiscum adhuc inferiora perlustrans; quin magis iam ubique adest animatum caelum, omnes aeque fovens, et guttas beneficentiae stillans, arentemque vitae nostrae statum ex aestuantibus peccati flammis provenientem humectans. »

582. Eidem caeli symbolo inhaeret ᵈ) Georgius nicomediensis, et orationem in Deiparae conceptum ita auspicatur: « Hodie terra illustrioribus supra caelum gratiae fulgoribus laetam faciem explicat, augustius caelo claritate spiritali splendet, maiori supra mundi caelum decore pollet, quippe natum suscipit sublimius caelum, caelum vere splendidissimum et speciosissimum, quod mundo non occidentem solem sed eum praetendat qui nescit occasum: caelum plane non visibilibus stellis sed spiritalium accensione luminum varium. » Quibus merito adduntur quae orationem absolvens Georgius ᵉ) habet: « Quippe natalitia haec (Deiparae) humanam praenunciarunt regenerationem. Haec revocationem ab errore et futuram vetustatis instaurationem praesignarunt. Haec ignorationis nostrae infecunditatem in scientiae Dei fructum promovendam ostenderunt. Haec ad ingressum gratiae nobis iter complanarunt. Haec salutis portas praeaperuerunt. Haec reconciliationis iecerunt fun-

a) Orat. III. in Deiparam pag. 27. D.
b) Encom. in Deiparam pagg. 31-33.
c) Orat. in Deiparae dormit. pagg. 1744. C-E. et 1745. A. apud Combefisium Auctar. T. I.
d) Orat. in Deiparae concept. et nativit. pag. 1043. A-B. apud Combefisium Auctar. T. I.
e) Ibid. pagg. 1066. E. et 1067. A-B.

1) Luc. I. 30.

damenta. Haec ad mediationem assumpta sunt. Per ea nunc qui eiusdem generis participes sumus, fiduciam habemus. Per ea congruentiorem recepimus statum. Per editum in lucem thalamum, regalibus nuptiis adscripti sumus. Per caelum illud quod nunc splendidius pariter et capacius productum fuit, caelestem vitae rationem adscivimus et per cognatam benedictionem evangelica potimur iucunditate. » Eidem symbolo inhaeret [a]) Iacobus monachus, et de nativitate Deiparae scribit: « Exsultaverunt *(prophetae atque iusti)* videntes diem tuum, nempe tuum hunc natalitium diem, in quo revelatum fuit incarnationis mysterium, in quo qui ex universo te elegit genere, per te universis creaturis gaudium contulit quod nemo auferre possit. Viderunt te thronum cherubicum, regalem thalamum, supercaeleste caelum, templum sanctissimum, tabernaculum multis nominibus celebre. »

583. Neque dissentit [b]) Germanus quippe qui Deiparae symbola recensens ait: « Vocatur [1]) caelum. De caelo respexit Dominus, vidit omnes filios hominum. Caelum caeli Domino. » Ubi vero in extollenda Deipara totus [2]) versatur, inter cetera scribit: « Ave sanctus Dei thronus, domus gloriae speciosa, electum vas quod sibi Deus seposuit, totius orbis propitiatorium et caelum enarrans Dei gloriam. » Quibus ista [3]) plane respondent: « Secundum angeli vaticinium [4]), o Virgo, illustris proles ex iustis hominibus Ioachim et Anna in lucem hodie prodiisti. Tu caelum et sedes Dei, omnisque puritatis receptaculum. Tu mundi universi certum exsistis gaudium, tu vitae largitrix, tu maledictionis interemptrix, tu benedictionis conciliatrix. »

584. Conspirant Iohannes euboeensis et Tarasius constantinopolitanus, quorum prior [c]) de Christo ait: « Ipse Dominus fortis et potens, ipse potens in bello. Ipse rerum opifex ex terra obsoleta effecit caelum novum, thronumque incombustum, et intemeratum terrenum in caelestem thalamum commutavit. » Tarasii autem [d]) ista sunt verba: « Quo igitur nomine Mariam appellabimus? Num caelum? Et vero caeli terraeque effectorem suo utero conclusit. An solem? Ipsa enim septies sole splendidior enitens iustitiae solem concepit. An lunam? Etenim incomparabili pulcritudine emicans Christum omni pulcritudine decorum peperit. » A quibus ne minimum quidem ista dissident [e]) Theodori studitae assumptam Deiparam extollentis: « Hodie igitur terrenum caelum incorruptibilitatis vestimento circumamictum transfertur ad meliorem aeternamque mansionem. Hodie spiritalis atque a Deo illuminata luna in iustitiae solem incurrens, deficit quidem a praesenti temporali vita, si-

a) Orat. in Deiparae nativit. pag. 1282. C-E. apud Combefisium Auctar. T. I.
b) Orat. in Deiparae nativit. pag. 1315. C. apud Combefisium Auctar. T. I.
c) Orat. in Deiparae concept. et nativit.
d) Orat. in Deiparae ingressum in Templum.
e) Orat. VI. in Deiparae dormit. §. I. pagg. 54-55. apud Mai in nova PP. biblioth. T. V. Par. III.

1) Ps. CXIII. 16.
2) Orat. I. in Deiparae praesentat. pag. 53. edit. Maraccii.
3) Ex fragmento IV. quod Maraccius edidit pag. 146. et de quo pag. 254. scribit: « Damus hoc fragmentum ex Petro Canisio lib. I. de Deipara cap. XI., qui illud desumpsit ex explicatione s. Germani super Ps. XLIV. ad illa verba *audi filia et vide*. »
4) Nativitatem beatae Virginis, inquit Maraccius pag. 254, antequam ipsa beata Virgo nasceretur, per Angelos, Dei iussu fuisse revelatam, patet non solum ex s. Germano heic et supra in Orat. II. de praesent. Virginis, sed etiam ex s. Epiphanio lib. III. de haeresibus, haeresi LXXIX., Hieronymo in historia de ortu Mariae, Andrea cretensi in Encomio I. de dormit. Deiparae, Fulberto carnotensi in Serm. de nativit. Virginis, aliisque fere innumeris. »

mulque exoriens immortalitatis dignitate illustratur. Hodie ex auro facta et divinitus fabricata sanctitatis arca de terrenis tabernaculis ad supernam Hierusalem commigrat in requiem fine carentem. »

585. Conspirant Proclus et Iohannes damascenus, quorum ille a) de Deipara scribit: « Ipsa novae creaturae caelestis globus, in qua sol iustitiae numquam occidens omnem ab omni anima peccatorum noctem fugavit. » Ex Damasceno autem plura eaque insignissima habentur quae afferri possunt. Huc enim ista b) faciunt quibus de assumpta Deipara ait: « Qui factum est, ut qui ex celsissima et incorporali specula, quae extra omnem aleam est, paterno ex sinu non egressus, in virginalem uterum descendens et assumpta carne conceptus, voluntariaque passione adita morte cum corpore ex terra procreato, incorruptione per corruptionem acquisita, ad Patrem iterum reversus, matrem suam secundum carnem ad genitorem suum attraxerit, et ipsam quae caelum terrestre fuerat, ad caelestem terram sustulerit? » Huc ista c) pertinent quibus nativitatem Deiparae exaltat: « Hodie in terra ex terrena natura caelum ille condidit, qui olim ex aquis firmamentum compegerat et in altum extulerat. Et sane caelum istud illo longe divinius est ac stupendum magis. Nam qui solem in illo condidit, ex hoc ipse iustitiae sol oriturus est. » Huc spectat d) salutatio qua Deiparam compellans ait: « Ave caelum, habitaculum loco qui mundum ambit nobilius, virtutum fulgoribus uti stellis coruscans: ex quo iustitiae sol, salutis quae numquam occidat, ortus est diem hominibus condens. » Atque huc spectant e) quae descripta universitatis rerum creatione, oculisque subiecta tum protoparentum felicitate tum eorumdem ruina, his verbis complectitur: « Cunctis itaque, ut verbo expediam, interitioni deditis, miserante Deo ne quem suis ipse manibus formasset, in nihilum cederet penitusque abderetur, caelum aliud novum, terramque ac mare fabricat, in quibus propensiori consilio humanum genus reformaturus ipse caperetur, qui capi nusquam potest. Isthaec porro est beata multipliciterque celebranda Virgo. O rem miram! Caelum quidem est, quum ex penitissimis veluti thesauris solem iustitiae proferat: terra vero, ceu quae ex intemeratis lumbis vitae spicam edat: mare tandem, utpote quae ex uteri sui sinu spiritalem margaritam promit. Nunc itaque nova eius qui capi nequit, creatura eluxit: universorum Regis regalis aula parata est: et eius qui incomprehensibilis est, rationale diversorium instructum. Quam mundus iste magnificus est! Quam stupenda creatio, quae ex virtutum plantis venustatem habet, castitatis odore fragrat, contemplationum splendoribus claret, cunctisque bonis aliis nulla penuria fruitur; digna denique prorsus est, in qua Deus ad homines veniens inhabitet. »

586. His autem e re esse arbitror nonnulla postremo loco subiungere, quae in ecclesiasticis libris non infrequentia recurrunt. Itaque in Psalterio quod tribui 1) Anselmo solet legimus:

» Ave quam laudant spiritus
» Cui virtus omnis concinit,
» De cuius caelo Dominus
» Nube carnis innotuit.

a) Orat. VI. in Deiparam §. XVII. pag. 646. B. apud Gallandium T. IX.
b) Orat. III. in Deiparae dormit. §. I. pag. 882. D-E.
c) Orat. I. in Deiparae nativit. §. III. pagg. 842. E. et 843. A.
d) Orat. II. in Deiparae nativit. §. VII. pag. 854. D.
e) Ibid. §. III. pag. 851. A-D.

1) Psalt. Dominae nostrae pag. 364. col. I. C.

Et [1]) rursum:

» Caelum caeli, domus Dei,	» Ad quoscumque velis usus
» Vas misericordiae:	» Angelos trasmittere;
» Pronum vero tibi constat	» Quod exempla multa probant,
» Et omnino facile	» Quae longum est ponere.

Insigniora vero sunt quae Graeci in suis officiis frequentant. Etenim [a]) praeeunte Theophane canunt: « Qui voluntate caelum extendit, hic alterum te caelum super terram demonstravit, o Deipara illibata, atque ex te his apparuit qui in tenebris sedent. » Neque aliter canunt [b]) praeeunte Iohanne damasceno: « Qui Virginem caelum effecisti, atque ex ea tamquam sol emicasti, benedictus es Domine. » Eodemque modo canunt [c]) praeeunte Theodoro: « Vere tu apparuisti caelum super terram, maius supremo polo, o innupta Virgo; ex te siquidem ortus est sol in mundo, iustitiae dominator. »

587. Sed omnium omnino disertissimus est Iosephus. Illius namque [d]) ista sunt: « Exsultat hodie terra, novum enim vidit Dei caelum iucundissimum natum; in quo secundum carnem inhabitans supra caelos attollet homines, suaque omnes bonitate deificabit. » Illi [e]) ista debemus: « Tamquam caelis latior excepisti, o Virgo, in utero tuo Verbum quod nulla re capi potest, et quod redimit ab omni angustia genus humanum.

Caelum visa es, o Dei parens, ex quo ortus est nobis sol iustitiae, qui illuminat nos luce cognitionis, o Dei genitrix innocens. » Ex eiusdem vena fluxerunt [f]) quae subdimus: « Caelum sublime omnium regis Dei facta es, o undequaque immaculata, purumque illius palatium et thalamus divina gratia coruscans. » Ex eadem [g]) Iosephi vena ista quoque haurimus: « Tamquam aliud caelum priori sublimius factam te, Domina, glorificamus, quae nobis solem iustitiae protulisti, profundasque ignorantiae tenebras depulisti. » Neque aliunde quam ex Iosephi fonte [h]) ista derivamus: « Gaude tu quae sola hominibus gaudium peperisti: gaude caelum et throne cherubice et gloriosissimum palatium Regis seculorum, o Domina ab omni macula immunis. » Quae sane omnia efficiunt, ad communem receptamque fidem ea censeri expressa oportere quae [2]) in anaphora habentur Dioscori alexandrini, ubi post apostolos, evangelistas, martyres, Iohannem baptistam et Stephanum commemoratio celebratur « Illius etiam, quae est decus istorum, et ab ipsis honoratur et celebratur, quaeque excelsior superiorque cunctis ordinibus caelestibus a tota Ecclesia caelum secundum nominatur, virginis genitricis Dei Mariae. »

588. Haec itaque prae ceteris indubitata sunt: initio quidem propriam esse Virginis laudem ut ea sit dicaturque *caelum, caelum enarrans gloriam Dei, caelum alterum at-*

---

a) Men. die IV. Ianuarii Ode ζ'. pag. 35. col. 2. C.

b) Men. die XV. Ianuarii Ode ζ'. pag. 122. col. 2. C.

c) Ex vet. officio quadrages. pro sabbato carnisprivii Ode α'. pag. 5. apud Angelum Mariam Quirinium in op. inscripto: *Orthodoxa veteris Graeciae Officia*.

d) Men. die VII. Septembris Ode θ'. pag. 53. col. 2. B.

e) Men. die XXVI. Maii Ode ζ'. pag. 102. col. 2. C-D. — Ode η'. pag. 102. col. 2. E.

f) Men. die XXVII. Iunii Ode ς'. pag. 104. col. 2. D.

g) Men. die X. Novembris Ode ς'. pag. 71. col. 1. E.

h) Men. die XXIX. Novembris Ode ζ'. pag. 217. col. 1. C.

1) Ibid. pag. 307. 2. D.

2) Apud Assemanum in Cod. liturg. Ecclesiae universae, Lib. IV. Part. IV. pagg. 206-207.

que secundum, caelum novum, caelum novum ex terra obsoleta, terrestre caelum et caelum caeli: deinde vero propriam esse Virginis laudem ut ea credatur *caelum supercaeleste, et caelum nostro hoc visibili atque conspicuo tum celsius atque sublimius, tum maius atque divinius.* At si Deipara non secus a reliquo hominum genere secernitur ac caelum a terra seiungatur; erunt ne qui illam [1]) lato in terram maledicto obnoxiam arbitrentur? Erunt ne qui putent eam fuisse universali praevaricatione obligatam, quae *ex auro effecta et divinitus fabricata fuit? Quae fuit quidem terra propter naturam, sed caelum propter gratiam? Quae tamquam caelestis globus novae creaturae apparuit? Quam Deus ostendit uti novam creaturam stupendamque creationem? Quae in suo conceptu speciosissima enituit et omnigenis virtutum splendoribus refulsit? Qua praesente, originalis mali impetus compressus fuit? Quae non aliter exstitit ac ut initium gaudii, reconciliationis et gratiae? Quamque Deus unice selegit ut in ipsa dignum Verbo habitaculum praeberet?* Scilicet tam caeli symbolum, quam eiusdem apud maiores commentarii eo spectant, ut Deipara ab universa Adami posteritate seiungatur, ut summa illius puritas demonstretur, et omnis vel tenuissima culpae umbra ab ea procul arceatur. Scilicet accommodatissime ad maiorum traditionem [2]) Isidorus thessalonicensis scripsit. » Ego vero quoniam terra olim male se habebat, et tota repleta erat agitatione et insania et peccato veluti quassata, nec poterat ex sese progignere aliquod pharmacum quo malum elueretur et morbus depelleretur; e caelo uno dixerim fuisse remedium adhibendum, et salutare aliquid laboranti porrigendum. Qui igitur commotionem illam sedavit, et ingratum morbi foetorem depulit, hic plane fuerit illustris medicus, nempe Virgo, et caelestis omnino vocandus. Mihi enim davidicum quoque illud huc spectare videtur: *terra mota est, etenim caeli distillaverunt.* Usum vero arbitror Prophetam voce illa, *distillaverunt*, ut ostenderet e caelis non ut olim apertis effusos esse nimios imbres mortem afferentes, ut arca etiam indigerent homines ad servanda generis semina; sed moderate. Quomodo id exprimas? Caelis veluti percolatum florem gratissimi odoris, suavissimum hoc unguentum, Virginem hominibus effluxisse. Et si certum est, Deum nos benigno per ipsam respexisse oculo, certe illud etiam de ipsa dictum fuit: *de caelo respexit Dominus, vidit omnes filios hominum de praeparato habitaculo suo.* Si praeterea templum Dei est ac sedes, omnino necessarium quoque est et indubitatum de illa esse dictum: *Dominus in templo sancto suo, Dominus in caelo sedes eius.* Quapropter [3]) caelum et caelorum foetum si quis Virginem appellet, ille, mea sententia, non errabit. »

---

[1] « Per caelum, *scribit Bernardinus de Bustis in altero sermone de Conceptione,* intelligi potest anima Virginis, quam Deus Pater simul cum Filio et Spiritu sancto absque ulla corruptione aut macula fabricavit. »

[2] Orat. I. de Deiparae nativit. pagg. 10-11. edit. Maraccii. Porro Orat. III. de Deiparae annunciat. pag. 66. Isidorus addit: « Ipsa enim fuit caelum caeli, sors uni Domino congruens. »

[3] « Sine numero fere sunt patres praesertim graeci, inquit in subiecta adnotatione pagg. 159-162. Maraccius, qui Deiparam virginem Mariam *caeli* nomine nuncuparunt; ut s. Gregorius thaumaturgus Serm. III. de Annunc. *Maria virgo alterum in terra caelum;* ut s. Methodius Tyri et martyr in Homil. de Purificat. b. Virginis: *vere regina, quae vere capax caelum, ad Deum qui nusquam alloquin capi potest, recipiendum facta;* ut s. Athanasius archiepiscopus alexandrinus Serm. in descript. ss. Mariae: *non coinquinatum fuit illud caelum secundum, nempe Maria;* ut s. Epiphanius in Serm. de laudib. Virginis: *Anna gravida effecta caelum peperit, sanctam puellam Mariam. Illa enim reperitur esse caelum.* Ut s. Ioh. Chrysostomus Orat. in Hypapantem Domini: *ave igitur mater, caelum, puella.* Ut s. Proclus Orat. I. quae est de laudibus Virginis: *ancilla et mater, Virgo et caelum.* Ut s. Andreas cretensis Or. in Salut. angel. *ave gratiosa, Dominus tecum: salve caelum, solis gloriae caeleste tabernaculum.* Ut Hesychius hierosolimit. Orat. II. de laudibus Virginis: *surge Domine in requiem tuam tu et arca sanctificationis tuae; quia enim sol exsistis, necessario Virgo vo-*

ARTICULUS IV.

De ratione deprompti e symbolis argumenti: cuiusmodi ea sit explicatur: et quam apte conducat, ad praerogativam immaculati conceptus stabiliendam ostenditur.

589. Ut vis propria atque ratio instituti hucusque argumenti et a nobis pro facultate expoliti rite teneatur, necesse omnino est ne ex animo umquam excidat hinc quidem quid nobis propositum sit confirmare, inde vero modus quo idipsum in praesentia confirmatum volumus. Duo itaque nobis confirmanda proposuimus, et initio quidem universalem infinitamque *thesim* de eximia ac plane singulari Deiparae puritate atque innocentia: tum vero singularem definitamque *hypothesim* de hac eadem puritate atque innocentia, quae ipsum etiam Virginis conceptum honestarit, illumque a communi propagatae humanitatis lege secreverit. Quidquid igitur ad alterutrum caput stabiliendum probe conducit, id cum nostra tractatione consertum est et omnino dignissimum quod a nobis suo in lumine collocetur.

590. Nihilominus quosdam veluti limites in praesentia nobis constituimus, neque aliunde sive thesim sive hypothesim probandam esse declaravimus, quam ex typis symbolisque suffragatione maiorum ad Deiparam traductis deque Deipara opportune explanatis. Inspiciatur igitur oportet, an intra signatos limites nosmet continuerimus, et quod multo est gravius, an collecta hosce intra limites probatio rem conficiat, et qua illam firmitate quave evidentia conficiat. Atqui eorum omnium quae praecedunt lectio palam ostendit obtemperasse nos legi, quam nobismetipsis indiximus, et nefas censuisse praeter signatos limites evagari. Quidquid enim attulimus, quidquid descripsimus, et quidquid intersertis animadversionibus adornavimus, ad Deiparae symbola vel ad illorum commentarios manifestissime pertinet. Inquirendum igitur superest, eiusmodi sit nec ne adhibita a nobis probatio quae merito legitima habeatur, quaeque thesim atque hypothesim sic evincat ut omnem elabendi rimam praecludat.

cabitur caelum. Ut s. Sabbas in Menaeis Graecorum apud Simonem Wagnereck in pietate mariana Graecorum n. 51: *quosnam tibi titulos dabimus, o gratia plena? Nempe vocabimus caelum, quia ex te sol iustitiae ortus est.* Ut s. Cosmas hierosolymit. in iisdem Menaeis die XV. Augusti Ode IV, *videte, o gentes, et obstupescite, caelum istud terrestre, nempe Deipara, in terra caelesti quae nulli est corruptioni obnoxia, collocatur.* Ut s. Germanus Orat. 1. de Assumpt. Virginis: *Dei capax caelum visa es, o Maria, eo quod illum sinu tuo capaci gestasti.* Uti s. Ioh. damascenus Orat. II. de Assumptione: *Hodierno die Virgo illa immaculata, quae vere vivum caelum extiterat, in caelestia tabernacula introducitur.* Ut Iohannes euboeus Orat. in concept. Deiparae: *revera beati terque beati, o Ioachim et Anna, sed cunctis beatior progenies filiaque David ex lumbis uteroque vestro progredienda* (sic): *nam vos terra estis, illa vero caelum.* Ut s. Theodorus novus confessor in Orat. de nativit. Virginis: *ave caelum, regionis mundum ambientis altissima pars, stellata splendoribus, ex qua ortus est iustitiae sol ferens hominibus salutis diem vespere expertem.* Ut Photius Or. in nativit. Mariae: *oportebat ut quae te virtutum modis, veluti stellis, caelum effecisset, iustitiae solem praetendens fidelibus universis agnosceretur.* Ut s. Iosephus confessor in Menaeis Graecorum die XIV. Augusti Ode IV: *domus illa, nempe Virgo, qua comprehenditur omnia comprehendens, iam modo ad caelos transitum facit ut illos inhabitet, ipsa quoque caelum exsistens.* Ut Leo imperator cognomento Sapiens Orat. in assumpt. Deiparae: *et magis iam ubique adest animatum illud caelum, nempe Maria, omnium similiter curam gerens.* Ut Iohannes geometra hymno II. ad b. Virginem:
» Salve caelum homines lustrans, solisque reducens
» Qui carnem ex te habuit, lumina conspicua.

Ut Iacobus monachus Orat. in nativit. Deiparae: *quam mundo laetissima luce collustratum est caelum, glorioso illo et capaciori adveniente caelo, nempe Maria.* »

591. Ecquidnam vero efflagitari iure potest, ut suis expleta numeris probatio videatur? Nimirum I. ne quid allatum fuerit non genuinum, non sincerum, non authenticum: II. ne quid fuerit praeposteris interpretationibus a germana significatione detortum: et III. ne quid fuerit ex testimoniis prolatis ac rite intellectis derivatum, quod illa non exhibeant, non praeferant, verbisque sive disertis sive significandi potestate aequipollentibus non complectantur. Si enim haec tria fuerint, uti decet, sancte custodita, probatio quae inde efflorescit, legitima est ac penitus decretoria.

592. Sinant modo qui haec nostra legunt, ut ab iis confidenter expostulem quid tandem censeant, quidve de servata a nobis ratione arbitrentur. Putant ne nullis nos partibus defuisse? Putant ne omnia esse sincera quae prompsimus, omnia authentica, non depravata commentariis, neque latius extensa, quam ipsa ex sese ferrent? Licet animum in omnes partes converterim et singula quam diligentissime excusserim, nonnisi duo comperi quae contra obiici utcumque posse viderentur: tum non pauca a nobis relata legi quae cum immaculato Virginis conceptu vix aut ne vix quidem cohaerent: tum non eiusmodi esse singula quae aut praerogativam summae puritatis, aut dotem intaminati conceptus adscribendam Virgini esse patefaciant.

593. Praeclare, sed ut ex ordine respondeam, secum, quaeso, reputent qui ita opinantur, quaestionem de immaculato Virginis conceptu habendam esse veluti hypothesim subiectam thesi universali de omnimoda et prorsus singulari eiusdem puritate: haec enim si semel praestituta fuerit, nulla prorsus de immaculato conceptu reliqua esse poterit dubitatio. Iamvero quae sic comparata sunt, ea duobus omnino modis stabiliri queunt, aut *immediate*, adductisque textibus quae ipsam *in se* hypothesim respiciunt, aut *mediate* allegatisque testimoniis quae quum ad thesim proprie spectent, ad hypothesim nonnisi *in thesi atque in principio* consideratam referuntur. Quare iure nostro a lectoribus exigimus ut sedulo accurateque animadvertant, an quidquam ex symbolis illorumque commentariis a nobis laudatum invenerint, quod ad alterutrum caput non opportune revocetur. Pro certo namque habemus fore ut nihil quod eiusmodi sit, in eorum oculos offendat. Dilabitur ergo et sua sponte evanescit oborta inde suspicio, quod non pauca retulerimus, quae cum hypothesi de immaculato conceptu non apparent *immediate* conserta.

594. Progredior ad alteram exceptionem, atque ultro concedo talia non esse singula testimonia, quibus sive thesis sive hypothesis adprobetur. Sed I. non desunt singularia testimonia, quemadmodum superiora recolentibus liquidum erit, quibus modo thesis, modo hypothesis, modo utraque continetur. Neque II. desunt singularia symbola, singularesque eorumdem commentarii, quibus hypothesis de immaculato conceptu [1]) perspicue effertur. Quamquam III. quis nisi cum rerum naturis adversa fronte pugnans flagitet, ut desumpta ex testibus atque ex testimoniis probatio ex singulis testibus singulisque testimoniis plena atque absoluta dimanet? Quod licet non iniuria expetere, huc redit: ut nullus adhibeatur testis qui de quaestione taceat, nullumque adhibeatur testimonium quod ad quaestionis solutionem non conspiret: deinde vero ut ex summa testium testimoniorumque complexio-

---

1) Eiusmodi sane est symbolum *ex ligno vitae*, eo etiam nomine plurimi faciendum quod Christo inprimis conveniat. Hinc Theophanes in Men. die III. Ianuar. Ode θ'. pag. 28. col. 2. C. canit: Ὥριμον δρέπομαι ζωὴν μὴ βλαπτόμενος τῷ ξύλῳ τῆς γνώσεως· σὺ γὰρ, πανάμωμε, ζωῆς τὸ ξύλον Χριστὸν ἐξήνθησας, τὸν τὰς εἰσόδους τῆς ζωῆς τοῖς πᾶσι γνωρίζοντα· διὸ σε, πάναγνε, Θεοτόκον οἱ πιστοὶ καταγγέλλομεν. *Maturam mihi decerpo vitam non laesa ligno scientiae. Tu enim, immaculatissima, Christum vitae lignum protulisti, qui vias vitae omnibus ostendit: propterea te, o innocentissima, quotquot sumus fideles Deiparam celebramus.*

ne quaestio ipsa plane evidenterque enodetur. Sed quem testem adhibuimus, quodve retulimus testimonium a thesi vel ab hypothesi alienum? Immo quem testem adhibuimus qui thesi aut hypothesi aliquo tandem modo non patrocinetur? Et quod retulimus testimonium quo thesis vel hypothesis quadamtenus non sustentetur? Singula igitur ad rem faciunt, neque ut manca minusve idonea reprehendi possunt, nisi ex singulis exquiratur quod ex conflata omnium summa prodire debet.

595. Verum ea ne saltem est summa, quae thesim, idest, maximam Deiparae puritatem, quaeque hypothesim, idest, immaculatum eiusdem conceptum extra omnem dubitationis aleam collocet? Nihil ut respondeam accommodatius succurrit, quam rationes ita subducere. Quemadmodum non potest summa ac maxima ea puritas non videri, quae symbolis omnino omnibus puritatem significantibus fuerit adumbrata; ita nequit immaculatus non censeri illius creaturae conceptus, quae summa ac maxima puritate refulserit, quaeque fuerit praesignata typis qui originalem praevaricationem excludunt. Atqui I. nullum est symbolum cum puritate coniunctum, quod maiores nostri ad Virginem non retulerint, et quo non multo puriorem sanctioremque Virginem esse confirmaverint. Virgo namque [1]) illis est *arca sanctificationis, templum Dei sanctum, tabernaculum, altare, mensa, sancta sanctorum, propitiatorium, oraculum, candelabrum, thuribulum, victima immacu-*

---

[1]) Huc ista pertinent ex Theodoro studita Orat. VI. in dormit. Deiparae n. 4. pag. 59. apud Mai in nova PP. biblioth. T. V. P. III. Χαίροις κλίμαξ ἐστηριγμένη ἀπὸ γῆς εἰς οὐρανοὺς, δι' ἧς ἡ κατὰ ἡμᾶς κάθοδος, καὶ ἡ εἰς οὐρανοὺς ἄνοδος γέγονε τοῦ κυρίου, κατὰ τὸν μέγαν πατριάρχην Ἰακώβ. Χαίροις βάτε παραδοξοειδέστατε, ἐξ ἧς ἐπεφάνη ἄγγελος κυρίου ἐν φλογὶ πυρὸς, ᾗπερ κατάκαυον τὸ πῦρ οὐ κατάκαιον, κατὰ Μωυσέα τὸν θεοπτικώτατον. Χαίροις ὁ θεόδεκτος πόκος, ἐξ ἧς ἀπεῤῥύη ὁ οὐράνιος δρόσος πλήρης λεκάνη ὕδατος, κατὰ Γεδεῶνα τὸν θαυμασιώτατον. Χαίροις πόλις τοῦ βασιλέως τοῦ μεγάλου, ἣν οἱ βασιλεῖς θαυμάζοντες μεγαλύνουσι, κατὰ Δαβὶδ τὸν ἀσματογράφον. Χαίροις ἡ νοητὴ Βηθλεὲμ, ὁ οἶκος τοῦ Ἐφραθᾶ, ἐξ οὗ ἐξελήλυθεν ὁ βασιλεὺς τῆς δόξης τοῦ εἶναι εἰς ἄρχοντα ἐν τῷ Ἰσραὴλ, οὗ αἱ ἔξοδοι ἀπ' ἀρχῆς ἐξ ἡμερῶν αἰώνος, κατὰ Μιχαίαν τὸν θειότατον. Χαίροις τὸ κατάσκιον παρθενικὸν ὄρος ἐξ οὗ ὁ ἅγιος τοῦ Ἰσραὴλ ἐπεφάνη, κατὰ Ἀμβακοὺμ τὸν θεοφθέγκτον. Χαίροις λυχνία χρυσοειδέστατε καὶ φωτοφόρε, ἐξ ἧς περιέλαμψε τοῖς ἐν σκότει καὶ σκιᾷ θανάτου καθημένοις τὸ ἀπρόσιτον φῶς τῆς θεότητος, κατὰ Ζαχαρίαν τὸν θεσπέσιον. Χαίροις τὸ παγκόσμιον ἱλαστήριον τῶν βροτῶν, δι' οὗ ἀπὸ ἀνατολῶν ἡλίου καὶ ἕως δυσμῶν τὸ ὄνομα κυρίου δεδόξασται ἐν τοῖς ἔθνεσι, καὶ ἐν παντὶ τόπῳ θυμίαμα τῷ ὀνόματι αὐτοῦ προσάγεται, κατὰ Μαλαχίαν τὸν ἁγιώτατον. Χαίροις κούφη νεφέλη, ἐν ᾗ κύριος κεκάθηκε, κατὰ Ἡσαίαν τὸν ἱεροφαντότατον. Χαίροις ἱερὰ βίβλος τῶν προσταγμάτων κυρίου, καὶ ὁ νεοχάρακτος νόμος τῆς χάριτος, δι' ὧν τὰ ἀρεστὰ θεῷ, ἡμῖν γνωστὰ ἐστι, κατὰ Ἱερεμίαν τὸν πολυθρηνότατον. Χαίροις πύλη κεκλεισμένη, δι' ἧς κύριος ὁ θεὸς τοῦ Ἰσραὴλ εἰσελήλυθεν καὶ ἐξελήλυθεν, κατὰ Ἰεζεκιὴλ τὸν θεοπτικώτατον. Χαίροις τὸ ἀλάξευτον χειροϋψηλότατον ὄρος ἐξ οὗ ὁ ἀκρογωνιαῖος ἀποτέτμηται λίθος, κατὰ Δανιὴλ τὸν θεολογικώτατον. *Ave scala a terra in caelum protensa, per quam Domini ad nos descensus et in caelum reditus fuit, ut Iacob patriarcha vidit. Ave rube mirabilissime, ex quo angelus Domini apparuit in ignis flamma, quem ardens ignis non amburebat, sicuti summo Dei spectatori Moysi ostensum est. Ave Deo gravidum vellus, ex quo caelestis ros defluxit, immo plenus aqua catillus, quod admirabili contigit Gedeoni. Ave civitas regis magni, quam admirabundi reges magnificant, ut hymnographus David delineat. Ave intellectualis Bethleem, domus Ephratha, ex qua egressus est Rex gloriae, ut fieret princeps in Israele, cuius exitus ab initio dierum seculi, ut ait divus Michaeas. Salve umbrose mons virginee, ex quo sanctus Israelis apparuit, ut Habacucus divinitus instinctus clamat. Ave lucerna auro splendens lucifera, ex qua sedentibus in tenebris et in umbra mortis effulsit inaccessa deitatis lux, secundum divinitus afflatum Zachariam. Ave universale mortalium propitiatorium, per quod ab ortu solis usque ad occasum nomen Domini glorificatur in gentibus, et in omni loco thurificatio nomini eius offertur, sicut ait sanctissimus Malachias. Ave levis nebula, in qua Dominus resedit, ut est apud sacra magnaque voce praeditum Isaiam. Ave sacer mandatorum Domini liber, noviter scripta gratiae lex, per quam Deo placita nobis innotescunt, prout luctuosissimus ait Hieremias. Ave ianua clausa, per quam Deus Israelis ingressus est et egressus, sicut summus Dei speculator Ezechiel scribit. Ave nulla manu laborate mons celsissime, ex quo angularis abscissus fuit lapis, sicut ait summus theologus Daniel.*

lata, nubes lucis, scala Iacob, terra sancta, arca Noe, mons sanctus, Sion sancta, vas novum totumque ex auro: neque istud solum Virgo illis est, sed hoc totum quantum est puritate atque innocentia longissime superat. Ergo ex maiorum fide atque doctrina quaevis creata puritas et innocentia primas defert puritati atque innocentiae Deiparae, cuius nitor est summus, pulcritudo vero tanta ut cogitationem omnem praetergrediatur.

Porro II. fieri ne potest, ut cum hac summae puritatis atque innocentiae forma originale peccatum, originalesque sordes componantur? fieri profecto non potest, atque idcirco patres scriptoresque ecclesiastici iis symbolis quibus summam Deiparae puritatem adumbrarunt, immaculatum quoque eiusdem conceptum significasse dicendi sunt.

Praesertim quum III. symbola adiecerint ad Deiparam depingendam, quae non minus a peccato dissident quam a Christo Belial abhorreat. Ecquid enim a peccato remotius aut quid ab omni culpae umbra seiunctius *quam paradisus, quam terra primigenia, quam lignum vitae, quam caelum et caelum caeli?* Atqui haec ipsa sunt symbola quibus patres utuntur, quaeque patres explanant ut praeceptam animo fidem de innocentia numquam violata Deiparae patefaciant. Quare nihil satius esse duco quam [1] Anselmi verbis absolvere: « O sancta, o benedicta, in necessitatibus nostris adesse digneris nostrum consilium et auxilium, quae omnibus es promptior, potentior, efficacior, amabilior, gratiosior et dulcior. Dulcis es in ore te laudantium, in corde te diligentium, in memoria te deprecantium. Magnifica es in omni sexu, in omni aetate, in omni conditione, in tribubus, populis et linguis. Tu es luna in medio firmamenti: candelabrum in medio mundi: lignum vitae in medio paradisi: tu es myrrha electa: piscina in Esebon: virgula fumi ex aromatibus: fasciculus myrrhae et thuris inter ubera sponsi: terebinthus extendens ramos gratiae et salutis: inter benedictas superbenedicta es, superelecta es, superspeciosa, supergratiosa, supergloriosa, mater illius qui gratiam et gloriam et honorem et aeternitatem praestat. »

[1 Orat. LIII. ad sanctam virginem Mariam pag. 283. col. I. A-B.

PARS SECUNDA

PRAEFATIO

Duarum sectionum genus, quas altera pars huiusce nostri operis complectitur, titulus plane aperteque definit quem inscripsimus singulis: adeo inter se duo illa *Scripturarum ad Virginem accommodatio* et *Scripturarum de Virgine testimonia* differre intelliguntur non modo verbis, sed etiam sensu. Habet praeterea utraque sectio prooemium suum, in quo utriusque ratio quae sit et quo spectet, videmur satis declarando assecuti. Iuvabit tamen hoc loco rem ipsam et propositum quam brevissime explicare, ne forte ancipites haereant legentium animi, vel aliter de veritate atque oportet secum ipsi iudicent. Ambae sectiones illud sibi assumunt *commune*, ut in *Scripturis* tamquam in eadem materia versentur, verum quod non eodem modo, id sibi vindicant *proprium*. Discrimen autem triplex notari debet. Testimonia Bibliorum sectionis quartae, si textus integram orationem inspicias, vel ad beatam Virginem haudquaquam pertinere dixeris, vel utrum de illa pronuntiata fuerint merito dubitaveris; e contrario testimonia quintae sectionis ad beatam Virginem pertinere ac de illa pronuntiata fuisse citra omnem dubitationem. Hinc patrum et scriptorum ecclesiasticorum commentaria quae continet quarta sectio sententiam habent *accommodationis*, non interpretationem *proprietatis;* at vero commentaria quae continet quinta sectio, pro exegeticis habenda omnino sunt, atque ita ut sensum Scripturarum exponant modo luculentius, modo uberius. Quapropter sectio quarta totum suum firmamentum constituit in auctoritate patrum et scriptorum ecclesiasticorum, sectio autem quinta in auctoritate Scripturae tota nititur, cui ab ecclesiae patribus et doctoribus accedit gravissima confirmatio. Igitur si quis obiiciat, quartae sectionis testimonia aut non probare immaculatum Deiparae conceptum, aut certe ex biblica dictione non probare, utrumque obiiciet praepostere. Ea enim allegavimus ut usurpata a maioribus cum ad reliquas Deiparae laudes, tum ad conceptionem labis expertem significandam; adeoque probandi vim qua insita carent adscititiam mutuantur, dum aliorum sententiam verbis quodammodo expromunt suis.

Nunc quale demum cumque iudicium de labore nostro, quem unanimes una cum reverendo p. Clemente Schrader suscepimus atque unanimes persequimur, lectores laturi sint, illud novimus in libros commode convenire, quod apud poetam legimus de convivio dictum:

> Tres mihi convivae prope dissentire videntur
> Poscentes vario multum diversa palato.
> Quid dem? quid non dem? renuis tu, quod iubet alter,
> Quod petis id sane est invisum acidumque duobus.

Nos quidem ea etiam de caussa sapiens Nazianzeni consilium exsequi pro virili conati sumus:

> Εἰ νέα τέρπουσιν, δίδομεν νέα, εἰ δὲ παλαιὰ,
> Μίξαμεν, ὡς τὶ νέον καινοπάλαιον ἔχῃς.

Restat ut quae humani ingenii est imbecillitas, nos cogat libenter hoc et verissime profiteri:

> Emendanda siqua viris doctis hic erunt,
> Non ero stulte repugnans aut amans prave mea,
> Quin statim culpanda delens, praebeam rectis locum.

SECTIO QUARTA

SCRIPTURARUM AD VIRGINEM ACCOMMODATIO

De accommodato Scripturarum sensu in patrum operibus librisque ecclesiasticis frequenti: de huiusce sensus ratione: quo is pertineat, quidve ex illo rite colligatur: de oraculis Scripturarum ad Deiparam accommodatione translatis: quid ex eiusmodi oraculis illorumque receptis apud maiores commentariis sit consequens: et quam apte iis sive thesis de omnimoda Deiparae innocentia, sive hypothesis de immaculato eiusdem conceptu comprobentur.

596. Si proprie loquimur, non alterius rationis sensus divinis litteris subest, nisi quem *litteralem* et *spiritalem* nuncupamus. Quidquid ad alterutrum sensum non pertinet, id neque Scripturis contentum, neque Dei Spiritu significatum, neque eius auctoritate suffultum videri debet aut etiam potest. Nihilominus penes Christianos seculorum prorsus omnium invaluit, ut in Bibliis enarrandis praeter utrumque eiusmodi sensum, tertius etiam isque accommodatus et investigaretur subtiliter et pie excoleretur. Hunc enim sensum, cui et Philonem [1]) et [2]) Therapeutas impense studuisse novimus, praeclare excoluerunt [3]) vetustissimi patres, Pantaenus, Clemens alexandrinus, Origenes, Tertullianus, Cyprianus: excoluerunt [4]) patres insequuti, Basilius, uterque Gregorius nazianzenus et nyssenus, Epiphanius, Hieronymus, Ambrosius, Augustinus: excoluerunt [5]) mediae aetatis doctores, Beda, Oecumenius, Theophilactus, Euthimius, Hervaeus, Rupertus: et ii etiam excoluerunt atque excolere pergunt qui nostris hisce temporibus ad enarrandas Scripturas suam operam conferunt.

597. Equidem non ignoro, reprehensum vehementer fuisse Origenem [6]) ab Eustathio, Basilio, Iohanne chrysostomo, Epiphanio, Theophilo, Hieronymo, aliisque quod in Scripturis interpretandis ab eo quod aequum rectumque est, praepostere deflexerit: sed et illud scio non propterea fuisse reprehensum quod idoneos, etsi accommodatos, sensus exquireret, sed quod ingenio nimium indulgens et litteralem sensum spernens nonnisi allegorias et accommodationes deperire videretur. Hoc fuit Origenis vitium, hoc quod Ecclesia dam-

---

1) De Philone, qui ab Iosepho antiquitt. iudaic. lib. XVIII.cap.IX.audit ἀνήρ τὰ πάντα ἔνδοξος, accommodatae Scripturarum interpretationis studioso, conferri possunt quae tradunt Eusebius H. E. lib. II. cap. XVIII., Hieronymus de Scriptt. ecclesiast. n. 11., et Photius in Bibl. cod. CV.

2) Videsis Philonem de vita contemplativa et Eusebium Hist. Eccles. lib. II. cap. XVII., lib. V. capp. X-XI. et lib. VI. capp. XIV-XV.

3) Cf. Danielis Heinsii praefat. ad opp. Clementis alexandrini, qui et illud scite notat, tria praeclara opera Protrepticon, Paedagogon et Stromata sic ab eo fuisse digesta ut gentilium mystagogorum veterumque philosophorum exemplo tres gradus ἀποκάθαρσιν, μύησιν καὶ ἐποπτείαν referrent. Cf. etiam Suiceri thesaurum ad voces θεωρία, ἱστορία, ἀναγωγή καὶ διάνοια.

4) Hoc pluribus diligenterque ostendit Nicolaus Antonellus in praefat. ad opus Athanasii *de titulis psalmorum*, §§. XVIII. seqq. pagg. XXVIII. seqq.

5) Notius hoc est quam ut auctoritate testimoniisque confirmari debeat.

6) Serm. de Pythonissa, in Hexaem. Hom. III. n. 9., in Genes. Hom. XIII., ad Pammachium epist. XXXVIII., praefat. ad lib. V. comm. in Isaiam, et praefat. in Malachiam.

navit, quin tamen improbatos reiectosque vellet accommodatos et opportunos sensus, quos a patribus noverat semper adhibitos, quosque ipsamet in suis Officiis librisque liturgicis constantissime [1]) usurpaverat. Probe ista vidit Cardinalis Thomasius, nulloque aptiori vocabulo accommodatos hosce sensus insigniri posse existimavit, quam si illos [2]) *christianos sensus* appellaret. De quibus [3]) loquens Bernardus, adductis primum Scripturae verbis, *hodie scietis, quia veniet Dominus*, continuo subdit: « Verba haec quidem suo loco et tempore in Scriptura posita sunt; sed non incongrue illa vigiliae dominicae nativitatis Ecclesia mater aptavit. Ecclesia inquam illa quae secum habet consilium et spiritum sponsi et Dei sui, cui dilectus inter ubera commoratur, ipsam cordis sui sedem principaliter possidens et conservans. Nimirum ipsa est quae vulneravit cor eius, et in ipsam abyssum secretorum Dei oculum contemplationis immersit; ut et illi in suo, et sibi in eius corde perennem faciat mansionem. Cum ergo ipsa in Scripturis divinis verba vel alterat vel alternat, fortior est illa compositio quam positio prima verborum: et fortassis tanto fortior, quantum distat inter figuram et veritatem, inter lucem et umbram, inter dominam et ancillam. »

598. Ceterum est cur non antea ad alia progrediamur, quam paucis compendioque explicemus tum quae sit propria accommodati sensus ratio, tum quid nobis pro tuendis comprobandisque veritatibus ex eiusmodi genere interpretandi non iniuria polliceamur. Itaque accommodationis ratio sita in eo est, ut Scripturarum voces quae in seipsis spectatae et a contextu avulsae id sinunt, ad rem aliam ac ea sit quam auctor expressit, significandam declarandamque transferantur. Certe verba [4]) Psalmi, *cum sancto sanctus eris, et cum perverso perverteris*, ex serie ductuque orationis nihil cum iis commune habent quae ex hominum consuetudine bona pravaque oriuntur; comparata tamen sic sunt ut ex sese al-

---

[1]) Scite Petrus Lazzari praefat. in comm. super quatuor Evangelia sancti Brunonis astensis pag. XXXI. « Deinde explicationes alias illas quae intentae a Spiritu sancto nequaquam videntur, sed ab auctoribus illis de suo veluti penu depromptae, qui damnandas et reiiciendas putant, considerasse oportet quid improbent, et quos sibi auctores condemnandos repellendosque sumant. Sunt enim explicationes eaedem in patrum scriptis frequentissimae, ut si demptas eas ex eorum scriptis velis, peritura huiusmodi sint opera fere tota. Neque ego Gregorium aut Bedam dico dumtaxat, quos notum est istis plurimum delectari, aut ex antiquioribus Origenem, quem scimus de allegoriarum nimia frequentia, neglecto litterali sensu, crimen sustinuisse; sed omnium sententia et vocibus probatissimos laudatissimosque antiquos patres Hilarium, Ambrosium, Hieronymum, Chrysostomum, Augustinum. »

[2]) Dabo verba Cardinalis sanctissimi ex praefat. ad Psalterium: « Porro, *inquit*, ne aliqua saltem deesset vel brevis manuductio ad secretiora mysteria sensaque psalmorum tum de Christo et ipsius corpore Ecclesia universa, et particularibus huius corporis sive collegii membris, idest, fidelibus, tum etiam de caelesti patria, quos sensus recte appellaveris sensus christianos patefactos nobis tamquam scisso templi velo, morte Christi qui apostolis aperuit sensum ut intelligerent Scripturas. »

[3]) In vigilia nativit. Domini Serm. III. n. 1. pag. 767. D-F. opp. T. III. Huc etiam faciunt quae habet pag. 761. *in excusatione quod locum evangelii* Luc. I. *post alios expositores tractandum sumpserit*.

[4]) Ps. XVII. 27. Refert Agellius in commentario vetus scholion quod sic habet: Ἐν μὲν τοῖς ὁσίοις ὅσιός ἐστιν ὁ θεός, ἐν δὲ τοῖς ἀθώοις ἀθῶος· ἐν δὲ τοῖς ἐκλεκτοῖς ἐκλεκτός· ἐν δὲ τοῖς στρεβλοῖς οὐ στρεβλός, ἀλλὰ συστρεβλούμενος αὐτοῖς, διὰ τὸ εὔφημον· στρεβλὸν γὰρ εἰπεῖν τὸν θεὸν ἐφυλάξατο· τούτοις τοὺς στίχους οἱ ἀκλούστεροι ἐπὶ τῶν ἀνθρώπων πολλάκις λαμβάνουσιν· οὕτω δὲ συστραβλοῦται θεὸς ὡς ἐν τῷ δευτερονομίῳ λέγει· ἐὰν εἰσελεύσησθε πρός με πλάγιοι, εἰσελεύσομαι κἀγὼ πρὸς ὑμᾶς ἐν θυμῷ πλαγίῳ. » In sanctis sanctus est Deus et in innocentibus innocens, in electis etiam electus; sed in perversis non item perversus, sed simul cum ipsis pervertetur, boni ominis gratia. Nam perversum dicere Deum refugit. Hos versus simpliciores quique de hominibus frequenter usurpant. Sic autem simul pervertitur Deus, ut in Deuteronomio idem dicit: si ingrediemini adversum me obliqui, ingrediar et ego adversum vos in ira obliqua. » Ceterum quod dicitur, alexandrinos interpretes religiose vitasse ne scriberent, *perversus eris*, quum in reliquis scripsissent, *sanctus*, *innocens*, *electus eris*, non usque adeo verum est, quum in codicibus praestantissimis legatur non ὅσιος ἐσῃ, sed ὁσιωθήσῃ *sanctificaberis*.

que seorsum inspecta eiusmodi effectus significare non inepte queant. Si ergo de hisce effectibus accipiantur, id nonnisi accommodatione factum existimari debet.

599. Qua praestituta accommodati sensus ratione, nemo non videt quae eo confirmantur, Scripturarum auctoritate [1]) nullatenus confirmari. Unde ergo eiusmodi sensus vim suam mutuatur, quidve ex eo eruere prudenter licet? Quemadmodum vim suam omnem ex illorum auctoritate ducit, qui eo utuntur; ita duo potissimum sunt quae ex eo dimanant. Inprimis enim dimanat, accommodationis auctoribus visum esse, *obiectum* cui Scripturae aptantur, ita sese habere iisque dotibus insigniri, ut illarum verbis scite convenienterque exprimatur. Tum vero dimanat aptatas Scripturarum formulas non aliter ex eorumdem sententia [2]) spectandas esse, ac totidem veluti *signa* quibus *obiectum accommodationis* eiusque proprietates repraesententur.

600. Inter haec autem obiecta nulli posthabenda est Deipara, de qua non immerito affirmaveris, perpauca esse caelestium oraculorum effata quae ad illius innocentiam, sanctitatem, praestantiamque efferendam maiorum pietas non transtulerit. Ipsorum namque animis penitissime insederant quae de typis symbolisque [3]) disserentes retulimus, quaeque [4]) Bernardus his verbis complexus est: « Missus est Angelus ad Virginem nec noviter nec fortuito inventam, sed a seculo electam, ab Altissimo praecognitam et sibi praeparatam, ab angelis servatam, a patribus praesignatam, a prophetis promissam. Scrutare Scripturas, et proba quae dico. Visne ut ego aliqua ex his testimonia hic inseram? Ut pauca loquar de pluribus, quam tibi aliam praedixisse Deus videtur, quando ad serpentem ait: *inimicitias ponam inter te et mulierem?* Quam vero aliam Salomon requirebat cum dicebat: *mulierem fortem quis inveniet?* Quid deinde rubus ille quondam mosaicus portendebat flammas quidem emittens sed non ardens, nisi Mariam parientem et dolorem non sentientem? Quid, rogo, virga Aaron florida et non humectata, nisi ipsam concipientem et virum non cognoscentem? »

601. Quaenam vero sint sin minus omnia, praeclariora saltem Bibliorum oracula usu maiorum ad Deiparam accommodata, ut illius puritas atque innocentia significaretur, exponendum illustrandumque in praesentia suscipimus. Quibus curis praeter alia consequemur, initio quidem ut lectores suis prope oculis eam usurpent Deiparae speciem, quam patres scriptoresque christiani insculptam animis gerebant: deinde vero ut iidem plane intelligant quid patres scriptoresque christiani censuerint sive de ea thesi qua summum creatae puritatis apicem Virgini deferimus, sive de ea hypothesi qua omnem culpae labem ab eiusdem ablegandam primordiis tuemur.

---

1) Agerent ergo inepte qui propterea quae a nobis deinceps statuentur, non satis probarent, quod illa Scripturarum verbis sententiisque non contineantur. A nostro enim consilio alienissimum nunc est auctoritate Scripturarum pugnare, eaque causam quam defendimus communire.

2) Quibus tritae occurrimus difficultati, eos non esse accommodatos sensus qui ad christianas veritates asserendas admodum conducant. Quod enim accommodatis sensibus ex sese deest, illud abunde suppetit testificationi eorum qui accommodationem usurpant.

3) nn. 451. seqq.

4) Hom. 11. super *Missus est*, nn. 4-5. p. 744. C-F. opp. T. III.

CAPUT I.

De cantico canticorum deque sumptis ex eo testimoniis et ad Deiparam accommodatis, ut eius puritas atque innocentia exprimatur: cuiusmodi illa sint et quibus ea commentariis maiores explanarint: quid ex ipsis testimoniis, quidve ex illorum commentariis sit consequens, ut non minus thesis de omnimoda Virginis innocentia, quam hypothesis de immaculato eiusdem conceptu rite comprobentur.

602. Plurimos omnino novimus patres scriptoresque ecclesiasticos, qui sollicitam dederunt operam ut caelestem sapientiam eo contentam libro qui inscribitur שִׁיר הַשִּׁירִים, ἆσμα ἀσμάτων, *canticum canticorum*, minime vero [1]) *cantica canticorum*, editis lucubrationibus patefacerent. Ne autem sim prolixior, contentus ero nominatim recensere sive Gregorium nyssenum, Nilum et Maximum e quorum commentariis [2]) Psellus continentem paraphrasim defloravit, suisque auctam animadversionibus in lucem edidit: sive eumdem Gregorium nyssenum, Cyrillum alexandrinum, Origenem, Philonem carpathium, Apollinarium, Eusebium caesariensem, Didymum, Isidorum, Theodoritum et Theophilum, e quibus [3]) suam epitomen Procopius collegit: sive tandem Aponium, vulgatum Cassiodorium, Bedam, Iustum orgelitanum, Bernardum, Honorium augustodunensem, Philippum abbatem Bonae Spei et Rupertum tuitiensem.

603. Horum vero omnium concors sententia est atque unanime suffragium, huic canticorum libro *mysticum* dumtaxat *sensum* inesse, quod ipse etiam Dynamius Grammaticus Christianus significavit, quum [4]) interrogationi, *prudentiae intelligentia quot primas partes habet?* E vestigio respondit: « Trifaria est: nam aut historia tantum, ut decem verba legis: aut utrumque commixtum, ut Sara et Agar; vere enim homines fuerant, et tamen mystice duo testamenta praefigurarunt: aut mystice [5]) tantum, ut cantica canticorum. »

Quum vero ad mysticum sensum definiendum propius accedunt, in duas potissimum sententias abeunt, quae licet prima fronte ab invicem dissitae videantur, penitius tamen inspectae in unam eamdemque concurrere deprehenduntur.

604. Priorem sententiam enarrat [a]) Gregorius nyssenus inquiens: « Sub epithalamii specie coniunctionem humanae animae cum Deo *auctor* describit. » Enarrat, et multo qui-

---

a) Apud Mai, Classic. auctor. T. IX. pag. 257.

1) Consulantur Origenes in prologo et Eusebius qui H.E. lib. VI. cap. XXV. sic habet: ἆσμα ἀσμάτων, οὐ γάρ, ὡς ὑπολαμβάνουσί τινες, ἄσματα ἀσμάτων.

2) Apud Gallandium T. VI. pagg. 645. seqq.

3) Apud Mai Classic. auctor. T. IX. pag. 257. seqq. Operis inscriptio sic habet. Προκοπίου χριστιανοῦ σοφιστοῦ εἰς τὰ ἄσματα τῶν ἀσμάτων ἐξηγητικῶν ἐκλογῶν ἐπιτομὴ ἀπὸ φωνῆς Γρηγορίου Νύσσης, καὶ Κυρίλλου Ἀλεξανδρείας, Ὠριγένους τε καὶ Φίλωνος τοῦ Καρπαθίου, Ἀπολιναρίου, Εὐσεβίου Καισαρείας, καὶ ἑτέρων διαφόρων, ἤγουν Διδύμου, τοῦ ἁγίου Ἰσιδώρου, Θεοδωρήτου καὶ Θεοφίλου. Apud eumdem vero T. VI. pagg. 348. seqq. praeterea leguntur Προκοπίου χριστιανοῦ σοφιστοῦ τὰ λειπόμενα εἰς ἄσμα.

4) Apud Mai in Nova PP. biblioth. T. I. P. II. pag. 184.

5) Quibus verbis Em. editor hanc subiicit adnotationem: « En ut Dynamius librum cantici Salomonis mystico tantum sensu scriptum existimat, non autem historico; quam esse communem sanamque sanctorum patrum sententiam, alibi nos diximus. » Dixerat autem in praefatione ad T. IX. Classic. auctorum pagg. VI-VII. ubi et istud adiecerat: « Qui vero, praesertim ex recentioribus, aliter sentiunt, hi partim inani abrepti curiositate vagantur, partim vero impietate subversi in praeceps ruunt. »

dem plenius Theodoritus, qui in illos principio [a]) animadvertens qui sensus nescio quos historicos profanosque comminiscebantur, scribit: « Atqui debebant isti se longe vel sapientia vel spiritu praestantiores agnoscere sanctos patres, qui librum hunc inter divinas Scripturas collocarunt, eumque ut spiritu refertum comprobantes, Ecclesia dignum censuerunt. » Quinam vero hi patres fuerint, explanare [b]) pergit subdens: « Quin etiam multi ex veteribus illum commentariis et interpretationibus illustrarunt; et qui deinceps non sunt interpretati, eius tamen sententiis scripta sua decorarunt. Nec solum Eusebius palaestinus, et Origenes aegyptius, et martyrii corona redimitus Cyprianus carthaginensis, et his antiquiores, apostolisque propinquiores; verum etiam qui post in ecclesiis excelluere, magnus ille Basilius Proverbiorum principium exponens, et uterque Gregorius, quorum alter sanguine, alter amicitia Basilio coniunctus fuit, et fortis ille pietatis propugnator Diodorus, et Iohannes qui ad hunc usque diem doctrinae fluentis irrigat universum orbem terrarum, et denique, ut paucis rem complectens consulam brevitati, qui postea fuere, librum hunc omnes spiritualem esse censuerunt. » Quibus hoc subtexit [c]) epiphonema: « *Quae quum ita se habeant, consideremus, an aequum sit ut tot tantisque viris despectis, contemptoque ipso sanctissimo Spiritu, proprias opiniones consectemur.* »

605. Quod pressius circumscribens et reliqua [1]) Scripturarum cantica cum hoc conferens [d]) ait: « His igitur in canticis regis victoriam celebrant prophetae, eumque laudibus efferunt quod captivos vindicarit in libertatem. At Canticum canticorum illius nuptias describit, et erga sponsam amorem explicat. Sponsam autem appellat eos, qui in illis canticis a servitute liberati memorantur, et libertatem consequuti ad regis partes se applicuerunt, eiusque beneficia immortali memoria complectentes, magnamque in illum benevolentiam atque amorem declarantes, ipsum assidue sectantur; immo quoque caelestes potestates, quae dum quaerunt, ecquis sit iste rex gloriae, simul cum illo esse concupiscunt, ac ne exiguo quidem temporis momento ab eo, per quem salutem acceperunt, se disiungi patiuntur. Hac de caussa Canticum canticorum hic liber inscribitur, quoniam reliqua cantica propter hoc Canticum facta sunt, et ad hoc illa perducunt. Hoc enim est bonorum caput, divinae benignitatis summa, ineffabilis bonitas, incredibilis misericordia, immensa clementia, inenarrabilis caritas, quod auctor ipse et effector et procreator et Dominus et Deus et princeps, et qui semper idem est, luteum hoc animal et passionibus obnoxium et corruptibile et ingratum et inutile non solum a morte et servitute diabolica eripuerit, sed etiam libertatem illi largitus sit, ut non solum nos liberos constituerit, sed in filios quoque adoptaverit: neque solum tribuerit adoptionis munus, verum etiam sponsam et vocarit et fecerit, eodemque modo quo sponsus cum ea connubio iunctus fuerit, atque innumerabilia dona sponsalia dederit, et cubile et thalamum adornarit, et nudam induerit, et denique factus ipse sit sponsae et amictus et cibus et potus et via et scutum et vita et lux et resurrectio. Canticum igitur canticorum hic liber inscribitur propterea quod maiora Dei bonitatis genera nos edocet et maxime recondita atque arcana, et sanctissima divinae benignitatis mysteria nobis patefacit. »

a) Praefat. ad interpret. in cant. pag. 3.
b) Ibid. pagg. 4-5.
c) Ibid.
d) Ibid. pagg. 23-24.

1) Ibid. pag. 22.

606. Sentiunt igitur patres eo dirigi Canticum canticorum, ut eximium ac plane summum divinae in homines pietatis pignus argumentumque celebretur, atque adeo celebretur hinc quidem Unigeniti incarnatio, inde vero eiusdem [1]) cum Ecclesia, et in Ecclesia atque per Ecclesiam [2]) cum iusto quovis penitissima copulatio. Scite Drepanius Florus:

» Quid loquor insigni tumidum Salomona cothurno,
Qui thalamos Christi psallit et Ecclesiae.

Neque minus ad rem opportune Theodulphus aurelianensis:

» Protinus Ididae resident tres ordine libri,
Cui nomen Salomon sive Coheleth inest.
» Alloquitur primus sub prolis nomine cunctos,
Corrigit et mores, Ethice, lege tua.
» Omnia vana canit rutilo sub sole secundus,
Cui res est physicas enumerare labor.
» Tertius Ecclesiae thalamum Christique perornat,
Rebus et in logicis vertitur eius opus.

607. Hanc sententiam altera excipit neque maiorum suffragio, eiusmodi quae neque a priori penitus seiuncta existimari debeat. Nimirum plures sunt qui cum Psello, Honorio augustodunensi, Alano Magno de Insulis, Ruperto tuitiensi, Hailgrino Cardinali et Dionysio carthusiano arbitrantur, canticum ad Virginem nominatim referri, et ipsam esse Virginem quae sponsae appellatione nominatim significatur. Omnium loco audiatur [a]) Psellus qui sic habet: « Sapientissimus ille Salomon, mirabilis ille propheta tamquam in speculo propheticis oculis, animarum quae salutem assequuntur, mores et virtutes, immo ut vere dicam, ordines et gradus aspexit. Tres enim, ut mihi persuasi, sunt ordines eorum qui salvantur. Aut enim sunt filii, aut mercenarii, aut servi. Has classes atque hos ordines Salomon ille prospiciens, et divino afflatus spiritu, tanto ante cernens Verbi sponsi purissimi incarnationem, et quae ipsum sine semine genuit, sanctissimam Dei genitricem Mariam illam immaculatissimam, quam omnibus omnem omnium hominum generationes vocibus numquam cessantibus beatissimam praedicant, quia totius mundi peperit Salvatorem; hoc in sponsi persona canticum cecinit. »

608. Arctissimum vero esse vinculum quo haec sententia cum superiore devincitur, tam ipsis rerum naturis, quam maiorum auctoritate comprobatur. Quemadmodum enim celebrari nequit Unigeniti cum humana natura connubium, quin eius celebretur connubium cum Deipara ex qua humanam naturam accepit, ita neque connubium efferri potest sive cum Ecclesia universim, sive cum singulis iustorum animis, quin pariter connubium significetur cum Deipara, quae est gemma et gloria Ecclesiae, quaeque inter animas iustas tamquam omnium iustissima resplendet. Hinc receptae apud maiores formulae quibus Deipara salutatur nunc [b]) veluti *unionis naturarum officina*, nunc [c]) veluti *thalamus in*

---

a) Comm. in Cant. pag. 696. A-D. apud Gallandium T. VI.
b) Proclus Orat. I. in Deiparam pag. 302. apud Combefisium Auctar. T. I.
c) Ibidem.

1) De quo Christi cum Ecclesia connubio disertissima sunt quae in veterum commentariis passim occurrunt.
2) De coniunctione Christi cum cuiusque iusti anima, singulari nimirum sponsa, prae ceteris Canticum interpretantur Origenes, Gregorius nyssenus, Philo carpathius, Theodoritus, et Bernardus.

quo sibi Verbum carnem desponsavit, nunc ᵃ) veluti *gloriosissima sponsa unionis hypostaticae duarum naturarum Christi veri sponsi caelestis*, et nunc ᵇ) veluti *sponsa Trinitatis et dispensationis arcanus plane thesaurus*. Hinc quod [1]) in praefatione ad canticum Honorius augustodunensis scribit: « Cum canticum amoris, scilicet epithalamium Salomonis specialiter et spiritualiter ad Ecclesiam referatur, tamen specialissime et spiritualissime ad gloriosam Virginem reducitur. » Atque hinc quod ex maiorum doctrina [2]) Salmeronius repetit inquiens: « Quandoquidem omnia dona quae Christi sunt, a capite in membra diffunduntur; potissimum tamen in praecipuum et selectum Ecclesiae membrum, nimirum beatam Deiparam, illa derivantur. Hinc factum est ut laudes et praeconia, quae aeternae Sapientiae aut Ecclesiae eius sponsae tribuuntur, ob summam coniunctionem inter caput et ipsam, quae veluti Ecclesiae collum est, beatae Mariae adscribantur. Hinc liber cantici canticorum illi peculiariter assignatur, et in eius solemnitatibus legitur. Item illud, *Dominus possedit me in initio viarum suarum*, et quae sequuntur. Et id: *ego ex ore Altissimi prodivi primogenita ante omnem creaturam*. Et similia multa, quae de Verbo carnem induto ad litteram accipiuntur, cuivis tamen membro et sancto, suo modo, possunt competere, sed longo post Virginem sanctissimam intervallo. » Etenim [3]) teste Driedone primi subsellii theologo « Operae pretium est advertere, quod quae sub tropis et metaphoris aut etiam aperte de magnificentia, decore, pulcritudine et sanctitate Ecclesiae in sacris litteris dicuntur, ea omnia non absurde in universis ecclesiis per universum orbem gloriosae Dominae Virgini attribuuntur, propterea quod inter omnia Ecclesiae membra sit excellentissima, cui totum est collatum [4]) quidquid gratiae ceteris membris per partes est distributum. Hinc ergo factum est quod antiquus Ecclesiae ritus in honorem huius gloriosae Dominae recitat, canit et praedicat Scripturas, quas secundum litteralem sensum ipsa sacrae Scripturae series indicat esse dictas de tota Ecclesia Christi. Neque negandum est, etiam Spiritum sanctum de hac loquutum esse, quum appellat *arcam sanctificationis, tabernaculum Dei, domum Dei, et civitatem Dei*. Amplius autem et in honorem gloriosae Virginis per universum orbem Ecclesiae canunt ea, quae in Psalmis, Proverbiis et in Ecclesiastico leguntur de aeterna Dei patris sapientia, utpote de Iesu ipsius filio. Siquidem ea quae Christo sunt propria, sunt participatione quadam communia Ecclesiae, et huic gloriosae Dominae quae eiusdem Ecclesiae constituta est mater et regina. »

609. Ne qui vero probationem, qua continuo utemur, secus accipiant ac sumendam illam esse arbitramur, quo fieri disertissime potest monemus, non id nobis esse consilii ut divinarum Scripturarum auctoritate sive thesim de plenissima Deiparae innocentia, sive hy-

---

a) Modestus Encom. in Deiparam §. III. pag. 17.
b) Pseudo-Epiphanius Orat. in Deiparam pag. 292. C.

[1]) In sigillo beatae Mariae pag. 1217. T. XX. Biblioth. max. PP.
[2]) Proleg. XIX. in Evangel. Can. XI. pag. 441. opp. T. I.
[3]) De Regulis et Dogmat. sacrae Scripturae lib. III. tract. II. cap. IV. de tropologicis loquutionibus.
[4]) Hinc illud Pauli Sherlogi in Salom. cantic. anteloq. II. sect. I., *Mariam inter creaturas divini esse medullam amoris*; quod continuo maiorum suffragiis demonstrat. Atque hinc illa Andreae Ramirez in proleg. ad cant. §. XII. « Sacrum istud volumen hoc differt a sacris ceteris, quod perpetua quadam allegoria sub cortice dramatis nucleum abscondat mysterii. Tendit igitur declarandis liliatis nuptiis agni et sponsae, Christum intelligo et Ecclesiam, aut quamvis animam et maxime Marianam. Sic omnes catholici, a quibus in hac re nefas discedere. »

pothesim de innoxio eiusdem conceptu, sive utramque demonstremus; sed nos eo unice spectare ut initio quidem declaremus quaenam Scripturarum oracula tam Ecclesia quam patres scriptoresque christiani ad Virginem traduxerint: deinde vero quibus illa commentariis explanarint, quamve virgineae innocentiae sanctitatisque speciem exhibuerint. In summa non doctrinam exquirimus Scripturarum, sed sententiam promimus christianae traditionis quae occasione Scripturarum innotuit.

ARTICULUS I.

De capite primo cantici canticorum: de illius ad Deiparam ecclesiastica accommodatione: quae sint cum hac accommodatione coniuncta: et quam praeclare commentariis maiorum tum ea confirmentur, tum Deiparae conceptus labis expers ostendatur.

610. Nullum est cantici caput, quod maiorum fides atque religio ad Deiparam non retulerit. Ut igitur ab eo ordiamur quod primum est, illud accommodatum ad Virginem legimus tam in missali mozarabico in festo [1]) nominis Mariae, quam in breviario romanae Ecclesiae, in quo de Virgine adhibetur [2]) in festo Assumptionis et in utroque eiusdem officio, sive quod [3]) *parvum* dicitur, sive quod [4]) in sabbato frequentatur. Quemadmodum ergo de ecclesiastica huius capitis ad Deiparam accommodatione non licet ambigere, ita neque fas est dubitare, utrum quae illo continentur, Deiparae conveniant, eiusque dotes atque ornamenta apte repraesentent.

611. En vero quae hoc in capite prae ceteris animadverti debent. I. Sistitur [5]) sponsa ut quae sponsi osculum deperead; *osculetur me osculo oris sui*. II. Sistitur [6]) digna quam sponsus impense diligat, quamque propter insitas dotes singulari eximioque amore complectatur; *quia meliora sunt ubera tua vino, fragrantia unguentis optimis*. III. Sistitur ut quae [7]) a sponso prae omnibus dilecta fuerit atque selecta; *introduxit me Rex in cellaria sua: exultabimus et laetabimur in te, memores uberum tuorum super vinum. Recti diligunt te*. IV. Celebratur [8]) tamquam formosa; *nigra sum sed formosa, filiae Ierusalem, sicut tabernacula Cedar, sicut pelles Salomonis*. Immo V. celebratur [9]) veluti

---

[1]) In quo leguntur verba ex Cant. I. 1-8.

[2]) Lectiones enim primi nocturni non aliunde quam ex hoc cantici capite sumuntur.

[3]) Cf. Offic. parvum B. M. ad vesp. Antiph. I-III.

[4]) Cf. Offic. B. M. in Sabbato ad laudes Antiph. I-III.

[5]) Cant. I. 1. Vulgatus reddens *osculo* legit מִנְּשִׁיקָה.

Textus in usitatis editionibus habet מִנְּשִׁיקָה *ex osculis*, cui lectioni suffragantur interpretes alexandrini qui reddunt ἀπὸ φιλημάτων.

[6]) Cant. I. 1-2. Particula *quia*, כִּי, ὅτι heic non tam vim refert *causalem*, quam *adversativam*, atque apte redditur *verumtamen, sed, nihilominus*. Lectio autem vulgati *ubera tua*, cui respondet Alexandrina interpretatio, μαστοί σου dissidet a communi textus lectione דֹּדֶיךָ *amores tui*. Scilicet vulgatus et alexandrini idem vocabulum legerunt ac si scriptum esset דַּדֶּיךָ *ubera tua*.

[7]) Cant. I. 3. Nomen *cellaria*, quo vulgatus utitur, communem habet significationis originem cum hebraico חֶדֶר, quod a celando dicitur. Unde *cellaria* sunt intimi secretique loci, in quibus res magni pretii reponuntur.

[8]) Cant. I. 4. Vox hebraica שְׁחוֹרָה non atrum modo colorem significat, qualis est Aethiopum, verum etiam dilutiorem, cuiusmodi in iis cernitur quae a perfecto candore deficiunt. Quare non male Ambrosius in apologia Davidis legit *fusca*. Pro insequente particula *sed*, in hebraeo, syro et arabo est וְ, in Graeco καί.

[9]) Cant. I. 7-9. Quemadmodum particulae *si* non conditionalis sed affirmativa significatio inest, et valet *quandoquidem;* ita pronomen *te* nonnisi vim expletivam habet. Quod subditur, *o pulcherrima inter mulieres*, hebraice est, *pulcra in mulieribus*, et graece ad verbum, καλὴ ἐν γυναιξίν, sed citra quodvis significandi discrimen. Denique *amica* hebraice et רַעְיָה *conviva, mulier*.

mulierum pulcherrima, et idcirco sponsi amica; *si ignoras te, o pulcherrima inter mulieres. Equitatui meo in curribus Pharaonis assimilavi te, amica mea. Pulchrae sunt genae tuae sicut turturis, collum tuum sicut monilia.* VI. Admiratur [1]) sponsus sponsae venustatem; *ecce pulcra es amica mea, ecce tu pulcra es: oculi tui columbarum.* Denique VII. sponsae [2]) venustas cum sponsi pulcritudine contenditur; *ecce tu pulcher es, dilecte mi, et decorus.*

612. Age iam, et Ecclesia praeeunte ad Deiparam ista referto. Cuiusmodi illa censenda erit? nimirum censenda erit digna *quae pulcra, quae formosa, quae amica* simpliciter dicatur, immo *quae pulcherrima quaeque speciosissima* nuncupetur, *quam sponsus unice amaverit, prae omnibus elegerit, cuius venustatem suspexerit,* et *quam perfectissimum suimetipsius ectypum constituerit.* Haec autem talia sunt, quae nisi ab ea quam praeferunt significatione detorqueantur, profecto non sinunt sive ut creata puritas cogitetur ea potior qua Virgo nituit, sive ut Virgo aliquo infuscata naevo videatur.

613. Quae quidem non pro arbitrio a nobis fingi, sed ad maiorum fidem sententiamque expressa referri, adducti in medium eorumdem commentarii demonstrabunt. Rupertus itaque enarrans [3]) verba, *dum esset rex in accubitu suo, nardus mea dedit odorem suum;* Virginem [4]) inducit sic loquentem: « Ipse priusquam ego essem, imo et antequam Abraham fieret, est et erat, et in illo accubitu suo erat. Nam in principio erat Verbum, et Verbum erat apud Deum. Dum ita esset, nardus mea dedit odorem suum, et hoc odore delectatus descendit in uterum meum. Olim in Eva malo superbiae foetore offensus, et ob hoc ab humano genere aversus fuerat: nunc autem delectatus bono odore, nardo humilitatis meae, sic ad genus humanum conversus est. » Ubi vero cetera [5]) interpretatur, haec Virgini verba [6]) adscribit: « Tu pulcher et decorus, ita pulcher ut sis ipsa substantia pulchritudinis: ita decorus ut sis ipsum decus humani generis. Vere ergo dicis mihi, *ecce tu pulcra es*, et dico tibi, *ecce tu pulcher es* quia tu pulcritudo mea es. » Consentit [7]) Amedeus episcopus lausanensis inquiens: « Bonus odor qui regem in accubitu suo per Virginem provocavit, ut ad nos veniens nostra reciperet, sua daret constituens nobiscum amicitias lege immobili et pace sempiterna. Sic itaque fragrantia vestimentorum sanctae Mariae hostes fugat, bonos invitat, Deum placat. » Consentiunt Bernardus et Anselmus, iisque testimoniis consentiunt quae esse praeclariora nequeunt.

614. Et Bernardus sane non modo [8]) Virginem semel iterumque vocat antonomastice *pulcram*, verum etiam de ea [9]) subdit: « Virgo Dei genitrix virga [10]) est, flos Filius eius. Flos itaque Filius Virginis, flos candidus et rubicundus, electus ex millibus. Flos in quem prospicere desiderant angeli: flos ad cuius odorem reviviscunt mortui. Et sicut ipse [11]) testatur, flos campi est et non horti. Campus enim sine omni humano floret adminiculo, non seminatus ab aliquo, non defossus sarculo, non impinguatus fimo. Sic omnino, sic

---

socia mensae, sodalis, apud Symmachum ἑταίρα *socia*, et apud Aquilam φίλη *amica*.

1) Cant. I. 14. Particula הִנָּךְ *ecce tu*, non tam vim demonstrandi quam admirandi praefert, eiusque geminatio hunc affectum vehementer amplificat.
2) Cant. I. 15.
3) Cant. I. 11.
4) In Cant. lib. I. cap. I. pag. 9. A-C.
5) Cant. I. 14-15.
6) Ibid. pag. 11. col. 1. E.
7) Hom. II. de laudibus Deiparae pag. 1265. col. 1. B. in Max. PP. Biblioth. T. XX.
8) Serm. I. de adventu Domini et sex circumstantiis eius, pag. 20. col. I. D-E. apud Combefisium in Biblioth. PP. Concionat. T. I.
9) Ibid. pag. 20. col. 2. B-D.
10) Is. XI. 1.
11) Cant. II. 1.

Virginis [1]) alvus floruit: sic inviolata, integra et casta Mariae viscera, tamquam pascua aeternis viroris florem protulere, cuius pulcritudo non videat corruptionem, cuius gloria in perpetuum non marcescat. O Virgo virga sublimis, in quam sublime verticem sanctum erigis, usque ad sedentem in throno, usque ad Dominum maiestatis. Neque enim id mirum, quoniam in altum mittis radices humilitatis. O vere caelestis planta, pretiosior cunctis, sanctior universis. O vere lignum vitae quod solum fuit dignum portare fructum salutis. » Et [2]) mox: « Per te accessum habeamus ad Filium, o benedicta inventrix gratiae, genitrix vitae, mater salutis: ut per te nos suscipiat qui per te datus est nobis. Excuset apud ipsum integritas tua culpam nostrae corruptionis, et humilitas [3]) Deo grata nostrae veniam impetret vanitati. » Quae vero quantave fuerit integerrima Deiparae puritas, uberius declarat [4]) Bernardus inquiens: » Factor hominum ut homo fieret, nasciturus ex homine talem sibi ex omnibus debuit deligere, imo condere matrem, qualem se decere sciebat, et sibi noverat placituram. Voluit igitur esse Virginem, de qua immaculata immaculatus procederet, omnium maculas purgaturus. Voluit et humilem, de qua mitis et humilis corde prodiret. Ut igitur quae sanctum sanctorum conceptura erat pariter et paritura, sancta esset corpore, accepit donum virginitatis: ut esset et mente, accepit et humilitatis. His nimirum Virgo regia gemmis ornata virtutum, geminoque mentis pariter et corporis decore praefulgida, specie sua et pulcritudine sua in caelestibus cognita, caeli civium in se provocavit adspectus; ita ut et Regis animum in sui concupiscentiam inclinaret, et caelestem nuntium ad se de supernis educeret. »

615. Neque aliter [5]) Anselmus qui Virginem sic alloquitur: « O femina mirabiliter singularis, et singulariter mirabilis, per quam elementa renovantur, inferna remediantur, daemones conculcantur, homines salvantur, Angeli redintegrantur! O femina plena et superplena gratia, de cuius plenitudinis exundantia respersa sic revirescit omnis creatura! O Virgo benedicta et superbenedicta, per cuius benedictionem benedicitur omnis natura, non solum creata a creatore, sed et creator a creatura! O pulcra ad intuendum, amabilis ad contemplandum, delectabilis ad amandum! » Et [6]) paullo post: « Mira res, in quam sublimi contemplor Mariam locatam. Nihil est aequale Mariae: nihil, nisi Deus, maius Maria. » Et [7]) rursum: « Deus et pater rerum creatarum, et Maria mater rerum recreatarum. Deus est pater constitutionis omnium, et Maria est mater restitutionis omnium. O vere *Dominus tecum*, cui dedit Dominus, ut omnis natura tantum tibi deberet secum. »

616. Succedunt Iohannes damascenus et Germanus constantinopolitanus, e quibus ille [a]) exclamat: « Ave nardus [8]) fluens, unguentariorum more puritatis aromata irrigans, quorum evaporatio suavissimus illi odor est qui in canticis dicit, *nardus mea dedit odorem suum*. Ave stacte, ex virginalis balsami confectione sanctitatis sive lactis Christo stactem stillans, quae rursum in canticis [9]) canis: *fasciculus myrrhae dilectus meus mihi, inter ubera mea commorabitur*. Ave unguentum, compositio omnium pretiosissima virtu-

---

a) Orat. II. in Deiparae nativit. §. VII. pag. 855. C-E.

1) Cant. I. 6.
2) Ibid. pag. 20. col. 2. D-E.
3) De qua humilitate in sermone IV. de Assumptione ait: « Digna plane quam respiceret Dominus, cuius odore suavissimo ab aeterno illo paterni sinus attraheretur accubitu. »
4) Hom. II. super *Missus est*.
5) Orat. LI. ad sanctam Virginem Mariam pag. 281. col. 1. D.
6) Ibid. pag. 281. col. 1. E.
7) Ibid. pag. 281. col. 2. A.
8) Cant. I. 11.
9) Cant. I. 12.

tum, omnigenae puritatis unguenta spirans, ex qua Dominus idem tecum nomen gerens prodiit; ait [1]) enim *unguentum effusum nomen tuum.* » At Germanus descripta Salvatoris oeconomia, illico [a]) pergit: « O ineffabilem exinanitionem! O bonitatem! quod per mulierem cognatam et consanguineam haec nobis supra naturam et gratiam Deus erogaverit: per mulierem, inquam, cuius animae pulcritudo eo immensitatis excrevit, ut Christum ipsum qui summa pulcritudo est, in sui desiderium attraxerit, effeceritque ut secundam ex ea sine patre generationem elegerit. Cuius etiam corpus speciosum adeo fuit, tantaque florens puritate, ut vel ipsam caperet incorpoream immensamque superessentialis naturae maiestatem, per unam e tribus eius hypostasibus. Haec est Dei genitrix Maria, commune christianorum omnium perfugium: prima primi lapsus primorum parentum revocatio: lapsi generis in rectum statum restitutio. »

617. Prae his tamen etsi splendidissimis non minus ea censeri luculenta debent, quibus Zacharias, auctore [2]) Germano, Virginis parentes compellavit inquiens: « O nostrae salutis auctores, quo vos appellem nomine? Quomodo vocem? Obstupesco. Videtis ne qualem protulistis fructum? Talis enim est ut puritate sua Deum alliciat ad inhabitandum in ea. Numquam similis ulla fuit, numquam erit hac pulcritudine fulgens. » Neque ea item quibus ipsam alloquens [3]) Virginem, dixit: « Accede tu quoque ad me, Puella caelis sublimior: accede quae infans conspiceris, et officina Dei intelligeris. Accede et sanctuarii limina tu potius sanctifica. Neque enim tu purgata sanctificaris, sed magis sanctificas. Ingredere per sanctuarii limina, quae mortis limina conteris. Intuere in velum quae tuo fulgore illuminabis eos, quos gustus oculos offuscans excaecavit. Ecce enim senectutis te baculum teneo, naturaeque lapsu debilitatae erectionem. »

618. Sed [4]) alibi commemoratis verbis [5]), *ecce tu pulcra es, amica mea*, e vestigio Germanus subiicit: « Immortalis sponsi verba sunt ista sponsae Mariae suffragantia, omnibus nempe creatis praeesse, et in natura creata ad increatam ob puritatis excellentiam accedere. » Quibus haec respondent [b]) Gabrielis ad Deiparam: « Scias palam animoque persuasum habeas, me magis te obstupuisse quum tuam divinis affusam gratiis pulcritudinem spectarem: ac te iam videns, mei Domini gloriam mihi videor intueri. » Hinc Isidorus thessalonicensis [6]) praemissis verbis, *sed paulo altius ordienda est historia Virginis, ut e sacro ipsius ortu incipiendo deducat ordine quodam oratio purissimam in ingressum ad sancta sanctorum*, continuo [7]) pergit: «Nascitur ergo sacratissima haec pulcritudo expressissime Deum referens; et summe deiforme speculum, divinitus micans splendor, Deum oblectans iubar, Deum decens formositas, et sponsa et filia Deo reservata Maria.» Tum sermone ad Ioachimum et Annam converso [8]) addit: « Impetrant egregie quod petebant, fructumque

---

a) Orat. in Deiparae nativit. pagg. 1323. E. et 1326. A-B. apud Combefisium Auctar. T. I.
b) Orat. in Deiparae annunciat. pag. 1426. D. apud Combefisium Auctar. T. I.

1) Cant. I. 2.
2) Orat. I. in Deiparae praesent. pag. 48. edit. Maraccii.
3) Ibid. pag. 49.
4) Orat. in Deiparae annunciat. pag. 100. edit. Maraccii.
5) Cant. I. 14.
6) Orat. II. in Deiparae praesent. pag. 34. edit. Maraccii.
7) Ibidem pag. 34.
8) Ibid. pag. 36. Cum his autem e re fuerit contulisse quae tradunt Theodorus studita epistt. lib. II. epist. CXXVIII. pag. 579. inter opp. Sirmondi T. V., antiquus auctor libelli inscripti *corona beatae virginis Mariae* cap. IX. pag. 408. in collect. patrum eccles. tolet. T. I. et Irimbertus abbas admontensis in Cant. I. pagg. 371-374. apud Pezium T. II. P. I.

generant hunc admirabilissimum, orbis universi decorem et pulcritudinem, mysticum alimentum, melle supra captum dulcius, delectamentum quasi umbrosa arbore iucundius et omni florum odore suavissimo gratius. Decebat enim et illos tanta nobilitate animi praestantes, tanta iustitiae laude florentes, tanto ardore Deum rebus omnibus praeferentes, tanta mentis deiformitate vigentes non aliam sed hanc generare prolem, et ipsam, cuius beatam excellentiam praetermittit oratio quia non potest exprimere, non alios sed hos habere parentes. Decebat etiam illius congressus qui concipiendae Virginis caussa fuit, primordialem et antecedentem caussam non esse aliud quam Dei congressum, ut qua fieri posset, sola purissima, propheticum quoque illud [1]) evitare posset, *in iniquitatibus conceptus sum*, possetque de ipsa affirmare, *solam non in peccatis concepit me mater mea.* »

619. Venio ad libros ecclesiasticos, in quibus neque pauciora, neque minus ad rem praesentem accommodata reperiuntur. In illis namque [2]) legimus: « Agite, puram illam mente similiter pura beatam celebremus; pulcritudinem scilicet Iacob quam Deus dilexit, quamque a se electam veluti tabernaculum sanctificationis incoluit; illam ipsam ut creatis omnibus honoratiorem hymnis efferamus. » Tum [b]) legimus Divinarum adolescentularum chorus Numine afflatus te in mulieribus pulcram decantat, te, o domina et Dei genitrix, divinitatis splendoribus adornatam; nam super omnem mentis captum peperisti Verbum quod omnem pulcritudinem condidit. » Ad haec, praecinente [c]) Iosepho, legimus: « Ut pulcra, [3]) ut florida, et puritatis nitore circumfulgens Verbum pulcritudine florens corpore ex te sumpto induisti, atque in lucem, o Virgo mater, illum edidisti, qui, utpote bonitate praedives, rebus omnibus ut exsistant, vi divina largitur. » Itemque, praeeunte [d]) Iohanne damasceno, legimus: « Laetare o superimmaculata, ut quae ipsammet laetitiam sinu conceperis: laetare o superinnocens laetare o innocentiae flos purpurascens et dulce fragrans, laetare o rubicunda et cocco tincta virginitatis rosa: laetare o suave spirans Numinis olfactorium. » Legimus [e]) chori duce Theophane: « Te, o penitus immaculata, quae apparuisti alabaster divini unguenti et vas eximium fragrantiae Christi, deprecor, ut me liberes a foetore passionum lutoque peccati. » Ac tandem [f]) legimus: « Verbum, o Puella, in sinu tuo inhabitans illum vas effecit novi unguenti; ideo, o Virgo, divinae sanctorum animae post te fervide currentes clamabunt, pulcra es, pulcra es, o Puella domina. »

620. Quibus mutuo collatis assequimur, non modo pleraque omnia ex priore Cantici capite ad Deiparam suffragatione maiorum accommodari; verum etiam sic de illa accipi disertisque commentariis enarrari, ut dici omnino possit et debeat I. Deiparam esse *antonomastice pulcram, haud aliter pulcram ac pulcher sit sponsus, esse pulcherrimam,*

---

a) Men. die IV. Ianuarii Ode α'. pag. 33. col. 1. D.
b) Men. die XI. Ianuarii Ode α'. pag. 103. col. 1. B.
c) Men. die XIII. Ianuarii Ode ε'. pag. 113. col. 2. E.
d) Men. die XXVIII. Ianuarii Ode ε'. pag. 204. col. 2. C.
e) Men. die XXVI. Octobris Ode α'. pag. 154. col. 2. C.
f) Ibid. Ode ε'. pag. 156. col. 2. C.

1) Ps. L. 7.
2) Quibus haec sunt similia ex Anthologio in ἀκολουθία τῆς ὅλης ἑβδομάδος, pag. 96. Ode ε'. col. 1. A. Ἡ καλὴ καὶ ἄμωμος ἁγνὴ ἐν γυναιξὶ τὴν ταλαίπωρόν μου ψυχὴν ἐμπαθῶς ὁρίξασαν νῦν ἐλευθέρωσον, καὶ ἁγνῶς βιῶσαί με μεσιτείαις σου εὐόδωσον. *Pulcra et immaculata, innocentissima mulierum miseram animam meam a vehementia passionum nunc libera mihique tua mediatione concede ut innocenter vivam.*

ipsamque pulcritudinem: II. eam esse *immaculatam ut immaculatum est germen ex ea ortum, esse superimmaculatam, superinnocentem, sanctam corpore, sanctam spiritu, omnibus sanctiorem et eo usque sanctiorem, ut in creata natura propter excellentiam puritatis ad increatam proxime accedat:* III. eam esse *benedictam et superbenedictam, plenam et superplenam gratia, solam purissimam, non excaecatam interdictae arboris gustu, in peccatis non conceptam atque eiusmodi propterea conditam quae Deum deceret, divinamque benevolentiam promereretur:* IV. eam esse *plantam caelestem, lignum vitae dignum quod salutis fructum ederet, ita vero puritate fragrans ut Evae foetorem expelleret, et Unigenitum e sinu Patris in proprium sinum attraheret.* V. *per eam expugnatum esse peccatum, devictam mortem, et pacem Deum inter hominesque restitutam:* VI. *illi cum Filio quadamtenus esse commune, ut caussa habeatur reconciliationis, ut eodem unguenti nomine appelletur, ut decus humani generis credatur, tanta vero gratiae ubertate insignis sit, ut ex redundante illius plenitudine omnis creatura revirescat:* tandem VII. *nihil esse aequale Mariae, nihil praeter unum Deum illa maius, cuius ea est gloria ut ipsam referre Domini gloriam videatur.* Putarem vero me luci tenebras offundere si disputando contenderem, his et thesim de summa Deiparae innocentia, et hypothesim de immaculato eiusdem conceptu demonstrari. Quare multo esse satius duco verbis [1]) Petri cellensis absolvere: « Replicatis apud Patrem unicus Filius regalibus ornamentis, quibus insignitus splendor paternae gloriae in splendoribus sanctorum ante luciferum genitus irradiabat, hodie a regalibus sedibus descendit, et cellam vinariam, cellam aromaticam seipsum exinaniendo intravit. O cella benedicta! O cella beata! Paradiso iucundior, caelo sublimior, angelis beatior, pande sinum, aperi ostium, resolve pessulum festinanti, venienti et currenti ad nostrum suffragium, ad naufragantis subsidium, ad desperantis remedium: grande habet negotium sed secretum; idcirco in secreto tuo silentio excipe illum. Postponit palatia regum propter discursantium tumultum: Synagogam respuit sacerdotum propter avaritiam et calumniam pauperum. Ab initio aeternitatis radius beneplaciti sui in te directus, donec veniret tempus miserendi, te sibi fabricare distulit: et postquam in fine seculorum viscera pietatis suae continere non potuit, de grandi silva generis humani in securi beatricis potestatis et ascia inconvulsae caritatis praecidit ad umbraculum suae operationis ramusculos pulcherrimae arboris, et opere incomparabili officinam Verbo incarnando aptam et solius Dei receptivam construxit. Hanc extra circumlinivit specie et pulcritudine quam Rex concupisceret: intus replevit optimis caeli mercibus, nullo modo ante pretio emptis vel adeptis. »

ARTICULUS II.

De altero cantici capite, eiusque ad Deiparam ecclesiastica accommodatione: quae hoc capite potissimum contineantur: et quae ex iis, adiecta interpretatione maiorum, ad conceptum Virginis innoxium tuendum sua sponte dimanent.

621. Huius capitis usus et ad Deiparam accommodatio in ecclesiasticis Officiis est omnino solemnis. Quemadmodum enim generatim adhibetur [2]) in Virginis festis, ita no-

---

1) In Annuntiat. Serm. VII. pag. 82. 2) In antiphonis ad Laudes et ad Vesperas.

minatim usurpatur [1]) in festo Conceptionis, in festo [2]) Nativitatis, in festo [3]) Visitationis, et [4]) in festo quo septem eiusdem dolores pia commemoratione recoluntur. Neque ab ecclesia [5]) occidentali orientalis dissidet, immo cum ea ita consentit, ut in efferendis Deiparae laudibus verba ex hoc capite saepissime mutuetur, aut certe ad illa non obscure respiciat.

622. Sane in alexandrino Coptitarum Missali sacerdos ter adolens coram Virginis imagine [6]) dicit: « Gaude Maria, pulcra columba, quae Deum Verbum nobis peperisti. Te salutamus cum Gabriele angelo dicentes: ave gratia plena, Dominus tecum.

Ave Virgo regina vera: salve, honorificentia generis nostri; tu peperisti nobis Emmanuel.

Rogamus, memento nostri o fidelis advocata in conspectu Domini nostri Iesu Christi, ut dimittat nobis peccata. » Qui autem [7]) in sanctuario sunt, canunt: « Laudemus cum angelis et ordinibus caelestibus Patrem, Filium et Spiritum sanctum. Sanctus es Deus noster, sanctus es salvator noster, sanctus es creator, sanctus es vivificator, sanctus es cui ministerium debetur, sanctus es magne, sanctus es benedicte, sanctus es liberator, sanctus es spes nostra, sanctus es Fili Dei, sanctus es Iesu Christe: mater tua Virgo, columba electa, Maria Deipara, Maria mater Iesu. » Quibus haec [8]) insigniter respondent: « Ave pulcra columba, quae nobis annuntiasti Dei pacem hominibus conciliatam. »

623. Suffragatur plus semel Armeniorum ecclesia, et primo quidem ubi [9]) de Virgine canit: « Immarcescibilis flos, sine condemnatione ramus, te Isaias praenunciavit septem luminum gratiae Spiritus receptaculum esse. » Deinde vero [9]) ubi exclamat: « O admirabilis flos! qui ex Eden dedisti odorem immortalitatis filiis Evae, ex qua diffusa est mors per universum. » Ac postremo [10]) ubi de Virgine sic habet: « Ager purus a spinis peccatorum, qui segetem caelestem sine semine produxisti; quo panem vitae dedisti esurienti naturae nostrae. » Quae conferri cum his debent [11]) ex Ambrosii in Lucam commentario: « *Ego flos* [12]) *campi et lilium convallium*. Et bene lilium Christus, qui est flos sublimis, immaculatus, innoxius, in quo non spinarum offendat asperitas, sed gratia circumfusa clarescat. » Ex hac enim comparatione intelligimus, iisdem metaphoris, iisdem imaginibus ac verbis iisdem immaculatam Christi et Deiparae innocentiam exhiberi.

624. Ceterum longe sunt plura quae in publicis graecae ecclesiae monimentis passim reperiuntur. Ut enim nonnulla promam, en quae [b]) in Menaeis, auctore Iosepho, legimus: « Te purus ille, o intaminata, veluti rosam instar unguenti fragrantem in convallibus invenit, et habitans in medio tui humanum genus suavitate odoris replevit. » En quae in iisdem [c]) legimus auctore Iohanne damasceno: « Salve columba electa, pennis virgini-

a) Theotoch. pag. 137. tetrast. II.
b) Men. die XV. Ianuarii Ode γ'. pag. 120. col. 1. E.
c) Men. die XXII. Ianuarii pag. 173. col. 2. E.

1) In responsoriis.
2) In antiphonis et responsoriis.
3) In primo nocturno et in responsoriis.
4) In antiphonis ad Laudes.
5) Cuius praeterea contulisse iuverit liturgiam mozarabicam, in qua pro festo Visitationis et Assumptionis nonnulla ex hoc ipso cantici capite deflorantur.
6) Apud Assemanum in cod. liturg. Ecclesiae univ. T. IV. P. IV. pag. 2. pagg. 20-21.
7) Ibid. pag. 50.
8) Confess. eccles. Armen. pag. 41.
9) Ibid. pagg. 41-43.
10) Ibid. pag. 35.
11) Apud Combefisium in biblioth. PP. concionat. T. V. pag. 422. col. 2. E.
12) Cant. II. 1.

talis inaurata: salve speciosissima turtur, et hirundo eximia, et passercule omni ex parte purissime: salve agna quae agnum Dei nostri peperisti: salve divina iuvenca, quae portasti iugum peccata nostra portantis. » Et en quae ª) legimus auctore Theophane: « Te solam, o Dei mater, inter medias ¹) spinas ceu purissimum lilium, floremque convallium inveniens Verbum, sponsus ille tuus, ex tuo sinu processit. »

625. Simillima sunt quae ᵇ) subdimus: « Te totam perfectam immaculatamque columbam, et praefulgentissimum lilium, floremque convallium, o Dei mater, inveniens spiritalis sponsus, in te habitavit. » Neque alio ista pertinent ᶜ) ex Anthologio: « O puella penitus immaculata, tamquam speciosa eum peperisti qui speciosus est, quique nunc deformitatem nostram ad pristinam similitudinem redigit; cui et psallimus: benedictus es Dominus et Deus patrum nostrorum. » Quo pariter et ista ᵈ) referuntur Andreae cretensis: « Innocentem columbam in utero Anna concipiens spiritali gaudio vere replebatur, hymnosque eucharisticos Deo offerebat. » Hinc quod ᵉ) in solemnibus officiis frequentatur: « Quum te Dei Verbum, o filia vitae, electam in convallibus rosam invenerit tuae pulcritudinis amore captus et incarnatus odore mundum perfudit. »

626. Igitur non compertissima dumtaxat est ecclesiastica huius capitis ad Deiparam accommodatio, verum etiam plenissime constat sic illud in ecclesiasticis libris ad Deiparam referri, ut ea describatur nunc veluti *ager a spinis peccatorum purus;* nunc veluti *flos admirabilis, immarcescibilis, et e quo non secus vitae odor efflaverit ac ex Eva faetor mortis dimanaverat;* nunc veluti *ramus sine condemnatione ac filia vitae;* nunc veluti *rosa fragrantissima;* nunc veluti *lilium praefulgentissimum, atque solum inter spinas repertum;* nunc veluti *columba pulcra, electa, immaculata, immaculatissima, tota perfecta, tota immaculata, tota purissima atque in ipsa sui conceptione columba speciosa;* et nunc veluti *honorificentia generis nostri, quae speciosa speciosum peperit, dignaque inventa fuit in qua ille qui purus est inhabitaret, atque ex ea ceu flos purissimus erumperet.* Quibus descriptionibus non minus Deiparae asseritur nullis deficiens partibus innocentia, quam eidem nescius labis conceptus vindicetur.

a) Men. die XXIX. Ianuarii Ode ϛ'. pag. 217. col. 1. B.
b) Men. die XXVII. Mai Ode ϛ'. pag. 209. col. 2. D.
c) Antholog. die XX. Novembris Ode ζ' pag. 124. col. 2. C.
d) Antholog. die IX. Decembris Ode ϛ'. pag. 182. col. 1. A.
e) Men. die IX. Novembris Ode η'. pag. 67. col. 1. D.

1) Per spinas, inquit Wangnereckius in pietate mariana Graecorum pag. 371, heic intelliguntur omnes homines qui concipiuntur in peccato: inter has spinas lilium Mariam Christus sponsus invenit. Nimirum ex mente Menaeorum, Christus Mariam inter homines in peccatis conceptos invenit non tamquam similem illis, idest tamquam spinam inter spinas: sic enim ex spina debuisset primum facere lilium, cum revera non lilium invenisset Mariam sed spinam: quod autem artifices faciunt, hoc excogitare seu invenire dicuntur. Asserunt proinde Menaea, Christum inter spinas non spinam sed lilium invenisse Mariam, quia illam inter spinas non spinam, nec ex spina lilium, sed ab initio lilium fecit, idest, sine ulla originis macula exsistere iussit. Adstipulatur hic Menaeis Adamus a s. Victore, qui in Rhythmis suis Deiparam sic affatur:

Salve Verbi sacra parens,
Flos de spina, spina carens,
Flos, spineti gloria.
Nos spinetum, nos peccati
Spina sumus cruentati,
Sed tu spinae nescia. »

Adstipulatur et antiquum romanum Missale, in quo, referente Balinghen in Parnasso mariano pag. 23 legebatur:

Haec concepta miro modo
Est ut rosa cum nitore,
Et ut candens lilium.
Ut fructus exit e flore
Est producta cum pudore,
Praeventa per Filium.

627. His autem illustrandis e re fuerit animadvertere, in eo quod versamus capite I. sponsum [1]) dici florem campi, liliumque convallium: *ego flos campi, et lilium convallium*. II. sponsam abeo [2]) vocari lilium inter spinas et amicam inter filias: *sicut lilium inter spinas, sic amica mea inter filias*. III. Sponsum vicissim [3]) a Sponsa uti eum celebrari, qui non aliter sit dilectus inter filios ac malus inter ligna silvarum excellat: *sicut malus inter ligna silvarum, sic dilectus meus inter filios*. IV. Eximiam [4]) efferri Sponsi in Sponsam benevolentiam, profectaque ex ea beneficia, e quibus repeti debeat hinc quidem quod Sponsa sub umbra Sponsi sederit eiusque fructum dulcem persenserit; inde vero quod introducta a Sponso fuerit in cellam vinariam, quod in se vexillum caritatis receperit, nullasque Sponsi curas desiderarit: *sub umbra illius, quem desideraveram, sedi, et fructus eius dulcis gutturi meo. Introduxit me in cellam vinariam, ordinavit in me caritatem. Laeva eius sub capite meo, et dextera illius amplexabitur me*. V. Sponsam a Sponso non alio [5]) censeri numero, quam quo unice dilecta inter ceteras filias habetur: *adiuro vos, filiae Ierusalem, per capreas cervosque camporum ne suscitetis neque evigilare faciatis dilectam, quoadusque ipsa velit*. VI. Propterea illam prae omnibus [6]) honestari titulis amicae, columbae, formosae: *surge, propera, amica mea, columba mea, formosa mea, et veni*. VII. Hosce titulos [7]) repeti, illique multo etiam vehementius secundo deferri: *sur-*

---

1) Cant. II. 1. Nomen חֲבַצֶּלֶת non invenitur nisi heic et Is. XXXV. 1. et heic quidem ἄνθος *flos*, illic autem κρίνον *lilium* ab Alexandrinis et a vulgato redditur. Ab Aquila in priore loco καλύκωσις, in altero κάλυξ. Est autem Hesychio κάλυξ, τὸ ἄνθος τοῦ ῥόδου τὸ μὴ ἐκπεταθέν, *flos rosae non explicatus*, vel ut Suidas habet, μεμυκὸς clausus, et Hieronymus *tumens rosa et nondum foliis dilatatis*.

2) Cant. II. 2. Hoc in loco appellatio *filiae* non tam aetatem ut puella, aut statum ut virgo, quam sexum designat, ut Prov. XXXI. 29, et Gen. XXX. 13. ubi vulgatus, *beatam me quippe dicent mulieres*, Graece γυναῖκες, et textus בָּנוֹת. Ad sensum quod pertinet, scite Dionysius carthusianus in Cant. Art. VIII: « Quamvis fuerint virgines sanctae, tamen respectu Virginis quasi spinae fuisse videntur, in quantum aliquid culpae habebant: et quamvis in se fuerint mundae, non tamen fuit in eis fomes prorsus extinctus: fuerunt et aliis spinae, qui ex earum intuitu concupiscentia pungebantur. Porro Deipara Virgo ab omni culpa fuit prorsus immunis, fuit fomes in ea prorsus extinctus, et tam intensa castitate erat repleta, quod intuentium corda sic penetravit sua inaestimabili castitate virginea, quod a nullo potuit concupisci, imo potius extinxit ad horam illorum libidinem. »

3) Cant. II. 3. Quod in vulgato est *malus*, in textu est תַּפּוּחַ, quod de arbore dicitur aeque ac de fructu. Hunc tamen videntur intellexisse Alexandrini, qui verterunt μῆλον.

4) Cant. II. 3-6. Utitur vulgatus verbo *ordinandi* significatione militari, cui in textu respondet incisum, וְדִגְלוֹ עָלַי אַהֲבָה *et vexillum eius super me amor*.

Ceterum hisce omnibus explanandis non minimum conferunt ista Bernardi ex Serm. I. super *Missus est*: « Quid dicebas o Adam? Mulier quam dedisti mihi, dedit mihi de ligno et comedi. Verba malitiae sunt haec, quibus magis augeas quam deleas culpam. Verumtamen sapientia vicit malitiam, cum occasionem veniae quam a te Deus interrogando elicere tentavit sed non potuit, in thesauro indeficienti suae pietatis invenit. Redditur enim femina pro femina, prudens pro fatua, humilis pro superba, quae pro ligno mortis gustum tibi porrigat vitae, et pro venenoso illo cibo amaritudinis dulcedinem pariat fructus aeterni. » Atque ista rursum sapientis Idiotae in contemplatione de virgine Maria cap. II: « Non defuit puritas angelorum, non fides Patriarcharum, non scientia prophetarum, non zelus apostolorum, non patientia martyrum, non sobrietas confessorum, non innocentia aut humilitas virginum. In summa, nullo genere vacasti virtutum, o Virgo plusquam beata. Quodcumque donum alicui sanctorum umquam datum fuit, tibi non fuit negatum, sed omnium sanctorum privilegia omnia habes in te congesta: nemo aequalis est tibi, nemo maior te nisi Deus. »

5) Cant. II. 7. In textu pro *adiuro* est praeteritum הִשְׁבַּעְתִּי *adiuravi*, graece ὥρκισα. Sed proprium est consuetudinis hebraicae uti praeterito vel futuro pro praesenti. Hinc et Graeci in catena a Meursio edita monent ὥρκισα heic positum ἀντὶ τοῦ ὁρκίζω, et Nilus in catena Procopii semper habet ὁρκίζω.

6) Cant. II. 10. Sunt haec epitheta plena amoris, quaeque lucem ex iis mutuantur quae occurrunt Prov. VIII. 4. et Sap. VIII. 2.

7) Cant. II. 13-14.

ge, *amica mea, speciosa mea, et veni; columba mea in foraminibus petrae, in caverna maceriae. Sonet vox tua in auribus meis: vox enim tua dulcis, et facies tua decora.* Tandem VIII. penitissimam eamque purissimam [1]) Sponsi cum Sponsa societatem coniunctionemque significari: *dilectus meus mihi, et ego illi, qui pascitur inter lilia.*

628. Quae si ad Deiparam ex Ecclesiae sententia traducantur, praeclarissime ostendunt I. singulares atque omnino eximias fuisse Dei in Virginem curas: II. studiose congeri quaecumque omnia ad summum illius nitorem exprimendum conferre possunt: III. metaphoris atque imaginibus non tantum geminis sed plane iisdem tam illius quam Christi innocentiam significari: IV. non minus illam a ceteris mulieribus secerni, quam Christus supra reliquos homines efferatur: denique V. ita Virginem cum Christo coniungi, ut ex ambobus par existat quo nihil purius, nihilque ab universa Adami posteritate secretius. Sed quae, amabo, in votis esse possunt splendidiora, ut innocentia Deiparae nullo umquam infuscata naevo censeatur? Praesertim quum in eamdem sententiam commentarii patrum iique luculentissimi conspirent.

629. Ac Methodius [a]) enimvero de Virgine loquens scribit: « Te enim sanctissima, tamquam die clarissima mundo affulgente, solemque illum iustitiae producente, odiosus tenebrarum horror depulsus est, tyranni potentia facta irrita, mors destructa, infernus absorptus, inimicitia omnis ante pacis conspectum dissoluta, universusque terrarum orbis veritatis clarissimae purissimaeque luce perfusus est. Ad quae Salomon [2]) in Canticis alludens ita orditur: *dilectus meus mihi et ego illi, qui pascit in liliis donec respiret dies et dimoveantur umbrae.* » Hieronymus autem ubi enarrat [3]) Ecclesiastis verba, *beata terra, cuius rex tuus filius ingenuorum*, sic [4]) habet: « Beata terra Ecclesiae, cuius rex est Christus filius ingenuorum: de Abraham, Isaac et Iacob, prophetarum quoque et sanctorum omnium stirpe descendens, quibus peccatum non fuit dominatum; et ob id vere fuerunt liberi. Ex quibus nata est Virgo liberior sancta Maria, nullum habens fruticem, nullum germen ex latere; sed totus fructus eius erupit in florem loquentem [5]) in Cantico canticorum: *ego flos campi et lilium convallium.* » Quibus haec addi debent quae tum promit, quum exempla [6]) recensens mulierum sanctissimarum pergit: « Taceo de Anna et Elisabeth et ceteris sanctis mulieribus, quarum velut siderum igniculos clarum Mariae lumen abscondit. »

630. Quousque vero inclaruerit, explanat [7]) Sophronius senior qui Paulam et Eustochium his verbis compellat: « Diligentius itaque procurate, si quomodo simplicitas columbae quae fuit in Maria, illaesa inviolataque in vobis custodiatur. De qua Salomon [8]) in Canticis quasi in laudem eius, *veni*, inquit, *columba mea, immaculata mea: iam enim hiems transiit, imber abiit et recessit.* Ac deinde [9]) inquit: *veni de Libano, veni coronaberis.* Non immerito igitur venire de Libano iubetur, quia Libanus candidatio interpretatur. Erat enim candidata multis meritorum virtutibus, et dealbata nive candidior Spiritus sancti

---

a) De Symeone et Anna §. V. pag. 809. D-E. apud Gallandium T. III.

1) Cant. II. 16.
2) Cant. II. 16-17. Scholiastes graecus habet ὁ νεμόμενος, et Symmachus τοῦ ποιμαίνοντος.
3) Eccli. X.
4) Comm. in Eccli. X. col. 476. E. et 477. A.
5) Cant. II. 1.
6) Prolog. in Sophoniam col. 672. opp. T. VI.
7) Serm. de assumpt. Mariae col. 100. B-D. inter opp. Hieronymi T. XI.
8) Cant. II. 11.
9) Cant. IV. 6-8.

muneribus, simplicitatem columbae in omnibus repraesentans: quoniam quidquid in ea gestum est, totum puritas et simplicitas, totum veritas et gratia fuit, totum misericordia et iustitia quae de caelo prospexit: et ideo immaculata quia in nullo corrupta. » Atque haec pro obvia quam referunt significatione, quaque labes omnino omnis a Virgine depellitur, sumi oportere, auctor est locuples [1] ancyranus Theodotus inquiens: « Quando ergo venit plenitudo temporis tempusque illud appetiit quo Deus propitiandus erat; tum quoque manifesto prodita sunt remedia per eum qui potens est, de quo iam ante prophetico oraculo [2] praedicatum erat, *posui adiutorium in potente*. Pro mali enim auctore dracone qui mundo tristia invexisset, laetum gaudii nuntium ferens archangelus dominico e caelis praeit descensui: eiusque loco qui [3] rapinam arbitratus esset esse aequalem Deo, qui natura Deus atque Dominus, praeses auctorque regenerationis eius naturae quam condiderat, exsistit: pro ea quae ad mortem ministra exstiterat virgo Eva, Deo gratissima ac Dei plena gratia Virgo in vitae obsequium eligitur: Virgo muliebri comprehensa sexu, at muliebris exsors nequitiae: Virgo innocens, sine macula, omni culpa vacans, intemerata, impolluta, sancta [4] animo et corpore, sicut lilium [5] inter medias spinas germinans: non docta Evae mala, non muliebri vanitate foedata, non anilibus instituta fabulis, non malo auditu aures sordidata: longe haec facessant et similia, neque enim [6] tenebris ad lucem ulla communio est: sed quae necdum nata auctori Deo consecrata sit, nata vero grati animi monumento, sacra alumna ut in sacrario ac templo moraretur oblata fuerit, legis discipula, Spiritu sancto delibuta, divina gratia ut palliolo amicta, animo divina sapiens, Deo corde nupta, sanctitatis splendores oculis spirans, auribus cantica insonans, lingua melliflua, labiis [7] favum stillantibus, pulcra gressibus, moribus pulcrior, sermone venerabilis, actione venerabilior, mansueta moribus, mansuetior motibus, bona in hominum oculis, Dei obtutibus melior, quae Deum ventre susceperit, vereque Deum partu ediderit. Atque ut verbo dicam, tota [8] pulcra ut propensa voluntas, totaque suavis ut cella unguentaria. »

631. A quo testimonio sane aureo minime dissident verba [a] Iohannis damasceni Ioachimum et Annam alloquentis: « Vos pie et sancte in humana natura vitam agentes, filiam angelis superiorem et nunc angelorum Dominam edidistis. O speciosissima et dulcissima puella! O lilium inter spinas ex generosissima et maxime regia radice davidica progenitum! O rosa [9] quae ex spinis, Iudaeis scilicet, orta es, divinoque odore cuncta perfudisti! Hodie mundi salus inchoata est. » Neque haec [b] dissident quibus Deiparam salutat inquiens: « Ave rosa immarcescibilis, infinite fragrans, cuius odore Dominus oblectatus in te requievit, et ex qua florens ipse mundi odorem repressit. Ave pomum bene olens, fructus e ste-

a) Orat. I. in Deiparae nativit. §. VI. pagg. 844. E. et 845. A-C.
b) Orat. II. in Deiparae nativit. §. VII. pag. 855. B.

1) Orat. in s. Dei genitricem §. XI. pag. 475. A-E. apud Gallandium T. IX.
2) Ps. LXXXVIII. 20.
3) Philipp. II. 6.
4) I. Cor. VII. 34.
5) Cant. II. 2.
6) II. Cor. VI. 14.
7) Cant. IV. 11.
8) Cant. IV. 7. coll. VI. 3.
9) Hinc ut missa faciam Sedulii verba alibi relata, Fulbertus carnotensis in versiculis de beata Maria pag. 50. T. XVIII. Max. PP. Biblioth. sic habet:
» Ad nutum Domini nostrum ditantis honorem,
» Sicut spina rosam, genuit Iudaea Mariam,
» Ut vitium virtus operiret, gratia culpam.
Eadem vero ab Alberto magno de Insulis in Encycloped. cap. IX. dicitur:
» Nescia spineti florens rosa, nescia culpae
» Gratia, fons expers limi, lux nubila pellens.

rili prognatus et divina venustate decorus, quae ¹) in Canticis dicis: *stipate me malis, quia vulnerata caritate ego sum:* cuius Christus puritatem decerpens, intemeratam mundo odoris suavitatem in epulis habuit. Ave ²) lilium, cuius proles Iesus haec agri lilia vestit. » Neque ista rursum ª) dissident quibus de Deipara scribit: « Quemadmodum enim sol iste splendidissima perennique luce praeditus, tametsi quum a lunari tantisper corpore obtegitur, modo quodam deficere et caligine obrui et fulgorem cum tenebris mutare videatur, non tamen luce sua destituitur, verum sui luminis fontem perpetuo scaturientem habet, quin immo ipse luminis fons est indeficiens, ut ab eius conditore Deo constitutum fuit; sic tu quoque fons veri luminis et inexhaustus ipsiusmet vitae thesaurus, uberrimaque benedictionis scaturigo quae cuncta nobis bona conciliasti et attulisti, etsi ad tempus aliquod corporeo modo morte obtegeris, attamen immensi luminis immortalisque vitae ac verae felicitatis puros et inexhaustos latices, gratiae flumina, sanationum fontes, perennemque benedictionem fundis. Tu enim es ³) sicut malus in lignis silvae, et fructus tuus dulcis gutturi ⁴) fidelium. »

632. Germanus vero ⁵) mentem sententiamque suam promit, quum his verbis oblatam sacerdoti a parentibus triennem Deiparam scribit: « Accipe susceptuream immaterialem et incomprehensibilem ignem. Accipe futurum receptaculum Filii et Verbi Patris. Induc ad altare eam, quae nos in antiquam paradisi habitationem introducet. Tene eam quae suo partu vim mortis nos plane depascentem et inferni tyrannidem vincet. Consecra Deo dicaturam nos Deo, spei nostrae perfectam exspectationem. Vide, Domine, vide, accipe quam dedisti. Quam tribuisti, suscipe. Per ipsam qui res nostras optime dispones, sume quam elegisti et praeordinasti et sanctificasti. Attrahe ⁶) tibi innixam et captam odore tuo. Quam ⁷) uti lilium e spinis, e nobis indignis elegisti, grato animo tibi oblatam amplectere. » Alibi vero ᵇ) ipsam alloquens Deiparam ait: « Tu, iuxta quod ⁸) scriptum est, speciosa es, tuumque illud corpus virginale totum sanctum est, totum purum, totum Dei domicilium, ut ideo quoque a resolutione in pulverem sit liberum. Quod quidem ceu humanum, ad summam incorruptionis vitam sit immutatum, sit nihilominus ipsum incolume et praegloriosum, consummatae vitae et a somno mortis solutum, quatenus ⁹) impossibile erat ut mortuorum sepulcro clausum teneretur quod vas Dei susceptivum esset, ac sanctissimae Unigeniti deitatis animatum templum. »

633. Huc quoque ea pertinent quibus Petrus Argorum episcopus hominum naturam propter conceptum Deiparae gestientem ᶜ) exhibet scribens: « Gratias ago tibi, qui me postquam erudieris, iterum hodie suscipis. Quid retribuam tibi, qui me ob praevaricationem ¹⁰) in doloribus parere damnasti, et denuo hoc partu gaudii signa mihi annuntias? Nunc ex me in Annae utero germinans rosa Maria corruptelae faetorem de medio mei tollet, suamque fragrantiam impertiens, divinae exultationis participem me efficiet. Ob mulie-

a) Orat. I. in Deiparae dormit. §. X. pag. 865. B-D.
b) Orat. in Deiparae dormit. pagg. 1451. D-E. 1454. A. apud Combefisium Auctar. T. I.
c) Orat. in Deiparae concept.

1) Cant. II. 5.
2) Cant. II. 1.
3) Cant. II. 7.
4) Hisce similia leguntur Orat. II. in Deiparae dormit. §. X. pag. 874. E.
5) Orat. I. in Deiparae praesentat. pag. 47. edit. Ma-raccii.
6) Cant. I. 3.
7) Cant. II. 2.
8) Cant. II. 13.
9) Actt. II. 16.
10) Gen. III. 16.

rem huc usque infelix ego, ob mulierem nunc beata sum effecta. » Huc ista ª) pertinent quae Tarasius habet: « Quid enim agebat Virgo in sanctissimis templi adytis degens? Angelorum cibum per angelum accipiebat, et immaculatae [1]) columbae similis virginitatem servans templi et caeli terraeque opifici cum gratiarum actione animique fiducia ita supplicabat: laudabo te omnipotens altissime, qui primae genitricis meae delevisti opprobrium, et propter ineffabilem misericordiam tuam missurus es in terram Unigenitum tuum, ut homines ad meliora convertantur. » Atque huc pertinet adprecatio, qua editum miraculum Iohannes thessalonicensis [b]) testatur scribens: « In nomine Iesu Christi Domini nostri, filii Mariae intaminatae [2]) columbae, Deique benignissimi et misericordis iterum iungantur sibi et cohaereant manus meae; et illico sanatae sunt sicut antea erant, nullo prorsus defectu superstite. »

634. Neque praeteriri silentio debent quae Psellus tradit. Is namque est qui [c]) scribit: « Tempus iam est ut quae deinceps Sponsa dicit, audiamus. Sic enim dicit ad eum velut [3]) gloriabunda: *ego autem flos campi, lilium convallium.* O praeclaram purae Virginis progressionem! Ecce enim te ipsam cum eximium totius campi, naturae humanae florem, tum divinum convallium lilium agnovisti. » Is est qui relatis [d]) Sponsi verbis, *sicut lilium in medio spinarum, sic propinqua mea in medio filiarum,* continuo [e]) subdit: « Recte, inquit, de te loquuta es, o Sponsa: sic enim inter animas quae curarum et solicitudinum spinis suffocantur, ut odorifera rosa floruisti. » Et is est [f]) qui pergit: « Has laudes sponsa quum audivisset, quibusdam ipsa quoque Sponsum laudibus extollit. Dominum enim hisce verbis alloquitur: *sicut* [4]) *pomum inter ligna silvae, sic nepos meus inter filios.* Quemadmodum, inquit, inter omnes hominum animas, quas o Verbum et sponse, filias appellasti, ego sola sum tamquam lilium in germine; sic etiam tu arcana ratione [5]) *caelos inclinans et descendens* super terram in hanc vitam mortalem et carnem nostram assumens, in hac silva te inter filios hominum conspicuum praebuisti, tamquam pomum suavissimum et gustu iucundissimum. » Quibus haec ex Matthaeo cantacuzeno [g]) praeclare respondent: « Post maledictionem ipsa quoque terra amaritudinem hominibus peperit spinasque produxit; sed deleta prima maledictionis origine et prognata vitae dulcedine, opus erat et florem ante fructum nasci ex iis quae in tristitia erant mulieribus, venerandam nimirum Virginem, quod ex ipsa fructus nasciturus esset vitae. Quam lilium nominavit dicens: *sicut lilium in medio spinarum, sic propinqua mea in medio filiarum mearum:* hoc est, sola Virgo in medio earum quae in tristitia sunt filiarum Adam, gaudium

a) Orat. in Deiparae praesent.
b) Orat. in Deiparae dormit.
c) Comm. trium PP. in Cant. pag. 658. C-D. apud Gallandium T. VI.
d) Cant. II. 2.
e) Ibid. pag. 658. D.
f) Ibid. pagg. 659. E. et 660. A.
g) Comm. in Cantic. II. 2. pag. 13.

1) Cant. II. 10.
2) Cant. II. 10.
3) Cant. II. 1.
4) Cant. II. 3. In textu est דודי *dilectus meus,* cui apud Alexandrinos respondet nunc ἀδελφός, nunc πατράδελφος vel divisim ἀδελφὸς πατρός, nunc συγγενής, nunc υἱός, nunc ἀνεψιός, nunc οἰκεῖος, nunc ἀγαπητός, et nunc υἱὸς ἀδελφοῦ τοῦ πατρός, quod est synonymum ἀδελφιδοῦ idest, *fratruelis,* quod toto fere Cantico adhibetur. Quinta editio ἑταῖρος socius.
5) Ps. XVII. 10.

et laetitiam ex Dei nuncio consequuta est. » Atque haec ª) rursum: « *Introducite me*, inquit, *in domum vini*, in Iudaeorum videlicet templum. Sermo namque est illibatae Virginis ad Iudaeos; ipsa enim sola in sanctis sanctorum [1] habuit domicilium, utpote purissimum Dei et Verbi tabernaculum. » Tum ᵇ) haec: « *Exsurge*, inquit, *veni, proxima mea, formosa mea, columba mea*. Hoc est purissimum te mihi domicilium velim expedias et reddas; oportet enim sellam ante regium adornari adventum. » Atque haec ᶜ) tandem: « Iudaeorum quidem populus ut immundus a Deo est reprobatus, Virgo vero omni ex parte labis expers, tamquam purissimum templum in ipsius electa est domicilium, ad quam dicit: *veni tu, columba mea*. »

635. Porro Anselmus non modo [2] exclamat: « O alma virgo Maria, tanto omnibus angelorum spiritibus omnibusque electorum animabus, in cuncta Filii tui Christi Domini nostri hereditate es gloriosior, quanto ab ipso fieri meruisti beatior. » Non modo Deiparam compellans [3] ait: « Tu decus mundi. Tu nobilitas populi christiani. O regina et domina mundi, scala caeli, thronus Dei, ianua paradisi. » Sed praeterea [4] scribit: « O beata Dei genitrix virgo Maria, templum Dei vivi, aula Regis aeterni, sacrarium Spiritus sancti. Tu virga de radice Iesse, tu cedrus de Libano, tu rosa purpurea in Iericho, tu cypressus in monte Sion; quae singulari privilegio sicut nescis in omnibus comparationem, ita nihilominus et angelicam superas dignitatem. » In Psalterio autem eidem tributo [5] legimus:

» Ave caeleste lilium,   » Fidelibus est aeternum
» Per florem cuius unicum   » Testamentum dispositum.

636. Quibus omnibus ista plane sunt consona quae Adamus Perseniae abbas [6] de Virgine tradit: « Ipsa est porta caeli, portus naufragii, hortus paradisi, baculus quo mundus debilis sustentatur, virga qua corripitur iniquitas orbis, columba in qua manet Spiritus sanctus ad emundationem impietatis. Columba inquam est, cuius simplicitatis antidoto venenati serpentis detegitur astutia multiformis. » Consona haec sunt quae Petrus [7] Damiani scribit: « Lilium vocatur Christus, lilium dicitur et mater Christi, sicut in Cantico subinfertur: *sicut lilium inter spinas, sic amica mea inter filias*. Sicut lilium inter spinas, sic beatissima virgo Maria enituit inter filias: quae de spinosa propagine Iudaeorum nata candescebat munditia virgineae castitatis in corpore, flammescebat autem ardore geminae caritatis in mente, flagrabat passim odore boni operis, tendebant ad sublimia intentione continua cordis. » Consona quae [8] vulgatus Hildephonsus habet, quum ideo Virginem dictam lilium docet: « Quia Mariae nullum extrinsecus obrepsit peccati contagium, sed intus

---

a) Comm. in Cantic. II. 4. pag. 14.
b) Comm. in Cantic. II. 13. pag. 18.
c) Comm. in Cantic. II. 14. pag. 19.

---

1) Qua de re operae pretium fuerit novisse quae Vincentius Riccardus disserit in subiectis notis pagg. 127. seqq.
2) Orat. LIV. pag. 283. col. 1. C.
3) Ibid. pag. 283. col. 2. D.
4) Ibid. pag. 283. col. 1. D.
5) Psalter. Virg. pag. 305. col. 3. C. Quibuscum conferri debent quae geminis expressa verbis habentur in Thesaur. hymnolog. T. I. pag. 309. et T. II. pag. 245.

6) Tract. in *Magnificat* pag. 146. edit. Maraccii.
7) Serm. XLVI. de Virginis nativit. pag. 114. col. 1. B-C. Si qui autem haec Damiani verba cum iis contulerint quae docet Paulus diaconus in Serm. de Virginis assumpt. pag. 268-269. apud Martenium Scriptt. vett. T. IX., facile intelligent sua Damianum ex Pauli fontibus corrivasse.
8) Serm. I. de Virginis assumpt. pag. 343. col. 1. D. in collect. PP. toletan. T. I.

omni custodia legis et manna fuit. » Atque ista pariter sunt consona quae [1]) scribit Rupertus: « Hoc restabat, quoniam ille *(Sponsus)* mihi dixerat, *ecce tu pulcra es, amica mea, ecce tu pulcra:* et ego illi, *ecce tu pulcher es, dilecte mi et decorus:* hoc, inquam, restabat dicere, quod revera pulcher ipse, et quod ego ad similitudinem eius pulcra sim. » Et [2]) rursum: « Igitur haec verba dilecti loquentis [3]) mihi, *surge, propera amica mea, columba mea, formosa mea et veni*, sic accipite quasi verba desiderantis, tamquam festinantis et optantis iam adesse materiam tantae salutis, scilicet me, cuius caro illi materia foret assumendae carnis. Tamquam praesenti loquebatur mihi, meque iubebat surgere et properare, idest nasci et hospitium ventris mei sibi cito praeparare. Et revera priusquam nascerer illi praesens aderam: antequam fierem, bene illi cognita fueram. Si enim dicitis et vere [4]) dicitis, *quia elegit nos in ipso ante mundi constitutionem, ut essemus sancti et immaculati in conspectu eius in caritate;* nonne et de me recte sentitis et recte sentiendo dicitis, quia elegit me ante mundi constitutionem ut essem sancta et immaculata in conspectu eius in caritate? Et si Sapientia, ut ipsa testatur [5]) iam antequam fieret, *ludens erat coram eo in orbe terrarum, et deliciae eius cum filiis hominum;* quanto magis ludens erat et deliciabatur cum ista ancilla Domini, miraculo cunctorum filiorum vel filiarum hominum! *Surge*, inquit, *propera amica mea columba mea, formosa mea*, et in his omnibus Evae opposita. Eva namque quasi inimica, Eva quasi vipera, Eva quasi deformis et ignominiosa. Inimica per superbiam quia intus tumuit; vipera per malitiam quam ex serpente concipiens, foris tentata, facile cessit: ignominiosa per pruritum libidinis qua statim scaturire cepit, unde et nuda se cognoscens, folio pudenda contexit. Tu autem amica mea per humilitatem, columba mea per caritatem, formosa mea per castitatem. Tu contra Deum non tumuisti, imo mente humili Altissimo complacuisti, et ecce amica mea es. Tu serpenti aurem non praebuisti, imo inimicitias [6]) inter te et Serpentem ego posui, et ecce columba es. Tu nuditatem libidinis non incurristi, imo Spiritus sanctus [7]) obumbrabit tibi, et ecce formosa es. Veni ergo, Maria, veni, nam Eva ad latebras fugit. Veni et crede Angelo evangelizanti, nam Eva credidit serpenti susurranti. Veni et contere caput serpentis, nam Eva et capite illecta, et ventre oblectata, et cauda est obligata serpentis. »

637. Quare si de sententia maiorum disertis expressa testimoniis quaeratur, duplex debet esse responsio. Sicut enim respondendum est, pleraque omnia ex altero Cantici capite ab iis fuisse ad Deiparam accommodata, adeo ut nihil eo in capite occurrat nihilque ad innocentiam, puritatem atque praestantiam spectans habeatur quod non fuerit ad Virginem traductum; ita nullatenus fas est inficiari, editos ab iis commentarios tales esse quibus insigniores neque ad tuendam Virginis summam innocentiam, neque ad asserendum immaculatum eiusdem conceptum expeti posse videantur. Sane I. non modo Deiparam vocant [8]) *columbam,* sed cumulatis epithetis illam vocant *columbam nive candidio-*

---

[1]) Comm. in Cant. lib. I. pag. 12. col. 1. B.
[2]) Comm. in Cant. lib. II. pag. 16. col. 1. E. et col. 2. A-D.
[3]) Cant. II. 10.
[4]) Ephes. I. 4.
[5]) Prov. VIII. 30.
[6]) Gen. III. 15.
[7]) Luc. I. 35.
[8]) Maraccius in notis ad Mariale Adami Abbatis Perseniae pagg. 215. seqq. « *Columbae*, inquit, appellationem et proprietates Deiparae adaptant tam multi sanctorum patrum ac sacrorum doctorum, ut ni brevitas prohiberet, lectori avido ac Deiparae cultui ex animo indulgenti longissimum ex iis posset confici inventarium. Legendi sunt s. Epiphanius in sermone de laudibus Virginis, ubi Deiparam vocat *columbam puram;* s. Sabbas in Menaeis Graecorum die XXIV. Martii, ubi vocat *columbam unicam pulcritudinis incorruptae:* s. Proclus

rem, totam puram, totam sanctam, penitusque venustam. Non modo II. illam dicunt *lilium*, sed adiectis appositis illam dicunt *lilium divinum, caeleste, atque ex spinis et inter spinas obortum, quin vel tantillum ex spinis contraheret.* Non modo III. illam nuncupant *rosam*, sed praeterea subdunt *rosam esse immarcescibilem, non horrentem spinis, sed infinite fragrantem, priscum foetorem expellentem, illumque expellentem ex ipso Annae utero, in quo ceu rosa germinavit.* Ad haec IV. quae sunt Sponsi propria, intactumque illius nitorem praeseferunt, ad Virginem securi transferunt, illamque celebrant *veluti pomum inter ligna silvarum bene olens, veluti fructum divina venustate decorum, veluti florem campi liliumque convallium, et veluti thesaurum vitae qui neque solvi deberet in pulverem, neque posset mortis vinculis contineri.* Tandem V. omnia adhibent quae hisce illustrandis conducunt, quaeque Virginem ad supremum creatae innocentiae fastigium evectam, et ab ipso conceptu innoxiam puramque demonstrant. Ipsis enim auctoribus Maria est *prae sanctis omnibus a peccato liberior: inter iustos haud aliter emicat ac clarum lumen inter siderum igniculos: quemadmodum celsior est angelis, ita illis quoque est purior atque innocentior: pulcra est uti ectypus illius qui ipsa est pulcritudo: est decus mundi, miraculum inter filios hominum et nescia in omnibus comparationis: totum in ipsa veritas est, totum puritas, totum simplicitas: non minus ipsa a peccato aliena est, quam lux a tenebris distet: est immaculata, et idcirco immaculata quia in nullo corrupta: muliebri comprehenditur sexu, sed muliebris est exsors nequitiae: non est docta Evae mala, neque pervia serpenti cuius caput contrivit: ipsa tandem est, qua primum adveniente, hominum natura respiravit et initia salutis apparuerunt.*

638. Merito igitur atque ex fide sententiaque maiorum Auctor [1]) tractatus de conceptione Virginis scripsit: « Si Deus castaneae confert ut inter spinas remota punctione concipiatur, alatur, formetur, non potuit haec dare humano quod ipse sibi parabat templo, in quo corporaliter habitaret et de quo in unitate suae personae perfectus homo fieret; ut licet inter spinas peccatorum conciperetur, ab ipsis tamen spinarum aculeis omnimode exsors redderetur? Potuit plane et voluit: si igitur voluit, fecit. Et quidem quidquid dignum

---

constantinopolitanus Orat. VI. ubi vocat *columbam simplicem*: s. Augustinus T. X. Serm. XXXV. de sanctis, ubi vocat *columbam Filii sui*: s. Ildelphonsus Serm. VI. de Assumptione, ubi vocat *columbam Spiritus sancti*: Esychius hierosolymitanus Serm. II. de laudibus Virginis, ubi vocat *columbam impollutam*: Iohannes euboeus in oratione de concept. Deiparae ubi vocat *columbam purissimam*: s. Iohannes damascenus in Orat. II. de assumptione ubi vocat *columbam sacratissimam*, et in Menaeis Graecorum die XXII. Ianuarii, ubi vocat *columbam electam, quae mentem habuit pennis inauratis spectabilem*: s. Germanus constantinopolitanus in Mariali a nobis edito pagg. 102-103., ubi vocat *columbam rationalem et purissimam, ob divinum animae candorem nive candidiorem, caelesti sponso unice dilectam, totam omnino ad Spiritus rationes formatam et quasi in Spiritu transformatam, quae hominibus erroris hiemem iam cessasse ostendit*: s. Althelmus in libro de laude virginit. cap. XXII. ubi vocat *columbam inter sexaginta reginas et bis quadragenas pellices, quae propter perenne puritatis privilegium Monarcham mundi, archangelo praenuntiante, Paracleto obumbrante, praecordiis tripudiantibus feliciter suscipere meruit*: Georgius nicomediensis Orat. I. de praesent. Virginis, ubi vocat *columbam irreprehensibilem, quae malitiae aucupem devitavit, eius machinamentis facta sublimior.* »

1) Inter opp. Anselmi pag. 500. col. 2. A-E. Neque haec praeteriri silentio debent quibus vetustus auctor libri de corona beatae virginis Mariae, ipsam compellat inquiens cap. XXIII. pag. 430. in collect. PP. toletan. T. I. « Tu siquidem es pulcra fide, speciosa facie, decora mente, formosa sanctitate; simplex ut columba et candida in anima, omni munditia et innocentia dealbata quam circumstant astra lucentia angelorum et apostolorum, rosae fragrantes martyrum, violae redolentes confessorum, lilia candida virginum. Est autem rationalis condecentia, nam innocentia et puritas tua excedit innocentiam angelorum. »

umquam de aliquo extra suam personam voluit, perperam est eum de te, o beatissima feminarum, noluisse: voluit enim te fieri matrem suam; et quia voluit, fecit esse: quasi diceretur, matrem suam te fecit ille rerum Dominus, creator et gubernator, rerum inquam omnium non solum intelligibilium sed omnem intellectum transcendentium Dominus et factor te Dominam et imperatricem constituit caelorum atque terrarum: et sic marium et omnium elementorum, cum omnibus quae in ipsis sunt, Domina et imperatrix exstitisti et exsistis: et ut ita esses, in utero matris tuae a primordiis conceptionis, operante Spiritu sancto, creabaris. Ita est, bona Domina, et gaudemus ita esse. Numquid ergo, dulcissima Domina, numquid tu tanta futura, Summi videlicet mater unica, et omnium quae fuerunt, sunt vel erunt prudens ac nobilis post Filium tuum imperatrix: numquid in exordio tuo talis esse debuisti, ut omnium quorum te Dominum gerere aut impuritati aut subiectioni potuisset addici? Ille assertor purae veritatis, et a Filio tuo iam in caelo praesidente vas electionis cognominatus, omnes homines [1]) peccasse in Adamo fatetur; vera utique sententia, et cui contradici nefas esse pronuntio. Sed cum eminentiam gratiae Dei in te considero, sicut te non intra omnia sed super omnia quae facta sunt, inaestimabili modo contueor: ita te non lege naturae ut alios in tua conceptione devinctam fuisse opinor; sed singulari et humano intellectui impenetrabili divinitatis virtute et operatione ab omni peccati adiunctione liberrimam. Solum etenim peccatum fuerat quod homines a parte Dei dirimebat: et ut illud Filius Dei evacuaret, sicque ad placere Dei humanum genus revocaret, homo fieri voluit; et talis ut nec in eo aliquatenus concordaret ei unde homo a Deo discordabat: quia ergo ita fieri oportebat, matrem, de qua talis crearetur, mundam esse ab omni peccato decebat. Aliter enim quo pacto illi summae puritatis caro tanta coniunctione uniretur ut homo assumptus ita esset in unum, ut quae Dei sunt, indifferenter hominis essent, et quae hominis, Dei? »

ARTICULUS III.

De tertio Cantici capite solemni Ecclesiae usu ad Deiparam accommodato: quae hunc usum demonstrent: quae spectari hoc in capite potissimum debeant: et quibus illa maiorum commentariis enarrentur: opportuna in rem praesentem consectaria deducuntur.

639. Quod de primo atque altero Cantici capite monuimus, idipsum et de tertio repetamus oportet, obtinuisse nimirum atque etiamnum ecclesiasticum obtinere usum, ut quae eo continentur, ad Deiparam eiusque celebrandas laudes transferantur. Cuius quidem usus testis est [2]) non uno in loco mozarabica liturgia: testes sunt [3]) Officia quae in Romana Ecclesia frequentantur: atque ipsi etiam testes sunt ecclesiastici Graecorum libri. In his enim, ut pauca quaedam ex plurimis decerpam [a]), legimus: Ille qui purus est quum te, o purissima, omni re creata puriorem invenisset; inhabitavit in te, volens tamquam hominum amator expellere iniquitatem quae in Adamo habitaverat.

a) Men. die XXII. Octobris Ode α'. pag. 129. col. 2. E. — Ibid. Ode δ'. pag. 130. col. 2. C. — Ibid. Ode ζ'. pag. 132. col. 2. D. — Ibid. Ode η'. pag. 133. col. 1. A.

1) Rom. V. 12.
2) In festis Nativitatis, Praesentationis et Assumptionis.
3) In officiis Conceptionis et Assumptionis.

Contritionem et antiquam terrigenarum miseriam curasti, o tota immaculata, illum enixa, o Dei sponsa, qui propter ineffabilem misericordiam suam infirmitates nostras portavit.

Apparuisti, o Dei genitrix, angelis superior, apparuisti vere athletarum robur: apparuisti, o innocentissima, salus eorum qui te verissimam Verbi genitricem profitentur.

Ecce lectulus Salomonis, quem nunc potentes circumdant, praedictiones nimirum Scripturae sacrae; in quo Christus Deus per divinam incarnationem requievit, benedicta scilicet et gratia plena. »

640. Quibus haec ^a) praeclarissime respondent: « Corpus et animam nullius consciam labis quum Deo, o innocens, custodires, Rex Christus tuam pulcritudinem adamavit, matremque ostendit suimetipsius incarnationis, o gloriosissima Maria, salutem meam semper implens. » Respondent ^b) et ista: « Laudamus partum tuum per quem redempti sumus, o benedicta et divinitus beata, quam solam is dilexit qui est benedictus et supergloriosus. » Atque ista rursum respondent quae ^c) Theophani debentur: « Tu mortalium gloria et decus et gloriatio: tu angelorum corona et diadema; propterea cum caelo et terra in unum coetum confluentes tibi acclamamus ave. Ave Domina mundi: ave omnium hominum praesidium. Ave lectule venerande quem Salomon praesignavit sexaginta fortibus circumdatum: ave, o Virgo, arca aurea spiritalis sanctificationis: ave divina forceps: ave rube ignem ferens: ave porta et scala et pons. »

641. Ecclesiastica igitur eius de quo loquimur capitis ad Deiparam accommodatio talibus comprobata est testimoniis, quae sicuti plenissimam gignunt fidem, ita nullam tergiversandi ansam permittunt. Verum quo redeunt potiora quaeque hoc ipso capite comprehensa? Videlicet I. Sponsa [1]) modis quibus potest omnibus flagrantissimum significat amorem quo in Sponsum rapitur: *in lectulo meo per noctes quaesivi quem diligit anima mea, quaesivi illum et non inveni. Surgam et circuibo civitatem: per vicos et plateas quaeram quem diligit anima mea. Inveni quem diligit anima mea. Tenui eum nec dimittam.* II. Sponsus [2]) mutuas amoris vices rependit Sponsae, illamque suavissimo dilectae nomine compellat: *adiuro vos filiae Ierusalem, ne suscitetis neque evigilare faciatis dilectam, donec ipsa velit.* III. Describitur [3]) Sponsa ut iucundissimis perfusa odoribus, et nonnisi fragrantiam odorum fundens et spirans: *quae est ista quae ascendit per desertum, sicut virgula fumi ex aromatibus myrrhae et thuris et universi pulveris pigmentarii?* IV. Describitur [4]) tamquam Sponsi lectulus sollicite protectus et potenter custoditus atque defensus: *en lectulum Salomonis sexaginta fortes ambiunt ex fortissimis Israel.*

a) Men. die IV. Augusti Ode θ'. pag. 28. col. 2. B.
b) Men. die XV. Ianuarii Ode ζ'. pag. 122. col. 2. D.
c) Men. die XXVII. Ianuarii Ode δ'. pag. 204. col. 1. B-C.

1) Cant. III. 1-4. Verbis vulgati, *in lectulo meo*, respondent in textu עַל־מִשְׁכָּבִי *super cubili meo*, et in versione alexandrina, ἐπὶ τὴν κοίτην.

2) Cant. III. 5. coll. II. 7.

3) Cant. III. 6. Quod in vulgato est *virgula*, hebraice dicitur תִּמְרָה, proprie *palma*, et adoptiva significatione *columna*, et quidquid cum *palma* similitudinem praefert.

4) Cant. III. 7-8. Proprie in textu מִטָּה *reclinatorium*, quod per diminutivum solus reddidit latinus interpres. Quos autem idem dicit *fortes ex fortissimis*, in textu audiunt גִּבֹּרִים מִגִּבֹּרֵי idest, *longe fortissimi*; eadem constructione qua Philipp. III. 5. ἑβραῖος ἐξ ἑβραίων· pro μάλιστα ἑβραϊκώτατος.

Omnes tenentes gladios et ad bella doctissimi: uniuscuiusque ensis super femur suum, propter timores nocturnos. V. Describitur [1]) veluti opus ipsius Sponsi nobilissimum, et in quo nihil sive ad splendorem sive ad venustatem desideres: *ferculum fecit sibi rex Salomon ex lignis Libani. Columnas eius fecit argenteas, reclinatorium aureum, ascensum purpureum, media caritate constravit propter filias Ierusalem.* Describitur tandem VI. ut quae [2]) Sponsum in die desponsationis diademate omnium pulcherrimo coronarit: *egredimini et videte filiae Sion regem Salomonem in diademate, quo coronavit eum mater sua in die desponsationis illius, et in die laetitiae cordis eius.*

642. Quae quidem referri ad Virginem nequeunt, quin ipsa creaturarum omnium purissima et cuiusvis expers labis videatur. Praesertim quum neque libri ecclesiastici, neque maiorum commentarii aliam diversamque interpretationem permittant. Non illam permittunt [3]) libri ecclesiastici, in quibus occasione huius capitis, quemadmodum paullo superius monuimus, Deipara celebratur tamquam *unice a Deo dilecta; tamquam sola inter mortales eo usque pura ut qui ipsa est puritas ex ea purissimam carnem acceperit; tamquam hominum gloria et decus, immo angelorum etiam ornamentum atque corona; tamquam innocentissima et tota immaculata, immaculata corpore, immaculata spiritu, proindeque et corpore et spiritu nullius conscia culpae.* Ad maiorum vero commentarios quod pertinet, hi sunt luculentissimi, neque minus conferunt ut Virgo a quovis integra naevo, quam perfectissima nitens puritate demonstretur.

643. Texit Virginis laudes Amedeus lausannensis, atque his [4]) auspicatur verbis: « Intendamus gloriae eius, et ingressi abyssum tanti luminis, splendorem rutilum semitarum illius dilatato corde et inenarrabili percurramus laetitia, dicentes [5]) cum Salomone, *viae*

---

1) Cant. III. 9–10. Vocabulum אַפִּרְיוֹן hoc loco solum exstat, et in eo enarrando mire variant interpretes, prout ab hac, aut illa radice etymon eius accessunt. Qui *thalamum* aut *lectum genialem* interpretantur, Rabbi David et Salomon Iarchi, a פָּרָה *fructus edere*: et qui *aedificium*, Pagninus et Vatablus per metalepsim, quod aedificare apud Hebraeos dicantur qui fructu thalami, idest prole augentur. Alexandrini φορεῖον, ex quo vulgatus *ferculum*: Syrus *solium*, et Arabs *umbraculum*. Hi omnes ab אפן repetunt, quod non modo *velum* significat, sed etiam opus omne pulcra varietate distinctum, quod sit idem ac פלא, a quo tantum discrepant unius litterae metathesi satis apud Hebraeos usitata. Talia erant pomparum fercula, regum throni.

2) Cant. III. 11. Est proprie *diadema* redimiculum non capitis solum, et regiae potestatis insigne, sed aliud quodcumque ex vi originis, quam esse διαδέω, sicuti synonymi στέφανος est στέφω, omnes norunt. Utrumque autem egregie consentit cum hebraeo vocabulo עטר quod proprie valet *circumdare, ambire, involvere*. Haec de vocibus, ad quarum significationem quod attinet, sic habet Ambrosius de instit. virg. cap. XVI: « Beatus Mariae uterus qui tantum Dominum coronavit quando formavit, coronavit eum quando generavit. » Accedit Augustinus in ps. XLIV. inquiens: « Coniunctio nuptialis Verbum et caro; huius coniunctionis thalamus Virginis uterus: etenim caro ipsa verbo est coniuncta, unde dicitur: iam non duo sed una caro. » Neque minus praeclare Bernardus Serm. II. de Magis: « Diadema eius ubi est? Sed vos eum vere videtis in diademate quo coronavit eum mater sua, in sacco mortalitatis de quo resurgens ait: quia conscidisti saccum meum et circumdedisti me laetitia. » Luculentissime vero Proclus, quo auctore Hom. in incarnationem « licet in concinnanda humana Unigeniti veste fuerit ἱστουργὸς μὲν τὸ πνεῦμα τὸ ἅγιον, ἔριθος δὲ ἡ ἐξ ὕψους ἐπισκιάσασα δύναμις, κερκὶς δὲ ἡ ἀμέτρητος τοῦ φορέσαντος χάρις, τεχνίτης ὁ δι' ἀκοῆς εἰσπηδήσας λόγος, *textor Spiritus sanctus, lanifica virtus ex alto obumbrans, radius immensa gestantis gratia, artifex Verbum per auditum illapsum;* tamen κρόκη ἡ ἐκ παρθένου ἀμόλυντος σάρξ, *trama fuit impolluta caro ex Virgine.* » De qua subdit « *Maria* κατᾶς, ἐν ᾗ ὁ λόγος ἐνυμφεύσατο τὴν σάρκα, *thalamus est, in quo Verbum sibi carnem desponsavit.* »

3) Cf. Thesaur. hymnolog. T. II. pag. 94.
4) De laudibus Virginis Hom. II. pag. 1264. col. 1. D. et col. 2. E. in Max. PP. bibliotb. T. XX.
5) Prov. III. 17.

pulcrae, et omnes semitae eius pacificae. Quod si dicente [1]) eodem Propheta, *iustorum semita quasi lux splendens procedit et crescit usque ad perfectum diem;* quis lucem et splendorem semitarum eius eloqui sufficiet? » Tum [2]) pergit: « Habuit enim distinctos gradus et incrementa divisa, ut pulcherrimo castitatis ordine incederet, et [3]) de virtute in virtutem proficiens videret Deum deorum in Sion, translata a gloria in gloriam, tamquam a Domini spiritu. Primo itaque omnium virtutum decore meruit ornari. Secundo Spiritui sancto foedere maritali copulata est. Tertio mater inventa est Salvatoris. Quarto animam eius pertransiit gladius, et carne sumpta de carne eius mundi perditi ruina reparatur. Quinto exsultat in Filio resurgente et ascendente super caelos caelorum ad Patris dexteram. Sexto de hoc seculo rapitur, et occurrente sibi Domino supra caeligenas omnes collocatur. Septimo demum perficietur, quum [4]) plenitudo gentium introierit et omnis Israel salvus erit. Gaudet enim ultra quam dici aut credi fas est de communi electorum salute, sciens quod propter eos Dei Filius carnem suscepit ex ea. Tunc ergo perficietur, Deo [5]) melius providente ne sine nobis consummarentur. « Hinc propria singulis gradibus appellatione tributa [6]), subdit: « Repetamus quae dicta sunt, et eisdem denuo gradibus commorantes, Dominum innixum scalae, angelos etiam ascendentes et descendentes ad Virginem contemplemur. Mirantur enim puellam castissimam, matrem Domini caelique reginam mox futuram, et in his erumpunt [7]) vocibus admirationis et laudis: *quae est ista quae ascendit dealbata?* Quid est dealbata, nisi albis vestibus ornata? Ornata scilicet ornatu decoris et honestatis, iustitiae et sanctitatis. Harum vestium ornatu prophetarum eximius fulgebat quum [8]) diceret: *gaudens gaudebo in Domino, et exsultabit anima mea in Deo meo, quia induit me vestimento salutis et corona iustitiae circumdedit, quasi sponsum decoratum corona, et quasi sponsam ornatam monilibus suis.* Hinc per Psalmistam [9]) dicitur: *sacerdotes tui induantur iustitiam.* Isaias vero [10]) hortatur Hierusalem, ut excussa de pulvere induatur vestimentis gloriae suae. Et per exprobationem primo angelo [11]) dicitur: *et tu signaculum similitudinis in paradiso deliciarum Dei fuisti, omnis lapis pretiosus operimentum tuum.* Sciendum vero quod hae vestes albae sunt et odoriferae, pretiosae et variae. Albae propter innocentiam et puritatem et lucis aeternae candorem. Odoriferae propter fragrantiam opinionis et bonae famae. Pretiosae ob sui dignitatem et commoditatem. Variae ad varios usus et qualitates distinctas. »

644. Tria igitur Mariae sunt propria, et illi uni ex omnibus creaturis simul iuncta conveniunt. Proprium namque Mariae est ut caeli regina habeatur: proprium Mariae est ut Filium quam proxime referat et candore niteat lucis aeternae: et proprium Mariae est, ut viae eius sint pulcrae et omnes semitae eius pacificae. Quotquot sunt Adae posteri, a praevaricatione et ab iniustitia ordiuntur; una reperitur Maria cuius viae omnes pulcrae, et cuius primus gradus omnium virtutum decore continetur. Fuit ergo cur Amedeus [12]) exclamaret: « O phoenix aromatizans gratius cinamomo et balsamo, et nardo suavius regem in aspectu tuo delectans. O phoenix congregans omnes species, et igne circumfusa superessentiali, ut caelum caelorum et caeli Potestates angelicas mirifico repleas suavitatis in-

---

1) Prov. IV. 18.
2) Ibid. pag. 1264. col. 2. E-F.
3) Ps. LXXXIII. 8. coll. II. Cor. III. 18.
4) Rom. XI. 25.
5) Hebr. XI. 10.
6) Ibid. pag. 1264. col. 2. G-H.
7) Cant. III.
8) Is. LXI. 10.
9) Ps. CXXXI. 9.
10) Is. LII. 2.
11) Ezech. XXVIII. 12.
12) De laudibus Virginis Hom. VI. pag. 1274. col. 1. D.

censo. Hoc incensum [1] suavissimum est, hoc thymiama bene compositum procedit de thuribulo cordis Mariae, et universa suaviter olentia excedit. »

645. Neque aliter Philippus Abbas bonae spei, qui inter cetera [2] scribit: « Neque enim quisquam nostrum dicere tantae laudes Virginis attentaret, si angelorum excellentia velut sibi non satis conscia penitus refutaret; sed eorum qui sunt administratorii spiritus forma et sollicitudine commonemur, ut pro posse qualicumque et nos Virginem laudibus veneremur. Nam et ipsi ut eis possibilitas suppetit, non ut dignitas Virginis expetit, hoc ipsum agere se ostendunt, qui nec dum satis quanta sint merita Virginis deprehendunt, et ideo ad unguem ea exprimere verbis sive laudibus non intendunt, sed mirantur, mirantes sciscitantur quae sit illa quam mirabilem sic attendunt. » Tum angelos his loquentes verbis [3] inducit: « Quae est, inquiunt, ista! Revolvimus, aiunt, mulierum seriem praesentium vel praecedentium ab antiquo, ex quo Eva quae primum facta est consensum praebuit inimico: quarum multis diversorum dona charismatum sunt indulta, internae mentis species tam gratiae quam industriae manibus est exculta: nullam harum huic similem possumus invenire, sed haec omnes invenitur ineffabili gratia praevenire. Quae est [4] igitur ista, cui soli datur excellentia specialis, ut mulier nulla prior, nulla ei posterior sit aequalis: ut nostro etiam videatur iam patrocinio non egere, immo ut hominibus ita et angelis non natura sed gratia praeeminere? Quae est ista quae deflexo poplite instar delicatae mulieris non incedit, sed robusto et indefesso gradu viriliter ambulat et procedit: arduum agit iter femineis passibus inexpertum, et apprehensa scala quam vix videre Iacob promuerit, ascendit fortiter per desertum? Desertum ut video via est et conversatio singularis, quam nescit multitudo neque terit ungula popularis: quae luto non tangitur, non respergitur pulvere platearum, quam culpa non attaminat, non operit quaevis superfluitas palearum. »

646. His lucem conciliant quae habet [5] Rupertus tuitiensis inquiens: « Quae est [6] ista quae talis ascendit per desertum sive de deserto? Vere mirabilis et illi multum dissimilis, quae descendit per paradisum, cecidit de paradiso. » Et lucem multo etiam splendidiorem ea conciliant, quibus Georgius nicomediensis [a] Zachariam sacerdotem loquutum exhibet scribens: « Quis vero etiam hominum eam suscipiat? Quis par sit ut illam in sua tabernacula inducat? Quod satis capax domicilium illi recipiendae, cuius commorationem templum hoc admiratione maius non facile tegit, cuius revereatur summam puritatem, cuius magnalia miratur, cuius nova et insolita summopere stupet? Quis tantam eius pulcritudinem contueri valebit, quae ipsum Dei oculum delectat, cuius ipse puritate laetatur, cuius sibi specie placet? »

647. Quo et haec pertinent [b] Iohannis damasceni: « Ave incensum, precationis locus pro omni mundo directus ante Dominum; quae fragrantia Spiritus repleta es, de qua admirantis voce [7] clamatur: *quae est ista quae ascendit de deserto, tamquam virgula fumi suffita?* » Pertinent et ista [c] Tarasii: « Tu es Davidis filia, fimbriis aureis circumvestita,

a) Orat. in Deiparae praesent. pag. 1131. B-D. apud Combefisium Auctar. Tom. I.
b) Orat. II. in Deiparae nativit. §. VII. pag. 855. E.
c) Orat. in praesent. Deiparae.

1) Ex. XXX. 35. coll. Cant. III. 6.
2) In Cant. cant. lib. IV. cap. I. pag. 203. col. 1. B-C.
3) Ibid. pag. 203. col. 1. C-D. et col. 2. A.
4) Cant. III. 6.
5) In Cant. cantic. lib. III. pag. 22. col. 2. C-D.
6) Cant. III. 6.
7) Cant. III. 6.

variata: tu lectus Salomonis ex auro [1]) factus quem sexaginta viri fortissimi circumdant iuxta Scripturarum oracula, in Deo musicos hymnos tuba canentes. » Neque alio haec pertinent [a]) Germani: « Gaude quae sola benedictionem, nempe Dominum, sinu complexa es ut primam maledictionem prima mater exueret. Gaude virginitatis thesaure Deum continens, e quo incorruptus prodiit partus et virginitatis divitiae inviolatae permanserunt. Gaude pura mater et virgo lactans. Gaude diadema pulcritudinis, hominumque regina undique regalibus praerogativis magnifice decorata. » Quo item haec pertinent Gregorii nysseni de Christo deque Virgine [b]) scribentis: « Inter omnes hominum myriades ex quo illi esse caeperunt et quousque veluti fluendo natura succedentium sibi per partum progredietur, solus hic (Christus) nova quadam partus specie in hanc lucem venit: cui ad nascendum natura non cooperata est sed serviit. Propterea, inquit [2]), candidum hunc et rubicundum, qui per carnem et sanguinem in hac vita versatus est, solum ex universis hominum myriadibus de puritate virginea electum esse, cuius conceptio a coniunctione duorum profecta non est, partus minime inquinatus, puerperium doloris expers: cuius thalamus, virtus Altissimi quasi quaedam nubes virginitatem ipsam inumbrans: fax nuptialis, Spiritus sancti splendor: cubile vitiorum expers conditio: nuptiae, puritas incorrupta. »

648. Neque premi silentio debent [c]) Ephraemi verba, quibus non secus Maria celebratur ac ut « Munus quocumque pretio excellentius, omnibusque bonis aestimabilius ornamentum: lectus Salomonis quem circumassistunt sexaginta potentes, sermones nempe Scripturae divinitus inspiratae: locus luce repletus, ex quo salutis radii universo mundo illuxerunt. » Neque haec relinqui tacita debent quibus [d]) Ephraemus Mariam salutat: « Gaude ornamentum mundi muliebris: gaude filia David splendide ornata: gaude mensa mysticarum gratiarum: gaude Regisque Deique mei victoria: gaude omnino immaculata Dei divina sedes: gaude splendida Dei mater sola: gaude Salomonis lectus sanctissimus: gaude spiritalibus mentibus honorabilior: gaude meorum delictorum solutio: gaude Regina generis adamitici: gaude gladius pravorum daemonum: gaude omnium bonorum vita, gaude omnium gratiarum caussa. » Addi et haec postremo debent quibus [3]) Ephraemus natum alloquens Servatorem scribit: « Tua te adoret genitrix, tuoque capiti [4]) diadematis ornamenta superimponat, ceu Salomoni propria quondam imposuit mater; etsi hic ceteroquin ethnicam pravitatem sequutus suae honorem dignitatis depresserit. At tu davidicam, ex qua profectus es sobolem amplissime decorasti: tu ipsius thronum magnifice elevasti, familiam longe lateque propagavisti et eius citharam ubique provexisti. Eadem tua parens inclyta in omnium ore diutissime vigeat: qui te gestavit uterus benedictione repleatur. Io-

a) Orat. in Deiparae nativit. pag. 1307. E. apud Combefisium Auctar T. I.
b) In Cant. cant. Hom. XIII. pagg. 667. A-B. opp. T. I.
c) Orat. in Deiparam opp. graec. T. III. pag. 530. A.
d) Orat. in Dei matrem ibid. pagg. 534. F. et 535. A-B.

1) Cant. III. 7.
2) Cant. V. 10.
3) De diversis, serm. I. de nativit. Domini pag. 600. B-E. Opp. syr. T. III.
4) Enarrans Beda verba Cantici, *in diademate quo coronavit eum mater sua*, scribit Exposit. in Cant. lib. III. pag. 1050. C-E: « Hoc est enim aperte dicere, videte Dominum in humanitate, quam de Virgine matre susceptam in maiestatis paternae dextera collocavit. Mater quippe sua illum diademate coronavit, quando beata et intemerata Virgo de Spiritu sancto concipiens materiam illam illi sacrosanctae carnis de sua carne praebuit, in qua mundo apparens et habitans in nobis regnum mortis moriendo destrueret ac vitam nobis resurgendo repararet, quamque ad caelos ascendendo gloria perennis regni sublimaret. »

sephum nemo digne laudare poterit, quem tu, vere et naturalis aeterni Patris Fili, patrem adoptivum habere non recusasti: tu, pastor amantissime, missus ad quaerendas quae perierant oves tamdiu laborasti, donec inventas ad ovile reduceres. Quod tantum conceperim filium, sic enim virginem Mariam secum loquutam fuisse credibile est, id me prae omnibus qui salutem adepti sunt, mirifice recreavit: quod ipsum genuerim, me supra omnes sanctitate eminentes viros decoravit. Ingrediar modo in virentia paradisi pomaria, ibique Deum laudabo ubi [1]) Eva misere concidit. Hoc fortasse non parvi momenti erit, quum in matrem me elegerit, seque mihi in filium esse dignatus fuerit, quoniam ipsi prae omnibus aliis mulieribus placui. » Accedit Eckbertus schonaugiensis, qui [2]) comparatione Virginem inter et solem lunamque explanata, pergit: « Tu terribilis ut castrorum acies ordinata. Quid enim? An non horruerunt principes tenebrarum quando viderunt praeter morem armatura omni fortiore instructam contra se procedere feminam, feminam fortem et ad bella doctissimam, cuius ensis super femur suum propter timores nocturnos? In circuitu eius acies validas spiritualium virtutum suo se invicem ordine tuentium; siquidem ordinatione perseverat dies: sed et innumerabilium beatorum spirituum militiam ad ministerium tanti principis delegatam fuisse nullatenus ambigimus, utpote qui custodirent lectulum Salomonis gratissimum ac providerent, ne praeparatum aeterno Regi hospitium alienus hospes invaderet. Nimirum timor et tremor venerunt super eos, ita ut dicerent: ecce plus quam Eva haec. Castra Dei sunt haec, fugiamus Israelem. Tu ergo, bellatrix egregia, primo eum qui primus omnia supplantavit, expugnare viriliter aggressa es. » Accedit Bernardus toletanus qui Virginem sic [3]) alloquitur: « Non est dubium te benedictam intellectu et affectu et actu, hunc super omnes mortalem decalogum habuisse et observasse; unde prorsus merito mille clypei ex te dicuntur pendere. Et non solum clypei, sed et omnis armatura fortium. Nihil est enim virtutis quod ex te non resplendeat, et quidquid singuli habuere sancti, tu sola possedisti. Lectulus es Salomonis, de quo in canticis: en lectulum Salomonis septuaginta fortes ambiunt ex fortissimis Israel, omnes tenentes gladios et ad bella doctissimi. » Accedit Petrus Damiani [4]) inquiens: « Terribilis ut castrorum acies ordinata, terribilis daemonibus, ordinata virtutibus, singularis timor malignorum spirituum, specialis amor civium beatorum. Sequitur de eius conversatione: *quae est ista quae ascendit per desertum sicut virgula fumi ex aromatibus myrrhae et thuris et universi pulveris pigmentarii? Ista est speciosa inter filias Hierusalem*. Desertum est vastitas huius mundi, ubi princeps ille nequissimus omni fortitudine principatur. In huius seculi vanitates omnes vel descendere vel cadere cognoscuntur, rarusque qui non vel descendat vel cadat in huius turbulentissimae profunditatis oceanum. Sola illa mater et filia creatoris nec descendit nec cecidit; sed de virtute in virtutem ascendens consummatione virtutum vestita est. » Quibus mox [5]) addit: « Caro enim Virginis ex Adam assumpta, maculas Adae non admisit; sed singularis continentiae puritas in candorem lucis aeternae conversa est. » Neque mirum [6]) quando: « Universus pulvis pigmentarius in Virgine coniectus est, quia in ea virtutum conventus reverendum sibi thalamum consecravit; et si ceteris per partes Spi-

---

1) Gen. III. 6.
2) Serm. panegyr. in Deiparam n. 5. pag. 702. inter opp. Bernardi T. V.
3) Serm. IV. in antiph. *salve regina* n. 6. pag. 749. ibidem.
4) Serm. XL. in Virginis assumpt. pag. 99. col. 1. A-D. opp. T. II.
5) Ibid. pag. 99. col. 1. E.
6) Ibid. p. 99. col. 2. B-C. Videsis etiam Serm. XLVI. in Virginis nativit. p. 116. col. 2. D-E.

ritus adfuit, Mariae tamen tota plenitudo gratiae supervenit. » Accedit non uno in loco [1] vulgatus Hildephonsus, qui adductis verbis, *quae est quae ascendit per desertum?* subdit: « Admiratio illa angelica non de virginitate sola, quae fuit singularis in Maria, sed de immensitate *gratiae* venit: quia universae virtutes in ea respergebant ex incendio divini amoris suavitatem odoris, ita ut in ea esset forma non solum virginum, verum etiam omnium ecclesiarum Dei. » Etenim [2] « De propagine carnis nulla nobilior Dei matre refulsit, nulla splendidior ea processit, quam splendor paternae gloriae ineffabiliter divinitus illustravit. » Accedit tandem Matthaeus cantacuzenus, qui [a] verbis, *sellam fecit sibi ipsi rex Salomon ex lignis Libani*, hunc subiungit [b] commentarium: « Ex radice David sibi ipsi genitam Dei filiam paullo quidem ante lectum et domum nominavit, heic autem sellam. Ipsa enim novem mensium spatio Deum omnium portavit in utero, hominem pro nobis factum, ex ea carnem sumere non dedignatum. »

649. Itaque patribus christianisque scriptoribus non solum in more fuit ut tertium Cantici caput de Virgine interpretarentur; verum etiam ut ex eo ad Virginem accommodato apertis repetitisque sententiis deducerent: I. *summum esse Virginis candorem, penitus immaculatum, nullo infectum naevo, non opertum superfluitate palearum, et quam proxime ad candorem expressum lucis aeternae:* II. *illius splendorem novum esse et singularem, ipsosque Angelos in sui admirationem rapere:* III. *tantam esse eius fragrantiam ut suavitatem excedat omnium suaviter olentium, ipsumque Regem mirifice delectet:* IV. *omnes vias eius esse pulcras atque semitas ita pacificas, ut nec deflexo poplite umquam incesserit, neque primum gressum promoverit ex iniustitia ad iustitiam et ex maledictione ad benedictionem, sed ex virtute in virtutem atque ex benedictione et gloria in benedictionem et gloriam:* V. *omnibus ipsam gratia et sanctitate praeeminere, praeeminere hominibus atque adeo esse adamitici generis ornamentum, et praeeminere angelis atque adeo solam inter Adae posteros illorum tutela non indigere:* VI. *a Deo sibimetipsi fuisse conditam, atque primum Dei filiam, alienamque ab Adami maculis exstitisse:* VII. *nihil in ea esse nisi novi et stupendi, et verissimum Phoenicem merito existimari:* denique VIII. *ad illius pertinere dotes ut sit credaturque lectus Regis sanctissimus, purior templo, ex auro factus, prae omnibus selectus et beneficiis divinae reparationis decoratus, Dei atque Regis victoria, malorumque daemonum terror et gladius.* Quae quidem aut his profecto non dissimilia auctori obversabantur tractatus Anselmo tributi de conceptione Virginis, qui propterea [3] scripsit: « Te igitur, Domina, quam in tantum culmen praedestinavit et extulit divina potentia, quam tot praerogativis dotavit cuncta disponens Dei sapientia, quam sibi matrem elegit ad mundo subveniendum ipsa omnium salvandorum ineffabilis misericordia, crediderim ne, quaeso, te morte peccati quae per invidiam diaboli occupavit orbem terrarum, in tuo conceptu potuisse gravari? Me namque iterum atque iterum ipsas quas superius comemmoravi rationes considerante, animus hoc credere vetat, intentio abhorret, lingua fateri non audet. »

---

a) Cant. III. 9.
b) In comm. ad h. l. pag. 25.

1) Serm. III. in Virginis assumpt. p. 356. col. 2. B-D.
2) Ibid. p. 357. col. 1. A., itemque Serm. VI. p. 367 col. 2. B-D. in collect. PP. toletan. T. I.
3) Tract. de concept. Virginis pag. 501. col. 2. D-E.

ARTICULUS IV.

De iis quae quarto Cantici capite continentur: ecclesiastica eorumdem ad Deiparam accommodatio: maiorum commentarii: atque ex illis ducta immaculati conceptus praerogativa.

650. Quod hoc in capite primum occurrit, commendatio est plena admirationis qua Sponsae pulcritudo [1]) celebratur: *quam pulcra es amica mea, quam pulcra es!* Hanc universalem pulcritudinis commendationem altera excipit in partes ita tributa, ut [2]) singillatim laudentur Sponsae oculi, capilli, dentes, labia, genae, collum et ubera: *oculi tui columbarum, absque eo quod intrinsecus latet. Capilli tui sicut greges caprarum quae ascenderunt de monte Galaad. Dentes tui sicut greges tonsarum quae ascenderunt de lavacro, omnes gemellis foetibus, et sterilis non est inter eas. Sicut vitta coccinea, labia tua: et eloquium tuum dulce. Sicut fragmen mali punici, ita genae tuae absque eo quod intrinsecus latet. Sicut turris David collum tuum, quae aedificata est cum propugnaculis: mille clypei pendent ex ea, omnis armatura fortium. Duo ubera tua, sicut duo hinnuli capreae gemelli, qui pascuntur in liliis.* Sequitur praecedentium epilogus, et Sponsae omnibus expleta numeris pulcritudo negando aeque ac affirmando [3]) vindicatur: *tota pulcra es amica mea, et macula non est in te.* Invitatur [4]) deinde suavissimo Sponsae nomine, atque coronanda perhibetur: *veni de Libano sponsa mea, veni de Libano, veni: coronaberis de capite Amana, de vertice Sanir et Hermon, de cubilibus leonum, de montibus pardorum.* Tum Sponsus [5]) sistitur Sponsae pulcritudine vulneratus: *vulnerasti cor meum soror mea sponsa, vulnerasti cor meum in uno oculorum tuorum et in uno crine colli tui.* Hinc iteratis sponsae sororisque appellationibus, illius singularis venustas et fragrantia absolute non minus quam comparate [6]) extollitur: *quam pulcrae sunt mammae tuae soror mea sponsa! pulcriora sunt ubera tua vino, et odor unguentorum tuorum super omnia aromata. Favus distillans labia tua, Sponsa, mel et lac sub lingua tua: et odor vestimentorum tuorum sicut odor thuris.* Novis deinde ima-

---

1) Cant. IV. 1.

2) Cant. IV. 1-6. Pro inciso, *absque eo quod intrinsecus latet*, hebraice est מִבַּעַד לְצַמָּתֵךְ, et in quinta editione, uti opinor, ex glossemate, ἀπὸ κλήθους τοῦ κάλλους σου.

3) Cant. IV. 7. Hebraice, כֻּלָּךְ יָפָה. Porro כֹּל tam ad *totum* quod est quantitatis continuae, quam ad *omne* quod est discretae, se porrigit: et quoniam affixa obliquis potius respondent quam rectis, idcirco verba textus apte redduntur *omne tui* vel *omne tuum*. Pro insequente nomine *macula*, hebraice habetur מוּם, graece μῶμος. Est autem מוּם per syncopen factum ex מְאוּם quod significat *aliquid* in malam partem: nam Targum constanter substituit aut eamdem vocem cum desitione chaldaica, aut מִדְעַם *quidquam*, supple mali vel vitii. Graeci ἄμωμον quidquid sincerum est, ac deinde peculiare unguentum vocarunt odoris gratissimi quod ei non esset aliquid admixtum, et postea lignum ex quo liquor hic manat. Paulus Ephes. V. 27. hunc locum Ecclesiae accommodans non tam graece reddidit quam explanavit, dum illam dixit μὴ ἔχουσαν σπῖλον, ἢ ῥυτίδα, ἢ τι τῶν τοιούτων, ἀλλ' ἵνα ἦ ἁγία καὶ ἄμωμος.

4) Cant. IV. 8. Licet in usitatis editionibus habeatur אִתִּי *mecum*, nihilominus veteres legisse אֱתִי *veni*, ostendunt interpretes alexandrini, vulgatus, syrus et arabs.

5) Cant. IV. 9. Verbis *vulnerasti cor meum* respondet in textu לִבַּבְתִּנִי, quod sicuti Theodoritus reddidit ἐτρώθην *vulneratus sum* et ὑπερκαπλήττεις με *stupefecisti me*, ita tres patres vertunt εἰς πόθον σου ἤγαγες *in tui desiderium attraxisti*.

6) Cant. IV. 10-11.

ginibus exquisitisque metaphoris puritas Sponsae eiusque suavitas [1]) describuntur: *hortus conclusus soror mea sponsa, hortus conclusus, fons signatus. Emissiones tuae paradisus malorum punicorum cum pomorum fructibus. Cypri cum nardo: nardus et crocus, fistula et cinnamomum cum universis lignis Libani, myrra et aloë cum omnibus primis unguentis.* Ipsa tandem Sponsa ita secum ipsa loqui [2]) perhibetur: *surge aquilo, et veni auster, perfla hortum meum, et fluant aromata illius.*

651. Iamvero haec sunt eiusmodi quae simul iuncta omnem excludunt labem, nullamque maculam patiuntur. Omnem excludunt labem ingeminatae affirmationes de pulcritudine omnimoda, de venustate perfecta, deque fragrantia quae nihil nisi suave spiret. Nullam vero patiuntur maculam sive diserta verba, *et macula non est in te,* sive quae de singulari custodia, eximiaque tutela, memorantur. Quare venerabilis Beda quum [3]) incisum, *tota pulcra es, amica mea, et macula non est in te,* ad Ecclesiam [4]) retulit, principio scripsit: « Non in eximioribus tantum membris electorum quae speciatim enumeravi, pulcra es; verum etiam in illis qui pusilli videntur et fragiles et decore refulges virtutum, et vitiorum macula cares. Benedixit enim omnes timentes [5]) Dominum, pusillos cum maioribus. Unde in Apocalypsi sua de superna eiusdem Ecclesiae patria dicit [6]) Iohannes: nec intrabit in eam aliquid coinquinatum et faciens abominationem et mendacium, nisi qui scripti sunt in libro vitae Agni. » Tum continuo [7]) adiecit: « Haec autem dicta sunt, non quod in hac vita sanctorum quispiam vel a culpis omnibus immunis, vel perfectus possit esse virtutibus; quum veraciter [8]) scriptum sit, quia non est homo in terra iustus qui faciat bonum et non peccet: sed quod Ecclesia sancta, in quantum Ecclesia Christi, et fide recta et munda sit opere. Si quid vero eam immunditiae vel pravitatis attigerit, non hoc ad eam pertineat, sed ab ea sit celerius velut extraneum omni conatu expurgandum. Cui simile est illud [9]) beati Iohannis, omnis qui natus est ex Deo, peccatum non facit, quoniam semen ipsius in eo manet et non potest peccare quando ex Deo natus est. In quantum enim semen gratiae Dei qua renati sunt, in tantum peccare non possunt. In quantum autem peccant, in tantum eos gratia renascens ad tempus dimiserat, ut quid de seipsis sint agnoscant, qui per ipsam iuste vivebant. Quae videlicet eos post hanc vitam ab omni malo mundos et integra pulcritudine renitentes, in illam introducet civitatem in qua nihil, ut dictum est, potest introire pollutum: et tunc in amica Sponsi veraciter implebitur hoc ad quod ipsa nunc toto virtutis nisu conatur, ut sit tota pulcra et macula in ea non sit ulla. »

652. Illorum igitur quae quarto Cantici capite continentur, ea vis est atque insita potestas ut non modo puritatem referant nullius consciam labis, verum etiam pulcritudinem omnibus expletam cumulatamque numeris demonstrant. Quare si quo fide digno testimonio compertum sit, illa ad Deiparam rite accommodari ac merito de Deipara sumi, spectari ipsa haud aliter poterit ac ut *pulcra, supra admirationem pulcra, undique pulcra, tota*

---

[1]) Cant. VI. 12-15. Hebraeum גַּן, quod vulgatus reddit *hortum*, ex vi originis valet *septum*, ut adiunctum participium נָעוּל frustra videatur, ac si quis diceret *claustrum clausum*. Verumtamen quia hortus circumseptus est dupliciter, vel modica sepe aut maceria, vel altiori; ne de illa heic sumeretur, additum est נָעוּל, quod non tam conclusum quam obseratum aut oppessulatum significat.
[2]) Cant. IV. 16.
[3]) Cant. IV. 7.
[4]) Exposit. in Cant. lib. IV. col. 1060. B-C.
[5]) Ps. CXIII. 13.
[6]) Apoc. XXI. 27.
[7]) Ibid. col. 1060. C-E.
[8]) Eccl. VII. 21.
[9]) 1. Ioh. III. 9.

pulcra, omni ex parte validissime communita, nulli pervia culpae nulloque naevo maculata. Suppetit autem quod quaerimus dignum fide testimonium, praesto namque est auctoritas Ecclesiae quae [1] in publicis solemnibusque officiis quartum Cantici caput de Deipara usurpat, illoque utitur ut suam mentem suamque fidem de innocentia deque pulcritudine Virginis splendidissime aperiat. Ecquam igitur esse Virginem existimabimus? *pulcram* nimirum, *pulcherrimam, totam pulcram, eximio studio protectam, singulari cura obsignatam, et omnino eiusmodi quae sola Sponsi animum sua venustate rapuerit.* Ne quem vero commoverent aut pervagatissimum adagium, *in omni facie est naevus:* aut oracula divina [2] *omnes declinaverunt, omnes peccaverunt;* non satis Sponso fuit dicere, *tota pulcra es,* sed e vestigio subiecit, *et macula non est in te:* qua propositione negante affirmantem illi connexam ab exceptione vindicavit, et ambarum ope Mariae vultum, ut animae imaginem, a communi aliorum omnium lege atque miseria apertissime exemit.

653. De qua exceptione et infuscata numquam Virginis pulcritudine multo constabit evidentius, si consignata maiorum commentariis librisque ecclesiasticis recolantur. Ut enim ab his ordiamur, in Menaeis [a] legimus: « Tota, o Virgo, tota es pulcra, tota lucis speciem exhibes, lucifera et deifera, sola quoque tota es splendida; propterea oculos cordis mei illumina, ut qui tuam, o Domina, gloriam instar aurae exhalo, et desiderio tuae gloriae sum vulneratus. » Legimus [b] deinde: « Te totam, o Dei mater, columbam perfectam omnique ex parte pulcram, et splendidum lilium, floremque convallium quum invenisset spiritalis Sponsus, in te inhabitavit. » Tum [c] legimus: « Dominus qui impollutum incoluit sinum tuum, te totam puram et refulgentem demonstravit. » Quibus haec [d] ex Anthologio respondent: « Misericordia motus creator ex tuo puro sanguine efficitur parvulus, te totam innocentem servat post partum puram, et infectam imaginem repurgat: idcirco ad tui formam fingitur factus natura mortalis qui natura est Deus. » Atque haec item quae [e] subdimus: « Te murum atque robur, o Domina, te praesidium non fallax, te turrim immotam fideliter numquam non possidens, spero per te compotem fore salutis. Ecce Virgo clamat ad omnium Dominum et filium: pulcher es Sponse mi, ecce pulcher es atque venustus: in odorem unguenti tui post te sollicite curram. Te venustus Sponsus, o Virgo domina, deligens e mortalium genere ad dexteram suam splendide collocavit, veni, tibi dicens, Sponsa mea a Libano, veni Sponsa mea et mater. » Neque dissimilia sunt quae apud Syros, Coptosque frequentantur; apud illos quidem [f] his verbis: « Salve Dei templum et thronus crystallinus, salve Moysis velum, salve Salomonis hortus, salve civitas filii Iesse. » Penes Coptos vero qui [g] canunt. » Virgo Maria, sapiens Deipara, hortus incensi, fons sanctus

---

a) Men. die XVI. Iulii Ode η'. pag. 69. col. 1. C-D.
b) Men. die IX. Iunii Ode ς'. pag. 34. col. 1. E.
c) Men. die III. Augusti Ode η'. pag. 23. col. 1. B.
d) Antholog. pag. 70. col. 2. B. Ode η'.
e) Paraclit. pag. 258. col. 2. C-D. — Men. die XXVI. Octobris Ode γ'. pag. 155. col. 1. D. — Ibid. Ode ζ'. pag. 161. col. 2. C.
f) Offic. Maronit. ad primam sabbathi pag. 486.
g) Theotoc. tetrast. III. pag. 124.

1) Integrum caput legitur die XVIII. Augusti infra octavam Assumptionis in primo nocturno, et nonnulla ex eo decerpta leguntur in officio septem dolorum ad Laudes.
2) Ps. XIII. 3. coll. LII. 4. et Rom. III. 23.

aquae vitae. » Merito igitur et prorsus ex Ecclesiae sententia [1]) antiquus auctor operis de corona Virginis scripsit: « Tu, Domina, semper fuisti clara et serena, sincera, mundissima et amoena. Tu enim semper tota pulcra, tota formosa, tota immaculata et tota speciosa. Macula nulla fuscaris, nulla sorde macularis, omni gratia illustraris. » Et merito in antiphonis officii de Conceptione suffragio Sixsti IV. comprobata canebatur, *tota pulcra es, et macula originalis non est in te.*

654. Huic enim stabiliendae doctrinae mirum dictu est quam perspicue maiorum commentarii editaeque ab iis interpretationes conducant. Conducit commentarius Petri cellensis [2]) qui ait: « Virgo Maria omnibus concupiscibilis, quia tota pulcra, omnibus venerabilis quia plena gratia: singulos quidem odore unguentorum suorum ad amorem suum trahit Virgo singularis. Sola sufficit omnibus, ut species quaedam salutaris quae sine aliarum admixtione specierum efficacissima est ad conficiendum humanae salutis unguentum: huic speciei si admiscetur alia, aliquid ei videbitur subtrahere odoris, nihil vero conferre vigoris: sola placuit Deo Patri, ut Filii sui mater fieri mereretur: sola sine exemplo placuit Christo, ut ex ea nasceretur: et Spiritui sancto ut eius templum fieret et eo repleretur: sola non immerito nostrae saluti sufficiens, ex qua pro nobis Salvator nasci dignatus est. » Conducit commentarius Ruperti tuitiensis, qui relatis [3]) Cantici verbis, mox [4]) pergit: « O pulcritudo admirabilis, quam sic admiratur et collaudat pulcherrimus auctor ipse pulcritudinis septem praeconiis. Consideravit oculos, capillos, dentes, labia, genas, collum et ubera, et pro singulis dilectus singula decantavit dignae collaudationis capitula. Quid in te, o dilectissima dilectarum, Virgo virginum, laudatur a dilecto laudabili, quem laudat omnis chorus angelorum? Laudatur simplicitas, munditia, innocentia, doctrina, verecundia, humilitas, mentis et carnis integritas, sive incorrupta virginitas. » Quae dum singulatim persequitur, inter cetera [5]) subdit: « Quam pulcher ordo? Primum oculi, et post oculos capilli, post capillos dentes laudantur innocui. Respicite, amici, ad sinistram, considerate Evam, mulierem odiosam huic dilectae oppositam et oculis et capillis et dentibus et labiis et genis et collo et uberibus infaustis. » Et [6]) infra: « O qualis haec turris, qualia propugnacula! Ex ea mille clypei pendent, omnis armatura fortium. Ita collum tuum, immo et ultra quam turris illa, collum tuum, idest, humilitas tua quae sedet vel patet in collo tuo non extento, aedificata est cum propugnaculis. Nihil enim deest illic omnium quae continentur in Scripturis veritatis, et neque invisibilis diabolus, neque visibilis homo haereticus e contra potuit umquam vel poterit. » Et [7]) rursum: « Haec auscultantes toties de mammis et uberibus tuis et de ceteris instrumentis tuae pulcritudinis, de oculis, de capillis, de dentibus et labiis, tot voces Dilecti gratulantis non fastidiunt, quoniam amici sunt, imo gaudio gaudent propter vocem Sponsi laetantis iuxta [8]) illud: laetabitur Dominus in operibus suis. Voces istae, voces laetitiae nostrae sunt, laetitiae Patris et Filii et Spiritus sancti in istis operibus nostris, in mammis sive uberibus tuis. Haec enim egregia sunt opera Trinitatis, haec gratiora valdeque pulcriora primis operibus illius [9]) dicentis: faciamus hominem ad ima-

---

1) De corona Virginis cap. XIII. Petrus de Alva in biblioth. virginali censet huius operis parentem fuisse b. Hildephonsum praesulem toletanum. Sed hanc opinionem defendi non posse ostenditur in collect. pp. toletanorum T. I. pagg. 392-393.
2) De assumptione Virginis Serm. I. pag. 201. D. et 202. A.
3) Cant. IV. 1-6.
4) In Cant. lib. III. pag. 26. col. 1. C-D.
5) Ibid. pag. 27. col. 1. E. et col. 2. A-B.
6) Ibid. pag. 29. col. 1. B-D.
7) Ibid. pag. 31. col. 1. C-D.
8) Ps. CIII. 31.
9) Gen. I. 26. coll. II. 21.

ginem et similitudinem nostram, plasmantis de terra Adam, et fabricantis de costa eius Evam. » Ubi autem insequentia [1]) expendit cantici verba, sic [2]) habet: « Ecce novus paradisus, novae plantationes, quas plantavit unus idemque antiqui paradisi plantator Dominus Deus. Plantaverat autem Dominus Deus, ait [3]) Scriptura, paradisum voluptatis a principio, in quo posuit hominem quem formaverat, lignum etiam vitae in medio paradisi, lignumque scientiae boni et mali. Ille est paradisus antiquus, paradisus terrenus: iste est paradisus novus, paradisus caelestis. Utriusque plantator est unus idemque Dominus Deus. In illo posuit hominem quem formaverat, in isto formavit hominem qui apud ipsum in principio erat. De ista humo produxit omne lignum pulcrum visu et ad vescendum suave: lignum etiam vitae in medio paradisi: istam humum, istam terram suam benedixit, et ex ea cunctarum germina gratiarum, et cunctarum exemplaria virtutum produxit: ipsum quoque lignum vitae Christum, Deum et hominem, Dominum paradisi caelestis. » Quanta vero fuerit huius novi caelestisque paradisi sincerissima puritas, declarat [4]) inquiens: « Uterus tuus nulli viro, nulli carnali commercio accessibilis; et mens tua nulli vitio, nulli spirituali nequitiae fuit umquam penetrabilis. » Neque penetrabilis esse poterat, eodem namque [5]) auctore: « Sicut in initio fons ascendebat e terra irrigans universam superficiem terrae, sicut inquam fluvius egrediebatur de loco voluptatis ad irrigandum paradisum; sic ex te, o amica, o terra benedicta, fons ille ascendit qui apud Deum erat, et vera lux erat, sicut [6]) scriptum est: quoniam apud te est fons vitae, et in lumine tuo videbimus lumen. » Quare enarrans [7]) verba, *surge aquilo et veni auster, perfla hortum meum, et fluent aromata illius*, interrogando [8]) scribit: « Quis ille est aquilo? Ille nimirum qui [9]) dixit, sedebo in monte testamenti, in lateribus aquilonis: ille de quo dictum est [10]) per prophetam, ab aquilone pandetur malum super omnem terram. Ipse est serpens antiquus, qui vocatur diabolus et satanas. Unde ille talis aquilo surget? Quomodo surget? Surget de occultis insidiis ubi iacebat olim et serpebat lubricus anguis, quando primam mulierem decepit, quemadmodum illa [11]) dixit: serpens decepit me et comedi. Non ibi surrexit ut impugnaret, sed serpendo sibilavit ut deciperet. Vires quippe non habebat prius quam consensum voluntarium praeberet ei mulier, quam Deus innocentem fecerat. Inter te et illum, soror mea Sponsa, Deus inimicitias posuit, et idcirco de te omnino desperavit, imo de fraude sua, de dolo suo sive artibus suis adversum te nihil habet spei ut decipere possit. »

655. Ab his autem sane praeclarissimis nullatenus dissident quae Philippus bonae spei abbas in suis commentariis frequenter inculcat. Et ea inprimis non dissident quibus [12]) ait: « Innuitur quod et multa est Virginis pulcritudo, et eidem pulcritudini nulla inest subdola turpitudo: *absque eo*, ait, *quod intrinsecus latet*. Sunt nonnulli quibus praesto est pulcritudo exterior, pulcra superficies et ovina, intrinsecus autem lupi rapacitas et fraudulentia serpentina. Sunt alii qui etsi non dealbantur foris hypocrisi fraudulenta, etsi eos intrinsecus non inficit assiduitas virulenta; tamen dum tenentur in corpore quadam lege [13]) peccati sic poenaliter aggravantur, ut nonnumquam, velint nolint, in culpam vel modicam

---

1) Cant. IV. 12-16.
2) Ibid. pag. 33. col. 1. A-C.
3) Gen. II. 8. seqq.
4) Ibid. pag. 33. col. 2. C-D.
5) Ibid. pag. 35. col. 1. A-B.
6) Ps. XXXV. 10.
7) Cant. IV. 16.
8) Ibid. pagg. 35. col. 2. E. et 36. col. 1. A-B.
9) Ezech. XXXVIII. 15.
10) Is. XIV. 31.
11) Gen. III. 13.
12) In Cant. cap. VII. pag. 210. A-C.
13) Rom. VII. 15.

dilabantur. Et quia non quidquid mali nostra cogitatio concipit, statim potest aliis apparere, quum nos quoque plerumque lateat quod in nobis dignum est sui merito displicere; quum absque eo quod intrinsecus latet Sponsus Virginem dicit esse, immunem eam non solum ab evidentibus sed a culpis quoque latentibus probat esse. Virginem igitur, quae nequaquam erat sibi conscia delictorum et tamen non nescia suorum fuerat occultorum, recte Sponsus pulcram semel et iterum asseverat, apud quam sicut extrinsecus, ita et intrinsecus dedecens nihil erat. » Neque ea dissident quibus [1]) subdit: « Eius collum turri simile perhibetur, quae suo fixa pondere, impulsu ventorum sive illisione fluminum non moretur; quae tantae est fortitudinis ut locum suum non dimittat nequam spirituum potestati, et munimen inexpugnabile toti conferat civitati. » Et mox, iis commemoratis quae propria sunt turrium, sermonem ad Deiparam revocans [2]) infert: « Sic et Virgo instar turris davidicae a longe hostem prospicit, immo despicit et non curat, ad cuius intuitum horret ille et refugit, et in proposito confidentiae non perdurat; et quidquid minarum vel fraudum praesumpserit machinari, eliditur, et in se reliditur malitia praesumentis: tantum horrorem incutit, tam potenter repercutit hostem facies intuentis. » Neque accidere secus potest [3]): « Mons namque est huius nostrae Virginis celsitudo, quam reddit commendabilem fixa et immobilis firmitudo: cui etsi flabra ventorum facto veluti agmine hinc inde minas incutiunt, non tamen a gratia, non a statu mansorio montem deiiciunt. Huic quippe Virgini sagittas et iacula frequenter hostes iniiciunt, et malitia procedente arietum impetus et balistas graves adiiciunt: quae omnia Virginis montana celsitudo et immota firmitudo procul reiiciunt, et cassatis nisibus hostes durius repercussos ad ima deiiciunt. Nam sive praesens sive absens aestimetur manus potentis adiurata, tamen tantus amor ad Virginem, tanta est de Virgine Sponso cura; ut illa instar montis, huius patrocinio sit secura, et cassetur quidquid intulerit ventorum rabies saevitura. » Et [4]) sane: « Veritatem venturam nullus praecedentium sic expressit, quomodo Virgo sancta, cui divina bonitas hoc concessit ut supra quam ab homine vel ab angelo dici posset, incarnati Verbi mysterium expressius et sensibilius ipsa nosset. Cuius notio et suavis recordatio notionis tam mira est confectio et antiquae abolitio laesionis, ut eis delibuta Virgo tamquam aromatibus vel unguentis vulnus culpae nesciat, quam intulit Evae malitia vel serpentis. » Quoniam [5]) enim « In horto primo primam serpens mulierem supplantavit, hortum sibi alium Deus Dei Filius tunc plantavit, quum beatam Virginem supra morem ceteris mulieribus attributum, sua replevit gratia, multo non herbarum genere sed virtutum. In illo quippe horto mulieris est simplicitas circumventa, vir gustavit prohibitum, gustato nuditas est inventa, victuros in aeternum transgressionis merito mors praevenit, tam illis quam posteris mortalitatis maledictio supervenit. Iste autem hortus arbusta non continens, herbas, flores; alia quaedam habet digna talibus vel conferri, vel, ut dicam verius, transitoriis omnibus superferri. In eo igitur non sicut in antiquo subdole serpens serpit, fructus eius non toxicat, odorem non attaminat, flosculos non decerpit: non esurit prava mollities, ad effectum esuries non procedit, non serpenti mulier, vir mulieri non obedit. » Et [6]) denuo: « Fuit pridem paradisus serpentinae suasoria pravitatis, fraudis novae conceptoria, peremptoria sanctitatis: in qua vir feminae molli consilio cessit fortis, gustus pomi prohibitus expertis intulit

---

[1]) Ibid. cap. XII. pag. 214. B-C.
[2]) Ibid. pag. 214. E.
[3]) Ibid. cap. XV. pag. 217. B-C.
[4]) Ibid. cap. XXIII. pag. 224. C-E.
[5]) Ibid. cap. XXV. pag. 226. E.
[6]) Ibid. cap. XXVI. pag. 228. E.

fructum mortis. Ista vero paradisus recompensat potentius, quae in illa curiosius sunt amissa. »

656. Cuius paradisi singularem eximiamque puritatem extollit [1] Amedeus lausannensis episcopus scribens: « Mirantur illi (angeli) animam meriti singularis exutam aeterna labe, nullam carnis aut seculi maculam habere. Mirantur exutam artubus gratia totius puritatis candere. Quid enim primum laudent in ea, integritatem an humilitatem, prudentiam, robur mentis an longanimitatem, honorem matris an partus novitatem? Sed virtus integra et plena gratia magis in illa laudatur. Unde Dominus ita praedicat [2] laudes eius: tota pulcra es mater mea, et macula non est in te. Tota, ait, pulcra es, pulcra in cogitatu, pulcra in verbo, pulcra in actu, pulcra ab ortu usque in finem. » Hinc Anselmus [3] Deiparam invocans ait: « O Virgo sanctissima, corpore castissima, moribus omnium pulcherrima: Virgo virginum nec corde umquam polluta nec ore, sed tota pulcra, tota sine macula: intemerata Virgo corpore, intemerata Virgo mente, nihil debens legibus, nullis tacta excessibus; ut humilitatis in te ostenderes exemplum, imples purificationis officium pollutis matribus statutum. » Hinc auctor operis [4] de corona beatae Virginis sic illam compellat: « Pulcra, quia nec maculam aut rugam habuisti, neque carnis neque spiritus aliquod inquinamentum, sed tota tamquam obrizum purissima, tota splendida, tota candida, tota rutilans, tota mundissima: a cuius corde et opere longe fuit omnis peccati macula, cui fortiter adhaesit totius sanctitatis gratia et charisma. » Atque hinc vulgatus Hildephonsus [5] de ipsa scribit: « Imitamini signaculum fidei vestrae, beatam Mariam, quam velut ignis ferrum, Spiritus sanctus totam decoxit, incanduit et ignivit, ita ut in ea nonnisi Spiritus sancti flamma videatur, nec sentiatur nisi tantum ignis amoris Dei. Haec namque est hortus conclusus ille deliciarum, fons signatus, puteus aquarum viventium, reparatio vitae, ianua caeli, decus mulierum, fastigium omnium virginum. » Et [6] rursum: « Est igitur sancta et venerabilis virgo Maria sponsa Domini, mater Christi, conditoris templum, Spiritus sancti sacrarium, velut columba speciosa, pulcra ut luna, electa ut sol, signaculum fidei, reparatio Evae, introitus vitae, ianua caeli, hortus conclusus, fons signatus. » Ac [7] denuo propositis verbis, *veni de Libano, sponsa mea, veni de Libano, veni*, pergit: « Et pulcre de Libano venire iubetur, hoc est, de candidatione; Libanus enim candidatio interpretatur. Et haec Virgo sancta candida erat virtutibus, et dealbata Spiritus sancti muneribus, columbae lacteae servans simplicitatem et virginitatis immaculatum candorem; atque ideo sola digna fuit per quam et ex qua Dei filius ad reconciliationem humani generis veniens, carnem assumeret. Unde et ei soli angelica illa salutatio conveniens fuit: *ave Maria gratia plena*. Ceteris enim electis ex parte gratia datur, huic vero Virgini tota se infudit gratiae plenitudo. »

657. Accedit sapiens Idiota, qui non modo Virgini adscribit [8] quod fuerit *benedicta ante ortum, in ortu et post ortum, ante seculum, in seculo et post seculum;* verum e-

---

[1] Hom. VII. de Virginis laudibus pag. 1276. A-C. in biblioth. max. pp. T. XX.

[2] Cant. IV. 7.

[3] Orat. LVIII. pag. 285. col. 1. A.

[4] De corona Virginis cap. X. pag. 409. col. 2. A-B. in collect. pp. toletan. T. I.

[5] Serm. I. de Virginis assumpt. pag. 337. col. 2. B-C. ibidem.

[6] Serm. IV. de Virginis assumpt. pag. 358. col. 1. C-D. ibidem.

[7] Serm. VI. de Virginis assumpt. pag. 368. col. 1. A-C. ibidem. Videsis etiam quae indubitatus Hildephonsus docet de perpet. virginit. s. Mariae cap. II. pag. 114. col. 2. C-D. ibidem.

[8] Contemplatt. de virgine Maria cap. I. col. 879. A. in biblioth. pp. de la Bigne T. III.

tiam [1]) addit: « Tota pulcra es, o plusquam gloriosa virgo Maria: tota pulcra es, et macula non est in te: tota pulcra es in anima per virtutum et charismatum omnium perfectam pulcritudinem: tota pulcra es in tua conceptione, ad hoc solum effecta ut templum esses Dei altissimi: tota pulcra es ex generatione Verbi divini, qui est splendor paternae gloriae, cuius pulcritudinem sol et luna mirantur. Tuae gloriosae animae nihil umquam adfuit turpitudinis, vitii aut peccati: et nihil defuit spiritualis pulcritudinis, gratiae et virtutis. Tot enim habuisti pulcritudines quot virtutes, et singulas in altiori gradu quam concessum fuerit post Filium tuum superbenedictum purae creaturae: in his namque similem non habuisti, nec es habitura sequentem. In te omnes virtutes tam activae quam contemplativae convenerunt, et prae cunctis creaturis te admirabilem reddiderunt. Per virtutes activas habuisti voluntatem mundissimam, per contemplativas mentem purgatissimam. Non defuit tibi puritas angelorum, non fides patriarcharum, non scientia prophetarum, non zelus apostolorum, non patientia martyrum, non sobrietas confessorum, non innocentia aut humilitas virginum: in summa nullo genere vacasti virtutum, o Virgo plusquam beata. Quodcumque donum alicui sanctorum umquam datum fuit, tibi, non fuit negatum: sed omnium sanctorum privilegia omnia habes in te congesta. Nemo aequalis est tibi, nemo maior te nisi Deus, quia Spiritus sanctus superveniens in te, et Virtus Altissimi obumbrans tibi quae eras omni virtutum ornamento praedecorata, pulcritudinem, puritatem, sapientiam et omnium virtutum gratiam adauxit et splendorem. Miranda illa obumbratio Spiritus sancti, quae te uno momento templum Dei irradiavit, et decorem tuum manifestavit et auxit: sicut sol in semper ornatum thalamum incidens, gloriam eius occultatam repente nobis ostendit et illustriorem facit. Tota igitur pulcra es, Virgo gloriosissima, non in parte sed in toto: et macula peccati sive mortalis sive venialis sive originalis non est in te, nec umquam fuit nec erit: sed adest tibi omnis gratia naturalium bonorum, spiritualium charismatum et caelestium donorum. » Et mox de Unigenito [2]) loquens ait: « Dulcedinem suae divinitatis tibi singulariter degustandam indulsit, quia tota pulcra eras, et macula non erat in te. » Quam idcirco [3]) vocat *praebenedictam combenedictam et postbenedictam*. Porro ut missa faciam quae eodem pertinentia litteris consignarunt [4]) Hermannus monachus, Bernardus toletanus [5]), Bruno astensis [6]) et [7]) Petrus Damiani; en quae [8]) in Alcuini homiliario legimus: « Hortus conclusus tu es sancta Dei genitrix, ad quem deflorandum manus peccatoris numquam introivit. »

658. Consentiunt qui graecam ecclesiam suis operibus illustrarunt, atque ii inprimis patres consentiunt e quibus Psellus cantici interpretationem decerpsit, quique [a]) ad verba, *tota pulcra es, propinqua mea, et macula non est in te*, sic [b]) habent: « Mente nimirum

a) Cant. IV. 7.
b) Comm. trium patrum in Cant. pag. 678. D-E. apud Gallandium T. VI.

1) Ibid. cap. II. col. 879. D-E. et col. 880. A-D.
2) Ibid. col. 880. B-C.
3) Ibid. col. 880. D.
4) De incarnat. Domini cap. VIII. quod est *de beata Maria destinata ab aeterno, ut ad exsequutionem incarnationis concurreret*, pag. 389. col. 2. B-E. apud Gallandium T. XIV.
5) Serm. II. in antiph. *salve regina*, n. 5. pag. 743.
inter opp. Bernardi T. V. Cf. etiam orationem ad Dominum Iesum et b. Mariam pag. 920. ibid.
6) Sentent. lib. V. cap. I. pag. 554. opp. T. II.
7) Serm. XL. de Virginis assumpt. pag. 97. col. 2. D-E. opp. T. II. Adde rhythmum super salutationem angelicam pag. 12. opp. T. IV.
8) Orat. in Deiparae nativit. pag. 902. col. 2. E.

et anima et carne pulcra es: carne quidem, ut per actionem a variis perturbationibus purgata et virtutum moribus excellens: anima autem ut ab omni improba cupiditate seiuncta et sermonibus decorata mandatorum: mente vero ut ab exilibus etiam cogitationibus liberata ac splendida et per gratiam in Spiritu sancto divina effecta. Et propterea macula non est in te, quae mihi ob perfectionem propinqua es. » Consentit [a]) Georgius nicomediensis qui Deiparam vix dum triennem vocat « Hortum [1]) illum conclusum, in quem vitiosis cogitationibus nullus patet aditus: in quo nulla manus cultura germinans divina plantatio primam [2]) ligni maledictionem mundo eluxuriantem ab ipsis radicibus arefecit, eiusque loco benedictio effloruit. Vere [3]) illum signatum fontem, ex quo manant purissimi latices et orbem universum irrigant: in quo turbidi luti nullae sunt deprehensae reliquiae: ex quo progrediens gratiarum flumen totam in circuitu terram lustrat. » Consentit [b]) Germanus, quo auctore Deipara in Scripturis dicitur « *Proxima:* tota [4]) pulcra es, proxima mea, tota pulcra et macula non est in te. Surge, veni, proxima mea. *Hortus:* hortus [5]) conclusus, fons signatus. » Quo autem pertineant haec Deiparae praeconia, declarat [6]) scribens: « Age vero salomonicae etiam sapientiae fluenta ad impetum pacifici fluminis, quod in gentium gloriam restagnat, nunc derivemus, et aquarum irrigua ipsum canticum canticorum nobis ostendat. Ecce [7]) pulcra es amica mea, et macula non est in te. Immortalis Sponsi verba sunt ista Mariae suffragantia, omnibus nempe creatis illam praeesse, et in natura creata ad increatam accedere ob puritatis excellentiam. Cum autem praestantissimum sit, modumque omnem illud excedat quod Sponsam coniungit Sponso, qui natura sit infinitae sanctitatis abyssus; perfectius deinde oratione prosequitur illius coniunctionis encomium [8]) dicens: surge, propera, amica mea, formosa mea, columba mea et veni: iam enim hiems transiit, imber abiit et recessit, flores apparuerunt in terra nostra, tempus putationis advenit, vox turturis audita est in terra nostra. Haec cantici problemata atque aenigmata secundum vulgarem expeditumque sensum veris adventum significant, quando terra, parens omnium, hiemis soluta vinculis, postquam diu concepit, sinum suum denique aperit atque omnis generis herbas producit. Dei vero mater terra vere sancta, et quae sola sine semine divina fecunditate illustris est, et verba Isaiae prophetae [9]) effectum sortiuntur: egredietur virga de radice Iesse et flos de radice eius ascendet. »

659. Neque vero pauciora sunt aut minus luculenta quae Iohannes damascenus eodem pertinentia litteris consignavit. Is enim est qui stupore perculsus [c]) exclamat: « O divinum vivumque simulacrum, cuius pulcritudine conditor Deus delectatus est, quod mentem qui-

---

a) Orat. in Deiparae praesent. pag. 1099. A-C. apud Combefisium Auctar. T. I.
b) Orat. in Deiparae nativit. pagg. 1314. E. et 1315. A. apud Combefisium Auctar. T. I.
c) Orat. I. in Deiparae nativit. §. IX. pag. 847. D-E.

1) Cant. IV. 12.
2) Gen. II. 17.
3) Cant. IV. 12.
4) Cant. IV. 7.
5) Cant. IV. 12.
6) Orat. in Deiparae annuntiat. pagg. 100-101. edit. Maraccii, qui verbis, *macula non est in te. Immortalis Sponsi verba sunt ista sponsae Mariae suffragantia*, hanc adnotationem subiicit pag. 209. »Ut merito s. Sabas in Menaeis die III. Ianuarii Ode IX. Deiparam appellarit *macularum semper omnium expertem*: sanctus Stephanus sabaita die I. Ianuarii Ode IX. eadem dixerit *ab omnibus maculis mundam*: Anonymus die IV. Ianuarii Ode IX. eamdem adstruxerit *nullis umquam maculis inquinatam*: et s. Iosephus confessor die XIV. Iulii Ode V. *Deiparam solam maculam in se omnem ignorare*, confessus sit. »
7) Cant. IV. 7.
8) Cant. II. 10. seqq.
9) Is. XI. 1.

dem divinitus gubernatam habet Deoque soli addictam, cupiditatem vero omnem ad id quod solum expetendum est et amore dignum intentam, iram autem erga peccatum dumtaxat eiusque parentem. Vitam natura potiorem habebis. Habebis autem non tibi ipsi, quippe quae non tui ipsius caussa genita sis. Quocirca Deo hanc habebis, cuius gratia in mundum prodiisti, ut orbis universi saluti obsequaris, et Dei antiquum consilium, nimirum incarnationis Verbi ac nostrae deificationis, per te impleatur. » Is est [a] a quo Deipara nuncupatur « Tota pulcra, tota Deo propinqua: haec enim Cherubim superans et super Seraphim evecta, proxima Deo exstitit. » Is est [b] qui de loco sermonem habens in quo Ioachim et Anna suas fundebant preces ut sobolem a Deo consequerentur, ait: « In horto preces fundentes, hortum priore longe feliciorem [1] genuerunt. Domus initium secundum exquisitissimam rationem, Deique ad homines adventus inchoatio, praesentis diei solemnitas praefulget. » Atque is est [c] qui scribit: « Ave [2] fons signatus, incorruptionis origo. Ave hortus conclusus, cuius odor est sicut agri pleni cui benedixit qui ex te prodiit Dominus. Ave cinnamomum [3], aroma erumpens ex spiritali paradiso integritatis, cuius odor illi suavis est qui in canticis dicit: emissiones tuae paradisus malorum punicorum cum arborum fructibus, calamus et cinnamomum cum universis lignis Libani. Ave soror pulcri fratris cognominis, eique summe dilecta, cuius vox eiusmodi [4] in canticis sonat: vulnerasti cor meum soror mea sponsa, vulnerasti cor meum. » Quare Modestus hierosolymitanus [d] de triumpho loquens assumptae Deiparae ait: « Deductus est enim divinorum charismatum fons Domini signatus in eius occursum semper Virgo, per quam irrigatus est Ecclesiae orthodoxae paradisus, et a secundo conditus qui ex ea natus est Adam, quique e virginalibus scatebris, idest uberibus tamquam fontis fluento ebibit, et mortuum primum parentem Adam vivificavit. »

660. Simillima habet [e] Iohannes geometra ubi de Virgine canit: « Salve flos intacte, bene olens, utrimque venuste tam venustate manifesta quam quae latet. Salve lilium, roseus calyx atque madida anemo, narcissus purus, nive candidior. Salve perpetuae vitae dulce germen, tu namque solum inter mortales immarcescibile ob divinorum pulcritudinem. Salve hyacinthi purpurei decus, in cuius foliis verba libertatis notantur, nullatenus verbum mortis. Salve germen procerae lauri, quod procul arces non iubar fulguris, sed daemonum flammam. » Simillima habent Chrysippus et Hesychius hierosolymitani, e quibus ille Virgini gratulatur [f] his verbis: « Ave armarium vitae: ave quae es [5] hortus Patris: ave quae es pratum totius fragrantiae [6] sancti Spiritus: ave radix omnium bonorum: ave specimen gemmae omne pretium excedentis. » Hesychius vero [g] ait: « Vocavit te hortum conclusum et fontem signatum is qui ex te ortus est Sponsus, et praedixit [7] in canti-

a) Ibid. pag. 848. B-C.
b) Orat. II. in Deiparae nativit. §. V. pagg. 852. E. et 853. A.
c) Orat. II. in Deiparae nativit. §. VII. pag. 855. A-E.
d) Encom. in Deiparam §. VI. pag. 24.
e) Hymnus II. in Deiparam pag. 439. A-C. in App. ad biblioth. pp. Graeco-lat. T. III.
f) Orat. de Deiparae laudibus pag. 425. C-D. in biblioth. pp. Graeco-lat. Tom. II.
g) Orat. de Deiparae laudibus pag. 422. E. in biblioth. pp. Graeco-lat. Tom. II.

1) Cant. IV. 12.
2) Cant. IV. 12.
3) Cant. IV. 13.
4) Cant. IV. 9.
5) Cant. IV. 12.
6) Cant. IV. 13. seqq.
7) Cant. IV. 12.

cis. Hortum conclusum, quoniam falx corruptionis aut vindemia te non attigit: florem autem [1]) qui ex radice Iesse hominum generi pure exhibetur, excultus tibi a puro intemerato Spiritu. Fontem conclusum, quia flumen vitae ex te prodiens replevit terram, alioqui ramus nuptialis fontem tuum nequaquam exhausit. »

661. Piaculum vero foret eorum oblivisci, quae in commentario ad Iacobi vaticinium [2]), *ex germine, fili mi, ascendisti*, Andreas cretensis [a]) scribit: « Germen vero quem alium proprie esse ex eo quod consentaneum est, dilectissime, reputabis nisi videlicet solam hanc sanctam Virginem, sanctisque omnibus longe sanctiorem, quae tota [3]) pulcra, tota munda visa est ei qui totus in illa et corpore et spiritu habitavit? Mariam, inquam, magnum profecto omnique veneratione dignissimum et nomen et rem, davidicum ramum, virgam Iesse, germen Iuda semper viride, ex qua altissimus Dei Filius qui ante mundum erat aequalique cum eo qui ipsum genuit aeternitate fruebatur, secundum carnem germinavit. » Quibus adiungi debent quae antiquus auctor [b]), cuius sermo inter opera Chrysostomi occurrit, his verbis complectitur: « Ave gratia plena. Cessat maledictio, aufertur corruptio, tristia emarcuerunt, laeta florent. Placuisti creatori, placuisti ei qui pulcritudine animarum delectatur. Digna fuisti quae talem hospitio exciperes Dominum: divinae oeconomiae officina purissima facta es: ad ingressum regis in vitam dignus fuisti currus. Invenisti enim gratiam apud Dominum. Supra omnem creaturam ornata es, supra caelos decorata plusquam sol fulges, supra angelos exaltata es, non assumpta es in caelos, sed in terra manens caelestem Dominum ad te attraxisti. »

662. Porro Sophronius adductis [4]) verbis, *hortus conclusus, fons signatus, emissiones tuae paradisus;* e vestigio [5]) subdit: « Vere hortus deliciarum, in quo consita sunt universa florum genera et odoramenta virtutum: sicque conclusus ut nesciat violari, neque corrumpi ullis insidiarum fraudibus. Fons itaque signatus sigillo totius Trinitatis: ex quo fons vitae manat, in cuius lumine omnes videbimus lumen. Quia iuxta [6]) Iohannem, ipse est qui illuminat omnem hominem venientem in hunc mundum. Cuius profecto emissio uteri, supernorum civium omnium est paradisus. De isto namque ventris agro patriarcha Isaac longe odorans [7]) aiebat: ecce odor filii mei sicut odor agri pleni cui benedixit Dominus: quamvis putent parum intelligentes quod priores sancti minus de Christo intellexerint mysterium incarnationis, cum et ipsi eadem salvati sint gratia. Et [8]) infra: « Quoniam haec est hortus conclusus, fons signatus, puteus aquarum viventium, ad quam nulli potuerunt doli irrumpere, nec praevaluit fraus inimici, sed permansit sancta mente et corpore multis donorum privilegiis sublimata. » A quibus seiuncta nolim quae Matthaeus cantacuzenus docet, sive quum de Virginis pulcritudine [c]) ait: « Non enim sicut ceterae virgines quae corporis pulcritudinem ostentant, ita et Virgo filia David exornata est; sed immaculata

---

a) Orat. in Deiparae nativit. pag. 179. D-E. apud Gallandium T. XIII.

b) Serm. in Deiparae annunciat. et cont. Arium pagg. 839. D-E. et 480. A-B. inter opp. Chrysost. T. XI.

c) In Cant. IV. 1. pag. 27.

1) Is. XI. 1.
2) Gen. XLIX. 8.
3) Cant. IV. 7.
4) Cant. IV. 12-13.
5) Serm. de Deiparae assumpt. col. 100. D-F. inter opp. Hieronymi T. XI.
6) Ioh. I. 9.
7) Gen. XXVII. 27.
8) Ibid. col. 108. A-B.

ipsius anima pulcritudinis loco virtutes possidebat. » Sive quum ª) turris imaginem enarrans scribit: » Nominatim autem recensuit Virginis quoque collum esse instar turris Davidis aedificatae in Thalpioth. Porro Thalpioth est arx Bethleem, quae domus panis hebraeo sermone exponitur; panis autem est salvator noster Iesus ut ipse dixit: *ego sum panis qui de caelo descendi*. Domus autem ipsius vocari poterit virgo Maria; merito itaque Virginis collum turrim in Thalpioth appellavit. *Mille clypei pendent super eam, omnia fortium missilia*. Per haec non obscure ostendit, arcem in tuto fore undique munitione vallatam atque praesidio defensam, nec eam omnino hostium patere insidiis. Eiusmodi porro erat illa quoque sanctior universis mater virgo, quae nullis umquam fuit exposita insidiis, atque ab omni prorsus subdola versuti illius fraude aliena perstitit. » Sive quum ᵇ) de Sponso ait: « Considerans autem ipsam totius prorsus labis expertem Deiparam universalis fuisse caussam salutis, ad ipsam divino succensus Spiritu exclamavit dicens: tota pulcra es proxima mea, et macula non est in te. » Sive demum quum ᶜ) inquit: « Omnis virtus et operatio sanctissimi Spiritus in beata Virgine habitavit, quocirca propheta variis laudum nominibus ipsam celebravit, modo quidem appellans lectum, modo domum, et alibi aliter, heic vero Sponsam nominans dicit, *veni a Libano sponsa*. Quae videlicet a Deo generationem habuisti, et tota Dei effecta es atque divina. »

663. Ceterum omnia fere quae praemisimus, unus complexus est Ephraemus, a quo Deipara nunc ᵈ) dicitur « Sponsa Dei, per quam ipsi reconciliati sumus, fons vivificus, pelagus inexhaustum divinarum secretarumque largitionum ac munerum. » Nunc ᵉ) dicitur « Hortus conclusus, fons signatus, cuius rivi purissimi irrigant totum mundum. » Nunc ᶠ) dicitur « Pulcra natura, omnisque labis incapax. » Nunc vero ᵍ) salutatur his verbis: « Salve canticum Cherubim, hymnusque angelorum: salve pax et gaudium humani generis: salve paradisus deliciarum: salve lignum vitae: salve murus fidelium, portus periclitantium: salve revocatio Adami: salve pretium redemptionis Evae: salve fons gratiae et immortalitatis, salve sancti Spiritus fons signatus: salve templum divinissimum: salve sedes Dei: salve pura quae draconis nequissimi caput contrivisti et in abyssum proiecisti vinculis constrictum: salve perfugium afflictorum: salve maledictionis solutio, per quam laetitia mundo apparuit, immaculatissima Virgo ob tuum partum. » Quare nil mirum si Christum alloquens alibi ʰ) scripserit: « Video ut omnibus illam decorasti modis, o matris tuae decus. Sponsa tibi data est antequam venires. »

664. E quibus non exploratum dumtaxat est, quartum cantici caput suffragatione maiorum referri ad Virginem consuevisse; sed praeterea liquet I. ipsam exhiberi atque describi *uti pulcram, pulcherrimam, omnium pulcherrimam, totam pulcram, pulcram ab ortu usque in finem, pulcram interius, pulcram exterius, pulcram corpore, pulcram animo, pulcram natura, pulcram in conceptione*, siquidem eo consilio effectam ut Dei

---

a) In Cant. IV. 4. pag. 29.
b) Comm. in Cant. IV. 7. pag. 30.
c) In Cant. IV. 8. pagg. 30-31.
d) Orat. ad Deiparam. opp. graec. T. III. pag. 528. D-F.
e) Ibid. pag. 529. E.
f) Ibid. pag. 530. A.
g) Ibid. pag. 547. E-F.
h) Serm. VIII. de nativit. pagg. 423. F. et 424. A. opp. syr. T. II.

templum foret, et propterea sororem pulcram eamdemque cognominem fratris pulcri. Liquet II. describi atque exhiberi Deiparam *veluti immaculatam, immaculatissimam, illius insciam culpae quam fraus serpentis invexit, natura expertem labis et eo usque a quolibet integram naevo, ut ob perfectionem puritatis ad Deum quam proxime accesserit et in creata natura puritatem increatae naturae praesetulerit.* Liquet III. describi atque exhiberi Deiparam *tamquam Deo dilectam, dilectissimam, dilectarum dilectissimam, solam quae illius animum rapuerit, quaeque illi tantopere placuerit, ut ipse ex ea carnem susciperet.* Liquet IV. describi atque exhiberi Deiparam *veluti turrim undique communitam et adversus quam invisibilis adversarius nihil umquam profecerit: veluti turrim quae inimico numquam patuerit, et de qua expugnanda Satanas desperarit: veluti turrim quae ipsum semper despexerit inimicum, cuius conatus represserit, et cuius machinationes in eius caput retorserit.* Liquet V. describi atque exhiberi Deiparam *nunc veluti montem adeo celsum ac firmum, ut illum hostiles impetus nec quatere, immo ne attingere quidem valuerint: et nunc veluti arcem sollicitis Sponsi curis ita protectam ut iacula contra ipsam contorta in irritum numquam non cesserint.* Liquet VI. describi atque exhiberi Deiparam *ceu paradisum, paradisum deliciarum, paradisum Patris, novum paradisum, paradisum caelestem, novam plantationem quam Deus plantavit, hortum alterum primo feliciorem atque ita conclusum, ut nullis insidiarum fraudibus violari nullisque dolorum technis potuerit corrumpi.* Liquet VII. describi atque exhiberi Deiparam *non secus ac terram benedictam, terram vere sanctam, terram nonnisi suavissimis floribus ridentem, et agrum cui benedixit Dominus.* Liquet VIII. describi atque exhiberi Deiparam *uti florem intactum, exterius interiusque venustum: uti germen vitae perpetuae, germen semper virens, solum ex Adami propagine inviolatum, et solum quod in foliis insculptam praetulerit non mortis sed libertatis legem.* Liquet IX. describi atque exhiberi Deiparam *instar fontis a Trinitate obsignati, in quem nulli potuerint irrumpere doli, quemque nullae turbidi luti reliquiae contaminarint.* Liquet X. describi atque exhiberi Deiparam *tamquam ab effectis liberam originalis praevaricationis, liberam a lege carnis, liberam a vanitate cogitationum, liberam a culpis venialibus prorsus omnibus, et liberam a maledicto quo Deus protoparentes mulctavit.* Liquet XI. describi atque exhiberi Deiparam *uti Sponsam cum Sponso, qui est infinitae sanctitatis abyssus, communione naturae cohaerentem.* Liquet XII. *Deiparae conceptionem repraesentari ceu initium domus ad exquisitissimam normam aedificatae, et ceu inchoationem adventus Dei ad homines.* Liquet XIII. *Deiparae vitam asseri natura potiorem, utpote quae non sibi ipsi fuerit genita, sed ut instrumentum esset idoneum humanae reparationis, et purissimum divinae oeconomiae sacrarium.* Liquet XIV. *Deiparam* sisti *ut quae non minus animo quam corpore Virgo fuerit, neque minus corpore inaccessa fuerit viro, quam animo culpis omnibus, omnibusque spiritalibus nequitiis impervia.* Tandem liquet XV. exhiberi *Deum auctorem inimicitiae inter Mariam et serpentem, Mariae autem deferri quod serpentis caput contriverit.* Iamvero me plane fugit, an vel una ex recensitis descriptionibus talis sit qua Deiparae summum creatae puritatis fastigium non asseratur, qua omnis culpae naevus ab ea longissime non amandetur, et qua eiusdem conceptus immaculatus non ostendatur. Sed prorsus scio neque iuugi simul illas posse, neque copulatas spectari, quin immaculata Virginis primordia consensione maiorum tradita videantur.

ARTICULUS V.

De iis quae quinto Cantici capite habentur: ecclesiasticus eorumdem de Virgine usus: maiorum conspiratio et opportunae enarrationes: praerogativa immaculati conceptus quae his omnibus confirmatur.

665. Pauciora sunt quae in hoc capite ad Sponsam pertinent, neque ab iis admodum dissimilia quae superiori comprehensa enarravimus. Fas igitur nobis erit brevitati obsequi, nosque illis continere quae et novitate se aliqua commendent, et uberiorem aliquam lucem tractationi affundant. Principio itaque [1]) Sponsa appellatur *hortus* qui sponsum mirifice delectet, et in quo ipse suavissime conquiescat: *veniat dilectus meus in hortum suum, et comedat fructum pomorum suorum.* Dulcissimae horti appellationi altera [2]) succedit, qua Sponsa *tum soror et amica, tum columba et immaculata* nuncupatur: *vox dilecti mei pulsantis: aperi mihi soror mea, amica mea, columba mea, immaculata mea.* Eadem vero [3]) semel atque iterum tamquam *pulcherrima mulierum* laudatur: *qualis est dilectus tuus ex dilecto, o pulcherrima mulierum? Quo abiit dilectus tuus, o pulcherrima mulierum?* Cuiusmodi autem illius sit pulcritudo, non aliunde evidentius resplendet quam ex collatis comparatisque coloribus, quibus Sponsae Sponsique venustas excitatur. Sunt enim [4]) prorsus gemini, et unam eamdemque imaginem absolutissimae venustatis repraesentant.

666. Haec autem si pro nativa quam referunt significatione sumantur, neque in dissitos alienosque detorta sensus labefactentur, eam exhibent Sponsae formam eumque sistunt characterem in quo nihil sit absoni, nihil indecori, nihil non ad venustatem expressum, nihil quo Sponsa reliquis omnibus non anteponatur, et nihil quo ipsa veluti exquisitissimus Sponsi ectypus non demonstretur. Fac igitur haec eadem ad Virginem apte referri, atque adeo fac his ipsis speciem Virginis adumbrari, puritatem venustatemque depingi; quid, quaeso te, evidentius quam Virginem nullo exhiberi infectam naevo, nulla labe sordescentem, sed totam puram, totam immaculatam, totam splendidam, atque numeris omnibus ita perfectam ut in sese nitorem puritatemque Sponsi repraesentet? Atqui suffragio romanae ecclesiae quae praesens cantici caput de Virgine [5]) plus semel usurpat, edocemur, apte illud ad Virginem referri, et quae eo continentur ad Virginem sapientissime accommodari.

---

1) Cant. V. 1. Legerem potius *pomorum suarum*, ne si vox ducatur a recto *pomum* non *pomus*, hic exstet sensus, *comedat fructum fructuum suorum*. Hebraice est מְגָדִים *dulcedines, deliciae*: penes Alexandrinos, ἀκροδρύων: et apud Symmachum et Aquilam, ἐπωρῶν.

2) Cant. V. 2. Pro *immaculata mea* textus habet תַמָּה. Porro תָּם *integrum* valet dum corpori tribuitur, dum animo *iustum*: opponitur enim aliquando manco et claudo vel caeco, aliquando improbo. Est ergo generatim *cui nihil deest* seu *perfectum*: Alexandrini heic habent τέλειον, alibi ἄμωμον, idem quamquam negatione expressum. Hanc negantem significationem praetulit Vulgatus, dum Sulamitidem dixit *immaculatam*, atque ita *maculam* posuit pro quocumque defectu.

3) Cant. V. 9-17. *Dilectus tuus ex dilecto* idiotismus est Hebraeorum, qui quum gradibus comparationis careant, illos varie circumloquuntur. Hic est unus modus e multis, et prae quo latine diceretur *rerum carissimus*. Similem idiotismum praeferunt sequentia, quae in textu sic habent, *pulcra in mulieribus*, καλὴ ἐν γυναιξίν, ut ad verbum Alexandrini interpretantur. Ceterum hic obtinet eadem constructio ac Prov. XXX. 30. בְּהֵמָה לַיִשׁ גִּבּוֹר *leo fortis in bestiis*, idest, bestiarum fortissimus, ut scite Vulgatus reddit.

4) Cant. IV. 1-6, 9-15. coll. V. 10-16.

5) In Officio Concept., in primo nocturno, die XIX. Augusti infra oct. Assumpt., et in Antiphonis ad Laudes festi septem dolorum.

667. Neque vero ab ecclesia romana dissidet graeca, quin satius cum illa mirifice conspirat. Et conspirat quidem in Menaeis, in quibus a) nunc legimus: « Divinarum puellarum chorus te, o Deipara domina, divinissime celebrat mulierum pulcherrimam, speciosam pulcritudine divinitatis; Verbum enim pulcritudinis auctorem supra omnem fandi potestatem peperisti. » Nunc b) legimus: « Pratum divinitus consitum, hortus suave spirans divinitus productus, o Virgo, ostensa es quum florem immortalitatis edideris; idcirco tibi uno ore acclamamus, ave: ave principium gaudii: ave fons dulcedinis. » Nunc c) legimus: « Puram columbam in utero Anna concipiens, gaudio spiritali vere replebatur. » Et nunc d) legimus: « Sponsa perfecte immaculata, et mater eius in quo sibi Deus placet, a Deo praedestinata in suum inconfusae unitionis habitaculum, hodie inviolatam animam creatori et Deo committit, quam incorporeae Virtutes decenter excipiunt, et ad vitam transfertur quae vere mater est vitae, quae est lampas lucis inaccessae, salus fidelium, et spes nostrarum animarum. » Conspirat e) in Anthologio, in quo haec habentur: « Novus immortalitatis virens paradisus et omnino speciosus apparuisti, o Deipara, quae divinissima ratione genuisti et peperisti lignum vitae in te consitum atque instillans spem vivificam omnibus qui de te fideliter sentiunt. » Hinc in Sophronii Triodio f) de Virgine dicitur: « Tu sola inter mulieres speciosa enituisti, o admirabilissima, o innocens, quae speciosissimum peperisti Verbum quod super omnes mortales speciosum apparuit. » Atque hinc in Coptorum hymnis semel ac rursum g) celebratur his verbis: « Salomon in Canticis canticorum de ipsa ait, soror mea et amica mea, mea urbs vera Ierusalem. »

668. Quare ubi in ecclesiasticis Orientalium libris laudes Virginis efferuntur, non modo ad quintum cantici caput frequenter alluditur; verum etiam occasione ex illis sumpta quae in eo continentur, Virgo dicitur I. *consitum divinitus pratum, hortus divinitus productus, novusque immortalitatis virens paradisus et omnino speciosus*. Dicitur II. *pura columba, et quae uti pura columba concepta fuerit*. Dicitur III. *Sponsa perfecte immaculata, quippe quae divinitus praedestinata ut esset inconfusae unitionis habitaculum*. Dicitur IV. *anima inviolata, quaeque virginitatem non minus animae quam corporis sincerissimam custodierit*. Dicitur V. *mulierum pulcherrima et pulcra pulcritudine Unigeniti quem carne vestivit*. Dicitur tandem VI. *sola inter mulieres speciosa, quod speciosum super omnes mortales in lucem ediderit*. Haec autem quemadmodum deferendam Virgini ostendunt pulcritudinem intaminatam, pulcritudinem perfectissimam, quaeque apicem creatae pulcritudinis attigerit; sic illam non minus a ceteris mortalibus seiungunt, quam cum Sponso et Filio pulcritudine et puritate coniunctissimam demonstrant.

669. Eodem referuntur maiorum commentarii ac sententiae. Et eodem inprimis referuntur quae de Virgine Proclus h) testatur inquiens: « Haec primogenita illa iugi expers

---

a) Men. die XI. Ianuarii Ode α'. pag. 111. col. 2. B.
b) Men. die XXVII. Ode ζ'. pag. 208. col. 1. D.
c) Men. die IX. Augusti Ode ζ'. pag. 74. col. 1. D.
d) Men. die XV. Augusti ad Magn. Vesper. pag. 81. col. 1. C.
e) Antholog. die V. Decembris Ode δ'. pag. 166. col. 2. D.
f) Triod. pag. 166. apud Mai Spicileg. rom. T. IV.
g) Theotoch. pagg. 88-160.
h) Orat. VI. de Deiparae laudibus §. XVII. pag. 645. B-C. apud Gallandium T. IX.

ac rufa vitula, cuius [1]) cinis, Domini scilicet corpus ex ea assumptum, inquinatos ab omni peccatorum lue emundat. Haec pulcra [2]) canticorum Sponsa, quae veterem exuit tunicam, lavitque legales pedes, et Sponsum immortalem in suo ipsius thalamo reverenter suscepit. » Eodem referuntur [a]) quae Cyrillus alexandrinus scribit: « Salve Maria res totius orbis pretiosissima: salve Maria [3]) columba inviolata: salve Maria lampas inexstinguibilis. Ex te enim natus est sol iustitiae. Salve Maria locus eius qui loco non capitur. » Eodem haec referuntur [b]) ex Iohanne damasceno: « Ave proprie et vere Deipara, tremenda hominibus cum Deo copula, per quam coniuncta terrenis caelestia et humana Deo, vicissimque homini rependens divina. Ave thalamus virginitatis pulcritudinibus illi exstructus qui [4]) in canticis dicit: *introivi in hortum meum, soror mea sponsa.* » Et rursum de assumpta loquens Deipara [c]) ait: « Hodie Eden novi Adami rationalem paradisum suscipit, in quo soluta est condemnatio, in quo plantatum est lignum vitae, in quo operta fuit nostra nuditas. Non enim amplius sumus nudi et vestibus carentes, tamquam divinae imaginis splendore destituti, uberrimaque Spiritus gratia spoliati. Non iam veterem nuditatem deplorantes [5]) dicemus: exspoliavi me tunica mea, quomodo ea induar? In hunc enim paradisum serpenti aditus non patuit; cuius falsae divinitatis cupiditate flagrantes [6]) iumentis sumus comparati. Ipse enim unigenitus Dei filius, quum Deus esset eiusdemque ac Pater substantiae, ex hac virgine ac pura terra seipsum in hominem formavit: atque ego quidem qui homo eram, deitatem accepi, et qui mortalis eram, immortalitate sum donatus, pelliceasque tunicas exui: abiecta siquidem corruptione, incorruptione indutus sum, accepto deificationis integumento. »

670. Quibus haec respondent quae [d]) Tarasius tribuit Zachariae Deiparam excipienti: « Sacerdos ut Dei propheta, quique tenens sancta sanctorum particeps Dei erat, intuens in Virgine [7]) oris elegantiam, formae pulcritudinem, linguae modestiam, animi nobilitatem, vitae inculpatum decus, pedum incessum, compositam ingenii indolem, decentiam habitus, afflatu sancti Spiritus concepto exclamavit: o puella immaculata, o virgo impolluta, o adolescentula venustissima, o mulierum ornamentum, filiarum splendor, o mater virgo sancta, tu benedicta inter mulieres, tu celebrata propter innocentiam, tu obsignata propter virginitatem, tu maledictionis Adam expiatio, tu debiti Evae solutio. » Atque haec item respondent quae [e]) Iohannes eubœensis scribit: « Vere beati ac ter beati Ioachim et Anna; sed infinite beatior neptis et filia David, quae e femore et sinu vestro prodiit. Vos enim terra estis, haec autem caelum: vos terreni, per ipsam vero terreni fiunt caelestes. Beati vere [8]) vos quia vidistis quod videre Moyses non potuit: desideravit pulcritudinem filiae vestrae. » De qua pulcritudine Matthaeus cantacuzenus [f]) enarrans [g]) verba, *aperi*

---

a) Encomium in Deiparam lectum in ephesina synodo, col. 380. D. opp. T. V. P. II.
b) Orat. II. in Deiparae nativit. §. VII. pag. 856. E.
c) Orat. I. in Deiparae assumpt. §. II. pag. 869. C-E.
d) Orat. in Deiparae praesent.
e) Orat. in Deiparae praesent.
f) In Cant. V. 2. pag. 37.
g) Cant. V. 2.

1) Hebr. IX. 13.
2) Cant. V. 3.
3) Cant. V. 2.
4) Cant. V. 1.
5) Cant. V. 3.
6) Ps. XLVIII. 10.
7) Cant. V. 2. coll. IV. 1-6.
8) Matth. XIII. 16-17.

mihi soror mea, propinqua mea, columba mea, perfecta mea, scribit: « Tamquam ex persona unigeniti Filii dicit, *aperi mihi soror mea, propinqua mea*, quae me videlicet secundum carnem paries. *Columba mea, perfecta mea*, purissimum meum perfectissimumque vehiculum. »

671. Quare auctor homiliae de beatae Virginis nativitate, sive is [1]) fuerit Alcuinus anglus, sive [2]) Paulus diaconus cognomento Winfridus, sive alius quivis non tamen seculo octavo recentior, Deiparam alloquens scripsit: « Et recte quidem aurorae implesti officium. Ipse enim sol iustitiae de te processurus ortum suum quadam matutina irradiatione praeveniens, in te lucis suae radios copiose transfudit, quibus potestates tenebrarum quas Eva induxerat, in fugam convertit. Tu pulcra es ut luna, imo et pulcrior luna, quia tota pulcra es, et macula non est in te neque [3]) vicissitudinis obumbratio. » Rupertus vero tuitiensis [4]) postquam hoc explanavit [5]) incisum, *ego dormio et cor meum vigilat*, oratione ad Deiparam conversa exclamat: « Sed o tu caelum Dei, unica sedes Domini in utroque vigilantiae modo cunctis mortalibus sive terrenis hominibus longe eminentior exstitisti, longe studiosior ad contemplandum eum in quo desiderant angeli prospicere, atque aptior fuisti. Quid ergo tu cum hominibus quamvis sanctis? Quid tu loqui vel conversari cum mortalibus quamvis apostolis? » Et adductis [6]) verbis, *aperi mihi soror mea, amica mea, columba mea, immaculata mea*, continuo [7]) subdit: « Soror mea per fidem, amica mea per spem, columba mea per caritatem, immaculata per omnimodam mentis et corporis incorruptionem. »

672. Patres igitur scriptoresque ecclesiastici non modo testes sunt locupletes, quintum cantici caput ad Virginem scite accommodari; sed praeterea, quod multo ad rem nostram propius spectat, occasionem ex eo capite sumunt docendi I. Virginem esse *absolute pulcram, pulcherrimam, mulierum venustissimam, omnibus licet sanctissimis sanctiorem et beatissimis infinite beatiorem, ac prorsus universitatis rerum singulare cimelium*. II. Virginem esse *columbam immaculatam per omnimodam mentis et corporis incorruptionem;* ita ut quemadmodum corpore fuit *semper virgo*, ita mente fuerit *semper pura*. III. Virginem esse *hortum Unigeniti, spiritalem paradisum, in quo nostra fuit operta nuditas, et in quem nullus serpenti aditus patuit*. IV. Esse puram Unigeniti *terram celebratam propter innocentiam, dignam quae vitae lignum aleret, suoque fructu debitum per Evam contractum solveret*. V. Virginem *ad reliquum hominum genus haud aliter referri ac caelum referatur ad terram, et caeleste ad terrenum*. VI. Virginem, *utpote tremendam hominum cum Deo copulam, fuisse praeventam irradiatione lucis, quae ex iustitiae sole dimanans Evae tenebras dissipavit*. Tandem VII. Virginem *cum Christo atque Deo splendidissime comparari*: cum Christo quidem, *quando et ipsam et eius pulcritudinem prophetae cupidississime exoptarint*: cum Deo autem, *quando et ipsa semper illuxerit, nullasque vicissitudines obumbrationis subierit*.

---

1) Cf. Petri Alva biblioth. virginal. Tom. I. pag. 631.
2) Cf. Labbeum de Scriptt. ecclesiast. ab anno Domini 700. ad 800. de Paulo diacono an. 774. et de Alcuino an. 780.
3) Iacob. I. 17.
4) In Cant. lib. V. pag. 42. col. 1. C-D.
5) Cant. V. 2.
6) Cant. V. 2.
7) Ibid. pag. 42. col. 2. B-C. His adde quae eadem mente geminisque verbis docet Irimbertus abbas admontensis in Cant. V. 1. pag. 398. apud Pezium in Thesaur. anecdott. T. II. P. I.

ARTICULUS VI.

De sexto Cantici capite, deque Sponsae dotibus atque ornamentis in eo recensitis: solemnis Ecclesiae usus quo haec omnia ad Virginem accomodantur: quae inde Deiparae species exsistat, quam perfecta et a quovis culpae naevo soluta: expolitur commentariis sententiisque maiorum: et praerogativa immaculati conceptus nova luce perfunditur.

673. Ditissimum est sextum cantici caput, et Sponsae laudibus praeconiisque refertissimum. Sicut enim non pauca ex superioribus decerpta capitibus in eo repetuntur; ita neque pauca adduntur prorsus nova, quaeque ad perficiendam absolvendamque Sponsae formam egregie conducunt. Illa nos vel omnino seponemus, vel paucissimis delibabimus: in his autem paullo insistemus diligentius prolixiusque immorabimur.

674. Itaque I. duo ex praecedentibus arcessita recoluntur, quorum altero Sponsa exhibetur tamquam *dilecti hortus et aromatum areola*: altero *mutua Sponsae et Sponsi eademque penitissima coniunctio* declaratur. Ad illud haec [1]) pertinent *dilectus meus descendit in hortum suum ad areolam aromatum, ut pascatur in hortis et lilia colligat.* Ad posterius ista [2]) referuntur: *ego dilecto meo, et dilectus meus mihi, qui pascitur inter lilia.*

Sequitur II. descriptio Sponsae eaque [3]) ita comparata ut splendidior desiderari nequeat: *pulcra es amica mea, suavis et decora sicut Ierusalem, terribilis ut castrorum acies ordinata.*

Quae vero III. quantaque fuerit Sponsae species atque venustas, iterum *ex effectu* Sponsus significat [4]) inquiens: *averte oculos tuos a me, quia ipsi me avolare fecerunt.*

Ceterum IV. ferme ista nondum sufficerent, ad comparationes se recipiens Sponsus [5])

---

1) Cant. VI. 2. Hortus, hebraice גַן a גָּנַן *protegere, munire*, proprie denotat hortum non olerum, sed vel florum vel fruticum pretiosorum, quibus tutandis murus vel lapideus vel cratitius aut etiam viva sepes circumducitur. Areolae hebraice sunt עֲרוּגַת, apud Alexandrinos φιάλαι, et apud Aquilam πρασιαί. Sunt autem Hesychio πρασιαί, αἱ ἐν τοῖς κήποις τετράγωνοι λαχανιαί, οἷον πρασιαὶ διὰ τὸ ἐπὶ πέρας τῶν κήπων, *quadrangula in hortis viridaria, ita dictae quod sint in extrema parte hortorum.* Sed forte melius a viridi colore deduxeris, quum πράσινον sit Graecis quod Latinis *viridarium.*

2) Cant. VI. 3. Hebraice, אֲנִי לְדוֹדִי וְדוֹדִי לִי, ubi *lamed servile* indicium est *possessionis*, et Latine incisum apte vertitur, *ego sum dilecti mei, et dilectus meus est meus.*

3) Cant. VI. 4. In textu pro *suavis* habetur כְּתִרְצָה, ubi littera servilis caph idem valet ac penes Alexandrinos ὡς, et penes Aquilam κατά. Symmachus et Vulgatus aut illam non legerunt, aut putarunt esse *caph veritatis*, cuiusmodi est illud Ioh. I. 14. *quasi Unigeniti.* Porro תִּרְצָה a רָצָה *gratum esse* vel *acceptum habere*, Alexandrini εὐδοκία *beneplacitum*, Symmachus εὐδοκητή *accepta*, quinta editio εὐδοκῶ *placet mihi*, convertunt. Insequens vox *terribilis* hebraice est אֲיֻמָּה: quum vero eius loco Alexandrini habeant θάμβος, idest, Hesychio enarrante, θαῦμα *admiratio stupor*, videntur legisse אֵימָה. Sequitur forma plurali כְּנִדְגָּלוֹת, sicut *acies instructae.*

4) Cant. VI. 5. Hebraicum הִרְהִיבֻנִי ab רָהַב pro sua forma hiphil apte redditur *me vanescere fecerunt.*

5) Cant. VI. 8-9. Concubinae in textu dicuntur פִּילַגְשׁ, quod nomen Elias Levita ex פֶּלֶג *dimidium* et אִשָּׁה *uxor*, quasi dicas *dimidium uxoris*, Graecis ἡμίγαμος, factum putat. Inde Graecorum παλλακή et Latinorum *pellex* originem mutuantur. Quamquam honestius erat apud Hebraeos *concubinae* quam *pellicis* nomen. Quae a Vulgato appellantur *adolescentulae*, in textu audiunt עֲלָמוֹת,

pergit: *sexaginta sunt reginae et octoginta concubinae, et adolescentularum non est numerus. Una est columba mea, perfecta mea, una est matris suae, electa genitrici suae.*

Quum vero V. talis esset Sponsa, propterea [1]) *viderunt eam filiae, et beatissimam praedicaverunt: reginae et concubinae et laudaverunt eam.*

Et erat sane VI. cur Sponsam tantopere celebrarent, ad illam namque sequentia [2]) pertinent: *quae est ista quae progreditur quasi aurora consurgens, pulcra ut luna, electa ut sol, terribilis ut castrorum acies ordinata?*

675. His igitur veluti membris integra Sponsae effigies coalescit. Illius suavitas tanta est, quanta ne e viridariis quidem et aromatum areolis dimanat. Illius pulcritudo et decus omnes explent numeros, Sponsum extra se rapiunt, et cum Sponsa penitissime devinciunt. Immo illius venustas est unica, pulcritudo singularis, splendor incredibilis, ita ut prorsus referat non minus lunae pulcritudinem quam solis claritatem. Tandem sic est omni ex parte communita, hostibus inaccessa atque eisdem terrifica, ut cum aciebus instructis expeditisque suo merito comparetur. Huc redit Sponsae effigies in sexto Cantici capite pluribus adumbrata et ad vivum expressa.

676. Iamvero in hac effigie non alias nisi ultimas partes obtinent eiusdem a maculis immunitas et a naevo quovis integritas: quod enim maxime in ea emicat, hinc quidem est pulcritudo illius unica, inde vero perfectio summa, puritas incredibilis, nitor solis aemulus et aciei instructissimae robur in hostes. Si haec igitur ipsissima sit Deiparae effigies, ac prae omnibus Deiparam verissime repraesentet; immaculatus conceptus et innocentia cuiusvis semper exsors labis inter eiusdem decora atque ornamenta omnium minimum existimabitur. Sed est ne effigies Deiparae, et ea quidem effigies quae illi adamussim respondeat? Huic interrogationi occurrit ecclesia, et tanta perspicuitate occurrit, ut omnem funditus dubitationem praecidat. In publicis enim iisdemque solemnibus [3]) Deiparae Officiis ad sextum cantici caput se frequentissime recipit, atque ex eo mutuos sumit colores quibus Virginis speciem depingat, et mutuas sumit formulas quibus Virginis dotes celebret

---

proprie *virgines*. Sicuti autem inciso, *una est columba mea*, in textu respondent verba, אַחַת הִיא יוֹנָתִי *unica illa columba mea*: et sicuti inciso, *perfecta mea*, in textu respondet תַמָּתִי, *omnibus expleta numeris et immaculata mea;* ita pro insequentibus, *una est matri suae, electa genitrici suae*, in textu habetur, אַחַת הִיא לְאִמָּהּ בָּרָה הִיא לְיוֹלַדְתָּהּ *unica ipsa matri suae, munda ipsa genitrici suae.* Est enim בָּרָה a בָּרַר, *selegit, purgavit;* unde בַּר Alexandrini reddunt καθαρός *purus, mundus.*

1) Cant. VI. 8. Pro incisis, *et beatissimam praedicaverunt et laudaverunt eam*, in textu legitur וַיְאַשְּׁרוּהָ וַיְהַלְלוּהָ, *et beatam celebrarunt eam, et laudaverunt eam*. Alexandrini utuntur futuris μακαριοῦσιν καὶ αἰνέσουσιν.

2) Cant. VI. 10. Verba Vulgati, *quae est ista quae progreditur quasi aurora consurgens*, hebraice sic habent: מִי־זֹאת הַנִּשְׁקָפָה כְּמוֹ־שָׁחַר *quae ista quae prominet quasi aurora*. Etenim שָׁקַף est *ex alto prospicere*, ἐκκύπτειν, βλέπειν, κατειδεῖν. Porro quae sequuntur, *pulcra ut luna, electa ut sol, terribilis ut castrorum acies ordinata*, in textu sunt huiusmodi: יָפָה כַלְּבָנָה בָּרָה כַּחַמָּה אֲיֻמָּה כַּנִּדְגָּלוֹת *pulcra ut luna, clara ut sol, terrifica ut acies instructae.* Symmachus postremum membrum reddit, ἐπίφοβος μετὰ στίφους, *terribilis cum globo militum,* proindeque legit כִּפְדֻגְלָה non כַּנִּדְגָּלוֹת.

3) Liturg. mozarab. in vig. et festo nativit. Deiparae, Offic. in festo immac. conceptionis, respons. in festo visitationis, Antiph. in Officio assumptionis, et Antiph. in comm. Offic. beatae Virginis.

atque praerogativas extollat. Novimus itaque Ecclesiae iudicium atque ex comperta eiusdem mente intelligimus, non modo Virginem esse pulcram et omnium pulcherrimam, sed esse unice pulcram: non modo esse puram et purissimam, sed unice puram et lunae solisque fulgoribus splendentem: non modo hostibus numquam cessisse, sed illis non secus ac instructissimas acies semper fuisse terrificam.

677. Quorum omnium multiplex atque insignissima confirmatio praesto ex iis est quae ecclesiasticis libris, maiorumque commentariis atque operibus consignata reperiuntur. Et ecclesiasticis quidem libris haec ex Iosepho [a] consignata reperimus: « Solam te inter mulieres pulcritudine speciosam inveniens Christus, o puella, incarnatus processit ex utero tuo, divina pulcritudine decorans genus nostrum; quamobrem te veneramur. « Tum [b] haec: « Tamquam aurora pulcherrima e visceribus tuis, o Domina viri nescia, educis Iesum illuminationem omnium et Deum, qui idololatriae noctem splendoribus non occiduis imminuit et mundum illuminat. » Atque haec [c] rursum: « In te, tamquam imber descendit abyssus sapientiae Iesus, quum te solam puram invenisset, o Deipara Virgo, et gravissimos impietatis torrentes cohibuit. » Itemque [d]: « Apparuisti oriens solis iustitiae, o penitus immaculata, quem exora ut illos servet qui te instanter glorificant. » Consentiunt quae [e] subdimus: « Hymnis, o pura mater, te magnificamus, quam David melodus Sionem praenunciavit, ubi commoratus est quem caeli capere non possunt, et ex carne tua mundi propitiatorium construxit. » Neque haec minus ex Iohanne damasceno [f] consentiunt: « Tu, o summe colenda Dei mater, inventa es in vitae huius nocte tamquam aurora matutina, virginitatis radiis circumfulgens, nobisque ortum spiritalis solis iustitiae praenuncians. » Quibus gemina haec sunt [g] ex Anthologio: « Pulcra et immaculata, innocens in mulieribus, miseram animam meam ab impetu cupiditatum nunc libera, et tuis intercessionibus mihi praebe ut innocenter vivam. » Et [h] iterum: « Sion electa, civitas regis me civem una cum divinis discipulis effice supernae civitatis, exorans, o inviolata Virgo, sempiternum Filium tuum. »

678. In more igitur penes graecam ecclesiam fuit, ut sextum cantici caput ad Deiparam accommodaret, neque accommodaret solum, verum etiam ex eo colligeret spectari Virginem oportere I. *veluti Sion et Sion electam, dignamque Deo habitationem:* II. *veluti auroram et auroram pulcherrimam in huius vitae nocte obortam, quamque omnium illuminatio Iesus exceperit:* III. *veluti mulierum speciosissimam, innocentissimam, immaculatissimam:* IV. *veluti solam, quam Unigenitus speciosam invenerit, et eo usque speciosam, ut ex ea incarnatus processerit:* et V. *veluti solam, quam Unigenitus puram viderit, solam quam dignam habuerit in quam ceu sapientiae abyssus descenderet, et veluti solam ex cuius carne propitiatorium mundi aedificaret.* Sed nemo haec cum originali praevaricatione conciliet: ac nemo haec ab omni naevo alienissima non arbitretur,

---

a) Men. die X. Decembris Ode γ'. pag. 81. col. 1. B.
b) Men. die XXII. Augusti Ode α'. pag. 124. col. 1. D.
c) Ibid. Ode δ'. pag. 125. col. 1. E.
d) Men. die XXVII. Septembris Ode ε'. pag. 175. col. 2. A.
e) In vet. Offic. quadrages. Fer. VI. Hebd. III. Ieiun. pag. 266.
f) Men. die XI. Ianuarii Ode θ'. pag. 106. col. 1. A.
g) Antholog. in Acoluthia τῆς ὅλης ἑβδομάδος, Ode ε'. pag. 96. col. 1. B.
h) Ibid. Ode ζ'. pag. 100. col. 1. C.

praesertim si secum reputet quae Methodius, allatis [1]) verbis, *una est columba mea, perfecta mea*, continuo [2]) subdit: « Possit vero aliquis alio quoque modo, incontaminatam dominicam carnem Sponsam interpretari, cuius gratia relicto Patre huc descendit eique adhaesit, et homo factus in eam [3]) illapsus est. Una enim profecto, ut verbo dicam, labis expers et impolluta inventa est, cunctisque praecellens iustitiae pulcritudine atque decore; ut nemo eorum qui vel summe Deo placuerunt, prope ad eam, si virtutis ratio ineatur, consistat. Quocirca [3]) merito in consortium regni Unigeniti adscita est, illo sibi eam adaptante atque uniente. »

679. Sed iam ad eos venio maiorum commentarios easque sententias, quibus opportuniores ne in votis quidem haberi posse videantur. Sane vulgatus Origenes idemque priscus auctor [a]) Homiliarum in diversos Matthaei et Iohannis locos scribit: « Huius itaque unigeniti Dei dicitur haec mater virgo Maria, digna Dei, immaculata sancti immaculati, una unius, unica unici. » De qua [b]) Methodius inquit: « Beata tu in mulierum generationibus, a Deo beatissima: nam per te impleta est terra divina illa Dei gloria, sicut etiam canitur [5]) in psalmis: benedictus Dominus Deus Israel, et replebitur maiestate eius omnis terra: fiat, fiat. Et elevatum est, inquit [6]) propheta, superliminare a voce qua clamabant: quo significatur Templi velum inumbrans coram arca Testamenti, quae te praesignabat. » Et [c]) mox: « Te enim, sanctissima, tamquam die clarissima mundo affulgente, solemque illum iustitiae producente, odiosus tenebrarum horror depulsus est, tyranni potentia facta irrita, mors destructa, infernus absorptus, inimicitia omnis ante pacis conspectum dissoluta, morbi noxii, salutis beneficio erumpente, procul omnes facessere iussi, universusque terrarum orbis veritatis clarissimae purissimaeque luce perfusus est. Ad quae Salomon [7]) in cantici alludens ita orditur: *dilectus meus mihi et ego illi, qui pascit in liliis donec respiret dies et dimoveantur umbrae.* »

680. Quid vero Ephraemus? et quid Hesychius et Modestus hierosolymitani? Prior Virginem compellans [d]) ait: « Tu sola Domina Dei genitrix es sublimissima super omnem terram. Nos autem te, Dei Sponsa, fide benedicimus, dilectione honoramus et honore colimus, semper te [8]) magnificantes ac venerandum in modum beatam praedicantes. Tu enim honor honorum es et praemium praemiorum, et sublimitatum sublimitas. » Et [e]) rursum:

a) Conviv. decem virg. Orat. VII. §. VIII. pag. 713. A-C. apud Gallandium T. III.
b) De Symeone et Anna §. V. pag. 809. B-D. apud Gallandium T. III.
c) Ibid. §. V. pag. 809. D-E.
d) Orat. ad Deiparam pag. 544. C-E. opp. graec. T. III.
e) Orat. ad Deiparam pag. 551. E.

1) Cant. VI. 7.
2) Allatius legit ἐγκατεσκήνωσεν, *habitavit*.
3) » Quod Methodius, *monet in subiecta adnotatione Combefisius*, singulari ea sanctitate et iustitia, κατηξιῶσθαι dicit κοινωνὸν γίνεσθαι τῆς βασιλείας τοῦ μονογενοῦς, *meruisse consortem fieri regni Unigeniti*, aegre a nestorianis furfuribus vindicari possit, et unione honoraria, non κατὰ φύσιν et ὑπόστασιν, qua homo consecratus in Dei filium ab ipso momento creati animi, et Deus factus homo; non ullis meritis aut profectu eo provectus ille homo, ut Dei filius eiusque regni consors diceretur. Comes igitur et quasi effectus divinae illius unionis fuit omnis illa Christi hominis iustitia et sanctitas, non eius ratio ob quam meruit illam adipisci. » Videlicet omnia turbat Combefisius, meritum morale cum decentia assumptae naturae commiscet, et congruum improbat Deiparae meritum quod patres et theologi uno ore profitentur.
4) Hom. I. pag. 274. col. 1. E.
5) Ps. LXXI. 18.
6) Is. VI. 4.
7) Cant. II. 16-17. coll. VI. 2.
8) Cant. VI. 8.

« Visibiles atque invisibiles hostes disperge, turris fortitudinis, armatura bellica, acies [1]) robusta et dux et propugnatrix invicta esto nobis indignis a facie inimicorum nostrorum. » Hesychius [a]) vero ubi praeconia enumerat Virgini delata, inter cetera scribit: « Iste cognominat eam matrem lucis: ille stellam vitae: alius Dei thronum appellat: alius templum maius caelo: alius cathedram non inferiorem cathedra cherubica: alius item hortum [3]) non seminatum, fertilem, non subactum, vitem uvarum feracem egregie florentem, intactam: turturem mundam, columbam [3]) impollutam, nubem citra corruptionem pluvias concipientem, specimen cuius gemma sole splendidior, fodinam unde lapis non sectus prodit totam terram tegens, navem mercibus refertam neque indigam gubernatore, thesaurum locupletantem. » Conspirat [b]) Modestus a quo Deipara dicitur *sola inter mulieres* [4]) *benedicta virgo mater;* neque hoc solum titulo ornatur, sed de ipsa in caelos evecta [c]) additur: « Atque ibi perfectus est intelligibilis [5]) lunae, iuxta Prophetam, supermundanus cursus, ex qua conceptus est unus sol e triplici consubstantialis Trinitatis sole, ut tradit paterna mysteriorum [6]) doctrina. » A quibus [d]) seiungi ista non debent: « Revera igitur ut luceret, demorata est in splendoribus solis iustitiae [7]) lucifera spiritalis aurora ab eo vocata, qui ex ipsa ortus mundum illuminavit. »

681. Accedunt Germanus constantinopolitanus et Anastasius antiochenus, quorum alter [e]) Gabrielem inducit Deiparam his verbis alloquentem: « A te deinceps audiet femineus sexus: avete feminae quae gaudendi principium suscepistis solam [8]) illam inter virgines gratia plenam, pulcram, immaculatam, sanctam, Dei genitricem Mariam. » At Germanus [9]) ita Virginem salutat: « Ave summi regis Dei sacroaedificatum, immaculatum, purissimumque palatium: quae induta es maiestate eius, quae nunc in aula Domini, in sancto nimirum eius templo fundaris: in qua spiritalis Sponsi non manufactus et varietate speciosus est thalamus: in qua Verbum ut revocaret errantes, carnem sibi sponsavit, concilians eos qui sua sponte corruerant. Ave [10]) nova Sion et sancta Ierusalem, sacra civitas magni regis Dei cuius in turribus ipse Deus cognoscitur, mediusque pertransit inconcussam servans, gentes commovens et reges prosternens ut [11]) adorent gloriam tuam, et universum trahens ad celebrandam cum exsultatione solemnitatem tuae in templum profectionis. » Alibi vero [f]) haec tribuit Gabrieli ubi Deiparam affatur: « Sub tuae misericordiae viscera humanum omne confugiet genus, luteaque omnis lingua [12]) beatam te dicet, ac nomen tuum

---

a) Orat. de Deiparae laudibus pag. 421. C-E. in biblioth. pp. graeco-latin. Tom. II.
b) Encom. in Deiparam pag. 15.
c) Ibidem pag. 15.
d) Ibid. §. V. pag. 21.
e) Orat. II. in Deiparae annunciat. §. II. pag. 263. A-B. apud Gallandium Tom. XII.
f) Orat. in Deiparae annuntiat. pag. 1434. A-B. apud Combefisium Auctar. Tom. I.

1) Cant. VI. 3-9.
2) Cant. VI. 1.
3) Cant. VI. 8.
4) Cant. VI. 8.
5) Cant. VI. 9.
6) Gregorius nazianzenus Orat. XLII. p. 698. Trinitatem vocat φῶς τρίλαμπές: Caesarius vero dialog. I. interrogat. III. nunc illam dicit τριδίσκοτον φῶς, et nunc τρισαύγειαν κρήνην, *fontem tribus ostiis aeternum fluentem.*
7) Cant. VI. 9.
8) Cant. VI. 8.
9) Orat. I. in Deiparae praesentat. pagg. 52-53. edit. Maraccii.
10) Cant. VI. 3.
11) Ibid. 8.
12) Cant. VI. 8.

in omni *generatione et generatione* celebrabitur; quod per te Dominus, lumen illud mundi, sit nasciturus. » Tum ᵃ) haec: « Christianorum omnium efficieris commune propitiatorium; ideoque rursum congruam tibi vocem acclamo, o gratia plena: Dominus tecum, benedicta tu in mulieribus. » Atque ista ᵇ) demum: « Scrutatus diligenter Altissimus mundum universum, nec similem ¹) tui matrem inveniens, omnino ut voluit, ut beneplacitum ipsius fuit, ex te sanctificata pro suo in homines affectu homo fiet. »

682. His vero etsi praeclaris non minus insignia sunt quae ᶜ) Iohannes damascenus habet exclamans: « O Virginis praerogativas humana conditione maiores? Quodnam ingens hoc est, o sacra mater et Virgo, circa te mysterium? Benedicta ²) tu inter mulieres, et benedictus fructus ventris tui. Beata es in generationibus generationum, solaque digna quae beata praediceris. Ecce enim te beatam dicunt omnes generationes. Viderunt te filiae ³) Hierusalem, ecclesiae inquam, beatamque praedicaverunt reginae, hoc est iustorum animae, teque in aeternum laudabunt. Tu enim es solium illud regium, cui angeli adstiterunt suum herum et creatorem cernentes insidentem. Tu spiritalis es Edem, antiqua illa sanctior et divinior. » Ubi vero assumptae Virginis triumphum describit, inter cetera ᵈ) ait: « Te cum archangelis angeli transvexerunt: ascensum tuum impuri et aërei spiritus exhorruerunt. Tuo transitu aer quidem benedicitur, aetheri autem sanctitas conciliatur. Animam tuam caelum gaudens excipit, tibi cum sacris canticis et sanctae solemnitatis ritu caelestes virtutes obviam prodeunt, his similibusque vocibus ⁴) utentes: *quae est ista quae ascendit dealbata, exoriens ut aurora, pulcra ut luna, electa ut sol?* Quam pulcra, quam suavis facta es! tu flos campi, uti lilium inter medias spinas. » Quibus laudum praeconiis haec subiungi debent ᵉ) a Tarasio de Virgine adhibita: « Ipsa namque sancta sanctorum, immaculatus Verbi thalamus, virgineum florilegium, arca sanctificationis, mons sanctus, tabernaculum Dei capax, rubus incombustus, columba ⁵) intaminata in sui habitationem a Davidis creatore ac Deo servata erat. » Neque haec praeteriri debent, quibus Tarasius nunc ᶠ) scribit: *stultorum ora nullam labem adversus illibatam reperire potuisse;* nunc ᵍ) subdit: *inculpatam puellam Deique filiam a iustis Ioachimo et Anna fuisse progenitam;* et nunc ʰ) Annam ita loquentem sistit: « Quis dixit, filia, te ex me proditum, quae ⁶) beata commonstrata es in generationibus generationum? »

683. Horum autem vix quidquam est quod Iohannes geometra ⁱ) non expresserit. Illius namque ista sunt: « Salve mortalium lumen, salve ignis daemoni infensus; ignis enim facta es igni, et non usta uris. Salve purissima mixtio semper viventis Dei humanaeque na-

---

a) Ibid. pag. 1434. C-D.
b) Ibid. pag. 1434. D-E.
c) Orat. I. in Deiparae dormit. §. VIII. pag. 863. C-E.
d) Ibid. §. XI. pag. 865. D-E.
e) Orat. in Deiparae praesent.
f) Ibid.
g) Ibid.
h) Ibid.
i) Hymn. I. in Deiparam vv. 16-25. pag. 437. in App. ad biblioth. pp. Graeco-lat. Tom. III.

1) Ibid.
2) Luc. I. 28-42.
3) Cant. VI. 8.
4) Cant. VI. 9.
5) Cant. VI. 8.
6) Cant. VI. 8.

turae, quae stipula est valde urens. Salve rubus igneus et flamma minime laesus, immo vero crescens pinguibus calamis. Salve [1])luna iucunda neque deficiens, sed plenior tuo cum sole concursu. Salve novum splendidissimum solis vehiculum virtutum rapidis concitum quadriiugis. » Atque ista pariter [a]) Iohanni debemus: « Salve quae oculis maxime vigilibus tamquam [2]) luna solem, solis Dominum contueris. Salve quae etiam arduis virtutum laboribus ut luna ad radios contendis solares. Salve quae ceu luna splendorem trabis a Filio qui totus splendet, a solis patre. Salve praenunciata Sponsa, magnum Trinitatis ostentum, quae interni decoris thalamum fixisti. Salve etiam quam solus [3]) amator dilexit, solum desiderium ingenitae pulcritudinis, cuiusmodi est Pater. Salve prima, salve sola, hoc tibi Ave attulit primus caelestis militiae tremor. » Accedunt quae Matthaeus cantacuzenus in commentariis habet. Ubi enim de verbis [b]) agit, *sexaginta sunt reginae et octoginta concubinae, et adolescentulae quarum non est numerus*, sic [c]) loquitur: « Excellentiam sine comparatione matris omni prorsus labis expertis propheta ex his mulieribus comparate demonstrat. » Tum [d]) pergit: « Quum tot tantaeque sint credentes animae, *una est matri suae, electa genitrici suae*. Ac si diceret, ex Anna primum sterili una ipsa per preces genita fuit, post quam non est aliquam aliam recensere. Electa patriae quae illam generarat, vel potius ante mundi constitutionem electa Deo in domicilium suum, unica exsistens matri suae Evae: et post eam ex natis ab Eva reperiri altera nequit. » Ad ea vero progressus [e]) quae continuo sequuntur, ait: « Stupore perculsus ab excellentia illibatae matris Dei Verbi, *quaenam ista est*, inquit. Perinde ac diceret, quam magna ista est quae se [4]) inflectit ut aurora. Quemadmodum enim lumine solis accedente, nocturnae recedunt tenebrae; sic ad innocentis Virginis splendorem peccati recesserunt tenebrae. *Pulcra ut luna*, in ipsa enim sol iustitiae posuit tabernaculum suum, communicans ei divinum suum et inexplicabile lumen. *Electa ut sol*, absurdum non est, eamdem et lunam dici et solem quidem eo quod Dei et Patris susceperit Verbum, lucem perfectam et quae praeter modum exuberat, sicuti est in suo corpore sol; lunam vero propter eam etiam, quam ex ipso claritatem participavit. *Pavor* [5]) *ut castrorum ordines*: ac si diceret, stupore percellit contemplatio ordinis, quo sunt haec in ea disposita. » Quibus edoctus Isidorus thessalonicensis haec Gabrieli Deiparam salutanti [6]) adscripsit: « Ave gratia plena, et gaudio fruere super omnem hilaritatem, o benedicta. Hisce salutationibus nihil habeo quod offeram honorabilius. Et scio quidem te beatam quoque appellandam propter eum quem utero geres, et magnificis te hymnis a multis omni tempore extollendam, quemadmodum de te [7]) praedictum est cum admiratione a prophetis stupenda canentibus. Sed neque priscorum quispiam digna te appellatione exornavit, nec praesentium aut futurorum meritos tibi plausus dabit:

a) Ibid. Hymn. II. in Deiparam vv. 48-60. pag. 439.
b) Cant. VI. 7-8.
c) Comm. in Cant. VI. 7-8. pag. 48. A.
d) Ibid. pag. 48. D.
e) Comm. in cant. VI. 9. pag. 49. A-B.

1) Cant. VI. 9.
2) Cant. VI. 9.
3) Cant. VI. 8.
4) Se nimirum inflectit et inclinat ad nostrum hemisphaerium, quod tum fit quum aurora ascendit et nostrum veluti prospicit orbem.
5) Idest pavor et terror ut castrorum acies.
6) Orat. III. in Deiparae annunciat. pag. 69-70. edit. Maraccii.
7) Cant. VI. 8.

et si convenirent in unum quae sunt, quae fuerunt et quae erunt ad hoc praestandum, numquam futurum esset ut hymnus tibi congruens necteretur. Propterea igitur ave o scientiae profundum, et sapientiae altitudo, et opulentia gaudii, et gratiarum mare, et miraculorum magnitudo, et [1]) pelagus formositatis, et mysteriorum thesaurus. Dominus tecum insolito quodam modo, quem oculus non sensit, et cui fores aurium non patuere, quique in cor hominis nequaquam potest ascendere. Tecum enim quia [2]) propter effulgentem sacratissimae tuae animae speciem, ineffabiles divinae naturae radios in homines expandit: propter splendidissimam virtutis tuae pulcritudinem induet se tua forma quam adamavit, immaculatis tuis unitus sanguinibus. O inauditum mysterium! propter te fiet ex te quod non erat, et totam tuam gerens imaginem, et suam deitatem non deponens. »

684. Eamdem de Deipara fidem eamdemque sententiam cum orientalis ecclesiae scriptoribus ii profitentur qui in occidentali ecclesia floruerunt, e quorum numero Rupertus tuitiensis, allegatis [3]) verbis, *pulcra es amica mea, suavis et decora sicut Hierusalem, terribilis ut castrorum acies ordinata*, inquit [4]): « In hoc est perfectio pulcritudinis, quod non solum suavis nec solum terribilis, sed utrumque es et suavis et terribilis; suavis sicut Hierusalem, terribilis ut acies castrorum quae bene ordinata est. » Tum [5]) verbis *una columba mea, perfecta mea, una est matri suae, electa genitrici suae*, hunc subnectit [6]) commentarium: « Una est et simile non habet. Omnino nec inter reginas ulla similis huic est. Cui matri suae una? Cui genitrici suae est electa? Nimirum matri suae Hierusalem una est, illi Hierusalem quae sursum est, quae est mater omnium nostrum: et genitrici suae, scilicet antiquae ecclesiae electa est, ecclesiae patriarcharum et prophetarum ac regum iustorum, quorum de carne progenita est, quorum secundum fidem benedictionis quae ad illos repromissa erat, ianua vel materia est. Et illi matri, et huic genitrici una et electa est: quia nec inter angelos nec inter homines similem vel primam habet, vel sequentem habitura est: vere columba, quia gratia plena: vere electa, quae non solum salva existeret, verum etiam ipsam salutem pareret. » Et [7]) mox occasione [8]) verborum, *quae est ista quae progreditur quasi aurora consurgens, pulcra ut luna, electa ut sol, terribilis ut castrorum acies ordinata?* pergit: « Quam pulcher ordo in ista laudatione, in ista tuae pulcritudinis, o beatissima, praedicatione! Primum consurgens ut aurora, deinde pulcra ut luna, deinde electa ut sol. Quando nata es, o Virgo beata, tunc vera nobis aurora surrexit, aurora praenuntia diei sempiterni: quia sicut aurora quotidiana finis praeteritae noctis et initium diei sequentis; sic nativitas tua, nativitas [9]) ex semine Abrahae, clara ex stirpe David, ad quos eum iuramento Dei facta est repromissio benedictionis, finis dolorum et consolationis fuit initium, finis tristitiae et laetitiae nobis exstitit principium. Quando autem Spiritus sanctus in te supervenit et Filium virgo concepisti, virgo peperisti, tunc et tu et ex tunc pulcra pulcritudine divina: pulcra, inquam, non quomodocumque, sed ut luna. Sicut enim luna lucet et illuminat luce non sua, sed ex sole concepta; sic tu, o beatissima, hoc ipsum quod tam lucida es, non ex te habes sed ex gratia divina, gratia plena. Quando autem de hoc mundo assumpta atque ad aethereum thalamum translata es, tunc tu et ex tunc electa ut

---

1) Cant. VI. 3.
2) Cant. VI. 8.
3) Cant. VI. 3.
4) In Cant. lib. VI. pag. 55. col. 2. E.
5) Cant. VI. 8.
6) Ibid. pag. 57. col. 2. E. et pag. 58. col. 1. A-B.
7) Ibid. pag. 58. col. 1. C-E. et col. 2. A-B.
8) Cant. VI. 9.
9) Liquet *nativitatis* nomen de origine sumi, sumi de nativitate *in* sinu non *ex* sinu, quod in ecclesiasticis monimentis est frequentissimum.

sol: electa, inquam, nobis, quia sicut ex te natum Dei Filium solem verum, solem aeternum adoramus et colimus ut Deum verum, sic et te honoramus atque veneramur ut veri Dei genitricem, scientes quia totus honor impensus matri sine dubio redundat in gloriam filii. Et quidem natura non tu idem es quod ille sol, sed nihilominus tanta es ut te honoret ipse sol honore quo decet filios honorare parentes suos. Qui enim dixit, *honora patrem tuum et matrem*, non dubium quin ipse honoret, et ab omnibus amicis suis suam velit honorari matrem. »

685. Neque aliter [1]) Adamus Perseniae abbas qui de Virgine loquens ait: « Per te descendit, per te parvulus ad humiles venit, qui te in causa nostra advocatam constituit, qui te ipsam pro immenso munere mundo dedit. Te ad nos veniendi viam elegit, te nobis in repatriandi semitam ordinavit. O via expers asperitatis et duritiae, expers ignorantiae et erroris. Nempe misericordia [2]) et veritas in te obviaverunt sibi. Nec misericordia in te pateretur quid asperum esse vel durum, nec veritas quidquam inesse pateretur obscurum. O via communis [3]) salutis, expers iniquitatis et malitiae, expers molestiae et laboris. In te pax et iustitia osculatae sunt. Non tibi inesse distortum aliquid aequitas iustitiae sineret, nec aliquid inesse laboriosum pacis tranquillitas sustineret. Tota es [4]) suavis et clara, tota dulcis et recta, mitis et pacifica, quae et nobis illuminationem nostrorum cordium de corde Patris adducis, et nobis loquens ad cor, corda credentium in te trahis. » Tum imagine [5]) columnae nubis et caliginis ad Virginem accommodata, illico [6]) pergit: « Sed in columna quam praemisimus, intendamus. Attendamus quam firma, quam recta est, quam erecta. Attendamus, inquam, quam firma, quam fortis, quam recta, quam lenis, quam porrecta est, quam sublimis. Quam firma est, cui et caelum et terra innititur? Quam fortis, quae contra universas haereses et spiritales nequitias [7]) invincibiliter praeliatur? Quam recta est, quae peccati maculam nescivit? Quam lenis est, quae nullam duplicitatis rugam admittit? Quam erecta est, quae meritorum altitudine omnem creaturam transcendit? Quam sublimis est, quam Altissimi Filius in dignissimam sibi matrem ab aeterno providit? Quam felix est, quae Dei est et mater et sponsa: porta caeli, amoenitas paradisi, angelorum domina, regina mundi, sanctorum laetitia, advocata credentium, fortitudo pugnantium, errantium revocatio, poenitentium medicina? O certa salus, o compendium vitae, o spes veniae unica, o suavitas [8]) singularis. Si linguis hominum te eloquar et angelorum, quum me totum effudero, parum erit. Ad illam potius tui laudem me transfero, quae in amoris carmine sic [9]) cantatur: quae est ista quae progreditur quasi aurora consurgens, pulcra ut luna, electa ut sol, terribilis ut castrorum acies ordinata? His verbis breviter et subtiliter, veraciter et sublimiter laus exprimitur tuae gloriae quadriformis. Quum enim nasceris, quasi rutilans aurora consurgis. Ortus nimirum tuus vicem aurorae tenuit, in quo dies gratiae coepit, nox vero infidelitatis et ignorantiae finem fecit. »

686. Aeque insignia sunt quae Petrus cellensis non uno in loco confirmat. Sermonem enim de Purificatione his verbis [10]) orditur: « Quam sit iucunda et praeclara praesens so-

---

1) Serm. I. in Domini ascensione pagg. 130-131. edit. Maraccii. Cf. eiusdem epist. X. ad abbatem de Turpiniaco pag. 705. F. apud Martenium Anecdott. T. I.
2) Ps. LXXXIV. 11.
3) Iob. XII. 6.
4) Cant. VI. 3.
5) Exod. XIII. 21. seqq. coll. II. Esdr. IX. 12. seqq.
6) Serm. de ss. Trinitate pagg. 132-134. edit. Maraccii.
7) Cant. VI. 3-9.
8) Cant. VI. 3.
9) Cant. VI. 9.
10) Sermo de Mariae purificat. pag. 36. C.

lemnitas, ipsa luminarium claritas quae cum processione festiva ad Missam tenebatis in manibus, satis sufficienter declarat. Ecce siquidem duo [1] magna luminaria ad Patrem luminum in templo accedunt, quando Maria Iesum offert Patri spirituum. Luminare maius Iesus Filius Mariae, Pater luminum Deus est qui Verbum ex utero ante luciferum genuit, et de matre incarnari in fine seculorum constituit. » Quum itaque, ut alibi [2] ait « De aeterno consilio tempus beneplaciti immineret, ut Deus Pater per unicum Filium dispersiones Israel per adoptionem hereditati immarcescibili aggregaret, puellam de terra Israel sibi desponsavit, et dote bona de thesauris suis cumulavit, publicis instrumentis matrimonium confirmans, atque legitimo privilegio donationem propter nuptias contra daemonum haereticorumque versutias corroborans. Una enim [3] haec est inter mulieres, in qua [4] princeps nihil suum invenit, de qua fraus haeretica mendacia sua stabilire non potuit: in hoc privilegio tam matris quam filii natales continentur. » Quibus non contentus privilegia matris enarrare [5] sic pergit: « Una est [6] columba mea. Domestica familiaritate, et omni creaturae inexperta dulcedine verus Salomon iucundatur ad columbam suam, quae est regina angelorum, quae est Virgo virginum, pia Maria, dum in eius visceribus per suam sapientiam humanam fatuitatem ad columbinam revocat simplicitatem, cum sale caelestis sapientiae redintegrat naturae nostrae corruptionem. » Et [7] mox: « Unam propter amicitiam, columbam propter gratiam. Quis enim non diligit matrem aut sponsam? Quis matri aut sponsae non confert omnem gratiam? Et matrem itaque et sponsam volo habere totus totam, castus castam, pulcher pulcram, pius piam, impollutus impollutam, unus unam. » Et [8] rursum: « Sacrosancta Virgine mundum per nativitatem ingressa officiales angelicae Virtutes sancta curiositate puellam vestigiis divinae praedestinationis insignitam lustrantes, ut est consuetudinis rem novam in seculo repertam in supernis palatiis referentes et quid hoc esset humiliter inquirentes, a regalibus sedibus [9] audiunt: una est columba mea, una est matri suae, electa genitricis suae; tamquam si diceret: quae nata est extra et supra numerum feminarum, est extra et supra meritum omnium mulierum. Una est in toto genere humano non habens similem columba; est in angelica puritate et dignitate, propter divinam generationem non habens aequalem; mea si Filius loquitur mater, si Pater, Filii mei mater futura. »

687. De qua in Psalterio Anselmi nomine insignito [10] legimus:

» Ave caelestis civitas,
» Cuius Deus fecunditas.

» Ave Sion in qua natus
» Est fundator ipse tuus.

---

1) Gen. I. 16. coll. Cant. VI. 9.
2) Serm. III. de Deiparae assumpt. pag. 205. B-C.
3) Cant. VI. 8.
4) Ioh. XIV. 30.
5) Serm. VI. de Deiparae assumpt. pag. 216. A-B.
6) Cant. VI. 8.
7) Ibid. pag. 216. B-C.
8) Ibid. pagg. 216. D. 217. A. Eodem pertinentia dabunt Bernardus Serm. in Virginis nativit. n. 9. pag. 1021. E-F. opp. T. III., Bruno astensis sententt. lib. V. cap. I. pag. 554. col. 1. B-D. opp. T. II., Paulus diaconus serm. in Virginis assumpt. pag. 269. B-D. apud Martenium scriptt. vett. T. IX., vulgatus Hildephonsus Serm. 1. de Virginis assumpt. pag. 336. col. 2. D. in collect. pp. tolet. T. I. et auctor operis de corona beatae Mariae cap. XIII. pag. 413. col. 2. B-D. ibidem, qui pag. 414. col. 2. A. *ex devoto quodam*, ut ipse loquitur, *dictatore* haec refert et probat:

» Sol luna lucidior,
» Et luna sideribus,
» Sic Maria dignior,
» Creaturis omnibus.
» Speciale maiestati
» Praeparans hospitium.

» Salve mater pietatis
» Et totius Trinitatis
» Nobile triclinium:
» Verbi carnem incarnati. »

9) Cant. VI. 8.
10) Psalter. pag. 305. col. 3. C.

Itemque [1] legimus:

» O Maria, nomen bonum, » Stella solis claritatem
» Nomen memorabile: » Suo vincens iubare;
» O nomen quod melius est » Semper mater quia numquam
» Quam multae divitiae! » Eris sine sobole.
» Balsamum aromatizans, » Speciosa et suavis
» Thus mirae fragrantiae, » Canticum laetitiae,
» Flos aeternus, rosa veris, » Praedicanda et laudanda
» Lignum semper viride. » Privatim et publice.

Ac tandem [2] legimus:

» Daemonum forte lamentum, » Electorum tu cunctorum
» Maeror et tristitia; » Satians laetitia.
» Angelorum sed bonorum » Templum Domini ora pro nobis.
» Laus, decus et gloria.

Quibus haec adamussim [3] respondent:

» Aurora velut fulgida » Ut sol Maria splendida
» Ad caeli meat culmina » Tamquam luna pulcherrima.

Tum haec [4] ad Annam directa:

» Ergo mater pia » Lucem dedit mundo,
» Gaude cum Maria, » Nos in hoc profundo
» Quae solis aurora » Supplicamus, ora.

688. His autem laudibus sane praestantissimis accedunt quae [5] Petrus Damiani, commemorata Domini ascensione, illico addit: « Sed iam vertendus est stylus ad sanctam sanctorum, et illorum verborum enodanda proprietas, quae Virgini matri sunt specialiter dedicata. Sed uti superliminarem titulum in fronte futuri aedifici proponamus, dicamus breviter quia prima interrogatio convenit eius nativitati, secunda eius conversationi, tertia assumptioni. Quae est ista, inquit [6] Spiritus sanctus de eius nativitate, quae progreditur sicut aurora consurgens, pulcra ut luna, electa ut sol, terribilis ut castrorum acies ordinata? Haec est quae [7] nescivit thorum in delicto. Virgo Dei Filio singulariter [8] consecrata, specialiter sancto coniugata Spiritui. Quae progreditur, inquit, sicut aurora consurgens. Quam elegans et clara similitudo, et ex illius disciplina descendens qui summum sapientiae fontem in canticis affluenter inclusit. » Quod e vestigio explanans [9] pergit: « In meridiano lumine primus ille parens creatus est, factus [10] ad imaginem et similitudinem conditoris. Quid enim clarius, quam creatum creanti non esse dissimilem? Faciamus, inquit, hominem ad imaginem et similitudinem nostram. Imaginem dedit ei in aeternitate, similitudinem in moribus; ut sit similis creatori, si non identitate, similitudine tamen. Sed ille

---

1) Ibid. pag. 307. col. 2. C-D.
2) Ibid. pag. 308. col. 3. B.
3) Thes. hymnolog. T. I. pag. 226.
4) Ibid. T. II. pag. 241. Ubi Adalbertus Daniel scribit: « Saepissime insignitur Maria nomine *aurorae*. Ansam dedit et locus Cantici canticorum VI. 9., et perpulcra de Christo atque Maria allegoria. Optime in hac typica iuterpretatione versatur collecta quam habet Missale metense in nativitate Virginis: *sacrificium hodiernae solemnitatis verus ille iustitiae sol illustret, qui oriturus ex alto matrem suam hodie quasi auroram consurgentem praemisit, et venientem in mundum purissima luce illuminavit.* »
5) Serm. XL. in Deiparae assumpt. pag. 98. col. 1. D-E. opp. T. II.
6) Cant. VI. 9.
7) Sap. III. 13.
8) Cant. VI. 8.
9) Ibid. pag. 98. col. 1. E. col. 2. A-D.
10) Gen. I. 26.

tanti privilegii dignitate reiecta, apostatae spiritus falsa promissione delinitus inhaesit, et se cum posteritate sua perpetuae morti destinavit et tenebris. Ab illa hora tenebrae factae sunt super universam terram usque ad Virginem, nec inventus est aliquis qui vel exiret de tenebris, vel tenebras dissiparet; sed mundo crescente concrevit et tenebrosa vorago, donec in densissimam conglobata nigredinem humanum genus nocte terribili sepelivit. Haec est illa nox solitaria nec laude digna, de qua [1]) scriptum est: posuisti tenebras, et facta est nox. In ipsa pertransierunt omnes bestiae silvae, quia crudeles et indomiti spiritus dimotis repagulis humanum genus totis viribus obtriverunt. Sed nata Virgine, surrexit aurora: quia Maria veri praevia luminis nativitate sua mane clarissimum serenavit. Haec est stella matutina in medio nebulae, quae in caeli cardine summo splendore coruscans orbem subditum splendidioribus radiis incolorat. Haec est aurora quam sequitur, immo de qua nascitur sol iustitiae, solius claritati succumbens. Haec est aurora quam ille non vidit, qui vidit omne sublime: et orat [2]) beatus Iob ut ei multa suppressione claudatur dicens: non videat ortum surgentis aurorae. Tuus est dies, Domine, in quo Adam est conditus: tua est nox, in qua Adam a die est eiectus: tu fabricatus es auroram, idest Virginem matrem: et solem, solem videlicet iustitiae qui de virginali thalamo consurrexit. Nam sicut aurora terminum noctis, diei principium adesse testatur; sic et Virgo noctem expulit sempiternam, et de die diem de terra suae virginitatis exortum terris infudit. Progreditur, inquit, quasi procul egreditur, quia procul et de [3]) ultimis finibus pretium eius. Aurora, quia noctis finis et lucis initium. Consurgens, quia de cadente supersurgens materia. » Tum ad alterum progressus [4]) incisum ait: « Pulcra ut luna. Quid luna pulcrius, quum stellis coruscantibus in signifero limite reliquorum siderum splendorem excedit? Considera quam stellarum et serena vibratio, quam luminosus fulgor circularem orbem tanti sideris superfundat, ut aliorum luminum claritatem non mediocriter offuscet. Sic et Virgo inter animas sanctorum et angelorum choros supereminens et evecta, merita singulorum et omnium titulos antecedit. Quantumlibet aliae stellae reluceant, luna tamen et magnitudine praeeminet et splendore. Sic utramque naturam Virgo singularis exsuperat et immensitate gratiae et fulgore virtutum. » Porro de tertio inciso [5]) scribit: « Electa ut sol. Hanc attende similitudinem, nulla in rebus mundi potest esse sublimior. Nihil enim habuit Spiritus in visibilibus creaturis excellentius, cui excellentiam Virginis compararet. Multo enim altius aliquid habet claritas solis quam lunae; quia etsi illa minores stellas obscurat, non tamen penitus occultat: hic vero lucidius incandescens ita sibi siderum et lunae rapit positionem, ut sint quasi non sint et videri non possint. Similiter [6]) et virga Iesse veri praevia luminis in illa inaccessibili luce perlucens, sic utrorumque spirituum hebetat dignitatem, ut in comparatione Virginis nec possint nec debeant apparere. An putas quod non contremiscat tota rationalis creatura ad contemplationem tantae dignitatis? Considera et quae in caelis, et quae in terris in Virgine refabricata, Deum qui caelum palma metitur, virginei ventris brevitate conclusum redemptionem hominum, angelorum restaurationem, denique quidquid est, fuit et erit per Virginis uterum renovatum; et tunc tibi cogitatio suggeret quod loquutio demonstrare non potest. Electa, inquit, sed et praeelecta. Ut sol, quia sicut sol solus orbem illuminat; sic haec sola solidiori lumine et angelos et homines illustrat. » Sequitur quar-

---

[1]) Ps. CIII. 20.
[2]) Iob. III. 9.
[3]) Prov. XXXI. 10.
[4]) Ibid. pag. 98. col. 2. D-E.
[5]) Ibid. pag. 98. col. 2. E. et pag. 99. col. 1. A.
[6]) Is. XI. 1.

tum incisum, quod ubi enarrat [1]) inquit: « Terribilis ut castrorum acies ordinata, terribilis daemonibus, ordinata virtutibus, singularis timor malignorum spirituum, specialis amor civium beatorum. » Et nonnullis interiectis [2]) concludit: « Caro enim Virginis ex Adam assumpta maculas Adae non admisit, sed singularis continentiae puritas in candorem [3]) lucis aeternae conversa est. »

689. Porro auctor Petro Damiani haud paullo antiquior, oratione ad Virgine directa [4]) scribit: « Hortus [5]) conclusus tu es sancta Dei genitrix, ad quem deflorandum manus peccatoris numquam introivit. Tu sanctorum areola aromatum a caelesti consita pigmentario, virtutum omnibus speciosis floribus delectabiliter vernans. Merito de tali areola flos ille speciosus forma prae floribus paradisi egressus est. Et cui te assimilabimus, o mater pulcritudinis? Vere paradisus Dei tu es, quia lignum vitae mundo protulisti. » Et [6]) mox: « Te nimirum ille divini epithalamii praecentor a longe intuitus est, quum in admirationis vocem ita prorupit [7]) dicens: quae est ista quae progreditur quasi aurora consurgens, pulcra ut luna, electa ut sol, terribilis ut castrorum acies ordinata? Sicut aurora valde rutilans in mundum progressa es, o Maria, quando veri solis splendorem tantae sanctitatis iubar praecurristi, ut vere diem salutis, diem propitiationis, diem quam fecit Dominus a tua claritate initiari dignum fuerit. Felix aurora felicis diei nuncia exstitisti. Talem auroram talis dies, et talem diem talis aurora decuit. Et recte quidem aurorae implesti officium. Ipse enim sol iustitiae de te processurus, ortum suum quadam matutina irradiatione praeveniens, in te lucis suae radios copiose transfudit, quibus potestates tenebrarum quas Eva induxerat, in fugam convertisti, atque ita desideratum cunctis gentibus solem mundo invexisti. Tu pulcra ut luna diceris, eique non immerito compararis. Illa enim astrorum omnium sola soli simillima, et candore venusta argenteo ceteris in caelo praemicat sideribus. Tu veri solis imago expressissima inter millia astrorum Deo assistentium virginali puritate in caelis gloriose praefulges. Illa transfuso in se solari lumine noctem illuminat: tu virtutum a Deo tibi inditarum magnificis exemplis ad imitationem tui nos provocas, sicque nostram noctem illuminas. Tu ergo pulcra es ut luna, immo et pulcrior luna: quia [8]) tota pulcra es et macula non est in te, neque [9]) vicissitudinis obumbratio. Tu electa ut sol, ille inquam sol solis conditor. Ille enim electus ex millibus virorum, tu electa ex millibus feminarum. » Hinc ea enarrans quae sequuntur [10]) pergit: « Tu terribilis ut castrorum acies ordinata. Quid enim? An non horruerunt principes tenebrarum, quando viderunt praeter morem instructam omni armatura fortium contra se procedere feminam? Feminam fortem et ad bella doctissimam, cuius ensis [11]) super femur suum propter timores nocturnos: et in circuitu eius acies valida spiritualium virtutum suo se invicem ordine tuentium. Sed et innumerabilem beatorum spirituum militiam ad ministerium tanti principis delegatam nullatenus ambigimus, utpote qui custodirent lectulum Salomonis gratissimum ac providerent ne praeparatum aeterno regi hospitium alienus hospes invaderet. Nimirum timor et tremor venerunt

---

1) Ibid. pag. 99. col. 1. B.
2) Ibid. pag. 99. col. 1. E.
3) Sap. VII. 26.
4) Serm. in Deiparae nativit. inter Homilias collectas sive ab Alcuino sive a Paulo diacono pagg. 902. col. 2. E. et 903. col. 1. A. edit. Coloniae MDLXIX. Haec autem sua describendo facit Eckbertus schonaugiensis in serm. panegyrico ad beatam Virginem nn. 4-5. p. 707. inter opp. Bernardi T. V.
5) Cant. IV. 12.
6) Ibid. pag. 903. col. 1. B-E.
7) Cant. VI. 9.
8) Cant. IV. 7.
9) Iacob. I. 17.
10) Ibid. pag. 903. col. 2. A-C.
11) Cant. III. 7-8.

super eos, ita ut dicerent: ecce plusquam Eva heic. Castra Dei sunt haec. Fugiamus Israelem. Tu ergo bellatrix egregia primo eum qui primus Evam supplantavit, expugnare viriliter aggressa es. Tu et ardorem vetitae concupiscentiae virtute castitatis in tua virginea carne eatenus extinxisti, ut is in cuius conspectu nec astra munda sunt, tantae munditiae carnem tuam iudicaverit, ut etiam divinae puritati eam agglutinare non despexerit. His ergo primariis ducibus tenebrarum a te fortiter expugnatis, omnis ante faciem tuam militia spiritualium nequitiarum in fugam conversa est. »

690. Finem iis facio quae tum habet Sophronius quum enarrans [1]) Scripturae [2]) verba, *quae est ista quae ascendit per desertum, sicut virgula fumi ex aromatibus*, scribit: « Ut virgula, inquit, fumi ex aromatibus: nimirum quia multis repleta est virtutum odoribus: manans ex ea fragrabat suavissimus odor etiam spiritibus angelicis. Ascendebat autem Dei genitrix de deserto praesentis seculi, virga de radice Iesse olim exorta: sed mirabantur electorum animae prae gaudio, quaenam esset quae etiam meritorum virtutibus angelorum vinceret dignitatem. De qua rursus idem Spiritus sanctus [3]) in eisdem canticis: quae est ista quae ascendit, inquit, quasi aurora consurgens, pulcra ut luna, electa ut sol, terribilis ut castrorum acies ordinata? Admiratur autem Spiritus sanctus, quia omnes de ascensu huius Virginis admirantes facit, quod quasi novi diluculi aurora rutilans, ascensu suo resplendeat, multis freta et vallata sanctorum agminibus. Unde dicitur terribilis ut castrorum acies ordinata. Siquidem terribilis suis facta virtutibus ut castrorum acies admodum ordinata, hinc inde angelorum sanctorum fulta praesidiis: pulcra ut luna, imo pulcrior quam luna, quia iam sine defectu sui coruscat caelestibus illustrata fulgoribus. Electa ut sol, fulgore virtutum, quia ipse elegit eam sol iustitiae ut nasceretur in ea. »

691. Si quod igitur est cantici caput quod maiores nostri ad Virginem accommodandum esse censuerint, illud profecto est quod in praesentia versamus. At vero quanam significatione contentas in eo phrases acceperunt? Aut quibus illas enarrarunt commentariis, ut sinceram Virginis speciem exprimerent? Dummodo quae praemisimus vel obiter recolantur, perspicuum erit traditos a maioribus commentarios huc pertinere, ut de Virgine affirmetur I. *illam esse praeconiis omnibus celebrandam, nullasque illi deferri laudes posse quae eiusdem excellentiam dignitatemque assequantur.* Idcirco vero II. eam esse praeconiis omnibus superiorem, *quod eadem fuerit honor honorum, sublimitas sublimitatum, immensum munus hominibus caelitus tributum, magnum Trinitatis ostentum, iisque praerogativis insignis quae non humanam solum verum etiam angelicam conditionem excedunt.* Porro III. hisce praerogativis accensendum esse, *quod Virgo exstiterit pelagus formositatis, perfectio pulcritudinis, immaculata, immaculata sancti immaculati, sancta, sanctissima, sancta sanctorum et eo usque purissima, ut ne a profanis quidem ulla in ipsa labes potuerit reperiri.* Ob hanc autem praerogativam IV. *Deiparam merito credi turturem mundam, columbam impollutam, intaminatam, vere columbam quia gratia plenam atque ita plenam, ut ipsa sola utramque naturam angelicam atque humanam immensitate gratiae virtutumque fulgore superaverit.* Tantam V. Deiparae puritatem atque innocentiam *cum illius iunctam consertamque fuisse primordiis: ipsa namque genita fuit inculpata: ipsa fuit semen benedictionis: ipsa expers iniquitatis et malitiae: ipsa inscia asperitatis et duritiae, ignorantiae et erroris: ipsa semper virens:*

---

[1]) De Deiparae assumpt. col. 98. D.F. inter opp. Hieronymi T. XI.
[2]) Cant. III. 6.
[3]) Cant. VI. 9.

ipsa materia supersurgens de lapsa natura: ipsa quae ex Adamo naturam traxit sed Adami maculas non admisit: ipsa quae in se aeternae sapientiae candorem praetulit: ipsa ad quam deflorandam peccatoris manus numquam introivit: ipsa quae iustitiae lumine irradiata tenebras Evae ruina densatas in fugam coniecit: ipsa quae in mundum uti res nova prodiit: ipsa extra et supra ceterorum numerum nata: et ipsa plusquam Eva, utpote quae Evae expugnatorem expugnarit.

692. Ceterum VI. hanc originalem Deiparae innocentiam inde etiam liquido deprehendi, *quod ipsa mundo effulserit ut clarissimus dies, ut stella vitae, ut mater lucis, ut lucifera spiritalis aurora, ut intelligibilis luna, ut luna iucunda et indeficiens, ut luna quae solis Dominum semper intuetur, quaeque solares radios aemulatur, ut novus idemque splendidissimus solis currus, ut gratiae initium, ut luminare minus, et aurora quae finem tenebris imposuit ex Adamo propagatis, quae satanam latuit, quamque Deus condidit, et tamquam dies e quo Christus dies oriretur.* Eamdem VII. originalem Deiparae innocentiam ex eo quoque innotescere, *quod ipsa primum exstiterit nihil habens obscuri, tota clara, et a cuius claritate initium duxerit dies salutis et propitiationis, expressissima veri solis imago, neque aliter ipsa ex millibus feminarum electa, quam Christus sol iustitiae ex millibus virorum unicus atque singularis.* Neque minus VIII. hoc Deiparae ornamentum ex eo enitere, *quod ipsa tyrannum vicerit, quod inimicitias ab hominum genere cum Deo initas veluti sequester dissolverit, quod ignis fuerit daemoni contrarius, quod fuerit ignis igni neque usta combusserit, quod fuerit daemonibus terribilis, illorum forte lamentum, omni armatura fortium instructa, femina fortis ad bellandum doctissima, atque instar castrorum Dei quorum infernae phalanges ne adspectum quidem sustinuerint.* Eodem IX. spectare quae Deiparam repraesentant *nunc uti columnam spiritalibus nequitiis invincibilem, nunc uti turrim fortitudinis, nunc uti bellicam armaturam, nunc uti aciem robustam: nunc uti propugnatricem invictam, et nunc uti protectam ab angelis, ne hospitium Deo adornatum ab inimico hospite praeoccuparetur.* Tandem X. ex his repeti oportere, *quod Deipara fuerit mulierum beatissima, sola gratia plena, sola benedicta, sola laudanda, solum Patris desiderium, unica neque similem habens, et propterea ceu nova Sion Deo digna atque ab eo dilecta ut mater esset Unigeniti, ut esset via qua Deus ad nos veniret et per quam nos ad Deum rediremus, ut esset semita communis salutis, ut esset una unius, unica unici, pulcra pulcri, impolluta impolluti, sola quae instar solis omnes illuminaret, et sola in qua princeps huius seculi nihil quod suum esset compererit.*

ARTICULUS VII.

De usu ecclesiastico quo septimum Cantici caput ad Deiparam accommodatur: quae in hoc capite potissimum splendeant: et quae maiores nostri in suis commentariis tradiderint ad decus immaculati conceptus pertinentia.

693. Solemni usu receptum est ut in ecclesiasticis de Deipara Officiis eiusdem praeconia atque laudes ex septimo cantici capite desumantur. Et desumuntur sane [1]) in Officio

---

1) Offic. immacul. concept. in Antiph. ad secundum Nocturnum, et ad *Magnificat*.

immaculatae conceptionis: desumuntur sane ¹) in Officio pro festo Deiparae de monte Carmelo atque iterum ²) in Officio desumuntur quo Deipara uti mater boni Pastoris celebratur. Neque vero existimandum est silere ecclesiastica Graecorum monimenta, quin potius et in Menaeis et in Anthologio et in Triodio et in Pentecostario frequens ad hoc ipsum caput recurrit allusio. Pauca ex pluribus dabo ut praegustationis loco habeantur.

694. In Menaeis igitur, praeeunte Iosepho, de Virgine ᵃ) dicitur: « Te pulcritudine venustam creator inveniens in te habitavit, et venustus prae omnibus mortalium filiis apparuit incarnatus, o sanctissima Virgo et laudibus superior. » Et ᵇ) eodem praeeunte Iosepho subditur: « Te pulcritudinem Iacob solam elegit solus qui caelos inhabitans in medio tui, o intemerata, habitavit. » Conspirat Anthologium, in quo ᶜ) non solum Deipara vocatur *puella perfecte immaculata et sui creatoris thronus,* verum etiam ᵈ) duce Theophane, de ea canitur: « Te ut totam propinquam, pulcram et immaculatam, virginitatis obsignatam sigillo, pure dilexit Deus qui in te tamquam solus misericors habitavit. » Conspirat ᵉ) Triodium in quo Virgo his omnino verbis salutatur: « Ave virginitatis columna, ave salutis porta. Ave caussa spiritalis reformationis, ave quae divinae bonitatis primas tenes. Ave, tu enim foede conceptos regenerasti; ave, tu enim mente perditis prospexisti. Ave quae mentium corruptorem enervasti; ave quae innocentiae satorem peperisti. Ave thalamus intaminati connubii; ave quae fideles Domino concilias. Ave pulcra virginum altrix; ave quae sanctas animas ad Sponsum deducis. » Conspirat et ᶠ) Pentecostarium, in quo haec ex Andrea cretensi referuntur: « O pulcra, o immaculata, o mulierum speciosissima Christum quem peperisti, quemque hodie a mortuis in omnium salutem speciosissime refulgentem vidisti, illum gaudens una cum apostolis glorifica. »

695. Quibus leviter delibatis, multo erit expeditius tam ex Ecclesiae sententia accipere, quam paucis illa complecti quae ad rem nostram pertinentia septimo cantici capite continentur. Itaque I. eo capite ³) Sulamitis exhibetur tamquam chorus castrorum: *quid videbis in Sulamitide nisi choros castrorum?* Tum II. eiusdem pulcritudo atque species ⁴)

a) Men. die XXX. Iulii Ode ϛ'. pag. 152. col. 1. E.
b) Men. die XXII. Augusti Ode ζ'. pag. 128. col. 1. B.
c) Antholog. in Octoecho pag. 32. col. 1. B-C.
d) Ibid. Ode ι'. pag. 31. col. 2. A.
e) Triod. pag. 319. col. 2. C-D.
f) Pentecostar. Ode δ'. pag. 58. col. 1. D.

1) Officium Deiparae de monte Carmelo in Antiph. ad *Benedictus*.
2) Offic. Deiparae sub. tit. matris boni Pastoris in Respons. et Antiph.
3) Cant. VII. 1. Sicut omnes hebraei codices habent, מַה־תֶּחֱזוּ בַּשּׁוּלַמִּית, ita omnes antiquae versiones plurali numero reddunt *quid videbitis in Sulammit*. Singulare ergo *videbis* penes Vulgatum aut in librarii culpam reiiciendum est, aut inde forte repetendum, quod ipse legerit תֶּחֱזִי. Quod autem sequitur incisum, in textu sic prorsus habet: כִּמְחֹלַת הַמַּחֲנָיִם, *sicut chorum castrorum*.

4) Cant. VII. 1-6. Ubi verbis Vulgati, *quam pulcri sunt gressus tui in calceamentis, filia Principis*, haec in textu respondent: מַה־יָּפוּ פְעָמַיִךְ בַּנְּעָלִים בַּת־נָדִיב, *o quam pulcrae plantae tuae calceatae, filia Regis*. Omitto cetera, et referam comma sextum, cuiusmodi in textu legitur:

רֹאשֵׁךְ עָלַיִךְ כַּכַּרְמֶל
וְדַלַּת רֹאשֵׁךְ כָּאַרְגָּמָן
מֶלֶךְ אָסוּר בָּרְהָטִים׃

Idest, *caput tuum super te uti Carmelus, et vitta capitis tui sicut purpura Regis illigata maeandris.*

distributa oratione oculis spectanda subiicitur: *quam pulcri sunt gressus tui in calceamentis, filia Principis! Iuncturae femorum tuorum sicut monilia, quae fabricata sunt manu artificis. Umbilicus tuus crater tornatilis, numquam indigens poculis: venter tuus sicut acervus tritici vallatus liliis. Duo ubera tua sicut duo hinnuli gemelli capreae. Collum tuum sicut turris eburnea. Oculi tui sicut piscinae in Hesebon, quae sunt in porta filiae multitudinis. Nasus tuus sicut turris Libani quae respicit contra Damascum. Caput tuum ut Carmelus, et comae capitis tui sicut purpura regis vincta canalibus.* Sequitur III. recapitulatio qua Sponsus Sponsam alloquens [1]) ait: *quam pulcra es et decora, carissima in deliciis!* Tandem IV. Sponsa de semetipsa [2]) inquit: *ego dilecto meo, et ad me conversio eius.*

696. En vero quibus commentariis patres scriptoresque ecclesiastici haec aut de Virgine explicarint, aut ad Virginem accommodanda esse docuerint. Rupertus tuitiensis [3]) de verbis [4]) agens, *quam pulcri sunt gressus tui in calceamentis filia Principis*, ait: « De calceamentis heic agitur non corporis sed spiritus, in quo discalceatum esse vel discalceatam summa est ignobilitas et plusquam servilis egestas. Idcirco ancillae calcaneum serpens momordit, tu autem o filia Principis bene calceata caput serpentis contrivisti: tu maxime, o Princeps et Domina, singularis dilecta, et sicut iam dixi, una columba mea, una genitrici suae, videlicet generationi liberae, generationi non carnis sed fidei, quae me virum non de carne viri, sed de Spiritu Dei concepisti et peperisti patrem vel principem filiorum non carnis, sed fidei vel repromissionis. » Ubi autem [5]) haec [6]) enarrat, *umbilicus tuus sicut crater tornatilis, numquam indigens poculis*, subdit: « Quidnam est umbilicum non indigere poculis, nisi non uri vel sitire per appetitum libidinis? Ergo tu o Sunamitis, o filia Principis, corde et corpore es casta, mente et carne integra et incorrupta, cogitatione et opere munda. » Quibus illustrandis haec non minimum conferunt quae occasione [7]) verborum, *venter tuus sicut acervus tritici vallatus liliis*, continuo [8]) addit: « Venter tuus, venter interioris hominis, ipse est sicut acervus tritici, idest numquam indiget pane verbi Dei, imo abundat omni tritico quodcumque seminaverunt alii. Illuc illatum est omne quod prophetarum fides elaboravit. Tu enim, o dilecta, tu es illa [9]) prophetissa, ad quam accessit omnis sanctus et fidelis propheta, ad quam tendebat et in qua completa est omnis sancta et fidelis prophetia. » Hinc [10]) ad verba [11]) progressus, *duo ubera tua sicut duo hinnuli capreae gemelli. Collum tuum sicut turris eburnea*, scribit: « Et ista laus liberae opposita est vituperationi ancillae. Ergo, tu, o libera Sunamitis, tu maxime cuius duo ubera sunt gemella, seculis omnibus inaudita, virginitas atque fecunditas: tu, inquam, o dilecta singularis, libera es ab omni iugo peccati. Quid est collum tuum, vel quale est collum tuum?

---

1) Cant. VII.7. מַה־יָּפִית וּמַה־נָּעַמְתְּ אַהֲבָה בַּתַּעֲנוּגִים׃

Idest, *quam pulcra et quam suavis dilecta in deliciis*. Antiqua versio quae ad Graecam expressa erat, sic habebat: *speciosa facta es et suavis in deliciis tuis.*

2) Cant. VII.11. אֲנִי לְדוֹדִי וְעָלַי תְּשׁוּקָתוֹ. Ubi quum לִי sit ἐπ' ἐμέ *ad me, super me*, et שׁוּק a תְּשׁוּקָה idem valeat ac ἐπιστροφή *conversio, desiderium*, totum membrum apte sic redditur: *ego dilecto meo, et super*

me *conversio et amor eius.*

3) In Cant. lib. VI. pagg. 60. col. 2. E. et 61. col. 1. A-B.
4) Cant. VII. 1.
5) Ibid. pag. 61. col. 2. B-C.
6) Cant. VII. 2.
7) Cant. VII. 2.
8) Ibid. pag. 61. col. 2. C-D.
9) Is. VIII. 3.
10) Ibid. pagg. 61. col. 2. E. et 62. col. 1. A-C.
11) Cant. VII. 3-4.

Utique non extentum, imo amabiliter demissum, et haec est humilitas tua, fortitudo magna, fortitudo pulcherrima: vere sicut turris eburnea quae et aspectu amabilis et statura sit fortis. Cui fortis, cui amabilis? Deo fortis, Deo amabilis: diabolo autem terribilis, inaccessibilis. »

697. Eodem pertinent quae [1]) Amedeus lausannensis antistes his verbis complectitur: » Attendamus duos tamquam calathos aureos plenos fructibus adornatos, novum et vetus testamentum hinc et inde, laeva dextraque Virginis consistentes. Quorum antiquitas transit in laevam, et nova gratia coruscat in dextra. Iure quippe lex mortis in sinistra, et lex vitae in dextra, quia illa facit transgressionem, et haec tollit transgressionem. Ipsa Virgo virginum vernans in floribus et in fructuum suavitate delicians apparet media, et velut arbor plantata in medio paradisi attollit verticem in altitudinem caeli, et de superno rore concipiens fructum refert salutarem, fructum gloriae, fructum vitae, de quo qui ederit, vivet in aeternum. Et ut clarescant quae dicta sunt, paradisus est hortus ad quem Ecclesia invitat [2]) dilectum suum: veniat dilectus meus in hortum suum, ut comedat fructum pomiferarum suarum. Hortum namque dilecti se nominat, quem fontes Salvatoris irrigant, et rivi donorum inebriant, ut maritata amore Spiritus laetetur, in stillicidiis eius germinans et gaudeat in prole multorum filiorum, tamquam in ubertate geniminum suorum. Haec vocat dilectum comedere fructum pomiferarum, quia [3]) servavit ei poma nova et vetera, dicta scilicet utriusque testamenti. Aut consummatos sensus cordis sui, quos gerit inter ubera, sicut [4]) legitur: erunt ubera tua sicut botri vineae. »

698. Consentiunt quae habet [5]) Petrus cellensis inquiens: « Sed thronus tuus o Deus, o Domina qualis est? Psalmista [6]) dicit: et thronus eius sicut sol in conspectu tuo, et sicut luna perfecta. Forte ideo admirantes caelestes Virtutes [7]) dicunt: quae est ista quae ascendit quasi aurora consurgens, pulcra ut luna, electa ut sol, terribilis ut castrorum acies ordinata? Ut aurora confitentibus, ut sol sanctis suscipientibus, ut castrorum acies ordinata malignis spiritibus: invocant illam conversi, amant illam iusti, exorant peccatores, timent daemones, invalida sunt castra daemonum adversus Dominae nostrae castrorum acies, de quibus in canticis [8]) dicitur: quid videbis in Sunamite nisi choros castrorum? Haec Sunamitis placet Regi sua specie. Quae tam speciosa quam illa cui [9]) dicitur: tota pulcra es amica mea, et item: quam pulcra es amica, quam pulcra in deliciis carissima! Hanc antiquus dierum praeelegit et dedit ei Filium suum: haec Dei praecordia pene iam tepentia, deficiente caritate in humano genere, calefecit, et quum adhuc peccatores essemus propter nimiam caritatem suam Filium de Virgine incarnari constituit: haec sapientissima sicut decipere neminem voluit, sic a nemine decipi potuit. Si umquam in creatura sua creator proportionem aliquam reperit, solam istam hoc privilegio praetitulavit: quum essem, inquiens [10]) immaculatus veni ad corpus incoinquinatum. Quid itaque, potentissime, videbis in Sunamite? In me, inquit [11]) Sunamitis, gratia omnis viae et veritatis, in me omnis spes vitae et virtutis. Duo sunt via et patria; in via gratia, in patria veritas: in me gratia omnis, sive gratia omnis viae et veritatis; nulla gratia in qualibet via veniendi ad patriam nisi per Do-

---

1) Hom. I. de Deiparae laudibus pag. 1263. col. 1. D. biblioth. max. pp. T. XX.
2) Cant. V. 1.
3) Cant. VII. 13.
4) Cant. VII. 8.
5) De Deiparae assumpt. Serm. VII. pag. 218-B-C.
6) Ps. LXXXVIII. 30.
7) Cant. VI. 9.
8) Cant. VII. 1.
9) Cant. IV. 7. coll. VII. 6.
10) Sap. VIII. 20.
11) Eccli. XXIV. 25.

minam nostram, cuius Filius est ille sine quo nihil possumus facere: rursum in illa est gratia omnis veritatis, quia gratia et veritas per Iesum Christum facta est, nec habebit veritatem in patria, qui non amat Christum in via. » Et consentit Bernardus toletanus qui [1]) Deiparam his verbis affatur: « Tu ergo Domina nasus es speciosus, ad quam dicit Sponsus, *nasus tuus sicut turris Libani, quae aedificata est cum propugnaculis*. Tu ergo nasus Ecclesiae similis es turri, celsa videlicet dignitate, firma gravitate. Turris es Libani. Libanus mons, qui dicitur dealbatio, altam prae omnibus signat innocentiam tuam. Innocens fuisti ab originalibus et ab actualibus peccatis. Nemo ita praeter te. »

699. Sepono quae huc non incommode transferri [2]) ex Ambrosio possent, atque ea describo sane praeclara quae habet [a]) Iohannes geometra inquiens: « Ave pulcritudo animae digna Altitonante. Ave puella virgo Trinitatem oblectans. Ave quae mortalem effecisti Deum uti ex mortalibus unum, et vicissim ave quae ex proprio sanguine effecta es divina. Ave omnium regina, et utrumque per orbem tibi civitas est thronus, tu thronus eius qui sibi ipsi est locus. Ave circumscriptum feliciter illius palatium qui est incircumscriptus, mater eius qui omnium est pater, et altrix eius qui cuncta alit. Ave domus praedives purissimis, immaculatissimis, spiritalibus donis munificae Trinitatis. Ave porro quae felicitatem largiris, decus magnum et bona servas, o quae sponte custodis dominicum thalamum. Ave quae mundum beas, undequaque splendida et solis formam refers, triadicae gloriae ianua sponte patens. Ave clementissima mihi regina, benigna, hymnumque ex profano nostro ore suscipe. »

700. Iohannem geometram alter excipit Iohannes isque damascenus, qui Deiparam salutans [b]) ait: « Ave mensa, mistum divinitus appositum, omnium virtutum bonis affluens participatio, ei qui [3]) in canticis dicit, *umbilicus tuus crater tornatilis*, numquam misto vacuus. » Et [c]) rursum: « Salve filia, Dei sacerdos iuvencula, cuius puritas desiderabilis et decor admirabilis illi qui [4]) in canticis dicit, *quam pulcri sunt gressus tui in calceamentis, filia Aminadab.* » Itemque [d]): « Ave purpura regia, quae ex virginali tuo sanguine purpuream vestem texuisti dicenti [5]) in canticis, *plexus capitis tui ut purpura, rex vinctus in transcursibus. Quam pulcra et quam suavis!* » Neque secus [e]) vulgatus Epiphanius a quo Deipara nuncupatur « Purpura regia, quae caeli terraeque regem induit, universale corporis indumentum purpuram referens. » Hinc [f]) Modestus hierosolymitanus de lectulo loquens in quo sacrum Virginis corpus elatum fuit, exclamat: « O sacer lectule ferens admirabilem currum, quo qui [6]) sedet super Cherubim Deus, vectus processit in terram, naturae nostrae purpura perfecte indutus. »

a) Hymn. III. in Deiparam vv. 43-58. pag. 441. in app. ad biblioth. pp. Graeco-lat. T. III.
b) Orat. II. in Deiparae nativit. §. VII. pag. 854. B-C.
c) Ibid. pag. 855. D.
d) Ibid. pag. 856. A-B.
e) Orat. de Deiparae laudibus pag. 296. E.
f) Encom. in Deiparam pag. 53.

1) Serm. IV. in antiph. *Salve regina*, n. 3. p. 748. A-B. inter opp. Bernardi T. V.
2) De institut. Virginis cap. XIV. nn. 87-92. coll. 268-269. Cum quibus e re fuerit contulisse quae tradit vulgatus Hildephonsus Serm. I. de Virginis assumpt. p. 342. col. 2. C-D. in collect. pp. toletan. Tom. I.
3) Cant. VII. 2.
4) Cant. VII. 1.
5) Cant. VII. 5.
6) Is. XVII. 16.

701. Cuius purpurae nitorem eximiamque dignitatem efferens ᵃ) Andreas cretensis ait: « Vere tu benedicta, cuius venter ¹) acervus areae, quoniam fructum benedictionis Christum immortalitatis spicam, sine semine ac nullo hominum excolente, messe copiosa et innumerabili ac multis laetantium millibus humanae salutis colono adductis, absolutum fructum produxisti. Tu vere benedicta, quae sola matrum creatori tuo mater praeparata, quae sunt matrum nescivisti. Quae sola benedictionem velut hereditate es consequuta, quam Deus per Abraham gentibus promiserat. » Deus enim, ut ᵇ) Ephraemus loquitur « Insevit naturae Virginis divinitatem, et tamquam in rimam quamdam et scissuram suum inclusit Filium, ut qualitatem participans naturam redderet communem in assumptione hominis. Fuit igitur Maria Patri arbor, Filio mater, hominibus fons Spiritus aeterni et incorruptionis oriens. » Quo et haec pertinent, Matthaeo cantacuzeno ᶜ) auctore: « Ad Virginem vero iterum conversus inquit, *quam decori sunt gressus tui in calceamentis?* Hoc est, quonam pacto in te virtutum profectus fauste adeo feliciterque cesserunt, quum in carne degas? *Filia Aminadab*, dignum videlicet Dei et Patris ²) delicium. »

702. Igitur neque pauca sunt neque obscura quae in ecclesiasticis monimentis ex septimo Cantici capite adhibentur, ut Virginis dotes eximiaeque praerogativae efferantur. Quas inter quum aliae tum hae potissimum eminent, quibus Deiparae adscribitur I. *quod ipsa fuerit a legibus concupiscentiae atque mortis soluta: mente iuxta atque carne integra et inviolata: media Deum inter hominesque peccati vinculis obligatos: veluti arbor in medio paradiso consita: libera prae Eva ancilla et ab omni iugo peccati sive originalis sive actualis soluta.* Quod II. *castra daemonum adversus Dominae nostrae castrorum acies fuerint imbecilla, quod decipi ipsa non potuerit: quod fuerit daemonibus non inaccessa solum sed terribilis: quodque bene calceata serpentis caput illaesa contriverit.* Quod propterea III. *tota fuerit pulcra, tota immaculata, tota Deo propinqua: sola donis praedives munificae Trinitatis, sola undique splendida et solis iubare fulgens, sola quae pro hereditate maledictionis hereditatem benedictionis obtinuerit, et sola prae omnibus speciosa quemadmodum solus Christus prae filiis hominum speciosus et Patris beneplacitum.* Hinc IV. *quod sua specie Deo placuerit et Deo fuerit digna: quod tanta puritate nituerit ut aliquam cum Deo proportionem referre videretur: et quod propterea selecta fuerit in portam salutis, in primitias incorruptionis, in caussam reformationis et in regiam purpuram e qua Unigenitus purpuram humanitatis indueret.*

---

a) Orat. in Deiparae annuntiat. pag. 103. B-D. apud Gallandium T. XIII.
b) Serm. adv. haereticos pag. 275. C-E. opp. graeco-lat. T. II.
c) Comm. in Cant. VII. 1. pag. 51.

---

1) Cant. VII. 2.
2) *Aminadab*, Ἀμιναδάβ, עַמִּי נָדִיב, sicuti a Matthaeo redditur εὐδοκία πατρός, ita *beneplacitum* vertitur ab Ambrosio in Ps. CXVIII. Serm. XVII. a quo tamen *pater populi* dicitur in lib. de Isaac cap. VIII. Hieronymo in priore contra Iovinianum libro est *populus sponte offerens*. Iamvero quum Virgini defertur quod sit *Dei et Patris beneplacitum*, in consortium vocatur illius ornamenti quo Unigenitus maxime excellit.

ARTICULUS VIII.

Summa eorum quae octavo Cantici capite leguntur: ecclesiastica eorumdem ad Deiparam accommodatio: enarrationes maiorum: atque ex his omnibus ducta immaculati conceptus illustratio.

703. Iis opportune sepositis quae in octavo eodemque postremo cantici capite ex superioribus repetita iterantur, quae ad Sponsam ad rem adeo nostram spectant, hac summa facile comprehenduntur. Principio enim inculcata [1]) *dilectae* appellatione, qua una prae omnibus Sponsa decoratur, chorus inducitur stupentium atque [2]) exclamantium: *quae est ista quae ascendit de deserto, deliciis affluens, innixa super dilectum suum?* Cuiusmodi vero ipsa sit, Sponsus continuo [3]) declarat subdens: *sub arbore malo suscitavi te; ibi corrupta est mater tua, ibi violata est genitrix tua. Pone me ut signaculum super cor tuum, ut signaculum super brachium tuum.* Iterumque [4]) declarat his verbis: *si murus est, aedificemus super eam propugnacula argentea: si ostium est, compingamus illud tabulis cedrinis.* Quibus Sponsa adquiescens de semetipsa [5]) ait: *ego murus, et ubera mea sicut turris, ex quo facta sum coram eo quasi pacem reperiens.*

704. Sicuti autem haec ad Deiparam accommodare Ecclesia consuevit, ita de Deipara in maiorum libris eadem enarrata reperiuntur. Et de ecclesiastica quidem consuetudine non minus ex iis plenissime constat quae [6]) in Officiis ad celebrandas Deiparae laudes institutis usurpantur, quam ex iis abunde liqueat quae in solemnibus grecae ecclesiae monimentis recurrunt. Sane in veteri quadragesimali Officio ad rem nostram pertinentia haec [a]) habentur: « Ut salutis ianuam, portumque tranquillum et murum infractum, te, o

---

a) Feria II. Thyrophagi Ode η'. pag. 38.

1) Cant. VIII. 4.

2) Cant. VIII. 5. Vulgati interpretatio, *de deserto*, respondet lectioni textus מִן־הַמִּדְבָּר, ἀπὸ ἐρήμου. Sed Alexandrini reddiderunt λελευκανθισμένη *dealbata*, ac proinde suspicio est ipsos legisse מִן־הַמּוּרָךְ *sine sordibus*, vel *dealbata*. Sequens incisum, *deliciis affluens, innixa super dilectum suum*, hebraice sic est: מִתְרַפֶּקֶת עַל־דּוֹדָהּ. Porro Abenhezra loquens de voce מִתְרַפֶּקֶת, scribit: *non habet similem in Scriptura, sed arabica lingua significat, sociata.* Igitur nihil impedit quominus eiusmodi incisum vertatur, *sociata sibi carissimo*. Cum his confer Is. LXIII. 1.

3) Cant. VIII. 5-6. Incisum, *sub arbore malo suscitavi te*, hebraice est, תַּחַת הַתַּפּוּחַ עוֹרַרְתִּיךָ, *sub malo excitavi te*. Quod sequitur, *ibi corrupta est mater tua*, sic habet, שָׁמָּה חִבְּלַתְךָ אִמֶּךָ, *ibi concepit te mater tua*. Sed Hieronymus, cui suffragantur Aquila et Symmachus, omnino legit שָׁמָּה חִבְּלָתְךָ, ἐκεῖ διαπονηθη, *ibi corrupta est*. Tertium, *ibi violata est*, ita effertur, שָׁמָּה חִבְּלָה, *ibi parturiit*. Sed rursum Aquila, Symmachus et Hieronymus legerunt שָׁמָּה חִבְּלָה, *ibi corrupta, aut violata*. Denique incisum, *genitrix tua*, hebraice est, יְלָדַתְךָ, *genuit te.* Verum quum nihil sit Hebraeis familiarius ellipsi relativi אֲשֶׁר, Gen. XXXIX. 4., I. Ioh. III. 12., Apoc. I. 5., ita heic, *quae genuit te*, vel *genitrix tua*. Iamvero haec ad Mariam relata sponte veluti sua hunc fundunt sensum: *sub pomo* Gen. III. 6. *corrupta fuit Eva*, acceptamque innocentiam peccando amisit. Sed ibidem singulari providentia qua Deus suae matri consuluit, suscitata fuit Maria et subducta a maledicto, cui ceteri relicti sunt obnoxii.

4) Cant. VIII. 9.

5) Cant. VIII. 10.

6) Cuiusmodi sunt Officia Conceptionis, Assumptionis, septem dolorum, atque b. Virginis sub titulo matris boni Pastoris.

sancta Maria, o pura Deipara, semper detinentes, nihil prorsus infestos nobis hostes corporeos incorporeosque formidamus. » Tum ᵃ) haec: Te salutis portum et inconcussum murum, o Dei genitrix Domina, fideles omnes profitemur; tu enim precibus tuis animas nostras e periculis liberas. » Atque haec ᵇ) rursum: « Quae fontem, puella, peperisti perfectae a perturbationibus immunitatis, me pravis sauciatum affectibus sana, et ab igne eripe sempiterno, o sola Deo gratissima. » Quibus ᶜ) haec similia sunt: « O innocens Dei mater, animae meae vulnera, et vitiosas cordis affectiones, mentisque obliquitates sana, utpote sola peccatorum auxiliatrix et eorum qui oppugnantur murus. » Quo praeconio his denuo ᵈ) ornatur verbis: « Tu, Deipara, armatura nostra et murus exsistis, tu confugientium ad te protectio, tuam nunc pariter opem imploramus, ut ab adversariis nostris liberemur. » Hinc ᵉ) ea quae subdimus: » Te, o divinitus beatificata, generationes generationum iampridem beatam depraedicant, quaemadmodum tu praenunciasti; sola namque hominibus peperisti beatum Verbum ex te ineffabiliter incarnatum. »

705. Egregia autem ista sunt quae in Menaeis ex Iosepho ᶠ) referuntur: « Laudamus te, o inter mulieres benedicta, Deo gratissima, per quam nos primum damnati, iustificati sumus et cum immaterialibus administris cooptati et digni paradiso effecti. Te et murum et perfugium et scalam quae ad sublime provehit hominum genus agnoscentes, o pura et cuiusvis inscia labis, clamamus: benedicite omnia opera Domini Dominum, celebrate eum et superexaltate in omnia secula. » Quibus ᵍ) haec, eodem auctore Iosepho, respondent: « Sanctorum martyrum sacrum ornamentum vere facta es, o Virgo, et fidelium perfugium, murus etiam et firmamentum, perfectaque redemptio; propterea te magna voce glorificamus. Peremptus est hostis vivifico tuo partu, o Virgo intemerata, et ad vitam revocatus est Adam ob inobedientiam iampridem peremptus, degustato fructu: quare te, o immaculatissima, laudat beatamque celebrat. Divinum hierarcharum decus et gloriosorum martyrum corona vere effecta es, o summe immaculata, eorumque omnium robur qui semper concinunt: laudabilis et supergloriosus Deus patrum. » Tum ʰ) haec respondent, quae Theophani debentur: « O super sancta, quae sola supersanctum Deum in terra vere peperisti; eos qui te Deiparam semper depraedicant, sanctifica atque tua mediatione serva. Solam illam omni laude dignissimam, mulierum pulcherrimam, Dei genitricem, inexpugnabilem Christianorum murum, inviolatam Dominam, firmo immotoque corde beatificemus. » Neque haec ⁱ) abludunt: « Semper te beatificamus, o Dei genitrix benedicta, per quam gloria digni evasimus, et paradisum illum antiquum quem amiseramus, recepimus. Populus tuus, o Virgo, qui te glorificat, te validam habet advocationem, et consolationem, et spem quae

---

a) Feria V. Tyroph. Ode δ'. pag. 50.
b) Feria II. Hebd. I. Ieiun. Ode α'. pag. 94.
c) Feria III. Hebd. I. Ieiun. Ode η'. pag. 106.
d) Feria II. Hebd. III. Ieiun. Ode θ'. pag. 229.
e) Fer. V. Hebd. III. Ieiun. Ode η' pag. 254.
f) Men. die XXXI. Octobris Ode ς'. pag. 190. col. 2. B. — Ibid. Ode η' pag. 193. col. 1.D.
g) Men. die III. Novembris Ode δ'. pag. 19. col. 2. C. — Ibid. Ode ς'. pag. 20. col. 1. E. — Ibid. Ode ζ'. pag. 23. col. 1. D.
h) Men. die XXVIII. Novembris Ode ε'. pag. 209. col. 2. A. — Ibid. Ode ς'. pag. 209. col. 2. E.
i) Men. die XXIII. Ianuarii Ode δ'. pag. 176. col. 2. B. — Ibid. Ode η'. pag. 179. col. 2. A.

non confunditur, murum inexpugnabilem et protectionem divinam, et servatus clamat suavissime: benedicite semper opera Domini Dominum. »

706. Puto autem neque inutile neque ingratum futurum, si perpauca ex iis subtexam quae Imperator Theodorus Lascaris veluti suae in Deiparam pietatis monimentum posteritati commendavit. Sic itaque [a]) habet: « Veram Deiparam te, o Domina, confiteor, quae mortis potentiam abolevisti: etenim ceu vivificatrix ex inferni vinculis me in terram defluentem ad vitam reduxisti. Te puram, te virginem et incontaminatam solam fero, murum inexpugnabilem, perfugium, protectionem fortissimam, salutis armaturam; ne me perditum despicias spes desperatorum, infirmorum auxilium, afflictorum defensio. Cum gratiarum actione ad te clamo: salve o mater virgo, salve Dei sponsa, salve divina protectio, salve armatura [1]) et murus inexpugnabilis, salve tutela et adiutrix et salus ad te ex fide accurrentium. »

707. His vero etsi praeclarissimis non minus insignia sunt quae Ephraemus eximia quadam verborum sententiarumque ubertate docet atque confirmat. Is enim est a quo [b]) Virgo dicitur « Meae animae corporisque restauratio, salus mea, mea vita, mea lux, spes mea, protectio, robur, murus, armatura, defensio, gloria, mediatrix, sanctitas, nuditatis meae operimentum. » Is est qui [c]) de Virgine ait: « Tu abstulisti omnes lacrymas a facie terrae: tu creaturam replesti omni genere beneficii, caelestibus laetitiam attulisti, terrestria salvasti, figmentum mutasti, artificem placasti, superiora atque inferiora per te ipsam conciliasti, optima praeparasti mutans omnia in melius: te Christianorum coetus firmissimum murum possidet: tu paradisi claustra aperuisti, tu adscensum ad caelos praeparasti, tu filio tuo et Deo adoptasti: per te omnis gloria, honor et sanctitas ab ipso primo Adam et usque ad consummationem seculi, apostolis, prophetis, iustis et humilibus corde sola immaculatissima, derivata est derivatur ac derivabitur, atque in te gaudet, o gratia plena, omnis creatura. » Is est qui [d]) Deiparam salutans scribit: « Gaude rerum omnium conditarum sublimissima: gaude benedictissima in seculum seculi: gaude ornamentum mundi muliebris: gaude mensa mysticarum gratiarum: gaude regisque Deique mei victoria: gaude murus invocantium te: gaude defensio simul et firma protectio: gaude omnino immaculata Dei divina sedes: gaude Salomonis lectus sanctissimus: gaude spiritalibus mentibus honorabilior: gaude meorum delictorum solutio: gaude regina generis adamitici: gaude gladius pravorum daemonum: gaude omnium gratiarum caussa. » Is est qui [e]) Deiparam invocans exclamat: « At, o Virgo Domina, immaculata Deipara, Domina mea omni ex parte gloriosa, caelis sublimior, multo purior solaribus splendoribus, radiis, fulgoribus, honorabilior Cherubim, et citra omnem comparationem omnibus caelestibus exercitibus supergloriosior: tu mundi consolatio et pretium redemptionis captivorum: tu firmamen-

---

a) In magno Canone consolatorio in sanctissimam Deiparam, qui refertur in Paraclit. p. 446. col. 2. B-C. Ode γ'. — Ibid. Ode δ'. pag. 446. col. 2. E. — Ibid. Ode ε'. pag. 447. col. 1. B.
b) Orat. ad Deiparam pag. 530. E-F. opp. graec. T. III.
c) Ibid. pagg. 531. F. et 532. A-D.
d) Ibid. pagg. 534. E-F. et 535. A-C.
e) Ibid. pagg. 545. E-F. et 546. A-B.

1) Iisdem titulis ornatur Deipara in Men. die IV. Decembris Ode δ'. p. 18. col. 2. B, die VII. Ode ς'. p. 58. col. 2. E. et die XI. Ode ς'. p. 95. col. 2. D. Ac rursum in Euchologio pagg. 410. B., 594. C. et 856. C-D.

tum et spes. « Et is est ᵃ) qui Virginem Deiparam ex imo pectore his verbis deprecatur: « Ad desperationem saepe Belial me proiicit, sanctissima mea. Ideo auxiliare mihi, ne permittas, Domina, diaboli me ludibrium fieri, purissima. Salve murus fidelium, salve pura quae draconis nequissimi caput contrivisti et in abyssum deiecisti vinculis constrictum. »

708. Muri imago in Ecclesiasticis monimentis toties repetita ipsi quoque arrisit Proclo, cui visum propterea ᵇ) est diabolicas legiones his se mutuo verbis concitantes inducere: « Quonam itaque modo naviculam eiusmodi tempestate iactabimus? Si stertentem in ea gubernatorem invenerimus. Quonam modo discerpemus ovem? Si pastorem negligentem existimaverimus. Quonam modo diripiemus civitatem? Si regem torpescentem ac desidem intellexerimus. Ergo ne satanicus cuneus virginalem hunc non subvertet murum? Num spe frustrabimur, si a laboris mole nequaquam desistamus? Numquid ab exspectatione decidemus, si a vincendi contentione pertinacique studio non recesserimus? Ceterum quum neque virginali officinae insidiari licuerit, nec mentis agrum valuerimus obturbare, et neque proli quae utero gestatur, potuerimus resistere; iam illibatam Virginis conceptionem calumniae iaculis impetemus. » Germanus vero his fundamenti loco ᶜ) praeiactis, *tu autem quae materna in Deum auctoritate polleas, etiam iis qui gravissime peccant, eximiam remissionis gratiam concilies: non enim potes non exaudiri, quum Deus ceu verae et intemeratae matri suae quoad omnia et per omnia et in omnibus morem gerat*, mox ᵈ) pergit: « Quis te non admiretur spem incommutabilem, protectionem immobilem, statum perfugium, semper vigilem intercessionem, indeficientem salutem, auxilium stabile, inconcussum patrocinium, murum inexpugnabilem, oblectamentorum thesaurum, paradisum inaccusabilem, arcem tutam, vallum undique munitum, validam auxilii turrim? »

709. Eamdem sectatus imaginem auctor [1] sermonis de Assumptione, qui inter homilias praestantissimorum ecclesiae catholicae doctorum Anselmo tribuitur, adductis [2] verbis, *intravit Iesus in quoddam castellum*, subdit: « Heic castellum, in quod intravit Iesus, singularem et intemeratam Virginem eiusdem Iesu genitricem, salva Scripturarum regula, per similitudinem accipimus. Castellum enim dicitur quaelibet turris et murus in circuitu eius. Quae duo invicem sese defendunt, ita ut hostes per murum ab arce, et a muro per arcem arceantur. Huiusmodi castello non incongrue virgo Maria assimilatur, quam virginitas mentis et corporis quasi murus ita undique vallavit, ut nullus umquam libidini esset ad eam accessus, nec sensus eius aliqua corrumperetur illecebra. » Huc facit et Petrus Damiani, qui [3] verba, *quae est ista quae ascendit de deserto deliciis affluens, innixa super dilectum suum*, hoc commentario [4] enarrat: « Haec est regina illa, quam [5] videntes filiae Sion beatissimam praedicaverunt, et reginae laudaverunt eam. Ascendit autem hodie de deserto, idest, de mundo ad regalis throni celsitudinem sublimata. Deliciis, inquit, affluens. Vere affluens, quia multae filiae congregaverunt divitias, haec su-

---

a) Ibid. pag. 547. D-F.
b) Orat. VI. in Deiparam §. XVI. pag. 644. B-C. apud Gallandium T. IX.
c) Orat. II. in Deiparae dormit. pag. 1458. E. apud Combefisium Auctar. Tom. I.
d) Ibid. pag. 1459. D-E.

1) Serm. in festo Assumpt. pag. 890. col. 2. A-C.
2) Luc. X. 38.
3) Cant. VIII. 5.
4) Serm. XL. de Deiparae Assumpt. p. 99. col. 2. C-E.
5) Cant. VI. 8.

pergressa est universas. Deliciarum autem eius non est numerus, quia dum Spiritum sanctum suscipit, concipit Dei Filium, regem gloriae generat, penetrat caelos, cumulata divitiis et deliciis affluens ad regnum evolat sempiternum suum. Innixa super dilectum suum. Rex virtutum dilecti Pater est, in quo sibi bene complacuit. Super hunc innititur mater illa felicior, et in aureo reclinatorio divinae maiestatis incumbens, intra Sponsi immo Filii sui brachia requiescit. O quanta dignitas quam specialis potentia inniti super illum quem angelicae potestates reverenter aspiciunt! »

710. Iamvero in rythmo ad Deum et omnes sanctos inter [1]) orationes Anselmi legimus:

» Maria Virgo virginum,
» Redemptionis ostium,
» Porta salutis integra,
» Lapsis cervicem releva.

» Petenti manus porrige,
» Quietis opem tribue,
» Et per tuum auxilium
» Placare cura Filium.

» Regina caeli filia,
» Mater Dei castissima,

» Ut manus praestet Filii
» Quod servus poscit, subveni.

In libello autem quem Honorius augustodunensis inscripsit, *sigillum beatae Mariae*, discipulis [2]) postulantibus, *rogamus igitur te omnes uno ore iterum novum laborem subire, et nobis causa caritatis aperire cur Evangelium*, Intravit Iesus in quoddam castellum, *et Cantica canticorum de sancta Maria legantur, cum nihil penitus ad eam pertinere videantur;* magister [3]) reponit: « Dicitis vos mirari cur Evangelium, *Intravit Iesus*, et Cantica in festivitate sanctae Mariae recitentur, cum quasi nihil de ea sonare utraque a simplicibus aestimentur. Debetis igitur inprimis de Evangelio scire, quod nihil potuit inveniri in tota Scripturae serie quod convenientius, quod aptius, quod dignius legeretur in eius sacra solemnitate. Dicitur itaque, *Intravit Iesus in quoddam castellum*. In castello est turris alta, in qua contra hostes propugnacula: murus vero exterius, qui est tutela civibus interius. Hoc castellum fuit illud sancti Spiritus sacellum, scilicet gloriosa Dei genitrix virgo Maria, quae iugi angelorum custodia fuit undique munita. » Et aliquot interiectis [4]) pergit: « Gloriosa virgo Maria typum Ecclesiae gerit. Ideo cuncta quae de Ecclesia scribuntur, de ipsa etiam satis congrue leguntur. »

711. Quam vero congrue id fiat, ex his etiam fas est intelligere quae [5]) Amedeus lausanensis antistes habet: « In Scripturis veritatis de sancta matre eius annunciatum est, quia [6]) Virgo concipiet et Virgo pariet Filium, cui nomen Emmanuel, et [7]) gressus eius a principio, a diebus aeternitatis. Hunc sola Virgo meruit suscipere, sola parere, sola lactare in votis et ardenti praestolatione [8]) deprecantis et dicentis Ecclesiae: *quis mihi det te fratrem sugentem ubera matris meae, et inveniam te foris et deosculer te, et iam nemo me despiciat?* » Tum ex his [9]) fas est intelligere quae de Virgine subdit: « Brachia eius illo sunt impressa signaculo, de quo Sponsus [10]) ait in canticis: *pone me signaculum super brachium tuum*. Torques aureus additur collo eius. Hoc soliti sunt secundi in regnis coronari, et haec est secunda corona. Prima namque praefulget in terribili capite dominatoris

1) Orat. XL. pag. 273. col. 1. A-C.
2) Sigillum beatae Mariae pag. 1217. col. 2. H. in biblioth. max. pp. T. XX.
3) Ibid. pagg. 1217. H. et 1218. A.
4) Ibid. pag. 1219. A.
5) Hom. I. de Virginis laudibus pag. 1263. col. 2. G.
in maxima pp. biblioth. T. XX.
6) Is. VII. 14.
7) Mich. V. 2.
8) Cant. VIII. 1.
9) Ibid. homil. II. de Virg. laudibus pag. 1265. col. 2. H.
10) Cant. VIII. 6.

universae terrae. Secunda cecidit in sorte matris eius. Ipsa enim singularis regnat in regno Dei et Christi, dehinc sub illa et post illam sancti altissimi. » Atque ex his pariter innotescit quae de eadem [1]) scribit: « Igitur caeli reginam, matrem vitae, fontem misericordiae, deliciis [2]) affluentem et innitentem super dilectum suum sedulo celebremus officio, et laude licet impari praedicemus. Feramus animos in sublime intuentes diligentissime, quod [3]) virga elegantissima orta de radice Iesse ramorum suorum mirabili extensione sese ubique terrarum expandit, ut dispersos filios Adae ab aestu, a turbine et a pluvia umbra desiderabili protegeret, fructuque saluberrimo aleret esurientes. Sublimata igitur super omnia ligna paradisi, et super altissimorum montium praecelsos vertices exaltata ipsos caelos inaestimabili magnitudine penetravit. O decus, o gloria, o magnificentia arboris huius, cuius fructu indeficienti, cuius partu immortali caeligenis atque terrigenis sit iugis epulatio, continua exaltatio, felix et sempiterna laudatio. Beati qui edunt cibum in regno tuo, beati [4]) qui habitant in domo tua, Domine, in secula seculorum laudabunt te. In te etiam laudabitur non Eva lethi propinatrix, sed Maria vitae propinatrix. Lucifer gloriosus et arrogans vulneratus ad ima corruit. Virgo humilis ad thronum gloriae coronata conscendit. Corruit ille elatus magna de se praesumendo; introivit Maria in holocaustis totam se plenitudini gratiae committendo. Ille dignitatis angelicae clarissimos fines excedens, per praecipitia rapitur, horrore tenebroso tegitur. At gloriosissima, carne integerrima, mente serenissima, viventium mitissima, quo cunctis humilior et sanctior exstitit, eo super omnes elevata, et in caelum a caeli civibus honorificentissime et ex more imperiali suscepta a Patre supremo, in regno claritatis aeternae et in throno excellentissimae gloriae prima post Filium quem ex se genuit incarnatum, iussa est residere. »

712. Quare mirum esse non debet si [5]) Rupertus tuitiensis commentario in canticum finem his verbis imponat: « O beata Maria, mons montium, Virgo virginum, sancta sanctorum, ad omnes quidem convertimur montes aromatum et vocamus ut respondeant nobis, et hoc est quod unusquisque nostrum dicit [6]), levavi oculos meos in montes, unde veniet auxilium mihi; sed ad te praecipue convertimur, ad te prae ceteris oculos nostros levamus, tuum prae omnibus auxilium suspiramus. » Ut enim Bernardus tum [7]) monet, quum [8]) parabolam virginum prudentium fatuarumque interpretatur « Erat quidem domus earum munda, virgines enim erant: erat ornata, quia simul omnes, idest, fatuae cum prudentibus lampades ornaverant; sed erat vacans, quia in vasis suis oleum non acceperunt. Hinc est quod nec ab eis suscipi in domos suas, nec admittere eas dignatur sponsus caelestis ad nuptias. Non sic mulier illa fortis, quae serpentis caput contrivit. Habes enim post multa [9]) in laudibus eius, quia non exstinguetur in nocte lucerna eius. In sugillationem hoc dicitur fatuarum, quae veniente media nocte sponso, conqueruntur sero et [10]) dicunt: quia lampades nostrae extinguuntur. Processit igitur gloriosa Virgo, cuius lampas ardentissima ipsis quoque angelis lucis miraculo fuit ut [11]) dicerent: quae est ista quae progreditur sicut aurora consurgens, pulcra ut luna, electa ut sol? Clarius enim ceteris rutilabat, quam

---

1) Ibid. hom. VIII. de Virginis laudibus pag. 1276. col. 2. F-H. et pag. 1277. col. 1. A.
2) Cant. VIII. 5.
3) Is. XI. 1.
4) Ps. LXXXIII. 5.
5) In Cant. lib. VII. pag. 72. col. 2. C.
6) Ps. CXX. 1.
7) Serm. II. in Mariae assumpt. n. 9. col. 1006. A-C. opp. T. III.
8) Matth. XXV. 12.
9) Prov. XXXI. 18.
10) Matth. XXV. 8.
11) Cant. VI. 9.

repleverat oleo gratiae prae participibus suis Christus Iesus, Filius eius, Dominus noster. » Quo factum est ut spectari Deipara [1]) aliter non possit ac ut [2]) *mulier amicta sole et luna sub pedibus eius, et in capite eius corona stellarum duodecim.* « Nam et defectus omnis sub ea, et quidquid fragilitatis seu corruptionis est, excellentissima quadam sublimitate prae ceteris omnibus excedit et supergreditur creaturis, ut merito sub pedibus eius luna esse dicatur. Alioquin nihil magnum dixisse videbimur, ut sit luna ista sub pedibus eius quam super omnes angelorum choros, super Cherubim quoque et Seraphim exaltatam nefas est dubitare. Solet autem luna non modo defectum corruptionis, sed et stultitiam mentis, nonnumquam vero et Ecclesiam huius temporis designare; illam quidem propter mutabilitatem, hanc sane propter susceptum aliunde splendorem. Utraque vero ut ita dixerim luna sub Mariae pedibus congrue satis ponitur, alio tamen atque alio modo. Siquidem [3]) stultus ut luna mutatur, sapiens autem permanet ut sol. In sole nimirum et splendor et fervor stabilis; in luna solus splendor, atque is omnino mutabilis et incertus, qui numquam in eodem statu permanet. Iure ergo Maria sole perhibetur amicta, quae profundissimam divinae sapientiae ultra quam credi valeat penetravit abyssum, ut quantum sine personali unione creaturae conditio patitur, luci illi inaccessibili videatur immersa. Illo nimirum igne [4]) prophetae labia purgantur, illo igne Seraphim accenduntur. Longe vero aliter Maria meruit non velut summatim tangi, sed operiri magis undique et circumfundi et tamquam ipso igne concludi. Candidissimus sane sed et calidissimus huius mulieris amictus, cuius omnia tam excellenter irradiata noscuntur, ut nihil in ea non dico tenebrosum, sed ne subobscurum saltem vel minus lucidum, sed ne tepidum quidem aliquid aut non ferventissimum liceat suspicari. Insipientia vero omnis longe sub pedibus eius est, ut penitus absit haec ab insipientium mulierum numero et collegio virginum fatuarum. Immo vero et unicus ille stultus et totius stultitiae princeps, qui vere mutatus ut lunae sapientiam perdidit in decore suo, sub Mariae pedibus conculcatus et contritus miseram patitur servitutem. Nimirum ipsa est [5]) quondam a Deo promissa mulier serpentis antiqui caput virtutis pede contritura: cuius plane calcaneo in multis versutiis insidiatus est, sed sine caussa. Sola enim contrivit universam haereticam pravitatem. » Quod ut [6]) ostendat, docet [7]) Mariam mediam Christum inter atque Ecclesiam constitutam; tum [8]) pergit: « In capite eius corona stellarum duodecim. Dignum plane stellis coronari caput, quod et ipsis longe clarius micans ornet eas potius quam ornetur ab eis. Quidni coronent sidera quam sol vestit? Sicut dies verni, ait [9]), circumdabant eam flores rosarum et lilia convallium. Nimirum [10]) laeva Sponsi sub capite eius, et iam dextera illius amplexatur eam. Quis illas aestimet gemmas? Quis stellas nominet quibus Mariae regium diadema compactum est? Supra hominem est coronae huius rationem exponere, indicare compositionem. Nos autem pro modulo nostrae exiguitatis abstinentes a periculoso scrutinio secretorum, non incongrue forsitan duodecim stellas istas, duodecim praerogativas gratiarum intelligere videamur, quibus Maria singulariter adornatur. » Quas ubi recenset, eiusdem generationem priore loco [11]) enumerans ait: « Quid ergo siderum micat in generatione Mariae? Plane quod ex regibus orta,

---

1) Sermo de duodecim praerogativis Deiparae nn. 3-4. col. 1013. B-F. opp. T. III.
2) Apoc. XII. 1.
3) Eccli. XVII. 12.
4) Is. VI.
5) Gen. III. 15
6) Ibid. n. 4. col. 1013. E-F.
7) Ibid. n. 5. coll. 1013. F. et 1014. A-C.
8) Ibid. n. 7. col. 1014. D-F.
9) Cant. II. 1.
10) Cant. VIII. 3.
11) Ibid. n. 8. col. 1015. A-B.

quod ex semine Abrahae, quod generosa ex stirpe David. Si id parum videtur, adde quod generationi illi ob singulare privilegium sanctitatis divinitus noscitur esse concessa: quod longe ante eisdem patribus repromissa: quod mysticis praefigurata miraculis: quod oraculis praenuntiata propheticis. Huius ergo praerogativae fulgor quorum non vehementer reverberat aciem oculorum? »

713. His autem nihil eorum fit reliquum quae flagitari merito possunt, ut puritas Deiparae semper nitens eiusque conceptus immaculatus celebretur. Et nemo sane inficias eat, affatim ad id testimonia sufficere authentica quibus non modo Deipara appositis decoretur quae nullam patiuntur labem, quaeque ipsum creatae sanctitatis fastigium verticemque praeseferunt; verum etiam coniunctim exhibeatur hinc quidem tamquam peccati et satanae telis inaccessa, inde vero tamquam satanae et peccati victrix, atque adeo digna quae Deum inter hominumque genus media intercedat. Haec enim in summam collecta non minus plenissimam ostendunt puritatem, quam immaculatum omni ex parte conceptum demonstrent. At vero I. ea est Deipara quae in prolatis maiorum testificationibus dicitur *purissima, sanctissima, cuiusvis inscia labis, immaculatissima, summe immaculata, supersancta prae Deo supersancto, ipsa sanctitas, omni ex parte gloriosa et supergloriosa.* Tum II. ea est Deipara, cui veluti proprium tribuitur quod credatur et sit *regina generis adamitici, deliciis supra numerum referta, mons montium, sublimata super omnia ligna paradisi, cunctis sanctior, sancta sanctorum, ornamentum mundi, oleo gratiae prae suis participibus repleta, purior solaribus radiis, honorabilior spiritalibus mentibus, sublimissima rerum creatarum, prima post Filium, et quantum citra personalem unionem creaturae conditio patitur luci inaccessibili immersa.* Ad haec III. ea est Deipara inter cuius laudes numeratur, *quod sola sit Deo gratissima, sola mulierum pulcherrima, sola pura, sola intaminata, sola animo et corpore virgo, sola immaculatissima, et idcirco sola quae concipere Unigenitum meruerit.* Hinc IV. ei defertur quod numquam non fuerit *armatura salutis, protectio immobilis, robur atque defensio divina, vallum undique munitum, valida turris, arx tuta, mentis et corporis virginitate vallata, castellum iugi angelorum tutela protectum, murus infractus, inconcussus, inexpugnabilis quemque satanas neque suis machinamentis subvertere, immo ne tentare quidem aut adgredi potuit.* Neque mirum V. quum Deipara celebretur *tamquam daemonum gladius, tamquam mulier fortis quae serpentem profligavit, tamquam pura quae draconis caput contrivit, quaeque illum suis obnoxium pedibus victrix compescuit.* Quare VI. ea est Deipara quae spectanda proponitur *ceu virga elegantissima ex radice Iesse progerminans, ceu paradisus inaccusabilis, ceu filia caeli et mater vitae, quemadmodum Eva fuit mater mortis: ceu talis quae quidquid fragilitatis et corruptionis est excellentissima sublimitate praetergreditur: ceu denique talis cuius tam excellenter irradiata sunt omnia, ut nihil umquam obscuri, nihil opaci, et nihil non splendidi in seipsis admiserint.* Fuit ergo VII. cur ab universo hominum genere secreta haud aliter exhiberetur ac ut *redemptionis ostium, salutis ianua, solutio delictorum, mediatrix per quam reconciliati cum Deo sumus et amissum paradisum recepimus, vivificatrix quae mortis potentiam abolevit, et caussa gratiarum omnium quibus Adami progenies vel ditata olim fuit, vel nunc ditescit, vel ad extremum usque ditescet.* Quare ex maiorum fide atque sententia Richardus victorinus [1]) scripsit: « Obscurentur stellae, idest, sancti caligine

---

1) In Cant. cant. Par. II. cap. XXVI. pag. 136.

humanae culpae; sed beata Virgo *tota pulcra fuit*, quam totam illustravit et perfudit sol iustitiae, ut nec maculam habuerit nec tenebras. »

CAPUT II.

De iis quae Ecclesiae usu maiorumque auctoritate ex libro Proverbiorum, Ecclesiastici et Sapientiae ad Deiparam accommodantur: ea distinctis referuntur articulis et opportune expoliuntur: quid ex singulis, quidve ex omnibus rite colligatur, ut innocentia Virginis omnibus expleta numeris eiusque conceptus immaculatus demonstretur.

714. Neque Ecclesiae neque maioribus nostris satis fuit pleraque ex iis omnia quae in Cantico canticorum habentur ad Virginem accommodare deque Virgine edisserere; sed alia etiam non pauca ex aliis decerpta Scripturarum libris ad ipsam retulerunt deque ipsa diligentissime explanarunt. E quorum numero illa potissimum consideranda veniunt, quae ex libro Proverbiorum, Ecclesiastici et Sapientiae desumpta eo novimus consilio adhibita, ut Virginis dotes insignesque eiusdem praerogativae declararentur. De his animus nobis est in praesentia agere, remque totam, quo melius ordini et perspicuitati consulamus, certis distinctisque articulis complecti.

ARTICULUS I.

De iis quae ex capite octavo Proverbiorum solemni Ecclesiae usu ad Deiparam accommodantur: eiusmodi usus idoneis testimoniis comprobatur: tum inquiritur quaenam censeri debeat Ecclesiae mens de originali Virginis innocentia: eadem investigatio auctoritate maiorum perficitur: et praerogativa immaculati conceptus nova luce perfunditur.

715. Monimenta omnium praeclarissima, quibus solemnis ratusque Ecclesiae usus aperitur, ea videri dubio procul debent quae ad liturgiam pertinent, quaeque ad publica officia referuntur. In his enim monimentis Ecclesiae animus spirat, atque ex his eiusdem fides splendidissime emicat. Iamvero octavum Proverbiorum caput prope integrum in utroque monimentorum genere ad Deiparam accommodatum reperimus. Accommodatum namque illud ad Deiparam reperimus in Missali mozarabico tam *ad offertorium* in votiva eiusdem Missa et in festo Conceptionis, quam in Epistola quae in festo Praesentationis frequentatur. Accommodatum illud ad Deiparam reperimus in Missali romano, in quo epistola pro festis Conceptionis et Nativitatis ex hoc capite depromitur. Et illud ad Deiparam accommodatum reperimus in officio eorumdem festorum, in quibus vix non omnia ex hoc capite recitantur.

716. Hoc autem comperto Ecclesiae usu, non potest modo, verum etiam inquiri sedulo debet quae cum eo iuncta sint atque conserta. Quisque porro haud aegre cernit, duo potissimum cum eo cohaerere: atque inprimis cum eo cohaerere, *quae in octavo Proverbiorum capite prostant, sic esse ex Ecclesiae iudicio comparata ut in Virginem apte quadrent, illiusque dotes atque ornamenta insigniter exhibeant:* cum eo deinde cohaerere *primordia atque origines Deiparae iis belle referri quae eodem comprehensa capite* *leguntur.* Neque enim in festis Conceptionis et Nativitatis hoc maxime capite uteretur Ecclesia, nisi persuasum eidem foret conceptionem et nativitatem Deiparae ad eam formam expressam esse, quae eo in capite repraesentatur.

717. Verum cuiusmodi est haec sive forma sive species? Nemini obscurum erit, si summa illius capitis ob oculos habeatur. Itaque I. texuntur [1]) Sapientiae laudes his verbis: *ego sapientia habito in consilio, et eruditis intersum cogitationibus. Meum est consilium et aequitas, mea est prudentia, mea est fortitudo. Per me reges regnant et legum conditores iusta decernunt: per me principes imperant et potentes decernunt iustitiam. Ego diligentes me diligo, et qui mane vigilant ad me, invenient me. Mecum sunt divitiae et gloria, opes superbae et iustitia. Melior est enim fructus meus auro et lapide pretioso, et genimina mea argento electo. In viis iustitiae ambulo, in medio semitarum iudicii, ut ditem diligentes me et thesauros eorum repleam.* Tum II. Sapientiae origines ac veluti natales [2]) aperiuntur: *Dominus possedit me in initio viarum suarum, antequam quidquam faceret a principio. Ab aeterno ordinata sum, et ex antiquis antequam terra fieret. Nondum erant abyssi, et ego iam concepta eram: necdum fontes aquarum eruperant: necdum montes gravi mole constiterant: ante colles ego parturiebar.* Hinc III. una cum Deo tanquam omnium caussa et principium Sapientia [3]) sistitur: *quando praeparabat caelos, aderam: quando certa lege et gyro vallabat abyssos: quando aethera firmabat sursum et librabat fontes aquarum: quando circumdabat mari terminum suum et legem ponebat aquis ne transirent fines suos, quando appendebat fundamenta terrae. Cum eo eram cuncta componens, et delectabar per singulos dies, ludens coram eo omni tempore, ludens in orbe terrarum, et deliciae meae esse cum filiis hominum.* Postremo IV. fructus qui ex Sapientiae societate percipiuntur, et detrimenta vicissim quae ex eiusdem inimicitia imminent, ita [4]) describuntur: *nunc ergo filii audite me. Beati qui custodiunt vias meas. Audite disciplinam et estote sapientes, et nolite abiicere eam. Beatus homo qui audit me, et qui vigilat ad fores meas quotidie, et observat ad postes ostii mei. Qui me invenerit, inveniet vitam et hauriet salutem a Domino: qui autem in me peccaverit, laedet animam suam. Omnes qui me oderunt, diligunt mortem.*

718. Igitur si ex Ecclesiae sententia nihil horum est quod commode ad Virginem non referatur: si nihil est quo illius praerogativae atque dotes opportune non explicentur; plane consequitur, praerogativis ornamentisque Deiparae connumerari oportere I. *illam creatis rebus omnibus antecellere, et penes illam esse* [5]) *divitias et gloriam, opes superbas*

---

1) Prov. VIII. 12-22. Primum comma ex hebraico textu, אֲנִי חָכְמָה שָׁכַנְתִּי עָרְמָה וְדַעַת מְזִמּוֹת אֶמְצָא praeclare sic redditur: *ego sapientia habito sollertiam,* idest (collatis locis Is. LVIII. 15. et I. Tim. VI. 16. ubi Deus dicitur *habitare aeternitatem, habitare altitudinem, habitare sanctitatem, habitare lucem*) *teneo atque sollertiam veluti meam perfectissime possideo, et scientiam prudentiarum invenio.*

2) Prov. VIII. 22-27. Pauca monebo de primo atque altero commate. Illud sic habet: יְהוָה קָנָנִי רֵאשִׁית דַּרְכּוֹ קֶדֶם מִפְעָלָיו מֵאָז *Dominus possedit me principium viae suae, ante opera sua iam inde,* atque ab ipsa adeo aeternitate. Posterius est huiusmodi: מֵעוֹלָם נִסַּכְתִּי מִקַּדְמֵי אָרֶץ *Inde ab aeterno inuncta sum tamquam omnium regina, a primordiis terrae,* πρὸ τοῦ τὴν γῆν ποιῆσαι, *antequam terra fieret.*

3) Prov. VIII. 27-32. Ubi comma 27. in textu his verbis effertur: בַּהֲכִינוֹ שָׁמַיִם שָׁם אָנִי *Quando constituit caelos, tunc ego,* idest, eram, aderam, συμπαρήμην αὐτῷ. Porro commate 30 Sapientia depingitur veluti Dei אָמוֹן *delicium,* iucundissimusque infantulus Ioh. I. 18. ὁ ὢν ἐν τῷ κόλπῳ τοῦ πατρός.

4) Prov. VIII. 32-36.

5) Ibid. 18.

et iustitiam. Consequitur II. *illius origines puritate nitere ab ea non dissimili, qua hypostatica Sapientia e Patris lumine effulsit: illam primum veluti reginam exstitisse: deque illa verissimo quodam sensu* [1] *repeti*, Dominus possedit me initium viarum suarum, antequam quidquam faceret a principio. Ab aeterno inuncta sum, et ex antiquis antequam terra fieret. Consequitur III. *Virginem, utpote Trinitatis delicium, mediam esse Deum inter atque hominum genus: per eam homines nova quadam spirituali creatione refingi: deque ea merito ista* [2] *usurpari*, quando praeparabat caelos, aderam, et cum eo eram ceu delicium et iucunditas. Consequitur tandem IV. *ex inexhausto divinitatis fonte per Mariam non secus ac per ditissimum regiumque flumen superna benefacta in homines iugiter dimanasse atque ita porro dimanare, ut de illa verissime* [3] *affirmetur*, qui me invenerit, inveniet vitam, et hauriet salutem a Domino.

719. Haec vero quae ex Ecclesiae iudicio consequuntur, quaeque maximam Virginis innocentiam et immaculatum eiusdem conceptum tanta perspicuitate praeseferunt; luculentia praeterea maiorum dictis commentariisque stabiliuntur. In quibus tamen congerendis multus idcirco non ero, quod et plurima in superioribus huc spectantia deprompserim, neque pauciora sim deinceps pro opportunitate relaturus. Auctor itaque homiliae in occursum Domini Athanasio tributae non solum [a] Virginem vocat *Christi possessionem, praedium et habitaculum*, sed Symeonis [b] verba enarrans, *et tuam ipsius animam gladius pertransibit*, inter cetera [c] ait: « Tuam ipsius animam, quam [4] Iacob scalam vidit ad caelos attingentem, Moysesque ille [5] qui Deum vidit, rubum incombustum, lucernam, arcam, tabulamque ac mensam: Aaron [6] sine humore germinantem virgam conspexit; tuam ipsius animam, o perfecte incorrupta atque immaculata, quam David [7] arcam vocat sanctificationis, Salomon [8] autem lectum aureum, et thronum convallemque liliorum, virtutum scilicet, ut puto, divinarum, et paradisum a Deo plantatum. Et tuam ipsius animam pertransibit gladius, tuam ipsius ante nativitatem electae, praedestinatae a seculis et generationibus. Tuam ipsius, quam Pater elegit, Filius inhabitavit, Spiritus sanctus, ut Deo convenit, obumbravit: omnisque creatura Dei matrem et Deiparam propriissime ac verissime praedicat. »

720. De eadem Virginis electione loquens vulgatus neocaesariensis Gregorius [d] scribit: « Convenienter igitur sanctam Mariam ex omnibus generationibus solam gratia elegit. Nam similis ei ex universis generationibus nulla umquam est reperta. » Neque minus perspicue Iohannes damascenus [e] qui sic habet: « Ave gratia plena, quae ex omnibus generationibus, tribubus, populis, gentibus et linguis electa es. Ave gratia plena, quae ante secula creatori ac regi seculorum fuisti destinata. » Et [f] rursum: « O filia terrigena, quae

---

a) Hom. in occursum Domini n. 17. pag. 424. C. inter opp. Athanasii T. II.
b) Luc. II. 35.
c) Ibid. n. 16. pagg. 423. E-F. et 424. A.
d) Orat. I. in Mariae annuntiat. pagg. 10. D. et 11. A.
e) Orat. in Deiparae annuntiat. pag. 836. A.
f) Orat. I. in Deiparae nativit. §. VII. pag. 846. B-E.

1) Ibid. 22-23.
2) Prov. VIII. 27-30.
3) Ibid. 35.
4) Gen. XXVIII. 12.
5) Ex. XXVI. 11.
6) Num. IV. 8.
7) Ps. CXXXI. 8.
8) Cant. II. 1, III. 9.

Dei genitricibus ulnis creatorem gerebas! Certabant inter se secula, quodnam ortu tuo gloriaretur. Sed eorum contentionem superavit praefinitum Dei consilium, a quo secula facta sunt, ac postrema prima evaserunt, quibus tua fauste nativitas obtigit. Vere res omnes conditas dignitate antecelluisti. Nam ex te sola summus ille opifex partem assumpsit, massae nostrae primitias. Caro eius ex tuis carnibus, et sanguis ex tuis sanguinibus concretus fuit, et Deus ex tuis mammillis lac suxit, tuaque labia Dei labiis cohaeserunt. O miracula mentis captum et sermonem excedentia! Dignitatem tuam praecognoscens universorum Deus, te proinde dilexit, dilectamque praedestinavit, et ultimis temporibus produxit, ac Deiparam matrem, suique Filii ac Verbi nutritiam effecit. » Hinc alibi [b]) in eamdem mentem de Virgine scribit: « Haec enim quum ab antiquiori aevo, praefinito consilio ac benigna Dei Patrisque voluntate, qui te extra tempus sine fluxu et perpessione genuit, electa esset, te propitiationem et salutem et iustitiam et redemptionem, vitam de vita, lumen de lumine, Deum verum de Deo vero extremis temporibus ex se incarnatum peperit: cuius partus novus et inusitatus fuit, generatio natura et cogitatione praestantior mundoque salutaris, obitus denique praeclarus et sacer omnique commendatione dignus. Hanc quidem Pater praedestinavit, prophetae vero per Spiritum praenuntiaverunt: vis autem Spiritus sanctificans superveniens expurgavit sanctamque reddidit, et velut praerigavit. »

721. Consentit [b]) Georgius nicomediensis, qui de Virgine verba faciens illam nuncupat « Thronum gloriae, currum regalem, quo vectum Verbum in terram incarnatum venit: Sion illam [1]) sanctam, quam creator elegit, quam pro ratione providentiae ante secula paravit; ex qua carne natus est, ex qua prodiens impiorum vires confregit. » Consentit [c]) Nicetas paphlago qui Virginis laudes extollens, post alia scribit: « Quum enim multa et infinita in ea detecta sint magnifica opera atque munera; primum istud mirabilissimumque, quod supernaturalis nativitatis modum supra naturam evectum Deus praestrueret. Sapientia enim iam tum a principio ante secula eorum quae fient eventus praevidens pro finium ratione congrue principia substernit. Quod igitur futurum erat, ut nedum Dei mater audiret, sed et filia secundum Spiritum adoptionis, sed et regina atque domina universorum celebraretur; idcirco etiam conceptio statim nova, eiusque in vitam ingressus mira extra usum ratione, quo nimirum ex minoribus ad maiorum fidem illi viam complanaret. »

722. Utrique suffragatur [d]) Andreas cretensis qui modo explendae reconciliationis commemorato pergit: « Quei vero ea res ad finem deduceretur, nisi prius munda intactaque Virgo ministraret mysterio, tumque lege supra naturae leges eum qui substantia superior est, in utero gestaret? Quaenam autem alia virgo haec possit intelligi, nisi quam ante omnes generationes naturae totius creator elegit? Haec porro Maria Dei genitrix est, illud a Deo vocatum nomen, ex cuius processit utero divinissimus ille carne indutus, quam sibi ipse in templum novum admirabili plane modo compegit. » His edoctus [2]) Isidorus thessalonicensis de Virgine ait: « Terra haec verum edidit panem et vinum laetificans hominis cor, quae nimirum nobis sunt meus Iesus et confirmans et laetificans. » Tum [3]) subdit: « Prop-

a) Orat. I. in Deiparae dormit. §. III. pag. 859. C-E.
b) Orat. in Deiparae praesentat. pag. 1098. B-D. apud Combefisium Auctar Tom. I.
c) Orat. in Deiparae nativit. pag. 438. A-B. apud Combefisium Auctar. T. III.
d) Orat. in Deiparae nativit. pagg. 95. E. et 96. A. apud Gallandium T. XIII.

1) Ps. CXXXI. 13.   Maraccii.
2) Orat. III. in Deiparae annunciat. pag. 82. edit.   3) Ibid. pagg. 82-83.

ter haec de ea propheta David [1]) ante cecinerat, *replebimur in bonis domus tuae*. Haec [2]) via et veritas et vita. Nam haec etiam ille est qui ab ipsa est, per ipsam et ad caelestem Patrem acceditur, quandoquidem nemo ad illum nisi per novum Virginis partum, ad hunc vero venit nemo sine matre. Et quum Deus hominem crearet, ob id, arbitror, illud [3]) praenunciavit: *faciamus hominem ad imaginem et similitudinem nostram*. Ut enim homines certa possent scientia contendere, quod plane perspicueque pervenisset homo ad divinam similitudinem, quantum fas esset per lutum e quo habet homo ut differat a Deo et ab angelis, nullus a prima temporum origine fuit ut Virgo, neque erit per futura secula. Nam neque Adam, neque ullus Adae filius perfecte implevit modum humanae excellentiae. Quum ergo talem magnitudinem (quia non erat facta) fas quidem esset apprehendere et quaerere, experientia vero notitiam nullam praeberet nec aperte illam oculis subiiceret, non efformata scilicet ex pulvere honorabilissima Virgine; visa fuisset divina vox in cassum pronunciata. Propter ipsam igitur dictum fuit excelsum illud elogium de homine quod esset ad similitudinem Dei creandus. »

723. E quibus inferendo [4]) colligit: « Praeterea propter ipsam initio creatus homo est, et extensum caelum et terra et quidquid propter hominem productum est. Nam si praeviderat quidem Deus Adae lapsum, haud vero creasset, non praedestinata simul reparatione: medela autem per Virginem parabatur; liquet hominem etiam esse propter ipsam, et quidquid propter illum fuit ante et post illum. Rursus quia hominem liberare ab aerumna non valebat homo eiusdem naturae, quique propter virtutis abundantiam esset idoneus ad utendum Dei adiuvantis auxilio: maior enim erat culpa quam ut purus homo [5]) posse libertatem afferre; opus erat novum creari hominem qui valde prope ad Deum accederet ut medicinam adhibere posset. Hic vero plane fuit stupendissimus ille homo, Virgo, cunctorum hymnis decantatissima, de qua vel ipsi Deo curae fuit [6]) praedicere, quod tantis viribus esset praevalitura: et formare illam ut homo esset ad divinam similitudinem, quae quasi Deus operanti Deo suam operam praestans, nobili creaturae homini posset dare salutem. Licet igitur ex his etiam inferre, quod ab initio divina bonitas non fuisset diffusa, nec ulla creaturarum Dei gloriam enarraret, si multitudo decorum Virginis non prius emicuisset in mente opificis: neque enim Deus illud creasset quod ad meliorem sui statum, quoad eius fieri posset, pertingere non valeret. Cum ergo nemo alius aut hominem erexisset aut angelos illustriores reddidisset, aut quamvis aliam rem in formam hilariorem perduxisset, praeter celeberrimam, sublimissimam, divinamque Virginem; liquido constat Deum esse creatorem propter ipsam, datoremque omnium quae bonitatis eius pelagus in nos refundit. » Et [7]) continuo: « Nec vero ea tantum ratione Verbi creatoris est mater quod

---

[1] Ps. LXIV. 5.

[2] Ioh. XIV. 6.

[3] Gen. I. 26.

[4] Ibid. pagg. 83-85.

[5] « Licet beata Virgo, *monet in subiecta adnotatione Maraccius* pag. 215, fuerit in se purus homo et pura creatura, quia in se nullam habuit unionem hypostaticam cum aliqua persona divina; attamen licentia quadam pia et abstrahendo a rigore theologicae loquutionis, potest dici non purus homo in Filio, ob hypostaticam unionem cum persona Verbi, homine Deo, quatenus idem Verbum sua carne induit, et per ipsum sua carne indutum homini perdito salutem et libertatem attulit. *Una est enim Mariae et Christi caro*, inquit in suo tractatu de laudibus Virginis Arnoldus carnotensis: et beatus Petrus Damiani in serm. de Nativitate, *Christus quodammodo est in Virgine per identitatem, quum sit idem quod ipsa*. Quomodo autem aliqua quae Deo et Christo sunt propria, tribui possint beatae Virgini, et quomodo a sanctis patribus eidem beatae Virgini tribuantur, explicat inter alios Hadrianus Lyreus in trisagio mariano in prooemio. »

[6] Gen. III. 15.

[7] Ibid. pagg. 85-86.

eum peperit, sed etiam velut creatricis eius bonitatis mater, utpote argumentum et caussa manifestandae potentiae bonorum effectricis. Ita, si licet audacter loqui, concreatrix Dei fuerit etiam ante quam orta esset in terra, et comproductrix visibilium et invisibilium ad hanc pulcritudinem creaturarum; quemadmodum et ubi Virgo apparuit universi huius mundi fuit conformatrix et coornatrix. Nec solum praesentia propter ipsam habuere ortum, sed quidquid etiam illustre futurum est, beneficio ipsius erit: siquidem et illa propter nos, et nos propter ipsam, ut probatum est. »

724. Succedunt e Latinis non pauci, e quorum numero [1] antiquus auctor sermonis in Deiparae nativitatem, commendata primum illius misericordia, subdit: « Nec mirum, o Domina, si tam copioso misericordiae oleo tui cordis perfusum est sanctuarium, quum illud inaestimabile opus misericordiae quod praedestinavit Deus ante secula in redemptionem nostram, primum in te a mundi artifice fabricatum sit. Quando enim complacuit gratiae supernae ut habitaret in nobis, a quibus diu elongata fuerat: tu sola digna inventa es, ut in tua virginali aula Rex regum et Dominus dominantium a regalibus sedibus veniens, primam sibi mansionem inter filios hominum eligeret. » Quare [2] Rupertus tuitiensis descriptis cantici [3] verbis, *surge, propera amica mea, columba mea, formosa mea, et veni*, ita Virginem loquentem sistit: « Igitur haec verba dilecti loquentis mihi sic accipite quasi verba desiderantis, tamquam festinantis et optantis iam adesse materiam tantae salutis, scilicet me cuius caro illi materia foret assumendae carnis. Tamquam praesenti loquebatur mihi, meque iubebat surgere et properare, idest nasci et hospitium ventris mei sibi initio praeparare. Et revera priusquam nascerer, illi praesens aderam: antequam fierem, bene illi cognita fueram. Si enim Sapientia, ut ipsa [4] testatur, iam antequam fieret, ludens erat cum eo in orbe terrarum, et deliciae eius cum filiis hominum; quanto magis ludens erat et deliciabatur cum ista ancilla Domini, miraculo cunctorum filiorum vel filiarum hominum? » Quam priscus auctor operis de corona beatae virginis Mariae compellat [5] inquiens: « O praeclara puella in matrem summi regis ab aeterno et ante secula praeparata! O regina splendida! Ab Spiritu sancto in sponsam omnium virtutum monilibus adornatam, a primo diluculo exoptatam, opus mirificum a summo conditore varietate mirifica vivifica compactum, totius sanctitatis et perfectionis sculptura mirificentius decoratum. Tu enim, Domina, es illa de qua [6] scriptum est, *dixit Deus fiat lux et facta est lux*. O lux pura, lux pulcra, lux illuminans caelestia, illustrans terrestria, terrificans inferna, lux reducens erroneos, laetificans languidos, exhilarans angelos, et omnes curiae paradisi sanctos et iustos. » Hinc [7] Goffridus vindocinensis abbas « Unde, *inquit*, Dei Filio haec sancta Virgo placuerit, si quaeratur; dilectione videlicet et humilitate, qua prima Domino virginitatem devovit. Ipsa enim Dei Sapientia [8] dicit, *ego diligentes me diligo*. Vere dilexit Dei sapientia Mariam, et Maria dilexit et multum dilexit Dei Sapientiam, Deum scilicet Dei Patris Filium. Dilexit quidem alter alterum, sed Deus amplius dilexit, qui amplius diligere et novit et potuit. Dilexit utique eam super beatam societatem apostolorum, super angelos et archangelos, et super omnes virtutes et potestates caelorum. » Quare illam Petrus

---

1) Inter Homilias praestantiss. Eccles. cath. doctorum, pag. 902. col. 1. E.
2) Op. cit. pagg. 852-853.
3) Cant. II. 10.
4) Prov. VIII. 30-31.
5) Coron. b. Virginis cap. XXII. pag. 431. in collect.
pp. toletan. T. I.
6) Gen. I. 3.
7) Serm. in Deiparae nativit. pag. 110. col. 1. B-D. apud Combefisium biblioth. concionat. T. VIII.
8) Prov. VIII. 17.

Damiani [1]) vocat *ante constitutionem mundi in consilio aeternae Sapientiae electam et praeelectam;* deque illa in Menaeis [a]) legimus: « Te, o Deipara, ante omnes generationes Christus selegit in suimetipsius habitaculum, nos perditos praestantissima unione renovans. » E quibus repetendum est quod [b]) in Anthologio canitur: « Te, o Deipara virgo, hymnis efferimus, quod generi nostro salutem conciliaveris. Filius enim tuus idemque Deus noster in carne ex te suscepta et per crucis quam subiit passionem, nos, utpote hominum amans, ex corruptione redemit. » Et [c]) rursum: « O innocentissima, quae sola super mentem mediatrix fuisti inter conditorem et homines, deprecare Filium tuum ut benignus sit in lapsos servos tuos illorumque propugnator. »

725. Huc itaque redeunt quae maiores nostri sive octavum enarrent Proverbiorum caput, sive oculos in illud intendant, de Virgine docent. Nimirum docent I. *Virginem super omnes divinitus fuisse dilectam, praedestinatam a seculis, solam ex omnibus generationibus electam et praeelectam: destinatam ante secula creatori atque regi, et pro ratione providentiae ante secula ita adornatam atque instructam, ut unigenitus Dei Filius suam ex ea carnem convenienter indueret.* Hinc II. docent *illius conceptionem fuisse novam, mirum in mundum ingressum, modum nativitatis in sinu atque ex sinu supra naturam evectum, ut initia atque origines iis apte quae erant consequutura responderent.* Consequuturum porro erat III. *ut Virgo crederetur et esset munda, intacta, sacrosancta, perfecte incorrupta et immaculata, digna Dei filia, et Christi possessio, praedium atque habitaculum.* Consequuturum erat IV. *ut multa atque infinita in Virgine splenderent, ut illa omnibus praecelleret, ut nemo illis similis foret, sed ipsa esset naturae venustas, feminarum gloria, miraculum inter omnes hominum filios, vera Dei similitudo et sola digna quae Christi mater esset, quaeque nobilissima Christi mediatoris et instauratoris ornamenta in semetipsa ceu in ectypo referret.* Nominatim vero V. *utpote innocentissima in semetipsa decus referret, quo communis via salutis haberetur, sola inter creaturas mediatrix, sola per quam ad Filium et ad Patrem pateret accessus, sola quae deceptorem deceperit, et sola quae contra satanam praevaluerit eiusque robur infregerit.*

726. Quaemadmodum vero haec doctrinae capita eiusmodi sunt, quae cum originali labe cohaerere non possunt; ita iuncta simul atque conserta non modo Virginem sistunt ab universali praevaricatione solutam, sed illi culmen creatae perfectionis atque innocentiae tribuendum esse demonstrant. Iure igitur Bonaventura [2]) eam versans quaestionem, *quomodo caeli natura et proprietates beatae Virgini Mariae conveniant,* scripsit: « Nec caret natura et proprietate caelesti Virgo Beatissima, ad cuius uterum subintrandum per incarnationem Verbi est divinitas inclinata, quando [3]) secundum Psalmistam, *inclinavit*

---

a) Men. die IV. Ianuarii Ode ς'. pag. 41. col. 2. A.

b) Antholog. in Octoecho pag. 15. col. 1. B.

c) Ibid. Ode ς'. pag. 18. col. 1. D.

1) Serm. XLV. in Deiparae nativit. pag. 111. col. 1. D. opp. T. II. Quam sententiam inculcat Hermannus monachus in tractatu de incarnat. Domini cap. VIII. p. 389. apud Gallandium T. XIV., ubi ad Deiparam referens verba Gen. 11. 8. scribit: « Plantaverat ergo eam Dominus a principio, quia *antequam quidquam faceret a principio, ab aeterno ordinata erat et ex antiquis ante- quam terra fieret:* immobiliter in praescientia sua Deus proposuerat et definierat per eius fructum reparare genus humanum. »

2) De ecclesiast. hierarch. Part. IV. cap. VII. p. 291. col. 1. E-F. et col. 2. A. opp. T. VII.

3) Ps. XVII. 10.

caelos et descendit; ibi Verbum Dei se inclinavit, et carne indutum ad nos venit, sicut ibi exponit glossa. Caeli itaque puritatem in se habere debuit Maria, de cuius mundissimis particulis illa purissima caro Verbi caelestis unibilis est assumpta. Ecce caelum et caeli caelorum deitatis magnitudinem ad plenum capere non possunt, sicut [1]) dicitur in tertio Regum, et ad comprehendendam magnificentiam gloriae sanctitatis eius virtutes caelestes non sufficiunt; et tamen Maria ipsum cum plenitudine deitatis genuit, ad cuius susceptionem totus mundus non sufficit nec suffecit, iuxta illud [2]) Sapientiae, *tamquam momentum staterae est ante te orbis terrarum, et tamquam gutta roris antelucani.* Et [3]) Isaias, *ecce omnes gentes quasi non sint, sic sunt coram te.* Patet igitur quod Maria Deum incomprehensibilem totum et plenum in se nullatenus suscepisset, nisi virtute et gratia caeli magnitudinem transcendisset. Caelo igitur caelica Virgo comparatur, quia caelo nihil purius, nihil sublimius, nihil pulcrius, nihil utilius, nihil communius, nihil velocius, nihil perfectius, nihil durabilius inter corpora visibilia invenitur. Caelo igitur nihil est purius, et hoc propter naturae suae transparentiam et diaphaneitatem: et hoc gloriosissimae Virgini convenit propter omnimodam ipsius munditiam et castitatem. Nam per sanctificationis gratiam in utero materno extitit ab omni originalis culpae foeditate depurata, et ad susceptionem Verbi vitae antequam nasceretur, disposita et praeordinata, iuxta illud [4]) psalmi: *parata est sedes tua ex tunc.* » Ne vero haec de alia gratiae depuratione quam praeservante intelligantur, ea plane exposcunt quae continuo [5]) Bonaventura subiicit: « Nam quae ab aeterno praeelecta est et praedestinata in Dei scientia, ut ad tantam gloriam assumeretur, in materno utero a Spiritu sanctificante praeventa est et sanctificata, ut in tempore a Patre luminum praefixo mater Dei fieri mereretur, sicut dicit [6]) in Proverbiis: *ab aeterno ordinata sum, antequam terra fieret.* Et [7]) in Ecclesiastico: *ab initio et ante secula creata sum,* idest, quodam privilegiato modo creari praevisa, ut perficerer caelum in quo Deus novo modo resideret, sicut dicit [8]) Psalmista: *Dominus in caelo paravit sedem suam.* Et [9]) Isaias, *caelum mihi sedes est.* »

ARTICULUS II.

De nonnullis ex capite nono Proverbiorum usu Ecclesiae ad Deiparam accommodatis: quid his contineatur: quo spectent ex interpretatione maiorum: et quam egregie immaculato Deiparae conceptui suffragentur.

727. Nonum Proverbiorum caput his omnino [10]) verbis Salomon orditur: « Sapientia aedificavit sibi domum, excidit columnas septem. Immolavit victimas suas, miscuit vinum

---

1) III. Reg. VIII. 27.
2) Sap. XI. 23.
3) Is. XL. 15.
4) Ps. XCII. 2.
5) L. c. pag. 291. col. 2. A-C.
6) Prov. VIII. 23.
7) Eccli. XXIV. 14. coll. Prov. VIII. 22.
8) Ps. CII. 19.
9) Is. LXVI. 1.
10) Prov. IX. 1-7. Quae ex hebraico textu illustrari non minimum possunt. Itaque comma primum sic habet.

חָכְמוֹת בָּנְתָה בֵיתָהּ חָצְבָה עַמּוּדֶיהָ שִׁבְעָה

Sapientia (pluralis namque *excellentiae* numero singulari reddi debet) *aedificavit domum suam, excidit columnas eius septem.* Ubi suffixum femininum in עַמּוּדֶיהָ non ad בַּיִת *domum,* quod uti masculinum adhiberi constat, sed ad Sapientiam referendum est. Incisum commatis secundi, טָבְחָה טִבְחָהּ, veteres interpretes unanimes reddunt, *immolavit victimas suas.* Videntur tamen *speciem pro genere* usurpasse, quum heic sermo

et proposuit mensam suam. Misit ancillas suas ut vocarent ad arcem, et ad moenia civitatis: si quis est parvulus, veniat ad me. Et insipientibus loquuta est: venite, comedite panem meum et bibite vinum quod miscui vobis. Relinquite infantiam et vivite, et ambulate per vias prudentiae. »

728. Nihil porro exploratius quam fuisse iampridem Ecclesiae usu receptum, ut haec quae attulimus, ad Deiparam accommodarentur. Haec enim ad Deiparam accommodata cernimus [1]) in Graecorum Menaeis, in [2]) Officiis romanae ecclesiae, et in vetusto Missali gothico-gallicano, in quo prima *collectio pro missa in adsumptione sanctae Mariae matris Domini nostri* sic [3]) habet: « Deus, qui dum opus illud fabricae mundialis, quod sola imperii iussione creaveras, perire non pateris, domum tibi in alvum Virginis fabricasti; et ne periret gens a te plasmata, revelasti seculis inaudita mysteria, ut quem caelorum excelsa non capiunt, parvus puellulae alvus includeret: precamur supplices, ut de quibus et pro quibus suscepisti membra mortalia, intercedente beata Maria genitrice tua, capere facias, devicta seculi ambitione, victoriam, salvator mundi. » Sequitur [4]) altera *Collectio post nomina*: « Habitatorem virginalis hospitii, sponsum beati thalami, dominum tabernaculi, regem templi, qui eam innocentiam contulit genitrici, qua dignaretur incarnata deitas generari: quae nihil seculi conscia: tantum precibus mens attenta, tenuit puritatem in moribus quam perceperat angeli benedictione visceribus: nec per assumptionem de morte sensit inluviem quae vitae portavit auctorem: fratres karissimi, fusis precibus Dominum imploremus, ut eius indulgentia illuc defuncti liberentur a tartaro, quo beatae Virginis [5]) translatum corpus est de sepulcro. » Hanc excipit [6]) *Collectio ad pacem* his verbis concepta: « Deus universalis machinae propagator, qui in sanctis spiritaliter, in matre vero Virgine etiam corporaliter habitasti: quae ditata tuae plenitudinis ubertate, mansuetudine florens, caritate vigens, pace gaudens, pietate praecellens, ab Angelo gratia plena, ab Elisabeth benedicta, a gentibus merito praedicatur beata: cuius nobis fides mysterium, partus gaudium, vita provectum, discessus attulit hoc festivum: precamur supplices ut pacem quam in adsumptione matris tunc praebuisti discipulis, solemni nuper largiaris in cunctis salvator mundi. »

729. Quibus si ea adiungantur quae in patrum libris ceterisque ecclesiae monimentis occurrunt, me plane fugit an quidpiam esse in votis possit, quo illud esse verissimum constet quod auctor tractatus de conceptione Virginis Anselmo tributi his verbis [7]) complectitur: « Adhuc propone tibi palatium quod specialiter suis usibus aptum exsistat, construere volentem, in quo et ipse frequentiori et festiviori cursu conversetur, et omnibus ope eius atque auxilio indigentibus mitiori et laetiori vultu respondeat et auxilietur. Pateretur ne, quaeso, in principio palatii fundamentum invalidum, et structurae quae foret aedificanda incongruum et non cohaerens? Non puto, si saperet et propositum suum ad effectum per-

---

sit non de apparatu sacrificiorum quae homines Deo mactant, sed de apparatu epularum ad quas Sapientia homines invitat. Tandem commati quarto haec in textu respondent: מִי־פֶתִי יָסֻר הֵנָּה *quis est imperitus? divertat huc*, ad me Sapientiam.

1) Men. die XXV. Martii, die XV. Augusti, et die VIII. Septembris.

2) In Officio communi de b. Virgine.

3) Missale gothic. pag. 254. col. 2. apud Thomasium opp. T. VI.

4) Ibid. pagg. 254, col. 2. et 255. col. 1.

5) Cf. Gregorium turonensem de gloria martyrum lib. I. cap. IV.

6) L. c. pag. 255. col. 1.

7) Tract. de Virginis concept. pagg. 500. col. 2. E. et 501. col. 1. A-C.

ducere vellet. Ergo Sapientiam ante omnia secula proposuisse sibi habitaculum, quod specialiter inhabitaret, construere similiter [1]) indubitata fide tenemus. Quod autem habitaculum istud fuerit, iamdudum innotuit: hoc enim habitaculum illud sacrarium Spiritus sancti esse fatemur, in quo et per quod eadem Sapientia humanae naturae coniungi voluit et incorporari, et omnibus se pura mente confitentibus parcere et misereri: quod sacrarium, aula videlicet universalis propitiationis, cum operante Spiritu sancto construeretur, si fundamentum illius, scilicet initium sive primordium formationis beatae Mariae corruptum fuit, ipsi certe constructurae non congruebat nec cohaerebat. Inscia ne fuit et impotens sapientia Dei et virtus mundum sibi habitaculum condere, remota omni labe conditionis humanae? Angelis aliis peccantibus, bonos a peccatis servavit; et feminam, matrem suam mox futuram, ab aliorum peccatis exsortem servare non valuit? In aeternitate consilii fixum statuit eam dominatricem et reginam fore angelorum; et nunc inferiorem angelis natam, in consortium acceptam esse credemus omnium peccatorum? Existimet hoc et argumentis suis probet qui vult: ego donec ostendat mihi Deus aliquid dignius excellentia Dominae nostrae posse dici, quae dixi, dico; quae scripsi, non muto; ceterum me et intentionem meam Filio eius et illi committo. Nihil tibi, Domina, aequale, nihil comparabile est: omne enim quod est, aut supra te est, aut subtus te est; quod supra te est, solus Deus est; quod infra te, omne quod Deus non est. Ad tuam tantam excellentiam quis aspiciet? Quis attinget? Et certe ut ad hanc excellentiam pervenires, in humillimo loco, idest, in utero matris tuae purissima oriebaris. Quod si tali modo concepta et ordinata non fuisses, ad tantam celsitudinem non succrevisses. »

730. Sane ut a Latinis initium ducam, is est Petrus cellensis [2]) qui de Virgine scribit: « Haec est porta per quam Christus ingressus est mundum ad nostram redemptionem, et haec est Virgo per quam reperimus Deum et hominem; haec est manubrium per quod velut ferrum inseparabiliter ei iunctum tenemus Christum; haec est securis qua resecanda sunt ligna aeterno tabernaculo necessaria. Sapientia [3]) tenuit istam cum aedificavit sibi domum et excidit columnas septem: manubrio siquidem isto ferrum ad tenendum est melius, ad movendum habilius, ad operandum utilius: qui caret isto, parum operabitur illo, quia non dominabitur: nisi ex ea Christus nasceretur, humana caecitas non illuminaretur, humana infirmitas non sanaretur, humanum genus non redimeretur. Ecce quam iucunda, quam necessaria, quam veneranda nobis est virgo Maria, ex qua mundo apparuit lux vera, sanitas aeterna, redemptio copiosa; et utique qui non habet hoc manubrium, non habebit hoc ferrum: semel enim ista coniuncta sunt, et semper connexa manebunt. » Ubi autem [4]) *de pane* agit *qui coquitur in clibano*, principio scribit: « Tria quaedam proponenda et exponenda occurrunt, ubi tractare de pane qui coquitur in clibano, volumus; ac prius inspiciendum quis sit clibanus et quis panis, et quo igne vel clibanus succendatur vel panis decoquatur. » Tum [5]) pergit: « Compendiose igitur dicendum est, quia clibanus uterus est virginalis, ignis gratia sancti Spiritus, panis incarnatio Filii Dei. Virgo Verbo incarnando uteri et cordis locum parat: Spiritus sanctus mansionem parat: ipse Filius nuptialia foedera Verbi et carnis legitima copulatione conciliat: Gabriel archangelus iura connubii hinc inde allegat: Ioseph vices portitoris agens solatia ministrat et salaria et pretia et

---

1) Prov. IX. 1.
2) Serm. I. de Virginis assumpt. pag. 202. B-C.
3) Prov. IX. 1.
4) Lib. de Panibus cap. XXI. pag. 358. D.
5) Ibid. pagg. 358. D. et 359. A.

legationem sportularum implorat. » Hinc [1]) subdit: « Deinde videndum quid operetur unumquodque horum, et unde sit origo singulorum. » Reponit [2]) vero: « A nobis est Virgo, a summa Trinitate Spiritus sancti obumbratio, ab utraque partium, tam Patris scilicet quam Virginis, Filii generatio. Nam Verbum de Patre, caro de Virgine. Quomodo autem in fine temporum hic figurativus panis fieret, ubi, quando et a quo, a diebus aeternitatis decretum est. Oportuit nempe hunc prius clibanum non vili stemmate neque more consuetudinario fabricari, quatenus in plenitudine temporis panis qui dat vitam mundo de caelo descendens, pro dignitate sua congruum inveniret locum ubi posset opportune carnem assumendo decoqui. » Nec mirum, quum adduci in dubitationem nequeant quae alibi [3]) docet: « Haec (virginitatem intelligit) regnum et principatum suum tempore praedestinato in gloriosa Domini matre collocavit; nec fuit angelicus spiritus purior in caelis quam uterus Virginis in obumbratione Spiritus sancti et conceptione Filii sui. Adhaeret quidem Deo angelus obsequendo, astando et ministrando; sed non se in una eademque persona cum illo uniendo. Quid autem caro Virginis? Nonne fuit praeiacens materia, de qua opifex Trinitas [4]) naturam humanam fabricavit, quam inseparabiliter univit Verbo Dei una simul operatione, non tamen eadem Trinitatis assumptione? De hac sanctificata massa partem sibi Filius Dei assumpsit, quam statim assumendo deificavit, et tam illa quam de illa in tota protoplasti massa tam redemptione quam sanctificatione operatus est salutem totius eiusdem humani generis. »

731. Praeiverat [5]) Bernardus, qui expendens [6]) verba, *Sapientia aedificavit sibi domum*, illaque enarrans [7]) de Christo Dei virtute et Dei sapientia, ait: « Haec itaque Sapientia quae Dei erat et Deus erat, de sinu Patris ad nos veniens, aedificavit sibi domum, ipsam scilicet matrem suam virginem Mariam, in qua septem columnas excidit. Quid est in ea septem columnas excidere nisi ipsam dignum sibi habitaculum fide et operibus praeparare? » Quomodo autem sibi praeparaverit, explanare [8]) pergit inquiens: « Nimirum ternarius numerus ad fidem propter sanctam Trinitatem; quaternarius pertinet ad mores propter quatuor principales virtutes. Quod autem in beata Maria sancta Trinitas fuerit (fuerit dico per praesentiam maiestatis), ubi solus Filius erat per susceptionem humanitatis; testatur [9]) nuntius caelestis qui ea arcana mysteria reserans, ait: *ave gratia plena, Dominus tecum*. Et post pauca: *Spiritus sanctus superveniet in te, et virtus Altissimi obumbrabit tibi*. Ecce habes Dominum, habes virtutem Altissimi, habes Spiritum sanctum: habes Patrem et Filium et Spiritum sanctum. Neque enim potest esse aut Pater sine Filio, aut sine Patre Filius, aut sine utroque procedens ab utroque Spiritus sanctus, ipso Filio [10]) dicente: *ego in Patre, et Pater in me est.* » Tum [11]) addit: « Utrum autem et quatuor principales virtutes, tamquam quatuor columnas possederit, inquisitione dignum videtur. » Quod ubi inquirit, de prima ex illis [12]) ait: « Primum ergo videamus an fortitudinem habuerit. Quae nimirum virtus quomodo illi abesse potuit, quae abiectis secularibus pompis, spretisque voluptatibus carnis soli Deo in virginitate vivere proposuit? Nisi fallor haec Vir-

---

1) Ibid. pag. 359. A.
2) Ibid. pag. 359. B.
3) Serm. VII. de Virginis assumpt. pag. 217. C-D.
4) Prov. IX. 1.
5) De diversis Serm. LII. n. 2. pag. 1191. E-F. opp. Tom. III.
6) Prov. IX. 1.
7) I. Cor. I. 30.
8) L. c. pagg. 1191. F. et 1192. A.
9) Luc. I. 28.
10) Ioh. XIV. 10.
11) L. c. n. 3. pag. 1192. A.
12) Ibid. pag. 1192. A-C.

go est quae apud Salomonem [1]) legitur, *mulierem fortem quis inveniet? procul et de ultimis finibus pretium eius.* Quae adeo fortis fuit, ut illius serpentis caput contereret, cui a Domino [2]) dictum est: *inimicitias ponam inter te et mulierem, et inter semen tuum et semen illius: ipsa conteret caput tuum.* »

732. Eckbertus abbas schonaugiensis, sive alius quivis auctor *sermonis panegyrici ad beatam virginem Deiparam*, postquam de illa [3]) scripsit: *te inaestimabilis benignitatis feminam et venerandam esse cognoscimus ex eo, quod tu mundum hunc immundum et lubricum impolluto calle transisti, et adhuc inter peccatores degens tanta ante Deum sanctitate fecundaris, ut sola solio regis aeterni immediate approximare merueris;* amplificata summis laudibus eiusdem misericordia [4]) subdit: « Vere beneplacitum fuit Deo habitare in te quando ex ipsa illibata carnis tuae substantia, quasi de lignis Libani architectura ineffabili domum [5]) sibi aedificavit Dei Sapientia, suffulsit eam septem columnis argenteis, ac reclinatorium aureum in ea collocavit. Hi sunt septem spiritus Dei, et haec est unica illa Salvatoris femina, in qua sola quaesitam [6]) in omnibus requiem invenit, atque in eius sinum omnes thesauros suos absque mensura transfudit. »

733. Eadem luce haec nitent, quibus [7]) beatus Petrus Damiani natalem Virginis diem extollens inquit: « Nativitas beatissimae et intemeratae genitricis Dei merito praecipuum et singulare praebet hominibus gaudium, quae totius exstitit humanae salutis exordium. Sicut enim omnipotens Deus ineffabili providentiae suae intuitu antequam homo fieret, hominem periturum diabolica machinatione praevidit; sic etiam redemptionis humanae consilium ante secula in immensae pietatis suae visceribus habuit. Et non solum qualiter redimeret, modum et ordinem in profundissima sapientiae suae ratione constituit; verum etiam quando redimeret, certum temporis articulum praefinivit. Sicut ergo impossibile erat ut humani generis redemptio fieret, nisi Dei Filius de Virgine nasceretur; ita etiam necessarium fuerat ut Virgo, ex qua Verbum caro fieret, nasceretur. Oportebat quippe prius aedificari domum, in quam descendens caelestis rex habere dignaretur hospitium: illam videlicet de qua per Salomonem [8]) dicitur, *Sapientia aedificavit sibi domum, excidit columnas septem*. Septem namque virginalis haec domus suffulta columnis exstitit, quia venerabilis mater Domini septem sancti Spiritus donis [9]) dotata fuit. Quam utique aeterna Sapientia quae [10]) attingit a fine usque ad finem fortiter et disponit omnia suaviter, talem construxit, quae digna fieret illum suscipere, et de intemeratae carnis suae visceribus procreare. Necesse erat prius erigi thalamum, qui venientem ad nuptias sanctae Ecclesiae susciperet Sponsum, cui David exsultans in spiritu epithalamium canit [11]) dicens: *tamquam sponsus Dominus procedens de thalamo suo.* »

734. Luce non dissimili resplendent quae beatus Hildephonsus toletanus Antistes [12]), commemorata primum humani generis ruina, continuo addit: « Dum conditor mundi omnia per sapientiam suam creasset, et tam fragilem hominem et caducum in omnibus et

---

[1] Prov. XXXI. 10.
[2] Gen. III. 15.
[3] Sermo panegyr. in b. Virginem n. 1. pag. 700. E. inter opp. Bernardi T. V.
[4] Ibid. n. 2. pag. 701. C-E.
[5] Prov. IX. 1.
[6] Eccli. XXIV. 1.
[7] Serm. XLV. in Deiparae nativit. pag. 108. col. 1. C-E. et col. 2. A.
[8] Prov. IX. 1.
[9] Is. XI. 2-3.
[10] Sap. VIII. 1.
[11] Ps. XVIII. 6.
[12] Sermo in Deiparae nativit. p. 46. C-D. apud Combefisium in biblioth. concionat. T. VIII., et in collectt. pp. tolet. pag. 383. T. 1.

pronum semper ad deteriora cerneret, lapsum de bonis ruere in mala doluit per magnam pietatem suam; et quem ille pro benignitate [1]) ad imaginem suam condiderat, et ipse sponte perierat, qualiter revocaret in pristinum locum ubi eum constituerat, procuravit. In longinquo ergo disposuit per sapientiam suam, ut per semetipsum redimeret quod per semetipsum plasmavit. Voluit per pietatem suam et omnipotentiam suam visitare mundum, ut ipse qui hominem faceret, per visitationem suam redimeret. Praeparavit sibi vas, ut per ipsum potuisset apparere hominibus. Scriptum [2]) est enim, *Sapientia aedificavit sibi domum* vel templum, hoc est, Mariam virginem. » De qua e vestigio [3]) subdit: « Consideremus in quantum possumus, quia nec lingua sufficit loqui quod voluntas cupit proferre; quanta fuit benignitas Dei ut de tam longinquo inquireret sibi templum ubi habitaret: quia Maria virgo non sic est nata sicut solent pueri vel puellae [4]) nasci. Sed de Anna sterili et patre iam sene, extra consuetudinem mulierum post refrigescentem calorem et sanguinem iam tepidum in pectore refrigescentem, et omnem amorum libidinis discessum, mundo corde et corpore ab omni pollutione carnali orta est. Sic enim Dominus voluit ut de tali vasculo mater sua nasceretur. Quod nunc scimus, quia per Spiritum sanctum, illo ordinante et benigniter praecipiente, praeparavit sibi matrem quae praecessit omnibus matribus. Talis enim fuit, qualis nec antea visa est, nec habebit sequentem. Honorabilis dies et sacra festivitas, in qua nata est virgo Maria Dei genitrix. Hoc est gaudium nostrum, haec est festivitas nostra: quia quando voluit fecit ut nos per suam magnam misericordiam per Virginem visitaret. Exsultemus et laetemur omnes in celebratione hodiernae festivitatis beatae Dei genitricis et semper Virginis Mariae, quia praeclara et sancta est, in qua inchoavit Redemptor omnium visitationem mirabilem, et nos de captivitate ad pristinum locum revocare dignatus est. »

735. In eamdem cum Latinis mentem doctrinamque concedunt Graeci e quorum numero Sophronius senior ubi gloriam assumptae Virginis celebrat, inter cetera [5]) sic habet: « Beata Dei genitrix quae adhuc tantis in terra praedicatur laudibus, non immerito creditur hodierna die exaltata et glorificata nec non et clarificata, quantum novit ille qui eam elegit in sua sapientia qua disposuit omnia. Quod si in domo Patris mansiones multae sunt, credimus splendidiorem matri hodie Filium praestitisse, quam sibi [6]) olim aedificavit domum subnixam columnis septem: in qua domo nimirum parantur nuptiae ecclesiarum Dei, et foederantur terrenis caelestia. In eo namque utero Virginis sponso immortali virginitas consecratur, ut sit totum caeleste commercium. » Consentit [a]) Sophronius iunior qui de Virgine scribit: « Ex te, o puella thori nescia, Dei sapientia sibi domum aedificavit, atque

---

a) Triod. pag. 222. C. apud Mai spicileg. rom. T. IV.

1) Gen. I. 26.
2) Prov. IX. 1.
3) Ibid. pag. 46. col. 1. D-E. et col. 2. A. Similia dabit auctor operis de corona beatae virginis Mariae cap. XXIV. pag. 432. in collect. pp. toletan. T. I.
4) Orationis series ostendit quod et alias innuimus, *nascendi* verbum ita usurpari ut *conceptionem* quoque significet, et utramque idcirco nativitatem *in* utero et *ex* utero complectatur.
5) De Virginis assumpt. pag. 106. E-F. inter opp. Hieronymi T. XI.

6) Prov. IX. 1. Hinc quae Paulus diaconus orat. in Assumpt. pag. 267. D. apud Martenium Scriptt. vett. T. IX. de Virgine tradit inquiens: » Quis potuit in eius animo vel corpore locus esse vitiorum quando, ad vicem caeli continentis omnia, Domini effecta est templum? Haec est revera illa domus, de qua per Salomonem dicitur, *Sapientia aedificavit domum, excidit columnas septem*. Quam talem utique aeterna Sapientia *effecit*, quae digna omnino esset ex qua ipse carnem assumeret, inaestimabile scilicet pretium salutis humanae. »

ex te ineffabili condescensione incarnatus est: tu enim sola ex omnibus generationibus incorrupta incorruptiVerbi habitaculum electa es. »Consentiunt reliqui Graecorum hymnographi, quibus haec a) in acceptis referimus: « Sapientia super mentem atque sermonem aedificavit sibi divinam domum, tendens veluti tabernaculum purum venerabilem tuum sinum, Spiritu purificatum, o celeberrima. » Tum vero b) haec: « Omnium conditor idemque Deus te, o Deiparam, semper Virginem utpote ex omnibus generationibus puram elegit, atque sinum tuum omni labe purum exstruxit solus rex seculorum, atque ex te hominibus apparuit.

736. Neque alia tradunt sive Germanus constantinopolitanus, sive Iohannes euboeensis, e quibus prior [1]) scribit: « Illa vero quae purissimam numeris omnibus materiam subministrat, muliebris naturae decus et ornamentum longe praestantissimum, et cuius incorrupta integritas modum omnem comparationemque excedit, caelestium spirituum eminentissimae licet puritati collata facile antecellit. Hoc vero templum et ipse Salomon oculis propheticis multo ante vidit, et futurum quasi iam factum esset, contemplatus [2]) cecinit: *Sapientia aedificavit sibi domum, excidit columnas septem, immolavit victimas suas.*» Iohannes vero de festo nominatim agens c) conceptae Deiparae, rite illud sancteque celebrari declarat his verbis: « Si enim ecclesiarum dedicationes merito celebrantur, manifestum plane illud est quod nos debemus citra ullam comparationis rationem cum studio et pietate et Dei timore peragere celebritatem hanc, in qua non ex lapidibus fundamentum positum est, neque manibus hominum Dei templum aedificatum est: nimirum in utero concepta est sancta Maria Dei genitrix et beneplacito Dei Patris et cooperatione sanctissimi et vivificantis Spiritus: Christus Dei Filius, lapis ille angularis ipse eam aedificavit et ipse in ea habitavit. »

737. Ab his autem non admodum abludunt quae Philo Episcopus carpasius d) enarrans e) haec cantici verba, *sicut turris David collum tuum, quae aedificata est in Thalpioth*, scribit: « *Collum* eius definit humanum Verbi characterem. Ex David enim ortus est Dominus secundum carnem. Assimilatur vero *turri*. Turris enim instar qui ad eum confugiunt, protegit a bellis diaboli. *Quae aedificata est in Thalpioth*. Thalpioth interpretatur excelsum. Revera enim in excelso ipsum *(collum)* aedificatum est, hoc est, in Verbo Dei quod ante secula. *Verbum* enim, ait [3]) Scriptura, *caro factum est et habitavit in nobis*. Et [4]) *Sapientia aedificavit sibi domum*. Haec domus in excelso aedificata est in Filio, secundum eum qui [5]) dicit: *qui in altis habitat et humilia respicit*. Vis tu omnem cognoscere altitudinem? Aspice non solum in Dei genitrice Maria aedificium filii hominis, sed illud etiam quod ultra caelos est; et throni in dextera positi cum stupore demirare altitudinem, quae dicitur Thalpioth. »

738. Itaque de Virgine, deque eius primordiis atque originibus haec est maiorum in-

---

a) Men. die VII. Augusti Ode γ'. pag. 45. col. 2. A.
b) Men. die XVIII. Augusti Ode δ'. pag. 104. col. 2. C.
c) Orat. in Deiparae concept.
d) Enarrat. in Cant. pagg. 745. D. et 746. A. apud Gallandium T. IX.
e) Cant. IV. 4.

1) Orat. in Deiparae annunciat. p. 88. edit. Maraccii.
2) Prov. IX. 1-2.
3) Ioh. I. 14.
4) Prov. IX. 1.
5) Ps. CXXXVII. 6.

dubitata sententia. I. *Deus qui nonnisi sua pietate permotus consultum voluit hominum generi quod praevaricando perierat, modum simul rationemque praestituit qua suae misericordiae sacramentum in beata plenitudine temporis exsequeretur.* Praestituit autem II. *non aliter illud explere ac per Mariam veluti per materiam praeiacentem, et per Unigenitum qui ex Maria tamquam ex praeiacente materia humanam naturam susciperet.* Quare III. *sicuti Mariam una cum Filio ex ea carnem suscepturo praedestinavit, et sicuti in plenitudine temporum per Mariam mundum visitavit, atque in ea humanae salutis exordium reponens cum terrenis caelestia reconciliavit; ita ea sapientia qua omnia attingit a fine usque ad finem fortiter et disponit omnia suaviter, Virginem aedificavit non more consueto, non ceterarum ritu feminarum, sed illam exstruxit puram ab omni labe et Spiritus virtute praeparatam: adeo ut eius in materno sinu nativitas et conceptio fuerit praeclara, fuerit sancta, et omnino fuerit exordium virginalis hospitii, beati thalami, domus divinae, templi Deo digni et habitaculi incorrupti, in quo incorruptum Verbum versaretur.* Hinc IV. *Virgo primum exstitit ut mulier illa fortis quae serpentis caput contrivit, ut nulla in re conscia seculi, ut penitus illibata, ut sola feminarum in qua Unigenitus non indigne conquiesceret, ut ea in quam omnes thesauros Deus absque mensura transfuderit, ac tandem ut quae purior esset angelis, et praerogativa innocentiae cum Filio inseparabiliter coniuncta ad Deum meruerit immediate approximare.*

739. Iamvero his in rem praesentem decretoriis, et a nobis ex maiorum doctrina summa fide collectis, nescio an non etiam alio ex capite et uberior lux addi et maius etiam robur conciliari possit. Velim igitur animo reputetur, desumptum [1]) ex Proverbiis testimonium, *Sapientia aedificavit sibi domum*, usu maiorum ad exordia Virginis sic referri, ut non minus de originibus humanae Christi naturae intelligatur. Sane referri illud ad Virginis primordia consuevisse, ea affatim demonstrant quae in medium adduximus; sed posteriori quoque significatione non infrequenter fuisse usurpatum, tum nonnulla ex superioribus ostendunt, tum alia eaque non pauca neque obscura quae subdimus, confirmant. Et inprimis confirmat [a]) Hippolytus, cuius haec sunt verba: « Christus Dei et Patris sapientia et virtus aedificavit sibi domum: carnem ex Virgine ut [2]) praedixerat: *Verbum caro factum est, et habitavit in nobis*. Hoc idem sapientissimus testatur propheta: quae ante secula fuit, inquit [3]), et praebet omnibus vitam, infinita Dei *Sapientia aedificavit sibi domum*, ex matre virum haud experta templum corporaliter induens. Et *extulit columnas septem*, sacrosancti Spiritus dona fragrantissima, sicut ait [4]) Isaias: *et requiescent super eum septem spiritus Dei*. Et [5]) *miscuit* in poculo suo *vinum*, in Virgine divinitatem suam uniens cum carne tamquam vinum merum ac purissimum, Salvator ex ea natus est sine confusione Deus et homo. » Confirmat deinde [b]) Gregorius nyssenus scribens: « Dicimus ergo, quod supra quum Sapientiam sibi domum aedificasse dixit, carnis Domini constructionem verbis illis obscure significet. Non enim aliena in domo vera Sapientia habitavit,

---

a) Comm. in Prov. IX. 1. pag. 488. B-D. apud Gallandium T. II.

b) In op. con. Eunomium apud Theodoritum ad calcem dialogi I. pagg. 64-65. opp. T. IV. P. I. edit. Schulze et inter opp. Nysseni T. II. pag. 505.

1) Prov. IX. 1.
2) Ioh. 1. 14.
3) Prov. IX. 1.
4) Is. XI. 2.
5) Prov. IX. 2.

sed domicilium sibi ex virginali corpore exstruxit. » Confirmat a) Eustathius antiochenus penes quem legimus: « Quando igitur hominem quem templi instar exstruxerat, Verbum gestavit, corpore quidem inter homines versatum est, varia autem miracula invisibiliter edidit, et apostolos aeterni regni praecones misit. » Confirmat semel atque iterum pseudo-Ignatius, nunc quidem b) ubi ait: « Itaque Verbum in carne habitavit. Sapientia enim aedificavit sibi domum. » Nunc vero ubi c) scribit 1): « Unus enim est homo factus, neque Pater, neque Paracletus, sed solus Filius, non opinione, non phantasia, sed revera. *Verbum* 2) enim *caro factum est. Sapientia* 3) enim *aedificavit sibi domum*. Et natus est ut homo Deus Verbum cum corpore ex Virgine sine viri commercio. »

740. Concludo apertissimis Ephraemi et Leonis Pontificis verbis, e quibus ille d) ait: « Lauda eum qui utero Virginis iacuit, et in eo aedificavit sibi regiam ac templum, vestemque indidem qua splendide ornaretur, sibi concinnavit, et quibus hostes debellaret, paravit arma. » Sequitur Leo qui adversus Eutychis perfidiam strenue decertans 4) scribit: «An forte ideo putavit Dominum nostrum Iesum Christum non nostrae esse naturae, quia missus ad Mariam semper virginem Angelus 5) ait: *Spiritus sanctus superveniet in te, et virtus Altissimi obumbrabit tibi; ideoque et quod nascetur ex te sanctum, vocabitur Filius Dei?* Ut quia conceptus Virginis divini fuit operis, non de natura concipientis fuerit caro concepti. Sed non ita intelligenda est illa generatio singulariter mirabilis et mirabiliter singularis, ut per novitatem creationis proprietas remota sit generis. Fecunditatem enim Virgini Spiritus sanctus dedit, veritas autem corporis sumpta de corpore est; et 6) aedificante sibi Sapientia domum, *Verbum* 7) *caro factum est, et habitavit in nobis:* hoc est in ea carne quam assumpsit ex homine et quam spiritus vitae rationalis animavit. » Et 8) alibi: « Ideo sacramentum reconciliationis nostrae ante tempora aeterna dispositum nullae implebant figurae, quia nondum supervenerat Spiritus sanctus in Virginem, nec virtus Altissimi obumbraverat ei: ut intra intemerata viscera aedificante 9) sibi Sapientia domum, Verbum caro fieret; et forma Dei ac forma servi in unam conveniente personam, creator temporum nasceretur in tempore; et per quem facta sunt omnia, ipse inter omnia gigneretur. Nisi enim novus homo factus in similitudinem carnis peccati nostram susciperet vetustatem, et consubstantialis Patri consubstantialis esse dignaretur et matri, naturamque sibi nostram solus a peccato liber uniret; sub iugo diaboli generaliter teneretur humana captivitas, nec uti possemus triumphantis victoria, si extra nostram esset conserta naturam. »

741. Itaque Matri Filioque commune est, ut tam de hoc quam de illa sumatur Scripturae effatum, *Sapientia aedificavit sibi domum:* et utriusque primordia atque origines

---

a) Ex Sermone in illud Prov. VIII. 22. Κύριος ἔκτισί με ἀρχὴν ὁδῶν αὐτοῦ, apud Theodoritum ad calcem dialogi I. pag. 57.

b) Epist. ad Smyrn. §. II. pag. 87.

c) Epist. ad Philipp. §. III. pag. 118.

d) Serm. II. in Domini nativit. pag. 405. D-E. opp. syr. T. II.

1) Eumdem Proverbiorum textum ad Unigeniti incarnationem relatum legimus in constitutt. apostolic. lib. V. capite ultimo.
2) Ioh. I. 14.
3) Prov. IX. 1.
4) Epist. XXVIII. al. XXIV. ad Flavianum constantinopolitanum cap. II. pag. 811.
5) Luc. I. 35.
6) Prov. IX. 1.
7) Ioh. I. 14.
8) Epist. XXXI. al. XXVII. ad Pulcheriam Augustam cap. II. pag. 855.
9) Prov. IX. 1.

eodem effato significentur. Quum autem hoc effatum ad Filium refertur, illius origines intactas ostendit, illumque demonstrat novum hominem novo miroque modo in lucem editum atque inter hominis filios in similitudine carnis peccati sed sine peccato procreatum. Quid igitur est reliquum, nisi ut idipsum ea qua decet proportione, ubi de matre eiusque primordiis sermo est, affirmetur? Praesertim quum et verba Scripturae hanc ex sese vim praeferant, et nihil in ecclesiasticis monimentis frequentius ingeminetur, quam ex intacta incorruptaque radice intactum incorruptumque germen subolevisse?

ARTICULUS III.

Reliqua proferuntur ex libro Proverbiorum desumpta testimonia quae in ecclesiasticis monimentis ad Deiparam accommodata reperiuntur: quo haec pertineant, quidve ex his ad asserendam immaculati conceptus praerogativam non immerito colligatur.

742. Quae in libro proverbiorum potiora sunt, et insigni maiorum suffragatione ad Virginem accommodantur, ea pro facultate expendimus: id unum in praesentia superest ut quae adhuc sunt reliqua, quo fieri brevissime potest explanemus. Nulla autem se primum nobis offerunt quam [1]) haec: *viae eius viae pulcrae, et omnes semitae illius pacificae;* et [2]) *iustorum autem semita, quasi lux splendens, procedit et crescit usque ad perfectam diem.* De quibus Amedeus lausannensis praesul [3]) sic habet: « Quia semel annuente Deo beatissimae Virginis laudes exorsi sumus, restat ut eiusdem praeconia medullis cordis et vocis officio persolvamus. Intendamus gloriae eius, et ingressi abyssum tanti luminis splendorem rutilum semitarum illius dilatato corde et inenarrabili percurramus laetitia, dicentes cum Salomone, *viae eius viae pulcrae, et omnes semitae eius pacificae.* Quod si dicente eodem propheta, *iustorum semita quasi lux splendens procedit et crescit usque ad perfectum diem;* quis lucem et splendorem semitarum eius eloqui sufficiet? Harum tamen processus et incrementa viarum partim explicare conabimur, ut in gradibus suis gloriosa dignoscatur, et per singulos gradus suos pronuncietur. Habuit enim distinctos gradus et incrementa divisa, ut pulcherrimo claritatis ordine incederet, et [4]) de virtute in virtutem proficiens videret Deum deorum in Sion, translata [5]) a gloria in gloriam tamquam a Domini Spiritu. Primo itaque omnium virtutum decore meruit ornari. Secundo Spiritui sancto foedere maritali copulata est. Tertio mater inventa est Salvatoris. Quarto animam eius pertransiit gladius, et carne sumpta de carne eius mundi perditi ruina reparatur. Quinto exsultat in Filio resurgente et ascendente super caelos caelorum ad Patris dexteram. Sexto de

---

1) Prov. III. 17. דְּרָכֶיהָ דַרְכֵי־נֹעַם וְכָל־נְתִיבוֹתֶיהָ שָׁלוֹם *Viae eius* (sunt) *viae amoenitatis, et omnes semitae eius* (sunt) *pax.*

2) Prov. IV. 18. Hebraica sunt: וְאֹרַח צַדִּיקִים כְּאוֹר נֹגַהּ הוֹלֵךְ וָאוֹר עַד־נְכוֹן הַיּוֹם *Semita autem iustorum* (est) *quasi lux splendoris* (lucifer), *ambulans et lucens usque ad firmum diei* (usque ad meridiem). Alexandrini vero sic habent: αἱ δὲ ὁδοὶ τῶν δικαίων ὁμοίως φωτὶ λάμπουσι· προπορεύονται καὶ φωτίζουσιν ἕως κατορθώσῃ ἡ ἡμέρα. *Viae vero iustorum luci similes splendent, procedunt et illuminant quousque stabiliat se dies.*

3) Hom. II. de Virginis laudibus pag. 8264. col. 1. D. et col. 2. E-F. in max. pp. biblioth. T. XX.

4) Ps. LXXXIII. 8.

5) II. Cor. III. 18.

hoc seculo rapitur, et occurrente sibi Domino supra caeligenas omnes collocatur. Septimo demum perficietur, quum plenitudo gentium introierit, et omnis Israel salvus erit. »

743. Altero loco commemoranda veniunt quae his concepta verbis [1]) leguntur: *mulierem fortem quis inveniet? Procul et de ultimis finibus pretium eius*. Ad haec enim oculos intendens [2]) Petrus Damiani scribit: « Tuus est dies, Domine, in quo Adam est conditus: tua est nox, in qua Adam a die est eiectus: tu fabricatus es auroram, idest virginem Mariam: et solem, solem videlicet iustitiae, qui de virginali thalamo consurrexit. Nam sicut aurora terminum noctis, diei principium adesse testatur; sic et Virgo noctem expulit sempiternam, et de die diem, de terra suae virginitatis exortum, terris infudit. *Progreditur*, inquit [3]), quasi procul egreditur, quia procul et de ultimis finibus pretium eius. » Eodem spectans Bernardus, ut Virginem in Scripturis praenunciatam [4]) ostendat, ait: « Scrutare Scripturas, et proba quae dico. Visne ut et ego aliqua ex his testimonia hic inseram? Ut pauca loquar de pluribus, quam tibi aliam praedixisse Deus videtur, quando ad serpentem [5]) ait: *inimicitias ponam inter te et mulierem?* Et si adhuc dubitas quod de Maria non dixerit, audi quod sequitur: *ipsa conteret caput tuum*. Cui haec servata victoria est nisi Mariae? Ipsa procul dubio caput contrivit venenatum, quae omnimodam maligni suggestionem tam de carnis illecebra, quam de mentis superbia deduxit ad nihilum. Quam vero aliam Salomon requirebat quum [6]) dicebat: *mulierem fortem quis inveniet?* Noverat quippe vir sapiens huius sexus infirmitatem, fragile corpus, lubricam mentem. Quia tamen et Deum legerat promisisse, et ita videbat congruere, ut qui vicerat per feminam, vinceretur per ipsam; vehementer admirans aiebat: *mulierem fortem quis inveniet?* Quod est dicere: si ita de manu feminae pendet et nostra omnium salus, et innocentiae restitutio, et de hoste victoria; fortis omnino necesse est ut provideatur quae ad tantum opus possit esse idonea. Sed mulierem fortem quis inveniet? At ne hoc quaesiisse putetur desperando, subdit prophetando: *procul et de ultimis finibus pretium eius*, hoc est non vile, non parvum, non mediocre, non denique de terra, sed de caelo, nec de caelo proximo terris pretium fortis huius mulieris, sed a summo caelo egressio eius. » Quibus tum gemina [7]) tradit, quum enarrata [8]) virginum fatuarum parabola, subdit: « Non sic mulier illa fortis, quae serpentis caput contrivit. Habes enim post multa [9]) in laudibus eius, quia *non extinguetur in nocte lucerna eius*. In sigillationem hoc dicitur fatuarum, quae veniente media nocte sponso, conqueruntur sero et [10]) dicunt, *quia lampades nostrae extinguuntur*. Processit igitur gloriosa Virgo, cuius lampas ardentissima ipsis quoque angelis lucis miraculo fuit ut [11]) dicerent: *quae est ista quae progreditur sicut aurora consurgens, pulcra ut luna, electa ut sol?* Clarius enim ceteris rutilabat, quam repleverat [12]) oleo gratiae prae participibus suis Christus Iesus, Filius eius, Dominus noster.

744. Eumdem proverbiorum locus versans Adamus Perseniae abbas [13]) inquit: « Mu-

---

1) Prov. XXXI. 10. אֵשֶׁת־חַיִל מִי יִמְצָא וְרָחֹק מִפְּנִינִים מִכְרָהּ *Mulierem roboris* (strenuam et virtute praestantem), *quis inveniet? et longum est prae margaritis pretium eius.*
2) Serm. XL. in Virginis assumpt. pag. 98. col. 2. C-D.
3) Cant. VI. 9.
4) Hom. II. super *missus est*, de laudibus Virginis nn. 4-5. pag. 744. C-F. opp. T. III.
5) Gen. III. 15.
6) Prov. XXXI. 10.
7) Serm. II. in Virginis assumpt. n. 9. pag. 1006. opp. Tom. III.
8) Matth. XXV. 1-13.
9) Prov. XXXI. 18.
10) Matth. XXV. 8.
11) Cant. VI. 9.
12) Hebr. I. 9.
13) Serm. V. in Virginis assumpt. pag. 103. edit. Maraccii.

lierem itaque [1]) fortem sane possumus intelligere Dei Sapientiam, aut matrem ipsius Sapientiae Mariam. » De qua, pluribus interiectis [2]) pergit: « Ipsa est portus noster, ipsa est anchora spei nostrae, ipsa est mulier fortis, fecunda et potens, ad quam nobis confugiendum est, qui sumus inopes et infirmi. Sufficiens est eius fecunditas mendicitatem filiorum expellere, fortitudo eius sufficiens nihil de suis praesumens viribus liberare. Stella maris Maria est, necessaria in huius incertitudinis pelago naviganti. Portus est totius misericordiae mundo naufragium patienti. Ne diffidat reus, ipsa mater nostra quae nobis genuit iudicem nostrum, fecit etiam nobis de iudice advocatum. Si propter culpam desideras veniam, respice in Mariam confidenter, et misericordiam obtinebis. In omni impugnatione daemonum ad angelorum reginam Mariam confugies, et ad imperatricis nutum cessabit calliditas tentatoris. Ipsa est quippe [3]) aurora consurgens, quae tenebras arguit, quae malis terminum, quae finem ponit erroribus et veri luminis radios administrat. Est enim Maria mater gratiae, mater misericordiae, vitae via, forma iustitiae, Ecclesiae gaudium, miseriae terminus, porta paradisi et portus ad quem nos perducat Iesus Christus. » Hinc [4]) Albertus cognomento magnus: « Quidquid, *inquit*, est fortius fortiore, fortius est infirmiore. Beatissima Virgo fuit fortior tribus fortioribus omni viatore. Ergo ipsa fuit fortior omni viatore. Tres fortiores omni viatore sunt Deus, mors, diabolus. Humilitas beatae Virginis Deum superavit quodammodo, quando eum de caelis ad terras humilitate deducens, caritate vinculatum pariter et humiliatum et vulneratum in sua virginitate incarceravit. Unde [5]), *dum esset rex in accubitu suo, nardus mea dedit odorem suavitatis. Et* [6]) *mulierem fortem quis inveniet? Procul et de ultimis finibus pretium eius*. Ultimi fines sunt deitas et humanitas maxime a se distantes. Unde fortissima mulier fuit, quae haec coniunxit. Sic ergo fortitudo beatissimae Virginis rigorem fortitudinis et divinae severitatis superavit, de quo [7]) dicitur, *cuius fortitudo similis est rinocerotis*, cuius fortitudo in gremio Virginis mansuescit; et sic patet per quem modum beatissima Virgo Dei fortitudinem superavit. Item secundus fortis est mors, cui nemo mortalium resistere potest: *omnes* [8]) *enim morimur, et quasi aquae dilabimur super terram, quae non revertuntur*. Hac fortior erat beatissima Virgo, quae mortem destruxit: sicut enim mors intravit per feminam, et vitam destruxit; ita et beatissima Virgo fuit destructio mortis, et ita fortior fuit morte. Tertius fortis est diabolus, de quo [9]) dicitur: *non est potestas super terram, quae ei possit comparari*. Beatissima Virgo fuit fortior illo, iuxta [10]) illud, *ipsa conteret caput tuum*. Item actus fortitudinis essentialiter est firmiter adhaerere. Beatissima Virgo adhaerebat Deo inseparabiliter. Ergo fuit aliis fortior improportionabiliter. Item actus fortitudinis est terrenas cupiditates non tantum reprimere, sed penitus oblivisci. Hoc autem non contigit in aliquo viatore in via, interim quod fomes aliquo modo viguit; sed solum in Virgine potuit, in qua fomes extinctus fuit. Ergo habuit actum fortitudinis per modum patriae, et super omnem viatorem sine proportione. »

745. Est et tertium illudque postremum quod nobis succurrat ex proverbiis effatum, quod scriptores ecclesiastici ad Virginem transferunt, deque Virgine in rem praesentem

---

[1] Prov. XXXI. 10.
[2] L. c. pagg. 126-128.
[3] Cant. VI. 9.
[4] In Mariali cap. CI. et in bibl. Mariae super lib. Prov. cap. XXXI.
[5] Cant. I. 11.
[6] Prov. XXXI. 10.
[7] Num. XXIII. 22.
[8] II. Reg. XIV. 14.
[9] Iob. XLI. 24.
[10] Gen. III. 15.

opportune interpretantur. Quod enim [1]) legimus his expressum verbis, *multae filiae congregaverunt divitias, tu supergressa es universas;* Germanus [a]) ad Virginem accommodans inquit: « Vocatur filia, *multae filiae acquisierunt divitias, multae fecerunt virtutem; tu autem emines et supergressa es universas.* » Pleniora sunt quae habet [b]) Leo Augustus ubi Davidem inducit his verbis Deiparam celebrantem: « Abi in sacrum templum, ipsa templum Dei futura. Audi [2]) filia, et obliviscere populum tuum; ipsa enim innumerabilis multitudinis caelestium et terrestrium sortieris dominatum. Multae filiae fecerunt virtutem, multae gloriam adeptae sunt, multae comparaverunt honestatem; sed tu supergressa es universas, sed gloria et magnitudine superas. Ita o David, filiam tuam laudans, mecum conficias hymnum, et una nobiscum solemnitate fruere; immo vero tu multis partibus superior es. Quum enim optasses olim Deo templum [3]) erigere, ad finem perducere quod optabas non potuisti. Nunc vero caelis potius tibi erectum est templum, quod neque victimis neque nidore indiget. Iam enim eorum imminet finis sanctificante templum ex te progenitum, caelesti pontifice. » Et [c]) rursum: « Multae filiae fecerunt virtutem (addatur haec etiam ad laudationem pars, quandoquidem nusquam alibi eius veritas constat), multae acquisierunt divitias, sed universas supergreditur quae gloria omnibus antecellit. Nulla ergo in eius pulcritudine gratia fallax: propterea eius specie captus Deus matrem sibi illam ex omnibus generationibus delegit, et a sanguinibus eius formatus dilapsam creaturae formam pristinae dignitati restituit. Vere sola benedicta in mulieribus, quae una primae nostrae parenti eiusque posteris suppetias tulit: illi quidem, quatenus duplicem calamitatem, cuius illa sibi ac filiis auctrix fuerat, exsolvit: his vero, quatenus a malis quibus obnoxii tenebantur, eos redemit nec passa est ut posteri in eadem mala denuo incurrerent; ut nimirum maledictio quae ante naturam depascebatur, ultra non prçcederet, sed retro converterentur mali undarum fluctus, ut benedicta adfuit; neque amplius homines inevitabilibus mortis retibus tenerentur, sed ea veluti transitu ad vitam uterentur. »

746. Concinit Basilius seleuciensis qui [d]) de Virginis praestantia et singulari prorsus dignitate scribit: « Quae digna satis in eam conferemus encomia, cuius infra meritum sunt mundana omnia? Quum enim Paulus de aliis sanctis [4]) dixerit, *quibus dignus non erat mundus:* quid de Deipara dicturi sumus, quae tanto supra martyres omnes splendore refulsit, quantis sol stellarum micantes radios fulgoribus vincit? Congruum plane, ut in eam illud acclamemus [5]) Salomonis elogium, *multae filiae fecerunt virtutem, tu autem emines, atque universas es supergressa.* O sacra Virgo, propter quam merito exsultant angeli in hominum ministerium missi, qui humanum pridem genus aversabantur: gaudetque nunc Gabriel, cui conceptionis nuntius creditus est, multoque honore sese Virgini si-

a) Orat. in Deiparae nativit. pag. 1315. A-B. apud. Combefisium Auctar. T. I.
b) Orat. in Deiparae praesentat. pag. 1628. B-E. apud Combefisium Auctar. T. I.
c) Orat. in Deiparae dormit. pag. 1744. B-E. apud Combefisium Auctar. T. I.
d) Orat. in Deiparam pag. 590. D-E apud Combefisium Auctar. T. I.

1) Prov. XXXI. 29. Hebraice: רַבּוֹת בָּנוֹת עָשׂוּ חָיִל וְאַתְּ עָלִית עַל־כֻּלָּנָה *Multae filiarum egerunt strenuitatem, tu autem ascendisti super omnes eas.* Interpretes alexandrini incisum עָשׂוּ חָיִל reddunt, ἐκτήσαντο πλοῦτον, iisque suffragantur Vulgatus, Syrus et Chaldaeus, itemque favet usus non infrequens, quo חַיִל *opes* significat.

2) Ps XLIV. 11.
3) II. Reg. VII. 2.
4) Hebr. XI. 38.
5) Prov. XXXI. 29.

stit. Quapropter a gaudio et gratia salutationem auspicatus, ait: *ave gratia plena Dominus tecum.* » Concinit Eckbertus abbas schonaugiensis, qui [1]) proverbiorum sententiam ad Virginem transfert, deque eximiis illius ornamentis interpretatur: et concinit anonymus sed idem excellentissimus in Alcuini Homiliario [2]) scribens: « Multae filiae congregaverunt divitias, mater Domini supergressa est universas. Multae fideles animae pretiosa virtutum ornamenta quibus Deo placerent, sibi thesaurizaverunt; mater Domini supergressa est universas. Supergressa est omnes in terris, supergressa est in caelis. In die peregrinationis suae omnes habitatores terrae meritorum decore excessit, in die reparationis suae omnes habitatores caeli praemiorum honore transcendit.» Et [3]) mox: « Usquequo exaltata est? Usque ad caelos. Etiam certe super omnes caelos, et super omnes caelos [4]) caelorum. Etiam certe super angelos, archangelos, virtutes, potestates, principatus, dominationes, thronos, cherubim atque seraphim. *A Domino* [5]) *factum est istud, et est mirabile in oculis nostris,* ut femina fragilis, vermiculus educatus in limo huius seculi tam puras, tam praeclaras, tam excellentes creaturas tam excellenter supergredi meruerit. Sed dignum et omnibus modis conveniens erat, ut omnia subiicerentur sub pedibus eius, quae omnium genuerat creatorem. Dignum erat ut angelica puritas illi subderetur in caelis cui totam se infuderat divina puritas in terris. Dignum erat ut amplius matrem suam honoraret quam ministros, ipse qui [6]) dixerat: *honora patrem tuum et matrem, ut sis longaevus super terram.* Dignum erat ut familiarius hanc amaret, copiosius remuneraret, quae singularius atque ardentius omni rationali creatura ipsum dilexerat. Et quis aestimare aut excogitare poterit, quanta fuit dilectio talis matris erga talem filium? Si mala mater malum filium solius naturae instinctu diligit: si bona mater bonum filium tam naturae, quam virtutis instinctu diligit; optima mater optimum filium quantum dilexisse aestimabitur? Diligendi caussam praestabat in Filio natura, virtutum plenitudo, insuper et divinitas: virtutem vero diligendi plenitudo Spiritus sancti operabatur in matre. Quis ergo modus esse potuit dilectionis, ubi nulla deesse potuit caussa diligendi? Quia ergo plus omnibus dilexit, merito plus omnibus dilecta est a Domino et honorata. Ecce enim exaltata est super choros angelorum usque ad dexteram Filii, et facta est potens mater-familias in universa domo Domini, et regina caelorum appellata est. »

747. Quibus omnibus in summam redactis commonemur, Deiparam maioribus nostris visam eiusmodi esse, de qua disertis repetitisque sententiis affirmarent: I. *eam divinitus fuisse provisam tamquam mulierem fortem, quae mortem destrueret, serpentem contereret, maledictioni finem imponeret, terrestria cum caelestibus conciliaret, portus quidam veluti esset in quo mundus naufragium passus conquiesceret, et caussa tandem foret e qua nexa penderent omnium salus, innocentiae restitutio et de communi hoste triumphus.* Placuit namque Deo II. *ut qui per feminam vicerat, per mulierem fortem vinceretur, et inde vita ingrederetur in mundum, unde mors in hominum genus pervaserat.* Quare III. ut suum hoc consilium Deus exsequeretur, rato fixoque tempore *Mariam tamquam singularissimum opus ipsemet condidit, tamquam delubrum caelis potius exstruxit, effecitque ut instar templi sibi sacri e David procrearetur.* Hinc IV. *omnes Vir-*

---

1) Serm. de b. Virgine pag. 734. A-F. inter opp. Bernardi T. V.
2) Sermo in Deiparae assumpt. pag. 716. col. 1. B-D. apud Combefisium in biblioth. concionat. T. VII.
3) Ibid. pag. 716. col. 2. A-E.
4) II. Cor. XII. 2.
5) Ps. CXVII. 23.
6) Ex. XX. 12.

ginis viae fuerunt pulcrae, et omnes semitae illius pacificae: ab ipsis primordiis omnium virtutum decore insignis exstitit: Deo inseparabiliter adhaesit: nulla in eius pulcritudine fallax gratia apparuit: Deum eximia venustate in sui amorem pellexit; atque ex ea Unigenitus prodiit ceu dies de die. Igitur V. ad Virginem quod attinet, non minus prima mediis, quam media extremis perfectissime responderunt. Et prima sane mediis responderunt: *quemadmodum enim sola a suis usque originibus fuit benedicta, ut mediatricis obire partes et originale damnum posset reparare; ita Deum singularius atque ardentius quavis rationali creatura iugiter dilexit, intra sanctos non secus eminuit* [1] *ac sol prae stellis refulgeat, angelicam supergressa est puritatem, dignaque habita in quam divina puritas se totam infunderet.* Mediis autem responderunt extrema: *quemadmodum enim lampas Virginis ipsis quoque angelis miraculo fuit, et in Virgine ipsa veluti iustitiae forma enituit; ita eiusdem gloria tanta est, ut iure merito hominum omnium atque angelorum domina et regina celebretur.* Atqui in hac Virginis effigie maiorum depicta coloribus nullus locus umbris, nullus patet naevis; sed omnia eo usque splendent ut ipsum iustitiae solem referre quodammodo videantur.

ARTICULUS IV.

De capite XXVI. Ecclesiastici, eiusque ad Deiparam accommodatione: potiora recensentur et maiorum commentariis explanantur: iuncta cum his consectaria, et immaculati conceptus confirmatio.

748. Si quis est Scripturarum locus ad Deiparam celebrandam eiusque extollendas dotes solemnius accommodatus, is existimari omnino debet quo caput vicesimum quartum ecclesiastici continetur. Hoc enim Ecclesia utitur [2] in festis plerisque omnibus Deiparae, hoc in eiusdem Officiis, atque hoc in Missis in quibus eius ornamenta recoluntur. Summopere autem fallerentur qui censerent, recentiori dumtaxat aetate eiusmodi usum invaluisse. Is enim iampridem obtinuit, quemadmodum [3] vetusta lectionaria et missalia sive romanum, sive gallicanum, sive mozarabicum ad evidentiam usque patefaciunt. Factis igitur historice indubitatis accenseri debet, caput vigesimum quartum ecclesiastici ex persuasione maiorum iis coalescere, quae efferendis Deiparae laudibus eiusque dotibus significandis egregie conducant.

749. Quare operae pretium fuerit de iis paullo diligentius exquirere, et quo eadem pertineant, accuratius investigare. Iamvero sedula capitis lectio demonstrat, Sapientiam principio induci [4] suas laudes verissime praedicantem. « Sapientia laudabit animam suam,

---

[1] Hinc illa ex auctore libelli de corona beatae virginis Mariae cap. I. pag. 395. in collect. pp. tolet. T. I. « Tu es incomparabilis cunctis mulieribus in pulcritudine, in decore et in elegantia: clarior omnibus hominibus in virtute, gratia et sapientia: gloriosior angelis in eminentia dignitatis, in excellentia sanctitatis, in adeptione gloriae et honoris. » Et mox: « Corona haec quam tibi, Domine, polliceor, merito debet esse aurea; nam ut aurum excellit omnia genera metallorum, sic tu, Domina, in caelo et in terra super omnes obtines principatum. »

[2] Videsis Officium Conceptionis, et Missale romanum in missa votiva, et in festis Assumptionis, beatae Virginis de monte Carmelo, aliisque ferme omnibus.

[3] Confer lectionarium Missae iuxta ritum ecclesiae romanae ex antiquis mss. codd. collectum a cardinali Thomasio opp. T. V. pagg. 403-404, itemque missalia gallicanum et mozarabicum in festis Assumptionis, Nativitatis, Purificationis et Annunciationis.

[4] Eccli. XXIV. 1-5. In sixtina editione titulus huius capitis est, αἴνεσις σοφίας, *laudatio sapientiae*. Primum

et in Deo honorabitur, et in medio populi sui gloriabitur, et in ecclesiis Altissimi aperiet os suum, et in conspectu virtutis illius gloriabitur, et in medio populi sui exaltabitur, et in plenitudine sancta admirabitur, et in multitudine electorum habebit laudem, et inter benedictos benedicetur. » Sequuntur continuo dotes quas sibi Sapientia vindicat, et illae primum [1]) quae ad eiusdem originem referuntur. « Ego ex ore Altissimi prodivi primogenita ante omnem creaturam. Ab initio et ante secula creata sum, et usque ad futurum seculum non desinam, et in habitatione sancta coram ipso ministravi. » Has reliquae excipiunt, quas continenti oratione Sapientia complectitur [2]) inquiens: « Ego feci in caelis ut oriretur lumen indeficiens, et sicut nebula texi omnem terram: ego in altissimis habitavi, et thronus meus in columna nubis. Gyrum caeli circuivi sola, et profundum abyssi penetravi, in fluctibus maris ambulavi, et in omni terra steti: et in omni populo et in omni gente primatum habui: et omnium excellentium et humilium corda virtute calcavi: et in his omnibus requiem quaesivi, et in hereditate Domini morabor. Tunc praecepit et dixit mihi creator omnium: et qui creavit me, requievit in tabernaculo meo, et dixit mihi: in Iacob inhabita, et in Israel hereditare et [3]) in electis meis mitte radices. Et sic in Sion firmata sum, et [4]) in civitate sanctificata similiter requievi: et in Ierusalem potestas mea. Et radicavi in populo honorificato, et [5]) in parte Dei mei hereditas illius, et [6]) in plenitudine sanctorum detentio mea. Quasi cedrus exaltata sum in Libano, et quasi cypressus in monte Sion: quasi palma exaltata sum [7]) in Cades, et quasi plantatio rosae in Iericho: quasi oliva speciosa in campis, et quasi platanus exaltata sum [8]) iuxta aquam in plateis. Sicut cinnamomum et balsamum aromatizans odorem dedi: quasi myrrha electa dedi suavitatem odoris, et [9]) quasi storax, et galbanus, et [10]) ungula, et [11]) gutta, et [12]) quasi Libanus non incisus vaporavi habitationem meam, et [13]) quasi balsamum non mistum odor meus. Ego quasi terebinthus extendi ramos meos, et rami mei honoris et gratiae. Ego quasi vitis fructificavi suavitatem odoris: et flores mei fructus [14]) honoris et honestatis. Ego mater pul-

---

comma graece sic est: Ἡ σοφία αἰνέσει ψυχὴν αὐτῆς, καὶ ἐν μέσῳ λαοῦ αὐτῆς καυχήσεται. *Sapientia laudabit animam suam*, idest semetipsam, *et in medio populi sui gloriabitur*. Sicut vero heic desideratur incisum, *et in Deo honorabitur*, ita pariter desiderantur integra commata tertium et quartum. Tandem in commate secundo verbis Vulgati, *et in ecclesiis Altissimi aperiet os suum*, graece ista respondent, ἐν ἐκκλησίᾳ ὑψίστου στόμα αὐτῆς ἀνοίξει, *in ecclesia coetuque Altissimi aperiet os suum*.

1) Eccli. XXIV. 5-14. coll. Prov. VIII. 22. Graece v. 5. non habentur nisi verba, ἐγὼ ἀπὸ στόματος ὑψίστου ἐξῆλθον, *ego ex ore Altissimi prodivi*. Neque plura refert Ambrosius de Fide lib. IV. cap. IV., sed Cyprianus in altero testimoniorum libro addit ea fere quae apud vulgatum occurrunt. Comma 14. est huiusmodi: πρὸ τοῦ αἰῶνος ἀπ' ἀρχῆς ἔκτισέ με, καὶ ἕως αἰῶνος οὐ μὴ ἐκλίπω. *Ante seculum ab initio creavit, et usque ad seculum non desinam*. Ergo vulgatus non legit ἔκτισε μέν, sed longe commodius ἐκτισάμην.

2) Eccli. XXIV. 6-26.

3) v. 13. καὶ ἐν Ἰσραὴλ κατακληρονομήθητι, *et in Israel possessionem firmam habe*.

4) v. 15. ἐν πόλει ἠγαπημένῃ, *in civitate dilecta*, alias ἡγιασμένῃ, *sanctificata*.

5) v. 16. ἐν μερίδι κυρίου κληρονομίας αὐτοῦ, *in parte Domini, hereditatis eius*, quam nimirum Deus proprio iure possedit.

6) v. 16. Haec in graecis desunt.

7) v. 18. ἐν αἰγιαλοῖς, *in littoribus*, alias ἐν γάδοις, aut ἐν γαδδί, idest, ἐν Ἐγγαδί.

8) v. 19. καὶ ἀνυψώθην ὡς πλάτανος, *et quasi platanus exaltata sum*, neque desunt codices in quibus additur ἀφ' ὕδατος *ab aqua*, idest, aqua incrementum conferente.

9) v. 21. Voces, *quasi storax*, absunt a graeco.

10) v. 21. καὶ ὄνυξ, continens pro contento, *onyx* pro *nardo*.

11) v. 21. καὶ στακτή.

12) v. 21. καὶ ὡς λιβάνου ἀτμὶς ἐν σκηνῇ, *et quasi Libani vapor in tabernaculo*. Vulgatus legit, ὡς λίβανος ἄτομος.

13) v. 21. Desunt in graeco.

14) v. 23. καὶ τὰ ἄνθη μου καρπὸς δόξης καὶ πλούτου, *et flores mei, fructus honoris et divitiarum*.

crae dilectionis, et timoris, et agnitionis, et sanctae spei. In me [1]) gratia omnis viae et veritatis, in me omnis spes vitae et virtutis. » His tandem sponte veluti sua cohortationem Sapientia [2]) adiicit subdens: « Transite ad me omnes qui concupiscitis me, et [3]) a generationibus meis implemini: spiritus [4]) enim meus super mel dulcis, et hereditas mea [5]) super mel et favum. Memoria [6]) mea in generationes seculorum. Qui edunt me adhuc esurient, et qui bibunt me adhuc sitient. Qui audit me non confundetur, et qui operantur in me non peccabunt. Qui [7]) elucidant me vitam aeternam habebunt. »

750. Quatuor ergo potissimum sunt quibus praesens ecclesiastici caput absolvitur. Eo namque I. nobilissima Sapientiae origo declaratur: tum II. innumera illius benefacta aperiuntur: hinc III. conquisitis undique coloribus suprema illius praestantia depingitur, singularesque dotes efferuntur: ac tandem IV. universi commonentur homines ut se ad Sapientiam recipiant, atque ex ea sibi optima quaeque polliceantur. Quare nisi vitio Ecclesiae adscribere velimus, quod hoc ipsum caput ad celebrandam Virginem temere atque inconsulto accommodarit; fateamur necesse est, Virginem in suis primordiis, in beneficiis quae impertit, et in dotibus quibus aucta splendet, eiusmodi esse imaginem quae ad Sapientiae archetypum quam proxime accedat. Ab hoc autem archetypo vehementissime Deipara dissideret, si non antea exstitit quam obligata fuerit culpa et eorum inscripta albo qui irae filii nuncupantur. Solemni igitur Ecclesiae usu, eaque voce quae ex usu clarissima resonat, edocemur origines Virginis habendas esse immaculatas, et omnino tales quae puritatis candore origines Sapientiae, quae candor est lucis aeternae, praeclarissime repraesentent.

751. Praesertim quum magno numero suppetant commentarii testificationesque maiorum, quibus hoc ipsum luculenter stabilitur. Sane Honorius augustodunensis ubi [8]) rationem explicat qua factum est ut ecclesiastici de quo loquimur caput, ad celebrandam Virginem transferretur, sic habet: « Cur autem de laude Sapientiae in eius die *(festo nimirum Deiparae die)* legatur, caussa satis probabilis declaratur. Christus est Dei Sapientia, cuius hic loquitur persona: *in omnibus*, subauditur gentibus, *requiem quaesivi*, sed *in hereditate Domini* tantum, idest, in Ecclesia *morandi* locum inveni. Quae gratulando subiungit: *qui me creavit, in tabernaculo meo requievit*. Tabernaculum Ecclesiae vel Dei est beata semper virgo Maria, ut dicitur: *in sole posuit tabernaculum suum*. In quo Filius Dei homo veniens requievit, et de quo *ut sponsus de thalamo processit*. *In Iacob inhabita, et in Israel hereditare, et in electis meis mitte radices*. Ordo apostolicus est Iacob, idest, supplantator vitiorum: ipse etiam Israel, scilicet vir videns Deum. In quo Iacob Virgo Dei habitavit, et cum quo Israel regnum Dei hereditavit, et in ipsis electas radices suae castitatis et humilitatis misit. *Sic in Sion firmata sum*. Sion dicitur specula, et est Ecclesia in qua Dei genitrix scriptis et praedicationibus est firmata ut columna, super

---

1) v. 25. Abest a graeca editione, in nonnullis tamen codicibus haec leguntur: ἐγὼ μήτηρ τῆς ἀγαπήσεως τῆς καλῆς, καὶ φόβου, καὶ γνώσεως, καὶ τῆς ὁσίας ἐλπίδος· δίδωμι δὲ σὺν πᾶσι τοῖς τέκνοις μου ἀειγενεῖς τοῖς λεγομένοις ὑπ' αὐτοῦ. *Ego mater pulcrae dilectionis et timoris et agnitionis et sanctae spei. Do autem omnibus filiis meis dictis ab illo sempiterni.* Quae postrema Grotius emendauda sic censuit: δίδωμι δὲ σύμπασι τοῖς τέκνοις μου ἀεὶ γενέσθαι, ἐκλεγομένοις ὑπ' αὐτοῦ: *do autem omnibus filiis meis ut semper sint, nempe eis qui ab illo (Deo) electi sunt.*

2) Eccli. XXIV. 26-32.
3) v. 26. καὶ ἀπὸ τῶν γεννημάτων μου, *a fructibus meis*.
4) v. 27. τὸ γὰρ μνημόσυνόν μου, *recordatio enim mea*.
5) v. 27. ὑπὲρ μέλιτος κηρού, *super mellis favum*.
6) v. 28. Absunt a graecis.
7) Hoc incisum a graecis abest.
8) Sigillum beatae Mariae pag. 1218. col. 1. D. et col. 2. E-H. in max. pp. biblioth. T. XX.

cuius laudabilem vitam tota Ecclesia innititur fulta. *Et in civitate sanctificata similiter requievi.* Civitas sanctificata est superna patria, aeterna claritate illustrata. In qua nunc perpetua Virgo cum angelis et sanctis requiescit, sed prae omnibus gloria et honore coronata fulgescit. Unde dicit, *in Ierusalem potestas mea.* Sion praesens Ecclesia, Ierusalem vero caelestis patria intelligitur. Maria autem regina caelorum vocatur, ideo non immerito Ierusalem potestas eius praedicatur. *Et* quia hic *in populo honorificato*, idest, in populo credentium exemplo sanctimoniae radicavit, ideo *hereditas illius in parte Dei sui*, idest, Filii sui divinitate erit. *Et hoc in plenitudine sanctorum*, idest, quum completus fuerit electorum numerus, laudem et gloriam habebit ex omnibus. *Quasi cedrus exaltata sum in Libano.* Libanus est mons in terra repromissionis, in quo cedri, et de cuius radice fluit Iordanis. Libanus dicitur candidatio, et est iudaicus populus cultu Dei et sacra Scriptura candidatus. In quo gloriosa Virgo ut cedrus fuit exaltata, idest odore et decore sanctitatis transcendens omnium merita: de cuius utero ut Iordanis de monte, manavit qui fontem baptismatis mundo consecravit. *Quasi cypressus in monte Sion.* Cypressus incisa non revirescit, ideo antiquitus portabatur ante mortuorum funera. Dei itaque genitrix virgo Maria cypressus in monte Sion fuit, idest, in vera specula scilicet Ecclesia cuius mens quum semel aruit sicut ficus numquam reviruit de mundi gaudiis; ideo praedicatione antefertur omnibus pro Christo mortificandis. *Quasi palma exaltata sum in Cades.* Palma datur victoribus, et hoc Cades, idest, sanctificatis, quibus Virgo alma exstat sanctificationis palma, dum per eius generosam sobolem nanciscuntur victoriam et sanctificationem. *Quasi plantatio rosae in Iericho.* Iericho dicitur luna, idest, Ecclesia in qua rosa significat martyres, quos omnes sancta Theotocos eminentia suae passionis ita transcendit, ut rosa alios flores rubedine praecellit. *Quasi oliva speciosa in campis.* Oleum significat misericordiam: campus autem est terra inarata et significat virgines, quae non sunt sulcatae per virilis amplexus vomeres. In quibus est casta Christotocos valde speciosa, ut in campis oliva decora; de qua profluxit oleum gaudii et misericordiae, quod nos sanans ab infirmitate ungit in regnum caelestis gloriae. *Quasi platanus exaltata sum iuxta aquas in plateis.* Aquae sunt populi per plateas gradientes, idest, in seculari vita, scilicet in coniugio fulgentes: inter quos praeclara Virgo ut platanus claruit, quum nobilem prolem fecunda attulit. *Sicut cinnamomum.* Cinnamomum dicitur immaculati, et significat innocentes, quibus haec Virgo cinnamomum exstitit, quum de immaculato utero largitorem innocentiae edidit. *Sicut balsamum aromatizans odorem dedi.* Balsamum suaviter redolet, hoc frontes Christianorum signantur, hoc etiam sacerdotes et templa Dei consecrantur. Ut pretiosum balsamum haec Virgo odorem dedit, quum suavem animarum odorem Christum mundo genuit, qui nos ad suum regnum chrismate signat, et nos sua templa effectos ipse rex et sacerdos in reges consecrat. *Quasi myrrha electa.* Myrrha mortuorum corpora condiebantur. Omnibus mundo renunciantibus et Christo commorientibus iam saepe dicta Virgo et saepius dicenda Maria non solum myrrha exstitit, sed etiam electa, quum carnem suam mundi illecebris crucifixit, et se ieiuniis et vigiliis afflixit. *Odorem suavitatis spiravit*, quum Christum generavit odorem angelorum, qui prae omnibus electa myrrha se morti pro nobis Deo Patri obtulit in odorem suavitatis, ut nos mortificatos vitiis, participes efficeret suae divinitatis. »

752. Honorio igitur auctore, laudationem Sapientiae ad Deiparam traducere Ecclesia idcirco consuevit, quod Deipara secundum Sapientiam omnibus praecellat, et super omnes sibi primatum vindicet. Quidquid enim puri est in caelis, et quidquid sancti in ter-

ris, primas Virgini defert, quae omnium et purissima est et sanctissima celebratur. Ab his autem vix aut ne vix quidem differunt, quae his verbis Haymo [1]) complectitur: « Lectionis huius capitulum specialiter laudem aeternae Dei Sapientiae, per quam omnia creata sunt, commendare videtur. Sed haec particula a catholicis et eruditis patribus in solemnitate perpetuae virginis Mariae, de qua eadem Dei Sapientia carnem assumpsit, ad legendum ordinata est: et potest pars quaedam illius non incongrue eidem Dei genitrici aptari, quae ab ipsa Dei Sapientia talis creata est, ut per illam ad redimendam humanam naturam Dei Filium sine humana concupiscentia crearetur. » Neque ab his differunt quae [2]) Radulphus Ardens in eumdem ecclesiastici locum scribit. « *Et in plenitudine sanctorum detentio mea.* Ubi enim maior sanctimonia, ibi divina magis invitatur et detinetur Sapientia. Cum autem in omnibus his divina requiescat Sapientia, praecipue et singulariter requiescit in Maria. Ipsa enim omnia haec et plusquam haec habet. Quis enim fuit sic electus, immo praeelectus ut Maria? Quis fuit sic Sion, idest, speculativus ut Maria? Quae civitas sic fuit sanctificata, *ut civitas et claustrum Dei Maria?* Quis fuit sic Ierusalem, idest, pacificus ut mediatrix Dei et hominum Maria? Quis fuit populus sic honorificatus, et pars vel hereditas Dei, ut singularis Dei mater et virgo et regina caelorum Maria? Quis habuit tantam sanctimoniae plenitudinem, quantam Maria? Singulariter igitur et superexcellenter Dei Sapientia requievit in Maria. » Et [3]) infra: « Divina Sapientia est odorifera sicut cinnamomum et balsamum et myrrha, quoniam sanctos suos virtute humilitatis, benignitatis et castitatis redolere facit. Et si Sapientia Dei Patris, Dominus noster Iesus Christus sic exaltat, sic decorat, sic redolere facit ceteros sanctos; quanto magis dilectissimam et singularem matrem suam? Et mandatum quod de honorificatione patris et matris nobis [4]) dedit, quanto magis ipse custodit? Exaltavit itaque dilectissimam matrem suam sicut cedrum in Libano, sicut cypressum in monte Sion, et sicut palmam in Cades: qui eam in via super altitudinem fidei, spei et caritatis, ceterarumque virtutum omnium superexaltavit, et in patria super omnem angelorum et archangelorum celsitudinem singulariter sublimavit. Decoravit quoque eam sicut plantationem rosae in Iericho, et sicut olivam speciosam in campis, et platanum exaltatam iuxta aquam in plateis: quoniam eam etiam in via martyrii et misericordiae et magnanimitatis, ceterarumque virtutum operibus decoravit: et in patria omni corona, omnique gloria, omni pulcritudine, claritate et honore, plusquam cor hominis capere possit, mirificavit. Redolere quoque fecit eam sicut cinnamomum et balsamum aromatizans, et sicut myrrham electam: quoniam tam bono odore, tam bona opinione humilitatis, benignitatis, virginitatisque singularis, ceterarumque omnium virtutum eam aromatizavit, quod universi fideles, tam illi qui adhuc sunt in via, quam illi qui iam sunt in patria, omnisque militia caelestis in fragrantia illius incomparabili delectentur ut admirentur [5]) dicentes: *quae est ista quae ascendit de deserto sicut virgula fumi ex aromatibus myrrhae et thuris, et omnis pulveris pigmentarii?* »

753. Plenioribus his commentariis ii succedunt, quibus nunc unum nunc alterum ecclesiastici comma de Virgine enarratur. Porro hos inter primus ille succurrit quem praebet [6]) Eckbertus schonaugiensis inquiens: « Vere beneplacitum fuit Deo habitare in te, quan-

---

[1]) Hom. de Virginis assumptione in Sylloge concionum praestantiss. Ecclesiae patrum pag. 886. col. 2. A-C.
[2]) Hom. in Deiparae assumptionem, op. cit. pag. 887 col. 2. B-D. Floruit Radulphus ab anno Domini 1040 usque ad annum 1100.
[3]) Ibid. pag. 888. col. 1. D-E. et col. 2. A-C.
[4]) Ex. XX. 12.
[5]) Cant. VI. 9.
[6]) Sermo panegyr. ad beatam Virginem p. 701. col. 2. C-E. inter opp. Bernardi T. V.

do ex ipsa illibata carnis tuae substantia, quasi de lignis Libani, architectura infallibili domum sibi [1] aedificavit Dei Sapientia: suffulsit eam septem columnis argenteis ac reclinatorium aureum in ea collocavit. Hi sunt septem spiritus Dei, et haec est unica illa Salvatoris femina, in qua sola [2] quaesitam in omnibus requiem invenit, atque in eius sinum omnes thesauros suos absque mensura transfudit. » Ille mox succurrit, cuius auctor est Guerricus abbas, qui non solum [3] verba, *et qui creavit me, requievit in tabernaculo meo*, de Virgine [4] enarrans ait: *haec Dominum thalamo suscepit uteri;* verum etiam his in medium [5] prolatis, *ego quasi vitis fructificavi suavitatem odoris*, illico [6] pergit: « Natalem beatissimae Virginis matris celebramus, de qua vita omnium accepit natalem. Nata est hodie Virgo, de qua salus omnium voluit nasci, ut natis ad mortem daret ad vitam posse renasci. Nata est hodie mater nova, quae primae matris maledictionem dissolvit, ut pristinam benedictionem hereditate possideant, qui per illam sub praeiudicio maledicti aeterni fuerant nati. Prorsus nova mater, quae novitatem attulit filiis inveteratis, vitiumque sanavit tam ingenitae quam superadditae vetustatis. » Ubi autem [7] haec interpretatur, *ego mater pulcrae dilectionis et timoris et agnitionis et sanctae spei*, sic [8] habet: « Meminisse potestis quum praeterito anno loqueremur de principio lectionis hodiernae, non inconvenienter, ut arbitror, beatae Dei genitrici illud assignasse, salvo tamen intellectu illo quo tota lectio Filio eiusdem proprie competit, idest Dei Sapientiae. » Et [9] infra: « Ergone est iste Filius tuus, o Virgo virginum? Ergo ne talis est dilectus tuus, o pulcherrima mulierum? Plane talis est dilectus meus, et ipse est filius meus, o filiae Ierusalem. Dilectus meus est pulcra dilectio in seipso: dilectus meus est pulcra dilectio, timor et spes et agnitio in illo qui natus est ex ipso. »

754. Neque multo secus [10] Adamus Perseniae abbas qui Deiparam his verbis invocat: « O arborem fructuosam in medio paradisi plantatam, ramis expansam, radice firmatam! Ipsa quippe est quae [11] dicit: *in Sion firmata sum, et in civitate sanctificata similiter requievi;* et [12] illud: *radicavi in populo honorificato, et in parte Dei mei hereditas illius.* Arbor illa scientiae boni et mali gustu suo experientiam mali contulit, et boni scientiam ex parte abstulit, et de bono miserum fecit. Haec arbor Sapientiae fructum proferens, et palatum animae reparat ad saporem boni, et malorum experientiam dedocet restituens hominem amissae beatitudini. Hoc modo crevit virga in arborem, profecit Virgo in Altissimi genitricem. Inter bonas arbores incomparabiliter optima est virga de radice Iesse, ex qua vitae fructus processit. » Bernardus vero [13] imagine aquaeductus Virginem adumbrans scribit: « Advertisti iam, ni fallor, quem velim dicere aquaeductum, qui plenitudinem fontis ipsius de corde Patris excipiens, nobis edidit illum, si non prout est, saltem prout capere poteramus. Nostis enim cui dictum sit, *ave gratia plena*. An vero inveniri potuisse miramur, unde talis ac tantus fieret aquaeductus, cuius nimirum summitas, instar [14] pro-

---

1) Prov. IX. 1.
2) Eccli. XXIV. 11.
3) Eccli. XXIV. 12.
4) Serm. IV. in Deiparae assumpt. num. 1. p. 1054. E. inter opp. Bernardi T. V.
5) Eccli. XXIV. 23.
6) Serm. I. in Deiparae nativit. n. 1. pag. 1056. E-F.
7) Eccli. XXIV. 24.
8) Serm. II. in Deiparae nativit. n. 1. pag. 1058. E-F.
9) Ibid. n. 4. pag. 1059. F.
10) Serm. I. in Virginis annunciat. pagg. 13-14. edit. Maraccii.
11) Eccli. XXIV. 15.
12) Eccli. XXIV. 16.
13) Serm. in Mariae nativit. n. 4. pag. 1019. E-F. opp. Tom. III.
14) Gen. XXVIII. 12.

fecto scalae illius quam vidit patriarcha Iacob, caelos tangeret, imo et transcenderet caelos, et vividissimum istum aquarum quae super caelos sunt, posset attingere fontem? Mirabatur et Salomon, et velut desperanti similis [1]) aiebat: *mulierem fortem quis inveniet?* Nimirum propterea humano generi fluenta gratiae defuerunt, quod necdum intercederet is de quo loquimur, tam desiderabilis aquaeductus. Nec mirabere diutius exspectatum, si recordaris quot annis Noe vir iustus in arcae fabrica laboravit, in qua paucae, idest, octo animae salvae factae sunt, idque satis ad modicum tempus. » Et [2]) continuo: « Sed quomodo noster hic aquaeductus fontem illum attigit tam sublimem? Quomodo putas nisi vehementia desiderii, nisi fervore devotionis, nisi puritate orationis? Sicut [3]) scriptum est: *oratio iusti penetrat caelos.* Et quis iustus, si non Maria iusta, de qua sol iustitiae ortus est nobis? Quomodo ergo illa inaccessam attigit maiestatem, nisi pulsando, petendo, quaerendo? Denique et quod quaerebat, invenit, cui [4]) dictum est: *invenisti gratiam apud Deum.* Quid? Plena est gratia, et gratiam adhuc invenit? Digna prorsus invenire quod quaerit, cui propria non sufficit plenitudo, nec suo potest esse contenta bono; sed quemadmodum [5]) scriptum est: *qui bibit me, adhuc sitiet.* Petit superfluentiam ad salutem universitatis. *Spiritus sanctus,* ait, *superveniet in te,* et pretiosum illud balsamum tanta copia, tantaque plenitudine influet, ut copiosissime effluat circumquaque. »

755. Concinit [6]) Amedeus qui explanata ornamentorum Virginis *pretiositate,* ad eorumdem *varietatem* progressus ait: « Huius duae sunt species, una in coloribus, alia in usibus. » Tum de priori specie [7]) subdit: « Quae in coloribus constitit, dividitur in albe-

---

1) Prov. XXXI. 10. De quibus verbis Adamus Perseniae abbas Serm. V. in Virginis assumpt. pagg. 113-116. edit. Maraccii scribit: « Iam quomodo haec quae de Sapientia utcumque intelleximus, et Sapientiae matri Mariae conveniant, secundum gratiam quam ipsa gratiae mater nobis impetraverit, videamus. Dicitur itaque *mulier,* non fracta mollitie voluptatis, sed quod sit in ea natura sexus fragilis, vel quod mollescat affectu, utpote misericordiae mater, ad teneritudinem pietatis. Quam *fortis* haec mulier fuit, quae sine exemplo tam sexum quam seculum invicti spiritus fortitudine superavit? Quam fortis fuit, quae in fragili corpore posita et in seculo nequam adhuc peregrinans, aemula puritatis angelicae, omne quod creatum est mentis sublimitate transcendit? Denique *ad mulierem fortem* fortitudo Dei Gabriel mittitur, quam gratia et fortitudine plenam invenit, parituram etiam Verbum omnipotens protestatur. An non fortis Maria fuit, cuius fortis ut mors dilectio, intantum virtutis Altissimi obumbratione convaluit, ut Rex virtutum, Dominus fortis et potens in praelio infirmus in ea fieret: et fortis armatus atrium quod in pace possidebat, dimitteret, et infirmitas hominum ad salutem ex ea plenariam perveniret? Sed ubi, obsecro, haec mulier tantae fortitudinis invenitur? Procul utique. Quia sicut gratiae plenitudine omni creaturae praecellit, sic incomparabiliter gloriae sublimitate transcendit. Procul, inquam, est, quia licet mediatrix, et singularis misericordiae compassione propitia, est tamen incomparabilis excellentiae privilegio super omnem altitudinem angelorum exaltata. Procul est pretium eius, quia speciosus forma prae filiis hominum de pretiosa eius carne nascitur, quo pretio genus humanum redimitur, et ipsa sanctorum omnium angelorum et hominum meritis et gloriae antefertur. Ultimi fines sunt incomparabiles virtutes Mariae, in quibus omnis consummationis finem se propheta testatur videre sic Domino dicens: *omnis consummationis vidi finem, latum mandatum tuum nimis.* Quid enim illo mandato latius, quo mandat salutes Iacob? Qui in salutatione Mariae, quam ei Gabriel ex Deo attulit, salutem omnibus quantum in se est praeparavit? Sunt itaque ultimi fines humilitatis Mariae incomparabiles, singularis virginitas, caritas spiritualis, privilegiata fecunditas. Quae omnia sicut nullum omnino exemplum antevenit, sic nullum omnino meritum vel aequiparat vel excellit. Omnino excipitur Patris Unigenitus, primogenitus ipsius Virginis, qui licet Spiritum ad mensuram non acceperit, tamen de his ultimis finibus, idest, summis Mariae virtutibus nostrae redemptionis pretium venit secundum naturam quam ex carne Virginis traxit. Sunt ii, ut dictum est, ultimi fines Virginis consummatae virtutes ex quibus recepimus inaestimabilis pretii partum, tamquam ex floribus fructum. »

2) Ibid. n. 5. pag. 1020. A-C.
3) Eccli. XXXV. 21.
4) Luc. I. 30.
5) Eccli. XXIV. 29.
6) Hom. II. de Virginis laudibus pag. 1265. col. 1. D. in Biblioth. max. pp. T. XX.
7) Ibid. et col. 2. E.

dinem et nigredinem, in ruborem et viriditatem. Hos principales colores asserunt, et hi maxime exornant praefatam [1]) vestem. Viret enim [2]) ut oliva vel laurus, et ut iris virens in nubibus. Viret in fide et spe aeternorum, in obedientia mandatorum, in contemplatione aeternae viriditatis et virore aeternitatis. Rubet vero ut sphaera ignea, ut regis purpura, ut coccus bis tinctus, praeferens amorem Dei et proximi. Si candorem quaerimus, candet perpetua virginitate, et perfecta puritate. Decoris quoque suavitate fortem Rhinocerotem inclinat, Deum maiestatis invitat. » De altera vero specie [3]) inquit: « Varietas quae usibus accommoda deservit, multis et ipsa refulget speciebus. Alia namque ornamenta illud caput altissimum, collumque ornant et velant: alia crines et aures: alia pectus et brachia: alia manus et digitos: quaedam totum corpus induunt: quaedam lumbos accingunt: quaedam pedes muniunt. » Hinc [4]) de ornamentis agens tum capitis, tum colli, pergit: « Caput eius, mens eius dicitur. Nam sicut caput regit membra corporis, ita mens sensus animae regit et moderatur. In collo quod ceteris membris eminet, et vitalem gratiam capitis artubus subministrat, altitudo illius exprimitur qua praesidens membris Ecclesiae, caput suo connectit corpori, quia Christum coniungit Ecclesiae, et vitam quam primo loco suscipit, reliquis membris infundit. Decebat enim ut sicut [5]) per feminam mors, sic per feminam vita intraret in orbem terrarum. Et sicut [6]) in Eva omnes moriebantur, ita in Maria omnes resurgerent. Illa male credula verbis serpentis, mortis venenum miscuerat; haec [7]) conterens caput serpentis, antidotum vitae cunctis ministravit, ut mortem occideret et vitam repararet. »

756. Concinit [8]) Anselmus qui Deiparam his verbis deprecatur: « Quid umquam potest dignius aestimari, quam ut sis mater quorum Christus dignatur esse pater et frater? Ipse namque propter suam insolitam bonitatem omnibus paternos praebebit profectus, si te, Domina, senserit maternos non denegare affectus. Quo namque modo mihi non misererearis, mater misericordiae? Ubi est nisi in Deo et in te spes mea? Ergo sine te nihil pietatis est, nihilque bonitatis, quia [9]) mater virtutis et virtutum es omnium. » Et [10]) rursum: « Virgo serenissima Dei genitrix sancta Maria, per merita tuae gloriosae assumptionis, et per amorem tui dulcissimi Filii, a quo assumpta es in caelum, da mihi virtutem contra hostes tuos et in regnum aeternum ingredi. Felix namque es sacra Virgo Maria et omni laude dignissima, quia ex te ortus est sol iustitiae Christus Deus noster. *Sicut* [11]) *cedrus exaltata in Libano, et sicut cypressus in monte Sion, quasi myrrha electa dans suavitatem odoris.* Exaltata super choros angelorum gaudens et gloriosa in perpetuum regina caelorum, ubi adiuvas omnes qui te Dominam glorificant, et sanctum nomen tuum humili prece frequentant. O Virgo gloriosa, quae mortem subiisti, sed mortis nexibus deprimi non potuisti, quia tu sola Virgo genuisti eum, qui erat mors mortis et morsus inferni. » Hinc [12]) in Psalterio quod Anselmo tribuitur, legimus:

---

1) Ps. XLIV. 10-14.
2) Eccli. XXIV. 19.
3) Ibid. col. 2. E.
4) Ibid. col. 2. E-F.
5) Rom. V. 18.
6) I. Cor. XV. 22.
7) Gen. III. 15.
8) Orat. XLVI. ad Virginem p. 277. col. 2. E.
9) Eccli. XXIV. 24-25.
10) Orat. LIX. ad Virginem pag. 285. col. 1. C-D.
11) Eccli. XXIV. 18-20.
12) Psalter. Virg. pag. 304. col. 3. C-E.

» Ave cuius Altissimus
» Sacravit [1]) tabernaculum,
» Paternae lucis radius
» Factus nobis remedium.
» Ave caelestis [2]) mansio
» De cuius templi medio
» Suscepimus incarnatam
» Dei misericordiam.
» Ave caeli introitus,
» Divina habitatio,

» Cuius est nobis filius
» Et frater et redemptio.
» Ave Sion gloriosa,
» De qua nobis manifesta
» Fit carne Verbi facies,
» Decoris Dei specie.
» Ave caelestis ianua,
» Qua Dei Patris unica
» Processit nobis reddita
» Salutaris laetitia.

757. Venio ad beatum Petrum Damiani, qui [3]) comparatione Christum inter atque Salomonem instituta ait: « Salomon noster non solum sapiens, sed et Sapientia Patris: non solum pacificus, sed et pax nostra qui fecit utraque unum, fecit [4]) thronum, uterum videlicet intemeratae Virginis, in quo sedit illa maiestas quae nutu concutit orbem. De qua sessione [5]) pergit: » Hanc sessionem Filii et probavit et cognovit Pater, ipso [6]) dicente: *tu cognovisti sessionem meam*, et [7]) *thronus tuus Deus in seculum seculi*, et [8]) *thronus iste sicut sol in conspectu tuo. Sedes*, inquit [9]) Scriptura, *super thronum qui iudicas aequitatem*. Quid enim iustius quam vilem et transfugam servum, et conservi sui sedulum deceptorem perpetuis ignibus assignare, et illum quem fefellerat, suo resignare principio? Ait ille [10]) alter filius Virginis, *et vox de throno exivit dicens, laudem dicite Deo nostro, omnes sancti eius*. Ex hoc throno laus angelorum prorumpit et hominum, quia dum hic restituitur et ille resarcitur, utrique gratiarum debent devotionem. Nosti quidnam dicat [11]) qui sedet in throno: *ecce*, inquit, *nova facio omnia*. Felix [12]) thronus in quo sedet dominator Dominus, in quo et per quem non solum omnes sed omnia renovantur. Parco verbis quia quosdam vestrum sentio praevolare, et currentis styli praevenire pauperiem. Merito ergo tale opus non eloquenti, non glorioso, sed pacifico scribitur [13]) assignatum; quia venit Iesus instaurare et quae in caelis et quae in terris, pacemque et concordiam inter homines et angelos, mediante Virgine, reformare. » Quae vero fuerit Virginis mediatricis excellentia, quae magnitudo, enarrat [14]) Petrus Damiani subdens: « Quid grandius virgine Maria, quae magnitudinem summae divinitatis intra sui ventris concludit arcanum? Attende seraphim, et in illius superioris naturae supervola dignitatem: et videbis quidquid maius est, minus Virgine, solumque opificem opus istud supergredi. »

758. Cum his autem ista conspirant egregie, quibus [15]) Fulbertus carnotensis natalem extollens Virginis diem scribit: « Est enim ista suscepta festivitas non modicis nec paucis

---

1) Eccli. XXIV. 12.
2) Ibid. XXIV. 11.
3) Serm. XLIV. in Virginis nativit. pag. 106. col. 2. B. Quo commode referri item possunt quae leguntur in collectiones ss. patrum ecclesiae toletanae T.I. p. 399. col. 2. A et in Thesauro hymnolog. T. II. pag. 82.
4) Eccli. XXIV. 7.
5) L. c. pag. 106. col. 2. B-E.
6) Ps. CXXXVIII. 2.
7) Ps. XLIV. 7.
8) Ps. LXXXVIII. 30.
9) Ps. IX. 5.
10) Apoc. XIX. 5.
11) Ibid. XXI. 5.
12) Eccli. XXIV. 7.
13) III. Reg. X.
14) L. c. pagg. 106. col. 2. E. et 107. col. 1. A. His adde quae scribit Anselmus in psalterio pag. 303. col. 3. C-D. quaeque occasione verborum Eccli. XLV. 14. habentur in corona beatae Mariae virginis pag. 393. col. 1. E. collect. ss. patrum eccles. tolet. T. I.
15) Orat. in Virginis nativit. pag. 119. col. 1. A-C. apud Combefisium in biblioth. concionat. T. VIII.

praefulgens mysteriis, aut reliquorum sanctorum festivitatibus coaequanda; sed tantum est excellentior, quantum constat eam omnibus hominibus praeferendam, cuius hodie praelucida recitantur nativitatis initia. Ad cuius ergo magnificentiam collaudandam et gloriam praeferendam tanta valeant exuberare praeconia, quantum illi congruit quae cunctas superexcellis in praeeminendo creaturas et angelicam dignitatem? Et ubi usquam inveniri poterat locus qui intra se concluderet maiestatem coaequalem Patri, auctorem omnium rerum, nisi uterus Mariae ante secula praescitus? In hunc siquidem tota divinitas cum humanitate versata est, et qui in coaequalitate cuncta disponebat caelestia et terrestria, in virginea praeangusta septa venturam et promissam praeparabat carnis suae redemptionem. Felix talis partus et ortus, de cuius substantia assumpta est talis virgo quae tolleret veternas parentum offensas, et relevaret concussum orbem qui sub saevo duri hostis erat dominio. Cuius itaque partus, ut censemus, ad nihil aliud exstitit, nisi ut fieret eius sanctae pudicitiae [1]) domus et susceptio Filii Altissimi (ad quid enim aliud?); ergone huius castitas aut ante partum, vel post dignum pignus genitum foedata est aliquo contagio?»

759. Quare [2]) beatus Hildephonsus toletanus praesul his omnino verbis fideles cohortatur: « Quaeso vos, o filii, imitamini signaculum fidei vestrae beatam Mariam, quam velut ignis ferrum, Spiritus sanctus totam decoxit, incanduit et ignivit, ita ut in ea Spiritus sancti flamma videatur, nec sentiatur nisi tantum ignis amoris Dei. Haec namque est [3]) *hortus conclusus* ille deliciarum, *fons signatus*, *puteus aquarum viventium*, reparatio vitae, ianua caeli, decus mulierum, fastigium omnium virginum, quae ut [4]) cedrus Libani quotidie in terris multiplicabitur, dilatabiturque ramis, et in caelo radicibus ut crescat amplius, solidatur. Exaltatur ut palma, floret velut oliva speciosa in campis, et fructificabit in domo Dei in aeternum. » Et aliquot interiectis [5]) pergit: « Idcirco, filii, perpendite matrem Domini, quae [6]) *quasi vitis fructificavit suavitatem odoris*, et protulit cunctis gentibus *fructus honestatis* et gratiae. Floruit ut mater honorificata, ut mater pulcrae dilectionis et timoris, ut mater agnitionis Dei, et spei, in qua gratia omnis, spes vitae et virtutis, et quae sola refulsit virgo sancta inter filias, ac si lilium inter spinas. »

760. His autem quae ex latinae ecclesiae monimentis decerpsimus, mirum dictu est quam belle respondeant quae in orientalis ecclesiae libris reperiuntur. Et ea imprimis quae reperiuntur in libris sive ecclesiasticis sive liturgicis, e quorum censu liturgia Iacobo inscripta [a]) sic habet: « Tibi, o plena gratia, universa creatura gratulatur, angelorum coetus et hominum genus; tibi quae es templum sanctificatum, paradisus spiritalis, virginum gloria, ex qua Deus carnem assumpsit et puer factus est Deus noster qui est ante secula: tuum enim uterum [7]) thronum fecit, et tuum ventrem latiorem ac ampliorem caelis ipsis reddidit: tibi, o gratia plena, universa creatura gratulatur, gloria tibi. » Quae gloria sic illi [b]) in Menaeis defertur: « Tamquam [8]) vitis non exculta, o Virgo, botrum speciosissimum protulisti quo nobis salutare vinum proflueret omnium animos atque corpora exhilarans: qua-

---

a) Liturg. Iacobi pagg. 16. col. 2. E. et 17. col. 1. A. in biblioth. pp. graeco-lat. T. II.
b) Men. die XV. Ianuarii Ode γ'. pag. 120. col. 2. C.

1) Eccli. XXIV. 12.
2) Serm. I. in Virginis assumpt. p. 667. col. 1. B-D. apud Combefisium in biblioth. concionat. T. VII.
3) Cant. IV. 12.
4) Eccli. XXIV. 17-19.
5) Loc. c. pag. 667. col. 1. D-E.
6) Eccli. XXIV. 23-24-25.
7) Eccli. XXIV. 7.
8) Ibid. XXIV. 23.

re te utpote bonorum caussam praedicamus beatam perpetim utentes his angeli vocibus, ave gratia plena. » Porro ᵃ) in Octoecho legimus: « Ave throne ¹) Dei gloriose, ave fidelium praesidium, per quam versantibus in tenebris lux Christus iis effulsit qui te beatam dicunt et clamant: omnia opera Domini Dominum laudate et superexaltate in omnia secula. Eodem *throni* encomio ᵇ) honestatur Deipara his verbis: « Ave throne igniformis, ave sponsa viri nescia, ave, o Virgo quae Deum hominibus peperisti. » Huic autem simile illud est, quo Unigeniti *thalamus* ᶜ) nuncupatur: « Puella Dei mater, caelestis regis Christi ²) thalamus salva precibus tuis eos qui te cupide celebrant. » Et rursum ᵈ) alibi praeclarius: « Te, labis omnis expers Dei genitrix, fideles universi mysticum gloriae thalamum annunciamus; unde me lapsum, o innocens, deprecor, aptum fac paradisi thalamum. » A quibus haec seiungi non debent ᵉ) ex ecclesiasticis Coptorum libris: « Magnitudo tua, o Maria virgo immaculata, est excelsior palma, de qua Salomon loquutus est. Tu es fons aquae vivae quae fluit e Libano, ex quo nobis divinitatis gratia effusa est. »

761. Suffragantur patres, e quibus ᶠ) Germanus constantinopolitanus de Virgine loquens exclamat: « Benedicta tu in mulieribus, mystica et sata a Deo ³) vitis, quae in collectis Ecclesiae coetibus uberes profers pampinos, maturumque nobis botrum incorruptionis e sinu procreas. » Penes Tarasium Anna triennem Virginem sic ᵍ) alloquitur: « Sed veni, filia, ad eum qui te mihi elargitus est. Veni arca sanctimoniae ad misericordem Dominum. Veni porta divinae vitae: veni thalame Verbi ad templum Domini: intra in gaudium Domini, quae mundi gaudium es et exsultatio: fruere eius pulcritudine, quem non ita post humana forma indutum paries. » Eadem vero Anna et una cum ea Ioachimus Deiparam offerentes, his plane verbis ʰ) Zachariam sacerdotem compellant: « Accipe, o Zacharia, tabernaculum intemeratum: accipe, sacerdos, immaculatum Verbi thalamum: accipe, o propheta, thuribulum lucis ab omni materia solutae: accipe, o iuste, igniformem Altissimi currum: accipe, o inculpate ⁴), speciosam vitem quae racemum perennis vitae efferet. »

762. Neque minus luculenta sunt quae, auctore ⁱ) Iohanne damasceno, apostoli et viri apostolici ad Mariae exsequias congregati his cecinisse verbis perhibentur: « O quomodo ⁵) vitae fons ad vitam media morte trahitur! O quomodo quae pariendo naturae leges excesserat, nunc eius legibus cedit, et immaculatum corpus morti subiicitur! Oportet enim ⁶) hoc mortali posito, induere incorruptionem, quandoquidem naturae Dominus mortis periculum facere non recusavit. O quomodo sacrosanctam illam animam e tabernaculo ⁷) quod Deum

---

a) Antholog. in Octoecho pag. 7. col. 1. B.
b) Antholog. in Octoecho pag. 14. col. 1. E.
c) Offic. quadr. Fer. II. hebd. III. Ieiunorum Ode θ'. pag. 230. B.
d) Offic. quadrag. Domin. Tyroph. Ode ε'. pag. 85. C.
e) Theotoch. pag. 162. tetrast. V-VI.
f) Orat. in Deiparae nativit. pag. 1310. C.D. apud Combefisium Auctar. T. I.
g) Orat. in Deiparae praesentat.
h) Ibid. pag. 7.
i) Orat. I. in Deiparae dormit. §. X. pag. 864. E. 865. A.

1) Ibid. XXIV. 7.
2) Eccli. XXIV. 12. Huc etiam referuntur quae in Euchologio habentur p. 410. E. et Paraclit. p. 76. col. 2. C.
3) Ibid. XXIV. 13-23. Neque enim mihi dubium est, Germano ob oculos ista fuisse, *et in electis meis mitte radices*, quae modo in graecis desiderantur.
4) Eccli. XXIV. 23.
5) Ibid. XXIV. 25-29.
6) I. Cor. XV. 54.
7) Eccli. XXIV. 12.

susceperat, emigrantem rerum omnium conditor suis manibus excipit! » Neque dissimili ea fulgore splendent quae de Virgine ⁾ Modestus hierosolymitanus tradit inquiens: « Per ipsam enim inventa est humana drachma, et bonus pastor ovis pellem induit, et errabundam rationalem ovem sublatam in humeros gaudens Dominus virtutum servavit; qui ex Maria caro factus est incommutabiliter, eamque sanctificavit ut esset ager quo Deus exciperetur, in quo Deus et Pater secundum suum beneplacitum fuit agricola, et plantator Spiritus sanctus, unde Christus unigenitus eius Filius veluti fructus exortus est, vera vitis in gaudium sanctarum caelestium Potestatum et salutem terrestrium hominum: ait enim [1] in Evangeliis: *ego sum vitis vera, et Pater meus agricola est.* Ad hanc Dei mater accessit, quam ipsa protulit, vitem veram, ut quasi racemos incorruptibilitatis et immortalitatis inde decerperet, novo suo gaudens [2] fructu in regno caelorum. Verum vivifico vitae caelesti pane quasi deliciis delectata, et ab illo vivificata est in aeternum qui ex purissimis eius ilibus incarnatus in hominum prodiit communionem, et in orthodoxa fide sua corda firmavit; productaque nobis [3] oliva, tamquam a Deo cultus ager, misericordiae fontem protulit Christum, qui misericordia sua omnia implet. »

763. Utitur eadem *olivae* imagine Proclus, utitur et Iohannes damascenus, quorum ille ᵇ⁾ de Virgine ait: « Haec [4] oliva fructifera plantata in domo Domini, ex qua Spiritus sanctus dominici corporis ramum accipiens, tempestate iactato humano generi detulit, fauste de caelo annuntians pacem. » Alter vero ᶜ⁾ postquam scripsit: *atque ita sanctissimum corpus clarissimo praestantissimoque tumulo imponitur, unde triduo post in caelos attollitur;* illico ᵈ⁾ pergit: « Siquidem divinum illud domicilium, illum minime effossum aquae remissionis fontem, inaratum illud caelestis panis arvum, illam numquam irrigatam uvae immortalis vineam, illam paternae miserationis [5] semper virentem olivam, pulcherrimosque fructus proferentem, terrae penetralibus claudi minime conveniebat. »

764. Hinc ᵉ⁾ Ephraemus relatis Mariae ad Gabrielem verbis [6], *ecce ancilla Domini, fiat mihi secundum verbum tuum,* subdit: « Maria ergo hodie caelum pro nobis facta est divinitatem portans quam Christus, quin a paterna gloria secederet, angustos uteri limites conclusit ut homines ad altiorem dignitatem extolleret. Hanc solam ex universo virginum coetu elegit, ut nostrae esset salutis instrumentum. In ipsa terminum habuere iustorum ac prophetarum omnium vaticinationes. Ex ipsa splendentissimum illud sidus prodiit, quo duce populus qui ambulabat in tenebris, vidit lucem magnam. Diversis Maria nominibus potest aptissime nuncupari. Ipsa namque templum est Filii Dei, qui ex eadem alio plane modo egressus est ac fuerat ingressus; quum enim ingressus esset in uterum sine corpore, corpore indutus erupit. Ipsa est [7] mysticum illud caelum novum, in quo rex regum tamquam in sua sede inhabitavit, ex quo in terram delapsus est, terrenam quamdam speciem

a) Encom. in Deiparam §. II. pagg. 11-13.
b) Orat. VI. de Virginis laudibus §. XVII. pag. 646. A-B. apud Gallandium Tom. IX.
c) Orat. II. in Deiparae dormit. §. XIV. pag. 876. D.
d) Ibid. pag. 876. D-E.
e) De diversis Serm. III. de laudibus Deiparae, pag. 607. A-F. opp. syr. Tom. III.

1) Ioh. XV. 1.
2) Eccli. XXIV. 23.
3) Ibid. XXIV. 19.
4) Ibid. XXIV. 19. coll. Ps. LI. 10.
5) Eccli. XXIV. 19.
6) Luc. I. 58.
7) Apoc. XXI. 1.

et similitudinem praeseferens. Ipsa est [1]) vitis fructificans suavitatem odoris, cuius fructus quoniam ab arboris natura admodum discrepabat, necesse fuit ut suam ab arbore similitudinem mutuaretur. Ipsa [2]) fons est de domo Domini egrediens, ex quo [3]) sitientibus fluxerunt aquae vivae, quas siquis primis dumtaxat labiis gustaverit, non sitiet in aeternum. Errat autem, dilectissimi, quisquis hodiernam reparationis diem cum altera creationis comparari posse arbitratur. Initio namque terra condita est, hodie renovata: initio ob Adami crimen [4]) maledicta est in opere suo, hodie vero pax illi et securitas restituta: initio [5]) protoparentum delicto in omnes homines mors pertransiit, hodie vero per Mariam translati sumus de morte ad vitam: initio serpens Evae auribus occupatis, inde virus in totum corpus dilatavit; hodie Maria ex auribus perpetuae felicitatis assertorem excepit. Quod ergo mortis fuit, simul et vitae exstitit instrumentum. » Qua imbutus fide Ephraemus ita Deiparam [a]) exorat: « Domina laudabilissima atque optima, misericordiae fons, bonitatis abyssus, aqua viva, peccantium patrona, fluctuantium portus, quae digna habita es fieri mater Dei, vitis [6]) vera, vas continens manna, cadentium correctio, cunctorum perfugium, totusque mundi vita; me exsecrabilem ut Dei mater benignissima simul et misericors noli respuere, sed accelera suscipere deprecationem ad te prolatam a sordidis labiis meis, conciliando mihi benevolentiam iudicis precibus acceptissimis atque humanissimis tuis, quae vere es innocentissima et Dei mater. »

765. Manifesta igitur testificatione maiorum compertum est, vicesimum quartum ecclesiastici caput ad Virginem transferri, deque ipsa sumi atque enarrari solemniter consuevisse. Eo autem capite de Sapientia agitur, quae sicuti a reliquis omnibus *origine, dotibus, virtute, efficientiisque* distinguitur; ita universis *praeter omnem comparationem* longissime anteponitur. Ne igitur huiusce capitis ad Virginem accommodatio inanis atque praepostera videatur, necesse prorsus est Virginem inter atque Sapientiam *certus quidam exsistat analogiae habitus*, quo fiat ut Virgo *origine, dotibus ac virtute* ab universo hominum genere secreta, eidem praecellat suoque merito anteferatur. Quod quidem ea sententiarum perspicuitate in maiorum enarrationibus confirmatum occurrit, ut extra omnem controversiam situm iure quam qui optimo existimetur.

766. Sane ex illorum quas descripsimus enarrationibus *principio* liquet, nullam esse creaturam sive angelicam sive humanam, quam Virgo dignitate, gratia, innocentia, gloriaeque splendore non summopere excedat. *Ea namque est quae dicitur Sionis et Hierusalem, idest, militantis et triumphantis Ecclesiae regina: ea est quae dicitur supernarum Virtutum Domina: ea quae incomparabiliter optima inter ipsas bonas arbores nuncupatur: et ea cui defertur quod utpote Dei claustrum, tabernaculum, civitas, thalamus et paradisus decore sanctitatis meritum omne transcenderit, sibique in omnibus primatum vindicarit.* Liquet *deinde* primatus, qui Deiparae convenit, *gradus rationemque* sedulo declarari. Ut enim de gradibus primum dicamus, *ad originem quod attinet, Virgo plane sistitur uti talis ab aeterno praescita et praeparata quae Patris Unigenitum digne conciperet: uti vitis in plenitudine temporis a Deo sata: uti novum a Deo conditum caelum: et uti opus a Deo procreatum ex quo humanam naturam citra quemvis concu-*

---

a) Orat. ad Deiparam pagg. 539. C-F. et 540. A. opp. graec. T. III.

1) Eccli. XXIV. 13.
2) Ioel. III. 18.
3) Eccli. XXIV. 29.
4) Gen. III. 17.
5) Rom. V. 12.
6) Eccli. XXIV. 23.

piscentiae naevum Unigenitus susciperet. Hinc concordi ore celebratur tamquam sola sancta inter filias, tamquam sola in qua Deus conquieverit, tamquam lilium inter spinas, tamquam oliva semper virens, tamquam una quae serpentis caput contriverit, tamquam [1]) *stella matutina in medio nebulae, quae in caeli cardine summo splendore coruscans, orbem subditum splendidioribus radiis incolorat, atque adeo tamquam perfecte immaculata et vere innocentissima.*

767. Singularia primordia singulares eximiaeque progressiones ex doctrina maiorum exceperunt. *In sinum namque Virginis omnes sine mensura thesauros divina largitas transfudit: ipsa autem Virgo inter omnes tam homines quam angelos sanctitate emicuit quasi cedrus in Libano, quasi cypressus in monte Sion et quasi palma in Cades.* His vero initiis progressionibusque singularibus singularis, uti par erat, exitus respondit. *Etenim exitus universorum hominum mors est, qua in eum pulverem redeunt, e quo primum exstiterunt. Sed Virgo mortem quidem subiit, ut omnia in se Unigeniti lineamenta referret; detineri tamen mortis vinculis non potuit, ut quae veneficum serpentis halitum non persenserit, vitaeque auctorem immaculata in lucem ediderit.* Quo pacto enarratis gradibus, quibus Deipara ex traditione maiorum in omnes creaturas primatum obtinuit; nihil expeditius quam ex eorumdem mente caussam rationemque aperire, quae huiusmodi providentiae ordinem postulavit.

768. Scilicet ratum illis fixumque erat praedestinatam fuisse Deiparam suoque tempore in lucem productam *ut ipsa foret instrumentum salutis, ut per ipsam et in ipsa omnia innovarentur, repararetur vita, potestas mortis solveretur, aboleretur peccatum et vetustas sive ingenita sive superaddita tolleretur: ut ipsa esset aquaeductus, per quem caelestes latices ad hominum genus culpae aestu exsiccatum defluerent: ut esset collum quod in se vitam primum recipiens, reliquum deinde humanitatis corpus cum Christo capite copularet: ut talis esset cui angeli iuxta ac homines devotionem rependerent, illi quidem utpote resarti, hi vero utpote restituti: paucis, ut ipsa crederetur et esset mediatrix Dei et hominum, et sola Salvatoris femina per quam regnaret vita, sicut per feminam mors grassabatur.* Iamvero ut hisce explendis partibus par esset, et ne mediatrix mediatrice indigeret, non potuit communi reliquorum numero comprehendi, sed debuit super omnes ita efferri, ut non minus a corpore quod perierat distaret, quam cum Christo capite eodemque mediatore penitissime iungeretur. Iungeretur *natura, et cum illo secundum carnem consubstantialis esset:* coniungeretur *innocentia, qua non secus ac ille Deo semper placuerit:* et coniungeretur *muneribus, e quibus una cum illo participatione mediatrix appareret.* Norunt haec patres scriptoresque christiani, nihilque propterea omiserunt *sive quo unam eamdemque esse Virginis et Christi carnem persuaderent, sive quo innocentiam Virginis semper nitentem declararent, sive tandem quo dotes Christi mediatoris una cum Virgine quoad eius fieri posset communicatas ostenderent.* Hinc celebres penes illos et frequentatae sententiae: *de plenitudine Virginis universos homines accipere: Virginem esse fidelium matrem, sicuti Christus est eorumdem pater: et Virginem esse caelestem ianuam, veram vitem e qua omnes uti palmites pendere debent, caeli introitum, spem communem, vitae fontem e quo siqui biberint, non amplius sitiant,* et ne plura commemorem, *mundi medelam atque salutem.* Quae profe-

---

1) Eccli. L. 6. interprete Petro Damiani Orat. in Virginis assumpt. pag. 720. col. 1. B. apud Combefisium Biblioth. concionat. T. VII.

cto talia sunt ut reputari mente nequeant, quin ineptum absurdumque videatur aut origines Virginis communi reliquorum conditioni subiicere, aut de intacta illarum puritate dubitare.

ARTICULUS V.

De iis quae ex libro Sapientiae ad Deiparam relata in veterum monimentis occurrunt: quae ex illis colligantur: quamque asserendae immaculati conceptus praerotivae opportunitatem praebeant.

769. Ex praeclaris hortamentis quibus sapientiae liber refertus est, illud haberi postremum non debet quo [1]) traditur, *quoniam in malevolam animam non introibit Sapientia, nec habitabit in corpore subdito peccatis.* Expendit hoc effatum Maximus taurinensis, et occasione ex eo sumpta de Virgine [2]) ait: « Unde ad incrementum et plenitudinem gratiae Virgini nostrae accessit, ut ingressurus eam Dei Filius et purgatam inveniret a reatu alieno, et immunem a proprio. In [3]) malevolam enim animam non poterat intrare Sapientia, nec habitare in corpore subdito peccatis. » Verum quam significat Maximus *purgationem a reatu alieno?* Illi scilicet geminam qua Virgo *immunis fuit a reatu proprio.* Fuit autem Virgo immunis a reatu proprio non illius iam contracti remissione, sed singulari tutela qua cautum est ne eo umquam obligaretur. Simili igitur praeservantis gratiae tutela effectum est, ut ab alieno reatu purgata inveniretur. Quem si actu contraxisset, non utique *alienus* sed *proprius* iure quam qui optimo [4]) censeretur.

770. Idem sapientiae effatum expedit Fulbertus carnotensis, penes quem nonnulla occurrunt dignissima quae observentur. Principio [5]) namque de Virgine scribit, ipsam *inter cognatos peccatores speciosam veluti lilium inter spinas apparuisse;* tum [6]) *Mariae* nomen ita interpretatus ac si *stellam* significaret, pergit: « Quid ergo mysticum haec interpretatio gerat, per similitudinem ostendamus. Nautis quippe mare transeuntibus notare opus est stellam hanc longe a summo caeli cardine coruscantem, et ex respectu illius aestimare atque dirigere cursum suum ut portum destinatum apprehendere possint. Simili modo, fratres, oportet universos Christicolas inter fluctus huius seculi remigantes attendere maris stellam hanc, idest, Mariam, quae supremo rerum cardini Deo proxima est, et respectu exempli eius cursum vitae dirigere. Quod qui fecerit, non iactabitur vanae gloriae vento, nec frangetur scopulis adversorum, nec absorbebitur scyllea voragine voluptatum; sed prospere veniet ad portum quietis aeternae. » Ac postremo [7]) concludit: « Heic siquis interroget, quid ergo putas qualis olim in anima fuerit, vel nunc sit haec persona, quae sic omnibus sanctis spectanda atque imitanda proponitur? Veraciter respondemus, quia longe perfectior quam nostra oratione demonstrari possit. Tamen ne ibi nihil dicere arguamur, ubi maior affluit copia dicendorum, reservantes multa atque magna facundis, saltem pauca dicamus super hoc, et quae facile probentur audita. Hoc igitur inprimis ad-

---

1) Sap. I. 4. ubi graece postremum incisum est, οὐδὲ κατοικήσει ἐν σώματι καταχρέῳ ἁμαρτίας, *neque habitabit in corpore quod peccato subditum est.*

2) Serm. in adventu Domini apud Muratorium Anecdot. T. III. pag. 223.

3) Sap. I. 4.

4) Unde patres tridentini in decreto de peccato originali Sess. V. §. III. statuunt: « Si quis hoc Adae peccatum, quod origine unum est, et propagatione non imitatione transfusum omnibus inest unicuique *proprium,* etc. »

5) Serm. de Virginis nativit. pag. 98. col. 2. C. apud Combefisium in Biblioth. concionat. T. VIII.

6) Ibidem pag. 98. col. 2. C-E.

7) Ibid. pag. 98. col. 2. D-E.

struere fas est, quod anima ipsius et caro quam elegit et habitaculum sibi fecit Sapientia Dei Patris, ab omni malitia et immunditia purissima fuerunt, affirmante [1] Scriptura, quoniam *in malevolam animam non introibit Sapientia, nec habitabit in corpore subdito peccatis.* Item e contra asserimus, quia nullo virtutum genere vacabat, cui plenitudinem gratia Dei nuntius asserebat inesse. » Iis ergo quae quum omnium fide tenerentur, vix audita facile probabantur, Fulbertus accenset I. *quod Virginis anima et caro ab omni malitia et immunditia purissima fuerit.* Caro autem Virginis pura *semper fuit*, nec umquam induit ut ab immunditia semel contracta purgaretur. Ergo et eiusdem anima semper pura fuit, nullamque labem recepit qua abluta niteret. Originalis autem culpa labes est, et ea quidem labes, quae universam inficiens naturam, corporis iuxta ac animi sanitatem violat, puritatemque deturpat. Virgo igitur ab eiusmodi labe immunis atque soluta existimanda est. Iisdem II. accenset, *quod Virgo nullo virtutum genere vacarit, utpote quae plenitudine gratiae ditata caelitus fuerit.* Iamvero ad plenitudinem gratiae liquido pertinet quum innocentia numquam laesa, tum puritas nullis umquam culpae tenebris infuscata. Non est autem cur adhibitis argumentis comprobemus, originali labe innocentiam laedi, puritatisque nitorem tenebrescere. Plenitudo igitur gratiae Virginis propria originalis culpae maculas non patitur. Tum III. accenset, *quod Virgo supremo rerum cardini Deo proxima sit; omnibus, licet sanctissimis, praecellat; neque minus a reliquo distet hominum genere, ac stella dux itineris ab iis secernitur omnibus qui inter fluctus huius seculi remigantes ad portum quietis aeternae contendunt.* Haec autem non ferunt, sive ut origo Virginis infecta, sive ut eius candor angelico minor videatur. Tandem IV. ubi caussam Fulbertus aperit tot decorum, quibus insignita Virgo resplendet, divinam eiusdem maternitatem proponit. Nullum vero excogitari ornamentum potest, quod aut hac dignitate sit potius, aut cum hac non iure consertum existimetur.

771. Quare Iohannes damascenus ad hoc alterum respiciens Sapientiae [2] effatum, *iustorum autem animae in manu Dei sunt, et non tanget illos tormentum mortis*, postquam, descriptis redemptionis beneficiis, interrogando [a] petiit, *quaenam igitur immensorum bonorum istorum quae captum omnem et comprehensionem superant, officina fuit? Annon perpetua Virgo quae te in lucem edidit?* De die assumptae Deiparae sermonem [b] instituens pergit: « Videtis huiusce diei gratiam: videtis quam sublimis ac veneranda illa sit cuius nunc laudes celebrantur? Annon tremenda eius mysteria? Annon admirationis plena? Beati, qui vident quantum maxime decet. Beati qui intelligendi sensum sunt consequuti. Quales lucis fulgetrae praesentem noctem illustrant! Qualia angelorum satellitia matris illius ex qua vita orta est, obitum cohonestant! Qualia apostolorum Deo afflante proloquia corporis huius quod Deum suscepit, funus exornant! Quomodo Dei Verbum, quod pro sua miseratione illius effici filius dignatum est, dominicis manibus suis sanctissimae huic divinissimaeque utpote matri ministrans, sacrosanctam suscepit animam? » Quibus e vestigio [c] subdit: « O probum legislatorem! Qui legi subiectus non est, legem implet quam

---

a) Orat. I. in Deiparae dormit. §. III. pag. 860. D.
b) Ibid. pag. 860. D-E.
c) Ibid. pag. 860. E. et 861. A.

1) Sap. I. 4.
2) Sap. III. 1. Graece postremum incisum sic habet: καὶ οὐ μὴ ἅψηται αὐτῶν βάσανος. Quare desideratur *mortis* nomen, quod item desideratur in apologia Luciferi pro Athanasio.

ipse tulit. Siquidem ipse [1]) legem tulit, ut filii debitum officium parentibus tribuant: *honora*, inquit, *patrem tuum et matrem tuam*. Hoc autem verum esse cuivis perspicuum est, qui vel tantillum in divinis Scripturae oraculis eruditus sit. Nam si, ut litterae divinae [2]) ferunt, *iustorum animae in manu Dei sunt;* annon ipsa magis in Filii Deique sui manus animam commendavit? » Quae quidem et Deiparam prae omnibus Unigenito carissimam ostendunt, et illius cum Unigenito penitissimam coniunctionem aperiunt, ipsumque Unigenitum in eam obstrictum demonstrant.

772. Hinc Petrus Damiani de Virgine loquens [3]) orditur his verbis: « Attende autem diligentiam et consequentiam Scripturarum. Spiritus enim sanctus, in cuius fabrica tam veteris quam novi testamenti fuit compositio fabricata, ascensionem Filii et Matris assumptionem simili stilo perambulans, ter [4]) interrogat: *quis est iste?* Et tertio repetit, *quae est ista?* Primum de Filio, postea de Matre videamus. » Iis autem quae ad Filium pertinent expeditis, illico [5]) pergit: « Sed iam vertendus est stilus ad sanctam sanctarum, et illorum verborum enodanda proprietas, quae Virgini matri sunt specialiter dedicata. Sed uti superliminarem titulum in fronte futuri aedificii proponamus, dicamus breviter quia prima interrogatio convenit eius nativitati, secunda eius conversationi, tertia assumptioni. *Quae est ista*, inquit [6]) Spiritus sanctus de eius nativitate, *quae progreditur sicut aurora consurgens, pulcra ut luna, electa ut sol, terribilis ut castrorum acies ordinata?* Haec est [7]) *quae nescivit thorum in delicto*, Virgo Dei Filio singulariter consecrata, specialiter sancto coniugata Spiritui. » Et propterea quo intimius cum Deo coniuncta, eo longius a reliquo hominum genere separata, neque conversatione magis et assumptione, quam nativitate et origine quae fuit delicti nescia et prorsus apparuit candida ut aurora consurgens, pulcra ut luna, electa ut sol, et terribilis ut castrorum acies ordinata.

773. Quibus egregie suffragatur Guerricus abbas, ubi haec exponit [8]) Sapientiae verba: *o quam pulcra est casta generatio cum claritate!* Etenim traducta ad Deiparam [9]) invitatione, *veni electa mea, et ponam in te thronum meum*, scribit [10]): « Non poterat signantius aut elegantius describi praerogativa gloriae eius, quam ut thronus Dei regnantis esse diceretur. Nulli siquidem animae tanta plenitudine aut familiaritate copia sui divina maiestas videtur indulgere, sicut illi in qua specialiter prae ceteris residere delegerit. Discipulis quidem Dominus loquebatur [11]), qui pauperes facti pauperem sequebantur: *in regeneratione cum sederit Filius hominis in sede maiestatis suae, sedebitis et vos super sedes.* Alibi quoque [12]) promittit idem Agonotheta noster de caelo spectans et incitans decertantes: *qui vicerit, dabo ei sedere mecum in throno meo, sicut et ego vici et sedi in throno Patris mei*. Matri vero cuius longe differens est meritum, nihilo minus differens promittit praemium. *Veni*, inquit, *electa mea, et ponam in te thronum meum*. Parum est, inquit, ut iudicanti consedeas, nisi et ipsa mihi sedes fias: ut maiestatem regnantis eo felicius quo familiarius in te contineas, et specialius prae ceteris incomprehensibilem com-

---

1) Ex. XX. 12.
2) Sap. III. 1.
3) Serm. XL. in Virginis assumpt. pagg. 397. col. 2. E. et 98. col. 1. A.
4) Ps. XXIII. 8-10. coll. Cant. III. 6.
5) L. c. pag. 98. col. 1. D-E.
6) Cant. VI. 9.
7) Sap. III. 13.

8) Sap. IV. 1. Graece sic est, κρείσσων ἀτεκνία μετὰ ἀρετῆς, *melius est esse sine filiis cum virtute*. Supple ex praecedentibus, *quam tibi filios adulterio comparare*.
9) In Officio de virginibus.
10) Serm. I. in Virginis assumpt. pag. 1049. A-C. inter opp. Bernardi T. VI.
11) Matth. XIX. 22.
12) Apoc. III. 21.

prehendas. Continuisti parvulum in gremio, continebis immensum in animo: fuisti diversorium peregrinantis, eris palatium regnantis: fuisti tabernaculum pugnaturi in mundo, eris solium triumphantis in caelo: fuisti thalamus sponsi incarnati, eris thronus regis coronati. » Tum [1]) oratione ad Unigenitum directa subdit: « O Fili Dei, nihil tibi, nihil in illo tuo displicuit hospitio, quod tam libenter repetit, tamque affluenter remunerat tua dignatio. Nihil utique in illo sordidum offendisti, quia nulla erat libido, sed purissima castitas: nihil ruinosum, quia nulla erat superbia sed fundatissima humilitas: nihil obscurum, quia exclusa erat infidelitas: nihil angustum, quia diffusa erat caritas. Adornaverat thalamum Virgo prudentissima te regem Christum non solum hospitem susceptura, sed et sponsum habitura. Adornaverat, inquam, multiplici decore virtutum et gloria, tanto fortasse locupletius, quanto interius totum erat. Hunc ornatum mirabatur qui [2]) dicebat: *omnis gloria eius filiae regis ab intus, in fimbriis aureis, circumamictu varietate.* Et [3]) alius: *o quam pulcra est casta generatio cum claritate!* Domum tuam decet, Domine, huiusmodi sanctitudo et decor. Is decor te invitavit ut intrares, illexit ut redires. Intrans benedictionis gratiam multiplicasti, sed rediens cumulasti. Cum intrasti, homo natus es in ea: cum rediisti, Deus glorificatus es in ea. Tunc tibi posuisti in ea sacrarium gratiae, nunc autem thronum gloriae. » Quibus minime contentus [4]) addit: « Dicuntur quidem et sunt alii throni, quidam scilicet Spiritus divini prae aliis, ut putamus, subiectis ordinibus Dei praesidentis maiestate pleni: quorum quae sit praerogativa, Scriptura non exprimit, licet innuat ex vocabulo quod nonnulla sit. Sed et anima cuiuslibet iusti dicitur sedes Sapientiae. Quae autem nunc est sedes Sapientiae, profecto tunc erit et gloriae. Sit igitur illud caeli palatium plenum sedibus et thronis, sedeatque Deus in omnibus accommodans se et aptans cuique pro meritis. Non immerito tamen creditur sine iniuria vel invidia ceterarum sedium, quoddam esse speciale regis solium excelsum et elevatum super gloriam omnium, Mariam dico exaltatam super choros angelorum, ut nihil contempletur supra se Mater nisi Filium solum, nihil miretur supra se Regina nisi Regem solum, nihil veneretur supra se Mediatrix nostra nisi Mediatorem solum. » Quemadmodum igitur Virgo supra omnes splendet evecta creaturas, evecta speciali cum Deo coniunctione, evecta incredibili gratiae ubertate et evecta immenso pondere gloriae; ita una cum Filio proprium singularemque ordinem constituit. Ordinem nimirum constituit mediatoris et mediatricis, atque adeo ordinem cui nihil cum culpa potest esse commune.

774. Consentit Bernardus, qui prae oculis habens effatum [5]) Sapientiae, *incorruptio autem facit esse proximum Deo,* ubi gradus recenset per quos Maria ad Christum vitae fontem ascendit, ut ex eo instar aquaeductus salutares aquas ad nos usque diduceret, alterum gradum [6]) his verbis exponit: « Videsne quod et hoc nihilo minus modo aquaeductus noster ascendit ad fontem, nec sola iam oratione caelos penetrat, sed etiam incorruptione quae proximum Deo facit, sicut Sapiens [7]) ait? Erat enim Virgo sancta corpore et spiritu, cui specialiter esset [8]) dicere: *conversatio nostra in caelis est.* Sancta, inquam, corpore et spiritu, ne quid forsitan super hoc dubites aquaeductu. » Et esset profecto cur de praerogativa Virginis, qua mediatrix et aquaeductus creditur, ambigeretur, nisi ea a-

---

1) L. c. n. 6. pag. 1049. C-E.
2) Ps. XLIV. 14.
3) Sap. IV. 1.
4) L. c. n. 7. pag. 1049. E-F.
5) Sap. VI. 20. Graece, ἀφθαρσία δὲ ἐγγὺς εἶναι ποιεῖ θεοῦ.
6) Serm. de Virginis nativit. n. 9. pag. 1021. C-E. opp. T. III.
7) Sap. VI. 20.
8) Philipp. III. 20.

nimo iuxta ac corpore semper fuisset immaculata. Quare [1]) Hildephonsus ceteris Virginis laudibus quas longa oratione pertexit, has etiam adiicit: « Quod si anima iusti cuiuslibet sedes est Sapientiae, teste [2]) Scriptura: multo magis huius anima quam Spiritus sanctus sic implevit etiam ante conceptionis horam ut salutaretur ab Angelo. Ait [3]) enim: *ave Maria gratia plena, Dominus tecum, benedicta tu in mulieribus.* Ad quam ita mox ingressus Filius Dei, qui est virtus et sapientia Patris, sic replevit, sicque possedit ut in ea Verbum caro fieret: et habitavit totus Deus in homine. Et ideo totus in nobis, quia totus Deus in ea fuit: ac per hoc quem caeli et terra non capiunt, totum concepit Virgo de Spiritu sancto et peperit pro salute mundi Deum et hominem. Ideo cogitate cum omni integritate fidei, cogitate, inquam, animam huius Virginis, quia commercium tanti muneris non fide digne nec cogitare possumus. Quoniam haec est anima illa beata, per quam auctor vitae ingressus est mundum, per quam omnis maledictio soluta est priorum parentum, et caelestis benedictio in totum venit mundum. Haec est Virgo, in cuius utero omnis Ecclesia subarrhatur. Coniuncta Deo foedere sempiterno creditur. Post Christum qui caput est et Deus totius Ecclesiae, haec Virgo gloriosa refulget etiam super choros, ut cantatur, exaltata angelicos. »

775. Si ergo corpus, ex quo Verbum carnem suscepit, nullum umquam contraxit naevum, suumque semper servavit candorem, infectam ne aliquando suaque virginitate expoliatam eam animam arbitrabimur, *per quam auctor vitae ingressus est mundum, per quam omnis maledictio soluta est primorum parentum, et per quam caelestis benedictio in totum mundum venit?* Eam animam quae specialis fuit Sapientiae sedes, et quae Verbum antea concepit quam ipsum carne conciperetur? Nihil profecto minus: coniuncta namque cum Deo fuit *foedere sempiterno,* nihilque omnino habuit quod sibi suaeque originali innocentiae a serpentis viru pertimesceret. Egregie [4]) Fulbertus carnotensis: « Dixit Aeternus ad mulierem, Deus [5]) ad serpentem: *inimicitias ponam inter te et mulierem, et semen tuum et semen illius.* Quid est, fratres, in hoc loco caput serpentis conterere, nisi principalem diaboli suggestionem, idest, concupiscentiam resistendo superare? Si ergo quaeratur, quaenam mulier huiusmodi victoriam operatura sit; profecto non reperitur in linea generationis humanae donec perveniatur ad illam, de qua agitur, sanctarum sanctam. At si interrogatur, in quo serpentis caput vel ipsa contriverit? Nimirum in eo quod virginitatem simul et humilitatem Deo sacrificavit. Virginitate namque servata probatur extinxisse concupiscentiam carnis: humilitate, quae facit pauperem spiritu, concupiscentiam mentis. Sicque principali suggestione diaboli victa, vitiosum caput virtutis pede contrivit. Non tamen hoc solo, sed eo quam maxime triumphavit, quod de sua mundissima carne corporata Sapientia vicit usquequaque malitiam [6]) *attingens a fine usque ad finem fortiter, et disponens omnia suaviter.* Haec est ergo mulier ad quam divinum illud intendebat oraculum, hanc quandoque nascituram innuebat, hanc singulariter intimabat.

776. De hac autem [7]) Andreas cretensis ait: « Spiritus omnes interpretes de te futura

---

[1]) Serm. II. in Virginis assumpt. p. 672. col. 1. B-E. apud Combefisium biblioth. concionat. T. VII.

[2]) Sap. VII.

[3]) Luc. I. 28.

[4]) Serm. de Virginis nativit. pag. 98. col. 1. B-E. apud Combefisium biblioth. concionat. T. VIII.

[5]) Gen. III. 15.

[6]) Sap. VIII. 1. Graece, διατείνει δὲ ἀπὸ πέρατος εἰς πέρας εὐρώστως, καὶ διοικεῖ τὰ πάντα χρηστῶς.

[7]) Serm. III. in Deiparae assumpt. pagg. 692. col. 2. E. et 693. col. 1. A-D. apud Combefisium in biblioth. concionat. T. VII.

cecinere. » Quod ut prolatis [1]) in medium oraculis confirmavit, illico [2]) pergit: « Tu tremendae dispensationis magnificum opus, in quod [3]) desiderant angeli prospicere. Tu elegantissimum Dei se nobis inclinantis domicilium, terra vere desiderabilis. Concupivit [4]) enim rex gloriam decoris tui, et [5]) amator factus est divitiarum virginitatis tuae; ac in te habitavit, estque [6]) moratus apud nos, ac per te nos [7]) Deo ac Patri reconciliavit. Tu thesaurus sacramenti a seculis absconditi. O divinum templum, ac mulier terrena! O nubes undequaque lucida! O aurum omne, omnemque rem in sensum cadentem ac spiritalem munditia vincentem! O virginalis terra, ex qua secundus Adam ac veteri antiquior prodiit! Tu enim es illa reipsa [8]) vere pulcra, et macula non est in te. » Quo et haec merito referuntur [9]) ex Coptorum monimentis: « Multa namque sunt encomia tua, o tu quae decorata fuisti omni honore, quod [9]) exstiteris Sapientiae habitatio. » Neque haec minus referuntur [10]) quae Petrum Damianum auctorem habent:

» Maria decus hominum,   » Septem columnis edita
» Regis aeterni solium,   » Domus a Sapientia.

CAPUT III.

De iis quae ex Psalmorum libro ad Deiparam suffragio maiorum relata occurrunt: splendidiora memorantur, et una cum illis veterum interpretationes proferuntur: cuiusmodi ex hisce prodeat Virginis effigies, quam pura, quam innocens et a quavis tam originali quam actuali labe alienissima.

777. De Psalmorum libro non id verissimum dumtaxat est quod habet [11]) Ambrosius, eo contineri *sermonem universorum et vocem Ecclesiae;* sed indubitatum pariter est quod b) Athanasius scite monet his verbis: « Omnis nostra Scriptura cum vetus tum nova divinitus inspirata utilisque ad doctrinam est, ut [12]) scriptum habetur. Attamen Psalmorum liber quaedam observatu digna habet iis, qui attendere voluerint. Quilibet enim liber suum quod praefert, argumentum tractat et prosequitur: verbi gratia Pentateuchus mundi originem, gesta patriarcharum, exitum Israelis ex Aegypto et Legis traditionem: Triteuchus, sortium distributionem, Iudicum acta, Davidis genealogiam: libri Regum et Paralipomenorum gesta regum: Esdras captivitatis solutionem, reditum populi, templi et urbis constructionem: Prophetae prophetias de adventu Salvatoris, de praeceptis servandis monita,

---

a) Theotoch. pag. 125 tetrast. V.
b) Epist. ad Marcellinum in interpretationem Psalmorum §. II.

1) Ex. III. 3., Ps. XLIV. 13., CXXXI. 8, Cant. III. 6. VI. 8., Is. VII. 14, XI. 10., Ezech. XLIV. 1, Daniel. IX. 23.
2) L. c.
3) I. Petr. I. 12.
4) Ps. XLIV. 12.
5) Sap. VIII. 2. καὶ ἐραστὴς ἐγενόμην τοῦ κάλλους αὐτῆς, *et amator factus sum formae illius.*
6) Ioh. I. 14.
7) Ephes. III. 9.
8) Cant. IV. 7.
9) Sap. VII. 14-29.
10) Hymn. ad tertiam, pag. 10. col. 1. E. opp. T. IV.
11) Praefat. in Psal. n. 9.
12) II. Tim. III. 16.

praevaricantium reprehensiones, vaticinia de gentibus. At liber Psalmorum, omnium reliquorum fructus quasi insitos in se continens, cantus edit, et proprios insuper cum ipsis inter psallendum exhibet. » Talis vero quum sit Psalmorum ratio, fieri nullatenus potuit ut maiores nostri qui multa ex aliis Scripturarum libris decerpta ad Deiparam accommodarunt, non item plura ex Psalmis hausta eodem consilio eademque mente adhibuerint. Et adhibuerunt sane, quemadmodum ea quae certis comprehensa articulis subdimus liquido patefacient.

ARTICULUS I.

De Psalmo XLIV., eiusque nominatim commatibus 10-17: describuntur, et ecclesiastica eorumdem ad Deiparam relatio comprobatur: quid cum hac sive relatione sive accommodatione consertum sit, quamque vindicandis immaculatis Deiparae primordiis conducat: succedunt maiorum enarrationes, atque ex illis ducta immaculati conceptus confirmatio.

778. Concordem penes maiores nostros sententiam de psalmo XLIV. luculenter complexus est Beda, ubi enarrans illius titulum, *in finem, pro iis qui commutabuntur. Filiis Core, ad intellectum. Canticum*[1] *pro dilecto*, scribit: « *In finem* Dominum Salvatorem designat. *Pro iis qui commutabuntur* de errore ad fidem, de gentilitate ad Ecclesiam, de certamine martyrii ad palmam victoriae, de tristitia seculi ad gaudium sempiternum. *Filiis Core, ad intellectum:* filiis Crucis; ad intelligendum spiritualiter psalmum: ne de Salomone interpretandum putes, quamvis et ipse [2] *dilectus* sit appellatus. *Canticum pro dilecto*, pro Filio cui dicitur *hic est Filius meus dilectus*. Caelestibus epulis propheta saginatus praeconia se dominicae incarnationis eructare promittit, ut unde ipse satiatus fuerat, inde pascerentur et alii. Prima pars huius epithalamii Sponsi continet laudes, idest, Domini Salvatoris, quatuor modis. *Eructavit cor meum verbum bonum.* In secunda, simili mysticarum virtutum numero quatuor modis sponsa praedicatur Ecclesia. *Audi filia et vide*, et cetera. »

779. Enimvero hunc psalmum eo pertinere, ut Christi regis atque sponsi cum Ecclesia regina atque sponsa purissimum sempiternumque coanubium praenuncietur, omnes testantur quotquot sive graeci sive latini illum explanarunt. Omnium instar sit [a] Basilius qui sic habet: « De Ecclesia modo verba facit, de qua in cantico didicimus, quod una sit perfecta Christi columba, quae ad dexteram Christi partem rapit eos qui bonis operibus conspicui sunt, segregans illos a pravis, *sicut pastor* [3] *segregat oves ab haedis.* » Neque

---

a) Apud Corderium in exposit. pp. graec. in Ps. XLIV. 10. pag. 853. C-D.

---

1) Hebraice, שִׁיר יְדִידֹת, quae Aquila reddit ᾆσμα προσφιλίας, *carmen suavitatis*. Pressius, si plurale femininum יְדִידֹת neutra significatione accipiatur, *carmen dilectorum*, sive rerum dilectarum, cuiusmodi profecto est Christi cum Ecclesia connubium.

2) II. Reg. XII. 25.

3) Matth. XXV. 32.

mirum, quum et [1]) Iudaei idipsum existimarint, et Paulus in epistola ad Hebraeos [2]) controversiam omnem funditus diremerit. Iure ergo Antonius Agellius psalmorum cultissimus interpres [3]) ad haec tituli verba, *Canticum pro dilecto,* monuit: « Dilectus vere est ille Patris Unigenitus, ut ipse [4]) testatus est: *hic est filius meus dilectus,* in quem hic psalmus et hoc canticum dicitur. Quod adeo verum est, ut non modo nostrorum omnium et beati Pauli auctoritati nitatur, verum etiam inimicorum nominis Christi Iudaeorum confessione comprobetur. » Et iure de argumento psalmi [5]) agens scripsit: « Sacrum Christi et Ecclesiae connubium celebrat, ac primum Sponsi decorem, gratiam, fortitudinem, regias virtutes, regiam dignitatem, vestimentorum fragrantiam praedicat; tum Sponsae laudes persequitur, eamque monet ut parentum oblita soli Sponso dedita sit. » Hinc ipse quoque Carolus Rosenmüllerus [6]) rei perspicuitate victus adnotavit: « Optime omnia in hoc psalmo inter se congruere, si antiquiorum Hebraeorum sequuti sententiam, magni illius regis Messiae virtutes et laudes, simulque felicitatem olim futuram gentis prae ceteris omnibus ipsi dilectae, sibique tamquam sponsae coniunctae carmine hoc celebrari statuamus. Per totam enim posteriorem carminis partem regnat illa prophetis Hebraeorum tantopere adamata [7]) allegoria, qua Dei erga populum suum affectus amoris coniugalis imagine sistitur, et per varias partes et minutiora adiuncta saepe deducitur. In qua quidem allegoria deducenda et exornanda totum versatur *Canticum* quod dicitur *canticorum,* cuius idem ac nostri psalmi esse argumentum, apud sanos interpretes nulla est dubitatio. »

780. In hoc autem psalmo quae ad Ecclesiam nobilissimo *Sponsae, Filiae* atque *Reginae,* schemate adumbratam referuntur, ista [8]) sunt: « Astitit [9]) regina a dextris tuis in vestitu deaurato, circumdata varietate. Audi filia [10]) et vide, et inclina aurem tuam, et obliviscere populum tuum, et domum patris tui. Et [11]) concupiscet rex decorum tuum: quoniam ipse est Dominus Deus tuus, et adorabunt eum. Et filiae Tyri in muneribus vultum tuum deprecabuntur, omnes divites plebis. Omnis gloria eius [12]) filiae regis ab intus, in fimbriis

---

1) Cf. chaldaeum interpretem ad v. 3.
2) Hebr. I. 8-9. coll. Ps. XLIV. 7-8.
3) Comm. in Ps. XLIV. pag. 201. col. 2. D.
4) Matth. III-XVII.
5) Ibid. pag. 201. col. 2. E.
6) Schol. in Ps. XLV. pag. 1012. Praeiverat I. H. Michaelis in adnotatt. uberioribus in Hagiogr. T. I. p. 283.
7) De hac allegoria videsis Is. LIV. 5., LXII. 5., Ierem. III. 1. seqq., Ezech. XVI-XXIII., Matth. IX. 15., Ioh. III. 29., II. Cor. XI. 2., Ephes. V. 2., seqq. Apoc. XIX. 7., XXI. 2., XXII. 17. et Lowthum de sacra Hebr. poesi praelect. XXXI.
8) Ps. XLIV. 10. 17.
9) Hebraice, נִצְּבָה שֵׁגַל לִימִינְךָ בְּכֶתֶם אוֹפִיר

adstitit regina (quae non alibi reperitur שֵׁגַל dicta, nisi Neh. II. 7., et in chaldaicis Danielis V. 2-3-23) *dexterae tuae* (utpote loco honestiori, I. Reg. II. 19) *in auro ophiritico,* tota auro, aureisque ornamentis induta.

10) Ad rem in paraphrasi Chaldaeus, *audi congregatio Israelis, legem oris eius.* In commentario patrum apud Corderium pag. 838. A. legimus: «ῶς γὰρ ἡ νύμφη θυγάτηρ ἐστὶ τοῦ αὐτοῦ, πῶς δὲ ἡ θυγάτηρ νύμφη; ἐπὶ μὲν τῶν σωματικῶν οὐκ ἔνι, ἐπὶ δὲ τοῦ θεοῦ ἀμφότερα ἔνι· αὐτὸς γὰρ αὐτὴν καὶ ἀνεγέννησε διὰ τοῦ βαπτίσματος, αὐτὸς δὲ ἡρμόσατο. *Quomodo enim sponsa filia sit eiusdem, et quomodo filia sponsa? In rebus quidem corporeis hoc fieri non potest, in Deo autem utrumque locum habet. Siquidem ipse illam et per baptismum genuit, et sibi desponsavit.* Simillima dabit Theodoritus.

11) Hebraice, וְיִתְאָו הַמֶּלֶךְ יָפְיֵךְ כִּי־הוּא אֲדֹנַיִךְ וְהִשְׁתַּחֲוִי־לוֹ:

Et (significatione rationali, sic enim) *concupiscet rex pulcritudinem tuam, ipse enim* (est) *dominus tuus, et* (tu) *adorabis eum.*

12) Hebraice, כָּל־כְּבוּדָּה בַת־מֶלֶךְ פְּנִימָה מִמִּשְׁבְּצוֹת זָהָב לְבוּשָׁהּ:

Totus splendor (eadem forma ac Ps. XXXIX. 6. *tota vanitas*) *filia regis intrinsecus* (in interiore regia regio sanguine creta), *ex ocellatis auri vestimentum eius,* idest, vestis eius auro intertexta.

aureis, circumamicta varietatibus. Adducentur regi [1]) virgines post eam, proximae eius afferentur tibi. Afferentur in laetitia et exsultatione, adducentur [2]) in templum regis. » Quae Cardinalis Thomasius hac paraphrasi [3]) evidentius enarrat: « Tua coniux regina adstitit tibi proxima ad dexteram in vestitu aureo, circumamicta veste variegata, varioque omnis generis ornatu. Tu autem iunior filia, electa sponsa atque regina, audi verba Messiae regis et sponsi tui, et mentis oculis ea intuere, ac aurem tuam ad obediendum illi humiliter porrige: et adhaesura novo sponso, obliviscere idololatriae morumque pravorum veteris populi tui, ac paternae domus tuae: et si hoc feceris, diliget Rex sponsus tuus pulcritudinem tuam: obliviscere ergo maiorum tuorum, et ausculta tuo sponso, quia ipse est Dominus Deus tuus, et quem adorabunt, allatis muneribus, et filiae quoque alienigenae, ut sunt mulieres tyriae. Propter quem sponsum tuum tibi quoque supplicabunt venerabundi ditissimi quique populorum ac principes. Universa praecipue gloria eiusdem sponsae filiae regis intrinsecus est: quae sponsa extrinsecus quoque limbis et fasciis est aureis circumamicta et variegata. Adducentur ad te Regem sponsum virgines aliae post sponsam eam tuam: eiusque propinquae et amicae adducentur ad te, adducentur, inquam, ad te cum laetitia et exsultatione, ducenturque in templum usque ad thalamum tuum, o sponse Rex. »

781. His porro quemadmodum Ecclesia omnibus praefertur, et nobilissimis *Sponsae Filiae* atque *Reginae* nominibus insignitur; ita illius decus atque venustas summopere extolluntur, eiusque cum Sponso atque Rege coniunctio perpetua nec umquam dirimenda praenunciatur. Quare in commentario patrum [a]) apud Corderium legimus: « Alius pro *adstitit*, legit *stabilita est*, idest firmiter et immobiliter stetit. Nam [b]) *portae inferi non praevalebunt adversus eam.* » Et ipsa est [b]) *columna et firmamentum veritatis*, et ad ipsam [c]) haec spectant: « Nemo enim umquam carnem suam odio habuit, sed nutrit et fovet eam, sicut et Christus Ecclesiam. » Quid iamvero putabimus, si haec ipsa ad Deiparam traducta solemniterque accommodata invenerimus? Putabimus videlicet Ecclesiae atque Deiparae dotes sibi invicem esse simillimas: simillimam esse utriusque originem: simillimam utriusque cum Christo sponso atque rege coniunctionem: simillimam speciem et venustatem, ac simillimam dignitatem et praestantiam. Atque I. origo Ecclesiae pura est atque sancta, ea namque concepta primum fuit atque in lucem edita lavacro regenerationis. Hinc Pauli [d]) verba: « Christus dilexit Ecclesiam, et seipsum tradidit pro ea, ut illam sanctificaret, mundans lavacro aquae in verbo vitae, ut exhiberet ipse sibi gloriosam Ecclesiam, non habentem maculam aut rugam, aut aliquid huiusmodi, sed ut sit sancta et immaculata. » Atque hinc preclarissima [5]) in Actis formula, ἐβαπτίσθησαν καὶ προσετέθησαν, *baptizati sunt et appo-*

---

a) Exposit. pp. graec. in Ps. XLIV. 10. pag. 837. B.
b) I. Tim. III. 15.
c) Ephes. V. 29.
d) Ephes. V. 25-28.

1) Hebraice, לִרְקָמוֹת תּוּבַל לַמֶּלֶךְ בְּתוּלוֹת אַחֲרֶיהָ רֵעוֹתֶיהָ מוּבָאוֹת לָךְ׃ *Vestibus acu pictis adducetur regi, virgines post eam, sociae eius, adducentur tibi.*

2) Hebraice, תְּבֹאֶינָה בְּהֵיכַל מֶלֶךְ *Introducentur in palatium regis.*

3) In Psalterio perpetua interpretatione ornato, pagg. 164-165. opp. T. III.
4) Matth. XVI. 18.
5) Act. I. 41.

siti sunt Ecclesiae. Ad haec II. Ecclesiae cum Christo coniunctio perpetua est neque solutioni obnoxia: de ea namque legimus [1]), *et portae inferi non praevalebunt adversus eam;* et [a]) rursum, *erunt duo in carne una. Sacramentum hoc magnum est, ego autem dico in Christo et in Ecclesia.* Praeterea III. Ecclesiae species atque venustas eiusmodi est, quae in sui amorem ipsum rapiat caelestem regem: *et concupiscet rex decorem tuum. Viri* [b]) *diligite uxores vestras, sicut et Christus dilexit Ecclesiam.* Tandem IV. summa Ecclesiae dignitas atque excellentia iis praeclare titulis effertur, quibus et *Sponsa et Filia et Regina* salutatur. Haud aliter ergo Deiparae origo habenda erit pura atque sancta, eius cum Christo coniunctio perpetua nec umquam abrupta, species et venustas inter res creatas omnes maxima, dignitas vero et excellentia talis, quae *Filiae, Sponsae* atque *Reginae* nominibus proportione respondeat.

782. Ceterum haec consequutionum series, alioqui firmissima, *ex conditione* pendet a nobis quidem sumpta sed minime demonstrata, quaeque tamen nisi sibi valide constet, totum labatur superexstructum aedificium necesse est. Conditio vero qua de loquimur, huc recidit: *publico solemnique usu transferri ad Deiparam consuevisse quae in psalmo quadragesimoquarto ad Ecclesiam proxime pertinent.* Sed enimvero nihil eiusmodi conditione manifestius, nihil exploratius, et nihil quod graviori auctoritate confirmetur. Ea namque accommodatio confirmatur hinc quidem *receptis vulgatisque in Ecclesia Officiis, quibus Deipara colitur*, inde vero *gradualibus, introitu, aliisque precibus quae in Missis ad celebrandam Deiparam institutis usurpantur.* In his enim tum [2]) Officiis quum [3]) Missis verba psalmi quae proxime in Ecclesiam quadrant, ad Virginem eiusque efferendas dotes constantissime transferuntur. Testimonia quae id ostendunt, neque evidentiora esse possunt, neque ad gignendam fidem assensionemque creandam opportuniora. Conditio igitur quae nos habebat solicitos, indubia est, atque indubiae idcirco sunt consequutiones quibus *origo Virginis sancta, illius cum Christo societas perpetua, decus maximum et dignitas summa* comprobantur.

783. Video tamen ac probe intelligo his omnibus non minimum firmitatis atque luminis addi posse, si in medium promantur quae huc spectantia in maiorum commentariis, Ecclesiaeque monimentis continentur. In his autem praeter [4]) alia reperimus quae [c]) subdimus: « Propheta David per te Numinis progenitor factus, dulci cantu ad eum qui fecit tibi magna hunc in modum vaticinatus exclamavit: adstitit [5]) Regina a dextris tuis. Te enim matrem vitae conciliatricem demonstravit Deus, qui ex te sine patre humanam in-

---

a) Ephes. V. 31-32.
b) Ephes. V. 25.
c) Men. die XXVII. Ianuarii pag. 199. col. 2. A. ad Vesperas, auctore *Cosma*.

1) Matth. XVI. 18.
2) Videsis Officium rom. de festis beatae Mariae virginis per annum, et Officium quo eiusdem assumptio celebratur. In hoc Officio ipsi etiam Graeci, uti liquet tam ex Menaeis die XV. Augusti pag. 82. col. 2. B., quam ex Anthologio pag. 527. col. 2. C., ad laudes Virginis psalmum quadragesimumquartum accommodant.
3) Confer utrumque missale, romanum et Mozarabum, tuisque oculis usurpabis in Missis Conceptionis, Nativitatis, Praesentationis, Visitationis, Assumptionis et votivis psalmum quadragesimumquartum constantissime adhiberi.
4) Antholog. die XV. Augusti ad vesperas pag. 525. col.1.C. Νύμφη ἡ τοῦ Θεοῦ, βασίλισσα παρθένος, τῶν ἐκλεκτῶν ἡ δόξα, καύχημα τῶν παρθένων, πρὸς τὸν υἱὸν μεσίσταται. *Sponsa Dei, regina virgo, electorum gloria, virginum corona ad Filium transfertur.*
5) Ps. XLIV. 10.

duere naturam selegit, ut suam ipsius imaginem passionibus depravatam refingeret, et ovem quam errantem [1]) et in montibus deperditam invenit humeris susceptam ad Patrem reduceret, suoque nutu cum supernis Virtutibus copularet, et mundum, o Dei genitrix, servaret Christus cui magna et dives est misericordia. » Tum haec reperimus quae [a]) Theophani debentur: « Davidicum carmen hodie populi cantemus Christo Deo: *adducentur* [2]) *regi virgines post eam, adducentur in laetitia et exsultatione.* Illa enim ex Davidis semine, per quam divinae naturae consortes evasimus, in Filii sui et Domini manibus gloriose et supra quam capi animo possit transfertur. Hanc ut Dei matrem celebrantes clamamus atque dicimus: nos qui te Deiparam confitemur, serva ab omni adversitate, animasque nostras ex periculis redime. » Atque haec rursum quae [b]) Basilio hymnographo in acceptis referimus: « Tibi concinens David exclamavit, te vocans filiam regis, te videns pulcritudine virtutum ornatam a dextris Dei stantem; unde vaticinans cecinit, vere superior omnibus exsistis, o innocens Virgo. » Neque omittenda sunt quae ex Gregorio thessalonicensi Graecorum schismati addicto refert Nicodemus, ut Iohannis damasceni troparion ex ode prima in Virginis dormitionem explanet. Damasceni [c]) troparion sic habet: « Digne te tamquam animatum caelum susceperunt caelestia divina tabernacula, o innocentissima, et adstitisti splendide decora, ceu sponsa cuiusvis funditus inscia labis, regi et Deo. » Gregorius vero thessalonicensis [d]) scribit: Haec sola prae omnibus Dei quidem mater ex natura super universam naturam apparuit, regina vero universae creaturae mundanae et supermundanae propter ineffabilem partum exstitit. Atque hoc pacto se inferiores per semetipsam exaltans, et quod in terra subditum ac terrenum erat caeleste reddens beati generis beatissima regina adstitit, nunc etiam caelum habens dignum habitaculum, veluti convenientem sibi regiam, in quod hodie e terra translata est et a dextris collocata summi regis in vestitu deaurato circumdata, variegata, quemadmodum propheta psaltes de ea cecinit. Vestitum autem deauratum intellige eiusdem corpus divine splendidum et omnigenis instructum virtutibus. » Et [e]) mox: « De summorum quidem angelorum taxiarchia Isaias [3]) scribit: *et Seraphim steterunt circa eum;* de ipsa *(Deipara)* vero David [4]) dixit: *adstitit regina a dextris tuis.* Cernitis stationis discrimen? Ex hoc integrum vobis est discrimen quoque ordinis colligere secundum dignitatem. Circa Deum quidem adstant seraphim, sed illi ipsi propinqua adstat sola universorum regina; neque modo illi propinqua adstat, sed omnino a dextris. Bene habet. Ubi enim Christus in caelis sedet, in dextera videlicet maiestatis; ibi ipsa quoque e terris nunc in caelos translata consistit: non solum quod amat et prae omnibus impensissime amatur, ipsique naturae legibus; sed etiam quod illius vere est thronus. Ubi autem rex sedet, ibi quoque thronus adest. Hunc thronum, Dei nempe matrem, Isaias quoque medium inter seraphicum illum chorum et vidit

---

a) Antholog. die XV. Augusti ad Vesperas pag. 526. col. 2. E.
b) Men. die XXI. Novembris Ode θ'. pag. 160. col. 1. B.
c) Apud Nicodemum in Heortodromio pag. 680. A.
d) Ibid. pag. 680. B-C.
e) Ibid. pag. 680. D-E.

1) Luc. XV. 14.
2) Ps. XLIV. 15-16. Adductis similia aut etiam gemina habentur in Octoecho pag. 99. col. 1. A., in Paraclit. pag. 251. col. 1. E., et in Men. die I. Septembris Ode θ'. pag. 12. col. 2. B. et die XI. Ode η'. pag. 82. col. 1. E.
3) Is. VI. 2.
4) Ps. XLIV. 10.

et dixit sublimem et exaltatum, atque omnino thronum caelestes Virtutes supergredientem. Quare ipse etiam Ezechiel [1]) eosdem inducit angelos propter Dei matrem Deum laudantes et dicentes, *benedicta gloria Domini a loco suo.* »

784. Itaque verba psalmi ad Deiparam ita referuntur, ut I. ea salutetur *innocentissima, a quavis soluta labe peccati, electorum gloria, Dei sponsa, universaeque creaturae visibilis atque invisibilis regina.* Ut II. illi tribuatur, *quod prae omnibus Deum amet, et ipsa a Deo vicissim impensius ametur.* Ut III. inter illius praerogativas numeretur, *quod sit vitae conciliatrix, caussa renovatae hominum naturae, medium reductae ovis quae perierat, et instrumentum per quod in divinae naturae consortium provecti sumus.* Ut IV. *non aliter repraesentetur ac cum Christo rege atque sponso penitissime coniuncta; coniuncta in oeconomia reparationis, in qua et ipsa mediatrix est; et coniuncta in statu glorificationis, in quo regina a dextris regis collocata dominatur.* Ut V. affirmetur, *ex ipsa una cum Filio novum quemdam singularemque prodire ordinem tum gratiae, tum gloriae: novum ordinem gratiae, utpote ordinem mediatoris et mediatricis: ac novum ordinem gloriae, utpote ordinem regis atque reginae.* Ut tandem VI. illius decora atque ornamenta *ex naturae prope legibus tributa* spectentur, eoque ex sese pertinentia *ut in illis supremus divinae gloriae apex per creaturas manifestatus* enitescat. Iamvero vix quidquam horum est, quod cum immunitate a peccato originali non intime iunctum sit atque consertum.

785. Quae arctissima coniunctio haud paullo apparebit evidentior, si patres scriptoresque ecclesiastici adeantur, e quorum numero primus occurrit senex ille cuius [2]) in epistola ad Marcellinum Athanasius meminit, quique materiem ordinemque Psalmorum enarrans, inter cetera de Davide [a]) monuit: « Quin et Christum ipsum venturum minime ignoravit, imo ea de re mentionem facit [3]) psalmo quadragesimoquarto. Et ne quis eum secundum phantasiam venisse arbitretur, significat eum ipsum hominem futurum, illumque esse per quem omnia facta sunt, cum dicit [4]) in psalmo octogesimosexto: *mater Sion dicet, homo et homo natus est in ea, et ipse fundavit eam Altissimus.* Hoc enim perinde est [5]) ac si diceret: *et Deus erat Verbum, omnia per ipsum facta sunt, et Verbum caro factum est.* Quare cum ex Virgine nasciturum sciret, nequaquam id siluit, sed statim huius rei indicium dedit in [6]) quadragesimoquarto: *audi filia et vide et inclina aurem tuam et obliviscere populum tuum et domum patris tui, quia concupiscet rex decorem tuum, quoniam ipse est Dominus tuus.* Hoc quippe simile est huic [7]) Gabrielis dicto: *ave gratia plena Dominus tecum.* Nam ubi eum Christum dixisset, humanam statim generationem ex Virgine factam declaravit verbis, *audi filia.* Et Gabriel quidem ex nomine *Mariam* appellat, quod genere ab illa alienus esset; at David ipsam ex suo semine oriundam *filiam* merito vocat. » Res igitur est neque mediae neque infimae aetatis, sed omnino vetustissimae, quod psalmus quadragesimusquartus ad Deiparam referatur, ex eoque verba petantur quibus eius dignitas atque singularis praestantia declaretur.

786. Cuiusmodi vero censeri ipsa debeat, eiusdem occasione psalmi, praeter [8]) vul-

---

a) Ibid. § VI.

1) Ezech. III. 12.
2) Epist. ad Marcellin. in Interpret. Psalm. §. 1.
3) Ps. XLIV. 7-8.
4) Ps. LXXXVI. 5.
5) Ioh. I. 1-2-14.
6) Ps. XLIV. 11-12.
7) Luc. I. 28.
8) Orat. I. in Virginis annuntiat. pag. 13. D.

gatum neocaesariensem Gregorium haud obscure significat [a] pseudo-Athanasius qui primum de Christo ait: « Cum enim natus ex Virgine omnia compleverit quae spectant ad oeconomiam mortis et crucis, et post resurrectionem [1] dixerit: *data est mihi omnis potestas in caelo et in terra:* iam inde regnavit, et Christianorum rex praedicatur, quemadmodum initio precum mutuo compellantes clamare solent: *venite adoremus et procidamus coram Christo rege nostro.* Et venturus in magno et illustri secundo adventu suo ipse manebit rex in secula, et regni eius non erit finis. Siquidem is ipse qui ex Virgine natus est, rex est et ipse Dominus Deus. Eiusque gratia quae ipsum genuit, regina, domina et Deipara proprie ac vere praedicatur. » Tum [b] pergit: « Atque hinc decet, nos eam et ex ea genitum carniferum Filium respicientes [2] dicere: nunc *adstitit a dextris tuis in vestitu deaurato, circumamicta, circumdata varietate.* Ut enim femina, regina est atque domina et mater Dei: iamque ut regina adstans a dextris omnium Regis filii sui, in vestitu deaurato incorruptionis et immortalitatis, circumamicta, varietate circumdata sacris verbis celebratur; non quidem secundum simplicitatem spiritalem et quasi sine carne et corpore adstat, sed circumamicta secundum suam sanctissimam carnem incorruptione et immortalitate, et circumdata varietate secundum ossa eius sanctissima quae carnem ipsius fulciunt. Etenim ex carnibus et ossibus eius, quasi ex veteri Adamo, novus Adam incarnationem sibi quasi costam efformavit, gestatque illam in perpetuum. Atque hinc est quod nova Eva, mater vitae nuncupata, manet circumamicta et circumdata varietate ad primitias vitae immortalis omnium viventium. » E quibus inferendo [c] concludit: « Dicamus igitur iterum atque iterum semper et in perpetuum cum ad ipsum Regem Dominum et Deum, tum ad ipsam reginam dominam et Deiparam respicientes, ex motu quodam contemplationis spiritalis ac perspicacis oculi nostri: *adstitit Regina a dextris tuis in vestitu deaurato, circumamicta, verietate circumdata.* Et iam audi filia David et Abraham, et inclina aurem tuam ad supplicationem nostram, ne obliviscaris populi tui, neque nostrum qui domus Patris sumus tui. Patres namque tui sumus propagatione, et filia nostra tu es tua ex nobis generatione, decetque te utpote Dei matrem, reginam, dominam et heram propter Regem, Dominum, Deum et Herum ex te natum nostri recordari, adstantem illi qui terribilis nobis, tibi iucundus est, omnesque tibi largitur gratias; unde gratia plena nuncupata es, quasi omni gaudio plena propter adventum Spiritus sancti in te. Quamobrem [3] vultum tuum deprecamur omnes divites plebis, talibus ditati bonis ac spiritalibus contemplationibus ad te clamamus: recordare nostri, sanctissima Virgo, quae post partum virgo permansisti, et tribue nobis pro exiguis his sermonibus magna dona ex divitiis gratiarum tuarum, o gratia plena: pro quibus quasi veris et celebrandis laudibus tibi ad encomium si qua virtus, si qua laus a nobis nec non ab omni creatura hymnus offertur, gratia plenae, dominae, reginae, herae, matri Dei et arcae sanctificationis. »

787. E quibus manifestum est, non solum verba psalmi suffragio maiorum ad Deiparam transferri, verum etiam ita enarrari ut ex illis statuatur I. *hoc etiam nomine a reliquis Adae posteris Virginem distare, quod quum illis, utpote natura filiis irae et mor-*

---

a) Orat. in Deiparae annuntiat. n. 13. pag. 400. D. inter opp. Athanasii T. II.
b) Ibid. n. 14. pag. 400. E-F.
c) Ibid. n. 14. pag. 401. A-D.

1) Matth. XXVIII. 18.
2) Ps. XLIV. 10.
3) Ps. XLIV. 13.

tis Deus sit terribilis, Virgini contra, utpote matri vitae, iucundus sit atque gratiosus. Tum II. *habitu plane illi simillimo ad universam hominum familiam Christum et Virginem in ordine supernaturali referri, quo in ordine naturali Adamus et Eva ad eamdem referuntur. Sunt enim Christus et Virgo novus Adam et nova Eva, et quemadmodum ex veteri Adamo atque ex veteri Eva naturam homines sortiuntur; ita ex Christo atque ex Virgine gratiam sanctitatemque percipiunt.* Hinc III. *ex Christo atque ex Virgine par nobilissimum exsistere non minus a reliquo hominum genere secretum, quam eidem instar capitis praecellens.* Quare IV. *Virginem proprie ac vere Christianorum esse reginam, dominam et heram, sicuti Christus eorumdem Rex, Dominus atque Deus celebratur.* His autem non modo vel ipsa originalis culpae umbra a Virgine arcetur, sed illi praeterea eiusmodi asseritur innocentia, et dignitas vindicatur quae ad divinam Christi sanctitatem dignitatemque proxime accedit.

788. Quamquam illustriora videri non immerito possunt quae tradit Hesychius hierosolymitanus presbyter, qui [1] verbis, *audi filia et vide, et inclina aurem tuam, et obliviscere populum tuum et domum patris tui, et concupiscet rex decorem tuum, quia ipse est Dominus tuus, et adorabis eum*, hunc subiicit [a] commentarium. « Tractemus igitur quantum licet etiam in his latentem sensum. *Audi*, inquit, *filia*, hoc est, de cetero sermo meus dirigitur ad te, quae a me ortum accepisti, sermo inquam ad te, per quam eadem etiam evangelizo Ecclesiae gentium: sermo meus ad te, quae desponsanda es Regi magno: sermo est ad te, quae Deum Verbum, prout ipse novit, conceptura es. *Audi filia et vide:* adeo diligenter ausculta, ut etiam ipsis mentis oculis intuearis effectum. Audi etiam haec me cum inclinatione praedicentem, atque Gabrielem eadem tibi indicaturum. *Audi filia et vide, et inclina aurem tuam:* hoc enim faustum nuncium est de redemptione mundi. *Inclina aurem tuam* et ascultatio diriget cor tuum. *Et obliviscere populum tuum et domum patris tui:* populus enim a quo cognationem contraxisti, nequam est, ignominiam tibi affert: populus imprudens tibi natura immaculatae propagini familiaritate iunctus est, et cultura spinarum ferax rosam tuam producit. Obliviscere autem una cum populo etiam ipsam domum paternam. Audi paulisper dignitatem quam adeptura es e conceptione indicibili. Etenim propheta et rex sum ego qui tibi semen suppeditabo, tu vero demonstraberis mater Regis, qui Dominus est sceptrorum non terrestrium sed caelestium. *Et obliviscere populum tuum et domum patris tui.* Ne postea advertas animum ad hanc inferiorem cognationem, quoniam in reginam transmutaberis. Et audi, inquit, quanto te amore prosequetur is qui conditor omnium est et Dominus. *Concupiscet enim*, ait, *Rex decorem tuum.* Ipse Pater te sibi ipsi desponsabit, Spiritus sanctus coefficiet ea quae ad desponsationem pertinent, et Filius ipsum templi tui decorem assumet. Itaque ne existimaveris te parituram infantem humanum, *quoniam ipse est Dominus Deus tuus, et adorabis eum.* Ipse formator tui, ipse etiam infans, ipsum concipies et cum ceteris adorabis ut Dominum. » Quibus finem imponens [b] inquit: « Animadverte quodnam epithalamium David obtulit Deiparae, quum velut modulator quidem hymnum decantat, quo etiam velut pater gratulatur tantae puellae beatitudini. »

a) Orat. de Virginis laudibus pagg. 426. E. et 427. A-D. in biblioth. pp. graeco-lat. Tom. II.
b) Ibid. pag. 427. D.

1) Ps. XLIV. 11-12.

789. Ubi quum non pauca occurrant dignissima quae observentur, illa tamen in rem nostram praecellunt quibus duplex secernitur Virginis ornamentum, alterum ex origine, atque alterum ex divina eiusdem maternitate dimanans. Illud describitur quum Virgini ceu proprium defertur, *quod propago fuerit natura immaculata, atque ex spinis veluti rosa effloruerit.* Hoc autem aperitur, *quum in reginam propter conceptum unigenitum Dei Filium transformanda praenunciatur.* Sed I. quem fugit, primum illud ornamentum ne cogitatione quidem ab immaculato Virginis conceptu distare? Quem II. fugit, altero illo ornamento super omnes creaturas tam humanas quam angelicas Deiparam extollit? Et quem III. fugit duo illa ornamenta ita se mutuo excipere, ut hinc quidem divinae maternitatis praestantia immaculatum conceptum efflagitarit, inde vero immaculatus conceptus necessaria fuerit conditio, ut Rex decorem Virginis concupisceret, atque humanam ex ea naturam indueret?

790. Cum Hesychio hierosolymitanae ecclesiae presbytero consentit Modestus eiusdem praesul ubi [a]) de Virgine scribit: « Per eam splendor ille qui vel ipsos solis radios superat, in misericordia et miserationibus in nos effusus est. Ex hac enim perpetua Virgine Christus Deus carne ex Spiritu sancto indutus animata et mente praedita, illam elegit et concorpore induit incorruptibilitate, ac supra modum glorificavit, ut sua esset heres, utpote sanctissima sua mater; iuxta ea quae cecinit [1]) psaltes: *adstitit Regina a dextris tuis in vestitu deaurato, circumamicta, variegata.* » Qui rursum [b]) de angelis loquens divinitus missis, ut Virgini adessent in caelum provehendae, ait: « Quum enim per Ecclesiam nossent, quemadmodum [2]) scriptum est, *multiformem* Domini sui *sapientiam,* ut consentaneum erat, pie optarunt videre gloriosissimam eius matrem, quae ab eo, qui natura sua desiderabilis et amabilis est, universorum Deo praecipue inventa est carissima et augusta; quae ad universi salutem ex antiquis generationibus electa est [3]) *secundum* eius *praescientiam,* ut esset Dei genitrix et virgo perpetua: quam futuram propheticis oculis prospexit progenitor eius David propheta, quum [4]) in psalmis, *audi,* inquit, *filia et vide, et inclina aurem tuam, et obliviscere populum tuum, et concupiscet rex decorem tuum, quia ipse est Dominus tuus, et adorabis eum:* ut viderent et admirarentur glorificatam et splendidissimam eius divinam pulcritudinem, per quam unigenitus Filius Dei Christus Deus noster deificatam in seipso naturam humanam exornavit decore et pulcritudine divinitatis suae: ut viderent ipsius formam gratia plenam, ex qua quum seipsum formasset ex Spiritu sancto, revera humana forma praeditus est, manens quod erat [5]) *exsistens in forma Dei:* ut viderent excellentissimam prae omnibus superis Potestatibus sanctificatam illam vere exsistentem naturam, et ut glorificarent illud, a quo sanctificata est, superessentiale et subsistens Verbum Patris, quod ex ipsa incarnatum est ex Spiritu sancto eius. »

791. Modestus itaque semel atque rursum ad Deiparam transfert verba psalmi, eaque sic interpretatur ut doceat I. *Virginem ex omnibus generationibus apparuisse carissimam, augustam et plane dignam quae Unigenitum conciperet:* II. *ad universalem hominum salutem secundum praescientiam ex omnibus generationibus fuisse delectam:*

---

a) Encom. in Deiparam §. V. pagg. 21-23.
b) Ibid. §. VIII. pag. 33-35.

1) Ps. XLIV. 10.
2) Ephes. III. 10.
3) 1. Pet. I. 2.
4) Ps. XLIV. 11.
5) Philipp. II. 6.

III. *per ipsam hominum generi iustitiae solem effulsisse:* IV. *illius pulcritudinem fuisse divinam, formam gratia plenam, excellentiam superis Virtutibus potiorem, gloriam denique eiusmodi quae eam deceret quam Deus supergloriose glorificavit, quaeque ipsos angelos, utpote gloria sanctissimae Dei matris propria, in admiratione raperet.* Haec sunt quae Modestus tradit, atque haec sunt quae Deiparam supra reliquorum hominum ordinem conditionemque eo usque extollunt, ut de labe communis praevaricationis, quae ipsam quoque infecerit, ne cogitari quidem posse videatur.

792. Quid vero Germanus constantinopolitanus episcopus? Is ut ostendat inter proprias Virginis appellationes et illam numerari oportere qua *Dei filia* antonomastice nuncupatur, scribit [a]): « Dicitur [1]) filia. *Audi filia et vide, et inclina aurem tuam, et obliviscere populum tuum, et domum patris tui; et concupiscet rex pulcritudinem tuam.* » Orationem vero his omnino verbis [b]) inchoaverat: « Agitur porro Dei matris dies festus, admirandae puellae natalis, semper virginis, puellae nuptiarum expertis, reginae, prophetissae, cuius regales fascias magnus ille inter reges prophetasque David regali praesignans obtutu [2]) exclamavit: *omnis gloria filiae regis ab intus, in fimbriis aureis, circumamicta, variegata.* Longe ante, ut arbitror, illi statim a cunabulis divinitus adiectum pulcritudinis decorem per varia divini Spiritus dona subindicans. Sic enim, mea sententia, vestem auream et fimbrias aureas sed et regales puto fascias intelligent, qui nullo praepediti affectu candide iudicaverint. Quorum ille internum decorem et emicantem inde exteriorem Virginis pulcritudinem praevidens, libera voce [3]) acclamavit: *audi,* inquiens, *filia et vide, et inclina aurem tuam, et obliviscere populum tuum et domum patris tui, et concupiscet rex decorem tuum.* » De quibus e vestigio [c]) subdit: « Quae quidem etsi aperte ad Ecclesiam referantur gentibus convocatam, haud aegre tamen intelligi de illa possunt, quae tota toti Ecclesiae Sponso per oeconomiae miraculum templum effecta est. » Una igitur inter Adae posteros reperitur Virgo, quae ex origine fuerit Dei filia, quaeque ab ipsis primordiis et fasciis divino decore, utpote Unigeniti exstitura templum, omniumque regina, splenduerit.

793. Qua de re insignia ex aequo sunt quae Iohannes euboeensis, Iacobus monachus, Iohannes damascenus et Leo Augustus apertissimis sententiis testantur. Ut enim de Iohanne euboeensi taceam, qui non alia habet [4]) nisi iam pluries repetita, Iacobus monachus [d]) Annam inducit propter conceptam Deiparam his verbis exsultantem: « Veni parens David, cum ea gaude quae de tuis lumbis magnifica prodiit. Regalis ex regali stirpe surculus germinavit. Vera iuramenta finem accipiunt. Summe regalis productus est thronus. Palatii insolubilis fundamenta iacta sunt. Regina, filiaque [5]) aurem inclinans ac paternam tuam audiens vocem, naturae se necessitate superiorem effecit. Haudquaquam paternae alligata est legi, ut seculi huius rebus afficiatur. Obliviscitur humana, tametsi in iis agat quae sunt hominum propria. Devincta est mundissimo regi desiderio. Ad eius cupiditatem sua ipsius

---

a) Orat. in Deiparae nativit. pag. 1315. A. apud Combefisium Auctar. T. I.
b) Ibid. pagg. 1306. E. et 1307. A-C.
c) Ibid. pag. 1307. C-D.
d) Orat. in Deiparae nativit. pagg. 1270. D-E. et 1271. A. apud Combefisium Auctar. T. I.

1) Ps. XLIV. 11.
2) Ps. XLIV. 14.
3) Ps. XLIV. 11-12.
4) Orat. in Virginis concept.
5) Ps. XLIV. 11.

puritatis decora comparavit. Haec rex concupiscit. Delectatur innocentiae venustate; illibatae namque puritatis amator est. Unam quippe illam universis impensius amat, tamquam illius apice ornatam. Deprecentur in divinis visionibus divites vultum eius desiderabilem: internam eius dilaudent gloriam. Arcana ratione absconditum in ea decus magnificent. Deauratis Spiritus illustrationibus variegatam stolam honori habeant. Externam illi adiacentem virtutum gratiam stupeant. Praeparate futuras ei comites virgines. Faces gestantem praestate chorum. Sanctorum omnium reginae vias in templum perornate. Ecce enim promissa illa, exhibita est, dataque aptatur datori reddenda. »

794. Porro Iohannes damascenus sive [1]) de annuntiata Virgine disserat, sive [2]) illius in caelum assumptae gloriam extollat, sive [a]) natalem diem laudibus celebret, ad hunc psalmum provocat, eiusque verbis utitur ut eximia Deiparae ornamenta patefaciat. En quae postremo loco scribit: « Vitis uberrima ex Anna pullulavit, uvaque suavissima effloruit, potum nectaris terrigenis fundens in vitam aeternam. Ioachim et Anna ad iustitiam sibi ipsis seminarunt, ac vitae fructum messuerunt. Scientiae lumen sibi illuminarunt et Dominum exquisierunt, venitque [3]) illis germen iustitiae. Audaciam sumat terra ac filii Sion. Gaudete in Domino Deo vestro, quia germinavit desertum: sterilis protulit fructum suum. Ioachim et Anna ceu montes spirituales dulcedinem stillaverunt. Laetare beata Anna, quod feminam pepereris. Haec enim femina mater est Dei, porta lucis, fons vitae, et feminarum crimen abolet. Huius feminae vultum deprecabuntur [4]) omnes divites populi. Feminam hanc reges gentium oblatis muneribus adorabunt. Hanc feminam Deo universorum regi offeres, virtutum, tamquam fimbriis aureis, circumamictam elegantia, sanctique Spiritus gratia coronatam, cuius gloria ab intus. Omnis quippe feminae gloria vir est, extrinsecus veniens: at Dei genitricis gloria ab intus est, ventris utique fructus. O desiderabilissima femina atque ter beata! »

795. Religioni vero mihi ducerem commentarium praeterire, quo Leo Augustus verba psalmi de Virgine [b]) explanans inquit: « *Audi* [5]) *filia, et inclina aurem tuam.* Sola ab aeterno electa es in Altissimi sponsam: sola eius qui universa implet, locus capax exsistis. *Audi filia.* Paternam obliviscere domum et populum: fuisti namque in matrem ab eo assumpta, qui sedet super cherubim. Vade in templum sanctum, quae Dei templum exsistis. *Audi filia, et obliviscere populum tuum:* innumerabilis enim multitudo eorum qui in caelo et qui sunt in terra, te dominam obtinebunt. » Et aliquot [c]) intersertis: « Non [6]) *afferentur virgines* quae concinant: hoc enim olim contuitus psalmo edito praecinuisti. Sed ecce virgines circum choreas in exsultatione agentes praeeunt veluti reginae in regis templum abeunti. Ecce te ut immaculatam victimam ad divinum adducunt thalamum: ecce te divinitus plantatam radicem, e qua germinabit ramus sub cuius umbra requiescent fines terrae, in gloriae prato conserunt. Ecce te generis gaudium choreis undequaque cingentes in locum inducunt exsultationis. » Alibi vero [d]) cumulatis titulis potissimas Deiparae lau-

---

a) Orat. I. in Deiparae nativit. §. IX. B-D.
b) Serm. in Deiparae praesentat. pag. 1628. B-D. apud Combefisium Auctar. T. I.
c) Ibid. pagg. 1628. E. et 1629. A.
d) Orat. in Deiparae annunciat. pag. 1637. A-C.

1) Orat. in Deiparae annuntiat. pag. 838. C.
2) Orat. III. in Deiparae dormit. §. IV. pag. 884. E.
3) Is. XXXIII. 1.
4) Ps. XLIV. 12-15.
5) Ps. XLIV. 11.
6) Ibid. 16.

des praeseferentibus pergit: « Quum enim adhuc in paternis lumbis contineberis, tuus tibi [1] clamabat progenitor: *audi filia et vide, et inclina aurem tuam, et obliviscere populum tuum et domum patris tui.* Vere audivisti, sapiens filia, commonitionem, et oblita es populi tui ac hereditatis, domusque paternae hereditatis: inquam, illius ac sortis quam progenitrix Eva generi universo distribuit. Innumerabili passionum et affectionum in cumulo, ve*rut* hereditario iure, relicto. At nihil horum tuam in domum intulisti; propterea rex tuam animi pulcritudinem demiratus te sibi in sponsam selegit. »

796. Praeclara est igitur conspiratio qua maiores nostri verba psalmi ad Virginem referunt, nec referunt modo, verum etiam sic interpretantur ut ex iisdem colligant. I. *fuisse Virginem naturae necessitate superiorem, vinculis paternae legis non obstrictam, et maternae hereditatis penitus insciam.* Hinc. II. *ex parentum lumbis magnificam prodiisse, tamquam regium surculum germinasse, pullulasse ceu vitem uberrimam, uti uvam suavissimam effloruisse, erupisse tamquam vitae fructum iustitiaeque germen, uti dulcedinem stillasse, plantatam fuisse divinitus, neque aliter initio productam ac uti thronum summe regalem et immortalis palatii fundamentum.* Quapropter III. *nullo umquam fuisse naevo infectam, immo ornatam puritatis fastigio eminuisse, proindeque impensius omnibus fuisse amatam, et solam in matrem et Unigeniti sponsam ab aeterno electam.* His autem omnibus IV. effectum esse, *ut Maria iure quam qui optimo credatur nostri generis gaudium, victima immaculata, Dei templum, sola immensi capax, originalis praevaricationis reparatio, fons vitae, lucis porta, caelestium et terrestrium domina, sanctorumque omnium regina.* Quod postremum [a] Georgius metropolita nicomediensis his verbis expressit: « Est haec regina [3] quae adstitit a dextris Dei, proxima ipsi pulcritudini atque splendori, per naturam formosa, et labis incapax. »

797. Arbitror vero expeti nihil posse, quo a maioribus tradita immaculati conceptus praerogativa videatur. Hanc enim, uti superiora considerantibus debet esse perspicuum, tradunt *diserte*, hanc tradunt *virtute*, hanc tradunt *aiendo*, hanc tradunt *negando*, hanc tradunt *absolute* et hanc tradunt *comparate*. Quibus ego praesenti articulo finem facerem, nisi satius esse existimarem, aliquot ex latina ecclesia productis testibus, orientis atque occidentis consentientem fidem ostendere.

798. Itaque ex iis qui occidentalem ecclesiam illustrarunt, ad Virginem transferunt et de Virgine psalmum quadragesimumquartum interpretantur quum alii, tum [3] Amedeus lausannensis, Guerricus [4] igniacensis, Bernardus [5] claraevallensis, Hildephonsus [6] tole-

a) Orat. in Deiparae ingressum in Templum, pag. 1098. E. apud Combefisium Auctor. T. I.

1) Ps. XLIV. 11.
2) Ps. XLIV. 10.
3) Homil. II. de Virginis laudibus pag. 1265. col. 1. B-C. in maxima pp. biblioth. T. XX. « Nam de pretiositate eorum et varietate cum psalmista *(speciose formae prae filiis hominum)* de laude sponsae eius loqueretur, cecinit (Ps. XLIV. 10). dicens: *adstitit regina a dextris tuis in vestitu deaurato, circumdata varietate.* Et paulo post (v. 14), subintulit: *omnis gloriae eius filiae regis ab intus, in fimbriis aureis, circumamicta varietate.* Non solum autem vestitu deaurato et fimbriis aureis decoratur, verum etiam veste stragulata, quam fecit sibi, dicente (Prov. XXXI. 22). Salomone: *et omni lapide pretioso cooperitur.* Nulla enim gemma, nullus lapis pretiosus, nulla pretiosa margarita huic deest operimento, ut non iam simpliciter pretiosum, sed omni pretiositate pretiosum iure appellari queat. »
4) Serm. III. in Deiparae assumpt. pag. 740. col. 1. D, et Serm. IV. pag. 742. col. 2. A. apud Combefisium in Biblioth. concionat. T. VII.
5) Super *missus est*, Hom. III. n. 3. pag. 751. B-D. opp. T. III.
6) Serm. I. in Deiparae assumpt. pag. 669. col. 1. B, et Serm. II. pag. 671. col. 2. D. apud Combefisium in Biblioth. concionat. T. VII. et in collect. pp. toletan. T. I. pagg. 342-348.

tanus, et omnium pulcherrime beatus Petrus Damiani, qui sermonem de Virgine annuntiata his verbis [1]) orditur: « Cum fecerit Deus omnia opera sua [2]) valde bona, hoc melius fecit, consecrans sibi in ea reclinatorium aureum, in qua sola se post tumultus Angelorum et hominum reclinaret et requiem inveniret. Hoc est quod natura miratur, reveretur angelus, veretur homo, stupescit caelum, extremit terra, infernus exhorret. In huius utero maiestas Altissimi mirabiliter liquefacta, sicut adipe et pinguedine, replevit terras, infudit caelos, inferna respersit. Hinc [3]) exinanivit semetipsum Excelsus, et Immensus [4]) mensuram bonam et confertam et coagitatam mittens in sinum nostrum. Hic divinis manibus [5]) unctus est oleo laetitiae, et sicut ad altare in summum pontificem consecratus. De hoc altari ad aram crucis ascendens, proprio cruore tamquam alterius generis oleo perfusus, iam non solum consecratus sed et consecrans, totum corpus machinae mundialis largiori ligamine copulavit. » Hinc [6]) eam caeli terraeque, hominum atque angelorum faciem conditionemque describens, quae ante expletam Christi sanguine reparationem obtinebat, ait: « Movet me, fateor, quod permittente Deo peccant rationabiles creaturae, et multis annorum millibus tam caelestia quam terrestria incassum stare videantur, servituris illis, illis dirutis. Stat illa magna civitas civium suorum numerositate fraudata, et a stellantibus palatiis multiplex habitantium multitudo propellitur: terra maledicitur, condemnatur hominum successio, et *omnis creatura*, iuxta [7]) Apostolum, *ingemiscit et parturit*. Tacet Deus omnipotens, et ordinans eius omnipotentia tantam dissimulat confusionem. » Tum continenter [8]) subdit: « Tandem nascitur Maria, et ad nubiles annos egrediens speciem induit speciosam, quae ipsum alliciat Deum et divinitatis oculos in se convertat. Vide quid inde dicat [9]) ille non minimus explorator secretorum Dei: *audi filia et vide, et inclina aurem tuam, et obliviscere populum tuum et domum patris tui; et concupiscet rex decorem tuum, quoniam ipse est Dominus Deus tuus*. Germinat igitur virga Iesse de tortuosa radice generis humani, et de patriarcharum arbore in altitudinem et rectitudinem erumpens omnem ignorat [10]) nodositatem, filiorum tenebras nescit, infructuosa quaeque non habet. Videt et ardet ille vehemens amator, et totum epithalamium in laudibus eius decantat, ubi manifeste sponsus inducitur spirans amorem sincerissimum, nec ultra valens dissimulare quod patitur. Evocatur statim caelestis ille conventus, et [11]) iuxta prophetam init Deus consilium, cogit concilium, facit sermonem cum angelis de restauratione eorum, de redemptione hominum, de elementorum renovatione: ac illis stupentibus et mirantibus prae gaudio, de modo redemptionis. Et statim de thesauro divinitatis Mariae nomen evolvitur, et per ipsam, et in ipsa, et de ipsa, et cum ipsa totum hoc faciendum decernitur; ut sicut sine illo nihil factum, ita sine illa nihil refectum sit. »

799. Quibus alibi [12]) consona scribens ait: « Hodie nata est illa, per quam omnes renascimur, cuius speciem [13]) concupivit Omnipotens, et in qua Deus posuit thronum suum. Ipsa est thronus ille mirabilis, de quo in Regnorum historia [14]) legitur in haec verba: *fecit*

---

1) Serm. XI. de Virginis annuntiat. p. 24. col. 2. C-E.
2) Gen. I. 31.
3) Philipp. II. 7.
4) Luc. VI. 38.
5) Hebr. I. 9.
6) L. c. pagg. 24. col. 2. E. et 25. col. 1. A.
7) Rom. VIII. 22.
8) L. c. pag. 251. col. 1. A-D.
9) Ps. XLIV. 10.
10) Al. minus recte, *omnem ignorat nodositatem foliorum, tenebras nescit*.
11) Is. XVI. 3.
12) Serm. XLIV. idemque I. in Virginis nativit. p. 106. col. 1. D. et col. 2. C-E.
13) Ps. XLIV. 12.
14) III. Reg. X. 18.

rex *Salomon thronum de ebore grandem, et vestivit eum auro fulvio nimis.* Nosti quidnam dicat¹) qui sedet in throno: *ecce,* inquit, *nova facio omnia.* Felix thronus, in quo sedet dominator Dominus, in quo et per quem non solum omnes sed omnia renovantur. » Dum vero de die assumptae Virginis loquitur, sic ²) habet: « Sublimis ista dies, et splendidiore sole refulgurans, in qua Virgo regalis ad thronum Dei Patris evehitur, et in ipsius Trinitatis sede reposita naturam etiam angelicam solicitat ad videndum. Tota conglomeratur angelorum frequentia, ut videat reginam sedentem a dextris Domini virtutum, in vestitu deaurato, in corpore semper immaculato, circumdatam varietate, virtutum multiplicitate distinctam. » Nisi ergo sint qui velint et disertis refragari maiorum sententiis, et discrimen inter ordinem redimentium atque redemptorum pessumdare, et ima summis praepostere commiscere; omnes fateantur oportet, nullo umquam halitu culpae sive originalis sive actualis eam fuisse corruptam, de qua ᵃ) Coptorum ecclesia gestiens canit: « Ornatus Mariae fulget in caelis altis ad dexteram dilecti sui, quem pro nobis deprecatur, sicut in psalmo David inquit, *adstitit regina dexterae tuae,* o rex. »

ARTICULUS II.

De iis quae ex Psalmis XLV. 5-6. et LXIV. 5-6. testificatione maiorum ad Deiparam referuntur: considerantur ex ordine, illorumque commentariis in medium productis expoliuntur: quid sit consequens: quidve ad decus immaculati conceptus vindicandum rite ex omnium summa deducatur.

800. Multis non est opus ut quisque intelligat, psalmum quadragesimumquintum eo ex sese atque ἀμέσως pertinere ut doceatur, hostibus qui Ierusalem oppugnabant summa

---

a) Theotoch. pag. 160. tetrast. 2-3.

1) Apoc. XXI. 5. Porro Serm. XLVI. idemque III. in Virginis nativit. pag. 113. col. 2. C-D. scribit Petrus Damiani: « Merito itaque beata Maria dicitur parens parentis, oriens orientis, fons fontis vivi, origo principii; quia ille ex ea prodiit per materiam carnis, qui caput est et initium omnium rerum per essentiam divinitatis. » Et mox pag. 113. col. 2. D-E. infert: « Gaudeamus itaque et exsultemus in nativitate beatissimae Dei genitricis Mariae, quae novum mundo nuntiavit gaudium, et totius exstitit humanae salutis exordium. Exsultemus, inquam, et sicut gaudere solemus in nativitate Christi, ita etiam nihilominus gaudeamus in nativitate matris Christi. Hodie nata est regina mundi, fenestra caeli, ianua paradisi, tabernaculum Dei, stella maris, scala caelestis per quam supernus rex humiliatus ad ima descendit, et homo qui prostratus iacebat, ad superna exaltatus ascendit. Hodie apparuit stella mundo, per quam sol iustitiae illuxit mundo. Illa videlicet, de qua per prophetam (Num. XXII), dicitur: *orietur stella ex Iacob, et exurget homo de Israel.* Hodie nata est splendidissima illa Virgo, de qua (Ps. XLIV.) processit *speciosus forma prae filiis hominum tamquam sponsus de thalamo suo.* Hodie prodiit ex utero matris, quae templum fieri meruit divinitatis. Hodie impleta est (Is. XI.) prophetia illa, *egredietur virga de radice Iesse, et flos de radice eius ascendet.* Et bene haec incomparabilis Virgo *virga* dicitur, quae et per intentionem desiderii ad superna emicuit, et per sinceritatem boni operis distortae nodositatis vitium non incurrit. De qua *virga* Redemptor noster quasi flos ascendit, qui martyribus et confessoribus suis totius orbis campos velut rosis et liliis decoravit. Singularis namque flos sanctae Ecclesiae ipse est, sicut de semetipso in Canticis canticorum (cap. II.) loquitur dicens: *ego flos campi, et lilium convallium.* Lilium vocatur Christus, lilium dicitur et mater Christi, sicut in eodem cantico subinfertur: *sicut lilium inter spinas, sic amica mea inter filias.* Sicut lilium inter spinas, sic beatissima virgo Maria enituit inter filias: quae de nodosa propagine Iudaeorum nata candescebat munditia virgineae castitatis in corpore, flammescebat autem ardore geminae caritatis in mente, flagrabat passim odore boni operis, tendebat ad sublimia intentione continua cordis. »

2) Serm. XL. in Virginis assumpt. p. 97. col. 2. A.

Dei virtute iam prostratis, Deum illi urbi praesidio esse, proindeque etiamsi omnia terribili motu concutiantur, nihil esse sub tanto praeside civibus timendum, idque praesenti re gesta luculenter commonstrari. Quod quidem tum aliis verbis, tum his [1]) nominatim edicitur: « Fluminis impetus laetificat civitatem Dei, sanctificavit tabernaculum suum Altissimus. Deus in medio eius, non commovebitur; adiuvabit eam Deus mane diluculo. » Scilicet [2]) ex paraphrasi Cardinalis Thomasii: « Dulces impetus aquarum leniter decurrentium [3]) fluminis Siloe nostram hanc Dei civitatem Ierusalem laetificant: in qua civitate tabernaculum illud suum sibi consecravit Altissimus. Deus est [4]) in medio eiusdem civitatis, quae [5]) propterea non concutietur hostium incursu: quam civitatem Deus adiuvabit [6]) multo mane et in ipso ortu aurorae, hora tempestiva ac maturate. »

801. Praeter hanc autem significationem, quam ex sese verba fundunt, quaeque ex serie ductuque psalmi sua sponte dimanat, aliam eamdemque intimiorem et priore adumbratam patres, scriptoresque ecclesiastici proposuerunt. Testes namque sunt Titus bostren-

---

1) Ps. XLV. 5–6. נָהָר פְּלָגָיו יְשַׂמְּחוּ

עִיר־אֱלֹהִים קְדֹשׁ מִשְׁכְּנֵי עֶלְיוֹן׃

Flumen (et) *rivi eius recreant civitatem Dei* (Ierusalem), *sacrarium habitaculorum Excelsi*, ex omnibus namque terrae israeliticae locis, qui omnes Dei habitacula erant, selecta Ierusalem fuit, ut in ea princeps religionis sedes collocaretur. Sequitur comma sextum:

אֱלֹהִים בְּקִרְבָּהּ בַּל־תִּמּוֹט יַעְזְרֶהָ

אֱלֹהִים לִפְנוֹת בֹּקֶר׃

Deus in medio eius (illi adstat ut eius pericula depellat) *ne moveatur. Adiuvat eam Deus appetente mane*, mature, cito, exorientibus et veluti prospicientibus in mundum radiis solis.

2) Psalter. perpet. interpret. ornat. Ps. XLV. pag. 167 opp. T. III.

3) Aquae Siloes dicuntur *leniter fluentes* Is. VIII. 6. Nescio tamen an has ob oculos habuerit psalmi auctor, qui videtur id tantum significare voluisse quod habetur Is. LXVI. 12.

4) Haec verba in paraphrasi patrum apud Corderium pag. 869. ita explicantur: πῶς γὰρ ἔμελλε ταραχϑὸν ὑπομένειν πόλις, ἥν αὐτὸς ὁ κύριος κατοικεῖ; *Quomodo enim conturbaretur civitas, quam ipsemet Dominus inhabitat?* Praecedentia vero, ἡγίασε τὸ σκήνωμα αὐτοῦ ὁ ὕψιστος, *sanctificavit tabernaculum suum Altissimus*, ita redduntur: ἡγίασεν οὖν αὐτὸ τὸ σκήνωμα, τουτέστι ἀνέκαφον ἐφύλαξεν, καὶ καϑαρὸν πάσης βλάβης. *Sanctificavit igitur hoc ipsum tabernaculum, hoc est, intactum custodivit et purum omni noxa.*

5) In commentario patrum penes eumdem Corderium pag. 872. legimus: διὰ τοῦτο, οὐ μόνον οὐδὲν πείσεται δεινὸν, ἀλλ' οὐδὲ σαλευϑήσεται· τὸ δὲ αἴτιον, ὅτι ταχίστης ἀπολαύσεται συμμαχίας· τοῦτο γὰρ πρὸς πρωὶ διὰ τοῦ ἀναδιπλασιασμοῦ σημαίνει. *Propterea non solum nihil patietur*

mali, sed neque commovebitur. Caussa autem, quia celerrimum auxilium consequetur. Hoc enim illud mane diluculo *per geminationem indicat.*

6) Agellius in comm. ad h. l. ait: « Vaticanus codex habet, τὸ προσώπῳ αὐτοῦ, *vultu suo*, hoc est, quum in medio sit et omnia in conspectu habeat, solo intuitu opem feret, sicubi auxilio opus esse viderit. Hanc interpretationem Augustinus sequitur et romanum psalterium, Ambrosius utramque. Aquila vertit, τῷ νεῦσαι πρωίας, *quum tempus ad diluculum vergit.* Symmachus, περὶ τὸν ὄρϑρον, *sub diluculum*, in ipso ortu matutino. » Pleniora habet in adnotationibus Corderium pag. 883. scribens: « In graeco pro *mane diluculo* est τὸ πρὸς πρωὶ πρωί, *ad mane mane*, idest, valde mane. Hieronymus vertit, *auxiliabitur illi Deus in ortu matutino*. Symmachus περὶ τὸν ὄρϑρον, *circa diluculum.* Aquila, τῷ νεῦσαι πρωίας, *cum vergit ad diluculum*. Sixtina editio, βοηϑήσει αὐτῇ ὁ ϑεὸς τῷ προσώπῳ αὐτοῦ, *adiuvabit eam Deus vultu suo.* Meminerunt huius versionis Arnobius, Ambrosius, et de graecis Cyrillus, illamque sequitur Augustinus, Cassiodorus, et psalterium romanum et Ecclesia in officio divino eadem utitur. Complexus est utramque versionem Apollinarius:

Ἐξ ἠοῦς ἐπίκουρον ἔχει πανεπίσκοπον ὄμμα·

Ex aurora auxiliarem habet providum oculum. Locus hic apprime quadrat in beatam Virginem quae *mane diluculo*, scilicet ipso primo instanti quo concepta vitam habuit, divino est praesidio adiuta, ne caderet in originale peccatum. *Alii enim*, inquit. s. Bonaventura, *post casum erecti sunt, Virgo autem sustentata est ne caderet.* » Omitti postremo non debet, in catena apud Corderium pag. 879. ipsum etiam exhiberi Origenem ut qui legerit, βοηϑήσει αὐτῆς τῷ προσώπῳ, *adiuvabit eam vultu*, et haec verba ita enarrarit: σώζει γὰρ αὐτῆς τὸ κάλλος ἄτρωτον, ἡνίκα παρὰ τῶν ἀντικειμένων ταράσσεται. *Illaesam namque servat eius pulcritudinem, quum ab adversariis impetitur.*

sis [1]), Basilius [2]) Theodoritus [3]) et [4]) venerabilis Beda, verbis psalmi quae laudavimus, eam praemonstratam fuisse tutelam, qua Deus complexurus erat Ecclesiam, illique ita prospecturus ut invicta ipsa foret atque immota iugiter perseveraret. Dabo unius Bedae verba, quae tum profert cum psalmi titulum *in finem filiis Core, pro arcanis*, explanans inquit: « *In finem*, Christum significat; *filii Core*, Christianos ex quorum persona psalmus iste cantatur; *pro arcanis* vero adventum Domini significat Salvatoris, quem divinitatis suae mirabili secreto pro hominum salute disposuit. *Filii Core*, qui fideles debent intelligi Christiani, primo membro psalmi non se timere profitentur conturbationes seculi, quia Deus refugium [5]) eorum probatur et virtus: *Deus noster refugium*. Secundo Christum dicunt apparere in medio Ecclesiae, qui eam in seipso tamquam in solidissima petra aedificavit: *fluminis impetus laetificat*. Tertio credentium turba generaliter invitatur ad divina miracula contuenda, dicentes omnipotentem Deum arma nequitiae confringere, bella removere, et tristitiam fidelium in aeterna gaudia commutare. *Venite et videte opera Domini*. »

802. Porro cognatione rerum, usuque vulgatissimo, quo Virgo [6]) *civitas Dei* atque *Dei tabernaculum* appellari consuevit, factum est ut verba quae *proxime* ad Ierusalem et *mediate* ad Ecclesiam spectarent, ad ipsam quoque Deiparam protenderentur. Cuius quidem sive amplificationis sive accommodationis testes suppetunt neque pauci, neque obscuri. Inprimis enim testis est [a]) graeca ecclesia ubi canit: « Ave sanctificatum divinumque Altissimi tabernaculum; per te enim, o Deipara, gaudium collatum est exclamantibus, tu es inter mulieres benedicta, o Domina omni ex parte immaculata. » Quibus haec omnino [b]) respondent: « Tabernaculum sanctum, caelisque amplius, utpote quae receperis Verbum Dei quod ab universa creatura comprehendi non potest: tu sola semper Virgo apparuisti. »

803. Testis deinde est [c]) Iohannes euboeensis praesul, qui conceptam Virginem celebrans inquit: « Cantate et exsultate et psallite. Ecce enim devictus est diabolus qui naturam nostram sub suam tyrannidem redegerat. Ecce solium cherubico admirabilius adornatur in terra, de quo [7]) scriptum est, *Deus in medio eius et non commovebitur*. Ipsa enim est thronus et sedes et domicilium Emmanuelis atque universorum regis Christi. » Testis et Germanus constantinopolitanus episcopus, qui ut [d]) probet inter Virginis titulos eum etiam numerandum esse, quo ipsa uti *Dei civitas* salutatur, scribit: « Appellatur [8]) civitas, *gloriosa dicta sunt de te, civitas Dei. Fluminis impetus laetificant civitatem Dei, Deus in medio eius et non commovebitur*. » Et testes sunt Iohannes damascenus atque Andreas cretensis, quorum ille [e]) post exquisitissima encomia Virgini delata, eamdem alloquens per-

---

a) Antholog. in Ἀκολουθ. Ἀνωνύμ. pag. 81. col. 2. A.
b) Antholog. in Octoech.
c) Orat. in Deiparae concept.
d) Orat. in Deiparae nativit. pag. 1315. D. apud Combefisium Auctar. T. I.
e) Orat. I. in Deiparae nativit. §. IX. pag. 848. B.

1) Orat. in ramos palmarum, pag. 635. B-D. apud Combefisium Auctar. T. I.
2) Apud Corderium in catena pp. graecorum ad hunc Psalmum, pag. 877. E.
3) Ap. eumd. pag. 877. D.
4) Apud card. Thomasium op. cit. pag. 166.
5) Hinc vetus Ecclesiae oratio a Thomasio descripta pag. 108. « Perspicuum in imminenti tribulatione refugium, misericors Deus, sanctifica impetu aeterni fluminis habitaculum cordis nostri, ut te Deo virtutum nobiscum cooperante, terrena praelia confutemus. Per Dominum. »
6) nn. 469. sqq. 508. sqq.
7) Ps. XLV. 6.
8) Ps. LXXXVI. 3. coll. Ps. XLV.

git: « Tota thalamus Spiritus, tota [1]) civitas Dei vivi quam laetificant fluminis impetus, sancti inquam Spiritus gratiarum fluctus. Tota pulcra, tota Deo propinqua: haec enim cherubim superans et super seraphim evecta, proxima Deo exstitit. » Tum [a]) exclamat: « O miraculum omnibus miraculis excellentius! Sileat sapientissimus Salomon, nec iam nihil sub sole novum esse [2]) affirmet. O virgo divinis gratiis affluens, templum Dei sanctum, quod spiritalis Salomon, ille princeps pacis ab se constructum inhabitavit. » Porro [b]) Andreas cretensis, relata [3]) Gabrielis salutatione, *benedicta tu inter mulieres, et benedictus fructus ventris tui*, subdit, « Ac vere quidem benedicta, nam benedixit te Deus [4]) suum tabernaculum, quando paterna gloria eximie plenum hominem Christum Iesum eumdemque Deum, ex quibus et in quibus perfectus constat naturis, incomprehensa ratione utero gestasti. »

804. Accedunt hinc quidem pseudo-Athanasius, qui et ipse verba [5]) *sanctificavit tabernaculum suum Altissimus*, de Virgine [6]) intelligit, deque eximia eiusdem innocentia interpretatur; inde autem [c]) Theodotus ancyranus qui adversarios refellens divinae maternitatis qua maxima Virginis gloria continetur, scribit: « Cedo igitur percontantibus nobis, utrum ne vel sensu iudaico, ut virum ita et Adae coniugem intemeratis opificis manibus conditam, dicenti legi divinae assentiris? Et siquidem negaveris, nonne propalam a nobis et Scripturis extraneus exsistis? Sin autem affirmaveris, quid stulte a veritate dissentis, Deique placitum in sanctissima Virgine ad communem salutem provide dispositum detrectas atque renuis? Qui enim antiquam illam virginem sine probro condidit, ipse et secundam sine noxa et crimine fabricatus est: quique quod est deforis, pulcre fecit, etiam quod intus est ad domicilium animae sancte perornavit. » E quibus [d]) infert: « Quod itaque suavissimum et inprimis delectabile Deo visum est, quid tu iudaicae vanitatis sermonibus ceu turpissimum, universorum ipse multo turpissime, subvertere praesumis? Sane vero, o attonite atque insipientissime, *tu* [7]) *quis es, qui respondeas Deo?* » Hinc ad sermonis caput summamque regressus [e]) pergit: « Nam si etiam decori Deo est ut finxerit, quemadmodum ut et in proprio figmento inhabitarit, sicut tu dicis; etiam fuerit quod [8]) manere visus sit. Quamquam quod spectat ad fictionem, complectuntur et tradunt divinae Scripturae. Nihil quippe quod Deo sit amicum, ignominiam aut probrum habet. Apage; *confessio* [9]) enim *et magnificentia* divinum eius et laudatissimum opus. Duorum igitur alterutrum necesse est, aut velut qui Evae a Deo formationem prompte probeque confitearis, etiam quae de illo sapientissime dicta est, ex Virgine incarnationem, piorum more susci-

---

a) Ibid. §. X. pag. 848. B-D.
b) Orat. in Deiparae annuntiat. pag. 103. A-C. apud Gallandium T. XIII.
c) Orat. in Deiparam et in Symeonem §. V. pag. 461. C-E. apud Gallandium T. IX.
d) Ibid. §. V. pag. 461. D-E.
e) Ibid. §§. V-VI. pag. 461. D-E. et pag. 462. A-C.

1) Ps. XLV. 5.
2) Eccli. I. 10.
3) Luc. I. 28.
4) Ps. XLV. 5.
5) Ibidem.
6) Orat. in Deiparae annuntiat. num. 10. pag. 398. C-E. opp. T. II.
7) Rom. IX. 20.
8) Propemodum diceret, si in Dei contumeliam non cedit quod mulierem finxerit, atque in ea habitaverit; neque in Dei contumeliam cedit si vere et hypostatice humanam sibi naturam copulaverit.
9) Ps. CX. 3.

pe et adora, si modo illorum vis esse particeps: aut tibi ipse iudaei et infidelis, velut qui illis accensearis, nomen impone. Nam Christiani, quippe Deo morigeri obaudiunt divinitus inspiratas prophetarum praedictiones ita ubique [1]) de laudatissima Virgine clamantes: *sanctificavit tabernaculum suum altissimus; Deus in medio eius, non commovebitur.* Et [2]) iterum: *homo natus est in ea, et ipse fundavit eam Altissimus.* »

805. Denique Methodius [a]) eorum omnium, quorum hucusque meminimus, antiquissimus, celebratis Unigeniti laudibus, ad Deiparam continuo progressus inquit: « Ad te vero quid dicam, o mater virgo, et virgo mater? Cuius enim opus non humanum est, eius et laudatio hominem excedit. Quamobrem paupertatis heic meae obscuritatem tuis a Spiritu honoribus donisque illustrabo, tuaque tibi offerens e pratis immortalibus tuum sacrum et a Deo coronatum caput dilaudabo. Patriis te canticis, filia David, materque Domini et Dei David, salutabo. Turpe enim fuerit, atque adeo inauspicatum, ut alienis orneris quae propria gloria praecellas. Accipe igitur, benignissima, dona pretiosa tibi soli convenientia, o cunctis celsior generationibus, quaeque inter creata omnia tum visibilia tum invisibilia multis numeris honoratior enituisti. Felix radix Iesse, et beatissima domus David in qua germinasti. *Deus [3]) in medio tui, et non commoveberis; sanctificavit enim tabernaculum suum Altissimus.* In te enim ad patres nostros testamenta iuramentaque Dei finem gloriosissimum acceperunt; quia per te Dominus factus est Deus virtutum nobiscum. » Hinc commemoratis magno numero [4]) typis, quibus Virgo praemonstrata fuit, orationem absolvit [b]) his verbis: « Omnia namque cesserunt, tuaeque illi divinae imagini exprimendae imparia succubuerunt. »

806. Aperta igitur testificatione maiorum compertum est, referri ad Virginem deque Virgine intelligi ea psalmi verba consuevisse, quibus eadem nuncupatur tum *civitas Dei quam fluminis impetus laetificant*, quum *tabernaculum quod Altissimus sanctificavit* et a ceteris omnibus ita secrevit, ut *in eius medio versans et primo statim diluculo sua illud ope defendens*, non tulit ut vel brevissimo temporis intervallo commoveretur. Haec autem non obscure demonstrant quid ipsi *de Virginis originibus* existimarint. Existima-

a) De Symeone et Anna §. IX. pagg. 813. D-E. et 814. H. apud Gallandium T. III.
b) Ibid. §. IX. pag. 815. A.

1) Ps. XLV. 5.
2) Ps. LXXXVI. 5. Ad haec ipsa testimonia respicit Matthaeus cantacuzenus, ubi explanans verba Cant. I. 10. ὁμοιώματα χρυσίου ποιήσομέν σοι μετὰ στιγμάτων τοῦ ἀργυρίου, ἔως οὗ ὁ βασιλεὺς ἐν ἀνακλίσει αὐτοῦ, *similitudines auri faciemus tibi cum punctis argenteis, donec rex fuerit in accubitu suo*, inquit Comm. in Cantic. pag. 9. τὴν στάμνον δηλονότι, καὶ τὸ χρυσοῦν θυμιατήριον, καὶ πάντα τὰ διὰ χρυσοῦ καὶ ἀρ᾽ ὑψου κατασκευασθέντα ἔν τε τῇ τοῦ μαρτυρίου σκηνῇ, καὶ ἐν τῷ κατ᾽ αὐτοῦ οἰκοδομηθέντι ναῷ τοῦ θεοῦ· ταῦτα γὰρ πάντα ὁμοιώματα καὶ τύποι προὔπῆρχον τῆς ἀληθινῆς τοῦ θεοῦ κιβωτοῦ· τῶν δὲ ἀληθινῶν γεγονότων, οὐκ ἔτι χρεία τῶν τυπικῶν· εἴρηκα γάρ, ἕως οὗ ὁ βασιλεὺς ἐν ἀνακλίσει αὐτοῦ· τουτέστι, μέχρις ὅτου τὸ πέρας φθάσει τῆς ἐμῆς προφητείας, καὶ ὁ τῶν ἁπάντων βασιλεὺς Χριστὸς, ὁ σωτὴρ ἀνακεισεῖται ἐν τῇ τῆς παρθένου νηδυι. *Urnam videlicet et aureum thuribulum, et omnia au-* *rea argenteaque vasa comparata tam in tabernaculo testimonii, quam in Dei templo ab ipso aedificato; ea namque omnia similitudines et figurae praeextiterunt verae Dei arcae. Veritate autem accedente, non iam figuris opus erat; dixit enim, donec rex fuerit in recubito suo, hoc est, donec terminus ipse meae prophetiae expleatur, et omnium rex Christus Salvator in ipso Virginis requiescat utero.* Similia docet in scholiis ad Cant. II. 4. ubi de Virgine scribit pag. 14. αὕτη γὰρ μόνη ἐν τοῖς τῶν ἁγίων ἁγίοις ἔσχε τὴν οἴκησιν· ὡς καθαρωτάτη σκηνὴ τοῦ θεοῦ καὶ λόγου. *Ipsa namque sola in sanctis sanctorum habuit domicilium, utpote Dei atque Verbi purissimum tabernaculum.*

3) Ps. XLV. 5-6.
4) Ex. III. 2, XVII. 6, XXV. 8, XXXII. 1, Num. XVII. 8, IV. Reg. II. 11-20, IV. 41, Eccl. XLVIII. 1, Hebr. IX. 4.

runt nimirum tribui illas Deo oportere, qui Virgini a primo statim exortu praesto fuerit, illamque utpote exstituram Unigeniti tabernaculum sanctificaverit, ac nullatenus siverit ut hostium impetu commota labefactaretur. Atque huc sane redeunt quae suis enarrationibus complectuntur: quae I. complectuntur quum docent, *in ipso Mariae conceptu adornatum fuisse solium cherubico admirabilius:* quum II. docent, *Mariam primum exstitisse veluti templum a spiritali Salomone aedificatum, et veluti civitatem cui Deus suo numine adfuit ne oppugnata commoveretur:* quum III. docent, *apparuisse Mariam ceu rem sub sole novam, ceu miraculum miraculorum, ceu gratiis affluentem, proindeque totam pulcram et totam Deo propinquam:* quum IV. docent, *non aliter a Deo conditam fuisse Mariam, ac ex impollutis eius manibus prior Eva prodierit:* quum V. docent, *nullum propterea dedecus ex procreata Maria in Deum dimanasse, quod ea tamquam opus ipsius Dei amicum condita fuerit:* quum tandem VI. docent, *initia triumphi de Satana per Christum plenissime referendi, una cum Mariae originibus atque primordiis incepisse.* Neque enim horum doctrinae capitum vel unum est, quod aut cum facto originalis culpae quam Virgo contraxerit, componi utcumque possit, aut ab ipsa Virgine factum contractae originalis culpae non longissime amandet.

807. Ut enim ex sententia maiorum de Unigenito loquens scribit [1]) beatus Petrus Damiani: « Antequam nasceretur, talem creavit eam, ut ipse digne nasci potuisset ex ea, de qua propheta David multo ante [2]) praedixerat, *mater Sion dicet, homo, et homo factus est ex ea, et ipse fundavit eam Altissimus.* » Quod praeclare explanat [3]) Eckbertus quum de typis agens Virginem praemonstrantibus, inter cetera ait: « Arca quoque testamenti typum tenet sanctae Dei genitricis. Illam fecit Bezeleel, istam condidit Emmanuel. Bezeleel Oliab in opere socium habuit; et Virgo virginum quoque condita, praeelecta, praeservata, praeparata et ornata per Spiritum sanctum et eius omnipotentem Filium fuit. Bezeleel interpretatur umbra Dei, Oliab protectio mea: prior ille Spiritus sancti, iste vero typum tenet Filii. Bezeleel ergo cum socio arcam testamenti fabricavit; sancta quoque Trinitas Virginem sibi sanctificavit ac templum sanctissimum consecravit, hospitiumque mundissimum sibi praeparavit, thalamum quoque de quo sponsus prae filiis hominum speciosus ad publicum procederet, decenter praeornavit. Pater ergo in consecratione Virginis exhibuit claritatem, Filius humilitatem, Spiritus sanctus caritatem. Pater exhibuit potentiam, Filius sapientiam, Spiritus sanctus omnium virtutum gratiam. Pater auctoritatem contra peccatum, Filius humilitatem contra mundum, Spiritus sanctus caritatem erga Deum et proximum. Haec dicens, opera vel dona Trinitatis non divido, sed fideliter inseparabilia assero. Sicut enim in essentia unitas, ita in operatione identitas. » Legit ergo maiorum vestigia [4]) Petrus Montius, quum de verbis [5]) psalmi, *sanctificavit tabernaculum suum Altissimus,* scripsit: « Ubi David dicit, *fluminis impetus laetificat civitatem Dei,* videtur quod de Domina nostra loquatur; et ad hunc finem in Officio et solemnibus vel commemorationibus beatae Mariae canit Ecclesia: *fluminis impetus laetificat civitatem Dei, sanctificavit tabernaculum suum Altissimus. Deus in medio eius, non commovebitur; adiuvabit eam Deus mane diluculo.* Et principio dixerat, quod cum velocitate eam laetificaverit;

---

1) Serm. XLVI. in Deiparae nativitat. pag. 113. col. 2. B-C.
2) Ps. LXXXVI. 5.
3) Serm. de beata Maria n. 9. pag. 707. A-E. inter opp. Bernardi T. V.
4) Ps. XLV. 5.
5) De unius legis veritate lib. I. cap. LXXIII.

quam si prius labi sivisset, quamvis denuo adiuvaret, non velociter nec tempestive, sed nimium sero exstitisset. »

808. Cum his autem rerum ac prope etiam verborum affinitate cohaerent, quae veteres christiani scriptores de verbis [1]) psalmi, *replebimur in bonis domus tuae; sanctum est templum tuum, mirabile in aequitate*, litteris consignarunt. Quisquis enim illorum opera inspexerit, duo facile animadvertet: et principio quidem non omnino paucos reperiri, qui verba, *sanctum* [2]) *est templum tuum, mirabile in aequitate*, ad Virginem accommodarint: deinde vero haec eadem verba ad Virginem accommodata sic enarrari atque exponi, ut illius puritas numquam laesa, et illius innocentia numquam maculata significetur. Sane quemadmodum verba de quibus loquimur, ad Virginem referunt Eckardus, Anselmus, Matthaeus cantacuzenus, Iohannes damascenus, Modestus et Hesychius hierosolymitani, Basilius seleuciensis, vulgatus Epiphanius et Cyrillus alexandrinus; ita de ea Virginis innocentia deque ea sanctitate interpretantur, quae ad ipsas quoque eiusdem origines primumque conceptum semet porrigat.

809. Quae quidem ne a nobis temere dicta atque inconsulto affirmata videantur, dignus est qui omnium primus audiatur Eckardus [3]) scribens: « Iam ergo uterum tuum, Domina, velut sacratissimum [4]) Dei vivi templum totus mundus veneratur, quia in eo salus mundi initiata est, ibi decorem indutus est Dei Filius, ac praeelectae sponsae suae Ecclesiae formosus in stola candida exsultanter occurrit, desideratum diu osculum porrexit, ac praedestinatas a seculo nuptias virgo cum virgine praelibavit. Ibi ruptus est paries inimicitiarum, quem inter caelum et terram protoplastorum inobedientia construxerat. Ibi confoederata sunt terrenis caelestia. Ibi divini consilii providentiae inescatus est hamus, qui ad extrahendum serpentem antiquum in hoc mare magnum de caelo traiectus est. Inde egressa est armilla aurea, ut perforaretur maxilla Leviathan, ut evomeret mortuos non suos, quos ab origine mundi secure deglutiverat. » Dignus est qui deinde audiatur [5]) Anselmus in precibus ad Deiparam fusis exclamans: « O intemerata et in aeternum benedicta, specialis et incomparabilis virgo Dei genitrix Maria, gratissimum [6]) Dei templum, Spiritus sancti sacrarium, ianua regni caelorum, per quam post Deum totus vivit orbis terrarum. « Et [7]) rursum: « O beata Dei genitrix virgo Maria, templum Dei vivi, aula regis aeterni, sacrarium Spiritus sancti. Tu virga de radice Iesse, tu cedrus de Libano, tu rosa purpurea in Iericho, tu cypressus in monte Sion, quae singulari privilegio sicut nescis in omnibus comparationem, ita nihilo minus et angelicam superas dignitatem. »

810. Cum utroque consentiens [a]) Matthaeus cantacuzenus in cantici commentario sic

---

a) Comm. in Cant. II. 14. pag. 19.

1) Ps. LXIV. 5-6. Ab hac incisorum distinctione et coniunctione, quam praeferunt editiones alexandrina et vulgata, nonnihil distat hebraicus textus qui sic habet: *replebimur in bonitate domus tuae, sanctitatis templi tui. Mirabiliter in aequitate exaudi nos Deus salutaris noster.*

2) Idest, sanctum, maiestatis plenum ac religionis est templum tuum: mirabile ac venerabile in aequitate, in eo enim illustria signa et admirabilia indicia aequitatis, iustitiae, clementiaeque tuae crebro edidisti. Commentarius Heracleotae apud Corderium pag. 261. est huiusmodi: ἁγιασμοῦ γὰρ πλήρης ὁ σὸς ναός, καὶ τὴν σὴν δικαιοσύνην διὰ τῶν σῶν λογίων διδάσκει τοὺς προσιόντας. *Tuum namque templum sanctitate plenum est, tuamque iustitiam per oracula tua eos docet qui accedunt.*

3) Sermo panegyric. in beatam Virginem, n. 3. p. 701. D-F. inter opp. Bernardi T. V.

4) Ps. LXIV. 5.

5) Orat. LII. pag. 282. col. 1. C-D.

6) Ps. LXIV. 5.

7) Orat. LIV. pag. 283. col. 1. D. et col. 2. C.

habet: « Iudaeorum quidem populus ut immundus a Deo est reprobatus; Virgo autem omni ex parte labis expers, tamquam purissimum templum, in ipsius electa est domicilium, ad quam dicit: *veni tu columba mea in tegmine petrae, iuxta propugnaculum;* videlicet veni ut tu me carne vestias, quo perinde sim ac ceteri particeps irreprehensibilium passionum. » Eadem perspicuitate Iohannes damascenus nunc quidem [1]) verba psalmi ad Virginem nude refert, nunc vero [2]) non citra adiectum commentarium scribit: « Ave templum, purissime fabricata domus Domini, de qua David [2]) ait, *sanctum est templum tuum mirabile in iustitia:* ex qua sibi Christus corporis templum exstruens, templa Dei vivi mortales effecit. »

811. Succedit [b]) Modestus qui Virginis ornamenta recensens ait: « Ave multum Deo desiderabilis, vivum incomprehensibilis Altissimi templum, in quo increata et subsistens Sapientia Dei Patris inhabitavit, suique corporis templum Christus Deus aedificavit, qui suam in te requiem ad universalem salutem invenit, teque sibi complacuit ad aeternam et gloriosissimam sui requiem assumere. » Hesychius vero hierosolymitanus presbyter [c]) haec Gabrieli Virginem alloquenti verba tribuit: « Quia munda es a concubitu nuptiali, quia templum incorruptum, et tabernaculum ab omni labe integrum conservasti; et Pater hospitatur apud te, et Spiritus sanctus obumbrat, et assumpta carne Unigenitus ex te nascitur. » Neque aliter [d]) Basilius seleuciensis qui archangeli [3]) salutationem, *Dominus tecum*, hoc commentario explanat: « Quia templum exsistis vere Deo dignum innocentiae aromatibus bene olens, magnus in te [4]) inhabitabit pontifex qui secundum ordinem Melchisedech sine matre est ac sine patre: ex Deo Patre sine matre, ex te matre sine patre. »

812. Porro vulgatus Epiphanius [e]) ubi de Virginis parentibus sermonem habet, inter cetera ait: « Ioachim exponitur praeparatio Domini, eo quod ex illo praeparatum sit templum Domini, nempe Virgo. Anna vero gravida effecta caelum et thronum cherubicum peperit, sanctam puellam Mariam. » Cyrillus denique alexandrinus [f]) Mariam extollit his verbis: « Salve Maria, templum indissolubile, seu potius sanctum, quemadmodum clamat propheta David [5]) dicens: *sanctum est templum tuum mirabile in iustitia.* »

813. Constat igitur, et abunde constat usum obtinuisse, ut verba psalmi, *sanctum est templum tuum, mirabile in aequitate*, ad Virginem referrentur. Quare in psalterio [6]) cui Anselmi nomen inscribitur legimus:

» Ave caelestis mansio
» De cuius templi medio
» Suscepimus incarnatam
» Dei misericordiam.

» Ave caeli introitus,
» Divina habitatio;
» Cuius est nobis Filius
» Et frater et redemptio.

a) Orat. II. in Deiparae nativit. §. VII. pag. 854. C.
b) Encom. in Deiparam, §. X. pag. 39.
c) Orat. de laudibus Virginis, pag. 424. B-C. in Biblioth. pp. greco-lat. T. II.
d) Orat. in sanctam Deiparam, pag. 591. B-C. apud Combefisium Auctar. T. I.
e) Orat. de laudibus Virginis pag. 292. A. inter opp. Epiphanii T. II.
f) Encom. in s. Mariam Deiparam pag. 380. D. opp. T. V. P. II.

1) Orat. I. in Deiparae dormit. §. XII. pag. 866. E. ubi ad Virginem coniunctim accommodat quae leguntur in Psalmis XLIII. 5, LXIV. 5-6, et LXVII. 7.
2) Ps. LXIV. 5.
3) Luc. I. 28.
4) Hebr. VII. 3.
5) Ps. LXIV. 5-6.
6) Psalt. pag. 304. col. 3. D.

Et [1] rursum:

» Ave templum gratiarum
» Omnium capabile,

» Ave cuius peccatores
» Pascunt eleemosynae.

In solemnibus autem Graecorum Officiis Deipara [a] his aut similibus praeconiis celebratur: « Dei templum, animatum habitaculum et arca ostensa es; tu enim, o intemerata Dei genitrix, creatorem cum mortalibus reconciliasti. Purum, o Maria virgo mater, apparuisti templum Christi summa virtute ac sapientia omnia sustentantis, ordinantis atque ferentis. Te Dei templum et arcam et animatum thalamum et caelestem portam, o Deipara, fideles annunciamus. » Et [b] rursum: « Salve Maria Deipara, templum indissolubile, immo vero sanctum, quemadmodum propheta exclamat: sanctum templum tuum, mirabile in aequitate. »

814. Iamvero non minori evidentia constat, haec eadem verba sic enarrari de Deipara consuevisse, ut illius innocentia ab ipsius originibus intaminata ostenderetur. Sane non modo Virgo templum Dei illudque admirabile nuncupatur, sed praeterea dicitur *templum sacratissimum, incorruptum, intemeratum, purissimum, gratissimum, ab omni naevo liberum, innocentiae aromata spirans, Deoque vere dignum*. Ad haec Virgini defertur *quod templum fuerit purissime fabricatum; quod ex Ioachimo et Anna uti templum et caelum et thronus cherubicus prodierit; et quod ex immundo Iudaeorum populo ipsa munda emerserit, nullius conscia labis, et idcirco in templum selecta e quo suum vicissim templum Unigenitus assumeret*. Tandem inter Virginis praerogativas numeratur, *quod ipsa singulari privilegio nesciat in omnibus comparationem; quod in ipsa Deus ad universalem salutem invenerit requiem; quod in ipsa cum terrenis confoederata sint caelestia; et quod per ipsam post Deum totus vivat orbis terrarum*. Haec autem neque sibi constarent, neque vera ullatenus forent, si Virgo communi obligata vinculo crederetur. Huic enim obnoxia malo, neque esset purissime aedificata, neque instar templi primum exstitisset, neque ex immundo populo ipsa munda effloruisset, neque, ut compendio utar, eiusmodi fuisset reperta in qua Deus ad universalem salutem conquiesceret.

ARTICULUS III.

De Psalmo LXXXVI. 1-6: eiusdem recepta ad Deiparam accommodatio: quae illius species ex hac accommodatione exsistat: quam pura et ab omni naevo, licet originali, seiunctissima.

815. Inter psalmos qui celebrandis Hierosolymae laudibus inserviunt, nulli secundus is est qui inscribitur, *Filiis Core, psalmus cantici*, quique his verbis [2] continetur: « Fundamenta eius in montibus sanctis: diligit Dominus portas Sion super omnia tabernacula Iacob. Gloriosa dicta sunt de te civitas Dei. Memor ero Rahab et Babylonis scientium me. Ecce alienigenae et Tyrus et populus Aethiopum, hi fuerunt illic. Numquid Sion dicet: homo et homo natus est in ea: et ipse fundavit eam Altissimus. » Nimirum [3] ex paraphra-

---

a) Antholog. in Octoech. pag. 19. col. 1. B. — Ibid. pag. 48. col. 1. E. — Ibid. pag. 52. col. 1. C.

b) Triod. pag. 486. col. 2. B. auctore Iohanne damasceno.

1) Ibid. pag. 308. col. 1. C-D.
2) Ps. LXXXVI. 1-6.
3) Psalterium perpetua interpretat. ornat. pagg. 324-325. opp. T. III.

si Cardinalis Thomasii: « Fundamenta sive argumentum [1]) huius psalmi est de sanctis montibus, ubi constructa est civitas Sion. Diligit Dominus portas et totam urbem ipsam Sion, plusquam reliqua habitacula et civitates populi ex progenie Iacobi patriarchae. Quam gloriosa [2]) dicta sunt per prophetas de te, o Sion civitas prae ceteris Deo dicata! Ego Deus memor ero superbae olim [3]) Aegypti et Babylonis iam tandem agnoscentium atque colentium me in eadem Sione, et ecce Palaestini alienigenae et gens civitatis Tyri et populus Aethiopum, hi quoque [4]) fuerunt in ea urbe Sion, et ex eisdem nationibus illic plurimi nati sunt. Nonne [5]) Sioni dicet homo, quod et ex omni natione homo natus sit in ipsa, et quod Deus ipse altissimus eam fundaverit? »

816. Quamquam vero ambigi iure nequeat, utrum eiusmodi psalmus ad Hierusalem eiusque decora efferenda *historice* spectet; nemo vicissim facile abnuat, quod maioribus nostris visum est, illum tam ad vocationem gentium et Ecclesiam, quae vera est [6]) Hierusalem, quam ad eiusdem caput et principem Christum Deum *typice* pertinere. Scite [a]) Athanasius: « Hunc psalmum canunt filii Core ad Ecclesiam, per illum depraedicantes gentium vocationem, et futuram Unigeniti in Ecclesia apparitionem per assumptae carnis oeconomiam. » Neque minus scite [b]) Theodoritus: « Etiam hic psalmus gentium salutem praecinit, et pium vivendi statum per Christum futurum docet. » In commentario autem [c]) Heracleotae ad comma quintum legimus: « Symmachus sic ait: *de Sion autem dicetur ab unoquoque, homo natus est ibi, et ipse stabilivit eam Altissimus. Dominus numerabit scribens populos, hic natus est ibi*. Haec non amplius secundum litteram accipi possunt: nam manifeste Domini adventum significant. Ipso enim nato quilibet hominum dicet, inquit, *homo natus est in Sion:* qui homo nominatur etiam Altissimus, et Dominus sive Deus appellabitur, utpote rex aciei suae adscribens populos, etiam ut homo apparebit natus in ea secundum illa quae [7]) in Baruch dicta sunt: *hic est Deus noster, et non aestimabitur alius ad eum. Post haec in terra visus est.* » Eademque legimus in commentario Bru-

a) Apud Corderium pag. 771.
b) Ibid. pag. 771.
c) Ibid. pag. 770.

1) Sunt haec ad mentem expressa interpretum hebraeorum, qui putant his verbis non psalmum inchoari sed eius titulum expleri, proindeque illa sic reddunt: *Fundamenta* (argumentum et materies insequentis psalmi, *in montibus sanctis* versatur; montes namque sanctos, Sionem et Moriam extollit atque praedicat. Malim tamen suffixum vocabuli יְסוּדָתוֹ ad consequentem vocem, *Deum*, referre: vocabulum ipsum יְסוּדָה tamquam nomen substantivum sumere et cum Aquila reddere θεμελίωσιν *fundationem:* totumque incisum ita complecti, *fundatio eius* (Dei scilicet fundatoris) est *in montibus sanctitatis;* Deus namque sibi et cultui suo sedem delegit montes sanctos Sionem et Moriam.

2) Hebraice, נִכְבָּדוֹת מְדֻבָּר בָּךְ Ubi participium passivum מְדֻבָּר neutraliter adhibetur, plurale נִכְבָּדוֹת vim refert *adverbialem* et *superlativo* prope respondet, totumque incisum huc redit: *admodum honorifice dictum est de te*.

3) Nomen רַהַב esse *Aegypti* proprium, certis constat Scripturarum effatis Is. XXX. 7, LI. 9, et Psalm. LXXXIX, 11.

4) Hebraice, זֶה יֻלַּד־שָׁם *Hic* (horum quisque significatione distributa) *natus est illic*, in Sione, eiusque civis effectus.

5) Hebraice, וּלְצִיּוֹן יֵאָמַר אִישׁ וְאִישׁ יֻלַּד־בָּהּ וְהוּא יְכוֹנְנֶהָ עֶלְיוֹן׃

Et Sioni dicetur, vir et vir (hic atque ille, et omnino plurimi ac diversi) *nati sunt in ea* (eiusque cives effecti), *et ipsemet Altissimus fundavit eam*, ac proinde, ut est in catena patrum apud Corderium pag. 768., ἀήλωτος ἐγένου τοῖς πολεμίοις, *inexpugnabilis facta est inimicis*.

6) Gal. IV. 26. coll. Hebr. XII. 22.
7) Baruch. III. 36.

nonis astensis qui [1]) scribit: « *Mater Sion* [2]) *dicet homo.* Ac si dicat: haec est mater et revera mater, quae pietatis sinum omnibus aperit, nullis materna viscera claudit, omnes suscipit, omnes ex affectu fovet et nutrit. Sequitur: *et homo natus est in ea, et ipse fundavit eam Altissimus.* Multa superius gloriosa dicta sunt de civitate ista, sed hoc quod modo dicitur, omni gloria gloriosius est, nulla gloria huic gloriae comparari potest. Ipse Altissimus qui fundavit et fecit eam, ipse homo factus est et natus est in ea. »

817. Ab hac autem intimiore ac ferme dixerim arcana psalmi significatione seiungi altera non debet, qua illum ad Virginem praeclara maiorum suffragatione relatum novimus. Et ad Virginem sane non infrequenter accommodatus occurrit in eiusdem Officiis latinae non minus quam graecae ecclesiae solemni usu receptis. De latina ecclesia notior res est, quam ut confirmari testimoniis [3]) debeat; ad graecam vero quod attinet, speciminis gratia sufficere possunt [a]) quae subiicimus: « Gloriosa dicta sunt de te, o civitas animata sempiterni regis; per te enim, o Domina, Deus cum iis qui in terra degunt hominibus conversatus est. Gloriosa dicta sunt de te in generationibus generationum, o Deipara Maria, quae Deum Verbum sinu complexa, pura permansisti; propterea te omnes veneramur nostrum secundum Deum perfugium. Beatus fuit Dei genitricis uterus, ut quae Verbum suscepit ex ea in carnis crassitie humanae formae secundum hypostasim coniunctum, et apparuit civitas Dei in qua inhabitare placuit Altissimo et Domino Deo. Quare clamamus, ave gratia plena, o innocens Deipara. O civitas Dei, de qua dicta sunt gloriosa, hanc tibi addictam civitatem, cohaerentemque regionem ab omnibus periculis, et fame, et barbaris, o Virgo Dei genitrix, custodi utpote sola et quae neminem rubore suffundit, fidelium tutela. » Tum [b]) haec: « Civitas Dei [4]) omnium regis, sacrum Dei receptaculum, cimelium venerandum, o Deipara undequaque immaculata, tuere hereditatem tuam quae semper te laudat, tuumque partum fide concelebrat. » Atque haec rursum [c]) ex Coptorum hymnis: « David propheta celebravit eius *(Maria)* laudem, illamque Dei civitatem vocavit. Pater a caelo respexit, non invenit qui tibi sit similis, Unigenitum suum misit, qui carnem ex te suscepit. Celebrarunt *(vates)* honores tuos, o civitas Dei, tuque facta es habitatio omnibus qui in te exsultant. Omnes reges terrae ambulant in lumine tuo, et gentes in splendore tuo, o Maria mater Dei. Celsior est *(Maria)* Cherubim, venerabilior Seraphim, utpote quae tem-

---

a) Antholog. in Octoech. pag. 17. col. 2. A. — Ibid. in Acoluth. anonymi pag. 83. col. 2. E. — Offic. quadragesim. Feria V. Tyroph. Ode η'. pag. 52. B. — Men. die XXVI. Aprilis Ode ε'. pag. 112. col. 1. D. auctore Iosepho.

b) Men. die XXIV. Iunii Ode α'. pag. 90. col. 1. D. auctore Iohanne damasceno.

c) Theotoc. pag. 87. tetrast. VII. — Ibid. pag. 100. tetrast. I-III. — Ibid. pag. 104. tetrast. III-IV.

1) Exposit. in ps. LXXXVI. 5. pag. 486. col. 1. C.

2) Μήτηρ Σιών. Ita habent graeci libri; sic quoque legunt Tertullianus, Ambrosius, Augustinus; ita praeterea est in Psalterio romano et aethiopico et arabico, atque in metaphrasi Apollinarii.

Μητέρα τιμήσσαν ἀνὴρ Σίωνα καλέσσαι.
Hieronymus testis est, Alexandrinos vertisse μῆτι Σιών, Aquilam καὶ τῇ Σιών, et Symmachum περὶ δὲ Σιών. In veteri scholio adnotatur: τὸ ῥῶ κατὰ προσθήκην ἔκειτο εἰς τὴν τῶν δ. ἐν τῷ τετρασελίδῳ, ἐν δὲ τῷ ὀκτασελίδῳ, μήτηρ Σιών.

3) Cf. Thesaurum hymnolog. T. II. pag. 92 ubi Daniel in subiecta adnotatione pag. 93. scribit: « Mariam intellexerunt theologi in ps. LXXXVI. 2. *Gloriosa dicta sunt de te, civitas Dei.* »

4) Gemina habentur in Paraolit. pagg. 116. col. 2. A. 235. col. 1. C., 375. col. 1. A., in Triodio pag. 150. col. 1. D. et in Men. die XXX. Aprilis Ode α'. pag. 125. col. 1. E.

plum exstiterit unius e Trinitate. Haec est Hierusalem civitas Dei nostri, in qua est gaudium sanctorum omnium. »

818. Competit igitur Deiparae, interque eius dotes censeri debet, I. quod prae omnibus Iacobi tabernaculis dilecta caelo fuerit: II. quod eximiis aucta donis et magnificis celebrata laudibus omnibus antecellat: et III. quod ille ipse unigenitus Patris Filius, qui ex ea natus est atque carnem ex ea sumpsit, ipsam ex sese condiderit atque fundaverit. Quod postremum expendens Bruno astensis, principio quidem [1]) ait: « Ad laudem matris Domini invitat nos Spiritus sanctus per os David [2]) patris ipsius Virginis, dicendo: *glosiosa dicta sunt de te, civitas Dei.* » Dum [3]) pergit: « Nonne enim valde gloriosum est quod de ea ipse David pater eius in hoc eodem psalmo [4]) dicit? *Homo natus est in ea, et ipse fundavit eam Altissimus.* Impossibile est enim quantum ad alios homines, ut aliquis sit fundator civitatis in qua nascitur, quia antequam sit natus, non potest fundare civitatem. Sed Christus qui est Altissimus, per hoc quod Deus est ante omnia tempora, fundavit civitatem hanc, idest, matrem creavit; et tamen ut homo in fine temporum natus est in ea, sumendo carnem ex ea. Mirabile est ergo et gloriosum in hac civitate, quod ille qui fundavit eam, natus est in ea. » Cum qua gloria non minus altera conserta est, cuius meminit [5]) Petrus Comestor in sermone de immaculato Virginis conceptu [6]) inquiens: « Attende et obaudi, quod testimonium huic fundamento dederit [7]) prophetarum eximius. *Homo natus est in ea et ipse fundavit eam Altissimus.* Intellige quod ait, *ipsa fundavit eam:* ipse, non alius, non vetus Adam, sed novus novum iecit fundamentum, super quod tam praeclarum, tam insigne surgeret aedificium. Alioquin si veteris ruinae mansere vestigia, si veteri superaedificatum est; vetus Adam et non ipse fundavit eam Altissimus. » Et mox: « Oportuit eam ab ipso fundamenti primordio prae ceteris aliquod sortiri privilegium, quae secretorum Dei mysteriorumque caelestium in se susceptura erat arcanum. » His tandem verbis absolvit: « Dicat ergo, dicat Ecclesia, salve festa dies, salve dies veneranda conceptionis, in qua initiatum est sacramentum nostrae redemptionis, per quam extincta est framea versatilis et aperta ianua nostrae salutis. Gaudeat, oro, omnis terra in conceptione tantae Virginis, in cuius medio salutem operari dignatus est Deus. »

819. Ceterum multo haec emicabunt splendidius, et ad gignendam fidem firmiora videbuntur, si ad veterum sententias illorumque commentarios animus advertatur. Itaque sepositis [8]) vulgato Gregorio neocaesariensi, Pseudo-Chrysostomo [9]), Hesychio hierosolymitano [10]), Germano constantinopolitano [11]) et [12]) Amedeo lausannensi, quorum testimonia vel alibi retulimus, vel nihil praeterea quam psalmum ad Virginem accommodatum praeseferunt; Eckardus schonaugiensis [13]) Deiparam compellans ait: « Tu ergo, bellatrix egre-

---

1) Sentent. lib. V. cap. I. pag. 554. col. 1. A.
2) Ps. LXXXVI. 3.
3) L. c. pag. 554. col. 1. D. et 2. A.
4) Ps. LXXXVI. 5.
5) De Petro Comestore videsis Labbei dissertationem in libro de scriptt. ecclesiast.
6) Editus hic sermo primum fuit Antuerpiae an. 1536, illumque Ruardus Tapperus dignum censuit quem suo suffragio comprobaret.
7) Ps. LXXXVI. 5.
8) Orat. III. in Deiparae annuntiat. pag. 27. C-D.
9) Orat. in Deiparae annuntiat. pag. 798. B-D. opp. Tom. II.
10) Orat. de laudibus Virginis, pag. 420. E. in Biblioth. pp. graeco-lat. T. II.
11) Orat. in Virginis nativit. pag. 1315. D-E. apud Combefisium Auctar. T. I.
12) Orat. de Virginis laudibus, pag. 1272. col. 1. A. in Biblioth. max. pp. T. XX. Adde et Hildephonsum toletanum multo Amedeo vetustiorem in libro de perpetua virginitate s. Mariae pag. 127. col. 2. C-D. in collect. pp. tolet. T. I.
13) Sermo Panegyric. ad beatam Virginem, n. 5. p. 703. A. inter opp. Bernardi T. V.

gia, primo eum qui primus omnia supplantavit, expugnare viriliter aggressa es. » Quod ut declaravit, illico [1] subdit: « *Gloriosa dicta sunt de te*, Dei genitrix. Sed adhuc locus est tuae laudationi, adhuc in tuis laudibus omnis lingua balbutit. Non enim sunt loquelae neque sermones in omni natione quae sub caelo est, quibus amplitudo gloriae tuae ad plenum valeat explicari. Et nunc sequimur te, o Domina, ex totis praecordiis vociferantes ad te: adiuva imbecillitatem nostram, aufer opprobrium nostrum. Vides hanc tunicam pelliceam, quae nos circumdedit? Tunica Evae parentis nostrae haec est, quam ad nos olim misera illa transmisit, et supervestivit carnem filiorum suorum, sicut diploide, confusione sua. De manu quippe ipsius duplicis mali semen terra nostra suscepit et concepit et peperit nobis spinas et tribulos iniquitatis in anima, calamitatis in corpore, ac per hoc mortem utrobique. O infelix hereditas! O dira humanae carnis infirmitas! Usquequo patiemur te?» Tum [2] pergit: « Et quis liberabit nos a corruptela huius miserrimae pelliculae? Gratia Salvatoris nostri Filii tui, o Maria, qui ut infirma nostra tolleret, sponte infirmatus est: et ut mors mortis nostrae ipse fieret, innocens pro peccatoribus mortuus est. » Cum Filio autem e vestigio Matrem [3] coniungens addit: « Et quis tam idoneus ut loquatur ad cor Domini nostri Iesu Christi, ut tu felix Maria, quae in secretissimis amplexibus amantissimi Filii tui recubas in meridie sempiterno, eiusque familiarissimo colloquio cum plena cordis laetitia perfrueris? Loquere Domina, quia audit Filius tuus, et quaecumque petieris, impetrabis. Invoca bonum nomen eius super nos, ut curemur a vetusta hac lepra carnis et spiritus. Exsurge virus hoc mortiferum exinanitura, quod de pomi sui reliquiis Eva nobis propinavit, quando succi noxialis gustu ebriata est, et reliquias dimisit parvulis suis. Utinam poculum suum ebria illa totum ebibisset, non item in nos diffudisset. Te igitur, Domina, exorante omne iugum nostrum computrescat a facie olei divinae misericordiae, renovetur ut aquilae iuventus nostra; ut novi, nova voce, novum canticum, novis civibus aggregati, illic ubi nova sunt omnia, iubilum sempiternum celebrantes in cymbalis iubilationis concinamus. » Quae omnia eo pertinent, ut Deipara, quippe civitas Dei et ab ipsomet Deo fundata, *inscia hereditatis Evae, atque ex universa posteritate felix* demonstretur.

820. Sequitur beatus Petrus Damiani, qui verba psalmi ad Virginem plus semel [4] traducit, deque Virgine enarrans [5] scribit: « Immensum concepit, aeternum genuit, genitum ante secula parturivit. Qui sibi et munus fecunditatis attulit conceptus, et decus virginitatis non abstulit natus. Qui antequam nasceretur, talem creavit eam, ut ipse digne nasci posset ex ea, de qua propheta David multo ante [6] praedixerat, *mater Sion dicet, homo, et homo factus est ex ea, et ipse fundavit eam Altissimus*. » Et [7] rursum: « O mirabilis, o singulariter nobilis caro beatissimae Virginis, in qua muliebris natura mutatur, humana conditio non tenetur! Per coitum quidem est genita, sed per efficaciam coitus non enixa. Edita communi nascentium iure edidit singularis gratiae novitate. In humano denique genere ille nobilis dicitur, qui claris maiorum titulis insignitur; beata vero Maria licet sit de generosa patrum stirpe progenita, ab illo tamen trahit excellentissimae nobilitatis genus,

---

[1] Ibid. n. 6. pag. 703. B-D.
[2] Ibid. n. 7. pag. 703. D.
[3] Ibid. n. 7. pag. 703. D-F.
[4] Serm. XLIV. itemque I. in Virginis nativit. p. 107 col. 1. E. ubi verba ps. LXXXVI. 3. ita inflectuntur, *gloriosa dicta sunt de te, gloria Dei*.
[5] Serm. XLVI, itemque III. in Virginis nativit. p. 113 col. 2. B-C.
[6] Ps. LXXXVI. 5.
[7] Ibid. pag. 117. col. 1. C-D.

qui de illa est novo nascendi genere procreatus, et per clarissimam sobolem omnem humani stemmatis excedit nobilitatem. Clara proavorum titulis, sed incomparabiliter clarior generositate prolis. Filia siquidem regum, sed mater regis regum: *gloriosa* [1]) *dicta sunt de te, civitas Dei*. Sed quidquid de te a mortali homine dicitur, celsitudinis tuae meritis non aequatur. Quam enim excellens gratia super angelos elevat, ad eius digne efferenda praeconia humana fragilitas non aspirat. »

821. Concinit Paulinus patriarcha aquileiensis, qui contra Felicem disserens [2]), eo in capite quo ex Apostolo efficit *Christum esse filium Dei et hominis, alioquin nuncupativa non vera mater Maria dicenda foret, quae tamen vere Deum altissimum genuit*, post alia non pauca [3]) scribit: « Veraciter namque venerabilis Virgo et ancilla et mater est Domini, quoniam Deus omnis carni qui creavit eam, ipse dignatus est nasci ex ea. Ait enim ipsa ad Angelum, *ecce ancilla Domini, contingat mihi secundum verbum tuum*. Angelus quippe eam Altissimi Filii genitricem praedixit: ipsa se Altissimi Filii ancillam humiliter confitetur. Huic etenim angelico oraculo davidicum concordare non inconvenienter praeconium demonstratur. *Mater*, inquit [4]), *Sion dicit homo et homo natus* vel factus est *in ea, et ipse fundavit eam Altissimus*. Ipse non alius, qui factus est in ea ex semine David secundum carnem; ipse fundavit eam Altissimus in aeternum. »

822. Non dissimilis apud Hildephonsum occurrit psalmi interpretatio, qui et illam [5]) Ambrosii auctoritate confirmat, et his praeterea [6]) verbis de Virgine agens illustrat: « Ecce ad quam concurrunt omnia eloquia prophetarum, ad quam omnia aenigmata concurrunt scripturarum: *de qua* [7]) *natus est Christus*, Deus et homo pridem in terris ut ipsa hodie assumpta de corpore renascatur in caelis. Unde et filia Hierusalem esse iure cantatur, licet [8]) *natus sit ex ea, qui eam olim fundavit Altissimus*: quae revera mater illa caelestis hodie advenit obviam ornata monilibus suis, de qua [9]) dicitur: *vidi Hierusalem descendentem de caelo a Deo ornatam auro mundo et lapidibus pretiosis intextam*. Quo profecto hodie decorata ideo descendit, ut reginam mundi beatam scilicet Mariam secum eveheret ad sublimia, et collocaret in throno regni. »

823. Quid vero Georgius metropolita nicomediensis? Is in sermone quo Deiparae conceptum et nativitatem extollit, ubi haec angeli verba [a]) ad Annam, *praedicabitur universis tuus partus*, exponit, sic [b]) habet: « Praedicabitur et celebrabitur, nec in terra solum, verum etiam in caelis: nec tantum in auribus hominum, sed et divinis insonabit sensibus, quaenam sint tanta illa de eo praedicanda partu. Perspice vero ut haec David praedixerit, ut velut quid gestum praenunciaverit futurorum eventum, infallibilem futurorum veritatem praeterito tempore designans. *Gloriosa enim dicta sunt de te*, inquit, *civitas Dei*. Gloriosa super omnem quae refertur gloriam. Gloriosa supernis virtutibus, in pretio habita et expetita ab eiusdem naturae hominibus, patriarchis desiderabilia, prioribus patribus veneranda, et a prophetis conscripta et exquirenda. Propter haec laetantur universa creata,

---

a) Orat. in Deiparae concept. et nativit. pag. 1066. C. apud Combefisium Auctar. T. I.
b) Ibid. pagg. 1066. C-E. et 1067. A.

1) Ps. LXXXVI. 3.
2) Con. Felicem lib. I. cap. XV. pag. 108. C.
3) Ibid. pagg. 108. E. et 109. A.
4) Ps. LXXXVI. 5.
5) Serm. V. in Deiparae assumpt. pag. 677. col. 1.
D-E. apud Combefisium in biblioth. Concionat. T. VII.
6) Serm. I. In Deiparae assumpt. p. 666. col. 1.C-E.
7) Matth. I. 16.
8) Ps. LXXXVI. 5.
9) Apoc. XXI. 2.

congaudent his exercitus angelici, his una gloriatur mundus universus, his hodie exsultat terrigenarum genus: haec laudans pervigilium salutis maximae agit: hoc praesalutat quo absolutissimam consequi meruit exsultationem. Quippe natalitia haec humanam praenunciarunt regenerationem: haec revocationem ab errore ac futuram vetustatis instaurationem praesignarunt: haec ignorationis nostrae infecunditatem in scientiae Dei fructum progressuram ostenderunt: haec ad ingressum gratiae iter nobis fecerunt: haec salutis portas praeaperuerunt: haec iacta fuerunt reconciliationis fundamenta: haec ad mediationem assumpta sunt: per ea nunc qui eiusdem sumus participes generis, fiduciam habemus: per ea congruentiorem recepimus statum: per editum in lucem thalamum regalibus nuptiis adnumerati sumus, per caelum illud quod nunc splendidius itemque capacius productum fuit, caelestem vitae rationem adscivimus: per cognatam benedictionem evangelica potimur iucunditate. »

824. Concinit [a]) Iohannes damascenus, qui de die salutatae ab archangelo Deiparae verba faciens, inquit: « Nunc illa praedicetur quae omni ratione est praedicanda, ceu quae nullis non faustis acclamationibus celebrari debeat. Nunc Virgo extollatur quae exaltata a Deo est, ceterisque praelata, et divino oraculo dignata. Nunc ea laudetur quae multiplici tum nomine, tum lumine insignis est, ac super omnes res creatas sublimissima. Nunc beata dicatur Dei arca, quae Deum versantem secum et in se manentem habuit, orbique toti venerabilis est. Nunc populi omnes [1]) cum Davide reginae ex Davide prognatae inclament, *gloriosa dicta sunt de te, civitas Dei*, regis magni. » Alibi vero [b]) hisce de Deipara praemissis, *ecquisnam est qui iustitiae fonti et sanctitatis thesauro laudem non exhibeat? non ut gloria eam augeat, sed ut sempiternam ipse sibi gloriam conciliet;* continuo [c]) pergit: « Neque enim a nobis gloria augeri indiget gloriae Domini tabernaculum; Dei, inquam, illa civitas de qua gloriosa dicta sunt, quemadmodum [2]) divinus David eam affatur: *gloriosa dicta sunt de te, civitas Dei*. Ecquam enim aliam invisibilis et incircumscripti atque omnia pugillo continentis Dei civitatem intelligemus, nisi eam quae vere, et supra quam natura et essentia ferat, Dei Verbum substantia omni superius incircumscripte complexa est; de qua proinde ab ipsomet Domino gloriosa dicta sunt? Quid enim ad gloriam illustrius, quam [3]) Dei consilium, antiquum illud et verum excepisse? » Hinc ab Ephraemo [d]) inter alia decora Virginis propria, haec etiam numerantur, quibus eadem dicitur « Arca sancta, per quam ab iniquitatis diluvio salvati sumus: thuribulum aureum, in quo Verbum carnem incendens mundum odore replevit, atque inobedientiae combusta sunt crimina: tabernaculum sanctum, quod spiritalis Beseleel aedificavit: radix sancta Iesse: civitas Dei, de qua *gloriosa dicta sunt de te*, ut [4]) David loquitur. »

825. Quisquis porro ad ea animum adverterit quae hucusque retulimus, is facile secum hoc pacto rationes subducet. Alienum esse non a veritate modo, sed a quavis etiam licet ementita verisimilitudinis specie, ut ea *paternae* [5]) *transgressionis tetra foeditate*

---

a) Orat. in Deiparae annunciat. pag. 835. C-D.
b) Orat. I. in Deiparae dormit. §. 1. pagg. 857. D. et 858. A.
c) Ibid. pag. 858. A-B.
d) Orat. ad Deiparam, pag. 529. D-F. opp. graec. T. III.

1) Ps. LXXXVI. 3.
2) Ps. LXXXVI. 3.
3) Is. XXV. 1.
4) Ps. LXXXVI- 3.
5) Sunt haec verba Fulgentii ex lib. I. de praedest. et grat. cap. III.

corrupta, et lue parentalis maculae infecta existimetur, inter cuius dotes proprietatesque numeratur I. quod ipsa fuerit a Deo fundata, Deumque proprium singularemque auctorem sortita: II. quod talis fundata fuerit atque exstructa, e qua creator et artifex carnem sumere et digne novissimis temporibus oriri posset: III. quod inscia fuerit hereditatis Evae, et una ex universa eademque misera progenie felix atque beata: IV. quod ita in lucem venerit, ut eius origo spectari non aliter debeat ac ut universalis caussa laetitiae, salutis exordium, humanaeque reparationis et cum Deo reconciliationis initium: quod tandem V. inter Adami nepotes apparuerit ceu tabernaculum gloriae Domini, fons iustitiae, sanctitatis thesaurus, potior angelis, et supra omnes hominum laudes longissime evecta. Ex hisce namque dotibus ne unam quidem designare licet, quae ab omni culpae naevo non summopere abhorreat, quaeque penitus originalem innocentiam non efflagitet. Verum ecquaenam ex eisdem est, quam Virgini adscribendam esse maiores nostri non doceant? Omnes et singulas tribuendas illi esse testantur, quum ad ipsam referunt deque ipsa toties memorata psalmi verba interpretantur. Maiorum ergo suffragatione ratum esse debet, ad ornamenta Virginis, quam Dominus ipse fundavit, originalem quoque innocentiam pertinere.

ARTICULUS IV.

De Psalmo CXXXI. 8-13-14: eiusdem ad Deiparam in maiorum libris christianisque monimentis accommodatio: conserta cum hac accommodatione eximia illius puritas, quae ipsas quoque origines complectitur.

826. Quum de typis symbolisque [1]) ageremus ex sententia maiorum Deiparam praemonstrantibus, diserta eorumdem testificatione comprobavimus, illorum numero *Arcam*, quae modo [2]) *Arca foederis*, modo *Arca Dei*, modo *Arca roboris* et modo *Arca sanctitatis* nuncupatur, inprimis comprehendi. Ex hac autem maiorum persuasione repeti potissimum debet, quod nonnulla psalmi centesimitricesimiprimi commata ad Virginem ipsi retulerint, deque Virgine idoneis commentariis enarrarint. Commata vero quae huc faciunt, ita se [3]) habent: « Surge, Domine, in requiem tuam, tu et arca sanctificationis tuae. Quoniam elegit Dominus Sion, elegit eam in habitationem sibi. Haec requies mea in seculum seculi, hic habitabo quoniam elegi eam. » Nimirum [4]) ex paraphrasi Cardinalis Thomasii: « Surge itaque, ut ita dicamus, Domine, et veni in novum hoc domicilium tuum quietum et stabile in quo perpetuo requiescas. Veni, quaesumus, huc tu et arca [5]) quam tibi sanctificasti, ad cuius olim praesentiam saepe [6]) fortitudinem tuam monstrasti. Quoniam autem

---

1) nn. 480. sqq.
2) II. Paral. VI. 41. XXXV. 3, Ps. XCV. 6, et CXXXI. 8.
3) Ps. CXXXI. 8-13-14.
4) Psalter. perpet. interpret. ornat. pagg. 493-494. opp. T. III.
5) Haec est lectio interpretis alexandrini, ἡ κιβωτὸς τοῦ ἁγιάσματός σου, itemque vulgati, *arca sanctificationis tuae*.
6) Hebraice est, עֻזֶּךָ אֲרוֹן, ἡ κιβωτὸς τῆς ἰσχύος σου, *arca roboris tui*, tuaeque potentiae ac virtutis symbolum. Ceterum, monente Agellio, inter utramque lectionem haud multum interest. Cum enim *arca* dicitur *fortitudinis*, quasi materies sanctificationis et laudis significatur; cum vero *arca* dicitur *sanctificationis*, ipsa laus innuitur. Etenim *sanctificatio* pro veneratione et laude adhibetur; laudantur autem res fortiter gestae. Quare quum arcae caussa multa fortiter gesta fuerint, ut Iordanis traiectio, Philistaeorum pestis et lues, idolorum deiectio; merito tum *fortitudinis* tum *sanctificationis* arca nominatur. Utrumque nomen, quod res devinctae sint, in cantico Moysis Ex. XV. 2. sociatum legitur: *fortitudo mea et laus mea Dominus*.

Dominus elegit Sion, eamque praeelegit ut in ea sibi habeat constructum habitaculum, idcirco de ea dixit: hic est locus in quo stabiliter requiescam: hic habitaculum habebo, quia illam ego praeelegi. »

827. Ne cui vero suppetat ambigendi facultas, utrum haec commata ad Virginem relata fuerint deque Virgine eiusque dotibus explicata; initio dabimus quae exhibet [1]) psalterium Anselmo tributum, quaeque ita se habent:

» Ave nostra advocatrix
» Atque vitae reparatrix,
» Cuius partus super ipsos
» Dominus est caeli thronos.
» Ave Sion, in qua Deus
» Habitavit homo factus,

» In quo sperant enixius
» Qui noverunt nomen eius.
» Ave Virgo singularis,
» Placens aula virginalis.
» Cuius in templo Dominus
» Et in caelo sedes eius.

Et [2]) infra:

» Ave Sion gloriosa,
» De qua nobis manifesta

» Fit carne Verbi facies,
» Decoris Dei specie.

828. Dabimus deinde ex iis nonnulla, quae in publicis graecae ecclesiae monimentis reperiuntur. In his itaque [a]) legimus: « Psallens David proavus tuus te, o innocentissima, appellat arcam divinae sanctificationis supra quam natura ferat complexam Deum in paterno sinu quiescentem, quem fideles incessanter magnificamus. Ave Sion sancta, ecclesiarum mater, Dei habitaculum. Ave locus Dei capax, ave novi foederis arca, ave aurea urna, e qua caeleste manna omnibus datum est. O arca divinae sanctificationis, sanctifica animam meam, meam mentem illumina et continenter una cum apostolis deprecare Christum ut me servet. Sion electa, regis civitas, fac me reddas supernae civitatis civem, una cum divinis discipulis, o Virgo intemerata, deprecans aeternum Filium tuum. » Itemque [b]) legimus: « Coierunt in te super naturam, venerandae sanctificationis arca, mater virgo pura, virginitas simul et partus, quare fide ad te clamo, totum me sanctifica, totum me libera a quovis actu pravarum affectionum, quibus divexor. » Quibus haec consona sunt [c]) penes Coptos recepta: « Spiritus sanctus implevit locum omnem animae tuae, tuique corporis, o Maria Dei mater. Propterea nos quoque festum agimus, festum spiritale et propheticum una cum rege Davide exclamantes atque dicentes: surge Domine in requiem tuam, tu et arca sanctuarii tui; quae arca tu es, o Maria. »

829. Dabimus postremo quae eodem spectantia scriptores ecclesiastici, patresque sanctissimi litteris consignarunt. Ne quid vero dicamus [3]) de Guerrico, Germano [4]) et [5]) Pseu-

---

a) Antholog. in Octoech. pag. 46. col. 2. B. — Ibid. pag. 47. col. 2. A. — Ibid. pag. 54. col. 1. C. — Ibid. pag. 99. col. 1. B. — Ibid. pag. 100. col. 1. C.

b) Offic. quadrages. fer. V. heb. II. Ieiun. pag. 192.

c) Theotoch. pag. 136. tetrast. III-IV-V.

---

1) Psalter. Deiparae, pag. 303. col. 3. D-E.
2) Ibid. pag. 304. col. 3. D.
3) Serm. 1. in Deiparae assumpt. n. 1. pag. 1647. F. inter opp. Bernardi T. V.
4) Orat. in Deiparae nativit. pag. 1314. A. apud Combefisium Auctar. T. I.
5) Orat. in Deiparae descript. n. 6. pag. 407. E. inter opp. Athanasii T. II. Ubi auctor inter alia, haec quoque verba Deiparae adscribit: δόξα τῶν γυναικῶν γέγονα· τῆς προτέρας αὐτὰς αἰσχύνης ἀπέλυσα· τὴν Εὔαν ἀνακαλεσάμην· τὴν φλογίνην ῥομφαίαν μετέστησα. Gloria sum mulierum, a priori illas turpitudine emergere feci: Eoam revocavi: igneum transtuli gladium.

do-Athanasio, quibus satis fuit verba psalmi ad Virginem transferre; Leo Augustus ᵃ) ipsius celebrans natalem scribit: « Nunc enimvero partu editur ac suscipitur proles tristitiarum sententiam vincens, gaudiique pignora orbis terrarum finibus praebens. Fefellisti *(alloquitur serpentem)* generis parentem ac per feminam supplantasti, tuique consilii exitiosum sermonem in suam ipsorum perniciem suscipere persuasisti; at nobis nata est puella ex eodem quidem, atque Eva, figmento, quae tamen Evae emendatio sit ac caussa ut ipse supplanteris. » Tum ᵇ) Adamum compellans subdit: « Audi senex progenitor, inque spem meliorem fac transferaris; nec enim iam auxilio destitutus in afflictione et angustia deges: venit namque per quam fortis ille in virtute auxiliatricem explicans manum a miseria educat ac liberet. Non ultra per escam depascens corruptio quod ad fictoris imaginem figmentum conditum est, laedet: conditor enim suis ipse visceribus provocatus consilium init, decernitque cum corruptione versari, quo in incorruptionem commutet. Iubilemus Deo, quod diuturnae tyrannidis grave onus leve fieri incipiat; immo apostata tyrannus pro eo ac persequatur, fugam iniens recedit, ubi sceptrum regale conspexit. Non amplius adversum nos invadendi locum inveniet: erigitur enim nobis cornu potentiae ¹) de domo David, cornu, inquam, in quo eorum cornu qui hactenus in malitia dominati sunt, conterendum est. » Ad Davidem vero conversus ᶜ) pergit: « Enimvero mihi David opportunus venis: cane vero puellae ex tuis lumbis genitae: cane dulcisona tuae sapientiae cantica, *sanctificationis arcam* ²) suaviter modulans, *gloriosam* ³) illam *in fimbriis aureis, montem* ⁴) *in quo beneplacitum est habitare in eo*. Age autem nunc quoque salta coram divina arca saltus utique ab omni reprehensione liberos. En tibi et finis eorum advenit quae iureiurando promissa sunt: qui namque ⁵) de fructu ventris in seculum super regni solium sessurus est, e virginali iam solio assurgit. »

830. Eadem mente neque dissimilibus omnino verbis Iohannes damascenus propter editam in lucem Deiparam laetitia gestiens ᵈ) exclamat: « Choros, iuvenculae, ducite, Virginis namque dies est natalis. Exsultate matres, matris enim fructus Virgo est. Bono animo steriles estote in eam intuentes, quae quum prius sterilis esset, divinam posthac prolem enixa est. At neque puellae choro desint, diem eius natalitium celebrantes, quae sola puellarum apex et regina exsistit. *Clangite tuba super montes, sonate super excelsa, praedicate in Hierusalem*, quod quidem ᵉ) per Osee hic nobis etiam praecipitur. David Deiparens gaude animo: Isaia prophetarum primas exhilarare: alter quidem ⁷) quod tuis ex lumbis, uti iuratum erat, regina procedat, ex qua Deus fructum tuum super sedem tuam positum promiserat: alter vero quod finem habeat vaticinium illud ⁸) tuum, *egredietur virga de radice Iesse, et flos de radice ascendet*. Virga Virgo est, ex qua, integro decore muliebri, floridus perennisque flos Christus assurgit. » Quibus non contentus, mox ᵉ) addit:

a) Orat. in Deiparae nativit. pagg. 1616. E. et 1617. A. apud Combefisium Auctar. T. I.
b) Ibid. pag. 1617. A-D.
c) Ibid. pag. 1617. C-E.
d) Orat. II. in Deiparae nativit. §. II. pag. 850. B-D.
e) Ibid. §. III. pag. 850. C-E.

1) Luc. I. 69.
2) Ps. CXXXI. 8.
3) Ps. XLIV. 14.
4) Ps. LXXVII. 17.
5) Ps. XXXI. 11.
6) Os. V. 8.
7) Ps. CXXXI. 11.
8) Is. I. 11.

« Quid enimvero huic illive gaudendum definio, nec voce omnia complectente exsultationem indico? *Laetetur* [1]) *caelum desuper, et nubes pluant iustitiam, pullulet terra et germinet misericordiam, et iustitia oriatur simul.* Quid ita? Quia Deo Iacob tabernaculum manifestatum est, quia locus sanctus sanctissimo Verbo ostensus est. Clamet [2]) patriarcharum amplissimus Iacob: *quam terribilis est locus iste! Non est hic nisi domus Dei, et haec porta caeli.* O ineffabiles auditiones! o insolitos eventus! Cum caelum caeli, uti Scriptura [3]) prodit, haud tibi sufficiat, quaenam tibi sufficiens naturalis habitatio fuerit? *Annon* [4]) *caelum et terram ego impleo, dicit Dominus?* Et ubinam rerum tali ac tanto, quique omnem comprehensionem exsuperat, locus, qui complectatur, occurrat. *Caelum mihi*, ait [5]), *sedes est, et terra scabellum pedum meorum.* Quaenam vero ei qui interrogat, domus exstruitur, quisve locus inveniatur in quo [6]) requiescat? At vero inventus exhibitusque est. »

831. Porro [a]) Modestus sermonem de lectulo habens, quo virgineum Deiparae corpus elatum fuit, in haec verba erumpit: « O sacer lectule ferens illud vere immaculatum corpus, unde prodiit qui omnia sanctificat. O sacer lectule alium lectum ferens non manufactum, in quo qui [7]) *inclinavit caelos Deus, suam* [8]) ipsius *requiem elegit.* O sacer lectule ferens quod universo mundo multo maius est, purissimum incomprehensibilis Dei receptaculum. O sacer lectule ferens divinam universalis salutis officinam. O sacer lectule ferens purissimum et electum spiritale metallum, ex quo Dominus conditor proprium sibi renovavit figmentum. »

832. Nescio autem an quid hisce desiderari luculentius possit, quae [b]) Hesychius hierosolymitanus presbyter scribit: « *Surge* [9]) *Domine in requiem tuam, tu et arca sanctificationis tuae*, quae est haud dubie virgo Deipara. Si enim tu es gemma, merito illa est arca; et quia sol exsistis, necessario Virgo vocabitur caelum; quum sis flos immarcescibilis, profecto Virgo erit planta incorruptionis et paradisus immortalitatis: in quam Isaias haec prospiciens nuper acclamabat [10]) dicens, *ecce Virgo in utero concipiet et pariet Filium, et vocabunt nomen eius Emmanuel.* Ecce Virgo. Quaenam? Mulierum egregia, e virginibus electa, praeclarum naturae nostrae ornamentum, gloria luti nostri, quae Evam pudore et Adamum comminatione liberavit, audaciam draconis abscidit, quam concupiscentiae fumus non attigit, neque vermis voluptatis laesit. » Concinit Chrysippus [c]) eiusdem ecclesiae decus inquiens: « Agite ergo, agite, denuo illa cum clamore pronunciate quae prodeunt [11]) ex tam grata vobis cithara: *surge, Domine, in requiem tuam tu et arca sanctificationis tuae.* Arca enim vere regia, arca pretiosissima est Virgo Deipara, arca quae excepit totius sanctificationis thesaurum, arca non ea in qua erant omnium animalium genera, quemadmodum [12]) in arca Noe, quae fluctuantis universi mundi effugiebat

---

a) Encom. in beatam Virginem pagg. 53-55.
b) Orat. de Virginis laudibus, pag. 423. A-D. in biblioth. pp. graeco-lat. T. II.
c) Orat. de Virginis laudibus, pag. 426. A-D. in biblioth. pp. graeco-lat. Tom. II.

1) Ibid. XLV. 1.
2) Gen. XXVIII. 17.
3) III. Reg. VIII. 27.
4) Ierem. XXIII. 24.
5) Is. LXVI. 2.
6) Ps. CXXXI. 8-14.
7) Ps. XVII. 10.
8) Ps. CXXXI. 13-14.
9) Ps. CXXXI. 8.
10) Is. VII. 14.
11) Ps. CXXXI. 8.
12) Gen. VI.

naufragium: arca non ea in qua erant tabulae lapideae, quemadmodum [1]) in arca quae per totum desertum una cum Israele perambulabat; sed arca cuius architectus et incola, gubernator et mercator, comes viae et dux erat opifex omnium creaturarum, quas in se ipse universas portat, sed a cunctis ipse non comprehenditur. *Surge, Domine, in requiem tuam; tua enim requies, inquit, est Virgo, et uterus tua requies, quia tibi cubile efficietur et habitatio.* » [2])

833. Praeterire tandem tacitus nolo quae [a]) Michael Glycas scriptor minime ineptus occasione Deiparae vita functae et ad vitam revocatae his plane verbis testatur: « Ceterum tametsi Virgo mater naturae legibus fuit obnoxia, tametsi mortem degustavit, tametsi ut homo in sepulcrum est deposita, naturae tamen fines atque terminos superavit et excessit, neque sepulcrum et mortalitas eam in potestate sua retinere potuit. Nam et ipsa de sepulcro resurrexit, prorsus uti Filius eius idemque Deus fecerat, solis sepulcralibus exuviis in monumento relictis. Huic narrationi fidem facit divinus ille Iuvenalis, qui Hierosolymo-

---

a) Annal. part. III. pag. 433. in Corp. scriptt. histor. byzant. Tom. XXX. edit. Bonnae MDCCCXXXVI.

---

1) Ios. IV-V-VI.

2) Adductis verbis haec subiicit Chrysippus pag. 426. C-E: Ἀνάστηθι κύριε· ἐὰν μὴ σύ, φησιν, ἐκ τῶν τοῦ πατρὸς κόλπων ἐξαναστῇς, κατοικός πάλαι τὸ γένος ὑμῶν οὐκ ἀναστήσεται· ἀνάστηθι κύριε· σὺ γὰρ καὶ ἀναστὰς, οὐ χωρισθήσῃ τῆς δόξης τοῦ πατρὸς, καὶ κάτω παραγινόμενος, οὐκ ἀπολείψεις τοὺς οὐρανούς, καὶ ἐν σαρκὶ φανεὶς, οὐκ ἐλαττώσεις τὴν ἐξουσίαν τὴν προαιώνιον· σὺ καὶ ἡ κιβωτὸς τοῦ ἁγιάσματός σου· ὅταν γὰρ σὺ ἐκεῖθεν ἐξαναστῇς, τὴν σοῦ σοῦ ἁγιάσματος κιβωτὸν σφραγίσῃς, τότε καὶ ἡ κιβωτὸς μετὰ πάντων ἐξαναστήσεται ἐκ τοῦ πτώματος, ἐν ᾧ κατέστησε καὶ αὐτὴν ἡ τῆς Εὔας συγγένεια. *Surge, Domine. Nam nisi tu exsurgas e sinu paterno, inquit, genus nostrum quondam lapsum non resurget. Surge, Domine, quia etiamsi exsurgas, non separaberis a gloria paterna, et versans in terra, non relinques caelos, et licet apparens in carne, non imminues potestatem quam habes ante secula. Tu et arca sanctificationis tuae. Quum enim tu inde surrexeris, obsignabis arcam sanctificationis tuae, tumque arca cum omnibus exsurget a lapsu, in quo vel illam constituit Evae cognatio.*

Haec autem duobus iisque diversissimis modis accipi possunt, quorum prior est, *ut Virgo propter Evae cognationem, naturalemque ex Adamo et Eva propagationem obnoxia debito contrahendi peccati originalis atque in conditione lapsae naturae constituta* significetur: alter vero, *ut Virgo una cum ceteris omnibus Adami posteris vitio originalis transgressionis infecta et labe communis culpae maculata* censeatur.

Neminem porro latet, ex hisce duobus intelligendi modis illum dumtaxat sincerum germanumque haberi posse ac debere, qui antecedentibus et consequentibus respondeat, ipsisque obiectis verbis quadamtenus innuatur. Sed antecedentia et consequentia non aliam patiuntur acceptionem nisi priorem, neque aliam acceptionem nisi priorem innuunt verba ipsa quae prima fronte difficultatem gignunt.

Sane, ut memet paucissimis contineam, Chrysippus in antecedentibus (pag. 424. E.) Virginem nominat tum τὴν ἀειθαλῆ ῥάβδον Ἰεσσαί, *virgam Iesse semper virentem,* tum (pag. 425. A.) ὡραίαν ἐν γυναιξὶν *speciosam inter mulieres,* quemadmodum eius Filius est ὡραῖος κάλλει παρὰ τοὺς υἱοὺς τῶν ἀνθρώπων, *speciosus forma prae filiis hominum.* In consequentibus vero (pag. 427. A-B.) de Virgine ait: λαὸς ἀγνώμων προσοικειοῦταί σοι τῷ ἀμώμῳ βλαστήματι φύσει· καὶ τὸ σὸν φύει ῥόδον ἀκανθηφόρον γεώργιον. *Populus imprudens adiunctus est tibi germini immaculato natura, et cultura spinarum ferax rosam tuam produxit.* Atqui pugnant haec apertissime cum facto originalis culpae quam Virgo contraxerit, et posteriorem verborum Chrysippi acceptionem liquido excludunt.

Quam ipsa quoque obiecta verba repudiant. In illis enim Virgo a reliquis Adami posteris secernitur: eiusdem liberatio a lapsu veluti medium instrumentumque exhibetur, per quod et ceteri omnes erigantur: hinc ipsa (p. 425. C.) ἡ ῥίζα πάντων τῶν ἀγαθῶν *radix bonorum omnium* salutatur: quare alius liberationis modus ipsi ceterisque tribuitur. Videlicet ipsi modus tribuitur illi geminus, quem David gratias Deo agens proponit (Ps. LV. 13.) inquiens: *quoniam eripuisti animam meam de morte, et pedes meos de lapsu.* Qui modus *praeservationis* est, ne quis cadat, non autem *sanationis* qua contractum ex lapsu vulnus reparetur.

rum antistes fuit. » Probat hoc Glycas, tum ᵃ) pergit: « Consimili nimirum modo et ipsam Dei matrem ex mortuis resurrecturam fuisse, quo Filius resurrexerat multo ante beatus ille David [1] huiusmodi verbis significaverat: *surge, Domine, in requiem tuam, tu et arca sanctificationis tuae*. Nam quia norat David eam, quae Christum utero suo gestasset et illam ipsam ob caussam arca sanctitatis esset atque nuncuparetur, eodem pacto resurrecturam e sepulcro quo et natus ex ipsa Christus Dei Filius et Deus resurrexit; idcirco non abs re consimilem utriusque resuscitationem ex mortuis multo ante quasi pictura quadam expressit. Etenim ni res ita se haberet, non sane posteaquam dixerat, *surge, Domine*, subiecisset, *et arca sanctificationis tuae*. Quapropter hac quidem de re ne ullatenus ambigas. » Quam dubitationem ut plenius etiam ᵇ) convellat, subdit: « Nam quia duo illa primum omnium creatorum hominum corpora interitui facta sunt obnoxia propter inobedientiam, indeque porro subsequutum aliud, nimirum ut malum eiusmodi latius serpens in universam naturam humanam sese dideret; idcirco nunc quoque primum omnium duo corpora excusso depositoque interitu facta sunt primitiae quasi quaedam eius immortalitatis, quam spe certa nobis pollicemur. Atque haec quae dicimus, cave pro fabula duxeris. Nam ecce sanctissimus ille patriarcha Germanus hinc occasione sumpta sic ad verbum in oratione sua de obdormitione Virginis loquitur: *semper vivit spiritus tuus, et caro tua sepulcralem corruptionem non est experta. Omnia intueris, et inspectio tua versus cuncta dirigitur. Quo fit ut quamvis oculi nostri praepediantur quominus te cernant; tu tamen, sanctissima, dignis temet conspiciendam praebeas. Nam caro vi et efficacitati spiritus tui nequit officere vel impedimento esse*. Ac rursum: *corpus tuum virgineum omnino sanctum est, et humanum quidem, sed quod ad summam immortalitatis vitam pervenerit, adeoque integrum sit et absolute vivum et obdormitioni non obnoxium, quippe quod vas Dei capax fuerit. Valeat, te quod attinet, sepulcrum; valeat pulvis, o Deipara*. Quin etiam sanctissimus ille cretensis praesul Andreas in hunc modum ipsam loquentem introducit: *animo quidem magnifice Dominum celebro et spiritu exsulto; corpore vero immutor et ad divinitatem ex gratia profectam transformor*. »

834. Quum igitur duo nobis essent proposita, utrumque nobis videmur explesse. Erat namque inprimis nobis propositum demonstrare, maioribus nostris in more fuisse ut haec psalmi verba, *surge Domine in requiem tuam, tu et arca sanctificationis tuae. Quoniam elegit Dominus Sion, elegit eam in habitationem sibi. Haec requies mea in seculum seculi, hic habitabo quoniam elegi eam*, ad Deiparam referrent. Iamvero tam publicis Ecclesiae monimentis, quam disertis iisque sane non paucis beatissimorum patrum testificationibus comprobavimus, eam qua de loquimur verborum psalmi accommodationem solemni vulgatoque usu fuisse receptam.

835. Nobis deinde propositum erat ostendere, descripta psalmi verba iis illustrata commentariis referri ad Virginem consuevisse, ut non aliae magis eiusdem praerogativae quam decus immaculati conceptus declararentur. Sed hoc etiam caput neque parce neque ambigue a nobis confectum ii ultro fatebuntur, qui et adductos in medium commentarios memoria recolant, et quid iis contentum, quidve ex illis aptum nexumque sit, paullo dili-

---

a) Ibid. pagg. 433-434.
b) Ibid. pagg. 434-435.

[1] Ps. CXXXI. 8.

gentius considerent. Intelligent enim non modo Virginem uti *arcam* exhiberi *vere regiam, pretiosissimam, purissimam, omni ex parte immaculatam, longe utraque arca tam Noe quam Moysis praestantiorem, atque a Deo ipso idcirco exstructam, ut in ea ipse conquiesceret, in ea habitaret, ex ea prodiret atque per eam eximio singularique modo suam gloriam patefaceret;* verum etiam de hac ipsa arca, deque Virgine illius antitypo geminatis sententiis confirmari, *illam ex lumbis prodiisse non servam sed reginam, non filiam irae sed Dei prolem, non domicilium satanae sed locum sanctum Verbo sanctissimo adornatum, non culpae labe sordidum sed purum electum spiritale metallum e quo creator Deus suum figmentum instauravit, non ignominia suffusam sed nostri luti gloriam, non obligatam sententia damnationis sed illius victricem et salutis pignora efferentem, non diabolo obnoxiam sed nobile triumphi de eo referendi instrumentum, non illius constrictam vinculis sed solutam et dominam, non erigendam a lapsu neque e captivitate redimendam sed universalem mediatricem et amissae vitae reparatricem, non consortem hereditatis Evae sed primae matris emendatricem, non conclusam reliquorum omnium ambitu sed una cum Filio non minus a reliquis secretam omnibus, quam primum hominum par ab eisdem fuerit distinctum,* denique *non consciam originalis transgressionis effectuum, neque proinde consciam sive inflammantis libidinis sive resolutionis in pulverem; sed ab illis immunem prorsus et integram, proxime quidem quod prioris inobedientiae vitium non contraxerit, remote vero quod talis, Deo ordinante, exstiterit, cuiusmodi eam esse oportebat, quae Sanctum sanctorum contineret, quae finem maledictioni imponeret, quae gaudii exordia adduceret, quae in plenitudine temporis eum ipsum Unigenitum sinu foveret qui ab aeterno in sinu Patris conquiescit, quaeque verissime Dei genitrix crederetur et esset.*

836. Quemadmodum vero eiusmodi sententiarum nulla est, quae Virginem originalis culpae exsortem non ostendat; ita illarum summa immaculatum Virginis conceptum ad evidentiam usque persuadet. Quare iis absolvam quae ibi [1]) Corderius habet ubi arcam antiqui foederis cum arca novi pacti contendens scribit: « Arca vero sanctificationis nostrae (Deiparam intelligo) multa longe mirabiliora conficit: illa enim praesente, non Dagon modo unus sed omnia idola vanitatum corruunt, impii merito supplicio afficiuntur, superbae vitiorum arces et castella, ut Iericho illa vetus, cadunt, potentissimi humani generis hostes omni crudelitate nostram in cladem inhiantes in foedam fugam vertuntur, superantur. Proh quam nobis ab illius praesidio triumphi et coronae texuntur! Illa nobis vallum est, illa scutum, et, ut Moysis utar verbis populum [2]) in Deuteronomio excitantis, *gladius gloriae nostrae:* sancto ipsius auratoque pallio ut muro firmissimo tegimur: obiecto illius nomine ut tormento militari fulminante hostium machinationes perfringimus. Nos igitur novam habemus arcam, vere gloriam et pulcritudinem Ecclesiae tum militantis tum triumphantis, quam mundi opifex Deus non e lignis setim, sed ex omnium gratiarum admirabilitate confecit: in ea lex, in ea manna, propitiatorium, splendor, maiestas: inde voces, oracula, gratiae: ibi sedes perhonorifica Numinis populum moderantis: hanc sacerdotes et liturgi nostri non ut illi quondam mystae Abramidum humeris, sed in oculis atque in ore ferant oportet et penitissimo in pectore, ipsius laudes praedicent, illam ament atque omni studio venerentur: ab illa praesens in adversae fortunae casibus praesidium, ab illa quies et caelestium bonorum copia, ab ea virtus sanctimoniaque donantur. Hinc iure optimo Da-

---

1) Adnotatt. ad ps. CXXXI. 8. pag. 619. col. 1. B-E.   2) Deut. XXXIII.

vid prosapiae suae decus admirans vocat *arcam sanctificationis*. Quod, opinor, imitatus [1]) Andreas hierosolymitanus nuncupat eam *arcam, in qua novae sanctificatio gloriae. Vere arcam sanctitatis*, inquit [2]) Iuvenalis Hierosolymorum antistes, *quae Christum in utero suo gestavit. Vere arcam sanctissimam*, ait [3]) Gregorius thaumaturgus, *intrinsecus et extrinsecus deauratam, quae universum sanctificationis thesaurum suscepit.* »

ARTICULUS V.

De commate sexto Psalmi decimi octavi: ecclesiastica huius commatis ad Deiparam accommodatio: eiusdem de Deipara explicatio, eaque talis qua tum aliae illius dotes, tum decus immaculati conceptus declarantur.

837. Maiorum sententiam illamque verissimam de argumento psalmi decimi octavi, his expressam verbis [a]) reperimus: « Legum divinarum tres species concorditer cum [4]) beato Paulo a Davide edocemur. Primam quidem in creatione, quae conditorem praedicat. Deinde illam quae per Moysem data fuit, quae maiorem notitiam animum ad illam advertere volentibus praebet. Tertiam denique legem gratiae perfectam, quae animas purgat et a praesenti corruptione liberat. Propterea etiam in finem nos hic psalmus transmittit, novum testamentum in fine praenuncians. » Inter cetera autem quae ad priorem legem, manifestationemque divinam creatione contentam spectant, haec etiam [5]) numerari debent: *in sole posuit tabernaculum suum, et ipse tamquam sponsus procedens de thalamo suo.* Consentiunt alexandrini interpretes qui habent [6]), ἐν τῷ ἡλίῳ ἔθετο τὸ σκήνωμα αὐτοῦ, καὶ αὐτὸς ὡς νυμφίος ἐκπορευόμενος ἐκ παστοῦ αὐτοῦ. Sed non minimum dissident tum reliqui graeci interpretes, tum textus originalis. De illis sunt haec insignia [b]) penes veterem anonymum: « Magis dilucide *(prae Alexandrinis)* reliqui interpretati sunt. Aquila quidem, *soli posuit tabernaculum*

---

a) Apud Corderium in exposit. pp. graecorum in psal. XVIII. pag. 346. col. 1. D.
b) In exposit. pp. graec. apud Corderium p. 351. col. 2. D.

---

1) Orat. de salutat. angelic. Κιβωτὸν, ἐν ᾗ τὸ ἁγίασμα τῆς καινοπρεπῆς δόξης.
2) Apud Glycam, annal. P. III.
3) Orat. I. de Annuntiatione.
4) Rom. I-II-III.
5) Ps. XVIII. 6.
6) Diodorus tarsensis apud Corderium pp. 352. col. 1. B, et 360. col. 1. E, col. 2. A. versioni alexandrinae hunc sensum subiicit: αὐτός, φησιν, ἐδημιούργησε τοὺς οὐρανοὺς, καὶ τὰς ἡμέρας καὶ τὰς νύκτας, καὶ παρέχουσι τὴν ἀκριβῆ κατάληψιν τῆς ποιήσεως τοῖς συνετῶς ὁρῶσι· τὸ δὲ κατὰ τὸν ἥλιόν φησι, καὶ πᾶσαν φύσιν ὑπερέχει θαύματος· ὅτι τοσοῦτον ὄντα καὶ τηλικοῦτον τὸ μέγεθος, ἐποίησεν ὑπ' οὐδενὸς φέρεσθαι, ἀλλ' ὑφ' ἑαυτοῦ βαστάζεσθαι, καὶ ἑαυτὸν φέρειν· τοῦτο γάρ ἐστι τὸ, τὸ σκήνωμα αὐτοῦ ἔθετο ἐν αὐτῷ· ἀντὶ τοῦ, αὐτὸν τὸν ἥλιον ἔταξε φέρειν ἑαυτὸν, ὅ ἐστιν ὑπερβαλλούσης δυνάμεως τοῦ δεδημιουργηκότος. *Ipse, inquit, fabricatus est caelos et dies ac noctes, quae prudenter intuentibus certam cognitionem suae effectionis praebent. Quod autem in sole spectatur, inquit, omne miraculum superat: qui quum tanta sit magnitudine, fecit Deus ut nullo vehiculo ferretur, sed ipse a se gestaretur seque ipsum ferret. Hoc namque est,* tabernaculum suum posuit in ipso, *idest, solem ut sese ferret constituit: quod summam probat vim conditoris.* Quae contorta omnino sunt ac prope inania, et prae quibus longe sunt ista meliora ibidem pag. 352. col. 1. A. Ὅτι εἰκόνα ὁ θεὸς τῆς ἑαυτοῦ φωτοδοσίας τὸν ἥλιον προὔθηκα, καὶ οὕτως σκήνωμά τι ἑαυτοῦ τὸν ὁρώμενον ἀφομοιῶσαι, ἀντὶ τοῦ, ἔσοπτρον ἑαυτοῦ τούτον τέθεικα, διάγγελον οἰκητήριον, οἷά τι βασίλειον οἴκημα, τὸ τούτου κάλλος μηνύοντα. *Quod Deus solem proposuerit ut suae illustrationis imaginem, atque ita ceu aliquod suimetipsius tabernaculum effinxerit, idest, veluti speculum quoddam suum constituerit, et habitaculum quod ipsum indicaret, non secus ac domus regia splendorem regis annunciat.* Cf. Eccli. XLIII. 2-4, et pseudo-Dionysium qui de div. nominibus cap. IV. solem vocat τῆς θείας ἀγαθότητος ἐμφανῆ εἰκόνα, *splendidissimam divinae bonitatis imaginem.*

in ipsis; Symmachus vero, *soli posuit umbraculum in ipsis,* idest domum. Ubi posuit? In iis, inquit, quae praedicta sunt. In caelo et firmamento solis habitaculum posuit Deus, quod et thalamum nominavit, ut etiam Moyses [1]) ait: *et posuit ipsos in firmamento.* » Originalis vero textus [2]) hunc fundit sensum: *soli* Deus *posuit tabernaculum in illis caelis, et ipse veluti sponsus qui e suo thalamo procedit.*

838. Quemadmodum vero e maioribus nostris fuisse novimus, qui secundum anagogen *tabernaculi* nomine intellexerunt vel [3]) *assumptam ab Unigenito carnem,* vel [4]) *Ecclesiam quae mysticum est eiusdem corpus;* ita, subdit [5]) Corderius, non incongrue *tabernaculi* nomen etiam de Virgine sumi potest « In qua, tamquam in tabernaculo Deus homo factus, et ex qua natus prodiens humanis oculis visibilis apparuit. *In sole* autem dicit, quia Virginis admirandae virtutes toti mundo innotuerunt. *Magna enim*, inquit [6]) Anselmus, *atque miranda divinorum signorum indicia nativitatem Virginis praecurrerunt, qualenus eo maior veneratio fidelium circa eius exortum exsisteret*. Quidni etiam *in sole*, hoc est in Virgine, Deus dicatur tabernaculum suum posuisse? Illa enim est orbi universo eminens et conspicua uti sol, quam beatam dicunt omnes generationes. Fulgor illius omnem sensum et cogitationem excedit. Quod autem sequitur, *et ipse tamquam sponsus procedens de thalamo suo*, de Christo etiam ex Virginis utero prodeunte sic exponit [7]) Damascenus: *sempiternum lumen, quod ex sempiterno lumine antiquiorem seculis exsistentiam habet, ex virgine Maria corporaliter ac tamquam sponsus de thalamo prodit.* »

839. Sane huius commatis ad Deiparam accommodatio usu maiorum probata inprimis ostenditur, tum Officiis romanae ecclesiae et missali mozarabico [8]) in festis Annuntiationis et Circumcisionis, tum [9]) sacramentario gallicano et vetusta oratione [10]) his verbis concepta: « Piissime Deus, qui virginali thalamo egressus processisti ad liberandum nos sicque demum ad Patris dexteram conscendisti, immensam misericordiam tuam exposcimus, ut lege tua conversi, praeceptis illuminati, testimoniis eruditi, mereamur et ab alienis et ab occultis vitiis emundari. » Itemque psalterio quod Anselmo tribuitur et quo ista [11]) continentur:

» Lux quae luces in tenebris
» Ex alvo nata Virginis,
» Nostra nocte nos exue,
» Diemque tuum indue.

» Maria Dei thalamus,
» Posce te venerantibus,
» Virtutibus ut splendeant
» Quos reatus obtenebrant.

---

1) Gen. I. 15.
2) Ps. XVIII. 6. לַשֶּׁמֶשׁ שָׂם־אֹהֶל בָּהֶם וְהוּא כְּחָתָן יֹצֵא מֵחֻפָּתוֹ

3) Cosmas indicopleustus apud Agellium in comm. ad h. l. scribit: σκήνωμα ἡ τοῦ κυρίου σάρξ, ἡ προσληφθεῖσα ἐν τῇ αὐτοῦ θεότητι. *Tabernaculum est Domini caro, quae assumpta est in eius divinitate.* Igitur ex integro commate hic sensus exsistet: *in sole*, hoc est, in divinitate *posuit tabernaculum suum*, et corpore humano quod assumpsit, tamquam obtento tabernaculo, divinitatem occultavit.

4) Anonymus apud Corderium pag. 357. col. 2. B. ait: Κατ' ἀναγωγὴν δὲ σκήνωμα θεοῦ ἡ ἐκκλησία. *Secundum anagogen vero tabernaculum Dei est Ecclesia.* Quae, monente Augustino in I. epist. Iohannis Tract. II., propterea *in sole* posita dicitur, quia sicuti sol nequit omnino latere, ita neque Ecclesia potest abscondi.

5) In adnotat. ad Ps. XVIII. 6. p. 361. col. 1. B-D.
6) De excellent. Virginis cap. II.
7) Orat. I. in Deiparae nativit.
8) Miss. mozarab. T. I. pagg. 34-54. edit. Leslei.
9) Sacrament. gallic. pag. 301. apud Mabillonium Mus. italic. T. I. P. II.
10) Apud Card. Thomasium in Psalterio perpet. interpret. ornato, pag. 65. opp. T. III.
11) Psalter. pag. 303. col. 1. A-B.

Et [1]) rursum:

» Ave mater advocati,
» Qui beatus consilio,
» Aula ventris incorrupti
» Processit ut ex thalamo.

Ad [2]) haec:

» Ave cuius virgineo
» Deus processit thalamo,
» Dotali nobis gratia
» Se praebens in sponsalia.

Tandem [3]):

» Ave Sion illa pacis,
» In qua decet hymnus Deum,
» Aulam tuae castitatis
» Qui sibi fecit thalamum.

Accedunt hymni multo vetustiores, cuiusmodi est ambrosianus in quo [4]) legimus:

» Alvus tumescit Virginis,
» Claustrum pudoris [5]) permanet,
» Vexilla [6]) virtutis micant,
» Versatur in templo Deus.
» Procedit e thalamo suo,
» Pudoris aula regia
» Geminae [7]) gigas substantiae,
» Alacris ut currat viam.

Et eiusmodi alter est per Adventum ad tertiam, ubi de Christo [8]) dicitur:

» Qui condolens [9]) hominibus
» Mortis subiectis legibus
» Factus [10]) homo restituis
» Vitam in tuo sanguine.
» Vergente [11]) mundi vespere
» Uti sponsus de thalamo
» Egressus honestissima
» Virginis matris [12]) clausula.

Hinc illa [13]) Venantii Fortunati:

» Si quoque qui fundavit eam, est Altissimus ipse,
   Haec Sion mater, virgo Maria fuit.
» Qui tamquam sponsus thalami procedit ab alvo,
   Exsultatque gigas Christus eundo viam.
» O uteri thalamus, nova iunctio facta salutis,
   Qua Deus atque caro nupsit honore novo!

840. Iis deinde ostenditur quae in graecae ecclesiae monimentis solemniter usurpata reperimus, qualia haec [a]) sunt: « Lucidum thalamum, e quo omnium Dominus Christus tamquam sponsus processit, laudemus universi exclamantes: omnia opera Domini Dominum celebrate et superexaltate in omnia secula. » Tum [b]) haec ex Iosepho confessore:

---

a) Antolog. in Octoech. pag. 7. col. B.
b) Men. die II. Iulii Ode ζ'. pagg. 11. col. 2. E. et pag. 12. col. 1. A.

---

1) Ibid. pag. 303. col. 2. E. et col. 3. A.
2) Ibid. pag. 304. col. 1. C.
3) Ibid. pag. 305. col. 1. C.
4) Thesaur. hymnolog. T. I. pag. 12.
5) Men. Aug. XXII. Οὐδαμῶς παρεσάλευσε παρθενίας σου τὰ κλεῖθρα.
6) Quemadmodum vexilla imperatoribus romanis praeferri solebant quocumque irent et quotiescumque procederent, ut ita conspicui redderentur; ita mystice insignia virtutis in Virgine conspiciebantur, unde Hugo Cardinalis: *casta, tacens, residens, sperans, humilis, pia, prudens, hoc septiformi munere Virgo micat.*
7) Men. Nov. XI. Ἐν δυσὶ ταῖς οὐσίαις καὶ θελήσεσι.
Oct. XIX. Ὑπόστασις σύνθετος ἐν δυσὶ ταῖς οὐσίαις.
8) Thesaur. hymnolog. T. I. pag. 74.
9) Clemens alexandrinus Paedag. I. 12. Τοῦτο τὸ μέγιστον καὶ βασιλικώτατον ἔργον τοῦ θεοῦ, σώζειν τὴν ἀνθρωπότητα.
10) Gregorius Moralium XIV. 38. *Deus frustra nil facit.*
11) Cf. Ambrosium de bono mortis cap. X.
12) Ostendit Cangius *clausulam* apud sequioris latinitatis auctores idem valere ac *cellam et aream septo clausam.*
13) In laudem Virginis pag. 279. opp. P. I. lib. VIII.

« Excelsissima mente, demissoque corde excelsissimum regis thronum, sanctissimam puellam, gratia plenam glorificemus. O electe Dei thalame, nos vestem tuam in tuo hoc thalamo venerando repositam fide colimus, tamquam arcam sanctam, tutelamque piorum. » Atque ista [a]) rursum: « Te, labis omnis expers Dei genitrix, fideles universi mysticum gloriae thalamum annunciamus; unde lapsum me, o innocens, aptum fac paradisi thalamum. Canimus te, Maria Deo gratissima, lucidum divinae incarnationis tabernaculum; quare me cupiditatibus foede obtenebratum illumina, fons misericordiae, spes eorum quos spes omnis dereliquit. Qui olim fieri iussit tabernaculum testimonii, in te ceu tabernaculo inhabitat, o Virgo, solus glorificatus, qui miraculis templum tuum gloriosum reddit. Dei genitrix Virgo, thalamus regis caelestis Christi, salva precibus tuis eos qui pio te ardore concelebrant. » Quibus haec [b]) suffragantur: « Ut animatus thalamus et spiritalis concha, chlamys purpurei coloris omnium regi apparuisti, o Virgo, et purpura e qua contexta est caro Verbi, Dei hominis. » Atque haec rursum [c]) ex Coptorum hymnis: « Salve o thalame undequaque ornate veri sponsi, qui se cum humanitate copulavit. »

841. Succedunt tertio postremoque loco scriptorum veterum, patrumque testimonia, quibus et psalmi ad Virginem accommodatio confirmatur, et insita illi vis luculenter aperitur. Et de accommodatione quidem psalmi ad Virginem testes sunt locupletes [1]) Amedeus lausannensis, Ivo carnotensis [2]), Germanus constantinopolitanus [3]), Beda cognomento venerabilis [4]), Hildephonsus toletanus [5]), Sedulius presbyter [6]), sincerus [7]) et subditicius [8])

---

a) Offic. quadrag. in Domin. Tyroph. Ode ϵ'. pag. 85. B. — Ibid. Ode η'. pag. 88. D. — Ibid. in Domin. I. Ieiunii Ode ς'. pag. 154. B. — Ibid. Fer. II. Heb. III. Ieiun. Ode θ'. pag. 230. B.

b) Men. die VI. Decembris Ode η'. pag. 53. col 1. D.

c) Theotoch. pag. 103. tetrast. I.

---

1) De Virginis laudibus Hom. II. pag. 1267. col. 2. G. in Max. pp. biblioth. T. XX.

2) Sermo de Deiparae annuntiat. p. 427. col. 2. C-D. apud Combefisium Biblioth. concionat. T. VI. « Continetur in hoc (Christi) conceptu magnum et mirabile sacramentum, quo deleto praevaricationis chirographo, divina confoederantur et humana, fiuntque duo in carne una, Christus videlicet et Ecclesia. Cuius coniunctionis quasi thalamus, uterus virginalis exstitit; de quo, decursis novem mensibus secundum legem parientium, cum uxore sua, idest carne nostra, tamquam sponsus e thalamo prodiens, tabernaculum suum, idest carnem assumptam, in sole posuit, quia carnem suam per quam debellaturus erat hostem, visibilem cunctis exhibuit. »

3) Orat. in Deiparae nativit. pag. 1315. col. 1. D. apud Combefisium Auctar. T. I.

4) Hom. in Deiparae annuntiat. pag. 394. col. 1. C-D. apud Combefisium Biblioth. concionat. T. VI.

5) Serm. I. in Virginis assumpt. pag. 666. col. 2. C-E. Serm. II. pag. 671. col. 2. E, et Serm. VIII. pag. 682. col. 1. A-C. apud Combefisium Biblioth. concionat. T. II. « Sed quid dicam pauper ingenio, quum de te quidquid dixero, minus profecto est quam dignitas tua meretur. Si matrem gentium te vocem, praecellis: si formam Dei appellem, digna exsistis: si nutricem caelestis panis te vocitem, lactis dulcedine reples. Lacta ergo mater cibum nostrum: lacta eum qui talem fecit te, ut ipse fieret in te: qui priusquam nasceretur, te matrem creavit, ex qua nasceretur, ut illinc procederet *tamquam sponsus de thalamo suo.* »

6) Carm. pasch. lib. II. §. III. vv. 47-53. pag. 543. col. 1. C-D., et Pasch. opp. lib. II. cap. III. pag. 575. col. 1. B-C. apud Gallandium T. IX.

» Quae nova lux mundo? quae toto gratia caelo?
» Quis fuit ille nitor, Mariae quum Christus ab alvo
» Processit splendore novo: velut ipse decoro
» Sponsus ovans thalamo, forma speciosus amoena
» Prae natis hominum, cuius radiante figura
» Blandior in labiis diffusa est gratia pulcris?

7) Serm. CXCV., in natali Domini XII. n. 3. pag. 627. col. 1. D-E. opp. T. V.

8) Serm. CXIX., in natali Domini III. n. 5. pag. 153. col. 1. B-C. in App. T. V.

Augustinus, Pseudo-Cyrillus hierosolymitanus [1] et [2] nyssenus Gregorius. Illius autem significandi vim potestatemque prae ceteris explanando declarant Bernardus, Petrus Damiani, Iohannes damascenus et Modestus hierosolymitanus.

842. Sane Bernardus [3] de Deipara loquens exclamat: « O Virgo, virga sublimis, in quam sublime verticem sanctum erigis! Usque ad sedentem in throno, usque ad Dominum maiestatis. Neque enim id mirum, quoniam in altum mittis radices humilitatis. O vere caelestis planta, pretiosior cunctis, sanctior universis! O vere lignum vitae, quod solum fuit dignum portare fructum salutis! Deprehensa est, maligne serpens, versutia tua, nudata est plane falsitas tua. Duo imposueras creatori, mendacii et invidiae infamaveras eum: sed in utroque convictus es esse mentitus. Siquidem et ab initio moritur cui [4] dixeras, *nequaquam morieris:* et [5] veritas Domini manet in aeternum. Sed et nunc responde si potes, quam ei arborem, cuius arboris fructum invidere potuit, qui ne hanc quidem virgam electam, et fructum sublimem negavit? *Etenim* [6] *qui proprio Filio non pepercit, quomodo non omnia simul cum illo donavit?* » Quibus e vestigio [7] subiicit: « Sed iam advertistis, ni fallor, quoniam Virgo regia ipsa est via, per quam Salvator advenit, procedens [8] ex ipsius utero, tamquam sponsus de thalamo suo. Tenentes ergo viam, studeamus et nos ad ipsum per eam ascendere, qui per ipsam ad nos descendit: per eam venire in gratiam ipsius, qui per eam in nostram miseriam venit. Per te accessum habeamus ad Filium, o benedicta inventrix gratiae, genitrix vitae, mater salutis: ut per te nos suscipiat, qui per te datus est nobis. Excuset apud ipsum integritas tua culpam nostrae corruptionis, et humilitas Deo grata nostrae veniam impetret vanitati. Domina nostra, mediatrix nostra, advocata nostra, tuo Filio nos reconcilia, tuo Filio nos commenda, tuo nos Filio repraesenta. »

843. At vero [9] Petrus Damiani initio statuit: « Quod sicut impossibile erat, ut humani generis redemptio fieret, nisi Dei Filius de Virgine nasceretur; ita etiam necessarium fuerat, ut Virgo, ex qua Verbum caro fieret, nasceretur. Oportebat quippe prius aedificari domum in quam descendens caelestis rex habere dignaretur hospitium. Illam videlicet, de qua per Salomonem [10] dicitur, *Sapientia aedificavit sibi domum, excidit columnas septem.* » Tradit [11] deinde septem columnis septem adumbrata fuisse Spiritus sancti dona, quibus venerabilis mater Domini refulsit; tum de eadem [12] pergit: « Quam utique aeterna Sapientia, quae [13] attingit a fine usque ad finem fortiter, et disponit omnia suaviter, talem construxit, quae digna foret illum suscipere, et de intemeratae carnis suae visceribus procreare. Necesse erat prius erigi thalamum, qui venientem ad nuptias sanctae Ecclesiae susciperet sponsum, cui David exsultans in Spiritu epithalamium [14] canit dicens: *tamquam sponsus* Dominus *procedens de thalamo suo.* »

---

[1] Orat. in occursum Domini et Symeonem, §. II. p. 362 col. 1. D-E.
[2] In cant. cantic. Hom. XIII. pag. 667. B. opp. T. I. Adde quae scribit Leontius byzantinus adversus Nestorianos lib. IV. §. IX. pag. 554. apud Mai Scriptt. vett. T. IX., quaeque habentur in collect. pp. tolet. T. I. pagg. 337-349-361.
[3] In adventu Domini Serm. II. n. 4. pag. 729. A-B. opp. T. III.
[4] Gen. III. 4.
[5] Ps. CXVI. 2.
[6] Rom. VIII. 32.
[7] L. c. n. 5. pag. 729. B-E.
[8] Ps. XVIII. 6.
[9] Sermo XLV. idemque II. in Virginis nativit. p. 108 col. 1. D-E.
[10] Prov. IX. 1.
[11] L. c. pag. 108. col. 1. E.
[12] Ibid. pag. 108. col. 1. E. et col. 2. A.
[13] Sap. VIII. 1.
[14] Ps. XVIII. 6.

844. Eodem spectans a) Iohannes damascenus in haec verba gratulationis erumpit: « Salve sis sola mater Dei, quae 1) a summo caelo usque ad summum eius tamquam genitrix, quemadmodum et David loquitur, occursum protectionis et auxilii habes. Salve sis, sola Dei mater, caelestium, terrestrium et infernorum magnificum atque illustrissimum decus. Salve sis, sola Dei mater, quae radio omni lucidior es, et omni puritate purior.» Ubi autem loquitur de natali Virginis die, sic b) habet: « Hodie in terra ex terrena natura caelum ille condidit, qui olim ex aquis firmamentum compegerat et in altum extulerat. Ac sane caelum istud illo longe divinius est ac stupendum magis. Nam qui 2) solem in illo condidit, ex hoc ipse iustitiae sol oriturus est. Aeternum enim illud lumen quod ex aeterno lumine antiquiorem seculis exsistentiam habet, ex ipsa corporatur, et tamquam sponsus de thalamo procedit.»

845. Sed audiendus iam est Modestus, qui c) triumphum assumptae in caelum Virginis describens ait: « In caelestem thalamum ingressa est illa, quae facta est gloriosissima sponsa unionis hypostaticae duarum naturarum Christi veri sponsi caelestis, cuius admirandam desiderant pulcritudinem sanctae omnes caelorum potestates. Et translatus est ad eam quae sursum est Hierusalem undequaque intemeratus intelligibilis 3) thalamus, ex quo processit rex seculorum, qui in militari forma ad nos descendit, atque hostem cum eius copiis in fugam vertit.» Nolo autem omnino seponere quae de Christo loquens Gerhous 4) scribit: « Habet etiam sponsam, videlicet sanctam Ecclesiam et quamlibet fidelem animam, sicut Pater suus habuit sponsam antiquam synagogam, et in ea quamlibet fidelem animam seu personam. Fuit autem beata virgo Maria illius antiquae synagogae portio electissima, sic a Deo Patre amata ut eam prae omnibus amore suo inflammaret, Verboque suo fecundaret; quod in ea eructatum et prius mente quam ventre conceptum de illa processit tamquam sponsus de 5) thalamo suo, amaturus novam Ecclesiam, et in ea quamlibet fidelem personam, tamquam sponsam ornatam viro suo. Inter omnes vero sponsas prae omnibus

---

a) Orat. in Deiparae annuntiat. pag. 838. B-C.
b) Orat. I. in Deiparae nativit. §. III. pagg. 842. E. et 843. A.
c) Encom. in Deiparam pag. 17.

1) Ps. XVIII. 7. ubi hebraice legimus:

מִקְצֵה הַשָּׁמַיִם מוֹצָאוֹ וּתְקוּפָתוֹ עַל־קְצוֹתָם׃

Quae alexandrini interpretes sic reddunt: Ἀπ' ἄκρου τοῦ οὐρανοῦ ἡ ἔξοδος αὐτοῦ, καὶ τὸ κατάντημα αὐτοῦ ἕως ἄκρου τοῦ οὐρανοῦ. Sensus vero hic est: *ab extremo caelorum, a summo caelo, ab Oriente, egressio eius, sol exit, et circuitus eius ad extremum illorum*, ad Occidentem usque, quo circuitu eo redit unde discesserat. Scite veterum commentarius apud Corderium pag. 352. Ἀπ' ἀρχῆς, φησι, τοῦ οὐρανοῦ μέχρι τοῦ τέλους. ὡς γὰρ ἀπὸ νύσσης ἀρξάμενος, τοῦ κατ' ἀνατολὰς φέροντος κέντρου, διατρίχει νυχθημέρῳ ἑνὶ τὸν σύμπαντα κόσμον. *A summo*, inquit, *caelo usque ad finem eius. A meta enim sive ab Orientis centro incipiens unius noctis ac diei spatio totum orbem percurrit*.

Quum igitur haec ad Virginem Damascenus referat, id prorsus exprimit, *Dei tutelam ita Virgini occurrisse*, *ut nulla eius vitae pars, instans nullum eadem caruerit*.

2) Ps. XVIII. 6.
3) Ibid.
4) De gloria et honore Filii hominis cap. X. pag. 206. apud Pezium Anecdott. T. I. P. II.
5) Ibidem. pag. 207. subdit: » De hoc thalamo eum agere in Ps. XVII., vocabulis quidem utebar carnalibus, nominans *thalamum* et *osculum* et cetera talia nuptiali thalamo convenientia. Sed nihil in eis intellexi aut intelligendum lectori proposui, nisi tantum spirituales delicias, in quibus est non similitudo sed veritas aeternae voluptatis. De cuius torrente potabuntur veri veritatis amatores, verbum Dei corde credendo concipientes ad iustitiam, et ore confitendo ad salutem parientes. Quibus omnibus illa beatissima Sponsa praefertur, in qua idem Verbum Dei conceptum et incarnatum est ».

fuit ac permanet ornata beata virgo Maria, tamquam consummatio synagogae, utpote filia electissima patriarcharum, et post Filium suum Ecclesiae sanctae [1] nova inchoatio, utpote mater apostolorum, quorum uni [2] dictum est, *ecce mater tua.* » Neque ea seposita penitus volo, quibus Paschasius Ratbertus [3] accurate docet, verba psalmi ad Virginem pertinere, ac tandem [4] concludit: « Nec dubium quin uterus Mariae virginis ipse sit thalamus, in quo Sponsi ac Sponsae, cum caro fit Verbum, foedera iunguntur nuptiarum. Non enim, sicut testatur Cyrillus, caro Christi vel corpus thalamus vel templum debet intelligi, sed uterus Virginis; quia in Christo non duae sunt personae, sicut nonnulli haereticorum voluerunt: quoniam non sic creatura, ut sanctus iste testatur, in societatem sui creatoris assumpta est, ut ille habitatoris et illa habitaculi teneat locum, sed ut ita naturae duae alteri altera uniretur, et in tantam conveniant unitatem, ut utriusque diversitas unus idemque sit filius. »

846. Haec igitur, ut potiora innuamus, comperta sunt. Compertum I. est, mirifica quadam conspiratione maiorum verba psalmi, *in sole posuit tabernaculum suum, et ipse tamquam sponsus procedens de thalamo suo*, ad Virginem fuisse relata. Compertum II. est, propterea Virginem appellatione *thalami* ornari consuevisse, *quod facta in ipsa fuerit unitio duarum Christi naturarum secundum hypostasim, quod initum Christi cum Ecclesia connubium, et quod terra cum caelo iuncta rursum novoque foedere copulata.* Compertum III. est, *Virginem, ut nobilissimas thalami partes explere posset, a Deo fuisse singulariter creatam, iugiter protectam, atque ita exstructam, ut genita Patris Sapientia digne ex ea carnem sumeret, sibique eam digne in matrem adsciceret.* Hinc IV. compertum est, *non aliter Virginem primum exstitisse ac uti caelestem plantam, cunctis pretiosiorem, sanctiorem universis, lignum vitae, virgam electam, caelumque ex terrena natura fabrefactum.* Neque minus V. compertum est, *ad Virginis praerogativas pertinere, ut ipsa credatur atque sit thalamus electus, decorus, Deo gratissimus, gratia plenus, excelsissimus, sanctissimus, lucidior luce, purior puritate, atque adeo incorruptus, cuiusvis inscius labis, innocens prae nobis noxiis et integer prae nobis peccati corruptione foedatis.* Denique VI. compertum est, *carere Virginem hisce praerogativis nullatenus potuisse, ut ea iure salutaretur hominum mediatrix, advocata, mater salutis, inventrix gratiae et via qua ad Deum adscenderemus.* Quid iamvero? Scilicet his doctrinae capitibus non modo Virgini decus asseritur immaculati conceptus, sed illius praeterea origo atque multiplices caussae reserantur.

---

1) Ibidem pag. 206. memorat *primitivam apostolici ordinis Ecclesiam, cuius beata Maria erat portio praecipua*.
2) Ioh. XIX. 27.
3) In fragmento de partu Virginis pag. 326. in collect. pp. tolet. T. I.
4) Ibidem pag. 327.

ARTICULUS VI.

De Psalmis LI. 10, *et LXXXIV.* 12: *recepta eorumdem ad Virginem accommodatio ex ordine ostenditur: maiorum commentarii proferuntur: et eximia Virginis decora eiusque immaculatus conceptus illustrantur.*

847. Commemorato Doeghi [1] hominis perditissimi excidio, de semetipso David [2] subdit: *ego autem sicut oliva fructifera in domo Dei.* Videlicet ille quidem defluet, sicuti ex mortua arbore folium decidit; at ego prorsus ero instar virentis olivae, quae suis numquam foliis viduatur. Praeclare [a] Theodorus: « Ille quidem talia patietur, ego vero tanquam oliva fructifera in domo Dei custodiar semper eius ope protectus et in ea virens, nec inde unquam inimicorum insultu dimotus: oliva siquidem natura sua perpetuo pullulat. » Neque aliter [b] Eusebius: « Semper virenti ac frugiferae plantae comparatus, in domo Domini plantatus sum. »

848. Haec quae sibi David pollicebatur, ad iustos caelesti beatitudine auctos relata legimus in vetustis Ecclesiae precibus, e quarum numero [3] haec est: « Totius mundanae vanitatis destructor, omnipotens Deus, fac nos in domo tua sicut olivam florere fructiferam ut in tua misericordia sperantes ab iniquitatis maledicto salvemur. » Atque haec [4] rursum: « Deus nobis praestare dignetur ut ab omni dolo liberi, ab omni iniquitate mundati, Filium Dei aequalem Patri et Spiritui sancto confessi mereamur sicut oliva fructifera in Hierusalem caelesti plantari. »

849. Frequentissima autem est eorumdem verborum ad Deiparam accomodatio. In Menaeis namque graecorum, Theophane praecinente, hisce ea laudibus [c] celebratur: « Longe angelis sublimior puella nascitur in terra, quae in sanctitate et puritate est incomparabilis, quaeque Christum pariet omnium purgationem, sanctificationem, perfectamque redemptionem. Beatus Annae uterus effectus est, illam namque generavit quae Verbum beatum, incomprehensibile, quodque fidelibus omnibus regenerationem praestabit, sinu suo complectetur. Atra malitiae caligo nunc incipit imminui, animata namque solis nubes orta est ex sterilibus lumbis, illa tota immaculata, cuius fulgentem nativitatem solemni ritu celebremus. Es veluti oliva fructifera, o Virgo, quae ex radice Iesse germinasti: Anna te protulit mox producturam Verbum misericors, quod semper misericordia et veritas praecedunt. »

850. Conspirant Patres, scriptoresque ecclesiastici, e quibus ut missos faciam [5] Ame-

---

a) Apud Corderium in Exposit. pp. graec. ad h. l. p. 12.
b) Ibid. pagg. 12-13.
c) Men. die VII. Septembris Ode. δ'. pag. 50. col. 2. A-C.

1) Inscriptio Psalmi in Hebraicis codicibus haec est: *Quum venisset Doegh* (I. Reg. XXI-XXII.) *Idumaeus ad Saulem, eique nuntiasset se comperiisse Davidem in domum Achimelech.*

2) Ps. LI. 10. וַאֲנִי כְּזַיִת רַעֲנָן בְּבֵית אֱלֹהִים׃
Sed ego sicut olea virens in domo Dei.

3) Apud Card. Thomasium in Psalter. perpet. interpretat. ornato, pag. 192. opp. T. III.

4) Ibidem.

5) Hom. I. de Virginis laudibus, pag. 1263. col. 2. E. in Biblioth. max. pp. T. XX.

deum lausannensem et [1]) Germanum constantinopolitanum, penes quos nuda psalmi ad Virginem accommodatio legitur, Tarasius constantinopolitanus antistes [a]) hisce eam encomiis sane nobilissimis honestat: « Ipsa mensa divini panis, vinum exilarans, cibus gratuitus, columba illibata, caelum animatum, lucerna splendidissima, celebratissima sponsa oliva divinitus irrigata, divinum vehiculum dispensationis Altissimi, tabernaculum sanctum et candelabrum a Deo fabrefactum. » Iohannes porro damascenus semel iterumque iisdem verbis utitur, sive [2]) ut Virginem fuisse doceat *virtutum omnium domicilium*, sive ut illius innocentiam cuiusvis semper naevi expertem significet. Ubi enim in id totus [b]) incumbit ut persuadeat, debuisse virgineum corpus a corruptione servari, post alia scribit: « Siquidem divinum illud domicilium, illum minime effossum aquae remissionis fontem, inaratum illud caelestis panis arvum, illam numquam irrigatam uvae immortalis vineam, illam [3]) paternae miserationis olivam, vernantibus perpetuo foliis, pulcherrimisque fructibus onustam, terrae penetralibus claudi minime oportebat.

851. Neque multo aliter [4]) Hildephonsus toletanus, qui eorum veluti coronam texens quibus Virgo praefulget, sic ait: « Est igitur sancta et venerabilis virgo Maria mater Domini nostri Iesu Christi secundum carnem ex semine Abrahae, orta ex tribu Iuda, virga de radice Iesse, clara ex stirpe David, filia Hierusalem, stella maris, ancilla Dei, regina gentium, domina regum, sponsa Domini, mater Christi, conditoris templum, Spiritus sancti sacrarium, velut columba speciosa, *pulcra ut* [5]) *luna, electa ut sol*, signaculum fidei, reparatio Evae, introitus vitae, ianua caeli, decus mulierum, caput virginum, *hortus* [6]) *conclusus, fons signatus, puteus aquarum viventium*. Multiplicabitur ut cedrus Libani, florens ut palma, *velut* [7]) *oliva fructifera in domo Dei*. » Consentit auctor coronae beatae Mariae, a quo ipsa dicitur [8]) *virgo et domina mirifica, per quam fracta sunt tartara, reserata sunt caelestia, reparata sunt perdita, et singulari decore prae cunctis rutilans;* tum [9]) eadem salutatur « Arca sophiae, tabernaculum gloriae, regula iustitiae, rosa pudicitiae, oliva fructifera, singulare lilium ac caelestis paradisus ».

852. Eodem spectat [c]) Proclus constantinopolitanus, qui de Virginis laudibus initio scribit: « Haec [10]) quintus puteus veri iurisiurandi, in qua [11]) immortalitatis aqua per adventum Domini in carne, in plenitudine quinti foederis effluxit. Primum enim foedus scriptum

---

a) Orat. in Deiparae praesentat.
b) Orat. II. in Deiparae dormit. § XIV. pag. 876. D-E.
c) Orat. de Virginis laudibus §. XVII. pagg. 645. D. et 646. A. apud Gallandium T. IX.

1) Orat. in Deiparae nativit. pag. 1314. A. apud Combefisium Auctar. T. I.
2) De Fide Orthod. lib. IV. cap. XIV. pag. 275. C. ubi de Virgine scribit, αὕτη ἐν τῷ οἴκῳ Θεοῦ ἐφυτεύθη τε, καὶ πιανθεῖσα τῷ πνεύματι, ὡσεὶ ἐλαία κατάκαρπος, «πάσης ἀρετῆς καταγώγιον γέγονε. *Deinde in domo Dei plantata et per Spiritum saginata, instar olivae fructiferae virtutum omnium domicilium instruitur.*
3) Quibus Damascenus utramque coniungit versionem, Alexandrinorum qui habent, *ego quasi oliva fructifera*, et Symmachi qui reddit, *ego quasi oliva virens*. Est enim oliva ἐν τοῖς ἀειθαλέσι, *ex eorum numero quae semper virent*.
4) Serm. IV. in Deiparae Assumpt. pag. 675. col. 2. C-E. apud Combefisium Biblioth. concionat. T. VII. et in collect. pp. tolet. pag. 358. T. I.
5) Cant. VI. 9.
6) Cant. IV. 12.
7) Ps. LI. 10.
8) Coron. b. Mariae cap. VI. pag. 403. in collect. pp. tolet. T. I.
9) Ibid. pagg. 403-404.
10) Gen. XXV. 32.
11) Proclus ergo in suis codicibus habuit, *invenimus aquam*, minime vero ut in vulgatis graecis editionibus, *non invenimus aquam*.

est tempore Adami, secundum tempore Noe, tertium tempore Abrahae, quartum tempore Moysis, quintum denique tempore Domini, nam etiam quinquies [1]) exiit ut pios operarios in iustitiae vineam conduceret, nempe circa horam primam, circa tertiam, circa sextam, circa nonam, circa undecimam. » Tum [a]) nonnullis interiectis, pergit: « Haec [2]) oliva fructifera plantata in domo Domini, ex qua Spiritus sanctus dominici corporis ramum accipiens tempestate iactato humano generi detulit, fauste de caelo annuntians pacem. » Hinc [b]) Ephraemus inter alia Virginis elogia numerat quod ipsa sit « Omnium post Trinitatem domina, post Paracletum alius consolator, et post mediatorem mediatrix totius mundi, vitis vera vitae fructum proferens et oliva fructifera fidelium animas exilarans ».

853. Quibus praestitutis, videor mihi colligere tuto posse, immaculatum Virginis conceptum indubiis maiorum testimoniis comprobari. Neque enim ut Virginis conceptus nulla laesus macula existimetur, aliud fas est iure exigere quam ut ea e lumbis edita perhibeatur non velut arbor arida et maledicto obnoxia, sed tanquam oliva fructibus onusta, divinitus condita atque irrigata, perpetuo virens et damnationis funditus inscia. Haec autem illa ipsa sunt quae testimoniis in medium productis non una ratione significantur. Significantur enim I. verbis disertis *quibus Virgo procreata dicitur ut oliva fructifera, ut oliva paternae miserationis, ut oliva a Deo singulariter condita atque protecta, ut oliva sua semper viriditate decora, quaeque a sententia corruptionis libera fuerit ac soluta*. Significantur II. verbis potestate aequipollentibus, *quibus Virgo non solum dicitur illa tota immaculata, sed insuper ut ea exhibetur quae veluti animata solis nubes primum apparuerit*. Significantur III. verbis comparatis, *quibus Virgo puritate et sanctitate omnibus creaturis potior celebratur*. Significantur tandem IV. verbis quae huius privilegii caussam rationemque patefaciunt, cuiusmodi illa sunt *quibus Virgo dicitur oliva fructifera, ea qua ramus dominici corporis pacem allaturus decerperetur, et ex qua ille prodiret qui omnium esset iustitia, sanctificatio et redemptio*. Igitur ea luce splendet privilegium immaculati conceptus, ut oculos etsi non acutissimos suo nitore percellat.

854. Sed iam ad alia progredior psalmi [3]) octogesimiquarti verba, *veritas de terra orta est, et iustitia de caelo prospexit*, quae sicuti magna veterum conspiratione, Eusebii [4]), Athanasii [5]), Heracleotae [6]), Bedae [7]), aliorumque [8]) ad incarnationem dominicam, ita non minori eorumdem studio ad Deiparam *terrae* nomine adumbratam referuntur. Qua de re testis principio est Graecorum Ecclesia, quae [c]) suis in Menaeis conceptum Virginis his verbis extollit: « Ex terra tui sinus (o Anna) vere genita est terra sancta, non subacta, sine semine spicam germinans cibum mundi et Dominum. » Similia canit [9]) in Anthologio, qui-

---

a) Ibid. §. XVII. pag. 646. A-B.
b) Orat. ad Deiparam, pagg. 528. E-F. et 529. A. opp. graec. T. III.
c) Men. die XXV. Iulii Ode θ'. pag. 126. col. 1. E.

1) Matth. X. 1.
2) Ps. LI. 10.
3) Ps. LXXXIV. 12.
4) Apud Corderium in Exposit. pp. graec. ad h. l. pag. 748.
5) Ibid. pag. 748. Σαφῶς τὴν διὰ τῆς Θεοτόκου καὶ ἀειπαρθένου ἀνατείλασαν τῷ κόσμῳ κηρύττει ἀλήθειαν· αὐτὸς γάρ ἐστιν ἡ ἀλήθεια, εἰ καὶ γεγέννηται ἐκ γυναικός. *Perspicue eam praedicat veritatem, quae per Deiparam semper Virginem mundo erat oritura. Ipse enim est veritas, licet de muliere natus sit.*
6) Ibid. pag. 743.
7) In titulum huius Psalmi apud Thomasium in Psalter. pag. 317.
8) Inter quos sunt Didymus et Apolinarius apud Corderium, pagg. 748-749.
9) Antholog. pag. 183. col 1. B.

bus et similia repetit in Octoecho, e quo ᵃ) haec iuverit protulisse: » Praenunciat Gedeon conceptum, tuumque partum, o Deipara, David enarrat: descendit enim Verbum in sinum tuum, sicuti pluvia in vellus, et tu sine semine, o terra sancta, germinasti salutem mundi, Christum Deum nostrum, gratia plena. » Et ᵇ) denuo: « Salve terrigenarum spes, terra electa et pura et intaminata: tu venerabilis es sola semper Virgo, e qua pii salutem nanciscimur: tu, o inviolata, mortalis generis revocatio, terra frugifera quae spicam protulisti: pons in serenam tranquillitatem transferens, gubernatrix divina, anchora eorum qui tempestate iactantur, et pacatissimus illorum portus qui in adversis rebus te cupide ambiunt. »

855. Testes deinde suo merito censentur patres, scriptoresque christiani, e quibus [1]) Augustinus et [2]) Germanus verba psalmi de incarnatione, deque Virgine appellatione *terrae* designata manifestissime interpretantur. Cui interpretationi suum adiungunt calculum Amedeus lausannensis et Guerricus abbas, quorum ille [3]) scribit: « Porro terra Virginem demonstrat terrae nomine appellatam propter quamdam similitudinem. Sicut enim [4]) vetus Adam de terra incorrupta nullumque passa contagium formatus est, sic terris terra Virgo novum Adam procreavit. » Quod ut [5]) confirmet, continenter subdit: « Si non credis mihi praedicanti ortum novi hominis de terra, crede psalmistae [6]) dicenti: *veritas de terra orta est*. Quae maior novitas, quam ut oriatur de terra ille, qui est veritas? Crede etiam tubae ductili Isaiae producentis gracilem et suavem admodum sonum ac [7]) dicentis: *rorate caeli desuper, et nubes pluant iustum, aperiatur terra et germinet Salvatorem*. Qui iterum [8]) dixit: *erit germen Domini in magnificentia et gloria, et fructus terrae sublimis*. Germen Domini in magnificentia et gloria exstitit, quando conceptum de Spiritu sancto, et ortum de radice Iesse in summitate virgae totum effloruit, imo flos fuit. Fructus vero terrae sublimis fuit, quia benedictus fructus Mariae divinitatis celsitudine meruit sublimari. Haec idcirco diximus, ut terrae nomine Mariam intelligi debere monstraremus. »

856. Succedit Guerricus qui de solemnitate agens annuntiatae Deiparae [9]) sic habet: « Hodie [10]) Sapientia aedificare coepit sibi domum corporis nostri in utero Virginis, et ad aedificandam unitatem Ecclesiae, angularem lapidem [11]) de monte sine manibus abscidit, dum sine opere humano de corpore virginali carnem sibi nostrae redemptionis separavit. Ab hoc ergo die [12]) *Dominus virtutum nobiscum, susceptor noster Deus Iacob*: quia [13]) hodie est *Domini assumptio nostra*. Prorsus hodie [14]) *benedixisti Domine terram tuam*, illam benedictam in mulieribus. Hodie dedisti benignitatem Spiritus sancti, ut terra nostra

---

a) Octoech. pag. 36. col. 1. D.
b) Ibid. pag. 58. col. 2. A.

1) Serm. CLXXXV. in nat. Domini II. n. 1. pag. 614. D. et Serm. CLXXXIX. in nat. Domini VI. n. 2. p. 619.E.
2) Orat. in Deiparae nativit. pag. 1311. E. apud Combefisium Auctar. T. I. Ubi collatis testimoniis Ex. III. 5, Ps. LXXXIV. 10. et CV. 24. ostenditur Virgo praenunciata tamquam γῆ ἁγία, γῆ ἐπιθυμητὴ καὶ γῆ ἀνατέλλουσα ἀλήθειαν, *terra sancta, terra desiderabilis et terra veritatem producens*.
3) Hom. III. de Virginis laudibus pag. 1267. col. 1. B-C. in Biblioth. max. pp. T. XX.
4) Gen. II. 7.
5) Ibid. pag. 1267. col. 1. C-D.
6) Ps. LXXXIV. 12.
7) Is. IV. 8.
8) Is. XI. 1.
9) Serm. II. in Deiparae annuntiat. pag. 430. col. 1. B-C. apud Combefisium in Biblioth. concionat. T. VI.
10) Prov. IX. 1.
11) Daniel. II. 34.
12) Ps. XLV. 8.
13) Ps. LXXXVIII. 19.
14) Ps. LXXXIV. 2.

daret benedictum fructum ventris sui; et [1]) rorantibus caelis desuper uterus virginali Salvatorem germinaret. » Tum [2]) pergit: « Maledicta [3]) terra in opere praevaricatoris, quae etiam exercitata spinas et tribulos germinat heredibus maledictionis. At nunc benedicta terra in opere Redemptoris, quae remissionem peccatorum, fructumque vitae parturit universis, et filiis Adae praeiudicium originalis dissolvit maledicti. Prorsus benedicta illa terra quae omnino intacta, nec fossa, nec seminata, de solo rore caeli Salvatorem germinat, et mortalibus panem angelorum alimoniam vitae aeternae ministrat. Haec itaque terra, quia inculta erat, videbatur esse deserta, sed erat optimo fructu referta: videbatur esse eremus solitudinis, sed erat paradisus beatitudinis. Plane [4]) hortus deliciarum Dei: eremus, cuius campi germinaverunt germen odoris. »

857. Succedunt Bernardus et Petrus Damiani, qui haec eadem luculentis commentariis atque in rem nostram opportunissimis exornant. Bernardus enim ubi de Sapientia [5]) sermonem habet, quam Virgo in supernis hausit, inquit: « In supernis plane et ultra angelos, quae Verbum ex ipso Patris corde suscepit, ut [6]) scriptum est: *dies diei eructat verbum*. Utique dies Pater, siquidem dies ex die salutare Dei. An non etiam Virgo dies? Et praeclara. Rutilans plane dies, quae [7]) *procedit sicut aurora consurgens, pulcra ut luna, electa ut sol.* » Et [8]) mox: « Intuere igitur quemadmodum usque ad angelos plenitudine gratiae, supra angelos superveniente Spiritu sancto pervenit. Est in angelis caritas, est puritas, est humilitas. Quid horum non enituit in Maria? Sed ostensum est superius, ut quidem a nobis ostendi potuit: supereminentiam prosequamur. Cui enim angelorum aliquando [9]) dictum est, *Spiritus sanctus superveniet in te, et virtus Altissimi obumbrabit tibi, ideoque et quod nascetur ex te sanctum, vocabitur Filius Dei?* Denique [10]) *veritas de terra orta est*, non de angelica creatura; nec [11]) angelos, sed semen Abrahae apprehendit. Magnum est angelo ut *minister* sit Domini; sed Maria sublimius quiddam meruit, ut sit *mater*. Fecunditas itaque Virginis supereminens gloria est, tantoque excellentior angelis facta munere singulari, quanto differentius prae ministris [12]) nomen matris accepit. Hanc invenit gratiam plena iam gratia. »

858. Quid vero Petrus Damiani? En eiusdem [13]) verba: « Potest etiam per repromissionis terram non incongrue ipsum beatissimae Dei genitricis corpus intelligi, ex quo Redemptor noster velut singularis botrus voluit humanitus germinari. Iuxta illud quod [14]) scri-

---

1) Is. XLV. 8.
2) Ibid. pag. 430. col. 1. C-E.
3) Gen. III. 17.
4) Gen. II. 8.
5) Serm. in Mariae nativit. n. 11. pag. 1622. D. opp. Tom. III.
6) Ps. XVIII. 2.
7) Cant. VI. 9.
8) Ibid. n. 12. pag. 1622. E-F.
9) Hebr. I. 5. coll. Luc. 1. 35.
10) Ps. LXXXIV. 12.
11) Hebr. II. 16.
12) Hebr. I. 4.
13) Serm. XLIV. idemque III. de Virginis nativ. p. 115. col. 2. C-E.
14) Ps. LXXXIV. 12. Hinc Bonaventura in Speculo beatae Mariae Lect. XVI. pag. 478. col. 2. C-F. opp. T. VI. « Ostensum est supra, quomodo Maria propter purissimam vitae innocentiam merito per *Ave* salutatur: quomodo propter copiosissimam gratiae affluentiam merito *gratia plena* commemoratur: quomodo propter familiarissimam Dei praesentiam *Dominus tecum* fore insinuatur. Ostendendum autem nunc est, quomodo propter utilissimam prolis suae excellentiam merito *benedictus fructus ventris tui* proclamatur. Benedictus ergo fructus ventris tui, o benedicta mater Filii Dei. Hic est ille fructus, de quo propheta dicit, *Dominus dabit benignitatem, et terra nostra dabit fructus suos.* Quod exponens Beda dicit: *dedit Dominus benignitatem, quia in ingressu Unigeniti sui virginalis uteri templum Spiritus-sancti gratia consecravit. Et terra nostra dabit fructum suum, quia eadem Virgo quae de terra corpus habuit, Filium genuit divinitate quidem Deo Patri coaequalem, sed sibi carnis veritate consubstantialem.* »

ptum est: *veritas de terra est*. Et bene caro beatissimae Virginis terra repromissionis est dicta, quae longe ante paritura Salvatorem mundi a prophetis multifariam est promissa. Quae vere lac et mel manavit, dum Deum et hominem intemerata virginitate profudit. Unde et [1]) per Esaiam dicitur: *ecce Virgo in utero concipiet Filium, et vocabitur nomen eius Emmanuel, butyrum et mel comedet, ut sciat reprobare malum et eligere bonum*. Merito ergo beata virgo Maria sub ipso vindemiarum tempore nascitur, ut iam novae gratiae mustum sic ex variis sacrae Scripturae sententiis, velut ex diversis uvarum folliculis exprimatur. Merito autumnali tempore nascitur, ut iam velut in autumno totius seculi fructu spiritualium arborum comedatur. In plenitudine temporis venit, quae gratia plena fuit. » Suffragantur [2]) Hildebertus cenomanensis et Isidorus hispalensis, qui [3]) ad psalmi oraculum respiciens ait: « Quae est veritas de terra orta, nisi Christus de femina natus, Filius Dei de carne procedens? Nam caro terra est, quando enim natus est Christus, iustitia de caelo prospexit. Non enim daretur e caelo iustificatio, nisi Christus in carne nasceretur; et ut ostenderet quod ipsa veritas de terra orta homo esset, sequenter adiunxit: *iustitia ante eum praeibit, et ponet in via gressus suos*. Item [4]) idem David, *terra*, inquit, *dabit fructum suum*. Terra, Maria dedit fructum suum Christum. Sed quis est iste fructus? *Benedicat nos Deus, Deus noster, benedicat nos Deus*. »

859. Illud recoli postremo debet, cuius auctor est Nicetas paphlago, qui memorata psalmi verba de conceptu et nativitate Unigeniti ex Virgine tanto maiorum consensu explicata, ad ipsius Virginis ex Anna conceptum nativitatemque his verbis [a]) traducit: « Haec divinae potius promissionis verbo quam naturae ratione in sterili concepta atque gestata utero, velut luna plena hodie ex materno oritur thalamo. Perspicue hodie videre licet iuxta [5]) prophetae oraculum, oriri veritatem de terra ac iustitiam de caelo prospicere. Etenim Dominus ostendens de caelo digne petentibus iustitiam suam, dedit benignitatem, divinae promissionis oraculo edito; Anna vero, illo fide suscepto, ex utero suo, veluti ex terra, promissam oraculo veritatem in lucem edit, illamque cunctis hominibus animatum atque viventem fructum producit. »

860. Haec autem verborum psalmi, *veritas de terra orta est*, ad Virginem accommodatio, quemadmodum ex sese ac *proxime* eo spectat ut penitissimum ostendatur vinculum, quo *Filius veritas cum Virgine terra* copulatur; ita eo etiam *mediate* pertinet ut ornamenta virginis ex huiusmodi profecta vinculo significentur. De ipsa enim, utpote quae terra fuerit e qua veritas orta est, ex maiorum persuasione atque doctrina teneri debet: I. *illam fuisse terram ab ea, quae maledicti sententiam tulit, diversissimam; terram, aeque ac priorem et originalem, incorruptam; et terram quae nullum subierit contagium*. Teneri debet II. *eamdem fuisse terram repromissionis, terram omnino intactam, et terram puram, intaminatam, electam, desiderabilem, sanctam*. Teneri debet III. *ex hisce dotibus nullam esse, quae cum Virginis primordiis eiusque originibus non fuerit conserta: ipsa namque uti terra sancta in sinu concepta fuit, et uti vivus atque animatus fructus in lucem venit*. Teneri postremo debet, *spectata originis puritate, tam de con-*

---

a) Orat. in Deiparae nativit. pagg. 438. D. et 439. A. apud Combefisium Auctar. T. III.

1) Is. VII.
2) Serm. II. in nativit. Domini pag. 259.
3) Cont. Iudaeos lib. I. cap. X. n. 6. pag. 25. opp. T. VI.
4) Ps. LXVI. 7-8.
5) Ps. LXXXIV. 12.

ceptu et nativitate Virginis ex Anna, quam de conceptu et nativitate Christi ex Virgine rite verba usurpari, veritas de terra orta est. Iamvero neminem esse arbitror qui non facile videat, ex nobilissimis Deiparae dotibus eam omnium splendidissime per adductis testimoniis efferri, quae immaculato eiusdem conceptu continetur.

ARTICULUS VII.

De psalmis LXVII. 16-17, et LXXI. 6-7-17: ecclesiastica monimenta maiorumque testimonia, quibus ea ad Virginem accommodata ostenduntur, eiusque eximiae dotes et immaculata puritas comprobantur.

861. Extollit divinus psalmi sexagesimiseptimi auctor montem Sion, ceterisque eiusdem laudibus eam addit, quam [1]) his verbis vulgatus interpres exponit: « Mons Dei, mons pinguis. Mons coagulatus mons pinguis. » Haec autem quae ad eum montem eiusque ostendendam excellentiam proprie spectant, Germanus constantinopolitanus [2]) ad Virginem transfert, deque Virgine pariter sumit [3]) Andreas cretensis scribens: « Tu tremendae dispensationis magnificum opus, in quod desiderant angeli prospicere. Tu elegantissimum Dei se nobis inclinantis domicilium, terra vere desiderabilis. *Concupivit* [4]) *enim rex gloriam decoris tui*, et [5]) *amator factus est* divitiarum virginitatis tuae; in te [6]) habitavit et apud nos moratus est, ac per te [7]) nos Deo et Patri reconciliavit. Tu thesaurus sacramenti a seculis absconditi. Tu [8]) mons Sion, mons pinguis, mons coagulatus, in quo complacuit Deo ut habitaret; ex quo compactus qui omni superior essentia est, carne nostra intelligentium more animata coagulatus est. » Hinc [a]) Leo Augustus Virginem compellans ait: « Dicamus igitur ei, vel potius chori totius ductor et auspex dicat: ave mons pinguis, cuius pinguedinem videns naturae cultor et sator, ex te omnium bonorum abundantiam nobis produxit. »

862. Quae autem de psalmo sexagesimoseptimo monuimus, multo ea magis repeti de illis debent quae psalmo septuagesimoprimo his verbis [9]) continentur: *descendit sicut plu-*

---

a) Orat. in Deiparae dormit. pag. 1741. C-E. apud Combefisium Auctar. T. I.

1) Ps. LXVII. 16. Sunt haec expressa ad alexandrinam versionem, Ὄρος τοῦ θεοῦ, ὄρος πῖον· ὄρος τετυρωμένον, ὄρος πῖον. Textus originalis sic habet:

הַר־אֱלֹהִים הַר־בָּשָׁן הַר גַּבְנֻנִּים הַר־בָּשָׁן

Mons Dei, praestans nimirum et eximius, *mons Basan, mons eminentiarum*, collibus iugisque constans, *mons Basan*.

2) Orat. de Virginis nativit. pag. 1314. A. apud Combefisium Auctar. T. I.

3) Orat. III. in Deiparae dormit. pagg. 692. col. 2. E. et 693. col. 1. A. apud Combefisium in Biblioth. concionat. T. VII.

4) Ps. XLIV. 12.

5) Sap. VIII. 2.

6) Ioh. I. 14.

7) Ephes. III. 9.

8) Ps. LXVI. 16-17. Cf. Hymnum XV. inter ambrosianos de nativit. Domini, p. 21. T. I. Thesauri hymnolog.

9) Ps. LXXI. 6-7-17. Hebraice:

יֵרֵד כְּמָטָר עַל־גֵּז כִּרְבִיבִים זַרְזִיף אָרֶץ׃
יִפְרַח־בְּיָמָיו צַדִּיק וְרֹב שָׁלוֹם עַד־בְּלִי יָרֵחַ׃
יְהִי שְׁמוֹ לְעוֹלָם לִפְנֵי־שֶׁמֶשׁ יִנִּין שְׁמוֹ
וְיִתְבָּרְכוּ בוֹ כָּל־גּוֹיִם יְאַשְּׁרוּהוּ׃

Descendet quasi pluvia super detonsum gramen, idest, Kimchio explanante, *Rex Messias in bonum ac salutem populo suo veniet instar pluviae quae super herbam resectam cadit, efficitque ut revireat ac denuo crescat*. Pergit psaltes: *sicut guttae irrigationis terrae, quae super terram descendunt illamque fecundant. Florebit in diebus suis iustus et abundantia pacis usque dum non luna*, iusti nimirum probique, eo regnan-

via in vellus, et sicut stillicidia stillantia super terram. Orietur in diebus eius iustitia et abundantia pacis, donec auferatur luna. Sit nomen eius benedictum in secula, ante solem permanet nomen eius. Et benedicentur in ipso omnes tribus terrae, omnes gentes magnificabunt eum. Sicut enim nemo prudens [1]) inficias eat, hoc psalmo futuram in carne Unigeniti oeconomiam praenunciari; ita incredibilis est maiorum conspiratio, qua descripta ex eo verba aut de Virgine intelliguntur, aut ad ipsam accommodantur.

863. Ac de Virgine sane adhibentur [2]) in missali mozarabico, in [3]) vetustis latinae ecclesiae hymnis, in [4]) psalterio quod Anselmi nomen praefert, in [5]) Graecorum Menaeis, in [6]) prisco penes illos quadragesimali Officio, et ne plura cumulem, in [b]) Octoecho. En verba quadragesimalis Officii: « Ave sanctissimum templum, vellus divino rore imbutum, fons signatus perennis fluenti, gregem tuum, Domina, ab omnigenorum hostium impetu tuere. » Quibus haec ex Octoecho respondent: « Sicut in vellus tacite a caelo descendit, o Virgo, divinus imber in sinum tuum, et universam hominum naturam exsiccatam, o inviolata, servavit. »

864. Neque aliter patribus, christianisque scriptoribus visum esse probe tenemus. Ne quid enim dicamus [6]) de Maximo taurinensi, de [7]) vulgato Augustino, de [8]) Petro Chrysologo, de [9]) Theodorito, de [10]) Iohanne damasceno, de [11]) Laurentio Iustiniano, deque anonymo [12]) apud Corderium, qui omnes una mente unoque ore *velleris* nomen de Virgine interpretantur; in commentario [c]) Heracleotae [13]) legimus: « Ceterum existimo Virginem

---

a) Offic. quadrag. Fer. II. Hebd. III. Ieiun. pag. 225.
b) Antholog. in Octoech. pag. 28. col. 1. E.
c) L. c. pag. 461. D-E.

---

te, florebunt, et tamdiu florebunt quamdiu luna perseveret. *Erit nomen eius in secula, in conspectu solis propagabitur nomen eius, et beatos se praedicabunt in eo, omnes populi eum felicem annunciabunt.*

1) Id enim non christiani modo interpretes docent, verum etiam chaldaeus paraphrastes confirmat, qui primum psalmi incisum ita enarrat: *Deus sententias iudiciorum tuorum* רַב לְמַלְכָּא מְשִׁיחָא *regi Messiae dato.*

2) In Missa votiva de Annunciatione.

3) Cf. Sedulii Hymnum de V. et N. T. apud Card. Thomasium, pagg. 430-431. opp. T. II.

4) Psalter. pag. 305. col. 2.

5) Men. die III. Aprilis Ode θ'. pag. 16. col. 1. E. Ὡς πόκος, πανάμωμε, τὸν ὄμβρον τὸν οὐράνιον ἐν γαστρὶ δεξαμένη, ἡμῖν ἐκτέτοκας τὸν τὴν ἀμβροσίαν διδοῦντα πᾶσι βροτοῖς, αὐτὸν προσκυνοῦσι, καὶ σὲ τὴν πανύμνητον Θεοτόκον μεγαλύνουσιν. *Quem tu imbrem de caelo tamquam vellus in utero excepisti, o penitus immaculata, eum nobis peperisti ut qui ambrosiam mortalibus omnibus praeberet qui illum adorant, et te Deiparam omnibus collaudatam linguis magnificant.* Confer etiam quae habentur Men. die 15. Maii Ode 9'. pag. 66. col. 1. B. et die 21. Decembris Ode 9'. pag. 175. col. 1. B-C.

6) In App. Serm. XII. col. 45.

7) Serm. CXCIX. de natali Domini, n. 2. pag. 461. apud Mai in nov. pp. Biblioth. T. 1. De hoc sermone Em. editor scribit: « Sequens sermo in codice bobiensi vat. antiquissimo 5751. praeponitur illi Augustini, qui est 123 in appendice editionis maurinae. Quamvis igitur est anonymus, tamen propter praedicti propinquitatem, multoque magis ob codicis magnam antiquitatem, is a nobis heic collocatur, quamquam et aegre interdum in codice corrupto legebatur, nec mendis scripturae caret, et subobscurus est, atque Augustino vix dignus videtur. »

8) Serm. CXLIII. de Virginis annunciat. p. 204. col. 2. B-C. Ubi hoc maioribus nostris solemne effatum recurrit: « Singulis gratia se est largita per partes, Mariae vero simul se totam dedit gratiae plenitudo. *Omnes,* inquit evangelista, *de plenitudine eius accepimus.* Unde et David dicit: *descendit sicut pluvia in vellus.* »

9) Comm. in Ps. LXXI. 6. pag. 1104. opp. T. I.

10) Orat. I. in Virg. dormit. §. IX. pag. 864. B-C.

11) Orat. in Virginis annuntiat. pag. 435. col. I. C D. apud Combefisium in Biblioth. concionat. T. VI.

12) In Exposit. pp. graec. ad Ps. LXXI. 6. p. 470. B-D.

13) Quae paullo accuratius reddenda sunt ac ferat Corderii versio quam adhibuimus. Hunc igitur fundunt sen-

propter progenitorem suum vellus fuisse appellatam (vellus enim est pellis ovis): atque ille pellis ovinae nuditatem cohibuit, ut etiam in ipsa Gedeonis miraculum ostenderetur. Quemadmodum enim illic, arca sicca remanente, solum vellus humidum apparuit; sic etiam ipsa, humano genere divini influxus aestu attenuato, sola divinum rorem et irrigationem obtinuit. Et quoniam vellus solet calorem conservare ac fovere, ipsa etiam erroris frigore constrictos divinae cognitionis fomento ad virtutum perfectionem vellere suo reduxit. »

865. A quo insigni prorsus commentario seiungi non debent quae [1]) Sophronius cognomento senior his verbis complectitur: « *Ave*, inquit [2]), *gratia plena*, et bene plena, quia ceteris per partes praestatur, Mariae vero simul se tota infudit plenitudo gratiae. Hoc quippe est quod [3]) David canit: *descendet sicut pluvia in vellus*. Vellus itaque cum sit de corpore, nescit corporis passionem. Sic et virginitas cum sit in carne, nescit vitia carnis. Caelestis plane imber in virgineum vellus placido se infudit illapsu, et tota divinitatis unda se contulit in carnem, quando Verbum caro factum est: ac deinde per crucis patibulum expressum terris omnibus salutis pluviam effudit, et stillicidia gratiae humanis praestitit mentibus. » Simillima tradit [4]) Hildephonsus toletanus inquiens: « Nec diu haec sancta sacratissima Virgo post Domini ascensionem in terris potuit remanere, quam desiderabant angeli, caelum etiam et ipsum de eius ascensione querebatur; atque ideo Spiritus sanctus [5]) invitabat dicens: *veni columba mea, immaculata mea, iam enim hiems transiit, imber abiit et recessit*. Quodque ardentissime vellet assumere, ostendit crebra ingeminatione [6]) inquiens: *veni de Libano, sponsa mea, veni de Libano, veni*. Et pulcra de Libano venire iubetur, hoc est, de candidatione. Libanus enim candidatio interpretatur. Et haec Virgo sancta candidata erat virtutibus, et dealbata Spiritus sancti muneribus columbae et lacteam servans simplicitatem et virginitatis immaculatum candorem; atque ideo sola digna fuit per quam et ex qua Dei Filius ad reconciliationem humani generis veniens carnem assumeret. Unde et ei soli angelica illa salutatio [7]) conveniens fuit: *ave Maria, gratia plena*. Ceteris enim electis ex parte gratia datur, huic vero Virgini tota se infudit plenitudo gratiae. Quod considerans [8]) propheta David ait: *descendet sicut pluvia in vellus*. Vellus enim virginitatem praesignat. Sicut enim vellus cum sit de corpore, corporis non subiacet passioni; ita virginitas cum sit in carne, vitia carnis ignorat. Descendit ergo sicut pluvia in vellus, quia caelestis imber, hoc est, unda divinitatis virgineo velleri placido se infudit illapsu, quando [9]) *Verbum caro factum est, et habitavit in nobis*. » Quare Gregentio tephrensi episcopo in disputatione cum Herbano iudaeo satis [a]) non fuit scribere: « Audi igitur quid dicat David de ipsius *(Unigeniti)* descensu ad Virginem, ut carne indueretur,

---

a) Disput. cum Herbano iudaeo pag. 606. B-C. apud Gallandium T. XI.

sum. « Verum existimo, vellus dictam esse Virginem propter protoparentem: vellus enim ab ovis est pelle atque ille ovis pelle (δορᾷ non δορᾷ) nuditatem obtexit, ut etiam in ipsa appareret quod Gedeoni accidit. Quemadmodum enim illic, arca sicca relicta, solum vellus humidum apparuit; ita haec, hominum genere siccitate divini influxus tabescente, sola divino rore ac pluvia locupletata fuit. Et quoniam vellus natura comparatum sic est ut calefaciat, haec etiam erroris frigore detentos divinae cognitionis carole ad virtutum perfectionem suo partu adduxit. »

1) Ad Paulam et Eustochium de Virginis assumpt. cap. V. pag. 96. B-D. inter opp. Hieronymi T. XI.
2) Luc. I. 28.
3) Ps. LXXI. 6.
4) Serm. VI. de Virginis assumpt. pag. 679. col. 2. C-E. apud Combefisium in Biblioth. concionat. T. VII. et in collect. pp. tolet. pag. 368. T. I.
5) Ibid. II. 10.
6) Cant. IV. 8.
7) Luc. I. 28.
8) Ps. LXXI. 6.
9) Ioh. I. 14.

descendet sicut pluvia in vellus, et sicut gutta distillans in terram. » Sed in oratione ad fusa Deum pro Iudaeorum resipiscentia in haec verba ª) erupit: « O Verbum tremendum terribilis et magni et invisibilis Patris, ante secula impatibiliter et sine fluxu ex ipso genitum non factum, ex solo ingenito lumine solum unigenitum coruscans: tu qui caelos inclinasti et descendisti ut pluvia in vellus in sanctam virginem Mariam; miserere huius turbae obtenebratae, et obumbra ipsam tua virtute. »

866. Haec autem aut hisce gemina Bernardi animo obversabantur, quum de texendis Deiparae laudibus sollicitus ¹) scripsit: « Proferamus et alia Virgini matri, Deoque Filio congrua de Scripturis testimonia. Quid illud ²) Gedeonis vellus significat, quod utique de carne tonsum, sed sine vulnere carnis, in area ponitur et nunc quidem lana nunc vero area rore perfunditur, nisi carnem assumptam de carne Virginis, et absque detrimento virginitatis? Cui utique distillantibus caelis tota se infudit plenitudo divinitatis: adeo ut ex hac plenitudine omnes acceperimus, qui vere sine ipsa non aliud quam terra arida sumus. Huic quoque gedeonico facto propheticum dictum ³) pulcre satis convenire videtur, ubi legitur: *descendet sicut pluvia in vellus*. Nam per hoc quod sequitur, *et sicut stillicidia stillantia super terram*, idem datur intelligi, quod per inventam rore madidam aream. Pluvia nempe voluntaria, quam segregavit Deus ereditati suae, placide prius et absque strepitu operationis humanae suo se quietissimo illapsu virgineum demisit in uterum: postmodum vero ubique terrarum diffusa est per ora praedicatorum, non iam sicut pluvia in vellus, sed sicut stillicidia stillantia super terram, cum quodam utique strepitu verborum ac sonitu miraculorum. »

867. Amedeus vero lausannensis postquam ⁴) Virginis dotes pro facultate celebravit, inferendo subdit: « His ergo tantisque bonis exuberans Sponsa, Sponsi mater unici, suavis ⁵) et carissima in deliciis, ut fons hortorum rationabilium et puteus aquarum viventium et vivificantium, quae fluunt impetu de Libano, a montibus Sion usque ad circumfusas quasque et exteras nationes pacis flumina et gratiarum emanationes caelica infusione derivabat. Unde ⁶) beatus David quum de Filio eius Domino nostro loqueretur, *erit*, inquiens, *in diebus eius iustitia et abundantia pacis*, apte de illa mox intulit, *donec auferatur luna*. Luna ipsa est, quae caelo terrisque irradians, astris sanctorum longe superior coruscat. *Donec*, ait, *auferatur luna*, quae elevato sole iustitiae stetit in ordine suo, et prima ecclesiae primitivorum infudit. » Quare nil mirum si Germanus constantinopolitanus ea luce percitus, qua Virgo singulariter nitet, tandem ᵇ) exclamaverit: « Enimvero sat tibi ad laudem, o admirabilis, quod non possumus dignis encomiis res tuas celebrare. Magnam ex Deo ad triumphum celsitatem adepta es, quod tua ex carne christianum ei populum condideris, eiusdemque tecum generi divinae eius expressaeque imaginis ⁷) conformes reddideris. Quare ⁸) *benedictum nomen tuum in secula*. Vincit solem lux tua, superat creata

---

a) Ibid. pag. 658. C-E.
b) Orat. in Virginis dormit. pag. 1462. A-D. apud Combefisium Auctar. T. I.

1) Super *missus est*, Hom. II. n. 7. pag. 745. B-D. E-G. in max. pp. Biblioth. T. XX. opp. T. III.
2) Iud. VI. 37.
3) Ps. LXXI. 6.
4) Hom. VII. de Virginis laudibus, pag. 1275. col. 2.
5) Cant. IV. 15.
6) Ps. LXXI. 7.
7) Rom. VIII. 26.
8) Ps. LXXI. 17.

omnia tuus honos, angelis maior excellentia tua. Benedicta tu [1]) in generationibus generationum, sed et in te benedictionem nactae sunt omnes cognationes terrae. Nec enim locus est ubi tu non lauderis, nulla cognatio ac familia ex qua per te fructus Deo non germinaverint; ut et gentes quae in hoc mundo [2]) non agnoverunt, ipsae quoque tempore accepto beatam te, Virgo sint praedicaturae. »

868. Quemadmodum igitur duplici imagine, altera *montis* atque ex eo decisi *lapidis*, et altera *velleris* atque infusi in illud *roris* penitissima adumbratur coniunctio qua Maria cum Christo et Mater cum Filio devincitur; ita profectae ex hac coniunctione Mariae atque Matris dotes in commentariis maiorum splendidissime exprimuntur. E quarum numero *prima* omnium ea succurrit, *quod Virgo non solum Deo apparuerit uti mons Sion et mons pinguis, verum etiam uti mons, cuius pinguedo ipsum naturae cultorem in sui dilectionem pertraxerit, dignusque fuerit e quo is qui omnem vincit essentiam compingeretur.* Hanc *altera* excipit qua inter propria Virginis decora numeratur, *quod ipsa protoparentum nuditatem contexerit, seque haud aliter habuerit ac uti humidum vellus prae reliquo hominum genere exsiccato, ac uti vellus calidum et calefaciens prae universis hominibus frigore rigescentibus.* Sequitur *tertia,* cuius in eo sita vis est, *ut gratia nonnisi per partes ceteris tributa hominibus, in Virginem tota sua plenitudine dimanarit, et ita dimanarit ut ipsa evaserit gratia plena, et eo usque plena, ut ex eius plenitudine mutuos veluti rivos ceteri omnes haurirent.* Quare *sicuti Virgo cum Christo copulatur tamquam luna cum sole, et sicuti creatis naturis omnibus purior sublimiorque celebratur; ita illi cum Christo et post Christum tribuitur quod nos Deo reconciliarit, quod in nos bona omnia contulerit, quod nos perditos servarit, et quod in generationibus generationum tamquam universalis caussa salutis omnium linguis magnificari debeat.* Nihil vero manifestius quam hasce Virginis dotes eo pertinere, ut ipsa una cum Filio a perdito hominum genere secreta, in proprio eximioque ordine collocata videatur.

ARTICULUS VIII.

De ceteris quae ex Psalmis ad Virginem accommodata in maiorum commentariis reperiuntur: horum usus ut Virginis dotes ac praerogativa nominatim immaculati conceptus ostendantur.

869. Ut potiora dumtaxat seligam, et modum aliquem orationi imponam, ab iis auspicabor quibus David [3]) Messiam alloquens [4]) ait: *virgam virtutis tuae emittet Dominus ex Sion, dominare in medio inimicorum tuorum.* Videlicet Dominus Deus Pater sceptrum tuum forte, tuamque regiam potestatem emittet in mundum ex Sione, ubi primum regnare

---

[1]) Gen. XII. 3.
[2]) II. Cor. VI. 2.
[3]) Hunc enim psalmum ad Messiam pertinere, tum quae eo continentur, tum directa testimonia Matth. XXII 41, Marc. XII. 35, Luc. XX. 41. liquido demonstrant. Cf. Hufnagel in dissert. I. de psalmis prophetias messianas continentibus, et Theodorum Bergmann in comm. in Ps. CX.

[4]) Ps. CIX. al. CX. 2. מַטֵּה עֻזְּךָ יִשְׁלַח יְהוָה מִצִּיּוֹן רְדֵה בְּקֶרֶב אֹיְבֶיךָ׃
Sceptrum potentiae tuae, tuumque potens regiumque sceptrum *emittet Dominus ex Sione,* atque ex hac arce imperium in tuae ditionis populos exercebis; *imperabis in medio hostium tuorum,* et quamvis terrarum orbis hostibus tuis refertus sit, hi tamen impedire non poterunt quominus regnum tuum in medio eorum propagetur.

incipies, sed et interim usque ad finem seculi dominare quoque inter medios inimicos ipsos tuos tibi quidem rebellantes, sed adversus fidem regnumque tuum non praevalentes. En vero quae *) in canone pro Dominica Publicani et Pharisaei, auctore Georgio, leguntur: « Emitte, o bona, virtutis virgam nobis omnibus ad te confugientibus, ac tribue ut in medio inimicorum nostrorum dominemur, atque ab omni noxa nos eripe. » His lumen addunt quae [1]) Amedeus lausannensis enarrans [2]) archangeli verba, *Spiritus sanctus superveniet in te*, illico subdit: « In alios sanctorum venit, in alios veniet, sed in te superveniet, quia prae omnibus et super omnes elegit te, ut superes universos qui ante te fuere, vel post te futuri sunt, plenitudine gratiae. Implevit [3]) quidem Abel tanta innocentia, ut innocens manibus et mitis corde de manu fratris necem susciperet. Tua vero innocentia millia nocentium innocentiae reddit et saluti. Transtulit [4]) Enoch, sed caro quam generabis, cum assumpta fuerit, omnia trahet ad se. Implevit [5]) Abraham fide et obedientia profutura posteritati: sed fide tua et obedientia mundus salvatus gratias agit. Implevit [6]) Mosem, et legis, non gratiae, latorem instituit, tibi autem tribuens non solum legis latorem, sed gratiae et gloriae largitorem. Adscivit [7]) David in prophetam et regem, sed ille [8]) tibi scribit, et Filium tuum Dominum suum nominat. Quid plura memorem? Omnes superas, praees universis non solum hominibus sed et summis caelorum virtutibus. »

870. Quod plenius confirmans [9]) pergit: « Hinc est quod gloriosius prae illis nomen hereditabis. Nam cum alius dicatur angelus Dei, alius propheta, alius praeco, et quisque suo censeatur nomine pro ordine et dignitate; tu singulari et speciali nomine appellaberis mater Dei. Et ideo mater salutis, mater gratiae, mater misericordiae. » Accedit [10]) Hildephonsus toletanus qui gloria Virginis in admirationem raptus exclamat: « Venite, quaeso, et videte, quoniam hodie [11]) translata est arca testamenti Dei ad superos, exterius inaurata virtutibus, et fabricata interius auro purissimae maiestatis, in qua lex testamenti Dei et manna fuit quod de caelo fluxerat: virga [12]) quoque Aaron quae floruerat. De qua nimirum virga David [13]) in psalmis, *emittet Dominus ex Sion*, inquit *virgam virtutis tuae*. Deinde faciens apostrophen ad eamdem, *dominare*, inquit, *in medio inimicorum tuorum*. »

871. Fuit igitur cur [14]) Bonaventura considerandum esse monuerit « Quod Maria interpretatur [15]) *Domina*. Tum hoc quoque optime competere tantae imperatrici, quae reve-

---

a) Canon in Dom. Public. Ode ς'. pag. 201.

1) Homil. III. de Virginis laudibus, pag. 1267. col. 2. H. in max. pp. Biblioth. T. XX.
2) Luc. I. 35.
3) Ibid. IV. 8.
4) Gen. V. 24.
5) Gen. XVII. 1.
6) Exod. XIX-XX.
7) I. Reg. XVI. 1-12.
8) Ps. CIX. 1.
9) L. c. pag. 1268. col. 1. A.
10) Serm. I. in Virginis assumpt. pag. 669. col. 1. B-D. apud Combefisium in Biblioth. concionat. T. VII.
11) Exod. XV. 11.
12) Num. XVII. 8.
13) Ps. CIX. 2.
14) Specul. beatae Mariae, Lect. III. pag. 455. col. 1. F. opp. T. VI.
15) Iohannes damascenus de Fide orth. lib. IV. cap. XV. τίκτει ἡ χάρις (τοῦτο γὰρ ἡ "Αννα ἑρμηνεύεται) τὴν κυρίαν· τοῦτο γὰρ τῆς Μαρίας σημαίνει τὸ ὄνομα. *Parit gratia (hoc enim Anna significat) Dominam. Hoc enim Mariae nomen significat.* Theophylactus in Luc. I. Μαριὰμ ἑρμηνεύεται κυρία. *Maria significat Dominam.* Et in Glossario Alberti pag. 430. Μαρία· κυριεύουσα. Ac si Μαρία responderet syriaco nomini quod *Domina* redditur. Huc etiam illorum referri coniectura potest, qui מָרְיָם deducunt a

רוּם *exaltari, eminere, altum esse*, ו in י mobile transeunte, et praemisso מ heemantico, ut Mariae appellatio denotet *excelsam, sublimem, eminentem*.

ra Domina est caelestium, terrestrium et infernorum. Domina, inquam, angelorum, Domina hominum, Domina daemonum. » His autem ut fidem ex ordine conciliet [1]), pergit: « Primo considera, quod Maria est Domina angelorum, ipsa enim signata est in Domina [2]) Esther regina de qua legitur, quod super unam famulam suam delitiose innitebatur, altera autem famularum sequebatur Dominam defluentia in humum vestimenta sustentans. Per Dominam Esther reginam, intellige Mariam reginam: duae famulae quarum Domina est regina Maria, sunt angelica et humana creatura. O quantum gaudendum est nobis miseris hominibus, quod angeli Dominum et Dominam habent ex hominibus. Verissime enim angelorum Domina est Maria. Unde Augustinus [3]) ipsam alloquens ait. *Si te caelum vocem, altior es. Si matrem gentium dicam, praecedis. Si Dominam Angelorum nominem, per omnia esse comprobaris. Si formam Dei appellem, digna exsistis.* Secundo considera, quod Maria est Domina hominum in mundo. De hac Domina [4]) in psalmo dicitur: *sicut oculi ancillae in manibus Dominae suae*. Ancilla Dominae Mariae est quaelibet anima fidelis, immo etiam Ecclesia universalis. Oculi huius ancillae in manibus Dominae suae semper debent esse, quia oculi Ecclesiae, oculi omnium nostrum ad manus Mariae semper debent respicere, ut per manus eius aliquid boni accipiamus, et per manus eius quidquid boni agimus Domino offeramus. Per manus enim huius Dominae habemus quidquid boni possidemus, testante [5]) beato Bernardo qui ait: *Nihil nos Deus habere voluit, quod per Mariae manus non transiret.* Per manus quoque huius Dominae offerre Deo debemus quidquid boni egerimus, quemadmodum [6]) beatus Bernardus hortatur dicens: *Modicum illud quod offerre desideras, gratissimis illis et omni acceptione dignissimis Mariae manibus tradere cura, si non vis sustinere repulsam.* Bene nobis quod talem Dominam habemus quae manus tam liberales habet ad nos, et tam praepotens est apud Filium super nos, ut securi ad ipsam confugere possimus omnes nos. Unde devotissimus Anselmus ait: *Domina magna, cui gratias agit concio laeta iustorum, ad quam territa fugit turba reorum; ad te, praepotens et misericors Domina, ego peccator anxius confugio.* Tertio considera quomodo Maria est Domina daemonum in inferno, tam potenter eis dominans etiam ut de ipsa accipi possit illud [7]) psalmi: *virgam virtutis tuae emittet Dominus.* Virga virtutis est virgo Maria. Ipsa est virga Aaron florida per virginitatem, et fructifera per fecunditatem. Ipsa quoque est virga de qua dicitur [8]) in Isaia: *egredietur virga de radice Iesse.* Haec virga virgo Maria. Virga virtutis est contra inimicos infernales quibus magna virtute dominatur; et ideo Domina tam magna tam magnae virtutis merito a nobis amatur, merito a nobis laudatur, et merito a nobis exoratur, ut nos contra inimicos istos tueatur. Exemplum dat nobis Anselmus, qui tantam Dominam alloquens ait: *Te, Domina magna et valde magna, te vult cor meum amare, te cupit os meum laudare, te desiderat venerari mens mea, te affectat exorare anima mea, quia tuitioni tuae se commendat tota substantia mea.* »

872. Quibus alia nobis in mentem revocantur hisce cognata, quaeque quum ad Deum proprie spectent, pietate maiorum ad Deiparam traducta novimus. Sunt autem [9]) haec quibus psalmographus Deo gratias agit: *deduxisti me, quia factus es spes mea, turris for-*

---

1) L. c. Lect. III. pag. 455. col. 1. F. et col. 2. A-F.
2) Esther. XV.
3) De sanct. Serm. XXXV.
4) Ps. CXII.
5) Serm. III. in Vig. nat. Domini.
6) Serm. in nat. b. Mariae de Aquae ductu.
7) Ps. CIX.
8) Is. XI.
9) Ps. LX. 4.

tiludinis a facie inimici. Propemodum diceret, *deduxisti me in rupem inaccessam, quia fuisti is in quem ego sperarem, et fuisti mihi velut turris fortissima et munitissima, quo ego confugerem a praesentia inimici me persequentis.* Iamvero a) in Graecorum Menaeis Deipara his verbis, duce Theophane, exoratur: « Turris esto mihi salutaris, o innocens, quae prohibeat phalangum diabolicarum accessum, unaque periculorum ac tentationum turbas profliget, pravarum quoque cupiditatum insultus excutiat, et denique procul abigat maledictionem hisce malis adnexam: contra vero libertatem conferat et charismatum divinorum abundantiam. » Ephraemus b) autem sic habet: « Sana contritiones animarum et corporum nostrorum, visibiles atque invisibiles hostes disperge, turris fortitudinis, armatura bellica, acies robusta, et dux et propugnatrix invicta est nobis indignis a facie inimicorum nostrorum. Ostende in nobis misericordias tuas antiquas et mirabilia hodie: ostende et te posse omnia, et omnia efficere potentem esse quaecumque vis in caelo et in terra. » Quibus haec 1) ex Mozarabum missali splendide suffragantur: « Sicut turris David aedificata es, et reprehensio non est in te. Quam speciosa et decora facta es in ornamento tuo, et odor unguentorum tuorum sicut odor Libani super omnia aromata. »

873. Duplici Virginis ornamento, cuius meminimus, tertium accedit quod illi tum adscribitur, quum usurpata de Hierusalem verba ad ipsam referuntur. Verba porro de quibus loquimur, haec 2) sunt: *sicut audivimus, sic vidimus in civitate Domini virtutum, in civitate Dei nostri: Deus fundavit eam in aeternum.* Idest, sicut audivimus protectorem fore Deum urbis huius, ita reipsa vidimus divinum numen adfuisse huic civitati Domini exercituum, huic civitati Dei nostri, quam Deus ita stabilem fundavit ut contra hostiles impetus in aeternum immota duret. Sed constat ne haec ad Virginem fuisse relata? Omnium nomine audiatur c) Modestus hierosolymitanus qui illam celebrans ait: « Ave mortalium Domina, sanctissima Deipara, ex qua qui super omnia est Deus et clementissimus Dominus noster, particeps totius, excepto peccato, mortalis naturae nostrae, processit in mundum, nosque dignos effecit qui essemus 3) divinae eius naturae consortes; qui ea te donavit gratia ut sua esses civitas intelligibilis, teque vocavit 4) Dominus virtutum in civitatem suam. »

874. Pulcre huic imagini ea respondet, qua Virgo uti *caelum* depingitur *verbo Dei firmatum*, eiusque puritas atque sanctitas puritati et sanctitati angelicae anteponitur. Itaque 5) Sophronius senior de Virgine loquens principii loco statuit: « Omnis splendor et gloria quanto illustratur fulgore suo sublimius, tanto apparet praestantior claritate quorumlibet subiectorum et eximior praedicatur. » Tum inferendo 6) colligit: « Sic et beata Dei genitrix, cuius plantatio ac si rosae in Iericho, specialius refulsit, et candor virgini-

---

a) Men. die XX. Ianuarii Ode θ'. pag. 159. col. 2. C.
b) Orat. ad Deiparam, pag. 551. D·F. opp. graec. T. III.
c) Encom. in Deiparam, pag. 47.

1) Miss. mozarab. pag. 362. T. II.
2) Ps. XLVII. 9. כַּאֲשֶׁר שָׁמַעְנוּ כֵּן
רָאִינוּ בְּעִיר־יְהוָה צְבָאוֹת בְּעִיר אֱלֹהֵינוּ
יְכוֹנְנֶהָ עַד־עוֹלָם:

Quemadmodum audivimus, ita vidimus atque experti reipsa sumus *in civitate Dei exercituum, in civitate Dei nostri; stabiliet eam* urbem *in sempiternum*, neque illa sibi ab hostili impetu timebit.

3) II. Petr. I. 4.
4) Ps. XLVII. 9.
5) Ad Paulam et Eustochium de Virginis assumpt. c. XVI. pag. 105. F. inter opp. Hieronymi T. XI.
6) Ibidem cap. XVI. pag. 106. A-E.

tatis splendidius emicuit, cum circumdata officio caritatis submittitur illi sanctorum claritas, ut eius amplius splendor et gloria commendetur, quae super angelorum choros elevata, iam beata praedicatur, et iam beatissima. Nam angelorum quamvis celsior natura sit, non tamen gratia maior, quia et ipsi gratuita gratia ne corruerent sunt salvati. Unde [1] David: *verbo Domini*, inquit, *caeli firmati sunt, et spiritu oris eius omnis virtus eorum.* Quod si spiritu oris eius omnis virtus eorum subsistit, constat beatam et gloriosam virginem Mariam, in quam supervenit Spiritus sanctus, et Deus totus illapsus portatur novem mensibus in utero, ut credendum est, ampliora promeruisse virtutum privilegia, et percepisse gratiam ab angelis etiam collaudatam. Unde etsi mirabilis est eorum virtus et firmitas perpetuitatis, mirabilior tamen in Maria quam obumbravit virtus Altissimi, ut ultra omnem virtutem sit angelicam quod factum est in ea, et admirabile cunctis seculis sacramentum. Ac per hoc etiam angelis exinde maior praestatur gratia, quum instaurantur ab ea omnia quae venerantur et adorant super se Christum regem Dominum natum ex eadem Virgine. Hinc et Maria cunctis tanto venerabilior quanto gratiosior, et quanto virtute Altissimi extollitur ad sublimia, tanto clarior resultat in gloria. Plena siquidem gratia, plena Deo, plena virtutibus non potest non possidere plene gloriam claritatis aeternae, quam plenissime accepit ut mater fieret Salvatoris. *Quem viderunt omnes filiae Sion, et beatissimam praedicaverunt, ac reginae laudaverunt eam.* Quoniam tantam eam viderunt, quantam nullus narrando explevit mortalium: quanto magis Deum qui talem ac tantam fecit eam, ut ipse fieret per eam. »

875. Quare videri mirum non debet si quae subdimus, quaeque [2] ad extollendam Dei gloriam in primis pertinent: *quis sicut Dominus Deus noster, qui in altis habitat, et humilia respicit in caelo et in terra?* ita ad Virginem accommodata legantur, ut ipsa sit sublimis atque excelsus ille locus quem sibi Deus ad inhabitandum prae omnibus selegit. Cuius quidem accommodationis auctor est locuples [a] Philo carpasius, qui citatis [3] verbis, *sapientia aedificavit sibi domum*, pergit: « Haec domus in excelso aedificata est in Filio, secundum eum qui dicit, *qui in altis habitat et humilia respicit.* Visne tu omnem cognoscere altitudinem? Aspice non solum in Dei genitrice Maria aedificium Filii hominis, sed illud etiam quod ultra caelos est, et throni in dextera positi cum stupore demirare altitudinem. »

876. Tanta quum sit Virginis *altitudo* ut ex altitudine Unigeniti aestimari propemodum debeat, visum est maioribus nostris nunc quidem ad ipsam ea referre quibus [4] Deus sistitur *amictus lumine sicut vestimento*, nunc vero eum ipsi nitorem tribuere qui lumen quo Deus amicitur, quam proxime repraesentet. Et de posteriori sane capite insignia haec sunt quibus Virginem Methodius [b] compellat: « Benedicta tu, prorsus benedicta, omnibusque desiderabilis. In benedictionibus Domini nomen tuum divina gratia plenissimum ac summe Deo gratiosum, Dei mater. Tu circumscriptio, ut ita dicam, eius qui est incircum-

---

a) Enarrat. in Cant. cantic. IV. 4. pag. 746. A. apud Gallandium T. IX.
b) De Symeone et Anna §. X. pag. 875. B-D. apud Gallandium T. III.

1) Ps. XXXIII. 6.
2) Ps. CXII. 5-6. Ubi inciso, *qui in altis habitat*, haec in textu respondent, הַמַּגְבִּיהִי לָשָׁבֶת, *qui exaltavit se ad sedendum*, seque in tam sublimem extulit locum in quo habitet, et e quo regnet.
3) Prov. IX. 1.
4) Ps. CIII.

scriptibilis: radix floris speciosissimi: vestis sine macula eius *qui induit lumen sicut vestimentum.* » Ad primum vero haec pertinent quae de Virgine [1]) Bernardus scribit: « Putas ne ipsa est sole amicta mulier? Esto; siquidem ut de praesenti Ecclesia id intelligendum propheticae visionis [2]) series ipsa demonstret; sed id plane non inconvenienter Mariae videtur attribuendum. Nimirum ea est quae velut alterum solem induit sibi. Nam et defectus omnis sub ea; et quidquid fragilitatis seu corruptionis est, excellentissima quadam sublimitate prae ceteris omnibus excedit et supergreditur creaturis, ut merito sub pedibus eius luna esse dicatur. » Et aliquot [3]) interiectis: « Iam si Ecclesia, *pergit*, lunae magis intelligenda videtur vocabulo, quod videlicet non ex se splendeat, sed ab eo [4]) qui dicit, *sine me nihil potestis facere;* habes mediatricem, quam tibi paulo ante commendavimus, evidenter expressam. *Mulier*, [5]) inquit, *amicta sole, et luna sub pedibus eius*. Amplectamur Mariae vestigia, et devotissima supplicatione beatis illius pedibus provolvamur. Teneamus eam nec dimittamus donec benedixerit nobis: potens est enim. Nempe vellus est medium inter rorem et aream, mulier inter solem et lunam, Maria inter Christum et Ecclesiam constituta. » Quibus haec tandem [6]) subiicit: « *Mulier*, inquit, *amicta sole*. Plane amicta [7]) lumine tamquam vestimento. Quam familiaris in (Christo) facta es Domina! Quam proxima, immo quam intima fieri meruisti, quantam invenisti gratiam apud eum! In te manet, et tu in eo: et vestis eum, et vestiris ab eo. Vestis eum substantia carnis, et vestit ille te gloria suae maiestatis. Vestit solem nube, sole ipsa vestiris. Novum enim [8]) fecit Dominus super terram, ut mulier circumdaret virum, nec alium quam Christum de quo [9]) dicitur: *ecce vir, oriens nomen eius*. Novum quoque fecit in caelo, ut mulier sole appareret amicta. »

877. Quare beatissima mulier tantis aucta divinis dotibus in illius quoque consortium societatemque vocata fuit, cuius gratia de Deo [10]) dicitur: *quoniam apud te est fons vitae*. De ea namque [a]) in graecorum Menaeis canitur: « Salve verus Dei thronus et sedes regis: salve arca vitae: salve fons sanctificationis inexhaustus, receptaculum Spiritus, paradisi voluptas: salve mystica animarum oblectatio: salve beatorum laetitia: salve eorum omnium gaudium qui ad te, o Dei sponsa, confugiunt. » De ea Theodotus ancyranus, postquam [b]) scripsit, *mihi arcanum inconfusae unionis naturarum virtutis divinae schola efficitur*, continenter [c]) subdit: « Huiuscemodi nobis mirabilia suis semper sacris illucentibus fulgoribus diva Mater virgo affert. Nam [11]) apud eam est fons vitae, uberaque [12]) rationabilis la-

---

a) Men. die IV. Aprilis in vesperis, pag. 16. col. 2. D.
b) Orat. in Deiparam et in Symeonem §. IV. pag. 461. A. apud Gallandium Tom. IX.
c) Ibidem.

1) Serm. de duodecim praerogativis b. Mariae n. 3. pag. 1013. A-C. opp. T. III.
2) Apoc. XII. 1. seqq. Hinc illa Alcuini in comm. ad Apocalypsim XII. 1. pag. 334. apud Mai Scriptt. vett. T. IX. « Et signum magnum apparuit in caelo, mulier amicta sole, et luna sub pedibus eius. Mulier amicta sole beata virgo Maria est, obumbrata Altissimi virtute, in qua etiam genus, idest, Ecclesia intelligitur. »
3) L. c. n. 5. pagg. 1013. F. et 1014. A.
4) Ioh. XV. 5.
5) Apoc. XII. 1.
6) Ibid. n. 6. pag. 104. C-E.
7) Ps. CIII. 2.
8) Ierem. XXXI. 22.
9) Zach. VI. 12.
10) Ps. XXXV. 10. כִּי עִמְּךָ מְקוֹר חַיִּים
Nam penes te est fons vitae, et perennis bonorum omnium scaturigo atque copia.
11) Ps. XXXV. 10.
12) I. Petr. II. 2.

ctis ac sine dolo. » Et de ea in Alcuini homiliario haec inter alia [1]) recurrunt: « Et quam magna multitudo dulcedinis Dei fuit in beata Virgine! Quid de Deo non sapiebat, in qua Sapientia Dei latebat, et in cuius utero sibi corpus aptabat? Christus est, ut ait [2]) Apostolus, Dei virtus et Dei Sapientia, et in eo [3]) sunt omnes thesauri sapientiae et scientiae absconditi. Christus autem in Maria. Ergo Dei virtus et Dei sapientia et omnes thesauri sapientiae et scientiae in Maria. Haec non tantum [4]) ad pedes, sed etiam ad caput Domini sedens audiebat verbum ex ore eius. Nemo umquam sicut ista [5]) gustavit quam suavis est Dominus. Inebriabatur [6]) ab ubertate domus Dei, et torrente voluptatis eius potabatur. Nec mirum, quoniam apud eam [7]), immo intra eam erat fons vitae, de quo manabat tanta perfectio utriusque vitae. »

878. Hinc quod psalmographus inter eximias Dei laudes [8]) connumerat inquiens, *quoniam quis in nubibus aequabitur Domino, similis erit Deo in filiis Dei?* non omnino a Virgine alienum veteres scriptores existimarunt. E quibus Amedeus lausanuensis descripta primum illius excellentia [9]), e vestigio subdit: « Quis ergo non properaret, quis non curreret ab extremis terrae, reverendae maiestatis decus aspicere, et vultum omnimoda suavitate, imperiali etiam dignitate et singulari praeditum potestate videre? Quippe nihil inveniebatur illi simile in filiis et filiabus Adae. Nihil tale in prophetis, in apostolis aut in evangelistis. Nihil illi simile caelum vel terra dedere. Quis enim [10]) in nubibus aequaretur ei, aut similis foret matri Domini inter filios Dei? »

879. Nemo plane, adeo ut [11]) verba, *quam magnificata sunt opera tua, Domine! omnia in sapientia fecisti*, de Deipara inprimis deque ipso eiusdem conceptu intelligi debeant. Quod ne affirmatum a nobis inconsulto videatur, ea referemus quae [a]) Petrus Argorum episcopus conceptionem celebrans beatae Annae his omnino verbis complectitur: « Exsultemus itaque et in psalmis omnes iubilemus videntes, quod naturae nostrae nobilitas in Annae utero gigni coepit. Plaudamus manibus, spiritalesque choreas instituamus festive illius conceptionem celebrantes, quae nobis omnis laetitiae auctrix et ineffabilis gaudii conciliatrix exsistet. Cantemus concorditer Deo nostro, cantemus ut qui ex Anna et Ioachim ditati sumus immaculata penitus Domina et Virgine, quae nobis in peccati servitute detentis libertatem comparabit. Itaque et nos tamquam attoniti una cum divino Davide dicamus: *quam magnificata sunt opera tua, Domine! omnia in sapientia fecisti*. Quis enim ipsius potentias loqui poterit? Cuius vero cordis amplitudo ipsius iudiciorum, quae investigari nequeunt, abyssum metietur? Qui in Dei indignationem incurrimus, a condemnatione absolvimur. Qui malorum caussae et origini daemoni seducti obtemperavimus, quum ipse serpentis specie hortaretur, a Domino nostro creatore suscipimur. Qui sponte a nostra cervice ipsius iugum excussimus, et in hostis infensi potestatem concessimus, rursus

---

a) Orat. in s. Annae concept.

1) Homil. in Deiparae assumpt. pag. 891. col. 2. C-E.
2) 1. Cor. I. 24.
3) Coloss. II. 3.
4) Luc. X. 39.
5) Ps. XXXIII. 9.
6) Ps. XXXV. 9.
7) Ps. XXXV. 10.
8) Ps. LXXXVIII. 7. Ubi *in nubibus* idem valet ac *in universo caelorum exercitu; Filii* autem *Dei*, בְּנֵי אֵלִים, auctore Chaldaeo, sunt *turbae* מַלְאֲכַיָּא Angelorum.

9) Hom. VII. de Virginis laudibus, pag. 1275. col. 1. B-C. in max. pp. Biblioth. T. XX.
10) Ps. LXXXVII. 7.
11) Ps. CIII. 24.

ipsius suavi iugo ob misericordiae viscera subiicimur. Qui intolerando peccatorum pondere nosmetipsos oneravimus, ad requiem revocati iam sumus. Horum porro bonorum omnium, sed et ceterorum principium atque origo praesenti continetur festivitate, quae tamquam aurora solis ortum praeveniens, omnes seipsa lucis splendores praenuntiat. »

880. Huc itaque redit illorum summa, quae ex fide maiorum [1]) Scripturas ad Virginem accommodantium de ipsa statui, deque ipsa teneri firmissime debent. Teneri namque I. debet, *Virginem esse eam virtutis virgam quam emisit Dominus ut hostes contereret, atque in ipsorum medio veluti regina caelestium, terrestrium et infernorum invicta dominaretur.* Teneri debet II. *Virginem esse turrim contra inimicos salutarem, propugnatricem insuperabilem, quaeque in caelo et in terra nihil pro voluntate non potest.* Teneri debet III. *Virginem esse intelligibilem Dei nostri civitatem tanta ab eo stabilitate fundatam, ut directi adversus ipsam hostium impetus inanes fuerint atque in irritum cesserint.* Teneri debet IV. *spectari Virginem oportere tamquam caelum Verbo Domini firmatum, angelis quidem natura inferiorem sed gratia excellentiorem, tum quod eadem fuerit praeservata gratia quae illos exemit a lapsu, tum quod pleniori gratiae ubertate ditata fuerit, utpote quae Dei mater esset exstitura.* Teneri debet V. *tantam esse Mariae altitudinem, quanta competit eximio illi loco quem incolit Deus qui in altis habitat, et quanta illi competit quae arctissimo matris vinculo cum Dei filio copulatur.* Teneri debet VI. *Virginem esse mulierem sole amictam, nulla scilicet umquam*

---

1) Quibus e re fuerit haec adiecisse quae penes Hildephonsum toletanum *(de perpetua virginitate sanctae Mariae cap. IV. pagg.* 119-120. *in collect. pp. tolet. T. I.)* Iudaeos alloquentem legimus: « Sit rogo iam, sit rogo, Iudaee, gratissimum tibi tantae Virginis decus in tua cognatione repertum. Sit amabile tantae gloriae Virginem in tuo genere invenisse. Sit laetum in tua traduce tantae pudicitiae visum insigne. Sit iucundum in stirpe tantumdem tua patefactum tale miraculum. Ecce impleta est omnis terra per hanc Virginem gloria Dei. Cognoverunt omnes a parvo usque ad magnum per hanc Virginem Deum vivum. Viderunt omnes per hanc Virginem salutare Dei. Rememorati sunt et conversi per hanc Virginem ad Dominum universi fines terrae: Adorant *(Ps. XCVII.)* in conspectu filii eius omnes patriae gentium: ipsius est filii *(Ps. XXI.)* regnum, et ipse Deus dominabitur gentium. Cantant omnes ipsi Domino filio eius redemptionis suae canticum novum, quia nascendo de hac Virgine magnalia fecit. Notum fecit Dominus per hanc Virginem salutare suum, et ante conspectum nostrum revelavit hanc iustitiam suam. Invenerunt per hanc Virginem Deum, qui eum per observantiam legis invenire non potuerunt. Venit per hanc Virginem Deus, et congregatis gentibus et linguis, venimus et vidimus gloriam eius quasi gloriam Unigeniti a Patre. » Tum haec, quibus cum gloria filii gloriam matris Hildephonsus componens *(Ibid. cap. III. pag.* 119. *Consentiunt autem Isidorus hispalensis con. Iudaeos lib. I. cap. X. n.* 6. *pag.* 25. *opp. T. VI., et Erembertus in Ps. LXVI. pag.* 352. *apud Mai Scriptt. Vett. T. IX.)* ait: « Cuius ergo tantae gloriae et dignitatis est filius, ut sit in assumpto homine Deus? Audi quantae gloriae et nobilitatis est genitrix eius. Haec in Esaia *(cap. XI.)* virga exiet ex radice Iesse, idest, de genere eius exorta: virga quae florem hunc Christum produxit. Item in Esaia *(cap. XLV.)* haec sola terra fide aperta non corruptione germinare potuit Salvatorem, rorantibus caelis et nubibus pluentibus iustum, idest, prophetis praenunciantibus eius adventum. Haec in Ezechiele *(cap. XLIV.)* domus Dei est, cuius pudoris integerrima claustra. Haec Virgo in psalmo *(XVIII.)* thalamus Dei est, quia de utero eius iste incarnatus Deus processit velut sponsus. Item in psalmis *(LXXXIV.)* haec terra est, de qua veritas oritur: quae veritas Christus eadem est, et quae de caelo prospexit iustitia eius. Item in psalmis *(LXVI.)*, haec terra fructum suum dedit, idest, Christum nostrum genuit, in quo et benedixit nobis. » Atque haec rursum, quae eidem Hildephonso vel paris antiquitatis scriptori *(Serm. I de Assumpt. pag.* 335. *et Serm. VII. pag.* 370. *in collect. pp. tolet. T. I.)* debentur: « Ipsa est virga de radice Iesse, de cuius nimirum rursus radice flos ascendit Christus. Ipsa est Virgo clarissima, cui Deus Pater olim *(Ps. XXXI.)* in spiritu: *de fructu ventris tui ponam super sedem tuam.* Ecce ad quam concurrunt omnia eloquia prophetarum, ad quam omnia aenigmata concurrunt scripturarum: de qua natus est Christus, Deus et homo. Unde et filia Ierusalem esse iure *(Ps. LXXXVI.)* canitur, licet natus sit ex ea, qui eam olim fundavit Altissimus. »

corruptela infectam, vestemque immaculatam eius qui induit lumen sicut vestimentum. Teneri debet VII. *in Virginem non secus ac in augusta quadam arca thesauros omnes scientiae sapientiaeque divinae contineri, ipsamque esse tam vitae quam sanctificationis in nos redundantis purissimum fontem.* Teneri debet VIII. *nihil esse in caelis, nihil in terra quod Virgini sit simile, quodque cum ipsa sive amplitudine gratiae sive gloriae iubare componi queat.* Teneri postremo IX. debet, *Virginem fuisse conceptam ut naturae nostrae nobilitatem, ut Dominam penitus immaculatam, ut magnificum Dei opus, de quo omnes iure exsultemus et in psalmis uno ore iubilemus.* Nulla porro est ex hisce imaginibus, et nulla ex hisce maiorum sententiis, quae vel omnem a Virginis conceptu labem non amoveat, vel originalem eiusdem nitorem non liquido patefaciat. Quapropter hoc unum reliquum est, ut cum Coptorum [a]) ecclesia his eam verbis salutemus: « Ave gratia plena, Virgo immaculata, tabernaculum non manufactum, veritatisque thesaurus. »

---

a) Theotoch. pag. 136. tetrast. VII.

SECTIO QUINTA

SCRIPTURARUM DE VIRGINE TESTIMONIA

Enarrato discrimine inter eum sensum quem explicitum quemque virtualem appellant, de iis agitur Scripturarum utriusque foederis testimoniis, quae quum ad Virginem proprie spectent, immaculatam quoque ipsius originem palefaciunt. Recensentur accurate, atque ita ad normam legitimae interpretationis exponuntur, ut quid sive cum singulis sive cum universis iunctum consertumque sit colligatur.

881. Si suffragio atque auctoritate maiorum haec dirimi controversia debeat, *utrum in divinis utriusque foederis libris effata legantur quae ad Virginem spectent, quaeque singulares illius dotes eximiasque praerogativas contineant*, non alia esse responsio potest nisi qua id extra omnem situm dubitationis aleam affirmetur. Sicut enim plurima suppetunt [1]) eorumdem testimonia, quibus Deiparam in divinis libris praenunciatam docent; ita plurima suppetunt [2]) oracula quae ipsi ad Virginem referunt, deque Virgine eiusque ornamentis interpretantur. Quae sane, uti par est, diligenter ostenderem, nisi ex utraque superiori sectione abunde paterent. Quare multo fore arbitror opportunius et ad praesentem caussam accommodatius, hac seposita universali quaestione ad specialem singularemque descendere ac propius investigare non illud quidem, *utrum in Scripturis effata habeantur quae transferri ad Virginem non inscite possint*, sed illud potius, *utrum in iisdem ea occurrant, quae ad statas ratasque interpretandi leges exacta, de Virgine eiusque integerrima puritate cuiusvis semper labis experte accipi debeant*.

882. Ut vero haec ipsa quaestio ea ratione expediatur quae votis respondeat, nihilque merito desiderandum relinquat, iuverit animo reputasse non illa modo quae in Scripturis κατὰ λέξιν atque *totidem verbis* traduntur, verum etiam illa quae traduntur κατὰ διάνοιαν, quaeque cum Scripturae verbis intime cohaerent atque ex iisdem accurata notionum idearumque analysi defluunt, pro certis divinisque oraculis sumi oportere. Sane nemo inficias ire ausit, id omne certis divinisque oraculis iure optimo connumerari, quod princeps Scripturarum auctor Deus significavit. Significavit autem non ea solum quae αὐτολέξει, disertisque verbis expressit, sed illa etiam quae cum disertis verbis immediate penitusque cohaerent, quaeque disertis contenta verbis nuda sinceraque analysi deprehenduntur.

883. Quod quidem verissimum esse, non pauca sunt quae egregie demonstrant. Atque principio demonstrat ipsa humani sermonis ratio, cui nativum hoc est ut id omne expressum censeatur quod cum notione subiecta vocabulis iunctum est atque in ea inclusum comprehensumque reperitur. Demonstrant Christi et apostolorum exempla, e quibus ad evidentiam usque liquet solemni ipsis fuisse summi ponderis veritates ex iis stabilire, quae oracula veteris testamenti nonnisi virtute complectebantur. Speciminis loco ista sint, qui-

---

1) nn. 454. seqq. His autem adde quae Engelbertus abbas admontensis scribit in tract. de gratiis et virtutibus beatae Mariae, par. IV. cap. I. pagg. 697-700 apud Pezium in Thesauro Anecdot. noviss. T. I.
2) nn. 596. sqq.

bus¹) Christus ad incitas sadducaeos redegit et fidem de resurrectione mortuorum comprobavit inquiens: « De resurrectione mortuorum non legistis quod dictum est ²) a Deo dicente vobis, *ego sum Deus Abraham, Deus Isaac, Deus Iacob?* Non est Deus mortuorum sed viventium. » Demonstrant oecumenicae synodi quae celebriores dogmatum formulas ex iis sapienter derivarunt, quae quum in Scripturis totidem concepta verbis nuspiam exstent, in eisdem tamen virtute reperiuntur. Atque huc omnino pertinet nicaena formula, qua Filius Patri ὁμοούσιος *consubstantialis* definitur: huc formula ephesina qua coniunctio Unigeniti cum humana natura ἕνωσις καθ' ὑπόστασιν *unitio secundum hypostasim* declaratur: huc formula concilii constantinopolitani III. qua Christo duae voluntates duaeque naturales operationes asseruntur: huc formula florentina qua Spiritus sanctus ex Patre et ex Filio, tamquam ex unico principio aeternaliter procedere proclamatur: atque huc formula tridentina qua eucharistica transubstantiatio fidei capitibus accensetur. Demonstrant susceptae ab orthodoxis patribus adversus haereticos concertationes. Concertatio Athanasii contra arianos quorum haec verba ᵃ) refert: « Sed faciunt, haec scripta non sunt, vocesque illas quod in Scripturis non habeantur, reiicimus. » Quibus e vestigio ᵇ) subdit: « Sed hanc illi cavillationem impudentissime proferunt. » Concertatio Augustini cum Maximino arianorum episcopo, qui axiomatis loco ³) praestruebat: « Si aliquid rationabile dixeris, necesse est ut sequar. Si quid enim de divinis scripturis protuleris, quod commune est cum omnibus, necesse est ut audiamus: eae vero voces quae extra Scripturam sunt, nullo casu a nobis suscipiuntur: praeterea cum ipse Dominus ⁴) moneat nos et dicat, *sine causa colunt me, docentes mandata et praecepta hominum.* » Concertatio Epiphanii cum Semiarianis, e quorum fidei expositione in conciliabulo seleuciensi edita primum ista ᶜ) refert: « Omni studio ac moderatione in id incubuimus, ut pacem ecclesiae sanciremus, et constantem solidamque fidei regulam constitueremus, pro eo ac Dei amantissimus imperator noster Constantius iussit, ex prophetarum oraculis; sic ut nihil praeter sacrarum litterarum auctoritatem in ecclesiasticam fidem inveheremus. » Tum ᵈ) haec: « Quum hactenus homoousii et homoeousii vocabula plerosque ad hodiernum tempus usque perturbarint, et a nonnullis etiamnum innovari istud ferant, ut dissimilis Patri Filius esse dicatur; ob id homoousii vocem tamquam a sacris litteris peregrinam reiicimus, anomoeum vero condemnamus, et quicumque eiusmodi sunt, ab ecclesia alienos esse censemus. »

884. Addam postremo insignem Gregorii nazianzeni cum osoribus sancti Spiritus concertationem, e qua nonnulla plenius referre operae pretium existimo. Sic itaque de illis ᵉ) scribit: « Identidem saepiusque nobis inculcas, Spiritus sancti divinitatem nullo Scripturae loco proditam haberi. » Hoc ut refutet, de scripturarum more atque usu loquens ᶠ) ait: « Rerum ergo aliae non sunt, sed dicuntur: aliae cum sint, minime dicuntur: aliae nec sunt, nec dicuntur: aliae denique et sunt, et dicuntur. Horum probationes a me expo-

---

a) De Synodis arimin. et seleuc. n. 36. pag. 751. E-F.
b) Ibidem.
c) Haeres. LXXIII. §. XXV. pag. 872. C-D.
d) Ibid. §. XXV. pag. 873. A-C.
e) Orat. XXXI. al. XXXVII. et Theologic. V. de Spiritu sancto §. XXI. pag. 509. C.
f) Ibid. §. XXII. pag. 570. A.

1) Matth. XXII. 31-32.
2) Ex. III. 6-16.
3) Collat. cum Maximino n. 1. pag. 459. C.
4) Matth. XV. 9.

scis? Impigre exhibebo. » Et probatione eorum exhibita, quae ad primum spectant rerum genus, de altero ᵃ) subdit: « Rursum undenam tu arces illas tuas *ingenitum* aut *anarchum* accepisti, aut nos etiam *immortalis* vocem? Haec nominatim et expresse ostende, ea vel reiiciemus quia in Scriptura non exstant, vel expungemus. Atque ita tuismet ipse principiis oppressus interibis, eversis nimirum tibi vocabulis illis perfusisque moenibus, in quibus confidebas. » Quo pacto retusa adversarii temeritate ᵇ) pergit: « Nonne perspicuum est, haec de iis sumpta esse ex quibus colliguntur, tametsi minime dicantur? Quibus tandem? *ego* ¹) *sum primus, et ego post haec. Et* ²) *ante me non est alius Deus, et post me non erit*. Totum enim illud *est*, meum est, nec principium habens nec finem habiturum. His a Scriptura acceptis, illud quidem quod ante eum nihil sit, nec antiquiorem ullam ipse caussam habeat, *anarchum* et *ingenitum* appellasti: quod autem numquam esse desiturus sit, *immortale* atque interitus expers. » Post quae tandem ᶜ) infert: «Cum ergo in nominibus et rebus tantum discrimen reperiatur, quid caussae est cur litterae tantopere servias, iudaicaeque sapientiae teipsum adiungas, relictisque rebus syllabas consecteris? Quod si te bis quinque, aut bis septem dicente, decem aut quatuordecim ex verbis tuis colligerem; aut ex eo quod animal ratione praeditum et mortale diceres, hominem esse concluderem, an tibi nugari viderer? Et quo pacto id fieri posset, cum tua dicam? Neque enim verba magis sunt eius qui loquitur, quam illius qui loquendi necessitatem affert. Quemadmodum igitur heic non ea magis quae dicuntur, quam quae intelliguntur, respicerem; eodem modo nec, si quid aliud eorum quae vel nullo modo, vel certe non satis aperte dicuntur, ex Scriptura tamen intelligi colligique reperirem, adeo te vocabulorum sycophantam pertimescerem, ut ab enunciatione ipsa refugerem. »

885. Ea igitur non secus ac doctrinae capita caelitus revelata et in Scripturis κατὰ διάνοιαν comprehensa haberi omnino debent, quae licet totidem verbis non efferantur, cum iis tamen proxime atque necessario cohaerent quae aperte edicuntur. Praesertim quum Augustinus de inspiratis divinitus scriptoribus, et iure longe potiori de Deo inspirationis auctore verissime ³) monuerit: « Sensit ille omnino in his verbis, atque cogitavit cum ea scriberet quidquid hic veri potuimus invenire, et quidquid nos non potuimus aut nondum possumus, et tamen in eis inveniri potest. » Et ⁴) rursum: « Ipsam sententiam *(quae cum Bibliorum effatis penitus cohaeret)* certe Dei Spiritus qui per eum haec operatus est *(quique per inspiratum ab ipso scriptorem Biblia edidit)*, et ipsam occursuram lectori vel auditori sine dubitatione praevidit, imo ut occurreret, quia et ipsa est veritate subnixa, providit. » E quibus luculentissimum innotescit discrimen, quo libri humani ab inspiratis divinitus litteris longissime secernuntur. Rigidius enim quam par sit cum homine ageretur, si illi consectaria quaecumque omnia, dummodo certa atque legitima, tribuerentur, quae ex ipsius dictis sententiisque dimanant. Hominum namque nemo eo usque felix est, ut omnia mente pervideat, atque omnia idcirco probet expressaque velit, quae cum adhibitis ab ipso verbis probatisque doctrinis iunguntur. Quod autem hominibus detrahitur,

---

a) Ibid. §. XXIII. pag. 570. D.
b) Ibid. §. XXIII. pagg. 570. D-E. et 571. A.
c) Ibid. §. XXIV. pag. 571. B-E.

1) Is. XLI. 4.
2) Is. XLIII. 10.
3) Confess. lib. XII. cap. XXXI.
4) De Doctr. Christ. lib. III. cap. XXVII.

Deo vicissim iure asseritur, cui nihil impervium est, nihilque ex iis non omnino compertum quae cum ipsius dictis cohaerent.

886. Ceterum in praesentia nobis sermo non est de quovis Scripturarum sensu *consequente*, licet remoto et ab eo sensu, quem *immediatum* nominant, pluribus veluti gradibus seiuncto ac diviso. Quamquam enim neque eiusmodi sensus sua careat utilitate, neque ab iis negligi debeat quibus propositum est nullam veritatis particulam praeterire; haud tamen eiusmodi videri potest qui ex sese revelatam divinitus doctrinam repraesentet. Quare sicuti de eo tantum loquimur sensu consequente qui cum sensu verborum immediato proxime vincitur, quique ex hoc nuda simplicique analysi eruitur, neque ab hoc secus differt ac *significatio ab adsignificatione* distinguatur; ita non alia expendimus Scripturarum oracula, quam quae immaculati conceptus praerogativam hac ipsa sensus ratione complectuntur.

CAPUT I.

De oraculo divino Gen. III. 15: quo illud ex catholica sententia pertineat: quid mulieris, quidve seminis ex ea orti nomine intelligatur: cuiusmodi sit inimicitia Deo auctore constituta hinc quidem inter serpentem et mulierem, inde vero inter utriusque semen: argumenta interna quae probant mulierem, idest Deiparam numquam non fuisse serpentis inimicam: argumenta externa atque e maiorum repetita commentariis quae idipsum confirmant: consectaria, atque illud inprimis originem Virginis fuisse illibatam: de postremo commatis inciso: de lectione, ipsa conteret caput tuum: *eiusdem examen: conclusio qua decus immaculati conceptus evidentius stabilitur.*

887. Numquam non obtinuit [1]) penes eos omnes qui catholicorum nomine decorantur, ne dicam [2]) penes universos omnino Christianos, Hebraeis [3]) minime diffitentibus, ut haec [4]) Geneseos verba, *inimicitias ponam inter te et mulierem, et semen tuum et semen*

---

1) De conspiratione catholicorum non est cur quidquam addamus, ea namque exploratissima est et nemini ignota.

2) Quod aliter Calvinus et Zuinglius senserint, in communem ceterorum protestantium reprehensionem offenderunt. Cf. Iohannis Hulsemanni ἐπεξήγησιν de lapsu primorum parentum, pag. 56. seqq. apud Thomam Crenium fasc. V. Exercitatt. philologic. Atque in communem pariter reprehensionem offenderunt sive sociniani, Iohannes Sommerus *in refutat. Pet. Caroli, lib. II. cap. III.* et Smalcius tum *in lib. de divinit. Iesu Christi cap. II.*, tum *in refutat. Martini Smiglecii de satisfactione Christi cap. X.*, qui ὑποδέσει δουλεύοντες, nullam de Christo in veteri testamento promissionem ante Abrahami aetatem fuisse factam, oraculum Geneseos ad hostile homines inter atque serpentes dissidium inepte detorquent: sive socinianorum asseclae, Hugo Grotius et Iohannes Clericus, qui in comm. ad Gen. III. 15. *semen mulieris* vel ῥητῶς de omnibus universim hominibus, vel ἀλληγορικῶς de singulis ecclesiae membris exponunt:

sive tandem arminiani, Simon Episcopius *institutt. theologic. lib. IV. cap. X. lib. V. cap. IV.* et Stephanus Curcellaeus *institutt. relig. christ. lib. V. cap. XXIV*, qui licet fateantur, mulieris semine Christum humani generis assertorem designari, ipsum tamen vaticinium obscuritatis accusant.

3) Hebraeorum cum christianis consensionem, relatis eorumdem testimoniis, ostendunt Iohannes Frischmuthus et Tilemannus in dissertatt. de seductione serpentis antiqui, quibus addi debet Cornelius De Hase in diatriba de Protevangelio paradisiaco ad Gen. III. 14-15. Et sane ne alia colligam quae affatim dabunt Andreas Rivinus in dissert. de serpente seductore cap. I., et Iacobus Gussetius cum in ternione controversiarum adversus Iudaeos, tum in confutatione libri qui debetur R. Isaac Ben Abraham, inscribiturque חזוק אמונה *munimen fidei,* auctor targum hierosolymitani et Ionathan unanimes docent, verba Geneseos explenda esse ביומי מלכא משיחא, *in diebus regis Messiae.*

4) Gen. III. 15.

illius: tu insidiaberis calcaneo eius, et ipsa conteret caput tuum: non alio quam *protoevangelii* et *oraculi oraculorum* nomine honestarentur. Neque vero est cur iis vel minimum commoveamur quae [1]) recentissimi interpretes e rationalistarum scholis profecti excogitarunt, ut ratam solemnemque expositionem suis e sedibus proturbarent. Nihil enim, quod exspectandum plane erat, in medium attulerunt quod luce dignum foret, quodque cum serie ductuque orationis, verborum proprietate atque Scripturae summa e diametro non repugnaret. Statum igitur fixumque manere debet, tertio Geneseos capite [2]) nobilissimum contineri vaticinium, eoque vindicem assertoremque promitti, quo et clades astu satanae illata sarciretur, et hominum genus ad pristinam e qua exciderat dignitatem revocatum de infensissimo hoste triumphum palmamque referret. Praeclare [a]) Irenaeus de Filio loquens: « Hic enim in agro suo bonum semen seminavit. *Ager autem*, inquit, *seculum est. Quum autem dormirent homines, venit inimicus, et superseminavit zizania inter frumentum et abiit.* Ex tunc enim apostata est angelus hic et inimicus, ex quo zelavit plasma Dei, et inimicum illum Deo facere aggressus est. Quapropter et Deus eum quidem qui a semetipso zizania absconse seminavit, idest transgressionem quam ipse intulit, separavit a sua conversatione: eum autem qui negligenter quidem sed male accepit inobedientiam, hominem miseratus est, et retorsit inimicitiam per quam inimicum Deo facere voluit, in ipsum inimicitiarum auctorem: auferens quidem suam, quae erat adversus hominem inimicitiam, retorquens autem illam, et remittens illam in serpentem. Quemadmodum et Scriptura ait dixisse serpenti Deum: *et inimicitiam ponam inter te et inter mulierem, et inter semen tuum et inter semen mulieris. Ipse tuum calcabit caput, et tu observabis calcaneum eius.* Et inimicitiam hanc Dominus in semetipsum recapitulavit de muliere factus homo, et calcans eius caput, quemadmodum in eo, qui ante hunc est, libro ostendimus. » Ostenderat autem pluribus libro tertio capite vicesimotertio.

888. Cum hac autem interpretatione, quam veluti certam compertamque iure nostro sumimus, ista prae aliis devincta sunt. Et principio quidem *serpentis* nomen *symbolice* adhiberi, eoque *metonymice* diabolum exprimi, qui in serpente delituerit, illumque ad Evam decipiendam [3]) ceu istrumentum omnium opportunissimum usurparit. Ad haec, ser-

a) Con. Haeres. lib. IV. cap. XL. n. 3.

1) Dolendum est Iahn (*in Append. hermen. Fasc. II. pagg.* 206-231.) interpretem alioqui sagacem et eruditum, desertis catholicis, ad rationalistas accessisse.

2) Expendit atque egregie hoc vaticinium illustrat Sherlockius in opere inscripto, *L'usage et les fins des prophéties trad. de l'anglois T. II. Supplem. a la II. Dissert.* pagg. 318. seqq. Paris. MDCCLIV.

3) Huius veritatis testes sunt Barnabas in epist. n. 12, Iastinus in dial. cum Tryph. n. 124, Irenaeus adv. haeres. lib. IV. praefat. n. 4, lib. V. cap. XXIII. n. 1., et cap. XXIV. n. 3, Theophilus antiochenus ad Autolycum lib. II. nn. 28-33, Tertullianus de patientia n. 5, Origenes de principiis lib. III. cap. II. n. 1, in Ioh. T. XX, n. 21, Archelaus Chascarorum episcopus in disput. cum Manete n. 33, Gregorius nazianzenus Orat. XXXVIII. pag. 549, Gregorius nyssenus in Psalm. Tract. II. cap. XVI., Eusebius caesariensis in Praeparat. evang. lib. VII. cap. X., Basilius Hom. IX. quod Deus non est auctor malorum, n. 9., Lactantius divin. institutt. lib. II. cap. XIII. Augustinus de Civ. Dei lib. XIV. cap. XI. n. 2., et ne plures memorem, auctor omnium vetustissimus libelli de ascensione Moysis, de quo in loco primum laudato sic habet Origenes: *in ascensione Moysi, cuius libelli meminit in epistola sua apostolus Iudas, Michael archangelus cum diabolo disputans de corpore Moysi, ait a diabolo inspiratum serpentem causam extitisse praevaricationis Adae et Eoae.* Quod ipsum in Concilio lateranensi IV. anno MCCXV. his verbis in cap. 1. de fide catholica pag. 981. T. XXII. publice declaratum novimus: *homo vero diaboli suggestione peccavit.* Etenim quo minus quae de protoparentum deceptore memorantur, in serpentem naturalem conveniunt, eo magis in eum quadrant, quem is qui est (Ioh. VIII. 14. coll. I. Ioh. III. 8.) ἡ ἀλήθεια *veritas,* testatur esse ἀνθρωποκτόνον ἀπ' ἀρχῆς, *homicidam ab initio,* καὶ τὸν πατέρα τοῦ ψεύδους *et patrem mendacii:* cuius invidia mortem in mundum

pentis semine eos omnes [1]) *metaphorice* designari, qui satanam ita imitantur, ut eius lineamenta non secus ac geniti ex ipsomet filii praeseferant. Tum *mulierem* qua de agitur, esse illam ipsam [2]) quae *Virgo* κατ' ἐξοχήν audit, et Emmanuelem conceptura praenunciatur. Denique *semen mulieris* non aliud ab eo esse [3]) de quo toties repetitum legimus, *in semine tuo* perque tuam progeniem *benedicentur universae cognationes terrae, omnesque tribus terrae* eximiis beneficiis cumulabuntur. Quod Isidorus pelusiota egregie declaravit [a]) inquiens: « illud mulieris semen, quod Deus inimicum et infestum serpenti esse iubet, Dominus noster Iesus est. Nam ipse, mulieris semen, singulari modo ex ea ortus est, ita ut nec viri semen intercesserit, nec quidquam decesserit castitati. » Declaravit et magnus Leo [4]) his verbis: « Deus omnipotens et clemens statim ut nos diabolica malignitas veneno suae mortificavit invidiae, praeparata renovandis mortalibus suae pietatis remedia inter ipsa mundi primordia praesignavit: denuntians serpenti futurum semen mulieris quod noxii capitis elationem sua virtute contereret, Christum scilicet in carne venturum, Deum hominemque significans, qui natus ex Virgine violatorem humanae propaginis incorrupta nativitate damnaret. » Porro Cyprianus relato [5]) Isaiae vaticinio de Christi Θεανθρώπου nativitate [6]) subdit: « Hoc semen praedixerat Deus de muliere procedere, quod calcaret caput diaboli; in Genesi: *tunc dixit ad serpentem*, et cetera. » Neque aliter Irenaeus [7]) scribens: « Quapropter *(Deus)* inimicitiam posuit inter serpentem et mulierem et semen eius, observantes invicem: illo quidem cui morderetur planta, et potente calcare caput inimici: altero vero mordente et occidente et interpediente ingressus hominis quoadusque venit semen praedestinatum calcare caput eius, quod fuit partus Mariae. »

---

a) Epistt. lib. I. epist. CCCCXXVI. pag. 109.

---

invectam, pervulgatum apud Hebraeos (Sap.II.24.) fuit: quique alibi in sacris litteris (II. Cor. XI. 3. coll. Apoc. XII. 9.) *serpens* vocatur.

1) Illustrandae significationi, qua improbi appellato *serpentis semine* intelliguntur, non minimum conferunt quae habentur Ioh. VIII. 44., Actt. XIII. 10., et I. Ioh. III. 8-10.

2) Omnino insignis est parallelismus, quo ad invicem referuntur oracula Gen. III. 15. et Is. VII. 14. Sicut enim in priore adhibetur הָאִשָּׁה, ἡ γυνή, cum articulo demonstrante, quo quum nomina instruuntur, alterutrum significant, vel totum genus, vel unum de certo ac definitum; ita in posteriore cum eodem articulo adhibetur הָעַלְמָה, ἡ παρθένος. Et sicuti in priore singularis certaque mulier cum suo semine certo item ac singulari penitissime coniungitur ac prope unius instar exhibetur; ita in posteriore singularis certaque virgo cum suo Emmanuele non alia ratione copulatur.

3) *Mulieris semen* esse Christum, eumque una hac formula designari, facile ostenditur. Etenim id primum pro certo habendum est, nomen זֶרַע, de cuius tam principe quam derivatis significationibus nihil attinet dicere, saepe numero (Gen. IV. 25., XV. 3, XXI. 13, II. Sam. VII. 12, I. Paralip. XVII. 11.) μονοπροσώπως, deque singulari persona efferri, eoque υἱὸν ἀνθρώπου demonstrari. Tum id est plane indubitatum, nomen *seminis* hac significatione acceptum perquam belle Christo convenire, quippe qui (Rom. I. 3.) *ex semine mulieris* κατὰ σάρκα *secundum carnem* natus, ea ratione *semen mulieris* vere audit, qua ipsa cum in nostra mortalitate versaretur, sese υἱὸν ἀνθρώπου plus quam octogies appellare consuevit. Accedit, eodem *seminis* vocabulo alias quoque (Gen. XXII. 18, XXV. 4, XXVIII. 14, II. Sam. VII. 12. coll. Gal. III. 16, Actt. III. 15.) Christum designari, appellationemque *seminis mulieris* singulari ratione cadere (Gal. IV. 4.) in τὸν υἱὸν τοῦ Θεοῦ, γενόμενον ἐκ γυναικός, in eum videlicet qui non ex virili semine, sed ex purissima Virgine conceptus ac natus in lucem prodiit. Quibus praestitutis, ex eo quod *mulieris semini* vindicatur, prorsus efficitur nonnisi Christum ea appellatione significari. Etenim infernalis serpentis caput conterere, unius Christi facinus est opusque divinum.

4) Serm. II. in Domini nativit. cap. 1.
5) Is. VI. 10.
6) Testim. ad Quirinum lib. II. cap. IX.
7) Adver. haeres. lib. III. cap. XXIII. n. 7.

ARTICULUS I.

De priore inciso oraculi quod habetur Gen. III. 15: huius incisi vis atque potestas ex orationis serie contextuque deducta: perpetua Virginis cum peccato et diabolo peccati auctore inimicitia: eiusdem ab originali labe plenissima immunitas.

889. Poenis quae diabolo atque serpenti indicuntur [1]) his verbis: *quia fecisti hoc, maledictus es inter omnia animantia et bestias terrae: super pectus tuum gradiéris et terram comedes cunctis diebus vitae tuae;* alias easque acerbiores supremum Numen idemque iudex aequissimus adiicit [2]) subdens: *et inimicitiam ponam inter te et mulierem, et semen tuum et semen illius.* Antequam vero haec diligentius enarrem, e re esse duco nonnulla praemonere. Et initio quidem particulae *et* vim inesse continuandae augendaeque orationis, illamque apte reddi *praeterea*, ac si diceretur: *quia fecisti hoc, maledictus es inter omnia animantia et bestias terrae, super pectus tuum gradiéris et terram comedes cunctis diebus vitae tuae; et inimicitiam* praeterea *ponam inter te et mulierem, et semen tuum et semen illius.* Tum אֵיבָה pro אֵיבָה, cuius origo אָיַב *adversatus est alicui, inimice atque hostiliter aliquem persequutus est*, eiusmodi esse vocabulorum quod sicuti odium dissidiumque praesefert, ita pro recepto loquendi usu de naturis dumtaxat ratione praeditis frequentatur. Unde novum prodit argumentum quo efficitur, serpentem a diabolo seiunctum spectari non posse. Ad haec, dissidii et inimicitiae auctorem non hominem sed Deum exhiberi, ipsumque duplici persona insignem, persona iudicis satanam punientis, et persona patris in homines misericordis; adeo ut nemo nostrum sit qui iterare iugiter [3]) non debeat, *perditio tua, Israel, tantummodo in me auxilium tuum:* et [4]) *sufficientia nostra ex Deo est.* Postremo duo esse paria quae sibi mutuo opponuntur, *serpentem cum suo semine et mulierem cum suo semine:* videlicet satanam qui toties [5]) in Scripturis appellatione draconis et serpentis designatur, cum suo semine, iisque omnibus [6])

---

1) Gen. III. 14.
2) Gen. III. 15.
3) Oseae XIII. 9.
4) II. Cor. III. 5.
5) Non minus namque dicitur Matth. IV. 3, XIII. 25, Apoc. XII. 10. atque alibi, ὁ ἐχθρὸς *hostis ille*, ὁ πειράζων *tentator ille*, ὁ κατήγορος *accusator ille*, ὁ πονηρός *malus ille*, ὁ διάβολος, ὁ σατανᾶς, ὁ ἀντίδικος, quam appelletur *draco, serpens* et *serpens antiquus* II.Cor.XI. 3, Apoc. XII. 4-9, XX. 2. Immo Ioh. VIII. 44. audit *homicida ab initio*, et Paulus Rom. XVI. 20. pollicetur fore ut *Deus pacis conterat* τὸν σατανᾶν *sub pedibus fidelium*.
6) Hi enim I. Ioh. III. 8. dicuntur esse ἐκ τοῦ διαβόλου *ex diabolo*, Ioh. VIII. 44. ἐκ τοῦ πονηροῦ *ex maligno illo*, et I. Ioh. III. 10-12. τέκνα τοῦ διαβόλου *filii diaboli*. Quare Paulus Actt. XIII. 10. Elymam magum nuncupat υἱὸν διαβόλου, *filium diaboli*; Christus vero quemadmodum Matth. XIII. 38-39, zizania vocat υἱοὺς τοῦ πονηροῦ, *illius maligni filios*, ita Matth. III. 7, XII. 34, XXIII. 33. pharisaeos et sadducaeos ὄφεις καὶ γεννήματα ἐχιδνῶν *serpentes et progeniem viperarum*. Non satis cl. Patritio visa est arrisisse haec interpretatio, atque adeo in disquisitione de immaculata Mariae origine a Deo praedicta pag. 31. scripsit: «Mihi quidem veri multo similius esse videtur, non *homines* a Deo illa appellatione (*seminis serpentis*) fuisse significatos, sed *id monstri* quod serpens quodammodo procreaverat, hoc est *vitium* quo hominum natura auctore diabolo infecta ex illo fuit. Certe rem hanc multo aptius quam homines ea verborum immutatione enuntiari, multoque verius diaboli feturam vocari, nemo, puto, erit qui mihi non adsentiatur.» Atque ego quidem viro docto libenter adsentirer, nisi paullo audentius arbitrarer, originale vitium haud aliter spectare ac monstri instar quod serpens procrearit: nisi loquendi usu deterrerer, quo arduum esse opinor eam phraseos potestatem significationemque tueri: et nisi probe intelligerem, eadem significatione sin minus specifica saltem generica tam *semen* serpentis quam *semen* mulieris accipi oportere. Haec autem est significatio prolis. Ce-

qui serviunt peccato et zizaniorum nomine veniunt: et mulierem, idest Virginem cum suo semine, idest Christo qui propterea in hunc mundum venit ut diaboli opera dissolveret.

890. Via hoc pacto complanata, nihil esse nobis antiquius debet quam sedulo investigare, quid descripta caelestis oraculi verba cum poenis commune habeant, quibus propterea Deus satanam mulctavit quod ipse Evam seduxerit, ac per Evam tum Adamum tum universam hominum posteritatem miserrima clade perdiderit. Arduum vero nullatenus erit hunc mutuum rerum nexum invenire, si tota orationis series cura aliqua perpendatur. Itaque sermonis contextu edocemur, satanam per serpentem ad priorem mulierem Evam ita accessisse, ut non ipsi modo adularetur [1]) inquiens, *scit enim Deus quod in quocumque die comederitis ex eo, aperientur oculi vestri, et eritis sicut dii, scientes bonum et malum;* verum etiam et se in ipsam amicum, benevolum, atque de ipsa solicitum callide simularet. Huc enim liquido pertinent [2]) verba, *cur praecepit vobis Deus, ut non comederetis de omni ligno paradisi?* Et [3]) *nequaquam morte moriemini.* Assentatione igitur, familiaritate ac simulata benevolentia et amicitia eo satanas pervenit, ut Evam seduceret, per ipsam Adamum vinceret, et in Adamo ac per Adamum universum hominum genus perderet, sibique, peccato atque morti infelicissima captivitate subiiceret. Sed quid propterea? Videlicet nihil poterat adhiberi sapientius, ac nihil quod satanam acrius adureret, ipsique gravius accideret quam secundam excitari mulierem, quae nullo umquam amicitiae foedere cum satana iungeretur, numquam ipsi obnoxia foret, sed contra perpetuas cum ipso inimicitias exerceret, ipsumque per suum semen funditus debellaret. Si fieri ergo non potest ut caelestis oraculi verba, *et inimicitiam ponam inter te et mulierem, et semen tuum et semen illius,* a contextu dissideant, immo si apte cum ipso conspirare debeant; hunc omnino sensum fundant necesse est: *tu ad meum opus corrumpendum, hominesque perdendos fallacem inuisti cum priori muliere amicitiam; sed ego ut meum opus refingam hominesque recuperem, ponam inter te et secundam quam excitabo mulierem, verissimam inimicitiam: tu ad priorem mulierem tamquam amicus ad amicam accessisti, illam amicitiae specie seduxisti, eiusque semen una cum illa tibi tuaeque tyrannidi subiecisti; sed ego ut tuas fraudes tuosque dolos inanes reddam, teque iisdem expugnem armis quibus plenissimum tibi triumphum pollicebaris, alteram suscitabo mulierem quae tibi sit infensissima, quaeque cum suo semine te inexplebili odio prosequatur, te debellet ac praeda qua exsultas, victrix exspoliet.*

891. Quo divini oraculi commentario sicuti harmoniae contextus aptissime prospicitur, ita plenissima in luce oppositio collocatur inter invidam satanae calliditatem, qua caelestem adoptivae filiationis imaginem in homine emicantem labefactavit, et sapientissimam

---

terum insignem totius oraculi commentarium praebent tum Iohannes, tum Paulus: ille quidem ubi (I. Ioh. III. 8.) diabolum vocans ἀπ' ἀρχῆς ἁμαρτάνοντα, peccatique auctorem, addit, εἰς τοῦτο ἐφανερώθη ὁ υἱὸς τοῦ θεοῦ, ἵνα λύσῃ τὰ ἔργα τοῦ διαβόλου, *ad hoc apparuit* (in carne I. Tim. III. 16.) *Filius Dei, ut dissolveret opera diaboli;* Paulus vero (Hebr. II. 14-16.) inquiens: ἐπεὶ οὖν τὰ παιδία κεκοινώνηκε σαρκὸς καὶ αἵματος, καὶ αὐτὸς παραπλησίως μετέσχε τῶν αὐτῶν, ἵνα διὰ τοῦ θανάτου καταργήσῃ τὸν τὸ κράτος ἔχοντα τοῦ θανάτου, τουτέστι, τὸν διάβολον· καὶ ἀπαλλάξῃ τούτους, ὅσοι φόβῳ θανάτου διὰ παντὸς τοῦ ζῆν ἔνοχοι ἦσαν δουλείας· οὐ γὰρ δήπου ἀγγέλων ἐπιλαμβάνεται, ἀλλὰ σπέρματος Ἀβραὰμ ἐπιλαμβάνεται. *Quandoquidem igitur pueri participes sunt carnis et sanguinis, ipse quoque (Dei filius) similiter eorumdem particeps est factus, ut per mortem aboleret illum qui mortis habebat imperium, hoc est, diabolum; hosque liberaret quotquot metu mortis per omnem vitam obnoxii erant servituti. Nec enim omnino angelos in libertatem asseruit, sed Abrahae semen vindicavit.*

1) Gen. III. 5.
2) Gen. III. 1.
3) Gen. III. 4.

Dei misericordiam qua suae imagini nitorem splendoremque restituit. Et re sane vera ad invicem conferantur hinc ratio qua satanas institutum divinitus ordinem pessumdedit, inde autem ratio qua Deus subversum ordinem reparavit. Satanas hisce prope gradibus incessit: I. muliere tamquam *medio instrumentoque* abusus est, quo hominem vinceret, et in homine atque per hominem universum semen superaret: II. mendacem simulavit amicitiam, ut *hoc pacto* mulieris sibi animum conciliaret, ipsamque mulierem omnium primam in captivitatem redigeret: denique III. seducta muliere et relato per ipsam de homine triumpho, sequuturam deinde progeniem sibi suaeque tyrannidi subiecit. Sed quid contra Deus ut homicidae flagitio mederetur, eversumque ordinem restitueret? Oppositis omnino gradibus insitae pietatis consilium expedivit. Etenim I. novam secundamque mulierem delegit, ut ex ea tamquam *medio instrumentoque* novus et secundus Adam prodiret, in quo et per quem universum semen servaretur: II. inimicitiam novae mulieris cum serpente tamquam *modum* adhibuit, quo servitutis vincula primum abrumperentur: ac tandem III. praeservata nova muliere, novoque ex ea semine procreato, per ipsum universum semen in libertatem vindicavit.

892. Eiusmodi fuit oeconomia, quam misericors Dei sapientia ineundam existimavit ut perdito hominum generi auxiliaretur. En vero quae ex hac misericordis sapientiae oeconomia non minus sponte quam proxime et necessario consequuntur. Consequitur I. propositum reparantis Dei fuisse, ne nova atque secunda mulier ullo umquam amicitiae foedere cum satana copularetur. Consequitur II. propositum reparantis Dei fuisse, ne nova atque secunda mulier in satanae captivitatem offenderet. Consequitur III. propositum reparantis Dei fuisse, ne ullum ex diabolica seductione detrimentum in novam atque secundam mulierem dimanaret. Consequitur IV. propositum reparantis Dei fuisse, ut auspicia profligatae tyrannidis ex praeservata nova atque secunda muliere caperentur. Consequitur V. propositum reparantis Dei fuisse, ut universalis reparationis triumphus in nova atque secunda muliere per praeservationem inchoatus, per illius semen ad universae posteritatis liberationem extenderetur. Consequitur VI. propositum reparantis Dei fuisse, ut nova mulier cum suo semine non ad ordinem ruinae, sed ad ordinem excussae tyrannidis solutaeque captivitatis pertineret. Consequitur tandem VII. nihil fingi animo, nihilque efferri verbis posse quod a proposito Dei reparantis vehementius abhorreat, quam novam mulierem intra ambitum universalis praevaricationis ac profectae exinde servitutis comprehendi.

893. Iamvero haec nova atque secunda mulier non alia est quam beatissima virgo Maria, et ipsa est Maria de qua Deus sapiens iuxta ac misericors humanae calamitatis reparator praenunciavit: *et inimicitiam ponam inter te et mulierem, et semen tuum et semen illius.* Quid igitur promissum, quidve divinitus de Virgine revelatum non putabimus solum verum etiam firmissime credemus? Scilicet credemus cum revelato humanae reparationis modo proxime atque necessario coniungi Dei decretum, ut I. Virginis cum satana nullum umquam exsisteret amicitiae foedus: ut II. Virgo in satanae captivitatem numquam incideret: ut III. nullum ex originali seductione detrimentum in Virginem redundaret: ut IV. victoria contra satanam una cum Virgine inciperet: ut V. victoria cum Virgine incepta per eius semen ad omnes omnino homines porrigeretur: ut VI. nihil Virgini cum ordine praevaricationis atque lapsus commune foret: ac postremo VII. ut Virgo nonnisi ad ordinem ingenuae libertatis ac plenissimi de satana triumphi pertineret. Neminem vero reperiri posse arbitror, qui aut non videat immunitatem Virginis ab originali

noxa hisce omnibus manifestissime demonstrari; aut non intelligat immaculatum conceptum inter decora Virginis sic eminere, ut privari eo nequeat quin de ipsa praenunciatum negetur, *et inimicitiam ponam inter te et mulierem, et semen tuum et semen illius.*

ARTICULUS II.

De eodem Geneseos inciso, deque argumentis ex textu repetitis eoque spectantibus ut Virgo ostendatur a quavis semper amicitia satanae aliena, atque in ipso sui conceptu immaculata: iis occurritur qui haec in suspicionem propterea vocant quod maiorum studia curasque praeterierint.

894. Quae de ornamento immaculati conceptus *ex serie ductuque orationis* collegimus, eadem argumentis *ex ipsomet textu* derivatis pari evidentia aut etiam splendidiori confirmantur. Ut enim a primo statim vocabulo ordiar, velim mihi perspicue explanetur, cuiusmodi censeri *inimicitia* debeat de qua legimus, *et inimicitiam* [1]) *ponam inter te et mulierem, et semen tuum et semen illius.* Alterutrum omnino respondeatur oportet, eam commemorari *inimicitiam*, vel quae Virgini sit cum probis omnibus piisque communis, vel quae peculiaris illi fuerit ac privata. Sed ne illud respondeatur efflagitat I. ipse modus loquendi manifeste emphaticus et quo aliquid efferri mulieris proprium sua sponte ostenditur: efflagitat II. articulus ה, ἡ praefixus nomini אשה, quo insignis quaedam mulier designatur: efflagitat III. ceterorum omissio, cuius nulla afferri ratio posset si de inimicitia sermo foret quae ad omnes aeque pios spectaret: efflagitat IV. Dei loquentis persona, qui quum iudicis in reum animadvertentis munus expleat, non potuit quod multo acerbius erat silentio premere, et particulam dumtaxat aliquam infligendae poenae declarare: et efflagitat V. coniunctio ac prope unitas mulieris cum suo semine, quae non sinit ut quae ad ipsam pertinent, communia videantur. Reliquum est igitur ut Dei oraculum de inimicitia unius Virginis propria intelligendum statuatur. At vero cuiusmodi eam esse putabimus? Illam ne quae excussum satanae iugum comitatur? Sed haec probos omnes complectitur. Illam ne quae ex immunitate ab iis culpis oritur quae proprio atque personali actu perpetrantur? Sed inimicitia haec est quae iis saltem omnibus tribui debet, qui semel iustificati supremum antea diem obierunt, quam acceptum innocentiae candorem violarent. Illam ne quae ex sanctificatione in utero consequitur? Sed praeter Virginem non omnino defuerunt qui hoc privilegio decorarentur. Quocumque igitur te vertas, nullam reperies cum satana

---

[1]) Gen. III. 15. ואיבה, graece καὶ ἔχθραν, targum Onkelosi ודבבו, et Vulgatus omissa particula copulante, *inimicitias*. Iamvero nomini איבה notio adhaeret non cuiusvis inimicitiae, sed omnino eius quae dolo et fraude plerumque exercetur, quaeque in atrocissima facta erumpit. Et quod illi notio insit odii tecti atque insidiis pleni, apparet ex Ps. XXVII. 2., ubi איבה opponitur τῷ צר. Quum enim utraque vox *inimicum* denotet, צר autem sit ἀπὸ τοῦ צור *obsedit*, innuatque inimicum manifestum atque aperta hostilitate alterum adgredientem; oppositionis ratio postulat, ut איבה occultam tectamque inimicitiam designet. Itemque apparet ex Ezech. XXXV. 5., ubi de Edomaeis dicitur quod perpetuas alant inimicitias איבת עולם, quaeque in caedes plus semel erumpant. Quod autem איבה non quamvis exprimat tectam inimicitiam, sed quae terrificos edat effectus, liquet tum ex relato Ezechielis testimonio, quo Edomaei dicuntur propter איבה efficere, ut Israelitae gladio diffluant: tum ex altero eiusdem vatis loco cap. XXV. 15., quo Philistaeorum איבה adscribitur, quod omnia perdant et depopulentur. Nec minus liquet ex Num. XXXV. 21, ubi edicitur occidendus, qui באיבה percitus alterum ad mortem usque percusserit. Eo igitur nomine utitur Deus, cui complexo subest notio occultae simul atque saevissimae inimicitiae.

inimicitiam unius Virginis propriam, nisi quae sit inimicitia primordialis, inimicitia quae praecedentem non tulerit amicitiam, inimicitia tandem quae universalem illam excludat amicitiam, qua homines contracta originali noxa cum satana coniunguntur. Superest ergo ut de hac inimicitia, deque Virginis conceptu ab originali labe soluto divinum oraculum accipiatur.

895. Praesertim quum iis constet verbis, quae non aliam atque diversam sed unam eamdemque inimicitiam positam docent sive inter satanam et mulierem, sive inter semen satanae et semen mulieris. Ac verba sane nequeunt esse splendidiora: *et inimicitiam ponam inter te et mulierem, et semen tuum et semen illius*. Audis? Non alia est inimicitia qua mulier cum satana non alia qua semen mulieris cum semine satanae committitur; sed una prorsus atque eadem. Iamvero inimicitia seminis mulieris cum semine satanae originalis fuit ac perpetua. De illo namque [1]) scriptum est: *quod nascetur ex te sanctum vocabitur Filius Dei*. Scriptum [2]) est: *talis enim decebat ut nobis esset pontifex, sanctus, innocens, impollutus, segregatus a peccatoribus*. Ac scriptum [3]) pariter est: *non enim habemus pontificem qui non possit compati infirmitatibus nostris: tentatum autem per omnia pro similitudine absque peccato*. Perpetua igitur atque originalis censeri inimicitia debet qua Virgo a satana abhorruit. Cum inimicitia autem originali atque perpetua componi nequit originalis amicitia, qualis ea est quae consortio originalis praevaricationis contrahitur. Nihil igitur evidentius quam Virginem a consortio originalis culpae integram solutamque praenunciari.

896. Sane de hac inimicitia loquens Deus, ait [4]) אָשִׁית, θήσω, *ponam*. De ea igitur inimicitia sermo est, cuius *unicus* auctor Deus quemadmodum amicitiae quae Evam seduxit, auctor *unicus* fuit satanas. Porro est utique Deus auctor *princeps*, sed nullatenus auctor *unicus* illius inimicitiae quae vitatis actualibus culpis contra satanam exercetur. Ad hanc enim spectant verba [5]) Petri: *sobrii estote et vigilate, quia adversarius vester diabolus tamquam leo rugiens circuit quaerens quem devoret, cui resistite fortes in fide*. Quaeri igitur inimicitia debet, quae Deo ceu unico auctori merito tribuatur. Eiusmodi autem est inimicitia originalis, eaque respondens originali cum satana amicitiae, quae consortio hereditariae labis, afflatique virus participatione contrahitur. Hunc igitur significavit Deus inquiens אָשִׁית θήσω, *ponam*. Et sane si expressam voluisset inimicitiam amicitia posteriorem, dixisset *dividam inter te et inter mulierem*, quemadmodum de eo scriptum [6]) superius occurrit, *et divisit Deus inter lucem et inter tenebras*, quum antea universale chaos et turbida omnium coniunctio regnaret. Atqui non dixit, *dividam inter te et inter mulierem*, quod non modo de nobis omnibus quum primum iustificamur, sed etiam de sanctificatis in utero verissime affirmatur; sed *et inimicitiam ponam inter te et mulierem*. Hoc est perpetua atque originalis inimicitia vos ab invicem disterminabit. Rursum

---

1) Luc. I. 35.
2) Hebr. VII. 26.
3) Hebr. IV. 15.
4) Gen. III. 15. Quod Deus utatur verbo actionem significante, *ego ponam*, quum futuram inimicitiam dumtaxat praenunciet, id equidem eo linguae idiotismo explicari posset, quo Gen. XXVII. 37. Isaac dixit Esau; *Dominum posui eum* (Iacobum) *super te*, idest, futurum pronunciavi: et quo Gen. XXXV. 12. de Deo legimus, *terram dedi Abraham et Isaac*, idest, me daturum praedixi. Est tamen cur propria servetur τοῦ אָשִׁית potestas, siquidem ipsemet Deus daturus erat tum benedictam in mulieribus, tum benedictum fructum ventris eius, cum quibus satanas inexpiabiles inimicitias exerceret.

5) I. Petr. V. 8.
6) Gen. I. 4.

non dixit Deus, *inimicitia erit, fiet, excitabitur* inter te et mulierem, sed *inimicitiam ponam inter te illamque mulierem*. Hoc est, non sinam ut te inter atque illam amicitiae foedus etsi mox dirimendum vel ictu temporis ineatur; adeoque non sinam ut huiusce foederis caussa aliquando exsistat. Haec autem est ipsa labes originalis. Verbis igitur, *et inimicitiam ponam inter te et mulierem*, quemadmodum originalis labes excluditur, ita originalis inimicitia demonstratur.

897 Quid quod in oculos ex sese incurrunt hinc *antagonismus* quo in arenam aciemque descendunt mulier cum suo semine et satanas cum sua progenie, inde *arctissima societas* qua mulier cum suo semine, et satanas cum sua progenie copulantur? Reputentur animo verba, et quod de antagonismo ac vicissim de societate dicimus, nobis ultro concedetur. Sed quid cum utroque capite nexum est? Explicabo, si potero, luculenter. Itaque cum antagonismo nexum est, tum incepisse inimicitiam mulieris in serpentem, cum inimicitia serpentis in mulierem incepit. Sed inimicitia serpentis in universam Adami posteritatem, proindeque et in eam mulierem ad quam Dei verba referuntur, ab ipsa origine ipsisque primordiis orditur. Ab ipsa namque origine ipsisque primordiis suum virus in homines serpens effundit, quo iidem vitiati germen serpentis iraeque proles evadunt. Inimicitia ergo mulieris in serpentem, eiusque a serpente divisio ac hostilis separatio cum ipsis iuncta fuit initiis, ita ut ea numquam nisi inimica serpentis exstiterit. Nexum deinde est Virginem ad serpentis semen non pertinere: ipsa namque cum suo semine serpenti eiusque semini e diametro opponitur. At vero ad semen serpentis propriissime spectant quicumque omnes obstricti originali labe concipiuntur. Huius namque labis serpens fuit parens atque auctor, utpote [1]) *homicida ab initio:* hac labe universam ipse corrupit hominum naturam, effecitque [2]) ut *mors intraret in orbem terrarum:* propter hanc labem [3]) omnes nascimur *filii irae*, a Deo avulsi et diabolicae captivitati subiecti: huic labi debetur [4]) quod ipse sit *princeps huius mundi:* et ad hanc inprimis detergendam labem is venit qui propterea apparuit ut [5]) tolleret *peccatum mundi* et *dissolveret opera diaboli*. Virgo igitur, utpote seiuncta ac divisa a semine serpentis, ipsius quoque originalis maculae exsors putari debet.

898. Eo vel magis quod quum ipsa primum in Scripturis adumbratur, non aliter spectanda exhibetur ac penitissime cum suo semine coniuncta: coniuncta nimirum cum fonte totius sanctitatis, coniuncta cum agno immaculato, coniuncta cum mediatore Dei et hominum, coniuncta cum redemptore, coniuncta cum infensissimo peccati et satanae hoste, coniuncta cum eo qui satanam expulit et peccatum suo cruore purgavit, nec quovis coniuncta modo, sed coniuncta tamquam virga cum flore, tamquam aurora cum meridie, tamquam mater cum filio, tamquam θεοτόκος cum θεανθρώπῳ, in summa coniuncta *naturaliter*, eoque coniunctionis genere *secundum carnem*, quo Pater *secundum deitatem* cum eodem Unigenito est crediturque ὁμοούσιος. Facilius vero est seiunctissima quaeque in unum coire, quam cum his peccati sordes et satanae amicitiam copulari.

899. Sed qui factum est, ut tanta huius oraculi evidentia, tantusque splendor non omnium semper oculos perculerit? Aut qui factum est, ut viri scientia atque pietate florentis-

---

[1]) Hinc Christus satanam dicit Ioh. VIII. 44. ἀνθρωποκτόνον ἀπ' ἀρχῆς.

[2]) Sap. II. 24. coll. Rom. V. 12.

[3]) Ephes. II. 3. καὶ ἦμεν τέκνα φύσει ὀργῆς, ὡς καὶ οἱ λοιποί. *Quomodo natura*, inquit Augustinus in Iohannem Tract. XLIV. n. 1, *nisi quia peccante primo homine, vitium pro natura inolevit?*

[4]) Ephes. II. 2, VI. 12.

[5]) Ioh. I. 29. coll. 1. Ioh. III. 8.

simi tamdiu ancipites haeserint, haberetur nec ne in Scripturis vel unicum effatum quo immaculatus Virginis conceptus sin minus decretoria, probabili saltem ratione assereretur? Has ego similesque interrogationes possem, si vellem, silentio praeterire, aut certe illis istud unum reponere: inspiciendum sedulo esse vera ne sint ac legitima quae in medium protulimus, et siquidem vera atque legitima reperiantur, hoc unum esse reliquum, ut iisdem adquiescentes immaculatum Virginis conceptum, utpote in divinis litteris tanta perspicuitate expressum, ultro libentesque fateamur. Ne tamen severius agamus ac esse in votis non iniuria posset, pauca quaedam subnectemus, quae diligenter inspecta difficultati penitus expungendae conducant. Itaque probari ne potest, quod tamquam certum exploratumque sumitur, maioribus nostris vix quidquam eorum innotuisse quae Geneseos oraculo contenta deprompsimus? Videlicet non modo probari istud nequit, sed iis potius quae indubia sunt, accenseri debet pleraque omnia a nobis animadversa, licet neque iuncta simul, neque eodem ordine, neque eadem verborum comprehensione explicata, ad summam tamen caputque quod pertinet, in priscis commentariis legi, et patrum scriptorumque ecclesiasticorum studiis occupata reperiri. Qua de re consequentibus articulis ea dabimus, quae nihil novi, nihilque inauditi a nobis ex Scriptura erutum plane luculenterque confirment. Iacet ergo e suis avulsa radicibus si qua forte adesse poterat difficultas.

900. Quam iacentem profligatamque longe etiam plenius intelligemus, si ea animo reputabimus quae post editas a Sixto IV. ceterisque romanis Praesulibus de conceptu Virginis constitutiones, viri sapientissimi desituris numquam litteris consignarunt. In his enim, ut ex innumeris ferme operibus pro immaculato Virginis conceptu ad nostram usque aetatem editis liquidum est, nescio [1]) an non omnia alicuius momenti, quae noster commentarius exhibet, contineantur. Denique nihil impedit quominus qua decet ratione huc solemnis transferatur doctrina, quam his verbis [2]) Augustinus exponit: « Ex haereticis asserta est Catholica, et ex his qui male sentiunt, probati sunt qui bene sentiunt. Multa enim latebant in Scripturis, et cum praecisi essent haeretici quaestionibus [3]) agitaverunt ecclesiam Dei: aperta sunt quae latebant, et intellecta est voluntas Dei. Inde dicitur [4]) in alio psalmo, *congregatio taurorum inter vaccas populorum, ut excludantur hi qui probati sunt argento*. Excludantur enim dixit, emineant, appareant. Unde dicuntur et in arte argentaria exclusores, idest, ex quadam confusione massae formae expressores. Ergo multi qui optime possent Scripturas dignoscere et pertractare, latebant in populo Dei, nec asserebant solutionem quaestionum difficilium quum calumniator nullus instaret. Numquid enim perfecte de Trinitate tractatum est antequam oblatrarent Ariani: numquid perfecte de poenitentia tractatum est antequam obsisterent Novatiani? Sic non perfecte de baptismate tractatum est antequam contradicerent foris rebaptizatores: nec de ipsa unitate Christi enucleate dicta erant quae dicta sunt, nisi posteaquam separatio illa urgere coepit fratres in-

---

1) Qua de re testes sunt praeter alios locupletes Dominicus Lossada in discussione theologica super definibilitate proxima mysterii immaculatae conceptionis, Thyrsus Gonzalez in tract. theolog. de imm. Deiparae conceptione disput. V., Iohannes Perlinus in apolog. scholast. pro imm. Deiparae concept. dist. V. cap. I. et Benedictus Plazza in causa imm. conceptionis Act. I. art. II. nn. 77. seqq.

2) In Ps. LIV. n. 22. pag. 383. D-F.

3) Quos inter Georgius Honri anglicanae factionis theologus de Constitutione loquens quam Alexander VII. edidit, ut obiectum sacri cultus in festo immaculatae conceptionis declararet, scribere non dubitavit Hist. Eccles. Period. II. art. III: « Impius ille Alexander septimus modernus Papa ex cathedra irrisorum titulo infallibilitatis confirmare ausus est immaculatum Deiparae conceptum; sed non potuit nec poterit. »

4) Ps. LXVII. 31.

firmos, ut iam illi qui noverant haec tractare atque dissolvere, ne perirent infirmi sollicitati quaestionibus impiorum, sermonibus et disputationibus suis obscura legis in publicum deducerent. » Et [1]) mox: « Quaedam in Scripturis dura videbantur, quum obscura essent; exposita mollita sunt. Ecce per divisionem haereticorum multa dura mollita sunt: sermones illius [2]) duri molliti sunt super oleum, et ipsi sunt iacula. Armaverunt evangelizantes: et ipsi sermones diriguntur in pectora quorumque audientium ab instantibus opportune et importune: illis sermonibus, illis verbis tamquam sagittis, corda hominum ad amorem pacis feriuntur. Duri erant, et molles facti sunt. Molliti non virtutem amiserunt, sed in iacula conversi sunt. »

901. Cum his autem conferri debent quae magnus Gregorius [3]) animadvertit inquiens: « Qua in re hoc quoque nobis sciendum est, quia et per incrementa temporum crevit scientia spiritalium patrum. Fallor si haec ipsa Scriptura [4]) non loquitur: *pertransibunt*, inquit, *plurimi, et multiplex erit scientia.* » Tum ea conferri debent quae idem de doctoribus loquens divinitus ecclesiae concessis, illosque *hyadas* dictos affirmans, his verbis [5]) exponit: « Qui itaque post orionas hyadum nomine, nisi doctores sanctae ecclesiae designantur? Qui subductis martyribus, eo iam tempore ad mundi notitiam venerunt, quo fides clarius elucet, et repressa infidelitatis hieme, altius per corda fidelium sol veritatis calet. Qui remota tempestate persequutionis, expletis noctibus longae infidelitatis, tunc sanctae ecclesiae exorti sunt, cum ei viam per credulitatis vernum lucidior annus aperitur. Nec immerito doctores sancti hyadum nuncupatione signantur. Graeco quippe eloquio ὑετός: pluvia vocatur, et hyades nomen a pluviis acceperunt, quia ortae procul dubio imbres ferunt. Bene ergo hyadum appellatione expressi sunt, qui ad statum universalis ecclesiae, quasi in caeli faciem deducti, super arentem terram humani pectoris sanctae praedicationis imbres fuderunt. Si enim praedicationis sermo pluvia non esset, Moyses [6]) minime dixisset: *expectetur sicut pluvia eloquium meum.* Nequaquam [7]) per Isaiam Veritas diceret: *mandabo nubibus, ne pluant super eam imbrem;* atque [8]) hoc quod paulo ante protulimus: *quamobrem prohibitae sunt [9]) stellae pluviarum.* Dum ergo hyades cum pluviis veniunt, ad caeli spatia altiora sol ducitur: quia apparente doctorum scientia, dum mens nostra imbre praedicationis infunditur, fidei calor augetur. Et perfusa terra ad fructum proficit, cum lumen aetheris ignescit: quia uberius frugem boni operis reddimus, dum per sacrae eruditionis flammam in corde clarius ardemus. Dumque per eos diebus singulis magis magisque scientia caelestis ostenditur, quasi interni nobis luminis vernum tempus aperitur: ut novus sol nostris mentibus rutilet, et eorum verbis nobis cognitus, se ipso quotidie clarior micet. Urgente etenim mundi fine, superna scientia proficit, et largius cum tempore excrescit. Hinc namque [10]) per Danielem dicitur: *pertransibunt plurimi, et mul-*

---

1) Ibid. nn. 23-24. pag. 384. A-E.
2) Ioh. VI. 54.
3) In Ezech. lib. II. Hom. IV. n. 12. pag. 1347. D-E. Quibus Thomas utitur dum II. II. q. I. a. VII. hanc versat quaestionem, *utrum articuli fidei secundum successionem temporum creverint.*
4) Daniel. XII. 4.
5) Lib. IX. in cap. IX. Iob. n. 15. pag. 295. A-D.
6) Deut. XXXII. 2.
7) Is. V. 6.
8) Ierem. III. 3.
9) In subiecta adnotatione sic habent Maurini editores: « Non legitur *stellae* sed *stillae* tum in hebraico fonte, tum in vulgata translatione, aut in aliis sive versionibus sive paraphrasibus. In graeca autem interpretatione neutra vox occurrit. Manifestum tamen est Gregorium ita legisse. » Immo mihi manifestum est Gregorium legisse non *stellas* sed *stillas:* sicut enim hoc nomen cum serie orationis et metaphorae continuatione belle congruit; ita alterum ab utraque alienum est, neque aliunde quam ex incuria scribarum profectum videtur.
10) Daniel. XII. 4.

tiplex erit scientia. Hinc Iohanni in priori parte revelationis [1] angelus dicit: *signa quae loquuta sunt septem tonitrua.* Cui tamen in eiusdem revelationis termino [2] praecipit dicens: *ne signaveris verba prophetiae libri huius.* Pars quippe revelationis anterior signari praecipitur, terminus prohibetur: quia quidquid in sanctae ecclesiae initiis latuit, finis quotidie ostendit. » Neque haec praetermittenda sunt, quibus de prophetis [3] enarrans verba [4] Scripturae, *qui aufert stellas pluviae, et effundit imbres adinstar gurgitum*, ait: « Sed quia terra aresceret, si subductis stellis pluviae superna funditus fluenta cessarent, recte dicitur, *qui aufert stellas pluviae, et effundit imbres adinstar gurgitum.* Nam cum prophetas abstulit, eorum vice Dominus apostolos misit, qui in similitudinem gurgitum pluerent, postquam subductis antiquis patribus exteriora legis praedicamenta tacuissent. Stellas ergo pluviae abscondit, et adinstar gurgitum imbres fudit; quia dum praedicatores legis ad secreta et intima retulit, per dicta sequentium uberior vis praedicationis emanavit. » Et [5] continuo: « Possunt quoque per stellas pluviae sancti apostoli designari, de quibus Iudaeae reprobatae per Ieremiam [6] dicitur: *prohibitae sunt stellae pluviarum, et serotinus imber non fuit.* Stellas ergo pluviae Dominus abstraxit, atque adinstar gurgitum imbres fudit: quia cum de Iudaea praedicantes apostolos abstulit, doctrina novae gratiae mundum rigavit. Quod utrumque factum in ecclesia potest non inconvenienter intelligi: quia quum solutis corporibus ad secretos supernorum sinus apostolorum animas retulit, quasi a caeli facie stellas pluviae abscondit. Sed ablatis stellis pluviae, in morem gurgitum imbres dedit: quia etiam reductis ad superna apostolis, *per expositorum sequentium linguas, divinae fluenta scientiae diu abscondita largiori effusione patefecit. Nam quod illi sub brevitate loquuti sunt, hoc exponendo isti multipliciter auxerunt.* Unde et non immerito ipsa expositorum praedicatio gurgitibus comparatur: quia dum multorum praecedentium dicta colligunt, *profundius dilatantur. Sed nequaquam se eisdem apostolis expositores in scientiae praeferunt, quum exponendo latius loquuntur. Meminisse quippe incessanter debent, per quos eiusdem scientiae inventiones acceperunt.* » Quae cum his penitissime conserta sunt quae Vincentius lirinensis [7] habet: « O sacerdos, o tractator, o doctor, si te divinum munus idoneum fecerit ingenio, exercitatione, doctrina, esto spiritalis tabernaculi Beseleel, pretiosas divini dogmatis gemmas exsculpe, fideliter coapta, adorna sapientes, adiice splendorem, gratiam, venustatem. Intelligatur, te exponente, illustrius quod antea obscurius credebatur: per te posteritas intellectum gratuletur, quod ante vetustas non intellectum venerabatur: eadem tamen quae didicisti ita doce, ut cum dicas nove, non dicas nova. » Sequitur occupatio [8] his verbis comprehensa: « Sed forsitan dicit aliquis: *nullus ne ergo in ecclesia Christi profectus habebitur religionis?* Habeatur plane et maximus. Nam quis ille est tam invidus hominibus, tam exosus Deo, qui istud prohibere conetur? Sed ita tamen, ut vere *profectus* sit ille fidei, non *permutatio.* Siquidem ad profectum pertinet, ut in semetipsa unaquaeque res amplificetur: ad permutationem vero ut aliquid ex alio in aliud transvertatur. Crescat igitur oportet, et multum vehementerque proficiat tam singulorum quam omnium, tam unius hominis quam totius ecclesiae, aetatum ac seculorum gradibus intelligentia, scientia, sapientia: sed in suo dum-

---

1) Apoc. X. 4.
2) Apoc. XXII. 10.
3) Moral. lib. XXVII. cap. VIII. n. 13. pag. 858.
4) Iob. XXXVI. 27.
5) L. c. n. 14. pag. 858.
6) Ierem. III. 3.
7) Comm. cap. XXVII.
8) Ibid. cap. XXVIII.

taxat genere, in eodem scilicet dogmate, eodem sensu, eademque sententia. » Haec autem ut [1]) similitudine illustravit humani corporis, quod idem numero ex parvo crescit in magnum, nova adiecta similitudine [2]) pergit: « Severunt maiores nostri antiquitus in hac ecclesiastica segete triticeae fidei semina; iniquum valde et incongruum est, ut nos eorum posteri pro germana veritate frumenti, subdititium zizaniae eligamus errorem. Quin potius hoc rectum et consequens est, ut primis atque extremis sibimet non discrepantibus, de incrementis triticeae institutionis tritici quoque dogmatis frugem demetamus: ut cum aliquid ex illis seminum primordiis accessu temporis evolvatur, et nunc laetetur et excolatur, nihil tamen de germinis proprietate mutetur, addatur licet forma, species, distinctio: eadem tamen cuiusque generis natura permaneat. Absit enim ut rosea illa catholici sensus plantaria in carduos spinasque vertantur: absit, inquam, ut in isto spiritali paradiso de cynamomi et balsami surculis lolium repente atque aconita proveniant. Quodcumque igitur in hac ecclesiae Dei agricultura fide patrum satum est, hoc idem filiorum industria decet excolatur et observetur: hoc idem floreat et maturescat: hoc idem proficiat et perficiatur. *Fas est etenim, ut prisca illa caelestis philosophiae dogmata processu temporis excurentur, limentur, poliantur; sed nefas est ut commutentur, nefas ut detruncentur, ut mutilentur. Accipiant licet evidentiam, lucem, distinctionem; sed retineant necesse est plenitudinem, integritatem, proprietatem.* » Cuius verissimae doctrinae ii prorsus videntur immemores, quibus lux nulla arridet nisi quae iampridem in ecclesiae caelo splenduerit, quique nihil probant minus quam illud Sidonii, *antiquos cum reverentia lego, sine iniuria recentes;* vel istud Plinii, *sum ex iis qui miror antiquos, non tamen, ut quidam, nostrorum temporum ingenia* [3]) *despicio.*

ARTICULUS III.

Maiorum commentarii de oraculo divino Gen. III. 15: et commentarius inprimis Iustini, tum Irenaei, Tertulliani deinde ac postremo Origenis et Pseudo-Origenis: his praeclare confirmantur quae superioribus articulis praestituimus, et immaculatus Deiparae conceptus luculenter ostenditur.

902. Etsi adduci in disceptationem nequeat quod [4]) Augustinus advertit, inhaerendum esse Scripturis quum planam illae apertamque fundunt sententiam; nihilominus nativum prope Catholicis est ut neque antea conquiescant, neque antea affulgenti perspicuitati penitus fidant, quam maiores interrogaverint, illosque consonos conspirantesque repererint. Eiusmodi enim veluti charactere ab haereticis secernuntur, de quibus verba faciens [5]) Vincentius lirinensis ait: « Hic fortasse aliquis interroget, an et haeretici divinae Scripturae testimoniis utuntur? Utuntur plane et vehementer quidem. Nam videas eos volare per singula quaeque sanctae legis volumina, per Moysis, per Regnorum libros, per Psalmos, per Apostolos, per Evangelia et Prophetas. Sive enim apud suos, sive alienos, sive privatim, sive publice, sive in sermonibus, sive in libris, sive in conviviis, sive in plateis,

---

[1]) Ibid. cap. XXIX.
[2]) Ibid. cap. XXX.
[3]) Qua de re iuverit contulisse Gersonium in tractatu de oratione et in serm. de conceptione, Canisium de Maria Deipara lib. I. cap. VII., et Ioh. Baptistam Lossada in apolog. pro conceptione cap. XXX.
[4]) Doctr. christ. lib. III. cap. II.
[5]) Comm. cap. XXXV.

nihil umquam pene de suo proferunt quod non etiam Scripturae verbis adumbrare conentur. Lege Pauli samosateni opuscula, Priscilliani, Eunomii, Ioviniani, reliquarumque pestium, cernas infinitam exemplorum congeriem, prope nullam omitti paginam quae non novi aut veteris testamenti sententiis fucata et colorata sit. » Quod dum agunt, illos [1] aemulantur «quibus curae est, mala gramina et noxios succos medicaminum vocabulis praecolorare, ut nemo fere ubi supra scriptum legerit remedium, suspicetur venenum. » Quum itaque ipsis etiam haereticis commune sit ad Scripturas provocare, Scripturis insistere, effatisque ex iisdem sumptis praeceptos animo errores tueri; gravitatem Catholicam [2] decet *interpretando canoni maiorum sententias congregare, ut quidquid vel omnes vel plures uno eodemque sensu manifeste, frequenter, perseveranter, velut quodam consentiente sibi magistrorum concilio, accipiendo, tenendo, tradendo firmaverint, id pro indubitato, certo, ratoque habeatur.*

903. Hoc autem est quod iam adgredimur, eoque ordine adgredimur ut e maiorum choro neminem Iustino velimus praehabitum, qui sempiterna Unigeniti ex Patre descripta origine, ad temporariam progressus quam ex matre secundum carnem subiit, ita [a] habet: « Et novimus per Virginem hominem factum esse, ut qua via initium orta a serpente inobedientia accepit, eadem via etiam dissolutionem acciperet. Eva enim quum virgo esset et [3] incorrupta, sermone serpentis concepto [4] inobedientiam et mortem peperit; Maria autem virgo quum fidem et gaudium percepisset, angelo Gabrieli laetum nuntium ei [5] afferenti, nempe *spiritum Domini in ipsam superventurum et virtutem Altissimi ipsam obumbraturam, quapropter id quod nascetur ex ea sanctum, sit Filius Dei*, respondit: *fiat mihi secundum verbum tuum*. Et per hanc ille genitus est, de quo tot scripturas dictas esse demonstravimus, per quem Deus et serpentem et assimilatos ei angelos hominesque profligat, prave factorum autem poenitentiam agentes et in eum credentes a morte liberat. » Ex his autem non minus universim deprehendimus ad historiam et ad oraculum respici, de quibus in tertio Geneseos capite sermo est; quam nominatim intelligimus, auctore Iustino, sapiens Dei consilium fuisse ut [6] per quos veluti gradus humana natura decidit, per eosdem ad pristinam dignitatem erigeretur.

904. Decrevit namque Deus ut Angelus angelo, Virgo virgini, fidei incredulitati, obedientia inobedientiae ac Semen semini e regione sibi responderent. Scilicet decrevit I. ut quemadmodum ruina per seductionem incoepit satanae mentientis, ita reparatio per vocem inciperet Gabrielis vera annunciantis: ut II. quemadmodum virgo Eva fuit instrumentum perditionis, ita virgo Maria instrumentum esset salutis: ut III. quemadmodum virgo Eva, concepto serpentis semine, in corruptionem offendit et incredulitatis atque inobedientiae flagitium contraxit; ita virgo Maria, concepto Archangeli semine, et incorrupta maneret et nobilissimum fidei atque obedientiae specimen ederet: tandem IV. ut quemadmodum Eva iam corrupta inobedientiam et mortem peperit, ita Maria penitus incorrupta eum gigneret, per

---

a) Dialog. cum Tryph. n. 100. pag. 343. edit. Ienae MDCCCXLVII.

1) Ibidem.
2) Ibidem cap. XXXIX.
3) Heic Eva ἄφθορος *incorrupta* dicitur non tam incorruptione corporis quam animi, quum de corruptela sermo sit quae ex assensione diabolo adiuncta consequitur.
4) Conferri haec utiliter possunt cum verbis ex Iacobi epistola cap. I. 15.
5) Luc. I. 35-38.
6) De hac comparatione apud Patres solemni diligenter hac nostra aetate disseruerunt Semischius in op. *Iustin der Mart.* P. II. p. 461. seqq. et Theodorus Otto in libro *de Iustini Mart. scriptt. et doctr.* pagg. 155. seqq.

quem Deus et serpentem et assimilatos ei angelos hominesque profligaret, prave factorum autem poenitentiam agentes et in eum credentes a morte liberaret. Prae quibus me latet an expeti quidquam possit vel ad vindicandum commentarium quem edidimus accommodatius, vel ad praerogativam immaculati conceptus tuendam validius. Sicut enim quidquid eo commentario continetur, idipsum licet brevius, splendidissime tamen ab Iustino praeoccupatum cernimus; ita ambigere nullatenus possumus, utrum eius conceptus fuerit [1]) immaculatus quae exsors corruptionis Evae ostenditur, et quae una cum concepto ex ipsa semine ab ordine praevaricationis ita seiungitur, ut initium atque instrumentum ordinis reparati celebretur.

905. Sequitur Irenaeus qui [2]) comprobata veritate assumptae ab Unigenito carnis, *quam* [a]) *in se recapitulatus est, suum plasma salvans*, continuo [3]) pergit: « Consequenter autem et Maria virgo [4]) obediens invenitur [5]) dicens: *ecce ancilla tua, Domine, fiat mihi secundum verbum tuum*. Eva vero inobediens: non obedivit enim, quum adhuc esset. Quemadmodum illa virum quidem habens Adam, virgo tamen adhuc exsistens, inobedientia facta, et sibi et universo generi humano caussa facta est mortis: sic et Maria habens praedestinatum virum, et tamen virgo obediens, et sibi et universo generi humano caussa facta est salutis. Et propter hoc lex [6]) eam, quae desponsata erat viro, licet virgo sit adhuc, uxorem eius qui desponsaverat, vocat; eam quae est a Maria in Evam recirculationem significans: quia non aliter quod colligatum est solveretur, nisi ipsae compagines alligationis reflectantur retrorsus: ut primae coniunctiones solvantur per secundas, secundae rursus liberent primas. Et evenit primam quidem compaginem a secunda colligatione [7]) solvere, secundam vero colligationem primae solutionis habere locum. Et propter hoc [8]) Dominus dicebat, primos quidem novissimos futuros et novissimos primos. Et [9]) propheta autem hoc idem significat dicens: *pro patribus nati sunt tibi filii. Primogenitus* [10]) enim *mortuorum* natus Dominus, et in sinum suum recipiens pristinos patres, regeneravit eos in vitam Dei, ipse initium viventium factus, quoniam Adam initium morientium factus est. Propter hoc et Lucas initium generationis a Domino inchoans, in Adam retulit, significans, quoniam non illi hunc, sed hic illos in evangelium vitae regeneravit. Sic

---

a) Con. haeres. lib. III. cap. XXII. al. XXXII. n. 2. pag. 544.

1) Benedictus Plazza in caussa immaculatae conceptionis Act. II. art. III. n. 226. relatis Iustini verbis, subdit: « Quemadmodum Apostolus II. Cor. X. 45-47. primo et veteri Adamo qui mortem nobis attulit, Christum contraponit secundum et novissimum Adam qui vitam nobis restituit; ita frequenter patres apud Raynaudum in Glossario Nomenclatoris Mariani pag. 443. opp. T. VII., antiquae et primae virgini Evae, quae via et instrumentum fuit nostrae perditionis, novam et secundam virginem Mariam contraponunt, quae nostrae itidem salutis via et instrumeutum fuit. Primus ex hisce patribus est s. Iustinus, qui inobedientiam et mortem, quae per virginem Evam initium sumpsit, per Mariam virginem exitium coepisse dicit. Qui autem haec dicit, num credit illammet inobedientiam et mortem, quae per Evam initium, per Mariam exitium sumpsit, in ipsam Mariam ex Eva fuisse transfusam?» Non credit, eoque minus credit quo disertius Mariam a viru serpentis immunem declarat, atque ex Maria initium victoriae ac salutis repetendum esse testatur.

2) Con. haeres. lib. III. cap. XXII. al. XXXII. nn. 1-4. pagg. 541-545. edit. Lipsiae MDCCCLIII.

3) Ibid. n. 4. pagg. 545-546.

4) Al. *obaudiens*.

5) Luc. I. 28. Haec autem liberius citantur, quum constans Scripturae lectio sit: *ecce ancilla Domini* etc.

6) Gen. III. 8-17-20-21.

7) Monent Grabius et Massuetus germanam lectionem non esse *solvere* sed *solvi*.

8) Matth. XIX. 30. et XX. 16.

9) Ps. XLIV. 17.

10) Coloss. I. 18.

autem et Evae inobedientiae nodus solutionem accepit [1] per obedientiam Mariae. Quod enim alligavit virgo Eva per incredulitatem, hoc [2] virgo Maria solvit per fidem. »

906. Pergit, [3] Irenaeus, et pluribus discrimine explicato quo Deus et pro sua iustitia in serpentem, et pro sua pietate in protoparentes egit, ita [4] subdit: « Quapropter inimicitiam posuit inter serpentem et mulierem et semen eius, observantes invicem: illo quidem cui [5] morderetur planta et [6] potente calcare caput inimici; altero vero mordente et occidente et interpediente ingressus hominis, quoadusque venit semen praedestinatum calcare caput eius, quod fuit partus Mariae, de quo ait [7] propheta: *super aspidem et basiliscum ambulabis, et conculcabis leonem et draconem;* significans quia illud quod erigeretur et dilataretur adversus hominem peccatum, et frigidum reddebat eum, evacuaretur cum regnante morte, et conculcaretur ab eo in novissimis temporibus insiliens humano generi leo, hoc est, antichristus; et draconem illum et serpentem vetustum alligans et subiiciens potestati hominis qui fuerat victus, ad calcandam omnem eius virtutem. Victus autem erat Adam, ablata ab eo omni vita; et propter hoc victo rursus inimico recepit vitam Adam; *novissima* [8] autem *inimica evacuatur mors*, quae primum possederat hominem. Quapropter liberato homine, fiet quod [9] scriptum est: *absorpta est mors in victoria. Ubi est mors victoria tua? Ubi est mors aculeus tuus?* Quod non [10] poterit iuste dici, si non ille [11] liberatus fuerit, cui primum dominata est mors. Illius enim salus, evacuatio est mortis. Domino igitur vivificante hominem, idest, Adam, evacuata est mors. »

907. Alibi vero [12] commemorata parabola hominis inimici, qui in agro patrisfamilias zizania superseminavit, ad illam explanandam accedens a) inquit: « Ex tunc enim apostata est [13] angelus hic et inimicus, ex quo zelavit plasma Dei, et inimicum illum Deo facere aggressus est. Quapropter et Deus eum quidem qui a semetipso zizania absconse se-

---

a) Con. Haeres. lib. IV. cap. XL. al. LXXVIII. n. 3. pagg. 707-708.

1) Al. *per obaudientiam*, vel *per audientiam*.
2) De hoc Irenaei testimonio loquens Massuetus scribit: « Obscurior tota haec Irenaei argumentatio est. Mariam cum Eva confert, alterius fidem cum alterius inobedientia, alterius connubium cum alterius coniugio. Quemadmodum, inquit, Eva licet coniugata, virgo tamen inobedientiae culpa intricatissimis veluti nodis implicuit totum genus humanum, cui caussa facta est mortis; sic et Maria desponsata viro, sed virgo, fide et obedientia nodos solvit quos Eva contexuerat, sibique et generi humano facta est caussa salutis. Et propterea licet nondum nupta sed desponsata tantum et adhuc virgo, secundum legem tamen dicitur uxor, ut quod a fideli Mariae connubio in Evae nocens coniugium veluti reflectitur, distinctius significetur. Sicut enim quae colligata sunt pluribusque constricta nodis in semetipsos implicatis, solvi nequeunt nisi ab extremis fiat initium; nec isti expediri valent nisi vinculorum extremitates reflectantur retrorsus, quo fit ut secundae coniunctiones primae omnium solvantur, nec ad primas fiat accessus, nisi secundis primum resolutis: sic et in praesenti negotio contigit. Ab Evae connubio, propter huius inobedientiam, cetera deinceps, usque ad illud Mariae, molestissimis implexa nodis. Nodum prima solvit Maria fide et obedientia, nec sibi solvit tantum, sed et solutio quae ab ea cepit initium, velut circuitu quodam in Evam reflexa est: adeo ut primum connubium a secundo solutionem acceperit, idest, huius sanctitate purgatum illud fuerit. Haec certe et quae sequuntur, paulo subtiliora. » Sed verissima tamen, quaeque Massuetus, ut deinceps constabit, nonnisi leviter attigit.

3) Con. Haeres. liber III. cap. XXIII. al. capp. XXXIII-XXXVIII. nn. 1-7. pagg. 546-550.
4) Ibid. n. 7. pagg. 550-551.
5) Al. *mordetur*.
6) Idest, *quum ille quidem cui planta morderetur potens etiam esset calcare caput inimici*.
7) Ps. XC. 13.
8) I. Cor. XV. 26.
9) Ibid. vv. 54. seqq.
10) Al. *poterat*.
11) Al. *liberatus fuit*.
12) Matth. XIII.
13) Interpres legit, ἄγγελος οὗτος.

minavit, idest, transgressionem [1]) quam ipse intulit, separavit a sua conversatione: eum autem qui negligenter quidem sed male accepit inobedientiam, hominem [2]) miseratus est, et retorsit inimicitiam, per quam inimicum Deo facere voluit, in ipsum inimicitiarum auctorem; auferens quidem suam, quae erat adversus hominem, inimicitiam; retorquens autem illam et remittens illam in serpentem. Quemadmodum et Scriptura [3]) ait dixisse serpenti Deum: *et inimicitiam ponam inter te et inter mulierem, et inter semen tuum et inter semen mulieris. Ipse tuum calcabit caput, et tu observabis calcaneum eius.* Et inimicitiam hanc Dominus in semetipsam recapitulavit, de muliere factus homo, et calcans eius caput, quemadmodum in eo [4]) qui ante hunc est, libro ostendimus. »

908. Tandem [5]) utraque descripta Unigeniti natura, de oeconomia quam in carne explevit, sic [6]) habet: « Manifeste itaque in sua propria venientem Dominum, et sua propria eum baiulante conditione, quae baiulatur ab ipso, et recapitulationem eius quae in ligno fuit inobedientiae, per eam quae in ligno est obedientiam, facientem et seductionem illam solutam qua seducta est male illa quae iam viro destinata erat virgo Eva, per veritatem evangelizata est bene ab Angelo iam sub viro virgo Maria. Quemadmodum enim illa per Angeli sermonem seducta est ut effugeret Deum, praevaricata verbum eius; ita et haec per angelicum sermonem evangelizata est ut portaret Deum, obediens eius verbo. Et si ea inobedierat [7]) Deo, sed haec suasa est obedire Deo, ut virginis Evae virgo Maria fieret advocata. Et quemadmodum adstrictum est morti genus humanum per virginem, salvatur per Virginem: aequa lance disposita, virginalis inobedientia per virginalem obedientiam. Adhuc enim protoplasti peccatum per corruptionem primogeniti emendationem accipiens, et serpentis prudentia devicta in columbae simplicitate, vinculis autem illis resolutis, per quae alligati eramus morti. » Hinc [8]) addit: « Omnia ergo recapitulatus est, et adversus inimicum nostrum bellum provocans et elidens eum, qui initio in Adam captivos duxerat nos, et calcans eius caput, quemadmodum habes [9]) in Genesi dixisse serpenti Deum: *et inimicitiam ponam inter te et inter mulierem, et inter semen tuum et semen eius: ipse tuum observabit caput et tu observabis eius calcaneum.* Ex eo enim qui ex muliere virgine habebat nasci secundum similitudinem Adam, praeconabatur observans caput serpentis. Et hoc est semen, de quo ait [10]) Apostolus in epistola quae est ad Galatas: *legem factorum positam, donec veniret semen cui promissum est.* Manifestius autem adhuc [11]) in eadem ostendit epistola sic dicens: *quum autem venit plenitudo temporis, misit Deus Filium suum factum de muliere.* Neque enim iuste victus fuisset inimicus, nisi ex muliere homo esset qui vicit eum. Per mulierem enim homini dominatus est ab initio, semetipsum contrarium statuens homini. Propter hoc et Dominus semetipsum filium hominis confitetur, principalem hominem illum, ex quo ea quae secundum mulierem est plasmatio, facta est, in semetipsum recapitulans: uti quemadmodum per hominem victum descendit in mortem genus nostrum, sic iterum per hominem victorem ascendamus in vitam. Et

---

1) Graece, *qui transgressionem intulit.*
2) Quae sequuntur latina non omnino cum graecis consentiunt.
3) Gen. III. 15.
4) Lib. III. cap. XXIII. 5-7.
5) Con. haeres. lib. V. cap. XVIII. n. 3. pag. 768.
6) Ibid. cap XIX. n. 1. pagg. 769-770.
7) De hac lectione, quae unice vera est, consuli debet Massuetus.
8) Ibid. cap. XXI. n. 1. pag. 773.
9) Gen. III. 15.
10) Gal. III. 19.
11) Gal. IV. 4.

quemadmodum accepit palmam mors per hominem adversus nos, sic iterum nos adversus mortem per hominem accipiamus palmam. »

909. Huc itaque redeunt quae apud Irenaeum potiora occurrunt, quaeque rite intellecta praesentem quam versamus quaestionem eximia luce perfundunt. Intelligi autem rite non possunt, nisi quaedam in antecessum explicentur vocabula quae utpote rariora et insolentiora aliquam praeferre difficultatem videntur. Sunt vero *compago, recapitulare, recirculare, reflectere et retorquere.* E quibus *compago, compaginatio, compages,* ἀλληλουχία idem valent ac connexio et colligatio rerum simul compactarum; unde usitatae Latinis [1] formulae, *compagem efficere et compagem laxare.* De altero vocabulo in indice Latinitatis ad calcem totius operis legimus: « *Recapitulare,* ἀνακεφαλαιοῦν, instaurare, renovare, quidpiam alicui veluti capiti copulare, summatim colligere, in summam redigere. » Et in indice Graecitatis: « Ἀνακεφαλαιοῦν, *recapitulare,* instaurare, renovare, in summam redigere, summatim colligere. » Tertullianus [2] *recapitulare* interpretatur *ad initium redigere,* vel *ab initio recensere,* hoc est, ad pristinum statum revocare. Hinc [3] Pauli verba, ἀνακεφαλαιώσασθαι τὰ πάντα ἐν τῷ Χριστῷ, ita [4] vertit: « Ad caput idest, ad initium reciprocare universa in Christo, ita ut ostenderet in se esse et initii decursum ad finem, et finis recursum ad initium. » Erit igitur *recapitulare,* ἀνακεφαλαιώσασθαι, in antiquum statum collapsa restituere. Quo respiciens vulgatus interpres reddidit *instaurare,* et Ambrosiaster *restaurare.* Ceterum, monente [5] Petavio, verbum ἀνακεφαλαιώσασθαι tripliciter a Graecis interpretibus, duce [6] Chrysostomo, exponitur. Prima significatio est, quam proprie [7] *recapitulandi* vox exprimit, in summam et caput varia et dispersa colligere. « Nam et oratores in epilogis, ait [8] *Hieronymus,* vel ante epilogos, in fine caussarum propter memoriam iudicum, et eorum quae audiere negotia recordationem, idest, ἀνακεφαλαίωσιν solent facere, ut quae prius latius disputarent, brevi postea sermone comprehendant. » Hoc modo recapitulata omnia sunt in Christo, quoniam quae hactenus figuris multis et vaticiniis in longum diducta fuerant et diffusa, in unum Christum collecta, perfecta atque expleta sunt. Ad haec Theodoritus, Cyrillus alexandrinus et cum his [9] alii, ἀνακεφαλαίωσιν *recapitulationem* interpretantur *brevem et compendiosam rerum commutationem,* qua omnia per Christum instaurata et recuperata sunt. Illius verba [a] sic habent: « Per dispensationem enim Christi Domini, et hominum natura resurgit et incorruptionem induit: et creatura visibilis corruptione liberata incorruptionem assequetur, et invisibilium populi perpetuo in laetitia degent, quoniam

---

a) Comm. in epist. ad Ephes. I. 10. pag. 405.

[1] Apud Curtium lib. IV. cap. XVIII., Ducretium lib. VI. v. 1069, Lucanum lib. III. v. 491, et Gellium lib. IV. cap. I.

[2] Con. Marcion. lib. V. cap. XVII.

[3] Ephes. I. 10.

[4] De Monogam. cap. V. Augustinus de Civ. Dei lib. XX. cap. XIV. *recapitulando dicit, tamquam ad id rediens quod praeterierat.*

[5] De incarnat. lib. II. cap. VII. §§. II. seqq.

[6] In Ephes. I. 9. seqq. et in cap. XIII. epist. ad Rom. Hom. XXIII.

[7] Etenim ἀνακεφαλαιῶ *recapitulo* proprie est verbum arithmeticum, idemque notat ac *omnium capitum brevem summam ducere, in caput vel summam unam redigere.* Cf. Biblioth. Brem. Cl. V. pagg. 535 seqq.

[8] Exposit. in Ephes. I. 10. Hesychius, ἀνακεφαλαιοῦται συμπληροῦται, ἐπαναλαμβάνεται. Suidas, ἀνακεφαλαιοῦται· ἀναπληροῦται, ἀνακτίζει καὶ ἀνακεσκαλαίωσις ἡ ἐξ ἀρχῆς ἔρευνα, hoc est, repetitio summa rerum capita exhibens. Quo sensu oratoribus graecis ἀνακεφαλαίωσις erat *recapitulatio,* qua in fine orationis eius summa repetebatur. Hinc assequimur quo spectaverit Paulus Rom. XIII. 9. inquiens: καὶ εἴ τις ἑτέρα ἐντολή ἐν τούτῳ τῷ λόγῳ ἀνακεφαλαιοῦται, reliqua omnia praecepta divina hoc uno praecepto veluti summa quadam comprehenduntur, nimirum ἀγαπήσεις τὸν πλησίον σου ὡς σεαυτόν. Quare aliis in locis ἡ ἀγάπη audit legis κεφάλαιον *summa.*

[9] Cf. Suiceri Thesaur. Eccles. ad h. v.

abscessit dolor, tristitia et gemitus. Hoc per haec verba [1]) docuit divinus Apostolus. » Cyrillus vero [a]) postquam Christum dixit *renovatorem eorum quae corrupta fuerant*, mox [b]) subdit: « Ad caput revocat in Christo tam quae in caelis quam quae in terra sunt Deus et Pater, et quod eo prolapsum erat quo non oportebat, pristinum ad statum [2]) iterum evehit. » Tandem vulgatissima est notio, qua graecis enarratoribus idem est ἀνακεφαλαιώσασθαι ac *ad unum caput revocare, et quae soluta ac dissipata prius erant eidem principi ac dominatori subiicere*. Hanc notionem reliquis praeferunt [3]) Chrysostomus et Oecumenius: huic insistens notioni [c]) Hippolytus, *incarnationis proprium opus esse* docuit, *omnium ad seipsum recapitulationem*: et hanc notionem verbis Apostoli accommodatam scribit [4]) Petavius continuo addens: « Christus enim ideo venit, ut ad unum dissipata et dissociata universitatis membra, et tum inter se, tum vero cum auctore ac capite suo colligeret. Quod officii genus praesertim hominibus impendit, qui ab uno veroque Deo, hoc est ab unitate ipsa seiuncti, varios in errores et multiplices inanium cultus deorum ac superstitiones vagi et incerti ferebantur: tum diversis irretiti vitiis et cupiditatibus ab nativa et ingenua simplicitate desciverant. »

910. De tertio vocabulo, quod est *recirculatio*, in indice Latinitatis dicitur: « *Recirculatio* reflexio quae fit circuitu quodam. » Est autem *reflecto*, ἀνακάμπτω, retro flecto, inflecto; unde illud [5]) Senecae: *reflecte gressum, dum licet, teque eripe*. Consonat *retorqueo*, retro torqueo, ἀντιστρέφω, et translate, *in adversarium converto*; qua significatione apud Iustinum [6]) legimus: *hortati sunt, ut crudelitate patris provocatus, occupet insidias, et in auctorem retorqueat scelus*; itemque [7]) apud Ulpianum, *si ab eo petitus retorsit in eum crimina*. Iamvero explanatis hoc pacto vocabulis, quibus Irenaei mens ac sententia obscurari utcumque poterat; pronum nobis erit tum illam paucis luculenterque complecti, tum quid aptum ex ea sit atque nexum ad immaculatum Virginis conceptum stabiliendum in apertam lucem proferre.

911. Auctor itaque est Irenaeus, hanc Deum induisse voluntatem, ut *invidiae* qua satanas hominem perdidit, suam opponeret *pietatem* qua illi opitularetur; *calliditati* vero qua satanas mulierem, et per mulierem hominem primum, atque in primo homine universum genus seduxit, suam opponeret [8]) *sapientiam*, qua telam veluti retexens, iisdem

---

a) Glaphyr. lib. I. pag. 13. opp. T. I. P. II.
b) Ibidem.
c) Ex fragmento secundo contra Beronem in Anastasii collectaneis.

1) Ephes. I. 10.
2) Non satis Schleusnero probatur eiusmodi interpretatio, qui de illa in Lexico novi Testamenti propterea scribit: « Plerique interpretes, Suidae auctoritate ducti, qui ἀνακτίζει *renovat* habet, ἀνακεφαλαιοῦσθαι per *revocare ad pristinam integritatem* interpretati sunt: sed locus parallelus II. 14-15. contrarium suadet. »
3) In comm. ad Ephes. I. 10. ubi ἀνακεφαλαιώσασθαι τὰ πάντα ἐν τῷ Χριστῷ, non videtur reddi aptius posse quam omnes omnino homines, iudaeos et gentiles diversis studiis distractos in unum corpus redigere, et ad unum caput Christum revocare. Quod in epist. ad Coloss. I. 20. dicitur, ἀποκαταλλάξαι τὰ πάντα εἰς αὐτόν. Scite Chrysostomus, μίαν κεφαλὴν ἅπασιν ἐπέθηκε, *unum caput omnibus imposuit*, omnesque unius imperio ac voluntati subiecit.
4) De Incarnat. lib. II. cap. VII. §. V.
5) Thyest. V. 428.
6) Hist. lib. XXXIV. 4.
7) Dig. XXXVIII. 2. 14.
8) Dei sapientiam in praefiniendo exequendoque humanae reparationis opere, pluribus extollunt patres apud Petavium de Incarnat. lib. II. cap. V., omnium vero splendidissime in oratione catechetica Gregorius nyssenus.

mediis quibus pernicies contigit, salutem conciliaret. Porro sicuti ad perniciem creandam suo quique modo satanas, Eva atque Adamus suam operam contulerant; ita decrevit Deus ut ad reparationem conficiendam Gabriel, Maria et natum ex Maria semen, Christus Iesus non dissimili ratione conspirarent. Quam doctrinam Irenaeus insigni quadam propositionum serie exponit atque confirmat. Huc enim omnino spectant quae ex eo deprompta subiicimus: I. *hominum cum Deo inimicitiam retortam ab ipso esse in ipsum inimicitiae auctorem satanum, ablata ea quae adversus homines erat inimicitia, illaque in serpentem remissa:* II. *positam a Deo inimicitiam inter serpentem ac mulierem et semen eius, quod fuit partus Mariae ad calcandum serpentis caput praedestinatus:* III. *virginis Evae quae aures satanae praebuit et Deo non obedivit, factam esse advocatam virginem Mariam quae fidem angelo adiungens Deo obedivit:* IV. *sicuti Eva quae habens quidem virum, sed adhuc virgo, inobediens facta, et sibi et universo generi humano causa exstitit mortis; ita Maria habens praedestinatum virum, et tamen virgo obediens et sibi et universo generi humano causa facta est salutis:* V. *nodum inobedientiae quo se Eva obstrinxit, per Mariae obedientiam esse solutum:* VI. *quod virgo Eva colligavit per incredulitatem, idipsum a virgine Maria solutum esse per fidem:* VII. *seductionem Evae per satanam solutam esse nuncio, quo Angelus Mariam salutavit:* VIII. *primam compaginem ex Adamo et Eva solvi debuisse per secundam compaginem ex Christo et Maria:* IX. *qua ratione per virginem adstrictum est morti genus humanum, eadem per virginem salvari:* X. *Christum factum esse initium viventium, quoniam Adam fuit initium morientium:* XI. *sicuti per hominem victum in mortem descendit genus nostrum; ita necesse esse ut per hominem victorem ascendamus in vitam:* denique XII. *a Christo profectam esse recapitulationem eius inobedientiae quae in ligno fuit, per eam obedientiam quae in ligno est;* adeo ut qui in ligno vincebat, ipse vicissim per lignum vinceretur.

912. Ex hac autem [1]) universa Irenaei doctrina ne unum quidem assignare caput licet, quo a puritate Virginis noxa originalis delicti non longissime arceatur. Longissime namque I. eo capite arcetur, quo ordo restitutionis cum ordine ruinae *inverso similitudinis habitu* comparatur. Neque enim eiusmodi habitus maneret incolumis, si Virgo ruinae ordine comprehenderetur. Longissime II. eo capite arcetur, quo prima compago ex Adamo et Eva per secundam compaginem ex Christo et Maria solvenda perhibetur. Neque enim secunda compago ad Mariam quod attinet priori opponeretur, si et illa in noxam primae compaginis incidisset. Longissime III. eo capite arcetur, quo Virgo a seductione serpentis et Evae inobedientia immunis celebratur. Seducta enim fuisset cum Eva, et illius inobedientiae consors effecta, si in Adamo peccavisset. Longissime IV. eo capite arcetur, quo Maria dicitur Evae advocata, illique defertur quod nodum inobedientia et in-

---

[1]) Benedictus Plazza in caussa imm. concept. Act. II. art. III. n. 227. ad Irenaei testimonia respiciens ait: « Duplex utrobique contrapositum eleganter describitur: unum Adami mortificantis cum Christo vivificante, alterum Evae alligantis cum Maria solvente. Sicut ergo primum contrapositum non patitur quod Christus eidem morti obnoxius fuerit, a qua erat alios revocaturus; ita nec secundum pati videtur quod Maria eidem nodo fuerit adstricta, qui ab ipsa solvendus erat. De Christo loquens Cassiodorus (de anima cap. XIV. pag. 1261. T. XI. Biblioth. PP.), recte sic arguebat: *absque peccato sine dubio venit, qui erat omnium peccata soluturus.* Cur et nos huic Irenaei sententiae inhaerentes non possumus similiter arguere: absque nodo culpae originalis sine dubio venit, quae nodum istum erat in aliis solutura? » Sic ille, tenuiter admodum, neque pro ea ratione quam explorata Irenaei doctrina flagitabat.

credulitate ab Eva colligatum, ipsa fidelis atque obediens expedierit. Advocata namque et ipsa indigeret, si originali praevaricatione fuisset infecta, et expedienda nodo fuisset impar, quo ipsa quoque irretiretur. Longissime V. eo capite arcetur, quo sicuti virgini Evae vitio vertitur quod genus humanum morti addixerit, ita laudibus virginis Mariae connumeratur quod per ipsam hominum genus salutem receperit. Aut enim hisce nullus subest sensus, aut hoc profecto significatur, virginem Mariam ad massam damnati hominum generis numquam pertinuisse. Longissime tandem VI. eo capite arcetur, quo Maria cum Christo, Mater cum Filio et θεοτόκος cum θεανθρώπῳ ita coniungitur, ut una cum ipso, licet post ipsum, sit initium viventium, recapitulatio eius inobedientiae qua Eva morem gessit satanae, per eam obedientiam qua ipsa angelo fidem adhibuit, et aurora victoriae qua per mulierem victricem genus hominum in vitam adscenderit, quemadmodum per mulierem victam descenderat in mortem. Quapropter hoc unum reliquum est, ut immaculatum Virginis conceptum ea ipsa maiorum traditione revelatum existimemus, qua iidem ordinem humanae reparationis divinitus praefinitum et Scripturis consignatum patefaciunt.

913. Neque aliter Tertullianus, qui [1]) ex modo conditi primi Adami de modo disserens quo secundus idemque novissimus Adam ex Virgine proditurus erat, post alia [2]) scribit: « Et tamen ne mihi vacet incursus [3]) nominis Adae, unde Christus Adam ab Apostolo dictus est, si terreni non fuit census homo eius? Sed et hic ratio defendit, quod Deus imaginem et similitudinem suam a diabolo captam aemula operatione recuperavit. In [4]) virginem enim adhuc Evam irrepserat verbum aedificatorium mortis. In virginem aeque introducendum erat verbum exstructorium vitae, ut quod per eiusmodi sexum abierat in perditionem, per eumdem sexum redigeretur in salutem. Crediderat Eva serpenti: credidit Maria Gabrieli; quod illa credendo deliquit, haec credendo delevit. Sed Eva nihil tunc concepit in utero ex diaboli verbo. Immo concepit. Nam exinde ut abiecta pareret, et in doloribus pareret, verbum diaboli semen illi fuit: enixa est denique diabolum fratricidam. Contra Maria eum edidit, qui carnalem fratrem Israel, interemptorem suum, salvum quandoque praestaret. In vulvam ergo Deus verbum suum detulit, bonum fratrem, ut memoriam mali fratris eraderet. Inde prodeundum fuit Christo ad salutem hominis, quo homo iam damnatus intraverat. » Ubi vero eximiam commendat bonitatem, qua Deus hominem condidit, inter cetera [5]) ait: « Eadem bonitas et adiutorium prospexit, ne quid non boni: *non est enim*, inquit [6]), *bonum solum esse hominem*. Sciebat [7]) illi sexum Mariae, et deinceps Ecclesiae profuturum. »

914. Si ergo de ratione quaeratur, qua Deus universali hominum excidio prospectum voluit, docente Tertulliano, respondendum est: eo ipsum spectasse *ut imaginem et similitudinem suam a diabolo captam aemula operatione recuperaret*. Characteres vero ae-

---

1) De carne Christi cap. XVII. pag. 326. D. edit. Rigaltii MDCLXIV.
2) Ibid. cap. XVII. pag. 321. A-B.
3) *Incursum* dicit argumentationis impetum, quasi scripsisset: et ne elabi sinam occasionem argumentandi ex nomine Adae.
4) « Hae antitheses, *inquit in subiectis adnotationibus Philippus Priorius*, non insolentes sunt patribus. Evam in Mariam transfusam dixit Bernardus, Sergius hieropolita de natali Virginis dixit, illam esse ἀνάκλησιν τῆς Εὔας, reparationem Evae. »
5) Con. Marcion. lib. II. cap. IV. pag. 383. B-C.
6) Gen. II. 18.
7) « Noverat Dei bonitas, *sunt verba Priorii*, quanto hominum damno prima mulierum peccaret; at noverat pariter qua felicitate iisdem Mariae soboles ventura erat. Ea enim ratione factum, ut qui sexus malis nostris originem dedit, summum quoque nobis remedium pepererit. Non secus ac heros ille, cuius arma illatum a se vulnus curabant. »

mulae operationis ad hanc facile summam revocari: I. *ut per sexum e quo malum dimanarat, per eumdem reparatio obtineretur:* II. *ut Maria Adamo primum ac deinde prodesset Ecclesiae, sicut Eva Adamo primum atque omnibus deinde hominibus perniciem struxerat:* III. *ut Maria crederet Gabrieli vera nuncianti, sicut Eva satanae crediderat mentienti:* IV. *ut Maria fidem adhibens Gabrieli illud deleret, quod Eva satanae credens induxerat:* V. *ut in virginem Mariam introduceretur verbum exstructorium vitae, sicut in virginem Evam irrepserat verbum aedificatorium mortis:* et *ut* VI. *Maria insons atque pura in lucem eum ederet qui omnes servaret, sicut Eva ex diaboli verbo conceperat in utero aerumnas omnes omnesque miserias, et diabolum fratricidam* [1]) *pepererat.* Quare ea credi Maria debet, quae Evae funditus opponatur: quae non solum non perierit, sed instrumentum fuerit salutis: quae non solum in Adamo non peccaverit, sed tam Adamo quam posteritati universae profuerit: quae non solum Evae damnum non persenserit, sed illud contra deleverit: quae non solum obnoxia non fuerit seductioni satanae, sed illam potius obliterarit: quae non solum non receperit verbum aedificatorium mortis, sed contra verbum aedificatorium vitae ad communem reparationem conceperit: quae tandem censeri peccato originis obstricta nequeat, quin ordo humanae reparationis divinitus praestitutus labefactetur.

915. Cui deductioni roborandae mirifice conferunt quae germanus quaeque nothus Origenes litteris consignarunt. Prior enim sic [2]) habet: « Ante Iohannem prophetat Elisabeth, ante ortum Domini Salvatoris prophetat Maria. Et [3]) quomodo peccatum coepit a muliere, et deinceps ad virum usque pervenit; sic et principium salutis a mulieribus habuit exordium, ut ceterae quoque mulieres, sexus fragilitate deposita, imitarentur vitam conversationemque sanctarum earum, quae vel maxime nunc in Evangelio describuntur. » Alibi vero [a]) commemoratis [4]) Ieremiae verbis, *praevaricationem et miseriam invocabo*, subdit: « Violatura erat Iudith pactum cum Holopherne et dixit, *praevaricationem invocabo*; et sane praevaricationem invocavit. Utinam is et ego fiam qui dicam *praevaricationem invocabo*, et invocem praevaricationem pacti cum serpente, pacti cum diabolo. Pactum olim iniit serpens cum Eva. Illi haec erat amica, et amicus serpens mulieri. Sed Deus utpote bonus pacta haec dissolvi, et amicitiam hanc pravam deleri curavit, et uti bonus Deus [5]) dicit: *inimicitiam ponam inter te et mulierem, et inter semen tuum et semen illius.* Pie igitur audiamus quo pacto Deus inimicitiam inter hanc et illam ponat, ut amicitiam inter illam et Christum conciliet. Fieri enim nequit ut quis contrariorum simul amicus sit. Et sicut nemo [6]) potest duobus dominis servire, ita nemo potest amicus esse Deo

---

a) In Ieremiam Hom. XIX. n. 7. pagg. 271. E-F. et 272. A. opp. T. III.

1) Quo nomine appellatur Cain, quod in se lineamenta diaboli veluti genitoris expresserit.

2) In Lucam Hom. VIII. de eo quod scriptum est, *magnificat anima mea Dominum*, usque ad illum locum ubi ait, *timentibus effecit virtutem*, pagg. 940. col. 2. F. et 941. col. 1. A. opp. T. III.

3) In schedis Grabii et Combefisii haec ita graece efferuntur: Ὥσπερ ἤρξατο ἡ ἁμαρτία ἀπὸ τῆς γυναικός, καὶ μετὰ τοῦτο ἔφθασεν εἰς τὸν ἄνδρα· οὕτω καὶ τὰ ἀγαθὰ ἀπὸ τῶν γυναικῶν ἤρξατο, ἵνα προγραφῶσιν αἱ γυναῖκες τὴν ἀσθένειαν καὶ τὰ γυναικεῖα ἀποθέμεναι, ζηλῶσαι τοὺς βίους τῶν μακαρίων τούτων. Sicut a muliere peccatum coepit, et postea ad virum pervenit; ita etiam bona ex mulieribus exorta sunt, ut mulieres deposita sua imbecillitate rebusque muliebribus, incitentur ad beatarum harum vitas imitandas.

4) Ierem. XX. 8.

5) Gen. III. 15.

6) Matth. VI. 24.

et mammonae, amicus Christo et serpenti, sed necesse est ut amicitia Christi inimicitias generet cum serpente, et amicitia serpentis inimicitias pariat cum Christo. »

916. Sepono quae hisce similia Origenes [1]) tradit ubi Matthaeum enarrat, et ad Pseudo-Origenem venio qui [2]) Archangeli verbis, *Ioseph fili David ne timueris accipere Mariam coniugem tuam*, hunc subiicit [3]) commentarium: « Accipe eam sicut commodatum caelestem thesaurum, deitatis divitias, sicut plenissimam sanctitatem, sicut perfectam iustitiam. Accipe eam sicut Unigeniti mansionem, sicut honorabile templum, sicut domum Dei, sicut creatoris omnium propria, sicut regis caelestis sponsi domum immaculatam. » Et [4]) mox: « Patris etenim unigenitus Filius ex Virgine generatus est, ut illam virginem priorem Evam quae ceciderat iterum renovaret atque erigeret; et qui per pravam voluntatem filii effecti fuerant diaboli, per adoptionem gratiae filios efficeret Dei. » Quae multo etiam enarrat [5]) uberius, quum expendens [6]) verba, *ecce Virgo in utero accipiet*, ait: « Audite quod Virgo in utero accipiet, non ex desiderio partum concipiens, quae neque persuasione serpentis decepta est, neque eius afflatibus venenosis infecta. Virgo in utero accipiet, ut Deum [7]) dignanter incarnatum ad mundi pariat salutem, ad colligandum fortem armatum, ad conculcandum serpentis impii caput, ad conterendas vires eius. Pariet filium ad denuo reparandum Adam, ad inobedientiam Evae per Mariae obedientiam excludendam, ad erigendum iacentium genus, quod per mulieris temerariam credulitatem fuerat ante deiectum. »

917. Placuit itaque Deo non alium reparandi hominis ordinem seligere, quam quo detrimenta quaecumque omnia per virginem Evam illata, per virginem Mariam plenissime compensarentur. *Ab Eva prodit peccatum, per Mariam exstitit salutis initium. Eva amicitiam cum satana inivit, Deus Mariam inter atque satanam inimicitiam posuit. Fuit Eva Deo inobediens, at Deus illius inobedientiam per Mariae obedientiam exclusit. Eva aures satanae praebuit, eiusque viru corrupta fuit, sed Maria neque seductionem passa est, neque venenosis satanae afflatibus infecta. Cecidit Eva et innocentiae splendorem amisit, sed illam erexit ac renovavit Maria. Denique hominum genus per temerariam Evae credulitatem deiectum, per prudentem Mariae fidem fuit sublevatum.* Huc redit reparationis ordo quem Deus praeelegit, atque huc oeconomia redit qua Deus satanam, peccatum, et omnia quae peccatum consequuta sunt mala, sapientissime profligavit. Constare autem eiusmodi ordo sibi non potest, neque haec oeconomia sarta tectaque manere, nisi Virgo ab universali praevaricatione immunis credatur, eaque non aliter celebretur ac ut *caelestis thesaurus, perfecta iustitia, plenissima sanctitas, creatoris omnium propria, atque caelestis sponsi domus immaculata*.

---

1) In Matthaeum T. XIV. n. 19. pag. 643. A. opp. Tom. III.

2) Matth. I. 20.

3) Hom. I. ex decem in diversos Matthaei et Iohannis locos, pag. 275. col. 1. B-C. inter opp. Orig. edit. Paris. MDCIV. De his homiliis consulendus est Fabricius in Biblioth. Graec. lib. V. cap. I. pag. 233. T. VII.

4) Ibid. pag. 275. col. 1. D.

5) Ibid. pag. 275. col. 2. A-C.

6) Matth. I. 23.

7) *Animo* scilicet *benigno*, qua significatione hoc adverbio utuntur Vopiscus in Tacito, Sidonius lib. IV. epist. VII., lib. VII. epist. XVI., Symmachus lib. V. epist. LXV, et alii e recentioribus.

ARTICULUS IV.

De testimoniis commentariisque in eamdem sententiam conspirantibus quae inter ceteros ediderunt Cyprianus, vulgatus Gregorius neocaesariensis, Zeno veronensis, Ambrosius, Cyrillus hierosolymitanus, Epiphanius, Sophronius senior, Amphilochius, sincerus et subditicius Chrysostomus, Severianus, Proclus, Augustinus et Pseudo-Augustinus, Maximus taurinensis, Petrus Chrysologus, Theodotus ancyranus, Pseudo-Athanasius, Hesychius et Chrysippus hierosolymitani, Anastasius antiochenus, Basilius seleuciensis, Procopius gazaeus, auctores tractatuum adversus quinque haereses et de viro perfecto, Andreas cretensis, Iohannes eubooensis, Sedulius et Iohannes Geometra: superiorum confirmatio qua immaculatus Virginis conceptus pleniori luce collustratur.

918. Quod de modo atque oeconomia humanae reparationis ab antiquissimis patribus Iustino, Irenaeo, Tertulliano et Origene accepimus, quodque traditum ab iisdem novimus de virgine Maria, deque partibus quas ipsa tamquam nova ac multo felicior Eva esset expletura; iis doctrinae capitibus iure accensetur quae universali omnium professione continentur. Qua de re nullus omnino supererit ambigendi locus, si maiorum testimonia quae subiicimus, insignesque eorumdem enarrationes cura aliqua expendantur. Itaque [1]) martyr beatissimus Cyprianus ut contra Iudaeos ostendat, *signum nativitatis Christi futurum, ut de Virgine nasceretur homo et Deus, hominis et Dei filius*, ait: « Et [2]) adiecit Dominus loqui ad Achaz, dicens: pete tibi signum a Domino Deo tuo in altitudinem sursum, et in altitudinem deorsum. Et dixit Achaz, non petam, et non tentabo Dominum Deum meum. Et dixit: audite itaque domus David, non pusillum vobis certamen cum hominibus, quoniam [3]) Deus praestat agonem. Propter hoc dabit Deus ipse vobis signum: ecce Virgo in utero accipiet et pariet filium, et vocabitis nomen eius Emmanuel. Hoc semen [4]) praedixerat Deus de muliere procedere, quod calcaret caput diaboli, in Genesi. Tunc dixit Deus ad serpentem: quia tu hoc fecisti, maledictus tu ab omni genere bestiarum terrae. Pectore tuo et ventre repes, et erit tibi terra cibus in omnibus diebus vitae tuae. Et ponam inimicitiam inter te et mulierem et inter semen eius: ipse [5]) tuum observabit caput, et tu observabis calcaneum eius. »

919. Luculentiora sunt quae [a]) vulgatus neocaesariensis Gregorius de Virgine scribit: « Convenienter igitur sanctam Mariam ex omnibus generationibus solam gratia elegit. Nam prudens revera ac sapiens in cunctis erat; nec similis ei ex universis generationibus

---

a) Orat. I. in Deiparae annunciat. pagg. 10. D. et 11. A-B.

1) Testim. con. Iudaeos lib. II. §. IX. p. 28. edit. Felli.
2) Is. VII. 10.
3) In exemplaribus alexandrinis passim et penes Iustinum legitur, κυρίῳ παρέχετε ἀγῶνα: sed non defuisse exemplaria quae haberent, κύριος παρέχει ἀγῶνα, tum Cyprianus, tum allegationes apud Irenaeum et Tertullianum persuadent.
4) Gen. III. 14-15.

5) « Vulgata lectio, *inquit Fellus*, quae *ipsam* retinet, nullos haberet fautores in erudito hoc seculo, si non plus valeret partium quam veritatis utcumque manifestae studium. Certe Irenaeus ter locum eo prorsus modo quo auctor noster citat. Observandum vero in graecis exemplaribus olim lectum fuisse, αὐτός σου τηρήσει, licet ipsos scripsisse τηρήσαι minime sit dubium. » Verum de his opportune inferius.

ulla umquam est reperta. Non sicut [1]) antea virgo Eva sola in paradiso chorum agens, relaxata mente per incuriam ab auctore omnis mali serpente verbum suscepit, et sic [2]) sensu mentis corrupta est, ac per ipsam fraudolentus venenum effundens mortemque admiscens, in omnem mundum introduxit; verum in sola sancta Virgine eius lapsus reparatus est. Neque prius sancta Virgo [3]) donum admisit, quam quis illud mitteret, et quodnam donum esset ac quis ferret addidicisset. » Tum Deum [a]) exhibet qui Gabrielem his verbis compellat: « Tu illud, *ave gratia plena*, ad Mariam dicito, ut ego aerumnosae atque afflictae miserear Evae. » Quibus auditis, ita secum loquentem Archangelum [b]) inducit: « Nova et inaudita haec res est. Intelligentiam superant quae dicuntur. Quem cunctae Virtutes caelestes comprehendere intellectu non valent, is suum promittit puellae congressum, suaeque ipsius personae adventum denunciat, imo vero ingressum per auditum pollicetur. Et qui Evam condemnavit, eius filiam tantopere glorificare contendit? » Ita plane [c]), siquidem « Angelus Dei iussa in se recipiens et exsequi volens, Virginem adiit et clara eam voce compellavit dicens: ave gratia plena, Dominus tecum. Non amplius diabolus erit contra te: nam ubi antea hostis ille vulnus infligit, illic primum nunc medicus salutis medicamentum adhibet. Unde mors prodiit, inde vita sibi ingressum paravit. Per mulierem mala fluxerunt, et per mulierem bona emanant. Ave gratia plena. Ne quod mulier caussa damnationis exstiterit, erubescas: iudicis enim et redemptoris tu mater eris. Ave immaculata, viduati orbis sponsa simul et mater. Ave quae in tuo utero matris Evae mortem demersisti. »

920. Cui praeclarissimae doctrinae suffragatur Zeno veronensis ubi caritatis laudes [4]) celebrans exclamat: « O caritas, quam pia et quam opulenta! o quam potens! nihil habet qui te non habet. Tu Deum in hominem [5]) demutare valuisti. Tu eum [6]) breviatum paulisper ab maiestatis suae immensitate peregrinari fecisti. Tu virginali carceri novem mensibus religasti. Tu Evam in Mariam redintegrasti. Tu Adam in Christo renovasti. Tu sacram crucem in salutem perdito iam mundo providisti. Tu mortem Deum mori docendo vacuasti. » Consentit plus semel Ambrosius. Is enim [7]) est qui ad haec [8]) Lucae verba, *dixit autem Maria ad angelum, quomodo fiet istud, quoniam virum non cognovi*, ait: « Videtur heic non credidisse Maria, nisi diligenter advertas; neque enim fas est ut electa ad generandum unigenitum Dei Filium, fuisse videatur incredula. Quo autem modo fieri posset (licet salva praerogativa sit matris, cui profecto fuit amplius deferendum: sed ut praerogativa maior, maior etiam fides ei debuit reservari) quo ergo modo fieri posset ut Zacharias qui non crediderat, silentio condemnaretur; Maria autem si non credidisset, Spiritus sancti infusione exaltaretur? Sed neque non credere Maria, neque tam temere debuit

---

a) Orat. III. in Deiparae annunciat. pag. 27. D.

b) Ibid. pag. 28. A.

c) Ibid. pag. 29. B-D.

1) Al. ἡ πρώτη παρθένος, *prima virgo*.

2) Al. τῷ τῆς καρδίας φρονήματι, *mente cordis*.

3) Donum intelligit divinae maternitatis, quod illi Archangelus obtulit.

4) Lib. I. Tract. II. de Fide, Spe et Caritate, §. IX. pagg. 24-25. edit. Veronae MDCCXXXIX.

5) Ita maiores nostri ante obortas haereses paullo licentius verbis abutebantur.

6) Verbum *breviare* non apud Lactantium modo in epitome cap. VIII., et Sidonium lib. II. epist. II., verum etiam apud Quintilianum lib. I. cap. IX. et Manilium lib. III. v. 461. reperitur.

7) Exposit. Evang. sec. Lucam Lib. II. n. 14. pagg. 1286. F. et 1287. A-C. opp. T. I.

8) Luc. I. 34.

usurpare: non credere angelo, usurpare divina. Neque enim facile erat scire mysterium absconditum a seculis in Deo, quod nec superiores potestates scire potuerunt. Et tamen non fidem renuit, non officium refutavit: sed accommodavit affectum, spopondit obsequium. Etenim quum dicit, *quomodo fiet istud*, non de effectu dubitavit, sed qualitatem ipsius quaesivit effectus. » Is est qui [1]) subdit: « Liquet enim quia faciendum esse crediderat, quae quomodo fieret, interrogavit. Unde et meruit [2]) audire, *beata quae credidisti*. Et vere beata, quae [3]) sacerdote praestantior; quum sacerdos negasset, Virgo correxit errorem. Nec mirum si Dominus redempturus [4]) mundum, operationem suam inchoavit a Maria; ut per quam salus omnibus parabatur, eadem prima fructum salutis hauriret ex pignore. » Atque is est [5]) qui commemorato Elizabeth vaticinio, pergit: « Sequitur Mariae, quo persona melior, eo prophetia plenior. Nec otiosum videtur quod et ante Iohannem Elizabeth prophetat, et Maria ante Domini generationem; serpunt enim iam tentamenta salutis humanae. Nam sicut peccatum a mulieribus coepit, ita etiam bona a mulieribus inchoantur; ut feminae quoque muliebria opera deponentes, infirmitati renuntient; et anima quae non habet sexum, ut Maria quae [6]) nescit errorem, religioso imitetur studio castitatem. »

921. Sed audiendus est Epiphanius qui antidicomarianitas refellens principio de Virgine [a]) scribit: « Haec est, quam adumbravit [7]) Eva, quae viventium mater quodam aenigmatis involucro nuncupatur. Siquidem Eva tum viventium est appellata mater, quum iam illud [8]) audisset, *terra es et in terram reverteris*, post admissum videlicet peccatum. Quod quidem admiratione dignum est, post illam offensionem tam praeclarum ei cognomen attributum. Ac si exteriora dumtaxat et sensibus obvia consideres, ab eadem hac Eva totius est in terris humani generis origo deducta. Revera tamen a Maria virgine vita ipsa est in in mundum introducta, ut et viventem pariat, et viventium Maria sit mater. Quocirca viventium mater adumbrata similitudine Maria dicitur. » Alias deinde Evae ac Mariae in opposito plane ordine similitudines [b]) recensens subdit: « Nam de duabus feminis [9]) dictum illud est: *quis dedit mulieri sapientiam, aut variegandi scientiam?* Etenim Eva illa prior sapiens mulier Adamo quem ipsa nudaverat, aspectabilia quaedam vestimenta contexuit: quippe eiusmodi est labore damnata. Quod enim nuditas illius opera reperta fuerat, hoc

---

a) Adver. Haeres. Lib. III. T. II. Haeres. LVIII. col. LXXVIII. §. XVIII. pag. 1050. A-C. opp. T. I.

b) Ibid. §. XVIII. pag. 1050. B-D.

1) Ibid. n. 17. pag. 1288. B-D.
2) Luc. I. 45.
3) Zacharia nimirum qui non credidit.
4) « Ex hoc loco, *notant Maurini editores*, manifestum est non minus Christum quum peccata ne fiant, gratiae praesidio impedit, quam quum dimittit perpetrata, redemptorem esse. Namque a matre dicitur inchoasse redemptionem, quoniam ne incredula esset angeli verbis, ipse prohibuit. Quo quidem cuneo eorum qui immaculatam Deiparae conceptionem impugnant, nodosissimum, ut ipsi putant, argumentum facili negotio distringitur atque disiicitur. » At I. si de gratia sermo est lapsus qua praeoccupatur, cur Virgo dicitur *prima?* Profecto eiusmodi non dicitur *tempore;* restat ergo ut *prima* dicatur *ordine* et *praestantia* redemptionis. Verum II. si Virgini defertur quod prima sit ordine et praestantia redemptionis, quid in eo maxime notatu dignum, quod ipsam Deus ab hac una incredulitatis culpa praeservarit? Patent ergo latius Ambrosii verba, et eam *per quam salus omnibus parabatur*, a communi reliquorum conditione perspicue eximunt.

5) Loc. cit. n. 38. pag. 1290. F.
6) Atqui de reliquis vulgo hominibus scriptum est Rom. III. 12. coll. Ps. XIII. 3. *omnes declinaverunt, simul inutiles facti sunt.*
7) Ratione ab ea non dissimili, qua prae Christo Rom. V. 14. Adamus audit *forma futuri*, ipsa quoque Eva Maria ectypus et umbra nuncupatur.
8) Gen. III. 20.
9) Iob. XVIII. 36.

eidem datum negotium est, ut ad externam nuditatem tegendam corpus istud, quod sensibus expositum est, veste contegeret. At Mariae divinitus illud obtigit, ut agnum nobis atque ovem pareret, cuius ex splendore et gloria, tamquam e vellere per eiusdem virtutem immortalitatis nobis vestis sapienter est confecta. » Hanc elegantem omnino antithesim secunda excipit quam Epiphanius [a]) proponit inquiens: « Aliud vero praeterea in utraque, Eva scilicet et Maria, considerari potest, et quidem admiratione dignum. Siquidem Eva generi humano caussam mortis attulit, per quam mors est in orbem terrarum invecta: Maria vitae caussam praebuit, per quam vita est nobis ipsa producta. Ob id Filius Dei in hunc mundum advenit, et [1]) *ubi abundavit delictum, superabundavit gratia*. Unde mors accidit, vita illuc accessit: ut in mortis locum vita succederet, et illatam a muliere mortem ille ipse qui e muliere natus erat, vita ut esset nostra, excluderet. » Et [b]) continuo: « Quoniam vero quum adhuc virgo in hortis Eva degeret, per contumaciam apud Deum offenderat, ideo gratiae propria ab Virgine manavit obedientia, postquam circumfusi corpore Verbi, sempiternaeque vitae de caelo est nuntiatus adventus. Nam illic ita serpentem Deus [2]) alloquitur: *inimicitiam ponam inter te et inter illam, inter semen tuum et semen illius*. Atqui nusquam eiusmodi semen mulieris inveniri potest. Unde non aliter quam per adumbrationem ac similitudinem ad Evam hostiles illae inimicitiae referuntur, quas cum huius stirpe serpens ille, et qui in serpente inerat invidia flagrans diabolus exercet. » Ecquodnam igitur putabimus sive huius umbrae corpus, sive huius similitudinis exemplar? Aperit [c]) e vestigio Epiphanius his verbis: « Plane quidem ac perfecte accommodari ad illam (Evam) universa [3]) nequeunt; sed in sanctissima, eximia ac singulari stirpe, quae ab sola virgine Maria sine ulla viri consuetudine propagata est, reipsa ac penitus impletur. Hic enim illius Filius ad extinguendam serpentis vim et potentiam ad haec infima descendit. Propterea unicus e muliere Dei Filius processit, ut serpentem everteret. »

922. Ab his autem quae certissimum habent auctorem Epiphanium, ea plane seiuncta nolim quae Epiphanio tribuuntur, et quibus Maria primum [d]) celebratur veluti *sponsa caelestis, caelum, templum, thronus divinitatis et inexplicabile paradisi monile;* tum de eadem [e]) subditur: « Angeli accusabant Evam, nunc vero Mariam gloria prosequuntur, quae mulierum infirmitatem vere gloriosam reddidit, quae lapsam Evam erexit, et Adamum e paradiso deiectum in caelos misit: quae paradisum clausum aperuit, et per latronem rursum Adamum complantavit. Per te enim, o sancta Virgo, medius obstructionis paries inimicitias dissolvit: per te pax caelestis donata est mundo: per te homines facti sunt angeli: per te homines appellati sunt amici, servi et filii Dei: per te homines meruerunt sese conservi angelorum et cum eis familiariter conversari: per te notitia caelestis a terra trasmittitur in caelos: per te homines fiduciam habent in caelo erga Altissimum: per te crux resplenduit per universam terram: per te mors conculcatur et spoliatur infernus. »

923. Expendit caussas incarnationis hierosolymitanus Cyrillus, atque hanc priore lo-

---

a) Ibid. §. XVIII. pag. 1050. C-D.
b) Ibid. §. XVIII. pagg. 1050. D. et 1051. A.
c) Ibid. §. XIX. pag. 1051. A-B.
d) Orat. de Virginis laudibus, pag. 300. A-B. inter opp. Epiphanii T. II.
e) Ibid. pag. 300. B-D.

1) Rom. V. 20.
2) Gen. III. 15.
3) Quae in oraculo Gen. III. 15. continentur.

co commemorat, ut Dei imago in homine expressa et diaboli fraude dehonestata ad pristinum decus revocaretur. « Lignea, *inquit* ª), terreni regis imago honoratur, quanto magis rationabilis ¹) imago Dei? At maximum hoc opificiorum Dei in paradiso choros agens, inde ²) diaboli eiecit invidia. Plaudebat sibi inimicus prostrato eo cui inviderat: an tu gaudentem voluisses inimicum permanere? Iste ad virum accedere propter firmitatem non ausus, ad mulierem uti ad imbecilliorem accessit, quum adhuc virgo esset: nam post suum e paradiso casum tunc ³) cognovit Adam Evam uxorem suam. » Ubi vero de modo agit exsequendae incarnationis et reparationis perficiendae, inter cetera ᵇ) scribit: « Per virginem Evam subiit mors; oportebat per virginem seu potius de virgine prodire vitam: ut sicut illam decepit serpens, ita et huic Gabriel bonum nuncium adferret. »

924. De quo nuncio verba faciens ⁴) Sophronius senior inquit: « Siquidem venerationis fuit delatio, oblatio muneris, famulatus obsequii. Quia etsi in sanctis patribus et prophetis gratia fuisse creditur, non tamen eatenus plena. In Mariam vero totius gratiae quae in Christo est plenitudo venit, quamquam aliter. Et ideo, inquit, *benedicta tu in mulieribus*, idest plus benedicta quam omnes mulieres. Ac per hoc quidquid maledictionis infusum est per Evam, totum abstulit benedictio Mariae. » Quod verissimum esse insigniter confirmat Amphilochius iconiensis antistes, qui memorato ⁵) Virginis partu ᶜ) exclamat: « Quae nova haec et mirabilis ⁶) doctrina? Quae omnipotens et faciens mortalem divinae providentiae benevolentia? Quod grande astutissimumque stratagema adversus diabolum? Mundus assertus est in libertatem per Virginem, qui per virginem olim sub peccatum corruerat. Virginali partu tot tantaeque invisibilium daemonum copiae in tartarum praecipites datae sunt. Ubi vero nunc infensus ille et impercussus: ille exitiosus, prorsusque exsecrabilis draco, qui edixerat ⁷) fore ut thronum suum in sublime extolleret? »

925. Porro Iohannes Chrysostomus explanata ⁸) priore oraculi parte qua serpenti poenae indicuntur, ad alteram progressus ᵈ) subdit: « Sed ⁹) *et inimicitiam ponam inter te et inter mulierem, inter semen tuum et semen eius*. Neque hoc contentus ero quod super terram reptes, sed et inimicam foederisque nesciam faciam tibi mulierem: neque eam solam, sed et semen eius semini tuo hostem perpetuum faciam. » Idem ubi triumphum ¹⁰) exaltat Christi resurgentis, post alia ᵉ) scribit: « Omnes proinde gaudeamus, exsultemus et laetemur. Nam etsi Dominus is sit qui vicit et tropaeum erexit, communis tamen laetitia, commune gaudium est. Nam propter nostram salutem omnia fecit: et per quae diabolus

a) Catech. XII. §. V. pag. 165. D.E.
b) Ibid. §. XV. pag. 169. E.
c) Orat. in Christi natalem. §. IV. pagg. 465. C-D. et 466. A. apud Gallandium T. VI.
d) In cap. III. Genes. Hom. XVIII. n. 7. pag. 143. C. opp. T. IV.
e) Hom. in sanctum pascha n. 2. pag. 752. A-D. opp. T. III.

1) Gen. I. 26. De imagine autem Dei in homine, eiusdemque discrimine a similitudine disserit praeclare Cyrillus tum catech. IV. n. 18., tum catech. XIV. n. 10.
2) Sap. XI. 24.
3) Gen. IV. 1.
4) Ad Paulam et Eustochium de Virginis assumpt. cap. V. pag. 96. E-F. inter opp. Hieronymi T. XI.
5) Luc. II. 6-7.
6) Nuspiam sane divina potentia plenius eluxit, etsi immortalem mortalitate induere impotentis esse videatur. Hinc illud Deiparae: *fecit potentiam in brachio suo*.
7) Is. XIV. 13.
8) Gen. III. 14.
9) Gen. III. 15.
10) De hac homilia post Tillemontium et Savilium sic habet in praefixo eidem monito Montfauconius: *non dubito certe hanc homiliam a Chrysostomo vere habitam dictamque fuisse*.

nos expugnavit, per ea ipsa Christus eum superavit. En ipsa arma accepit, ac per eadem ipsum prostravit. Quomodo autem, audi. Virgo, lignum et mors nostrae cladis symbola erant. Etenim virgo erat Eva, nondum enim virum noverat quando seducta est: lignum erat arbor: mors supplicium de Adamo sumtum. Viden' quomodo virgo, lignum et mors cladis nobis symbola fuerint? Iam vide quomodo eadem ipsa nobis victoriae caussa sint. Pro Eva Maria; pro ligno scientiae boni et mali, lignum crucis; pro morte Adami, mors Domini. Viden' eum iisdem armis vicisse, et iisdem profligatum esse? »

926. Eadem qua Chrysostomus aetate auctor ab alexandrino Cyrillo [1] laudatus, laetitia gestiens propter natalem Christi diem [2] petit: « Quare vero ex Virgine nascitur et virginitatem illibatam servat? Quia quondam virginem Evam decepit diabolus, idcirco ad Mariam, quae virgo erat, felicem nuncium Gabriel detulit. Sed decepta quidem Eva peperit verbum quod mortem intulit; at felicem nuncium accipiens Maria Verbum in carne genuit, quod vitam nobis aeternam conciliat. Verbum Evae lignum iudicavit, per quod lignum e paradiso Adamum expulit: Verbum autem quod ex Virgine prodiit, crucem exhibuit per quam latronem vice Adami in paradisum introduxit. » Hinc subditicius Chrysostomus Deo Gabrielem alloquenti haec tribuit [b] verba: « Ego enim faber universae creaturae hanc Virginem ad salutem hominum desponsavi. Volo enim in virgineo utero hominum genus renovare: volo, attemperando me, iterum conflare imaginem quam formavi: volo nova formatione veterem formationem reparare. Ex terra virgine veterem hominem formavi, quem arreptum diabolus ut inimicum detraxit ac deiecit, meaeque delapsae imagini illusit. Volo nunc ego ex virgine terra mihi effingere novum Adamum, ut et natura pro se congruentem defensionem paret, et iure coronetur ab eo qui deiecit eam, inimicusque ignominia afficiatur. » Ipsum vero Gabrielem [c] inducit Mariam [3] ita salutantem: « Ave gratia plena. Prisca illa mater tua Eva legem transgressa, sententiam accepit ut in dolore pareret filios: tibi vero competit illud *ave*. Illa Cainum peperit et hac prole invidiam et caedem: tu vero paries filium vitam et incorruptionem afferentem. »

927. Divelli a Chrysostomo non debet Severianus Gabalorum episcopus, qui illius eloquentiam non aemulari dumtaxat verum etiam superare acriter contendit. Is ergo divinis verbis, *et inimicitiam ponam inter te et mulierem*, hunc adiecit [d] commentarium: « Quia simulata amicitia seduxisti, tamquam inimicus eiiceris. » Tum commemorata poena [3] mulieri indicta, pergit [e]: « Quid igitur? Damnationi obnoxius est muliebris sexus, manetque in doloribus, nec vinculum solvitur? Venit Christus qui vinculum solvit: occurrit ea quae Dominum peperit, sexui patrocinans, sancta Virgo pro virgine; nam virgo erat Eva quum peccavit; damnatae dolorem solvit atque gemitum. Sicut enim si quis in regiam vocetur, suos honoribus augere studet, ac si in angustia fuerint liberare; sic sancta Virgo

---

a) Hom. in Christi natal. diem, pag. 399. C-E. inter opp. Chrysost. T. VI.
b) Hom. in Deiparae annunciat. pag. 839. B-D. inter opp. Chrysost. T. XI.
c) Ibid. pag. 839. D.
d) De mundi creat. Orat. VI. pag. 506. D. inter opp. Chrysost. T. VI.
e) Ibid. pagg. 508. E. et 509. A.

1) In libro ad Reginas, uti videre licet in monito apud Montfauconium, qui de hac homilia scribit, illam *aevo certissime Chrysostomi fuisse emissam*.
2) Similia conferantur in altera de annunciatione homilia, quae occurrit inter opera Chrysostomi T. II. pagg. 797. A., et 799. B-C.
3) Gen. III. 16.

in regiam vocata ut divinae generationi ministraret; insolito donata partu, hanc primam gratiam petit imo accipit. Quia non decebat culpae obnoxiam feminam innoxium gignere, venit is qui primo Evae tristitiam per gaudium solvit. »

928. Confert Proclus constantinopolitanus episcopus Adamum cum Christo, ceterisque comparationis capitibus [a]) et hoc addit: « Ille mulierem habuit insidiatricem, hic Virginem habuit in thalamum. » Alibi vero [b]) exclamat: « Agite, spiritalem adspectemus [1]) serpentem, qui cum Evae filia sermones miscet et inobedientiae libellum abrogat. » Tum [c]) pergit: « Accurrant mulieres, quod mulier non mortis arborem ostendat, sed pariat fructum vitae. Accurrant matres eo quod Virgo mater inobedientiae arborem vitae arbore emendavit. Concurrant filiae, quod inobedientiae maternae iniuriam filiae obedientia vindicavit. » Qua satanas vehementissime perculsus, ita Proclo [d]) auctore, conquerebatur: « Eversum est mortis imperium, ut virginalis genuerit uterus. Ut incorrupta natura conceperit, periit daemonum natura. » Sed mox [e]) animos veluti resumens, semetipsum atque socios his verbis inflammavit: « Quid ergo? Ab struendis insidiis destiterimus, quod ea (Maria) magna vigilique custodia servetur? A naturali in eam affectionum contrarietate recesserimus, quod caeleste eam praesidium tutetur? Num enim nescio tunc summo cum discrimine armari fortem, quum thesaurus tuto vigilique praesidio servatur? Frustra latronem insidias struere, quum paterfamilias non dormierit? » Neque his contentus [f]) subiecit: « E-nimvero iterum ne cum secunda Eva nobis instat certamen? Instruenda ne acies adversus impollutam mulierem? Rursum ne cogimur adorare secundum Adam? Iterum ne post nos formato iubemur parere? Rursum ne praecipitur regiam imaginem procumbentes adorare? At certe mulier illa [2]) terreni oculorum spectaculo [3]) capta levi manu prostrata iacuit; haec autem in manibus caelestis suscepta, ceu forti vallo munita consistit. Illa in ligni cupiditatem exarsit; huic ne quid eiusmodi etiam in mentem venit. Illa consilium facillime probavit; ista aures etiam quam cito observavit. Illa sciscitantis eloquia est amplexa; ista narrationis quoque verba [4]) abhorruit. Illa fructus arboris amore capta, deam se fore comminiscebatur; ista Domini unione dignata ad Dei se laudes componebat. Illa quum [5]) corruptionem adiret, eminentem se dignitatem capessere cogitabat; in divinum haec [6]) gaudium intrans, humanae non obliviscitur imbecillitatis. »

929. Quae quidem etsi deterrere satanam possent ac deberent, haud tamen effecerunt ut ipse omnino conquiesceret. Quare apud Proclum [g]) ita pergit: « Ergo ne satanicus cu-

---

a) Orat. II. de Incarnat. Domini, §. III. 621. B. apud Gallandium T. IX.
b) Orat. IV. in natal. Domini, §. I. pag. 627. B.
c) Ibid. §. II. pag. 627. B-D.
d) Orat. VI. de Virginis laudibus, §. XV. pag. 643. B.
e) Ibid. §. XVI. pag. 643. E.
f) Ibid. §. XVI. pag. 644. A-B.
g) Ibid. §. XVI. pag. 644. B-C.

1) Qua metaphorica *spiritalis serpentis* loquutione Proclus Christum designat.

2) Respicit ad verba Pauli I.Cor.XV.47. seq., et sicut τοῦ χοϊκοῦ *terreni* nomine Adamum, ita τοῦ ἐπουρανίου *caelestis* appellatione Christum designat.

3) Gen. III. 6.

4) Scilicet tamdiu repudiavit Virgo angelicam salutationem, et tamdiu priscas verita insidias ab ea abhorruit, quamdiu non probe novit caelestem esse nuntium qui illam compellabat.

5) Cum fructum ederet interdicti ligni, et in mortem corruptionemque laberetur.

6) Matth. XXV. 21-23.

neus virginalem hunc non subvertet murum? Num spe frustrabimur, si a laboris mole nequaquam desistamus? Numquid ab exspectatione decidemus, si a vincendi contentione pertinacique studio non recesserimus? Ceterum quum neque virginali officinae insidiari licuerit, nec mentis agrum valuerimus obturbare, ac neque proli quae utero gestatur, potuerimus resistere, tunc illibatam Virginis conceptionem calumniae iaculis impetemus. Obtrectemus mysterio, quo in iudicium traxerimus: proscindamus conviciis pudicitiam, quo ei supplicium inferamus, incusemus arcanum uteri partum, quo ad iudaicum deferamus severum tribunal. » Finem vero debacchandi [a] facit inquiens: « Deleatur ac pereat immaculatum ostreum, ne pretiosum in eo exsistens margaritum perfectum prodeat. Sin autem nostrae nequitiae hasta virginalem conceptionem vulnerare nequiverit; at certe herodiani livoris gladius infantis partu editi nativitatem feriet. Ipse namque pro nobis adversus hostem nostrum Christum bellabit. »

930. Hisce ex Proclo desumptis ea accedent quae in certis iuxta dubiisque Augustini operibus obvia sunt. In illis namque [1] invenimus: « Iisdem gradibus, quibus perierat humana natura, a Domino Iesu Christo reparata est. Adam superbus, humilis Christus: per feminam mors, per feminam vita: per Evam interitus, per Mariam salus. Illa corrupta [2] sequula est seductorem, haec integra peperit Salvatorem. Illa poculum a serpente propinatum libenter accepit et viro tradidit, ex quo simul mererentur occidi: haec gratia caelesti desuper infusa vitam protulit, per quam caro mortua possit resuscitari. Quis est qui haec operatus est, nisi Virginis Filius, et virginum sponsus? Qui adtulit matri fecunditatem, sed non abstulit integritatem. Quod contulit matri suae, hoc donavit et sponsae suae. Denique sancta Ecclesia quae illi integro integra coniuncta est, quotidie parit membra eius et virgo est. » In iisdem [3] haec invenimus quibus Christi corpus de femina formatum suadet inquiens: « Huc accedit magnum sacramentum, ut quoniam per feminam nobis mors acciderat, vita nobis per feminam nasceretur: ut de utraque natura, idest feminina et masculina, victus diabolus cruciaretur, quoniam de ambarum subversione laetabatur; cui parum fuerat ad poenam si ambae naturae in nobis liberarentur, nisi etiam per ambas liberaremur. » Quibus omnino respondent quae tum [4] habet, quum ad vivum depicta protoparentum ruina pergit: « Quid est enim femina, fratres, agnoscite. Muscipulum est animae, latrocinium vitae, suavis mors, blanda percussio, interfectio lenis, pernicies delicata, malum libens, sapida iugulatio: omnium enim calamitas [5] rerum, mulier. Quando non deceperit [6] mundum, quae peccare fecit et caelum? O mulier ista exsecranda, dum decepit! o iterum beata colenda, dum salvat! Plus enim contulit gratiae quam doloris. Licet ipsa docuerit mortem, ipsa tamen genuit Dominum Salvatorem. Inventa est ergo mors per mulierem, vita per Virginem: uterque [7] tamen ex virgine, et sine virilis coitus permixtio-

---

[a] Ibid. §. XVI. pag. 645. A.

[1] De symb. ad catechumenos lib. III. cap. IV. n. 4. pag. 420. E-F. opp. T. VI.

[2] Non alia heic intelligi *corruptio* potest, nisi quae ex peccato profecta animum inficit. Quum igitur Virgo dicatur *integra*, oppositionis ratio exigit ut ea integritas significata existimetur, quae nullum peccati detrimentum subierit.

[3] De agone christiano, cap. XXII. n. 24. pag. 187. B. opp. T. VI.

[4] Serm. I. de Adam et Eva et sancta Maria, n. 3. p. 2. apud Mai in nova pp. biblioth. T. I.

[5] Hanc invectionem in mulierem aliis verbis Augustinus repetit in Serm. de nuptiis Mill. T. I. col. 813.

[6] Al. *deciperet*.

[7] Cf. quae prostant in biblioth. concionat. apud Combefisium T. II. pag. 143.

ne. » Hinc primi cum altero Adamo multiplici comparatione instituta [1]) subdit: « Ergo malum per feminam, imo et per feminam bonum: quia si per Evam cecidimus, magis stamus per Mariam: per Evam sumus servituti addicti, effecti per Mariam liberi: Eva nobis sustulit diuturnitatem, aeternitatem nobis Maria condonavit: Eva nos damnari fecit per arboris pomum, absolvit Maria per arboris sacramentum, quia et Christus in ligno pependit ut fructus. » Ubi vero satanae tentationem describit, his utitur [2]) verbis: « Paciscitur de interitu viri cum femina, subarrat inferos, seponit mortem. Tale praemium dederat coniugi, unde et maritus posset occidi. O summum malum atque acutissimum diaboli telum, mulier! Femina munerat inferos, et spoliat caelum. Quanta calamitas rerum! Viscarium serpentis est femina; inde diabolus aucupatur. Exsecranda est mulier ista, dum decipit. O iterum recolenda dum salvat! Plus enim dedit gratiae quam doloris. Quod enim ipsa vulneraverat, ipsa iterum sanat. Licet Eva genuit mortem, sed tamen Maria peperit Salvatorem. » Denique respiciens [3]) ad effatum psalmi, *accingere gladium tuum* [4]) *circa femur tuum, potentissime*, postquam [5]) monuit, *gladium bis acutum esse Verbum et carnem*, illico [6]) addit: « Intendite, dilectissimi, istum gladium bis acutum, ex una parte artem exercere medicinae, ex alia ultioni servire iustissimae poenae. Gladium bis acutum: signum crucis pereuntibus stultitia est, iis autem qui salvi fiunt, virtus Dei est. Accingere ergo gladium tuum circa femur, potentissime; ut ex femore tuo nostra resurgat redemptio, quia ex femore Adae nostra processit maligna perditio. In ipso enim nostra proles est damnata, quando eius castam mulierem serpentinis fraudibus cognoscimus vitiatam. A muliere enim initium factum est peccati, et propter hanc omnes morimur. Quia ergo mors regnavit per mulierem, redeat ad nos vita per Virginem. »

931. Ab his porro quae ex indubitatis Augustini operibus hausimus, ea nullatenus abludunt quae dubiis illius operibus continentur. Atque ea imprimis nullatenus abludunt, quibus [7]) de vaticinio [8]) loquens, *femina circumdabit virum*, scribit: « Advertite, fratres, et me potius vestro intellectu praecedite: *femina*, inquit, *circumdabit virum*. O femina super feminas benedicta, quae et virum non cognovit, et virum in utero circumdedit. Circumdat Maria virum angelo fidem dando, quia Eva perdidit virum serpenti consentiendo. » Ea deinde nullatenus abludunt quibus [9]) de natali Domini ait: « Sed tanti huius conceptus et partus caussam et miraculum pertractemus. Ut igitur vitiorum sordibus obsoletus horribiliter squalesceret mundus ab origine iam in paradiso captivus, femina caussa fuit. Sic enim [10]) scriptum est: *a muliere initium factum est peccati, et per illam omnes morimur.* Et [11]) apostolus Paulus, *vir*, inquit, *seductus, non est, mulier autem seducta in praevaricatione facta est*. Per hanc ergo mundus aerumnabili servitute depressus, sub iugo diaboli anxia colla submiserat: a quo enim quis devictus est, huic et servus addictus est. Cum per has igitur temporum gyrantium rotas mundiale curriculum volveretur, neque quispiam mederetur, et ingravescentibus culpis, ruinae praecipitis ictu et fremitu totius orbis mem-

---

1) Serm. LI. n. 3. *Decipiendo homini propinatum est venenum per feminam; reparando homini propinatur salus per feminam.*
2) Serm. LXXII. de Adam et Eva, n. 2. pag. 142.
3) Ps. XLIV. 3.
4) Ita constanter casu quarto.
5) Serm. CXIX. de accedentibus ad gratiam, n. 18. pag. 263.
6) Ibidem pagg. 263-264.
7) Serm. CXIX. in nat. Domini III. n. 3. pag. 152. F. inter opp. August. T. V. in appendice.
8) Ierem. XXXI. 22.
9) Serm. CXX. in nat. Domini IV. n. 2. p. 153. E-F.
10) Eccli. XXV. 33.
11) II. Tim. II. 14.

bra pulvescerent et nemo succurreret: ad feminam caussa revertitur, et origo per originem detruncatur. Origo peccati per genitricem Christi extincta est, prosapies impietatis per prosapiem pietatis ablata est, stirps mortis per stirpem vitae. » Neque haec [1]) abludunt: « *Benedicta* [2]) *tu inter mulieres*, quae vitam et viris et mulieribus peperisti. Ede inculpabilis femina inviolabilem virum, et sic et feminam salvabis et virum. Mater generis nostri poenam intulit mundo, genitrix Domini nostri salutem et feminae peperit et viro. Auctrix illa peccati [3]) maledicta: sic enim in eam sententia decreti principalis invehitur, maledicta tu inter mulieres. Auctrix ergo haec meriti benedicta; ita enim ad eam caelestis nuntius infert: benedicta tu inter mulieres. Illa occidendo obfuit, ista vivificando profuit: percussit illa, ista sanavit. Pro inobedientia enim obedientia commutatur, et fides pro perfidia compensatur. » Consonant [4]) quae addimus: « Quoniam diabolus per serpentem Evae loquutus, per Evae aures mundo intulit mortem; Deus per angelum ad Mariam protulit verbum, et cunctis seculis vitam effudit, angelus sermonem iecit, et Christum Virgo concepit. » Et [5]) mox: « Facta est Maria restauratio feminarum, quia per ipsam a ruina primae maledictionis probantur esse subtractae. Tria denique mala Evae a tribus bonis Mariae probantur exclusa. Nam Evae [6]) dictum est: *in doloribus et in tristitia paries, et ad virum conversio tua, et ipse dominabitur tui*. Tribus ergo his malis se subiugant feminae quae Mariam non sequuntur, dolori, tristitiae, servituti. Maria autem e contrario quam praeclarissimis tribus bonis sublimetur, ausculta, salutationis angelicae, benedictionis divinae et plenitudinis gratiae. Sic enim eam legitur angelus [7]) salutasse: *ave Maria, gratia plena, benedicta tu inter mulieres*. Cum dixisset *ave*, salutationem illi caelestem exhibuit: cum dixit, *gratia plena*, ostendit ex integro iram exclusam primae sententiae, et plenam benedictionis gratiam restitutam: cum dixit, *benedicta tu inter mulieres*, virginitatis eius benedictum fructum expressit. Benedicta tu inter mulieres: maledicta enim Eva fuerat, quam nunc credimus per Mariam ad benedictionis gloriam remeasse. » Reliqua [8]) tacitus praetereo, atque his [9]) absolvo: « Sed quare Deus noster nascendo per Virginem, nos sic voluit reformare ad vitam? Ut quia per mulierem in hunc mundum mors intravit, salus per Virginem redderetur. »

932. Eadem est doctrina quam [10]) Maximus taurinensis profitetur inquiens: « Nascitur Christus ex femina, ut sicut Adam decipientem per Evam diabolum non potuit praecavere, ita diabolus adventantem per Mariam Deum [11]) non deprehenderet esse praesentem. Parturit ergo femina salutem mundi, ut quae extiterat fomes iniquitatis, fieret ministra iustitiae, et per quam mors sibi in hunc mundum aditum patefecit, per eam ad nos vita haberet ingressum. » Neque alia est quae in sermone Maximi nomen [12]) praeferente contine-

---

1) Serm. CXX. in nat. Domini IV. n. 4. p. 154. B-C.
2) Luc. I. 28.
3) Gen. III. 16.
4) Serm. CXXIII. in nat. Domini VII. n. 1. p. 157. C.
5) Ibid. n. 2. pag. 157. E-F.
6) Gen. III. 16.
7) Luc. I. 28.
8) Loc. cit. n. 3. pag. 158. A., et Serm. CXXV. in nat. Domini IX. n. 2. pag. 159. A.
9) Ibid. n. 3. pag. 159. B.
10) Hom. Hiemal. XV. de nat. Domini X. p. 42. A-B.
11) Al. *Dominum*.
12) Serm. de Sanctis, Serm. XI. de Virginis assumpt. pag. 43. A-B. inter opp. Maximi in app. De hoc sermone ita censet eruditus editor: « Combefisius in sua biblioth. pp. T. VIII. pag. 45. primus edidit sub nomine s. Maximi sermonem hunc depromptum ex cod. ms. s. Germani pratensis, quem deinde Andreas Gallandius T. IX. pag. 394. recudit. Cum nobis deficiant testimonia aliorum tum codicum, tum collectorum, nullum maius veritatis argumentum afferre possumus. Suppositum autem fuisse Maximo, dictionis dissimilitudo palam facit. Inscribi oportere *de annuntiatione* non vero *de assumptione*, quisque eumdem legens plane cognoscit. »

tur: « Quod per protoplasti negligentiam primae matris contumax tam arrogantia quam gula perdiderat, huius sacrae Virginis partus non solum restauravit diruta, sed etiam tribuit aeterna. Et idcirco cunctis praeconiis veneremur auctricem, quae dam auctorem suum concepit e caelo, nobis redemptorem genuit in seculo. »

933. Suffragatur [1]) Petrus chrysologus his verbis: *Benedicta tu in mulieribus.* Quia in quibus Eva maledicta puniebat viscera tunc, in illis gaudet, honoratur, suscipitur Maria benedicta. Et facta est vere nunc mater viventium per gratiam, quae mater extitit morientium per naturam. » Suffragatur [2]) quum scribit: « Audistis hodie Angelum cum muliere de hominis reparatione tractantem. Audisti agi, ut homo cursibus eisdem quibus dilapsus fuerat ad mortem, rediret ad vitam. Agit, agit cum Maria Angelus de salute, quia cum Eva angelus egerat de ruina. » Itemque [3]) suffragatur quum felicissima protoparentum conditione depicta, subdit: « Sed omnia haec ne haberet homo, angelus qui inter primos habebatur invidit, maluitque in diabolum commutari, ne [4]) hominem plenum gloria sic videret. Denique hoc livore succensus aggreditur dolis feminam, virginemque ut vetitum degustaret pomum inducit: inducta virgo inducit virginem mox maritum, ac deiecit vitae statum mortis cibum, peccati pabulum dum ministrat; et ipsa fit totius materia ruinae, quae facta fuerat ad solatium singulare. Hinc peccatum primum, hinc origo mortis, hinc labor, hinc dolor, hinc gemitus, hinc amara propagata est nostrae conditio servitutis. Hinc est, fratres, hinc est quod Christi talis est ordo nascentis: ad virginem diabolus venerat, venit angelus ad Mariam, ut quod malus deiecerat angelus, bonus angelus allevaret. Perfidiam suasit ille, hic fidem: suasori credidit illa, ista credit auctori. Nascitur Christus, ut nascendo corruptam redintegret naturam: portat hominem, ne iam cadere homo possit: quem terrenum fecerat, fecit esse caelestem: animatum humano spiritu, spiritum vivificat in divinum, et sic eum totum tolli in Deum, ut in eo quod peccati, quod mortis, quod laboris, quod doloris, quod terrae est, nil relinquat. »

934. Insistit [5]) non semel eidem comparationi Theodotus ancyranus, aliisque de Virgine praeclarissime dictis haec etiam [6]) addit: « Hanc nobis conditore dignam donavit divina providentia bonorum conciliatricem, non quae ad inobedientiam incitet, sed quae ad obsequendum ductrix exsistat; non quae fructum letiferum porrigat, sed quae panem vitalem praebeat; non quae animo facile lasciviat, sed quae robusto sensu exsistat; non mollem cogitatione, sed mente firma; archangelo magnifice colloquentem et quae mali confuderit auctorem; ad angeli quidem adspectum mirantem, velut neptem Adamo dissimilem; quae tamen his quae nuntius afferret, animo prudens cautaque attenderet, ne forte iterum falso benevolus in templo agentem, ut in paradiso inviseret; ne rursus iniurius violator in Dei aedem, ut in Eden temerarius insiliat; ne fausta annuntiatio, deceptio exsistat. » Tum [7]) Virginem compellans ait: « Propter te enim cessaverunt Evae tristia, per te perierunt mala, per te abscessit error, per te maledictio abolita, Eva per te redempta. » Quare penes

---

1) Serm. CXL. de Virginis annuntiat. pag. 201. col. 1. A.
2) Serm. CXLII. de Virginis annuntiat. pag. 202. col. 1. C.
3) Serm. CXLVIII. de Incarnat. sacramento, pag. 211. col. 2. B-E.
4) Al. *quam hominem sic videre.*
5) Serm. in Deiparam et Symeonem, §. V. pag. 461. D. apud Gallandium T. IX.
6) Orat. in Dei genitricem, §. XII. pagg. 475. E. et 476. A.
7) Ibid. §. XII. pag. 476. B-C.

vulgatum Athanasium ea dicitur nova Eva. Sic enim ille [a] habet: « Ex carnibus et ossibus eius, quasi ex veteri Adamo, novus Adam incarnationem sibi quasi costam efformavit, gestatque illam in perpetuum. Atque hinc est quod nova Eva, mater vitae nuncupata, manet circumamicta et circumdata varietate, ad primitias vitae immortalis omnium viventium. »

935. At vero hierosolymitanus Chrysippus [b] scribit: « Quaenam igitur, quaenam verisimile est hostem humani generis secum loqui, dum videt nos per mulierem revocatos ad filiorum adoptionem quam initio habebamus? Nonne haec dicit et queritur? Qui fit ut instrumentum quod in principio cooperabatur mihi, nunc mihi adversetur? Mulier mecum effecit ut in genus humanum tyrannidem occuparem, et mulier me e tyrannide deturbavit. Antiqua Eva me erexit in altum, et nova deiecit. Ipsa est etiam Eva secundum naturam, licet non Eva secundum generandi rationem. » Tum [c] descripta clade, quam Christus satanae intulit, eumdem satanam ita lamentantem exhibet: « Horum igitur omnium quae mihi caussa est? Quae alia praeter eam quae genuit eiusmodi miraculorum opificem? Profecto praestabat mihi ut Evam illam antiquam non inducerem in dolum: satius erat mihi etiam per serpentem illam non decipere. » Cum quibus conferenda sunt quae [d] Hesychius et ipse hierosolymitanus post celebratas Deiparae laudes continuo subdit: « Ecce Virgo, quaenam? Mulierum egregia, e virginibus electa, praeclarum naturae nostrae ornamentum, gloria luti nostri, quae Evam pudore, et Adamum comminatione liberavit, audaciam draconis abscidit: quam concupiscentiae fumus non attigit, neque vermis voluptatis eam laesit. » Agit de sacramento annuntiatae Virginis Anastasius antiochenus, deque eo [e] scribit: « Quocirca [1] missus est Gabriel fauste Virgini incorruptam nativitatem annuntians, eique futuram eius ope gentibus salutem praenuntians: dumque interim ille salutat, Verbum [2] caro factum est, figmentum reformans, quod una cum maligni serpentis sermonibus ingressum peccatum corruptioni obnoxium fecerat: et sicuti per feminam mors producta est, sic oportuit dispensari salutem per feminam. Per illam deceptam voluptate, omnes [3] mortui sumus; per hanc [4] vivificati sumus. » Gemina tradit [5] Basilius seleuciensis, gemina et [6] Procopius gazaeus inquiens: « Quapropter mulier secundum sententiam Dei addicta est doloribus, luctui et gemitibus, immo et exsecrationi quam tamen benignus Christus natus ex muliere sustulit. Cum peccatis impedita nequivisset parere inculpatum, angelus praecurrens et gaudio exsultans laetum nuncium obiicit sic orationis exordium faciens: *ave*. Hinc caussam laetitiae subdit: *Dominus tecum*. Maria enim typus Evae fuit. Utraque siquidem virginitate vigebat. Verum Eva in virginitate exsistens, deliquit; proinde dolores et tristitiam a serpente traxit, quam deinde in omnes mulieres peccatrices transfudit. Sed Maria gaudium et laetitiam toti mortalium generi annuntiavit, hu-

---

a) Orat. in Deiparae annuntiat. n. 14. pag. 400. F. inter opp. Athanasii T. II.
b) Orat. de Virginis laudibus pag. 418. A-C. in biblioth. pp. graeco-lat. T. II.
c) Ibid. pagg. 428. E. et 429. A.
d) Orat. de Virginis laudibus, pag. 423. C-D. in biblioth. pp. graeco-lat. Tom. II.
e) Orat. de Virginis annuntiat. §. VIII. pag. 261. C. apud Gallandium T. XII.

1) Luc. I. 26.
2) Ioh. I. 14.
3) I. Cor. XV. 22.
4) I. Cor. XV. 21.
5) Orat. in Deiparam, pag. 591. A. apud Combefisium Auctar. T. I.
6) Comm. in Gen. III. 16. pag. 72. C-D. edit. Gesneri.

manique generis maledictionem in quam devenerat, fugavit. Ideo Evam omnes culpant et incusant, Mariam omnes laudant et beatam proclamant: quae quasi personam Evae gerens inquit: *ex hoc beatam me dicent omnes generationes.* »

936. Vetustus auctor tractatus contra quinque hostium genera, contra paganos, iudaeos, manichaeos, sabellianos et arianos ita Christum sistit [1] manichaeos alloquentem: « Quid est quod te permovet in mea nativitate? Non sum libidinis conceptus cupiditate: Ego matrem, a qua nascerer, feci: ego viam meo itineri praeparavi atque mundavi. Hanc quam despicis, manichaee, mater est mea, sed manu fabricata est mea. Si potui inquinari cum eam facerem, potui inquinari cum ex ea nascerer. Eva inobediens meruit poenam, Maria obediendo consequuta est gratiam: illa gustando prohibitum maledicta, haec credendo angelo est benedicta; illa nobis mortem contulit, haec vitam nobis peperit. » Plenius haec ipsa ediserit [2] auctor epistolae *de viro perfecto*, qui commemorata mulieris seductione et universali ex protoparentibus profecta ruina continuo [3] pergit: « Deus autem noster contra omnem spem, contra omnem pene fidem, ex divitiis misericordiae suae in malo bonum nactus, in iracundia generans confirmansque pietatem, peccandi semen in fructum voluit evadere miserendi: et qui nos propter trasgressionem perdere debuisset, propter suam misericordiam reparaturum se esse promisit. Et illo tempore quo supplicia merebamur, argumentum salvationis ostendit: ut intelligere possemus, quantum valeret praestare non laesus, qui tantum donaret iratus. In primo ergo homine statim nobis iudiciarium spopondit auxilium, statim de bono thesauro bona produxit, statim ignotum ipsis angelis sacramentum, quod implendum esset in novissimo tempore, publicavit, et terreno Adae Adam promisit e caelo. » Quod illico enarrans [4] pergit: « Nam quum serpentem pro merito suo [5] fulminaret, iubet eum terram pro cibo habere, supra ventrem repere; et quoniam mortem illam ipse fecisset, addidit [6] dicens: *et ponam inimicitias inter te et mulierem, et inter semen tuum et semen mulieris: ipsa calcabit caput tuum, et tu eius observabis calcaneum*. Nonne consideras, nonne conspicis, quod eidem tunc minabatur in Christo? Aliud enim semen mulieris nullum prorsus accipio, nisi illud quod Apostolus [7] ait *factum ex muliere, factum ex carne*. Illud quod ut Evangelista [8] ait, *Ioseph filius putabatur esse*, sed non erat: illud [9] utique quod *Verbum caro factum est*. Nam si generandi publicam istam et naturalem circumspicimus rationem, semina non habent mulieres: denique nulla concipit sine viro, ac per hoc quoniam iam tunc in Adam semen humanae generationis esset transgressione viliatum, semen caeleste promittitur, ut Apostolus sentit, non ex corruptione viri, sed ex Deo: quod quum caro fieret in muliere, etiam elementa illa corporeae substantiae, idest humoris et sanguinis, in ipso sibi vasculo in quo ipsa ele-

---

1) Tract. con. quinque haereses, cap. V. pag. 6. B-D. inter opp. Augustini in app. T. VIII.

2) De auctore huius epistolae sic hebet in admonitione Vallarsius inter opp. Hieronymi T. XI. pag. 51. A-C. « Haec s. Maximi taurinensis est, nemine iam diffitente quamquam s. Agobardus noni seculi scriptor libr. con. Felicem cap. XX. laciniam quam suis infra locis notabimus, ex ea describens, Hieronymi esse non dubitet. Erasmus e contrario, eloquentis quidem, inquit, et eruditi hominis fuit haec epistola ac diligenter elaborata, sed ita discrepans a phrasi hieronymiana, ut nec hic illius dictionem potuerit imitari, si voluisset, nec huius ille. In plerisque codicibus nullum praeferebat nomen, in quibusdam Ctesiphontis erat additum. Nec in ipsa epistola fit ulla mentio eius ad quem scripta est. Mentio autem fit s. Ambrosii, atque inventionis corporum ss. Gervasii et Protasii. »

3) De viro perfecto, cap. VI. pag. 58. A-C.
4) Ibid. cap. VI. pag. 58. B-D.
5) Gen. III. 14.
6) Gen. III. 15.
7) Gal. IV. 4.
8) Luc. III. 23.
9) Ioh. I. 14.

menta sita sunt, naturaliter aptaret. » His de semine constitutis, ad mulierem veniens ¹) ait: « Mater itaque Domini nostri Iesu Christi in illa iam tunc muliere promissa est. Haec inimicitiis opposita est serpentis: *ponam*, inquit, *inimicitias inter te et mulierem:* non certe *pono* dicit, ne ad Evam hoc pertinere videretur. Verbum promissionis est, quod transmittitur in futura. *Ponam*, inquit, *inimicitias inter te et mulierem*. Illam utique mulierem quae Salvatorem parturiat, non quae generet fratricidam. *Ponam*, inquit, *inimicitias inter te et mulierem:* idest suscitabo mulierem, quae repudiata facilitate credendi, non solum te non audiat, si aut suavitatem pomorum pro adapertione monstraveris oculorum, aut diis similem esse promiseris: sed etiam ipso Gabriele deferente verbum, rationem de promissionis exigat novitate. »

937. Hac imbutus doctrina Andreas cretensis, ubi natalem celebrat Virginis diem, his verbis ª) exclamat: « Omnia igitur exsultent hodie, saliatque natura, quoniam misertus est Dominus populi sui erecto nobis cornu salutis in domo David pueri sui, immaculatissima et viri nescia Virgine hac, ex qua ²) gentium salus et exspectatio. Ducat nunc choreas grata omnis et benevola anima, et natura ad suipsius renovationis reformationisque laetitiam creaturam convocet. Plaudant mulieres, mulier enim quae olim ansam peccati inconsultius praebuit, salutis nunc primitias intulit, quaeque aliquando rea fuit, nunc ostensa est divino probata iudicio, mater viri nescia, fictori electa, et restauratio generis. » Cuius miserabilem casum mox describit, eoque descripto ᵇ) pergit: « Quo igitur modo par erat, ut magnum illud et maxime novum ac mirabile Deique legibus congruentissimum beneficium in nos procederet, nisi Deo nobis per carnem apparente? Quei vero ea res ad finem deduceretur, nisi prius munda intactaque Virgo ministraret mysterio, tumque lege supra naturae leges eum, qui substantia superior est, in utero gestaret? Quaenam autem alia Virgo heic possit intelligi, nisi quam ante omnes generationes naturae totius creator elegit? Haec porro Maria Dei genitrix est, illud a Deo vocatum nomen, ex cuius processit utero divinissimus ille indutus carnem, quam sibi ipse in templum novum admirabili plane modo compegit. Siquidem statim muliebris sexus maledictionem primam corrigit, salutis inde ducto initio, unde initium fuerat peccati. »

938. Quae quum ᶜ) Iohannes euboeensis probe teneret, idcirco de conceptu Virginis verba faciens scripsit: « Itaque per Mariam Dei matrem laetare, o Adam, quia per mulierem a serpente deceptus, etiam per mulierem ipsum conculcas. Tempus enim advenit quo unde sibi hostis clypeum condidit, ex eadem natura suppeditata sunt tela a potente coniecta. Nam lignum et mulier caussa fuerunt tui a paradiso exilii; nunc vero mulier et lignum tibi caussa sunt quamobrem revoceris. Mulier quidem Dei manu aedificata te decepit; mulier vero ex Ioachimo et Anna procreata generabit sine semine domitorem et interfectorem mortis quae nos catenis alligavit. Lignum porro ad gustum suave, et oculis iucundum et animo venustum mortem nobis intulit; lignum autem aridum et infructuosum serpentem occidit, et omnibus hominibus vitam aeternam conciliat. Exsulta etiam tu mater matrum Eva, quod filii tui non amplius ad corruptionem nascentur, sed in incorruptione erunt. »

a) Orat. in Deiparae nativit. pag. 94. D-E. apud Gallandium T. XIII.
b) Ibid. pagg. 95. E. et 96. A-B.
c) Orat. de Virginis concept.

1) L. c. cap. VI. pag. 58. D-F.
2) Omittitur in versione ὁ Χριστός, germanusque sensus pervertitur.

Sedulius vero conclamatam penitus hominum caussam fuisse [1]) docet, nisi Deus suis semper placatus donasset, ut unde

> » Culpa dedit mortem, pietas daret inde salutem:
> » Et velut e spinis mollis rosa surgit acutis,
> » Nil quod laedat habens, matremque obscurat honore;
> » Sic Eva de stirpe sacra veniente Maria,
> » Virginis antiquae facinus nova Virgo piaret;
> » Ut quoniam natura prior vitiata iacebat
> » Sub ditione necis, Christo nascente renasci
> » Posset homo, et veteris maculam deponere carnis.

Quae commentario [2]) explanans ait: « Nisi pius ille rerum creator, cui proprium est veniam delictis infundere quam poenaliter imminere, fabricam sui operis ab ipso debilem fundamento, firmius per eumdem lapidem rursus dignaretur erigere. Ne videlicet imago quae ad similitudinem Dei facta fuerat vivens, dissimilis haberetur ex morte, munusque venialis indulgentiae largiretur, ac poma quae patres acerba voraverunt, filiorum obstupuere dentes, arceret, donaretque mitissimus ac placatus, ut unde mortem peccata contraxerant, inde vitae pietas enutriret immensa. Et velut rosa suavis atque mollissima de spinoso caespite nascitur nil laesura matrem, quam gratia iucunditatis obscurat; ita de stirpe nocentis Evae Maria sacro veniente cum lumine, primae virginis luem sequens Virgo dilueret, ut quae prior natura vitiis inquinata durae necis fuerat conditioni subiecta, nascente Christo per hominem, homo quoque posset renasci per Christum, originalis maculae foeditatem vetustati corporis innovatione positurus. Quare rem acu tetigit et brevissime expressit Iohannes Geometra, quum Virginem prae Eva [a]) nuncupavit χαρᾶς ἀρχὴν καὶ τέλος κατάρας, *laetitiae exordium, finemque maledicti.*

939. Iamvero quum plurima sint quae adductis testimoniis continetur, vel sponte ex iis atque necessario dimanant, non alia nos in summam colligemus nisi quae quum prae ceteris exstent, ad quaestionem quam versamus propius referuntur. Itaque una est vox patrum, maiorumque suffragatio, *divinam pietatem eximio quodam stratagemate usam, ut homines a misera in quam offenderant servitute eximerentur.* Quum autem iidem veniunt ad enarrandum supernum eiusmodi consilium divinumque stratagema, concordes docent: *iisdem gradibus quibus hominum genus perierat, fuisse restitutum: cursibus iisdem quibus homo ad mortem dilapsus fuerat, ad vitam ipsum remeasse: originem fuisse per originem detruncatam: armis quibus satanas humanam familiam deiecerat, eum fuisse expugnatum: et caussam tandem ad feminam reverti.* Haec vero adumbrata confirmant tam iis quae tertio Geneseos capiti consignata leguntur, quam iis quae primo Lucae capite historice commemorantur. His namque mutuo solerterque collatis ea deprehenduntur quae ad commendandum caeleste stratagema mirifice conferunt. Deprehenditur enim quod sicuti ruina suum ex mendacibus satanae verbis initium duxit, ita salus ex veraci archangeli sermone originem habuit. Deprehenditur deinde quod sicuti conspiratio et amicitia mulieris cum satana fuit primus excidii gradus, ita conspiratio et amicitia alterius mulieris cum Gabriele, et illius a satana dissidium prima iecit restitutionis fundamenta.

---

a) Hymn. III. in Deiparam v. 2. pag. 446. D. in app. ad biblioth. pp. graeco-lat. T. II.

1) Carm. pasch. lib. II. sive de N. T. lib. II. vv. 26-35. pag. 543. A. apud Gallandium T. IX.   2) Op. pasch. lib. II. cap. I. pag. 574.

Tum deprehenditur, quod sicuti pernicies ex inobedientia et incredulitate mulieris progressa est, ita reparatio ex obedientia et fide alterius mulieris profecit. Deprehenditur tandem, quod sicuti in Adamo quem seducta mulier inescavit, suum pernicies nacta est fastigium; ita in secundo Adamo, quem altera atque innoxia mulier concepit, suam salus absolutionem obtinuit.

940. At vero quid ex hisce dependet, aut quid cum hisce consertum est? Videlicet unanimis est patrum testificatio I. non aliter spectandam esse *Mariam uti novam et secundam Evam, ac Christus uti novus atque secundus Adam consideretur:* neque aliter spectandam esse *Evam tamquam Mariae typum, ac Adam Christi typus censeatur.* Ad haec II. *inimicitiam secundae Evae cum serpente* illi fuisse simillimam *quam cum eodem secundus Adam exercuit,* proindeque *inimicitiam fuisse perpetuam, foederis insciam, quae satanam praevaricationis architectum rubore suffuderit, quae illum in desperationem coniecerit, effeceritque ut mulierem instrumentum sibi capitaliter infensum experiretur, ipsumque priscae fraudis inflictique vulneris poeniteret.* Praeterea III. non minus luculentas et multiplices esse antitheses inter primam et alteram Evam, ac luculenti sint et multiplices similitudinis respectus, quibus secunda Eva cum secundo Adamo devincitur. Complectar haec sive oppositionis sive similitudinis capita quam potero brevissime, neque aliis ea quam conceptis maiorum formulis exponam. Illi igitur sic habent: *in sola sancta Virgine primae virginis lapsus reparatus est: prudentia, obedientia atque fide Virginis, imprudentiae, inobedientiae et incredulitati Evae prospectum fuit: malum quod per Evae auditum sibi viam aperuit, Mariae obsequens auditus exclusit: Deus qui Evam condemnavit, Mariam gloria coronat: sicuti mors ex prima Eva, ita ex altera vita defluxit: sicuti mala omnia per primam mulierem, ita bona omnia per secundam incoeperunt: sicuti Adam renovatus fuit in Christo, ita Eva redintegrata in Maria: per Mariam omnibus salus atque vita adest, quemadmodum per Evam omnes in ruinam mortemque inciderunt: nonnisi propter Mariam Eva est diciturque viventium mater: per contumaciam Evae orta est pernicies, per obedientiam Mariae restitutio: Maria Evam erexit, Adamum restituit, exspoliavit infernum et paradisum reseravit: infusam Evae culpa maledictionem Mariae innocentia propulsavit: ipsa est Maria quae pro muliebri sexu patrocinatur: ipsa est quae fidem pro perfidia, et obedientiam pro inobedientia exhibuit: sicuti per feminam ac virum mortui sumus, ita per ambas naturas maris atque feminae liberamur: fuit Eva fomes iniquitatis, Maria iustitiae ministra: illa malorum, haec bonorum conciliatrix: illa maledicta, haec inductam maledictionem abolevit et est omnino benedicta: non aliter salus dispensata est per Mariam, ac peccatum per Evam stragem ediderit: uti omnes mortui sumus per Evam, ita omnes per Mariam vivificamur, filiorum adoptionem assequimur, et ad pristinam dignitatem redimus: quemadmodum Eva serpenti se subiecit atque illius captiva evasit, ita Maria deturbavit satanam et draconis audaciam abscidit: nova virgo facinus antiquae piavit, et grassantem huius culpa luem compescuit: quare sicuti omnes Evam culpant, ita omnes vicissim Mariam laudibus efferunt.*

941. Porro IV. tot tamque insignia oppositionis capita Evam inter ac Mariam effecerunt, *ut haec neptis Adamo dissimilis* vocaretur, et e poenis illi inflictis integra foret atque soluta. De illa namque [1]) scriptum est, *quod eius oculi aperti fuerint, quodque se*

---

1) Gen. III. 7.

nudam cognoverit. Atqui *nullus umquam concupiscentiae ardor intaminatum Mariae corpus adussit, et nullus umquam concupiscentiae fumus immaculatam Mariae mentem infecit.* De illa scriptum [1]) est, *in dolore paries filios.* Atqui *Maria unigenitum et primogenitum suum, eumdemque unigenitum Patris et primogenitum omnis creaturae in laetitia concepit atque edidit.* Et de illa scriptum est [2]), *sub viri potestate eris, et ipse dominabitur tui.* Atqui *Maria desponsata a Deo fuit ad universorum hominum salutem.* Vicissim V. tot tamque insignia similitudinis capita inter novum Adamum et novam Evam, inter Christum et Mariam, inter ϑεάνϑρωπον ac ϑεοτόκον effecerunt, ut haec totius christianae antiquitatis consensione salutaretur *aucta praerogativis divinae maternitatis, singulariter procreata ut esset mater redemptoris, munda et intacta ut incarnationis sacramento famularetur, inculpata ut concipere et parere posset inculpatum, quique ex ipsa natus est ut mundi peccatum tolleret, gloria luti nostri, naturae ornamentum, inexplicabile paradisi monile, digna conditore, immaculata, non corrupta sensu mentis, inscia erroris, omnium generationum praestantissima, prae omnibus omnino mulieribus benedicta, ex integro immunis ab ira primae sententiae, consors primae benedictionis, et prae universa hominum familia haud secus spectanda ac rosa medias inter spinas erumpens.*

942. Nihil vero ex hisce omnibus est, quod aut Virginem ab universali praevaricatione non eximat, aut illius conceptum non demonstret a satanae captivitate liberum, et eiusdem veneno neque afflatum neque corruptum. Hoc enim demonstrat *oeconomia* humanae reparationis divinitus praefinita, eoque spectans ut par pari opponeretur, ut primae Evae primoque Adamo altera Eva atque alter Adamus e regione responderent, atque ut secundus Adamus cum secunda Eva culmen et fastigium in ordine vitae ac salutis occuparent, sicuti primus Adamus cum prima Eva culmen et fastigium in ordine mortis perditionisque occuparunt. Hoc demonstrat excitata divinitus inimicitia inter novam Evam atque serpentem, utpote quae inimicitia fuerit non quaelibet, sed perpetua, sed foederis nescia, sed quae nullam illabendi rimam serpenti permiserit, illumque contra in desperationem coniecerit. Hoc demonstrant tot oppositionis capita inter utramque Evam, quemadmodum illa animo recolentibus nequit non esse exploratissimum. Hoc demonstrant tot similitudinis capita quae novam Evam cum novo Adamo coniungunt, quaeque sponte sua quamvis culpae labem a nova Eva repellunt. Atque hoc demonstrant eximiae praerogativae eo inprimis nomine maiorum suffragio Virgini tributae, quod selecta ipsa fuerit ut partes secundae Evae expleret, illatumque per priorem Evam damnum repararet. Considerari enim eiusmodi praerogativae non possunt, quin Virgini puritas cuiusvis semper naevi exsors adscripta videatur.

---

[1]) Gen. III. 16.   [2]) Ibidem.

ARTICULUS V.

Scriptorum mediae aetatis commentarii atque sententiae quae ad idem Geneseos oraculum referuntur: commentarii nominatim atque sententiae Iohannis damasceni, Tarasii et Germani praesulum byzantinorum, Leonis Augusti, Georgii nicomediensis, venerabilis Bedae, Walafridi Strabonis, Ionae aurelianensis, Anselmi cantauriensis, Petri Damiani, Fulberti carnotensis, Bernardi clarae-vallis, Petri cellensis, Hugonis rotomagensis, anonymi qui eodem seculo claruit, Amedei lausannensis, Ruperti tutiensis, Andronici constantinopolitani et Isidori thessalonicensis: corollaria quae ex his dependent, atque illud maxime quo Virginis conceptus labis expers continetur.

943. Quod de oeconomia humanae reparationis, de inimicitia inter secundam Evam et serpentem, deque partibus illi divinitus attributis tanta maiorum consensione proclamatum novimus, id ad scriptores etiam insequentis mediaeque aetatis sincerum defluxit, a quibus et similibus repetitum fuit sententiis, et similibus commentariis expolitum. Ut enim ex testibus ferme innumeris qui facile in medium proferri possent, clariores dumtaxat nobilioresque commemorem, Iohannes damascenus [a] ubi natalem celebrat Virginis diem, his omnino verbis utitur: « O Ioachimi et Annae filia sacratissima, quae principatibus et potestatibus, ignitisque maligni telis latuisti: quae in spiritus thalamo versata es et sine macula custodita, ut sponsa Dei et natura Dei mater esses. O sacratissima filia quae in maternis ulnis cerneris, et apostaticis virtutibus es formidabilis. O digna Deo filia, humanae venustas naturae, primigeniae parentis Evae emendatio. Tuo namque partu quae ceciderat, erecta est. O sacrosancta filia, feminarum gloria: quamvis enim prima Eva praevaricationis rea exstiterit, et per eam, dum illa serpenti adversus primum parentem inserviret, ingressa sit mors; attamen Maria divinae obsequens voluntati, deceptorem anguem ipsa decepit, et mundo immortalitatem invexit. » Postquam autem [b] Ioachimi et Annae fusas retulit ad Deum preces, quibus uterque initi connubii fructum postulabat, pergit: « Exaudivit itaque eos Dominus, donans eam quae propriae Mariae nomen gerit, in splendidum et magnificum pro Eva pretium. Matris medicamentum filia effecta est: divinae reformationis [1] nova conspersio: sanctissimae generis [2] primitiae: rami divino ore prolati radix: primi parentis exsultatio. » Et iure, commemorata namque Archangeli [3] salutatione, de Virgine [c] subdit: « Quid ad haec verae sapientiae thesaurus? Evam quidem primam parentem non imitatur, sed incautam potius eius simplicitatem emendat, seque naturae pa-

---

a) Orat. I. in Deiparae nativit. §. VII. pag. 846. A-C.
b) Orat. II. in Deiparae nativit. §. V. pag. 852. D-E.
c) Orat. I. in Deiparae dormit. §. VII. pagg. 862. E. et 863. A.

1) Quod Virgo dicatur, τὸ νέον φύραμα τῆς θείας ἀναπλάσεως, *divinae reformationis nova conspersio* atque massa, hoc unum significare potest, ipsam numquam spectasse ad veterem massam, ad massam peccato corruptam et gratia expurgandam.

2) Incisum quo Virgo appellatur ἡ παναγία ἀπαρχὴ τοῦ γένους, quemadmodum cum his apte confertur Rom. XVI.5. ὅς ἐστιν ἀπαρχὴ τῆς Ἀσίας, I.Cor.XVI.15. ἀπαρχὴ τῆς Ἀχαΐας, et I. Cor. XV. 20-23. ἡ ἀπαρχὴ τῶν κεκοιμημένων: ita perspicue denotat, Virginem prae universo hominum genere ita sanctitate excellere, ut ipsa sibi primatum vindicet, et omnium sanctissima iure merito celebretur.

3) Luc. I. 28. seqq.

trocinio munit angeli verbis reponens: *quomodo fiet istud, quoniam virum non cognosco?* Impossibilia narras, inquit. Nam sermo tuus naturae leges frangit, quas summus opifex sancit. Secunda Eva [1]) dici non patior, neque conditoris mei voluntatem pessumdare. Quod si Deo adversa non loqueris, conceptionis modum expone, dubitationem meam solve. Ad quam [2]) veritatis angelus: *Spiritus sanctus superveniet in te, et virtus Altissimi obumbrabit tibi. Ideoque et quod nascetur sanctum, vocabitur Filius Dei.* Quod nunc agitur, naturae legibus non subest. Naturae siquidem artifex et Dominus arbitratu suo immutat naturae leges. Haec itaque nomen illud quod omni affectu et honore semper colebat, sacra quadam reverentia audiens, obedientiae vocem timore et gaudio plenam [3]) emisit: *ecce ancilla Domini, fiat mihi secundum verbum tuum.* »

944. Eamdem antithesim proponit, uberiusque Damascenus [a]) enarrat, quum de morte Virginis sermonem habens ait: « Olim quidem Deus primos mortalis generis satores, quum ipsi se inobedientiae mero ingurgitassent, et per transgressionis temulentiam dormitantes mentis oculo, peccati crapula sic affecti essent, ut oppressis animi luminibus mortifero somno tenerentur, e paradiso Eden exsterminavit: nunc vero illam [4]) quae vitii omnis impetum excussit, Deique et Patris obedientiae germen produxit, et universo mortalium generi vitam inchoavit, paradisus non exceperit? Annon caelum fores suas reserabit? » Et [b]) continuo: « Eva siquidem quae serpentis nuntio aures praebuit, hostisque suggestionem auscultavit, sensu suo per falsae ac fallacis voluptatis assultum delinito, maeroris et tristitiae [5]) sententiam retulit, ut dolores partus sustineret, et una cum Adamo [6]) morte condemnata in imis inferni recessibus collocatur: hanc autem vere beatissimam quae Dei verbo aures submisit, et Spiritus sancti operatione impleta est, atque Archangelo sequestro, de complacito Patris praegnans effecta, quaeque sine voluptate et viri congressu Dei Verbi personam, cuius omnia plena sunt, concepit, ac pro eo ut decebat, sine doloribus peperit, quaeque totam se cum Deo copulavit, quomodo mors devoraret? quomodo inferi susciperent? quomodo corruptio corpus illud invaderet, a quo vita suscepta est? Abhorrent haec alienaque omnino sunt a deifera illa anima et carne. Ipsius enim adspectum mors quoque pertimuit, quippe quae quum ipsius Filium adorta esset, ex his quae pertulit erudita, periculo suo prudentior evaserat. » Hinc progenitores de Virginis triumpho his loquentes verbis [c]) inducit: « Tum quidem tum Adam et Eva nostri generis auctores exsultantibus labiis alte exclamarunt: beata tu Filia quae violati mandati poenas nobis sustulisti. Tu mortale corpus a nobis sortita, immortalitatis indumentum nobis peperisti. Tu quum a lumbis nostris ortum accepisses, nobis ut bene essemus rependisti. Dolores solvisti, mortis fascias rupisti, ad veterem sedem nos postliminio revocasti. Nos paradisum clausimus, tu ligni vitae iter patefecisti. Per nos ex laetis tristia venerunt, ex tristibus contra laetiora per te redierunt. »

a) Orat. II. in Deiparae dormit. §. III. pag. 870. C-E.
b) Ibid. §. III. pag. 870. D-E.
c) Ibid. §. VIII. pag. 873. D-E.

1) Scilicet *imitatione*, quum secunda esset Eva, sed *emendatione*.
2) Luc. I. 35.
3) Luc. I. 38.
4) Ubi incisum, νῦν δὲ ταύτην τὴν πάθους ἀκυτοὶ ἐκτινα- ξαμένην τὴν προσβολήν, pressius ita redditur: *nunc autem hanc quae cuiusque vitii contagium expulit*, quaeque adeo neque originali contagio infecta fuit.
5) Gen. III. 16.
6) Gen. III. 19.

945. A quibus ne minimum quidem abscedunt quae Tarasius de Virgine in templo degente affirmat a) inquiens: « Quid enim agebat Virgo versans in sanctissimis templi adytis? Angelorum cibum ab angelo accipiebat, et immaculatae columbae similis virginitatem servans templi et caeli terraeque opifici cum gratiarum actione et effusissimo animi affectu ita supplicabat: laudabo te omnipotens altissime, qui primae genitricis meae Evae delevisti opprobrium, et propter ineffabilem misericordiam tuam missurus es in terram Unigenitum tuum ut cum hominibus [1] conversaretur. Quare habitatio ipsius fiam pura et intemerata: ubi [2] enim abundavit delictum, superabundavit gratia. Per mulierem lucrum mortis accepimus, per mulierem universa iterum instaurabuntur, per serpentem cibum accepimus amari saporis, per ipsum vero [3] rursum vescemur cibo immortalitatis. Prima parens Eva Cainum in lucem edidit homicidam, unigenitus Filius tuus erit [4] primogenitus vitae ac resurrectionis. O inauditum prodigium! O novum stuporem! O sapientiam nullis verbis coaequandam! » Quam sapientiam ipse quoque suspiciens Germanus praesul constantinopolitanus, principio serpentis cum muliere foedus repraesentans [5] ait: « Pacem habuit cum serpente in terrestri paradiso prima parens nostra, atque in congressum colloquiumque venerunt hinc integra rectique amans natura, inde perversa voluntas atque humani generis hostis satan; et illa quidem si puritatem spectes atque sinceritatem, nuda; versipellis autem iste totus insidiis et simulatione tectus. Hoc vero ex congressu atque amicitia dolor manavit et labor, et pernicioso ligni vetiti esu, sauciata lege divina, ortum est peccatum, peccatum vero mortem generavit, crudelem sane viperam quae primam interfecit parentem. » Tum [6] subdit: « Hi quidem sunt illi veteres in Edem lapsus, nunc autem per feminam ad quam pacis angelus advolat mystici amoris signa explicans, e Nazareth omne panditur bonum. Serpenti namque olim credentes, decepti a conditore defecimus, desertorique inhaerentes a summo rege divulsi sumus. Maledicta est Eva, benedicta est Maria: radix acerba, fructus vero melle dulcior: radix in terra defossa est ad corruptionem, fructus terram supervolavit ob sanctitatis incorruptionem. Ubi enim est sanctitas, ibi et incorruptio; ubi exinanita est animi elatio atque depressa, illuc delabens caelestis imber restagnat. Divinitatis quamdam similitudinem primae parenti serpens pollicetur, Archangelus vero Mariae futuram ipsam Dei matrem annunciat: verum illa timens seipsa colligit atque sibi cavens adeo felicem et magnificum nuncium suis ponderibus diligenter examinat, sicque flexibilem mulierum naturam superavit, atque sic porta magni regis fuit undequaque munita. »

946. Consonat b) Leo Augustus qui Annam Deiparae genitricem his verbis alloquitur: « Parit quoque [7] alia quaedam Anna, quum et ipsa orationis munus filium accepisset, verum servum, verum ministrum, quamquam is prophetica unctione excelluit: tu vero caeli ac terrae reginam paris, eam inquam, quam canticis celebrat omnis natura particeps rationis: sola paris Dei matrem, sola Dei avia exsistis. O beatum partum! O lumbos quorum

---

a) Orat. in Deiparae praesentat.
b) Orat. I. in Deiparae nativit. pagg. 1613. C-E. et 1616. A. apud Combefisinm Auctar T. I.

1) Baruch. III. 38. coll. Ioh. I. 14.
2) Rom. V. 20.
3) Ioh. III. 14.
4) Coloss. I. 18.
5) Orat. I. in Deiparae annunciat. pag. 70. edit. Maraccii.
6) Ibid. pagg. 71-72.
7) I. Reg. I. 20.

habitaculum elegit Deus, quum in nobis habitare voluisset! O [1]) conceptionem, partumque ac infantem, quibus exitiosus peccati partus elanguit, salutisque multa proles innotuit. O infantem, per quam natura quae malitiae ac vitiositatis turpitudine consenuerat, novum induta decorem praeclare exornatur! O infantem, per quam pauperis vitae pannos exuentes primam illam stolam induimus divinae dignitatis! Per quam Deus nobiscum reconciliatus in incomparabilem paterni amoris necessitudinem dissolvit inimicitias, quas facti eiusdem hostes constitueramus. Te namque Deus ac Pater Unigenito sponsam delegit, proque futurarum arrhabone nuptiarum, ut cognato humano generi reconcilietur, concedit: neque solum inimicitias perimit, aut debiti tribuit remissionem, vel etiam quod adversum nos ipsi scripsimus chirographum, disrumpit; verum etiam Unigeniti coeredes facit. » Oratione deinde ad serpentem [a]) conversa, subdit: « Iamvero poenam nunc lue, o callide malitiae artifex, pro molitionibus dolo plenis quibus susurrante lingua meos progenitores male habuisti, immo quibus adversus naturam totam interitum machinatus es. Nec enim deinceps liber a tristitia abibis, neque subsannando gloriaberis. Iam enim iam in tuum vertitur maleficum caput, quod contra nos excogitasti maleficium. Nata est Evae puella, per quam eius quidem instauratur ruina, et moestitia in laetitiam transit: te vero inconsolabilis circumstabit casus et profundus moeror. Excultus est paradisus, e quo immortalis germinabit arbor quae arboris mortem dissolvat, cuius gustandae auctor fuisti, et per quam is qui errore deceptus morti traditus fuerat, ad immortalitatem reparetur. Furtivo mendacique susurro matrem malis implicasti; modicum aliquantulum maligni tui consilii mercedem exspecta quam consequeris, quum filius immaculatissimo partu in lucem prodibit. Videbis modo deitate revera eum donatum quem olim mendaci deitatis promissione deludens a divina consuetudine extorrem effecisti: eumque livorem quo ab initio contabuisti, ipso adversus quem illum effudisti, tuum caput conculcante, multo te acrius exedentem exsperieris. » Neque his contentus [b]) Leo Augustus, e vestigio pergit: « Deitatem mulierculae [2]) suggessisti, illamque e vita abstrahens tristitiis vacua, vitam tristitiis plenam intulisti, nedum qua innumera alia mala humanam circumstant vitam; verum etiam qua illud ipsum quod in laetitiae argumentum cedere oportebat, exeunte homine in lucis auras e tenebricosis viscerum sinibus, tristitiae [3]) effeceris caussam. Gravi namque illi adversus nos sententiae partus in tristitiis adiunctus erat. Nunc enimvero partu editur ac suscipitur proles tristitiarum sententiam vincens, gaudiique pignora universo terrarum orbi praebens. Fefellisti generis parentem et per feminam supplantasti, tuique consilii exitiosum sermonem in suam ipsorum perniciem suscipere persuasisti; at nobis nata est puella ex eodem quidem atque Eva figmento, quae tamen Evae emendatio sit atque caussa qua ipse supplanteris: vivificum enim Dei Verbum ineffabiliter et supra mentis cogitationem suscipiet. »

947. His gemina [c]) complectitur quum mysterium celebrans praesentatae in templo Virginis exclamat: « O puellam, quam matrem veteri illo debito absolvet, et parentis nu-

---

a) Ibid. pag. 1616. A-D.
b) Ibid. pagg. 1616. D-E. et 1617.
c) Orat. in Deiparae praesentat. pag. 1625. B-C.

1) Sed quo pacto aut laudatur σύλληψις *conceptio*, aut per illam exitiosus peccati partus elanguisse dicitur si eo fuit peccato infecta, novumque praebuit grassantis peccati argumentum? Sunt igitur haec disertissima, et conceptum Virginis culpae nescium ad evidentiam usque commonstrant.
2) Gen. III. 5.
3) Gen. III. 16.

ditatem obteget, siquidem conditori carnis tunicam commodabit: ex qua dum novus Adam compactum sumet corpus, antiquus ille costae debitum recipiet. O puellam, cuius is qui supra caelos est, se amatorem ostendet! O per quam Deus cum natura e pulvere coalescente consuetudinem habebit! O per quam accessura nobis est dignitas, quam quum importune exambiremus, eorum quae suppetebant iacturam fecimus. » Atque gemina rursum [a] complectitur inquiens: « Vere sola in mulieribus benedicta, quae sola primae parenti eiusque posteris opem tulit; illi quidem quatenus duplicem calamitatem, cuius illa sibi filiisque auctrix fuerat, exsolvit: his vero quatenus ipsos a malis quibus obnoxii tenebantur, redemit, neque passa est ut posteri in eadem mala denuo incurrerent. »

948. Quid vero nicomediensis Georgius? Is primum [1] commemoratis satanae dolis atque universi hominum generis in protoparentibus ruina, mox [b] scribit: « Volens itaque rerum conditor illud tollere, atque tum potentiam suam, tum saucii sanationem exhibere id molitur ut iacentem adversus sauciatorem erigens ei victoriam tribuat. Id porro haud alia ratione fieri poterat, quam ut medicus aegrotantis induens naturam, blando eiusmodi habitu quod erat vitiatum ad se traheret. » Tum [c] pergit: « Quando autem haec ita fuerant provisa, parque erat ut ab eadem ipsa radice e qua malum a principio ortum erat, medicatio quoque germinaret, utque eadem pelleretur via qua in hominum genus invaserat: a muliebri nimirum facilitate quae incaute aperiens aditum sibi pariter viroque atque posteris perniciem adscivisset; sic omnino res habuit. » Et quoniam sic omnino res habuit, propterea [d] de Ioachimo et Anna subdit: « Quamobrem etiam [2] immaculatam illam gignunt, regenerationis nostrae auctricem, nostrae reformationis caussam, per quam vitiata in nobis Dei imago ad suum rediit decorem, per quam tunicas peccati abiicientes, induti sumus stolam luminis. » Cum graecis doctoribus latini consentiunt, quos inter [3] venerabilis Beda de verbis [4] disserens annuntiatae per Gabrielem Deiparae, scribit: « Aptum profecto humanae restaurationis principium, ut angelus a Deo mitteretur ad Virginem partu consecrandam divino, quia prima perditionis humanae fuit caussa quum serpens a diabolo mittebatur ad mulierem spiritu superbiae decipiendam: immo ipse in serpente diabolus veniebat, qui genus humanum [5] deceptis parentibus primis, immortalitatis gloria nudaret. Quia ergo mors intravit per feminam, apte redit et vita per feminam. Illa a diabolo seducta per serpentem viro gustum necis obtulit, haec a Deo edocta per angelum mundo auctorem salutis edidit. » Neque aliter [6] Walafridus Strabo, cuius haec sunt verba: « Maria, ut plerique aestimant, interpretatur *inluminatrix* et *stella maris*. Sermone syro *Domina* dicitur. Bene autem illuminatrix dicitur, quia per ipsam lux totius mundi natus est Chri-

---

a) Orat. in Deiparae dormit. pag. 1744. C-E.
b) Orat. IV. in Deiparae praesentat. pagg. 1071. D. et 1073. A.
c) Ibid. pag. 1074. B-C.
d) Ibid. pag. 1086. C.E.

1) Orat. IV. in Deiparae praesentat. pag. 1071. D-E. apud Combefisium Auctar. T. I.

2) Nemo *originis macula infectus*, citra manifestam idearum verborumque pugnam, *immaculatus* aut censeri aut dici genitus potest. De Virgine autem, utpote reparationis nostrae auctrice, dicitur quod illam parentes immaculatam genuerint. Illius ergo conceptus originalis maculae exsors diserte perhibetur.

3) Homil. in Deiparae annunciat. pagg. 172-173. in Pietate mariana curis edita I. B. Malou, Lovanii MDCCCXLVII.

4) Luc. I. 26.

5) Gen. III. 4.

6) Hom. in init. Evang. s. Matthaei, pag. 53. A-C. in Thesauro anecdot. novissimo Pezii, T. II. P. I.

stus. Quia sicut per Evae transgressionem in tenebris et umbra mortis aeternae damnata est omnis terra; ita et per merita beatae semperque virginis Mariae et per partum eius, liberata et sanctificata atque inluminata est omnis terra. »

949. Eumdem providentiae ordinem, eamdemque inter utramque Evam oppositionem expendunt atque illustrant hinc quidem [1]) Ionas aurelianensis episcopus, inde vero [2]) Anselmus cantuariensis antistes, qui de origine Christi servatoris ex Virgine ait: « Pinge igitur non super [3]) fictam vanitatem sed super solidam veritatem, et dic quia valde convenit ut quemadmodum hominis peccatum et caussa nostrae damnationis initium sumpsit a femina; ita medicina peccati et caussa nostrae salvationis nascatur de femina: ac ne mulieres desperent se pertinere ad sortem beatorum, quoniam de femina tantum malum processit; oportet ut ad reformandam spem earum de muliere tantum bonum procedat. Pinge et hoc: si virgo erat quae caussa fuit humano generi totius mali; multo magis decet ut virgo sit quae caussa erit totius boni. Hoc quoque pinge: si mulier quam fecit Deus de viro sine femina, facta est de virgine; convenit valde ut vir quoque qui fiet de femina, sine viro fiat de virgine. » Ubi vero [4]) agit de perfectione iustitiae quam consequi in praesentia possumus, scribit: « Constat ergo quia omnes qui in carne peccati vivunt, peccati sordem ad purum exuere non possunt. Unde adhuc [5]) de Ecclesia matre subditur, quia *omne sanctum non tanget*, illud videlicet perfectissimae puritatis quod habent angeli; *nec ingredietur sanctuarium*, subauditur patriae caelestis, *donec impleantur dies purgationis eius*, idest donec peractum sit ei tempus vitae mortalis in quo purgatur assidue, sed [6]) perfectionem purgationis in eo non assequitur. » Tum [7]) pergit: « Tanta quippe est et tam perseverans inquinatio, quam immundus spiritus humano generi per Evam infudit, ut ex toto purgari nequeat, nisi quum vitae mortalis aut seculi terminus advenerit. Sed sicuti per Evam venit inquinatio, sic per Mariam revertitur emundatio. » Quod conversis ad illam precibus repetens [8]) de Christo ait: « Qui suo inenarrabili munere praestitit ut natura humana ad similitudinem sui condita creatoris, dissimilis per peccatum et mortem effecta nequaquam in aeterna damnatione periret, sed illam per te sua immensa pietate repararet; et ut tu nova et intemerata Virgo facinus antiquae viraginis expiares. »

950. Quare auctor tractatus de conceptione beatae Mariae virginis, qui tribui Anselmo consuevit, his verbis [9]) orditur: « Omne quippe bonum ad quod homo conditus fuerat perdidit in Adam; et idem ipsum bonum multo excellentius humana natura recuperavit in Maria. » Commemoratis [10]) deinde bonis in Adamo amissis, descriptaque originalis praevaricationis ruina, mox [11]) pergit: « At ille cuius pietas non exhauritur, cuius misericordia non exinanitur, cuius bonitas numquam deficit, cuius maiestas quod vult efficit, hominem ad similitudinem sui creatum, ne totus in aeterna damnatione periret, liberare instituit; et ordine quo gratior esse non potuit, ipse videlicet qui hoc et per se faceret, homo fieri vo-

---

1) De cultu imaginum lib. II. pag. 184. D-F. in max. pp. biblioth. T. XIV.
2) Cur Deus homo, lib. II. cap. VIII. pag. 88. col. 2. D-E.
3) Al. *siccam*.
4) Hom. VI. in Evang. secundum Lucam, pag. 170. col. 1. B-D.
5) Levit. XII.
6) Atqui nihil est testificatione maiorum exploratius, quam Virginem *peccati sordem ad purum exuisse*, se nullam vel levissimam actualis peccati labem contraxisse. Qua de re insignis est tridentinae synodi declaratio sess. VI. can. XXII. Quodnam igitur arbitrabimur *speciale privilegium* Virgini collatum? quod nimirum in carne quidem vixerit, sed non *in carne peccati*.
7) Ibid. pag. 170. col. 1. C-D.
8) Orat. XLV. ad Virginem, pag. 276. col. 2. E.
9) Tract. de Virginis concept. pag. 501. col. 1. D.
10) Ibid. pag. 501. coll. 1. D-E. et col. 2. A-B.
11) Ibid. pag. 501. col. 2. B-C.

luit, nec talis ut ceteri homines, sed ut ipse et assumpta humanitas in una persona esset perfectus Deus et perfectus homo ex anima rationali et humana carne subsistens. » Tum [1]) subdit: « Sed tota humana natura in radice sui vitiata fuerat atque corrupta; nec Deus corruptioni et vitio peccati potest consociari. Necesse igitur fuit ut natura de qua se hominem facere volebat, et humana et munda ab omnis peccati contagio esset: quod non inveniret, cum ut dixi, nihil incorruptum vitiata cunctorum radice exsisteret. Sed qui humanae perditioni subvenire disponebat, Dei virtus et Dei sapientia nuncupatur. Itaque ad omnia quae vult, posse suppetit illi, nec sapientiae illius ullus est numerus, quae pertingit a fine usque ad finem cuncta disponens. Poterat ergo de massa peccatrice naturam humanam ab omni labe peccati immunem facere, unde in unam personam sui susciperet, ut homo integer esset et divinitati suae nihil minueret. » Quid [2]) igitur? « Praedestinata fuit et praeordinata in hoc opus mirabile et omnibus operibus Dei praestans et inenarrabile, Maria, scilicet illa magni maris nobilissima stella, hoc est, totius seculi illustratio, et omnium in tempestatibus diversorum casuum titubantium indeficiens levamen et consolatio, nec non ab aeternae mortis interitu paventium ac sub eius praesidium confugientium tutum iuvamen atque redemptio. » E quibus inferendo [3]) concludit: « Te igitur Domina, quam in tantum culmen praedestinavit et exstulit divina potentia, quam tot praerogativis dotavit cuncta disponens Dei sapientia, quam sibi matrem elegit ad mundo subveniendum, ipsa omnium salvandorum ineffabilis misericordia; crediderim ne, quaeso, te morte peccati, quae per invidiam diaboli occupavit orbem terrarum, in tuo conceptu potuisse gravari? Me namque iterum ipsas quas superius commemoravi rationes considerante, animus hoc credere vitat, intentio abborret, lingua fateri non audet. »

951. Ac merito, auctore siquidem [4]) Petro Damiani: « Nullus humanus sermo in laudes eius invenitur idoneus, de qua mediator Dei et hominum cognoscitur incarnatus. Impar est illi omne humanae linguae praeconium, quae de intemeratae carnis suae visceribus cibum nobis protulit animarum: illum videlicet qui de semetipso perhibet [5]) dicens: *ego sum panis vivus qui de caelo descendi, siquis ex hoc pane manducaverit, vivet in aeternum*. Per cibum namque a paradisi sumus amoenitate deiecti, per cibum quoque ad paradisi gaudia reparati. » Sed quonam pacto? Declarat Petrus [6]) subdens: « Cibum comedit Eva, per quem nos aeterni ieiunii fame multavit: cibum Maria edidit, qui nobis caelestis convivii aditum patefecit. » Eodem haec pertinent quae scribit [7]) Fulbertus carnotensis: « Dixit aeternus ad mulierem, Deus [8]) ad serpentem: *inimicitias ponam inter te et mulierem, et semen tuum et semen illius*. Quid est, fratres, in hoc loco serpentis caput conterere, nisi principalem diaboli suggestionem, idest, concupiscentiam resistendo superare? Si ergo quaeratur quaenam mulier huiusmodi victoriam operata sit, profecto non reperitur in linea generationis humanae, donec perveniatur [9]) ad illam de qua agitur san-

---

[1]) Ibid. pag. 501. col. 2. B-D.
[2]) Ibid. pag. 501. col. 2. C-E.
[3]) Ibid. pag. 501. col. 2. D-E.
[4]) Serm. XLV. idemque II. in Virginis nativit. p. 109. col. 1. D-E.
[5]) Ioh. VI.
[6]) Ibid. pag. 109. col. 1. E.
[7]) Orat. in Deiparae nativit. pag. 98. col. 1 B-D. apud Combefisium in biblioth. concionat. T. VIII.

[8]) Gen. III. 15.
[9]) Quod quidem verissimum est, si *de immunitate ab utraque concupiscentia habituali et actuali* intelligatur, falsissimum vero si ad triumphos contra aestuantem concupiscentiam revocetur. Virgini itaque immunitas adscribitur ab utraque concupiscentia, atque ipsi adeo immunitas adscribitur a labe originali, cuius illa *signum* est ac prope *materies*.

clam. » Unde [1]) colligit: « Haec est ergo mulier ad quam divinum illud intendebat oraculum, hanc quandoque nascituram innuebat, hanc singulariter intimabat. » Sensit hoc [2]) Bernardus et verba enarrans [3]) Evangelistae, *missus est angelus Gabriel a Deo ad Virginem*, exclamavit: « Currite matres, currite filiae, currite omnes quae post Evam et ex Eva et parturimini cum tristitia et parturitis. Adite virginalem thalamum, ingredimini si potestis pudicum sororis vestras cubiculum. Ecce enim Deus mittit ad Virginem, ecce affatur angelus Mariam. Apponite aurem parieti, auscultate quid nuntiet ei, si forte audiatis unde consolemini. » Alloquens deinde [4]) protoparentes, subdit: « Laetare, pater Adam, sed magis tu, o Eva mater, exsulta, qui sicut omnium parentes, ita omnium fuistis peremptores; et quod infelicius est, prius peremptores quam parentes. Ambo, inquam, consolamini super filia et tali filia, sed illa amplius de qua malum ortum est prius, cuius opprobrium in omnes pertransiit mulieres. Instat namque tempus quo iam tollatur opprobrium, nec habeat vir quid causetur adversus feminam: qui utique dum se imprudenter excusare conaretur, crudeliter illam accusare non cunctatus est [5]) dicens: *mulier quam dedisti mihi, dedit mihi de ligno et comedi*. Propterea curre Eva ad Mariam, curre mater ad filiam; filia pro matre respondeat, ipsa matris opprobrium auferat, ipsa patri pro matre satisfaciat: quia ecce si vir cecidit per feminam, iam non erigitur nisi per feminam. » Quod continuo [6]) uberius exponens inquit: « Quid dicebas, o Adam? *Mulier quam dedisti mihi, dedit mihi de ligno et comedi*. Verba malitiae sunt haec, quibus magis augeas quam deleas culpam. Verumtamen sapientia vicit malitiam, quum occasionem veniae quam a te Deus interrogando elicere tentavit sed non potuit, in thesauro indeficientis suae pietatis iuvenit. Redditur nempe femina pro femina, prudens pro fatua, humilis pro superba; quae pro ligno mortis gustum tibi porrigat vitae, et pro venenoso cibo illo amaritudinis dulcedinem pariat fructus aeterni. Muta ergo iniquae excusationis verbum in vocem gratiarum actionis et dic: Domine, mulier quam dedisti mihi, dedit mihi de ligno vitae et comedi, et dulce factum est super mel ori meo, quia in ipso vivificasti me. Ecce enim ad hoc missus est angelus ad Virginem. O admirandam et omni honore dignissimam Virginem! O feminam singulariter venerandam, super omnes feminas admirabilem, parentum reparatricem, posterorum vivificatricem! » Quam ut in scripturis praenunciatam ostendat, haec inter cetera [7]) habet: « Ut pauca loquar de pluribus, quam tibi aliam praedixisse Deus videtur quando ad serpentem [8]) ait, *inimicitias ponam inter te et mulierem*? Et si adhuc dubitas quod de Maria non dixerit, audi quod sequitur: *ipsa conteret caput tuum*. Cui haec servata victoria est, nisi Mariae? Ipsa procul dubio caput contrivit venenatum, quae omnimodam maligni suggestionem tam de carnis illecebra, quam de mentis superbia deduxit ad nihilum. »

952. Prae quibus haec non sunt illustria minus, quibus alibi [9]) Bernardus sermonem auspicatur: « Vehementer quidem nobis vir unus et mulier una nocuere; sed, gratias Deo, per unum nihilo minus virum et mulierem unam omnia restaurantur, nec sine magno fenore gratiarum. Neque enim sicut delictum, ita et donum; sed excedit damni aestimationem beneficii magnitudo. Sic nimirum prudentissimus et clementissimus artifex quod quas-

---

1) Ibid. pag. 98. col. 1. D.
2) Hom. II. super *Missus est*, n. 2. pag. 743. E-F. opp. T. III.
3) Luc. I.
4) Ibid. n. 3. pagg. 743. F. et 744. A.
5) Gen. III. 12.
6) Loc. cit. n. 3. pag. 741. A-C.
7) Ibid. n. 4. pag. 744. C-D
8) Gen. III. 15.
9) Serm. de duodecim Virginis praerogativis, n. 1. pag. 1012. C-D.

satum fuerat, non confregit, sed utilius omnino refecit, ut videlicet nobis novum formaret Adam ex veteri, et Evam transfunderet in Mariam. » Cuius supernae dispensationis caussas aperiens [1]) inquit: « Et quidem sufficere poterat Christus, siquidem et nunc omnis sufficientia nostra ex eo est: sed nobis bonum non erat esse hominem solum. Congruum magis ut adesset nostrae reparationis sexus uterque, quorum corruptioni neuter defuisset. Fidelis plane et praepotens mediator Dei et hominum homo Christus Iesus, sed divinam in eo revereantur homines maiestatem. Absorpta videtur in deitatem humanitas, non quod mutata sit substantia, sed effectio deificata. Non sola illi cantatur misericordia, cantatur pariter et iudicium: quia etsi didicit ex his quae passus est compassionem ut misericors fieret, habet tamen et iudiciariam potestatem. Denique [2]) Deus noster ignis consumens est. Quidni vereatur peccator accedere, ne quemadmodum fluit cera a facie ignis, sic pereat ipse a facie Dei? » Quare [3]) subdit: « Iam itaque nec ipsa mulier benedicta in mulieribus videbitur otiosa: invenietur equidem locus eius in hac reconciliatione. Opus est enim mediatore ad mediatorem istum, nec alter nobis utilior quam Maria. » De qua, comparatione ipsam inter atque Evam instituta, pergit [4]): « Crudelis nimirum mediatrix Eva, per quam serpens antiquus pestiferum etiam ipsi viro virus infudit, sed fidelis Maria quae salutis antidotum et viris et mulieribus propinavit. Illa enim ministra seductionis, haec propitiationis: illa suggessit praevaricationem, haec ingessit redemtionem. Quid ad Mariam accedere trepidet humana fragilitas? Nihil austerum in ea, nihil terribile: tota suavis est, omnibus offerens lac et lanam. Omnibus misericordiae sinum aperit, ut de plenitudine eius accipiant universi, captivus redemtionem, aeger curationem, tristis consolationem, peccator veniam, iustus gratiam, angelus laetitiam, denique tota Trinitas gloriam, Filii persona carnis humanae substantiam, ut non sit qui se abscondat a calore eius. »

953. Quemadmodum vero alibi [5]) ad idem provocat Geneseos oraculum, illudque de Maria intelligendum docet; ita eidem insistens [6]) comparationi scribit: « Intuere, o homo, consilium Dei, agnosce consilium sapientiae, consilium pietatis. Caelesti rore aream rigaturus, totum vellus prius infudit: redemturus humanum genus, pretium universum contulit in Mariam. Ut quid hoc? Forte ut excusaretur Eva per filiam, et querela viri adversus feminam deinceps sopiretur. Ne dixeris [7]) ultra, o Adam, *mulier quam dedisti mihi, dedit mihi de ligno vetito;* dic potius, mulier quam dedisti mihi, me cibavit fructu benedicto. » Huic caussae alteram continuo [8]) addens pergit: « Piissimum sane consilium, sed latet forsitan aliud, nec totum hoc est. Altius ergo intueamini, quanto devotionis affectu nobis eam voluerit honorari, qui totius boni plenitudinem posuit in Maria: ut proinde si quid spei in nobis est, si quid gratiae, si quid salutis, ab ea noverimus redundare, quae ascendit deliciis affluens. Hortus plane deliciarum, quem non modo afflaverit veniens, sed et perflaverit superveniens auster ille divinus, ut undique fluant et effluant aromata eius, charismata scilicet gratiarum. Tolle corpus hoc solare quod illuminat mundum, ubi dies? Tolle Mariam, hanc maris stellam, maris utique magni et spatiosi; quid nisi caligo involvens et umbra mortis ac densissimae tenebrae relinquuntur? »

954. Expendit Petrus cellensis Isaiae [9]) vaticinium, *ecce Virgo*, atque inter alia sane

---

1) Ibid. n. 1. pag. 1012. D-E.
2) Deut. IV. 24. coll. Hebr. XII. 29.
3) Loc. cit. n. 2. pag. 1012. E.
4) Ibid. n. 2. pagg. 1012. E-F. et 1013. A.
5) De diversis serm. LII. al. IX. ex parvis, n. 3. pag. 1192. A-C.
6) Serm. in Virginis nativit. n. 6. pag. 1020. C-D.
7) Gen. III. 12.
8) Loc. cit. n. 6. pag. 1020. D-E.
9) Is. VII. 14.

praeclarissima [1]) scribit: « Quod ait, *ecce*, videtur mihi oculo et digito propheta in horologio aeternae dispositionis affixisse et praevidisse atque praemonstrasse unde angelus miraretur, homo redimeretur, Dominus conciperetur. Ecce avertite oculos ne videant vanitatem, et advertite quod factum a Domino, quod est mirabile in oculis nostris, in eadem virginitatem et fecunditatem. Ecce palatium mirificis impensis constructum, sed et gazis incomparabilibus locupletatum, solique Deo Dei Filio locupletatum. Ecce Virgo, ecce vitis, ecce uva non acerba sed matura. » Post quae [2]) subdit: « Eva fuit uva acerba, Maria fuit uva matura. Nec mirum, illa enim initio seculi compatiens gulae, immatura consideratione prosilivit ad pomum acerbum prohibitione, et dentes filiorum necdum natorum obstupescere fecit in omni generatione. Haec autem in fine seculorum modestissima, rore et sole caelesti maturata, non praeceps fuit praesumptione, nec tarda, quasi putrida, incredulitate. Angelus attulit ei florem [3]) dicens, *ave Maria*: attulit rorem dicens, *gratia plena*: attulit fructum dicens, *Dominus tecum*: attulit maturitatem dicens, *benedicta tu in mulieribus, et benedictus fructus ventris tui*. Ecce Virgo ore, oculis, labiis, digito, pede, manu, corde, mente, carne. Ecce Virgo quasi aurora inter noctem et diem, inter Dominum et hominem. *Pulcra ut luna* [4]) dierum, idest virtutum plenitudine. *Electa ut sol*, gratia, meritorum singularitate. *Terribilis ut castrorum acies*, super omnes potestates angelicas et aereas, plena donatione. Ecce Virgo sapiens quae habet oleum effusum in ventre suo cum lampade mirabilium operum, quae introivit cum sponso, immo in quam introivit sponsus et filius eius Iesus. Ecce Virgo pia ad infirmos, sancta ad iustos, herba fullonum ad immundos, sal ad putridos, scala ad claudos, reconciliatrix ad reos, misericordia ad miseros, portus ad naufragos, turris ad pavidos, domina ad suos, singularis bonitas ad cunctos. Ecce Virgo cella aromatum, cuius verba fragrantia super omnia aromata: quia in nulla virgine Spiritus sanctus tanta immisit spiracula virtutum, quibus odoratus Dominus odorem suavitatis, et angelica implentur thuribula, nostraque incensoria. » Ubi vero [5]) ordinem contemplatur humanae reparationis, et totus in eo est ut Dei praescientiam extollat, de hac ipsa [6]) scribit: « Non ipsa pendet de futuris eventibus, sed omnes rerum mutabilitates de immobilitate eius tamquam de universorum matrice egrediuntur. Igitur, tamquam Iacob et Esau in eodem utero, Evae procacitas et Mariae sanctitas congressum diversis studiis facientes quodammodo praescientiae viscera concutiebant, ut novissima, sicut dictum est, utilitate et dignitate antiquis praeirent, et favorabilior celebraretur Mariae singularis conceptio, quam paradisi terreni plantatio, et Christus de Virgine natus, quam Adam in paradiso positus. » Quod ut [7]) explicet, pergit: « In paradiso ille serpens cum homine reperitur, in Virgine solius Spiritus sancti obumbratio cum Iesu suscipitur: nullos flatus aut sibilos immisit corrupta totius boni intra septa horti nostri diabolus, quia hortus conclusus, fons signatus, sicut soli regi seculorum, qui est imago Dei invisibilis gremium suum expandit, sic omni subreptitiae vanitati vectes ferreos exactissimae custodiae opposuit: gloria enim Dei quae assumpta est de Cherub ad limen domus, custodivit eam ab inimicis suis et a seductoribus tutavit eam. »

955. Succedunt Hugo rotomagensis archiepiscopus et anonymus idemque eruditus

---

1) In verba Is. VII. 14. serm. VI. pag. 17. B.
2) Ibid. pagg. 17. C-E. et 18. A.
3) Luc. I. 28.
4) Cant. V. 9.
5) Serm. de beatissima Virgine, pag. 223. A.
6) Ibid. pag. 223. B.
7) Ibid. pag. 223. C.

auctor tractatus adversus Iudaeum, qui seculo duodecimo claruerunt, et e quibus ille [1]) ait: « Eva mater corrupta genuit, et mortis filium peperit. Maria mater integra genuit; et vitae fructum edidit. Illa perdidit, haec salvavit. Illa diabolo consentit et cecidit, haec Spiritum sanctum accepit et surrexit. Primum homo in paradiso mandatum accepit, quo creatori creatus servire debuit, ut obediendo teneret iustitiam, iustitia vivens transiret ad gloriam; sed dum praepropero cursu quaesivit gloriam, obedientiae fregit iustitiam prolapsus in culpam, a culpa in mortis miseriam. Secundus homo quem genuit Virgo, mundi reparator, descendens a superiori, ut nos erigeret inventus est [2]) in inferiori. Hoc sane mysterium ab aeterno dispositum, angelis creditum, diabolo celatum, prophetis revelatum, redditum est in Maria, susceptum ab Ecclesia, completum in gloria. » Anonymus vero [3]) ubi Isaiae [4]) oraculum adversus iudaicam perfidiam tuetur, sic habet: « Ecce novum, ecce mirabile seculis inusitatum et humanis auribus inauditum. Ecce pro una costa quam tulit Dominus de Adam ut formaret eam in mulierem, reddetur pro osse vir, pro costa corpus integrum; et quae virum decepit, viri deceptorem decipiet, reddendo virum pro viro, pro perdito Salvatorem, pro servo Dominum, pro creatura Creatorem restituet. » De appellatione autem Emmanuelis [5]) scribit: « Hoc nomen quod est Emmanuel, exprimet in eo utramque naturam, divinam et humanam, hoc est Deum hominem esse factum inter homines: hanc Virgo concipiet et tamquam filium pariet, ut inimicitiarum vindictam exerceat ac matris iniuriam vindicando de serpente triumphet, illa sententia Domini [6]) veritate completa qua dictum est: *ipse conteret caput tuum.* Is contra fortem virtute fortioris procedet, sinistra pugnabit ut dextera, pro matre filius, pro homine Deus, fietque pro primi parentis delicto redemptio vera, pro dolo decipientis victoria gloriosa. »

956. Multus porro est in hoc ipso tradendo expoliendoque doctrinae capite Amedeus lausannensis episcopus, e quo, ut ceteris [7]) sepositis, perpauca solum decerpam, haec primum [8]) habentur: « Decebat enim ut sicut [9]) per feminam mors, sic per feminam vita intraret in orbem terrarum. Et sicut [10]) in Eva omnes moriebantur, ita in Maria omnes resurgerent. Illa male credula verbis serpentis, mortis venenum miscuerat. Haec [11]) conterens caput serpentis antidotum vitae cunctis ministravit, ut mortem occideret et vitam repararet.» Tum haec [12]) habentur: « Sicut enim in Eva omnes moriuntur, ita et in Maria omnes vivificabuntur. Et sicut Evae scelere fit mundi damnatio, ita fide Mariae facta est orbis reparatio. Illa infecta est veneno lethali quod transfudit ad posteros, haec infusa vitali antidoto quod fidelis transmisit ad universos. Corruit illa male credula serpenti, surrexit ista, et iuxta verbum quod [13]) dixit Deus in Genesi, contrivit caput serpentis. Ab initio praenunciata, et nunc ecclesiae primitivorum donata. Ex tunc repromissa, et in fine temporum exhibita. » Atque haec rursum [14]) habentur: « In te *(Deum intelligit)* etiam laudabitur non Eva lethi propinatrix, sed Maria vitae propinatrix, mater et altrix coniunctorum vita viven-

---

1) Dialog. lib. III. pagg. 932. B-D. et 933. A. apud Martene in thesauro anecdot. T. V.
2) Philipp. II. 6.
3) Tract. adversus Iudaeum n. 75. pag. 1565. A-B. apud Martene ibidem.
4) Is. VII. 14.
5) Loc. cit. n. 76. pag. 1566. D-E.
6) Gen. III. 15.
7) De laudibus Virginis hom. III. pag. 1269. F. et Hom. VIII. pag. 1277. C. in max. pp. bibliotb. T. XX.
8) De laudibus Virginis hom. II. pag. 1265. E-F.
9) Rom. V. 18.
10) I. Cor. XV. 22.
11) Gen. III. 15.
12) De laudibus Virginis hom. VII. pag. 1275. A-C.
13) Gen. III. 15.
14) De laudibus Virginis hom. VIII. pagg. 1276. G-H. et 1277. A.

tium. In te laudabitur genitrix tua, audiant [1]) mansueti et laetentur. Lucifer gloriosus et arrogans vulneratus ad ima corruit, audiant superbi et humilientur. Virgo humilis ad thronum gloriae coronata conscendit, audiant humiles et laetentur. Corruit ille elatus magna de se praesumendo; introivit Maria in holocaustis totam se plenitudini gratiae committendo. Ille dignitatis angelicae clarissimos fines excedens, iustissimae damnationis in tormentis poenas exsolvit. At gloriosissima, carne integerrima, mente serenissima, viventium mitissima, quo cunctis humilior et sanctior exstitit, eo super omnes elevata, et in caelum a caeli civibus honorificentissime et ex more imperiali suscepta a Patre supremo, in regno claritatis aeternae et in throno excellentissimae gloriae prima post Filium, quem ex se genuit incarnatum, iussa est residere. »

957. Tacitus praetereo quae [2]) Rupertus tuitiensis eadem instinctus mente litteris consignavit, eaque refero quae [3]) Andronicus byzantinus quaestionem versans, *cur Dei Filius homo factus sit*, his verbis complectitur: « Postquam terrestris diaboli invidia et uxoris fraude, caelestem se vocari non observans, pro vita mortem non sibi modo sed toti adeo generi conscivit; oportebat caelestem et immortalem Deum Gabrielis opera ex incontaminata et impolluta femina nasci: quemadmodum de viro sine muliere efficta mulier est, sic e muliere sine viro Deum hominem virum prodire, ut peccati repertor insuperabilem se arbitratus, nobis spe Numinis inescatis, assumpto vicissim corpore inescaretur, quo Deum ceu Adamum adortus occumberet. Itaque exinanitum Numen cum assumpto corpore copulatum est, et insolito temperamento Deus et homo ex utroque unum, et per unum utrumque factus, Deo cum corpore permixto atque devincto ut quae dissiderent cuiusdam tamquam medii commercio in unum componeret. » Et [4]) continenter: « Igitur unus ex utroque pro uno decessore, seu ut verius dicam, pro omnibus factus in terram venit animo praeditus propter animum praecepti contemptorem, corpus gestans propter corpus delicti administrum simulque damnatum, peccato altior ac sublimior; luteus propter Adamum sub peccatum subiectum, vetere cum novo, idest humanitate cum divinitate conserenda, et qui passus esset, eo per passionem revocando, ac pro nostrorum unoquoque singulis vicissim eius qui pro nobis obiiceretur, praestandis, atque hac benigna lapsi propter contumaciam procuratione, novo quodam arcano exhibendo. Hinc ortus atque Virgo, hinc praesepe et Bethlehem, ortus pro creatione seu potius recreatione, Virgo pro muliere, salve pro dolore, Bethlehem pro Eden, praesepe pro pomario, Gabriel pro serpente, arbor pro arbore, in crucem expansae manus pro male exporrecta manu, fel pro dulci sapore, arundo ad frangendam maligni potentiam, mors pro morte, sepultura pro in terram reditione, ac demum resurrectio pro lapsi resurrectione. »

958. Reliquus est Isidorus thessalonicensis, quo auctore [5]), divina [6]) verba, *faciamus hominem ad imaginem et similitudinem nostram*, ad Virginem inprimis referuntur. « Nam neque Adam, neque ullus Adae filius perfecte implevit modum humanae excellentiae. Propter Virginem igitur dictum fuit excelsum illud elogium de homine, quod esset ad similitudinem Dei creandus. » Huic plane eximio Virginis praeconio alterum continuo subii-

---

1) Ps. XXXIII. 3.
2) In Cant. cantic. lib. II. pag. 16. col. 2. B-E.
3) In dialogo con. Iudaeos cap. XXIX. pag. 286. in lectt. antiq. Henrici Canisii T. IV. De germano huius dialogi auctore erudite disserunt Stevartius. Livineius et Basnagius.
4) Ibid. cap. XXX. *Cur Christus homo simul et Deus*, pagg. 286-287.
5) Orat. III. in Deiparae annunciat. pag. 83. edit. Maraccii.
6) Gen. I. 26.

cit [1]) inquiens: « Quia hominem liberare ab aerumna non valebat homo eiusdem naturae, quique propter virtutis abundantiam esset idoneus ad utendum Dei adiuvantis auxilio: maior enim erat culpa quam ut purus homo posset libertatem afferre; opus erat novum creari hominem qui valde prope ad Deum accederet, ut medicinam adhibere posset. Hic vero plane fuit stupendissimus ille homo, Virgo cunctorum hymnis decantatissima, de qua vel ipsi Deo curae fuit praedicere quod tantis viribus esset praevalitura: et formare illum ut homo esset ad divinam similitudinem, quae quasi Deus operanti Deo suam operam praestans, nobili creaturae homini posset dare salutem. »

959. Quae omnia quantopere in rem nostram faciant, opus non est ut pluribus explicetur. Et re sane vera I. ut omnibus compertum foret, unum eumdemque esse qui hominem libere conditum supernis auxit muneribus, quique illum in perniciem lapsum refinxit ac sublevavit; constituit Deus ut gradibus ac modo quibus omnes in ruinam offendimus, gradus ac modus redditae salutis responderent. Constituit propterea *ut ex eadem radice, e qua malum germinaverat, medicina erumperet: ut eadem via qua lues in universos pervaserat, ab iis depelleretur: atque adeo ut sexus uterque suam operam universali reparationi conferret.* Quapropter II. *sicuti veteri Adamo novum, et illius inobedientiae atque contumaciae huius obedientiam et exinanitionem opposuit; ita loco prioris Evae alteram suscitavit, quae fide, humilitate, prudentia esset illius emendatio, pretium, medicamentum et gloria.* Haec autem III. ipsa fuit beatissima virgo Maria, *Geneseos oraculo praesignata, quae decepit deceptorem, erexit quae ceciderant, invexit immortalitatem, facinus antiquae virginis expiavit, atque una cum Filio, per Filium et post Filium illata a protoparentibus damna sarcivit, in caput serpentis maleficium retorsit, inimicitias Deum inter hominesque dissolvit, caussa exstitit regenerationis nostrae, auctrix reformationis, parentum reparatrix, posterorum vivificatrix, et pro maledicto benedictionem universo generi conciliavit.* Iamvero IV. nihil omnino manifestius quam hisce necessario postulari, ne ipsa quoque Virgo ceterorum praevaricatione comprehensa, communi tabe infecta et universali obligata crimine censeatur. Fuit igitur originalis culpae exsors et prorsus immaculata. Quod V. maiores nostri apertissimis docuerunt sententiis, quum de Virgine loquentes, ipsi tamquam privum et singulare vindicarunt, *quod impervia fuerit ignitis satanae telis, apostaticis virtutibus formidabilis, undequaque communita, contra serpentis virus illaesa, lethali veneno quod ad posteros transiit, non infecta, aliena ab inquinatione Evae, sumpta ex massa peccatrice, sed ab omni labe idcirco soluta quod ad mirabile reparationis opus fuerit selecta, nova conspersio divinae reformationis, numquam offusa tenebris, quod ex ea omnibus lux affulserit, aurora noctem inter atque diem, ita concepta ut in ea exitiosus peccati partus elangueril, digna cuius conceptio laudibus celebretur, palatium uni Deo praeparatum, humanae venustas naturae, et omnino sola quae humanae excellentiae fastigium attigerit.* Ac rursum VI. docuerunt, quum Virginem ab omnibus solutam originalis culpae effectibus declararunt. Si enim et ipsa divinum testamentum in protoparentibus profanasset: si et ipsa cum serpente consensisset: et si manu ad vetitam arborem protensa interdictum cibum ipsa quoque gustasset; futurum necessario erat ut effectus contractae labis inditique sceleris experiretur. Atque idcirco experiretur [2]) mortis dominium, corruptionis opprobrium,

---

[1]) Ibid. pag. 84.
[2]) *Dominium* dico quod *a facto* toleratae mortis distingui sedulo debet.

et turbidas aestuantis cupiditatis illecebras. Sed maiorum neminem reperire licet, qui Virginem ab his omnibus integram non declararit. Illis igitur persuasum erat, nullum umquam Virgini cum originali culpa et universali praevaricatione fuisse commercium. Quapropter his absolvo quae [1]) in ecclesiasticis hymnis frequentantur:

» Morsus anguis	» Christi sanguis,
» Nos omnes in lumbis Adae	» Devicta priori clade
» Sauciavit;	» Nos sanavit.
» Eva suasu colubri	» Matris lapsum filia
» Tumens culpa lugubri	» Pulcra super lilia
» Nos involvit;	» Fructu solvit.

ARTICULUS VI.

Conspiratio ecclesiarum syriacae, armeniae et copticae: testes huius conspirationis, e quorum numero laudantur Ephraemus, Bar-Cepha, Gregorius illuminator, Stephanus suniensis et Gregorius narecensis: accedit specimen e copticis monimentis, et veritas immaculati conceptus pleniori in lumine collocatur.

960. Quamquam ex ecclesiae dotibus ea luculentissime splendeat qua una est unitate sententiarum et fidei, adeoque latinae graecaeque ecclesiae persuasione comperta, integrum continuo sit de concordi reliquarum ecclesiarum mente existimare; non minimam tamen voluptatem creat neque minimam gignit utilitatem, hoc ipsum prolatis in medium testibus *historica quadam evidentia* confirmare. Ne igitur hac sive honestissima voluptate sive iucundissima utilitate privemur, nonnullam dabimus operam ut conspirationem ecclesiarum syriacae, armeniae et copticae cum graeca atque latina, idoneis productis testibus, demonstremus.

961. Itaque beatus Ephraemus in exegeticis sermonibus declarans [a]) verba Geneseos, *vidit igitur mulier quod bonum esset lignum ad vescendum, et tulit de fructu illius et comedit, deditque viro suo qui comedit*, sic [2]) orditur: « Sublime elatus Adam, humi deiectus est. Principium eius locus summus, imus novissima eius. In paradiso invenit initium exitum in sepulcro. Ante Evam conditus, corpus nactus est perfectum et integrum. Umbra deinde futurorum, costa ex illo decerpitur. Haec Eva fuit, eadem casus occasio mox futura, quaeve stantem Adae murum labefactaret. Per Evam nempe decora et amabilis hominis gloria exstincta est, quae tamen rursus per Mariam refloruit; honor quippe Adae, Evaeque concessus primum, mox ademptus fuit. Quae ipsius adiutorium futura fuisset, quaeque coniugem sublevatura credebatur, profligavit. Sic virum femina subegit imbellis, subiecta subiecit, fregitque infirma. Evae suasit astus, ne fructum coniugi ante offerret, ut prior ipsa comederet, unde illo fieret maior, ipsaque primum teneret locum, maritus secundum. Evae Dominus etiam secreta eius propalavit, quando suam illa sibi coniugem subdere cogitabat, ideo [3]) dixit: *vir tuus tui dominabitur.* » Antithesim vix primis indicatam lineis [b]) perse-

---

a) Serm. exeg. in sel. script. loca opp. syr. et graec. T. II. pag. 318. C.
b) L. c. pag. 321. C.

1) Apud Mone Lateinische Hymnen des Mittelalters pag. 273.
2) Gen. III. 6.
3) Gen. III. 16.

quitur, adiectisque coloribus Ephraemus excitat inquiens: « Eva gloria et honore decora noluit serpenti despecto et vili repugnare, quando et eius dicta ambigua erant et igne probanda, ipsamque videre erat multa luce nitentem, et illum misere abiectum. Mariam ergo miremur quae magnum angelum interpellavit, nec expavit, sciscitata est nec timuit. Eva nec sordidum serpentem pedibus carentem ausa est interrogare, quando puella Gabrieli restitit. Nec tamen interrogavit Maria, quo de filio Dei vivi disquireret; de lumine mortali quaesivit, quod nullum cognosceret. Maria sciscitata est de rebus, quae illi veridico *(Gabrieli)* plana fuissent. Admisit Eva ab hospite ignoto dicta, quae factu difficillima. Mater imprudens nostrarum miseriarum origo fuit, facta est prudentissima soror felicitatis nostrae thesaurus. » Tum a) subdit: « Fratres filii Evae audiamus antiquae matris casum, quem Maria tandem reparavit. » Cuius modum reparationis b) aperit pergens: « Sicut enim per exiguum auris sinum intravit et infudit se mors; ita in novam Mariae aurem penetravit fuditque se vita: et quemadmodum lignum mortem intulit; sic aliud lignum vitam revexit, ut per alterum mors vinceret, per alterum vita triumpharet. »

962. Eumdem [1]) Scripturae locum Ephraemus rursum expendit, eamdemque comparationem c) usurpans ait: « Quae duae feminae innocentia et simplicitate floruerunt Maria et Eva, altera salutis, altera nostrae mortis origo fuit. Age rationes utriusque conferamus. Eva ex quo simplicitatem a prudentia discrevit, plane desipuit; Maria sapienter prudentiam credidit esse salem et condimentum simplicitatis. » Hoc deinde uberius explanat, tum d) subdit: « Oculum Evae arboris perculit species, aurem pepulit veteratoris consilium, ambo haesere infixa animo: absoluto opere incessit dolor et poenitentia. Aure vidit Maria illum absconditum, voce concepit in utero virtutem ad corpus demissam. Inter haec mors et diabolus dum anxii se mutuo suspectant, invicem interrogant. Quid istuc quod pulsat aures carmen? Angelos quippe audiebant hunc de illo hymnum modulantes: hic est exstinctor mortis et diaboli triumphator, gaudium angelorum et hominum spes. Hinc incessit trepidatio et metus, compulitque ad fugam ambos. » Neque profecto mirum: « Manifestum e) *namque* est Mariam fuisse eius sideris ianuam, cuius praesentia spes nostra revixit, quando per illam mundum eiusque habitatores revisit lux, quam expulerat Eva omnium origo malorum. »

963. Quae ne secus ac fas est accipiantur, illico f) pergit: « Et si mysterium utriusque nosse cupis, cogita corpus geminis praeditum oculis, quorum alter casu occaecatus lumen amisit, mira nitet alter luce quam etiam rebus omnibus communicat. Mundum iam respicito, duos hic oculos nactus est: Eva fuit oculus sinister plane caecus, dexter ex adverso nitidissimus Maria. Ut laevo oculo lux occidit, simul universo orbi incubuit nox. » Quae porro exinde consequuta sint, commemorat g) scribens: « Quum ergo homines caeco errore viam pertentarent, quodvis incideret offendiculum, crediderunt esse Deum, et falsi

a) L. c. pag. 321. E.
b) L. c. pag. 324. E.
c) L. c. pag. 327. A.
d) L. c. pag. 328. A.
e) Ibid. pag. 329. D.
f) Ibid. pag. 329. E.
g) Ibid. pag. 329. F.

1) Gen. III. 7.

verique nomina confuderunt. Postquam vero iis qui hactenus per noctem erraverant, illuxit dies per oculum dexterum a caelesti luce quae in eius sinu habitabat, resipuerunt et damnarunt errorem, agnoveruntque salutis suae perditionem fuisse proprii capitis adinventiones. »

964. Nobilissimae huic imagini et qua nulla desiderari potest ad eximendam Virginem a communibus tenebris opportunior, ista respondent quae tum [a]) Ephraemus habet quum natalem celebrans Servatoris diem ait: « Adam mulieri laborum et dolorum caussa fuit, matri damnum compensavit filia virgo quo ipsi peperit Salvatorem. Evam genitricem genuit ingenitus vir; quanto credibilius videatur, filiam Evae citra viri operam gravidari potuisse? Terra virgo Adamum peperit protoplastum, terrae Dominum, caeli Dominum Adamum hodie Virgo paruit. » Ista denuo [b]) respondent: « Quum adhuc virgo esset, ignominiosa folia induit Eva mater nostra, quae vero, perseverante etiam virginitate, mater tua effecta est, gloriosam stolam suscepit omnium mortalium nuditati indumenta provisuram. Parvum illi corporis pannum commodavit, qui nos omnes vestit et ornat. O beatam illam, cuius cor et mentem obtines? Regis aula facta est, te regni herede illam habitante, teque summo sacerdote ibidem sacra faciente, in sanctum sanctorum transiit. Eva nidus et caverna colubro exsecrabili facta est, ex quo suggestum ab eo consilium illam expugnavit et insedit. Evasit etiam eiusdem cibus, ex quo in terram rediit. » Neque haec abludunt quae de paradiso Eden sermonem [c]) faciens scribit: « Nudus Adam decorus erat, vestem coniux manu sua elaboratam ei adcommodavit, vestem scilicet sordidam et culpa omni sorde peiore foedatam. Lapsum protoplastum vidit paradisus et luxit casum, cui ipse caussam dedisset. Vestem, Maria aliam latroni quaesivit aptavitque, et addito promisso in spem fortunae melioris erexit. Hunc item paradisus vidit et effuso sinu complexus est, sedem ab Adami relegatione vacuam ei assignavit. » Ubi vero [d]) Mariae laudes pertexit, inter cetera sic habet: « Errat autem, dilectissimi, quisquis hodiernam reparationis diem cum altera creationis comparari posse arbitratur. Initio namque terra condita est, hodie renovata, initio ob Adami crimen [1]) maledicta est in opere suo, hodie vero pax illi et securitas restituta, initio protoparentum delicto [2]) in omnes homines mors pertransiit, hodie vero per Mariam [3]) translati sumus de morte ad vitam: initio serpens Evae auribus occupatis, inde virus in totum corpus dilatavit; hodie Maria ex auribus assertorem perpetuae felicitatis excepit. Quod ergo mortis fuit, simul et vitae exstitit instrumentum. »

965. Doctrinam tanto sententiarum verborumque splendore ab Ephraemo traditam, et [4]) Assemano teste, penes syros doctores vulgatissimam compendio repetit, paucisque

---

a) Serm. I. de nativ. Dom. opp. syr. et graec. T. II. pag. 396. E.
b) Serm. XII. opp. T. II. pag. 430. E.
c) De paradiso Eden. sermo IV. opp. syr. et graec. T. III. pag. 572. C.
d) De diversis sermo III. opp. syr. T. III. pag. 607. D.

1) Gen. III. 17.
2) Rom. V. 12.
3) Ioh. III. 14.
4) Biblioth. orient. de s. Ephraem §. IV. n. 35. p. 90. T. I. « Frequens est apud Syros scriptores haec comparatio, clareque se explicant de Heva constituta in statu innocentiae intelligenda esse, quae de eius puritate et innocentia dicuntur, ut ex contextu id satis perspicuum est. Et quum Heva in nullo momento status innocentiae ullam noxam contraxerit, ea comparatione syri satis testantur, beatam virginem Mariam quolibet momento etiam suae conceptionis quovis crimine puram fuisse. Nec huic adversantur quae in secundo hymno heic sanctus doctor attexit: *Maria oculo similis fuit. Lux in eam*

indicat Moses Bar-Cepha quum [1]) Geneseos oraculum, *inimicitias ponam inter te et mulierem, et inter semen tuum et semen eius*, hoc commentario [2]) exponit: « Quoniam, inquit, adversus mulierem fuisti amicus fraudulentus, atque inimicitias sevisti ei cum Deo; ergo inter te et ipsam, interque tuum semen et ipsius semen inimicitiae quoque ut constent efficiam. » Et [3]) mox: « Te, o satanas, adhuc ea cura studiumque exercuit, ut primos parentes una cum ipsorum posteritate amicos facere tu tibi posses; ego vero iam efficio, ut perpetuo hostilia omnia sint inter te atque illos. » Eodem haec [a]) pertinent ex officio Maronitarum: « Salve benedicta, vas novum Elisaei: per te enim dulce factum est virus quod serpens inter arbores effudit. » Tum haec [b]) ex eorumdem Missali, in quo Virgo dicitur *vas novum, per quod dulcis facta est amaritudo*.

966. Conspirat armeniorum ecclesia, ex cuius lucidissimo sidere Gregorio illuminatore haec relata [4]) legimus: « Consilia voluntatis tuae quae antea per sanctos tuos prophetas priscis generationibus adumbraveras, in plenitudine temporum patefecisti per dilectum Filium tuum, quem propterea misisti ut ex Virgine sancta nasceretur, atque ut quemadmodum per primam virginem Evam mors in mundum intravit, ita per hanc secundam Virginem in mundum vita ingrederetur: atque ut quemadmodum Eva Cainum pariente, maledictio, sudor atque anxius labor mundum pervaserunt; ita nativitate Filii tui ex altera Virgine quies, vita et benedictio mundum recrearent. » Porro Stephanus suniensis episcopus qui octavo seculo maxime floruit, his laudum encomiis [5]) Virginem prosequitur: « Intemeratum Dei Verbi templum, quae ineffabili tuo partu primae matris Evae maledictum abstulisti, eum semper pro animabus nostris deprecare. Tu quae primae matris delictum, o Virgo sancta, tuo partu solvisti, pro nostra salute continenter exora. Tibi soli inter mulieres post partum Virgini laudes canimus: per te enim mundo innotuit qui lux est ex luce, quique ineffabili ex te nativitate primae matris maledictum abrogavit. » His autem praeclare respondent quae Gregorius narecensis monachus idemque seculi decimi auctor [6]) scribit: « Tu electa ex progenie atque massa puri seminis, o sancta Dei genitrix, Filium paterni beneplaciti in te gestasti, facta spiritalis terra rationalis plantae, sensibilis ager panis vitae, officina lucentis margaritae et mons e quo excisus est lapis terram implens. Imaginem protoparentis ex te restitutam accipientes, te Domini matrem actis gratiis laudamus. Tu humano ex genere caelestis angelus, tu benedictionis racemus ex diebus veterum patrum, tu nubes imbrifera mitissimi roris, tu diei albescentis stella matutina, tu post nocturnas tenebras iucunditatis nuncius, tu nudati protoparentis gloria inexplicabilis, tu matris propter maledictum moestae solatium atque expiatio: Tu generationis quae maledictionem experta est, regeneratrix: tu primae mulieris peccatricis proles sine delicto laudaris: et tu divini regni novus initiationis terminus. » A quibus minime abludunt quae Nerses

a) Offic. Maronit. pag. 25. edit. Romae MDCCXXXI.
b) Missal. Maronit. pag. 35.

illapsa mentem ipsius eluit, cogitationes tersit, curas purificavit, virginitatem defaecavit. Ubi quemadmodum virginitati Mariae nihil detrahitur, sic nec eiusdem perpetuae et numquam temeratae innocentiae quidquam detrahi dicendum est. »
1) Gen. III. 15.
2) Comm. de Paradiso, Par. I. pag. 486. D. in max. pp. biblioth. T. XVII.
3) Ibidem, et pag. 494. D.
4) Penes auctorem operis de conversione gentis Armeniorum pag. 65-66. edit. Venet.
5) Breviar. Armen. P. III. pagg. 271-286-292. edit. Vindobon.
6) Orat. de Virginis laudibus, §§. IV-XI-XVII-XVIII-XIX. edit. Venet. MDCCCXXVII.

claiensis Armeniorum catholicus et seculi duodecimi scriptor non infrequenter [1] commemorat, cuiusmodi ista [2] sunt: « Sicut secunda Virgo prona fuit ad bonam obedientiam, ex qua vita; et non sicut prima virgo ad malam suasionem prona, ex qua mors. » Fuit igitur cur Cophtorum ecclesia [a] Virginem celebraret tamquam *salutem Adami, Evae gaudium generationum laetitiam, matremque perfugii*.

967. Quae quidem omnia neque animo recolere, neque conferre cum superioribus possum quin continuo animadvertam, mirificam esse ecclesiarum conspirationem qua unam eamdemque doctrinam de oeconomia reparati hominis, deque habitu Evam inter atque Mariam singulae profitentur. Hanc autem ecclesiarum unanimem doctrinam [3] eo pertinere, *ut pro duplici Evae statu, Maria illi similis vel ab ea toto caelo dissimilis proclametur*. Fac enim Evam spectes adhuc innoxiam et pristina puritate fulgentem: una est maiorum professio, *Mariam illi fuisse* [4] *simillimam et ad eius typum perfectissime expressam*. Sin autem Evam consideres peccato iam corruptam et originali puritate spoliatam, ne unum quidem ex iisdem reperias qui totus in eo non sit *ut antitheses, quae illam a Maria secernunt, aperiat atque explanet*. Illos enim si audias, *quemadmodum Eva fuit lapsus occasio, et morem serpenti gerens labefactavit Adami fortitudinem, exstinxit hominis gloriam, expulit lucem, invenit tenebras, et nidus atque caverna colubri effecta id promerita est ut peccatum regnaret, mors saeviret et omne miseriarum genus in homines grassaretur; ita vicissim Maria soror nostra prudentissima matris casum reparavit, abstulit maledictionem, solvit peccatum, restituit protoparentum imaginem, et in thronum templumque Unigeniti electa instrumentum fuit* [5] *vitae, felicitatis nostrae thesaurus, ianua eius sideris, cuius praesentia spes nostra reviruit, lux refulsit, et hominum genus de morte ad vitam remeavit*.

968. Quid iamvero sibi vult, quove spectat utraque maiorum professio? Et quid illa inprimis, qua Mariam Evae innocenti simillimam celebrant? Tum vero quid illa, qua Mariam ab Eva peccatrice diversissimam contestantur? Responsio nequit esse impedita, quum ex rebus ipsis sua sponte efflorescat. Una enim eademque ratio maioribus nostris persuasit, ut Mariam Evae innocenti simillimam et ab Eva peccatrice diversissimam praedica-

---

a) In Theotociis pag. 64-65.

1) In evang. Matth. cap. II. pag. 64. opp. vol. II. edit. Venet. MDCCCXXXIII. Et ibidem explanat. homiliae de s. Cruce, pag. 284.

2) Epist. IX. ad Michaelem Graecorum patriarcham, pag. 242. opp. vol. I.

3) De qua repeti non iniuria possunt Irenaei verba ex lib. I. cap. X. n. 2: Καὶ οὔτε αἱ ἐν Γερμανίαις ἱδρυμέναι ἐκκλησίαι ἄλλως πεπιστεύκασιν, ἢ ἄλλως παραδιδόασιν, οὔτε ἐν ταῖς Ἰβηρίαις, οὔτε ἐν Κέλτοις, οὔτε κατὰ τὰς ἀνατολὰς, οὔτε ἐν Αἰγύπτῳ, οὔτε ἐν Λιβύῃ, οὔτε αἱ κατὰ μέσα τοῦ κόσμου ἱδρυμέναι· ἀλλ' ὥσπερ ὁ ἥλιος τὸ κτίσμα τοῦ θεοῦ, ἐν ὅλῳ τῷ κόσμῳ εἷς καὶ ὁ αὐτός, οὕτω καὶ τὸ κήρυγμα τῆς ἀληθείας πανταχῇ φαίνει καὶ φωτίζει πάντας ἀνθρώπους τοὺς βουλομένους εἰς ἐπίγνωσιν ἀληθείας ἐλθεῖν. *Et neque hae quae in Germania sunt fundatae ecclesiae aliter credunt aut aliter tradunt: neque hae quae in Hibertis sunt, neque hae quae in Celtis, neque hae quae in Oriente, neque hae quav in Aegypto, neque hae quae in Libya, neque hae quae in medio mundi constitutae; sed sicut sol, creatura Dei, in universo mundo unus et idem est, sic et praedicatio veritatis ubique lucet et illuminat omnes homines qui volunt ad cognitionem veritatis venire.*

4) Qua de re tum egimus, quum nn. 553. sqq. de Virginis typis dissereremus.

5) Scite namque Fortunatus presbyter in hymno de passione et cruce Salvatoris nostri Iesu Christi cecinit:

» Hoc opus nostrae salutis
» Ordo depoposcerat:
» Multiformis proditoris
» Arte ut artem falleret,
» Et medelam ferret inde
» Hostis unde laeserat.

rent. Quaenam vero? Dicam aperte. Quod patres scriptoresque christiani Mariam nulla umquam tabe culpae vitiatam existimarint; sed unanimes contra censuerint *eam fuisse benedictionis racemum, prolem sine delicto primae matris, gloriam inexplicabilem nudati protoparentis, generationis maledicto obnoxiae regeneratricem, vas novum per quod effusum astu serpentis venenum dulce evasit, angelum caelestem qui ex humano genere emersit, et dexterum humanitatis oculum numquam excaecatum, sed per quem dies habitantibus in umbra mortis illuxit.*

ARTICULUS VII.

Liturgica et ecclesiastica monimenta quibus multiplex dissimilitudinis habitus inter Evam peccato infectam et Mariam Deiparam confirmatur: Missale mozarabicum: Missale gothicum sive gallicanum vetus: Responsoriale et Antiphonarium romanae ecclesiae: veteres Latinorum hymni et sequentiae: Graecorum Menaei: eorumdem Octoechus atque Triodium: praecedentium epilogus, et insignis cum eo cohaerens immaculati conceptus probatio.

969. Si propositum mihi esset non aliis uti quam necessariis, ad iis plane abstinerem quae de multiplici dissimilitudinis habitu inter Evam peccato obstrictam et Mariam Deiparam liturgica et ecclesiastica monimenta affatim suppeditant. Sed quando in eam mentem venerim ut necessaria utilibus atque opportunis cumularem, non possum quin ex eiusmodi monimentis specimen aliquod decerpam, quo doctrinae caput suo iam lumine splendidum in splendidiori etiam luce collocetur. Itaque in Missali mozarabo haec praefatio [1] occurrit: « Recensemus enim praeclarissimae conceptionis diem, quo gloriosissima Dei genitrix, intemerata virgo Maria, stella corusca et admirabilis mundo concepta est. Quae nobis perennis vitae ianuam, quam Eva in paradiso clauserat, reseravit, nosque e tenebris ad lucis antiqua gaudia revocavit. » Occurrit [2] et haec multo plenior, et ad illam de qua quaerimus dissimilitudinem explicandam longe accommodatior: « Aequum et salutare, nos tibi, Domine Deus omnipotens, gratias agere, et cum tuae invocatione virtutis beatae Mariae virginis festa celebrare: de cuius ventre fructus effloruit, qui panis angelici munere nos replevit. Quod Eva voravit in crimine, Maria restituit in salute. Distat opus serpentis et Virginis. Inde fusa sunt venena discriminis, hinc egressa mysteria Salvatoris. Inde se praebuit tentantis iniquitas, hic redemptoris est opitulata maiestas. Inde partus occubuit, hinc conditor resurrexit, a quo humana natura non iam captiva sed libera restituitur. »

970. Succedit Missalis gothici sive veteris gallicani *immolatio* pro missa quae [3] inscribitur, *clausum* paschae, atque sic [4] habet: « Dignum et iustum est, necessarium et salutare est, nos tibi gratias agere, omnipotens Deus, licet gloriae tuae mortalium membra non congruant, redemptionis nostrae perferre praeconia: dum hominum genus mancipatum morte, infernorum sedibus tenebrarum vincla restringerent, spiritale Verbum per quod in principio omnia fuerant constituta, descendit in Mariam: quae dum partum suum Virgo miratur, inclusum hominem edidit Deum. Nec suffecerat solum hominem emendasse pec-

---

[1] Praefat. in festo conceptionis.
[2] Praefat. in festo annunciationis.
[3] Hoc nomine veteres denotabant *paschatis octavam* qua solemnitas ipsa concludebatur.
[4] Apud Card. Thomasium pag. 300. opp. T. VI.

catum, sed per ablutionem caelestem renatus redivivo ac novo nativitatis genere, remeans ad originem suam nos ad caelestia regna perduxit. O consilium divinae providentiae! O inaestimandum reparationis auxilium! Per Virginem nobis gloriosa vita [1]) restituetur, quae per ligni inobedientiam credebatur exstincta: per aquam mundi peccata diluuntur, per quam ante senserat mundus ipse naufragium. » Respondet [2]) *contestatio* missae in inventione sanctae crucis: « Dignum et iustum est, omnipotens Deus, tibi sacrificiorum vota persolvere, te in laudis praeconio indesinenter adtollere, ac [3]) utriusque, et illius scilicet habitatoris paradisi, et istius redemptoris humani generis exempla proponere. Ille quidem prior, sed iste melior. Ille terrenus, iste caelestis. Ille de limo factus, iste verbo conceptus. Tunc diabolo suadente Eva decipitur, nunc angelo nunciante Maria clarificatur. Tunc per invidiam serpentis homo qui fuerat creatus, perimitur; nunc per misericordiam redimentis homo qui perierat, liberatur. Tunc homo mandatum non custodiendo, de paradiso pellitur; nunc latro Christum Dominum confitendo, paradisum [4]) meretur. » Eodemque pertinet [5]) *contestatio* missae in adsumptione [6]) sanctae Mariae matris Domini nostri: « Dignum et iustum est, omnipotens Deus, nos tibi magnas merito gratias agere, tempore celeberrimo, die prae ceteris honorando. Quo fidelis Israel egressus est de Aegypto. Quo virgo Dei genitrix de mundo migravit ad Christum. Quae nec de corruptione [7]) suscepit contagium, nec resolutionem pertulit in sepulcro, pollutione libera, germine gloriosa, assumptione secura, paradisi dote praelata, nesciens damna de coitu, sumens vota de fructu, non subdita dolori per partum, non [8]) dolori per transitum, nec vita voluntate, nec funus solvitur vi naturae. Speciosus thalamus, de quo [9]) dignus prodit sponsus, lux gentium, spes fidelium, praedo daemonum, confusio Iudaeorum, vasculum vitae, tabernaculum gloriae, templum caeleste: cuius iuvenculae melius praedicantur merita, quum veteris Evae conferuntur exempla. Siquidem ista mundo vitam protulit, illa legem mortis invexit. Illa praevaricando nos perdidit; ista generando salvavit. Illa nos pomo arboris in ipsa radice percussit; ex huius virga flos exiit, qui nos odore reficeret, fruge curaret. Illa maledictione in dolore generat, ista benedictionem in salute confirmat. Illius perfidia serpenti consensit, coniugem decepit, prolem damnavit; huius obedientia Patrem conciliavit, Filium [10]) meruit, posteritatem absolvit. Illa amaritudinem pomi succo propinat, ista perennem Nati fontem de-

---

1) Al. *restituitur*.
2) Ibid. pagg. 301-302.
3) Al. *ac de utriusque ad illius scilicet*.
4) Al. *paradiso*.
5) Ibid. pagg. 255-256.
6) De festo Virginis in caelum assumptae luculenter disserunt Mabillonius in notis ad Lectionarium luxoviense, Ruinartus ad cap. IX. lib. I. s. Gregorii turonensis de gloria martyrum, et Franciscus Verzosius qui in praefatione ad T. VI. operum Thomasii ostendit, festum assumptae in caelum virginis Mariae ante Gregorium magnum officio publico celebrari consuevisse.
7) His enucleata et per gradus distincta continetur oppositio inter ornamenta quibus Virgo refulsit, et damna quae Eva sustinuit. Primum autem ex ornamentis effertur phrasi, *quae nec de corruptione suscepit contagium*. Atqui eiusmodi est haec phrasis, quae sicuti in se spectata immunitatem a corruptione originalis contagii a-

ptissime exprimit; ita prae orationis ductu incisorumque serie vix aliam praeferre potest significandi potestatem.
8) Al. *labori*.
9) Al. *de quo decorus procedit sponsus*. Cf. Sacramentarium gallicanum apud Mabillonium T. I. Musaei italici, pag. 301.
10) Huc facit vetus oratio apud Martenium *de antiqua ecclesiae disciplina in divinis celebrandis officiis*, pag. 641: « Singularis meriti, sola sine exemplo, mater et virgo Maria, quam Dominus ita mente et corpore inviolatam custodivit, ut digna exsisteres ex qua sibi nostrae redemptionis pretium Dei filius corpus aptaret. Obsecro te, misericordissima Domina, per quam totus salvatus est mundus, intercede pro me spurcissimo et cunctis iniquitatibus foedatissimo, ut qui ex meis iniquitatibus nil aliud dignus sum, quam aeternae damnationis subire supplicium, tuis Virgo splendidissima salvatus meritis perenne consequar regnum. Per Dominum. »

sudat. Illa acerbo gustu natorum dentes deterruit, haec suavissimi panis blandientis cibo formavit: cui nullus deperit nisi qui de hoc pane saturari fauce fastidit. Sed iam veteres gemitus in gaudia nova vertamus. Ad te ergo revertimur, Virgo foeta, mater intacta, nesciens virum puerpera, honorata per Filium, non polluta. Felix, per quam nobis insperata gaudia successerunt. Cuius sicut gratulati sumus ortu, tripudiavimus partu; ita glorificamur in transitu. Parum fortasse fuerat si te Christus solo sanctificasset introitu, nisi etiam talem matrem adornasset egressu. Recte ab ipso suscepta es in assumptione feliciter, quem pie suscepisti conceptura per fidem: ut quae [1] terrae non eras conscia, te non teneret rupes inclusa. »

971. Eamdem antithesim exhibet [2] Responsoriale et Antiphonarium romanae ecclesiae his verbis: « Benedicta tu inter mulieres, per quam maledictio matris Evae soluta est. Paradisi porta per Evam cunctis clausa est, et per Mariam virginem patefacta est. » Exhibent Latinorum hymni et sequentiae, e quibus praeclara haec sunt [3] ex hymno Seduli de veteri et novo testamento:

» Unius ob meritum cuncti periere minores,
Salvantur cuncti unius ob meritum.
» Sola fuit mulier, patuit qua ianua letho,
Ex qua vita redit, sola fuit mulier.

Tum haec [4] ex hymno beati Petri Damiani in annunciatione sanctae Mariae:

» Haec Virgo Verbo gravida,
» Fit paradisi ianua,
» Quae Deum mundo reddidit,
» Caelum nobis aperuit.

» Felix ista puerpera,
» Evae lege [5] liberrima,
» Concepit sine masculo,
» Peperit absque gemitu.

Atque haec rursum [6] ex hymno in antiquis Breviariis frequentissimo:

» O gloriosa [7] femina
» Excelsa super sidera,
» Qui te creavit provide
» Lactasti sacro ubere.
» Quod Eva tristis abstulit
» Tu reddis almo germine,

» Intrent ut astra flebiles
» Caeli fenestra [8] facta es.
» Tu regis alti ianua
» Et porta lucis fulgida,
» Vitam datam per Virginem
» Gentes redemptae plaudite.

Neque alio haec spectant [9] ex hymno pro dominica infra octavam nativitatis Domini:

» Eva luctum, vitae fructum
» Virgo gaudens edidit,

» Nec sigillum propter illum
» Castitatis perdidit.

---

1) Erat utique Virgo *conscia terrae* conditione naturae, sed conscia illius non erat conditione maledicti.

2) In assumpt. beatae Dei genitricis Mariae, nocturn. III. antiph. I-II. pag. 134. apud Thomasium opp. T. IV.

3) Apud Thomasium pag. 430. opp. T. II.

4) Ibid. pag. 385.

5) Sed qua lege? Lege ne solum conceptus partusque virginei, nulloque angore turbati? Monimentorum summa flagitat, ut ab omni prorsus Evae lege Deiparam liberrimam existimemus.

6) Thesaur. hymnolog. pag. 173. T. I.

7) Al. *Domina*.

8) Fatales erant fenestrae caeli quae aperiebantur Gen. VII. 11: salutifera fenestra caeli est Maria, quia per ipsam Deus verum fudit seculis lumen.

9) Thesaur. hymnolog. pag. 67. T. II.

Quo haec pariter referuntur [1]) ex hymno de assumptione beatae Virginis:

» Salve mater Salvatoris
» Vas electum, vas honoris,
» Vas caelestis gratiae.
» Salve decus virginum,
» Mediatrix [2]) hominum,
» Salutis puerpera:
» Ab aeterno vas provisum,
» Vas insigne, vas excisum
» Manu sapientiae.
» Myrtus temperantiae,
» Rosa patientiae,
» Nardus odorifera.

Concinunt haec [3]) de beata Virgine tempore paschali:

» Virgini Mariae laudes intonent christiani:
» Eva tristis abstulit, sed Maria protulit natum qui redemit peccatores.
» Mors et vita duello conflixere mirando: Mariae Filius regnat vivus.

Tum haec quibus [4]) Virginis conceptio celebratur:

» Nova mater novam prolem,
» Nova stella novum solem,
» Nova profert gaudia.
» Nova prorsus genitura
» Creatorem creatura
» Patrem parit filia.

Atque haec pariter [5]) de nativitate Domini:

» Eva prius interemit,
» Sed Servator nos redemit
» Carnis suae merito:
» Prima parens nobis luctum,
» Sed Maria vitae fructum
» Protulit cum gaudio.

972. Venio ad graecorum ecclesiam, in cuius Menaeis simillima, neque raro etiam luculentiora reperiuntur. Eiusmodi namque [a]) ista sunt: « Callidus serpens insidiis dulcis cibi me in exilium detrusit; sed magnus consilii Angelus ex tuo sinu mortalis effectus me paradisi incolam denuo effecit. Primae matris Evae inveteratum iam lapsum correxisti, o mater Virgo, quum in utero tuo suscepisti Verbum Patris quod invicta potestate allisos atque confractos erigit. Adamum proprio actu iampridem lapsum sublevasti, o maculae omnis expers, quum subsistentem vitam peperisti ex virgineo utero per Spiritum purificato, et, o Domina, illum ad impassibilem, diviniorem, sinceramque laetitiam revocasti. Qui Evam tuam matrem olim formavit, carnem ex te suscepit, illius condemnationem et inobedientiam manifeste sanans et solvens. » Eiusmodi ista quae [b]) addimus: « Redempti per te, o penitus immaculata ab antiquo progenitorum casu, ave tibi clamamus, eumque fide glorificamus qui nos ex corruptione per te eripuit. » Eiusmodi ista quae [c]) Andream cretensem auctorem habent: « Te celebramus, o Virgo, venerabilis Dei sponsa, tamquam Dei

---

a) Men. die XVI. Ianuari Ode α'. pag. 140. col. 1. B. — Men. die XXV. Ianuarii Ode γ'. pag. 206. col. 2. D. — Ode δ'. pag. 207. col. 1. D. — Ode ε'. pag. 207. col. 2. D.

b) Men. die XVI. Iulii Ode ζ'. pag. 81. col. 1. B.

c) Men. die I. Augusti Ode δ'. pag. 7. col. 1. D. — Die XXI. Augusti Ode ε'. pag. 119. col. 1. A.

1) Ibid. pag. 82.

2) « Id unum, *inquit Daniel*, a nobis non probatur, quod beata Virgo mediatrix hominum appellata sit, quippe quod facile e plebe falso et impie possit explicari. » Verum quam ipse plebem nominat? Si catholicam, oppido fallitur: illa namque eorum regitur infallibili magisterio, quos Spiritus sanctus posuit pascere ecclesiam Dei.

Sin autem protestantium plebem intelligit, meminerit nihil esse sapidum aegris, et nihil caecis luminosum.

3) L. c. pag. 198.

4) Ibid. pag. 213. Legitur hoc carmen in missalibus ecclesiarum brandenburgensis, coloniensis, aliarumque illudque referunt Adelphus et Clichtovaeus.

5) Ibid. pag. 222.

genitricem et fidelium propugnaculum; tu enim lapsam naturam erexisti, et imaginem Adami renovasti, tu sola quae praeexsistentem Deum peperisti. Cladem primae matris Evae tu nunc revocasti, pariens redemptorem omnium et salvatorem et creatorem et dominum, o Dei mater sola in mulieribus benedicta; propterea te fide glorificamus. » Et eiusmodi ista quae [a]) Georgio ac Theophani debentur: « Iucunde et cum gratiarum actione tibi, o innocentissima, nos ab antiqua condemnatione per tuum divinum partum redempti inclamamus illud *ave* Archangeli venerabilis: ave Adami redemptio: ave solutio Evae: ave per quam universum nostrum mortale genus cum Deo coniunctum est: ave per quam caelorum regnum sumus assequuti. Ave verus virginitatis thesaurus, revocatio primae matris, et solutio condemnationis in quam primus pater offendit. »

973. En vero quae eumdem praeferentia sensum, in Octoecho [b]) recurrunt: « O superior omni laude, antiquum Evae debitum abrogasti, novo propter nos Adamo semet manifestante. Etenim sibimetipsi ex puro conceptu uniens carnem mente atque anima praeditam, ex te Christus Dominus in utrumque prodivit. Antiquae Evae ingenuitatem tu paris, o innocens Virgo, et Adamum a maledicto solvis; propterea una cum angelis te tuumque Filium extollimus et clamamus: redemptor est Deus benedictus. » Et en quae eodem pertinentia [c]) leguntur in Triodio: « Ave per quam refulsit laetitia; ave per quam maledictum defecit. Ave lapsi Adami revocatio; ave lacrymarum Evae solutio. Ave altitudo humanis rationibus inaccessa; ave profundum neque angelorum oculis pervium. Ave quod sis regis solium; ave quod feras ferentem omnia. Ave astrum quod solem emittis; ave sinus divinae incarnationis. Ave per quam refingitur creatura; ave per quam creator puer efficitur. Ave hominum reordinatio; ave daemonum pernicies. Ave quae fraudulentum errorem subvertisti; ave quae idolorum ludibria profligasti. Ave mare quod spiritalem Pharaonem submersit; ave petra quae vitam sitientes potavit. Ave ignea columna, dux eorum qui in tenebris degunt; ave mundi tutela multo nube amplior. Ave quae contines mannae cibum; ave administra sanctarum deliciarum. Ave promissionis terra; ave ex qua mel et lac fluunt. »

974. Fuit igitur cur [d]) Sophronius hierosolymitanus ex vulgatissima Ecclesiae doctrina de Virgine scriberet: « Te, o Deipara, extollimus acerbae veterisque sententiae expultricem, primae matris restitutricem, caussam nostri generis cum Deo coniunctionis, pontem qui ad creatorem perducit. » Et [e]) rursum: « Ave gaudii caussa, ave maledictionis expultrix, ave orthodoxorum gloria, te celebrantium perfugium, o Dei genitrix innocentissima, per quam a corruptione soluti sumus. »

975. Huc igitur potiora redeunt dissimilitudinis capita, quae liturgicis et ecclesiasticis consignata monimentis ab Eva peccato obstricta et originali innocentia miserrime exspoliata Mariam longissime separant. *Eva paradisi ianuam obstruxit, Maria reseravit, digna idcirco habita quae caeli ianua vocaretur. Sola fuit Eva, qua patuit ianua letho, et sola fuit Maria e qua vita rediit. Quod Eva voravit in crimine, Maria restituit in salute. Nobis per Virginem gloriosa vita restituitur, quae per ligni inobedientiam cre-*

---

a) Men. die IX. Octobris Ode θ'. pag. 47. col. 2. B. — Die XVIII. Ode ι'. pag. 109. col. 2. A.
b) Octoech. pag. 5. col. 1. D. — Ibid. pag. 39. col. 1. B.
c) Triod. pag. 314. col. 2. C-D.
d) Triod. pag. 131. D. apud Mai in Spicileg. rom. T. IV.
e) Ibid. pag. 181. A.

debatur exstincta. Eva suadente diabolo decepta legem mortis invexit, Maria angelo nunciante clarificata vitam mundo protulit. Eva praevaricando nos perdidit, Maria generando salvavit: illa pomo arboris in ipsa nos radice percussit, haec virga fuit e qua flos salutis germinavit. Evae perfidia serpenti consensit, coniugem decepit, et prolem damnavit; sed Mariae obedientia Patrem conciliavit, Filium meruit, et posteritatem absolvit. Eva homines a Deo seiunxit, Maria homines cum Deo reconciliavit, atque id consequuta est ut pons ad Deum perducens, hominumque mediatrix salutaretur. Sicuti per Evam maledictio in universos incubuit homines, ita illius expultrix fuit Maria quae et inveteratum Evae casum emendavit, et Adamum erexit, et lapsam in eo naturam sublevavit, et deformatam imaginem restituit, et illata per primam mulierem damna penitus reparavit.

976. Pronum vero est intelligere, quid cum tot dissimilitudinis capitibus quae Virginem ab Eva, quaeque mulierem oraculo Geneseos promissam a prima muliere totius mali fonte quam maxime seiungunt, intimo plane nexu copuletur. Copulatur videlicet, Virginem ad Evam referri non uti rivum turbidum ad fontem infectum, non uti germen putridum ad radicem corruptam, non uti imaginem deformem ad exemplar depravatum; sed contra uti caussam et principium quo fontis infectio purgetur, corruptioni radicis prospiciatur atque exemplaris deformitas emendetur. Tum vero copulatur, sibi mutuo insigniter respondere habitum qui Adamum inter et Christum, quique inter Evam et Virginem intercedit; adeo ut sicut illa Christi, ita haec Virginis typus exstiterit. Sane, incolumi ea quae decet proportione, vix quidquam de Christo prae Adamo affirmatum novimus, quod de Virgine prae Eva in christianis monimentis iteratum non reperiamus. Ecquid enim de Christo solemnius affirmatur? Quod fuerit Adami mediator ac redemptor: quod cum Patre Adamum reconciliaverit: quod illum refinxerit: et quod sua obedientia illum a triplici captivitate peccati, satanae atque mortis vindicarit. Nihil autem horum est, quod totidem verbis, geminisque sententiis de Virgine prae Eva non inculcetur. Ipsa namque est Virgo quae Evae mediatrix atque redemptrix nuncupatur: et ipsa est Virgo cui laudi vertitur, quod fidei obedientiaeque merito Deum mundo reddiderit, deturpatam naturam renovarit, lapsam Evam erexerit, maledictionem expulerit, omniaque ad pristinum splendorem revocarit.

977. Iamvero utraque ratio et dissimilitudinis cum Eva, et similitudinis cum Christo comparata sic est, ut Virginem nullo afflatam originalis vitii halitu perspicue demonstret. Quod quidem nisi ultro concedatur, neutra ratio vel dissimilitudinis cum Eva, vel similitudinis cum Christo constare sibi utcumque poterit; immo ratio dissimilitudinis in rationem similitudinis, et vicissim ratio similitudinis in rationem dissimilitudinis necessario commutabitur. Decus igitur Virginis, quo a noxa originalis praevaricationis integra atque soluta creditur, iis doctrinarum capitibus connumeretur oportet, quae in christianis monimentis toties traduntur, quoties vel eius ab Eva dissimilitudo vel similitudo cum Christo [1] non citra respectum ad Geneseos oraculum celebratur. Quare in iisdem monimentis non modo Virginem nuncupatam cernimus *vitae thesaurum, tabernaculum gloriae, templum caeleste, vas ab aeterno provisum et ad divinam maternitatem praeparatum;* verum etiam delatum ipsi conspicimus, *quod non susceperit de corruptione contagium, quod conscia*

---

[1] Hoc autem argumentum idcirco expoliendum uberius existimavi, quod et ex sese gravissimum sit, et ad comprobandam Virginis immaculatam conceptionem mirifice idoneum, et quod noverim non deesse viros eruditos qui id in votis habuerint ac porro habeant.

terrae non fuerit, quod e sinu matris uti stella corusca et admirabilis germinarit, quod omnis expers maculae apparuerit, et quod sola exstiterit in mulieribus benedicta, utpote sola ab Evae lege liberrima.

ARTICULUS VIII.

De altero inciso commatis decimiquinti ex tertio Geneseos capite: quaestio critica de germana subiecti lectione, utrum ea sit ipsa *vel* ipse: *expenditur, et externis internisque argumentis ad gignendam fidem idoneis dirimitur: altera eiusdem indolis quaestio quae ad verba* conteret *atque* insidiaberis *refertur: quid statui debeat, quove pacto quae prima fronte videntur dissita concilientur.*

978. Egimus pro facultate de primo oraculi membro, quo divinum reparandi humani generis consilium significatur. Illud reliquum est, ut alterum expendamus, quod in receptis vulgati interpretis editionibus [1]) sic habet: *ipsa conteret caput tuum, et tu insidiaberis calcaneo eius*. Opportune autem animum subit quod omnium ore frequentatur, inanem esse interpretationis operam, nisi certo de lectione constiterit quae enarranda suscipitur. Hinc illud [2]) Augustini: « Codicibus emendandis primitus debet invigilare solertia eorum, qui scripturas divinas nosse desiderant, ut emendatis non emendati cedant, ex uno dumtaxat interpretationis genere venientes. » Quare nihil esse nobis antiquius debet quam diligenter exquirere ac probe tenere, sincera nec ne sit ac germana ea vulgatae editionis lectio quam exhibuimus.

979. Et est sane cur ea de re non minimum ambigamus. Quamquam enim sepositas velimus [3]) acerbiores Protestantium contentiones, numquam tamen defuerunt [4]) magno numero viri probe catholici iidemque eruditissimi, qui tam de lectione subiecti *ipsa*, quam de lectione verborum *conteret* et *insidiaberis*, aut prorsus dubitarint, aut illas etiam emendandas censuerint. Ratio igitur accuratae tractationis efflagitat, ut non prius de commentario deque enarratione disseratur, quam quid de utraque lectione iudicandum sit, ex indubiis certisque regulis innotuerit. Quare ut a priori auspicemur, in disceptationem venit, utrum *ipsa* feminino genere, an satius *ipse* genere masculino legi debeat. Dirimi autem eiusmodi dubitatio nequit, nisi *externis internisque praesidiis* dextere usurpatis, quae tandem omnia *ad instrumenta, ad testes, ad canones grammaticos, legesque hermeneuticas* revocantur.

---

1) Gen. III. 15.
2) De doctr. christ. lib. II. cap. XIV.
3) De quibus sane indignis quae repetantur, conferri possunt Aegidius Strauch *De Mariae natalibus*, pagg. 283. seqq. apud Thomam Crenium T. IV., Hulsemannus *in Gen. III.* 15. apud eumdem T. V., Sixtinus Amama *Anti-Barbari biblici* lib. II. pagg. 202. seqq., Salomon Glassius tum *in singulari de protevangelio disputat.* ἐλεγκτικῇ *subiecta grammaticae sacrae*, tum *in* Χριστολογ. *mosaicae diss. II.* §§. XXXIII. seqq., Abrahamus Costerus *in vindic. loci Gen. III. 15. adversus Papistas*, Fridericus Boernerus *in dissert. de Protevangelio* pagg. 7. seqq. et Cornelius De Hase *in diatribe de Protevangelio paradisiaco ad Gen. III. 14-15. cap. VI.*

4) Videsis Iohannem Alba in selectis annotationibus et expositionibus in varia utriusque testamenti difficillima loca, cap. LXIII. pag. 288, ubi inter cetera scribit: « Et illud Genes. III. *ipsum conteret caput tuum*, de Messia intelligendum constantes affirmant antiqui patres, et magni nominis theologi. » Fevardentius autem in annotatt. ad Irenaeum penes Massuetum pag. 143. sic habet: « Adeo manifestum est, illius promissi sacri seminis nomine Christum significatum esse, nomine autem serpentis diabolum, ex Is. VII. et IX., Ioh. III., Rom. I. VI. XVI., Hebr. II., I. Petr. V., Apoc. XII. et XIII., et sanctorum patrum unanimi consensu, ut numquam satis mirari possim Calvini et Marlorati plusquam iudaicam impietatem. »

980. Iamvero si *de instrumentis* sermo sit, praeeuntibus [1]) Bukentopio, Costero [2]), Bernardo de Rubeis [3]) et [4]) Francisco Xaverio Patritio qui horum vestigia presse legit, huc redit iudicium quod ferri debet. Lectioni הוּא, αὐτός, *ipse*, suffragantur exemplaria hebraica *omnia* quae novimus, tribus certis exceptis quae habent היא, αὐτή, *ipsa*, et quinque dubiis quae eamdem [5]) praeferre lectionem videntur: suffragantur exemplaria *omnia* samaritica: ex versionibus autem suffragantur graecae *omnes*, unam forte si dempseris, *omnes* paraphrases chaldaicae, Onkelosi, Ionathanis, hierosolymitana, *omnes* versiones syriacae, *omnes* arabicae, sive illa Saadiae, sive mauritana Erpenii, versio persica Tawosi, aethiopica, aegyptiaca vel coptica, samaritica, armeniaca, latina [6]) vetus, hieronymiana [7]), aliquot [8]) vulgatae codices et slavonica. Sin autem *ex instrumentis ad testes* progrediamur, eidem masculinae lectioni fidem auctoritatemque conciliant ex Iudaeis qui graece scripserunt, Philo alexandrinus [9]) et Flavius Iosephus, tum vero ceteri omnes praeter unum Maiemonidem: ex patribus graecis omnes [10]) quotquot haec verba retulerunt: ex latinis item omnes usque ad medium seculum quartum; a medio autem seculo quarto ad finem usque seculi quinti, Hieronymus, Leo magnus et Petrus chrysologus: ex syris tandem Ephraemus et Moyses Bar-Cepha.

981. E quibus expeditum est inferendo colligere, *quae instrumenta, quive testes* lectioni femininae היא, αὐτή, *ipsa* patrocinentur. Nihilominus ut hoc ipsum perspiciatur articulatius, iuverit nominatim monuisse, quod sicuti eiusmodi lectioni non alia patrocinantur instrumenta nisi tria hebraica exemplaria *certo* et quinque *dubie*, unum exemplar chaldaicum seculo decimo quinto exaratum, una forte [11]) ex graecis versionibus et vulgata versio in codicibus plerisque omnibus; ita non alii favent testes nisi [12]) Maiemonides, et ex

---

1) Lux de luce pag. 134.
2) Vindex loci Gen. III, 15. cap. XI.
3) In app. ad var. lectt. V. T. pagg. 207. seqq. vol. IV.
4) In disquisit. cui titulus, de הוּא, hoc est, de immaculata Mariae origine a Deo praedicta.
5) Testatur Bellarminus de verbo Dei lib. II. cap. XII se uno in codice legisse היא. Nimirum, subdit de Rosse, unus forte fuit ex duobus vaticanis, quibus addi debet exemplum Pentateuchi membranacei in 4. sine anno et loco editi; in quo legitur הוּא ex antiqua Iudaei manu, qui puncta adscripsit.
6) Cf. Sabatierium ad Gen. III. 15.
7) In bibliolh. divina a Maurinis edita, opp. T. I.
8) De his codicibus audiendi sunt Hentenius *in bibliis lovaniensibus*, Lucas brugensis *in notationibus*, Lindanus qui *de optimo genere interpretandi lib. III.* pag. 127., quatuor addit codices a Brugensi omissos, et Bellarminus qui *de verbo Dei lib. II. cap. XII.* scribit: *editionem vulgatam varie habere, quosdam codices habere* ipse, *neque esse contra vulgatam editionem, si convincatur debere legi* ipse *vel* ipsum. Cui lectioni pariter suffragantur plures vulgatae editiones ante sixtinam et clementinam, quae illam ad marginem praeferunt.
9) Schulzius in schol. ad V. T. pag. 63. T. I. monet, pronomen הוּא a Philone opp. T. I. pag. 124. referri ad האשה, sive *ad mulierem*. Sed fallitur, legit enim αὐτή, quod et Mangey in notis animadvertit; neque solum legit αὐτή, sed praeterea observat, sermonem ex muliere ad eiusdem semen transferri. Miror autem non defuisse, qui Flavium Iosephum tamquam assertorem femininae lectionis adduxerint; quum Antiquitt. lib. I. cap. III. n. 4. habeat αὐτή, neque *ipsa* occurrat nisi in antiqua latina versione, quae quum a textu ipso discrepet, Rufino aquileiensi, monente Fontaninio in eiusdem vita lib. II. cap. XVI., praepostere adscribitur.
10) Videri posset excipiendus Ioh. chrysostomus in Genes. hom. XVII. n. 7., ac si feminina flexione legisset αὐτή. Sed lectio haec est interpretis latini, non germana Chrysostomi, qui habet αὐτός.
11) In Hexaplorum reliquiis apud Montfauconium T. I. pag. 18. haec habentur הוּא ישופך ראש 15. Ὁ αὐτός σου τηρήσει κεφαλήν. Ἄλλος· αὐτή σου τηρήσει κεφαλήν. Idest « H. Ipsum conteret tibi caput. LXX. Ipse servabit caput tuum. *Alius*, ipsa conteret caput tuum. » De qua postrema lectione mentem suam Montfauconius prodit inquiens: « Ita mss. quidam, et haec *videtur* fuisse lectio veteris cuiusdam interpretis, cuius nomen tacetur, et quem sequitur vulgatus interpres. Hieronymus in quaest. hebraicis, *ipse* legendum esse confirmat; sed Augustinus et ceteri fere patres, *ipsa*, legunt, ut notatur in editione romana. »
12) In *More nevochim* P. II. cap. XXX. ex versione Buxtorfii: « Sed mirandum magis est quod serpens cum Eva coniungatur, hoc est, semen illius cum huius semi-

christianis latinisque scriptoribus a medio seculo quarto ad finem seculi quinti, Ambrosius et Augustinus, post seculum vero quintum propemodum omnes. Quae quum ita sint, argumentis evinci non debet quaenam ex duabus lectionibus [1]) auctoritate instrumentorum atque testium vindicetur. Sive enim numerum species, sive antiquitatem et insitum pretium consideres, arior lectio eademque masculina tanto pondere stabilitur, ut altera, nisi aliunde forte iuvetur, inter eas connumeranda sit quae *improbabiles* existimantur.

982. Verum quin aliunde iuvetur, grammaticis contra canonibus non obscure impugnatur. Est enim canon grammaticus, iisque non anceps sed fixus, e duabus lectionibus, nisi quid obstet, praeferri illam oportere quae ad ratas sermonis leges exacta sit, illam vero expungi qua eaedem violentur. Sicut autem lectio masculina *ipse* cum ratis sermonis legibus praeclare conspirat, ita lectio feminina *ipsa* ab iisdem aperte discedit. Sane ad ratas sermonis leges spectat, ut pronomina, nisi quid obstet, ad propinquius nomen referantur. Propinquius autem nomen haud est האשה, *mulier*, sed זרע, *semen*. Est igitur cur pronomen הוא de semine intelligatur. Praeterea in linguis semiticis, atque adeo etiam in hebraica, *genus subiecti* non modo *ex pronominibus*, (quod in iapeticis etiam locum habet) nullo negotio deprehenditur, verum etiam *ex ipsis quibuscum cohaeret verbis*, sua sponte innotescit. Sed tam verba, quam pronomina suffixa quibuscum subiectum iungitur, formam referunt masculinam; sunt enim ישופך et תשופנו, nullatenus vero תשופך et תשיפנה, quemadmodum opus foret, si de femina ageretur. Nisi ergo praehabitam lectionem velimus, quae a grammaticae norma dissideat, illam omnino sequemur quae masculino genere continetur.

983. Scio quid reponi soleat, neque ignoro aliquot promi exempla consuevisse quibus efficiatur, illam cuius meminimus legem non esse omnino constantem, et Scripturarum textus suppetere in quibus non citra *generis enallagen* subiecta feminina cum pronominibus et verbis masculinis construuntur. Verum, ut hinc ordiar, nemo facile concesserit *anomalias et exceptiones* non secus ac *regulas* spectari posse: nemo facile concesserit anomalias et exceptiones alia lege admitti, ac si eaedem idoneis rationibus comprobentur: et nemo facile concesserit, eam lectionem merito anteferri, quae nonnisi anomaliis et exceptionibus, iisque nullo pacto comprobatis, vindicetur. Quamquam quod caput est, nego vel unum ex integris bibliis adduci exemplum posse, quo ea comprobetur syntaxis quae tamen comprobanda foret, si in eo quo de loquimur Geneseos vaticinio, pronomen הוא feminina significatione acciperetur. Quoties enim in bibliis sive nomen sive pronomen singulare, quod ipsa sua notione ac forma femininum est, casu recto, nullaque voce interiecta, adhibetur ante verbum quo cum sententiam efficit; toties ipsum verbum non alio quam feminino genere usurpatur. Atqui in praesentia pronomen הוא, nulla interiecta voce, sic adhibetur ante verba ישופך et תשופנו, quibuscum sententiam efficit, ut tamen ipsa verba eorumque suffixa masculina sint. Feminina igitur potestas [2]) pronominis הוא defendi nequit, nisi Moyses σολοικῶς loquutus censeatur.

---

ne, caput et calcaneus, quod *illa* (Eva) vincat ipsum (serpentem) in capite, et ille (serpens) vincat ipsam in calcaneo. » Versio autem iustinianaea addit: « Hoc est quod dictum est, *ipsa conteret caput tuum*. »

1) De quibus unum idemque iudicium praeter alios nobiscum ferunt Daniel Huetius in demonstrat. evangelic. proposit. VII. §. VII., Frassen in disquisitt. biblicis in Pentateuch. pag. 74., Ioh. Martianay tum T. III. opp. Hieronymi pagg. 1190-1191. et in Harmonie analytique §. I. pag. 3., tum in Méthode sacrée pour apprendre à expliquer l'Ecriture par l'Ecriture même pag. 74. et Augustinus Calmet comm. in Gen. III. 13.

2) Quibus praeclare iis etiam occurritur qui forte monerent, priscis temporibus pronomen הוא utriusque fuis-

984. Quae quidem tam ex instrumentis et testibus quam ex grammaticis legibus ducta argumenta ad evidentiam usque persuadent, femininam lectionem *ipsa* aut vix, aut nullatenus defendi posse. Quocirca integrum nobis foret ab iis referendis abstinere, quae ex hermeneutica colliguntur. Neque enim arbitrari licet, sive legitimam interpretationem officere lectioni posse, quam instrumenta, testes et grammatici canones exposcunt: sive aliam esse legitimam interpretationem quam quae ex lectione suffragio instrumentorum, testium et grammaticae legum communita proficiscitur. Nihilominus ne quid in hac nostra tractatione sin minus necessarium, utile saltem praetermissum videatur; de ipsa etiam interpretatione quaeremus, et cuiusmodi lectio vel omnino vel aptius cum ipsa cohaereat, explicabimus. Principio itaque statuo, *talem non esse orationis sententiam, cum qua alterutra lectio masculina aut feminina conciliari utcumque non possit*. Et sane [1]) nihil praevertit nisi pars caelestis oraculi, quo coniunctim et protoparentum fiducia erigitur, et maleficus praevaricationis instigator satanas acerbissime mulctatur. Utrumque autem notissimis verbis effertur: *inimicitiam* [2]) *ponam inter te et mulierem, inter semen tuum et semen illius*. Propemodum diceretur: neque mulieris eiusque seminis captivitas erit perpetua, neque tuus de muliere eiusque semine triumphus iugiter permanebit. Ecce namque ego, ego ipse mulierem suscitabo quae una cum suo semine numquam tecum, numquam cum tuo semine amicitiae foedere copuletur; sed a te tuoque semine hostili inimicitia semper abhorreat. Tum subditur: הוא *conteret caput tuum, et tu insidiaberis calcaneo eius*. Quibus quum altera pars promissionis et poenae, tum exitus suscitatae divinitus inimicitiae si-

se generis, nullumque proinde ex eiusdem forma peti argumentum posse, quo masculina potius quam feminina potestate intelligendum ostendatur. Ultro namque subscribimus Gesenio et Ewaldo, quorum ille in gramm. hebr. cap. I. §. 33., et alter in gramm. hebr. lib. II. §. 184. haec docent et confirmant; atque ultro Roordae subscribimus qui in gramm. hebr. lib. III. §. 88. sic habet: « Pronomina הוא, היא, הם et הן, a particulis demonstrativis הא, et הן, quae vulgo *en, ecce* transferri solent, prima origine haud diversa fuisse videntur: et vero antiquissimos semitas etiam aliis consimilibus loco pronominum usos esse, quum aliunde, tum dialectorum affinium collatione constat. Initio igitur hae voculae simplices fuerunt particulae demonstrativae, absque ullo generis numerique discrimine: et postea demum variae illae formae ita distinctae sunt, ut aliae ad singularem numerum, aliae ad pluralem; item aliae ad masculinum, aliae ad femininum genus significandum adhiberentur. Et vero quo tempore conscriptus est Pentateuchus, vel potius, quo plurima monimenta, quibus auctor usus est, litteris sunt mandata; הוא etiam tum utriusque generis erat. Quoties autem ibi pro feminino pronomine est, Iudaeorum grammatici qui Masoretae appellantur, הוא scripserunt; quo significarent feminini generis esse, et publicos voluminum sacrorum praelectores debere היא pronuntiare. Hoc היא undecies tantum in Pentateucho usurpatum offenditur, sive ipsius scriptoris, sive scribarum librariorum incuria. Alibi, ubi היא offendebant scriptum, sed הוא legendum censebant, Masorethae היא exararunt, cum *schurek* in littera *iod*. » Quamquam igitur ex forma pronominis הוא dirimi controversia nequeat: et quamquam hoc abunde probet, vix non inanes fuisse contentiones de הוא deque היא; quaevis tamen e medio difficultas tollitur, si ratio habeatur qua *nominis* quod proxime antecedit, qua verborum et suffixorum quibuscum הוא copulatur.

1) Vidit hoc inter ipsos protestantes Grotius, atque adeo in comm. ad h. l. scripsit: « Vulgatus habet, *ipsa*, quasi de muliere ageretur, sensu non male. »

2) Sunt qui futurum *Hiphil* אָשִׁית ἅπ. λεγ. reddunt non *ponam*, sed cum Iunio et Tremellio, *pono*. Quae quidem interpretatio ferri utcumque potest. Etenim neque ratio grammaticae, neque veritas rei illam funditus repudiant. Non ratio grammaticae, quae patitur usum *futuri* loco *praesentis*. Non veritas rei, quandoquidem sive ad Deum, sive ad hominus, sive ad satanam praesens *pono* referatur, legitimum fundit sensum. Legitimum fundit sensum si referatur ad Deum, quia declarat, iam tum Deum decrevisse, se in plenitudine temporis eum mittere qui satanam debellaret. Legitimum fundit sensum si referatur ad homines, quia denotat iam tum una cum reparationis oeconomia hostiles incepisse pugnas homines inter ac satanam. Et legitimum fundit sensum si referatur ad satanam, quia docet iam tum ipsum in omnes se vertisse partes, ut homines structis insidiis aeternum perderet.

gnificatur. Crescit enim oratio, atque hunc sensum apertissime fundit. Non modo mulierem excitabo quae una cum suo semine tibi numquam morem gerat, sed perpetuas contra inimicitias tecum et cum tuo semine exerceat; verum et illud efficiam, ut tuum conteratur caput, tuum infringatur robur, tuae vires labefactentur, ac tibi istud unum sit reliquum ut vincentis calcaneo insidieris. Iamvero eiusmodi orationis ductus et sententiarum nexus non is est, qui constare sibi nequeat, nisi alterutra lectio masculina aut feminina praehabeatur. Si enim legeris *ipse*, scite fluit oratio, et supremus de satana triumphus *recta* semini et *oblique* mulieri, quae a suo semine numquam seiungitur, perspicue asseritur; sin vero legeris *ipsa*, neque orationis filum abrumpitur, neque aliud exsistit discrimen [1] quam quod *significatione* et *adsignificatione* continetur, eoque redit ut supremus de satana triumphus *recta* mulieri et *oblique* semini quo cum illa par constituit, vindicetur. Iure ergo affirmavimus talem non esse incisorum vim sententiarumque rationem, quae alterutram lectionem sive masculinam sive femininam necessario expostulet.

985. Immo affirmari etiam videtur non iniuria posse, *aliquot in ipso sermonis contextu indicia reperiri, quae femininam lectionem prima specie primaque fronte commendent*. Si enim [2] legas *ipsa*, oppositio inter primam mulierem seductam et *victam*, alteramque mulierem satanae *victricem* splendidior enitescit. Si legas *ipsa*, unum atque idem est subiectum quod in utroque inciso *recta* exprimitur, locumque principem occupat. Sicut enim in priore inciso, *inimicitiam ponam inter te et mulierem, et semen tuum et semen illius*, mulier est quae recta significatur, quae cum satana committitur, locoque excellit; ita hoc ipsum non citra concinnitatis speciem in altero inciso obtinebit, si lectio, *et ipsa conteret caput tuum*, praeferatur. Si legas *ipsa*, ratio apparet cur futura mulieris cum satana inimicitia, tamquam eximium spei pignus et acerbissima in satanam poena proponatur: quod videlicet mulier serpentis caput esset contritura. Si legas *ipsa*, evidentior est similitudo qua modo inductae ruinae modus reparationis respondet. Quemadmodum enim illa a muliere incoepit, et per mulierem in hominem universumque humanum semen grassata est; ita haec mulieri in acceptis referenda declaratur. Tandem si legas *ipsa*, facile assequeris cur mulier non sine praefixo articulo הָאִשָּׁה nuncupetur. Nemo igitur prudenter

---

[1] Heic ego velim comparatio instituatur inter oraculum quod versamus et vaticinium de futuro Messia, quod occurrit Gen. XLIX. 10. Etenim hebraicis verbis,

עַד כִּי־יָבֹא שִׁילֹה וְלוֹ יִקְּהַת עַמִּים, haec

apud Alexandrinos respondent: ἕως ἂν ἔλθῃ τὰ ἀποκείμενα αὐτῷ, καὶ αὐτὸς προσδοκία ἐθνῶν, *donec veniant quae reposita sunt ei* (Iudae), *et ipse expectatio gentium*. Non ego investigabo diutius quid illi in suis codicibus repererint; an repererint שִׁילֹה, vel potius שִׁי לֹה, שִׁילוֹ, שֶׁלֹּה: neque discrimen adnotabo illos inter et Aquilam, Symmachum ac Theodotionem, qui unanimes vertunt, ᾧ ἀπόκειται, de qua lectione conferendus est Nobilius; sed ex ordine animadvertam I. perspicuam esse enallagen numeri et generis inter τὰ ἀποκείμενα et αὐτῷ, illique simillimam qua Gen. III. 15. τῷ σπέρματι succedit αὐτός: II. vocem τὰ ἀποκείμενα aptius reddi non posse quam *destinata*, *attributa*, *promissa* initio quidem protoparentibus Gen.

III. 15, deinde vero Abrahamo Gen. XII. 3. coll. XVIII. 18, XXII. 18, Isaaco Gen. XXVI. 4. et Iacobo Gen. XXVIII. 14.: proindeque III. τῶν ἀποκειμένων ambitu pariter comprehendi *mulierem eiusque semen, verum ita ut semini principes partes deferantur*. Quae si vera sint, erit forte cur nonnihil haec temperentur quae scribit cl. Patritius de interpret. scriptt. sacr. lib. II. q. VI. §. IX. n. 39. pag. 101: « A graecis interpretibus pro וְלוֹ redditum est καὶ αὐτός, quod non alium quam Iudam designare potuit iis, qui שִׁילֹה verterunt τὰ ἀποκείμενα αὐτῷ; qui autem verterunt ᾧ ἀπόκειται, iis pronomen αὐτός de alterutro aeque potuit dictum esse, de Iuda aut de Scilo. »

[2] Hac specie inductus Lipsius cecinit:
» Et quem non genium fuget,
» Et quam non striga, quam sagam
» Magna magni Dei parens?
» De qua sacra profantur,
» Hanc fore, quae serpentis
» Contereret caput improbi.

abnuat, ea haberi in ipso sermonis contextu quae femininam lectionem iuvare prima fronte videantur.

986. *Penitiori tamen oraculi investigatione monemur, veram germanamque lectionem illam esse quam instrumenta exhibent, testes comprobant, et grammatici canones poscunt, et qua pronomen* הוא *masculina significatione usurpatur.* Et sane reputetur animo editi caelitus oraculi consilium. Illud omnino fuit, ut patefacto humanae reparationis auctore, non minus protoparentes in supremam perniciem lapsi recrearentur, quam satanae gaudium de fraudum exitu, relataque victoria in dolorem tristitiamque converteretur. Neminem vero alium sive humanae reparationis auctorem, sive satanae debellatorem credere possumus ac debemus praeter singulare ac benedictum mulieris semen. Hoc igitur est quod pronomine הוא ostenditur, cuius idcirco potestas non feminina sed masculina existimari debet. Probationi ex oraculi scopo consilioque ductae altera accedit, quam rei natura praebet, quamque Iohannes et Paulus suppeditant: ille quidem ubi [1]) ait, *in hoc apparuit Filius Dei, ut dissolvat opera diaboli:* Paulus vero [2]) scribens, *Deus autem pacis conteret satanam sub pedibus vestris velociter.* Et [3]) rursum: « *quia ergo pueri communicaverunt carni et sanguini, et ipse similiter participavit eisdem, ut per mortem destrueret eum qui habebat mortis imperium, idest diabolum.* Rei igitur natura quae exigit, ut opus conterendi caput serpentis non alteri quam benedicto mulieris semini asseratur, eadem flagitat ut genus pronominis הוא masculinum existimetur. Ad haec quemadmodum satanas per seductam priorem mulierem primum hominem devicit, perque primum hominem devictum sibi suaeque tyrannidi universam posteritatem subiecit; ita cum ratione oppositionis consertum est, ut praeservata secunda muliere, per secundum Adamum restituatur universa posteritas et satanae tyrannis regnumque profligentur. Haec autem luculenta plane oppositionis ratio funditus deficeret, si pronomen הוא feminino genere acciperetur. Quae feminina acceptio eo insuper nomine refellitur, quod probari nequeat quin aliud neque minus conspicuum oppositionis genus pessum eat. Et quo sane spectavit satanas quum artes omnes eo direxit ut priorem virginem seduceret, seductamque sibi manciparet? Eo prorsus spectavit, ut per illam universum eiusdem semen perderet. Decuit igitur ut per semen alterius virginis tam ipse satanas quam profectum ex eo semen conculcaretur. At vero nisi legas *ipse*, nuspiam hoc divinitus expressum invenies. Tandem integra phrasis quae insignem exhibet sensum, si pronomen הוא ad semen et θεάνθρωπον referatur, vix aut ne vix quidem probabilem reddit, si ad mulierem revocetur. Ecquid enim, quaeso illud significabit, futurum ut serpens mulieris calcaneo insidietur? Nescio an ulla interpretum sagacitas sensum repertura sit, qui commodus rite videatur. Omnia igitur praesidia *externa* et *interna* in id mirifice, ut Deus per Moysen de benedicto mulieris semine praenunciasse existimetur, *ipse conteret caput tuum, et tu insidiaberis calcaneo eius.*

987. Sed nova continuo de *adhibitis verbis* quaestio oboritur, eaque duplex, quarum prior est *quaenam sit sincera textus tum lectio tum interpretatio:* posterior vero *quidnam de antiquis versionibus censeri debeat.* Ut autem de priore quaestionis capite initio dicam, auctor est [4]) Bernardus de Rubeis non deesse quidem codices numero perpaucos, qui sicuti in priori inciso [5]) habent ישפך *perflabit te*, non ישופך *conteret te*, ita in posterio-

---

1) I. Ioh. III. 8.
2) Rom. XVI. 20.
3) Hebr. II. 14. coll. v. 9.

4) In app. ad lectt. variantes V. T. p. 211. T. IV.
5) Ibidem pag. 212. scribit de Rubeis: « Notatu dignissimum esse, R. Parchon in inedito suo Lexico tribuere

ri referunt תשפגו *flabis eum*, non תשופנו *conteres eum;* nihilominus universalem constantemque lectionem esse ישופך et תשופנו ἀπὸ τοῦ שׁוּף. Verum si certa est textus lectio, certa ne pariter est eiusdem interpretatio? Ut huic interrogationi opportune occurram, in memoriam [1]) revocabo, habita etymi ratione, idem esse שׁוּף et נשׁף: utrumque autem verbum ad unum eumdemque stipitem pertinere ac verba נשׁב, נשׁב, שׁנב, et similia. Porro universae huic verborum familiae primo atque ex sese significatio subest *sufflandi et iracundi aut festinantis more anhelandi.* Hanc excipit *activa* significatio, qua idem notant ac *inhiare aliquid vel aliquem, illud vel illum captare, petere, observare, adoriri*, et de feris bestiisque adhibentur praedae insidiantibus, illamque invadentibus et occupantibus. Quare pro discrimine tam *subiecti agentis*, quam *obiecti quod patitur*, idem verbum שׁוּף apte redditur nunc quidem *observare, insidiari, adoriri*, nunc vero *conterere, infringere, comminuere*. Quae si ad textum referantur de quo quaerimus, mirum si qui negent, illum commode verti: *et ipse petet atque conteret* [2]) *tibi caput, tu vero illius calcaneo insidias strues.*

988. Sed ita ne quoque priscis interpretibus visum est? Crederes quidem in diversa illos abiisse, sed re intimius perspecta, in unam eamdemque conspirasse mentem innotescit. Insignioribus namque versionibus [3]) mutuo comparatis deprehendimus Alexandrinos in utroque inciso usos esse verbo τηρεῖν [4]) *observare, insidiari;* Aquilam [5]) προστρίβειν *evertere, in suam potestatem redigere:* Symmachum θλίβειν *comprimere, affligere:* exemplar venetum [6]) πλήσσειν *conterere, contundere:* antiquam Italam *observare:* Vulgatam *conterere* et [7]) *insidiari:* syrum et samaritanum *percutere, ferire:* Saadiam, arabem mauritanum Erpenii et persicum Tawosi *frangere* atque *mordere:* targum hierosolymitanum

verbo שׁוּף significationem *observandi explorandi*, quam servat apud Arabes, quamque huic ipsi loco (Gen. III. 15) dant veteres nonnulli interpretes. Nam subdens exemplum Ps. CXXXIX. 11. אך־חשׁך ישׁופני, interpretatur per פ׳ ,יראני כמו שׁאפני אנושׁ expositio est, *explorant me*, ut Ps. LVI. 2. *contemplatur me homo*. Ac primo illo psalmi loco ex vi arab. ﺳﻮﻑ melius sic verti animadvertit etiam Schulzius lex. hebr. T. II. p. 1430. Restituenda ergo a lexicographis verbo שׁוּף explorandi ac contemplandi notio, quae in Kimchii libro radicum aliisque posterioribus lexicis eum sequutis prorsus evanuit. Hanc sane significationem sequuti sunt LXX, targum Onkelosi, targum Ionathanis, posteriori membro Vulgatus, et quotquot vertunt *insidiaberis* vel *insidiabitur*. »

1) Haec non uti certa et indubia, sed uti probabilia quaeque sese veritatis specie commendent, a nobis proponuntur. Neque mirum, quando dissidia virorum rei hebraicae peritissimorum, Schultensii, Michaelis, Rosenmülleri, Umbreit atque Gesenii, evidenter ostendant principem originalemque potestatem τοῦ שׁוּף compertam satis non esse, neque adeo compertas satis esse derivatas mediatasque eiusdem significationes. Ad quas definiendas non admodum conducit locorum comparatio, quibus idem verbum frequentatur. Praeterquam enim quod pauci sunt in bibliis universis, omnesque revocantur ad Gen. III. 15, Ps. CXXXIX. 11. et Iob. IX. 17; adhuc sub iudice est quinam sensus singulis in locis praeferri debeat. Quare nobis nonnisi probabilia suppetebant quae innueremus. Hieronymus in quaestionibus in Genesim, relata antiqua latina versione, *ipse servabit caput tuum et tu servabis eius calcaneum*, e vestigio addit: « Melius habet in hebraeo, *ipse conteret caput tuum, et tu conteres eius calcaneum.* » Scilicet contulit hebraicum שׁוּף cum chaldaicis שׁוּף, שׁפא et שׁוּף *scabere, terere*, ac deinde *conterere* et *contundere*.

2) Cohaeret hoc loco verbum שׁוּף cum duobus accusativis, quorum alter alterum definit accuratius. Cf. Gesenii gramm. hebr. §. 136.

3) De hisce versionibus videsis Roedigerum in Gesenii thesauro ad v. שׁוּף.

4) Sincera namque Alexandrinorum lectio est, τηρήσει, τηρήσεις, *observabit, observabis, insidiabitur, insidiaberis*: nec lectio complutensis, τειρήσει, τειρήσεις, *conteret, conteres*, fide digna est: nec Grabii, Vossiique coniectura probanda, quorum prior vult τερήσει, τερήσεις, alter τρίσει, τρίσεις, *perfodiendi* sensu dictum.

5) Apud Matthaei *animadv. ad Origenis Hexapla in Repert. or.* T. IV. pag. 260.

6) Gr. venet. sic habet: ἐκεῖνο πλήξει σου κεφαλὴν, σὺ δὲ πλήξεις αὐτοῦ πτέρναν.

7) Non quasi duo essent verba, sed unius eiusdemque verbi potestate ad subiecti rationem deflexa.

et Pseudoionathanem *conterere:* Onkelosum vero *servare* et *recordari.* Quamquam igitur eiusmodi interpretationes verbo tenus dissideant, et quum aliae notionem *observandi* et *insidiandi* praeferant, aliae contra aut notionem *conterendi* et *confrigendi* repraesentent, aut *utramque* complectantur; nihilominus et in genericam quamdam significationem conveniunt, et omnes comparatae sic sunt ut partem aliquam illius potestatis exprimant, quam hebraico שוף inditam esse praemonuimus.

989. Haec nobis suppetebant quae de sincera textus lectione, deque legitima eiusdem enarratione diceremus. At si res ita se habent, quid de illorum opinione iudicandum est, qui hac utuntur oraculi parte ut immaculatum Virginis conceptum *divina Scripturarum auctoritate* demonstrent? Iudicandum est, ea Scripturis verba tribui, quae [1] nuspiam in illis habentur; neque enim Deus per Moysen de Virgine praenunciavit, *ipse conteret caput tuum, et tu insidiaberis calcaneo eius.* Tum iudicandum est, eiusmodi probationum genere caussam immaculati conceptus non tam iuvari et communiri, quam in invidiam suspicionemque adduci. Pronum namque est ut probationum quae adhibentur defectus, ad ipsam quae defenditur caussam, inconsulto transferantur.

ARTICULUS IX.

De origine femininae lectionis ipsa: *propositae ab eruditis hypotheses paucis expenduntur: tum statuitur lectionem* ipsa *merito haberi non modo tamquam lectionem ecclesiasticam quae a seculo sexto ad nostram usque aetatem in Occidente praevaluerit, verum etiam tamquam lectionem virtute ac potestate biblicam: quid ex sese cum hac lectione consertum sit: quid ad stabiliendum immaculatum Virginis conceptum ex ipsa rite colligatur: quidve eodem pertinens ex maiorum commentariis sententiisque dimanet.*

990. Quum neque originalis textus, neque antiquiores insignioresque versiones sive ad textum ipsum expressae, sive ex alexandrina interpretatione deductae femininam lectionem *ipsa* praeseferant; sponte veluti sua cogitatio subit investigandi, unde tandem quove ex fonte eiusmodi lectio dimanarit. Neque sane desiderantur qui hac investigatione suscepta, de re tota erudite subtiliterque disseruerint. Et principio non defuerunt, qui femininam lectionem ex hebraico aliquo codice desumptam arbitrarentur. Sed hanc suspicionem inanem infirmamque dicit [2] Bernardus de Rubeis, suumque confirmans iudicium scribit: « Etenim praeter hieronymianos codices qui certissime habent הוא, nulli alii in Vulgata adhibiti, nullus alius qui constet, hebraicorum codicum usus est factus. »

991. Refert [3] Montfauconius ex Origenis Hexaplis hanc lectionem: « *Alius,* ipsa conteret caput tuum. » Tum in subiecta adnotatione pergit: « Ita mss. quidam, et haec videtur fuisse lectio veteris cuiusdam interpretis, cuius nomen tacetur, et quem sequitur vulgatus interpres. Hieronymus in quaestt. hebraicis *ipse* legendum esse confirmat; sed Augustinus et ceteri fere patres *ipsa* legunt, ut notatur in editione romana ». Quibus tamen ne

---

[1] Quod vitium acriter Hieronymus reprehendit, dum epist. LIII. al. CIII. n. 7. ad Paulinum illos insectatur. « Qui ad sensum suum incongrua aptant testimonia, quasi grande sit et non vitiosissimum docendi genus depravare sententias, et ad voluntatem suam Scripturam trahere repugnantem. »

[2] App. cit. pag. 209.

[3] Loco superius citato.

admodum fidamus, efficit quod huius lectionis nullum penes graecos scriptores vestigium appareat, quodque ipsa non tam antiqua et ex fontibus hausta interpretatio, quam lectio privati scriptoris et ex latinis defluens rivis existimanda videatur.

992. Melchiori Cano [1]) et Dupinio [2]) visum est, lectionem femininam ex corruptela versionis hieronymianae, atque ex inscitia et describentium temeritate repeti oportere. En Cani verba: « Hieronymus in quaestt. hebraicis legendum ait, *ipse conteret caput tuum*, non *ipsa*. Cum enim apud hebraeos neutro genere ad semen referatur, interpres rem significatam perpendens, in masculino genere transtulit *ipse*. Quod imperiti non intelligentes, vitiumque scriptoris existimantes, substituerunt *ipsa* ». His tamen propterea non adquiescimus, quod lectio *ipsa* sit Hieronymo antiquior, et quod lectio *ipse* non Hieronymo ex hebraeo vertenti, sed veteri italo graecorum codicum interpreti tribui inprimis debeat. Putares felicius [3]) Richardum Simonium coniecisse, lectionem *ipsa* suas ex alexandrina interpretatione origines mutuari. Quum enim Alexandrini hebraicum זרע reddiderint nomine σπέρμα generis neutrius, et pronomen αὐτός generis masculini subiecerint; id latinis interpretibus difficultatem creavit, effecitque ut αὐτό *ipsa* legendum arbitrarentur. Verum neque generis permutatio, quae censeri [4]) insolens nequit, tantam gignere poterat difficultatem, neque latinos interpretes eo impellere ut potius αὐτό *ipsa* quam αὐτό *ipsum* legendum existimarent. Ildephonsus Schwarz [5]) Martianaeum sequutus lectionem femininam scribarum mendis accenset, tum de illius occasione ait: « Lectorem non celamus, scripsisse olim veteres pronomina et adverbia terminata in *e* per diphtongum *ae*, ut est illud, *ipsae dixit et facta sunt* et *superbae loqueris, stultae egisti*. Ex hoc scribendi modo retineri facile potuit *ipsa* pro *ipse* vel *ipsae* ». Sed probabile admodum non est vel tantam scribarum ferme omnium fuisse orthographiae imperitiam, vel tantam auctorum qui codicibus utebantur, oscitantiam.

993. Reliqua est [6]) Bernardi de Rubeis opinio quam his verbis exponit: « Mihi sane non modo verosimile admodum est, sed et fere certum ex *ipse* factum *ipsa*. Vel enim lectio haec ex veteri itala est, vel ex hieronymiana. Ex utraque enim, ut omnes sciunt, mixta ac consarcinata est Vulgata. Vetus itala seu primigenia, puriora et antiquiora eius exemplaria legebant procul dubio *ipse* non *ipsa*, ut ex Augustini operibus ac testimoniis edidit Sabatierius. Erat illa ex versione LXX., iisque conformis, et quidem iuxta eumdem Augustinum *verborum tenacior*. LXX. autem constantissime in omnibus codicibus habent *ipse*, nec inter naevos quos in antiqua itala reprehendit Hieronymus, hic numeratur. Latini patres Augustino antiquiores, qui itala utebantur, legunt *ipse*; varietas lectionis in patribus illud unum, ut docet idem Sabatier, ostendit varios ac discrepantes unius eiusdemque interpretationis codices eos habuisse. Alii ergo codices habebant *ipse*, alii *ipsa*. Iam vero discrepantibus codicibus, ex patribus patet eam veriorem veteris italae lectionem habendam, quae suo fonti est conformior, non eam quae longissime discrepat: eam quae a

---

[1]) De locis theolog. lib. II. cap. XV.
[2]) Dissert. prélim. sur la Bible pag. 203.
[3]) Hist. crit. du V. T. lib. II. chap. XII. p. 257.
[4]) Quum exempla non sint rara, neque apud profanos, neque apud sacros scriptores. Huiusmodi est illud Terentii, *Ubi est scelus, qui me perdidit?* Et huiusmodi illud Christi apud Matthaeum cap. XXVIII. 19. πορευθέντες οὖν μαθητεύσατε πάντα τὰ ἔθνη, βαπτίζοντες αὐτούς, non

αὐτά. Videlicet Alexandrini κατὰ πόδα reddiderunt hebraicum contextum, eo constructionis genere quod dicunt πρὸς τὸ σημαινόμενον, non tam ad nomen ipsum σπέρμα, quam ad personam eo expressam, et κατὰ διάνοιαν significatam attenderunt.

[5]) In notis ad librum Geddes *de vulgarium sacrae Scripturae vitiis eorumque remediis*, p. 140.
[6]) L. c. pag. 210.

primis et antiquioribus patribus, non eam quae a posterioribus exhibetur. Si porro ex hieronymiana est, Hieronymus legebat *ipse*. Ac facile ego equidem crederem ex eius versione esse ob verbum *conteret* quod sequitur, pro quo itala videtur legisse *observabit*, nisi aliter statuere nos cogeret Augustini auctoritas. Itaque uterque Vulgatae fons evincit primigeniam ac veriorem huius loci lectionem fuisse *ipse*. Quid autem facilius aut verosimilius, quam ex *ipse* vel *ipsae* sive fortuito sive ex librarii inscitia et audacia generis anomaliam emendantis primum fieri *ipsa*, quod deinde plerosque codices pervaserit? Quid, inquam, facilius aut verosimilius in iis librariis, qui teste Hieronymo, *scribunt non quod inveniunt, sed quod intelligunt, et dum alienos errores emendare nituntur, ipsi ostendunt suos?* Sed quamquam ego ultro fatear quod de primigenia lectione utriusque interpretationis sive italae sive hieronymianae vir doctus contendit: et quamquam iis ultro calculum adiiciam, quae mox [1] scite prudenterque subiungit: iis tamen obsequi nullatenus possum quae de Sabatierio deque librariis affirmat. Obsequi iis non possum quae de Sabatierio affirmat: hic enim, ut cuivis licet [2] propriis oculis usurpare, non aliam lectionem tamquam Italae propriam sistit nisi femininam *ipsa*, et hanc unam lectionem veluti Italae propriam Augustini [3] testimoniis confirmat. Neque iis obsequi possum quae de librariis inculcat: quamquam enim illorum inscitiae atque temeritati non minimum tribuendum putem; nihilominus neque omnino nihil tribuendum iudico sive librariorum correctoribus sive patribus doctoribusque ecclesiasticis quibus cordi semper fuit ne Scripturae illarumque exemplaria a nativa sinceritate deficerent.

994. Quare in eam facile opinionem descenderem, non unam alteramve sed omnino

---

1) L. c. pagg. 210-211. « Sed fingamus vel demus etiam, si placet, femininam illam Augustini veram antiquae Italae, vel primi, quicumque tandem is fuerit, interpretis lectionem fuisse. Si impedita est quaestio, et dubium hinc oritur, quaenam ex duabus lectionibus sit anteponenda et divina, num *ipsa*, quae est latini illius interpretis ac latinorum librorum, an *ipse*, quod legunt hebraici, graeci, syri in ecclesia et ipsi divini et authentici, ex Augustino ipso, unde omnis fere dubitatio evenit, habes iam modum quo te expedias ac rem dirimas. *Latini codices veteris testamenti*, inquit is de doctr. christ. lib. II. cap. XV., *si necesse fuerit, graecorum auctoritate emendandi sunt, et eorum potissimum, qui cum LXX. essent, ore uno interpretati esse perhibentur.* Et de civ. Dei lib. XV. cap. III. *quum diversum aliquid in utrisque codicibus invenitur, ei linguae potius credatur, unde est per interpretes facta translatio.* Habes ex Hieronymo praefat. ad IV. evangelia: *si veritas est quaerenda de pluribus* (latinis exemplaribus), *cur non ad graecam originem revertetes ea, quae vel a vitiosis interpretibus male reddita, vel a praesumptoribus imperitis emendata perversius, vel a librariis dormitantibus aut addita sunt aut mutata, corrigimus?* Habes iterum ex Hieronymo, constantique ac prudentissima ecclesiae praxi a sixtinis clementinisque ipsis correctoribus in Vulgatae emendatione servata, *veterum librorum fidem de hebraeis voluminibus esse examinandam.* Habes demum ex hieronymiana ipsa versione sapienti Ecclesiae consilio veteri anteposita, *quae ex hebraeo fonte cuncta verius transfudit*, ut inquit sanctus Gregorius, vel ut Isidorus, *quae est in sententiis veracior.* Cuiuscumque ergo sit sive interpretis, sive quod verosimilius, amanuensis hodierna Vulgatae lectio, ea ex hebraeis graecisque fontibus emendanda est, referendaque ut olim retulimus *de praecipuis caussis negl. heb. litt. pag.* 94. ad ea clementinae editionis loca, quae adhuc ad hebraeum textum exigi atque Ecclesiae auctoritate emendari possunt et debent. Nec enim necesse est monere, quod disertissime Bellarminus unus ex correctoribus monet tum in epist. ad Lucam brugensem, tum in praefat. ad Biblia clementina, Vulgatam non fuisse in omnibus accuratissime castigatam, pluraque relicta intacta quae videbantur mutanda, potissimum ob maximam codicum auctoritatem, qualis exstat in hoc loco. »

2) Biblior. sacr. latinae vers. antiqua ad Gen. III. 15. pag. 19. T. I. ubi ex August. lib. XI. de Genesi ad lit. T. III. P. I. col. 275. C. et inf. col. 292. seq. hanc exhibet lectionem versionis antiquae: *et inimicitias ponam inter te et inter mulierem, et inter semen tuum et semen eius: ipsa tibi servabit caput, et tu servabis eius calcaneum.* Quam femininam lectionem in subiecta adnotatione confirmat ex eiusdem Augustini lib. II. de Gen. con. manichaeos T. I. col. 665. A.

3) Cf. quae modo diximus.

plures ac varias fuisse caussas, quibus effectum est ut lectio feminina in Occidente tandem praevaluerit. Inter quas caussas quemadmodum illis locum permitto, quarum de Rubeis aliique viri eruditi meminerunt; ita eisdem addo tum argumenta hermeneutica quae superius deprompsi [1]), tum insitam [2]) omnium animis persuasionem, praeclare in Virginem cadere, ipsique egregie convenire quae hac altera oraculi parte significantur. Ceterum quaecumque tandem de origine femininae lectionis opinio praehabeatur, nobis et caussae quam versamus perinde est, dummodo fixa rataque maneant quae de lectione in se atque absolute considerata subiungimus.

995. Principio itaque pono, *lectionem femininam ipsa antiquiorem esse versione, quam Hieronymus ad hebraicum fontem expressit*. Sane feminina lectione utitur Ambrosius [3]) inquiens: « Sed ut revertamur ad propositum, quod malitiam Deus reprimendam [4]) interim, quam abolendam putaverit, ait [5]) ad serpentem: *et inimicitias ponam inter te et inter mulierem, et semen tuum et semen mulieris. Ipsa tibi observabit caput, et tu illius calcaneum.* » Utitur semel iterumque [6]) Augustinus, quo refellitur [7]) Costerus scribens: « Lectio haec, *ipsa conteret*, nondum inventa fuit Augustini tempore. » Utitur [8]) Prudentius qui canit:

» Auctor et ipse doli coluber   » Plectitur improbus, ut mulier
» Colla trilinguia calce terat.

Et [9]) rursum:

» Hoc odium vetus illud erat,   » Digladiabile discidium,
» Hoc erat aspidis atque hominis » Quod modo cernua femineis
» Vipera proteritur pedibus.

Utitur [10]) Alcimus Avitus qui Deo in serpentem animadvertenti haec verba tribuit:

» Praecipue infelix mulier cum prole futura,
» Sic inimicitias odio currente reponat,

1) nn. 932. sqq.

2) Ad quam persuasionem significandam ista pertinent Petri Martinez, qui enarrans Iudae epistolam de lectione *ipsa conteret caput tuum*, scribit pagg. 93-94: Si pronomen legatur masculine, *ipse*, ad Christum refertur qui semen Virginis est; si legatur feminine, *ipsa*, Virginem respicit, et utrumque verum est. Nam et Virginis filius caput serpentis contrivit, et Virgo quae illum peperit et vere genuit, subinde etiam contrivit. Certe si lapis a monte conscissus aliquem conteret, et mons ipse vere diceretur etiam conterere. At Christus lapis est iuxta Danielem *de monte abscissus sine manibus*, Virgo autem et eius virginalis uterus mons est, in quo ope et afflatu Spiritus sancti Filius Dei conceptus est. Ergo utraque lectio admitti potest, et neutra est respuenda, utpote quae veritatem fidei contineat, *et ipse conteret*, exemplaribus hebraeis, graecis et chaldaeis saltem significatione consonat, et antiquorum patrum usu recepta fuit, ut videre est apud Cyprianum et divum Hieronymum. Nec respuenda est lectio feminina, *ipsa conteret caput tuum*, quam non fortuito neque ignorantia scriptorum, sed divini Spiritus providentia introductam in usum fidelium arbitror, ut Virginis sacratissimae innocentia, excellentia et puritas manifestetur atque celebretur. Inter quas lectiones viguit, *ipse conteret*, ante Christi adventum, quoniam Christum venturum respiciebat; postea vero legimus, *ipsa conteret*, ratione praedicta, ut ad Virginem intendamus quae comminuit etiam testam serpentis. »

3) De fuga seculi cap. VII. n. 43. pag. 434. E.

4) Supplenda est ellipsis particulae *magis* vel *potius*.

5) Gen. III. 15.

6) De Genesi con. manich. lib. II. pag. 665. A, et de Genesi ad literam lib. XI. pagg. 275-292. *et inimicitias ponam inter te et inter mulierem, et inter semen tuum et semen eius: ipsa tibi servavit caput, et tu servabis eius calcaneum.* Vel, *ipsa tuum observavit caput, et tu eius calcaneum*.

7) Op. cit. cap. V.

8) Cathemerinon III. v. 126-129. pag. 267.

9) Ibid. vv. 146-151. pag. 269.

10) De mosaicae historiae gestis, poem. lib. III. vv. 132-137. apud Gallandium T. X.

» Semina seminibus mandent ut vota nocendi
» Insistens semper pavidae sectabere calcem:
» Conterat illa caput, victoremque ultima vincat.

Utitur et [1]) Claudius Marius Victor, quem [2]) Sidonius appellat virum egregium et undequaque doctissimum, quique priore libro carminum sive commentariorum in Genesim ita Deum contra satanam loquentem inducit:

» Et quia te dignae placuit tibi primus ut esses
» Inventor mortis, poena moriere perenni,
» Umanique odium generis specialiter in te
» Ac genus omne tuum bello experiere potenti.
» Perpetuumque tui mors ut tibi longa, timorem
» Esse dabo: pedibus repes et pectore prono:
» Teque tuo mulier perimet cum semine cuius
» Callidus extremis tantum insidiabere plantis,
» Ut trepidans etiam capiti vestigia figat.

Horum autem nemo est, qui versionem non adhibuerit hieronymiana antiquiorem. Fuit igitur cur femininam lectionem hieronymi interpretatione vetustiorem diceremus.

996. Quibus praestitutis continuo addimus, *lectioni femininae nullum fuisse locum in ea versione quam Hieronymus ad hebraicum textum exegit*. Sane versio hieronymiana pura, quam post Maurinorum curas, Vallarsius et Maffeius in bibliotheca divina ediderunt, sic [3]) habet: « Inimicitias ponam inter te et mulierem, et semen tuum et semen illius: ipse [4]) conteret caput tuum, et tu insidiaberis calcaneo eius. » Eamdem masculinam lectionem exhibet Hieronymus [5]) quum de verbis Scripturae, *aedificavi turrem et maceria circumdedi*, ait: « Quam qui destruxit, iuxta Ecclesiastem, mordebit eum coluber. Quae ideo circumdata est, ut omnium bestiarum in vineam Dei prohibeatur accessus. Iste est autem coluber tortuosus qui decepit Evam in paradiso, quae quia Dei praecepta destruxerat, propterea morsibus eius patuit, et audivit [6]) a Domino *tu observabis caput eius, et ille observabit tibi calcaneum*. » Eidem insistit quum memorata [7]) *aqua remissionis ad talos usque pertingente*, subdit: « Quod intelligere possumus prima hominum significare peccata, quae ingredientibus nobis aquas Domini dimittuntur, et baptismi ostendunt gratiam salutarem, et initia sunt profectuum, tamen ipsa sublimia. Denique ad talos usque pertingunt, qui plantae calcaneoque vicini sunt, qui [8]) patet morsibus colubri, dicente [9]) Domino: *tu eius observabis caput, et ipse observabit tuum calcaneum*. » Neque ab ea discedit [10]) scribens: « *Ipse servabit caput tuum, et tu servabis eius calcaneum*. Melius habet in hebraeo: *ipse conteret caput tuum, et tu conteres eius calcaneum*: quia et nostri gressus praepediuntur a colubro, et Dominus conteret satanam sub pedibus nostris velociter. » Fallerentur ergo qui crederent, lectionem femininam ab Hieronymo fuisse receptam, aut

---

1) Comm. in Genesim lib. 1. pag. 419. col. 1. C-D. in max. pp. biblioth. T. VIII.
2) Epistt. lib. V. epist. ultima.
3) Liber Genes. pag. 28. A. opp. T. IX.
4) Unus Palatinus cum vulgata editione refert *ipsa*.
5) Comm. in Is. lib. XVI. cap. LVIII. pag. 698. D. opp. T. IV.
6) Gen. III. 15. Ubi licet manifesta sit textus inversio, liquet tamen non aliam quam masculinam lectionem *ille* adhiberi.
7) Comm. in Ezech. lib. XIV. cap. XLVII. pag. 588. D. opp. T. V.
8) Victorius *quod*, ut ad calcaneum referat.
9) Gen. III. 15.
10) Quaestt. hebraic. in Genes. III. 15. pag. 309. D. opp. T. III.

eiusdem suffragio confirmari. Ceterum *ab aetate Hieronymi ad elapsum usque seculum quintum utraque lectio masculina et feminina penes latinos auctores obtinuit.* Testes enim masculinae lectionis, iidemque nobilissimi praeter Hieronymum haberi debent [1]) latinus Irenaei interpres, Leo magnus [2]), Petrus chrysologus [3]) et [4]) Eucherius. Testes autem, neque minus locupletes femininae lectionis sunt Ambrosius, Augustinus, Prudentius, Claudius Marius Victor et Alcimus Avitus. Eo igitur quod innuimus temporis intervallo neutri lectioni masculinae et femininae sui defuerunt asseclae suique assertores. *Nihilominus a seculo sexto atque deinceps feminina lectio eo usque in Occidente praevaluit, ut universalis et communis non immerito censeatur.* Hanc enim lectionem continent codices plerique omnes vulgatae interpretationis: hanc libri ecclesiastici [5]) passim repraesentant: atque hanc unanimes usurpant [6]) Gregorius magnus, Isidorus [7]) hispalensis, Primasius [8]), Remigius antissiodorensis [9]), Ansbertus [10]), Agobardus [11]), Fulbertus carnotensis [12]) Humbertus [13]), Bruno [14]), Odo cluniacensis [15]), Hermannus [16]) tornacensis, Bernardus [17]), uterque Petrus blesensis [18]) et [19]) cellensis, et ne singulos memorem, [20]) Anselmus. Nihil igitur deest femininae lectioni, quominus a seculo sexto atque deinceps universali consensione recepta existimetur.

997. *Neque rem propterea acu tangerent, qui hoc ipso seculorum intervallo masculinam lectionem in Occidente penitus obliteratam iudicarent.* Huius namque lectionis adhuc reliquae argumentum sunt nonnulli Vulgatae [21]) codices quum ab aliis tum [22]) a Lindano memorati: argumentum praebent adnotationes marginibus inscriptae ante sixstinam clementinamque editionem: argumentum sunt quae de utraque lectione in correctorio sorbonico monentur: et argumentum sunt scriptores aliquot ecclesiastici qui utrique lectioni indiscriminatim suffragantur. Horum autem numero accenseri non solum debet auctor a-

1) Con. haeres. lib. IV. cap. XL. et lib. V. cap. XXI.

2) Serm. XXII. al. XXI. idemque II. in nativit. Domini cap. I. pag. 67. « Deus enim omnipotens et clemens, cuius natura bonitas, cuius voluntas potentia, cuius opus misericordia est, statim ut nos diabolica malignitas veneno suae mortificavit invidiae, praeparata renovandis mortalibus suae pietatis remedia inter ipsa mundi primordia praesignavit; denuntians serpenti *(Gen. III.15.)* futurum semen mulieris quod noxii capitis elationem sua virtute contereret; Christum scilicet in carne venturum, Deum hominemque significans, qui natus ex Virgine violatorem humanae propaginis incorrupta nativitate damnaret. »

3) In max. pp. biblioth. T. VII. pag. 976. H.

4) Ibid. T. VI. pag. 834. H.

5) Speciminis gratia confer *sequentiam* Hermanni Contracti in omnibus Virginis festivitatibus celebratam, et T. II. Thesauri hymnolog. pagg. 32-33. descriptam. Confer etiam insequentem quam subdimus orationem ex Missali mozarabico pag. 374. T. II. « Beata Domina mater et perpetua virgo Maria priusquam nasceretur, oraculis enunciata est et designata miraculis. Nata vero progenies divinitus ordinata; privilegio virtutum insignis enituit, Salvatorem edidit, a quo glorificata in caelo numquam terrigenis patrocinari desistit. Propositionem sequatur ordine suo narratio, iamque referamus unum de praetaxatis oraculis, ac inde paucis expediamur. Dixit aeternus ad veterem, Deus ad serpentem: *inimicitias ponam inter te et mulierem, et semen tuum et semen illius: ipsa conteret caput tuum.* »

6) In Iob. lib. II. pag. 36. B.

7) Quaest. in Genes. cap. V. n. 7. p. 276. opp. T. V.

8) In max. pp. biblioth. T. X. pag. 292. A.

9) Ibid. T. XVI. pagg. 1134. G. et 1231. F.

10) Ibid. T. XIII. pag. 438. E.

11) Ibid. T. XIV. pag. 247. D.

12) Ibid. T. XVIII. pag. 38. B.

13) Ibid. T. XXV. pagg. 689. G. et 724. A.

14) Ibid T. XX. pag. 1315. D.

15) Ibid. T. XVII. pag. 275. H.

16) De incarnat. Domini cap. IX. pag. 391. apud Gallandium T. XIV.

17) Opp. vol. I. pagg. 744. C. et 1013. E.

18) In max. pp. biblioth. T. XXIV. pag. 1393. A.

19) Ibid. T. XXIII. pag. 905. D. Consonat Goffridus vindocinensis T. XXI. pag. 72. G.

20) Opp. pag. 107. D.

21) Cf. Stephani biblia parisiensia edit. an. MDXL. et MDXLVI., et Lucae brugensis notationes.

22) De opt. genere interpret. lib. III. pag. 127.

nonymus undenici vel duodecimi seculi [1]) Martenio editus; verum etiam auctor haud paullo antiquior [2]) Remigius antissiodorensis, qui quum seculo nono claruerit, utramque lectionem refert et commentariis explanat. Lectio igitur feminina ab aetate Gregorii ad Sixtum usque et Clementem non sic invaluit, ut lectio masculina penitus exciderit.

998. *Nihil tamen verius quam femininam lectionem esse ac merito dici ecclesiasticam Occidentis lectionem.* Eiusmodi namque censeri debet lectio, quae tum privatim tum publice diuturno annorum spatio recepta in Occidente fuerit, et unanimi prope consensione frequentata. Huc autem redit quod de feminina lectione certissime novimus. Indubitata enim monimenta testantur, decem continenter seculis femininam lectionem eo usque in Occidente viguisse, ut alia ac diversa vix aut ne vix quidem agnosceretur. Ea est igitur feminina lectio, ut illi dos ac proprietas ecclesiasticae occidentalis lectionis [3]) nulla detrahi ratione possit. *Iamvero ecclesiastica Scripturae lectio totius Occidentis suffragatione firmata eum praeferre sensum nequit, qui vel cum errore coniunctus sit, vel cum veritate non omnino consentiat.* Sane ecclesiastica Scripturae lectio quae totius Occidentis suffragium promeruerit, quemadmodum occidentalis ecclesiae mentem fidemque repraesentat, ita normam complectitur ad quam fideles omnes possint ac debeant suam mentem suamque fidem exigere. Fieri autem nullatenus potest, sive ut mens ac fides totius Occidentis cum errore cohaereat, sive ut norma cogitandi atque credendi occidentalibus fidelibus proposita non omnino cum veritate conspiret. Ad ecclesiam namque Occidentis haec inprimis spectant quae Tertullianus [4]) scribit: « Si Italiae adiaces, habes Romam, unde nobis quoque auctoritas praesto est. Statu felix ecclesia, cui totam doctrinam apostoli cum sanguine suo profuderunt: ubi Petrus passioni dominicae adaequatur: ubi Paulus Iohannis exitu coronatur: ubi apostolus Iohannes posteaquam in oleum igneum demersus nihil passus est, in insulam relegatur. Videamus quid dixerit, quid docuerit, quid cum africanis quoque ecclesiis contesserarit. » Lectio igitur Scripturae usu iudicioque totius occidentalis Ecclesiae recepta neque iungi cum errore potest, neque a veritate dissidere. Atqui talis est feminina lectio, *et ipsa conteret caput tuum, et tu insidiaberis calcaneo eius.* Statum igitur manere debet, nec ullum huic femininae lectioni errorem subesse, nec ea quidquam efferri quod non sit omnino verissimum. Quare sicuti citra omnem errorem de Virgine profitemur, *et ipsa conteret caput tuum, et tu insidiaberis calcaneo eius;* ita ad veritatis amussim loquimur et credimus, quum eiusdem laudes celebrantes dicimus, *ipsa conteret caput tuum, et tu insidiaberis calcaneo eius.* Quod nescio an non etiam futurum sit evidentius, *si haec ipsa feminina lectio virtute et potestate biblica ostendatur.* Ostenditur autem perspicue, neque uno ex capite. Ea namque lectio iure censetur δυνάμει et potestate biblica, quae nihil praefert nihilque complectitur, quod ipsis Scripturis verissime non contineatur. Quod autem praefert lectio feminina, cum ipsis Scripturis tam arcte

---

1) In novo thesauro anecdotorum, T. V. pagg 1518-1566.

2) In max. pp. biblioth. T. XVI. pagg. 1873. C, 1134. G, et 1231. F.

3) Cui assuetus lectioni vetus Flavii Iosephi interpres, qui creditur Epiphanius scholasticus, verba textus (Antiquitt. lib. I. cap. I. n. 4. pag. 8.), κατὰ τῆς κεφαλῆς φέρειν τὰς πληγὰς, reddidit, *ut mulier eius capiti plagas inferret.* Qua interpretatione animati colonienses operum Iosephi editores, haec margini inscripserunt:

attendant ista nostri temporis hebraizantes, ut videant an non et Iosephus legerit ipsa, non ipse aut ipsum. Nimirum, regerit Havercampus: « Ut dederim ita scripsisse veterem interpretem, qui ut sequentia docent, Iosephi mentem assequutus, non fuit, num ex Iosephi verbis id potuit elicere? Nulla apud Iosephum est mentio mulieris, nec ullum hactenus codicem Iosephi conspectum memini, in quo hoc loco mulier commemoraretur. »

4) Praescriptt. cap. XXXVI.

cohaeret, ut ab iis quae ῥητῶς totidemque verbis dicuntur, seiungi nullatenus queat. Sane eo pertinet feminina lectio, ut mulieris cum serpente inimicitia eidem serpenti lethifera praenuncietur: *ipsa conteret caput tuum*. Quis vero hoc aut neget, aut etiam merito in disceptationem adducat? Profecto simili inimicitiarum genere mulier eiusque semen a serpente atque huius semine *totidem verbis* dirimuntur. Semen porro mulieris a serpente atque huius semine tali inimicitia dividitur, quae quum foedus quodvis excludat, perniciem quoque exitiumque serpentis complectitur. Similis igitur, atque adeo serpenti lethifera, existimari inimicitia debet, qua promissa divinitus mulier ipsum prosequetur. Rursum si Scripturae verba tenemus, *nihil omnino medii* inter haec duo exsistit: aut quod serpens cum suo semine contra mulierem eiusque semen praevaleat: aut quod mulier cum suo semine serpentem atque huius semen vincat, victumque conculcet. Sed illud ab edito oraculo eiusque verbis vehementissime abhorret. Restat igitur ut ea censeatur praedicta mulieris cum serpente inimicitia, e qua huius ruina et contritio dimanent. Tandem sicuti Bibliorum verbis non aliud proponitur duellum, quam quod *inter duo paria* exerceatur; ita non alia describitur victoria, nisi quam *unum par de altero* referat. Est autem cum rerum naturis, vulgatoque loquendi usu apprime consonum, ut effectus qui duabus coniunctis caussis *licet subordinatis* debetur, modo uni, modo alteri, *ea qua par est proportione*, vindicetur. Potuit ergo relatus de serpente triumphus benedictae inter mulieres asseri: et potuit ex Bibliorum sententia dici, *ipsa conteret caput tuum*. Ipsa sed non sola, ipsa sed non ut princeps caussa, ipsa tamen verissime, quamquam cum suo semine, perque suum semen. Quam sententiam Bibliis *inhaerentem*, et in omnibus christianis monimentis frequentatam, latini patres scriptoresque, *adhibita feminina lectione*, plenissimo in lumine collocarunt.

999. Age iam, paullo exquiramus diligentius quid cum his ad caussam pertinens immaculati conceptus devinciatur. Profecto [1]) phrasis *ipsa conteret caput tuum*, plenissimum exprimit triumphum; quo futurum erat ut secunda mulier atque altera Eva satanam vinceret, eiusque robur profligaret. Sed videri ne posset aut triumphus de satana plenissimus, aut eversum per alteram Evam illius regnum, si quum ipsa primum extitit, in satanae ditionem venerit et eiusdem fuerit tyrannidi mancipata? Nemo sane ista conciliet, vel in unum componat. Quum igitur altera Eva et secunda Virgo primum exstitit, neque satanae obnoxia fuit, neque in eius ditionem potestatemque cessit. Obnoxia autem illi fuisset, atque in eius ditionem potestatemque cessisset, si non antea in lucem prodiit quam originis labem contraheret. Phrasis igitur, *ipsa conteret caput tuum*, eiusmodi est quae in se spectata Virginem ab originali culpa immunem solutamque demonstrat.

1000. Quod maiori etiam perspicuitate efficitur, si ratio habeatur non minus *subiecti agentis, obiecti patientis et mutuae inter utrumque relationis*, quam rethoricae imaginis qua haec mutua relatio depingitur. Et re sane vera *subiectum agens* est secunda mulier satanae infensissima: *obiectum patiens* est satanas non dissimili odio in secundam mulierem exaestuans: *mutua* autem *relatio* exprimitur *conterendi* verbo, quo victoria secundae mulieris et extrema satanae pernicies adumbratur, eaque imagine adumbratur, qua

---

1) Quum אשׁר, κεφαλή proprie sit *caput*, frequenter tamen adhibetur, ut id quod in re quavis praestantissimum est, exprimatur. Atque ita Ex. XXX. 22. *aromata capitis* sunt aromata excellentissima; et Ps. CXXXVII. 6. *caput laetitiae meae* tantumdem valet ac summa laetitia mea. Quare incisum, *ipsa conteret caput tuum*, hunc fundit sensum: *ipsa perdet ac pessumdabit robur tuum, tuum imperium, tuamque tyrannidem*.

satanas spectandus obiicitur tamquam draco [1] qui quum erecto capite mulierem invadat ut illam suo veneno inficiat, infectamque debellet, non modo strenue repellitur, verum etiam contrito capite penitus profligatur. Atqui horum nihil sibi constaret, si status conceptae Virginis haud alius ab eo fuisset, qui universam Adami progeniem comitatur. Tum enim tartareus draco neque frustra caput in Virginem erexisset, neque frustra suum in eam virus effudisset; sed illam aeque ac primam mulierem violasset, sibique servitio omnium miserrimo subiecisset. Ne igitur omnia sus deque vertantur, et ne secus iudicetur ac obiecta oculis imago postulet; opus omnino est ut Virginem originalis nesciam labis profiteamur.

1001. Praesertim quum *nexus huius sententiae cum praecedentibus* idipsum aperte exposcat. Hac enim sententia, *ipsa conteret caput tuum* divinitus praenunciatur quinam tandem futurus esset exitus *illius inimicitiae*, quam ipsemet Deus serpentem inter alteramque mulierem constituerat. Praenunciatur vero non modo futurum, ut nullo umquam amicitiae foedere altera mulier cum serpente iungeretur, sed contra ut haec ipsum serpentis robur infringeret, regnum dissiparet, iugum dissolveret et veneficum caput comminueret. Si ergo ratio inimicitiae inter secundam mulierem et serpentem non sinit, ut illa draconis semen atque ex eo per peccatum edita censeatur; multo sane minus id ferent quae de capite draconis per mulierem conterendo subiiciuntur. Quod liquidius etiam innotescet si animo recolatur, cuiusmodi fuerit poena qua Deus satanam mulctavit, quaque effecit ut amicitiae ab eo initae cum prima muliere inimicitia cum secunda muliere responderet, et ruinae in quam prima mulier offendit, supremum eius excidium opponeretur. Hac enim poenae ratione considerata, pronum est inferendo deducere, quod sicuti prima mulier omnium prima in ruinam decidit, et per ipsam universa posteritas peccatum mortemque contraxit; ita secunda mulier omnium prima immunis esse debuit a ruina, et per ipsam universa posteritas erigi et ad iustitiam vitamque revocari.

1002. Sane splendidior est quam ut tenebris infuscari possit *parallela oppositio*, qua ordines praevaricationis et reparationis se mutuo excipiunt. Quemadmodum igitur praevaricatio ex seducta muliere, relataque de ea victoria initium duxit; ita necesse fuit ut reparatio ex altera muliere seductionis inscia et serpentis victrice inchoaretur. At neque seductionis inscia, neque serpentis victrix secunda mulier fuisset, si hanc serpens originalis veneni tabe maculasset. Is ergo qui est diciturque homicida ab initio, consequi nullatenus potuit ut secundam quoque mulierem suo viru deturparet. Neque vero consequi poterat, quin praefinitus victoriae modus subverteretur. Triumphavit namque satanas de hominum genere, sed hac arte triumphavit, ut Evam omnium primam peccato vitiaret, perque eam in Adamum, et per hunc in universos homines peccatum transfunderet. Ne igitur praefinitus victoriae modus deficeret, et consilium pietatis calliditate odii superaretur, necesse fuit ut peccatum a secunda muliere longissime repulsum, idem per secundum Adamum in universa posteritate aboleretur. Quo sane pacto *proprius secundae mulieris character* innotescit, *eius munus* splendet, ac plane intelligitur I. *secundam Evam haud secus mediam esse inter reparatorem Deum humanumque genus restitutum, ac prior Eva media fuerit inter corruptorem satanam idemque genus labefactatum:* haud secus II. *secundam Evam instrumentum esse per quod Deus lapsam humanitatem erexit, ac prior Eva instrumentum fuerit quo satanas abusus humanitatem deiecit:* et haud secus III.

---

[1] Arabicum شوف, cui respondet hebraicum שׁוּף, in octava coniugatione notat *elato prolatoque capite spectavit*, atque adeo *invasit*.

per secundam Evam conteri serpentis caput, regnumque peccati et mortis profligari, qualenus ipsa et in se numquam peccati virus admisit, et per secundum Adamum promerita est ut infecta posteritas sanaretur; ac per priorem Evam satanas caput extulit, regnumque peccati et mortis stabilivit, qualenus ipsa et in se peccati luem recepit, et per primum Adamum in universum genus refudit. Numquam igitur secunda Eva, eademque Virgo beatissima draconis virus ebibit, numquam ad illius semen spectavit, numquam illius iugum sustinuit, numquam culpae mortem experta est; sed tota semper pulcra fuit et immaculata, semper ceu mulier fortis illius conatus retudit, dignaque habita est quae gentibus omnibus per conceptum semen benedictionem conciliaret, regnumque satanae, peccati, atque mortis radicitus convelleret.

1003. Quibus eo pleniorem fidem adhibemus, firmioremque assensionem adiungimus, quo evidentius novimus pleraque omnia maiorum auctoritate communiri. Ut iis enim primum utamur, quae superiori articulo retulimus, quonam, quaeso, pertinent luculentissimae sententiae Iohannis damasceni, Fulberti carnotensis, Bernardi, Petri cellensis, Ruperti tuitiensis, Amedei lausannensis, Anonymi marteniani, Isidori thessalonicensis, graeci Triodii et gothici Missalis, quibus nunc Maria celebratur *tamquam praedo daemonum, ruina satanae, diabolo terribilis et apostaticis virtutibus formidabilis,* nunc vero illi tamquam privum et singulare asseritur *quod praevaluerit contra serpentem, quod ad nihilum omnem maligni suggestionem deduxerit, quod illius caput contriverit, quodque per Filium inimicitiarum vindictam exercuerit, et vindicata primae matris iniuria de dracone triumpharit?* Eo nimirum pertinent, ut neminem lateat I. verba Scripturae, *et ipsa conteret caput tuum, et tu insidiaberis calcaneo eius,* ex maiorum mente atque doctrina ad Virginem scite referri: ea autem II. significatione referri, ut iis non perpetua modo Virginis inimicitia cum satana, verum etiam partus de illo triumphus, isque numeris omnibus expletus demonstretur.

1004. Cui demonstrationi roborandae atque perficiendae alia sane multa et ex aequo perspicua maiorum suffragia conducunt. Atque principio conducunt [a]) Ephraemi verba quibus Deiparam propriis notis designans ait: « Salve paradisus deliciarum, salve lignum vitae, salve revocatio Adami, salve pretium redemptionis Evae, salve pura quae [1]) draconis nequissimi caput contrivisti et in abyssum proiecisti vinculis constrictum, salve maledictionis solutio, per quam laetitia mundo apparuit, o immaculatissima Virgo, per tuum partum. » Conducunt verba [b]) Pseudo-Chrysostomi quibus Deiparam extollit inquiens: « Ave et calca serpentis caput. *Ave gratia* [2]) *plena.* Cessat maledictio, aufertur corruptio, tristia emarcuerunt, laeta florent, adest bonum a prophetis olim praedicatum. » Conducunt verba Pseudo-Origenis, qui [3]) ad Isaiae oraculum respiciens ait: « Ecce Virgo in utero accipiet. Audite quod Virgo in utero accipiet non ex desiderio partum concipiens, quae neque persuasione serpentis decepta est, neque eius afflatibus venenosis infecta. Virgo in utero accipiet, ut Deus dignanter incarnatum ad mundi pariat salutem, ad colligandum fortem armatum, ad conculcandum serpentis impii caput, ad conterendas vires eius. Pariet filium

---

a) Orat. ad Deiparam pag. 547. E-F. opp. graec. lat. T. III.
b) Hom. in Deiparae annuntiat. pag. 839. E. opp. T. XI.

1) Haec ad femininam lectionem αὐτή, *ipsa* non obscure alludunt.
2) Luc. 1. 28.
3) Hom. I. ex decem in diversos Matthaei et Iohannis locos, pag. 275. col. 2. A-C.

ad denuo reparandum Adamum, ad inobedientiam Evae per Mariae obedientiam excludendam, ad erigendum iacentium genus, quod per mulieris temerariam credulitatem fuerat ante deiectum.» Conferunt verba Procli de Virgine [a]) scribentis: «Haec novi testamenti tomus, per quam festine spoliatum est imperium daemonum, citoque humana dirempta captivitas.» Conferunt verba Chrysippi et Hesychii hierosolymitani, quorum prior [b]) satanam exhibet de suo fato ita conquerentem: «Qui fuit ut instrumentum quod in principio mihi cooperabatur, nunc mihi adversetur? mulier mecum effecit, ut in genus humanum tyrannidem occuparem, et mulier me a tyrannide deturbavit. Antiqua Eva me erexit in altum, et nova deiecit.» Alter vero [c]) exclamat: «Ecce Virgo: quaenam? Mulierum egregia, e virginibus electa: praeclarum naturae nostrae ornamentum, gloria luti nostri, quae Evam pudore et Adamum comminatione liberavit, audaciam draconis abscidit.» Conducunt et verba [d]) Tarasii quibus de Symeone agens triennem Virginem excipiente, sic illum affatur: «Suscipe hanc quae a maledicto in primam parentem Evam immisso nos liberavit: complectere hanc quae nos cum Deo caritate colligavit, et inimicitiam serpentis suo partu abstulit: hanc implica brachiis quae nos ab implexu serpentis obstraxit.»

1005. Eadem latinis doctoribus mens insedit, e quorum albo [1]) Prudentius latum a Deo in serpentem iudicium his effert verbis:

« Auctor et ipse doli coluber
» Plectitur improbus, ut mulier
» Colla trilinguia calce terat:
» Sic coluber muliebre solum
Suspicit, atque virum mulier.

Tum universalem [2]) enarrans perniciem subdit:

» His ducibus vitiosa dehinc
» Posteritas ruit in facinus,
» Dumque rudes imitatur aves,
» Fasque nefasque simul glomerans
» Impia crimina morte luit.

Hinc de modo reparationis [3]) pergit:

» Ecce venit nova progenies,
» Aethere proditus alter homo;
» Non luteus velut ille prior,
» Sed Deus ipse gerens hominem,
» Corporis carens vitiis.
» Fit caro vivida sermo Patris,
» Numine quem rutilante gravis
» Non thalamo, neque iure tori,
» Nec genialibus illecebris
» Intemerata puella parit.

---

a) Orat. VI. in Deiparam §. XVII. pag. 645. C. apud Gallandium T. IX.
b) Orat. in Deiparam pag. 428. A-C. in biblioth. pp. graeco-lat. Tom. II.
c) Orat. in Deiparam pag. 423. C-D. ibidem.
d) Orat. in Deiparae praesentat.

1) Cathemerinon III. vv. 126-131. pag. 267.
2) Ibid. vv. 131-136. pag. 268.
3) Ibid. vv. 136-145.

Quibus e vestigio [1]) addit:

» Hoc odium vetus illud erat,
» Hoc erat aspidis atque hominis
» Digladiabile discidium,
» Quod modo cernua femineis
» Vipera proteritur pedibus.
» Edere namque Deum [2]) merita
» Omnia Virgo venena domat:
» Tractibus anguis inexplicitis
» Virus inerme [3]) piger revomit,
» Gramine concolor in viridi.

1006. Prudentium excipit antiquus auctor sermonum qui Augustini nomine decorantur, quique de assumpta Virgine [4]) ait: « Festivitas hodierna tanto nobis debet esse devotior, quanto illa cuius memoriam agimus, cunctis gentibus fuit [5]) fecundior, cunctis apparuit sanctior, cunctis intus et foris pulcrior, cunctis sapientior, cunctis gratiosior, omnibusque creaturis perfectior; non solum in vita, sed in ventre materno [6]) sanctificata, et super omnes alias creaturas, morte iam per eam devicta, nobis attulit vitam sempiter-

---

1) Ibid. vv. 146-156. pag. 269.

2) « Beatam Virginem, *inquit in subiecta adnotatione Arevalus*, meruisse Deum edere multi sancti patres affirmant, ut Augustinus, Ambrosius, Hieronymus, pluresque alii. Hinc theologi quaerunt, an beata Virgo meruerit *merito proprie dicto* esse mater Dei, vel ut loquuntur ipsi, *maternitatem Dei*. Et probabili satis ratione multi affirmant, quia eisdem verbis sancti patres probant, iustos bonis operibus vitam aeternam mereri, et Mariam virginem meruisse ut mater Dei efficeretur. Quae omnia egregie disputat et illustrat Franciscus Suarez T. I. in III. p. q. II. disput. X. sectt. VII. et VIII., qui *meritum de congruo* admittit. »

3) Scilicet *piger* ac debilis fuit anguis in Virginem, eiusque *virus* contra illam *inerme* quae omnia venena domat, viperamque cernuam pedibus proterit.

4) Serm. CXCIV. n. 2. pag. 452. apud Mai in nova pp. biblioth. T. I. De hoc sermone em. editor sic habet pag. 451: « In sequente sermone non unum indicium insertum fuit ab auctore, ut suaderet esse Augustini. Nempe 1. aetas tricenaria Augustini, quando a libidine ad Deum conversus est. 2. Commemoratio libri ab eodem editi de natura et gratia. 3. Commemoratio item episcopatus Augustini (quem adiit anno aetatis XL., adeoque non sibi repugnat cum sub sermonis initium iuvenem se dicit.) Narratio dicti cuiusdam quod a sancto Ambrosio audiverat. Attamen haec omnia indicia a simulato sermonis auctore, fuci faciendi caussa, obtrusa videntur: nam similia sunt etiam in aliis nothis sermonibus ad eremitas, puta in 4. 5. 14. 21. 23. 25. 26. 37. 47. 48. 55. Vetare tamen omnino videtur stilus, ut hoc Augustini scriptum esse credamus; stilus inquam, non titulus *ad eremitas;* nam etsi plerique huius tituli sermones inter spurios Augustini relati fuerunt, non tamen omnes; duo enim ab ipsis Maurinis sunt in classem germanorum recepti, videlicet 355, et 356. Ergo hic sermo, quem ex Roberti collectorio sumimus, addatur illis *ad fratres in eremo,* qui sunt in sexto maurinae editionis tomo. »

5) In ipsa enim et per ipsam gentes omnes benedictionem receperunt.

6) En em. editoris adnotationem: « Augustinus op. imperf. con. Iulianum lib. IV. 122. *Non transcribimus diabolo Mariam conditione nascendi; sed ideo, quia ipsa conditio solvitur gratia renascendi*. Quamobrem hoc loco puto dici *sanctificata* pro *sancta*, ut suadet ipse contextus; nempe sicut fuit *sancta*, non *sanctificata*, in vita, sic etiam in ventre materno. Attamen infra Baptista quoque dicitur *sanctificatus* in utero. Immaculatae beatae Virginis conceptioni favet etiam Gregorius narekiensis seculi X. scriptor armenus dicens, Mariam *primae reae mulieris filiam inculpatam*. Insuper: *carentem peccati fomite*. Idem cum hymnario, Mariam adfirmat *maledictione humani generis liberam;* ad quae verba commentans Vardanus item armenus sec. XIII. dicit Mariam fuisse *immunem crimine Evae*. » Profecto *in vita* non fuit Virgo *sanctificata* expiatione atque remissione peccati; credimus enim nulla umquam actualis culpae labe eam fuisse vitiatam. Quum igitur haud secus *in ventre materno* ac *in vita sanctificata* dicatur; restat ut eiusmodi verbum alia quam expiandi remittendique significatione usurpetur. Quanam vero? illa prorsus quae et in Scripturis et in christianis monimentis vulgatissima est, quaque קדשׁ, ἁγιάζω, *sanctifico* idem valent ac *ab eo quod commune et profanum est separo, et Deo eiusque obsequio dico atque consecro*. De qua significatione inter ceteros erudite disserunt Kusterus ad Suidam v. ἁγιάσαι, Suicerus in thesauro ad v. ἁγιάζω, et Schleusnerus ad idem verbum in utroque Lexico sive in LXX, sive in N. T. Neque creare difficultatem potest, quod infra ipse quoque Baptista *in utero sanctificatus* celebretur. Sicut enim nihil impedit quominus id de separatione Baptistae, eiusque ad propheticum munus destinatione sumatur; ita neminem praeterit unum idemque verbum *pro subiecti discrimine* alia atque diversa significatione adhiberi, neque mirum esse si eximia quadam acceptione intelligatur de Virgine, quae *cunctis gratiosior, omnibusque creaturis perfectior* nuncupatur.

nam. Haec est enim illa gemma gloriosa paradisi, de qua supra diximus, in libello quem nuper edivimus de natura et gratia¹), quia propter honorem Domini cum de peccatis agitur, nullam prorsus de Maria volo²) haberi quaestionem. Unde enim³) scimus quod ei plus collatum fuit gratiae ad vincendum ex omni parte peccatum, quam alicui de femina nato? Et miraris si hoc audis? nequaquam mirari, fratres, debemus, quia concipere et parere meruit illum, quem constat nullum habuisse peccatum. Virgine igitur ista excepta, si omnes sanctos⁴) et sanctas cum hic viverent contestari et interrogare possemus, utrum essent sine peccato, quid fuisse responsuros putamus, nisi quod ait⁵) sanctus ille Iohannes: si dixerimus quoniam peccatum non habemus, mentimur, et veritas in nobis non est? Haec est illa angelorum Domina, cunctis felicior, cunctis beatior creaturis, quae prius Christum⁶) fide concepit quam carne. Nam materna eius propinquitas nihil ei profuisset, nisi prius ipsum felicius fide quam carne gestasset. Beatus igitur dicitur venter Mariae, non tam quia in eo Verbum caro factum est, sed quia Verbum Dei super omnes operando custodivit. »

1007. Quemadmodum vero hoc sermone tribuitur Virgini, quod ita vicerit omni ex parte peccatum, ut de ipsa haberi quaestio nequeat quum sermo de peccatis instituitur; sic alibi eidem asseritur quod homicidam satanam compescuerit, eiusque regnum labefactarit. Atque huc sane faciunt quae⁷) subdimus: « Hodie Unigenitus factus est quod non fuit, permanens in natura deitatis quod fuit. Hodie rerum omnium dominator propter servilem afflictionem, servilem induit vestem; ita ut ingenuitatem signif... omnem dissolveret servitutem: immutavit enim generationis suae figuram, ut affligeret iniquissimum Belial. Patitur in accessu carnis per Virginem, illam primi hominis iniuriam ab homicida compescere, dum libertatis sanctae gratia natus, servili se induit veste. Videns enim homicida Virginem, et habitu scandalizatus est, et offendens cecidit; quia inobediens paradisi cultor dum per mulierem cecidit, ab ipsa et unigenitus Deus vitam exortus, omnium redemptio factus est animarum. » Huc faciunt quae his verbis⁸) efferuntur: « Origo peccati per genitricem Christi exstincta est, prosapies impietatis per prosapiem pietatis ablata est, stirps mortis per stirpem vitae. » Atque huc praeter⁹) cetera faciunt, quibus¹⁰) interrogationi, *sed quare Deus noster nascendo per Virginem, nos sic voluit reformare ad vitam?* sic¹¹) occurritur: « Ut quia per mulierem in hunc mundum mors intravit, salus per Virginem redderetur. Denique et quando¹²) Christus tertia die ab inferis resurrexit, primum

---

1) Nimirum cap. XLII.

2) Al. *habere*.

3) Haec non sunt auctoris, sed adversantibus vel ambigentibus tribui debent. Ita em. editor, qua de re suo loco plenius.

4) Atque ipsum adeo Baptistam, qui propterea quum de gratiae praerogativis agitur, inferior Virgine censendus est.

5) I. Ioh. I. 6.

6) Augustinus serm. CCXV. n. 4: *Beata Maria quem credendo peperit, credendo concepit*. Contra Faustum lib. XXIX. n. 4: *Maria Christi carnem fide concepit*. Et de sancta virginitate cap. III: *Beatior Maria percipiendo fidem Christi, quam concipiendo carnem Christi*.

7) Serm. CXCIV. de natali Domini, n. 2. pagg. 461-462. apud Mai in nova pp. biblioth. T. I. « Sequens sermo, *verba sunt editoris*, in codice bobiensi vat. antiquissimo 5751. praeponitur illi Augustini, qui est 123. in appendice editionis maurinae. Quamvis igitur est anonymus, tamen propter praedicti propinquitatem, multoque magis ob codicis magnam antiquitatem, is a nobis heic collocatur, quamquam et aegre interdum in codice corrupto legebatur, nec mendis scripturae caret, et subobscurus est, atque Augustino vix dignus videtur. »

8) Serm. CXX. in nat. Domini IV. num. 1. pag. 153. F. inter opp. August. T. V.

9) Ibidem n. 4. pag. 154. B-C, serm. CXIX. in nat. Domini III. n. 3. pag. 152. E-F, et serm. CXXIII. in nat. Domini VII. n. 2. pag. 157. E-F.

10) Ibidem serm. CXXV. in nat. Domini IX. n. 3. pag. 159. B-C.

11) Ibidem.

12) Matth. XXVIII. 9.

mulieres per angelum adorantes occurrunt: quibus ideo iubetur resurrectionem apostolis nuntiare, ut hominibus ostenderetur, ecce per quam cecidistis in mortem, per ipsam vobis resurrectio mortuorum nuntiatur. Mulier [1] enim quia prior gustaverat, prior etiam resurrectionem vidisse monstratur, ut non perpetui reatus apud viros opprobrium sustineret; et quae culpam nobis transfuderat, transfudit et gratiam. »

1008. Missa facio testimonia [2] Isidori hispalensis, Agobardi lugdunensis [3], Hildeberti cenomanensis [4] et [5] Petri blesensis, quae omnia eo pertinent ut *feminina lectio* ab illis adhibita et de Virgine intellecta ostendatur; tum ad ea continuo venio quae in Alcuini homiliario leguntur. Itaque relatis [6] Scripturae verbis, *ecce Virgo in utero concipiet*, mox [7] subditur: « Audite quod dicit omnes filiae Evae: audite omnes vos quae hereditatem doloris et tristitiae post illam et ex illius condemnatione sumpsistis: audite et laetamini, audite et consolamini, audite quod Virgo in utero accipiat, non ex desiderio partum concipiens: neque serpentis persuasione decepta est, neque eius afflatibus venenosis infecta est. Virgo in utero accipiet, ut Deum dignanter incarnatum ad mundi pariat salutem. » Et [8] rursum: « Hoc ipsum quod dicit *ecce*, admirantis est tanti mysterii magnitudinem, ut omnes velut de somno suscitans, ad hoc dictum evigilet. *Ecce Virgo*, dicit, *in utero accipiet et pariet filium*. Ad colligandum illum fortem armatum, ad conculcandum serpentis impii caput, ad conterendas vires eius, ad praedam eius diripiendam et ad captivitatem populi sui convertendam pariet filium, ad denuo reparandum Adam, ad inobedientiam excludendam, ad erigendum iacentium genus, quod per mulieris temerariam credulitatem fuerat deiectum. » Neque minus illustria [9] sunt quae inter matrem et filium, Mariam inter atque Christum comparatione instituta his verbis edicuntur: « Ille enim electus ex millibus virorum, tu electa ex millibus feminarum. Ille electus ex omnibus quae per illum sunt, tu terribilis ut castrorum acies ordinata. Quid enim? An non horruerunt principes tenebrarum quando viderunt praeter morem instructam omni armatura fortium contra se procedere feminam? Feminam fortem et ad bella doctissimam, cuius ensis super femur suum propter timores nocturnos: et in circuitu eius acies valida spiritualium virtutum suo se invicem ordine tuentium. Sed et innumerabilem beatorum spirituum militiam ad ministerium tanti principis delegatam nullatenus ambigimus, utpote qui custodirent lectulum Salomonis gratissimum, ac providerent ne [10] praeparatum aeterno regi hospitium alienus hospes invaderet. Nimirum timor et tremor venerunt super eos, ut ita dicerent: ecce plus quam Eva heic. Castra Dei sunt haec. Fugiamus Israelem. Tu ergo bellatrix egregia primo eum, qui primus Evam supplantavit, expugnare viriliter aggressa es. »

1009. Simillima tradunt [11] Fulbertus carnotensis, et [12] Goffridus vindocinensis, qui de Virgine scribit: « Haec est illa certe bona mulier immo beatissima Dei mater, cuius

---

1) Ex Ambrosio in Luc. cap. XXIV.
2) In Genesim cap. V. nn. 6-7. pagg. 275-276. opp. Tom. V.
3) Lib. adversus Felicem urgelitanum §. XX. p. 247. D-F. in max. pp. biblioth. T. XIV.
4) Serm. de incarnatione pag. 505. C-D.
5) De adventu Domini serm. V. pag. 1393. A. in max. pp. biblioth. T. XXIV.
6) Is. VII. 14. coll. Matth. I. 23.
7) In vigilia nativit. Domini, pag. 52. col. 1. B-C.
8) Ibid. pag. 52. col. 1. D.
9) Ibid. serm. in Deiparae nativit. p. 903. col. 2. A-C.
10) Cessisset ergo in Christi dedecus atque iniuriam, si tartareus hostis vel ictu temporis Mariae habitaculum praeoccupasset. Praeoccupasset vero, si illius conceptus fuisset originis culpa maculatus.
11) Serm. de Virginis nativit. pag. 38. B-D. in max. pp. biblioth. T. XVIII.
12) Serm. III. in nativit. Domini. pag. 72. G-H. in max. pp. biblioth. T. XXI.

mentionem Dominus faciebat quando in paradiso [1] diabolo comminabatur qui in specie serpentis latebat. *Ponam*, inquit, *inimicitias inter te et mulierem, et inter semen tuum et semen illius, ipsa conteret tibi caput.* Vere beata Maria diaboli caput contrivit, quae in se principalem eius suggestionem penitus extinxit. » Sed quomodo extinxit? Dicam verbis Nicolai monachi sancti Albani, qui in litteris datis ad Petrum sancti Remigii abbatem sic prorsus [2] habet: « Virgo singularis vicit omne peccatum, non omne debellando, sed nullum prorsus sentiendo. Quod non omne debellaverit, testimonium perhibent homicidium, adulterium, furtum, et horum similia multa peccata, quae eius affectum numquam momorderunt, eius memoriam numquam contaminarunt, eius denique opinionem numquam laeserunt. Quod nullum prorsus senserit peccatum Virgo peccati destructrix, hoc videtur sentire beatus Augustinus, ubi [3] inhibet Virginis mentionem in peccati mentione. Hoc videtur sensisse et prophetico spiritu praedixisse David, ubi [4] Verbum incarnari desiderans dicit: *surge in requiem tuam, tu et arca sanctificationis tuae.* In hanc igitur requiem suam surrexit Verbum incarnatum, et non solum Verbum, sed et arca sanctificationis suae, de qua et in qua est Verbum incarnatum. Sicut enim in caelo qualis Pater, talis Filius; sic et in terra, qualis Filius, talis Mater, non dico de Spiritu concepta, ut Filius, sed de Spiritu repleta et sanctificata [5] ex utero matris, ut Filius. »

1010. Nolim porro sint qui existiment in alia fuisse mente Petrum cellensem sancti Regimii abbatem ac praesulem deinde carnotensem, atque adeo Nicolao repugnasse. Si quod enim illos dissidium seiunxit, totum verbis non rebus sententiisque continebatur. Sic enim ad Nicolaum [6] scripsit: « Quo autem sensu dixerim, Virginem peccatum sensisse et debellasse, et si tu arreptus in tanto furore quod vix manus contines, non potes patienter audire, qui nostra legerit scripta, furore et odio postpositis, audiat et in statera aequitatis diligenter appendat. » Tum continuo [7] adiecit: « Ne vero auctoritate nudus circa Goliath ad bellum congrediar, antepono scutum auctoritatis qua [8] dicitur: *inimicitias ponam inter te et mulierem, ipsa conteret caput tuum, et tu insidiaberis calcaneo eius.* Quae est haec mulier? Virgo quae pro sexu, non pro corruptione mulier appellatur. Quod est eius semen? Iesus in quo benedicentur omnes gentes. Quae sunt illae inimicitiae? Lege [9] apocalypsin Iohannis. *Postquam*, inquit, *vidit draco quod proiectus est in terram, prosequutus est mulierem.* » Memorata autem persecutione qua illam draco per Herodem vexavit [10] pergit: « Luce clarius ad verbum exponit hoc sermo qui legitur [11] in nativitate eiusdem Virginis, ubi dicitur: *inimicitias ponam inter te et mulierem*, etc. Quid est fratres, inquit auctor in hoc loco, serpentis caput conterere, nisi principalem diaboli suggestionem, idest, concupiscentiam resistendo superare? Si ergo quaeritur, quae mulier huiusmodi victoriam operata sit, profecto non reperitur in linea generationis humanae, donec perveniatur ad illam de qua nunc agimus, sanctarum sanctam. Surdus es si non au-

---

[1] Gen. III. 15.
[2] Inter epist. Petri cellensis lib. IX. epist. IX. pag. 903. C-E. in max. pp. biblioth. T. XXIII.
[3] De nat. et grat. cap. XXXVI.
[4] Ps. CXXXI. 8.
[5] Quum omnes norint, Nicolaum monachum sancti Albani inter assertores immaculati conceptus seculo XII. eminuisse, omnes pariter intelligent quo sensu tum *sanctificandi* verbum, tum formula *sanctificationis ex utero matris*, quum de Virgine sermo erat, adhiberentur.
[6] Epistt. lib. IX. epist. X. pag. 905. D.
[7] Ibidem.
[8] Gen. III. 15.
[9] Apoc. XIII. 9.
[10] Ibid. pag. 905. E-G.
[11] Videtur autem esse sermo Fulberti carnotensis qui extat in max. pp. biblioth. T. XVIII. pag. 38.

dis, caecus si non vides, mutus si non clamas, infidelis si non credis, contumax si adhuc contendis. Vade ad natatoriam Siloe, et lava oculos, et vide quomodo verum sit, quia sensit peccatum sine peccato. Sensit equidem non ad laesionem sed ad probationem, sensit non succumbendo sed superando, sensit extrinsecus non intrinsecus, sensit propulsando non excipiendo vel admittendo. » Denique ut omnem difficultati locum obstruat [1], concludit: « An mater felicior filio? an sanctior? an fortior? an gratia plenior? Sed ductus est Iesus in desertum, ut tentaretur a diabolo: sed dicit illum Apostolus tentatum per omnia pro similitudine absque peccato. Qui tentatur, nonne sentit tentationem? Est autem modus sentiendi secundum virtutem non tentantis sed tentati, debilis, debilior, debilissimus effectus sentiendi secundum affectum et virtutem sentientis. Non enim quisquam potest iudicare quid sentias, nisi tu qui sentis. » Contrivit igitur Virgo serpentis caput, atque ideo contrivit quia vicit omne peccatum, non omne debellando sed nullum plane sentiendo, sensu inquam interno, propensione subita, delectatione indeliberata, quae omnia morbi sunt naturae universali praevaricatione corruptae, et ab ea natura longissime aberant quae adhuc integritatis flore virescebat.

1011. Consentiunt Amedeus lausannensis et Bernardus, quorum ille [2] scribit: « Decebat enim ut sicut [3] per feminam mors, sic per feminam vita intraret in orbem terrarum. Et sicut [4] in Eva omnes moriebantur, ita in Maria omnes resurgerent. Illa male credula verbis serpentis, mortis venenum miscuerat. Haec [5] conterens caput serpentis, antidotum vitae cunctis ministravit, ut mortem occideret, et vitam repararet. » At Bernardus quum [6] crebro de Virgine usurpet Geneseos oraculum, et de Virgine enarret solemnia verba, *ipsa conteret caput tuum, et tu insidiaberis calcaneo eius;* inter cetera [7] habet: « Insipientia vero omnis longe [8] sub pedibus eius est, ut penitus absit haec ab insipientium mulierum numero et collegio virginum fatuarum. Immo vero et unicus ille stultus et totius stultitiae princeps, qui vere mutatus ut luna sapientiam perdidit in decore suo, sub Mariae pedibus conculcatus et contritus miseram patitur servitutem. Nimirum ipsa est quondam [9] a Deo promissa mulier serpentis antiqui caput virtutis pede contritura: cuius plane calcaneo in multis versutiis insidiatus, sed sine causa. Sola enim contrivit universam haereticam pravitatem. Alius non de substantia carnis suae Christum edidisse dogmatizabat: alius parvulum non peperisse, sed reperisse sibilabat: alius, vel post partum, viro cognitam blasphemabat: alius Dei matrem audire non sustinens, magnum illud nomen Theotocos impiissime sugillabat. Sed contriti sunt insidiatores, conculcati supplantatores, confutati derogatores, et beatam eam dicunt omnes generationes. Denique et continuo per Herodem draco insidiatus est parienti, ut nascentem excipiens filium devoret, quod inimicitiae essent inter semen mulieris et draconis. »

1012. Eumdem Virginis de dracone triumphum extollit Bruno astensis et signiensium episcopus, ubi [10] ceteris illius praeconiis istud etiam connumerat: « Est etiam terribilis ut

---

1) Ibidem pag. 905. G-H.
2) Hom. II. de Virginis laudibus, pag. 1265. E-F. in max. pp. biblioth. T. XX.
3) Rom. V. 18.
4) I. Cor. XV. 22.
5) Gen. III. 15.
6) Super *missus est*, hom. II. n. 4. pag. 744. C-F, et de diversis serm. LII. al. IX. ex parvis, n. 3. pag. 1192. A-D.
7) Serm. in Dom. infra oct. assumt. n. 4. p. 1013. D-F.
8) Respicit ad verba Apocalypseos quae illustrat: *signum magnum apparuit in caelo, mulier amicta sole, et luna sub pedibus eius, et in capite eius corona stellarum duodecim.*
9) Gen. III. 15.
10) Sententiar. lib. V, cap. I. pag 554. col. 1. D.

castrorum acies ordinata, ad quam omni virtute circum munitam non audet aliquis hostis accedere, ut quae Spiritus sancti protegitur obumbratione. Unde et de hac civitate [1] iure gloriosa et magnalia dicuntur non solum ab hodiernis, sed etiam ab antiquis patribus et angelis. » Tum [2]) relata Christi penes Matthaeum genealogia, subdit: « Et valde quidem ad rem pertinuit, ut evangelistae hanc lineam Christi generationis tam longam componerent et ordinarent, quatenus sciamus non solum ex quibus patribus natus sit, verum etiam unde mortem et unde vitam habeamus. Primum huius lineae caput est Adam, secundum vero Christus. Haec linea incipit ab Eva, et desinit in Mariam. In principio mors, et in fine vita consistit. Mors per Evam facta est, vita per Mariam reddita est. Illa a diabolo victa est, haec diabolum ligavit et vicit. » Quae continuo [3]) explicans pergit: « Cum enim ab Eva usque ad ipsam Mariam linea extendatur, in ipsa tandem ille hamus ligatus et incarnatus est, per quem captus est ille Leviathan, serpens antiquus, qui est diabolus et satanas: ut qui per feminam in regnum intravit, per feminam de regno extraheretur, et qui feminam illusit et suis sibi vinculis ligavit, ab hac una femina illuderetur et ligaretur. » De quo egregio benedictae mulieris facinore [4]) illico ait: « Hoc est enim quod Dominus ad beatum Iob loquitur [5]) dicens: *numquid extrahere poteris Leviathan hamo, et fune ligabis linguam eius? Numquid illudes ei quasi avi, et ligabis eum ancillis tuis?* Non tu, quasi dicat, ancillis tuis eum ligabis, quem nec ipsi viri fortes ligare potuerunt. Ego tamen per unam ancillam meam eum ligabo, et fortitudine privabo. Haec est illa nobilis ancilla, de qua modo loquimur, beatissima Virgo Maria. »

1013. Cuius eximiam nobilitatem, singularemque de satana deque peccato victoriam Laurentius Iustinianus [6]) tum complectitur, quum adductis [7]) Evangelistae verbis, *Verbum caro factum est, et habitavit in nobis*, inquit: « Verbum sponsus, caro sponsa, Virginis uterus thalamus, in quo factum est et de quo egressum est, ut habitaret in nobis. Hoc exprimere citharoeda sanctus voluit quum [8]) in psalmo caneret dicens: *in sole posuit tabernaculum suum, et ipse tamquam sponsus procedens de thalamo suo*. Merito talis eligitur thalamus, in quo divina celebrentur mysteria. Erat quidem beata Virgo thalamus puritate nitidus, moribus ornatus et omni praeditus sanctitate, floribus aspersus, virtutibus decoratus, fragrans castitatis odore, caritate fervens, virginitate redolens, pollens humilitate. Ipsa est gloriosa domina et beata femina, innupta et fecunda, mater et virgo, ancilla et genitrix, quae culpam abstulit et dedit gratiam, quae contulit mundo pacem, hominibus Deum, finem vitiis, vitae ordinem, moribus disciplinam. Ipsa est quae suscepit Verbum, concepit Filium et peperit Christum. Ipsa effecta est porta caeli, paradisi ianua, stella maris, solatium mundi, peccanti refugium, mundi interventrix, interemptrix peccati, diaboli terror, et spiritualibus nequitiis pavor. Haec est Virgo pudicissima, quae chirographum abolevit decreti, et protoparentum abstulit opprobrium. Haec nempe est Virgo sanctissima, quae virtutum omnium ornata decore et gratiarum plenitudine, atque donorum caelestium irradiata fulgore, caelorum regem suo ad se traxit odore. Nimio namque innocentiae ac virginitatis respersa candore, tamquam prae ceteris sanctior, Dei mater effi-

---

1) Ps. LXXXVI. 2.
2) L. c. cap. II. pag. 555. col. 1. B-C.
3) Ibid. cap. II. pag. 555. col. 1. C.
4) Ibid. cap. II. pag. 555. col. 1. D.
5) Iob. XL. 20.
6) De casto connubio Verbi et animae cap. IX. p. 194.

col. 1. B-E. et col. 2. A-C. Quibus similia ex Iona aurelianensi in lib. II. de cultu imaginum pag. 184, D-E. in max. pp. biblioth. T. XIV., et ex Alberto in mariali cap. CI.

7) Ioh. I. 14.
8) Ps. XVIII.

citur. Haec quidem ab Altissimo adamatur, eligitur a Verbo, fecundatur Spiritu, divina prole ditatur, in Scripturis praefiguratur, a prophetis praenunciatur, praeponitur archangelis, caelesti omnique praefertur militiae. Dignum quippe fuit, ut talis esset mater unigeniti Dei, plasmatoris omnium, conditoris seculorum. Quidquid honoris, quidquid dignitatis, quidquid meriti, quidquid gratiae, quidquid est gloriae, totum fuit in Maria. Magna quum nascitur, maior quum concipit. Ubique sancta, ubique plena, ubique immaculata. »

1014. Merito itaque ª) Iohannes geometra de Virgine cecinit: « Salve quae labores solvisti, quae nos e tyranni dolis liberasti, tu integritatis iuxta ac libertatis mater. » Et ᵇ) rursum: « Salve quae expulisti atque in profundum detrusisti spiritum daemoniacae sobolis horrificum et homicidam. » Merito ᶜ) in Euchologio de Virgine dicitur: « In te laetatur omnis creatura, o gratia plena, angelorum coetus et hominum genus, o sanctum templum et rationalis paradise, virginum decus, e qua Deus ante secula exsistens, Deus noster incarnatus, puer factus est: tuum namque uterum sibi effecit thronum, ventremque tuum caelis reddidit capaciorem. In te laetatur omnis creatura, o gratia plena, tibi gloria. Belligerae agminum ductrici carmina victoriae laudesque triumphales reddo, ut a malis liberata gratiarum actiones et titulos ego civitas tua tibi erigo, o Deipara: verum ut quae inexpugnabili robore polleas, me a cunctis penitus periculis libera, ut tibi canam: salve sponsa viri nescia. » Merito in Paraclitice ᵈ) Virgo effertur his verbis, *salve daemonum expultrix*. Merito, praeeuntibus Iosepho, Theophane atque Georgio nicomediensi, Deipara ᵉ) in Menaeis ita celebratur: « Interfice, o immaculata, peccatum vivens meamque animam occidens; et tu me dignum redde qui consors sim vitae divinae, o tu quae gaudium peperisti et serpentem interfecisti. In generationibus generationum electa et innocens fuisti, ut quae antiquum maledictum divino tuo partu extinxeris, et mundo benedictionem effuderis. Tortuosissimus serpens initio quidem in Evae aures venenum infudit; tu autem sola, o Dei mater, ut quae eiusdem pepereris eversorem, illud iecisti. Salve, o innocens, singulare auditum; salve sanctum paradisi lignum divinitus satum; salve malorum daemonum deletio; salve gladius biceps, quae inimici caput ¹) amputasti miro tuo partu, et nos extorres, o sanctissima et superimmaculata, fac revoces. » Merito in hymno acathisto ᶠ) haec laudum encomia Virgini tribuuntur: « Vis hominumque robur salve, o penitus immaculata, locus sanctificationis gloriae, mors inferni, thalamus undequaque lucidus; salve angelorum exsultatio; salve eorum paradisus qui te fideliter deprecantur. » Merito ᵍ) Hermannus contractus Virginem salutavit inquiens: « Tu agnum, regem terrae ³) domi-

---

a) Hymn. I. in Deiparam vv. 5-6. pag. 437. A. in app. ad biblioth. pp. graeco-lat. T. III.
b) Ibid. Hymn. III. vv. 32-33. pag. 441. B.
c) Eucholog. de elevatione panis παναγία nuncupati pag. 866. B-D.
d) Paraclit. pag. 381. col. 1. D.
e) Men. die XVI. Aprilis Ode ζ'. pag. 66. col. 1. D.—Ibid. XXIX. Aprilis Ode ε'. pag. 122. col. 1. B. — Ibid. die IV. Maii Ode ς'. pag. 16. col. 1. A. — Ibid. die X. Novembris ad Vesp. pag. 69. col. 1. B.
f) Hymn. acath. Ode ε'. pag. 449. col. 1. E. ad calcem Paraclit.

1) Eodem pertinent quae habentur in Menaeis Mart. pagg. 17. col. 2. C., 44. col. 1. C., 73. col. 1. D. et Sept. pag. 21. col. 2. A.
2) Thesaur. hymnolog. pag. 32. T. III.
3) Is. XVI. 1.

natorem, moabitici de petra deserti ad montem filiae Sion traduxisti. Tuque [1]) furentem Leviathan, serpentem tortuosumque et vectem collidens, damnoso crimine mundum exemisti. » Et merito [2]) beatus Casimirus Virginis laudes extollens scripsit:

> » Evae crimen nobis limen paradisi clauserat:
> » Haec dum credit et obedit, caeli claustra reserat.
> » Propter Evam homo saevam accipit sententiam
> » Per Mariam habet viam quae ducit ad patriam.

Et [3]) mox:

> » Virgo salve, per quam valvae caeli patent miseris:
> » Quam non flexit nec allexit fraus serpentis veteris.

Ac [4]) tandem:

> » Eius fructu nos a luctu liberari credimus.
> » Pulcra tota sine nota cuiuscumque maculae.

1015. Doctrina igitur fidesque maiorum eo pertinet, ut *duplex* comprobetur *inimicitiae ratio* quae Virginem a serpente longissime seperavit. Illam nempe a serpente longissime *inprimis* separavit eiusmodi inimicitiae ratio quam dicere non inepte possumus *intransitivam*, et cui referri in acceptis debet tum quod *odium vetus et digladiabile discidium* utrimque, Deo auctore, exarserit; tum quod *neque suos in Virginem explicare tractus, neque noxium evomere virus, neque venenosis illam afflatibus inficere, neque illectam seducere* satanas potuerit. Quotquot autem peccato obstricti concipiuntur, hi non odio a satana dissident, sed cum ipso tamquam germen cohaerent, et suos in illos satanas explicat tractus, noxium evomit virus, eosdemque venenosis corrumpit afflatibus, illectosque seducit. Nihil igitur praeterea superest quam ut originalis exsors maculae, ex doctrina atque fide maiorum, concepta Virgo censeatur. Adfuit enim illi Deus inimicitiarum auctor, neque tulit *ut praeparatum aeterno regi hospitium alienus hospes invaderet.*

1016. Hanc inimicitiae rationem altera excipit, cui *inimicitiae actuosae atque efficacis* nomen merito inditur, quamque patres scriptoresque christiani uberrima quadam loquutionum sententiarumque copia significant. Illam namque significant quum Virginem appellant *satanae ruinam, daemonum praedonem, Adami revocationem, solutionem Evae, mulierem fortem et ad quodvis bellorum genus doctissimam*. Illam significant quum Virginis ornamentis accensent quod ipsa *contra serpentem praevaluerit, quod ad nihilum maligni suggestionem deduxerit, quod eius caput contriverit, quod primae matris iniuriam, eo expugnato, vindicarit, quod iniuriam protoparentibus illatam compescuerit, et quod fortem armatum bellatrix egregia colligarit, illumque in abyssum proiecerit*. Illam significant *sive quum Virginem sistunt quae femineis pedibus cernuam proterit viperam.* Illam significant quumVirgini deferunt *quod per ipsam cessaverit maledictio, ablata fuerit corruptio, tristia desierint, laeta floruerint et iacentium genus constiterit*. Illam significant quum Virginis proprium esse tradunt, *quod nos ab implexu serpentis abstraxerit, quod omnia venena domuerit, quod vicerit omni ex parte peccatum, quod peccati originem extinxerit, mortem superarit, vitam attulerit, hominesque cum Deo copularit*. Illam denique significant quum Virginem spectandam proponunt *modo ut*

---

[1] Is. XXVII. 1. Hinc consuetudo fluxit qua tartareus serpens depingitur Virginis triumphantis pedibus contritus.

[2] Thesaur. hymnolog. pag. 372. T. II.

[3] Ibid. pag. 373.

[4] Ibidem.

diabolo terribilem, modo ut ordinatam exercitus aciem, modo ut castra Dei ad quae hostis non audet accedere, et modo ut inexplicabili robore praeditam, quaeque multo Eva fortior huius expugnatorem debellarit, chirographum in nos scriptum aboleverit, et regno peccati ac mortis finem imposuerit.

1017. Quis vero haec aut velit aut possit cum iis conciliare Virginis primordiis, quae utpote peccati viru infecta ipsam satanae subiecerint, et miserrimum eiusdem mancipium reddiderint? Nemo plane, quum haec non dissita solum sint, verum etiam sibi mutuo adversentur hostiliterque repugnent. Quare, subductis uti decet rationibus, intelligimus *veritatem de immaculato Virginis conceptu duobus iisque distinctis modis oraculo Geneseos revelatam contineri.* Revelata namque *diserte* continetur prioribus verbis *inimicitias ponam inter te et mulierem, et semen tuum et semen illius.* Eiusmodi namque verbis non minus ostenditur Virgo a quovis cum satana amicitiae foedere semper remotissima, quam eadem significetur *ubique immaculata, et sine nota cuiuscumque maculae numquam non splendens.* Porro utrumque inimicitiae modum complexus est Rupertus tuitiensis [1]) his verbis: « De calceamentis hic [2]) agitur non corporis sed spiritus, in quo discalceatum esse vel discalceatam, summa est ignobilitas et plusquam servilis egestas. Tu autem, o filia principis, bene calceata caput serpentis contrivisti, ut maxime, o princeps et domina, singularis dilecta, et sicut iam dixi, una columba mea, una genitrici suae. « Revelata deinde continetur verbis insequentibus, dummodo et ea teneatur illorum lectio quam propriam esse occidentalis ecclesiae et virtute ac potestate biblicam demostravimus, et non aliter accipiantur ac maiorum suffragio accepta fuisse patefecimus. Fac enim primum legas, *ipsa conteret caput tuum, et tu insidiaberis calcaneo eius:* tum fac non solum iis significari Virginem contra satanam fuisse invictam eiusque telis inaccessam, verum etiam divinitus fuisse selectam ut ipsa protoparentum ignominiam tegeret, satanam profligaret et peccati mortisque regnum pessumdaret; quid, amabo, illustrius quidve praeclarius quam Virginem ab ordine praevaricationis semper fuisse alienissimam, neque ad alium umquam ordinem quam reparationis spectasse, cuius ipsa cum suo semine perque suum semen caussa et principium exstiterit? Nemo autem est qui non videat, Virginem iis ipsis immaculatam ostendi, et nulla umquam peccati labe corruptam exhiberi, quibus ipsa et ab ordine praevaricationis alienissima, et caussa atque origo reparationis, parto de satana triumpho, celebratur.

CAPUT II.

De vaticinio penes Isaiam XI. 1: quae ad Virginem pertinentia ex eo colligantur: maiorum sententiae et commentarii eodem spectantes, quibus intaminata Virginis puritas et nullo vel originali infecta naevo comprobatur.

1018. Virginem quam Deus per Moysen praenunciavit, quamque spectandam exhibuit ceu eximiam singularemque *mulierem,* quae a satana semper divisa et semper pura in lucem semen ederet cum quo et per quod peccati mortisque regnum aboleret, atque hominum genus e captivitate ereptum in filiorum Dei libertatem vindicaret; eamdem *virgae* symbolo adumbratam una cum filio qui *germinis* appellatione exprimitur per Isaiam denuo

---

[1] In Cant. lib. VI. cap. VI. pagg. 60. col. 2. E. et 61. col. 1. A.   [2] Cant. VII. 1.

promisit. De quo Isaiae oraculo constitutum nobis est in praesentia agere, quaeque suppetunt atque opportuna videntur, tribus singillatim articulis complecti. Principio namque ipsum *in se* vaticinium spectabimus, quod de Virgine aptissime sumi, cuius origo eximia fuerit et nescia labis, ostendemus: tum *relatis maiorum commentariis atque sententiis*, superiora confirmabimus: iisque tandem propositis quae *publicis ecclesiae monimentis* continentur, immaculatum Virginis conceptum nova lucis accessione stabiliemus.

ARTICULUS I.

Oraculum quod habetur Is. XI. 1. ad Messiam pertinet: pertinet et ad Virginem Messiae genitricem quae virgae symbolo adumbratur, atque hoc symbolo ita adumbratur ut singularis eius origo atque culpae expers non obscure significetur.

1019. Quod generatim de vaticiniis ad Messiam pertinentibus verissime dicitur, vix ullum ex iis esse quod plurium aut pauciorum interpretum temeritas in alienos ementitosque sensus non detorserit; idipsum et de illo cuius enarrationem adgredimur, nominatim repetamus oportet. Fuerunt enim qui illud non ad Messiam, sed ad Ezechiam vel Zorobabelem aut unice aut saltem proxime referendum esse contenderent. Hoc ex iudaeis contendit [1]) Aben-Esra, ex christianis vero [2]) praeter Grotium contenderunt [3]) Hermannus Van der Hardt, Theophilus Holzapfel [4]) et [5]) Henricus Iungmannus, quibus auctoribus promissus per vatem heros aut nullatenus aut saltem *proxime* censeri non debet Emmanuel et Christus, sed Ezechias vel Zorobabel. Horum tamen fallax et praepostera opinio quum summo auctoritatis pondere, tum perspicuis rationum momentis convellitur. Illi namque obsistunt atque repugnant uno prope ore iudaei, quemadmodum [6]) ex Isaaco Abarbenele liquet, et multo liquet evidentius ex paraphraste chaldaeo qui sic [a]) habet: *et egredietur rex de filiis Isai, et Messias ex filiis filiorum eius excrescet.* Obsistunt atque repugnant quotquot fuerunt ac sunt catholici interpretes, cum quibus plerique omnes e protestantium sectis conspirant, neque antiquiores dumtaxat, quod [7]) Johannes Frischmuthus editis dissertationibus ostendit; verum etiam recentiores et recentissimi, cuiusmodi sunt [8]) Reinhardus, Gesenius [9]), Rosenmüllerus [10]) et [11]) Augustus Knobel. Profecto tot tantaque sunt

a) Is. XI. 1. : וְיִפּוֹק מִבְּנוֹהִי דְיִשַׁי וּמְשִׁיחָא מִבְּנֵי בְנוֹהִי יִתְרַבֵּי

1) Comm. in Is. XI. 1. ubi tamen fateri coactus est, *complures interpretes ad Messiam illud referre.*

2) Qui in commentario scribit: « Redit ad laudes Ezechiae, sub quibus sensu sublimiori latent Messiae laudes. »

3) In dissert. philolog. ad Is. XI.

4) In programmate quo disquiritur, quisnam Is. XI. intelligendus sit rex aetatem auream restituturus.

5) In Daniele novo et inaudito modo reserato lib. II. sect. III. cap. VII.

6) In opere, *Praeco salutis*, pagg. 51. seqq. edit. Francofur. MDCCXI. Sane non modo iudaei in Talmud hierosolymit. Massecht Berachot, cap. היה הקורא Messiam e regia domo atque e Bethlehem Iuda esse hoc vaticinio probant: neque modo in Berescith Ketannam et Berescith Rabba ad Gen. XLIX. 8. hoc Isaiae capite de Messia sermonem esse testantur; sed praeterea in Midrasch Tillim ad verba Ps. LXXII. 1. *da iudicia tua filio regis,* sic habent: *hic est rex Messias, quia dictum est, et egredietur virga de stirpe Isai.*

7) In duabus dissertatt. ad Is. XI. 1. seqq., quae leguntur in thesauro theolog. philolog. T.I. pagg. 763. seqq.

8) Explanat. loci Is. XI. 1-5. pagg. 1. seqq. T. II. opuscul. academic.

9) Comm. ad Is. XI. 1.

10) Sbol. ad Is. XI. 1.

11) In Is. XI. 1.

quae prodituro in lucem germini atque futuro regi asseruntur, ut alteri quam Emmanueli convenire nequeant. Praenunciatur enim, quod scite [1]) Rosenmüllerus notat: « Regem illum omnigenis dotibus spiritus divini perfectissime fore [2]) instructum, earumque usu perpetuo gavisurum: in iure dicundo, bonisque malisque, insontibus et noxiis rite discriminandis illum numquam falli: regnum eius [3]) fore pacatissimum: iudaeos [4]) per totum orbem sparsos in terram patriam redituros, depositaque aemulatione et invidia mutua iunctis viribus hostibus communibus oppugnandis operam daturos. Talia vero quis evenisse demonstret sub Hiskia aut Serubbabele? Nulla igitur dubitatio depingi a vate nostro illum principem κατ' ἐξοχήν *Unctum* (מָשִׁיחַ) appellatum, qualem ab antiquissimis inde temporibus aliquando inter ipsos appariturum sperant hebraei. »

1020. En autem oraculi verba:

וְיָצָא חֹטֶר מִגֵּזַע יִשָׁי וְנֵצֶר מִשָּׁרָשָׁיו יִפְרֶה׃

Haec alexandrini vertunt: καὶ ἐξελεύσεται ῥάβδος ἐκ τῆς ῥίζης Ἰεσσαί, καὶ ἄνθος ἐκ τῆς ῥίζης ἀναβήσεται. Neque dissidet vulgatus inquiens: *et egredietur virga de radice Iesse, et flos de radice eius ascendet*. Iamvero יָצָא, quod proprie valet *exiit, prodiit, egressus est*, quodque adhibetur tum [5]) de plantis quae *egredi* dicuntur quum progerminant, tum [6]) de germinibus quae ex insita plantarum vi erumpunt atque subolescunt, quemadmodum sumi potest [7]) significatione *futuri* vel *praesentis;* ita heic nonnisi alterutro sensu accipi debet. Loquitur enim vates de eo quod eventurum erat, et fata domus Iudae assyriorum fatis opponit. Florebant assyrii sibique aeternitatem pollicebantur, publica vero iudaeorum res non periclitabatur solum sed funditus desitura videbatur. Atqui secus ille decreverat [8]) cuius nutu omnia temperantur: futurum namque erat ut assyriorum viribus fractis, imperioque subverso, res tandem iudaica revivisceret et multo quam antea splendidius emicaret. Sed unde rerum tam mira conversio? Quod Deo moderatore *egredietur*, vel pro ingenio propheticae repraesentationis, *iam egreditur* ex accisa ac ferme enecta Isai stirpe quia omnia non restituat modo, verum etiam provehat et in immensum amplificet.

1021. Indicato eventu metaphorica *egrediendi* loquutione, continuo *subiectum* memoratur, illudque effertur voce חֹטֶר, cui respondet aramaeum nomen חוּטְרָא, syriacum ܚܘܛܪܐ, graecum ῥάβδος, et latinum *virga* vel satius *virgula*, quum verbo חָטַר, non secus ac verbis תָּלַל, זָלַל, דָּלַל, דָּלָה, vicinisque חָדַל, חָטַל, insit princeps notio eius quod *lentum* est, *pendulum* ac *mobile*. Hinc Aquila pro חֹטֶר substituit [9]) ῥαβδίον *lentam virgam* aut *virgulam*. Haec autem *virgula* mihi ea ipsa est quae in oraculo [10]) Geneseos הָאִשָּׁה mulier κατ' ἐξοχήν, quaeque in superiori [11]) Isaiae vaticinio הָעַלְמָה *Virgo* nuncupatur. In

---

1) L. c.
2) Is. XI. 2.
3) Is. XI. 6-9.
4) Is. XI. 13-14.
5) I. Reg. IV.13, Deut. XIV. 22., Iob. XIV. 2., XXVIII. 5, XXXI. 40., Dan. VIII. 9.
6) Iob. V. 6.
7) Cf. Gesenii grammat. §. 124. nn. 4-6.
8) Cf. Is. XXXVI.
9) Nomen חֹטֶר nonnisi semel praeterea occurrit Prov.

XIV.3. בְּפִי־אֱוִיל חֹטֶר גַּאֲוָה, quae Vulgatus reddit *in ore stulti virga superbiae*. Ceterum haec imago nonnihil durior leniri potest si animadvertatur, penes arabes eodem nomine etiam *hastam* significari. Unde Salomonis verba apte redduntur, *in ore stulti hasta superbiae*, qua nimirum alii contemnuntur et maledictis vulnerantur.

10) Gen. III. 15.
11) Is. VII.14. ubi articulus הַ virginem certam illamque ὡρισμένην demonstrat.

quam sententiam propterea concedo, quod illa maioribus nostris ita placuerit, ut [1] Gaspar Sanctius politus interpres scribere non dubitarit, proditurarn virgam certissime esse Mariam *communi* [2] *patrum consensu:* quod imago *virgulae* ex radice Iesse germinantis concinne in Virginem quadret, quae revera ex accisa et prope enecta regia Isai stirpe effloruit: et quod mutuus vaticiniorum habitus hunc maxime sensum commendet. Sicut enim heic חֹטֶר *virgula* cum נֵצֶר *surculo* et *germine,* ita in oraculo [3] Geneseos הָאִשָּׁה *mulier* cum זֶרַע *semine,* et penes [4] Isaiam הָעַלְמָה *Virgo* cum עִמָּנוּאֵל *Emmanuele* arctissime copulatur.

1022. Unde autem haec *virgula* proditura esset, quaeque illius origo exstitura declaratur verbis מִגֵּזַע יִשַׁי. Porro גֶזַע, ἀπὸ τοῦ גָּזַע idem ac גָּדַע *arborem cecidit,* proprie est *truncus arboris caesae,* qui [5] ab alexandrinis ῥίζα *radix,* et ab Aquila, Symmacho et Theodotione κορμός *truncus,* vel potius *trunci residuum* vertitur. Quare huc redit totius membri sensus: *et egredietur* atque prosiliet *virgula ex accisa Isai arbore,* eaque trunci parte quae adhuc supererit. Quibus quantum satis est, singularis virgulae egressus eiusque origo praeter ac supra statas naturae leges ostenditur. Ac multo etiam his clarius ostenditur quae illico succedunt, וְנֵצֶר מִשָּׁרָשָׁיו יִפְרֶה· Est enim נֵצֶר ab inusitata hebraeis radice נָצַר *nituit ac laete viruit,* idemque *proprie* valet ac *germen* et *surculus,* *metaphorice* vero tam [6] apud scriptores sacros quam [7] profanos, *soboles* et *filius.* Porro יִפְרֶה, ex פָּרָה=פָּרָא *ferre* atque inde *fructum ferre,* notat *fructum feret, fructuosus erit.* Ergo subiecta integro membro potestas haec est: *et surculus ex radicibus eius* (Isai) *fructuosus erit,* novique ex eo surculi atque stolones propagabuntur. Iam si propria translatis atque res ipsae suis imaginibus substituantur, hanc oraculum sententiam fundit: *ex prostrata ac pene deleta Isai stirpe exsistet Virgo, atque ex eadem prodibit* [8] *Emmanuel novae sobolis auctor.* Nihil vero hac coniunctione Virginis cum Emmanuele oppor-

---

[1] In comm. ad Is. XI. 1.

[2] De hac consensione integrum erit ex iis arbitrari, quae insequentibus articulis referemus.

[3] Gen. III. 15.

[4] Is. VII. 14-15.

[5] Quamquam, scribit Iohannes David Michaelis in supplementis ad lexica hebraica pag. 291., גֶזַע vere sit *arbor succisa et trunci pars de ea residua;* non idcirco arguendi sunt alexandrini quod Is. XI. 1. et XL. 24. eiusmodi nomen ῥίζαν verterint: est enim pars arboris succisae infimae radici adhaerens, quam possis aeque bene ad hanc atque ad truncum referre. Brevius Kimchi, quo auctore גֶזַע est *arbor succisa cuius radix adhuc in terra superest.*

[6] « Amant, verba sunt Reinhardi l. c. pagg. 4-5., hanc translationem scriptores sacri quum de prole loquuntur. Noster ipse (Isaias) auctum novis incrementis populum Deo carum appellat נֵצֶר seu *arbusculum* cap. LX. 21. Plane autem hoc modo de nobili quadam Davidis sobole vaticinatur Ieremias cap. XXIII. 5. et XXXIII. 15., eamque צֶמַח דָּוִד simili translatione dicit. Etiam in psalmis frequentatur haec imago, et exornatur saepe mirifice. Dominatur enim per integrum fere psalmum LXXX., et venustatem magnam habet in loco psalmi CXXVIII. ubi v. 3. hominis probi ac pii uxor comparatur cum *vite ferace,* liberi autem cum *virgulis oleaginis* feliciter succrescentibus. Atque hoc modo intellexerim quoque Zachariae formulam apud Lucam cap. I. 78, ubi ἀνατολὴ ἐξ ὕψους est *divina proles, demissa caelo progenies;* nam ἀνατολὴ et alibi *surculum* significat, ut in illo Zachariae prophetae cap. IV. 12. ἰδοὺ ἀνήρ, ἀνατολὴ ὄνομα αὐτοῦ, coll. cap. III. 8. et Ezech. XVI. 7., eoque modo verbum ἀνατέλλειν occurrit Hebr. VII. 14. »

[7] Exempla penes scriptores profanos frequentia referunt Wetstenius ad Luc. I. 78., et Silvester De Sacy *Mémoires sur diverses antiquités de la Perse* p. 94.

[8] Qui sicut heic נֵצֶר ita alibi Is. IV. 21., Zach. III. 8., VI. 12. et Ierem. XXIII. 5. nuncupatur vel absolute צֶמַח, ἀνατολή, *germen,* vel צֶמַח צַדִּיק, ἀνατολὴ δικαία, *germen iustum,* aut etiam צֶמַח יהוה, ἀνατολὴ τοῦ κυρίου, *germen Domini.*

tunius, nihilque validius quo illius origo singularis appareat, et illius primordia eximia ac plane sancta videantur. Singularis apparet origo, quum ex trunco acciso atque emortuo virens ramus ex sese non prodeat. Et eximia ac omnino sancta apparent primordia, quum hinc quidem eius sint primordia, quae Israelem reficiet, et e qua flos divinus erumpet; inde vero non aliter Emmanuel tamquam princeps exhibeatur novae sobolis auctor, regnique divini contra satanae regnum institutor, ac Virgini eiusdem genitrici hoc ipsum altero loco deferatur, quae propterea ab antiqua sobole et serpentis semine, quo fieri vehementius potest, longissime separatur.

ARTICULUS II.

De maiorum commentariis quibus divinum penes Isaiam oraculum cap. XI. 1. enarratur: eo mirifica quadam conspiratione pertinent ut virgam de Virgine accipiendam esse demonstrent: quas dotes Virgini asserant, et quo pacto has inter immaculatum eiusdem conceptum enumerent.

1023. Quum primum de commentariis cogitavi, quibus patres scriptoresque christiani propositum ex Isaia vaticinium enarrarunt, mentem continuo subiit Hieronymi interpretatio quam ille [1]) his plane verbis orditur: « Usque ad principium visionis vel ponderis Babylonis, quod vidit Isaias filius Amos, omnis haec prophetia de Christo est, quam per partes volumus explanare, ne simul proposita atque disserta, lectoris confundat memoriam. » Tum [2]) pergit: « Virgam et florem de radice Iesse, ipsum Dominum iudaei interpretantur: quod scilicet in virga [3]) regnantis potentia, in flore pulcritudo monstretur. » Quibus, uti decebat, historice praestitutis [4]), subdit: « Nos autem virgam de radice Iesse sanctam Mariam virginem intelligamus, quae nullum habuit sibi fruticem cohaerentem, de qua et supra [5]) legimus: *ecce Virgo concipiet et pariet filium.* Et florem Dominum Salvatorem, qui dicit [6]) in cantico canticorum: *ego flos campi, et lilium convallium.* » Hinc ad ea accedens [7]) quae sibi philologia et eruditio vindicant, ait: « Pro *radice*, quam soli LXX. transtulerunt, in hebraico scriptum habet *geza* (גזע), quod Aquila et Symmachus et Theodotio κορμόν interpretati sunt, idest, *truncum*. Et pro flore qui [8]) hebraice dicitur *neser* (נצר), *germen* transtulerunt, ut ostenderent quod multo post tempore babylonicae captivitatis, nullo de stirpe David antiqui regni gloriam possidente, quasi de trunco Maria, et de Maria Christus exortus sit. Illud quod in evangelio Matthaei omnes quaerunt ecclesiastici, et non inveniunt ubi [9]) scriptum sit, *quoniam nazarenus vocabitur*, eruditi

---

1) Comm. in Is. lib. IV. cap. XI. pag. 155. B. opp. Tom. IV.
2) Ibid. pag. 155. B-C.
3) Quod chaldaicum nomen חוּטְרָא respondens hebraico חֹטֶר, notet etiam baculum regium, idemque valeat ac שֵׁבֶט, aliquot ex iudaeorum interpretibus, atque hos inter ipse etiam chaldaeus paraphrastes, חֹטֶר reddiderunt מַלְכָּא *regem*. Quam tamen interpretationem ad vocabuli proprietatem non esse expressam, philologi norunt.
4) L. c. pag. 155. C-D.
5) Is. VII. 14.
6) Cant. II. 1.
7) L. c. pagg. 155-156. C-E.
8) Graeca vox ἄνθος, qua usi sunt alexandrini, monente Hesychio, notat etiam βλάστησιν *germinationem* et *surculum*. Quare iidem nomen נֵצֶר Is. LX. 21 reddiderunt φύτευμα.
9) Matth. II. 23.

habraeorum de hoc loco assumtum putant. Sed sciendum quod hic *neser* (נצר) per *sade* (צ) literam scribatur, cuius proprietatem et sonum inter *z* et *s* latinus sermo non exprimit. Est enim stridulus, et strictis dentibus vix linguae impressione profertur: ex qua etiam Sion urbs scribitur. Porro nazaraei, quos LXX. *sanctificatos*, Symmachus *separatos* transtulerunt, per *zain* (ז) scribuntur elementum. » Denique [1]) concludit: « Super hunc igitur florem, qui de trunco et de radice Iesse per Mariam virginem repente consurget, requiescet spiritus Domini, quia in ipso [2]) complacuit omnem plenitudinem divinitatis habitare corporaliter: nequaquam per partes, ut in ceteris sanctis, sed iuxta evangelium quod hebraeo sermone conscriptum legunt nazaraei: *descendet super eum omnis fons Spiritus sancti.* »

1024. Quemadmodum ergo *virgae* nomen ad Virginem Hieronymus refert, ita expositionem hanc suam tum vaticiniorum comparatione quum christianorum interpretum suffragio munit atque confirmat. Et de maiorum quidem suffragio mihi videor affirmare posse, tanta illud testium nube comprobari, ut commune atque universale [3]) non immerito existimetur. Virgam enim de Virgine accipiunt [4]) Iustinus, Hippolytus [5]), Tertullianus [6]), Novatianus [7]) et [8]) Methodius. Huic acceptioni aperte favent [9]) Lactantius, Caesa-

---

1) L. c. pag. 157. A.

2) Ioh. III. 43. et Coloss. II.

3) Quod dum affirmo, nolim quispiam credat *omnes omnino* in unam eamdemque mentem conspirasse. Aliter namque sensit caesariensis Eusebius, qui comm. in Is. XI. 1. pag. 400. in nova patrum graecorum collect. Tom. II. ῥάβδον virgam intellexit de Christo, qui *omnes sublimes contereret et humiliaret*. Aliter sensit Cyrillus alexandrinus comm. in Is. lib. II. Tom. I. pag. 191 opp. Tom. II. inquiens: ῥάβδον δὴ οὖν ὠνόμαζε τὸν ἐκ ῥίζης Ἰεσσαὶ κατὰ σάρκα Χριστόν· καὶ μὴν πρὸς τούτῳ, καὶ ἄνθος, καὶ διὰ μὲν τῆς ῥάβδου κατά γε τὸ εἰκὸς τὸ βασιλικὸν ἔχων ἀξίωμα, πλαγίως ὑποσημαίνεται. *Proinde virga nominavit Christum de radice Iesse iuxta carnem, et praeterea etiam florem: et per virgam eum regiam dignitatem habere, oblique subindicari videtur.* Aliter sensit Procopius christianus sophista, qui comm. in Isaiam pag. 178. edit. Curterii, relatis oraculi verbis subdit: ἀντὶ δὲ τοῦ ἐκ ῥίζης, ἀπὸ κορμοῦ συμφώνως ἑρμήνευσαν οἱ λοιποί· καὶ γὰρ ἦν ἡ φυλή, καὶ πατριά, ἐξ ἧς ἦν ὁ Χριστός, ὥσπέρ τις κορμὸς οὐκ ἔτι κλάδους ἔχων, τῶν ἐκ διαδοχῆς τοῦ Δαβὶδ βασιλέων ἐκλελοιπότων μετὰ τὴν ἅλωσιν τὴν ὑπὸ τῶν ἀσσυρίων· τὴν δὲ ῥάβδον, ῥαβδίον Ἀκύλας ἐξέδωκε, τοῦ Χριστοῦ δηλῶν τὸ κατὰ σάρκα μέτριόν τε καὶ ταπεινόν. *Quo loco ubi radicem habemus, magno consensu truncum reliquo vertisse reperias. Erat enim tribus ipsa, illaque adeo unde Christus prodiit familia non minus quam truncus aliquis ramorum honore spoliatus: quum iam inde ab assyriaca expugnatione in familia Davidis regum desiisset successio. Ubi autem virgam legimus, virgulam dixit Aquilas, ut Christi in carne summissionem et abiectionem significaret.* Et aliter ex latinis sensit pictaviensis Hilarius qui tractat. in Ps. II. n. 37. pag. 52. opp. T. II. sic habet: « Ipsum autem Dominum nostrum ob doctrinae suae utilem ac moderatam praedicationem *virgam* nuncupatum, ita accepimus dicente Esaia: *exiet*, inquit, *virga de radice Iesse.* » Sed hoc paucorum dissidium, nulloque idoneo argumento communitum neque impedit neque impedire potest, quominus interpretatio de Virgine communis atque sincera iudicetur.

4) Apolog. II. n. 32. pag. 84. ubi Iustinus duo simul vaticinia iungit, alterum ex Num. XXIV. 17, et alterum ex Is. XI. 1-10. Rursum in dialog. cum Tryphone nn. 86-87. pagg. 301-303.

5) Demonstrat. de Christo et Antichristo §. VIII. p. 420. E. apud Gallandium T. II.

6) De carne Christi cap. XXI. pag. 323. C. ubi ut Christum vere ex Maria conceptum ostendat, inquit: « An quia ipse est *flos de virga* proiecta ex radice Iesse: radix autem Iesse, genus David: virga ex radice, Maria ex David: flos ex virga, filius Mariae qui dicitur Iesus Christus, ipse erit et fructus? Flos enim fructus: quia per florem et ex flore omnis fructus eruditur in fructum. Omnis gradus generis ab ultimo ad principalem recensetur, ut iam nunc carnem Christi non tantum Mariae sed et David per Mariam, et Iesse per David sciant adhaerere. »

7) De Trinitate cap. IX. pag. 293. B-C. apud Gallandium T. III.

8) De Symeone et Anna §. X. pag. 815. B-C. apud Gallandium T. III. Heic autem manifesta ad Isaiae oraculum allusione Virgo dicitur ἡ ῥίζα τοῦ ὡραιοτάτου ἄνθους, *radix floris speciosissimi*.

9) Div. institutt. lib. IV. cap. XIII. pag. 295. D-E. apud Gallandium T. IV. Ubi Lactantius ad Christum imagine *floris* expressum refert quae occurrunt. Orac. sibyll. lib. VI. v. 8, et in app. ad eadem oracula v. 68.

Ἀνθήσει δ' ἄνθος καθαρόν.

rius [1]) Gregorii nysseni frater, auctores tum [2]) consultationum Zacchaei christiani et Apollonii philosophi, tum [3]) altercationis inter Theophilum christianum et Simonem iudaeum, itemque [4]) Ambrosius. Eamdem adiecto calculo tuentur [5]) Augustinus, Chrysippus [6]) et Hesychius [7]) hierosolymitani, Gregentius [8]), Maximus taurinensis [9]), Theodoritus [10]), Leo magnus [11]) et gemini cognominis [12]) Gregorius. Neque aliter censent [13]) Modestus hierosolymitanus, Isidorus hispalensis [14]), Hildephonsus toletanus [15]), Andreas cretensis [16]), Iohannes damascenus [17]), Germanus constantinopolitanus [18]), Etherius [19]) et Beatus. Cum his insigniter concinunt [20]) Paulus diaconus, Rhabanus maurus [21]), Fulbertus carnotensis [22]), Ambrosius anspertus [23]), Nerses claiensis [24]), Hildebertus cenomanensis [25]), Petrus Damiani [26]), Anonymus canisianus [27]), Bernardus [28]), Adamus abbas Perseniae [29]), Honorius augustodunensis [30]), Amedeus lausannensis [31]), et ut finem faciam, Emmanuel [32]) paleologus.

1) Dial. IV. respons. ad interrogat. CLXXXIII. p. 139. B-C. apud Gallandium T. VI.

2) Consultat. Zacchaei christ. et Apollonii philosophi lib. II. cap. IX. pag. 229. apud Gallandium T. IX. « In virga Mariae venerabilis monstratur integritas; in odore floris et gratia signatus est Christus, ipso in canticorum canticis (cap. II. 1.) hoc dicente: *ego sum flos campi et lilium convallium*. »

3) Altercat. inter Theophilum christ. et Simonem iudaeum, auctore Evagrio, pag. 252. E. apud Gallandium T. IX. « Virga enim Maria virgo fuit, quae ex semine David processit, ex qua Christus flos patriarcharum secundum carnem nascitur. »

4) In Luc. lib. II. n. 24. pag. 1289. E-F. opp. T. I. et de benedictionibus patriarch. cap. IV. n. 19. pag. 579. B-C.

5) De symbolo sermo ad Catech. cap. IV. n. 4. pag. 420. A. opp. T. VI.

6) Orat. de Virginis laudibus pag. 424. E. in biblioth. pp. graeco-lat. T. II.

7) Orat. de Virginis laudibus pag. 421. D-E. in biblioth. pp. graeco-lat. T. II.

8) Disput. cum Herbano iudaeo pag. 626. C-D. apud Gallandium T. XI.

9) Hom. V. de paschate pag. 27. G-H. in max. pp. biblioth. T. VI.

10) Comm. in Is. XI. 1. p. 249. opp. T. II. P. I.

11) Serm. IV. in Domini nativit. pag. 995. G. in max. pp. biblioth. T. VII. « In qua virga (Is. XI. 1.) non dubie beata virgo Maria praedicta est, quae de Iesse et David stirpe progenita, et Spiritu sancto fecundata novum florem carnis humanae utero quidem materno, sed partu est enixa virgineo. »

12) Comm. in I. Reg. cap. I. pag. 9. B-E. opp. T. III. P. II.

13) Encom. in beatam Virginem pagg. 17-21.

14) In Num. cap. XV. n. 19. p. 444. opp. T. V.

15) De assumpt. Deiparae serm. V. pag. 583. G. et serm. VI. pag. 585. B-D. in max. pp. biblioth. T. XII. et in collect. pp. tolet. T. I. pagg. 335-356-366-384-388. Accedunt quae ibidem scribit Hildephonsus de perpetua virginit. s. Mariae capp. IV-VI. pagg. 119-126., quaeque tradit auctor coronae b. Mariae capp. XVII-XXII pag. 421-428. His adde quae in Nicephori antirrheticis contra Eusebium c. XXXVI. §. I. pag. 427. T. I. spicileg. solesmensis traduntur.

16) Orat. in Deiparae nativit. pag. 180. A-B. apud Gallandium T. XIII.

17) Hom. II. in Deiparae nativ. §. II. pag. 850. C-D.

18) Orat. in Deiparae praesentat. p. 1418. C-E. apud Combefisium Auctar. T. I.

19) Adver. Elipandum lib. I. §. XXXI. p. 297. C-E. apud Gallandium T. XIII.

20) Serm. in Deiparae assumpt. pag. 268. B-D. apud Martenium vet. script. T. IX.

21) Lib. adver. iudaeos cap. XIX. pag. 444. B-D. apud Martenium in thesauro anecdot. T. V.

22) Serm. de Deiparae nativit. pag. 38. D. in max. pp. biblioth. T. XVIII.

23) Serm. de Virginis purificat. pag. 225. D-E. apud Combefisium in biblioth. concionat. T. VI. et apud Martenium vet. script. T. IX. pag. 237. D-E.

24) In evang. Matthaei pag. 53. opp. T. II.

25) Serm. III. in Domini nativit. pag. 263. C-D.

26) Hom. XLVI. in Deiparae nativit. pag. 114. A-C. opp. T. II.

27) Dialog. contra iudaeos cap. XXXIII. pagg. 288-289. apud Canisium lectt. antiq. T. IV.

28) Hom. II. in evang. *Missus est*, pag. 409. A-C. apud Combefisium in biblioth. concionat. T. VI.

29) Epist. XXI. ad comitissam carnotensem pagg. 755-756. apud Martenium in thesauro anecdot. T. I.

30) Sigillum beatae Mariae cap. VII. pag. 1224. in max. pp. biblioth. T. XX.

31) Hom. I. de Virginis laudibus pag. 1263. F-G. in max. pp. biblioth. T. XX.

32) Orat. in Deiparae dormit. pag. 58. edit. Maraccii in Caesaribus marianis. His autem testibus suo merito

Si qua igitur Scripturarum interpretatio haberi merito potest auctoritate maiorum suffulta, eiusmodi profecto videri illa debet, qua *virgae* nomen in oraculo per Isaiam edito ad Deiparam refertur. Sed quorsum haec ad praerogativas quod attinet Deiparae, et ad illam nominatim qua eius conceptus immaculatus celebratur? Responsio sua veluti sponte ex iis dimanabit maiorum commentariis, quos e pluribus delectos subiicimus. Itaque a) Hippolytus relato [1] Iacobi vaticinio, illud cum eo componit atque ex eo illustrat quod [2] penes Isaiam habetur, inquiens: « Catulum leonis vocavit propheta, qui ex Iuda et Davide secundum carnem factus est, non quidem ex Davidis factus [3] semine, sed qui de Spiritu sancto concipiatur et ex sancto germine e terra procedat. Quod ita Esaias effert: *egredietur virga de radice Iesse, et flos ex ipsa ascendet.* Quod ab Esaia flos dictum est, id Iacob appellavit germen. Primum namque germinavit, deinde floruit in mundo. » Spectari igitur Deipara haud secus potest ac veluti βλάστος ἅγιος *sanctum germen*, germen ab omni labe solutum et e quo Emmanuel virtute Spiritus sancti conceptus sanctam carnem acciperet. Consentit [4] Ambrosius qui enarrans [5] Elisabeth salutationem, *benedicta tu inter mulieres, et benedictus fructus ventris tui*, scribit: « Novit sermonem suum Spiritus sanctus, nec unquam obliviscitur. Et prophetia non solum rerum completur miraculis, sed etiam proprietate verborum. Quis est iste fructus ventris, nisi ille de quo [6] dictum est: *ecce hereditas Domini, filii, merces fructus ventris*? Hoc est, hereditas Domini filii sunt, qui merces sunt fructus illius qui de Mariae ventre processit. Ipse fructus ventris est, flos radicis, de quo bene prophetavit Esaias [7] dicens: *exiet virga de radice Iesse, et flos ex radice eius ascendet.* Radix enim est familia iudaeorum, virga Maria, flos Mariae Christus, qui veluti bonae arboris fructus pro nostrae virtutis processu nunc floret, nunc fructificat in nobis, nunc rediviva corporis resurrectione reparatur. » Enarrans [8] autem [9] Iacobi vaticinium, *ex germine, fili mi, adscendisti*, ait: « Mirifice et incarnationem eius expressit dicens: *ex germine, fili mi, adscendisti;* eo quod tamquam frater terrae in alvo Virginis germinavit, et ut flos boni odoris ad redemptionem mundi totius maternis visceribus splendore novae lucis emissus ascenderit, sicut Esaias [10] dicit: *exiet virga de radice Iesse et flos ex radice eius adscendet.* Radix familia iudaeorum, virga Maria, flos Mariae Christus. Recte virga, quae regalis est generis, de domo et patria David, cuius flos Christus est qui foetorem mundanae colluvionis abolevit, et vitae aeternae odorem infudit. » Iungitur ergo Virgo cum Emmanuele uti *virga cum suo flore*, nec uti virga quae-

---

a) Loc. cit.

adduntur Eusebius alexandrinus serm. X. «περὶ τὴν Χριστοῦ γέννησιν, pag. 677. apud Mai in spicileg. rom. T. IX. Nicephorus constantinopolitanus in apologetico pro sanctis imaginibus pag. 205. apud eumdem in nova pp. bibliotb. T. V. P. II., Bruno astensis sentent. lib. V. cap. I. pag. 554. opp. T. II. et Anselmus orat. LV. ad sanctam virginem Mariam pag. 274.

1) Gen. XLIX. 8–12.
2) Is. XI. 1.
3) Atqui Rom. I. 3. De Christo legimus: περὶ τοῦ υἱοῦ αὐτοῦ, τοῦ γενομένου ἐκ σπέρματος Δαβὶδ κατὰ σάρκα. *De filio eius, qui factus est ex semine David secundum carnem.* Utique factus est ex semine David secundum carnem, si ratio habeatur susceptae naturae, quam ex Davide per Mariam Unigenitus accepit; sed factus non est ex semine David secundum carnem, si propitiationis modus sordesque propagatae naturae considerentur. Legesis Tillemontii mem. eccl. T. III. pag. 678. not. VI.

4) L. c.
5) Luc. I. 42.
6) Ps. CXXVI. 3.
7) Is. XI. 1.
8) L. c.
9) Gen. XLIX. 8. seqq.
10) Is. XI. 1.

vis, sed uti virga quae sit *arbor bona*, e qua flos Christus *ad foetorem mundanae colluvionis abolendum*, et mundi peccatum tollendum germinavit. Haec autem *arboris bonae* appellatio, atque *haec cum Christo arctissima coniunctio* prohibent quominus Virgo foetore mundanae colluvionis afflata, aut virga [1] culpae spinis inhorrescens censeatur.

1025. Et sane vetustus auctor sermonis qui [2] a maurinis inter eos numeratur quos Ambrosio adscribi consuevisse constat, quique [3] Maximo taurinensi tribui reipsa debet, verba faciens [4] de Christi ieiunio ait: « Hoc autem quadragenario numero se ipse Dominus exercuit, non ut profectum ipse caperet, sed ut profectum salutis nobis ostenderet. Nec enim erat in illo spina peccati, quae verteretur in florem; ipse enim erat flos natus non de spina, sed de virga, sicut ait [5] propheta: *exibit virga de radice Iesse et flos de radice eius ascendet:* virga enim erat Maria, nitida, subtilis et virgo, quae Christum veluti florem integritate sui corporis germinavit. » Numquam igitur *ad spinas* Maria pertinuit, sed *virga* semper fuit *nitida atque subtilis*, et cuiusmodi eam esse oportebat, e qua *flos Christus* erumperet. Quod Chrysippus hierosolymitanus presbyter luculentissime significavit, quum [a] orationem de Virginis laudibus his omnino verbis exorsus est: « Virgam Iesse semper virentem, quae universo hominum generi vitam pro fructu attulit, omni quidem tempore beatam praedicare, admirari et laudibus extollere convenit. » Neque enim *semper* Deipara viruisset, si quando rigore culpae arefacta viriditatem omnem perdidisset.

a) Loc. cit.

1) In antiquis Breviariis adscriptam Ambrosio legimus hanc sententiam, *haec est virga, in qua nec nodus originalis nec cortex actualis culpae fuit*. Hanc ipsam sententiam usurpatam videmus in Officiis conceptionis tum quod Leonardus Nogarolis Sixto IV. obtulit anno MCDLXXVI., tum quod Bernardinus de Busto circa annum MCDLXXXIX. evulgavit. Porro Bernardinus de Busto non in Officio solum atque in *Mariali* P. II. serm. V. de concept. pag. 19. hac sententia usus est, sed illis praeterea auctoritatem conciliavit testimonio Michaelis de Carcano qui claruit circa annum MCDLX., quique publice solemniterque confirmavit, *istam auctoritatem se vidisse in quodam libello sancti Ambrosii antiquissimo, adeo quod nimia vetustate incipiebat consumi*. Forte fuit commentarius ab Ambrosio in Isaiam editus, cuius ipsemet meminit lib. II. comm. in Luc. cap. II., cuius meminit Augustinus de nuptiis et concupisc. lib. I. cap. XXXV. et con. duas epist. Pelag. lib. IV. cap. XI., quique in praesentia desideratur.

2) Serm. XXVII. de sancta quadragesima XII. p. 430. opp. T. II. in app.

3) Sic enim habet romanus operum Maximi editor in admonitione sermoni praefixa pag. 110: « Ab usitato editorum ordine hic recedimus, ut hanc homiliam inter priores *de quadragesima* referamus. Nos non tam aliquorum codicum auctoritas permovet, quam ipsius homiliae ratio. Nam sanctus Maximus de ieiunii quadragesimalis praecepto adimplendo agit. Profecto titulus codicis vaticani 1278. pag. 9. est huiusmodi: *in dominica quadragesimae sermo s. Maximi episcopi;* alterius quoque codicis vaticani 6452. pag. 3. *in dominica quadragesimae sermo s. Maximi episcopi*. In reliquis quot codices, tot diversae inscriptiones. Nam vaticanus 1268. pag. 56. praefert, *de ieiunio quadragesimae:* codex 99. sanctae Crucis in Ierusalem homil. XXXIX. *de sancta quadragesima:* duo codices modoetienses, *in quadragesima sermo beati Maximi episcopi:* item codex bobiensis L. †, lucensis 85. *in dominica in quadragesima:* laurentianus I. plut. XIV. p. 108, a tergo, *sermo sancti Maximi unde supra*, ac praecedit homiliam *in die cinerum:* codex bibl. sancti Marci venet. DLIII. pag. 200. *item de quadragesima sermo sancti Maximi episcopi:* codex tandem taurinensis, *item de quadragesima sermo III*. Si tot, tantaeque auctoritates mss. codicum benedictinos monachos congregat. s. Mauri non latuissent, profecto certius hac de homilia iudicium pronunciassent. Cum vero ipsis tres tantum praesto fuerint codices, remigianus et duo germanenses, qui inscriptum s. Maximi nomen gerebant, dubitanter de eo pronunciarunt. Vid. edit. opp. s. Ambros. Paris. 1690. T. II. pag. 429. in praef. serm. XXVIII. Itaque corrigenda inscriptio est in veteribus editionibus opp. s. Ambrosii, parisien. 1569. et 1603, et romana 1590. »

4) Hom. hiem. XXXVIII. de quadragesima II. pag. 112. C-E.

5) Is. XI. 1.

1026. Haec autem ab ea numquam deperditam, satis innuit [1] Gregorius gestis et nomine magnus, qui ut principio ostendat Virginem cum *monte* iure suo, suaque praerogativa conferri, scribit: « Potest autem huius montis nomine beatissima semper virgo Maria Dei genitrix designari: mons quippe fuit, quae omnem electae creaturae altitudinem electionis suae dignitate transcendit. An non mons sublimis Maria, quae ut ad conceptionem aeterni Verbi pertingeret, meritorum verticem supra omnes angelorum choros usque ad solium deitatis erexit? Huius enim montis praecellentissimam dignitatem Isaias [2] vaticinans ait: *erit in novissimis diebus praeparatus mons domus Domini in vertice montium*. Mons quippe in vertice montium fuit, quia altitudo Mariae supra omnes sanctos refulsit. » Tum [3] pergit: « Nam sicut *mons* altitudinem, ita *domus* designat habitationem. Mons quippe et domus apte dicitur, quae dum incomparabilibus est illustrata meritis, Dei Unigenito in quo recumberet, sacrum praeparavit uterum. Nam mons in vertice montium Maria non fieret, si supra angelorum altitudinem, hanc divina fecunditas non levaret. Et domus Domini non fieret, si in eius ventre per assumptam humanitatem Verbi divinitas non iaceret. » Quibus [4] e vestigio addit: « Sed recte mons frugifer dicitur, de qua optimus fructus, idest novus homo generatur, quam certe in fecunditatis suae gloria pulcram ornatamque propheta respiciens [5] ait: *egredietur virga de radice Iesse, et flos de radice eius ascendet*. De huius namque montis fructu David Deo exsultans [6] ait: *confiteantur tibi populi Deus, confiteantur tibi populi omnes, terra dedit fructum suum*. Terra quippe fructum suum dedit, quia quem Virgo peperit, non concepit materiali opere, sed sancti Spiritus obumbratione. Hinc eidem regi et prophetae a Domino [7] dicitur: *de fructu ventris tui ponam super sedem tuam*. Hinc Isaias [8] ait: *erit fructus terrae sublimis*. Nam quem Virgo genuit, non solum homo sanctus fuit, sed etiam potens Deus. De hoc fructu ad eamdem beatam Virginem, Elisabeth salutante [9] dicitur: *benedicta tu in mulieribus, et benedictus fructus ventris tui*. » Ac demum [10] concludit: « Recte igitur mons Ephraim dicitur, quae dum ineffabili dignitate divinae generationis attollitur, in eius fructu arida humanae conditionis germina revirescunt. » Fieri autem nullatenus potuit, ut universali transgressione innodata vitio originalis culpae inficeretur, *quae omnem electae creaturae altitudinem electionis suae dignitate transcendit: quae meritorum verticem supra omnes angelorum choros usque ad solium deitatis erexit: quae praedestinata caelitus*

---

[1] L. c. « De auctore huius commentarii, *ut in praefatione maurini notant*, tres omnino sunt sententiae. Prima est, Gregorium magnum pro vero indubitatoque ipsius parente habendum esse. Hanc sequuti sunt quotquot in edendis doctoris eximii operibus a centum et quinquaginta fere annis, excepto dumtaxat uno Gussanvilla eo omnium novissimo, desudarunt. Secunda sententia huic omni ex parte contraria est Petri Gussanvillaei commentarium hunc ex gregorianorum operum censu prorsus expungentis, licet ipsius nomen in gussanvillaena editione, quod heic non dissimulandum, adhuc retinuerit. Fatetur tamen vir aequissimus dignissimam esse Gregorio commentationem hanc in librum I. Regum, quod satis innuit his verbis quibus eius iudicium censoriumque decretum absolvitur: *utinam tam pium, tam sanctum opus sancto Gregorio vindicare possemus, salva veritate*. Tertia sententia inter utramque fere media et laudatum commentarium ex homiliis a sancto Gregorio habitis de libro I. Regum, collectum et consarcinatum esse a Claudio eius discipulo monasterii classensis abbate. In hanc sententiam propendent plerique viri docti, maxime Thomassinus discipl. ecc. P. II. lib. II. cap. XXVIII. n. 2. et Ludovicus Ellies du Pin biblioth. nov. script. eccles. T. IV. seu seculo VI. in Gregorio magno. Hac media via tutissimi ibimus. »

[2] Is. II. 2.
[3] Ibidem.
[4] Ibidem.
[5] Is. XI. 1.
[6] Ps. LXVI. 6.
[7] Ps. CXXXI. 11.
[8] Is. IV. 2.
[9] Luc. I. 42. Ibidem.
[10] Loc. cit.

fuit, ut optimum fructum, novumque hominem generaret: quae numquam nisi cum suo flore iuncta atque cohaerens exhibetur: et quae in suo semine perque suum semen effecit ut arida humanae conditionis germina revirescerent.

1027. Quare de ipsa loquens [a]) Modestus hierosolymitanus scribit: « Tamquam semper florens virga Iesse progerminavit in carne divinum germen Patris, cuius magnitudo infinita et incomprehensibilis pulcritudine, ubertate et communione fructuum, caelestes delectat sanctas potestates, chorumque sanctorum, ut cum fiducia prae omnibus ipsius videant iucunditatem. » Si qui ergo nosse ament, cuiusmodi virga fuerit Deipara, hi oculos in germen convertant quod ex ea prodiit. Ex ea autem prodiit *divinum germen Patris*. Fuit ergo Deipara non indigna tanto germine virga, fuit *virga semper florens* nec umquam peccati labe vitiata. Hinc [1]) auctor libri de ortu et obitu patrum scribit: « Maria, quae interpretatur *Domina*, vel *illuminatrix*, sive *stella maris* sive *stella*, stirpe clara, David regis filia, Iesse virga, rosa sine spina, oliva alma, columna aurea, solis aurora, feminarum regina, Salvatoris sponsa, Dei vivi filia, principis ancilla alti, hortus conclusus, fons signatus, Trinitatis thalamus, mater Domini omnipotentis, mater solis et floris, mater agni et leonis, mater vitae et vitis, mater lucis et pacis, mater viae et veritatis, mater servi et regis, mater Dei et hominis, mater pastoris et panis, templum Dei, sacrarium Spiritus sancti. » A qua descriptione mirum quantopere abhorreat originalis lues quae Virginem depravarit. Hac enim lue depravata Virgo neque *virga sine spinis* merito censeretur: neque filia [2]) Dei vivi κατ' ἐξοχήν diceretur: neque iis celebraretur aucta donis quibus ad Deum quam proxime accedens creaturas prorsus omnes infinito propemodum intervallo superaret.

1028. Immo neque conferri in ipsam possent, quae Germanus constantinopolitanus antistes usurpat. Principio enim [b]) Zachariae Annam alloquenti dum ea Virginem triennem obtulit, haec tribuit verba: « Benedicta radix tua, o summe veneranda: gloriosus uterus tuus, o viro amata: supergloriosa oblatio tua, o Deo dilecta. » Tum eumdem [c]) sistit Zachariam ita Virgini gratulantem: « Adesdum meae absolutio prophetiae: huc ades Domini ordinationum finis: ades absignatio eius testamenti, ades ipsius consiliorum terminus: ades declaratio eius sacramentorum: ades universorum speculum prophetarum: ades collectio male dissonantium: ades coniunctrix olim dissidentium: ades firmamentum in terra nutantium: ades instauratio iam inveteratorum: ades splendor in tenebris iacentium: ades maxime novum divinumque donarium: ades terrigenarum omnium Domina. » Fuit igitur Virgo [3]) *radix in ipso benedicta*, atque ita benedicta ut numquam vetustatem persenserit, numquam in tenebris iacuerit, numquam a Deo discreparit; sed contra tamquam *donum maxime novum ac divinum* emerserit, ut divinae oeconomiae finem imponeret, sanctum Dei testamentum obsignaret, hominesque cum Deo rursum coniungeret. Quare ex duobus alterutrum statuatur oportet, vel idoneas deesse imagines quibus imma-

a) Loc. cit.
b) Orat. in Deiparae praesentat. l. c.
c) Ibidem.

1) De ortu et obitu patrum n. 36. pag. 386. inter opp. Isidori hispalensis T. VII. app. XX.
2) Neque enim alio sensu videtur dici *filia Dei vivi*, nisi qui e regione alteri respondeat quo universi Adae posteri *irae filii* nuncupantur.
3) Haec respondent verbis de Christo dictis, *benedictus fructus ventris tui;* et rursum, *beatus venter qui te portavit*.

culatus Virginis conceptus mentis oculis subiiciatur, vel eas a Germano fuisse adhibitas quae illum luculentissime repraesentent. Neque dissimiles videri illae possunt quas [1]) Paulus diaconus usurpavit de Virgine scribens: « Hanc egregiam Virginem gloriosissimus prophetarum Isaias ante multa annorum curricula praesago spiritu praevidens [2]) dixit: *egredietur virga de radice Iesse, et flos de radice eius ascendet*. Et quam decenter, carissimi, beata haec Virgo et mater *virgae* appellatione signata est, quae et perfecti operis intentionem ad superna emicuit, et vitiositatis nodis funditus carens, flexibilis per humilitatem effulsit. Inde non immerito florem protulit, quia totius orbis campos sacris floribus decoravit. Flos namque singularis est Dominus noster Iesus Christus, sicut ipse [3]) aiens in canticorum loquitur cantico: *ego flos campi et lilium convallium*. » Audin' Virginem *vitiositatis nodis funditus caruisse?* Atqui his funditus non caruisset, si ex vitiata Adami radice, vitiatus et ipsa surculus germinasset. Accepit ergo ab Adamo naturam, sed ideo naturae vitium non accepit, quod esset Christum florem prolatura.

1029. His autem ultro fidem adiungent qui animum ad ista adverterint quibus [4]) Petrus Damiani natalem Virginis diem extollit inquiens: « Hodie prodiit ex utero matris quae templum fieri meruit divinitatis. Hodie impleta est prophetia illa quam eximius prophetarum Esaias quasi praeco factus ad adventum reginae mundi magna voce [5]) clamabat dicens: *egredietur virga de radice Iesse, et flos de radice eius ascendet*. Et bene haec incomparabilis Virgo *virga* dicitur, quae et per intentionem [6]) desiderii ad superna emicuit, et per sinceritatem boni operis distortae nodositatis vitium non incurrit. De qua virga redemptor noster quasi flos ascendit, qui martyribus et confessoribus suis totius orbis campos veluti rosis et liliis decoravit. Singularis namque flos sanctae ecclesiae ipse est, sicut de semetipso in Canticis canticorum loquitur [7]) dicens: *ego flos campi et lilium convallium*. » Et [8]) mox: « Lilium vocatur Christus, lilium dicitur et mater Christi, sicut in eodem cantico [9]) subinfertur: *sicut lilium inter spinas, sic amica mea inter filias*. Sicut lilium inter spinas, sic beatissima virgo Maria enituit inter filias: quae de spinosa propagine iudaeorum nata, candescebat munditia virgineae castitatis in corpore, flammescebat autem ardore geminae caritatis in mente, flagrabat passim odore boni operis, tendebat ad sublimia intentione continua cordis. » Huc igitur redit Virginis imago, ut ea sit crediturque *virga quae per sinceritatem boni operis distortae nodositatis vitium non incurrerit, quae sicut lilium inter spinas enituerit, quaeque de spinosa propagine iudaeorum nata* nihil prorsus spinarum contraxerit. Haec autem imago est Virginis, quae nec ullo umquam fuerit actuali peccato corrupta, nec umquam originis labe vitiata. Quod postremum multo etiam evidentius expressit [10]) Petrus Damiani scribens: « Germinat igitur virga Iesse de tortuosa radice generis humani, et de patriarcharum arbore in altitudinem et rectitudinem erumpens, omnem ignorat nodositatem, filiorum tenebras nescit, infructuosa quaeque non habet. » Ad Virginem ergo quod attinet, mirifice cohaerent *vita immaculata et origo immaculata:* et si ipsa *infructuosa quaeque non habet, omnem pariter ignorat humani generis nodositatem, et filiorum* qui ex Adamo propagantur, *tenebras*

1) L. c.
2) Is. IX. 1.
3) Cant. II. 1.
4) L. c.
5) Is. XI. 1.
6) Haec ad illa expressa sunt quae ex Paulo diacono retulimus.
7) Cant. II.
8) Ibidem.
9) Cant. II.
10) Serm. XI. de Virginis annuntiat. pag. 25. B-C. opp. T. II.

nescit. Quod antiquus auctor sermonis de sancta Maria toletano Hildephonso tribuii ea perspicuitate confirmat, ut vix maior expeti posse videatur. Postquam enim [1] benignum explicavit consilium, quo Deus protoparentes condidit, eximiisque donis cumulavit, illico [2] subdit: « Sed auctor mortis hanc reparationem [3] invidens, fontem rudem humani generis, tamquam rivulos nativitatis per arva spargeret, venenum suae mortis immiscere festinavit. Sic ergo genus humanum, quasi unam arborem adhuc in radice teneram, tamquam in propaginis prole prodire, vitiavit. Inde est ergo, quod radix vitiata quotidie indesinenter frondet, frondesque eius indesinenter per mortem marcescunt: et saepe contingit quod aurum fulgens reperiatur in luto, et ex pungenti spina pulcra rubens oriatur et rosa. Hoc enim operante providentia divina, ex radice vitiata sine vitio [4] prodiit virga quae intelligitur beatissima virgo Maria, attestante Isaia propheta qui dixit: *exiet virga de radice Iesse, et flos de radice eius ascendet.* » Audis cuiusmodi in sua origine fuerit Virgo? Reliqui prorsus homines sunt *instar luti*, ipsa *uti aurum fulgens* apparuit: reliqui prorsus homines sunt *pungentis instar spinae*, ipsa *uti pulcra atque rubens rosa* effloruit: reliqui prorsus homines ex radice vitiata vitiati subolescunt, ipsa *sine vitio* prodiit.

1030. De quo Virginis ornamento non minus egregia habet Adamus Perseniae abbas, qui [5] sermonem de annuntiatione his verbis orditur: « *Egredietur* [6] *virga de ra-*

---

1) Serm. de s. Maria pag. 384. col. 2. A-C. in collect. pp. tolet. T. I.

2) Ibid. pag. 384. col. 2. C-E.

3) Reparationem significat angelorum qui ceciderant per homines obtinendam.

4) Ad quam Virginis originem nullo infectam vitio haec pertinent quibus illam Anselmus exorat orat. LV p. 284: « Da mihi virtutem te cum precibus obnixe laudandi, per merita tuae sacratissimae nativitatis, quae nata es in mundum universae christianitati gaudium, spes vitae et solatium. Quando nata es, Virgo sanctissima, tunc illuminatus est mundus. Stirps beata, radix sancta, et benedictus fructus tuus, quae sola meruisti Spiritu sancto plena Virgo Deum concipere, Virgo Deum portare, Virgo parere, Virgo post partum permanere. Sancta Dei genitrix, florens ut lilium, ora tuum dulcem natum pro me misero peccatore. » Atque haec denuo pertinent quibus eam alloquitur auctor coronae b. Mariae cap. XXII. p. 428. in collect. pp. tolet. T. I. inquiens: « Tu virga Iesse gracilis, extenuata caelestibus disciplinis, virga aromatizans fragrantiam caritatis et sanctitatis, virga dominationis et virtutis, confusionem in domo Nabucodonosor, idest, diaboli fecisti, cum virgam tyrannicam eius confregisti, extinguens Holofernem ipsius principem, principatum et dominationem eius a nobis evacuando, crudele iugum eius a facie olei fecisti computrescere, et ab oppressione nostra sceptrum durissimum deperire. Et ideo beatissima ab omnibus praedicaris, per quam salus datur mundo, gaudium caelo, honor et gloria Deo, pax peccatoribus, spes lapsis, lux caecis, ecclesiae gratia et benedictio, iustis perpetua beatitudo. »

5) Serm. in Deiparae annuntiat. pagg. 11-12. edit. Maraccii.

6) Is. XI. 1. De quo Isaiae oraculo in adiectis adnotationibus pagg. 158-161. Maraccius scribit: « Hunc Esaiae locum ad Mariam Deiparam virginem spectare affirmant Tertullianus in lib. de carne Christi et lib. IV. adver. Marcionem, s. Gregorius Thaumaturgus Orat. I. in annunt. b. Virginis, s. Ambrosius in lib. de benedict. patriarcharum cap. IV. et lib. de institut. virginum cap. IX., s. Augustinus serm. II. de tempore, et lib. III. de symbol. ad catech. cap. IV., s. Ioh. Chrysostomus in Ps. XXII., s. Leo papa serm. IV. de nativ. Domini, s. Ephraem syrus in orat. de laud. Virginis, s. Hieronymus in cap. IX. Isaiae, et in epist. ad Eustochium de custod. virginitatis, s. Gregorius magnus in lib. I. Reg. cap. I, s. Germanus constantinopolitanus orat. in natal. Deiparae, Cosma hierosolymitanus hymno I. in theogoniam, Damascenus orat. I. et II. de nativit. Virginis, Chrysippus in orat. de Deipara, Eusebius emisenus hom. in festo visitationis, Paulus diaconus serm. II. de beata Virgine, Ambrosius anspertus hom. in festo purificationis, Georgius nicomediensis orat. de praesent. Deiparae, Idiota in contemplat. b. Virginis, Isidorus hispalensis in comm. super lib. Num. cap. XV., et in allegoriis N.T., s. Hildephonsus serm. VI. de assumpt. et in lib. de virginit. s. Mariae cap. III. Iohannes Geometra in annunciat. b. Virginis, Vigilius tridentinus lib. III. adver. Eutychem, Esychius serm. II. de laudibus Virginis, Venantius Fortunatus eleg. in laud. s. Mariae, Eleutherius tornacensis serm. in festum Annunciationis, s. Anselmus in tract. de concept. b. Virginis, s. Bruno carthusianus serm. I. de laud. Virginis, Rupertus abbas lib. II. in Isaiam cap. VI., lib. I. in Cant., lib. II. in Matth., et lib. XI. de victoria verbi Dei cap. VIII., b. Petrus Damianus serm. in annunciat. et serm. in assumt.

dice Iesse, et flos de radice eius ascendet, et requiescet super eum spiritus Domini. Senescente iam seculo, auctor seculi ad reparandum hominem apparere dignatus est. Antiquabatur et senescebat miser mundus, et propinquabat ad interitum. Pereunti mundo mira se novitate antiquus dierum opposuit, iuxta [1]) Ieremiae vaticinium novum faciens super terram, ut femina circumdaret virum gremio uteri sui. Dum itaque per hanc novitatem nostrae vetustatis senium detersit, in nova nos immortalitatis suae luce reparavit. Reparavit inquam misericorditer quod creavit potenter. » Iam vero [2]) pergit: « Huic tanto operi necessaria erat virga de radice Iesse, ex qua nasceretur fructus qui gustatus non inferret mortem, sed reformaret ad vitam. In antidotum ergo prioris arboris, cuius fructus mortem intulit, de virgulto davidicae stirpis hanc vitam fructificans virga processit: virga haec virgo Maria est, fructus virgae Virginis partus. In tantam arborem crevit haec virga, ut communis salutis fructum proferens, dum mater omnipotentis efficitur, et angelorum regina et seculorum Domina praedicetur. » Sed ita ne ut ipsa quoque *in suis primordiis* ad senectutem miseri mundi spectarit? Ita ne [3]) ut ipsa quoque detergendum nostrae vetustatis senium contraxerit? Nihil profecto minus, quum proprium *nostrae virgae decus* fuerit, ut primae arboris esset *antidotum*, et una cum germinante ex ipsa fructu pereunti mundo salutem conciliaret. » Quare Virginem alibi [4]) Adamus invocans ait: « O virgam de radice Iesse! O Virginem omni laude dignissimam, quae dum absque sui defloratione hunc florem protulit angelorum, corda et hominum suavitate mirifica satiavit! Haec nobis est inter seculi fluctus, inter maris procellosi naufragia praesidium singulare. Ipsa est naufragis portus, desolatis solatium, moestis consolatio, reparatio perditis, languentibus medicina. Est enim haec virga flexibilis, porrecta, gracilis, recta, levis, fructifera, fertilis, odorifera et suavis: flexibilis per misericordiam: porrecta per excellentiam: gracilis per humilitatem: recta per aequitatem: *levis per peccati immunitatem:* fructifera per fecunditatem: fertilis per virtutum plenitudinem: odorifera per opinionem: suavis per amorem. In istam respice, amplectere istam, istam lauda et dilige, quia cui Maria advocata esse voluerit, contra omnes inimicitias praevalebit. » Sunt igitur numero quidem innumerae,

---

b. Virginis, Amedeus lausannensis hom. VIII. de laudibus Virginis, s. Bernardus hom. II. de adventu, hom. II. super *Missus est*, serm. in *signum magnum*, et serm. II. in die pentecostes, Petrus blesensis serm. I. in adventu Domini, Philippus abbas lib. I. in Cant. cap. XVI. Honorius augustodunensis in sigillo b. Mariae, Fulbertus carnotensis in versiculis de b. Virgine, Radulfus ardens hom. I. in annunciat. et hom. I. in nativit. b. Mariae, Innocentius Papa III. in encomio de beatissima Virgine Maria, Albertus magnus in biblia Mariae, in Is. prophetam et in postillis super cap. X. Lucae, s. Thomas aquinas serm. I. in annunciat. Virginis, s. Bunaventura in speculo b. Virginis cap. III., et in exposit. super *salve regina*, Hugo de s. Victore lib. IV. erudit. theolog. miscell. II. tit. XXVII., Hugo de s. Caro in cap. XI. Isaiae, s. Antoninus in summa theolog. III. p. tit. XXXI. capp. III-IV., Trithemius abbas lib. I. de miraculis b. Virginis in Dittolbach. cap. X., Iohannes Picus carthusianus lib. I. in Cant. cap. XIII., b. Thomas a Villanova conc. II. de nativit. b. Virginis, s. Birgitta in serm. de excellent. b. Virginis cap. XI., Richardus a s. Laurentio lib. V. de laud. Virginis col. 281., Mauritius de villa probata in corona b. Virginis serm. III., et ut alios omittam, Richardus s. Victoris qui de comparatione Mariae *ad virgam* et Christi *ad florem* insignem tractatum composuit. Hinc Ecclesia graeca in Menaeis die XXIV., Martii Mariam vocat *virgam mysticam, quae germinavit florem divinum de radice Iesse palam exortum.* Et ibidem die XXV. Iulii, *virgam praefloridam et omni praedicatione maiorem, quae ex se attulit florem qui numquam marcescit.* » Hucusque Maraccius, qui licet sincera subditiciis nothisque commisceat, illud tamen praeclare ostendit, Isaiae oraculum mira quadam christianorum conspiratione de Emmanuele iuxta ac de Virgine fuisse intellectum.

1) Ierem. XXXI.
2) L. c. pag. 12.
3) Sunt hae originalis culpae periphrases.
4) Epist. XXI. ad Comitissam carnotensem pagg. 755-756. apud Martenium in thesauro anecdot. T. I.

praestantia vero incomparabiles dotes, quibus Virgo enitescit; sed *peccati immunitas* harum omnium basis est supremumque fundamentum. Huic fundamento innixa Virgo in eam excrevit altitudinem, quam suspicere quidem stupentes possumus, dimetiri autem non possumus.

1031. Alia lubens sepono quae huc facile ex orationibus transferri possent [1] Basilii seleuciensis, Pseudo-Epiphanii [2]) et [3]) Nicetae paphlagonis; iisque memet contineo quae tradunt Georgius nicomediensis et vulgatus Anselmus. Georgius itaque postquam [4]) Ioachimi et Annae virtutes ad caelum evexit, abruptum tantisper orationis filum resumens [a]) pergit: « Quippe decebat ut demum *(quo Maria intelligitur)* omni in creatis comparatione maius ex superexcellenti electione prodiret: decebat ut ex effluenti virtutum penu sanctissimae illae scaturirent divitiae: decebat ut ex ingenua radice summe ingenuum pullularet germen, ex bonis lumbis optimus palmes surgeret, semper virens vigensque illa generis gloriatio, pulcherrimum illud naturae germen, altigenus ille sacramenti ramus ex quo ascendens immortalitatis flos aeternam odoris suavitatem perspiravit, cuius fructus efficitur vita et incorruptio ac perseverantia iis qui eiusdem participes fiunt. » Hoc igitur a reliqua Adami propagine Virgo distat, quod quum illa *expoliata* atque *saucia* concipiatur, haec ex effluenti virtutum penu *ditissima* prodiit: quod quum illa *deformis* atque *captiva* primum existat, haec tamquam *pulcherrimum germen* et *surculus maxime ingenuus* erupit: et quod quum illa *peccati halitu* corrupta oriatur, haec *numquam nisi vivax ac florens* apparuit. Qua oppositione Virginis conceptus cuiusvis expers labis et penitus immaculatus ad evidentiam usque demonstratur.

1032. Cuius evidentiae splendore perculsus vulgatus Anselmus [5]) post alia de Virgine scribit: « De ipsa quippe multis seculis ante ortum eius vel conceptum, Isaiam [6]) Spiritu sancto afflatum dixisse constat: *egredietur virga de radice Iesse, et flos de radice eius ascendet, et requiescet super eum spiritus Domini*. Haec itaque *virga* quae talem ex se protulit florem, nullo dissentiente, Virgo Maria fuit; et flos qui de radice eius ascendit, benedictus filius super quem et in quo omnis plenitudo divinitatis essentialiter requievit. Haec igitur Virgo tanti filii dignissima parens, quum in alvo suae parentis naturali le-

a) Loc. cit. pagg. 1063. C-E.

1) Orat. in sanctiss. Deiparam pag. 590. C. apud Combefisium Auctar. T. II.

2) Orat. de laudibus Virginis pag. 292. inter opp. Epiphanii T. II. Iuverit etiam contulisse quae Maraccius in libro de Pontificibus maximis marianis adducit tum cap. LI. pag. 94. ex Innocentio III., tum cap. LXVII. pag. 136. ex constitutione qua Bonifacius IX. festum Visitationis ab Urbano VI. institutum comprobavit, et in qua post alia legimus: « Igitur pii Patris qua nos dilexit caritas, temporis veniente plenitudine, Verbum aeternum sub forma servi carnem nostrae mortalitatis assumere decrevit, ut eadem mortem nostram moriendo destrueret, ac damnationis sententiam simul et maculam, quam per reatum primi hominis, generis humani posteritas incurrisse noscebatur, clemens Verbi aeterni bonitas aboleret. Quapropter de clara stirpe regia davidica praeelegit Virginem in cuius utero, mystico spiramine Verbum ipsum carnem susciperet, ut egrederetur iuxta verbum propheticum, virga de radice Iesse, et flos de radice eius ascenderet, et requiesceret Spiritus Domini super eum; perfectam reginam, inclytam matrem eligens quae tanto regi digna fuit sui corporis thalamum praeparare, de quo tamquam sponsus prae filiis hominum procederet speciosus. Virgo regia, venustissima a Domino conservata, flos sanctitatis, vas caelestis gratiae mundissimum, omnium virtutum floribus redimita, cuius pulchritudinem sol et luna mirantur, redemptorem gentium Virgo concepit, datura lucem gentibus sub mortis caligine constitutis. »

3) Orat. in Deiparae nativit. pag. 437. A. apud Combefisium Auctar. T. III.

4) Orat. in Deiparae conception. et nativ. pagg. 1062-1063. apud Combefisium Auctar. T. I.

5) Tract. de conception. beatae Mariae Virginis pag. 500. B-E.

6) Is. XI. 1.

ge conciperetur; quis non concedat Dei sapientiam a fine usque ad finem pertingentem, cuncta implentem, cuncta regentem, novo quodam et ineffabili gaudio caelum, terram et omnia quae in eis sunt, perfudisse; ac ineffabili iubilatione pro sui reintegratione, quam per illam sibi eventuram divina et occulta inspiratione praevidebant, perlustrasse? Sed quum ipsa conceptio fundamentum fuerit habitaculi summi boni, si peccati alicuius ex primae praevaricationis origine maculam traxit, quid dicemus? Utique voce divina dicitur [1]) ad Ieremiam: *priusquam te formarem in utero, novi te, et antequam exires de ventre, sanctificavi te, et prophetam in gentibus dedi te.* De Iohanne quoque angelus qui eum nasciturum pronunciabat, asseruit [2]) quod Spiritu sancto repleretur adhuc ex utero matris suae. Si igitur Ieremias quia in gentibus erat propheta futurus, in vulva est sanctificatus; et Iohannes Dominum in spiritu et virtute Eliae praecessurus, Spiritu sancto est ex utero matris repletus: quis dicere audeat singulare totius seculi propitiatorium, ac Filii Dei omnipotentis dulcissimum reclinatorium mox in suae conceptionis exordio Spiritus sancti gratiae illustratione destitutum? Testante vero [3]) Scriptura, *ubi Spiritus, ibi libertas:* a servitute igitur omnis peccati libera fuit, quae omnium peccatorum propitiatori aula, in qua et ex qua personaliter homo fieret, Spiritus sancti praesentia et operatione construebatur.»

ARTICULUS III.

De liturgicis ecclesiasticisque monimentis quibus caeleste oraculum Is. XI. 1. de Virgine intelligendum esse significatur: periphrases et commentarii quibus Virginis dotes explanantur, atque illa inprimis explanatur quae praerogativa immaculati conceptus comprehenditur.

1033. Christiana interpretatio caelestis penes Isaiam oraculi, quam superiori articulo complexi sumus et perspicuo maiorum suffragio comprobavimus, uberiori quadam lucis accessione perfunditur splendidiusque innotescit, si ad ea animus advertatur quae liturgicis atque ecclesiasticis monimentis continentur. Aegre enim alterum reperias Scripturae effatum, quod in hisce monimentis aut usurpetur frequentius, aut maiori consensione ad Deiparam referatur. Ut enim a latina ecclesia initium ducam, Isaiae vaticinium usurpatur et ad Virginem luculenter refertur [4]) in Missali gothico et [5]) gallicano, in [6]) Gregorii Sacramentario et [7]) in Missali mozarabico: itemque usurpatur et ad Virginem refertur tum [8]) in vulgatioribus sequentiis tum in hymnis celebrioribus. Hinc illa [9]) Venantii Fortunati:

» Radix Iesse floruit,   » Fecunda partum protulit
» Et virga fructum edidit.   » Et virgo mater permanet.

Et [10]) rursum allusione minime obscura:

» Quod Eva tristis abstulit   » Intrent ut astra flebiles,
» Tu reddis almo germine: » Caeli fenestra facta es.

---

1) Ierem. I. 5.
2) Luc. I. 15.
3) II. Cor. III. 17.
4) Missa in assumpt. Deiparae pag. 547. apud Muratorium in liturg. rom. vet. T. II.
5) Missa in invent. s. Crucis pag. 866. Ibid.
6) Ibid. dominica IV. post Theophaniam pag. 297.
7) Ad gradual. in missa votiv. a purificat. ad pascha, et in confract. in missa nativit. et purificat.
8) Videsis thesaurum hymnolog. T. II. pag. 32-67-165-212-235-245-323., itemque mone Lateinische hymnen des Mittelalters, pagg. 41-192-198.
9) Hymn. de nativit. Domini p. 262. opp. P. I. lib. VIII.
10) Hymn. de s. Maria pag. 264.

1034. Latinam ecclesiam graeca excipit, cuius nescio an ullum extet publicum monimentum, in quo Isaiae oraculum de Virgine acceptum et ad Virginem manifeste relatum non occurrat. Occurrit enim [1]) *in Officio coronationis:* occurrit [2]) in vetusto quadragesimali Officio quod Quirinus edidit: occurrit [3]) in Anthologio et [4]) in Octoecho: occurrit [5]) in Triodio et [6]) in Pentecostario: occurrit [7]) in Paraclitico; in Menaeis autem vix ullus est mensis, in quo Virgo Isaiae oraculo ad ipsam relato non celebretur. Hoc namque oraculo celebratur [8]) mense septembri, hoc [9]) mense octobri, hoc [10]) mense novembri, hoc [11]) mense decembri, atque hoc reliquis mensibus [12]) martio, maio [13]) et [14]) iulio.

1035. Latinos, graecosque imitati sunt Syri, quemadmodum perspicuum ex his est [a]) quae in eorumdem officio leguntur: « Salve templum Dei et thronus crystallinus, salve velum Moysis, salve hortus Salomonis, salve civitas filii Iesse, salve vas Elisaei, salve fidelium murus, salve fons benedictionum, salve tu e qua natum est germen Patris caelestis, salve quae secundum carnem genuisti omnium creaturarum Salvatorem. » Imitati sunt Armenii, ut quisque ex his facile deprehendet quae [15]) scribit Gregorius narecensis: « Beata es tu in linguis puris labiorum electorum, o tu flos Iesse e quo fructus vitae nostrae: quae sola licet coalescens quatuor diversis elementis, expers tamen fuisti communis mortalium sortis, neque pondere gravata es insitae natura passionis, sed radiis cherubim quibus igneum os est, decorata refulges. Quare celeri cursu in locum inaccessum progrediens, in superiorem ethera o Dei mater adduceris. » Atque ipsi etiam imitati sunt Copti, quod recepta in ecclesiasticis eorumdem libris [16]) Theotochia abunde commonstrant. Si qua igitur Scripturae interpretatio auctoritate christiani nominis munita et validissime asserta existimari potest ac vero etiam debet, eiusmodi profecto haec ipsa est, qua in edito per Isaiam oraculo *virgae* nomen ad Deiparam refertur et de Deipara intelligitur.

1036. Quantopere autem haec interpretatio conferat ad ostendendas Virginis dotes, illamque nominatim praerogativam aperiendam, quae immaculato eiusdem conceptu continetur; partim constare ex iis debet quae modo attulimus, et partim ex iis innotescet quae continuo depromemus. Et re sane vera potuit ne infici originis culpa quae ut *fons benedictionum* celebratur, quaeque *una* perhibetur *expers communis mortalium sortis,* et *sola nescia insitae cupiditatis?* Id profecto nemo prudens affirmarit. Atqui haec ipsa sunt quae Armenii et Syri Virgini deferunt, quaeque illi tamquam propria idcirco vindicant, quod ea fuerit *virga* e qua Christus salutis germen effloruerit. Dignitas igitur *virgae*, cuius Emmanuel flos fuerit, ex commentariis maiorum, librisque ecclesiasticis cum praerogativa immaculati conceptus intime sociatur penitusque cohaeret.

---

a) Offic. Maronit. ad primam sabbati pag. 486.

1) Ἀκολουθία τοῦ στεφανώματος, pag. 388. A. apud Goarium in Euchologio.
2) Sabb. hebd. III. Ieiun. Ode δ'. pag. 268.
3) Pagg. 24-26.
4) Pagg. 17-75.
5) Pagg. 20-62-96-190-222-316-322-344-346.
6) Pagg. 57-65-145.
7) Pagg. 14-48-77-116-147-223-235-309-320-378-434-448.
8) Pagg. 37-50-51-54-55-56-57-58-59-60-64-65-67-68-70-73-83-133.
9) Pagg. 75-113.
10) Pagg. 124-148-155-156-159-169-185.
11) Pag. 37.
12) Pag. 101.
13) Pagg. 24-43-57-94.
14) Pag. 87.
15) Orat. de laudibus Deiparae S. VIII.
16) Pagg. 62-68-206-248.

1037. De qua copulatione neque pauca neque obscura praesto nobis sunt quae in medium praeterea adducamus. Etenim [1]) Venantius Fortunatus ad Isaiae vaticinium respiciens inter alia de Virgine canit:

» Praedicens olim, ut de matre tonantis honore,
  Radicis florem iessea Virgo daret.
» Virgo haec virga fuit, de qua flos Christus obortus,
  Cuius odor vivax membra sepulta levat.
» Ecce dies venient et David suscito germen,
  Et regnabit rex, atque erit hic sapiens.
» Hoc germen iustum Virgo est, et rex suus infans,
  Iudicium faciens, arbiter, orbis herus.
» Virgineo coetu, dux sexu prima secundo,
  Praelata astrigeris sola puella choris.
» Figmentum figuli super omnia vasa decorum,
  Atque creaturae fulgida massa novae.

Haec igitur sunt decora cum *virgae* dignitate conserta, ut Virgo sit credaturque *germen quod ipsemet Deus excitavit, germen iustum, germen astrigeris praelatum choris, figmentum super omnia divini artificis vasa decorum, et fulgida massa novae creaturae.* Nihil autem horum est, quod labem communis praevaricationis non excludat, et nihil quod originalem puritatem atque innocentiam non ultro praeseferat.

1038. Quod [a]) in Anthologio Andreas cretensis non minori evidentia confirmat inquiens: « Gloria tibi qui hodie sterilem *(Annam)* gloria affecisti; peperit enim secundum promissionem virgam semper virentem, ex qua germinavit Christus, flos vitae nostrae. » Et plenius infra [b]) his verbis: « Qui mirabilia operatus es in utero sterili, qui infrugiferum Annae sinum aperuisti, eique fructum contulisti; tu Deus sanctus, tu Virginis filius, tu ex hac carnem suscepisti, ex hac semper virente Virgine atque Deipara. Qui abyssum obsignas, illamque reseras, qui aquam in nubibus producis atque imbrem inpertiris; tu, Domine, largitus es ut ex infructuosa radice, Anna sancta, illibatus fructus virga Deipara germinaret. Tu insolubilia orbitatis vincula resolvisti, tu concessisti sterili partum fecundum, fructumque gloriosum, cuius filius factus es et e quo germen natus, quem matrem secundum carnem habuisti quum ad nos misericors venires. Cultor mentium et nostrarum auctor animarum, tu infructuosam terram fertilem demonstrasti, tu agrum iampridem aridum reddidisti uberem fructiferum atque fecundum, Annam inquam sanctam quae illibatum fructum Deiparam edidit. » Haec autem praeclarum atque omnibus expletum numeris oraculi commentarium repraesentant. Si enim principio quaeras quid penes Isaiam sit נצר, tibi illico reponetur eiusmodi nomine Annam significari *aridam, sterilem, infecundam.* Si deinde quaeras qui fieri potuerit ut ex eo trunco sterili atque arescente quidpiam germinaret, continuo audies id *ex superna promissione eaque Dei virtute repeti oportere, qua Deus miraculorum auctor* celebratur. Si tandem quaeras quid non citra

---

a) Antholog. die VIII. Septembris Ode ε'. pag. 24. col. 2. D.
b) Ibid. Ode η'. pag. 26. col. 2. C-E.

1) Poema in laudem Virginis, pagg. 278-279-284. opp. P. I. lib. VIII. cap. VI.

eximiam Dei operationem germinarit, intelliges *virgam* prodiisse, sed *illibatam semperque virentem*. At neque Virgo ex infecundo Isai trunco prodiisset *illibata*, si peccati *labem* contraxisset: neque ex eodem prodiisset *semper virens* atque laeta, si venefico culpae halitu fuisset adusta.

1039. Quae ab innocentia Virginis vehementissime abhorrere, denuo testantur Graeci [a] in Triodio ubi illam his verbis deprecantur: « O virga quae divinum florem produxisti, o arca et lucerna et urna undequaque aurea, o sancta mensa ferens vitae panem tamquam filium tuum et Deum, exora eum una cum sancto Praecursore ut eorum misereatur eosque servet qui te Deiparam profitentur. » Ac multo testantur evidentius ubi, praeeunte [b] Theodoro studita, Virginis laudes sic efferunt: « O undequaque illibata et innocens, te virgam ex radice Isai et Davidis proavi germinantem extollimus, quoniam salvas animas nostras. » Et [c] rursum: « Salve Dei sponsa, quae universorum medicum peperisti: virga mystica quae immarcescibilem florem edidisti: salve Domina per quam replemur gaudio et vitam hereditate consequimur. » Quibus ista [d] respondent: « Virgo mater illibata, virga Iesse e qua ortus est Christus vivificus mortalium flos: per quam redempti sumus a corruptione et mortalitate. Te, o innocens, omnes laudamus. » Si qui ergo nosse ament, cuiusmodi *virga* sit Deipara, hi animo recolant oportet, eam esse *virgam e qua flos immarcescibilis Christus germinavit, virgam innocentem, undequaque auream penitusque illibatam, et virgam per quam a corruptione et mortalitate redempti replemur gaudio, vitamque hereditate nanciscimur*. Virga autem quae talis sit, quae tanta cum Christo cognatione iungatur, quae corruptionem mortalitatemque devicerit, quaeque vitam et incorruptionem vicissim contulerit; nequit citra manifestam verborum sententiarumque pugnam, aut corruptioni culpae, aut stimulo mortis, cuiusmodi peccatum est, obnoxia existimari.

1040. Et obnoxia sane non fuit, quod Graeci splendidissime profitentur quum [e] in Pentecostario, duce Andrea cretensi canunt: « Laetetur Isai, et ipse quoque David exultet, ecce enim Virgo, virga illa a Deo plantata protulit Christum florem sempiternum. » Quis porro autumet peccati labe corruptam τὴν θεόφυτον ῥάβδον *virgam a Deo plantatam*, et cuius ipsemet Deus eximia quadam ratione auctor extiterit? Nemo plane. Quapropter Graeci illam in Paraclitico [f] *beatissimam* dicunt his verbis: « O Virgo virga orta es ex radice Isai, tu quae beatissima salutarem iis protulisti fructum qui fide ad filium tuum clamant: Deus patrum nostrorum es benedictus. »

1041. Addam nonnulla ex Menaeis praecerpta, quae quum eodem conspirent, sententiam ac fidem graecae ecclesiae liquidius patefaciunt. Itaque, auctore Theophane, in illis [g] legimus: « Te, o innocens, agnoscimus virgam quae Christum protulit florem immortalitatis, te aureum thuribulum divinae naturae carbonem in ulnis gestantem, o puella

---

a) Triod. pag. 96. col. 2. A.
b) Ibid. pag. 190. col. 1. C-D.
c) Ibid. pag. 322. col. 2. B.
d) Ibid. pag. 344. col. 2. A-B.
e) Pentecostar. pag. 65. col. 1. A.
f) Paraclit. pag. 378. col. 1. D.
g) Men. die XVII. Nov. Ode γ'. pag. 124. col. 1. C-D.

a Deo maxime beatificata. » Tum alibi ⁾ legimus: » Hodie regia [1] purpura ex radice Davidis oborta incipit proferre mysticum Isai florem, e quo Christus Deus noster et nostrarum salvator animarum effloruit. » Petentibus igitur cuiusmodi credi Virgo debeat, reponendum est, credi illam oportere *summis a Deo bonis auctam ac locupletatam*. Petentibus autem cuiusmodi primum extiterit, reponendum est, ipsam prodiisse *veluti mysticum Isai florem, eumque non indignum qui Christum Deum nostrum proferret*. Haec autem originem spectandam sistunt non maculatam et infectam, sed candidam et eximia prorsus puritate nitentem.

1042. De quo originis nitore egregia omnino sunt quae mense septembri frequentantur. Germano namque praecinente ᵇ) de Virgine dicitur: « Ex radice Iesse atque ex lumbis Davidis hodie nobis [2] paritur Dei filia Maria: propterea universum gaudet et renovatur, simulque caelum et terra laetantur. Laudate eam tribus gentium. Ioachim exsultat, et Anna panegyrim agitans clamat: sterilis parit Deiparam nostraeque vitae altricem. » Haec eadem alibi [3] iterata occurrunt, quibus ista ᶜ) ex Theophane respondent: « Exsultet caelum, terra laetetur: Dei namque caelum [4] natum in terra est, illa Dei sponsa ex promissione. Sterilis lactat infantem Mariam, et Ioachim gaudet de partu inquiens: mihi virga nata est, e qua flos Christus e radice David germinavit. Stupendum revera miraculum. Te, o Virgo, Anna profert tamquam olivam fructiferam ex virga Iesse germinantem, quae proferet Verbum misericors, cuius misericordia et veritas semper progreditur. Ex infructuosa radice prodiisti, malique spinam divino tuo supra naturam germine funditus abscidisti, o Dei genitrix Virgo semper beata. Sterili collatus est fructus Dei filia Maria: quam olim divini prophetae in spiritu praeviderunt, illam nos hodie in gremio Annae laetam videntes cum fideli Ioachim ad spiritale convivium conveniamus, et qui longe absunt vocemus dicentes, nunc mundi revocatio ex infructuoso sinu germinavit, porta divina et mater verae vitae. »

1043. Concinunt quae ᵈ) subdimus: « Ioachim et Anna laetantur quod primitias salutis nostrae genuerint, unicam Deiparam. Cum hisce et nos hodie festum agimus beatam celebrantes innocentem Virginem quae ex illa Isai radice germinavit. Hodie ex Anna orta est virga, germen divinitus datum, Dei genitrix, hominum salus: e qua universorum creator supra quam intelligi mente possit genitus, utpote bonus benignitate sua omnem Adami luem expurgat. Hodie Deus qui super intelligibiles thronos conquiescit, thronum sanctum sibimetipsi super terram praeparavit: qui caelos in sapientia stabilivit, animatum caelum in sua erga homines benignitate adornavit. Ex infructuosa namque radice germen vitam afferens oriri nobis fecit, matrem suam. Deus mirabilium, et spes desperantium,

---

a) Men. die IX. Decem. ad Vesp. Ech. ς'. pag. 70. col. 3. E.
b) Men. die VII. Septemb. ad Vesp. pag. 49. col. 1. C.
c) Men. die VII. Septemb. pag. 50. col. 1. E. — Ibid. Ode δ'. pag. 50. col. 2. C. — Ibid. Ode ς'. pag. 51. col. 1. E. — Ibidem pag. 51. col. 2. D.
d) Men. die VIII. Septemb. ad Vesp. min. Ech. α'. pag. 54. col. 2. E. — Ibid. pag. 55. col. 1. A. — Ibid. ad Vesp. maior. pag. 55. col. 2. A.

1) Hac metaphorica loquutione designatur *Anna*.
2) Nihil evidentius quam *pariendi* verbum amplissime sumi, eoque utramque nativitatem *in utero* atque *ex utero* significari.
3) Men. die VIII. Septem. ad Matut. pag. 58. col. 1. C. et die X. ad Matut. pag. 73. col. 2. A.
4) Haec totidem verbis repetuntur die VIII. pag. 58. col. 1. D.

Domine tibi sit gloria. » Eodem haec pertinent quae ᵃ) Germanus habet: « Hodie sterilis infecunda Anna manibus iucunde plaudat: fulgeant terrestria, tripudient reges, sacerdotes in benedictionibus exsultent, universus mundus festum agat. Ecce namque regina et immaculata Patris sponsa ex radice Iesse germinavit. Non amplius mulieres filios in doloribus parient, gaudium namque effloruit, et vita hominum in mundo diversatur. Dona Ioachim non amplius repelluntur: lamentationes namque Annae versae sunt in gaudium dicentis, congaudeat mecum omnis electus Israel. Ecce enim tribuit mihi Dominus animatum palatium divinae gloriae suae in communem laetitiam et gaudium et animarum nostrarum salutem. » Eodem haec ᵇ) quae Sergius hagiopolitanus scribit: « Agite fideles omnes ad Virginem concurramus. Ecce enim nascitur quae ante uterum praedestinata fuit Dei nostri mater virginitatis thesaurus, Aaronis virga germinans ex radice Iesse, prophetarum annunciatio, et iustorum Ioachim atque Annae surculus. Nascitur itaque, et mundus una cum ipsa renovatur. Paritur, et suum ecclesia decus induit. Templum sanctum, divinitatis sedes, virgineum organum, regius thalamus, in quo stupendum ineffabilis unitionis duarum naturarum in Christum concurrentium mysterium perfectum est. Hunc adorantes extollimus generationem Virginis omni ex parte immaculatam. » Eodem haec ᶜ) quae Andreae cretensi debentur: « Te, o semper Virgo, beatam celebrat omnis creatura, te hodie ex Anna genitam, virgam [1] intemeratam ex Isai radice, e qua flos Christus germinavit.» Eodem haec ᵈ) quae Theophanem habent auctorem: « Ex radice Davidis prophetae sanctum par edidit virgam [2] sacratissimam, Virginem intemeratam, quae nobis sacratissimum florem Christum sine semine protulit. » Neque alio tandem haec ᵉ) spectant quae Georgius nicomediensis canit: « Ex infructuosa Anna hodie prodiit flos Deipara, quae omnes mundi fines divino odore perflat, et sempiterno gaudio creaturas replet; illam ut quae sit mortalibus potior digne celebramus ac benedicimus. »

1044. Quae omnia si mutuo, quemadmodum par est, contulerimus, illico assequemur eam Virginis *nativitatem* celebrari quam *passivam* nominamus, quaeque tum *nativitatem in utero*, tum *nativitatem ex utero* complectitur. Et celebratur sane *nativitas passiva*, quum festum *de germine* agatur quod ex Anna effloruit: celebratur autem nativitas tam *in utero* quam *ex utero*, quum hinc de nativitate ex utero sumi necessario debeant quae Annae *partum* oculis subiiciunt; inde vero nonnisi ad nativitatem in utero referri possint quae de nativitate *ex lumbis Davidis atque Ioachimi* ingeminantur. Solemne igitur [3] Graecis fuit ac porro est eiusmodi virgineae nativitatis festum agere, quod ad utramque

---

a) Ibid. pag. 57. col. 2. C-D.
b) Ibid. pag. 57. col. 2. D-E.
c) Men. die VIII. Septemb. Ode γ'. pag. 59. col. 1. E.
d) Men. die IX. Septemb. Ode ζ'. pag. 70. col. 2. C.
e) Men. die XI. Septemb. Ode θ'. pag. 83. col. 1. E.

1) Virginem quam heic Andreas dicit ῥάβδον ἄχραντον, *virgam intemeratam*, pag. 60. col. 2. C. vocat τὴν ῥάβδον τὴν ἀειθαλῆ, *virgam semper virentem*, et pag. 64. col. 2. c. ἄχραντον καρπόν, τὴν ῥάβδον τὴν Θεοτόκου, *intaminatum fructum, virgam Deiparam*.

2) Videsis etiam Sophronium hierosolymitanum Anacreont. εἰς τὸν εὐαγγελισμὸν τῆς Θεοτόκου, vv. 45. seqq. pag. 50. apud Mai in spicileg. rom. T. IV., Iohannem damascenum Can. εἰς τὸν ἅγιον Βλάσιον. Ode ά. pag. 735. ibidem T. IX., et Nersetem claiensem in Matthaeum pagg. 53. opp. T. II.

3) De his plura et luculentiora dabimus sectione septima.

simul nativitatem in utero atque ex utero pertineat, et quo utraque nativitas *digna cultu* demonstretur. Nihil autem quod non sit purum, nihil quod non sit sanctum aut cultu dignum videri potest, aut tale quod institutis festis solemniter celebretur. Persuasum igitur Graecis fuit ac porro est, utramque Virginis nativitatem in utero atque ex utero puram sanctamque credi oportere. Et re sane vera ab iisdem quaeratur, sive *cuiusmodi* sit *obiectum* quod cultu et religione prosequuntur, sive *quos* illi *effectus* asserendos esse arbitrentur. Concors omnium vox est in celebranda Virginis nativitate non alteri cultum religionemque deferri nisi ei, quae in sua nativitate, tam in utero quam ex utero extiterit *Dei filia, germen divinitus datum, ante uterum praedestinata ut esset Dei mater, regina et immaculata sponsa Patris, templum sanctum, divinitatis sedes, animatum palatium, Dei caelum, primitiae salutis, oliva fructifera, virga intemerata, innocens, sacratissima, semperque beata ac plane digna quae eodem cum Christo mystici floris appellatione decoraretur.* At vero quid hisce purius, quid sanctius aut quid ab omni culpae labe remotius? Neque mirum quando Virginis nativitas in utero atque ex utero caussa fuit, *propter quam omnia divino odore afflata revirescerent, omnia refingerentur, omnia gestirent laetitia, mali spina funditus abscinderetur, reseraretur caeli porta, vitae altrix appareret, et pro Eva mortis matre parens verae vitae sufficeretur.* Hi namque effectus ex ea nativitate proficisci minime poterant, quae esset peccato infecta, et qua peccati mortisque regnum propagaretur. Superest igitur ut utraque Virginis nativitas, atque ipsius adeo conceptio immaculata praedicetur.

1045. Quam non obscure immaculatam praedicat ipsa quoque Coptorum ecclesia [a] canens: « Ave Maria columba pulcra, quae nobis Deum verbum peperit. Tu es flos incensi, qui germinavit ex radice Iesse. » Et [b] rursum: « Salve radix sancta prophetica, salve immarcescibilis apostolorum corona. » Quibus hae ad Deum fusae preces [c] respondent: « Condona mihi iniquitates meas propter agnam innocentem Mariam, radicem et genus Davidis psaltis, habitaculum puritatis. » Et eius quidem puritatis, cuius gratia *potior universis mortalibus* haberetur, ac prorsus digna de qua Iacobus claiensis [1] scriberet: « Hodie completa est facta patriarchis promissio de omnibus gentibus in ipsorum semine benedicendis; siquidem ex eorumdem radice effloruit Virgo sancta, quae in lucem edidit Verbum tollens peccata protoparentis. Eum itaque glorificemus qui nobis benedictam in mulieribus impertiit. »

---

a) Theotoch. pagg. 62-63.
b) Ibid. pag. 206.
c) Ibid. pag. 248.

---

1) Hymn. in Deiparae nativit. T. III. Breviar. armen. pag. 761. Cf. similia apud Ioachimum Schröderum in notis ad confess. fidei arm. pag. 261.

CAPUT III.

De Esthere Virginis typo: quae ad hunc habitum inter utramque comprobandum necessaria sint: de Ps: CXVII., eiusque duplici sensu historico et spirituali: tam prioris quam posterioris materies definitur, et quod propositum initio fuerat, idoneis argumentis vindicatur: tandem ex omnium summa colligitur, ad praesignatas in Bibliis Deiparae dotes immaculatum eiusdem conceptum pertinere.

1046. Nemo est catholicorum qui [1]) *universim* non probet duplicem Scripturarum sensum, *immediatum et mediatum, litteralem et spiritalem, historicum et mysticum,* alterum [2]) quem exprimere Spiritus sanctus *directe* intendit ac *proxime*, et verba *directe* praeferunt, atque etiam *proxime* si propria sint, *remote* autem si sint translata: et alterum [3]) quem sub litterali sensu delitescentem exprimere quidem Spiritus sanctus *directe* intendit etsi *remote*, verba autem non efferunt nisi *oblique* ac *remote*, rebusque quas ea significant interiectis. Immo haec duplicis sensus distributio ipsis quoque novatoribus probata semper sic fuit, ut si non admodum multos [4]) excipias quos ne christianos quidem iure appelles, plerique omnes [5]) illam et expolierint accurate, et ubi opus esset, rite usurpaverint. Cum hac vero duplicis sensus partitione consertum est, ductas e divinis litteris probationes non uno genere comprehendi; sed quum aliae ex priore sensu eoque immediato ac literali dimanent, aliae contra ex posteriore eoque spiritali ac mediato dependent. Neque enim fas est, sive sensum spiritalem ac mediatum cum eo quem *accommodatum* [6]) vocant, turpiter commiscere: sive probationibus quidem adquiescere quae fuerint [7]) ex litterali sensu depromptae, illis autem fidem abnuere quas spiritalis sensus scite collectus

---

1) Cavendum namque est ne cum *figuristis* sentiamus, nihilque in veteris testamenti libris contineri arbitremur quod *typicum* non sit, quodque praeter sensum *immediatum et litteralem* non item sensum referat *spiritalem ac mediatum*. Cf. Lyranum prol. II. ad postill. Bibliorum, Fleuryum diss. V. sur l'histoire eccles. §§. XI-XII. et Patritium de interpretat. Scriptt. lib. 1. cap. XIV., nn. 372. seqq.

2) Hunc Hebraei dicunt הַפְּשָׁט, et Graeci κατὰ ῥητόν.

3) Eiusmodi sensus a Graecis quidem μυστικός, ab Hebraeis vero appellatur הַדְּרָשׁ. Praeclare Aquinas in S. I. p. q. I. a. X: « Auctor sacrae Scripturae est Deus, in cuius potestate est ut non solum voces ad significandum accommodet, quod etiam homo facere potest, sed etiam res ipsas. Et ideo cum in omnibus scientiis voces significent, hoc habet proprium ista scientia, quod ipsae res significatae per voces etiam significant aliquid. Illa ergo prima significatio, qua voces significant res, pertinet ad primum sensum qui est sensus historicus vel literalis; illa vero significatio, qua res significatae per voces iterum res alias significant, dicitur sensus spiritualis, qui super literalem fundatur et eum supponit. » Ut enim scribit. Quodlibeto VII. a. XIV. « Auctor rerum non solum potest verba accommodare ad aliquid significandum, sed etiam res potest disponere in figuram alterius; et secundum hoc in sacra Scriptura manifestatur veritas dupliciter. Uno modo, secundum quod res significantur per verba, et in hoc consistit sensus literalis; alio modo, secundum quod res sunt figurae aliarum rerum, et in hoc consistit sensus spiritualis. Et sic sacrae Scripturae plures sensus competunt. » Porro sicuti ibid. ad 1. « Sensus spiritualis semper fundatur super literalem, et procedit ex eo » ita dicendum est ibid. a. XVI. « Quod spiritualis sensus sacrae Scripturae accipitur ex hoc, quod res cursum suum peragentes significant aliquid aliud. »

4) *Rationalistas* potissimum intelligo, quibus spiritalis sensus non est nisi inanis lusus ingenii, et a Scripturis alienissimus.

5) Ex his multos laudat Iohannes Ranolder herm. bilic. in praelim. cap. II. §§. 11. seqq.

6) Ad quem pleraque omnia ex iis spectant quae sectione IV. adduximus, quaeque vim probandi omnem non ex Scripturis sed ex ecclesiasticis monimentis mutuantur.

7) Quales illae sunt quae duobus capitibus superioribus continentur.

praebuerit. Hic enim aeque ac ille sensus est Spiritus sancti: hoc aeque ac illo Deus per prophetas loquutus est: huic aeque ac illi ratio inest et dignitas competit verbi Dei: et hunc aeque ac illum [1]) Christus et apostoli ad caelestes comprobandas veritates adhibuerunt.

1047. Quapropter immaculati conceptus praerogativa eo argumenti genere vindicata, quod ex litterali immediatoque sensu efflorescit; animum subiit cogitatio diligenter investigandi, essent nec ne in Scripturis quae spiritali mediatoque sensu eodem pertinerent, idemque Deiparae decus eximiumque ornamentum patefacerent. Atque duo se mihi continuo obtulerunt, quibus *in affirmantem sententiam* non minimum [2]) impellebar. In eam namque impellebar Scripturarum ductu ac serie, quae nonnisi aegerrime patitur ut ornamenta secundae Evae nullis adumbrata typis censeantur, quum tantus sit horum apparatus quo praesignatam expressamque credimus secundi Adami oeconomiam. Atque in eam deinde impellebar suffragio et testificatione [3]) maiorum, qui nullum fecisse finem videntur deflorandi ex Scripturarum pratis typos, quibus decora Virginis propria declararent. His uti decebat permotus quum insigniora gesta bibliis consignata, nobilioresque in illis descriptas personas memoria mecum reputarem; succurrit Esther, eoque succurrit circumfusa splendore, iisque distincta characteribus ut visus mihi sim in ea deprehendisse cum Virginis typum, tum illius dotis praemonstrationem, qua Virginem nullo laesam originis peccato celebramus. Cui opinioni eo tenacius adhaesi quo evidentius intellexi, ipsam viris piis doctisque [4]) iampridem placuisse, multoque validius communiri quo penitius Scriptu-

---

1) Huc spectant quae Patritius habet de Evangeliis lib. III. diss. XVII. quae inscribitur: *Quorsum veterum Scripturarum auctoritatem adhibuerint, eorumque testimonia attulerint scriptores novi testamenti.*

2) Accessit consilium et auctoritas viri cl. Camilli Tarquinii in hoc romano collegio institutt. canonicarum antecessoris, qui sicuti nobis suasit ut hoc argumentum exspoliremus, ita non pauca suggessit quibus plurimum iuvaremur.

3) Quam unanimem maiorum testificationem illa ostendunt, quae tota sectione III. in medium proferuntur.

4) Quibus annumerandi prae aliis sunt Bonaventura in speculo b. Mariae lect. III., Ambrosius Catharinus in disput. pro imm. Virginis concept. lib. III. pag. 101., Petrus Canisius de Maria Deipara virgine lib. I. cap. II. pag. 12., lib. II. cap. XVI. pag. 241., lib. III. cap. XII. pag. 315. et Thomas Strozzius in controversia de concept. Virginis lib. I. cap. VIII. pagg. 55-58. Dabo Catharini verba quibus lectorem compellans ait: « Respice ad mulierem formosissimam Esther quae, repudiata Vasti ab Assuero rege, deligitur ad instaurationem nuptiarum, propter quam cunctis servis et principibus regale nimisque splendidum apparatur convivium, et data est requies universis. Nonne in hac Esther, idest abscondita et custodita, agnoscis Mariam absconditam illam quidem et servatam ab omni diaboli commixtione? Quam Assuerus, idest beatus et beatificans, repudiata antiqua Eva, sibi deligit in primariam sponsam, cui nobile paratur convivium, ubi principes et servi omnes qui in ecclesia continentur, accumbunt? Hoc enim est mensa crucis. Haec est illa Esther quae sola in convivio Aman, idest pessimi satanae, detestata omnes eius delicias, idest pomi antiqui pulcritudinem et suavitatem, abstinuit ne coinquinaretur contagio. Haec illa Esther quae in tanto Iudaeorum discrimine regias quae illam decebant vestes deponens, lugubriaque pro illis assumens vestimenta, cinere ac cilicio sacratissimum suum caput obvolvit, aureos atque ambrosios dissolvit ac deturpat crines, et indigne lacerat, et replens miserabili planctu omnia, nullum capit de propria certaque salute ac felicitate solatium; sed supplex pro nobis adorans ait: *tu scis Domine necessitatem meam quod abominer signum superbiae et gloriae meae, quod est super caput meum in diebus ostentationis meae, et detester illud quasi pannum menstruatae, et non portem in diebus silentii mei, et quod non comederim in mensa Aman, nec mihi placuerit convivium regis, nec biberim vinum libaminum, et numquam laetata sit ancilla tua, ex quo huc translata sum usque in praesentem diem, nisi in te, Domine Deus Abraham.* Haec Esther innocens pro nobis nocentibus orans, exoravit. Haec illa Esther quae tertia die regio perfulgens habitu, seque ipsam prae deliciis et corporis teneritudine non sustinens, ancillis comitata duabus ut alteri quidem inniteretur, altera vero pedissequa in humum defluentia vestimenta sustineret, sic ornata incedens et roseo perfusa colore, sola fidens audet, cunctis praetergressis ostiis atque custodiis, regium penetrare conclave. Et sola ardentes Assueri oculos, et minacem vultum plenumque furoris pectus sustinere potens, commune edictum ne quis atrium suae maiestatis

rarum examen suscipitur. In id igitur incumbam ut aliquot articulis rem totam exsequar, novoque argumento praerogativam immaculati conceptus sin minus persuadeam, suadeam saltem atque illustrius explanem. Ad opus tamen ipsum non antea venio, quam verbis Richardi victorini, non secus ac galeato quodam prologo, insequentem tractationem protexerim. Sic itaque habet [1] Richardus: « Nec illud tacite praetereo, quod quidam quasi ob reverentiam patrum nolunt ab illis omissa attentare, ne videantur aliquid ultra maiores praesumere. Sed inertiae suae eiusmodi velamen habentes otio torpent, et aliorum industriam in veritatis investigatione et inventione derident, subsannant, exsufflant. Sed qui habitat in caelis, irridebit eos, et Dominus subsannabit eos. Nos autem a patribus pertractata cum omni aviditate suscipiamus, et ab ipsis omissa cum omni alacritate perquiramus, et sagaciter inventa cum omni liberalitate in commune proferamus, ut impleatur quod scriptum est, *pertransibunt plurimi, et multiplex erit sapientia.* »

ARTICULUS I.

De Psalmo CXVII., eiusque aetate atque argumento: et de aetate quidem ostenditur, illam merito soluta babylonica captivitate recentiorem haberi: de argumento autem efficitur, nullum assignari posse commodius, nullumque verius liberatione populi Israelis per Mardochaeum.

1048. Israelitarum moribus receptum fuit, ut insigniora Dei beneficia quibus acquisitionis populus a periculis et ab hostibus ereptus bonisque auctus floruit, non modo annalibus historiaeque credita servarentur, verum etiam canticis hymnisque celebrata ad ultimos usque nepotes propagarentur. Atque huc sane pertinent plerique omnes Davidis psalmi, quos ob relatas de inimicis victorias, pacatumque regnum inspiratus vates elucubravit: huc pertinet Moysis canticum, quo parta ex Aegyptiorum tyrannide salus praedicatur: atque huc pertinent Deborae et Iudith hymni, quibus de Sisara deque Holopherne

interius ingrederetur antequam rex ipse elevatam virgam in signum clementiae suae ostenderet, capitalem poenam singulari praerogativa evasit. Hoc certe erat edictum illud, quod cum sese ab omnibus abscondisset iratus rex ob antiquum flagitium, in penetralia beatitudinis suae, nulli hominum liceret ante conspectum ipsius comparere, ni prius virga illa sua, nimirum humanitas, in signum clementiae extenderetur in cruce. Sed haec Esther non se nudam sentiens Dei gratia, sed prae omnibus caritate tuta sacraque incedens, ac primae innitens ancillae quae summa erat fiducia in sponso suo, et altera sustinente vestimenta defluentia ne humi deciderent, haec erat humilitas suarum omnium custos virtutum; sola ingredi audet penetralia regis. Unde haec tibi, obsecro, tanta fiducia, o Maria? En ipse rex toto spiritu mansuetudinis in te conversus, et effusus toto caritatis impetu de solio suae maiestatis exsiliens, te unicam in suis ulnis complexus, sustentans ne caderes, alioqui procul dubio casura, dulciter tibi, o carissima, blanditur dicens: *quid habes Esther? ego sum frater tuus, noli metuere, non morieris; non enim pro te sed pro hominibus* (aut ut alibi legitur) *pro omnibus haec lex est constituta.* Heus contradictores, heic vos appello, assistite coram rege Assuero. Quid dicitis? Nempe quod mortua est Maria in Adam. Et Assuerus pronunciat illam liberam a morte. Vos struitis syllogismos et dicitis: omnes homines in Adam mortui sunt, ergo et Maria quae fuit homo. Sed audite regium verbum, et inauditam sententiam. *Pro omnibus* (sive) *pro hominibus constituta est haec lex, sed non pro te, Esther mea.* Audite quae non discuntur in physicis aut dialecticis: non est inter omnes aut inter homines regina, sed super omnes et supra hominem, sicut dixit uterque doctor et Augustinus et Hieronymus: supra quam homo est virgo, gratia tamen non natura. Ideo indignum erat, ut computaretur regina cum servis: ideo illi soli dictum est, *accede et tange sceptrum,* cuius contactu ipsa certe plene ac integre salvata est. » Pie enimvero, sed nisi argumentis fulciantur, minus ad persuadendum accomodate.

[1] In prologo ad visionem Ezechielis.

triumphi faustis vocibus extolluntur. Nescio autem an cogitari animo possit sive exitium eo gravius quod Israeli universo ex Amani crudelitate imminebat, sive beneficium eo splendidius quo Deus Israelem per Mardochaeum servavit. Iam lata erat lex, et iam dictus dies quo in amplissima Persarum ditione quotquot ex Abrahami semine degebant, morte mulctarentur; quum conversis illico rerum vicibus, singulari Numinis tutela, opemque Mardochaeo atque Esthere conferentibus, factum est ut una cum saevae conspirationis auctore eiusdem asseclae exterminarentur, electus vero populus respiraret, summisque expetita votis libertate frueretur. Cum moribus igitur atque Israelitarum historia consentaneum inprimis est arbitrari, eximium adeo facinus perpetuis fuisse litteris commissum, hymnisque eucharisticis celebratum. Et novimus sane idcirco librum Estheris, Deo inspirante, fuisse conscriptum, neque absurde suspicamur, hymnum etiam aliquem prodiisse, quo mirificae liberationis recordatio omnium ore frequentaretur. Quae suspicio illos quoque commovisse dicenda est, qui [1] non aliam psalmo CXV. materiem subiecerunt, neque aliud assignarunt argumentum, quam quod ex hac ipsa historia peteretur.

1049. Ceterum mens nobis non est suspicionibus etsi probabilibus diutius indulgere, proindeque e vestigio ad rem propius accedentes in examen vocamus, praesto nec ne sint indicia ad fidem pariendam idonea, quibus utraque controversia dirimatur: utrum psalmus aliquis fuerit editus, quo Israelis per Mardochaeum et Estherem liberatio caneretur: et utrum ex pluribus omnino psalmis definiri ille nominatim possit, qui hac occasione in lucem venerit. Scilicet tenendum est, *editum revera fuisse psalmum, quo relata de Amano ceterisque Israelis hostibus victoria celebraretur, et hunc psalmum ab eo censeri diversum non posse quem latini et graeci centesimumdecimumseptimum, Hebraei vero centesimumdecimumoctavum appellunt.* Quae ne leviter dicta videantur, tria nobis ostendenda proponimus: et *principio* quidem tempus conscripti psalmi CXVII. ab aetate Mardochaei et Estheris nullatenus dissidere: *deinde* vero eiusmodi esse psalmi materiem et argumentum, quod quum nihil ab historia Mardochaei et Estheris dissonum praeferat, iis contra coalescit quae cum eadem aptissime conveniunt: ac *postremo* tantam esse psalmi historiaeque conspirationem, ut nullus supersit locus sive nodis qui in aliis sententiis impediti, sive difficultatibus quae in eisdem molestae passim occurrunt. Opinio autem hisce distincta notis atque hisce praedita characteribus, non tam opinio et hypothesis, quam certa sententia explorataque thesis suo merito habetur. Id igitur restat, ut tria quae proposuimus capita, eodem quo enunciata sunt ordine demonstremus.

1050. Itaque de priori capite, deque psalmi CXVII. aetate animadverti debet, insigni quadam *externorum internorumque argumentorum* consensione effici, non posse illum antea editum censeri, quam Israelis populus fuerit a babylonica captivitate solutus. Hanc enim de psalmi aetate sententiam proposuit [2] Origenes, et hanc sequutus deinde est Theodoritus [a] inquiens: « Hic etiam hymnus [3] est ab his qui salutem a Deo consequuti sunt oblatus. Iudaei enim post reversionem, quum omnes finitimi in unum coacti essent, pristinam illis prosperitatem invidentes, atque etiam gentes alias et barbaras convocassent, ac deinde plagis a Deo illatis profligati essent secundum Ioelis et Ezechielis et Michaeae

a) In ps. CXVII. pagg. 1427-1428. opp. T. I. P. II.

1) Cf. De Wette in h. ps.
2) In exposit. pp. graec. in psalmos apud Corderium pag. 347.
3) Haec ab iis non differunt quae in Corderii catena Origeni tribuuntur.

et Zachariae vaticinationem, hunc hymnum gratiarum actionis Deo offerunt. » Eidem sententiae suffragatur duplex graecus anonymus alter a Corderio et alter ab Agellio laudatus, quorum ille a) sic habet: « Hic etiam praecinit ea quae post reditum contigerunt. Quum enim templum aedificaturi essent, a finitimis gentibus earumque sociis prohibebantur, donec Deus ipsis miraculo victoriam concessit, hostibus ex spectro quodam sibi invicem manus inferentibus et infinitas divitias relinquentibus, ita ut iis templum luculenter aedificaretur. » Gemina posterior [1]) scribit, a quo alii penes Corderium [2]) in commentariis ne minimum quidem discedunt. Neque ex latinis discedunt sive venerabilis Beda, sive ii non pauci [3]) qui Bedae inhaerendum vestigiis existimarunt. En Bedae [4]) verba: « Reductum de Babylone populum a finitimis gentibus opprimi non potuisse testatur, atque ad laudandum Deum se mutuo cohortantium schema componitur. Aliter, vox Christi de se dicentis. » Priscis psalmorum enarratoribus plerique omnes ex recentioribus suffragantur, qui nullis licet curis pepercerint, eo tandem devenerunt, ut psalmum babylonico exilio posteriorem iudicarint. Quae quidem fuit non eorum dumtaxat opinio, quos [5]) Genebrardus et [6]) Lorinus appellant, verum etiam [7]) Knappii, Venemae [8]), De Wette [9]), Rosenmülleri [10]) atque [11]) ipsius etiam Hengstenbergii, qui suum in psalmos commentarium novissime vulgavit.

1051. Accedent *interni characteres*, e quibus inde primum ductum volo, quod qui a nobis dissident et psalmum recentius scriptum inficiantur, illum Davidi prope unanimes asserunt, eiusque aetate vulgatum contendunt. Sed si psalmi auctor habendus est David, qui fit ut inscriptione careat qua ipsi vindicetur? Psalmi namque davidici iidemque vetustiores titulum praeferunt, inscriptionisque defectus nota est minime negligenda [12]) recentioris aevi. Praeterea hoc distant vetustiores psalmi a recentioribus, quod hi soleant non pauca ex illis decerpta complecti. Nemo autem inficias eat, non omnino pauca esse quae in psalmum CXVII. ex aliis dimanarunt. Eiusmodi namque sunt quae leguntur [13]) commate primo, eiusmodi quae leguntur [14]) commatibus secundo et quarto, eiusmodi quae leguntur [15]) commate sexto, et praetermisso [16]) commate decimoquarto, eiusmodi sunt quae leguntur [17]) commate septimo. Ad haec, norunt hebraicae poeseos cultores, ἐπανάληψιν, exquisitamque eorumdem incisorum repetitionem, quae vix aut ne vix quidem in priscis hymnis adhibetur, in illis contra infrequentem haud esse, quos recentius tulit aevum sicuti genio minus pollens, ita arti plenius indulgens. Sed haec ipsa incisorum affectata propemodum iteratio tam evidenter extat in psalmo CXVII., ut ne adnotanda quidem esse videatur. Opportune [18]) Cassiodorius: « Quocirca intueamur hunc psalmum speciosa fronte

---

a) Ad argum. ps. CXVII. penes Corderium pag. 338.

1) Penes Agellium in comm. ad ps. CXVII. pag. 324.
2) L. c. pagg. 342. seqq.
3) De his videndus Calmet ad ps. CXVII.
4) Argum. in ps. CXVII. pag. 1003. opp. T. VIII.
5) In Ps. CXVII.
6) Comm. in ps. CXVII.
7) Apud Dathium in ps. CXVIII. pag. 379.
8) Comm. in psalmos pag. 130. T. VI.
9) Comment. über die Psalmen, ad hunc Psalmum.
10) Schol. ad ps. CXVIII. pag. 1703.
11) Comment. über die Psalmen, ad hunc Psalmum.
12) Nescio utrum ad hanc notarum classem ea quoque referenda sit, qua psalmi davidici et antiquiores prioribus psalterii partibus, recentiores vero posterioribus comprehensi perhibentur.
13) Ps. CXVII. 1. coll. pss. CIV-CV-CVI.
14) Ps. CXVII. 2-4. coll. ps. CXV. 9-11.
15) Ps. CXVII. 6. coll. ps. LVI. 5.
16) Ps. CXVII. 14. coll. ex. XV. 3.
17) Ps. CXVII. 7. coll. ps. LIV. 6.
18) In argum. ps. CXVII. pag. 393. opp. T. II.

relucentem; in ipsis quippe principiis quatuor versus pari fine conclusit, ut evangelico numero totum mundum uni Domino laudes debere reddere, adhortatione quadrifaria commoneret. Hos intercalares non possumus dicere, quia nullos alios miscet, sed unifines eos apto forsitan nomine vocitamus, qui simili verborum consonantia terminantur. Hoc et in centesimo tricesimo quinto psalmo per omnes versus absolute facturus est. » Et [1]) infra: « Recordemur hunc psalmum non incassum velut quibusdam fulgureis coloribus esse contextum. In capite enim quatuor versus unifines posuit, et iterum in fine primum versum psalmi decora iteratione geminavit, atque iterum quem vicesimum primum posuit, eumdem pene ultimum repetiit, ut quasi vestis illa Pontificis aureis quibusdam filis et vermiculata pulcritudine contexta fulgeret. » Denique distributio posteritatis Abrahami in domum Aaron, in Israelem atque in timentes Dominum, quum in vetustioribus psalmis numquam appareat, indicium continet minime obscurum illius aevi, quo non amplius tota unius imperio regebatur, et quo e gentibus plures Iudaeorum sacra complexi, nomine timentinm Dominum insigniebantur. Adhibetur autem haec distributio [2]) in nostro psalmo, eiusque usus suadet, scite illum ad sequiorem aetatem revocari. Quapropter tempus compositi psalmi tale est, quod cum aetate liberati ab Amano Israelis egregie conspirat.

1052. Sed ea ne pariter est psalmi *materies*, quae similem cum Mardochaei atque Estheris historia concentum repraesentet? Eiusmodi revera esse intelligemus si semel nobis innotuerit, *negative* quidem, nihil psalmo contineri quod a nobilissimo Mardochaei et Estheris facinore abludat; *positive* vero, argumenta psalmi ac historiae ita cohaerere seseque mutuo excipere, ut in unam eamdemque summam concurrant. Porro nemo est veterum ac nemo recentiorum qui non ultro fateatur et doceat, psalmum esse ἐπινίκιον, carmenque eucharisticum, quo grates Deo pro impenso beneficio referuntur, et pro eo quidem beneficio quod tribus maxime dotibus enituerit. Quod I. fuerit *eximium, singulare, maximum*, quaemadmodum ostendunt tum [3]) emphasis laudationis et ingeminata toties [4]) divinae pietatis benevolentiaeque commemoratio, tum [5]) ipsi beneficii descriptio atque subiecta oculis pictura. Quod II. *ad universam gentem* spectarit, quemadmodum ostendunt hinc quidem ii qui ad habendas Deo gratias cientur, quique sunt [6]) domus Aaron, Israel, et timentes Dominum; inde vero quae dicuntur sive [7]) de voce salutis et exultationis quae in tabernaculis iustorum resonuerit, sive [8]) de festo solemnique die qui in gratam accepti muneris recordationem ab omnibus frequentaretur. Postremo III. quod beneficium ex sese maximum et ad universam gentem spectans *egregio cuidam heroi secundum Deum tribui oportuerit*. Quem sane characterem spectandum exhibent non minus [9]) primae personae pronomina, singularisque verborum numerus, quam quae ita [10]) efferuntur: *lapidem quem reprobaverunt aedificantes, hic factus est in caput anguli*. Atqui multis non est opus ut quisque sentiat, beneficium hisce distinctum characteribus ne lato quidem ungue ab eo discedere, quod libro Estheris narratur. Hoc namque fuit summum ac plane mirificum: fuit universale et ad totum Israelis populum spectans: et fuit eiusmodi quod Deus non citra

---

[1] Ibidem in conclus. psalmi pag. 397.
[2] Ps. CXVII. 2-3-4.
[3] Ps. CXVII. 1.
[4] Ibid. vv. 1-5.
[5] Ibid. vv. 5. seqq.
[6] Ibid. vv. 2-4.
[7] Ibid. v. 15.
[8] Ibid. v. 27.
[9] Ibid. vv. 6. seqq.
[10] Ibid. v. 22.

Mardochaei operam concessum voluit. Tantum ergo abest ut materies psalmi ab historia discrepet, ut cum ea satius plenissime conveniat.

1053. Ad quam illustrandam expoliendamque consensionem e re fuerit *adiuncta* perpendere, in quibus Israelis populus tum versabatur, quum auctus beneficio fuit quod psalmo extollitur. Nimirum [1]) versabatur in tribulatione, eaque ab hominibus profecta [2]) inimicis, potentibus, numero [3]) innumeris, furore [4]) aestuantibus, atque in id inhiantibus ut [5]) universum Israelem internecione delerent, ex Israelitis vero [6]) unum eumque perillustrem praecipua rabie prosequerentur. Huc certe redit expressa in psalmo imago populi, quem Deus in suo favore complexus est. Sed haec est ipsissima imago quae libro Estheris exhibetur. In eo namque [7]) Amanum habes inter aulicos optimatesque potentissimum, acerrimum [8]) Hebraeorum inimicum, cuius astu doloque [9]) ad universos Persarum satrapas mittuntur litterae, quibus [10]) Israelitae omnes morti addicuntur: tum habes unum [11]) prae ceteris Mardochaeum inexplebili Amani odio obnoxium, et ad crucem [12]) subeundam destinatum. Consensus igitur psalmi et historiae sic eminet, ut oculos suo splendore percellat. Qui multo etiam percellentur vehementius, si in modum rationemque intendantur, qua depulsa fuit pernicies et faustitas Israeli comparata. Quum enim hebraica res conclamata penitus videretur, nullumque ab hominibus expectari iam praesidium posset, adfuit Deus, eoque modo adfuit qui plane geminus in historia atque in psalmo declaratur. Sicut enim [13]) in illa commemorantur preces ab Esthere et Mardochaeo populo indictae; ita [14]) in hoc spes omnis in Dei nomine eiusque invocatione collocatur. Sicut [15]) in illa ad vivum depingitur subitum Numinis auxilium, quo effectum est ut Mardochaei exaltatio ab Assuero decerneretur, eiusque animus, adnitente Esthere, benevolus ac propensus in Israelem evaderet; ita in hoc celebratur [16]) Dei opus quo trepidos suscepit, perditis [17]) salutem attulit, unumque [18]) prae omnibus deiectum ad supremam dignitatem evexit. Et sicut in illa ultimum [19]) Amani exitium, summa [20]) Israelis felicitas, festaque [21]) liberationis ultionisque commemoratio describuntur; ita in hoc neque [22]) silentio premitur sumpta de hostibus vindicta, neque [23]) Israelis gaudia solemnisque celebritas reticentur. Plurima igitur, ne dicam omnia, tam in psalmo quam in historia eodem pertinent, et ad unum idemque factum non obscure referuntur.

1054. De qua quidem psalmi historiaeque affinitate, et argumenti utrique subiecti cognatione atque harmonia nullus plane supererit ambigendi locus, si quae historia continentur iis e regione opponantur quae psalmus complectitur. Eiusmodi enim comparatio evincet, aut nihil esse alteri simile, quod paradoxum fuit stoicorum, aut historiae psalmi-

---

1) Ps. CXVII. 5.
2) Ibid. vv. 6-9.
3) Ibid. vv. 10-11.
4) Ibid. v. 12.
5) Ibid. vv. 13-17-18.
6) Ibid. v. 22.
7) Esth. XIII. 3.
8) Ibid. III. 5. seqq.
9) Ibid. III. 13.
10) Ibid. III. 6-13.
11) Ibid. III. 6.
12) Ibid. VII. 9.
13) Ibid. IV. 16.
14) Ps. CXVII. 5.
15) Esth. VI. 11. VII. 6. seqq.
16) Ps. CXVII. 6-7.
17) Ibid. vv. 10. seqq.
18) Ibid. v. 22.
19) Esth. VII. 10.
20) Ibid. VIII. 8. seqq.
21) Ibid. IX. 27. seqq.
22) Ps. CXVII. 11-12.
23) Ibid. vv. 15. seqq.

que argumenta sibi adamussim respondere. Quare seposito ¹) psalmi exordio, ita se habet mutua singularum partium conspiratio.

Esth. XI. 8-11. *Fuitque dies illa tenebrarum et discriminis, tribulationis et angustiae, et ingens formido super terram. Conturbataque est gens iustorum timentium mala sua, et praeparata ad mortem. Clamaveruntque ad Deum.*

X. 9. *Gens mea, Israel est, quae clamavit ad Dominum, et salvum fecit Dominus populum suum.*

XIII. 8. *Mardochaeus autem deprecatus est Dominum.*

XIV. 12. *Memento Domine, et ostende te nobis in tempore tribulationis nostrae, et da mihi fiduciam Domine rex deorum et universae potestatis.*

Esth. XIII. 9-11. *Et dixit* (Mardochaeus): *Domine Domine rex omnipotens; in ditione enim tua cuncta sunt posita, et non est qui possit tuae resistere voluntati, si decreveris salvare Israel. Tu fecisti caelum et terram, et quidquid caeli ambitu continetur. Dominus omnium es, nec est qui resistat maiestati tuae.*

XIV. 1-3-14-19. *Esther quoque regina confugit ad Dominum, pavens periculum quod imminebat. Et deprecabatur Dominum Deum Israel, dicens: Domine mi, qui rex noster es solus, adiuva me solitariam, et cuius praeter te nullus est auxiliator alius. Nos autem libera manu tua, et*

Ps. CXVII. 5. *De tribulatione invocavi Dominum, et exaudivit me in latitudine Dominus.* Eodem pacto ª) Alexandrini, neque aliter ad sensum quod attinet hebraica ᵇ) veritas: *de angustia vocavi Dominum, exaudivit me in latitudine* ²) *Dominus*, atque ex angustiis me educens in libero patentique loco constituit.

Ps. CXVII. 6-7. *Dominus mihi adiutor, non timebo quid faciat mihi homo. Dominus mihi adiutor, et ego despiciam inimicos meos.* Reddunt eumdem sensum ᶜ) Alexandrini, qui ᵈ) in textu evidentior occurrit: *Dominus* ³) *mihi, non timebo quid faciet mihi homo. Dominus mihi* ⁴) *in adiutoribus*

---

a) Ps. CXVII. 5. Ἐκ θλίψεως ἐπεκαλεσάμην τὸν κύριον, καὶ ἐπήκουσέ μου εἰς πλατυσμόν. Symmachus: καὶ ἐπήκουσέ μου εἰς εὐρυχωρίαν.

b) Ps. CXVIII. 5. : מִן־הַמֵּצַר קָרָאתִי יָּהּ עָנָנִי בַמֶּרְחָב יָהּ

c) Ps. CXVII. 6-7. Κύριος ἐμοὶ βοηθός, καὶ οὐ φοβηθήσομαι τί ποιήσει μοι ἄνθρωπος· κύριος ἐμοὶ βοηθός, κἀγὼ ἐπόψομαι τοὺς ἐχθρούς μου.

d) Ps. CXVIII. 6-7. יְהֹוָה לִי לֹא אִירָא מַה־יַּעֲשֶׂה לִי אָדָם : יְהֹוָה לִי בְּעֹזְרָי
וַאֲנִי אֶרְאֶה בְשֹׂנְאָי :

---

1) Constat autem prioribus quatuor psalmi versibus, qui in codicibus kennicotianis et rossianis non paucis ad praecedentem hymnum referuntur. Hinc in plerisque Machazorim mss. et editis, itemque Ordinibus iudaic. precum maiores initialesque litterae novi psalmi occurrunt commate quinto.

2) *Exaudire in latitudine* idem valet ac *in latitudinem educere*, atque ex angusto arctoque loco liberare. Probari igitur admodum nequit paraphrasis anonymi apud Corderium pag. 339: Τὸ εἰς «λατυσμόν» ἀντὶ τοῦ, «πλείονά μοι παρέσχεν ὧν ᾔτησα. *Illud in latitudinem significat, plura mihi concessit quam petieram.*

3) *Dominus mihi*, pro me, meisque partibus favens, ut ps. LVI. 10.

4) Aben-Esra et Kimchi praefixum בְּ habent loco עִם, incisumque vertunt: *Dominus mihi, meisque auxilia-*

adiuva me nullum aliud auxilium habentem nisi te, Domine, qui habes omnium scientiam. Deus fortis super omnes, exaudi vocem eorum qui nullam aliam spem habent, et libera nos de manu iniquorum, et erue me a timore meo.

Esth. XIII. 3-12-14. *Unus* (verba sunt Assueri) *qui sapientia et fide caeteros* (consiliarios) *praecellebat, et erat post regem secundus Aman nomine. Cuncta nosti* (verba sunt Mardochaei Deum exorantis), *et scis quia non pro superbia et contumelia et aliqua gloriae cupiditate fecerim hoc, ut non adorarem Aman superbissimum; sed timui ne honorem Dei mei transferrem ad hominem, et ne quemquam adorarem, excepto Deo meo.*

Esth. XIII. 5. *Et nunc Domine rex Deus Abraham miserere populi tui, quia volunt nos inimici nostri perdere, et hereditatem tuam delere.*

Esth. XIV. 2-3. *Multi bonitate principum et honore qui in eos collatus est, abusi sunt in suis, et* [1]) *ego videbo in osoribus meis*, poenam quam merentur et exitium quo tu in illos animadvertes.

Ps. CXVII 6-8. *Non timebo, quid faciat mihi homo. Bonum est confidere in Domino, quam confidere in homine.* Hoc autem comma ab Alexandrinis similiter [a]) redditum, hebraice [b]) sic habet: *bonum est se recipere* [2]) *ad Dominum, quam* [3]) *confidere in homine.*

Ps. CXVII. 7. *Et ego despiciam inimicos meos.* Quibus haec [4]) omnino respondent: *in nomine tuo spernemus insurgentes in nobis.*

Ps. CXVII. 9. *Bonum est sperare in Domino, quam sperare in principibus.* Grae-

---

a) Ps. CXVII. 8. Ἀγαθὸν πεποιθέναι ἐπὶ κύριον, ἢ πεποιθέναι ἐπ' ἄνθρωπον.
b) Ps. CXVIII. 8. : טוֹב לַחֲסוֹת בַּיהוָה מִבְּטֹחַ בָּאָדָם

---

toribus adest. Sunt quibus ב est *inter*, verbaque interpretantur: *Dominus est inter adiutores meos.* Auctore tandem Henrico Michaelis, constructio redolet arabismum, ב est signum nominativi, atque sensus huc redit: *Dominus adiutor meus.*

1) Sicuti particula ו potestatem habet *concludendi*, ita phrasis, *videre in osoribus meis*, ex ingenio linguae pss. XXII. 18., LIV. 9., LIX. 11., XCII. 12., CXII. 8. tantumdem valet ac *oculis prope usurpare vindictam de osoribus a Deo sumptam*. Egregie Theodoritus: ἐλπίζω γὰρ τῆς παρ' αὐτοῦ ῥοπῆς ἀπολαύων, τὸν ὄλεθρον τούτων ἰδεῖν ὅτι τάχιστα. *Spero enim ab ipso opem nactus, stragem illorum quamprimum me visurum.*

2) Verba חָסָה et בָּטַח comparata sic sunt, ut illud apte reddatur *confugit, se recepit sub umbram alicuius atque in eius tutelam*, hoc vero plenius significet *speravit, confisus est, securus fuit.* Dicitur ergo melius ac tutius esse sub umbram Dei se recipere, quam vel firmissimo hominum auxilio inniti.

3) Haec respondent *formulae comparatae*, qua hebraei carent. Liquet igitur quo sensu accipi haec debeant quae penes Corderium pag. 350. Eusebius scribit: Οὐ κατὰ σύγκρισιν ταῦτα προάγει· ἀλλ' ἔθος τῇ γραφῇ τούτῳ κεχρῆσθαι τῷ τρόπῳ καὶ ἐπὶ τῶν ἀσυγκρίτων, διὰ τὴν ἀσθένειαν τῶν τότε ἀκουόντων· οὐκ ἄρα συγκρίνων τοῦτό φησιν, ἀλλὰ συγκαταβαίνων ἐκείνοις· διὰ γὰρ τοῦτο καὶ ἕτερος προφήτης ἔλεγεν· ἐπικατάρατος πᾶς ὁ ἐλπίζων ἐπ' ἄνθρωπον· οὐδὲν γὰρ εὐτελέστερον ταύτης τῆς ἐλπίδος· ἡ δὲ εἰς θεὸν ἐλπὶς οὐκ ἰσχυρὰ μόνον ἐστίν, ἀλλὰ καὶ ἀσφαλής, οὐκ ἔχουσα μεταβολήν. *Non haec dicit per comparationem, sed consuevit Scriptura uti hac figura in iis etiam quae comparationem non admittunt, propter eorum qui tunc audiunt imbecillitatem. Non hoc ergo dicit comparans, sed se ad illorum captum demittens. Et ideo alius quoque propheta* (Ier. XVII. 5.) *dixit, maledictus omnis qui sperat in homine: nihil est enim ea spe debilius. Spes autem in Deum non modo est valida, verum etiam* (Eccli. II. 11.) *tuta, ut quae nullam habeat mutationem.*

4) Ps. XLIII. 6.

perbiam; et non solum subiectos regibus nituntur opprimere, sed datam sibi gloriam non ferentes, in ipsos qui dederunt, moliuntur insidias.

Esth. XIII. 4-7. *Indicavit* (Aman) *mihi* (Assuero) *in toto orbe terrarum populum esse dispersum, qui novis uteretur legibus, et contra omnium gentium consuetudinem faciens, regum iussa contemneret, et universam concordiam nationum sua dissensione violaret. Quod cum didicissemus, videntes unam gentem rebellem adversus omne hominum genus perversis uti legibus, nostrisque iussionibus contraire et turbare subiectarum nobis provinciarum pacem atque concordiam; iussimus ut quoscumque Aman, qui omnibus provinciis praepositus est, et secundus a rege, et quem patris loco colimus, monstraverit, cum coniugibus ac liberis deleantur ab inimicis suis: nullusque eorum misereatur, quartadecima die duodecimi mensis Adar anni praesentis: ut nefarii homines uno die ad inferos descendentes, reddant imperio nostro pacem, quam turbaverant.*

Esth. XIV. 8-12. *Et nunc non eis sufficit, quod durissima nos opprimunt servitute, sed robur manuum suarum, idolorum potentiae deputantes, volunt tua mutare promissa, et delere hereditatem tuam, claudere ora laudantium te, atque extinguere gloriam templi et altaris tui, ut aperiant ora gentium, et laudent idolorum fortitudinem et praedicent carnalem regem in sempiter-*

ce [a]) eodem pacto, ac vix aliter [b]) hebraice: *Bonum est se recipere ad Dominum, quam spem suam in principibus collocare.*

Ps. CXVII. 10. *Omnes gentes circuierunt me.* Ad unguem consentiunt [c]) versio alexandrina et [d]) textus hebraicus, idque unum monendum est quod neminem latet, pronomem *omnes* potestate sumi distributa, deque gentibus iis omnibus adhiberi, quas inter hebraicus populus ab hereditariis sedibus misere extorris versabatur.

Ps. CXVII. 11-12. *Circumdantes circumdederunt me. Circumdederunt me sicut apes, et exarserunt sicut ignis in spinis.* Vix differunt [e]) Alexandrini, sed Symmachus [f]) primum incisum reddit, *circumdederunt me et rursum undique circumdederunt* [1]) *me.* Consentit Hieronymus: *circumdederunt me, et obsederunt me.* Alterum verum incisum penes Hieronymum sic habet: *extinctae sunt* (gentes) *quasi ignis spinarum.* Neque ali-

---

a) Ps. CXVII. 9. Ἀγαθὸν ἐλπίζειν ἐπὶ κύριον, ἢ ἐλπίζειν ἐπ' ἄρχουσι.
b) Ps. CXVIII. 9. : טוֹב לַחֲסוֹת בַּיהֹוָה מִבְּטֹחַ בִּנְדִיבִים
c) Ps. CXVII. 10. Πάντα τὰ ἔθνη ἐκύκλωσάν με.
d) Ps. CXVIII. 10. כָּל־גּוֹיִם סְבָבוּנִי
e) Ps. CXVII. 11-12. Κυκλώσαντες ἐκύκλωσάν με· ἐκύκλωσάν με ὡσεὶ μέλισσαι κηρίον· καὶ ἐξεκαύθησαν ὡς πῦρ ἐν ἀκάνθαις.
f) Symmach. Ἐκύκλωσάν με, καὶ πάλιν περιεκύκλωσάν με.

1) Verissime Anonymus penes Corderium pag. 339. Ὁ διπλασιασμὸς τὴν ἐπίτασιν σημαίνει. Βούλεται γὰρ εἰπεῖν, ὅτι ἄγαν με περιεστοίχισαν. *Geminatio intensionem designat. Vult enim dicere, quod valde me circumdederunt.*

num. *Ne tradas Domine sceptrum tuum his qui non sunt, ne rideant ad ruinam nostram: sed converte consilium eorum super eos, et eum qui in nos coepit furere, disperde.*

Esth. VIII. 11-14. *Quibus* [2]) *imperavit rex, ut convenirent Iudaeos per singulas civitates, et in unum praeciperent congregari ut starent pro animabus suis, et omnes inimicos suos cum coniugibus et liberis et universis domibus interficerent atque delerent, et spolia eorum diriperent.*

ter [a]) penes Aquilam et Symmachum. Lectio textum [b]) haec est: *circumdederunt me, etiam circumdederunt me. Circumdederunt me sicut apes, exstincti* [1]) *sunt* (hostiles populi) *sicut ignis spinarum.*

Ps. CXVII. 10-11-12. *Et in nomine Domini, quia ultus sum* [3]) *in eos.* Quae verba ter repetuntur. Alexandrini ter [c]) habent: *et in nomine Domini ultus sum eos.* Idest, Theodorito [d]) interprete, *ego autem Dei imploratione munitus, illorum aciem profligavi.* Versio autem Symmachi [e]) haec est: *et in nomine Domini confregi eos.* A quibus non admodum discedit hebraicus textus in quo [f])

a) Aq. et Symm. Καὶ ἀπεσβέσθησαν ὡς πῦρ ἀκανθῶν.
b) Ps. CXVIII. 11. סַבּוּנִי גַם־סְבָבוּנִי v. 12. סַבּוּנִי כִדְבֹרִים דֹּעֲכוּ כְּאֵשׁ קוֹצִים
c) Ps. CXVII. 10-11-12. Καὶ τῷ ὀνόματι κυρίου ἠμυνάμην αὐτούς.
d) Comm. in Ps. CXVII. 11. pag. 1430. Ἐγὼ δὲ τῇ τοῦ Θεοῦ ἐπικλήσει φραξάμενος, τὴν ἐκείνων ἐςκέδασα φάλαγγα.
e) Symm. Καὶ τῷ ὀνόματι κυρίου διέθρυψα αὐτούς.
f) Ps. CXVIII. 10-11-12. בְּשֵׁם יְהוָה כִּי אֲמִילַם

1) Censuit Cappellus et Alexandrinos qui habent ἐξεκαύθησαν, et Vulgatum qui reddit *exarserunt*, et Chaldaeum qui interpretatur דָלְקִין *ardent*, in suis codicibus legisse בָּעֲרוּ, permutatione litterarum figura similium, τοῦ ב et כ, item τοῦ ר et ד. Sed Buxtorfius in Anti-Crit. pag. 680. sic illi occurrit: «Videntur illi, quod quibusdam verbis in hac lingua accidit, verbum דָעַךְ in coniugatione hac *Pyhal* contraria significatione accepisse, ita ut quod in *Kal* significat *extinguere*, in *Pihel* et *Pyhal* significet *ardere, comburi.* Praeterea si totam sententiam consideremus sensus eodem redire videtur. Videntur enim voluisse dicere: *exarserunt subito, adeoque extincti sunt, non secus atque spinarum ignis mox exardescit ac deflagrat seu extinguitur.* Lectionem hodiernam sane exprimunt ex veteribus Aquila, Symmachus, Hieronymus, Syrus. Masora autem adiecta sua nota confirmat. « Praeiverat Agellius inquiens: « Hostilem impetum brevi duraturum aptissime duabus rebus comparavit, quae violenter irruunt, sed quarum impetus cito desinit, et vires non iam aliis nocent quam se ipsae consumunt. Apes enim vehementi impetu insiliunt, sed ubi aculeos defixerint, ipsae moriuntur; et ignis si spinas corripuerit, illico per totum crepitatione terribili omnia pervadit, sed sonitus ille et flamma spinis exustis cito conquiescunt, ita ut ne carbo quidem ex incendio relinquatur. *Exarserunt*, ἐξεκαύθησαν, sic LXX. verterunt, quod alii interpretes dixerunt ἀπεσβέσθησαν *extincti sunt.* Haec autem contraria inter se videntur, *exardescere* et *extingui*; nec tamen contraria sunt, sed conveniunt. Significatur enim hebraico verbo illa flammae proxima quaeque corripientis mobilitas, et de spinis ad spinas celer transitus, quum primis ardere cessantibus, sequentibusque ac vicinis ignem ad se rapientibus, currens per omnia flamma celeriter cuncta consumit. » Videsis criticas Houbigantii notas, quibus Cappelli suspicionem tuetur.

2) Indicantur *veredarii*, ii nimirum cursores qui mutatis opportune equis festinant.

3) Sic habet in notis criticis Houbigantius: אֲמִילַם, Hieronymus et graeci interpretes sequuntur scriptionem אֲגַמְלֵם, *retribuam eis*, vel *ulciscar in eos*, quam quidem credimus esse germanam, אֲמִילַם, adulterinam. Certe verbum מוּל *succidere*, nuspiam translate usurpatur, nisi enuntiata illa re ex qua translatio ducitur, ut est *herba* quae succiditur, aut *flos*, aut quid simile. » Profecto confidentius, quum מוּל, et chaldaice מְחַל, sit absolute *praecidit, amputavit, circumcidit*, et in Hiphil, *excidit, delevit*. Ceterum Alexandrini sensu contenti verbum ἠμυνάμην similis significationis adhibuerunt.

Et constituta est per omnes provincias una ultionis dies, idest, tertiadecima mensis duodecimi Adar. Summaque epistolae haec fuit, ut in omnibus terris ac populis, qui regis Assueri subiacebant imperio, notum fieret, paratos esse Iudaeos ad capiendam vindictam de hostibus suis.

IX. 1. *Igitur duodecimi mensis tertiadecima die, quando cunctis Iudaeis interfectio parabatur, et hostes eorum inhiabant sanguini, versa vice Iudaei superiores esse coeperunt, et se de adversariis vindicare.*

IX. 5-22. *Itaque percusserunt Iudaei inimicos suos plaga magna, et occiderunt eos, reddentes eis quod sibi paraverant facere. In ipsis diebus se ulti sunt Iudaei de inimicis suis, et luctus atque tristitia in hilaritatem gaudiumque conversa sunt.*

Esth. X. 9-12. *Clamavit* (Israel) *ad Dominum, et salvum fecit Dominus populum suum. Et recordatus est Dominus populi sui, ac misertus est hereditatis suae.*

XIII. 17. *Converte luctum nostrum in gaudium, ut viventes laudemus nomen tuum Domine, et ne claudas ora te canentium.*

XVI. 18. *Pro quo scelere ante portas huius urbis, idest Susan, et ipse qui machinatus est, et* legimus: *in nomine Domini, quia abscindam eos.* Idest suppleri debet ante particulam כִּי verbum *speravi* ductum ex nomine מִבְטָח commatis proxime antecedentis, adeo ut plenus sensus huc redeat: *in nomine Domine* speravi, *quod exscindam eos.* Favet Chaldaeus, cuius haec est paraphrasis: *in nomine verbi Domini speravi, quod exscinderem eos.* Atque ipse etiam favet Agellius his verbis: « *Confisus nomine Domini* altus sum in eos. His armis muniti et instructi non modo tela hostilia depellimus, verum etiam hostes vincimus et ulciscimur: seu ut significanter est in hebraeo, *sternimus* atque *concidimus*, et exercitus totos tamquam campos spicarum culmis horrentes demetimus. Nam id proprie est אֲמִילֵם. »

Ps. CXVII. 13-14. *Impulsus eversus sum ut caderem, et Dominus suscepit me. Fortitudo mea et* [1]) *laus mea Dominus, et factus est mihi in salutem.* Conveniunt penitus [2]) Alexandrini, sed in hebraica veritate totidem verbis [b]) legimus: *impellendo* [2]) *impulisti me ad cadendum, et Dominus auxiliatus est mihi. Fortitudo mea et* [3]) *cantio Dominus, et fuit mihi saluti.* Egregie [c]) Theodorus mopsuestenus: « Quid est *fortitudo mea et laudatio mea Dominus*? Ipse inquit factus est fortitudo mea et auxilium meum. Quid est *laudatio mea*? Gloria mea, commen-

---

a) Ps. CXVII. 13-14. Ὠσθεὶς ἀνετράπην τοῦ πεσεῖν, καὶ ὁ κύριος ἀντελάβετό μου· ἰσχύς μου, καὶ ὕμνησίς μου ὁ κύριος, καὶ ἐγένετό μοι εἰς σωτηρίαν.

b) Ps. CXVII. 13-14. דָּחֹה דְחִיתַנִי לִנְפֹּל וַיהוָה עֲזָרָנִי: עָזִּי וְזִמְרָת יָהּ וַיְהִי־לִי לִישׁוּעָה:

c) Apud Corderium pag. 352.

1) Monet Dathius in notis, verba haec sumpta esse ex cantico Israelitarum Ex. XV. 2. *robur meum et canticum est Deus.* In quibus hendiadys: *roboris mei canticum.*

2) Vel obtinet numeri enallage, qua hostes etsi plurimi singulari tamen numero significantur; vel, quod satius crediderim, ad hostem omnium acerbissimum sermo convertitur.

3) En quae de Rubeis notat in variis lectionibus: « ופרת *et laus.* Kennic. 153. וזמרת *et laus mea,* ut עז praecedens, ut veteres omnes vertunt. » Scilicet iampridem Kimchius animadverterat, זמרת adhiberi pro זמרתי, iod suffixo ob proxime sequens iod expirante.

omnis cognatio eius pendet in patibulis: non nobis, sed Deo reddente eis quod meruit.

Esth. XI. 7-9. *Ad quorum clamorem cunctae concitatae sunt nationes, ut pugnarent contra gentem iustorum. Conturbataque est gens iustorum timentium mala sua, et praeparata ad mortem.*

XIII. 17. *Exaudi deprecationem meam, et propitius esto sorti et funiculo tuo, et converte luctum nostrum in gaudium.*

XVI. 21. *Hanc diem Deus omnipotens maeroris et luctus, eis vertit in gaudium.*

Esth. XIII. 9. *Domine Domine rex omnipotens, in ditione enim tua cuncta sunt posita, et non est qui possit tuae resistere voluntati, si decreveris salvare Israel.*

X. 9. *Liberavit* (Dominus) *nos ab omnibus malis, et fecit signa magna atque portenta inter gentes.*

Esth. VIII. 15. *Mardochaeus autem de palatio et de conspectu regis egrediens fulgebat vestibus regiis, coronam auream portans in capite, omnisque civitas exultavit atque laetata est.*

IX. 3. *Provinciarum iudices et duces et procuratores, omnisque dignitas quae singulis locis ac*

datio mea, decus meum, meus splendor. Non solum enim liberat a periculis, sed claros etiam facit et illustres. »

Ps. CXVII. 15. *Vox exultationis et salutis in tabernaculis iustorum*. Sunt haec expressa ad ª) alexandrinam versionem, ipsumque hebraicum textum qui sic ᵇ) habet: *vox iubili et salutis in tabernaculis iustorum*. Idest ex commentario anonymi ᶜ) penes Corderium: « Idcirco omnia tabernacula nostra et familiae vocem iucunditatis valent emittere, et cum gaudio ea quae gesta sunt nuntiare. »

Ps. CXVII. 15-16. *Dextera Domini fecit virtutem*. Consonant ᵈ) alexandrini, textusque hebraicus, cuius haec ᵉ) sunt verba: *dextera Domini fecit strenuitatem*. Ut enim Theodorus mopsuestenus ᶠ) ait: « Haec dextera et populum suum confortavit tempore persequutionum, et eadem quum inimicos Domini humiliasset, ipsum populum exaltavit. »

Ps. CXVII. 16. *Dextera Domini exaltavit me*. Iisdem verbis utuntur ᵍ) alexandrini, quae paullo inflexa secus in originali textu ʰ) occurrunt: *Dextera exaltata* atque ⁱ) exserta et prae omnibus hostium viribus potens. Scite ˡ) anonymus corderianus: « Exultan-

---

a) Ps. CXVII. 15. φωνὴ ἀγαλλιάσεως καὶ σωτηρίας ἐν σκηναῖς δικαίων.
b) Ps. CXVIII. 15. קוֹל רִנָּה וִישׁוּעָה בְּאָהֳלֵי צַדִּיקִים
c) Anonym. apud Corderium pag. 340.
d) Ps. CXVII. 15-16. Δεξιὰ κυρίου ἐποίησε δύναμιν.
e) Ps. CXVIII. 15-16. יְמִין יְהוָה עֹשָׂה חָיִל
f) Apud Corderium pag. 354.
g) Ps. CXVII. 16. Δεξιὰ κυρίου ὕψωσέ με.
h) Ps. CXVIII. 16. יְמִין יְהוָה רוֹמֵמָה
i) Apud Corderium pag. 340.

l) Est רוֹמֵמָה adiectivum צֹלְעָה Mich. VI. 6-7. et שׁוֹמֵמָה Thren. I. 13., apteque vertitur *exserta, exaltata*.

operibus praeerat, extollebant Iudaeos timore Mardochaei.

XI. 11. *Humiles exaltati sunt, et devoraverunt inclytos.*

Esth. XIV. 6. *Peccavimus in conspectu tuo, et idcirco tradidisti nos in manus inimicorum nostrorum.*

Esth. VII. 3-4. *Dona mihi animam meam, pro qua rogo, et populum meum, pro quo obsecro. Traditi enim sumus ego et populus meus, ut conteramur, iugulemur et pereamus.*
VIII. 5-10. *Obsecro, ut novis epistolis veteres Aman litterae, insidiatoris et hostis Iudaeorum, quibus eos in cunctis regis provinciis perire praeceperat, corrigantur. Epistolae quae regis nomine mittebantur, annulo ipsius obsignatae sunt, et missae per veredarios, qui per omnes provincias discurrentes, veteres litteras novis nuntiis praevenirent.*
XIII. 18. *Omnis quoque Israel pari mente et obsecratione clamavit ad Dominum, eo quod eis certa mors impenderet.*
XV. 12-13. *Noli metuere, non morieris.*

Esth. IX. 23-28. *Susceperunt Iudaei in solemnem ritum cuncta quae eo tempore facere coeperant, et quae Mardochaeus litteris facienda mandaverat. Isti sunt dies, quos nulla umquam delebit oblivio: et per singulas generationes cunctae in toto orbe provinciae celebrabunt; nec est ulla civitas in qua dies Phurim, idest, sortium non tes autem haec clamabunt, nempe hoc opus esse manus Dei, et nos ab ipso fuisse glorificatos.* »

Ps. CXVII. 18. *Castigans castigavit me Dominus.* Quae sine ulla varietate tam [a]) alexandrini quam [b]) hebraicus textus pariter referunt.

Ps. CXVII. 17-18. *Non moriar sed vivam. Et morti non tradidit me.* A quibus ne hilum quidem dissentiunt [c]) graeca versio et [d]) hebraica veritas. Insignis vero est Theodoriti [e]) commentarius: « Permisit enim ut res tristes me adorirentur, paterne me castigans: molestam vero horum nubem discussit, et a detrimento quod inde manare poterat, me penitus vindicavit. » Quibus ita continetur beneficii summa, ut in Mardochaei facinus prae alio quovis perfectissime quadret.

Ps. CXVII. 17-19-20-21. *Non moriar sed vivam, et narrabo [1]) opera Domini. Aperite mihi [2]) portas iustitiae, ingressus in eas confitebor Domino. Haec porta Domi-*

---

a) Ps. CXVII. 18. Παιδεύων ἐπαίδευσί με ὁ κύριος.
b) Ps. CXVIII. 18. יַסֹּר יִסְּרַנִּי יָּהּ
c) Ps. CXVII. 17-18. Οὐκ ἀποθανοῦμαι, ἀλλὰ ζήσομαι· καὶ τῷ θανάτῳ οὐ παρέδωκέ με.
d) Ps. CXVIII. 17-18. לֹא אָמוּת כִּי־אֶחְיֶה וַאֲסַפֵּר מַעֲשֵׂי יָהּ׃ יַסֹּר יִסְּרַנִּי יָּהּ וְלַמָּוֶת לֹא נְתָנָנִי׃
e) Comm. in ps. CXVII. 18. pag. 1431.

1) Receptae hebraici textus lectiones, versionesque omnes legunt pluraliter מַעֲשֵׂי *opera*. Sed triginta codices kennicottiani, centum et tredecim rossiani, plures antiquae editiones et libri precum habent singulariter מַעֲשֵׂה *opus*.

2) Auctore Dathio, verba hebraica שַׁעֲרֵי־צֶדֶק vertenda non sunt *portae iustitiae*, sed *portae sanctae*, hoc est, quae ad locum sacrum ubi Deus colitur, ducunt. Sic צַדִּיקִים non sunt *iusti* sed *pii* et *religiosi*, uti צֶדֶק de tota religione dicitur.

observentur a Iudaeis et ab eorum progenie, quae his caeremoniis obligata est.

XIII. 17. *Exaudi deprecationem meam, et propitius esto sorti et funiculo tuo: et converte luctum nostrum in gaudium, ut viventes laudemus nomen tuum, Domine.*

Esth. VIII. 2-15. *Tulitque rex annulum, quem ab Aman recipi iusserat, et tradidit Mardochaeo. Mardochaeus autem de palatio et de conspectu regis egrediens fulgebat vestibus regiis, hyacinthinis videlicet et aeriis, coronam auream portans in capite, et amictus serico pallio atque purpureo: omnisque civitas exultavit atque laetata est.*

ni, *iusti intrabunt in eam. Confitebor tibi quoniam exaudisti me, et factus es mihi in salutem.* Consentit a) alexandrina interpretatio, neque dissidet b) hebraicus textus.

Ps. CXVII. 22. *Lapidem* 1) *quem reprobaverunt aedificantes, hic factus est in caput anguli.* Concinunt totidem verbis c) alexandrini, sed Symmachus d) reddit, *hic factus est summus angularis.* Verba textus e) sunt diserta: *lapis quem reprobaverunt* 2) *aedificantes, fuit in caput* 3) *anguli.* Quum autem proprium sit lapidis angularis separata coniungere, hoc *historice* in Mardochaeum cadit, qui Hebraeos gentesque amice conciliavit.

a) Ps. CXVII. 17-19-20-21. Οὐκ ἀποθανοῦμαι, ἀλλὰ ζήσομαι, καὶ διηγήσομαι τὰ ἔργα κυρίου· ἀνοίξατέ μοι πύλας δικαιοσύνης· εἰσελθὼν ἐν αὐταῖς ἐξομολογήσομαι τῷ κυρίῳ· αὕτη ἡ πύλη τοῦ κυρίου, δίκαιοι εἰσελεύσονται ἐν αὐτῇ, ἐξομολογήσομαί σοι, ὅτι ἐπήκουσάς μου, καὶ ἐγένου μοι εἰς σωτηρίαν.

b) Ps. CXVIII. 17-19-20-21. לֹא אָמוּת כִּי־אֶחְיֶה וַאֲסַפֵּר מַעֲשֵׂי יָהּ: פִּתְחוּ־לִי שַׁעֲרֵי־צֶדֶק אָבֹא־בָם אוֹדֶה יָהּ: זֶה־הַשַּׁעַר לַיהוָה צַדִּיקִים יָבֹאוּ בוֹ: אוֹדְךָ כִּי עֲנִיתָנִי וַתְּהִי־לִי לִישׁוּעָה:

c) Ps. CXVII. 22. Λίθον, ὃν ἀπεδοκίμασαν οἱ οἰκοδομοῦντες, οὗτος ἐγενήθη εἰς κεφαλὴν γωνίας.

d) Symm. Οὗτος ἐγενήθη ἀκρογωνιαῖος.

e) Ps. CXVIII. 22. : אֶבֶן מָאֲסוּ הַבּוֹנִים הָיְתָה לְרֹאשׁ פִּנָּה

1) Est anastrophe, et casus pro casu ut Ioh. XIV. 24. *sermonem quem audivistis, non est meus:* ut apud Virgilium, *urbem quam statuo, vestra est:* ut apud Plautum, *Naucratem quem convenire volui, in navi non erat:* et ut apud Terentium, *eunuchum quem dedisti nobis, quas turbas dedit.*

2) « Verba ipsa, *inquit Dathius,* non videntur difficilia, si tropice explicantur de persona a principibus reprobata, deinde vero ad dignitatem eo maiorem evecta. At Michaelis qui secundum literam haec intelligit, miram fingit historiam de lapide in exstructione templi salomonei ab architectis reprobato et tamquam inepto reiecto, qui vero deinceps iussu Dei per prophetam ut lapis angularis sit adhibitus; cuius rei causam ostendere loca novi testamenti, in quibus haec verba de Iesu Messia explicantur. Hunc vero lapidem indicari in his verbis, quem populus pompa solemni circumierit. Quae vereor ut multis probabilia videantur. Knappius quidem haec non probavit, sed baud scio an probabiliora sint quae ipse dedit. Existimat enim verba posse proprie explicari de lapidibus prioris templi destructi, qui ab architectis reprobati essent, sed iussu Dei ut lapides angulares adhibiti; atque hanc subitam mutationem populum in his verbis mirari. At enimvero plerique interpretes consentiunt in allegorica verborum exsplicatione, et variant tantum in determinatione subiecti, de quo agant. »

3) Tum lapis dicitur fieri *caput anguli,* quum totius aedificii commissuram fulcit. Videsis I. E. Fabri archeolog. hebr. pagg. 411-412.

SCRIPTURARUM DE VIRGINE TESTIMONIA 621

Esth. X. 4. *Dixitque Mardochaeus, a Deo facta sunt ista.*

XI. 12. *Quod cum vidisset Mardochaeus, et surrexisset de strato, cogitabat quid Deus facere vellet.*

Esth. VIII. 14-17. *Egressique sunt veredarii celeres nuntia perferentes, et edictum regis pependit in Susan. Apud omnes populos, urbes atque provincias, quocumque regis iussa veniebant, mira exultatio, epulae atque convivia et festus dies: in tantum ut plures alterius gentis sectae eorum religioni et caeremoniis iungerentur. Grandis enim cunctos iudaici nominis terror invaserat.*

XVI. 21-22. *Hanc enim diem, Deus omnipo-*

Ps. CXVII. 23. *A Domino factum est istud, et est mirabile in oculis nostris.* Eodem pacto ᵃ) Aquila et ᵇ) textus, sed nonnihil secus ᶜ) alexandrini.

Ps. CXVII. 24·25·26. *Haec dies quam fecit Dominus, exultemus et laetemur in ea. O Domine salvum me fac, o Domine bene prosperare. Benedictus qui venit* ¹*) in nomine Domini, benediximus vobis* ²*) de domo Domini.* Duo posteriora commata graece ᵈ) sic habent: *o Domine salva* ³*) nunc, o Domine bene prosperare nunc.* Vel, *o Domine, obsecro, salva, quaeso: o Domine prosperare fac, quaeso. Benedictus qui venit in nomine Domini. Benediximus vos de domo Domini.* Haec autem est lectio ᵉ) textus: *hunc diem fecit Dominus, exultemus et laetemur in eo. Quaeso* ⁴*) Domine salvum fac*

---

a) **Ps. CXVII. 23.** Παρὰ κυρίου ἐγένετο τοῦτο.

b) **Ps. CXVIII. 23.** מֵאֵת יְהוָה הָיְתָה זֹּאת הִיא נִפְלָאת בְּעֵינֵינוּ

c) **Ps. CXVII. 23.** Παρὰ κυρίου ἐγένετο αὕτη (ex hebraismo) καὶ ἔστι θαυμαστὴ ἐν ὀφθαλμοῖς ἡμῶν.

d) **Ps. CXVII. 25-26.** Ὦ κύριε σῶσον δή, ὦ κύριε εὐόδωσον δή· εὐλογημένος ὁ ἐρχόμενος ἐν ὀνόματι κυρίου· εὐλογήκαμεν ὑμᾶς ἐξ οἴκου κυρίου.
Α. Σ. Θ. Ε. ὦ δὴ κύριε σῶσον δή, ὦ δὴ κύριε εὐόδωσον δή.

e) **Ps. CXVIII. 24-26.** זֶה־הַיּוֹם עָשָׂה יְהוָה נָגִילָה וְנִשְׂמְחָה בוֹ: אָנָּא יְהוָה הוֹשִׁיעָה
נָּא אָנָּא יְהוָה הַצְלִיחָה נָּא: בָּרוּךְ הַבָּא בְּשֵׁם יְהוָה בֵּרַכְנוּכֶם מִבֵּית יְהוָה:

---

1) Ex usu linguae verbum בּוֹא constructum ut heic cum בְּ, idem valet ac venire cum aliqua re, eaque praeditum et instructum. Sensus igitur erit, *benedictus qui venit nomine*, et auctoritate *Domini* pollens, ut nos servet.

2) Cum *domus Domini* sit inprimis templum, huc verba redeunt: *benediximus vobis e templo* atque e sede divinae maiestatis. Quod si placeat ante מִבֵּית subaudire pronomen אֲשֶׁר, hic sensus prodibit: *nos qui de domo Domini*, idest sacerdotes sumus, *benediximus vobis*.

3) Nobilius ad particulam *nunc* scribit: « Ita et alibi, et initio huius psalmi redditur particula δή, cuius loco nihil apud Latinos ponitur. Habet autem saepe vim quamdam deprecandi, ut apud Latinos *hem; amabo, obsecro*: quod et hoc loco in dictione hebraea agnoscit s. Hieronymus in epistola ad Damasum de *Osianna*: ubi etiam illud δή videtur potius ex aliis interpretibus agnoscere quam ex LXX., quamvis ita coniungat ὦ δή. »

4) Docet Elias Levita in Tisbi, vocabulum הוֹשַׁעְנָא contractum ex duabus vocibus הוֹשִׁיעָה נָּא significare fasciculos salicum torrentis, quos Iudaei in festo tabernaculorum tollunt, ac subinde exclamant הוֹשַׁעְנָא. Suam sententiam probat ex Targum hierosolymitano, in quo Esth. III. 8. legitur, *et faciunt sibi Hosanna*; ac mox, *et circumeunt cum Hosanna*, ubi profecto hac voce nonnisi salicum aliarumve arborum fasciculi exprimuntur. Quare acclamatio Matth. XXI. 9. Ὡσαννὰ τῷ υἱῷ Δαβίδ, hunc fundet sensum *hos salicum ramos praeferimus filio Davidis*. Puto tamen contractam hanc vocem satius reddi *salvum fac*, vel *salutem affer*.

tens, maeroris et luctus eis vertit in gaudium. Unde et vos inter ceteros festos dies hanc habetote diem, et celebrate eam cum omni laetitia.

Esth. VIII. 16. *Iudaeis autem nova lux oriri visa est, gaudium, honor et tripudium.*

XI. 11. *Lux et sol ortus est, et humiles exaltati sunt, et devoraverunt inclytos.*

Esth. IX. 18-19-21-23-27-29-31, X. 31. XVI. 22. *Idcirco eumdem diem constituerunt solemnem epularum atque laetitiae. Scripsit itaque Mardochaeus, ut quartamdecimam et quintamdecimam diem mensis Adar pro festis susciperent, et revertente semper anno solemni celebrarent honore; quia in ipsis diebus se ulti sunt Iudaei de inimicis suis, et luctus atque tristitia in hilaritatem gaudiumque conversa sunt.*

quaeso, quaeso Domine prospera, quaeso benedictus qui venit in nomine Domini, benediximus vos e domo Domini.

Ps. CXVII. 27. *Deus Dominus, et illuxit nobis.* Similiter tam ᵃ) graece quam ᵇ) hebraice, ita ut sensus sit: Deus solus est Dominus, illuxit nobis, atque nos benigne respiciens depulit tenebras, malisque solutos bonis cumulavit.

Ps. CXVII. 28. *Constituite diem solemnem.* Differunt Graeci, si ¹) alexandrinos excipias. Aquila enim ᶜ) habet *ligate festum in pinguibus:* Symmachus ᵈ) vertit, *colligate in celebritate condensa usque ad cornua altaris:* Anonymus ᵉ), *sacrificate sacrificium:* et ᶠ) alter Anonymus, *coronas et ramos alligate templo.* Hieronymus, *frequentate solemnitatem in frondosis, usque ad cornua altaris.* Textus autem videtur ᵍ) apte reddi, *ligate* ²) *festum sacrificium funibus usque ad cornua altaris.*

---

a) Ps. CXVII. 27. Θεὸς κύριος, καὶ ἐπέφανεν ἡμῖν.
b) Ps. CXVIII. 27 : אֵל יְהֹוָה וַיָּאֶר לָנוּ
c) Δήσατε ἑορτὴν ἐν πιμελέσι.
d) Συνδήσατε ἐν πανηγύρει πυκάσματα ἕως τῶν κεράτων τοῦ θυσιαστηρίου.
e) Θύσατε θυσίαν.
f) Στεφανώματα καὶ κλάδους ἀνάψατε τῷ ναῷ.
g) Ps. CXVIII. 27. : אִסְרוּ־חַג בַּעֲבֹתִים עַד־קַרְנוֹת הַמִּזְבֵּחַ

1) Ps. CXVII. 27. Συστήσασθε ἑορτὴν ἐν τοῖς πυκάζουσιν, ἕως τῶν κεράτων τοῦ θυσιαστηρίου. Nobilius: « S. Augustinus et vetus, *constituite diem festum in confrequentationibus,* quasi pro πυκάζουσιν, quod habent collata exemplaria, legerint πυκάσμασιν. Chrysostomus: alius, δήσατε ἑορτὴν ἐν πιμελέσι, *ligate solemnitatem in pinguibus:* alius συνδήσατε ἐν πανηγύρει πυκάσματα, *colligate in celebri conventu densitates:* atque hunc locum iuxta utrumque interpretem diligenter explanat. Scholiastes primam interpretationem tribuit Aquilae, secundam Symmacho, et ad verbum πυκάζουσιν haec adnotat: σκιάζουσιν, καλύπτουσιν, κοσμοῦσιν, *obumbrantibus, tegentibus, ornantibus.* »

2) Coniunctio verbi אָסַר cum nomine עֲבֹתִים, quod *funes* significat, persuadet illud rite accipi notione *ligandi:* nomen autem חַג proprie *festum*, μετωνυμικῶς valet *sacrificium festum.* Praeclare Chaldaeus: כְּפִיתוּ טַלְיָא לְנִכְסַת חַגָּא בְּשַׁלְשְׁלָן עַד דִּי תְקָרְבוּגֵיהּ וְתַדּוּן אַדְמֵיהּ בְּקַרְנוֹת מַדְבְּחָא: *Ligate agnum in sacrificium festi catenis, donec sacrificaveritis eum, et insperseritis sanguinem eius in cornua altaris.*

Esth. XIII. 17. *Exaudi deprecationem meam, ut vivens laudemus nomen tuum, Domine, et ne claudas ora te canentium.*

XIV. 18. *Et numquam laetata sit ancilla tua, ex quo huc translata sum usque in praesentem diem, nisi in te, Domine Deus Abraham.*

Esth. X. 9-12. *Gens autem mea Israel est, quae clamavit ad Dominum, et salvum fecit Dominus populum suum: liberavitque nos ab omnibus malis, et fecit signa magna atque portenta inter gentes. Et recordatus est Dominus populi sui, ac misertus est hereditatis suae.*

Ps. CXVII. 28. *Deus meus es tu, et confitebor tibi, Deus meus es tu, et exaltabo te.* Consentiunt versiones et textus, atque rem acu teligit [a] Hesychius scribens: « Cui porro haec dicit nisi Domino superius declarato? Qui de tribulatione ipsum liberaverat, et inimicos eius humiliaverat: qui lapidem quoque ab aedificantibus reprobatum exaltavit, qui et bene prosperavit et servavit credentes in ipsum. »

Ps. CXVII. 29-30. *Confitebor tibi quoniam exaudisti me, et factus es mihi in salutem. Confitemini Domino quoniam bonus, quoniam in seculum misericordia eius.* E quibus versibus, quos pariter Graeci habent, prior in textu deest, alter iisdem plane verbis effertur.

1055. Quid iamvero ex hac non unius alteriusve, sed partium prorsus omnium comparatione dependet? Nimirum dependet I. nihil psalmo contineri quod ab historia Mardochaei et Estheris atque a facinore servati Israelis abludat. Immo II. quaecumque omnia psalmus complectitur, talia esse quae ad historiam Mardochaei et Estheris, liberatique Israelis omnino exacta videantur. Et quidem III. eo studio exacta, ut eaedem res iisdem vel simillimis certe verbis, phrasibusque significentur. Quae sane sufficere plane debent, sive ut auctor psalmi ad Mardochaei atque Estheris historiam intendisse digitum censeatur, sive ut una eademque tam psalmi quam historiae materies iudicetur. Praesertim quum ex universa Israelitarum historia factum omnino nullum depromi queat, cum quo tum singulae seorsum, tum omnes coniunctim psalmi partes aptius conspirent. Atque hoc plane efficit institutus modo *parallelismus*, idemque efficit ducta *ab exclusione* probatio.

1056. Quotquot enim de psalmi argumento dissertantes, aliud praeter Mardochaei factum ob oculos habuerunt, in *quatuor* potissimum concessisse *opiniones* novimus: aut enim illud [1] ad gesta Davidis referunt: aut [2] de Ezechia a lethali morbo servato interpretantur: aut [3] de aedificato altero templo enarrant: aut [4] de Simone maccabaeo ethnarca et pontifice renuntiato intelligendum esse tuentur. Atqui harum opinionum nulla plane est, de qua non iure merito affirmes, illam sic esse comparatam ut I. non tam cum summa, quam cum uno dumtaxat alterove psalmi commate conveniat: et ut II. ab iis non paucis quae in psalmo excellunt, suaque circumscriptione commendantur, plus minusve dissentiat. Profecto non pauca psalmo insunt quae impediunt, quominus ad Davidem referantur.

[a] Apud Corderium pag. 364.

[1] Cf. Rudingerum ad Ps. CXVIII.
[2] Cf. Doederlein ad Ps. CXVIII.
[3] Cf. Knappium et Dathium ad Ps. CXVIII.
[4] Cf. Venema ad Ps. CXVIII.

« Praeterquam enim quod, *scribit* [1] *Venema, Rosenmüllero* [2] *adprobante*, nomen Davidis tamquam auctoris in fronte *(hymnus)* non gerat, nec ullum praeferat distinguens Davidis κριτήριον, illud quod populus hebraeus in *Israelem, domum Aaronis* et *timentes Jovam* distinctus vv. 2-3-4. apparet, a temporibus Davidis et aliorum qui ipsum sequuti sunt regum, plane alienum est. Neque Davidi congruit, quod v. 10. *omnes* gentes populum et ducem eius invasisse et cinxisse dicuntur. David initio a solis Philistaeis fuit petitus, ipse postea vicinas gentes bellis adortus est. Neque per ea bella Davides ad tantas angustias fuit redactus, quales hic psalmus describit. Denique haud facile intelligitur quo sensu v. 22. Davides *lapis ab aedificatoribus spretus*, et contra omnium expectationem *caput anguli factus* recte dici possit; quum in oculis et animis populi semper fuerit, et a Saulo et aulicis magis ex metu quam contemtu infestatus, lapis haberetur ad eum usum destinatus et aptus. » Rursum non pauca praefert psalmus, quae nequeunt de Ezechia nisi absurde usurpari. Eiusmodi autem, monente [3] Dathio, prae ceteris est quod v. 22. edicitur. Ad haec iis constat psalmus, quae ad extructum alterum templum nullatenus spectant. « In ea namque tempora, *scribit* [4] *Rosenmüllerus* non quadrat, quod in hoc carmine princeps celebratur, qui quum prius a sui populi proceribus contemtui habitus fuisset nunc ad summam evectus dignitatem sistitur. » Tandem ne subiectum psalmo argumentum Simon maccabaeus putetur, omissa recentiori eiusdem aetate, prorsus exigunt cum ex iis nonnulla quorum meminimus, tum ipsa ratio facinoris, quod celebratur. Inclaruit quidem Simon, sed inclaruit armis, profligatis exercitibus, devictis hostibus, relatisque triumphis. Nihil autem horum ad factum pertinet quod psalmo extollitur, quodque inchoatum precibus, nonnisi singulari Dei tutela contra principum et aulicorum fraudes expletum fuit ac perfectum. Quapropter haec mihi animo succurrit illatio ad fidem faciendam, ut quidem arbitror validissima. *Non alia psalmi CXVII. censeri materies debet, nisi quam indicia tum negantia tum affirmantia unice demonstrant. Sed utrumque indiciorum genus ita se habet, ut nonnisi in factum liberati Israelis per Estherem et Mardochaeum apte conveniat. Materies igitur psalmi CXVII. ad factum liberati Israelis per Estherem et Mardochaeum referenda est.*

ARTICULUS II.

Psalmus CXVII. typicus est: praesignata eo fuit liberatio humani generis per incarnatum Patris Unigenitum: delectus vero Mardochaeus quo tamquam typo Christus redemptor adumbraretur.

1057. Unius Dei est res, eventus ac personas ita regere atque moderari, ut illis non modo significatio insit *immediata* et *historica*, verum etiam *spiritalis* et *mediata*, qua futura innuantur, et ad nobiliorem spectantia oeconomiam in antecessum adumbrentur. Quaeri igitur potest, an consilium Dei fuerit statumque decretum, ut materies, eventus personae psalmi CXVII. praeter significationem immediatam atque historicam, aliam quoque spiritalem mediatamque exhiberent. Huic autem quaestioni occurrendum sic est, *ut* I. *universim affirmetur, psalmus CXVII. ex Dei providentia atque consilio haberi typi-*

---

[1] Comm. in Psalmos vol. VI. pag. 130.
[2] Schol. in ps. CXVIII. pag. 1702.
[3] L. c.
[4] L. c.

cum oportere: tum vero II. *specialim affirmetur, tam Mardochaei personam, quam Israelis liberationem ab Amani odio statutaque internecione umbras fuisse ac typos, quibus Christus salvator et parta per eum a satana et a morte nostri generis redemptio praemonstrarentur.*

1058. Et de primo quidem capite perspicua sunt Iudaeorum, Christianorum, ipsarumque Scripturarum suffragia. Ut enim ab Iudaeis ordiar, illorum mentem sententiamque aperit Hieronymus, quum aliis quae de voce *Osanna* dixerat [1]), subiicit: « Sed quoniam haec [2]) minutiae et istiusmodi disputationis arcanum, propter barbariem linguae pariter ac literarum legenti molestiam tribuunt, ad explanandi compendium venio ut dicam de centesimo decimo septimo psalmo, qui *manifeste* de Christo prophetat, *et in synagogis Iudaeorum creberrime legebatur, unde et populis notior erat*, hos versus [3]) esse assumtos: quod ille qui repromittebatur de genere David, venerit salvaturus Israel, dicente [4]) David, *lapidem quem reprobaverunt aedificantes, hic factus est in caput anguli. A Domino* [5]) *factum est. Hic est mirabilis in oculis nostris. Haec est dies quam fecit Dominus, exultemus et laetemur in ea. O Domine salvum me fac, o Domine bene prosperare; benedictus qui venit in nomine Domine. Benediximus vobis de domo Domini, Deus Dominus, et illuxit nobis.* Unde et Evangelistarum [6]) scriptura commemorat, phariseos et scribas hac indignatione commotos, quod viderent populum *psalmi prophetiam* super Christo intelligere completam, et clamantes parvulos *osianna filio David*, dixisse ei: *audis quid isti loquuntur?* Et Iesum respondisse eis, numquam [7]) legistis, *quia ex ore infantium et lactentium perfecisti laudem?* Centesimum decimum septimum psalmum octavi psalmi assertione firmantem. » Accedit [8]) Kimchius, qui non modo hanc ipsa sententiam rabbinis omnino plurimis sive priscis sive recentioribus tribuit; sed illam insuper omnino praeferandam tuetur.

1059. Quod vero ad christianos spectat, difficile quidem non est ex iis aliquot [9]) reperire, qui psalmum *nonnisi* ad Christum retulerint; sed neminem prorsus adsignare li-

---

[1]) Epist. XX. ad Damasum n. 4. pagg. 65-66. opp. Tom. 1.

[2]) Quas dicit minutias, proponit Hieronymus n. 3. pagg. 64-65. scribens: « In centesimo decimo septimo psalmo, ubi nos legimus, *o Domine salvum me fac, o Domine bene prosperare: benedictus qui venit in nomine Domini*, in hebraeo legitur, *anna Adonai, osianna, anna Adonai aslianna; baruch abba basem Adonai.* Quod Aquila, Symmachus, Theodotio et quinta editio, ne quid in Latino mutare videamur, ita exprimunt: ὦ δὴ κύριε σῶσον δή, ὦ δὴ κύριε εὐόδωσον δή, εὐλογημένος ὁ ἐρχόμενος ἐν ὀνόματι κυρίου. Sola sexta editio cum interpretibus septuaginta ita congruit, ut ubi ceteri posuerunt ὦ δή, illi scripserint ὦ. Et quia *osianna*, quod nos corrupte propter ignorantiam dicimus *osanna, salvifica* sive *salvum fac*, exprimatur, omnium interpretatione signatum est. Sciendumque quod in hoc loco ter dicatur *anna;* et primum quidem ac secundum iisdem literis scribitur, *aleph, nun, he*, tertium vero *he, nun, he*. Symmachus igitur qui in centesimo decimo septimo psalmo cum omnium interpretatione consenserat, ut nobis manifestiorem tribueret intellectum, in centesimo decimo quarto psalmo, ubi dicitur: *o Domine libera animam meam*, ita interpretatus est: *obsecro, Domine, libera animam meam.* Ubi autem Septuaginta, ὦ, et ille, *obsecro*, transtulerunt, Aquila et ceteris editionibus ὦ δή interpretantibus, in Hebraeo scribitur *anna*: verum ita ut in principio habeat *aleph* non *he*. Ex quo animadvertimus, si ex *aleph* scribatur *anna*, significari *obsecro*, sin autem ex *he*, esse coniunctionem sive interiectionem, quae apud Graecos ponitur δή, et est in σῶσον δή, cuius interpretationem latinus sermo non exprimit. »

[3]) Ps. CXVII. 25.

[4]) Ps. CXVII. 22. seqq.

[5]) Victorius, *factus est hic, et est mirabilis.* Ita quoque habent prisca quaedam psalteria mss., et Cyprianus lib. II. testimoniorum. Augustinus vero, *factus est ei*

[6]) Matth. XXI. coll. Luc. XIX., Ioh. XII.

[7]) Ps. VIII. 3.

[8]) In Ps. CXVIII.

[9]) Cuiusmodi sunt Valentia et Caietanus quos Lorinus memorat, et quibus addendus est Berthierius.

cet, qui spiritualem mediatamque significationem non eidem subiiciendam esse existimarit. Hanc enim illi subiiciendam existimarunt quotquot [1]) ex veteribus enarrandos psalmos suscepere, Origenes, Eusebius, Chrysostomus, Theodorus mopsuestenus, Hesychius, Theodoritus, Didimus, Heracleota, Augustinus, Cassiodorius, Beda, aliique sexcenti. Hanc illi subiiciendam existimavit Athanasius in epistola ad Marcellinum, ubi psalmos in classes tribuens [a]) ait: « De adventu Salvatoris, et quod Deus quum sit, venturus sit: ita in psalmo quidem quadragesimo nono dicit, *Deus manifeste veniet, Deus noster, et non silebit:* in centesimo decimo septimo, *benedictus qui venit in nomine Domini. Benediximus vobis de domo Domini, Deus Dominus, et illuxit nobis.* » Hanc illi subiiciendam existimavit Eusebius, qui [b]) in psalmorum hypothesibus de psalmo CXVII. scribit: « Victoria eorum qui in Christo decertant, et prophetia de Christo. » Et ne sim nimius, hanc illi subiiciendam existimavit Hieronymus tum commentariis [2]) in Isaiam, in Amos [3]), in Zachariam [4]), et [5]) in epistolam ad Ephesios, tum [6]) commentariis in Matthaeum, ubi enarrans [7]) verba Salvatoris, *dico enim vobis, non me videbitis amodo, donec dicatis, benedictus qui venit in nomine Domini,* sic habet: « Ad Ierusalem loquitur et ad populum Iudaeorum. Versiculum autem istum, quo et parvuli atque lactentes in ingressu Ierusalem Domini Salvatoris usi sunt quando dixerunt, *benedictus qui venit in nomine Domini osanna in excelsis* sumpsit de centesimo decimo septimo psalmo, qui *manifeste* de adventu Domini scriptus est. »

1060. Quod indubium nobis erit, si mentem adverterimus ad luculenta prorsus oracula, quae [8]) in Evangeliis occurrunt, quae [9]) in Actis habentur, quaeque [10]) in apostolicis litteris frequentantur. Ex hisce namque omnibus perspicue assequimur, verba ex psalmo CXVII. semel ac rursum ita allegari, ut eisdem contenta spiritalis mediataque significandi potestas [11]) declaretur. Iure ergo quam qui optimo scribere potuit [12]) Michaelis: « Christi tempore hunc psalmum de Messia agere, etiam pueris [13]) notum fuit: nec Christo hunc psalmum de Messia [14]) alleganti quisquam acerrimorum hostium eius, etiam legis perito-

---

a) Epist. ad Marcellin. §. V. pag. LXIII.

b) Νίκη τῶν ἐν Χριστῷ ἀγωνιζομένων, καὶ προφητεία Χριστοῦ.

1) Ex hisce multos habes apud Corderium in exposit. pp. graec. in Ps. CXVII. pagg. 342. seqq.
2) Comm. in Is. lib. IX. cap. XXVIII. p. 381. et lib. XV. cap. LIV. pag. 636. opp. T. IV.
3) Comm. in Amos lib. III. cap. VI. pag. 313. opp. Tom. VI.
4) Comm. in Zach. lib. I. cap. III. pag. 805. et lib. III. cap. XIV. pag. 924. opp. T. VI.
5) Comm. in epist. ad Ephes. lib. I. cap. II. p. 585. opp. T. VII.
6) Comm. in Matth. lib. IV. cap. XXIV. pag. 192. opp. Tom. VII.
7) Matth. XXIV. 39.
8) Matth. XXI. 9-42. coll. Marc. XII. 10, Luc. XX. 17.
9) Actt. IV. 11-12. ubi Petrus in solemni concione ita de Iesu loquitur: *hic Iesus nazarenus est lapis ille* (ὁ λίθος) de quo vaticinatus est psalmographus, lapis ille a vobis pontificibus et legis peritis quorum munus erat spiritalem Dei domum aedificare, *reprobatus,* contemtus ac reiectus, *qui idem factus est* (ὁ γενόμενος) *in caput anguli* (εἰς κεφαλὴν γωνίας), praecipuo et honestissimo in loco constitutus, ut divisa copulet, totumque aedificium contineat: *et non est in alio aliquo salus* illa (ἡ σωτηρία) a qua Iesus Christus vocatur ὁ σωτὴρ *salvator.* Quisquis igitur huic lapidi non incumbit, is neque ad aedificium neque ad salutem pertinet.
10) Ephes. II. 20. coll. I. Petr. II. 7.
11) Vide Calovium, qui in Ps. CXVIII. tergiversantem Grotium insectatur.
12) In Ps. CXVIII. 1. pag. 885.
13) Matth. XXI. 15.
14) Matth. XXI. 42. coll. Marc. XII. 10, Luc. XX. 17.

rum, contradicere ausus est: nec [1]) adversus acrem Apostoli elenchum de lapide ab architectis repudiato, vel verbulo quis excepit, haec ad Messiam non pertinere. »

1061. Priori parte breviter expedita, ad alteram progredior, illudque continenter moneo, Mardochaeum esse qui *historice* atque *immediate* significatur [2]) verbis, *lapidem quem reprobaverunt aedificantes, hic factus est in caput anguli*. Sed iisdem verbis citra omnem controversiam praemonstratus *typice* fuit Christus, *lapis* [3]) *angularis,* quique fecit utraque unum. Mardochaeus igitur Christi typis accenseri, eiusque connumerari adumbrationibus debet. Sed quaenam spectanda in Mardochaeo sunt *tamquam typica*, et ad Christum praesignandum divinitus ordinata? A veritate nullatenus aberrabimus, si haec non aliunde quam *ex imagine* qua considerandus Mardochaeus sistitur, derivemus. Imago autem est hinc quidem herois ab hominibus reiecti, nec utcumque, sed ad mortem usque crucis reiecti; inde vero herois a Deo excitati, sublimissimo in loco positi, et ad communem salutem conciliandam selecti. Mardochaeus [4]) igitur imago fuit atque typus Christi, quem quum homines eo usque despexerint ut dignum habuerint qui cruci affigeretur, Deus vicissim ita exaltavit ut nomen ipsi dederit quod est super omne nomen, angularem lapidem effecerit, atque vindicem assertoremque perditi hominum generis constituerit. His vero utraque comprehenditur Christi oeconomia, tam illa quae *exinanitionis*, tam altera quae *glorificationis* nuncupatur. Placuit igitur divinae sapientiae, ut Mardochaeus utriusque oeconomiae typum insigniter praeseferret.

1062. Atque haec nobis iter complanant, ut *habitum* inter Christum et Mardochaeum, inter antitypum atquem typum articulatius enarremus. Itaque vix quidquam de Mardochaeo eiusque egregio facinore sacris litteris consignatum legimus, cui similia et pro ratione et dignitate antitypi sublimiora de Christo eiusque oeconomia in iisdem non referantur. Enimvero I. sicuti Mardochaeo respondet Christus, ita Amani et optimatum odio in Mardochaeum respondent tum odium quo [5]) satanas et potestas tenebrarum in Christum saeviit,

---

1) Actt. IV. 11-14.
2) Ps. CXVII. 22.
3) Ephes. II. 20.
4) Iuverit aliquot Ruperti testimoniis hoc ipsum confirmasse. Itaque de victoria Verbi Dei lib. VIII. cap. XXI. pag. 95. ait: « Manifeste et miro modo *(Aman)* gessit diaboli figuram, e contra Christi Mardochaeus typum gessit. Sicut enim Aman in cruce fixus est quam Mardochaeo paraverat, et Mardochaeus super equum regium ascendit, quem honorem sibi Aman a rege parari putaverat; ita diabolus in cruce damnatus et triumphavit *(sic)*, quam Christo parari fecit, et Christus vivens sedet ad dexteram Patris, cuius similitudinem diabolus sibi arrogare praesumpsit. » Et cap. XXIV. pag. 96.: « Sicut in ligno crucis non Verbum Dei, Verbum Deus interiit, sed diabolus cuius similitudinem gessit Aman, iudicium damnationis accepit, et hoc extra portam civitatis, ne vel a mysterio vacet quod ante portas huius urbis, idest Susis, et Aman et omnis cognatio eius pendet in patibulis. » Tandem cap. XXV. pag. 96. subdit: « Sed et illud ad mysticam similitudinem nonnihil attinet, quod suspenso Aman in patibulo, die illo, ait Scriptura, dedit rex Assuerus Esther reginae domum Aman adversarii Iudaeorum. Utique dando Esther, dedit Mardochaeo. Nam subinde sic scriptum est: Esther autem constituit Mardochaeum super domum suam. Quantum ergo pulchritudinis in hoc facto est, si illud recolas quod in evangelio Veritas ait, significans diabolum de domo sua fore eiiciendum. Cum, inquit, fortis armatus custodit atrium suum, in pace sunt omnia quae possidet, si autem fortior illo superveniens vicerit eum, universa arma eius auferet in quibus confidebat, et spolia eius distribuit. Sic futurum erat, et sic factum est, quia diabolus tamquam fortis armatus in genere humano potestatem habens, per peccatum sic obtinebat mundum tamquam domum suam sive atrium suum; sed Verbum incarnatum fortiore manu superveniens vicit illum, et atrium illius fecit suum. Pulcre igitur cum Esther Mardochaeus evadens patibulum, vivus suspensi Aman domum possedit: quia sic futurum erat ut Christus Verbum Dei, cuius origo carnis per Esther et Mardochaeum defensa est, in cruce damnato principe mortis, ipse cum ecclesia sua principatum teneret. »
5) De Amano qui satanae et diaboli similitudinem gesserit, speciemque retulerit, agit uberrime Rupertus tui-

tum odium quo Iudaeorum primores in Christum debacchati sunt. Sicuti II. Mardochaeo cruci addicto respondet Christus, adversus quem conclamatum fuit, tolle tolle eum, dignus est morte, crucificatur; sic Hebraeis tyrannide Amani oppressis atque interneccione delendis respondet hominum genus captivitati satanae obnoxium, et imperio mortis eiusque vinculis constrictum. Sicuti III. supremae Mardochaei exaltationi respondet suprema Christi gloria; ita Mardochaei triumpho quo Amanum superavit ac subvertit, respondet Christi de satana victoria, qua antiquum serpentem contrivit atque huius mundi principem foras eiecit. Sicut IV. litteris in ultimam iudaicae gentis perniciem scriptis chirographum respondet, quod fuerat in nos omnes exaratum; ita illarum per Mardochaeum abrogationi sententia respondet, qua exaratum contra nos chirographum deletum per Christum fuit, eiusque cruci affixum. Et sicuti V. liberatis per Mardochaeum Hebraeis respondet nostri generis redemptio per Christum; ita laetitiae festoque Hebraeorum gaudio pax respondet, quam Christus humanae naturae comparavit.

1063. Quae expolitio mutui habitus inter Mardochaeum typum et Christum antitypum eo facienda est pluris, quo singula quaeque in Scripturis confirmata, oculisque denuo subiecta reperimus. Sane eo fatidico somnio, quo Deus futura [1]) Mardochaeo reservavit, quid is tandem vidit? Vidit [2]) duos dracones magnos iram spirantes, et contra se ad bellandum instructos: vidit [3]) angustias timoresque iustorum, quibus dira mors impendebat: et vidit [4]) omnia primum offusa tenebris, ac mox sereno lucis candore radiantia. At quid horum est, quod de Christo eiusque oeconomia in divinis litteris non repraesentetur? Repraesentatur [5]) Christi praelium cum dracone, quem ille profligatum devicit: repraesentatur [6]) excitata draconis ira et astu contra iustos persequutio: et quaemadmodum omnia ante Christi oeconomiam repraesentantur obvoluta tenebris atque in umbra mortis iacentia; ita eadem [7]) per Christi oeconomiam depinguntur nitere luce, radiorumque splendoribus micare. Hinc nil mirum si ecclesia [8]) numine Spiritus gubernata ad triumphum Christi de satana, de peccato, deque morte referat [9]) verba, *haec dies quam fecit Dominus, exultemus*

---

tiensis de victoria Verbi Dei lib. VIII. capp. II. seqq. pagg. 88. seqq., et post Rupertum Fevardentius comm. in Esther pagg. 519-520.

[1]) Esth. X. 4. seqq. coll. XI. 5. seqq.

[2]) Esth. X. 7. coll. XI. 6. « Nec mirum, *inquit Rupertus op. cit. lib. VIII. cap. II. pag.* 88., quod homo simplex et rectus *(Mardochaeus)* propter falsam opinionem per draconem malitiosum atque tortuosum in somnio est designatus; cum ipse simplicium rex et rectorum Dominus Christus per serpentem aeneum fuerit praefiguratus, dicente Domino ad Moysem: fac serpentem aeneum, et pone eum pro signo; qui percussus aspexerit eum, vivet. Nempe sicut ille serpens aeneus fuit absque veneno, sic Christus cum accusaretur magus, erat absque peccato. Similiter Mardochaeus propter accusationem Aman per somnium visus est draco, sed secundum rei veritatem homo erat cultor Dei, malitiam non habens draconis antiqui, qui saeviebat in illo Aman superbissimo. »

[3]) Esth. XI. 9.

[4]) Esth. X. 6. coll. XI. 8-11.

[5]) Apoc. XII. 3. seqq.

[6]) Apoc. XII. 17.

[7]) Rom. XIII. 12. coll. II. Cor. IV. 4. seqq. et I. Thess. V. 5-7. Huc autem egregie faciunt verba Zachariae canentis Luc. I. 78-79. *per viscera misericordiae*, eximiamque pietatem *Dei nostri, in quibus visitavit nos nosque benigne habuit, Oriens ex alto illuminare iis qui in tenebris et umbra mortis sedent, ad dirigendos* illuminatione oblata *pedes nostros in viam pacis*. Ubi Christus metonymice audit ἀνατολὴ ἐξ ὕψους, *Oriens ex alto*, imagine iis simillima quibus Num. XXIV. 17., Is. IX. 1., XLII. 6., XLIX. 6., LX. 1., Malach. IV. 2. appellatur כּוֹכָב מִיַעֲקֹב *stella ex Iacob*, שֶׁמֶשׁ צְדָקָה *sol iustitiae*, אוֹר גּוֹיִם *lux gentium* et אוֹר גָּדוֹל *lux magna*. Videsis Danielis Heinsii exercitt. sacr. ad N. T. lib. III., cap. I.

[8]) Cf. quae recitantur dominica die Christi resurrectioni dicata.

[9]) Ps. CXVII. 24.

et laetemur in ea, quae immediate atque historice ad victoriam pertinent Mardochaei de Amano, deque lege mortis in Hebraeos omnes constituta.

1064. Sed nolo finem antea facere, manumque, ut aiunt, e tabula dimovere quam simul contulerim quae de oeconomia redemptionis per Christum Paulus tradit, quaeque in libro Estheris memorantur. Paulus itaque postquam [a]) dixit *omnia* nobis *delicta per Christum donata* atque condonata; misericors eiusdem opus declarare pergit [b]) his verbis: *delens quod adversus nos* [1]) omnes *erat chirographum* tum propria manu a nobis veluti obsignatum, cum progenitoribus peccantibus nos quoque peccavimus, atque in sententiam [2]) incidimus, *quocumque die comederis ex eo, morte morieris*. Delens autem illud [3]) *decretis*, atque proposito evangelio pacis quo [4]) qui eramus longe, facti sumus prope. *Quod* chirographum *erat* [5]) *contrarium nobis*, nosque irae filios, poenaeque mancipia comprobabat. Repetit idipsum nova imagine Paulus, deque obliterata syngrapha, rescissoque infenso nobis chirographo subdit, *et ipsum tulit de medio*, atque ita abolevit [6]) ut non amplius compareret. Id autem praestitit *affigens illud cruci;* morte namque sua in cruce exhausta nos a debito solvit, et antiquatam debiti syngrapham ipsimet cruci affixit. Neque id satis, verum *et* suo sanguine *expolians* atque exarmans *principatus et potestates et* [7]) quidquid satanae atque angelis eius famulabatur, *traduxit confidenter*, atque [8]) palam totoque mundo inspectante dedecori publico exposuit, *triumphans* [9]) *illos* atque de illis triumphum agens *in ipsa* [10]) cruce. Vicit enim Christus non pugnando sed patiendo, quod genus est victoriae plane divinum.

1065. Expendit ista Chrysostomus, atque stupore veluti percitus [c]) exclamavit: *nusquam loquutus est tam magnifice*. Sed unde Paulus colores accepit, quibus munera partae per Christum redemptionis tanto splendore tantaque magnificentia exhiberet? Illos profecto non hausit ex vulgatis rethorum fontibus, sed more suo ex gestis sumpsit veteris te-

---

a) Coloss. II. 13 coll. Ephes. IV. 32.
b) Coloss. II. 14-16.
c) In epist. ad Coloss. hom. VI. num. 2. pag. 638.

1) Series enim orationis postulat, ut verba latissime deque hominibus prorsus omnibus accipiantur.

2) Opportune Chrysostomus in epist. ad Coloss. hom. VI. n. 3. pag. 368: Ποῖον χειρόγραφον; ὅτι κατεῖχεν ὁ διάβολος τὸ χειρόγραφον, ὃ ἐποίησε πρὸς τὸν Ἀδὰμ ὁ Θεὸς εἰπών· ᾗ ἂν ἡμέρᾳ φάγῃς ἀπὸ τοῦ ξύλου, ἀποθανῇ. *Quodnam chirographum? Quod tenebat diabolus, chirographum quod Deus fecit Adamo* (Gen. II. 17.) *dicens: quo die e ligno comederis, morieris.*

3) Nihil dicam de varietate lectionum, de qua praeter alios prolixe agunt Sabatierius et Griesbachius; illudque satius monebo, τοῖς δόγμασι significari medium instrumentumque, quo Christus nostrae damnationis chirographum obliteratum declaravit.

4) Ephes. II. 13.

5) Duplicem potissimum notionem penes Alexandrinos refert vox ὑπεναντίος, aut enim significat אֹיֵב *inimicum, hostem*, ut Gen. XXII. 17., Ex. XV. 6., XXIII. 27., Iob. XIII. 24., XXXIII. 10., II. Paral. XX. 29., XXVI. 13., aut exprimit צַר *quemcumque ad versarium*, ut Ios. V. 13., Is. XXVI. 11, LXIII. 18.

6) Elegantioribus quoque Graecis, ἐκ μέσου ἀνελεῖν, *de medio tollere*, idem valet ac *auferre ne compareat*.

7) Cum Paulus nominat τὰς ἀρχὰς καὶ τὰς ἐξουσίας, *principatus et potestates*, omnino intelligit diabolum eiusque asseclas, qui a Christo victi perhibentur I. Cor. XV. 25-35, Hebr. II. 14., Ioh. XVI. 11-33. etc.

8) Sicuti ἐν παρρησίᾳ apte redditur *confidentes*, ita nihil impedit quominus vertatur Ioh. VII. 4., XI. 54 *palam*. Iamvero δειγματίζειν, sive δεῖγμα ἀντιθέναι τινα, idem est ac *publice ostendere, publicaque ignominia afficere*, qua devicti hostes a triumphatoribus notabantur.

9) Quum praemiserit apostolus τὰς ἀρχὰς καὶ τὰς ἐξουσίας, subdat vero αὐτούς, manifesta est generis permutatio, quae debetur constructioni πρὸς τὸ σημαινόμενον.

10) Taceo et heic de varietate lectionis, et siquidem legatur ἐν αὐτῷ, supplendum est σταυρῷ: sin vero praeferatur ἐν αὑτῷ, supplendum erit Χριστῷ.

stamenti, atque ex iis nominatim [1] quae Estheris libro continentur. Sponte namque sua in oculos incurrit, quae hoc libro [2] narrantur sive I. de rescisso chirographo, quo Hebraei omnes morti addicebantur: sive II. de nunciis, qui Hebraeorum incolumitatem in universa Persarum ditione promulgarent: sive III. de Amano in crucem elato, deque chirographo condemnationis eidem cruci affixo: sive IV. de publico dedecore, quo Amanus et cum ipso conspirantes aulae principes affecti fuerunt solemniterque mulctati: sive V. de triumpho Mardochaei, quo Amanum et aulae principes exspoliavit, funditusque subvertit: sive demum VI. de Hebraeorum faustitate ac laetitia; colores Paulo praebuisse, quibus [3] imaginem redempti per Christum humani generis excitaret. Quapropter videmur nobis rite ex hisce omnibus inferendo colligere: I. dubitari minime posse de caractere typico, qui psalmo CXVII. insit: II. exploratum esse habitum typi et antitypi, quo Mardochaeus et Christus ad invicem referuntur: ac III. Mardochaei historiam talem esse, quae insignem praeferat salutaris oeconomiae adumbrationem.

ARTICULUS III.

De Esthere Virginis typo: quae hunc habitum typi et antitypi inter Estherem atque Virginem persuadeant: quae coniuncta cum illo sint: et nominatim de praerogativa, qua Virgo immunis fuit ab universali lege peccati et mortis.

1066. Historia liberatae per Mardochaeum Hebraeorum gentis imago fuit ac typus liberationis multo nobilioris, qua Christus unigenitus Patris filius humanam naturam a regno peccati, satanae atque mortis benignissime exemit. Hinc sibi concinne respondent typi et antitypi, imago et veritas, Aman et serpens, Mardochaeus et Christus, illius facinus atque huius pientissima oeconomia. At vero in Mardochaei historia praeter ipsum et Amanum, *alia eaque tertia* occurrit *persona*, neque occurrit modo, sed exstat, eminet atque ita praecellit, ut historia nonnisi ex ipsa titulum nomenque derivarit. Haec autem est *Esther*, de qua proinde non iniuria quaeritur, *an ipsa vacet, otietur, nullasque typi ac figurae partes expleat*. Sed nemo facile hoc credat, aut sibi in animum utcumque inducat.

1067. Profecto siqua historia *rationem typi* complectatur, dissonum prorsus est, dotem praestantiamque typi iis deferre quae minora sunt, maioribus contra potioribusque denega-

---

[1] Praeclare Rupertus de vict. Verbi Dei lib. VIII. cap. III. pag. 89.: « Et quoniam de similitudine mentio iam incidit, qua sancti homines quibusdam modis meritis diversis assimilari meruerunt Filio Dei, quemadmodum dicit, *et in manu servorum meorum prophetarum assimilatus sum:* libet continuo proloqui summam similitudinis, qua in manu huius quoque Mardochaei dignatus est assimilari, sicut in somnio praesignatum fuerat. Duo dracones inter se pugnaverunt, idest, Mardochaeus et Aman invicem consurrexerunt. Paravit Aman patibulum Mardochaeo, et Mardochaeo feliciter evadente, Aman in ipso quod paraverat appensus est patibulo. Nimirum sic futurum erat, ut Verbum incarnatum, Deus homo factus, rex omnium seculorum, Iesus Christus adversus mundi huius principem procederet et cum illo congrederetur. Et sic factum est, ut per suos satellites draco ille diabolus crucem illi parari faceret; sed non ille in ipso patibulo transfixus est, triumphante Verbo quod impassibilis Deus est, et resumpta carne in immortalitatem quae ad breve tempus passa est mortem, ipsum homicidam Deus vivens in suo ipsius machinamento straugulavit. *Delens*, inquit apostolus, *quod adversus nos erat chirographum decreti, quod erat contrarium nobis, et ipsum tulit de medio, affigens illud cruci, expolians principatus et potestates traduxit confidenter, palam triumphans illos in semetipso.* »

[2] Esth. VI. seqq.

[3] Ita enim sunt lineamenta similia, ut pronum sit typum atque archetypum deprehendere.

re. Verum quis in typica Mardochaei historia Esthere maior, quis potior, aut quis qui maiora ac splendidiora obierit? Ipsa namque fuit Esther, per quam [1]) quidquid Mardochaeus obtinuit, effectum est: ipsa fuit Esther, quae [2]) ad reginae culmen propterea ascendit, ut universo Hebraeorum populo de vita gravissime periclitanti sua ope suaque mediatione prospiceret: ipsa fuit Esther, quae quum sola [3]) sine discrimine adire regem potuerit, illum lenivit, cunctoque populo benevolum reddidit: et ipsa fuit Esther, quae sola [4]) ab rege impetravit ut Amani furor in irritum cederet, decretaque adversus Hebraeos pernicies in decreti instigatorem converteretur. Agerent ergo praepostere, et secus ac natura rerum flagitet loquerentur, qui exutam ornamento ac dignitate typi [5]) Estherem contenderent. Praesertim quum hac dignitate neque verius neque commodius ipsa exuatur, ac repraesentatione incolumi, e tabula Sanctii Christum transfiguratum referente, ipsemet Christus expungi queat. Sane universum liberati Israelis facinus tam intime cum Esthere consertum est ac devinctum, ut ex ea maxime pendeat, ad eam inprimis spectet, et sine ea ne cogitari quidem animo possit. Ipsa namque est quae [6]) ad illud edendum praeparata caelitus dicitur: ipsa est [7]) quae idcirco tot aucta donis, tot gratiae venustatisque locupletata muneribus, et ad tantum evecta fastigium perhibetur: et ipsa est quae [8]) illud incepit, certis veluti gradibus promovit, et ad apicem usque perduxit. Aut igitur historia Israelis ab universali internecione liberati e typorum albo expungenda est, aut nemini potius quam Estheri dignitas ac typi ratio vindicari debet.

1068. Eo vel magis quod ubi primum Deo placuit eximium hoc facinus compendio adumbrare, non modo non praetermittatur Esther, sed sedes illi princeps ac plane nobilissima tribuatur. Adumbratum namque compendio fuit eo somnio quod Mardochaeus vidit, et quo extitura suae gentis fata praesensit. In eo autem somnio [9]) non secus apparet Esther ac uti centrum, ad quod lineae omnes confluunt, omnesque radii convergunt. Fieri ergo non potest, ut ipsa typi charactere destituta videatur. Eoque fieri minus potest, quo notae ac typi tesserae luculentius in ipsa deprehenduntur. Me namque fugit, an non omnium evidentissima typi nota qua Christus eiusque oeconomia praemonstrantur, sita in eo sit ut quod initio tenue ac vix conspicuum sistitur, idipsum illico crescat, augeatur et ad incredibilem quamdam magnitudinem claritatemque perveniat. Hanc certe notam praeferunt germen Isaiae et lapis Danielis, atque hac nota distinguuntur granum sinapis, parvumque fermentum. Sed cuiusmodi proponitur Esther, quave imagine describitur? Describitur [10]) ceu *parvus fons qui crevit in fluvium, et in lucem solemque conversus est, et in aquas plurimas redundavit*. Omnia ergo persuadent, in typica liberati Israelis historia eam esse Estherem, quae nobilissimas typi partes impleverit.

1069. Iamvero typus dirimi nequit a suo antitypo, cum quo non secus ac umbra cum corpore, et signum cum re signata cohaeret. Comperto igitur typo, reliquum est ut eiusdem antytipus investigetur. Cuinam vero rationem deferemus antitypi, quem in oecono-

---

1) Esther. IV.
2) Ibid. v. 14.
3) Ibid. V.
4) Ibid. VII.
5) Audivimus Rupertum de Esthere tamquam de *ecclesiae* typo loquentem: praeiverat vulgatus Prosper de promiss. et praedictt. Dei P. II. cap. XXXVIII. p. 109. inter Prosperi opp. T. II: at Bonaventura n. 871. perspicue tradidit, Esthere veluti typo praemonstratam fuisse Mariam.
6) Ibid. IV. 14.
7) Ibid. V.
8) Ibid. V. seqq.
9) Ibid. X. 4. seqq. coll. XI. 5. seqq.
10) Ibid. X. 6. coll. XI. 10-11.

mia universalis reparationis Esther praemonstrarit? Ambiguum nequit esse responsum; eiusmodi namque antitypus ipsa est dicique debet gloriosa virgo Maria. Hoc enim iis ostenditur, quae [1]) de muliere cum suo semine, deque [2]) virga cum suo germine superius disseruimus: atque hoc inde confirmatur, quod mulier omnino nulla, praeter unam Deiparam, salutarem operam ad universalem nostri generis reparationem contulerit. Quemadmodum igitur Mardochaeus praesignavit Christum, eiusque typus exstitit, ita Esther praesignavit Mariam, ipsamque veluti typus antecessit. Bene habet, sed quum omnia in Esthere non fuerint typica, quaenam revocari ad hunc censum debent, neque aliter spectari ac totidem veluti nexus, quibus *Esther typus cum Maria antitypo* copuletur? Videlicet *ea omnia et sola hoc numero comprehendenda sunt, quibus Esther ad facinus liberati ab internecione Israelis refertur*. Haec autem in duplici differentia versantur, quum enim alia ad Estheris praeparationem, alia vicissim ad illius dotes muniaque pertinent.

1070. Principio namque selecta ipsa [3]) ac praeparata caelitus fuit, ut a sui populi cervicibus imminentem perniciem repelleret. Deinde vero pro hac eximia singularique destinatione, quemadmodum gratia et venustate eminuit qua sibi regis animum una devinciret; ita a reliquo populo secreta [4]) et ad reginae culmen evecta, numquam regis animum experta est inimicum, et [5]) ab universali mortis lege immunis efficere sua mediatione potuit, ut a decreta clade ipsa quoque populus eriperetur. Si ergo eiusmodi sunt, quibus Esther Mariam adumbravit, eiusque typus atque imago fuit, plane colligitur: I. Mariam fuisse divinitus praeelectam, ut nobis in ruinam lapsis opem auxiliumque ferret: II. ea gratia, eaque venustatis excellentia coram Deo nituisse, ut eius sibi animum una conciliaret: III. a reliquo hominum genere longissime separatam, et reginae sponsaeque ornamentis insignem numquam supremo regi fuisse inimicam, eidemque semper placuisse: quapropter IV. ab universali condemnatione liberam iis esse functam partibus, quibus ratio ac mediatricis dignitas absolvitur. Nemo autem non videt, haec ita comparata esse, ut Mariam ab universali praevaricatione integram et a communi damnatione solutam luculentissime ostendant.

1071. Quae quidem demonstratio multo etiam existet illustrior et ad fidem pariendam accommodatior, si mutuus habitus quo Esther typus et Virgo antitypus coniunguntur, aliquanto subtilius enarretur. Itaque I. quemadmodum [6]) Vasthi quae regi primum placuerat, eidem mox immorigera displicuit; ita Eva quum Deo primum fuisset grata, obsequens deinde serpenti in eius iram offendit, sententiamque damnationis subivit. Quemadmodum II. in Vasthi locum suffecta [7]) fuit Esther, quae sibi regis animum singulari pulcritudine devinxit; ita priori Evae altera successit eaque Maria, quae gratia plena gratiam penes Deum invenit. Quemadmodum III. Vasthi solium [8]) Esther conscendit, ac reginae dignitate eminuit; ita virgo cunctorum viventium mater ac regina renunciata fuit, solemniterque constituta. Quemadmodum IV. Esther [9]) selecta fuit, ut Haebraeorum populo adesset, ipsumque a ruina tueretur; ita praeparata fuit Virgo, ut omnium esset perfugium, omniumque salus. Quemadmodum V. eo usque [10]) regis oculis Esther placuit, ut ab ipso quodcumque peteret ob-

---

1) nn. 889. seqq.
2) nu. 1018. seqq.
3) Esther. IV. 13-14.
4) Ibid. X. 6.
5) Ibid. IV. 13. XV. 11. seqq.
6) Ibid. II. 4.
7) Ibid. II. 17.
8) Ibid. II. 16-17.
9) Ibid. IV. 14.
10) Ibid. V. 2. seqq.

tinuerit, illudque inprimis obtinuerit ut Amani furor Mardochaei opera restingueretur: ita quum sola sine exemplo Maria placuerit Deo, illud faustissime consequuta est ut per Christum ex ea natum satanae vires frangerentur, saevaque tyrannis labefactaretur. Quemadmodum VI. sola inter Hebraeos omnes fuit Esther, quam ita rex [1]) compellavit: *quid habes Esther? Ego sum frater tuus, noli metuere. Non morieris, non enim pro te sed pro omnibus haec lex constituta est;* ita una fuit Virgo a communi metu libera, et una exsors universalis damnationis, dignaque propterea quae ab angelo Dei [2]) audiret: *ne timeas Maria, invenisti enim gratiam apud Deum.* Quemadmodum VII. Esther [3]) exhibetur tamquam fons, stella et sol, qui tenebris depulsis splendorem lucis adducit; ita Maria est stella maris, lux in mediis fulgens tenebris, et fons e quo gratiarum rivi in homines universos dimanant. Et quemadmodum VIII. de Esthere praenunciatum [4]) legimus, *lux et sol ortus est, et humiles exaltati sunt, et devoraverunt inclytos*; ita Deipara [5]) magnificans Dominum exclamavit: *et exultavit spiritus meus in Deo* [6]) *salutari meo, quia respexit* [7]) *humilitatem ancillae suae, quia fecit mihi* [8]) *magna qui* [9]) *potens est. Fecit* [10]) *potentiam in brachio suo, dispersit superbos* [11]) *mente cordis sui. Deposuit* [12]) *potentes de sede, et exaltavit humiles.* Atque haec multiplex comparatio eo nos veluti manu ducit ut tandem concludamus, principio quidem statam humanae reparationis oeconomiam non sinere, ut Virgo communi praevaricatione laesa et universali damnationi obnoxia existimetur: deinde vero singularem ac privum esse ordinem ad quem Deipara spectat, illumque ordinem esse sponsae, reginae, mediatricis, quae sponso, regi ac Deo semper grata, semperque peccato et satanae infensa utriusque regnum una cum Filio et per Filium penitus subverterit.

CAPUT IV.

Utrum in novo foedere testimonia reperiantur, quibus immaculatus Virginis conceptus rite graviterque comprobetur: reponitur non penitus deesse, atque huc ea omnino pertinere quae habentur Luc. I. 28-30: quid patres maioresque nostri de Archangeli salutatione animadverterint: quam significandi potestatem subiiciendam eidem esse tradiderint: quove pacto cum eiusmodi significatione praerogativa immaculati conceptus devinciatur: penitior ipsius testimonii consideratio atque ex ea ductum argumentum quo praerogativam immaculati conceptus inter veritates divinitus revelatas numerandam esse colligitur.

1072. Engelbertus abbas admontensis quum *de gratiis et virtutibus Deiparae* ser-

---

1) Ibid. XV. 12. seqq.
2) Luc. 1. 30.
3) Esther. X. 6. coll. XI. 10-11.
4) Ibid. XI. 11. Huc etiam referri posse videtur similis potestas utriusque nominis, *Estheris* et *Mariae*. Est enim אֶסְתֵּר persicum nomen *sitarech.*, idemque valet ac *stella*, ἀστήρ. Nihil autem in priscis glossariis frequentius quam Μαριὰμ φωτίζουσα.
5) Luc. I. 46. seqq.
6) Graece, ἐν τῷ θεῷ τῷ σωτῆρί μου, *in Deo salvatore meo*.
7) Quod latine humilitas, graece dicitur ταπείνωσις, *humilis abiectaque conditio.*
8) Plerique graeci codices habent μεγαλεῖα, *sublimia.*
9) Graece non sine emphasi, ὁ δυνατός, *potens ille.*
10) Ipsum quod celebrat Dei opus, Virgo κατ' ἐξοχήν vocat *potentiam*, κράτος, *robur.*
11) Pressius, *dispersit superbos cogitatione cordis eorum.*
12) Idest δυνάστας ἀπὸ θρόνων, *dynastas de soliis.*

monem instituit, his omnino verbis [1] exorditur: « Gloriosissimam Virginem Dei genitricem Mariam, quae meruit apud Deum habere cum Deo communem filium, et per consequens regni misericordiae indivisum cum Filio imperium, universalis ecclesia et unaquaeque devota et fidelis anima digne et iuste ut reginam misericordiae precibus et laudibus invocat et implorat: credens firmiter et sperans, fideliter, nihil divinae complacentiae gratius, nihil humanae indigentiae utilius, nihil nostrae insufficientiae supplendae efficacius posse ad salutem provenire; praesertim quum filius sibi tamquam matri nihil deneget petenti, et omnia quae petierit impetranti, iuxta [2] illud, *pete, mater mea, neque enim fas est ut avertam faciem tuam*. Tum aliquot interiectis [3] pergit: « Movere solet alios specialiter devotos gloriosae virginis Mariae, cur de vita et virtutibus ipsius tam in diebus carnis Domini nostri Iesu Christi, et conversationis ipsius in hoc mundo, quam etiam post ascensionem eius ad caelos sub tempore praedicationis apostolorum usque ad beatum transitum ipsius Virginis de hoc mundo, tam pauca, ut ipsis pro suae devotionis affectu videtur, inveniantur in evangeliis et actibus ac epistolis apostolorum, aut aliis scripturis authenticis facientia mentionem de ipsius conversatione et vita ac virtutibus, et maxime de ipsius transitu et assumptione in corpore et in anima de hoc mundo, quam tamen ecclesia publice et communiter solemnizat: » Hinc [4] subdit: « Ut igitur ad solutionem praedictae dubitationis magis congrua via valeat fortassis perveniri, est videndum primo, quae sint illa quae de conversatione et vita ac virtutibus beatae Virginis in evangeliis et epistolis ac actibus apostolorum inveniuntur expressa: secundo quae videantur omissa: tertio qua caussa vel ratione illa videri possint fuisse expressa et ista omissa. Istis enim tribus diligenter perspectis et inventis, soluta videtur esse dubitatio praedictae quaestionis. »

1073. Quare ut de eo dicamus quod primum Engelbertus commemorat, nihil nobis prae Archangeli salutatione [5] occurrit quod accuratius expendi aut enarrari diligentius debeat, ut singulares Virginis dotes suo veluti in lumine collocentur. Hoc enim si rite fiat, eo certissime perveniemus quo contendimus, et perspicuitate qua decet assequemur, ne in novo quidem testamento effata penitus desiderari, quibus cum alia ornamenta tum praerogativa immaculati conceptus Virgini asserantur. Quum autem difficultatis nonnihil in eo sit ut recta ineatur via, ab hac nos facile expediemus si de subiecta Archangeli verbis potestate non antea quidquam statuerimus, quam patrum maiorumque sententia nobis innotuerit. Huc enim insigniter faciunt quae habet [6] Vincentius lirinensis scribens: « Hic forsitan requirat aliquis, quum sit perfectus Scripturarum canon, sibique ad omnia satis superque sufficiat, quid opus est ut ei ecclesiasticae intelligentiae iungatur auctoritas? Quia videlicet Scripturam sacram pro ipsa sua altitudine non uno eodemque sensu universi accipiunt; sed eiusdem eloquia aliter atque aliter alius atque alius interpretatur, ut pene quot homines sunt, tot illinc sententiae erui posse videantur. Atque idcirco multum necesse est propter tantos tam varii erroris anfractus, ut propheticae et apostolicae interpretationis linea secundum ecclesiastici et catholici sensus normam dirigatur. »

1074. Principio itaque dabimus quae maiores nostri ob oculos habenda esse monuerunt, ne in explananda Archangeli salutatione ab eo quod verum rectumque est deflecta-

---

1) Tract. de gratiis et virtutibus Deiparae, prooem. pag. 505. apud Pezium in thes. anecdot. noviss. T. I. P. I.
2) II. Reg. II.
3) Ibid. in prolog. pag. 509.
4) Ibid. Par. I. cap. I. pag. 511.
5) Luc. I. 28.
6) Commonit. cap. II.

mus. Ea deinde dabimus, quibus tradita ab ipsis explanatio continetur. Tum quaeremus quid consertum cum illis sit, nihilque deducendo affirmabimus quod ad ipsorum mentem non omnino expressum videatur. Ipsum denique expendemus testimonium, omnibusque probe collatis efficiemus, immaculatum Virginis conceptum ad eam veritatum classem pertinere, quas sin minus disertis verbis, potestate certe aequipollentibus divina Scriptura [1]) complectitur.

ARTICULUS I.

Ea est ex maiorum sententia Archangeli salutatio Luc. I. 28. quae non splendidissima tantum, verum etiam nova, inusitata ac nuspiam alibi occurrens existimari debet: quid sit propterea consequens, quive hermeneuticus canon ex hisce sua sponte dimanet.

1075. Disserit Origenes de Archangeli salutatione, deque illa his verbis [2]) suam mentem aperit: « Quia vero [3]) Angelus novo sermone Mariam salutavit, quem in omni Scriptura invenire non potui, et de hoc pauca dicenda sunt. Id enim quod [4]) ait, *ave gratia plena* (quod graece dicitur κεχαριτωμένη), ubi in Scripturis alibi legerim, non recordor: sed neque ad virum istiusmodi sermo est, salve gratia plena. Soli Mariae haec salutatio servatur. Si enim scisset Maria et ad alium quempiam similem factum esse sermonem, habebat quippe legis scientiam, et erat sancta, et prophetarum vaticinia quotidiana meditatione cognoverat, numquam quasi peregrina eam salutatio terruisset. » His autem duo continentur, quorum alterum *res facti* est, alterum *ad rei praestantiam dignitatemque* refertur. Et facti quidem res est quod testatur Origenes, salutationem eiusmodi conceptam verbis nuspiam alibi in Scripturis reperiri. Ad rei vero dignitatem praestantiamque spectat quod subdit, tantam esse eiusdem salutationis maiestatem quae uni Virgini merito tribuatur.

1076. Quod Origeni visum est, suo iudicio probavit atque repetiit Ambrosius, qui adductis [5]) evangelistae verbis, *erat tamen cogitans, qualis esset haec salutatio*, continuo [6]) addit: « Et ideo cum verecundia quia pavebat, cum prudentia quia benedictionis novam formulam mirabatur, quae nusquam lecta est, nusquam ante comperta. Soli Mariae haec salutatio servabatur. Bene enim sola gratia plena dicitur, quae sola gratiam quam nulla alia meruerat, consequuta est, ut gratiae repleretur auctore. » Vides *novam* dici *benedictionis formulam*, dici inusitatam, *nusquam alibi lectam* et *nusquam antea compertam*? Audis nonnisi Virginem fuisse dignam, quae tali salutationis formula honestaretur?

---

1) Hoc ipsum pluribus ostendere atque idoneis confirmare rationibus iampridem studuerunt Franciscus Guerra de b. Virgine T. I. lib. II. tract. I. *de locis sacrae Scripturae, quae in sensu litterali immaculatam virginis Mariae conceptionem elucidant*, Ioh. Baptista Lezana in apolog. pro immac. Mariae concept. cap. XII., Iohannes Serranus de concept., lib. II. cap. III., Franciscus Turrianus in epist. ad Iacobum Amiotum, Iohannes Viguerius in institut. ad christ. theolog. cap. XX. §.VIII., Carolus Latius de imm. concept. cap. V. et qui omnium primus memorandus erat, Iohannes segoviensis in avisamento III. pro imm. conceptione, quo rem accuratissime versat.

2) In Lucam hom. VI. ex Hieronymi versione, p. 939. col. 1. A-C. opp. T. III.

3) Haec in graecis Combefisii et Grabii schedis sic habent: ξένος ὁ ἀσπασμὸς τῇ παρθένῳ, οὐδαμοῦ τῆς γραφῆς εὑρισκόμενος, ταύτῃ δὲ μόνῃ τηρούμενος. χαῖρε κεχαριτωμένη, ὁ κύριος μετὰ σοῦ. *Novo sermone salutatur Virgo, qui nullibi in omni scriptura reperitur, sed huic soli servatur: ave gratia plena, Dominus tecum.*

4) Luc. I. 28.

5) Luc. I. 29.

6) Exposit. in Luc. lib. II. n. 9. pagg. 1284. F. et 1285. A.

1077. Ab his autem ne minimum quidem abludit Andreas cretensis, qui relatis [a]) iisdem evangelistae verbis, *illa autem turbata est in sermone, et cogitabat qualis tandem esset illa salutatio,* e vestigio [b]) pergit: « Turbata est, inquit, non incredulitate aliqua animum pulsante, absit; sed cautione magis ob novitatem acclamationis, tamquam [1]) visio malum utique omen videretur. Ac neque idipsum ei accidit atque Zachariae, quum prius in templi penetralibus incredulus fuisset, ubi poena a genitalibus translata organis ad vocalia, elingui silentio sterilitatem pristinam commutavit. Quinimmo velut omni culpa vacans, atque ab omni viri congressione seu consuetudine libera, et caelestium rerum immotae contemplationi solita defigere animum, incussam a salutatione turbationem eiusmodi mente suscepit. Par enim erat, decebatque ut velut meticulosior ac quasi responsionis inops confestim quidem dubia haereret; tumque accedente prius ratione, sermonem discernens atque iudicans non temere, ut sic dicam, leviusque ac inconsideratius aures loquenti accomodaret. Quamobrem sapienter admodum annotavit evangelista dicens, *illa autem cogitabat;* pro mundae mentis velut tribunali cogitationem probans ac examinans, ne inconsulta levitate quod dicebatur arriperet. *Qualis,* inquiens, *esset ista salutatio.* Nam verisimile est, quum esset ingenua et Davidis filia, haud fuisse ignaram eorum quae Scripturis sacris continentur: ut suas statim cogitationes ad primae parentis lapsum converterit, secum animo volvens deceptionis casum ac reliqua huius generis veterum historiarum monimentis prodita. Non immerito igitur evangelista cogitabundam scripsit; sed eo posuit ut et sagacitatem quantam haberet, et stabilem firmamque scientiam nihilque evagantem ostenderet. Quum enim necdum honesti iudicium ad rationis amussim probasset, haud decebat ut salutationi assensum praeberet. » Nova igitur fuit salutatio qua Mariam angelus compellavit, et eo usque nova ut animum non immerito commoveret.

1078. Hinc venerabilis Beda ubi [2]) Angeli verba commentario exponit, non Ambrosii dumtaxat sententiam iterat; verum etiam [3]) de inciso [4]) agens, *ne timeas Maria, invenisti enim gratiam apud Deum,* scribit: « Quam salutatione insolita, utpote quae ei soli servabatur, viderat turbatam, quasi familiarius notam vocans ex nomine, ne timere debeat iubet. » Ubi autem annunciationis festum summis quibus potest laudibus [5]) prosequitur, de verbis Angeli ait: « Quae salutatio quantum humana consuetudine inaudita, tantum est beatae Mariae dignitati congrua. » Et paullo inferius: « Quae postquam more humanae fragilitatis et visione angelica, et insolita est salutatione turbata, mox idem angelus eam repetito sermone ne timeat hortatur: quodque maxime timorem pellere consuevit, quasi bene cognitam ac domesticam proprio eam nomine vocat. » Propria igitur angelica salutationis apposita, quibus illa non minus commendatur quam distinguitur, huc redeunt, ut ipsa sit voceturque *insolita, humana consuetudine inaudita et unius Virginis dignitati inprimis congrua.* Hinc vulgatus Hildephonsus celebratis [6]) Deiparae ornamentis, continuo subdit: « Unde et ei soli angelica illa salutatio conveniens fuit, *ave Maria, gratia*

---

a) Luc. I. 29.
b) Orat. in Deiparae annuntiat. pag. 104. C-E. apud Gallandium T. XIII.

1) Luc. I. 26.
2) Comm. in Luc. I. 28. pagg. 190-191. opp. T. V.
3) Ibid. pag. 191.
4) Luc. I. 29.
5) Hom. in Virginis annunciat. pag. 468. opp. T. VII.
6) Serm. VI. de Virg. assumpt. pag. 368. in collect. pp. tolet. T. I.

plena. Ceteris enim electis ex parte gratia datur, huic vero Virgini tota se infudit plenitudo gratiae. »

1079. Quare nil mirum si relatis Lucae [1]) verbis, Bruno astensis [2]) mox pergat: « Consideremus personam mittentis, et personam legatione fungentis, et personam illam ad quam haec legatio facta est. Si etiam consideremus ipsam legationem, qualis et quanta sit, et quae consilia, quae secreta, quales et quantas utilitates in se contineat, profecto intelligemus ex quo mundus iste factus est, numquam aliam legationem factam fuisse, quae huic legationi valeat comparari. Numquam talia verba, tam laeta consilia, tam profunda mysteria huic mundo prius vel postea nuntiata sunt. » Nil mirum si Innocentius III. de Virgine [3]) scribat: « Eiusdem est ista salutatio, *ave gratia plena, Dominus tecum, benedicta tu in mulieribus*. Ave quia per te mutabitur nomen Evae: illa fuit plena peccato, sed tu plena gratia: illa recessit a Deo, sed Dominus tecum illa fuit maledicta in mulieribus, sed tu benedicta in mulieribus: per illam mors intravit in orbem, sed per te vita rediit ad orbem. » Et nil mirum si [4]) Laurentius Iustiniani maiorum doctrina imbutus sententiisque eruditus scripserit: « Merito igitur Angelus ad Virginem mittitur, ut novam gratiam novi partus nova salutatione dissereret. Visitationis enim aderat tempus in quo liberaretur reus, Sapientia corporaretur, deleretur culpa atque caelestis Ierusalem reaedificarentur maenia. Quamobrem laetus paranymphus effectus pro officio, exhilaratus pro gratia, pro obsequio expeditus, insolito fulgore vestitus, in humana effigie descendit ad Virginem. Didicit sane ex praesagio quanta qualisque erat, ad quam dirigebatur salutandam. *Ave*, inquit, *gratia plena, Dominus tecum*. Tecum in mente, tecum in ventre, tecum in thalamo, tecum in praesidio. Ceterum hoc non habes abs te sed ab illo qui fecit te, ut nasceretur ex te, pasceretur a te, permaneret in te, atque gratia sua fecundaret te. Replevit enim te ut fieret in te, possetque veraciter dicere quod longe ante Sapientis ore [5]) vaticinatum fuerat de te: *et qui creavit me, requievit in tabernaculo meo*. Magna profecto Mariae gratia exuberans atque completa, quae caelis dedit gloriam, terrisque genuit Deum, gaudium praestitit angelis, seculoque pacem refudit. Fide docuit gentes, vitiis finem imposuit, humanae vitae instituit ordinem atque spiritalem edidit moribus disciplinam. Quomodo non est Maria iuxta Gabrielis oraculum plena gratia, quae effecta est mater Dei, paradisi scala, caeli ianua, interventrix mundi, daemonum fuga, peccatorum spes, Dei et hominum verissima mediatrix? Ipsius gratiae plenitudinem caelestis nuntius persensit, cognovit, manifestavit et dixit: *ave gratia plena*. Salutat illam tamquam sibi dominam honoreque dignissimam ac a Deo singulariter electam. Nec aliunde quam a salutatione debuit inchoari, quando per hanc novae salutationis gratiam salvatoris mundi praenunciabatur adventus. »

1080. Huc igitur summa illorum pertinet quae maiores nostri de angelica salutatione litteris consignarunt: quod ea fuerit *novus sermo, nova acclamatio, nova formula benedictionis, salutatio insolita, salutatio peregrina, humana consuetudine inaudita, nusquam lecta, nusquam antea comperta, soli Virgini reservata atque eiusdem dignitati unice congrua*. Iamvero novis sermonibus, novis acclamationibus, novisque benedi-

---

1) Luc. I. 26. seqq.
2) Sentent. lib. V. cap. IV. pag. 558. opp. T. II.
3) Serm. de Virg. purificat. apud Maraccium de Pontificibus marianis cap. LI. pag. 94.
4) Serm. X. in Deiparae annunciat. pagg. 42-43. opp. Tom. II.
5) Eccles. XXIV.

ctionis formulis *nova significantur*: salutatione insolita, salutatione peregrina et humana consuetudine inaudita *non aliam quam insolita, peregrina et supra humanam evecta consuetudinem efferuntur*: salutatione nusquam lecta et nusquam antea comperta *id ostenditur quod eximium sit ac prorsus singulare*: denique salutatione soli Virgini reservata atque eiusdem dignitati unice congrua *contineri nihil potest quod commune sit quodque unius Virginis privum existimari non debeat*. Quum igitur ex maiorum doctrina tales sint notae quae angelicam salutationem 1) distinguunt, et tales sint characteres qui illam exornant; non perspicue minus quam necessario consequitur *nova esse quae per ipsam significantur, esse insolita, peregrina, supra humanam consuetudinem evecta, eximia, plane singularia, cum aliis non communia atque unius Virginis priva*.

1081. E quibus is dimanat *hermeneuticus canon*, qui in explananda angelica salutatione custodiri sanctissime debet, ne secus a germana eiusdem potestate quam longissime aberretur. Canon vero est huiusmodi: *nullam angelicae salutationis recipi interpretationem posse, quae non alios quam communes vulgaresque sensus eidem subiiciat; tum eam vicissim probari interpretationem oportere, cuius ope nova, peregrina, insolita, supra humanam consuetudinem evecta, eximia, singularia, cum aliis non communia atque unius Virginis priva scite colligantur*. Huius autem canonis si ratio exquiratur, ea sufficere in praesentia debet quam maiores nostri luculentissimam praebent, quum repetitis plus semel epithetis angelicam salutationem insigniunt, deque ea testantur quod a) Iohannes Geometra brevissime complexus est scribens: *salve prima, salve sola, eiusmodi ave tibi primus caelestis exercitus tremor attulit*.

ARTICULUS II.

De habitu oppositionis ea inter quae de Eva tertio Geneseos capite, quaeque de Maria priore Lucae capite referuntur: luculenta maiorum testimonia quae vel ipsum oppositionis habitum universim, vel nominatim multiplices eiusdem respectus oculis subiiciunt: quo haec omnia spectent, quove nexu cum immaculato Virginis conceptu devinciantur.

1082. Satis superque novimus maioribus nostris solemne inprimis fuisse duplici eaque diversa prorsus ratione primam virginem cum secunda, atque Evam cum Maria comparare. Sicut enim cum Eva adhuc innoxia eo habitu Mariam contulerunt, qui *similitudinis habitus* nuncupari solet; ita cum Eva peccato iam infecta et propemodum deflorata numquam alium admiserunt habitum, nisi qui *plenissima dissimilitudine* contineretur. Cuius cogitandi sentiendique rationis apud maiores nostros vulgatissimae praeclarum ex iis argumentum habetur, quibus ipsi vel angelicum cum Maria colloquium iustis commentariis interpretantur, vel ad illud utcumque disserendo loquendoque respiciunt.

1083. Atque 2) Euthymius sane zigabenus descripta Gabrielis salutatione, *ave gratia*

---

a) Hymn. II. in Deiparam vv. 59-60. pag. 439. D. in app. ad biblioth. PP. graeco-lat. T. III.

1) De qua salutatione e re fuerit memoria reputasse quae Bruno astensis l. c. scribit: « Audiamus modo quid Gabriel archangelus dixerit, quae verba, quam legationem, et ut ita dixerim, quas novellas Virgini nostrae de caelis attulerit. *Fidelis legatus iste, verax ille a quo mittitur*. Qui hanc legationem veram esse non crediderit, sit anathema. »

2) Prooem. in evang. Lucae p. 227. edit. Paris. MDLX

plena, Dominus tecum, subdit: « Gaudium hoc Evae solvit maledictionem. Illa siquidem iussa est habere moerorem, (nam id proprie significat λύπη vocabulum, quod Geneseos tertio capite in aerumnas et dolorem vertitur) haec autem gaudium quod moerori contrarium est. Gaude, inquit, utpote inter omnes virgines in Dei matrem electa. *Gratiosam* vero nominavit illam, tamquam videlicet gratia supernaturali dignam. *Dominus tecum*, hoc est, Deus in te est. » Eiusdem mentis est [a]) Theophylactus inquiens: « Quia autem Evae dictum erat a Domino, ut in tristitiis pariat filios, solvit tristitiam illam in gaudium, quod angelus Virgini afferens dicit: *gaude gratia plena*. Et quia maledicta fuit Eva, haec dicitur benedicta. » Praeiverat [1]) auctor commentariorum in Lucam qui Tito Bostrorum episcopo inscribi solent, et in quibus legimus: « Quandoquidem Deus ad Evam dixerat, *in dolore paries filios;* propterea angelus gaudium per quod dolor olim decretus solvatur, Virgini denuntiat: *ave*, inquiens, *gratia plena*. » Neque aliter [2]) in catena corderiana graecorum patrum in Lucam, ubi haec totidem verbis occurrunt: « Contrarius primae ad mulierem voci nunc ad Virginem sermo profertur. Illa propter peccatum ad dolores partus condemnata est, ex hac vero gaudio dolor abigitur. In illa dolores partum praecesserunt, heic vero laetitia partui obstetricatur: et angelus Virgini gaudium annuntiat, e diverso ut illi dolorem, quoniam sexus femineus in doloribus versabatur, et hanc primam acceperat exsecrationem. *In doloribus* [3]) enim, inquit, *paries filios*. Peregrina salutatio Virgini defertur quae nullibi in Scriptura reperitur, huic autem soli asservatur: *Ave gratia plena, Dominus tecum.* » Accedunt Procopius gazaeus et Photius constantinopolitanus, e quibus ille [b]) memorata Evae culpa subdit: « Propter quam mulier addicta est tristitiae, et dolori et servituti, donec Christus insita benignitate ex muliere natus maledictum sustulit. Et quoniam [4]) peccatis impedita non poterat inculpatum parere, angelus praecurrens tristitiam gaudio abolevit ita sermonem auspicatus, *ave;* et caussam gaudii illico subiecit, *Dominus tecum*. Maria namque imago Evae fuit: utraque siquidem virgo; at Eva in virginitate existens peccavit, proindeque tristitiam et dolores a serpente traxit, quos [5]) deinde transfudit in omnes mulieres peccatrices. Maria autem gaudium ex Deo accepit, et maledictum a nostro genere fugavit, et partus doloris nescius finem illi imposuit qui in tristitia ac moerore peragitur. » Sequitur Photius [c]) qui haec Gabrieli tribuit: « Non veni ut tibi fallacia dicerem, sed ut te fallaciae ablationem edocerem: non veni decepturus, sed ut propinquam deceptionis solutionem significarem: non veni ut tibi eriperem inviolabilem virginitatem, sed ut tibi inhabitationem annunciarem eius qui auctor est et custos virginitatis: non sum minister malitiae serpentis, sed legatus eius qui serpentem abolet: desponsator accessi non seductor, conciliator gaudii, non causa moeroris, salutis praenuncius non suasor ruinae. »

---

a) Comm. in Luc. I. 28. pag. 275. B-C. opp. T. I.
b) Comm. in Gen. III. pagg. 193-194. apud Mai. class. auctt. T. VI.
c) Comm. in Luc. I. pag. 631. apud Mai scriptt. vett. T. IX.

1) Comm. in Luc. I. 28. pag. 416. G. in max. pp. biblioth. T. IV.
2) Cat. pp. graec. in Luc. I. 28. pag. 12. apud Corderium.
3) Gen. III. 16.
4) His propositio effertur, qua Virgo originalis culpae exsors demonstratur. Virgo enim et potuit et debuit τὸν ἀνεύθυνον *innoxium* parere. Id autem minime potuisset ὑπαιτία οὖσα, si quando fuisset originalis transgressionis rea.
5) Si *omnes consequutae peccatrices mulieres* id etiam detrimenti ex serpente acceperunt, ut in dolore parerent; restat profecto ut exclusa ab ea serie Virgo censeatur.

1084. His quae suis commentariis maiores nostri complexi sunt, haud obscure respondent quae tradit Germanus [a] inquiens: « Ave per quam exacta sententia illa, *in dolore paries filios*, in gaudium transiit. » Et [b] infra commemorata Unigeniti incarnatione exclamat: « O ineffabilem exinanitionem! O pietatem! Quod per mulierem contribulem eiusdemque generis haec nobis Deus largitus sit supra naturam ac gratiam; per mulierem inquam, cuius animae pulcritudo eo immensitatis omnino excrevit, ut Christum ipsum qui summa pulcritudo est, in sui desiderium attraxerit, effeceritque ut secundam ex ea generationem sine patre delegerit. Cuius etiam corpus adeo speciosum fuit, tantaque puritate vigebat, ut per unam e tribus eius hypostasibus vel ipsam caperet incorpoream immensamque superessentialis naturae maiestatem. Haec est Dei mater Maria, commune christianorum omnium perfugium, prima primi lapsus primorum parentum revocatio, lapsi generis in rectum statum restitutio. » Quorum omnium ex iis etiam sumi ratio debet, quae nuncianti angelo, auctore [c] Germano, Virgo respondit inquiens: « Timeo tremoque tuos eiusmodi sermones, atque existimo venisse te ut me tamquam Evam aliam decipias. At ego illi nullatenus sum similis. »

1085. Consentit Iohannes damascenus qui [1] ex recepto penes gentiles usu quo natalitios daemonum dies omni honoris genere prosequebantur, quum alioqui humanam illi vitam infestam haberent; inferendo [d] colligit: Quanto nos potiori iure Dei genitricis natalem operae pretium est honorare, per quam universum mortalium genus redintegratum est, per quam primigeniae matris Evae luctus in gaudium est commutatus? Illa namque divinae sententiae [2] decreto audivit, *in maeroribus paries* haec, *ave gratia plena*. Illa, *ad virum erit conversio tua;* haec, *Dominus tecum.* » Similia docet ubi [e] relatis Ioachimi atque Annae precibus, e vestigio subdit: « Exaudivit itaque eos Dominus qui velox sit ad miserandum et tardus ad iram, donans eam quae proprie Mariae nomen gerit, in splendidum et magnificum pro Eva pretium. Matris medicamentum filia effecta est, divinae reformationis nova conspersio, sanctissimae generis primitiae, rami divino ore prolati radix, primi parentis exsultatio. » Quare [f] Virginem salutans exclamat: « Salve sis sola Dei mater, caelestium et terrestrium et infernorum magnificum atque illustrissimum decus. Salve sis sola Dei mater, quae radio omni lucidior es et omni puritate purior. Salve sis sola inter mulieres benedicta, quae primae parentis Evae lapsus restaurasti. Salve sis sola inter mulieres benedicta, quae humillimum humi iacentium mulierum genus exaltasti. »

1086. Unam eamdemque cum Iohanne damasceno fidem sententiamque profitetur Iohannes geometra, qui de Gabriele [g] loquens ad Virginem misso scribit: « Heic igitur (angelus) veluti antagonista pro malitiae artifice mittitur: seligitur autem pro muliere mu-

---

a) Orat. in Deiparae nativit. pag. 1310. C. apud Combefisium Auctar. T. I.
b) Ibid. pagg. 1323. E. et 1325. A.
c) Orat. in Deiparae annuntiat. pag. 1427. A.
d) Ibid. §. I. pag. 841. D-E. et 842. A.
e) Orat. II. in Deiparae nativit. §. V. pag. 852. D-E.
f) Orat. in Deiparae annuntiat. pag. 838. B-E.
g) In opere inscripto, Συναγωγὴ ἐξηγήσεων εἰς τὸ κατὰ Λουκᾶν ἅγιον εὐαγγέλιον, ἐκ διαφόρων ἑρμηνευτῶν παρὰ Νικήτα Διακόνου τῆς τοῦ Θεοῦ μεγάλης ἐκκλησίας διδασκάλου, cap. I. pag. 630. apud Mai in scriptt. vett. nov. collect. T. IX.

1) Orat. I. in Deiparae nativit. §. I. pag 841. D.   2) Gen. III. 16.

lier, pro Eva vita, pro corrupta Virgo, pro decepta quae abrepta simul in transversum non fuit, pro ea quae ex Edem excidit illa quae fuit in templum adducta, pro ea quae illecta voluptate fuit illa quae nunquam mentis fallaciis obsequuta est, pro ea quae male cum daemone sermones miscuit illa quae continenter versata cum Deo est. Suscipit gaudium pro maledictione: ingreditur sponsus: adest paranymphus gaudio iuxta et terrore plenus, illo quidem utpote laeti nuntii minister tam puellae quam naturae universae, hoc autem utpote a Domino et pro iis quae ad Dominum spectant missus simulque tremendum opus indicaturus: » Quibus non contentus [1]) Nicetas, haec rursum [a]) ad angelicam salutationem spectantia ex eodem subiicit: « Ex his alia quidem ad sponsam, alia vero ad sponsum pertinent: utraque enim angelus complectitur, qui quum alia annunciet, de aliis vicissim testatur. Sane illam ex Spiritu iam esse gratia plenam, dignamque effectam eiusmodi sponsalibus, hoc Virgini testatur. Eamdem vero gaudio donari pro antiquo maerore et solutione a maledicto, hoc ipsi annunciat. Etenim illud *ave*, instar pignoris sponsi et arrhabonis: insequens autem *gratia plena*, idest virtutibus referta, hoc sponsae ipsius divitiae. Porro quod dicitur *Dominus tecum*, id finis est annunciationis. Ipse sponsus proprie Verbum, tamquam Verbum, per Verbum et cum Verbo et super verbum unitionem operatur; idemque sponsus pater simul ac filius evadit, ut qui et serat pariterque seratur: immo vero tamquam lacteus succus universam ciet naturam, illamque sibi ipsi circumfingit. Denique supremae instar conclusionis, ceu plurissimum aeque ac brevissimum illud subiicitur: *benedicta tu inter mulieres*, prae omnibus videlicet coniunctim mulieribus; sed et benedictae omnino in te mulieres, quemadmodum homines in filio benedicti, vel satius non minus in te quam in filio mulieres iuxta ac homines benedicti. Sicut enim per unam mulierem unumque virum maledictio et dolor, ita etiam nunc per unam atque unum benedictio et gaudium in reliquos prorsus omnes dimanarunt. »

1087. Eiusdem oppositionis testes accedunt sane locupletes venerabilis Beda, Fulgentius ruspensis et Petrus chrysologus, quorum primus recitatis [2]) evangelistae verbis, *missus est angelus Gabriel a Deo in civitatem Galilaeae, cui nomen Nazareth ad Virginem desponsatam viro, cui nomen erat Ioseph*, illico [3]) subdit: « Aptum profecto humanae restaurationis principium, ut angelus mitteretur a Deo ad Virginem partu consecrandam divino, quia prima perditionis humanae fuit causa, quum serpens a diabolo mittebatur ad mulierem spiritu superbiae dicipiendam: immo ipse in serpente diabolus veniebat, qui genus humanum deceptis parentibus primis, immortalitatis gloria nudaret. Quia ergo mors intravit per feminam, apte redit et vita per feminam. Illa a diabolo seducta per serpentem viro gustum necis obtulit, haec a Deo edocta per angelum mundo auctorem salutis

---

a) Ibid. pag. 630.

1) De Niceta diacono constantinopolitano et mox Serrarum episcopo, eodemque auctore catenae patrum in Lucae evangelium praeclare disserit em. Mai in praefat. ad T. IX. collect. scriptt. vett. §. XI. pagg. XVIII-XX. et rursum praefat. ad T. X. classic. auctorum pag. VIII. seqq. Ibidem praeclara habet de catenis in Lucam ab Aquinate et a Corderio editis.

2) Luc. I. 27.

3) Inter homil. hyemal. de sanctis, hom. de Virginis annunt. pag. 467. opp. T. VII.

edidit. » Porro [1]) Fulgentius de natali Domini verba [2]) faciens scribit: « Facta est Maria fenestra caeli, quia per ipsam Deus verum fudit seculis lumen. Facta est Maria scala caelestis, quia per ipsam Deus descendit ad terras, ut per ipsam homines ascendere mererentur ad caelos: ipsis enim licebit ascendere illuc, qui Deum crediderint ad terras per Virginem Mariam descendisse. Facta est Maria restauratio feminarum, quia per ipsam a ruina primae maledictionis probantur esse subtractae. Tria denique mala Evae a tribus bonis Mariae probantur exclusa. Nam Evae [3]) dictum est, *in doloribus et in tristitia paries, et ad virum conversio tua, et ipse dominabitur tui*. Tribus ergo his malis se subiugant feminae quae Mariam non sequuntur, dolori, tristitiae, servituti. Maria autem e contrario quam praeclarissimis tribus bonis sublimetur, ausculta, salutationis angelicae, benedictionis divinae, et plenitudinis gratiae. Sic enim eam [4]) legitur angelus salutasse, *ave Maria gratia plena, benedicta tu inter mulieres*. Cum dixisset *ave*, salutationem illi caelestem exhibuit: cum dixit, *gratia plena*, ostendit ex integro iram esclusam primae sententiae, et plenam benedictionis gratiam restitutam: cum dixit: *benedicta tu inter mulieres*, virginitatis eius benedictum fructum expressit. Benedicta tu inter mulieres; maledicta enim Eva fuerat, quam nunc credimus per Mariam ad benedictionis gloriam remeasse. » His autem [5]) praemiserat: « Et quoniam diabolus per serpentem Evae loquutus, per Evae aures mundo intulit mortem; Deus per angelum ad Mariam protulit verbum et cunctis seculis vitam effudit, angelus sermonem eiecit, et Christum Virgo concepit. » Quid vero Petrus chrysologus? De sacramento loquens divinae incarnationis, ita [6]) orditur: « Qui non nascendo ex intacto limo fecit hominem, nascendo ipse hominem de corpore fecit intacto: manus quae in nostrum plasma lutum dignanter assumpsit, ad reparationem nostram dignanter assumpsit et carnem. Tum [7]) pergit: « Lex [8]) refert quod Deus hominem propriam creavit ad vitam, quod homini terram iussit proferre fructus spontanea servitute, quod bestias, pecudes, armenta humanae iussit potestati subiacere non arti; ut homo laboris nescius, doloris ignarus, beatus delicias possideret. Sed omnia haec ne haberet homo, angelus qui inter primos habebatur invidit, maluitque in diabolum commutari ne [9]) hominem plenum gloria sic videret. Denique hoc livore succensus aggreditur dolis feminam, virginemque ut vetitum degustaret pomum inducit: inducta virgo inducit virginem mox maritum, ac deiecit vitae statum, mortis cibum, peccati pabulum dum ministrat, et ipsa fit totius materia ruinae quae facta fuerat ad solatium singulare. Hinc peccatum primum, hinc origo mortis, hinc labor, hinc dolor, hinc gemitus, hinc amara propagata est nostrae conditio servitutis. Namque homo ante dominus omnium, in omnium deiectus est servitutem, et timet omnes qui timebatur ab omnibus, et vix arte valet qui potestate regnabat. Hinc est, fratres, hinc est quod Christi talis est ordo nascentis: ad virginem diabolus venerat, venit an-

---

1) Licet de hoc sermone acerbius quam par esset censuerit Guillelmus Desprez operum Fulgentii editor in app. pag. 53., nihilominus maurini in app. ad T. V. opp. Augustini pag. 157. de eodem sic habent. « Inter Fulgentii sermones vulgatus pridem fuerat. Monent lovanienses reperiri in mss. aut Fulgentio tributum aut Severiano. In nostris non alius quam Augustini nomen praefert, sed falso. »

2) Serm. CXXIII. in nat. Domini VII. n. 2. pag. 157 in app. ad T. V. inter opp. Augustini.

3) Gen. III. 16.

4) Luc. I. 28.

5) Ibid. n. 1. pag. 157.

6) Serm. CXLVIII. de incarnat. sacramento. p. 211. col. 1. B.

7) Ibid. pag. 211. col. 2. B-E.

8) Gen. II.

9) Al. *quam hominem sic videre*.

gelus ad Mariam, ut quod malus deiecerat angelus, bonus angelus allevaret. Perfidiam suasit ille, hic fidem: suasori credidit illa, ista credit auctori. »

1088. Ad simillimam vero normam expressa sunt quae tradunt non modo [1]) Theodotus ancyranus cuius alibi verba retulimus, verum etiam Andreas cretensis, Hesychius hierosolymitanus, Cyrillus alexandrinus et Proclus constantinopolitanus. Et [a]) Andreas quidem cretensis de Gabriele sacramenti administro scribit: « *Ave* illud submurmurat Virgini, quo gaudium a prima parente amissum, ipsa per se orta ex David filia Adae incolume restituat. » Deo autem Gabrielem mittenti haec [b]) tribuit verba: « Abi igitur Nazareth civitatem Galilaeae, quo quum cito perveneris, illam primum fausti gaudii salutationem Virgini nuncia, quam Eva pridem amiserat; ac vide ne animum eius turbaveris; gaudii enim non tristitiae annunciatio est, voluptatis non maeroris animi salutatio. » Hesychio autem [c]) teste ea est Virgo. « Quae usque adeo omnibus antecellit, ut ipsum Deum Verbum volentem susceperit, quem ipsa citra ullam loci angustiam comprehendit. Ad quam ante omnia Gabriel archangelus primum [2]) exclamavit: *ave gratia plena, Dominus tecum*. Fausti Gabrielis nuntii fuerunt illi mox initium laetitiae. Quum enim prima virgo concluderetur molestiis per sententiam condemnatoriam ob transgressionem inflictis, et ab ea gemitus plurimi prodirent, omnisque mulier illius caussa in dolore esset constituta, et partus omnis propter eam acerbitatem pateretur; secunda Virgo ex angelica annunciatione miseriam omnem feminei sexus repulit, omnemque tristitiae fontem qui inter pariendum adesse solet obstruxit, et nubem desperationis qua in partu mulieres premuntur, dissipavit, laetitiaeque lumina apud contribules coruscare fecit. » Quare [d]) Cyrillus Gabrielem imitatus post alia exclamat: « Salve Maria Deipara, per quam Iohannes et Iordanis sanctificantur, et diabolus reiicitur. Salve Maria Deipara, per quam salvatur omnis spiritus fidelis. » Proclus vero [e]) ceteris Deiparae praeconiis et haec subiicit: « Beatae per eam omnes mulieres. Non enim maledictus ultra neque exsecrandus femineus sexus: obtinuit enim quo etiam angelos gloria superet. Iam Eva curata est, suppressa silentio Aegyptia, tumulata Dalida, oblivione perpetua obruta Iezabel, excidit et Herodias e memoria, et iam nunc feminarum catalogus admirationi habetur. » Quod ut idonea enumeratione comprobavit, mox [f]) pergit: « Quapropter dicamus ei, *benedicta tu in mulieribus*, quae sola Evae maerori medelam attulisti, sola ingemiscentis abstersisti lacrimas, sola redemtionis mundi pretium portasti. »

1089. Alia quae huc faciunt neque minori perspicuitate refulgent, litteris consigna-

---

a) Orat. in Deiparae annuntiat. pag. 100. A. apud Gallandium T. XIII.
b) Ibid. pag. 101. C-D.
c) Orat. de Virginis laudibus. pag. 417. B-D. in biblioth. pp. graeco-lat. T. II.
d) Encom. in Deiparam, pag. 381. D-E. opp. T. V. P. II.
e) Orat. V. de Virginis laudibus §. III. pag. 631. A-B. apud Gallandium T. IX.
f) Ibid. §. III. pag. 631. B-D.

1) Orat. in Deiparam §§. XI. XII. pagg. 475-476. apud Gallandium T. IX.   2) Luc. 1. 28.

runt [1]) pseudo-Chrysostomus, vulgatus [2]) neocaesariensis Gregorius et [3]) sincerus Gregorius Nyssae praesul, e quo ista refert [a]) Nicodemus: « *Ave gratia plena*, cuius progenitrix Eva legem transgressa subiit condemnationis sententiam ut filios in doloribus pareret. Te decet acclamatio *ave*. Illa Cainum peperit invidiae atque homicidii auctorem: tu filium gignes auctorem vitae et incorruptibilitatis. Ave igitur et exsulta. Ave et contere serpentis caput. Cessavit enim maledictio, sublata est corruptio, evanuerunt tristia, laeta floruerunt. » Hinc nil mirum si [4]) Iosephus bryennius ubi caussam explicat festi *ab annunciatione* nuncupati, sic [b]) habet: « Boni nobis nuntii hodie a Deo venerunt, eaque peracta apud nos sunt quibus in ordinem e diametro revocarentur quae nobis in Edem acciderunt. Illic generi humano a muliere orta sunt mala: heic eidem bona initium a muliere acceperunt; unde maledictio originem duxit, inde benedictio nacta deinceps principium est: illic paradisus, heic ecclesia: illic Adam, heic Christus: illic Eva, heic Maria: illic serpens, heic Gabriel: illic draconis ad Evam insusurratio, heic angeli ad Mariam [5]) salutatio: illic, *implens implebo dolores tuos atque tua suspiria*, heic *salve Maria gratia plena, benedicta tu in mulieribus*. »

1090. Tanta vero semper fuit huius qua doctrinae qua oppositionis celebritas, ut in ecclesiasticis quoque libris atque hymnis non infrequens recurrat. Ea namque in hymnis recurrit [c]) Cosmae monachi qui sic habet: « Hodie Gabriel faustum affert nuncium illi quae est gratia plena. Salve Virgo sponsi nuptiarumque expers: ne mea peregrina forma turberis, neve formides; sum enim archangelus. Evam aliquando serpens decepit, nunc ego tibi gaudium annuntio, et manebis incorrupta, et Dominum paries, o illibata. » Recurrit [d])

a) Op. cit. pag. 238. A.
b) Serm. I. in annuntiat. apud Nicodemum pag. 242. B-C.
c) Men. die XXV. Martii ad vesper. Ech. β'. pag. 113. col. 1. A.
d) Men. die XXV. Martii Ode η'. pag. 116. col. 2. D.

1) Orat. in Deiparae annuntiat. pagg. 797-799. apud Montfauconium. opp. T. II. orat. in Christi nativ. 791. E. opp. T. X. οὐ σκελίζῃ ὥσπερ ἡ Εὔα· ἐξ ἐκείνης ὁ θάνατος, ἐκ δὲ σοῦ ζωὴ ἀθάνατος· ἐξ ἐκείνης τοῖς ἀνθρώποις ὁ τοῦ θεοῦ χωρισμός, ἐκ δὲ σοῦ θεοῦ καὶ σαρκὸς συμπλοκὴ ἀνερμήνευτος. *Non supplantaris ut Eva. Ex illa mors, ex te vita immortalis; ex illa separatio hominum a Deo, ex te Dei et carnis complexus inenarrabilis.* Orat. in s. Virginem pag. 237. C. opp. T. VIII. Ἡ μόνη τῆς Εὔας θεραπεύσασα τὴν λύπην. *Tu sola, quae Evae moerorem curasti.* Et serm. in annuntiat. Deiparae et con. Arium pagg. 839-840. opp. T. XI.

2) Orat. I. in Deiparae annunciat. pagg. 10-11., et orat. III. pagg. 26-29.

3) In Cantic. cantic. Hom. XIII. pagg. 667-668. opp. T. I. et orat. in Domini nativit. pag. 779. opp. T. II. Χαῖρε κεχαριτωμένη, ὁ κύριος μετὰ σοῦ· ἀπενάντιον τῇ πρώτῃ φωνῇ τῇ πρὸς γυναῖκα ἐκείνη λύπαις ἐν ταῖς ὠδῖσι διὰ τὴν ἁμαρτίαν κατεδικάσθη· ἐπὶ δὲ ταύτης ἐκβάλλεται διὰ τῆς χαρᾶς ἡ λύπη. *Ave gratia plena, Dominus tecum. Contraria est haec oratio illis vocibus, quas prima mulier audivit. Tunc enim illa doloribus propter peccatum damnata est; nunc autem in hac per gaudium dolor expellitur.*

4) De Iosepho Bryennio homine schismatico et concionibus ad populum constantinopolitanum habendis praefecto agunt Allatius de consensu lib. II. capp. V-XV-XVIII., lib. III. cap. II., adversus Hottingerum pagg. 315-318., de purgatorio pagg. 79-141., de libris ecclesiast. Graecorum pagg. 136-143., itemque Guillelmus Cave in hist. literaria ad an. MCDXX.

5) In subiecta adnotatione legimus: Ὅθεν μερικοὶ γλαφυρῶς ἡρμήνευσαν τὸ τοῦ Δαβὶδ ἐκεῖνο ῥητόν. Ἡμέρα τῇ ἡμέρᾳ ἐρεύγεται ῥῆμα, (ἤτοι ὁ Γαβριὴλ ἐρεύγεται τὰ ῥήματα τοῦ εὐαγγελισμοῦ πρὸς τὴν ἡμέραν· ἤτοι πρὸς τὴν παρθένον) καὶ νὺξ νυκτὶ ἀναγγέλλει γνῶσιν (ἤγουν ἡ νὺξ ὁ ὄφις καὶ διάβολος ἀναγγέλλει γνῶσιν πρὸς τὴν Εὔαν ἐν τῷ παραδείσῳ, ἵνα ἀπατήσῃ αὐτήν.) *Unde nonnulli eleganter interpretati sunt illud Davidis effatum:* dies diei eructat verbum, *(idest Gabriel eructat verba annunciationis ad diem, nimirum ad Virginem)* et nox nocti indicat scientiam *(scilicet nox serpens et diabolus annuntiat scientiam Evae in paradiso, ut illam in transversum rapiat.)*

in hymnis Iohannis damasceni qui canit: « Omnis mortalium intelligentia vincitur, respondit Virgo, dum quae mihi mirabilia loqueris vestigio. Tuis quidem delectabar verbis, sed stupens verebar, ne me tamquam Evam fraude usus a Deo longe seiungeres. Sed ecce clamas, benedicite omnia opera Domini Dominum. » Et [a]) rursum: « Mea progenitrix serpentis consilio adquiescens a divina alimonia repulsa fuit; ideoque et ego timui audita peregrina tua salutatione, mihi a lapsu cavens. » Neque ab his diversa sunt quae [b]) Iosephus hymnographus ait: « Te, o immaculatissima, totam Spiritu circumdatam adspiciens Gabriel, tibi palam acclamat: ave maledictionis solutio et protoparentum reparatio. » Concinunt Theophanes et nicomediensis Georgius, e quibus ille [c]) scribit: « Misertus creator operis sui, propriisque commotus visceribus festinat in sinu habitare Virginis Dei filiae, ad quam magnus archangelus venit exclamans: Ave o divinitus gratiis referta, iam nunc tecum Deus noster; ne me timeas principem regis administrum: invenisti enim gratiam quam Eva progenitrix tua iampridem perdidit, et concipies et eum paries qui est Patri consubstantialis. » Georgius [d]) vero laetitia gestiens in haec verba erumpit: « Hodie universa gaudet creatura, quod angelus pronuntiet: Ave tibi sit, benedicta tu innocens Christi mater illibata. Hodie serpentis fastus retunditur, vinculum enim damnationis quo primus parens obligabatur, solutum est. Propterea et nos tibi acclamamus, ave gratia plena. »

1091. Similia in monimentis reperiuntur ecclesiarum armeniae, syriacae, coptae atque latinae. Armenia namque ecclesia ita Virginem [1]) deprecatur, « Laetitia maestae naturae, o Virgo Maria gratia plena, quem salutem ferente annuntiatione portasti datorem tibi legem salutis; penes illum semper pro nobis intercede. » Praeclarius Syri qui auctore Ephraemo, de Eva et Maria [e]) canunt: « Ambae sine noxa, ambae simplices, Maria et Eva: altera mortis nostrae caussa fuit, vitae altera. » Et [f]) rursum: Quemadmodum ex parvulo sinu auris illius *(Evae)* ingressa et infusa est mors; ita et per novam Mariae aurem intravit et infusa est vita. Sed [g]) Copti Deiparae laudes his verbis prosequuntur: « Ave Maria, ave: ave filia sanctorum quae concepisti regem Deum: ave quae invenisti gratiam: ave pulcra columba: ave vitae arbor quae est in medio paradiso: ave quae nos ab antiquo maledicto liberasti: ave angelorum gloria: ave electa prae caelestibus et terrestribus, ipsisque Cherubim. » Quibus haec consona [h]) sunt: « Iudicata fuit Eva (hac sententia), *quoniam filios in dolore paries;* seu tu audivisti, *salve gratia plena.* » Ex latina ecclesia huc pertinet [2]) oratio Petri Damiani plurimorum ore repetita: « Te rogo, beata Virgo Maria, templum Dei vivi, aula regis aeterni, sacrarium Spiritus sancti, benedicta inter mulieres. Redoleat ager sacratissimi uteri tui naribus cordis mei, ex quo videlicet agro dum unicum illud ac singulare lilium prodiit, omne cum eo virtutum spiritualium germen erupit. Tu

---

a) Men. die XXV. Martii Ode γ'. pag. 114. col. 2. C.
b) Men. die XXVI. Martii Ode δ'. pag. 120. col. 2. B-C.
c) Men. die XXIV. Martii in parv. vesp. Ech. δ'. pag. 104. col. 2. E.
d) Ibid. Ech. γ'. pag. 101. col. 2. B.
e) Apud Assemanum in Biblioth. orient. T. 1. pag. 90. n. 35.
f) Ibid. pag. 91. n. 45.
g) Syllog. Theotoch. pag. 261. A.
h) Ibid. pag. 126. tetrast. IV.

1) Confess. eccles. armen. pag. 35. D.
2) Orat. ad Deum Filium, pag. 2. col. 2. C-E. opp. Tom. IV.

enim es caelestis illa terra, quae dedit fructum suum. Te materiam sapientia caelestis habuit, unde templum sui corporis fabricavit. Te Spiritus sanctus implevit. Te virtus Altissimi ineffabiliter obumbravit. Tu defer preces meas ad filium creatorem tuum. Immo tu ora pro me: tu obsecra: cuius nimirum vota non possunt despici, cuius preces in eius conspectu nequeunt parvipendi. » Atque huc pertinent tum [1]) eiusdem praefatio in missa Annuntiationis, tum [2]) rhythmus de sancta Virgine, e quo haec deprompta refero:

» Salve iam Virgo feta.
Ave gratia plena:
Nostrum ave digneris
Ut illud Gabrielis.
» Ille dum te salutat,
Evae nomen commutat:

Reduc nos Virgo sancta,
Unde est nequam lapsa.
» Tu solve quod debemus,
Averte quod timemus,
Impetra quod optamus,
Perfice quod speramus.

Praeiverat [3]) Venantius Fortunatus, cui ista debemus:

» O Virgo insignis, benedicta ad gaudia nata,
Auxilium terrae, fulgor, honorque poli.
» Ecce tuus florens uterus quae praestitit orbi,
Te generante, fide nos paradisus habet.
» Quid sumus aut fuimus? quos merserat Eva profundum,
De limo in caelum nos facit ire sinu.

1092. Ut autem omnium quae adduximus ratio perspiciatur, intimumque pateat vinculum quo cum immaculato Virginis conceptu eadem cohaerent; operae pretium fuerit ad ea animum advertere quae subiungimus. Quisquis itaque originis labe infectus maculatusque concipitur, is ex praescripto catholicae professionis censeri eiusmodi debet de quo verissime affirmetur, peccasse [4]) illum in protoparentibus, cum iisdem fuisse seductum, acquievisse serpenti, huius praedam evasisse, ad infelicem eorum numerum pertinere qui [5]) natura sunt filii irae, poenis primae condemnationis obstringi, prostratum ab ipsis primordiis iacere, nasci ad dolorem ac benefica indigere manu qua sublevatus recreetur. At vero licet ne haec Virgini adscribere, aut haec vel hisce similia de Virgine existimare? Reputentur animo quae ex commentariis veterum, ex operibus patrum atque ex libris ecclesiasticis [6]) deprompsimus. Continuo apparebit hanc fuisse christianae antiquitatis concordem

---

1) Ibid. pag. 9. col. 1. D-E.
2) Ibid. pag. 11. col. 2. C-D.
3) In laudem Virginis, opp. P. 1. lib. VIII. cap. VI. pag. 287. A-B.
4) Rom. V. 12.
5) Ephes. II. 3.
6) Quibus iuverit nonnulla addidisse. Itaque vulgatus Hildephonsus serm. XII. de s. Maria pag. 385. in collect. pp. tolett. T. I., principio scribit: « Per hanc ergo auctor vitae auctorem mortis patenter damnavit, dum per mulieris filium damnavit mulieris peccatum. Scriptum est (Eccli. XXV. 33.) enim *initium peccati a muliere coeptum est, et nos per illam morimur.* Et (I. Tim. II. 14.) iterum, *Adam non est seductus, mulier vero seducta.* Ita e contrario, a muliere coepit reparatio vitae, per cuius filium Dominum nostrum Iesum Christum omnes resurgimus, quia (I. Cor. XV. 22.) scriptum est, *sicut in Adam omnes moriuntur, ita et in Christo omnes vivificabuntur.* » Tum pergit: « Videamus ergo qualiter sibi istae duae mulieres distent. Ad Evam enim auctor mortis per tortuosum serpentem mortem suasit; e contra beatae Mariae auctor vitae per Gabrielem archangelum salutis auxilium misit. Evae enim suasit diabolus, ut comederet cibum vetitum; Mariae nuntiavit angelus, quod conciperet per obedientiam promissionis filium. Eva comedens prohibitum pomum et sibi nocuit et viro; beata Maria concipiens nobis datum filium, sicut (Is. IX. 6.) scriptum est, *puer natus est nobis, filius datus est nobis,* et feminis profuit et viris. Illa enim in animo furto rapere visa est divinitatis essentiam, attestante sanctae Trinitatis (Gen. III. 22.) eloquio, *ecce Adam factus est quasi unus ex nobis;* Maria autem humilem se confitetur Domini esse ancillam. Sancta Maria per obedientiam humilitatis obumbratur a virtute altissimae divinitatis;

ratamque doctrinam: I. *Virginem neque fuisse cum Eva seductam, neque in transversum cum eadem abreptam:* II. *ne puncto quidem temporis Virginem aut serpenti acquievisse, aut illius dolo ac fraude a Deo fuisse divisam:* III. *latam in Evam condemnationis sententiam nullatenus ad Virginem pertinere, neque ad ipsam pertinere poenas quibus cum Eva universum mulierum genus mullatum novimus:* IV. *non minus a similitudine praevaricantis Evae Virginem dissidere, quam a similitudine serpentis Gabriel, et a similitudine Adami peccantis Christus abhorruerint:* immo V. *Mariam prae Eva spectandam esse tamquam vitam prae morte, tamquam filiam Dei prae mancipio satanae, tamquam illius medicamentum, tamquam splendidum et magnificum illius pretium, tamquam eam quae diabolum reiecerit, draconis caput contriverit, moerorem primae matris dissolverit, gaudium ab ea amissum recuperarit, deperditam ab ea gratiam invenerit, sola benedicta quae prostratam matrem erexerit, quae lapsum hominum genus in rectum statum restituerit, quae ut laetitia maestae naturae affulserit, quae benedicta et ad gaudia nata auxilium terrae exstiterit, e qua ex integro ira primae sententiae exclusa, et cui plena benedictionis gratia fuerit restituta, cuius tandem pulcritudo eo immensitatis excreverit, ut Unigenitum qui ipsa est pulcritudo, in suimetipsius amorem immaculata rapuerit.* Ergo si auctoritate regimur, si conspirationem christianae antiquitatis Scripturas enarrantis veremur, et si quid sit consequens, quidve vicissim repugnans introspicimus; hoc unum superest colligendum, a quavis originalis culpae contagione Deiparam fuisse liberrimam.

Eva per corruptionem concipiens et in dolore pariens, sub viri potestate fuit. Maria per mysterium Spiritus sancti fide concipiens, gaudio pariens: inde reges et principes ovantes eius cupiunt subiici potestati. Eva de paradiso mittitur ad exilium, Maria de exilio huius seculi elevatur ad caelum. Eva posteros ex sua carne nascentes homines transmisit ad inferos; benedicta Maria ex sua prole natos dirigit ad caelos. Ex carne Evae dicuntur filii hominum, ex beatae Mariae filio renati non dicuntur filii hominum sed filii Dei. Ut quid ulterius immoror protrahendo plurima? Eva obfuit, Maria profuit. Eva luxit, Maria illuxit. Sileat ergo nunc a feminis per beatam Mariam mortifer et male suasibilis sibilus, quia iam sumus omnes redempti per gloriosae virginis Mariae filium. Cadat et improperium Evae, quia universi sumus laeti per partum sanctae virginis Mariae. » Tum pag. 386. concludit: « Exsultet et laetetur celebrando hunc diem solemniter christianorum caterva, quia vita quam destruxerat Eva, reparatur per beatam Mariam. » Consonant haec ex missali Mozarabum pag. 468: « Maiestati tuae parum erat condidisse omnia quibus leges imponeres, nisi hominis lapsum, cui servirent, reparando reformares. Quippe cecidisse Evam luctus nostri parentem, quid posteris miserius nobis? Verum gratiae plenitudine te, Domine, obumbrasse Mariam, quid felicius? Genuit illa flebiles et perituros, concepit ista Deum hominem pristinae ruinae reparatorem. Cecidit homo infelicis culpae reus, suscepit ex Maria hominem qui nos redimeret Deus.

Speciosa Dei patris sponsa, atque filium Dei paritura, a seculis praeelecta, oret pro nobis pia interventrix, ut piaculis expiati Patrem cum Filio et Spiritu sancto vocibus sinceris cum Maria laudemus, atque sine fine cernui unum in Trinitate Deum adoremus in secula seculorum. » Atque haec consonant ex Innocentio III. in serm. II. de assumpt. pagg. 89-90. apud Maraccium in Pontific. marianis: « Cum aurora sit finis noctis et origo diei, merito per auroram designatur virgo Maria, quae finis damnationis et origo salutis fuit, finis vitiorum et origo virtutum. Oportebat enim ut sicut per feminam mors intravit in orbem, ita per feminam vita rediret in orbem: et ideo quod damnavit Eva, salvavit Maria, ut unde mors oriebatur, inde vita resurgeret. Illa consensit diabolo et vetitum pomum comedit, secundum illud, *tulit de fructu et comedit, deditque viro;* ista credidit angelo et filium promissu concepit, secundum illud, *ecce concipies et paries filium.* Illa comedit pomum ad mortem, ista concepit filium ad salutem. Illa peperit in dolore, ista generavit in gaudio. Illa fuit de solo viro producta, sed produxit virum et feminam; haec autem producta fuit de viro et femina, sed solum virum produxit. Illa dicta est Eva, huic dictum est *ave,* quia per hanc mutatum est nomen Evae. *Ave,* inquit, *gratia plena, Dominus tecum:* quasi diceret, illa fuit plena peccato, sed tu plena gratia: illa fuit maledicta in mulieribus, sed benedicta tu in mulieribus: fructus ventris illius fuit maledictus Cain, sed fructus ventris tui erit benedictus Iesus. »

ARTICULUS III.

Latinorum patrum scriptorumque interpretationes de verbis Archangeli Luc. I. 28: *eodem pertinentes Syrorum Graecorumque commentarii: ducta ex catechismis confirmatio, et cum his omnibus cohaerens splendidum omnino argumentum, quo immaculatus Deiparae conceptus validius stabilitur.*

1093. Si quid nobis esse cordi summopere debet, illud profecto est ut splendori ac praestantiae *textus* cuius propriam vim germanamque significationem exquirimus, splendor ac praestantia *commentariorum* respondeat quibus idem aperitur atque illustratur. Iamvero quemadmodum splendidissimus est nullique secundus textus qui Gabrielis salutatione continetur; ita splendidissimi et ad faciendam fidem imprimis accommodati videri debent commentarii, qui ex unanimi patrum scriptorumque ecclesiasticorum consensione repetuntur. Eiusmodi commentarios in praesentia referemus, illosque primum commemorabimus quos a latinis doctoribus frequentatos scimus.

1094. Itaque [1]) Petrus chrysologus adductis [2]) verbis, *ave gratia plena, Dominus tecum*, continenter subdit: « In hac voce oblatio est, oblatio muneris, non simplex salutationis officium. *Ave*, hoc est, accipe gratiam. Ne trepides, ne sis sollicita de natura. *Gratia plena*. Quia in aliis gratia, in te tota gratiae [3]) pariter veniet plenitudo. *Dominus tecum*. Quid est in te Dominus? Quia ad te non visitandi studio venit, sed in te novo nascendi illabitur sacramento. Adiecit congrue: *benedicta tu in mulieribus*. Quia in quibus Eva maledicta puniebat viscera, tunc in illis gaudet, honoratur, suspicitur Maria benedicta. Et facta est vere nunc mater viventium per gratiam, quae mater exstitit morientium per naturam. » Ubi vero [4]) iteratis curis idem enarrat testimonium, sic habet: « *Ave gratia plena, Dominus tecum*: videtis quibus est Virgo oppignorata muneribus. *Ave gratia plena, Dominus tecum*. Ave, hoc est accipe. Quid? virtutes munerum non pudoris. *Ave gratia plena*. Haec est gratia quae dedit caelis gloriam, terris Deum, fidem gentibus, finem vitiis, vitae ordinem, moribus disciplinam. Hanc gratiam detulit angelus, accepit Virgo salutem seculis redditura. *Ave gratia plena*. Quia singulis gratia se est largita per partes, Mariae vero simul se totam dedit gratiae plenitudo. *Dominus tecum*. Ergo erat [5]) cum Virgine, qui ad Virginem miserat. Praecessit nuncium

---

1) Serm. CXL. pag. 200. col. 2. D., et pag. 201. col. 1. A.

2) Luc. 1. 28.

3) Ad quam recipiendam singulari gratia iam fuerat praeparata.

4) Serm. CXLIII. pag. 264. col. 2. B-D., et p. 165. col. 1. A.

5) Sebastianus Pauli postremus operum Chrysologi editor hac utitur adnotatione: « Suspicetur fortasse aliquis, credidisse Chrysologum, Mariam virginem iam Christum Dominum concepisse quum ab angelo salutaretur: quod eruendum putant ab illo Hieronymi epist. CXC ad Principiam: *sancta Maria, quia conceperat eum in quo omnis plenitudo divinitatis habitat corporaliter, plena gratia salutatur*. Ego tamen aegre admodum credam Hieronymum et Chrysologum aliosque, si qui alii sunt, ab recto evangelii sensu in re compertissima aberrasse, aliisque patribus repugnasse qui Christum a Virgine conceptum credunt in ipsa tantum colloquii clausula et post Virginis assensum, Augustino scilicet serm. XVIII. de sanctis, Gregorio Magno lib. XVIII. Moral. cap. XXVII., Basilio seleuciensi orat. de annunciat., Iohanni damasceno lib. III. de fide orth. cap. II., Bernardo serm. IV. super *missus est*, Sedulio lib. II. Pasch., Prudentio in carm. con. homuncionitas, Ruperto lib. I. de Spiritus sancti operibus cap. IX. etc. Idcirco Chrysologi et Hieronymi etc. testimonia emollire et in rectum sensum deflectere opus est. Consulas velim doctissimum Serry exercit. XXVII. pag. 180., ubi haec latius disputat. » Verum nulla prorsus adest necessitas Hieronymi

suum Deus, sed a Deo non recessit: teneri locis non potest, qui omnibus habetur in locis: et totus ubique est, sine quo nihil est totum. *Benedicta tu inter mulieres.* Vere benedicta, quae et superni conceptus meruit gratiam, et sustulit integritatis coronam. Vere benedicta quae et divini germinis suscepit gloriam, et regina totius extitit castitatis. Vere benedicta quae fuit maior caelo, fortior terra, orbe latior: nam Deum quem mundus non capit, sola cepit. « Tradit igitur Chrysologus, Mariam propterea dici plenam gratia, *quod plenitudo ipsius gratiae Patrisque Unigenitus se ipsi dederit atque cum ipsa naturae societate copularit.* Sed aliam ne idcirco praeterit gratiae plenitudinem, qua Virgo ad tantum pietatis sacramentum idonea redderetur? Non modo illam non praeterit, sed magnifice extollit, *quum Evae maledictae Mariam opponit benedictam, quum Evae per naturam morientium matri Mariam opponit per gratiam matrem viventium, quum Mariae asserit quod superni conceptus meruerit gratiam, quod mundo salutem reddiderit, atque omnibus sive caelestibus sive terrenis magnitudine, fortitudine atque amplitudine praecellat.*

1095. Vetustus auctor [1] sermonis in natali Domini, qui inter Augustini dubios censetur, de archangeli verbis scribit: « A salutatione incipit, qui salvationem in lingua portavit. Sileat nunc a feminis, sileat tortuosi serpentis male suadibilis sibilus; ad matrem Domini nostri angelus est loquutus: *ave,* inquit, *gratia plena, Dominus tecum.* Gratia refertur pro culpa, plena dicitur non vacua: impleta est ergo gratia, et evacuata est culpa. Hoc modo et ipsa venerabilis Virgo nostra in suo cantico [2] plausit: *esurientes implevit bonis, et divites dimisit inanes. Ave,* inquit *gratia plena, Dominus tecum:* tecum in corde, tecum in ventre, tecum in utero, tecum in auxilio. Fides a terra in caelum erecta est: huic Christus insedit, et per ipsam in templum pudoris intravit. » Tum insequentia [3] enarrans verba pergit: «*Benedicta tu inter mulieres,* quae vitam et viris et mulieribus peperisti. Ede, inculpabilis femina, inviolabilem virum; et sic feminam salvabis et virum. » Ea igitur plenitudine gratiae ditata Virgo fuit, quae ipsam undequaque repleverit, *repleverit in corde, repleverit in ventre, repleverit in utero, repleverit auxilio.* Cui quidem auxilio referri in acceptis debet, quod Virgo *inculpabilis femina* praedicetur, sicuti Christum *virum inviolabilem* profitemur; et quod *per Virginem tam feminae quam viri salutem obtinuerint.*

1096. Confert vulgatus Hildephonsus animam Virginis cum reliquis quotquot sunt sanctis, atque in ea comparatione [4] defixus ait: « Quod si anima iusti cuiuslibet sedes est sapientiae, teste [5] Scriptura; multo magis huius anima quam Spiritus sanctus sic implevit etiam ante conceptionis horam, ut salutaretur ab angelo. Ait enim: *ave Maria gratia plena, Dominus tecum, benedicta tu in mulieribus.* Ad quam ita mox ingressus Filius Dei, qui est virtus et sapientia Patris, sic replevit, sicque possedit, ut in ea Verbum caro fieret: et habitavit totus Deus in homine. Et ideo totus in nobis, quia totus Deus in ea fuit, ac per hoc quem caeli et terra non capiunt, totum concepit Virgo de Spiritu sancto, et peperit pro salute mundi Deum ut hominem. Ideo dilectissimi, cogitate cum omni integritate fidei,

---

et Chrysologi testimonia sive emolliendi sive deflectendi. Quum enim scribunt, Mariam idcirco gratia plenam salutari, quod eum conceperit in quo habitat omnis plenitudo divinitatis corporaliter, partim vulgatissima utuntur prolepsi, et partim supremum reserant fontem e quo omnia Virginis decora proficiscuntur.

[1] Serm. CXX. in nat. Domini IV. n. 3. p. 154. A-B.
inter opp. August. T. V. App.
[2] Luc. I. 53.
[3] Ibid. n. 4. pag. 154. B-C.
[4] Serm. II. de Virginis assumpt. p. 672. B-E. apud Combefisium in biblioth. concion. T. VII., et pag. 349. in collect. pp. tolett. T. I.
[5] Sap. VII.

cogitate, inquam, animam huius Virginis, quia commercium tanti muneris non scire digne nec cogitare possumus. Quoniam haec est anima illa beata, per quam auctor vitae ingressus est mundum, per quam omnis maledictio soluta est priorum parentum, et caelestis benedictio in toto venit mundo. Haec est Virgo, in cuius utero omnis ecclesia subarrhatur. Coniuncta Deo foedere sempiterno creditur. » De laudibus vero eidem deferendis deque cultu exhibendo [1]) subdit: « Nemo mortalium est qui digne possit huius sacratissimae Virginis laudes dicere, neque possit mysteria quae in illa completa sunt verbis explicare. Tamen admodum quantum colenda sit, ostendit Gabriel archangelus [2]) ad eam missus venerabiliter, dum eam prior salutat ex officio debitae venerationis, et collaudat gratia plenam, quam benedictam praedicat inter omnes mulieres, moxque matrem affuturam Domini. Alioqui nisi esset non tantum ultra mulieres, verum etiam meritis ultra homines, tantus archangelus non tantam ei exhiberet salutationis gratiam, nec tales tantasque inferret laudes. » Non ergo tum primum quum Deum concepit, sed omnino *ante conceptionis horam* Virgo enituit gratia plena. Sed cuiusmodi plenitudine? *Qua nimirum laudari pro dignitate non posset, qua super omnes mulieres omnesque viros extolleretur, qua vel ipso angelorum obsequio digna esset, qua coniuncta Deo foedere sempiterno creditur, et propter quam in Dei genitricem selecta omnem maledictionem primorum parentum dissolvit, et caelestem benedictionem universo mundo conciliavit.*

1097. Hinc [3]) Paulus diaconus exaggerata primum Virginis amplitudine, illico exclamat: « Sed quid primum, carissimi, quidve potissimum de tantis nobis est virtutibus decerpendum? Quandoquidem nihil exile vel mediocre, sed totum summum est quod dicatur. Quae enim, dilectissimi, huic beatae Virgini virtus deesse potuit, quando gratiarum omnium charismatibus plena fuit? Sic namque inusitato antea modo summo est salutata ab angelo: *ave gratia plena, Dominus tecum*. Quid rogo iustitiae, quid sanctitatis Virgo haec indigere potuit, quae efficaci adeo misericordia gratiae plenitudinem accepit? Aut quis potuit in eius anima vel corpore locus esse vitiorum, quando ad vicem caeli continentis omnia, Domini effecta est templum? Haec est revera illa domus de qua per Salomonem [4]) dicitur, salvo scilicet alio quo ecclesia signatur intellectu: *Sapientia aedificavit domum, excidit columnas septem*. Septem namque virginalis haec domus columnis suffulta est; quia veneranda haec mater Domini septem sancti Spiritus donis, idest, sapientiae et intellectus, consilii et fortitudinis, scientiae et pietatis atque timoris Domini ditata fuit. Quam talem utique aeterna Sapientia effecit, quae digna omnino esset ex qua ipse carnem assumeret, inaestimabile scilicet pretium salutis humanae. Quid dignius hac fratres carissimi, Virgine? Quid sanctius in humani generis serie potuit exoriri? Cui nullus patriarcharum, nullus prophetarum, nullus antiquorum, nullus sequentium patrum, nullus prorsus poterit hominum comparari. Nam quomodo huic quisquam aestimabitur conferendus, quando praeter virginitatis excellentiam, tantae sublimitatis supereminet fructu? Nec mirum si haec

---

1) Ibid. pag. 672. col. 2. B-D. vel pag. 350. Eodem vero pertinent quae habentur serm. III. pag. 355., et de corona b. virginis Mariae capp. III-VI-IX. pagg. 399-403-407. ubi inter cetera legimus: « Ave plena caelesti gratia, plena Deo, plenaque gloria: te circumdant virginum lilia, te sociant virtutum praemia. Tu illa nubes lucifera, quae illustras caelum et sidera: dealbata turris eburnea, colorata rosa purpurea: ut prosternatur legio fellea, commendata est tibi romphaea. Cum sis salus et honor hominum, mater Dei, corona virginum, tibi decus non habens terminum persolvatur iure post Dominum.»

2) Luc. I. 26.

3) Serm. in Deiparae assumpt. pagg. 267-268. apud Martenium vett. scriptt. T. IX.

4) Prov. IX. 1.

tam mirabilis Virgo cunctorum celsitudinem transcendat mortalium, quum in hac parte etiam beatorum excellat meritum angelorum. » Norma igitur ad quam exigi debet plenitudo gratiae qua Virgo refulsit, ex praestantia divinae maternitatis desumenda est. *Eam enim aeterna Sapientia talem utique effecit, quae digna omnino esset ex qua ipse carnem assumeret.* Praestantia autem divinae maternitatis omnes *finiti* limites supergressa ad ipsum *infiniti* consortium adspirat. Plenitudo igitur gratiae qua Virgo decorata resplenduit, mentem vincit cogitationemque praetervolat. Et sane quum *de plenitudine* agitur, tria potissimum spectari possunt, *intensio, extensio* eaque triplex, *temporis, copiae* et *subiecti,* ac tandem *comparatio.* Porro si auctorem nostrum interroges, *intensio* fuit *maxima,* quandoquidem nihil exile vel mediocre, sed totum summum est quod de gratia Virginis dicatur. Ad *extensionem* vero quod attinet, statui sic debet. Si consideretur *tempus,* cum ipsis Virginis primordiis gratia conserta fuit. Virginem namque *aeterna Sapientia talem utique effecit, quae digna omnino esset, ex qua ipse carnem assumeret.* Si consideretur *copia,* donorum nullum censeri potest exclusum. *Quae enim huic beatae Virgini virtus deesse potuit, quando gratiarum omnium charismatibus plena fuit? Aut quid iustitiae, quid sanctitatis Virgo haec indigere potuit, quae efficaci adeo misericordia gratiae plenitudinem accepit?* Sin vero consideretur *subiectum,* non animam magis quam corpus sibi gratia 1) vindicavit. *Quis enim potuit in eius anima vel corpore locus esse vitiorum, quando ad vicem caeli continentis omnia, Domini effecta est templum?* Restat *comparatio,* qua edocemur *nihil dignius hac Virgine, nihil sanctius in humani generis serie oriri* [2]) *potuisse.*

1098. Eamdem profitetur doctrinam [3]) Paschasius Ratbertus, qui propterea sanctitate nativitatis Virginis asserta, pergit: « Quod si praeclara sanctissimae Virginis nativitas universaliter tam sancta et tam gloriosa iure colitur et veneratur; quanto magis ipsa quando ab Angelo iam gratia plena officiosissime salutatur? Nam cum dicit ei, *ave,* caeleste venerationis obsequium exhibet. Cum autem dicit, *gratia plena,* ex integro iram expulsam ostendit, et restitutam gratiam declarat: cum dicit, *benedicta tu,* fructum benedictionis demonstrat, quia quando Spiritus sanctus in eam advenit, totam defecavit a sordibus Virginem et decoxit, ut esset sanctior quam astra caeli. » Numquam ergo irae divinae obnoxia fuit Virgo, quae originalem gratiam ab Eva deperditam recuperavit. Quamquam autem semper fuerit sancta, novas tamen gratiae sanctitatisque accessiones continentes re-

---

1) Quod ne sanctissimis quidem in hoc militiae agone conceditur. Illorum enim nemo est qui non debeat cum Paulo conqueri, *sentio aliam legem in membris meis, repugnantem legi mentis meae, et captivantem me in lege peccati, quae est in membris meis.*

2) Orti autem sunt Ieremias et Iohannes singulari Dei beneficio antea sanctificati quam in lucem prodirent. Quid ergo de Virgine arbitrabimur, *quae efficaci adeo misericordia gratiae plenitudinem accepit, et cum qua nullus antiquorum, nullus sequentium patrum, nullus prorsus potest hominum comparari?* Illi incunctanter utramque nativitatem *in sinu* atque *ex sinu* immaculatam deferemus.

3) De partu Virginis pag. 7. apud Lucam Acherium Spicileg. T. XII. « Huiusce Tomi XII., *verba sunt editoris in praefatione,* frontem adornat egregium profecto opusculum *de partu Virginis,* quod an Hildefonsi toletani archiepiscopi, an Paschasii Radberti Corbeiae abbatis esset, iam olim addubitaveram quum primum Spicilegii tomum ederem in lucem. Verum noster Iohannes Mabillonius (Sec. II. Act. SS. ord. s. Bened. in observat. ad vitam s. Hildefonsi) cum certissimis argumentis Paschasii Radberti esse comprobarit; visum est ea ipsa argumenta heic adscribere, queis praedictum opusculum, quod nunc a me integrum profertur, Radberto asseratur. » Tum ipsa continuo argumenta subtexit, quae tamen non eiusmodi visa sunt Andruzzio in Vindic. Serm. V. Ildef. Rom. MDCCXLII., ut omnem penitus dubitationem e medio tollerent.

cepit, atque eo usque evecta est ut caelestia promereretur venerationis obsequia, ipsisque caelorum astris purior sanctiorque niteret.

1099. Ad hanc Virginis puritatem sanctitatemque respiciens Petrus Damiani, de Unigenito [1]) scribit: « Videt et ardet ille vehemens amator, et totum epithalamium in laudibus eius decantat, ubi manifeste sponsus inducitur spirans amorem sincerissimum, nec ultra valens dissimulare quod patitur. Evocatur statim caelestis ille conventus, et iuxta prophetam [2]) init Deus consilium, cogit concilium, facit sermonem cum angelis de restauratione eorum, de redemptione hominum, de elementorum renovatione, ac illis stupentibus et mirantibus prae gaudio, de modo redemptionis. Et statim de thesauro divinitatis Mariae nomen evolvitur, et per ipsam, et in ipsa, et de ipsa, et cum ipsa totum hoc faciendum decernitur, ut sicut sine illo nihil factum, ita sine illa [3]) nihil refectum sit. Traditur epistola Gabrieli, in qua salutatio Virginis, incarnatio Redemptoris, modus redemptionis, plenitudo gratiae, gloriae magnitudo, multitudo laetitiae, continetur. » De plenitudine vero gratiae [4]) subdit: « Denique et archangelus ait: *ave gratia plena Dominus tecum*: quia a Deo electam et praeelectam, totam eam rapturus erat sibi Spiritus sanctus, et caelestibus insigniturus ornamentis. Iam consecranda erat in locum voluptatis, de quo [5]) fons ille debebat ascendere, qui universam terrae superficiem irrigaret. » Ea igitur gratiae plenitudine aucta Virgo fuit, *quae electam et praeelectam deceret: quae eam deceret sine qua nihil refectum est: quae eam deceret quam divinus sponsus amore sincerissimo prosequeretur: quae eam deceret quam totam rapturus erat sibi Spiritus sanctus et caelestibus insigniturus ornamentis: quae eam postremo deceret quae consecranda erat in locum voluptatis, de quo fons ille ascenderet qui universam terrae superficiem irrigaret.* Sed uberior gratiae plenitudo, quaeque sit a quavis culpae labe remotior, neque animo praecipi neque verbis efferri posse videtur.

1100. Sane ubi [6]) Petrus Damiani de Virgine interpretatur [7]) Scripturae verba, *fecit rex Salomon thronum de ebore grandem, et vestivit eum auro fulvo nimis*, inter cetera scribit: « Aurum omnibus metallis pretiosius intellige divinitatem Dei, omni praeeminentem mundo, omnia gubernantem. Hac vestita est, immo supervestita mater Altissimi, totamque Virginem tota illa indivisibilis natura largiori gratia superfudit. Quid est autem quod dicit, *fulvo nimis?* Hic aliquid requirendum reliquit nobis Spiritus ille multiplex, et utinam possim explicare quod sentio. » Ut vero susceptam animo cogitationem utcumque [8]) depromat, pergit: « Quatuor modis inest Deus omnibus creaturis. Primo modo es-

---

[1]) Serm. XI. de Virginis annuntiat. pag. 25. col. 1. B-D. opp. T. II. Cum his autem componi debent quae adductis psalmi verbis, *concupivit rex speciem tuam*, subdit Bruno astensis lib. V. sentent. cap. IV. p. 559. inquiens: « Valde enim pulcra est quae sua pulcritudine Deum ipsum ad amorem suum provocare potuit. Valde quidem conveniens fuit, ut speciosus forma prae filiis hominum speciosissimam sibi eligeret matrem. Considera modo cuius pulcritudinis fuerit, cuius splendor et pulcritudo caelos penetrabat. Inde angeli eam admirabantur, inde Gabriel recto itinere venit ad eam. Ad eam enim missus est quae prae ceteris fulgebat, quae pulcra ut luna, electa ut sol, omnem pulcritudinem sua pulcritudine vincebat. »

[2]) Is. XVI.

[3]) Quemadmodum igitur Verbum numero factarum rerum non comprehenditur, *quia sine illo nihil factum est;* ita ad numerum rerum refectarum spectare Virgo non potest, *quia sine illa nihil refectum est.* Spectaret autem ad numerum rerum refectarum, si originali labe sordida primum exstitisset. Nullum ergo originalem naevum Virgo contraxit.

[4]) Ibid. pag. 25. col. 1. D-E.

[5]) Gen. II.

[6]) Serm. XLIV. isque I. de Virginis nativit. pag. 107 col. 1. A-B.

[7]) III. Reg. X.

[8]) Ibid. pag. 107. col. 1. B-C.

sentialiter tam bonis quam malis, nihilque intercludit deitatis essentiam, per quam esse omnia acceperunt. Secundo modo inest bonis *operatione;* agit enim in eis virtus operativa ut operentur opera Dei. Inest et plerisque bonis *illuminatione*, quos de futurorum cognitione nobilitat, et participes suorum efficit secretorum. Quarto modo inest uni creaturae, videlicet Mariae Virgini, *identitate*, quia idem est quod illa. » Quibus vix prolatis [1]) exclamat: « Hic taceat et contremiscat omnis creatura, et vix audeat adspicere tantae dignitatis et dignationis immensitatem. *Dominus tecum*, inquit archangelus. Habitat in angelis Deus, sed non cum angelis, quia cum illis eiusdem non est essentiae. Habitat Deus in Virgine, habitat cum illa, cum qua unius naturae habet identitatem. Hoc est ergo *aurum fulvum nimis*, quo thronus est vestitus, quia tali modo Deus Virginem induit et in Virgine indutus est, ut meliori non posset. » Si ergo nosse cupias plenitudinem gratiae quam Virgo recepit, ea, Petro Damiani auctore, talis tantaque fuit, *qua Virgo non vestita modo sed omnino supervestita nitesceret: qua largius superfusa bonos omnes sanctosque superaret: et quae immensitati responderet tam supernae dignationis, quam singularis dignitatis illius, cum qua Unigenitus caro factus naturae habet identitatem.*

1101. Quare sic alibi [2]) Petrus scribit: « Hinc, fratres, hinc rogo perpendite quibus laudibus digna sit beata et gloriosa virgo Maria, quae illum nobis de castissimis suis visceribus genuit, qui nos de tam profundo gutture avidissimi draconis eripuit. Ad eius namque digne efferenda praeconia non rhetoricorum diserta facundia, non dialecticorum subtilia argumenta, non acutissima philosophorum apta reperiuntur ingenia. Et quid mirum si haec ineffabilis Virgo in suis laudibus modum humanae vocis exsuperat, cum et ipsam generis humani naturam excellentium meritorum dignitate transcendat? Non denique excellentissimus ille patriarcharum chorus, non providus prophetarum numerus, non iudex apostolorum senatus, non martyrum victor exercitus, non aliquis antiquorum, non quisquam [3]) sequentium patrum huic beatissimae Virgini poterit comparari. Quid enim sanctitatis, quid iustitiae, quid religionis, quid perfectionis singulari huic Virgini deesse potuit, quae totius divinae gratiae charismate plena fuit? Sic namque ab angelo dum salutaretur, audivit: *ave gratia plena, Dominus tecum*. Quod, rogo, vitium in eius mente vel corpore vindicare sibi potuit locum, quae adinstar caeli, plenitudinis totius divinitatis meruit esse sacrarium? In Christo enim, sicut [4]) per Paulum dicitur, *habitat omnis plenitudo divinitatis corporaliter*. Nec mirum, si cunctorum merita transcendat mortalium, quae et ipsa superexcedit celsitudinem angelorum. » Huc igitur, *characteres* recidunt, quibus plenitudo gratiae propria Virginis secernitur, ut *negative* locum omnem vitiis culpisque praecluserit, *positive* totius divinae gratiae charismata comprehenderit, *comparate* vero tanta fuerit quanta illi inesse debuit quae ipsam generis humani naturam excellentium meritorum dignitate transcendit, quaeque plenitudinis totius divinitatis meruit esse sacrarium.

---

1) Ibid. pag. 107. col. 1. C–D.
2) Serm. XLVI. idemque III. de Virginis nativit. pag. 113, col. 1. C–E.
3) Tum haec, tum quae subdit ad illorum imitationem expressa sunt quae ex Paulo diacono protulimus.
4) Coloss. III.

1102. Quo manifeste pertinet [1]) rhythmus super angelica salutatione his verbis conceptus:

» Maria, miseria per te terminatur,
Et misericordia per te revocatur,
Per te navigantibus stella maris datur,
Lumen viae panditur, portus demonstratur.

» Gratia te reddidit cunctis gratiosam,
Te vestivit lilio, sparsit in te rosam,
Te virtutum floribus fecit speciosam,
Intus et exterius totam luminosam.

» Tu in mulieribus optima figura,
Quae regis es gloriae mater, Virgo pura;
Quo probaris dignior omni creatura,
Hoc agente Domino singulari cura.

» Et benedictus Deus qui cuncta creavit,
Qui matris in utero te sanctificavit;
Benedictus filius, quem tuus portavit
Virginalis uterus, quem ipse formavit.

Atque huc item [2]) pertinet carmen:

» Scala, thronusque Dei, nitor orbis, ianua caeli,
Mater ave Christi, scala thronusque Dei.

» Tu nova stella maris, qua lux est reddita terris,
Ortus et es solis, tu nova stella maris.

» Virgine vita redit homini, quem virgo peremit;
Mors nece victa perit, Virgine vita redit.

» Tu super astra leva, petimus, quod subruit Eva;
Illa gravat culpa, tu super astra leva.

1103. Tacitus praetereo quae adduci [3]) ex Anselmo gemina possent, eaque subiungo quae [4]) Bruno astensis habet: « *Ave*, inquit angelus, *gratia plena Dominus tecum, benedicta tu in mulieribus*. Non fuit sufficiens *ave* dixisse; addidit, *Dominus tecum*, et deinde eam benedixit, quasi tribus vicibus sub una voce eam salutans. Qua in re diligens obsequium, caritatis affectus et reverentia declaratur. Sed quis umquam tantam gratiam habuit, quantam Virgo Maria? Aliis enim ad mensuram gratiae dantur, haec autem gratia plena dicitur. Considera modo quantae ante eam, quantae post eam mulieres et virgines fuerunt. Haec tamen sola mater Domini fieri meruit. Magna enim et ineffabilis gratia est, ut una ex tantis millibus eligatur. Quae quum gratia plena sit prius etiam quam concipiat, post conceptionem quanta Dei abundet gratia, quis cogitare possit? Haec autem sola inter omnes mulieres benedicitur, quae adhuc sub antiqua praevaricationis maledictione tenebantur, ex quo primae mulieri a Domino dictum fuerat: *multiplicabo aerumnas tuas, et in dolore paries filios*. Hac enim lege non tenetur Virgo Maria. Merito ergo in mulieribus benedicitur, per quam mulieribus benedictio datur, et mundus a maledi-

---

1) Rhyth. super salut. angel. pag. 12. col. 1. B-E. opp. T. IV.
2) Carm. de Virgine pag. 12. col. 2. A-B.
3) Orat. LVI. pag. 284.
4) Comm. in Luc. §. III. pag. 151. col. 1. D. et col. 2. A-B. opp. T. II.

ctione liberatur. » Consentit [1]) Hermannus abbas tornacensis, qui de Virgine *turris* schemate adumbrata inquit: « Haec itaque turris aedificata est cum suis propugnaculis, virtutibus scilicet principalibus, vel donis Spiritus sancti protegentibus eam, sicut ei per Gabrielem dicitur: *Spiritus sanctus superveniet in te, et virtus Altissimi obumbrabit tibi. Mille clypei pendent ex ea, omnis armatura fortium*. Per millenarium qui perfectus est numerus, significatur universis refertam fuisse virtutibus: unde et ab angelo recte *gratia plena* dicitur. Quod etiam tunc confirmatur quum dicitur, *omnis armatura fortium*: quia videlicet omnes virtutes, quibus fortes, idest, sancti viri singuli ab angelis Dei dono muniti fuerant, ista sola universaliter in se suspensas et quasi insertas et infixas habuit. »

1104. Pari sententiarum pondere verborumque evidentia consentit [2]) Bernardus scribens: « Legimus [3]) in actibus apostolorum et Stephanum plenum gratia, et apostolos fuisse repletos Spiritu sancto; sed longe dissimiliter a Maria. Alioquin nec in illo habitavit plenitudo divinitatis corporaliter, quemodmodum in Maria: nec illi conceperunt de Spiritu sancto, quomodo Maria. » Et [4]) rursum: « Superius dicta est fuisse *gratia plena*, et nunc quomodo dicitur, *Spiritus sanctus superveniet in te, et virtus Altissimi obumbrabit tibi?* Numquid potuit repleri gratia, et necdum habere Spiritum sanctum, quum ipse sit dator gratiarum? Si autem iam Spiritus sanctus in ea erat, quomodo adhuc tamquam noviter superventurus repromittitur? An forte ideo non dixit simpliciter, *veniet in te*, sed addidit *super*, quia et prius quidem in ea fuit per multam gratiam, sed nunc supervenire nuntiatur propter abundantioris gratiae plenitudinem quam effusurus est super illam? »

1105. Expeditum foret alia neque minus perspicua congerere testimonia [5]) Alberti, Bonaventurae [6]) et [7]) Amedei lausannensis; ne tamen id faciam, duo mihi persuadent, et quod necessarium minime sit, et quod vitari fastidium debeat. Itaque latinorum catalogum iis concludam, quae tum Thomas tradit quum [8]) angelicam salutationem enarrat. Suam vero expositionem orditur [9]) inquiens: « Considerandum esse, quod antiquitus erat valde magnum quod angeli apparerent hominibus; vel quod homines facerent eis reve-

---

1) Tract. de incarnat. Domini cap. VIII. pag. 389. col. 2. D-E. apud Gallandium T. XIV.

2) Hom. III. super *Missus est*, n. 2. pag. 750. F. opp. T. III.

3) Actt. VI. 5.

4) Hom. IV. super *Missus est*, n. 3. pag. 757. B-D.

5) Super *Missus est* q. XXXI. §. IV. et in bibl. marian. §. XII.; ubi ex plenitudine gratiae Virgini tributae colligit, ipsam fuisse immunem a *vae* culpae tam originalis quam actualis. Hinc §. CLXXVII. subdit: « In beata virgine Maria respectu omnium creaturarum non unitarum fuit gratia summa, fuit gratia in summo: ergo appropinquat ad primam lucem in summo: ergo puritas in summo; puritas enim sequitur naturam luminis et luminosi.

6) Serm. II. de b. Virgine pag. 389. opp. T. III. « Domina nostra fuit plena gratia praeveniente in sua sanctificatione, gratia scilicet praeservativa contra foeditatem originalis culpae, quam contraxisset ex corruptione naturae, nisi speciali gratia praeventa praeservataque fuisset. »

7) De laudibus Virginis hom. III. pag. 1267. H. in max. pp. biblioth. T. XX. « Prae omnibus et super omnes elegit te, ut superes universos qui ante te fuere vel post te futuri sunt, plenitudine gratiae. » Teste namque Alexandro alensi in priori Summae parte « B. Virgo tantam habuit gratiam, quod de facto non poterat plus recipere, et quantam pura creatura recipere potuit. » Repetit haec Bernardinus senensis serm. XIII. inquiens: « Secundum Bernardum virgo Maria divinae Sapientiae ultra quam credi valeat, penetravit abyssum, ut quantum sine personali unione creaturae conditio patitur, luci illi inaccessibili videatur immersa. Tanta gratia illi a Domino data est, quanta uni purae creaturae dari possibile esset. » Hinc Richardus a s. Laurentio de laudibus Virginis lib. I. cap. IV. sic habet: « Omnis alia creatura aliquid habet vacuitatis, quia maiorem gratiam recipere potuit; ipsa autem sic usquequaque gratia plena fuit, quia maiorem gratiam habere non potuit, nisi ipsa divinitati uniretur, hoc est, nisi ipsa Deus esset. Haec est plenitudo, de qua heic specialiter dicit angelus, *ave gratia plena*. »

8) Enarrat vero opusculo VIII. pagg. 75. seqq. opp. T. XVII.

9) Ibid. pag. 75. F.

rentiam, habebant pro maxima laude. Unde et ad laudem Abrahae scribitur, quod recepit angelos hospitio, et quod exhibuit eis reverentiam. Quod autem angelus faceret homini reverentiam, numquam fuit auditum nisi postquam salutavit beatam Virginem reverenter dicens *ave.* » Tum ea mox [1]) subiicit, quibus et *veterem morem* et *novum* cum Deipara *agendi modum* explicans ait: « Quod autem antiquitus non reverebatur hominem angelus, sed homo angelum, ratio est quia angelus erat maior homine, et hoc quantum *ad tria*. Primo *quantum ad dignitatem:* ratio est, nam angelus est naturae spiritualis, homo vero est naturae corruptibilis. Secundo *quantum ad familiaritatem ad Deum.* Nam angelus est Deo familiaris, utpote assistens; homo vero est quasi extraneus et elongatus a Deo propter peccatum. Ideo conveniens est ut homo revereatur angelum, utpote propinquum et familiarem regis. Tertio praeeminebat *propter plenitudinem splendoris gratiae divinae:* angeli enim participant ipsum lumen divinum in summa plenitudine. Sed homines etsi aliquid participent de ipso lumine gratiae, parum tamen et in obscuritate quadam. Non ergo decens erat ut homini reverentiam exhiberet, quousque aliquis inveniretur in humana natura, qui in his tribus excederet angelos; et haec fuit beata Virgo. » Quod [2]) ut confirmet, argumentisque ad gignendam fidem idoneis persuadeat, pergit: « Et ideo ad designandum quod in his tribus excedebat eum, voluit ei angelus reverentiam exhibere: unde dixit, *ave*. Unde beata Virgo excessit angelos *in iis tribus*, et primo *in plenitudine gratiae*, quae magis est in beata Virgine quam in aliquo angelo; et ideo ad insinuandum hoc, angelus ei reverentiam exhibuit dicens, *gratia plena*. Quasi diceret: ideo exhibeo tibi reverentiam, quia me excellis in plenitudine gratiae. » Cuius plenitudinis vim rationemque [3]) aperiens addit: « Dicitur autem beata Virgo plena gratia quantum *ad tria*. Primo *quantum ad animam*, in qua habuit omnem plenitudinem gratiae. Nam gratia Dei datur ad duo, scilicet ad bonum operandum et ad vitandum malum; et quantum ad ista duo perfectissimam gratiam habuit beata Virgo: nam ipsa omne peccatum vitavit magis quam aliquis sanctus [4]) post Christum. Ipsa etiam omnium virtutum opera exercuit, alii autem sancti specialia quaedam. Sic ergo plena est gratia beata Virgo et quantum ad boni operationem, et quantum ad mali vitationem. Secundo plena fuit gratia *quantum ad redundantiam animae ad carnem vel corpus*. Nam magnum est in sanctis habere tantum de gratia quod sanctificet animam; sed anima beatae Virginis ita fuit plena quod ex ea refudit gratiam in carnem, ut de ipsa conciperet filium Dei. Tertio *quantum ad refusionem in omnes homines*. Magnum enim est in quolibet sancto, quando habet tantum de gratia quod sufficit ad salutem multorum; sed quando haberet tantum quod sufficeret ad salutem omnium hominum de mundo, hoc esset maximum; et hoc est in Christo et in beata Virgine. Nam in omni periculo potes salutem obtinere ab ipsa Virgine gloriosa. Item in omni opere virtutis potes eam habere in adiutorium. Sic ergo plena est gratia, et excedit angelos in plenitudine gratiae: et propter hoc convenienter vocatur, *Maria*, quae [5]) in-

---

[1] Ibid. pag. 75. G.
[2] Ibid. pag. 75. I.
[3] Ibid. pag. 75. I-K.
[4] Hinc illa ex opusc. LXI. de dilectione Dei et proximi cap. XXVII: « Fecit summus artifex in ostentationem pleniorem artis suae speculum unum clarissimo *(angelico)* clarius, seraphico tersius et purius, et tantae puritatis ut purius intelligi non posset nisi Deus esset, personam scilicet gloriosissimae Virginis. »

[5] Hieronymus de nominibus hebraicis in Exodum pag. 21. opp. T. III. « Mariam illuminatrix mea, vel illuminans eos, aut smyrna maris, vel stella maris. » Ibidem de nominibus hebr. in Matth. pag. 92. « Mariam plerique aestimant interpretari, illuminant me isti, vel illuminatrix, vel smyrna maris; sed mihi nequaquam videtur. Melius autem est ut dicamus sonare eam stellam

terpretatur *illuminata in se et illuminatrix in alios*, quantum ad totum mundum. » Venit deinde [1]) ad alterum comparationis caput his verbis: « Secundo excellit angelos *in familiaritate divina*, et ideo hoc designans angelus dixit, *Dominus tecum*. Quasi dicat, ideo exhibeo tibi reverentiam, quia tu familiarior es Deo quam ego, nam Dominus est tecum. Dominus, inquit, Pater cum eodem Filio, quod nullus angelus nec aliqua creatura habuit. Aliter ergo est Dominus cum beata Virgine quam cum angelo: quia cum ea ut filius, cum angelo ut dominus. Dominus Spiritus sanctus sicut in templo, unde dicitur *Templum Domini, sacrarium Spiritus sancti*, quia concepit ex Spiritu sancto. Sic ergo familiarior cum cum Deo est beata Virgo quam angelus, quia cum ipsa Dominus Pater, Dominus Filius, Dominus Spiritus sanctus, scilicet tota Trinitas. Unde cantatur de ea: *totius Trinitatis nobile triclinium*. Hoc autem verbum, *Dominus tecum*, est nobilius verbum quod sibi dici possit. Merito ergo angelus revereatur beatam Virginem, quia mater Domini et ideo *Domina* est. Unde convenit ei hoc nomen *Maria*, quod syra lingua [2]) interpretatur *Domina*. » De tertio tandem comparationis capite [3]) sic habet: « Tertio excedit angelos *quantum ad puritatem*, quia beata Virgo non solum erat pura in se, sed etiam procuravit puritatem aliis. Ipsa enim purissima fuit et quantum ad culpam, quia [4]) ipsa Virgo nec mortale nec veniale peccatum incurrit. Item quantum ad poenam. Tres enim maledictiones datae sunt hominibus propter peccatum. Prima data est mulieri, scilicet quod cum corruptione conciperet, cum gravamine portaret et in dolore pareret. Sed ab hac immunis fuit beata Virgo, quia sine corruptione concepit, in solatio portavit et in gaudio peperit Salvatorem. Secunda data est homini, scilicet quod in sudore vultus vesceretur pane suo. Ab hac immunis fuit beata Virgo, quia ut dicit apostolus, virgines solutae sunt a cura huius mundi, et soli Deo vacant. Tertia fuit communis viris et mulieribus, scilicet ut in pulverem reverterentur. Et ab hac immunis fuit beata Virgo, quia cum corpore assumpta est in caelum. Credimus enim quod post mortem resuscitata fuerit et portata in caelum. Sic ergo immunis fuit ab omni maledictione et ideo *benedicta in mulieribus:* quia ipsa sola maledictionem sustulit et benedictionem portavit, et ianuam paradisi aperuit; et ideo convenit ei nomen *Maria*, quae interpretatur *stella maris:* quia sicut per stellam maris navigantes diriguntur ad portum, ita christiani diriguntur per Mariam ad gloriam. »

1106. Nobilissimum latinorum chorum excipit aequae nobilis ordo graecorum, e quibus vetustus auctor Chrysostomi nomine insignis inter cetera [a]) habet: « *Ave gratia plena*, viduati mundi sponsa, fugitivi orbis regressio, esurientis creaturae horreum quod con-

---

a) Orat. in Christi nativ. pag. 791. B-C. inter opp. Chrysostomi T. X.

maris, sive amarum mare; sciendumque quod Maria sermone syro Domina nuncupetur. » Ibidem ex fragm. II. nominum hebr. pag. 531. Μαριάμ, φωτίζουσα. *Mariam, illuminans*. Ibidem ex fragm. IV. pag. 571. Μαρία, κυριεύουσα, ἡ πικρὰ θάλασσα. *Maria, quae dominatur, vel amarum mare*. Μαριάμ, φωτιζομένη, ἢ φωτίζουσα αὐτούς, ἢ κύριος ἐκ γένους μου, ἢ σμύρνα θαλασσία. *Mariam, illuminata vel illuminans eos, aut dominus e genere meo vel smyrna marina*. Tandem ex fragm. V. pag. 591. Μαρία, κυρία ἡμῶν. *Maria, Domina nostra*.

1) L. c. pag. 75. col. 2. 1.
2) Cf. Martini del Rio orat. polem. II. de nomine *Mariae*, pagg. 809. seqq.

3) L. c. pag. 76. col. 1. A.
4) Haec est recepta lectio, sed olim legebatur: *ipsa enim purissima fuit quantum ad omnem culpam, quia nec originale, nec mortale, nec veniale peccatum incurrit*. Et de hac quidem lectione testes sunt locupletes Michael a Carcano serm. VII. pag. 16., Bernardinus de Bustis serm. IV. de concept. pag. 16., Petrus Canisius de Maria Deipara lib. I. cap. VI., Catharinus in disput. pro immac. concept. ad patres trident. P. I. pag. 61., et Salmeronius qui in epist. ad Rom. disput. LI. scribit, Turrecrematum ausum non esse ea verba immutare, aut Iohanni de Segovia ea usurpanti obsistere.

sumi nequit. *Ave gratia plena*, gratia sanctae Virginis est interminabilis. *Ave gratia plena*, multis virtutibus ornata lucernam gestans inextinguibilem et sole clariorem lucem. » Neque abludunt sive [1]) vulgatus Athanasius, sive vulgatus neocaesariensis Gregorius qui patriarchas, prophetas, sanctosque omnino omnes cum Virgine [2]) contendens ait: « Ad Mariam autem Virginem solam sanctam Gabriel archangelus claro lumine venit, *ave gratia plena*, ei adnuncians. » Cuius adnunciationis vim potestatemque alibi [b]) enarrans inquit: *Ave gratia plena*. Tu enim quae revera gaudio sunt digna agis: quoniam immaculatam induta es vestem, et cingulo continentiae et pudicitiae cincta es. *Ave gratia plena*, quae supercaelestis laetitiae vas es atque receptaculum. *Ave gratia plena*, nam per te gaudium omni dispensatur creaturae, genusque humanum antiquam dignitatem recuperat. A qua quidem nunquam Virgo beatissima excidit, illamque propterea [c]) Gregorius nyssenus his verbis compellat: « O beatum uterum illum, qui *(bonitatis)* ac puritatis excessu ad se traxit animi bona! In reliquis enim omnibus vix animus purus Spiritus sancti praesentiam capit: hic autem caro fit Spiritus receptaculum. »

1107. Recurrit [2]) penes ementitum Epiphanium praeclarissima sententia, ἡ χαρις ἡ ἀπέραντος τῆς ἁγίας παρθένου, *gratia sanctae Virginis est immensa;* neque ea solum recurrit, sed insuper [d]) additur: « Solo enim Deo excepto cunctis superior exsistit: natura formosior est ipsis cherubim, seraphim et omni exercitu angelico: cui praedicandae caelestis ac terrena lingua minime sufficit. Ipsa enim est quae caeli terraeque mediatrix unionem naturaliter peragit. » His autem etsi splendidissimis ne hilum quidem continetur, quod sincerus Epiphanius [e]) tum non expresserit, quum profligatis qui de Virgine spargebantur erroribus, postremo adiecit: « Quae enim religiosissima et ecclesiae fructuosa esse putabamus, haec de sancta Virgine sumus professi, ut eius patrocinium susciperemus quae *secundum omnia* (κατὰ πάντα) est gratia plena, uti Gabriel loquutus est: *ave gratia plena, Dominus tecum*. » Quare osores Virginis gravissime [f]) exagitans scribit: « Quanam vero fronte intemeratam illam Virginem adgrediuntur, quae Dei Filii domicilium esse meruit? Quae ex infinito Israelitarum numero ad id unum est electa, ut vas quoddam et habitatio uni esset divino partui consecrata. »

1108. Commentariis eodem pertinentibus angelicam salutationem illustrant [3]) Proclus constantinopolitanus et Theodotus ancyranus, e quibus alter [4]) sic habet: «*Ave gratia plena, Dominus tecum*. Benedicta tu pulcherrima ac formosissima mulierum. *Dominus tecum*, quae tota venerabilis, tota gloriosa, tota bona sis. *Dominus tecum*, veneranda tu, incomparabilis, omnem claritatem superans, tota lucis fulgoribus concreta, Deo digna, beatifican-

---

a) Orat. I. in Virginis annunt. pag. 13. C.
b) Orat. II. in Viginis annunt. p. 16. B-D.
c) Orat. in Domini nat. pag. 780. A-C. opp. T. II.
d) Ibid. pag. 293. B-D.
e) Haeres. LVIII. sive LXXVIII. antidicomar. §. XXIV. pag. 1056. B-C. opp. T. I.
f) Ibid. §. VI. pag. 1038. C-D.

1) Orat. in Deiparae annunt. nn. 9-14. pagg. 397-401 inter opp. Athanasii T. II.
2) Orat. de Virginis laudibus, pag. 293. A. inter opp. Epiphanii T. II. Quo item apposito gratiam Virginis a Pseudo-Chrysostomo ornatam paullo superius vidimus.
3) Orat. V. de Virginis laudibus, §. II. pag. 630. apud Gallandium T. IX.
4) Orat. in Dei genitricem, §. XII. pag. 476. A-D. apud Gallandium T. IX.

da. Propter te enim cessaverunt Evae tristia, per te perierunt mala, per te abscessit error, per te maledictio abolita, Eva per te redempta. *Sanctum* enim [1]) quod *ex sancta* natum est, sanctum ac omnium Dominus sanctorum, sanctum et cuius sit ut sanctitatem impertiat: *eximium* quod *ex eximia* nascitur: *inexplicabile* quod *ex inexplicabili* prodit: *filius* [2]) *Altissimi* quod *ex altissima* oritur. » Quam continuo his verbis [3]) alloquitur: *Ave itaque Virgo gratia plena*, inter virgines mater, interque matres virgo, illarumque figura, atque utrasque reipsa supergressa. » Et eo usque supergressa [a]) ut Symeon te merito compellavit inquiens: O columba dealbata et innocens! O spei nostrae sanctum templum in quo sanctitas omnis et magnificentia resideat. » Et residet sane universa, quemadmodum [b]) Anastasius praesul antiochenus confirmat inquiens: « *Ave gratia plena, Dominus tecum;* quod facta sis nobis salutis via, ascensusque ad superos ac locus requiei, refrigeriique tabernaculum in quo Dominus habitavit. Quamobrem cum omnibus generationibus te solam beatam in mulieribus dicemus, quam neque sol voluptatis flammam immittens adussit, neque fluxa vis lunae noctu laesit. Non enim [4]) dedisti in commotionem pedem animi, sed eo fixo in petra, indeflexa mansisti. Salve sis ergo mater pariter ac virgo, vitaeque cibus ac fons immortalitatis. »

1109. Aeque illustria sunt quae tradunt [5]) Chrysippus hierosolymitanus et Andreas cretensis, e quo pauca haec [c]) decerpimus: « *Ave gratia plena, dominus tecum*. Ave sis gaudii organum, per quod soluta est dirarum condemnatio, eiusque loco inducta gaudii iustificatio. Ave sis fermentum sacrum Deo perfectum, quo tota massa humani generis conspersa in unam coivit novam concretionem. » Accedit Sophronius, qui [6]) Deiparam *ab angelo venerabiliter atque officiosissime salutatam* praemittit, tum [7]) pergit: « Praeterea qualis et quanta esset, ab eodem divinitus declaratur, cum dicitur: *ave gratia plena, Dominus tecum, benedicta tu in mulieribus*. Talibus namque decebat Virginem oppignorari muneribus, ut esset gratia plena, quae dedit caelis gloriam, terris Dominum, pacemque refudit. » Et [8]) paullo post: « *Ave*, inquit, *gratia plena*: et bene plena, quia ceteris per partes praestatur, Mariae vero simul se tota infudit plenitudo gratiae. » Quae [9]) mox repetens ait: « Ob quod Dei genitrix electa et praeelecta, iure ab angelo salutatur et praedicatur gratia plena. Vere plena, per quam largo sancti Spiritus imbre superfusa est omnis creatura. Et ideo satis eam devotissime primum angelus veneratur et salutat. Miratur itaque et ipse qualis aut quanta sit quam salutat: non enim simplex, fateor, vel consueta fuit ista salutatio, sed omni admiratione digna. Siquidem venerationis fuit delatio, oblatio muneris, famulatus obsequii. Quia etsi in sanctis patribus et prophetis gratia fuisse creditur, non tamen eatenus plena. In Mariam vero totius gratiae quae in Christo est plenitudo venit, quamquam aliter. Et ideo, inquit, *benedicta tu in mulieribus*, idest, plus

---

a) Orat. in Deiparam et in Symeonem. §. XIII. pag. 467. A-B.
b) Serm. I. in Deiparae annuntiat. §. I. pag. 258. B-D. apud Gallandium T. XII.
c) Orat. in Deiparae annuntiat. pag. 162. C-E. apud Gallandium T. XIII.

1) Luc. I. 35.
2) Luc. I. 32.
3) Ibid. §. XII. pag. 476. D-E.
4) Ps. CXX. 3.
5) Serm. in Deiparam, pag. 425. A-B. in biblioth. vv. pp. graeco-lat. T. II.
6) Serm. ad Paulam et Eustoch. de assumpt. Virginis, pag. 96. A. inter opp. Hieronymi T. XI.
7) Ibidem.
8) Ibid. pag. 96. B.
9) Ibid. pag. 96. D-E.

benedicta quam omnes mulieres. Ac per hoc quidquid maledictionis infusum est per Evam, totum abstulit benedictio Mariae. » Quae [1]) adeo excelluit, *ut gratia Christi in Virgine plenissime fuerit.*

1110. Quid vero Germanus constantinopolitanus? Iisdem insistit [2]) vestigiis, atque eo usque progreditur ut Virginem ita [a]) compellet: « Sciant omnes, quia nomen tibi Domina. Tu enim sola Dei genitrix, altissima [3]) super omnem terram. « Sed neminem facile invenias Iohanne damasceno facundiorem. Is namque est [b]) qui ad [4]) Iobi verba oculos intendens ait: « Nam caelum quidem minime mundum esse dicit, nec stellas in conspectu eius reprehensione vacare. Hac vero quid purius sit, quid irreprehensibilius? Quippe quam Deus supremum ac purissimum lumen sic amaverit, ut illapsu Spiritus sancti substantialiter cum ea commistus sit. Qui eximie bonus est, proprii figmenti proles audire non renuit, amore captus illius quae creatis omnibus speciosior est, illam amplexus quae caelestibus virtutibus dignitate praeit. « Is est [c]) qui scribit: « *Ave gratia plena*, res gaudio omni gratiosior et nomen, ex qua gaudium immortale Christus, inflictae Adamo tristitiae medicina, in mundum venit. Ave paradise, praedium Edem beatius, ubi virtutis planta omnis germinavit, et in quo arbor vitae enituit; cuius commercio ad vitam pristinam redimus, terga dante flammeo gladio, uti scriptum est. » Atque is est qui quum alia praeclarissima, tum haec [d]) nominatim habet: « *Ave vere gratia plena*, quoniam angelis tu sanctior es et archangelis praestantior, caelis excelsior, et sole quem conspicimus purior. Ave per quam nos a maledictione redemti sumus, et inexplicabili laetitia dignati. *Ave gratia plena*, ave omnium simul finium terrae communis salus. »

1111. Non est autem cur operose referam simillima plane testimonia [5]) Basilii seleuciensis, Leonis Augusti [6]) et [7]) Georgii nicomediensis; sed abunde erit si ea addam quae Iohannes geometra et Emmanuel paleologus disertissimis verbis complectuntur. Prior ergo [e]) Deiparam salutans inquit: « Salve gaudio concepta, gaudio in utero gestata et gaudio in lucem edita; sed vicissim gaudio et concipiens et gestans in utero, et pariens gaudium quod sermonem omnem, omnemque cogitationem excedit, atque ut in summa dicam, gaudium terrigenarum omnium, omniumque caelestium. » Alter vero penitissimam filii matrisque societatem demiratus [8]) pergit: « Cum illo vivebat spiritu coniunctissima, utpote mater; sicut et ille cum ipsa. Quin etiam simul ac nata fuit, dixerim quoque, simul atque concepta beata Virgo sua illam gratia implebat, qui sibi futuram praestituerat matrem; immo vero cum illa erat ipse antequam esset nata: factum quippe et compactum est illi corpus temporibus suis, ut loquitur Paulus, de sanguinibus immaculatae, numquam

---

a) Orat. in Deiparae Praesent. pag. 1419. E.

b) Orat. II. in Deiparae nativit. §. IV. pag. 851. D-E.

c) Ibid. §. VII. pag. 857. B-C.

d) Orat. in Deiparae annuntiat. pagg. 839-840.

e) Apud Nicodemum pag. 238. A.

1) Ibid. pag. 97. B.
2) Serm. in Deiparae annunt. pagg. 1423-1426. apud Combefisium Auctar. T. I.
3) Quae periphrasis in scripturis adhibetur, ut Dei maiestas ostendatur.
4) Iob. XXV. 5.
5) Orat. in Deiparam, pag. 591. A-B. apud Combefisium Auctar. T. I.
6) Orat. in Deiparae dormit. pag. 1744. apud Combefisium Auctar. T. I.
7) Orat. in Deiparae praesent. pag. 1111. apud Combefisium Auctar. T. I.
8) Orat. in Deiparae dormit. pag. 63. apud Maraccium in opere cui titulus, *Caesares Mariani.*

tamen non fuit illi coniunctus statim atque in sterilis matris utero coepit esse. Cur enim aliter sit sentiendum? Nam si eximium Iohannem scimus in utero plenum sancto Spiritu fuisse; cur idem de purissima Virgine non sit merito affirmandum? Hoc sibi vult illud Gabrielis, *Dominus tecum*. Quod ipse docet distinguendo tempus in hunc modum. Nam volens conceptionis modum intemeratae Virgini declarare interroganti, tempore usus est *non praesenti* sed *futuro*: et sanctum quidem Spiritum *superventurum* in ipsam, Altissimi vero virtutem *obumbraturam* ipsi praedicebat. Salutando autem Virginem, aiebat: *ave*, et *gratia plenam* appellans, et *benedictam in mulieribus* praedicans. Non enim *gratia plenam* quasi futuram, sed ut exsistentem, quod erat, appellavit, et *benedictam* salutavit quasi diceret: quum gratia sis plena, o Virgo, Dominus tecum; quia vero illum habes in anima, benedicta es in mulieribus. Et haec quidem ita se habent, quae vero sequuntur, ad futura spectant. »

1112. De conspiratione tandem syriacae ecclesiae testis adest [a]) locupletissimus Ephraemus, a quo Deipara nuncupatur « Omnium post Trinitatem Domina, post Paraclitum alius consolator, et post mediatorem mediatrix totius mundi: Cherubim ac Seraphim sine ulla comparatione superior ac longe gloriosior, ininvestigabilis Dei bonitatis abyssus, universalis protectio mundi, plenitudo gratiarum Trinitatis, veluti secundas post divinitatem partes tenens. » Itaque si gratiae plenitudo Virgini collata *absolute simpliciterque* spectetur, dici illa credique debet *verissima plenitudo, plenitudo quae partibus opponitur, plenitudo interminata, immensa, secundum omnia, et plenitudo gratiarum Trinitatis*, qua factum est ut Virgo *tota sit bona, tota lumine concreta, ininvestigabilis divinae bonitatis abyssus et sanctitatis omnis ac magnificentiae singulare eximiumque domicilium*. Sin autem eadem plenitudo spectetur *comparate*, dicatur oportet *incomparabilis, inexplicabilis atque longe illa potior, qua non sanctissimi modo inter homines, verum etiam celsissimi inter angelos refulserint aut porro refulgeant*.

1113. Atque his quidem, quantum satis est, plenitudo explicatur illius gratiae, propter quam angelus Virginem compellans dixit: *ave gratia plena*. Nihilominus eiusdem vis ac ratio evidentius innotescet, si praecipui quidam illius characteres articulatim considerentur. E quibus omnium primus animo succurrit qui *ad tempus* refertur quo Virgini gratia adfuit, illamque possedit. Atqui illi *semper* adfuit, *semperque* illam possedit, nullumque peccato et culpae locum permisit. Hoc tradunt veteres, *quum Virginem celebrant caelis puriorem, quum illam veluti fermentum exhibent prae corrupta humani generis massa, quum illam angelis natura speciosiorem extollunt, quum illius proprium fuisse docent quod in gaudio concepta fuerit atque in gaudio conceperit, quum tandem diserte affirmant, Deum illi in ipsa conceptione suae gratiae numine opem tulisse*. Alter qui succedit character *ad subiectum* pertinet quod gratia suo rore imbuit, sibique vindicavit. « Sunt enim, inquit [1]) Toletus, in homine plures partes, scilicet anima et corpus, seu spiritus et caro, seu intellectus et sensus, ratio et appetitus, quae quidem partes in hominibus iustis non replentur gratia. Etenim iusti et sancti in hoc seculo non eam gratiam acceperunt in anima, quae a carnis appetitu auferret illam legem peccati adversantem spiritui, de qua [2]) Paulus dicit, *mente servio legi Dei, carne autem legi peccati*. Quamvis

---

a) Orat. ad Deiparam, pagg. 528-529. opp. graeco-lat. T. III.

1) Comm. in Luc. I. 28. annotat. LXVII.   2) Rom. VII.

enim gratia efficiat ut mens et spiritus non succumbat carni et appetitus impulsibus, praebeatque victoriam, non tamen subiicit carnem, ne contra spiritum insurgat, eamque impugnet licet non expugnet. Unde in omnibus iustis dicitur inhabitare peccatum. » Quod ut rite explicavit, e vestigio pergit: « Nemo sanctorum eam plenitudinem gratiae accepit, ut caro eius subdita omnino spiritui esset, sed contra eum pugnaret et reluctaretur. » Iam vero haec ipsa gratiae plenitudo ceteris negata sanctis, abunde in Virginem collata fuit, *quam nulla libido adussit, nullus concupiscentiae fomes incitavit, nullaque perturbatio a recto virtutis tramite vel tantillum avertit*. Utrumque characterem tertius excipit, isque situs *in plenitudine perfectionis*, quae tam actus omnes quos Virgo edidit, quam virtutes omnes quibus eminuit, complexa est. Hanc gratiae plenitudinem, qua sanctorum nemo potitus est, quum omnes et singuli repetere debuerint ac vero etiam debeant, *dimitte nobis debita nostra*, recepit virgo *qua nemo a reprehensione remotior, quae semper egit quae revera digna sunt gaudio, quae cunctis refulsit virtutibus, quaeque fuit paradiso beatior in quo omnis virtutum planta felicissime germinavit*. Quartus character *plenitudine* constat *sufficientiae et dignitatis, qua una ex omnibus Virgo promeruit ut haberetur digna Deo Patre, digna ex qua unigenitus carnem sumeret, et digna quam Spiritus obumbraret*. Postremus denique character *ad plenitudinem* revocatur *fontis propriam*, cuius caussa sicuti Virgo salutatur *fugitivi orbis revocatio, esurientis creaturae horreum, communis salus, via beatitatis, alius post Paraclitum consolator, et post mediatorem mediatrix totius mundi;* ita illi asseritur *quod per eam redempti simus ac pristinam dignitatem receperimus*.

1114. Hac imbutus perpetua atque concordi maiorum doctrina cardinalis Bellarminus, interroganti [1]) discipulo, *quid significat* gratia plena, reponit: « Gratia Dei tres potissimum effectus in anima operatur. Primum est quod peccata deleat, quae uti maculae animam commaculant. Secundum quod donis virtutibusque eamdem animam exornat. Tertium quod robur etiam suppeditat, ut operibus meritoriis insistat divinae maiestati inprimis placentibus. Domina nostra gratia plena est. Nam quantum ad primum effectum attinet, nullius peccati macula [2]) nec originalis, nec actualis, nec mortalis, nec venialis infecta fuit. Quantum vero ad secundum, habuit illa virtutes omnes, donaque Spiritus sancti in altissimo gradu. Quantum denique ad tertium, exercuit illa opera adeo Deo grata ac meritoria, ut quoad animam et corpus digna fuerit omnes choros angelorum transcendere. » Plurima autem sunt quae huic bellarminiani catechismi doctrinae summum quoddam auctoritatis pondus conciliant. Ut enim tacitus praeteream ipsius viri eximiam pietatem scientiamque singularem, huc perspicue faciunt I. explorata cum maiorum mente atque persuasione conspiratio: II. sacra Reformationis congregatio quae Bellarmini catechismum recognovit et approbavit: III. suffragium [3]) Romanorum Pontificum Clementis VIII., Urbani VIII. et Benedicti XIV. qui Bullis ac Brevibus editis bellarminianum catechismum

1) Par. II. christ. doctr. copios. explicat. cap. V. col. 1262. T. VII. opp. Card. Bellarmini, edit. Colon. MDCXVII.

2) Neque enim corrupta semel originis culpa, dici vere potuisset *gratia plena*. Quod iis mihi videor illustrare posse, quae Albinus Flaccus enarrans Iohannis verba de Christo, *plenum gratiae et veritatis*, ait pag. 393: « Gratiae plenus erat et est homo Christus Iesus, cui singulari munere prae ceteris mortalibus datum est, *ut statim* ex quo in utero Virginis concipi et homo fieri *inciperet*, verus esset Deus. »

3) Cf. Bullam, *Pastoralis Romani Pontificis*, datam Ferrariae die XV. Iulii an. MDXCVIII., Constitutionem *Ex debito*, edit. an. MDCXXXIII. et Litteras in forma Brevis datas die VII. Februarii an. MDCCXLII.

summopere commendarunt: IV. consensio similium catechismorum, e quibus nonnisi duos commemorabo, alterum cardinalis Armandi qui [1]) sic habet: « Beata Virgo dicitur *gratia plena* et *benedicta in mulieribus*, quia nulla fuit nec umquam erit sine peccati macula concepta cum plenitudine gratiae, sicut ipsa. » Et alterum Ludovici granatensis, in quo [2]) legimus: « Gratia plena, hoc est, singulariter electa ab aeterno a Deo omnipotente, et annunciata mirabiliter ab initio mundi per prophetarum revelationes, atque in conceptione sua custodita admirando et singulari modo ab omni macula peccati tam originalis, quam suae ipsius personae. Denique complete adornata omnibus gratiae donis. » Denique V. vel ipsa penes schismaticos graecos receptissima et indubitata sententia, quam Gregorius Palamas idemque thessalonicensis praesul [a]) exponens ait: « Et hanc quidem Virginem agnoscens angelus veluti sedem gratiarum divinarum atque humanarum, eamdemque omnibus divini Spiritus charismatis exornatam, vere ac proprie gratia plenam concelebravit. Tum praevidens ipsam eum iam hospitem excepturam, in quo horum omnium sunt thesauri, et praesentiens qua gestationem in utero sine dolore, qua partum sine aerumnis exstiturum, ipsi praenunciavit illud *ave*. » In confessione vero orthodoxa orientalis ecclesiae [b]) multo etiam praeclarius dicitur: « Ad haec, salutatio ista dum Virginem gratia plenam vocat, docet eamdem, eo quod mater Dei est, largius multo atque abundantius divinae gratiae participem factam esse quam aliam quamcumque rem creatam; eaque re illam ecclesia super Cherubim et Seraphim merito extollit. »

ARTICULUS IV.

Superiorum illustratio ex iis petita quibus maiores nostri interpretantur Gabrielis verba Luc. I. 30: succedunt quae ex liturgicis atque ecclesiasticis ducta monimentis, quum ad rei summam spectent, immaculatum Deiparae conceptum extra omnem dubitationis aleam collocant.

1115. Cum ea commentarii ratione qua maiores nostri explanant angelicam salutationem, *ave gratia plena, Dominus tecum*, mirifice illa consentit qua iidem sequentia [3]) Gabrielis verba, *invenisti gratiam apud Dominum*, unanimes interpretantur. Et re sane vera antiquus auctor sermonis *in annunciationem Deiparae et contra impium Arium*, quem Montfauconius [4]) *inter spuria* Chrysostomi numerat, et cuius germanus auctor [5]) a Nicodemo perhibetur Gregorius nyssenus, ad verba Gabrielis [c]) sic habet: « *Invenisti enim gratiam apud Dominum*. Supra omnem creaturam ornata es, supra caelos decorata, plusquam sol fulges, supra angelos exaltata es, non assumpta es in caelos, sed in terra manens caelestem Dominum et universorum regem ad te attraxisti. » Haec autem quum gemina illis sint quae novimus subiecta verbis, *ave gratia plena, Dominus tecum*, Deipa-

---

a) Orat. in Deiparae annuntiat. apud Nicodemum pag. 237. A.
b) Confess. orthod. P. I. q. XLII. pag. 110. edit. Kimmel Ienae MDCCCL.
c) Orat. in Deiparae annunt. pag. 840. B.

1) Lectt. III. et XIV.
2) Catech. trigesomiliar. hom. XXVII.
3) Luc. 1. 30.
4) Opp. Chrysost. T. XI. pag. 838.
5) Nicodem. pag. 214. A-B.

ram praeterea ita extollunt atque a reliquis creaturis ita secernunt, ut non minus ipsi decus omne asserant, quam omnem culpae labem ab ipsa longissime repellant.

1116. Eodem nitent splendore quae [1]) tradit Petrus Chrysologus inquiens: « *Ne timeas Maria*. Ante causam dignitas Virginis annunciatur *ex nomine:* nam *Maria* hebraeo sermone, latine *Domina* nuncupatur: vocat ergo angelus Dominam, ut dominatoris genitricem trepidatio deserat servitutis, quam *nasci* et vocari Dominam ipsa sui germinis fecit et impetravit auctoritas. *Ne timeas Maria, invenisti enim gratiam*. Verum est, quia qui invenit gratiam, nescit timere. *Invenisti gratiam*. Apud quem? apud Deum. Beata quae inter homines audire *sola* meruit prae omnibus, *invenisti gratiam*. Quantam? quantam superius dixerat, *plenam*. Et vere plenam, quae largo imbre totam funderet et infunderet creaturam. *Invenisti enim gratiam apud Deum*. Haec cum dicit, et ipse angelus miratur, aut feminam tantum, aut omnes homines vitam meruisse per feminam. » Cuiusmodi est igitur gratia, quam Virgo apud Deum invenit? nimirum *est gratia, quam ipsa sola invenit: est gratia quam ipsa prae omnibus invenit: est gratia quam angelus suspicit: est gratia plena et vere plena: est gratia quae largo imbre totam funderet et infunderet creaturam: est gratia propter quam Virgo nata est Domina: et est gratia per quam omnes homines vitam meruerunt*. Sed gratia hisce distincta notis neque potest esse sublimior, neque cum ulla vel tenuissima peccati labe coire.

1117. Qua de re insignia ex aequo sunt quae [2]) Modestus et Sophronius hierosolymitani antistites docent, e quibus [a]) Sophronius scribit: Ne timeas Maria. Immortalem enim gratiam apud Deum invenisti. Invenisti gratiam apud Deum super-splendidam. Invenisti gratiam apud Deum votis omnibus expetendam. Invenisti gratiam apud Deum super-lucidam. Invenisti gratiam apud Deum indeminutam. Invenisti gratiam apud Deum salutiferam. Invenisti gratiam apud Deum perpetuam. Invenisti gratiam quam nulla e mulieribus simul omnibus invenit. Invenisti gratiam quam nemo vidit. Invenisti gratiam quam nemo recepit. » Hi porro gratiae a Virgine inventae characteres, sive qui *affirmando* sive qui *negando* efferuntur, spectari coniunctim nequeunt quin formam speciemque gratiae repraesentent, quae *gradu* sit *maxima, extensione universalis*, et *tempore immortalis ac perpetua*. Cum qua quidem specie formaque gratiae quidquid facilius quam peccati sordes componas.

1118. Crederes in eamdem gratiae formam intentos habuisse oculos Andream cretensem, quum relatis angeli [3]) verbis, *ne timeas Maria, invenisti enim gratiam apud Deum*, illico [b]) subtexuit: «Nimirum gratiam quam Eva amiserat. Gratiam quam Sara non accepit, quam non cognovit Rebecca, quam Rachel nescivit. Gratiam invenisti, quam nullus a seculo, sicut tu, invenit. Quae enim eiusmodi a Deo eximia gratia sit? » A quibus haec nullatenus dissident quae [c]) Iohanni damasceno debentur: « Plane gratiam invenit, quae gratia digna erat. Gratiam invenit quae gratiae labores excoluerat, copiosamque segetem collegerat. Gratiam invenit quae gratiae semina progenuit, et plenissimam gratiae messem retulit. Gratiae abyssum invenit quae duplicis virginitatis navem servaverat inco-

a) Orat. in Deiparae annunt. apud Nicodemum pag. 213. D.
b) Orat. in Deiparae annuntiat. pag. 105. B-E. apud Gallandium T. XIII.
c) Orat. I. in Deiparae dormit. §. VII. pag. 862. D-E.

1) Serm. CXLII. de Virginis annunciat. p. 202. col. 1. D. et col. 2. C.
2) Encom. in Deiparam §. VIII. pagg. 31-33.
3) Luc. I. 30.

lumem. Maria enim non minus animam quam corpus virginem custodierat; unde etiam constabat corpori virginitas. » Quemadmodum ergo nullus umquam naevus virginale Deiparae corpus offendit, ita, et multo quidem magis, nullus umquam naevus virginalem eius animam deturpavit. Deturpasset autem, si ipsa quoque Virgo originale vitium contraxisset. Ea igitur plenitudine gratiae tecta fuit quae non-sivit, ut in originalem praevaricationem laberetur. Quod Photius insigni quadam verborum perspicuitate confirmavit, de Gabrielis salutatione a) scribens: « Salutatio est divinae gratiae, non serviens naturae; gratiae divinae, non humanae voluntatis; gratiae humanam rationem supergressae. Quum vero gratiam, o homo, audiveris, ne gratis Virgini collatum charisma arbitreris, neque inanem honorem donum existimes. Invenit namque Virgo gratiam apud Deum, quod semetipsam conditore dignam praestiterit, quod innocentiae venustate suam animam ornaverit, quod semetipsam effecerit habitaculum illius amore dignum, qui verbo caelos firmavit. Neque enim solam virginitatem servavit intemeratam, sed et praeelectionem [1] custodivit illaesam, quoniam ab infantia consecrata Deo, lapis animatus et non incisus extitit regi gloriae propter corpus illibatum, propter supersplendidam virginitatem, propter innocentiam inviolatam, propter purissimam praeelectionem, propter animam adversus peccatum immutabilem et erga id quod optimum est constantissimam. »

1119. Ceterum piaculum foret Bernardum praeterire de gratia, quam Virgo invenit, uberrime disserentem. De illa namque [2] disserit his verbis: « Nihil hic doli, nihil hic fallaciae est. Nullam circumventionem, nullas hic suspiceris insidias. Non sum homo sed spiritus, et Dei angelus non satanae. *Ne timeas Maria, invenisti gratiam apud Deum*. O si scires quantum tua humilitas Altissimo placeat, quanta te apud ipsum sublimitas maneat! Angelico te indignam nec colloquio iudicares nec obsequio. Ut quid enim indebitam tibi dixeris gratiam angelorum, quae invenisti gratiam apud Deum? Invenisti quod quaerebas, invenisti quod nemo ante te potuit invenire, invenisti gratiam apud Deum. Quam gratiam? Dei et hominum pacem, mortis destructionem, vitae reparationem. » De illa [3] disserit quum post verba, *invenisti gratiam apud Dominum*, sciscitatur: « Quantam gratiam? Gratiam plenam, gratiam singularem. Singularem an generalem? Utramque sine dubio; quia plenam; et eo singularem quo generalem: ipsa enim generalem singulariter accepisti. Eo, inquam, singularem quo generalem; nam sola prae omnibus gratiam invenisti. Singularem quod sola hanc inveneris plenitudinem; generalem quod de ipsa plenitudine accipiant universi. » Et de illa [4] disserit, ubi exclamat: « Et quis iustus, si non Maria iusta, de qua sol iustitiae ortus est nobis? Quomodo ergo illa inaccessam attigit maiestatem, nisi pulsando, petendo, quaerendo? Denique et quod quaerebat invenit, cui dictum est: *invenisti gratiam apud Deum*. Quid? Plena est gratia, et gratiam adhuc invenit? Digna prorsus invenire quod quaerit, cui propria non sufficit plenitudo, nec suo potest esse contenta bono; sed quemadmodum [5] scriptum est, *qui bibit me, adhuc sitiet*, petit supereffluentiam ad salutem universitatis. »

---

a) Comm. in Luc. I. 30. pag. 632. apud Mai scriptt. vett. T. IX.

1) Forte a vero non abluderent qui *custoditam praeelectionem* interpretarentur de praeelectione divina, qua Virgo ἐκ βρέφους sacrata Deo fuit, immo regi gloriae extructa et aedificata lapis animatus et non incisus.
2) Hom. III. super *Missus est*, n. 10. pag. 753. E-F.
opp. T. III.
3) Serm. III. in Virginis annunt. n. 8. p. 987. E-F.
4) Serm. in Deiparae nativit. n. 5. pag. 1020. A-C.
5) Eccli. XXIV. 29.

1120. Conspiratio igitur commentariorum, quibus maiores nostri explanarunt hinc quidem angelicam salutationem, inde vero consequentia verba, *invenisti gratiam apud Dominum*, neque manifestior esse potest, neque in rem nostram praeclarior. Luminis tamen non parum hisce omnibus accedet, si liturgica atque ecclesiastica monimenta consulantur. Itaque in Armeniorum ecclesiae monimentis [1]) legimus: « Ave thronus salutis, spes constantiae hominum, legis et gratiae mediatrix. Laetare Deipara, quae virginum es gloria, adiutrix et gratia mundi. Altior es caelo Maria, gloria ecclesiae. » Eodem pertinent ecclesiastica Coptorum monimenta, in quibus nunc [a]) dicitur: « Dignior es sanctis omnibus, ora pro nobis, o gratia plena. Tu prae patriarchis exaltata es, et prae prophetis honorata. » Nunc [b]) subditur: « Gloria tua, o Maria, est altior caelo et terra et iis quae in ea sunt, honorabilior. » Nunc [c]) adiicitur: « Benedicta es ac perfecta, o tu quae gratiam omnem invenisti coram rege gloriae, nostroque vero Deo. Omnem meruisti honorem prae omnibus qui sunt super terram, o tu e qua Verbum carnem suscepit. » Et nunc [d]) Deipara his verbis celebratur: « Ave gratia plena, Virgo immaculata, tabernaculum non manufactum, veritatis thesaurus. Ave gratia plena, mensa spiritalis omnibus ex ea manducantibus praebens vitam. » A quibus haec seiungi minime debent quibus sacerdos [2]) penes Aethiopes Deum deprecatur: « Conserva eum in rectitudine fidei omni tempore vitae suae, et sit in caritate quae superat omnem pacem, precibus omnium sanctorum, et intercessione plenae gratia Virginis genitricis Dei Mariae, quae in omnibus est sancta. »

1121. Orientis ecclesias aemulantur latinae, quae in extollenda virgineae gratiae plenitudine nobilissimas quasque dicendi formas usurpant. Et nobilissima quidem haec [3]) est:

» Ave Virgo gratiosa,
» Stella sole clarior,
» Mater Dei speciosa,
» Favo mellis dulcior,
» Rubicunda plus quam rosa,
» Lilio candidior:
» Omnis virtus te decorat,
» Omnis sanctus te honorat,
» Iesus Christus te coronat
» In caelis sublimior.

Tum [4]) haec:

» Decus mundi, lux profundi, Domini sacrarium,
Vitae forma, morum norma, plenitudo gratiae;
» Dei templum, et exemplum totius iustitiae,
Virgo salve per quam valvae caeli patent miseris.

Sequitur [5]) in hymnis Anselmus:

» O mundo venerabilis,
» Virgo mater mirabilis,
» Maria plena gratia,
» Ora pro nobis Domina.

Et [6]) rursum:

» Dei mater o Domina,
» Sublimis tanta gratia,
» Tua, fac, exaltatio
» Sit nostra relevatio.

a) Syllog. Theotoch. pag. 68. D.
b) Ibid. pag. 70. A.
c) Ibid. pag. 106.
d) Ibid. pagg. 136-137.

1) Confess. eccles. armen. pag. 43.
2) Ordo baptis. pag. 642. D. in max. pp. biblioth. T. XXVII.
3) Thesaur. hymnolog. pag. 348. T. I.
4) Thesaur. hymnolog. pag. 373. T. II.
5) Psalter. de s. Virgine, pag. 303. D.
6) L. c. pag. 303. col. 2. A.

Ac ¹) denuo:

» Ave mater gratiarum,
» Quae peperisti Dominum:

» Ipsi misericordiam
» Cantamus et iudicium.

Hinc ²) Bonaventura:

» Ave virgo, quae furorem
Conditoris in amorem
Tua forma convertisti,
Votis iram extinxisti.
» Ave Virgo, quam Salvator,
Renum testis, et scrutator,

Quem non fallit nox erroris,
Laudat intus atque foris.
» Ave Virgo plena bonis
Gratiarum dives donis,
Opus Dei digitorum
Grande nimis et decorum.

1122. Sed nuspiam uberior seges quam e ditissimis Graecorum campis colligi potest. Ut enim ex innumeris pauca solum decerpam, en quae in Menaeis ᵃ) occurrunt: « Quo te appellabimus modo, o gratia plena? Caelum: solem namque iustitiae oriri effecisti. Paradisum: florem namque immortalitatis protulisti. Virginem: incorrupta scilicet permansisti. Innoxiam matrem: tuis enim sanctis ulnis complexa es filium omnium Deum. » Hisce similia passim ³) alibi habentur, quibus haec adiungi ᵇ) debent: « Mysterium absconditum, ipsisque angelis incompertum Gabrieli archangelo committitur: et ad te iam accedet quae sola es intemerata et pulcra columba, generisque revocatio, tibique, o sanctissima, acclamabit ave, dicens: te adorna ut per verbum Deum Verbum in tuo sinu recipias. » Hinc illa, quorum ᶜ) auctor est Iosephus hymnographus: « Ut te Gabriel innocentem penitusque immaculatam vidit, splendide clamavit, ave, Domina, thori nescia, mortalium salus, angelorum gloria et exsultatio. » Hinc illa quae idem ᵈ) canit: « Per venerabilem tuum partum, o Virgo, erepti ex Adami et corruptionis et mundanae damnationis vinculis, tibi non sine gratiarum actione, o immaculata, inclamamus: ave o plena gratia et salutifera gratiae porta. » Atque hinc Theodori studitae praeconium quod ᵉ) in Triodio refertur: « Quae impassibilitatis fontem genuisti, o Virgo, me passionibus saucium sana et ab igne aeterno libera, o sola Deo gratissima. » Cui praeconium respondet ᶠ) Theophanis his verbis conceptum: « Cum angelis in caelo, cum hominibus in terra tibi, o Deipara, laeta voce acclamamus: ave porta caelis latior, ave sola hominum salus, ave veneranda, ave, gratia plena quae Deum incarnatum peperisti. »

1123. Iis finem facio quae ᵍ) in Pentecostario frequentantur: « Pulcritudinem virginitatis tuae, et eximium innocentiae tuae splendorem demiratus Gabriel, o Deipara, exclamavit: quo encomio utar te digno? Quo te nomine compellabo? Me fugit atque obstu-

---

a) Men. die XXIV. Decembr. ad Matut. pag. 208. col. 2. D.
b) Men. die XXIV. Martii ad Vesper. pag. 100. col. 2. A.
c) Men. die XXVI. Martii ad Matut. Ode α'. pag. 120. col. 1. B-C.
d) Men. die X. Augusti Ode α'. pag. 58. col. 2. A.
e) Triod. pag. 77. col. 2. A.
f) Triod. pag. 495. col. 1. E. coll. Paraclit. pag. 437. col. 1. C-D.
g) Pentecostar. pag. 86. col. 2. C. coll. pag. 95. col. 1. C. et Paraclit. pag. 114. col. 2. D.

1) Ibid. pag. 306. col. 1. C.
2) Psalt. min. beatae Virginis, pag. 497. col. 1. B-D. opp. T. VI.
3) Men. die XVIII. Dec. ad Matut. pag. 140. col. 1. D., die XXIV. Martii ad Parv. Vesper. pag. 105. col. 1. C., et die XXV. ad Vesper. pag. 112. col. 2. D.

pesco. Propterea ut iussus sum, te saluto, ave gratia plena. » Et ª) rursum: « Ave Deipara undequaque veneranda: ave fons vitae qua fideles perfundis: ave omnium imperatrix et creaturae domina: ave benedicta penitus immaculata: ave gloriosa et nullius conscia labis: ave palatium: ave divinum habitaculum: ave innocens: ave Virgo-mater: ave Dei sponsa. Ave Dei mater intemerata, spes fidelium: ave mundi ¹) purgatio: ave quae ab omni afflictione servos tuos liberas: ave hominum advocata: ave praesidium vitam afferens: ave turris te invocantium: ave divinum Dei vestimentum et mons sancte. Ave Deipara domina: ave sola spes et mortalium auxilium: ave perfugium et lucerna semper fulgens: ave lampas splendidissima: ave sanctificatum palatium: ave paradise: ave divinum habitaculum: ave fons dives fluentis in eos qui ad te confugiunt. »

1124. Quare si collata Mariae gratia *in se* atque *absolute* spectetur, ea fuit *gratia plena, perfecta, ipsaque gratiae plenitudo;* adeo ut de Virgine merito affirmetur ²) *quod omnem ipsa invenerit gratiam, omnem meruerit honorem, omnem virtutem, omnemque sanctitatem possederit,* neque aliter apparuerit ac ut *vitae forma, exemplar totius iustitiae, intus et foris coram Deo laudabilis, in omnibus sancta, eaque pulcritudinis specie insignis, qua Dei adversus homines iram in amorem benevolentiamque commutarit.* Cum hac autem consideratione *absoluta* cohaeret altera eaque *comparata,* qua Virgo propter acceptam divinitus gratiam celebratur *sole clarior, candidior lilio, altior caelo, decus mundi, ecclesiae gloria, angelorum exsultatio et Dei opus grande nimis atque decorum.* Utramque excipit consideratio qua Virgo spectatur *ut caussa,* eidemque asseritur *quod sit adiutrix et gratia mundi, legis et gratiae mediatrix, nostra relevatio, revocatio generis, gratiarum mater, salutifera gratiae porta, mundi purgatio, salus et sola hominum salus, spes et sola mortalium spes.* Ex his tandem omnibus intima quadam necessitudine praeconia dimanant quibus Virgo extollitur tamquam *caelum, paradisus, lucerna semper fulgens, undequaque venerabilis, penitus inscia labis, sola Deo gratissima, sola intemerata et pulcra, eaque venustate insignis quae vel ipsos angelos in sui obsequium admirationemque rapuerit.*

1125. Viderer autem mihi tempus ludere atque operam terere, si immaculatum Virginis conceptum cum his penitissime iunctum anxie comprobarem. Tanta est enim huiusce nexus perspicuitas atque evidentia, ut dicendo illustrior reddi vix ac ne vix quidem

---

a) Pentecost. pag. 248. col. 1. A-C.

1) Quae conferri debent cum Pauli verbis de Christo servatore Hebr. I. 3.

2) Quo etiam pertinent formulae quibus Deipara nuncupatur sive a Georgio nicomediensi in Men. die XXI. Nov. Ode ϛ'. pag. 157. col. 1. C., οἶκος τῆς χάριτος, ἐν ᾧ οἱ θησαυροί ἐνάκεινται τῆς ἀπορρήτου θεοῦ οἰκονομίας, *domus gratiae, in qua reconditi sunt thesauri ineffabilis Dei oeconomiae*: sive a Germano constantinopolitano die XXIV. Maii Ode α'. pag. 93. col. 2. B., πεποικιλμένη ποικιλίᾳ χάριτος, *variegata varietate gratiae*: sive a Theophane die XXVIII. Maii Ode ϛ'. pag. 105. col. 2. B. *millies gratiosa, mundoque iucunda,* his verbis: χαίροις μυριόχαρε, καὶ κοσμοχαρμόσυνε, Μαρία Θεοτόκε· ὕμνοις σε ἀσιγήτοις μεγαλύνομεν. *Salve, o Maria Deipara, millies gratiosa, mundoque iucunda; te incessantibus hymnis celebramus.* Fuit igitur cur in Paraclit. pag. 229. col. 2. E. diceretur: Γαβριὴλ σοὶ τὸ χαῖρε τὸ ἐπουράνιον ἐπὶ γῆς παραδόξως ἐναπεκόμισε· τὸν γὰρ ἀγγέλων ποιητὴν ἐν σοὶ σαρκούμενον ὁρῶν, τὸ μελῴδημα χαρᾶς ἀναμέλπει σοι, σεμνὴ βροτοὺς δι' αὐτοῦ διδάσκων, ὡς σὺ μόνη χαρᾶς αἰτία πᾶσιν ἀνθρώποις πεφηνέρωσαι. *Gabriel tibi caeleste ave super terram mirabiliter detulit; conditorem namque angelorum in te incarnandum videns, canticum gaudii, o veneranda, tibi accinit, mortales per illud edocens, quod tu sola gaudii caussa cunctis hominibus apparueris.*

possit. Quare satius arbitror iis absolvere, quibus Iohannes Geometra Deiparam ᵃ) alloquens canit: « Salve, o regina, mortalium gratia virtutum, salve intelligentium gratia, salve gratia divinorum. » Et ᵇ) rursum: « Salve, o regina, tu mihi decus, sol, fortitudo, spiritus, ratio, vita, robur, sapientia. Salve, o regina, et utriusque simul mundi spes invicta, et mundus inter utrumque. Salve, o regina, tu regiae quoque Trinitatis conciliatrix, siquidem velis. » Ac ᶜ) postremo: « Salve, o regina, ex radice penitus innocentissima; germen gratiarum triplex es a trino exorta. Salve, o regina, Trias tibi radix atque principium; idcirco o beatissima unum ex Trinitate genuisti. »

ARTICULUS V.

Maiorum commentarii quibus expoliunt verba Luc. I. 28-42. benedicta tu in mulieribus: quam praeclare cum superioribus conspiret: testimonia ex monimentis liturgicis atque ecclesiasticis eodem pertinentia: uberior eius praerogativae confirmatio qua Virgini immaculatus conceptus tribuitur.

1126. Ea est vis ac ratio commentariorum, quibus maiores nostri explananda censuerunt verba, *ave gratia plena, Dominus tecum*, et, *invenisti gratiam apud Dominum*, ut pronum omnino sit non modo divinando coniicere, verum etiam intelligendo affirmare quam ipsi potestatem Gabrielis et Elisabethae [1] praeconio, *benedicta tu in mulieribus*, subiiciendam esse existimarint. Expeditum namque est intelligere, ea tantum significatione accipi ab illis eiusmodi praeconium potuisse, qua Virgo a mulieribus prorsus omnibus secreta, super ipsas omnes quam splendidissime extolleretur. Quoniam vero non minimum commodi polliceri nobis iure possumus, si christianae antiquitatis de hoc capite sententiam paullo enucleatius compertam habuerimus; dabimus idcirco operam ut non quidem omnia, quod esset infinitum, sed potiora saltem testimonia more nostro, bonaque fide in medium proferamus.

1127. Primus itaque testis audiatur Bruno astensis, qui [2] de verbis [3] angeli *benedicta tu in mulieribus*, scribit: « Merito in mulieribus benedicitur, per quam mulieribus benedictio datur, et mundus a maledictione liberatur. » Ubi vero [4] similia expendit [5] Elisabethae verba, ait: « Ab omnibus benedicitur, quae omni benedictione digna habetur. » Suffragatur [6] Bernardus qui cum primum attulit verba, *benedicta tu in mulieribus*, pergit: « Libet adiungere quod Elisabeth, cuius haec verba sunt, prosequuta subiunxit: *et benedictus fructus ventris tui*. Non quia tu benedicta, ideo benedictus fructus ventris tui; sed quia ille te praevenit in benedictionibus dulcedinis, ideo tu benedicta. Vere enim benedictus fructus ventris tui, in quo benedictae sunt omnes gentes: de cuius plenitudine tu quoque accepisti cum ceteris, etsi differentius a ceteris. » Et [7] alibi: « O beata sola inter

---

a) Hymn. IV. in Deiparam vv. 1-2. pagg. 441. E. in app. ad biblioth. pp. graeco-lat. T. III.
b) Ibid. pag. 443. E.
c) Ibid. hymn. II. pag. 438. C-D.

1) Luc. I. 28-42.
2) Comm. in Luc. §. III. pag. 151. B. opp. T. II.
3) Luc. I. 28.
4) Ibid. pag. 153. col. 1. E.
5) Luc. I. 42.
6) Hom. III. super *Missus est*, n. 5. pag. 751. F. opp. T. III.
7) Serm. IV. in vigil. nativ. Domini. n. 3. p. 772. F.

mulieres benedicta et non maledicta, sola a generali maledicto libera et a dolore parturientium aliena. » Neque aliter 1) Petrus Damiani inquiens: « *Benedicta tu in mulieribus.* Per mulierem infusa est maledictio terrae, per mulierem redditur benedictio terrae. Per cuius manum potus mortis amarae porrigitur, per eam quoque dulcis vitae poculum exhibetur. Largissimum benedictionis novae fluentum totum detersit maledictionis antiquae contagium. »

1128. Quartus quintusve testis accedunt Paschasius Ratbertus et venerabilis Beda, quorum ille in eos gravissime [2]) invectus qui nescio quas sordes in partu Virginis comminiscebantur, scribit: « Sed absit a cordibus fidelium ut tale aliquid suspicentur de Maria Virgine, quae pro maledictione primae originis benedictionem attulit mundo. Unde et ipsa ab angelo benedicta praedicatur in mulieribus, et salutatur officiosissime ut mater Domini prae omnibus gloriosa, nec non et ab Elisabeth in spiritu prophetiae benedicta pronuntiatur, et benedictus fructus ventris eius creditur et veneratur. Ergo in qua et per quam tanta benedictio effloruit et gratia manavit, non est credendum quod eius puerperium doloribus et gemitibus more feminarum subiacuerit. Et quia beata Dei genitrix tristitiis non subiacuit et aerumnis, libera ab omni maledictionis naevo fuit, quam Spiritus sanctus adimplevit et totam Domino dedicavit. » At venerabilis Beda [3]) verbis Elisabeth hunc subiicit [4]) commentarium: « Intuendum quod eadem voce Maria ab Elisabeth qua a Gabriele benedicitur, quatenus et angelis et hominibus veneranda, et cunctis merito feminis praeferenda monstretur. » Quibus haec adamussim [5]) respondent: « Non solum benedicta inter mulieres, sed inter mulieres benedictas maiori benedictione specialiter insignis. *Benedictus fructus ventris tui.* Nec ipse generali sanctorum more benedictus, sed sicut Apostolus [6]) ait: *quorum patres, et ex quibus Christus secundum carnem, qui est super omnia Deus benedictus in secula.* » Atque haec [7]) item: « Benedicta est enim incomparabiliter, quae et divini germinis suscepit gloriam, et coronam integritatis servavit. Benedicta inter mulieres, per cuius partum virgineum a natis mulierum maledictio primae matris exclusa est. »

1129. Cuius commentarii testes quoque sunt omni exceptione maiores tum [8]) vulgatus Hildephonsus, qui propterea Virginem *inter mulieres benedictam* nuncupari scribit, *quod homines universos meritorum excellentia superarit:* tum [9]) vulgatus Augustinus qui huius praeconii caussam inde repetit, *quod una inter mulieres Virgo fuerit inculpabilis, neque secus auctrix meriti et vitae ac Eva auctrix peccati et mortis:* tum demum [10]) Petrus chrysologus, cui Virgo ideo est *inter mulieres benedicta, quia in quibus Eva fuit maledicta, in iis Maria fuit benedicta, et superni conceptus meruit gratiam; et maior caelo, fortior terra atque orbe latior apparuit.* Hinc Laurentius Iustiniani [11]) impetrare a seipso non potuit quo minus exclamaret: « Quis, oro, huius Virginis gratiam sufficit

---

1) Serm. XLVI. in Virginis nativit. pag. 115. col. 2. E. opp. T. II.
2) De partu Virginis pag. 8. apud Lucam Acherium in spicileg. T. XII.
3) Luc. I. 42.
4) Comm. in Luc. I. 42. pag. 194. E. opp. T. V.
5) Hom. in Deiparae visitat. pag. 318. col. 2. A-C. apud Combefisium in biblioth. concionat. T. VII.
6) Rom. IX. 5.
7) Ibid. pag. 318. col. 2. C-D.
8) Serm. II. in Virginis assumpt. pag. 672. col. 2. B-D. apud Combefisium in biblioth. concionat. T. VII.
9) Serm. CXX. in nat. Domini IV. n. 4. p. 154. B-C. inter opp. August. T. V.
10) Serm. CXL. de Virginis annunciat. p. 201. col. 1. A. et serm. CXLIII. pag. 205. col. 1. A.
11) Serm. X. in Virginis annuntiat. pag. 42. col. 1. E. opp. T. II.

enarrare? Ab ipsa namque sui conceptione in benedictionibus est praeventa dulcedinis, atque a damnationis aliena chirographo, prius est sanctificata quam nata. »

1130. Huic autem apud Latinos solemni prorsus doctrinae ea Graeci consensione patrocinantur, qua neque plenior neque illustrior desiderari posse videtur. Et initio patrocinatur [1]) Leo Augustus qui Virginem non dicit modo ὑπερευλογημένην *superbenedictam*, sed de ipsa praeterea [2]) scribit: « Vere sola in mulieribus benedicta, quae sola primae parenti eiusque posteris opem tulit: illi quidem, quod duplicem calamitatem cuius illa sibi ac filiis auctrix fuerat exsolvit; his vero quod ipsos a malis quibus obnoxii tenebantur, redemit. » Patrocinatur [b]) Iohannes damascenus in haec verba erumpens: « O Virginis praerogativas humana conditione maiores! Beata es in generationibus generationum, solaque digna quae beata praediceris. » Solaque digna de qua omnes,[c]) clament: « O desiderabilissima femina, terque beata! *Benedicta tu in mulieribus*. O divinum vivumque simulacrum, cuius conditor Deus pulcritudine delectatus est, quod mentem quidem divinitus gubernatam habet, Deoque soli addictam; cupiditatem vero omnem ad id quod solum expetendum est et amore dignum intentam; iram autem erga peccatum dumtaxat eiusque parentem. Vitam [3]) natura potiorem habebis. Habebis autem non tibi ipsi quippe quae non tui ipsius causa genita sis. Quocirca Deo hanc habebis, cuius gratia in mundum prodiisti; ut orbis universi saluti obsequaris, Deique antiquum consilium, nimirum incarnationis Verbi, nostraeque deificationis, per te compleatur. »

1131. Suum quoque adiiciunt calculum Germanus constantinopolitanus et Petrus siculus, e quibus alter fidei hostibus [3]) illos accenset omnes qui non profitentur τὴν ὑπερευλογημένης καὶ ἀειπαρθένου δεσποίνης ἡμῶν κυρίως καὶ ἀληθῶς Θεοτόκου Μαρίας δόξαν, *superbenedictae, sempreque virginis Dominae nostrae, proprie vereque Deiparae Mariae dignitatem;* prior vero [d]) sic habet: «*Benedicta tu in mulieribus*, mystica et sata a Deo vitis: *Benedicta tu in mulieribus*, terra vere desiderabilis, de qua figulus pulveris nostri limum desumens vas peccato contritum reparavit. » Accedunt Andreas cretensis, vulgatusque Chrysostomus, qui praeceptam animo sententiam disertissimis verbis aperiunt. Aperit disertissimis verbis Andreas [e]) inquiens: « Tu vere benedicta, quae sola matrum creatori tuo mater praeparata. *Benedicta tu in mulieribus*, quae sola benedictionem velut hereditate [4]) es consequuta, quam Deus per Abraham gentibus promiserat. Vere tu benedicta, vitalis ligni salutis paradise spiritalis. » Aperit [f]) et Pseudo-Chrysostomus qui scribit: « *Benedicta tu in mulieribus*. Tu in mulieribus sola es, quae Evae maerorem curasti, quae sola plangentis lacrymas abstersisti, quae sola redemptionis mundi pretium tulisti. »

a) Orat. in Deip. dorm. pag. 1744. C-D.
b) Orat. I. in Deiparae dormit. §. VIII. pag. 863. C-D.
c) Orat. I. in Deiparae nativit. §. IX. pag. 847. C-E.
d) Orat. in Deiparae nativit. pag. 1310. C-E. apud Combefisium Auctar. T. 1.
e) Orat. in Deiparae annunt. pag. 103. B-E. apud Gallandium T. XIII.
f) Orat. in Deiparam, pag. 237. C-D. inter opp. Chrysostomi T. VIII.

1) Orat. in Deiparae dormit. pag. 1740. A. apud Combefisium Auctar. T. I. Cf. nn. 320. seqq.
2) Ac propterea §. XI. pag. 849. B-C. audit tum ἄξιον τοῦ Θεοῦ καταγώγιον, *dignum Deo domicilium*, tum ἐκπληκτος δόξα τῆς ἀνθρωπότητος, *eximium humanitatis decus*.
3) Con. Manich. serm. II. n. 1. pag. 66. apud Mai in nova pp. bibliotk. T. IV. P. II.
4) Ceteri namque mortales nonnisi maledictum haereditate consequuntur.

1132. Hisce autem qua similia, qua etiam gemina tradunt [1]) Proclus constantinopolitanus, Theodotus [2]) ancyranus, Sophronius [3]) hierosolymitanus et Methodius Tyri praesul qui Virginem extollens [4]) ait: « Benedicta tu, prorsus benedicta omnibusque desiderabilis. In benedictionibus Domini nomen tuum divina gratia plenissimum ac summe Deo gratiosum, o Dei mater, quaeque tuo ipsa splendore fidelibus lumen praeferas. » Superius vere [b]) scripserat: Tremendum enim revera, o mater virgo, sedes spiritalis, glorificata, Deoque digna, tuum illud sacramentum. Beata tu in mulierum generationibus, a Deo beatissima. » Ac vere a Deo beatissima, quam [a]) Ephraemus invocat uti παντευλόγητον *undequaque benedictam*, et de qua [c]) ait: « Tu paradisi claustra aperuisti, tu adscensum ad caelos praeparasti, tu filio tuo et Deo adoptasti. Per te omnis gloria, honor et sanctitas ab ipso primo Adamo et usque ad consummationem saeculi, apostolis, prophetis, iustis et humilibus corde, sola immaculatissima, derivata est, derivatur ac derivabitur, atque in te gaudet gratia plena, omnis creatura. »

1133. Venio ad ecclesiastica et liturgica monimenta, et ad Menaea primum, quibus [5]) cum alia, tum [d]) haec, auctore Theophane, continentur: « Benedictus benedicti tui ventris fructus, quem caelorum virtutes mortaliumque coetus benedicunt, qui nos, o benedicta, ab antiquo maledicto redemit. » Alibi [6]) similia scribit Theophanes, cum quo in eamdem conspirans mentem Andreas hierosolymitanus [e]) canit: « Magnus spiritalium ordinum dux ad civitatem Nazareth subito accedens, tibi, o intemerata, regem seculorum ac Dominum annunciat dicens: salve, o benedicta Maria, incomprehensibile et inexplicabile portentum, hominumque restitutio. » Celebratas ab utroque [7]) Virginis laudes repetunt atque ingeminant Iosephus hymnographus et Georgius nicomediensis, e quibus ille [f]) exclamat: « Salve sanctificatum Altissimi divinum tabernaculum: per te enim, o Deipara, locupletantur [8]) gaudio clamantes: benedicta tu es inter mulieres, o penitus immaculata. » Georgius vero [g]) scribit: « Hodie animatum templum gloriae sanctae, Christi Dei nostri, sola inter mulieres benedicta, innocens offertur in legali templo ut in sanctis habitet: cum ipsa autem in spiritu gaudent Ioachim et Anna, virginumque chori Dominum exaltant psalmos canentes, eiusque matrem honorantes. »

---

a) De Symeone et Anna §. X. pag. 815. B. apud Gallandium T. III.

b) Ibid. §. V. pag. 809. B-C.

c) Orat. ad Deip. pag. 532. B-D.

d) Men. die XV. Octob. Ode ζ'. pag. 94. col. 2. D.

e) Men. die XXIV. Martii ad Vesp. Ech. δ'. pag. 105. col. 1. B., et die XXV. ad Matut. Ech. α'. pag. 113. col. 2. C.

f) Men. die XII. April. Ode ζ'. pag. 48. col. 1. D., et die XIII. Ode ζ'. pag. 92. B.

g) Men. die XXI. Novembr. ad Magn. Vesp. Ech. α'. pag. 151. col. 1. D-E.

1) Orat. V. in Deiparam §. III. pag. 631. C. apud Gallandium T. IX.

2) Orat. in Dei genitricem et Christi nat. §.XII. p.476. A-D. apud Gallandium T. IX.

3) Serm. ad Paulam et Eustoch. de Virginis assumpt. pagg. 97. F. et 98. A-B. inter opp. Hieronymi T. XI.

4) Orat. ad Deiparam pag. 539. B. opp. graeco-lat. Tom. III.

5) Men. die XXVI. Decembr. Ode ζ'. p. 236. col. 2. C.

6) Men. die XI. Novembr. Ode ζ'. pag. 82. col. 2. E. et die VI. Octobr. Ode ζ'. pag. 36. col. 2. A.

7) Videsis Men. die XXVII. Martii Ode ζ'. pag. 125. col. 2. A., die XX. April. Ode ζ'. pag. 83. col. 1. A., et die VII. Septembr. Ode ζ'. pag. 52. col. 2. C.

8) Haec recurrunt in Pentecostario pag. 9. col. 2. E.

1134. Quemadmodum Georgius, ita [1] Gregorius pariter hymnographus et Leo magister Deiparam salutant *veluti solam e mulieribus benedictam*. En [a] Leonis verba: « Hodie Virgo omni ex parte immaculata ad templum adducitur, ut habitaculum sit omnipotentis Dei nostraeque vitae altoris. Hodie purissima victima, ceu triennis bucula in sancta sanctorum infertur. Huic, non secus ac angelus, acclamemus: ave sola in mulieribus benedicta. » Eiusdem praeconii testis est non minus locuples quam [2] frequens Iosephus, qui [b] scribit: « Quum Christum quem peperit, splendidissime ex mortuis in omnium salutem excitatum videret hodie innocens illa, pulcra, immaculata et in mulieribus speciosa, eum cum apostolis gaudio plena glorificavit. » Illustriora habet Sophronius [c] inquiens: « Ave thori expers et undequaque benedicta, tu maledicti solutio per quam mundus e lapsu surrexit et resurrectionem illius celebrat qui vitam impertit. Sola ante alias mulieres te, o Christe, ex monumento splendide fulgurantem vidit, sola illa sanctissima quae audivit, *ave*. » Ad quam normam non pauca reperiuntur expressa tam [3] in Paraclitico, quam [d] in Anthologio e quo haec deprompta referimus: « O sola benedicta Deoque carissima, quae in hominum genus benedictiones gratiosa effundis, Christum, o illibata, cum divinis apostolis deprecare ut nostri misereatur. »

1135. Ex ecclesiasticis autem Latinorum libris speciminis loco haberi possunt quae [4] subdimus:

» Dominus plasmavit,
» Adam qui peccavit
» Malum dum piavit
» Quando te vocavit
» Et in utero beatificavit.
» Benedicta sola

» De superna schola,
» Deitatis stola
» Inter mulieres
» Tu sola adhaeres
» Deo velut haeres.

Tum [5] haec:

» Angelus [6] apparuit
» Lucidus qui docuit
» Exaudita vota:
» Regis summi gratia
» Ut his detur filia
» Gratiosa tota.

» In utero consecrata
» Miro modo generata,
» Gignet mirabilius.
» Benedicta Virgo nata
» Templo trina praesentata
» Erecta velox ascendit.

1136. Neque desunt quae ex Armeniorum ecclesia proferantur, cuiusmodi ista [7] sunt: « Deipara sancta Virgo, thori expers, quae benedicta es in mulieribus. Te semper benedicimus, quae digna es, magnificamus. Tu gloria hominum, tu laetitia angelorum, tu

---

a) Men. die XXI. Novemb. Ech. α'. pag. 161. col. 1. E.
b) Pentecostar. pag. 152. col. 1. E.
c) Triod. pag. 183. A-C. apud Mai in spicileg. rom. T. IV.
d) Antholog. in Acoluthia totius hebdomadae pag. 98. col. 2. A.

1) Men. die XXIII. Novembr. Ode η'. pag. 176. col. 2. C-D.
2) Pentecostar. pagg. 58. col. 1. D-E. et 124. col. 1. B-C.
3) Paraclit. pagg. 20. col. 1. A. et 27. col. 2. A.
4) Thesaur. hymnolog. T. I. pag. 346.
5) Thesaur. hymnolog. T. II. pag. 209-210.
6) Ioachimo videlicet et Annae a Deo sobolem postulantibus.
7) Confess. eccles. arm. pag. 41.

tollens maledictionem. » Concinunt solemnes apud Coptos hymni, in quibus ª) legimus « Benedicta es prae caelo, venerabilior terra, omnemque cogitationem superas. Quis gloriam tuam enarret? Non est qui similis sit tibi, o Maria Virgo: te honorant angeli, et te seraphim glorificant. » Concinunt et Syri qui modo Virginem dicunt [1] κατ' ἐξοχήν *benedictam*, modo *benedictae* appositum cum aliis cumulantes ita ᵇ) deprecantur: « Sanctam, laudabilem, benedictam, impollutam Dominam nostram beatam semper Virginem Mariam Dei genitricem commemoramus. » Et modo, praeeunte sancto Iacobo sarugensi, illius laudes ᶜ) hoc hymno dodecasyllabo frequentant: «Virgo sanctissima me hodie vocavit, ut ipsi loquerer. Purificemus auditum nostrum ad magnum sermonem, ne simus immundi. Caelum secundum, in cuius sinu Dominus altissimus habitavit, atque ex illa ortus est, et tenebras ex orbe fugavit. *Benedicta inter mulieres* per quam terrae maledictio exstirpata est, et sententia damnationis [2] per ipsam in hac solutionem accepit. Pura, humilis et plena virtutibus ac sanctitate, cuius gesta ut enarrem, mihi impar est lingua. Filia pauperis facta est mater Domini dominantium, egenoque mundo opulentiam contulit, e qua viveret. Navis, quae bona et thesauros e patris domo portavit, et ideo venit ut divitias suas impertiret regioni nostrae sterili et afflictae. »

1137. Interrogentur itaque maiores nostri, atque ab illis germana quaeratur significatio quam verba, *benedicta tu in mulieribus*, complectuntur. Illis si fidem adiungimus, ea I. *absolute* significant, *Virginem fuisse benedictam, vere benedictam, prorsus benedictam, undequaque benedictam, totam benedictam,* κατ' ἐξοχήν *benedictam, superbenedictam, atque adeo omni benedictione et Deo dignam, penitusque Domino dedicatam.* Tum II. comparate significant, *accepisse utique Virginem de plenitudine benedictionis Christi, sed differentius a ceteris, ac propterea maiori benedictione specialiter eminuisse, prae humana conditione fuisse benedictam, benedictam prae caelo et omnibus praeferendam.* Ad haec III: *negative* significant, *Virginem non subiacuisse maledicto, et ab omni maledictionis vinculo fuisse solutam.* Porro IV. *exclusive* significant, *solam Virginem fuisse benedictam, solam vere benedictam, solam a generali maledicto liberam, solam inculpabilem, solam quae benedictionem veluti hereditate obtinuerit, solam quae Deo uti heres adhaeserit, solam quae Evae maerorem curarit, solam sanctissimam, pulcram, innocentem ac dignam quae beata praedicetur.* Denique V. *caussaliter* significant, eo modo eaque benedictionis ubertate Virginem fuisse ditatam, *ut per ipsam profligata sit maledictio, per ipsam benedictio terrae restituta, per ipsam auxilium protoparentibus allatum, per ipsam exhibitum dulcis vitae poculum, et per ipsam in omnes honor, gloria et sanctitas perenniter derivata.* Quaenam vero est ex hisce significationibus, quae Virginem supra universum hominum genus non extollat, quae illam in proprio veluti ordine non collocet, quae ab universali maledictione non eximat, quaeque illam semper integram, semper illibatam, semperque benedictam non demonstret? Nulla

---

a) Syllog. theotochior. pag. 122.
b) Cod. liturg. eccl. univers. T. VIII. P. II. pag. 37.
c) Offic. Sabbathi ad prim. noctur. pag. 457.

1) Cod. liturg. eccles. univ. T. III. pag. 197.
2) Syriace est ܗܳܟܺܝܠ ܡܶܢܳܗ̇ proprie *illinc hinc, ab illa huc*: id est ab illa Virgine ceu e termino *a quo* huc vel in hanc terram ceu terminum *ad quem* solutio maledicti dimanavit. Quae profecto intelligi vix possent, si ipsa etiam Virgo maledicto fuisset obstricta.

plane. Tum igitur maiores nostri immaculatum Virginis conceptum unanimi suffragatione docuerunt, quum verba, *benedicta tu in mulieribus*, suis commentariis explanarunt.

ARTICULUS VI.

Vindiciae interpretationis qua christiana antiquitas angelicam salutationem explanavit: verissimum est constare illam verbis sententiisque tum splendidis ac magnificis tum inusitatis ac novis: verissimum deinde est spectari illam non secus oportere ac uti expletionem vaticinii quod tertio Geneseos capite memoratur: consectaria atque illud prae ceteris quo Virginis origines immaculatae ostenduntur: accuratius singulorum examen, consertumque cum eo argumentum quo praerogativa immaculati conceptus divinis comprehensa litteris efficitur.

1138. Piaculum omnino foret ab ea angelicae salutationis enarratione dissidere, quam concordi maiorum suffragio probatam vidimus, et qua cum alia eximia ornamenta, tum immaculatas quoque origines sanctumque conceptum Deiparae tributum novimus. Quae enim tanta christiani nominis consensione firmantur, ea interpreti catholico rata fixaque sint oportet, utpote ab eo profecta magisterio, cui [1]) veritatis Spiritus semper adest, quodque Christus [2]) omnibus diebus moderatur suoque numine regit. Hoc tamen nullatenus impedit, quominus quae auctoritate maiorum indubitanter accepimus, eadem propriis ductisque ex humana eruditione argumentis expolientur, ac vero etiam pro opportunitate vindicentur. Immo aegre mihi persuadeo utiliorem operam ea suscipi, qua auctoritas confirmatur ratione, et qua iis etiam qui christianae antiquitati vel nihil vel minus tribuunt quam deceret, perspicua inductione ostenditur nihil a maioribus Scripturas exponentibus uno ore unaque mente tradi, quod ad ipsam Scripturarum veritatem non sit perfectissime expressum. Quare hoc ipsum in praesentia adgrediar, contendamque pro viribus ut omnes intelligant, quod si nobis, ut Gregorius nyssenus [3]) loquitur, *ad nostri dogmatis probationem sat est quod venientem ad nos a maioribus traditionem habeamus;* neque rationibus tamen destituimur, neque argumentorum caritate laboramus.

1139. Principio itaque recolendum est quod a patribus scriptoribusque ecclesiasticis scite sollerterque notatum [4]) animadvertimus, *angelicam salutationem iis verbis iisque constare sententiis, quae non splendida tantum ac magnifica sed nova prorsus et inusitata iure quam qui optimo censeantur.* Et re sane vera evolvantur utriusque foederis libri, et multiplices insignesque angelorum sive apparitiones sive alloquutiones ad viros licet nobilissimos atque sanctissimos considerentur. Non pauca quidem in illis occurrunt illustria, neque pauca habentur eximia atque praeclara; sed omnia tamen ab his [a]) maxime distant quibus Gabriel Mariam compellavit inquiens: *ave gratia plena, Dominus tecum, benedicta tu in mulieribus.* Quid igitur ex tam magnifica novitate et inusitato plane verborum sententiarumque splendore deducemus? Nimirum deducemus, *multos Deo fuisse caros, sed neminem cum Virgine conferri potuisse: multos innocentia et sanctitate fuisse*

a) Luc. I. 28.

1) Ioh. XIV. 16.
2) Matth. XXVIII. 20.
3) In altero contra Eunomium libro.
4) nn. 1075. seqq.

insignes, sed neminem ad eum innocentiae sanctitatisque apicem pervenisse, quod *Virgo eminuit: multos tandem donis inclaruisse divinae gratiae supernaeque benedictionis, sed neminem Mariae divitias exaequasse et a maledicto fuisse remotiorem.* Sunt haec perspicua, et cum iis quae praevertunt necessario cohaerentia. Sed haberi ne quoque debent cum immaculato Virginis conceptu non dissimili necessitatis vinculo copulata? Ausim id citra quamvis animi haesitationem affirmare, si alterum doctrinae caput in ecclesiasticis monimentis solemne idemque verissimum consideretur.

1140. Itaque, quod maiores nostri [1]) saepissime inculcarunt, cavendum diligenter est ne dum sinceram quaerimus angelicae salutationis potestatem, illam spectemus *seorsum et a reliquis divinis manifestationibus divisam ac seiunctam;* sed danda potius est opera *ut cum his illam copulemus, et ad ea quae narrantur tertio Geneseos capite non secus illam referamus, ac fructus ad semen, et impletio ad promissionem ac vaticinium referuntur.* Enimvero quemadmodum in textu [2]) Geneseos pollicetur Deus se mulierem altera excitaturum, quae perpetuas cum satana inimicitias exerceret, damnumque primae mulieris culpa illatum abunde repararet; ita iis quae apud Lucam occurrunt sepositis, nuspiam divinae promissionis eventus, et nuspiam editi vaticinii expletio reperitur. *Coniectura est igitur minime improbabilis, ea penes Lucam effecta narrari quae divinitus promissa a Moyse recensentur.* Atque haec coniectura vim inde sumit maximam et characterem induit hermeneuticae probationis, quod quae a Luca memorantur, iis omnino respondent quae de altera muliere ac secunda Eva in oraculo Moysis leguntur. Haec enim infensa satanae esse semper debuit, nulli obnoxia maledicto, sed semper benedicta et benedictionis fons atque origo. At vero bae neque alia sunt notae, quibus in angelica salutatione Virgo distinguitur: dicitur enim plena gratia: dicitur cum Deo coniuncta: et una dicitur prae omnibus mulieribus benedicta. Reliquum est igitur, ut I. quae narrantur a Luca tamquam *proto-evangelii expletio* habeantur: et ut II. Maria conseatur illa ipsa mulier quam Deus illatae ruinae restitutricem spopondit. Quae quum ita sint, plane liquet III. Mariam sic dici plenam gratia, ut gratia nunquam ipsa caruerit: sic dici cum Deo coniunctam, ut ab eo nunquam fuerit propter peccatum divisa: et sic dici benedictam, ut in maledictum numquam incurrerit, proindeque integra et immaculata in lucem venerit.

1141. Ceterum probe video ad rem totam uberius illustrandam fore inprimis opportunissimum, si singula quaeque salutationis verba accuratiori examini subiiciantur. Itaque adveniente temporum plenitudine, quum in id Deus esset intentus ut antiquum misericordiae consilium et magnum pietatis sacramentum opere expleret; e supremo caelo non quemvis sed ex archangelis nobilissimum Gabrielem misit ad Mariam, ad filiam Davidis, ad virgam de radice Iesse, ad mulierem virginem nulli subiectam viro, et de qua dici idcirco non [3]) posset, *sub viri potestate eris, et ipse dominabitur tui.* Accessit supernus nuntius atque orsus [4]) sic est: χαῖρε *ave,* nihil enim tibi commune est cum luctu, nihil cum poena, sed tuum prorsus est avere atque salvere. Tu namque es κεχαριτωμένη, *plena gratia.* Cuius magnificae atque [5]) inusitatae appellationis ut vis ac germana potestas rite teneatur tria quoad eius fieri brevissime poterit, expendi debent ac definiri: *et initio quidem quae*

---

1) nn. 1081. seqq.
2) Gen. III. 15.
3) Gen. III. 16. coll. I. Cor. XIV. 34.
4) Luc. I. 28.

5) Non illam dico inusitatam, ac si ea nuspiam in Bibliis occurreret: habetur enim Siracidis IX. 8. XVIII. 17., sed quod ea nulli umquam viro, nullique mulieri fuerit tributa.

sit verbi χαριτόω *significatio: tum quae vis competat participio perfecto* κεχαριτωμένη, *ac postremo quo eiusdem usus absolutus et antonomasticus pertineat.*

1142. Itaque [1]) haec est verborum ratio quae *a substantivis* derivata formam praeferunt desinentem in οω vel ουμαι, ut *active nolent obducere, tegere, ornare, passive* autem *obduci, tegi, eaque re ornari quae substantivo effertur;* neque ea utcumque ornari ac tegi, verum ita, ut *subiectum* ea plenum sit, eiusque faciem speciemque repraesentet. Quum [2]) igitur χαριτόω sit ἀπὸ τῆς χάριτος, sua ipsa derivatione ac forma exprimit *aliquem gratia afficere, instruere, ornare et eo usque locupletare ut gratiosus ipse sit, gratiaque repletus.* Quare proprietati omnino studuit vulgatus interpres, qui κεχαριτωμένη reddidit *gratia plena;* et iniuria [3]) plerique omnes e protestantium sectis hanc explicationem carpendam improbandamque censuerunt. Quam eo etiam nomine vereri summopere debebant, quod sua illam auctoritate tueantur [4]) antiqua itala versio, interpres Syrus [5]), latini patres [6]) scriptoresque universi, et [7]) ipsi etiam graeci, quemadmodum crebrae penes eosdem periphrases demonstrant.

1143. Porro ut de altero dicam e tribus quae proposui, *participiis perfectis*, cuius-

---

1) Cf. Butmanni gramm. graec. §§. 104-119.

2) Nomen ἡ χάρις, unde verbum χαριτόω, descendit, heic respondet Hebraeorum nomini חן, quod est *gratia, favor*. Subdit enim continuo Gabriel, εὗρες γὰρ χάριν παρὰ τῷ θεῷ, ubi τὸ εὗρες χάριν nihil praeterea significat quam חן מצא, quod in Bibliis toties recurrit. Egregie ad h. l. Theophylactus: ὅπερ δὲ ἄνω εἶπε, κεχαριτωμένη, ὥσπερ ἑρμηνεύων φησίν· εὗρες γὰρ χάριν ἐνώπιον τοῦ θεοῦ· τοῦτο γάρ ἐστι τὸ κεχαριτῶσθαι, τὸ εὑρεῖν χάριν παρὰ τῷ θεῷ, τουτέστιν, ἀρέσαι θεῷ. *Quod vero supra dixit,* κεχαριτωμένη, *interpretatione veluti adhibita sic explicat*: invenisti enim gratiam coram Deo. Κεχαριτῶσθαι *enim nihil aliud est, quam invenire gratiam apud Deum, hoc est, placere Deo.* Quare si Theophylacto credimus, non aliter accipitur χάρις in participio κεχαριτωμένη, quam in sequente hebraica loquendi forma, εὗρες χάριν. Ergo ut χάρις est חן *gratia et favor*, sic χαριτόω erit *gratiosum amabilemque facio*, χαριτόομαι *gratiosus atque amabilis fio*, κεχαριτωμένος *gratiosus et amabilis factus*, et κεχαριτωμένη *gratiosa et amabilis facta, hoc est, gratia plena*. Qua significatione Clemens alexandrinus hoc participio utitur scribens lib. I. stromatum: ἡ μὲν τῶν δέ μοι τῶν ὑπομνημάτων γραφή, ἀσθενὴς μέν, εὖ οἶδ᾽, ὅτι παραβαλλομένη πρὸς τὸ πνεῦμα ἐκεῖνο τὸ κεχαριτωμένον, οὐ κατηξιώθημεν ὑπακοῦσαι. *Horum vero commentariorum meorum scriptura scio quam sit imbecilla, si conferatur cum eo spiritu gratia pleno, quem ut audiremus digni sumus habiti.*

3) In hos autem non modo graviter animadvertunt Maldonatus, Cottonus et passim catholici interpretes; verum etiam ex ipsis novatoribus Boisius, Beausobrius, et omnium praeclarissime Valckenarius, qui in scholiis ad Luc. I. 28., relatis improbatisque recentiorum enarrationibus, pergit: « Omnino melior est vetus interpretatio. Ad quas voces hebraeas Lucas respexerit, docebunt interpretes. Nobis satis erit vim verbi spectasse. A χάρις, χάριτος, χαριτόω, *gratia aliquem cumulo*. Inde κεχαριτωμένη est *gratia cumulata* sive *plena*. Quod multo plus dicit, quam si Lucas scripsisset χαρίεσσα, vel εὔχαρις, vel ἐπίχαρις, quae *formosarum* sunt mulierum apud poetas graecos epitheta. Χαριτῶσαι est *gratia mactare* vel *cumulare*. Hac potestate Paulus Ephes. I. 6. *Deus*, inquit, ἐχαρίτωσεν ἡμᾶς, *gratia nos cumulavit in filio suo dilecto*. Neque utitur Lucas, quod Beza putabat, verbo novo, quippe quod Sirachides iam adhibuerit XVIII. 17., ubi *vir gratia plenus* ἀνήρ dicitur κεχαριτωμένος. Si praeter hunc nostrum locum nullus daretur, in quo verbum hoc reperiretur; ex ipsa eius forma intelligeremus vim significandi: quidquid enim est huius formae verborum, omnia significant *cumulare* vel *plenum reddere*. Αἱματόω significat *cruentare*, θαυματόω *stupore implere*, σποδόω *cinere obruere*. *Sopore obrui* graece est κπροῦσθαι, quod habet Antoninus cap. XII. *Vinum soporiferum* οἶνον vocant medici κρωτικόν. Qui totus fertur fuisse *oculeus* Argus poetis est ὀμματωμένος. A μουσόω ductum μεμουσωμένος significat *artibus musicis bene imbutum*. In epist. Iacobi V. 3. aurum et argentum κατιῶται, *aerugine vitiatum* sive *plenum est*. »

4) Apud Sabatierum.

5) De quo videsis Hackspanium in sylloge pag. 385. et Lucam brugensen in comm. ad Luc. I. 28. Enimvero quod graece est κεχαριτωμένη, syriace redditur

ܡܠܝܬ ܛܝܒܘܬܐ, *plena refertaque gratia*.

6) Ambrosius in Luc. I. 28, et de Spiritu sancto lib. I. cap. VII., Hieronymus in epistolis ad Principiam et ad Eustochium, Augustinus in Enchirid. cap. XXXVI., Beda in Luc. I. 28., aliique omnino plurimi.

7) nn. 1092. seqq.

modi est κεχαριτωμένη, nativum hoc est [1]) *ut non minus factum illudque praeteritum significent quam eius continuationem adsignificent.* Quum ergo angelus Virginem compellans ait, χαῖρε κεχαριτωμένη, eiusdem sermo huc redit: *ave tu quae gratia referta donisque supernis divinisque charismatis ornata sic fuisti, ut gratiosa porro sis, et gratiae plenitudine redundes.* E quibus sua sponte consequitur: I. eam gratiae copiam Virgini *comparate* deferri, quam nemo alius acceperit: II. eidem *negative* adscribi, quod gratia numquam caruerit: et III. de ipsa *positive* affirmari, quod semper plenitudine ac perfectione gratiae insignis extiterit. Haec autem neque cum originali inimicitia, neque cum labe originalis praevaricationis cohaerere ullo modo possunt.

1144. Quod sane dissidium longe acrius mentis oculos perstringet, si oraculum supremi iudicis tertio Geneseos capite descriptum cum angeli salutatione componatur. Sicut enim eo oraculo edocemur, *primo* quidem non Evam modo sed universam quoque mulierum posteritatem tum e divina gratia excidisse, tum in multiplices gravissimasque poenas incidisse: *deinde* vero extituram tandem aliquando alteram mulierem quae expers malorum Evae, omnia in integrum restitueret; ita angeli salutatio eo pertinet, ut haec altera mulier non alia quam Virgo censeatur. Virgo, cui propterea annunciatur χαῖρε, *ave*, quod inscia fuerit *poenarum* Evae: et Virgo quae propterea [2]) *absolute* et κατ' ἐξοχὴν salutatur κεχαριτωμένη, *gratia plena*, quod inscia fuerit peccati Evae. Quare Grabrielis verba hac vel simili periphrasi aptissime comprehenduntur: *Ave tu quae fuisti ac es gratia plena, ave tu gratiosa illa quondam promissa mulier, numquam luce gratiae destituta, numquam in tenebris versata sed gratiae copiis aucta semper ac referta.*

1145. Quibus non contentus Gabriel, continuo adiecit: ὁ κύριος μετὰ σοῦ, *Dominus tecum.* Cuius incisi neque impedita est significatio, neque obscurus nexus quo cum superiore vincitur. Cum eo namque vincitur [3]) nexu quo ἐξήγησις cum re illustrata, et quo [4]) expolitionis membra mutuo cohaerent. Ad significationem vero quod attinet, e re fuerit animadvertisse, hinc quidem formulae, *Dominus tecum, Dominus cum illo* vel *cum illis*, usum esse [5]) in Scripturis frequentissimum; inde vero [6]) ea constanter efferri, *Deum sua sapientia, suoque numine sic illis opitulari quibuscum esse perhibetur, ut hi neque timere sibi debeant, neque illud sint frustra suscepturi quod ipsis Deus praecepit, at ad quod patrandum explendumque ipsos delegit.* Quum igitur Virgini annunciatur, ὁ κύριος

---

[1] Cf. Wineri gramm. N.T. de usu verbi, cap. IV. §. 46. de participio pag. 407.

[2] Comprobata *plenitudinis* significatione quae inest participio κεχαριτωμένη, subdit Brugensis: «Quamvis autem huiusmodi copia atque excellentia vi vocis illius κεχαριτωμένη beic non significaretur, quod hactenus docuimus; vel eo tamen significaretur quod ea vox ἀντονομαστικῶς beic usurpatur ab angelo, loco nominis proprii. Non enim dicit, χαῖρε Μαριὰμ κεχαριτωμένη *ave Maria gratia plena*, sed χαῖρε κεχαριτωμένη, *ave gratia plena*, tamquam κεχαριτωμένη seu *gratia plena*, quod est nomen appellativum, sit nomen ipsius proprium. Qui modus loquendi locum non habet, nisi ubi quis ita excellit in eo genere rei quae ipsi tribuitur, ut sit singularis et solus propemodum habendus huiusmodi: quemadmodum cum *iustus* dicitur pro Christo, et *sapiens* pro Salomone. Sic igitur et Virgo beic singulariter κεχαριτωμένη vocatur, tamquam sola sit, nullaque ipsi conferenda quod ad gratiae excellentiam, dignitatem et copiam, ut certe non mulieres solum sed et creaturas omnes superabat. Profecto magno illam honore afficere mens angeli, immo Dei fuit, dum suppresso nativo nomine, nomen illi dedit a gratia, tamquam quae sola polleret omnis generis gratia, solaque digna esset quae Deo placeret.»

[3] Cf. Grotium ad Luc. I. 28.

[4] Eo autem pertinet expolitio, ut idem alio schemate, aliaque forma exhibeatur.

[5] Iud. VI. 12, Ruth. II. 1., Actt. XVIII. 10., etc.

[6] Huic significationi perfecta locorum inductio evidenter patrocinatur.

μετὰ σοῦ, *Dominus tecum,* duo perspicue declarantur. Declaratur enim illi adesse Deum; tum declaratur iis adesse gratiarum praesidiis, quibus fulta Virgo impositas sibi partes commode sustineret. Verum *cuiusmodi praesentia Numinis* declaratur? Talis ne quae fuerit *tempore* circumscripta, quamquam absentia per peccatum inducta praeverterit? Nihil profecto minus, sed praesentia declaratur [1]) *absoluta incircumscripta,* Dominus tecum, non solum *nunc,* neque solum *paullo ante, sed simpliciter,* Dominus tecum. Sane nullum adhibetur verbum, quo praesentia divini numinis certo constricta tempore declaretur: quae autem *praecedunt* quaeque *sequuntur,* tempus universum a quo Virgo exstitit, comprehendunt. Comprehendunt *praecedentia,* χαῖρε κεχαριτωμένη, *ave gratia plena,* quibus *infinite* exprimitur tempus omne praeteritum, ipsumque praesens tempus innuitur: et comprehendunt *sequentia,* εὐλογημένη σὺ ἐν γυναιξίν, *benedicta tu in mulieribus,* quibus Virgo prae omnibus omnino mulieribus Deo carissima, et cum ipso propterea coniunctissima demonstratur. Incisum ergo, ὁ κύριος μετὰ σοῦ, *Dominus tecum,* eo suapte vi pro ratione contextus spectat, ut Virginis cum Deo societatem perpetuam et nullo umquam interpellatam tempore patefaciat. Sed ea fuisset aliquo interpellata tempore, et separationi plane successisset, si ipsa quoque Virgo originis labem contraxisset et *irae filia* primum exstitisset. Verbis igitur, *Dominus tecum,* quibus Virgo eximie cum Deo coniuncta celebratur iisdem nescia originalis contagii praeclarissime edicitur.

1146. Quod alio etiam nomine edici facile perspiciemus, si animum *ad charismata* advertamus Virginis *propria,* quae eadem loquutione, *Dominus tecum,* efferuntur. Haec enim *gradu ac proportione* respondere debent tum *muneri* Virgini imposito, tum *dignitati* quae illi divinitus collata fuit. Sed munus est plane divinum, est enim munus τῆς Θεοτόκου *Dei genitricis,* quod Gabriel [2]) declarat inquiens: *ecce concipies in utero et paries filium, et vocabis nomen eius Iesum. Hic erit magnus, et filius Altissimi vocabitur.* Dignitas vero tanta est, quanta illi tribuatur oportet, quae proprio veluti titulo nuncupatur κεχαριτωμένη, *gratia plena,* quaeque caelitus selecta fuit ut tamquam secunda Eva appareret, et damna per priorem Evam illata non modo non subiret, sed contra abunde compensaret. Iamvero aut nihil nativa fulget evidentia, aut evidentissimum censeri profecto debet fore ut charismata Virgini tributa neque eius muneri neque eius dignitati responderent, nisi illam ab universali corruptela praeservassent.

1147. Cuius praeservationis ultimum idemque splendidissimum argumentum ex verbis petitur, quibus archangelus salutationem absolvens [3]) ait: εὐλογημένη σὺ ἐν γυναιξίν, *benedicta tu in mulieribus.* Sunt enim haec cum superioribus *appositione* cohaerentia, eoque pertinent ut praecedentes sententiae uberius expoliantur. Sane I. de Virgine ab angelo δεικτικῶς dicitur, εὐλογημένη σύ, *benedicta tu.* Neque II. benedicta dumtaxat, sed ἐν γυναιξίν, *in mulieribus,* nimirum pro hebraica loquendi consuetudine, *benedicta tu inter mulieres,* adeoque summo maximoque gradu benedicta. Quibus III. Virgo mulieribus universim omnibus *comparate* antefertur: *absolute* benedicta κατ' ἐξοχήν celebratur: et παραλλήλως ostenditur, Virginem esse mulierem illam benedictam, quam Deus se [4]) excitaturum

---

1) Scite Bellarminus in catechismo, ubi discipulo interroganti quid significet, *Dominus tecum,* respondet: « Haec altera singularis est laus beatae Virginis, qua significatur Dominum nostrum ab initio conceptionis suae assistendo illi, gubernando illam, instruendo et defendendo perpetuo cum ea fuisse. »
2) Luc. I. 31-32.
3) Ibid. v. 28.
4) Gen. III. 15.

spopondit, ut spem protoparentum erigeret, ut illam Evae maledicta opponeret, ut ex ipsa ceu virgine terra fructus salutis germinaret, atque ut ex ipsa et per ipsam in universum genus hominum maledictum superna benedictio revocaretur. Quis vero mentis eo usque sit impos, ut haec omnia et singula *cum maledicto* componi posse arbitretur, quod ipsam quoque Virginem *prae mulieribus omnibus benedictam, summa benedictionis ubertate benedictam*, κατ' ἐξοχὴν *benedictam, oppositam Evae maledictae, et verissimam universalis benedictionis caussam ferierit?* Feriisset autem, si repetere et ipsa [1]) debuisset: *ecce enim in iniquitatibus concepta sum, et in peccatis concepit me mater mea.* Illius ergo origines fuerunt purae, et illius conceptus fuit immaculatus.

1148. Ad quam consequutionem ulterius persuadendam e re fuerit animadvertisse: I. εὐλογεῖν *benedicere*, et εὐλογίαν *benedictionem* ex sese atque ex usu [2]) Scripturarum opponi τῇ κατάρᾳ *maledicto:* porro II. τὴν κατάραν *maledictum*, quod a Deo supremo iudice dimanat tam effectum quam poenam [3]) esse peccati: hinc III. quemadmodum unum est peccatum κατ' ἐξοχὴν in universam posteritatem ex protoparentibus diffusum, et de quo legimus [4]), *ecce agnus Dei, ecce qui tollit peccatum mundi*, ac [5]) rursum, *sicut per unum hominem peccatum in hunc mundum intravit, et per peccatum mors, et ita in omnes homines mors pertransiit, in quo omnes peccaverunt;* ita unum pariter est maledictum κατ' ἐξοχὴν, cui omnes ex Adamo seminaliter geniti subiiciuntur, et propter quod *irae filii* in lucem veniunt. Si quis igitur IV. κατ' ἐξοχὴν εὐλογημένος *benedictus* sit dicaturque, is a maledicto κατ' ἐξοχὴν immunis solutusque credatur necesse est. Eiusmodi vero V. est diciturque Deipara, quam angelus compellavit inquiens, εὐλογημένη σὺ ἐν γυναιξίν, *benedicta tu in mulieribus.* Ea igitur VI. integra censeri debet a maledicto κατ' ἐξοχὴν, atque ab ipsa adeo illius caussa quae originis peccato continetur.

1149. Quam doctrinam ex divinis litteris tanta perspicuitate collectam insigniter tuetur egregia cum aliis Scripturarum capitibus conspiratio. Atque in primis conspiratio tuetur cum sententia a Deo in serpentem [6]) lata, ἐπικατάρατος σύ, *maledictus tu prae omnibus bestiis terrae.* Huic enim opponitur angelica salutatio, *benedicta tu inter mulieres.* Quemadmodum igitur ad serpentem quod attinet, maledictio effectus fuit ac poena peccati et doli; ita Virginis benedictio repetenda ex eo est, quod ipsa nullum culpae reatum umquam contraxerit: et quemadmodum peccati auctor maledicto plectitur; ita mediatrix salutis benedictione coronatur. Tuetur deinde conspiratio cum vaticiniis, quibus [7]) Abrahami et patrum fidem Deus sustentavit, quaeque omnia eo referuntur, ut per ipsorum semen maledictio abolenda et benedictio in universas hominum familias refundenda praenuncietur. Nihil enim cum veritate consertum magis, quam omnis maledicti expertem eam arbitrari quae benedicta κατ' ἐξοχὴν audit, et per quam maledictionis regnum subversum iacet. Tuetur denique conspiratio [8]) cum verbis Elisabeth, quibus angelicae salutationis pars ita repetitur, ut Virgo, ea qua decet proportione incolumi, dicatur εὐλογημένη *benedicta*, sicut unigenitus illius filius idemque filius Patris εὐλογημένος *benedictus* praedicatur: *benedicta tu inter mulieres, et benedictus fructus ventris tui.* Haec

---

1) Ps. L.
2) Matth. V. 44., Luc. VI. 28., Rom. XII. 14., Iacob. III. 10.
3) Gal. III. 10-13., Hebr. VI. 8., II. Petr. II. 14.
4) Ioh. I. 29.
5) Rom. V. 12.
6) Gen. III. 14.
7) Gen. XII. 3., XVIII. 18., XXII. 18., XXVI. 4., XXVIII. 14.
8) Luc. I. 42.

enim benedictionis societas, qua planta cum suo fructu copulatur, ad evidentiam usque patefacit, Virginem a quovis maledicti reatu numquam non fuisse remotissimam. Quare nullum est incisum angelicae salutationis, e quo rite ac uti par est expenso, singularis praestantia Deiparae, eiusque immaculatus conceptus luculentissime non adprobetur. Adprobatur enim [1]) inciso, χαῖρε κεχαριτωμένη, *ave gratia plena*, quo *formalis prope caussa* eximiae sanctitatis et omnimodae puritatis effertur. Adprobatur inciso, ὁ κύριος μετὰ σοῦ, *Dominus tecum*, quo *caussa effectrix et princeps origo* tantae sanctitatis, tantaeque puritatis exprimitur. Et adprobatur inciso, εὐλογημένη σὺ ἐν γυναιξίν, *benedicta tu in mulieribus*, quo duplex fructus tam formalis quam effectricis caussae aperitur, fructus omnimodae praeservationis a maledicto, et fructus cumulatissimae benedictionis.

---

[1]) Errarent manifeste vel praeceptae animo hypothesi servirent, qui haec ex iis enarranda esse contenderent quae occurrunt Actt. VI. 8.: *Stephanus autem* plenus gratia *et fortitudine faciebat prodigia et signa magna in populo.* Ut enim reliqua silentio praeteream quae mentem facile subeunt, atque ut haec inter silentio praeteream in vulgatis graecis editionibus legi, Στέφανος δὲ πλήρης πίστεως καὶ δυνάμεως, *Stephanus autem* plenus fide *et fortitudine;* paucis adnotabo: I. desiderari verbalem utriusque loci parallelismum: II. desiderari parallelismum realem: III. desiderari eamdem formam loquendi, quae Luc. I. 28. est antonomastica: IV. desiderari similem orationis contextum: V. desiderari aliorum locorum συναφείαν: proindeque VI. effata haec esse quae conferri mutuo, nisi omnibus spretis interpretandi legibus, minime possunt. Multo autem fuerit opportunius quae de Deipara usurpantur Luc. I. 28., cum iis, ea qua decet ratione componere, quibus eiusdem Unigenitus Ioh. I. 14. audit πλήρης χάριτος καὶ ἀληθείας, *plenus gratiae et veritatis.*

ENCHIRIDION
SYMBOLORUM ET DEFINITIONUM

QUAE IN REBUS FIDEI ET MORUM

A CONCILIIS OECUMENICIS

ET SUMMIS PONTIFICIBUS EMANARUNT.

IN AUDITORUM USUM EDIDIT

Dr HENRICUS DENZINGER

IN UNIVERSITATE WIRCEBURGENSI THEOLOGIAE PROFESSOR.

MANIFESTO

Quest'Opera, che ci vien di Germania, accolta con tanto favore dalla gioventù ecclesiastica, da tutt'i Vescovi cattolici di quella dotta nazione, e gradita tanto dal Sommo Pontefice, ha pregi singolarissimi. Essa comprende tutta la dottrina dommatica della Chiesa cattolica, e l'intera serie degli errori in materia di fede condannati dalla legittima potestà ecclesiastica. Di fatti, prodotta dapprima la collezione di tutt'i Simboli, cominciando dall'Apostolico, in dodici diverse forme fino alla professione di fede formulata dal Concilio di Trento, seguono i Canoni che in materia di fede e di morale emanarono i Concilî generali, e i più cospicui Concilî particolari; indi i decreti dommatici emanati dai sommi Pontefici fino ai tempi nostri.

A questa parte, che è la pura e semplice fede cattolica in ogni materia dommatica, siegue l'altra importante ancora degli errori condannati di tempo in tempo, che si sono andati riproducendo. Due indici utilissimi compiono questo prezioso lavoro. Uno è cronologico, ed indica per ordine di tempo i documenti prodotti; l'altro sistematico o logico, e segna le materie contenute nei Decreti per ordine di scienza.

È incontrastabile la grande utilità di quest'Opera tanto pei giovani che ascrivonsi alla santa milizia della Chiesa, quanto per coloro che sono chiamati alla istruzione dommatica. Pei primi questo libro ha il pregio che dovendo essi incedere per una via, nella quale non può declinarsi nè a destra nè a sinistra, espone nella maggior facilità e simboli, e definizioni, e decreti, e regole di fede, in breve ma preciso compendio; laonde più comodamente conosciuti i confini stabiliti dai Padri della Chiesa, possono imprimere nel loro intelletto tanta maggiore certezza, da progredire sempre meglio nella fede e nella pietà. Per gli altri poi evvi il gran vantaggio che in esso trovano la semplice esposizione della fede cattolica, e degli errori contro la fede, spogliata affatto da ogni ragionare, da ogni sottigliezza, da ogni controversia, per modo che possono, seguendo pur quest'ordine, averne per la scienza teologica quelle dilucidazioni tanto utili, e dare alla medesima un sistema forse non ispregevole, dividendola in dottrina puramente cattolica, e dottrina falsa erronea, falsa condannata.

Noi nel riprodurre questo utilissimo libro non aggiungiamo parola per commendarlo, avendo esso nei suoi pregi intrinseci la miglior possibile commendazione.

Si vende dall'Editore Sig. Giuseppe Dura nella sua libreria alla **STRADA DI CHIAIA** n° 10 al prezzo di gr. 80.

Lightning Source UK Ltd.
Milton Keynes UK
UKHW032027210119
335964UK00006B/118/P